Liddell Hart
Geschichte des Zweiten Weltkrieges

Liddell Hart

Geschichte
des Zweiten Weltkrieges

Ungekürzte Sonderausgabe
in einem Band

Fourier Verlag GmbH, Wiesbaden

Titel der bei Cassell & Company Ltd., London,
erschienenen Originalausgabe:
History of the Second World War
Copyright © 1970 by Lady Liddell Hart

Aus dem Englischen übertragen
von *Wilhelm Duden* und *Rolf Hellmut Foerster*
Die Karten gestaltete *Manfred Steuerer*
Lektorat: *Bolko Kannenberg*

Fourier Verlag GmbH., Wiesbaden
Lizenzausgabe mit freundlicher Genehmigung des Originalverlages
© by Econ Verlag GmbH, Düsseldorf und Wien
Alle Rechte vorbehalten
Gesamtherstellung Mohndruck Reinhard Mohn OHG, Gütersloh
Printed in Germany
ISBN 3-921695-08-2

Inhalt

Band 2

Vorwort

Sir Basil Henry Liddell Hart, einer der bedeutendsten Militärschriftsteller des 20. Jahrhunderts, schloß kurz vor seinem Tode (1970) eine umfassende Geschichte des Zweiten Weltkrieges ab, an der er seit den fünfziger Jahren gearbeitet hatte. Dieses Werk und seine früheren emotionslosen Analysen und Arbeiten, von denen mehrere in deutscher Sprache veröffentlicht wurden (darunter vor allem seine »Strategie« und die »Lebenserinnerungen«), weisen ihn als scharfsinnigen, anregenden, aber auch zum Widerspruch reizenden Militärtheoretiker aus, von dem so mancher entscheidende Impuls auf dem Gebiet der modernen Strategie und Taktik ausgegangen ist.

Liddell Hart zählte schon frühzeitig zu jenen ausländischen Autoren, die nach dem totalen Zusammenbruch des Dritten Reiches versucht haben, dem ehemaligen Gegner in seinem Handeln, Unterlassen und Versagen gerecht zu werden. Sein unmittelbar nach Kriegsende erschienenes Buch »Jetzt dürfen sie reden« war deshalb so bemerkenswert, weil der Verfasser darin aufgrund seiner zahlreichen Interviews mit ehemaligen deutschen Heerführern ein anderes Bild von der deutschen Führung skizzierte, als es die ausländische Kriegspropaganda gezeichnet hatte. Schärfer als mancher seiner Kollegen kritisierte Liddell Hart auch die Fehler der britisch-französischen Politik in jenen dramatischen Jahren, die den Gang der Weltpolitik so entscheidend beeinflußten. Freilich drängt sich dabei dem kritischen Leser häufig der Eindruck auf, daß sich die Proportionen bei Liddell Hart, mißt man diese seine Kritik mit der Kritik an der deutschen Führung, häufig verschoben haben. Überhaupt zeichnen seine Bücher mehr die unkonventionelle Betrachtungsweise aus, seine Distanz gegenüber den Problemen, die er beschreibt, sein Respekt vor der militärischen Leistung schlechthin. Daß er dadurch viele Freunde gewann, vor allem unter der ehemaligen deutschen Generalität, versteht sich von selbst. Als ich ihn 1955 auf einer seiner Rundreisen durch Deutschland begleitete, spürte ich immer von neuem, welche Hochachtung ihm seine deutschen Gesprächspartner entgegenbrachten.

Sehen wir einmal von der Tatsache ab, daß die Flut der Veröffentlichungen zur Geschichte des Zweiten Weltkrieges von einem einzelnen überhaupt nicht mehr zu bewältigen ist, so fällt bei der Darstellung von Liddell Hart vor allem auf, daß sie vielfach nicht auf der Höhe der Forschung ist, was sich an den unterschiedlichsten Beispielen beweisen läßt. Das mag auch damit zusammenhängen, daß sich der Verfasser fast ausschließlich auf das englischsprachige Schrifttum stützte, da ihm die ausländische, insbesondere die deutsche und russische Literatur zu diesem Thema aus Sprachgründen weithin verschlossen blieb. Dennoch erscheinen die Art seiner Darstellung, das Herangehen an die Probleme und seine Einblicke in die große Strategie der Jahre von 1939 bis 1945 immer noch originell und lesenswert. Liddell Hart begreift und wertet den Krieg allerdings fast ausschließlich als ein militärisches Phänomen – eine Betrachtungsweise, die Tradition besitzt. Zahlreiche bekannte, vor allem aus dem Offiziersstand hervorgegangene Militärschriftsteller haben den Krieg allein als militärische Konfrontation interpretiert, ohne dabei zu bedenken, daß sie damit eine Grundeinsicht außer acht ließen, die gerade einer der Ihren vermittelt hatte: nämlich Carl v. Clausewitz. Dieser deutsche General hatte schon im 19. Jahrhundert unmißverständlich darauf hingewiesen, daß der Krieg nur als Fortsetzung der Politik unter Einmischung anderer Mittel zu verstehen sei. Werde der Krieg von seinem »Erzeuger«, d.h. von der Politik, losgelöst, bleibe er eine zweck- und sinnlose Angelegenheit. Diese unlösbare Wechselwirkung von Politik und Kriegführung sollte nie aus den Augen verloren werden, damit der Stellenwert der im vorliegenden Werk beschriebenen militärischen Kampfhandlungen an allen Fronten und ihrer Ergebnisse besser eingeschätzt werden kann.

Wer Verlauf und Ausgang des Zweiten Weltkrieges begreifen und diesen unbarmherzigen Prozeß der Weltgeschichte richtig schildern und erklären will, der muß die kämpfenden Heere und Partisanen, die eingesetzten Flugzeuge und Kriegsschiffe, die verschiedenen Waffen, die fortschreitende Technik, die Mobilisierung der gesamten Wirtschaft und die entfesselten Leidenschaften, kurz das umfassende Wehrpo-

tential der Kriegführenden als Mittel der Politik zur Verwirklichung
ganz spezifischer machtpolitischer Ziele werten und gleichzeitig den
totalen Krieg bei aller Vielfalt seiner Elemente als einheitliches Ganzes
erfassen. Es gilt, als erstes den Kriegszielen der Großmächte – ja auch
denjenigen der überstaatlich zusammenarbeitenden Gruppen (der
europäischen Widerstandsbewegungen und der Unabhängigkeits-
und Befreiungsbewegungen in Asien) – und damit der unabdingbaren
Wechselwirkung von Politik und Kriegführung in ihren mannigfachen
Dimensionen und Unwägbarkeiten nachzuspüren. Sodann wird es
darauf ankommen, die militärischen Anstrengungen (aller Waffengattungen), die Maßnahmen auf dem Gebiet der Technik, der Wirtschaft
und der Rüstung sowie die psychologischen Gegebenheiten zutreffend
in den historischen Gesamtablauf einzuordnen. Und endlich gehört
dazu die keineswegs leichte Aufgabe, das Völkerringen unter regio-
nal-weltgeschichtlichen Perspektiven und Ordnungsprinzipien zu erfassen.

Japan, Italien und Deutschland forderten in einem atemraubenden
Anlauf zur imperialen Eroberung Asien und Europa heraus. Ihre
Aktionen blieben allerdings nachweislich voneinander getrennt, ja
zum Teil ohne gegenseitige Fühlungnahme. Sie waren Verbündete,
deren Herrschaftssysteme sich in ihren Strukturelementen bei allen
nachweisbaren Parallelen grundlegend unterschieden. Zudem standen
hinter der von ihnen verfolgten expansionistischen Politik jeweils verschiedene Kreise: In Europa waren es die rast- und ruhelosen Diktatoren mit ihren engsten Anhängern, die gegen den Willen der Generale
zum Kriege trieben; in Japan hatte sich die Heeresgeneralität gegenüber Marine und Außenministerium durchgesetzt.

Was die Kriegsschuldfrage von 1939/1941 betrifft, so ist festzuhalten: Gewiß ist der Zweite Weltkrieg nicht ganz ausschließlich durch
den Ehrgeiz und Machthunger eines einzelnen entstanden. Ganz frei
von jeder Mitverantwortung für diese erneute Katastrophe war kaum
eine Macht. Der faschistischen und nationalsozialistischen Politik ist
– indirekt und unfreiwillig – auch von ihren Gegnern Vorschub geleistet worden, wobei die wesentlich passive »Mitschuld« mit der Kriegs-
politik des Dritten Reiches natürlich nicht zu vergleichen ist. Dahin
gehört die »Beschwichtigungspolitik« der Engländer und Franzosen
mit dem Ziel, den Frieden um jeden Preis zu erhalten, die Fahrlässig-
keit Italiens beim Abschluß des »Stahlpaktes« mit Deutschland 1939,

der Egoismus der südosteuropäischen Länder, die Überheblichkeit der polnischen Staatsmänner, die unter anderem in der Überschätzung ihrer eigenen Kräfte zum Ausdruck kam, vor allem aber das Verhalten der Sowjetunion im Sommer 1939. Auch die Vereinigten Staaten mögen ihren Teil zum Kriegsausbruch im Pazifik beigetragen haben, zum Beispiel durch ihren harten Wirtschaftskurs, ohne daß deswegen Japan von der Verantwortung für den 7. Dezember 1941 freigesprochen werden kann.

Mag sich das Urteil über Theorie und Praxis des Nationalsozialismus – als eines vereinzelten Rückfalls in die Barbarei und in die Mißachtung der die Völker verpflichtenden Normen für ein geregeltes Zusammenleben – wandeln angesichts der Erfahrungen des »kalten Krieges«, der Kampfmethoden auf dem afrikanisch-asiatischen Erdteil und der Wirkungen moderner Massenvernichtungswaffen: Nichts wird sich darum an der Erkenntnis ändern, daß Hitler und sein Regime durch ihre hemmungslose Gewaltpolitik den größten Teil der Verantwortung für das Jahr 1939 und seine Folgen vor der Geschichte tragen.

Zweifellos strebten Japan, Italien und Deutschland – von »historischem Sendungsbewußtsein« durchdrungen – eine regional begrenzte Neuverteilung des Rohstoff- und Siedlungsraumes in der Welt an, um in diesem ihre autoritären und totalitären Ordnungssysteme gewaltsam durchzusetzen; sie wollten den Status quo zu ihren Gunsten ändern. Ihre Ziele waren letztlich Ausdrucksform spätimperialistischer Machtpolitik. Der wahnwitzige Versuch, den politischen und sozialen Pluralismus zu zerstören und durch eine totalitäre Herrschaftsordnung zu ersetzen, scheiterte nicht nur an dem Willen der unterworfenen oder bedrohten Völker, sondern vor allem an dem dadurch zwangsläufig heraufbeschworenen Widerstand der großen See- und Weltmächte. Vor allem haben Hitler und die deutsche Wehrmachtführung neben der Fehlbeurteilung Großbritanniens die militärische und wirtschaftliche Leistungsfähigkeit der UdSSR weit unterschätzt und den Machtfaktor USA viel zuwenig in Rechnung gestellt. Dann haben mannigfache militärische, wirtschaftliche und technische Gründe das Schicksal der Herausforderer 1943 bis 1945 endgültig besiegelt.

Ohne Übertreibung darf man folgern, daß der Krieg für die Angreifer politisch verloren war, bevor der erste Schuß fiel, und sich daher alle Spekulationen über die sogenannten »verpaßten Chancen« erübrigen. Seit 1942/43 hatten Großbritannien, die UdSSR, die USA und ihre

Verbündeten (einschließlich der europäischen Widerstandsbewegungen sowie der Unabhängigkeits- und Befreiungsbewegungen in Asien) die militärische Initiative auf allen Kriegsschauplätzen an sich gerissen und nunmehr das Gesetz des Handelns zu diktieren begonnen.

Die Verbündeten, die durch die Überfälle Hitlers und Japans über die sie trennenden Gegensätze hinweg zusammengeführt wurden, hatten ein unverrückbares Primärziel mehr destruktiver Natur: Deutschland, Italien und Japan, aber »Germany first«, militärisch schnell und vollständig bis zur bedingungslosen Kapitulation niederzuwerfen und hierzu die Allianz, so heterogen ihre Kräfte in allen Ländern und innerhalb der Widerstandsgruppen auch sein mochten, möglichst wirksam zu halten. Dabei darf jedoch nicht vergessen werden, daß der Zweite Weltkrieg eben nur als ein Zusammenwirken gleichzeitiger und oft miteinander verwobener Auseinandersetzungen zu Lande, zur See und in der Luft bei globaler Interdependenz der großen Kriegsschauplätze zutreffend bewertet werden kann, was auch in der Darstellung Liddell Harts zum Ausdruck kommt.

Darüber hinaus wollten die Alliierten freilich nicht nur die besiegten Staaten – vor allem Deutschland – politisch in der Weise umgestalten bzw. festlegen, daß sie die Völker nie wieder mit der »Geißel des Krieges« überziehen konnten und den Status quo von 1937 wiederherstellten (in Europa wie in Asien), sondern auch ein neues kollektives Sicherheitssystem ins Leben rufen, das, ausgehend von den Prinzipien der Atlantik-Charta (1941), den internationalen Frieden und die Stabilität in der Welt gewährleisten würde. Damit war das mehr konstruktive Kriegsziel formuliert.

Freilich haben nicht alle Kriegführenden der alliierten-sowjetischen Koalition in erster Linie dafür gekämpft, und wenn sie dies taten, hatten sie jeweils verschiedene Beweggründe. Zudem bestanden zwischen den beiden Hauptverbündeten, Großbritannien und USA, in manchen Fragen divergierende Auffassungen. Ähnlich wie in Polen, Dänemark, Norwegen, Belgien, Holland, Griechenland und in der Tschechoslowakei war es zum Beispiel das erklärte Ziel in Frankreich, die demokratische Republik wiederherzustellen. In Indien, Süd- und Ostasien strebten die Staaten als erstes die nationale Unabhängigkeit von den alten Kolonialmächten an und damit die Veränderung des Status quo zu ihren Gunsten; in China ging es vor allem um die Entscheidung über die innerstaatliche Ordnung zwischen Kuomintang und Kommunisten. In Nord- und Westafrika wirkte die Atlantik-Charta als neuer zündender Funke: Zum Beispiel berief sich die intellektuelle Führungsschicht der marokkanischen Nationalistenpartei (Istiqlal) in ihrer Petition vom Dezember 1943 auf sie; im gleichen Jahr hatte Azikiwe (Nigeria) sein historisches Memorandum »Atlantik-Charta und Britisch-Westafrika« veröffentlicht, in dem er die Anwendung des Punktes 3 der Charta auf Westafrika forderte. Wie in Asien, so sahen auch in Afrika die nationalistischen Bewegungen in den Vereinten Nationen und ihrer Charta einen der besten Befürworter und zugleich Garanten ihrer staatlichen Unabhängigkeit.

Mochte der Antikolonialismus und die Befreiung der Kolonialvölker von fremder Herrschaft zu den wichtigen Postulaten amerikanischer Außenpolitik zählen, Großbritannien sträubte sich nachhaltig gegen eine Liquidierung seines Empire, bis es sich schließlich unter der Labour-Regierung nach Kriegsende doch den Realitäten beugen mußte. Und die Sowjetunion hat der Schaffung eines neuen kollektiven Sicherheitssystems vor allem deshalb zugestimmt, weil sie dieses als einen weiteren Schutz vor neuen Aggressionen betrachtete und wohl weniger als ein Instrument zur Wahrung nationalstaatlicher Souveränitätsrechte, des wiederhergestellten Status quo und weltweiter friedlicher Zusammenarbeit. Denn seit 1944 hatte sie unter dem Schutz ihrer Bajonette eine kommunistisch-revolutionäre Annexionspolitik betrieben.

In Asien aber war der abschließende Prozeß der Entkolonialisierung nicht mehr aufzuhalten, nachdem die überwiegend kommunistisch gelenkten Untergrundarmeen Japan mitbesiegt und zusammen mit den nationalistischen Führern 1945 die politische Macht an sich gerissen hatten.

Auf der alliierten-sowjetischen Seite waren in den Jahren 1942 bis 1945 alle Voraussetzungen gegeben bzw. geschaffen worden, den Krieg militärisch zu gewinnen. Aber erst das Zusammenwirken zahlreicher Faktoren hat der sogenannten »Anti-Hitler-Koalition« den militärischen Triumph unter schweren Opfern gesichert. Entscheidend fiel ins Gewicht, daß sie bald über 75 Prozent aller personellen und materiellen Reserven der Welt verfügte, daß sie von einer weitaus günstigeren strategischen Position aus operieren konnte und daß ihr zudem die nationalsozialistische Besatzungspolitik in Europa und in gewisser Weise auch diejenige Japans in Asien geradezu in die Hände arbeiteten, obwohl in Asien vor allem auch die nationalistischen Bewegungen davon profitierten.

Überblicken wir Verlauf und Ausgang des Zweiten Weltkrieges, so erkennen wir die ungeheure geschichtliche Umwälzung, die sich durch ihn vollzogen hat oder durch ihn ausgelöst wurde. Deutschland erlitt, begleitet von einer zweiten Völkerwanderung, die schwerste politisch-militärische Niederlage in seiner Geschichte; Italien und Japan, obwohl ebenfalls besiegt, blieb wenigstens die staatliche Einheit erhalten. Deutschland und Japan schieden als Weltmächte aus und wurden zu Mächten zweiter Ordnung. Als der Nationalsozialismus, der Faschismus und die Kräfte Nippons gleichzeitig die großen Demokratien und den Sowjetkommunismus in die Schranken forderten, hatten sie damit nicht nur ihr eigenes Schicksal besiegelt, sondern zugleich auch die letzten Dämme gegen den Bolschewismus in Europa und Asien niedergerissen. Denn die Demokratien waren in diesem weltweiten, erbarmungslosen Krieg gezwungen – wollten sie selbst überleben –, den Kommunismus an allen Fronten und in ihren Untergrundarmeen zu unterstützen. Dieses Zweckbündnis, von dem sich viele in den Jahren 1941 bis 1944 eine dauerhafte Allianz versprachen, hielt allen Belastungen stand, bis die gemeinsamen Gegner niedergerungen waren. Es zerbrach in dem Augenblick, in dem der militärische Sieg errungen war und das Trennende zwischen den Bündnisparteien sichtbar wurde: Großbritannien und die USA hatten für das universalistische Prinzip der Demokratie gefochten, ein Prinzip, das jedem Staat ermöglichen sollte, die Regierungsform zu wählen, unter der seine Angehörigen leben wollten; die Sowjetunion aber, begünstigt durch ihren endgültigen Aufstieg zur zweiten führenden Weltmacht, den sie ihren eigenen, aber auch den alliierten Anstrengungen von 1941 bis 1945 zu verdanken hatte, nützte die historischen Stunden 1944/45, um ihr Ordnungssystem mittels revolutionärer Kriegführung weiter auszubreiten. Diese Entwicklung wurde noch dadurch verschärft, daß sich seit dem Treffen an der Elbe (1945) amerikanisch-britisch-französische und sowjetische Truppen in Mitteldeutschland unmittelbar gegenüberstehen.

Der Zweite Weltkrieg hat das Kräfteverhältnis im europäischen und Weltstaatensystem grundlegend verschoben und seine Schwerpunkte – unabhängig von der Gründung der Vereinten Nationen – nach Washington und Moskau verlagert. An Stelle des europäischen Gleichgewichts, das bereits durch den Ausgang des Ersten Weltkrieges erschüttert worden war, trat, ebenso als Folge der waffentechnischen Revolution, das bipolare Gleichgewicht der Supermächte, das sich erst heute wieder zu einem multilateralen System von Mächtegruppen und Staaten auflockert.

Alles zusammen verdeutlicht, daß dieser Krieg nicht allein mit der Kategorie der Hegemonialkriege verglichen werden kann, die den Gang der letzten Jahrhunderte bestimmt haben. Vielmehr hat es sich von 1939 bis 1945 um einen totalen, weltweiten Konflikt gehandelt, in dem verschiedene Staaten – zum Teil regional begrenzte – neue Ordnungsprinzipien durchsetzen wollten, alte Ordnungsmächte um die Behauptung des Status quo ihrer Lebensordnung und Wertvorstellungen kämpften, jüngere farbige Völker in Asien und Afrika diesen Konflikt der weißen Rasse auszunutzen, ihre alten Bande und Fesseln abzustreifen, und der Sowjetkommunismus die für ihn einzigartige historische Chance wahrnahm, sein System und Menschenbild den von ihm beherrschten Teilen der Welt aufzuoktroyieren. Siebenundzwanzig Jahre nach dem Ende des Zweiten Weltkrieges gilt noch immer, was der Amerikaner Wendell Wilkie bereits 1943 ausgesprochen hat: »Wir leben mit den Völkern der anderen Weltteile auf einer eng gewordenen, von drei Milliarden Menschen bevölkerten einzigen Welt zusammen. Die Entwicklung der Technik, die rasche Vermehrung der Erdbewohner, die Notwendigkeit, für alle Verdienst und Brot zu beschaffen, werden zur Folge haben, daß entweder Organisationsformen für die Zusammenarbeit auch zwischen verschiedenen und rivalisierenden Mächten und Systemen gefunden werden müssen, oder daß die Menschheit unbeschreiblichen Katastrophen preisgegeben wird.«

Hans-Adolf Jacobsen

Teil I
Das Vorspiel

Kapitel 1:
Wie der Krieg heraufbeschworen wurde

Am 1. April 1939 berichtete die Weltpresse, das Kabinett Chamberlain habe seine Politik der Beschwichtigung und der Nichteinmischung aufgegeben und, um den Frieden in Europa zu sichern, Polen den Beistand Großbritanniens gegen jeden eventuellen deutschen Angriff zugesagt.

Am 1. September jedoch überschritten deutsche Truppen die polnische Grenze. Zwei Tage später erklärten Großbritannien und Frankreich nach einem vergeblichen Ultimatum Deutschland den Krieg. Ein neuer europäischer Konflikt hatte begonnen, und aus ihm wurde ein zweiter Weltkrieg.

Die Westmächte traten aus zwei Gründen in diesen Krieg ein. Zunächst ging es ihnen darum, ihren Verpflichtungen gegenüber Polen nachzukommen und dessen Existenz zu sichern. Letzten Endes aber wollten sie gleichzeitig eine mögliche Bedrohung von sich selbst abwenden und so ihrer eigenen Sicherheit dienen. Beide Ziele haben sie nicht erreicht. Sie konnten nicht verhindern, daß Polen überrannt und zwischen Deutschland und Rußland aufgeteilt wurde, und nach sechs Jahren Krieg, der mit einem augenscheinlichen Sieg endete, stand Polen unter russischer Vorherrschaft. Die westlichen Garantien gegenüber den Polen, die auf ihrer Seite gekämpft hatten, waren hinfällig.

Darüber hinaus hatte der Kampf gegen Hitler-Deutschland Europa so geschwächt, daß es nun einer neuen und größeren Bedrohung ausgesetzt war, und Großbritannien war ebenso wie seine europäischen Nachbarn ein Vasall der Vereinigten Staaten geworden.

So sah der Sieg aus, nachdem Rußland und Amerika ihr kolossales Gewicht gegen Deutschland in die Waagschale geworfen hatten. Dies zerstörte die alte landläufige Illusion, »Sieg« bedeute Frieden, und bestätigte die Erfahrung, daß der Sieg wie eine Fata Morgana in der Wüste ist, die ein langer, mit modernen Waffen geführter Krieg hinterläßt.

Man muß sich die Folgen des Krieges vor Augen halten, ehe man nach seinen Ursachen fragt. Wenn man sich das Ergebnis des Krieges vergegenwärtigt, wird der Weg frei für eine nüchternere Prüfung dessen, was ihm vorausging. Für das Nürnberger Tribunal genügte die Annahme, Ausbruch und Ausweitung des Krieges seien einzig und allein Hitlers Aggression zuzuschreiben. Aber diese Erklärung ist zu einfach.

Ein neuer großer Krieg war das letzte, was Hitler wollte. Sein Volk, und zumal seine Generale, schreckten vor jedem derartigen Risiko zurück; ihnen saß noch der Erste Weltkrieg in den Gliedern. Wenn man dies ausspricht, sollen nicht die Aggressivität Hitlers und vieler Deutscher, die seiner Führung willig folgten, entschuldigt werden. Hitler kannte gewiß keine Skrupel, aber lange Zeit ließ er in der Verfolgung seiner Ziele große Vorsicht walten. Die führenden Militärs waren noch zurückhaltender und vermieden alles, was einen allgemeinen Konflikt auslösen konnte.

Die deutschen Archive, die nach dem Krieg beschlagnahmt und der Forschung zugänglich gemacht wurden, lassen sogar eine ausgesprochene Nervosität in der Wehrmachtsführung und erhebliche Zweifel an Deutschlands Fähigkeit erkennen, einen großen Krieg zu führen.

Als sich Hitler 1936 anschickte, die entmilitarisierte Zone des Rheinlandes zu besetzen, warnten seine Generale vor den Reaktionen, die dieser Entschluß bei den Franzosen auslösen könnte. Auf diesen Protest hin überschritten zunächst nur einige wenige Einheiten symbolisch den Rhein, um die Windrichtung zu prüfen. Als Hitler Truppen zur Unterstützung Francos in den Spanischen Bürgerkrieg entsenden wollte, warnten die Generale wieder vor den damit verbundenen Risiken, und die Militärhilfe blieb daraufhin begrenzt. Erst bei der Besetzung Österreichs im März 1938 setzte er sich über ihre Befürchtungen hinweg.

Als Hitler kurz darauf die Absicht kundgab, die Tschechoslowakei zur Abtretung des Sudetenlandes zu zwingen, verfaßte der Generalstabschef des Heeres, Ludwig Beck, eine Denkschrift, in der er darauf hinwies, daß Hitlers aggressive Expansionspolitik eine weltweite

Katastrophe und den Zusammenbruch Deutschlands herbeiführen
müsse. Beck verlas dieses Dokument vor den Befehlshabern aller Heeresgruppen. Doch die kollektive Rücktrittsdrohung der Generalität,
die Beck anstrebte, kam nicht zustande. Als Hitler keine Anstalten
machte, seine Politik zu ändern, reichte der Generalstabschef seinen
Rücktritt ein. Hitler aber versicherte den Generalen, Frankreich und
Großbritannien würden nicht für die Tschechoslowakei in den Krieg
ziehen. Sie waren davon so wenig überzeugt, daß sie erwogen, Hitler
und andere führende Nationalsozialisten zu verhaften und so die
Kriegsgefahr abzuwenden.

Diesem Militärputsch wurde der Boden entzogen, als Chamberlain
Hitlers Forderung nach einer Amputation der Tschechoslowakei gut-
hieß und, ebenso wie Frankreich, duldete, daß dieses Land seine
Grenzgebiete und wichtigsten Verteidigungsanlagen einbüßte.

Für Chamberlain bedeutete das Münchner Abkommen »Frieden in
unserer Zeit«. Für Hitler war es ein neuer und noch größerer Triumph
nicht nur über seine äußeren Gegner, sondern auch über seine Generale. Nachdem ihre Warnungen nun mehrmals durch die unangefoch-
tenen und unblutigen Erfolge Hitlers widerlegt worden waren, verloren sie Selbstvertrauen und Einfluß. Selbstverständlich wuchs
gleichzeitig Hitlers Zuversicht, daß sich die Serie müheloser Erfolge
fortsetzen ließe. Selbst als ihm klarwurde, daß weitere Abenteuer zum
Krieg führen konnten, dachte er nur an einen kurzen und begrenzten
Konflikt. Wenn er je Zweifel hatte, dann wurden sie jedenfalls von der
kumulativen Wirkung berauschender Erfolge erstickt.

Wenn Hitler tatsächlich mit einem allgemeinen Krieg unter Beteiligung Großbritanniens gerechnet hätte, dann hätte er alle nur erdenkli-
chen Anstrengungen unternommen, um eine Kriegsmarine aufzubauen, die derjenigen Großbritanniens gewachsen gewesen wäre.
Doch er brachte seine Marine nicht einmal auf den Stand, der im
deutsch-britischen Flottenabkommen von 1935 vorgesehen war. Er
versicherte seinen Admiralen immer wieder, sie hätten nicht mit einem
Krieg gegen Großbritannien zu rechnen. Nach der Münchner Konferenz erklärte er ihnen, sie hätten mindestens für die nächsten sechs
Jahre keinen Konflikt mit Großbritannien zu erwarten. Noch im
Sommer 1939, zuletzt am 22. August, wiederholte er solche Versicherungen, wenn auch mit schwindender Überzeugung.

Wie kam es, daß er trotzdem in den großen Krieg verwickelt wurde, den er so sorgfältig vermieden hatte? Die Antwort ist nicht oder nicht hauptsächlich in Hitlers Eroberungstrieb zu finden, sondern in der Ermutigung, die er lange Zeit durch die nachgiebige Haltung der Westmächte erhielt, und durch ihre plötzliche Kehrtwendung im Frühjahr 1939. Dieser Umschwung kam so abrupt und unerwartet, daß er den Krieg unvermeidbar machte.

Wenn man es zuläßt, daß jemand einen Dampfkessel so lange aufheizt, bis der Druck den kritischen Punkt überschreitet, dann ist man für die sich ergebende Explosion selbst verantwortlich. Diese Wahrheit aus dem Bereich der Physik gilt auch in der Politik und insbesondere auf dem Feld der Außenpolitik.

Seit Hitlers Machtübernahme 1933 hatten die Regierungen Großbritanniens und Frankreichs diesem gefährlichen Autokraten ungleich mehr zugestanden als vorher den demokratischen Regierungen Deutschlands. Bei jedem Schlag waren sie bemüht, Unannehmlichkeiten zu vermeiden, heikle Probleme zu vertagen und sich so, auf Kosten der Zukunft, für die unmittelbare Gegenwart Ruhe zu sichern.

Hitler dagegen durchdachte seine Schritte nur allzu logisch. Die Ideen, die seine Politik leiteten, legte er im November 1937 vor den Oberbefehlshabern der Wehrmachtsteile in einer »testamentarischen Hinterlassenschaft für den Fall meines Ablebens« dar, deren Inhalt in dem sogenannten Hoßbach-Protokoll niedergelegt ist. Hitler sprach von Deutschlands vitalem Bedürfnis nach größerem Lebensraum, der für die Erhaltung und Vermehrung der »Volksmasse« erforderlich sei. Deutschland könne sich vor allem auf dem Gebiet der Ernährung nicht autark machen. Auch durch Lebensmittelimporte könne es seine Bedürfnisse nicht decken; denn das würde Devisenausgaben bedeuten, die es nicht aufbringen könne. Ebensowenig ließen sich die wirtschaftlichen Schwierigkeiten durch Beteiligung am Welthandel überwinden, und zwar wegen der Zollschranken, die andere Staaten errichtet hatten, und wegen Deutschlands eigener Geldknappheit. Überdies mache die Versorgung auf dem Weltmarkt Deutschland von anderen Nationen abhängig und gebe es im Kriegsfall dem Hunger preis.

Daraus folgerte Hitler, daß Deutschland mehr »landwirtschaftlich nutzbaren Raum« in den dünn besiedelten Gebieten Osteuropas gewinnen müsse, und für diese Lösung der deutschen Frage könne es nur den Weg der Gewalt geben. »Daß jede Raumerweiterung nur durch Brechen von Widerstand und unter Risiko vor sich gehen könne, habe

die Geschichte aller Zeiten – Römisches Weltreich, Englisches Empire
– bewiesen ...«, heißt es in der Hoßbach-Niederschrift. »Weder früher noch heute habe es herrenlosen Raum gegeben, der Angreifer stoße
stets auf den Besitzer.« Die Raumfrage würde bis spätestens 1945 gelöst werden müssen. »Nach dieser Zeit sei nur noch eine Veränderung
zu unseren Ungunsten zu erwarten. ... Wegen des Fehlens von
Reserven könne (dann) jedes Jahr die Ernährungskrise bringen.«

Diese Vorstellungen gingen weit über Hitlers ursprüngliche Absicht
hinaus, die nach dem Ersten Weltkrieg verlorenen Gebiete zurückzu-
gewinnen, und die Staatsmänner des Westens waren in dieser Hinsicht
nicht so ahnungslos, wie sie später behaupteten. Viele äußerten sich
1937 und 1938 sehr offen, wenn auch nur vertraulich. In britischen
Regierungskreisen hörte man damals das Argument, man müsse
Deutschlands Drang nach Osten stattgeben, weil dadurch Gefahren
für den Westen abgewendet würden. Sie hatten großes Verständnis für
Hitlers Wunsch nach Lebensraum – und ließen es ihn wissen. Wie allerdings die Besitzer dieses Raumes anders als durch Gewalt zum
Nachgeben gebracht werden sollten, daran verschwendeten sie keinen
Gedanken.

Die deutschen Dokumente zeigen, daß sich Hitler besonders nach
dem Besuch von Lord Halifax im November 1937 ermutigt fühlte.
Halifax war damals als Vorsitzender des Staatsrats zweiter Mann im
Kabinett nach dem Premierminister. Wie aus den Gesprächsprotokol-
len hervorgeht, gab er Hitler zu verstehen, daß Großbritannien ihm
in Osteuropa freie Hand lassen würde. Vielleicht ging Halifax nicht
ganz so weit, aber er erweckte jedenfalls diesen Eindruck, und das erwies sich als ausschlaggebend.

Im Februar 1938 wurde Außenminister Anthony Eden nach wiederholten Meinungsverschiedenheiten mit Chamberlain zum Rücktritt bewogen – der Premierminister hatte ihm auf einen seiner Proteste
hin geraten, »nach Hause zu gehen und Aspirin zu nehmen«. Halifax
übernahm Edens Posten im Auswärtigen Amt. Wenige Tage später
suchte der britische Botschafter in Berlin, Sir Nevile Henderson, Hitler
auf und gab ihm in einem vertraulichen Gespräch zu verstehen, die britische Regierung habe volles Verständnis für seinen Wunsch nach einer
»Neuordnung Europas« im Sinne Deutschlands, und die »gegenwärtige britische Regierung beurteile diese Dinge sehr realistisch«.

Nun glaubte Hitler, er habe im Osten grünes Licht. Das war eine
sehr plausible Schlußfolgerung.

Hitler wurde in seinen Plänen weiter bestärkt durch das Entgegen-
kommen, mit dem die Regierungen Großbritanniens und Frankreichs
seinen Einmarsch in Österreich und dessen Anschluß an das Deutsche
Reich hinnahmen. (Die einzige Panne bei diesem Coup war der Ausfall
zahlreicher Panzer auf dem Weg nach Wien.) Noch ermutigender war
es für ihn, als er hörte, Chamberlain und Halifax hätten russische Vorschläge abgelehnt, nun über einen gemeinsamen Sicherheitsplan gegen
die deutsche Expansion zu verhandeln.

In diesem Zusammenhang muß man hinzufügen, daß die russische
Regierung im September 1938, als Hitlers Drohungen gegenüber der
Tschechoslowakei ihren Höhepunkt erreichten, noch einmal öffentlich
und vertraulich ihre Bereitschaft zu erkennen gab, gemeinsam mit
Frankreich und Großbritannien Maßnahmen zum Schutz dieses Landes zu treffen. Die Westmächte ignorierten dieses Angebot. Darüber
hinaus hielt man Rußland ostentativ von der Münchner Konferenz
fern, auf der das Schicksal der Tschechoslowakei besiegelt wurde. Daß
man Rußland in diesem Augenblick die kalte Schulter zeigte, hatte im
folgenden Jahr fatale Folgen.

Nachdem die britische Regierung bis dahin keine Einwände gegen
Hitlers Vorgehen im Osten erhoben hatte, war ihre scharfe Reaktion
und die Teilmobilmachung, mit der sie im September seine Kriegsdro-
hungen gegen die Tschechoslowakei quittierte, für ihn eine unangenehme Überraschung. Als Chamberlain jedoch kurz darauf seine Forderung bezüglich des Sudetenlandes akzeptierte und in München sogar
noch die Aufgabe übernahm, den Tschechen Hitlers Wünsche plausi-
bel zu machen, gewann dieser den Eindruck, der momentane britische
Widerstand sei nur ein Schaugefecht gewesen, dazu gedacht, die überwiegende öffentliche Meinung Großbritanniens zu beschwichtigen,
deren Wortführer Winston Churchill war und der die Politik des Aus-
gleichs und der Zugeständnisse ablehnte.

Nicht weniger angespornt wurde Hitler durch die Untätigkeit der
Franzosen. Da sie so leichten Herzens ihren tschechoslowakischen
Verbündeten im Stich gelassen hatten, der übrigens von allen kleineren
Staaten die schlagkräftigste Armee besaß, glaubte er nicht daran, daß
sie zu den Waffen greifen würden, um eines der übrigen Glieder in der
Kette ihrer einstigen Bundesgenossen in Ost- und Mitteleuropa zu
verteidigen.

So durfte Hitler annehmen, er könne alsbald gefahrlos die Rest-

Tschechei eliminieren und dann seine Expansion nach Osten fortsetzen.

Gegen Polen vorzugehen, hatte er anfangs nicht vor, obwohl es das größte der Territorien besaß, die nach dem Ersten Weltkrieg von Deutschland abgetrennt worden waren. Polen hatte ihm wie Ungarn bei der Unterwerfung der Tschechei geholfen – Polen hatte die Lage genutzt und einen Streifen tschechisches Territorium an sich genommen. Hitler war bereit, Polen vorerst als Junior-Partner zu akzeptieren, sofern es Deutschland Danzig zurückgab und eine freie Zufahrt nach Ostpreußen durch den polnischen Korridor garantierte. Das war unter diesen Umständen eine bemerkenswert bescheidene Forderung. Im darauffolgenden Winter zeigte sich jedoch, daß die Polen zu keinerlei derartigen Zugeständnissen bereit waren und darüber hinaus übertriebene Vorstellungen von ihrer eigenen Stärke hatten. Trotzdem hoffte Hitler immer noch, sie würden im Verlauf weiterer Verhandlungen nachgeben. Noch am 25. März 1939 teilte er seinem Armeechef mit, er beabsichtige nicht, die Danzig-Frage mit Waffengewalt zu lösen. Ein unerwarteter britischer Schritt, der auf eine neue Aktion Hitlers in einer anderen Richtung folgte, führte die Sinnesänderung herbei.

In den ersten Monaten des Jahres 1939 waren die Spitzen der britischen Regierung so sorglos wie schon lange nicht mehr. Sie wiegten sich in dem Glauben, ihre beschleunigten Aufrüstungsmaßnahmen, Amerikas Wiederbewaffnungsprogramm und die wirtschaftlichen Schwierigkeiten Deutschlands entschärften die Situation. Am 10. März äußerte Chamberlain privat die Überzeugung, daß die Aussichten auf Frieden besser seien denn je, und drückte die Hoffnung aus, daß noch vor Jahresende eine neue Abrüstungskonferenz stattfinden könne. Am Tag darauf meinte Sir Samuel Hoare – Edens Vorgänger im Auswärtigen Amt und neuer Innenminister –, die Welt trete nun in ein goldenes Zeitalter ein. Minister versicherten Anhängern und Kritikern, Deutschlands wirtschaftliche Misere mache es ihm unmöglich, Krieg zu führen, und es müsse sich auf einen modus vivendi einlassen als Gegenleistung für die Hilfe, die die britische Regierung ihm in Form eines Handelsvertrags anbot. Zwei Minister, Oliver Stanley und Robert Hudson, reisten nach Berlin, um darüber zu verhandeln.

In der gleichen Woche brachte »Punch« eine Karikatur, auf der John Bull gerade erleichtert aus einem Alptraum erwacht, während das

Gespenst »Kriegsfurcht« zum Fenster hinausfliegt. Nie gab es einen solchen Zauberbann absurd optimistischer Illusionen wie in jenen Wochen, die den »Iden des März« 1939 vorausgingen.

Inzwischen hatten die Nationalsozialisten separatistische Bewegungen in der Tschechoslowakei unterstützt, um deren inneren Zusammenbruch herbeizuführen. Am 12. März erklärten die Slowaken ihre Unabhängigkeit, nachdem ihr Führer, Pater Tiso, Hitler in Berlin aufgesucht hatte. Der polnische Außenminister Oberst Beck war noch kurzsichtiger und sprach den Slowaken seine Sympathie aus. Am 15. März marschierten deutsche Truppen in Prag ein, nachdem sich der tschechoslowakische Präsident Hitlers Forderung nach einem Protektorat und der Besetzung des Landes gebeugt hatte.

Noch im August des Vorjahres hatte sich die britische Regierung in München verpflichtet, der Tschechoslowakei Beistand gegen Aggressionen zu leisten. Nun aber erklärte Chamberlain vor dem Unterhaus, der Abfall der Slowakei habe diese Garantie hinfällig gemacht, und er fühle sich an die Verpflichtung nicht mehr gebunden. Zwar äußerte er sein Bedauern über das, was geschehen war, erklärte aber, er sähe keinen Grund, die britische Politik zu ändern.

Nach wenigen Tagen aber verblüffte er die Welt mit einer totalen Kehrtwendung. Er beschloß, jedes weitere Vorgehen Hitlers zu verhindern, und übermittelte Polen am 29. März ein Angebot, es »gegen jede Handlung zu unterstützen, durch die Polens Unabhängigkeit gefährdet würde und der mit Waffengewalt entgegenzutreten die polnische Regierung für notwendig erachten sollte«.

Es ist unmöglich zu sagen, unter welchem Einfluß er diesen Entschluß faßte – ob es der Druck der öffentlichen Meinung war, seine eigene Empörung, sein Ärger darüber, von Hitler hintergangen worden zu sein, oder die Demütigung, in den Augen seiner Landsleute als der Übertölpelte dazustehen.

Die meisten derjenigen Briten, die seine bisherige Beschwichtigungspolitik unterstützt hatten, machten eine ähnlich heftige Reaktion durch – verschärft durch die Vorwürfe der »anderen Hälfte« der Nation, die dieser Politik mißtraut hatte. Der Bruch wurde überbrückt und die Nation wiedervereinigt durch eine allgemeine Welle der Empörung.

Die uneingeschränkte Garantieerklärung legte Großbritanniens

Schicksal in die Hände der Beherrscher Polens, Männer von zweifel-
haftem und unsicherem Urteilsvermögen. Außerdem war die Garantie
ohne die Hilfe Rußlands unmöglich zu erfüllen; aber man hatte keinerlei Fühler ausgestreckt, um zu erfahren, ob Rußland eine solche
Hilfe leisten und ob Polen sie annehmen würde.

Als das Kabinett gebeten wurde, der Garantieerklärung zuzustimmen, legte man ihm nicht einmal den Bericht der Stabschefs vor, der
deutlich gemacht hätte, wie unmöglich es in der Praxis war, Polen
wirksam zu unterstützen[1]. Angesichts der vorherrschenden Stimmung
ist jedoch kaum anzunehmen, daß dies an der Entscheidung etwas geändert hätte.

Im Parlament wurde die Garantieerklärung von allen Seiten begrüßt. Lloyd George war ein Rufer in der Wüste, als er vor dem
Unterhaus erklärte, es sei ein selbstmörderischer Fehler, eine so weitreichende Verpflichtung einzugehen, ohne sich zugleich die Rückendeckung Rußlands zu sichern. Die Garantie an Polen sei der sicherste
Weg, eine baldige Explosion und einen Weltkrieg auszulösen. Sie war
gleichzeitig die größtmögliche Versuchung und eine eindeutige Provokation. Sie stachelte Hitler dazu an, die Nutzlosigkeit einer solchen
Garantie zu demonstrieren, die einem Land außerhalb der Reichweite
des Westens gegeben worden war; und andererseits machte sie die
halsstarrigen Polen noch weniger zu Konzessionen gegenüber Hitler
bereit, und Hitler selbst konnte sich nun nicht mehr aus der Angelegenheit zurückziehen, ohne daß er sein Gesicht verlor.

Weshalb nahmen die Polen ein so fatales Angebot überhaupt an?
Einmal hatten sie eine absurd übertriebene Vorstellung von der
Schlagkraft ihrer veralteten Armee – sie sprachen großspurig von
einem »Kavallerieangriff auf Berlin«. Außerdem spielten auch persönliche Emotionen mit: Oberst Beck erklärte kurz danach, er habe zwischen zwei Griffen zum Aschenbecher, um die Asche von der Zigarette
abzustreifen, die er gerade rauchte, beschlossen, das britische Angebot
anzunehmen – er fügte hinzu, er habe bei seiner Zusammenkunft mit
Hitler im Januar nur schwer dessen Bemerkung schlucken können,
Danzig »müsse« zurückgegeben werden, und er halte das britische
Angebot für eine Möglichkeit, Hitler eine Ohrfeige zu geben. Dieser

---

1 Ich erfuhr davon kurz darauf durch Hore-Belisha, den damaligen Kriegsminister, und
auch durch Lord Beaverbrook, der von anderen Regierungsmitgliedern davon gehört
hatte.

Impuls war typisch für die Art und Weise, in der oft über das Schicksal von Völkern entschieden wird.

Der Krieg hätte sich nur durch die Unterstützung Rußlands vermeiden lassen, der einzigen Macht, die Polen unmittelbar Beistand leisten und so ein Abschreckungsfaktor für Hitler sein konnte. Aber trotz der gefährlichen Situation unternahm die britische Regierung nur zögernde und halbherzige Schritte in dieser Richtung. Chamberlain hatte eine starke persönliche Abneigung gegen Sowjetrußland und Halifax eine heftige religiöse Antipathie; beide unterschätzten die Stärke Rußlands ebenso, wie sie diejenige Polens überbewerteten. Wenn sie nun den Vorteil eines Bündnisses mit Rußland erkannten, so wollten sie doch, daß dieses ihren eigenen Vorstellungen entsprach, und begriffen nicht, daß sie sich durch ihre vorweggenommene Garantieerklärung an Polen in eine Position begeben hatten, in der sie um diesen Pakt hätten flehen müssen, und zwar zu den Bedingungen, die Rußland stellen würde. Stalin war das klar, ihnen selbst jedoch nicht.

Aber nicht nur sie selbst zögerten. Auch die Regierungen Polens und der anderen kleinen osteuropäischen Staaten nahmen nur ungern militärische Hilfe von Rußland an, da sie fürchteten, die Militärhilfe werde einer Invasion gleichkommen. So glich der Verlauf der britisch-russischen Verhandlungen eher einer Beerdigungsprozession.

Ganz anders reagierte Hitler auf die neue Lage. Die heftige Reaktion Großbritanniens und dessen verdoppelte Rüstungsanstrengungen erschreckten ihn zwar, aber die Wirkung war anders als gedacht. Er hatte den Eindruck, daß die Briten der deutschen Expansion nach Osten nun doch Widerstand entgegensetzen würden, und fürchtete, seine Pläne würden vereitelt, wenn er zögerte. Daher zog er den Schluß, daß er sein Verlangen nach Lebensraum rascher befriedigen mußte.

Aber wie konnte er dies tun, ohne einen allgemeinen Krieg auszulösen? Sein Plan war gefärbt von seinem historisch geprägten Bild der Briten. Er hielt sie für nüchterne und rational denkende Menschen, die ihre Emotionen mit dem Verstand kontrollieren, und glaubte daher, sie würden nicht im Ernst daran denken, wegen Polen einen Krieg zu führen, wenn sie dabei nicht die russische Unterstützung hatten. Daher unterdrückte er seinen Haß auf den »Bolschewismus« und bemühte sich, mit Rußland zu einem Einvernehmen zu gelangen und dessen Neutralität zu sichern. Diese Wendung war noch sensationeller als Chamberlains Schritt, und ihre Folgen waren ebenso fatal.

Hitlers Annäherung an Rußland wurde dadurch erleichtert, daß Stalin bereits im Westen nach einem neuen Partner suchte. Die begreifliche Verstimmung der Russen über die Art und Weise, wie Chamberlain und Halifax ihnen 1938 die kalte Schulter gezeigt hatten, wurde noch größer, als nach Hitlers Einmarsch in Prag ein neuer sowjetischer Vorschlag eines gemeinsamen Verteidigungsabkommens eine laue Aufnahme fand, während die britische Regierung bereitwilligst ein unverlangtes Arrangement mit Polen traf. Nichts war mehr dazu angetan, den Zweifel zu vertiefen und das Mißtrauen zu vergrößern.

Außer für Blinde mußte es eine unmißverständliche Warnung sein, als der russische Außenminister Litwinow abgelöst wurde. Er war lange Zeit ein Hauptbefürworter der Zusammenarbeit mit den Westmächten gewesen, um Nazi-Deutschland Widerstand zu leisten. Von seinem Nachfolger Molotow hieß es, er verhandle lieber mit Diktatoren als mit Demokraten.

Erste Fühlungnahmen wegen einer sowjetisch-deutschen Entente begannen im April, wurden aber von beiden Seiten mit äußerster Vorsicht geführt. Das gegenseitige Mißtrauen war groß; denn jeder argwöhnte, dem anderen käme es nur darauf an, ihn an einer Übereinkunft mit den Westmächten zu hindern. Aber der langsame Fortgang der englisch-russischen Verhandlungen ermutigte die Deutschen, ihrerseits das Tempo zu beschleunigen und ihr Werben zu verstärken. Molotow blieb bis Mitte August unentschieden. Dann kam der Umschwung. Er kann dadurch ausgelöst worden sein, daß Deutschland im Gegensatz zu Großbritannien Stalin hohe Forderungen zugestand, vor allem freie Hand in den baltischen Staaten. Es mochte auch mit der Tatsache zusammenhängen, daß Hitler den Beginn der Aktion nicht später als September ansetzen konnte, wenn ihm nicht das Wetter einen Strich durch die Rechnung machen sollte, und daß ein Aufschub der sowjetisch-deutschen Übereinkunft bis Ende August sicherstellte, daß Hitler und die Westmächte keine Zeit für ein neues »Münchner Abkommen« hätten, das für Rußland gefährlich gewesen wäre.

Am 23. August flog Ribbentrop zur Unterzeichnung des Paktes nach Moskau. In einem geheimen Zusatzprotokoll wurde die Aufteilung Polens zwischen Deutschland und Rußland vereinbart.

Dieser Pakt machte den Krieg gewiß, und dies um so mehr, weil er so spät abgeschlossen wurde. Hitler konnte sich nun nicht mehr aus der polnischen Angelegenheit zurückziehen, ohne in Moskau das

Gesicht zu verlieren. Und sein Glaube daran, daß die britische Regierung sich nicht auf einen von vornherein vergeblichen Kampf einlassen würde, um Polen zu schützen, und daß sie nicht ernstlich wünschte, Rußland hineinzuziehen, wurde dadurch bestärkt, daß Chamberlain Ende Juli inoffizielle Verhandlungen mit ihm durch seinen Vertrauten, Sir Horace Wilson, aufgenommen hatte, wegen eines anglo-deutschen Paktes, der »es Großbritannien ermöglichte, sich von seinen Verpflichtungen gegenüber Polen zu lösen«.

Aber der sowjetisch-deutsche Pakt, der so spät kam, übte auf die Briten nicht die erwartete Wirkung aus. Im Gegenteil, er weckte den »Bulldoggengeist«, die blinde Entschlossenheit ohne Rücksicht auf die Folgen. In diesem Gefühlszustand konnte Chamberlain nicht abseitsstehen, ohne sowohl das Gesicht zu verlieren als auch ein Versprechen zu brechen.

Stalin wußte nur zu gut, daß die Westmächte seit langem geneigt gewesen waren, Hitlers Expansion nach Osten, das heißt in Richtung Rußland, zu dulden. Wahrscheinlich sah er in dem sowjetisch-deutschen Pakt ein geeignetes Mittel, um Hitlers Aggressionswillen nach Westen abzulenken. Mit anderen Worten: durch diesen geschickten Zug konnte er seine unmittelbaren und möglichen Gegner aufeinanderprallen lassen. Mindestens konnte dies die Bedrohung Rußlands verringern und zu einer allgemeinen Erschöpfung seiner Gegner führen, so daß Rußlands Aufstieg nach dem Krieg gesichert war.

Durch den Pakt wurde Polen als Puffer zwischen Deutschland und Rußland beseitigt. Aber die Russen hatten immer in Polen eher die Lanzenspitze einer deutschen Invasion gegen Rußland als einen Riegel dagegen gesehen. Wenn sie nun Hitlers Eroberungspläne gegen Polen unterstützten und das Land mit ihm aufteilten, konnten sie nicht nur bequem ihren Besitzstand von 1914 wiedererlangen, sondern auch Ostpolen in eine Barriere verwandeln, die, wenn auch schmaler, von ihren eigenen Streitkräften gehalten wurde. Das schien ein zuverlässigerer Puffer als ein unabhängiges Polen zu sein. Außerdem ebnete der Pakt den Weg für eine russische Besetzung der baltischen Staaten und Bessarabiens als eine Erweiterung des Puffers.

Kapitel 2:
Die Streitkräfte beim Kriegsausbruch

Am Freitag, dem 1. September 1939, marschierten die deutschen Armeen in Polen ein. Am Sonntag, dem 3. September, erklärte die britische Regierung Deutschland den Krieg in Erfüllung ihrer vorher an Polen gegebenen Garantie. Sechs Stunden später folgte die französische Regierung, wenn auch zögernd, dem britischen Beispiel.

Am Ende seiner schicksalhaften Erklärung vor dem britischen Unterhaus sagte der siebzigjährige Premierminister Chamberlain: »Ich bin sicher, daß ich den Tag erleben werde, an dem der Hitlerismus vernichtet und ein befreites Europa wiederhergestellt ist.« Nach weniger als einem Monat war Polen überrannt. Nach neun Monaten waren die meisten Länder Westeuropas von der sich ausbreitenden Flut des Krieges erfaßt. Und wenn Hitler auch am Ende geschlagen wurde – ein befreites Europa wurde nicht wiederhergestellt.

Arthur Greenwood begrüßte namens der Labour Party die Kriegserklärung und drückte seine Erleichterung darüber aus, daß »die unerträgliche Spannung vorüber ist, unter der wir alle standen. Nun wissen wir das Schlimmste«. Aus dem Beifall ging hervor, daß er das allgemeine Empfinden des Unterhauses ausdrückte. Er schloß: »Möge der Krieg rasch und kurz sein und möge der Friede, der ihm folgt, für immer stolz auf den Trümmern eines bösen Namens stehen.«

Kein nüchterner Vergleich der beiderseitigen Streitkräfte berechtigte zu dem Glauben, der Krieg könne »rasch und kurz« sein, oder auch nur zu der Hoffnung, Frankreich und Großbritannien könnten allein Deutschland besiegen, wie lange der Krieg auch dauern mochte. Noch törichter war die Annahme, wir wüßten nun »das Schlimmste«.

Da gab es zunächst Illusionen über die Stärke Polens. Lord Halifax – der als Außenminister hätte gut informiert sein sollen – glaubte,

Polen sei militärisch von größerem Wert als Rußland, und zog es als Verbündeten vor. Das teilte er am 24. März, also wenige Tage vor der plötzlichen britischen Garantieerklärung, dem amerikanischen Botschafter mit. Im Juli besuchte General Ironside, Generalinspekteur der Streitkräfte, die polnische Armee und gab Churchill »äußerst günstige« Berichte.

Noch größer waren die Illusionen hinsichtlich der französischen Armee. Churchill selbst bezeichnete sie als die »am besten ausgebildete und sicher die beweglichste in Europa«. Als er wenige Tage vor Kriegsausbruch General Georges, den Oberkommandierenden der französischen Feldarmee, besuchte und die Zahlenvergleiche zwischen den französischen und den deutschen Streitkräften sah, war er so beeindruckt, daß er erklärte: »Aber Sie sind ja weit überlegen.«

Das mag die Bereitwilligkeit vergrößert haben, mit der auch er die Franzosen drängte, zur Unterstützung Polens ebenfalls rasch den Krieg zu erklären. In der Depesche des französischen Botschafters hieß es: »Einer der erregtesten war Mr. Churchill. Seine Stimme ließ das Telefon vibrieren.« Im März hatte Churchill selbst erklärt, er stimme hinsichtlich des Garantieangebots an Polen »mit dem Premierminister völlig überein«. Wie fast alle politischen Führer Großbritanniens hatte er es für eine Maßnahme zur Erhaltung des Friedens gehalten. Lloyd George hatte als einziger auf die Untauglichkeit dieses Schrittes und auf die damit verbundenen Gefahren hingewiesen. Die »Times« nannte seine Warnung »einen Ausbruch des trostlosen Pessimismus von Mr. Lloyd George, der nun eine seltsame und abgelegene Welt für sich zu bewohnen scheint«.

Es muß allerdings erwähnt werden, daß man in ernster zu nehmenden Militärkreisen diese Illusionen nicht teilte [1]. Aber im allgemeinen war die vorherrschende Stimmung von Emotionen geladen, die den Sinn für die unmittelbaren Realitäten erstickten und den Blick verstellten.

Hätte Polen länger gehalten werden können? Hätten Frankreich

---

[1] Meine eigene strategische Beurteilung der Lage, bei Kriegsausbruch geschrieben, sagte die baldige Niederlage Polens und die Wahrscheinlichkeit voraus, daß Frankreich den Kampf nicht lange würde durchhalten können, und kam zu folgendem Schluß: »Kurz, dadurch, daß wir uns auf strategisch unsicheren Boden gestellt haben, sind wir in eine ganz mißliche Lage geraten – vielleicht das Schlimmste unserer Geschichte.«

und Großbritannien mehr tun können, um den deutschen Druck auf Polen zu verringern? Die Antwort auf beide Fragen scheint im ersten Augenblick positiv zu sein. Die polnischen Streitkräfte waren zahlenmäßig stark genug, um die deutschen Invasionstruppen an den Grenzen zu binden oder ihren Vormarsch mindestens zu verzögern. Der Zahlenvergleich zeigt ebenso deutlich, daß die Franzosen hätten in der Lage sein müssen, die deutschen Truppen zu schlagen, die ihnen im Westen gegenüberstanden.

Die polnische Armee bestand aus dreißig aktiven Divisionen und zehn Reservedivisionen. Außerdem umfaßte sie nicht weniger als zwölf große Kavalleriebrigaden, allerdings war nur eine davon motorisiert. Polen war sogar noch stärker, als es sich in der Gesamtzahl der Divisionen ausdrückt; denn es konnte fast zweieinhalb Millionen Soldaten mobilisieren.

Frankreich mobilisierte das Äquivalent von 110 Divisionen, von denen nicht weniger als 65 aktive Divisionen waren. Darunter befanden sich fünf Kavalleriedivisionen, zwei motorisierte Divisionen und eine Panzerdivision, die noch im Aufbau begriffen war. Der Rest bestand aus Infanteriedivisionen. Alles in allem konnte das französische Oberkommando, nachdem für die Verteidigung Südfrankreichs und Nordafrikas gegen eine mögliche Bedrohung durch Italien Vorsorge getroffen war, 85 Divisionen an der Nordfront zusammenziehen. Darüber hinaus konnte es fünf Millionen Mann mobilisieren.

Großbritannien hatte zugesagt, beim Kriegsausbruch vier reguläre Divisionen nach Frankreich zu entsenden, abgesehen davon, daß es für die Verteidigung des Nahen und Fernen Ostens sorgte, und schickte tatsächlich das Äquivalent von fünf Divisionen. Wegen der Schwierigkeiten des Seetransports und des Umweges, den man für nötig hielt, um Luftangriffen auszuweichen, traf dieses erste Kontingent erst Ende September ein.

Großbritannien besaß eine kleine, aber hochqualifizierte reguläre Armee und war gerade im Begriff, eine 26 Divisionen starke territoriale Feldarmee aufzustellen. Bei Kriegsausbruch war geplant, diese auf 55 Divisionen zu vergrößern. Aber das erste Kontingent dieser neugebildeten Truppe würde erst 1940 einsatzfähig sein. Inzwischen konnte Großbritanniens Hauptbeitrag zum Krieg nur in der traditionellen Form bestehen, daß es als Seemacht eine Blockade aufbaute – eine Maßnahme, die zwangsläufig nur langsam Wirkungen zeigt.

Großbritannien besaß eine Bomberflotte von etwas mehr als 600 Maschinen – Frankreich hatte nur die Hälfte, Deutschland aber erheblich mehr als doppelt so viele; aber angesichts der geringen Größe und Reichweite der Maschinen konnten sie keine ernsthafte Wirkung durch unmittelbare Angriffe auf Deutschland ausüben.

Deutschland mobilisierte 98 Divisionen, darunter 52 aktive Divisionen (sechs österreichische inbegriffen). Von den übrigen 46 Divisionen waren jedoch nur zehn bei der Mobilisierung einsatzfähig, und sogar diese bestanden größtenteils aus Rekruten, die erst ungefähr einen Monat gedient hatten. Die anderen 36 Divisionen bestanden hauptsächlich aus Veteranen des Ersten Weltkriegs – Vierzigjährigen, die mit den modernen Waffen und Taktiken kaum vertraut waren. Ihnen fehlte es an Artillerie und anderen Waffen. Es dauerte lange Zeit, diese Divisionen zu organisieren und für einen gemeinsamen Einsatz auszubilden – länger als das deutsche Oberkommando geschätzt hatte, das über die Langwierigkeit des Prozesses alarmiert war.

Die deutsche Armee war im Jahr 1939 nicht bereit für den Krieg – einen Krieg, den die Generale nicht erwarteten, weil sie auf Hitlers Zusicherungen vertrauten. Sie hatten sich nur unwillig Hitlers Wunsch gefügt, die Armee rasch zu vergrößern, da sie einen schrittweisen Aufbau gründlich ausgebildeter Kerntruppen vorzogen. Hitler hatte ihnen wiederholt versichert, sie hätten zu einer solchen Ausbildung genügend Zeit, da er nicht vor 1944 einen Krieg riskieren werde. Auch die Ausrüstung war unzureichend, gemessen an der Größe der Armee.

Trotzdem nahm man später allgemein an, Deutschlands rasche Siege im Anfangsstadium des Krieges seien einer überwältigenden Überlegenheit an Waffen und Mannschaftsstärke zuzuschreiben gewesen.

Die zweite Illusion verblaßte nur langsam. Selbst Churchill schrieb in seinen Kriegsmemoiren, die Deutschen hätten 1940 mindestens tausend »schwere Panzer« gehabt. In Wirklichkeit besaßen sie überhaupt keine schweren Panzer. Bei Kriegsbeginn hatten sie nur eine Handvoll mittelschwerer Panzer, die knapp 20 Tonnen wogen. Die meisten in Polen eingesetzten Panzer waren sehr leicht und nur schwach armiert.

Die Vergleichszahlen zeigen, daß die Polen und Franzosen zusammen 130 Divisionen hatten, gegenüber 98 deutschen Divisionen, von denen 36 praktisch unausgebildet und unorganisiert waren. Das Zahlenverhältnis der ausgebildeten Soldaten war für Deutschland noch ungünstiger. Es wurde jedoch dadurch ausgeglichen, daß die stärkeren Streitkräfte durch Deutschlands zentrale Lage in zwei Teile getrennt waren. Die Deutschen konnten den schwächeren der beiden Partner angreifen, während die Franzosen Deutschlands vorbereiteter Verteidigungslinie gegenüberstanden, wenn sie ihrem Verbündeten zu Hilfe kommen wollten.

Trotzdem waren die Polen zahlenmäßig stark genug, um die gegen sie antretende Angriffstruppe aufzuhalten, die aus 48 aktiven Divisionen bestand. Ihnen folgten ungefähr ein halbes Dutzend Reservedivisionen; aber der Feldzug war beendet, ehe sie eingesetzt werden konnten.

Oberflächlich gesehen scheint es, als seien die Franzosen hinreichend überlegen gewesen, um die deutschen Streitkräfte im Westen zu zerschlagen und über den Rhein vorzudringen. Die deutschen Generale waren erstaunt und erleichtert darüber, daß dies nicht geschah. Denn die meisten neigten dazu, noch in den Begriffen von 1918 zu denken, und sie überschätzten die französische Armee ebenso, wie es die Briten taten.

Aber die Frage, ob Polen aushalten und Frankreich ihm wirksamer hätte helfen können, sieht bei näherer Prüfung ganz anders aus, wenn man die der Lage innewohnenden Handicaps und die neue Technik der Kriegführung berücksichtigt, die 1939 zum erstenmal praktiziert wurde. Von diesem heutigen Standpunkt aus schien es schon damals unmöglich, daß der Gang der Ereignisse geändert werden konnte.

Churchill beschrieb den Zusammenbruch Polens so:

»Weder in Frankreich noch in Großbritannien hat man hinreichend die Folgen der neuen Tatsache begriffen, daß man Panzerfahrzeuge selbst gegen Artilleriebeschuß armieren und für ein Vorgehen von hundert Meilen am Tag konstruieren konnte.«

Diese Feststellung ist nur allzu wahr, zumindest in bezug auf die meisten älteren Staatsmänner und Militärs auf beiden Seiten. Aber gerade in Großbritannien hatte eine kleine Gruppe fortschrittlicher Militärtheoretiker diese neuen Möglichkeiten zum erstenmal gesehen und unablässig in der Öffentlichkeit darauf hingewiesen.

Im zweiten Band seines Buches über den Zweiten Weltkrieg, der sich mit dem Zusammenbruch Frankreichs 1940 beschäftigt, machte

Churchill das bemerkenswerte, wenn auch eingeschränkte Eingeständnis:

> »Da ich seit so vielen Jahren keinen Zugang zu amtlichen Infor-
> mationen hatte, war mir das Ausmaß der Revolution nicht bewußt,
> die sich seit dem letzten Kriege durch das Auftreten einer Masse
> schneller schwerer Panzerfahrzeuge vollzogen hatte. Ich wußte da-
> von; aber es hat meine Überzeugungen nicht in dem Maß beeinflußt,
> wie es hätte der Fall sein sollen.«

Das ist eine erstaunliche Bemerkung aus der Feder eines Mannes, der
im Ersten Weltkrieg als Befürworter der Tanks eine so große Rolle gespielt hatte. Das Eingeständnis war in seiner Offenheit ehrenwert.
Aber Churchill war bis 1929 Schatzkanzler gewesen, während im Jahr
1927 auf der Ebene von Salisbury der erste motorisierte Versuchsver-
band der Welt aufgestellt wurde, um die neuen Theorien auszuprobieren, die die Verfechter einer Kriegführung mit schnellen Panzern seit
mehreren Jahren gepredigt hatten. Churchill war völlig vertraut mit
ihren Ideen; er hatte die neue Panzertruppe bei Übungen gesehen und
in den folgenden Jahren mehrmals besucht.

In Frankreich war das Unverständnis für die neue Art der Kriegführung und der offizielle Widerstand gegen sie noch größer als in England, und in Polen größer als in Frankreich. Diese Verständnislosigkeit
war die Ursache des Versagens beider Armeen im Jahr 1939 und, noch
verheerender, der französischen im Jahr 1940.

Die Polen hielten an ihren hergebrachten militärischen Vorstellungen und weitgehend auch an der Struktur ihrer Streitkräfte fest. Sie besaßen keine Panzerdivisionen, keine motorisierten Divisionen, und
ihren veralteten Formationen fehlte es an Panzer- und Flugzeugab-
wehrgeschützen. Außerdem glaubte die polnische Führung noch
immer an den Wert einer starken Kavallerie und gab sich dem rühren-
den Glauben an die Möglichkeit hin, Kavallerieattacken auszuführen.
Man kann wohl sagen, daß ihre Vorstellungen in dieser Hinsicht um
achtzig Jahre hinter der Zeit herhinkten; denn schon im amerikanischen Bürgerkrieg hatte sich die Vergeblichkeit von Kavallerieangrif-
fen gezeigt, auch wenn die Pferdeliebhaber unter den Militärs vor dieser Lehre die Augen verschlossen. Die Beibehaltung großer
Kavallerieformationen in allen Armeen des Ersten Weltkriegs, in der
Hoffnung auf einen Durchbruch, der nie erzielt wurde, war die größte
Farce dieses unbeweglichen Krieges.

Die Franzosen besaßen zwar viele Bestandteile einer modernen Armee; aber sie hatten sie nicht zu einer solchen organisiert, weil die Vorstellungen ihrer militärischen Spitze um zwanzig Jahre hinterherhinkten. Im Gegensatz zu der Legende, die nach ihrer Niederlage entstand, besaßen sie mehr Panzer als die Deutschen, und viele davon waren größer und schwerer armiert als irgendein deutscher Panzer, wenn sie auch kaum schneller waren. Aber das französische Oberkommando betrachtete die Tanks immer noch mit den Augen von 1918 – als Hilfskräfte der Infanterie oder als Erkundungstrupps an Stelle der Kavallerie. Unter dem Bann dieser altmodischen Denkweise hatten sie es versäumt, ihre Panzer in Divisionen zusammenzufassen, wie es die Deutschen getan hatten, und neigten immer noch dazu, sie nur vereinzelt einzusetzen.

Die Schwäche der Franzosen und noch mehr der Polen an modernen Bodentruppen wurde noch verschlimmert durch ihren Mangel an Luftstreitkräften, die ihre Armeen hätten sichern und unterstützen müssen. Den Polen fehlten die nötigen Produktionsstätten, aber die Franzosen hatten keine solche Entschuldigung. In beiden Fällen war die Flugzeugbeschaffung dem Aufbau großer Armeen untergeordnet worden, da bei der Verteilung der Militärhaushaltsmittel die Stimmen der Generale den Ausschlag gaben, und die Generale neigten natürlicherweise dazu, die Waffengattungen zu bevorzugen, mit denen sie vertraut waren. Sie waren weit davon entfernt zu erkennen, in welchem Ausmaß die Effizienz der Bodentruppen jetzt von ausreichender Luftunterstützung abhing.

Der Zusammenbruch beider Armeen kann auf ein fatales Maß von Selbstzufriedenheit an der Spitze zurückgeführt werden. Bei den Franzosen war sie gestärkt worden durch den Sieg im Ersten Weltkrieg und die gewohnte Ehrfurcht ihrer Verbündeten vor ihrer vermeintlich überlegenen Kriegskunst. Bei den Polen war sie genährt durch ihren Sieg über die Russen im Jahr 1920. In beiden Fällen hatten die führenden Militärs lange Zeit hindurch eine selbstgefällige Arroganz hinsichtlich ihrer Armeen und ihrer Technik an den Tag gelegt. Der Gerechtigkeit halber muß erwähnt werden, daß einige jüngere französische Soldaten wie Oberst de Gaulle lebhaftes Interesse an den neuen Ideen über die Panzerkriegführung zeigten, die in England gepredigt wurde.

Aber die höheren französischen Generale schenkten diesen britischen »Theorien« wenig Beachtung – ganz im Gegensatz zur neuen Schule deutscher Generale[1].

Trotzdem war die deutsche Armee noch alles andere als eine moderne und kriegstüchtige Waffe. Sie war als Ganzes nicht kriegsbereit, die meisten aktiven Divisionen hatten eine veraltete Struktur, und die Konzeptionen der höheren Kommandostellen bewegten sich immer noch in alten Gleisen. Aber Deutschland hatte eine kleine Zahl neuartiger Formationen aufgestellt, als der Krieg ausbrach, nämlich sechs Panzerdivisionen und vier »leichte« (motorisierte) Divisionen sowie vier motorisierte Infanteriedivisionen als Rückendeckung. Das war nur ein kleiner Prozentsatz, aber er zählte mehr als die gesamte übrige deutsche Armee.

Gleichzeitig hatte das deutsche Oberkommando, wenn auch zögernd, die neue Theorie der schnellen Kriegführung übernommen. Das war vor allem der begeisterten Fürsprache von General Heinz Guderian und einiger anderer zu verdanken sowie dem Umstand, daß ihre Argumente Hitler überzeugten. Ihm gefiel diese Idee, die eine rasche Lösung versprach. Kurz: die deutsche Armee errang ihre erstaunliche Serie von Siegen nicht etwa durch überwältigende Stärke oder weil sie völlig modern gewesen wäre, sondern weil sie um einige Grade fortschrittlicher war als ihre Gegner.

Die europäische Situation im Jahr 1939 gab jener vielzitierten Bemerkung Clemenceaus aus dem letzten großen Konflikt der Nationen einen neuen Sinn: »Der Krieg ist eine zu ernste Sache, als daß man ihn den Soldaten überlassen darf.« Denn er konnte nun nicht den Soldaten überlassen werden, selbst wenn man ihrem Können das größte Vertrauen entgegengebracht hätte. Die Fähigkeit, einen Krieg durchzuhalten, wenn nicht sogar, ihn auszulösen, war von der militärischen Sphäre auf die Wirtschaft übergegangen. Wie die Maschine auf dem Schlachtfeld eine immer größere Bedeutung bekam, so drängten nun Industrie und Wirtschaftskraft die Frontarmeen in den Hintergrund

---

[1] Es liegt eine bittere Ironie darin, wenn ich daran erinnere, daß ich in meinem kurz vor dem Krieg veröffentlichten Buch »The Defence of Britain« meine Bedenken darüber äußerte, daß die polnischen Militärs immer noch an Kavallerieangriffe gegen moderne Waffen glaubten, und sich das polnische Außenministerium daraufhin veranlaßt sah, offiziell gegen eine solche abfällige Äußerung über ihr Urteilsvermögen zu protestieren.

der großen Strategie. Wenn sie nicht ununterbrochen von den Fabriken und Ölfeldern beliefert werden konnten, waren sie nichts als träge Massen. So eindrucksvoll marschierende Kolonnen auf den ehrfürchtigen zivilen Zuschauer auch wirken mögen – in den Augen eines modernen Kriegswissenschaftlers sind sie nur Marionetten auf einem Förderband.

Wenn einsatzfähige Armeen und die Ausrüstung allein gezählt hätten, wäre das Bild noch düsterer gewesen. Das Münchner Abkommen hatte das strategische Gleichgewicht Europas verändert, und zwar mindestens für einige Zeit sehr zuungunsten Frankreichs und Großbritanniens. Keine noch so starke Beschleunigung ihrer Rüstungsprogramme konnte die Tatsache wettmachen, daß auf lange Zeit hinaus die 35 gut bewaffneten tschechoslowakischen Divisionen auf den Waagschalen des Gleichgewichts fehlten und gleichzeitig die entsprechende Anzahl deutscher Divisionen freisetzten, die sie hätten in Schach halten können.

Der Rüstungsstand, den Frankreich und Großbritannien bis März 1939 erreicht hatten, wurde mehr als ausgeglichen durch das, was die Deutschen bei ihrem Einmarsch in die hilflose Tschechoslowakei gewannen, deren Munitionsfabriken und militärische Ausrüstungen sie übernahmen. Allein an schwerer Artillerie verdoppelte Deutschland seine Bestände mit einem Schlag. Und die Aussichten wurden noch schlechter, nachdem deutsche und italienische Hilfe Franco ermöglicht hatten, das republikanische Spanien zu stürzen, und somit das Gespenst einer zusätzlichen Bedrohung der französischen Grenze und der Seeverbindungen Frankreichs und Großbritanniens auftauchte.

Strategisch hätte nur die Unterstützung Rußlands das Gleichgewicht in absehbarer Zeit wiederherstellen können. Strategisch gesehen, war auch keine Zeit so günstig für ein Zusammengehen Rußlands mit den Westmächten. Aber das strategische Gleichgewicht ruhte auf wirtschaftlicher Basis, und es war zweifelhaft, ob die Waagschale unter dem Druck des Krieges das Gewicht der deutschen Streitkräfte lange würde tragen können.

Etwa zwanzig Rohstoffe waren für den Krieg wichtig: Kohle für die allgemeine Produktion; Erdöl für Motoren; Baumwolle für Sprengstoffe; Wolle, Eisen; Gummi für Bereifungen; Kupfer für die allgemeine Rüstung und alle elektrischen Geräte; Nickel für die Stahlerzeugung und für Munition; Blei für Munition; Glyzerin für Dynamit;

Zellulose für rauchloses Pulver; Quecksilber für Zünder; Aluminium für Flugzeuge; Platin für chemische Apparate; Antimon, Mangan usw. für die Stahlproduktion und Metallurgie im allgemeinen; Asbest für Munition und Maschinen; Glimmer als Isoliermittel; Salpetersäure und Schwefel für Explosivstoffe.

Großbritannien fehlten außer Kohle die meisten Rohstoffe, die in größeren Mengen benötigt wurden. Aber solange die Seewege gesichert waren, standen die meisten im britischen Empire zur Verfügung. Etwa 90 Prozent der Weltnickelproduktion kam aus Kanada und der größte Teil des Restes aus der französischen Kolonie Neukaledonien. Mangel herrschte vor allem an Antimon, Quecksilber und Schwefel. Auch die Ölvorräte reichten für den Kriegsbedarf nicht aus.

Frankreich konnte diese Mangelwaren nicht liefern, und ihm selbst fehlte es an Baumwolle, Kupfer, Blei, Mangan, Gummi und einigen anderen, weniger wichtigen Rohstoffen.

Rußland besaß reichliche Vorräte von den meisten dieser Produkte. Ihm fehlten Antimon, Nickel und Gummi, und seine Vorräte an Kupfer und Schwefel waren begrenzt.

In der günstigsten Lage von allen Mächten waren die Vereinigten Staaten. Sie besaßen zwei Drittel der gesamten Ölvorräte der Welt, erzeugten ungefähr die Hälfte der Weltproduktion an Baumwolle und fast die Hälfte an Kupfer, während sie lediglich von Lieferungen von Antimon, Nickel, Gummi, Zinn und in einem gewissen Maß von Mangan abhängig waren.

Völlig anders war die Lage der Achse Berlin–Rom–Tokio. Italien mußte den größten Teil seines Bedarfs an fast allen Rohstoffen einführen, sogar an Kohle. Japan war fast ebenso von ausländischen Lieferanten abhängig. Deutschland besaß keine eigene Produktion von Baumwolle, Gummi, Zinn, Platin, Bauxit, Quecksilber und Glimmer, und seine Vorräte an Eisenerz, Kupfer, Antimon, Mangan, Nickel, Schwefel, Wolle und Erdöl waren unzureichend. Durch die Annexion der Tschechoslowakei hatte es seinen Mangel an Eisenerz etwas reduzieren können, und durch seine Intervention in Spanien hatte es sich eine weitere Quelle erschlossen, auch für die Lieferung von Quecksilber. Allerdings hing die Lieferung von einem ungestörten Transport über See ab. Den Bedarf an Wolle wiederum konnte Deutschland durch einen neuen Wolleersatz decken. Ebenso deckte es etwa ein Fünftel seines Gummibedarfs mit »Buna« und ein Drittel seines Ölbedarfs mit im Inland hergestelltem Brennstoff, wenn auch zu wesentlich höheren Kosten.

Die Brennstoffversorgung war das Hauptproblem der Achsenmächte, gerade in einer Zeit, als die Armeen zunehmend motorisiert wurden und die Luftstreitkräfte ein entscheidender militärischer Faktor geworden waren. Außer Kohlederivaten erhielt Deutschland ungefähr eine halbe Million Tonnen Öl aus eigenen Quellen und eine kleine Menge aus Österreich und der Tschechoslowakei. Um den Friedensbedarf zu decken, mußte es fast 5 Millionen Tonnen einführen. Die wichtigsten Lieferanten waren Venezuela, Mexiko, Niederländisch-Indien, die Vereinigten Staaten, Rußland und Rumänien. Der Zugang zu den vier erstgenannten war im Krieg unmöglich, und zu den beiden letzteren nur durch Eroberung. Darüber hinaus schätzte man Deutschlands Ölbedarf im Krieg auf über 12 Millionen Tonnen im Jahr. Unter diesen Umständen war kaum zu erwarten, daß eine Steigerung der Produktion von künstlichem Treibstoff ausreichen würde. Nur die Eroberung der rumänischen Ölquellen, die 7 Millionen Tonnen erzeugten, in unbeschädigtem Zustand konnte den Bedarf sicherstellen. Wenn Italien in den Krieg eintrat, mußte es die Versorgungslücke noch vergrößern, da es von den etwa 4 Millionen Tonnen im Jahr, die es benötigte, nur etwa 2 Prozent selbst erzeugte, und zwar in Albanien, und selbst dies setzte voraus, daß seine Schiffe ungehindert die Adria überqueren konnten.

Zu diesen unsicheren Grundlagen kam noch die angespannte psychische Situation der deutschen und italienischen Bevölkerung. Die Annehmlichkeiten und sogar die Notwendigkeiten des Lebens waren im Interesse der Rüstung beschnitten worden. Das alte Sprichwort, daß »eine Armee auf ihrem Magen marschiert«, war auf moderne Nationen in einem noch weiteren Sinn anwendbar.

Wenn man sich die Schuhe des eventuellen Gegners anzieht, merkt man am besten, wie einem die eigenen passen. So düster der militärische Aspekt geworden war, so gaben die unzureichenden Rohstoffquellen Deutschlands und Italiens doch Grund zur Zuversicht; denn die Achsenmächte konnten keinen langen Krieg führen, wenn die Mächte, die ihnen gegenüberstanden, dem ersten Schock und den ersten Belastungen widerstehen konnten. In jedem Konflikt, der nun abzusehen war, hing das Glück der Achse davon ab, daß der Krieg rasch beendet werden konnte.

Teil II
Der Kriegsausbruch
1939–1940

Kapitel 3:
Der Polenfeldzug

Der Feldzug in Polen war die erste Demonstration und die erste praktische Anwendung der Theorie der motorisierten Kriegführung mit kombinierten Panzer- und Luftstreitkräften. Als diese Theorie in Großbritannien entwickelt wurde, bezeichnete man ihre praktische Ausführung mit dem Wort »lightning«. Paradoxerweise, aber mit Recht, wurde sie nun unter der deutschen Bezeichung »Blitzkrieg« bekannt.

Polen war für eine Demonstration des Blitzkrieges nur zu gut geeignet. Seine Grenzen waren sehr lang – insgesamt etwa 5 600 Kilometer. Die ursprünglich 2 000 Kilometer lange deutsch-polnische Grenze war kurz zuvor durch die Besetzung der Tschechoslowakei auf 3 000 Kilometer verlängert worden. Diese hatte außerdem dazu geführt, daß die polnische Südflanke ebenso einer Invasion preisgegeben war wie die an Ostpreußen grenzende Nordflanke. Das westliche Polen war wie ein riesiger Bissen, der zwischen Deutschlands Kiefern lag.

Die polnische Ebene ermöglichte einem mobilen Angreifer leichtes Vordringen. Das Gelände war nicht ganz so ideal wie in Frankreich; denn es gab nur wenige gute Straßen, dafür in manchen Gebieten viele Seen und Wälder, und neben den Straßen traf man oft tiefen Sand an. Aber der für den Angriff gewählte Zeitpunkt glich diese Hindernisse aus.

Es wäre klüger gewesen, wenn sich die polnische Armee weit hinten gesammelt hätte, jenseits der Weichsel und des San. Allerdings hätte dies die Preisgabe einiger der wertvollsten Landesteile bedeutet. Das schlesische Kohlenrevier befand sich nahe der Grenze – es hatte bis 1918 zu Deutschland gehört –, und die meisten wichtigen Industriegebiete lagen westlich der Flußbarriere, wenn auch etwas weiter im Hin-

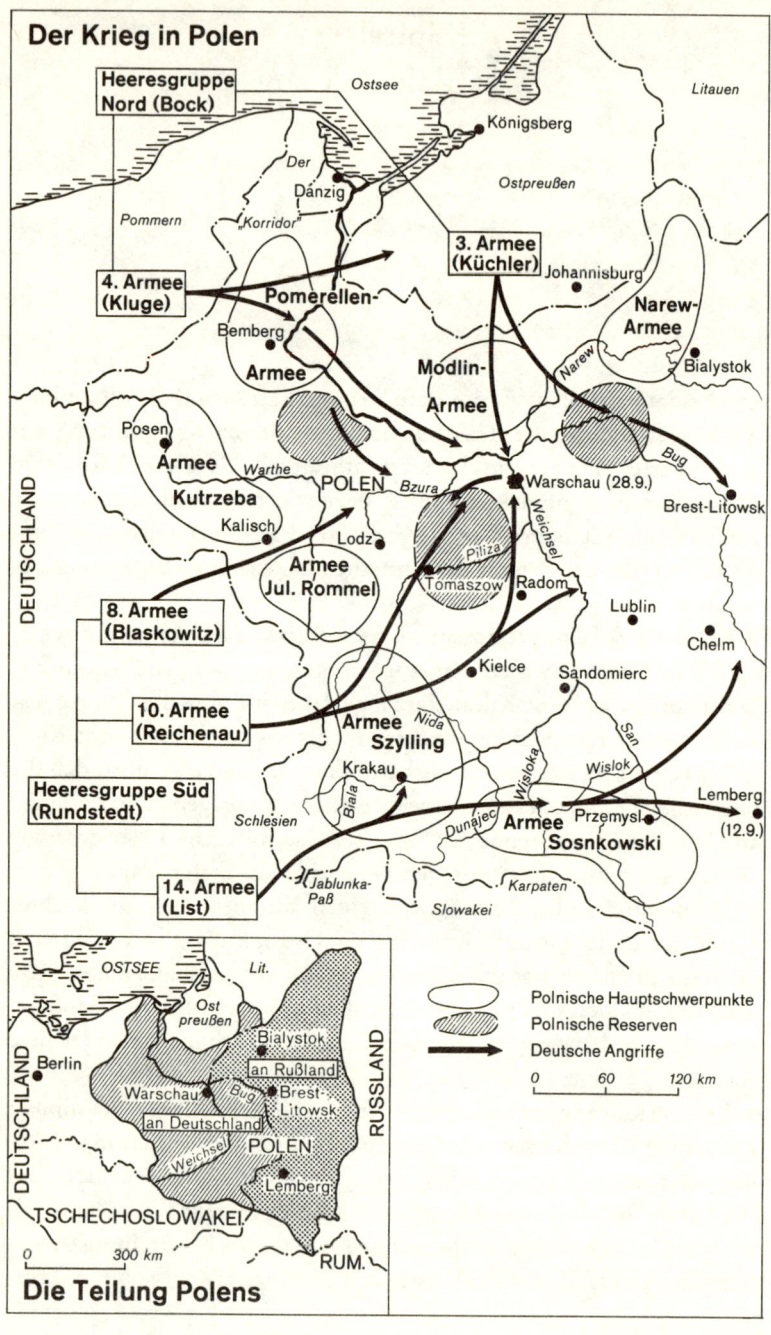

Der Krieg in Polen

Heeresgruppe
Nord (Bock)

Ostsee

Litauen

Königsberg

Der
Danzig

Ostpreußen

Pommern

„Korridor"

4. Armee
(Kluge)

3. Armee
(Küchler)

Johannisburg

Pomerellen-

Narew-
Armee

Bemberg

Narew

Bialystok

Armee

Modlin-

Armee

DEUTSCHLAND

Posen

Armee

Warthe

POLEN

Bzura

Warschau (28.9.)

Bug

Brest-Litowsk

Kutrzeba

Kalisch

Lodz

Pilzza

Weichsel

Armee
Jul. Rommel

Tomaszow

Radom

Lublin

8. Armee
(Blaskowitz)

Kielce

Sandomierc

Chelm

10. Armee
(Reichenau)

Armee
Szylling

Nida

Heeresgruppe Süd
(Rundstedt)

Krakau

Schlesien

Biala

Wisloka

Wislok

San

Lemberg
(12.9.)

Przemysl

Armee

14. Armee
(List)

Jablunka-
Paß

Dunajec

Sosnkowski

Karpaten

Slowakei

OSTSEE

Lit.

Ost
preußen

DEUTSCHLAND

Berlin

Bialystok
an Rußland

RUSSLAND

Warschau
an Deutschland

Bug

Brest-
Litowsk

Weichsel

POLEN

TSCHECHOSLOWAKEI

Lemberg

0   300 km

RUM.

Die Teilung Polens

⬭ Polnische Hauptschwerpunkte

▨ Polnische Reserven

➔ Deutsche Angriffe

0   60   120 km

terland. Auch unter den günstigsten Bedingungen hätte Polen die vorgeschobenen Gebiete schwerlich halten können. Aber die wirtschaftlichen Erwägungen, die Polen bewogen, den Vormarsch des Feindes auf die Hauptindustriegebiete zu verzögern, wurden noch unterstützt durch Nationalstolz und militärische Selbstüberschätzung sowie durch Illusionen darüber, was die westlichen Verbündeten zur Entlastung Polens unternehmen konnten.

Die Irrealität dieser Haltung spiegelte sich in den polnischen Operationsplänen. Ungefähr ein Drittel der Streitkräfte wurde in oder nahe dem Korridor zusammengezogen, wo sie einer gefährlichen Umfassungsbewegung von zwei Seiten ausgesetzt waren – von Ostpreußen und vom Westen her. Diese Befriedigung des Nationalstolzes, den Deutschen gerade in jenem Gebiet entgegenzutreten, das sie vor 1918 besessen und für dessen Wiedergewinnung sie agitiert hatten, ging zwangsläufig auf Kosten der Streitkräfte, die für den Schutz von Gebieten, die für Polens Verteidigung wichtiger gewesen wären, zur Verfügung standen. Denn im Süden, auf den Hauptvormarschwegen der Deutschen, waren die Streitkräfte nur spärlich verteilt. Ein weiteres Drittel der polnischen Streitkräfte war nördlich der Zentrallinie zwischen Lodz und Warschau unter dem Oberbefehlshaber, Marschall Rydz-Smigly, massiert. Diese Gruppierung bewies Polens offensiven Geist; aber der Plan eines Gegenangriffs entsprach nicht der begrenzten Manövrierfähigkeit der polnischen Armee, selbst wenn dieser Plan nicht durch deutsche Luftangriffe auf Bahnlinien und Straßen vereitelt worden wäre.

Durch die Konzentration in vorgeschobenen Gebieten verwirkten die Polen ihre Chance, eine Reihe von Hinhaltemanövern auszuführen, da ihre Fußtruppen nicht in der Lage waren, sich in rückwärtige Stellungen zurückzuziehen und neu zu formieren, ehe sie von den motorisierten Kolonnen des Angreifers überrannt waren. In den weiten Räumen Polens war die Nichtmotorisierung der Streitkräfte ein noch schwererer Nachteil als die Tatsache, daß sie überrascht worden waren, noch ehe die Reserven mobilisiert werden konnten. Der Mangel an Beweglichkeit war noch verhängnisvoller als die unvollkommene Mobilisierung.

Die etwa vierzig konventionellen Infanteriedivisionen, mit denen die Deutschen angriffen, zählten wesentlich weniger als die vierzehn motorisierten oder teilmotorisierten Divisionen, die sich aus sechs

Panzerdivisionen, vier leichten Divisionen (motorisierte Infanterie mit zwei Panzereinheiten) und vier motorisierten Divisionen zusammensetzten. Ihre tiefen und raschen Vorstöße entschieden den Feldzug gemeinsam mit der Luftwaffe, die das polnische Eisenbahnnetz zerstörte und den größten Teil der polnischen Luftstreitkräfte schon zu Beginn der Invasion vernichtete. Die Luftwaffe operierte nicht in großen Formationen, sondern in Einzeleinsätzen; aber dadurch erreichte sie eine schleichende Lähmung des Feindes in einem größtmöglichen Gebiet. Ein weiterer wichtiger Faktor war Deutschlands Rundfunkpropaganda, als polnische Sendungen getarnt, welche die Konfusion und Demoralisierung der Polen noch wesentlich steigerte. Alle diese Faktoren wurden noch dadurch verstärkt, daß das polnische Vertrauen in die Überlegenheit des Menschen über die Maschinen rasch zu einer verheerenden Ernüchterung führte.

Die deutschen Truppen überschritten am 1. September kurz vor 6 Uhr die polnische Grenze. Luftangriffe hatten eine Stunde vorher begonnen. Den Angriff im Norden führte die Heeresgruppe Bock, bestehend aus der 3. Armee unter Küchler und der 4. Armee unter Kluge. Küchler stieß von seiner ostpreußischen Flankenstellung aus südwärts vor, während Kluge durch den polnischen Korridor ostwärts vorrückte, um die rechte Flanke der Polen zu umfassen.

Die bedeutsamere Rolle fiel der Heeresgruppe Rundstedt im Süden zu. Sie war an Infanterie fast dopppelt und an Panzern mehr als doppelt so stark wie die Heeresgruppe Bock. Ihr gehörten die 8. Armee unter Blaskowitz, die 10. Armee unter Reichenau und die 14. Armee unter List an. Blaskowitz sollte mit dem linken Flügel auf das große Industriezentrum Lodz vorstoßen, die polnischen Streitkräfte im Raum Posen isolieren und gleichzeitig Reichenaus Flanke abdecken. Am rechten Flügel sollte List nach Krakau vorstoßen, während gleichzeitig Kleists Panzerkorps die Gebirgspässe überschritt und die polnische Karpatenfront umging.

Zum Erfolg des Angriffs trug der Umstand bei, daß die Polen keine Verteidigungslinien aufgebaut hatten und sich statt dessen auf Gegenangriffe verließen, die sie trotz der mangelhaften Motorisierung ihrer Armee für möglich hielten. So fiel es den motorisierten Angreifern nicht schwer, offene Vormarschwege zu finden, während die meisten polnischen Gegenangriffe sowohl in ihrer Vorwärtsbewegung aufgehalten wurden als auch einem zunehmenden deutschen Druck in ihrem Rücken ausgesetzt waren und zusammenbrachen.

Am 3. September, als Großbritannien und Frankreich in den Krieg eintraten, hatte Kluge bereits den Korridor abgeschnitten und die untere Weichsel erreicht, während sich Küchlers Druck von Ostpreußen her in Richtung Narew verstärkte. Noch bedeutsamer war, daß Reichenaus Panzereinheiten zur Warthe vorgedrungen waren und sie überschritten hatten. Unterdessen rückte Lists Armee von beiden Flanken auf Krakau vor und zwang Szyllings Armee, die Stadt aufzugeben und sich auf die Linie Nida–Dunajec zurückzuziehen.

Am 4. September hatte Reichenaus Vorhut die Piliza erreicht und überquert, 80 Kilometer hinter der Grenze. Zwei Tage später war sein linker Flügel weit hinter Lodz, nachdem er Tomaszòw eingenommen hatte, und sein rechter Flügel war bis Kielce vorgestoßen. Die Armee des polnischen Generals Juliusz Rommel, die Lodz abdeckte, war umgangen worden, während Kutrzebas Armee noch weit vorn im Raum Posen stand und in Gefahr war, abgeschnitten zu werden. Die anderen deutschen Armeen hatten einige kleine Fortschritte bei der großen Umfassungsbewegung gemacht, die Halder, der Chef des Generalstabs, geplant hatte und die der Oberbefehlshaber des Heeres, Brauchitsch, leitete. Die polnischen Armeen lösten sich in unzusammenhängende Splitter auf, von denen sich einige zurückzogen, während andere vereinzelte Angriffe auf die nächstbesten Kolonnen des Feindes führten.

Der deutsche Vormarsch hätte noch rascher vonstatten gehen können, wenn nicht in konventioneller Weise die motorisierten Verbände davon abgehalten worden wären, dem sie deckenden Gros der Infanterie weit vorauszueilen.

Aber als die Erfahrung zeigte, daß ein solches Risiko durch die Verwirrung des Gegners wettgemacht wurde, schlug man einen kühneren Weg ein. Eines von Reichenaus Panzerkorps stieß schon am 8. September durch eine Lücke zwischen Lodz und der Piliza bis zu den Außenbezirken von Warschau vor – es hatte in der ersten Kriegswoche 220 Kilometer zurückgelegt! Am nächsten Tag erreichten die leichten Divisionen an Reichenaus rechtem Flügel weiter südlich zwischen Warschau und Sandomierc die Weichsel. Dann schwenkten sie nach Norden ein.

Inzwischen hatten Lists motorisierte Verbände nahe den Karpaten nacheinander die Flüsse Dunajec, Biala, Wisloka und Wislok erreicht und waren bis zum San an beiden Flanken der bekannten Festung

Przemyl durchgestoßen. Im Norden hatte Guderians Panzerkorps, die Spitze der Armee Küchler, die Narew überschritten und griff eine Linie am Bug hinter Warschau an. So entfaltete sich eine weitere Zangenbewegung außerhalb der inneren Zange und schloß sich um die polnischen Streitkräfte am Weichselbogen westlich von Warschau.

In diesem Stadium der Invasion trat auf deutscher Seite eine bedeutsame Änderung des Operationsplans ein. Man ließ sich im Moment über die Lage täuschen durch die außerordentliche Konfusion auf polnischer Seite, wo sich Truppen in vielen verschiedenen Richtungen bewegten und Staubwolken aufwirbelten, die die Luftaufklärung behinderten. Das deutsche Oberkommando neigte nun zu dem Glauben, das Gros der polnischen Streitkräfte sei im Norden bereits über die Weichsel entkommen. Daher sollte nun Reichenaus Armee die Weichsel zwischen Warschau und Sandomierc überschreiten und den erwarteten polnischen Rückzug nach Südostpolen abschneiden. Aber Rundstedt erhob Einwände dagegen, weil er überzeugt war, daß die Masse der polnischen Streitkräfte noch westlich der Weichsel stand. Nach einigen Diskussionen setzte sich seine Ansicht durch, und Reichenaus Armee rückte rasch nach Norden, um an der Bzura westlich von Warschau einen Riegel zu bilden.

Der größte Teil der polnischen Streitkräfte war eingeschlossen, ehe er sich über die Weichsel zurückziehen konnte. Zu dem Vorteil, den die Deutschen dadurch erlangt hatten, daß sie entlang der Linie des geringsten Widerstandes durchgestoßen waren, kam nun noch der Vorteil der taktischen Verteidigung. Um ihren Sieg zu vollenden, brauchten sie nur das gewonnene Gelände zu halten – gegen die improvisierten Angriffe einer Armee, die nach rückwärts kämpfte, abgeschnitten von ihren Versorgungsstützpunkten, mit schwindenden Vorräten und zunehmend bedrängt von den Flanken und im Rücken durch den Vormarsch der Armeen Blaskowitz und Kluge im Osten. Obwohl die Polen erbittert und mit einer Tapferkeit kämpften, die auch ihre Gegner beeindruckte, konnten nur kleine Gruppen bei Nacht ausbrechen und die Garnison Warschau erreichen.

Am 10. September hatte Marschall Rydz-Smigly den allgemeinen Rückzug ins südöstliche Polen angeordnet, wo General Sosnkowski bereitstand und auf einer verhältnismäßig schmalen Front eine Verteidigungsposition aufbauen sollte. Aber diese Hoffnung war nun illusorisch. Während sich die große Zange westlich der Weichsel schloß, drangen die Deutschen nun tief in das Gebiet östlich der Weichsel ein. An Küchlers Front rückte Guderians Panzerkorps südwärts in einem weiten Bogen gegen Brest-Litowsk vor. An Lists Front erreichte Kleists Panzerkorps am 12. September Lemberg. Hier kam der Vormarsch zum Stehen; aber die Deutschen schwenkten nach Norden ein, um sich mit Küchlers Armee zu vereinigen.

Obwohl die Angreifer die Strapazen ihres weiten Vormarschs spürten und der Treibstoff knapp wurde, war das polnische Kommandosystem so angeschlagen, daß es weder von der zeitweiligen Ermüdung des Feindes noch von der Hartnäckigkeit profitieren konnte, mit der viele eingeschlossene polnische Truppenteile immer noch kämpften. Diese vergeudeten ihre Energie in ziellosen Anstrengungen, während die Deutschen die Umzingelung vollendeten.

Am 17. September überschritten dann die sowjetischen Armeen die polnische Ostgrenze. Dieser Schlag im Rücken besiegelte Polens Schicksal; denn es waren nun kaum mehr Truppen vorhanden, die sich dieser zweiten Invasion hätten entgegenstellen können. Am Tag darauf flohen die polnische Regierung und das Oberkommando über die rumänische Grenze – der Oberbefehlshaber ließ eine Botschaft zurück, in der er seine Truppe aufforderte, weiterzukämpfen. Vielleicht war es gut, daß dieser Befehl die meisten nicht mehr erreichte. Aber viele handelten in den nächsten Tagen tapfer danach, obwohl ihr Widerstand zusehends zusammenbrach. Die Garnison Warschau konnte bis zum 28. September gehalten werden, trotz schwerer Luftangriffe und Artilleriefeuers. Die letzte nennenswerte polnische Einheit ergab sich erst am 5. Oktober, und der Widerstand von Partisanen hielt bis in den Winter hinein an. Etwa 80000 Mann entkamen über neutrale Grenzen.

Die Deutschen und Russen trafen und begrüßten sich als Partner an einer Linie, die von Ostpreußen über Bialystok, Brest-Litowsk und Lemberg zu den Karpaten führte. Diese Partnerschaft wurde durch die Aufteilung Polens besiegelt, aber nicht gesichert.

Inzwischen hatten die Franzosen nur einen kleinen Einbruch an der deutschen Westfront erzielt. Dies sah wie ein kraftloser Versuch aus, ihren Verbündeten zu entlasten, und das war es auch. Bei der Schwäche der deutschen Verteidigungskräfte mußte man das Gefühl haben, daß sie hätten mehr tun können. Aber auch hier kann eine eingehendere

Analyse den naheliegenden Schluß korrigieren, den ein bloßer Zahlenvergleich der beiderseitigen Kräfte nahelegt.

Obwohl die Nordgrenze Frankreichs 800 Kilometer lang war,
konnten die Franzosen eine Offensive nur auf dem schmalen, 145
Kilometer breiten Abschnitt zwischen Rhein und Mosel versuchen,
wenn sie nicht die Neutralität Belgiens und Luxemburgs verletzen
wollten. Die Deutschen konnten den größten Teil ihrer verfügbaren
Truppen in diesem Abschnitt zusammenziehen, und sie schützten ihren Westwall mit einem breiten Gürtel von Minenfeldern, um Angreifer aufzuhalten.

Und was noch verhängnisvoller war: Die Franzosen konnten erst
am 17. September in Aktion treten, von einigen kleineren Vorgefech-
ten abgesehen. Zu diesem Zeitpunkt war Polen bereits sichtbar im
Zusammenbruch, so daß die Franzosen eine gute Entschuldigung hatten, als sie die Aktion absagten. Die Unfähigkeit, früher zuzuschlagen,
rührte von ihrem völlig veralteten Mobilmachungssystem her. Das war
die fatale Folge davon, daß sie sich auf eine Wehrpflichtarmee verließen, die erst dann in Aktion treten konnte, wenn Massen von ausgebildeten Reservisten aus ihren Zivilberufen geholt und die Verbände für
den Einsatz bereitgemacht worden waren. Eine weitere Verzögerung
ergab sich dadurch, daß das französische Oberkommando auf überholten taktischen Vorstellungen beharrte, zum Beispiel auf der
Ansicht, jede Offensive müsse durch massiven Artilleriebeschuß wie
im Ersten Weltkrieg eingeleitet werden. Sie hielten noch immer die
schwere Artillerie für den eigentlichen »Dosenöffner« einer Verteidigungslinie. Aber die Masse ihrer schweren Geschütze mußte aus den
Magazinen geholt werden und stand erst im letzten Stadium der
Mobilmachung, am sechzehnten Tag, zur Verfügung. Dies alles verzögerte die Angriffsvorbereitungen.

Schon seit mehreren Jahren hatte einer der politischen Führer
Frankreichs, Paul Reynaud, immer wieder darauf hingewiesen, daß
diese Konzeptionen veraltet waren, und für die Aufstellung einer motorisierten Berufsarmee plädiert, die sofort reagieren könnte, ohne daß
man sich auf das alte und langsame Mobilmachungssystem verlassen
mußte. Aber das war ein Ruf in der Wüste. Die französischen Staatsmänner vertrauten ebenso wie die meisten Militärs auf die Reservi-
stenarmee und auf Zahlen.

Das militärische Fazit von 1939 kann man also in zwei Sätzen zusammenfassen. Im Osten wurde eine hoffnungslos veraltete Armee von einer kleinen Panzertruppe, die in Verbindung mit einer überlegenen Luftwaffe eine neue Kriegstechnik verwirklichte, rasch zerschlagen. Im Westen konnte eine schwerfällige Armee keinen wirksamen Gegendruck ausüben, solange es noch Zeit war.

Kapitel 4:
Der »Sitzkrieg«

Die amerikanische Presse prägte für die Periode des Krieges zwischen dem Zusammenbruch Polens im September 1939 und dem Beginn von Hitlers Westoffensive im darauffolgenden Frühjahr den Ausdruck »phoney War« (»Scheinkrieg«). Wie so viele Amerikanismen, bürgerte er sich rasch auf beiden Seiten des Atlantik ein [1].

Die Urheber dieses Ausdrucks wollten damit andeuten, daß es sich nicht um einen wirklichen Krieg handelte, weil keine großen Gefechte zwischen französisch-britischen und deutschen Streitkräften stattfanden. In Wirklichkeit war dies aber eine Periode unheilschwangerer Aktivitäten hinter den Kulissen. Als sie in vollem Gang waren, stieß einem deutschen Stabsoffizier ein merkwürdiger Unfall zu. Das Ereignis erschreckte Hitler, und in den darauffolgenden Wochen wurden die deutschen Operationspläne vollständig umgemodelt – der ursprüngliche Kriegsplan hätte nicht entfernt die Erfolgsaussichten des neuen gehabt.

Aber von alledem wußte die Welt nichts. Man sah nur, daß es an den Fronten ruhig blieb, und schloß daraus, Mars sei eingeschlafen.

Es gab verschiedene Erklärungen für diesen äußerlich passiven Zustand. Die eine lautete, Großbritannien und Frankreich wollten trotz ihrer Kriegserklärung wegen Polen gar nicht ernsthaft kämpfen und warteten auf Friedensverhandlungen. Laut einer anderen populären Erklärung bluffften sie. Die amerikanische Presse brachte viele »Berichte«, nach denen das alliierte Oberkommando eine ausgeklügelte Verteidigungsstrategie entwickelt habe und den Deutschen eine Falle stelle.

---

1 Im Deutschen sprach man von »Sitzkrieg«. (Anm. d. Übers.)

Keine dieser Erklärungen traf zu. Im Herbst und Winter diskutierten die alliierten Regierungen und Oberkommandos lange verschiedene Angriffspläne gegen Deutschland oder Deutschlands Flanken, die sie mit ihren Mitteln ohnehin nicht ausführen konnten, statt sich auf die Vorbereitung einer wirksamen Verteidigung gegen den bevorstehenden Angriff Hitlers vorzubereiten.

Nach dem Zusammenbruch Frankreichs fielen den Deutschen die Papiere des französischen Oberkommandos in die Hand, und sie veröffentlichten daraus eine Reihe sensationeller Dokumente. Diese zeigten, daß die alliierten Stäbe den Winter über Angriffspläne rings um Deutschland ausgearbeitet hatten. Sie wollten über Norwegen, Schweden und Finnland Deutschland im Rücken angreifen; sie wollten durch Belgien ins Ruhrgebiet vorstoßen; sie wollten an der fernen Ostflanke durch Griechenland und den Balkan vorrücken und Deutschlands Ölversorgung abschneiden, indem sie gegen die großen russischen Ölfelder im Kaukasus vorgingen. Das war eine großartige Sammlung von Phantastereien, die Wunschbilder der alliierten Führer, die in einer Traumwelt lebten, bis Hitlers eigene Offensive sie wie eine kalte Dusche aufweckte.

Hitler, dessen Denken den Ereignissen immer voraus war, dachte an eine Offensive im Westen schon, als der Polenfeldzug sich dem Ende näherte und noch ehe er öffentlich eine allgemeine Friedenskonferenz vorschlug. Ihm war bereits völlig klar, daß die Westmächte einen derartigen Vorschlag zurückweisen würden. Für den Augenblick jedoch gab er nur seiner unmittelbaren Umgebung zu erkennen, in welche Richtung seine Absichten gingen. Er ließ den Generalstab so lange im dunkeln, bis er am 6. Oktober öffentlich sein Friedensangebot unterbreitet hatte und öffentlich zurückgewiesen worden war.

Drei Tage darauf setzte er den deutschen Oberbefehlshabern seine Absichten in einer ausführlichen Direktive auseinander. Er begründete darin seine Überzeugung, daß Deutschland nichts anderes als eine Offensive im Westen übrigblieb. In diesem aufschlußreichen Dokument legte Hitler dar, daß ein langer Krieg mit Frankreich und Großbritannien die deutschen Hilfsquellen aufzehren und das Land einem vernichtenden Schlag im Rücken von seiten Rußlands preisgeben würde. Er fürchtete, sein Pakt mit Rußland werde dessen Neutralität keinen Augenblick länger gewährleisten, als es in dessen Konzept passe. Diese Besorgnis bewog ihn, Frankreich durch eine baldige Offensive zum Frieden zu zwingen. Er glaubte, auch Großbritannien werde klein beigeben, wenn Frankreich gefallen wäre.

Hitler war überzeugt, im Moment die nötige Stärke und Ausrüstung zu besitzen, um Frankreich schlagen zu können, weil Deutschland in den modernen Waffen, auf die es vor allem ankam, überlegen war:

»Die Panzertruppen und die Luftwaffe haben gegenwärtig einen technischen Höhepunkt nicht nur als Angriffs-, sondern auch als Verteidigungswaffen erreicht, wie ihn keine andere Macht zu verzeichnen hat. Ihr strategisches Potential wird durch ihre Organisation und ihre erfahrenen Offiziere sichergestellt, wobei beides besser ist als in irgendeinem anderen Land.«

Er wußte, daß Frankreich in den konventionellen Waffen überlegen war, besonders an schwerer Artillerie. Aber er wies darauf hin, daß diese Waffen bei einer motorisierten Kriegführung keinerlei Bedeutung hätten. Bei der technischen Überlegenheit in den modernen Waffen konnte er auch die französische Überlegenheit hinsichtlich der Zahl ausgebildeter Soldaten außer acht lassen:

»Vor allem muß verhindert werden, daß der Feind den Rückstand seiner Rüstung aufholt, besonders im Hinblick auf Panzerabwehr- und Flugzeugabwehrwaffen, und dadurch ein Gleichgewicht der Kräfte herstellt. In dieser Hinsicht bedeutet jeder Monat, der verstreicht, einen Zeitverlust, der sich auf die deutsche Schlagkraft ungünstig auswirkt.«

Er äußerte Befürchtungen hinsichtlich des »Kampfgeistes« des deutschen Soldaten, sobald die erhebende Wirkung des leichten Sieges über Polen abgeklungen wäre:

»Seine Selbstachtung ist gegenwärtig so groß wie die Achtung, die andere vor ihm haben. Aber eine um sechs Monate verzögerte Kriegführung und eine wirksame Feindpropaganda können diese wichtige Voraussetzung beeinträchtigen[1].«

Hitler glaubte daher, er müsse bald zuschlagen, ehe es zu spät war. »In der gegenwärtigen Situation arbeitet die Zeit eher für die Westmächte als für uns.« Sein Memorandum endete mit dem Satz: »Der Angriff muß in diesem Herbst beginnen, wenn es irgend möglich ist.«

[1] Wie sich zeigen sollte, war diese Besorgnis Hitlers unbegründet. Die Kampfmoral der Franzosen nahm in der siebenmonatigen Verzögerung, die tatsächlich eintrat, stärker ab als bei den Deutschen. Die alliierte Propaganda war nicht wirksam – es war

Er beharrte darauf, daß Belgien in das Operationsgebiet einbezogen werden müsse, nicht nur, um Bewegungsfreiheit zu gewinnen und die französische Maginot-Linie zu umgehen, sondern auch um der Gefahr vorzubeugen, daß britische und französische Truppen in Belgien eindrangen, an der Front nahe dem Ruhrgebiet aufmarschierten »und dadurch den Krieg dicht an das Herz unserer Rüstungsindustrie tragen«. (Wie die französischen Archive zeigten, hatte der französische Oberbefehlshaber Gamelin genau dies empfohlen.)

Die Enthüllung der Absichten Hitlers war für Brauchitsch, den Oberbefehlshaber, und Halder, den Generalstabschef, ein Schock. Wie die meisten älteren deutschen Generale teilten sie nicht Hitlers Glauben, daß die neuen Waffen die gegnerische Überlegenheit an ausgebildeten Mannschaften ausgleichen könnten. Da sie gewohnheitsmäßig noch in Divisionszahlen dachten, wandten sie ein, die deutsche Armee sei nicht annähernd stark genug, um die westlichen Armeen zu schlagen. Sie wiesen darauf hin, daß die 98 Divisionen, die Deutschland hatte mobilisieren können, beträchtlich weniger waren als die Gesamtzahl auf der anderen Seite, und daß 36 von diesen Divisionen schlecht bewaffnet und kaum ausgebildet waren. Außerdem fürchteten sie, daß sich der Krieg zu einem neuen Weltkrieg entwickeln und für Deutschland fatal enden würde.

Sie waren so beunruhigt, daß sie Verzweiflungsmaßnahmen erwogen. Schon während der Münchner Krise ein Jahr zuvor hatten sie den Sturz Hitlers geplant. Nun dachten sie daran, eine ausgewählte Truppe von der Front nach Berlin zu entsenden. Aber Generaloberst Friedrich Fromm, der Oberbefehlshaber des Ersatzheeres, lehnte seine Mitwirkung ab, und seine Hilfe war notwendig. Fromm erklärte, wenn man der Truppe befahl, gegen Hitler vorzugehen, werde sie nicht gehorchen, weil die meisten einfachen Soldaten Hitler vertrauten. Wahrscheinlich schätzte Fromm die Reaktion der Truppe richtig ein. Die meisten Offiziere, die Fühlung mit der Truppe hatten und nicht wußten, was in den höheren Stäben vor sich ging, bestätigten dies.

Die Masse der Soldaten und das Volk waren, wenn nicht berauscht

viel zuviel die Rede davon, man werde Deutschland niederwerfen, und man versuchte zu wenig, zwischen gewöhnlichen Deutschen und den Naziführern zu unterscheiden. Noch schlimmer war es, daß die britische Regierung die verschiedenen Widerstandsgruppen in Deutschland, die Hitler stürzen und Frieden schließen wollten, sofern sie von den Alliierten erträgliche Bedingungen erhielten, nicht ermutigte.

über den Sieg, so doch betäubt von Goebbels' Propaganda über die Friedenssehnsucht Hitlers, die nur an der Entschlossenheit der Alliierten scheitere, Deutschland zu vernichten. Unglückseligerweise lieferten alliierte Staatsmänner und die westliche Presse Goebbels nur zu viele zitierbare Leckerbissen dieser Art, mit denen er das Bild vom alliierten Wolf belegen konnte, der das deutsche Lamm verschlingen wollte.

Während der erste im Krieg geplante Anschlag gegen Hitler scheiterte, gelang es diesem nicht, seine Offensive im Westen, wie gehofft, noch im Herbst zu beginnen. Paradoxerweise erwies sich das als ein Glück für ihn und als unheilvoll für die übrige Welt – das deutsche Volk eingeschlossen.

Die Offensive war für den 12. November geplant. Am 5. November versuchte Brauchitsch noch einmal, Hitler die Invasion Frankreichs auszureden, und setzte ihm ausführlich die Gründe auseinander, die dagegen sprachen. Aber Hitler wies seine Argumente zurück und beharrte auf dem 12. November als Angriffstag. Am 7. November aber wurde der Befehl zurückgezogen, weil die Meteorologen schlechtes Wetter voraussagten. Der Angriff wurde zunächst um drei Tage verschoben und dann immer wieder hinausgezögert.

Das schlechte Wetter, das tatsächlich einsetzte, war zwar ein plausibler Grund für die Verschiebung. Aber Hitler war wütend darüber, stillhalten zu müssen, und keineswegs davon überzeugt, daß dies der einzige Grund sei. Am 23. November rief er alle Oberbefehlshaber zu sich. Er setzte sich zum Ziel, ihre Zweifel über die Notwendigkeit einer Offensive zu zerstreuen, äußerte Befürchtungen über eine mögliche Bedrohung durch Rußland und betonte, daß die Westmächte seine Friedensangebote nicht in Erwägung zogen, sondern ihre Rüstungsanstrengungen vervielfachten. Die Zeit arbeite gegen Deutschland: »Wir haben eine Achillesferse: das Ruhrgebiet. . . . Wenn England und Frankreich durch Belgien und Holland in das Ruhrgebiet vorstoßen, sind wir in höchster Gefahr.«

Er warf den Oberbefehlshabern Schwäche vor und ließ sie wissen, daß er sie verdächtige, seine Pläne zu torpedieren. Er wies darauf hin, daß sie gegen jeden einzelnen seiner Schritte von der Remilitarisierung des Rheinlandes an opponiert hatten und daß er nun bedingungslosen Gehorsam von ihnen erwartete. Brauchitschs Versuch, das viel größere Risiko des neuen Unternehmens aufzuzeigen, zog ihm nur noch einen schwereren Rüffel zu. Am gleichen Abend sprach Hitler unter vier Augen mit Brauchitsch und kanzelte ihn noch einmal ab. Daraufhin bot Brauchitsch seinen Rücktritt an; aber Hitler lehnte ab und forderte ihn auf, seinen Befehlen zu gehorchen.

Das Wetter erwies sich als ein besserer Saboteur als die Generalität und bewirkte eine Reihe weiterer Verschiebungen in der ersten Dezemberhälfte. Dann beschloß Hitler, das neue Jahr abzuwarten, und gewährte Weihnachtsurlaub. Nach Weihnachten war das Wetter wieder schlecht, aber am 10. Januar legte Hitler den Beginn der Offensive für den 17. fest.

Gerade an dem Tag, an dem er diesen Entschluß faßte, kam ein höchst dramatisches Ereignis dazwischen. Die Geschichte ist in zahllosen Berichten erwähnt worden; aber am bündigsten hat sie General Student, der Oberbefehlshaber der deutschen Luftlandetruppen, geschildert:

»Am 10. Januar flog ein Major, den ich als Verbindungsoffizier zur 2. Luftflotte abgeordnet hatte, von Münster nach Bonn, um einige unbedeutende Einzelheiten des Angriffsplans mit der Luftwaffe zu besprechen. Er hatte jedoch *den vollständigen Operationsplan für den Angriff im Westen* bei sich. Im eisigen Wetter und bei starkem Wind verirrte er sich über dem zugefrorenen und schneebedeckten Rhein und flog nach Belgien, wo er notlanden mußte. Er konnte das wichtige Dokument nicht vollständig verbrennen. Wesentliche Teile davon, und damit der Umriß des deutschen Plans für die Westoffensive, fielen den Belgiern in die Hände. Der deutsche Luftwaffenattaché im Haag berichtete am gleichen Abend, der König der Belgier habe ein langes Telefongespräch mit der Königin der Niederlande geführt.«

Natürlich wußten die Deutschen damals nicht genau, was mit den Papieren geschehen war, aber sie mußten mit dem Schlimmsten rechnen. In dieser Situation behielt Hitler im Gegensatz zu anderen einen kühlen Kopf:

»Es war interessant, die Wirkung dieses Vorfalls auf Deutschlands führende Männer zu beobachten. Während Göring tobte, blieb Hitler ganz ruhig und gelassen. . . . Zuerst wollte er sofort zuschlagen; aber glücklicherweise nahm er Abstand davon und beschloß, den ursprünglichen Operationsplan gänzlich fallenzulassen. Er wurde durch den Manstein-Plan ersetzt.«

General Warlimont, der als stellvertretender Chef des Wehrmachtführungsstabes unter Jodl eine Schlüsselposition im Oberkommando
der Wehrmacht innehatte, berichtet, daß sich Hitler am 16. Januar entschloß, seinen Plan zu ändern, und daß dies »hauptsächlich auf den
Flugzeugzwischenfall zurückzuführen war«.

Das erwies sich als sehr ungünstig für die Alliierten, obwohl sie dadurch noch vier Monate Galgenfrist für ihre Vorbereitungen bekamen,
da die deutsche Offensive nun auf unbestimmte Zeit verschoben war
und erst am 10. Mai begann. Inzwischen war ein vollständig neuer Plan
ausgearbeitet worden. Dieser brachte die Alliierten völlig aus dem
Gleichgewicht und führte zum rapiden Zusammenbruch der französischen Armeen, während die Briten bei Dünkirchen knapp über das
Meer entkamen.

Die Frage liegt nahe, ob die Notlandung des Majors tatsächlich ein
Unfall war. Man könnte annehmen, daß einer der deutschen Generale,
die damit zu tun hatten, sich nach dem Krieg nur zu gern in ein günstiges Licht gesetzt hätte, indem er erklärte, er habe den Alliierten diese
Warnung zukommen lassen. Doch keiner tat es; alle schienen überzeugt, daß der Unfall echt war. Wir wissen aber, daß Admiral Canaris,
der später hingerichtete Chef des deutschen Geheimdienstes, viele ver-
borgene Schritte unternahm, um Hitlers Absichten zu vereiteln, und
daß im Frühjahr kurz vor den Angriffen auf Norwegen, die Niederlande und Belgien den bedrohten Ländern Warnungen zugingen,
wenn sie auch sehr versteckt waren. Wir wissen auch, daß Canaris ver-
borgene Wege ging und großes Geschick darin besaß, seine Spuren zu
verwischen. So bleibt der geheimnisvolle Zwischenfall vom 10. Januar
eine offene Frage.

Weniger rätselhaft ist der Ursprung des neuen Plans. Aber auch er
stellt eine merkwürdige Episode dar, wenn sie auch in einer völlig anderen Weise merkwürdig war.

Nach dem alten Plan, den der Generalstab unter Halder ausgearbeitet hatte, sollte der Hauptangriff durch Belgien führen, genau wie
1914. Er sollte von der Heeresgruppe B unter Bock ausgeführt werden,
während die Heeresgruppe A unter Rundstedt einen zweiten Angriff
am linken Flügel durch die hügeligen und bewaldeten Ardennen führen sollte. Dort erwartete man keine großen Resultate, und alle Panzerdivisionen waren Bock zugeteilt, weil der Generalstab die Ardennen als ein für Panzer zu schwieriges Gelände betrachtete[1].

Erich von Manstein, den seine Kollegen für den fähigsten Strategen unter den jüngeren Generalen hielten, war der Generalstabschef von Rundstedts Heeresgruppe. Er hielt den ersten Plan für zu durchsichtig und zu sehr eine Wiederholung des Schlieffen-Plans von 1914, also für genau den Angriff, auf den das alliierte Oberkommando vorbereitet sein würde. Ein anderer Nachteil, meinte Manstein, war es, daß man mit den Briten zusammenstoßen würde, die wahrscheinlich härtere Gegner seien als die Franzosen. Außerdem führe der Plan zu keinem definitiven Ergebnis. Er selbst sagte:

»Wir konnten vielleicht die alliierten Streitkräfte in Belgien schlagen. Wir konnten die Kanalküste erobern. Aber es war anzunehmen, daß unsere Offensive an der Somme endgültig zum Stehen kommen würde. Dann hatten wir eine Situation wie 1914 ... Es hätte keine Möglichkeit gegeben, zum Frieden zu gelangen.«

Manstein hatte bereits den kühnen Gedanken gefaßt, den Hauptschlag über die Ardennen zu führen, da er vermutete, daß der Gegner dies am wenigsten erwartete. Aber er hatte dabei eine schwierige Frage, über die er im November 1939 mit Guderian sprach.

Hier ist Guderians Bericht:

»Manstein fragte mich, ob man mit Panzern durch die Ardennen in Richtung Sedan vorstoßen könne. Er erläuterte seinen Plan, durch die Erweiterung der Maginotlinie bei Sedan vorzustoßen, um den veralteten Schlieffen-Plan zu vermeiden, der dem Feind bekannt war und den dieser wahrscheinlich auch wieder erwarten würde. Ich kannte das Gelände vom Ersten Weltkrieg her und bestätigte seine Ansicht, nachdem ich die Landkarte studiert hatte. Manstein überzeugte dann General Rundstedt von seiner Idee, und ein Memorandum wurde an das OKH geschickt (das Oberkommando des Heeres, an dessen Spitze Brauchitsch und Halder standen). Das OKH lehnte Mansteins Plan ab. Aber später gelang es ihm, seine Idee Hitler zur Kenntnis zu bringen.«

1 Der französische Generalstab war genau der gleichen Ansicht, ebenso der britische. Als ich im November 1933 gefragt wurde, wie unsere schnellen Panzereinheiten, die das Kriegsministerium gerade aufstellte, in einem künftigen Krieg am besten eingesetzt werden könnten, schlug ich vor, daß wir im Fall einer deutschen Invasion Frankreichs einen Gegenangriff mit Panzerwagen durch die Ardennen führen sollten. Man erwiderte mir, die Ardennen seien »für Panzer unpassierbar«, worauf ich erklärte, vom persönlichen Augenschein des Geländes her hielt ich diese Ansicht für einen Irrtum – was ich in mehreren Büchern zwischen den Kriegen hervorgehoben hatte.

Warlimont brachte nach seinem Gespräch mit Manstein dessen Idee Mitte Dezember im Führerhauptquartier zur Sprache. Er erwähnte sie gegenüber General Alfred Jodl, dem Chef des Wehrmachtführungsstabes im OKW, der sie an Hitler weitergab. Aber erst nach dem Flugzeugzwischenfall vom 10. Januar, als Hitler einen neuen Plan brauchte, fiel ihm Mansteins Vorschlag wieder ein. Und selbst da dauerte es noch einen Monat, bis er sich endgültig für ihn entschied.

Den Ausschlag gab ein merkwürdiger Umstand. Brauchitsch und Halder hatte es nicht gefallen, wie Manstein seinen »Geistesblitz«, der ihrem Plan widersprach, publik gemacht hatte. Deshalb beschlossen sie, ihn von seinem Posten zu entfernen und an die Spitze eines Infanteriekorps zu stellen, wo er fern des Entscheidungszentrums und nicht mehr in einer so günstigen Position wäre, seine Ideen vorzubringen. Aber aus Anlaß dieser Versetzung wurde er zu Hitler befohlen und bekam dadurch Gelegenheit, seine Vorstellungen ausführlich zu erläutern. Dieses Gespräch kam auf die Initiative von Hitlers Chefadjutant General Schmundt zustande, der ein glühender Bewunderer Mansteins war und den Eindruck hatte, daß diesem übel mitgespielt worden war.

Danach verfocht Hitler gegenüber Brauchitsch und Halder die Idee so nachdrücklich, daß sie nachgaben und den Plan Mansteins Vorstellungen anpaßten. Halder ließ sich zwar nur schwer überzeugen; aber er war immerhin ein außerordentlich fähiger Stabsoffizier, und der detaillierte Angriffsplan war ein bemerkenswertes Stück logistischer Planung.

Bezeichnenderweise nahm Hitler, nachdem er sich einmal für die neue Grundidee entschieden hatte, sehr bald an, sie stamme von ihm selbst. Er ließ Manstein lediglich die Ehre dafür zukommen, daß er mit ihm einer Meinung gewesen war: »Von allen Generalen, mit denen ich über den neuen Angriffsplan im Westen sprach, war Manstein der einzige, der mich begriff.«

Wenn wir den Verlauf der Ereignisse nach Beginn der Offensive im Mai analysieren, wird deutlich, daß der ursprüngliche Plan fast sicher nicht zum Zusammenbruch Frankreichs geführt hätte. Wahrscheinlich hätte er bestenfalls die alliierten Truppen zur französischen Grenze zurückgeworfen. Denn der Hauptstoß des deutschen Angriffs wäre genau auf die stärksten und am besten ausgerüsteten französisch-britischen Truppenteile gerichtet gewesen und hätte durch ein Gebiet voller

Hindernisse geführt – mit Flüssen, Kanälen und großen Städten. Die Ardennen mochten als das schwierigere Gelände erscheinen; aber wenn die Deutschen durch die bewaldete Hügelkette im südlichen Belgien vorstoßen konnten, ehe das französische Oberkommando die Gefahr erkannte, lagen die weiten Ebenen Frankreichs offen vor ihnen – das ideale Gelände für einen großen Panzerangriff.

Wenn der ursprüngliche Plan beibehalten worden wäre und zu einem Stillstand geführt hätte, was wahrscheinlich ist, dann wäre der Krieg von da an anders verlaufen. Es ist zwar unwahrscheinlich, daß Frankreich und Großbritannien allein Deutschland hätten besiegen können; aber ein Stillstand der deutschen Offensive hätte ihnen Zeit gegeben, ihre Rüstung zu verstärken, besonders was Panzer und Flugzeuge anbetraf, und so ein Kräftegleichgewicht der modernen Waffen herzustellen. Der offenkundige Fehlschlag von Hitlers Siegesprophezeiungen hätte im Laufe der Zeit auch das Vertrauen seiner Truppe und seines Volkes untergraben. So hätte ein Patt an der Westfront den Gegnern Hitlers in Deutschland die Möglichkeit gegeben, mehr Unterstützung zu bekommen und ihre Umsturzpläne als Vorbedingung des Friedens weiterzuentwickeln. Wie sich die Dinge auch immer entwickelt hätten, wahrscheinlich wären Europa die meisten Zerstörungen und die Not erspart geblieben, die seine Völker infolge der Kettenreaktion traf, die der Zusammenbruch Frankreichs auslöste.

Der Flugzeugzwischenfall, aus dem Hitler so großen Nutzen zog, weil er ihn veranlaßte, seinen Plan zu ändern, schlug also den Alliierten zum Verhängnis aus. Eines der erstaunlichsten Dinge an der ganzen Geschichte ist es, daß sie so wenig Vorteil aus der Warnung zogen, die ihnen in den Schoß gefallen war. Denn die Belgier schickten sofort Kopien der Dokumente, die der deutsche Stabsoffizier bei sich gehabt hatte, an die französische und die britische Regierung. Aber deren militärische Ratgeber glaubten, die Dokumente seien ihnen in die Hände gespielt worden, um sie zu täuschen. Diese Ansicht war falsch, denn es wäre ein törichtes Täuschungsmanöver gewesen, das die Belgier wachsam machen und zu einer engeren Zusammenarbeit mit Franzosen und Briten veranlassen konnte. Sie hätten daraufhin leicht beschließen können, ihre Grenzen für die französisch-britischen Armeen zu öffnen, um ihre Verteidigung zu verstärken, ehe der deutsche Angriff kam.

Noch merkwürdiger war es, daß das alliierte Oberkommando seine eigenen Pläne nicht änderte und keinerlei Vorsichtsmaßnahmen für den Fall traf, daß die Dokumente doch echt waren und das deutsche Oberkommando das Hauptgewicht des Angriffs deshalb fast mit Sicherheit an eine andere Stelle verlagern würde.

Mitte November hatte der Oberste Kriegsrat der Alliierten Gamelins »Plan D« gutgeheißen, gegen den die Briten sich anfangs sträubten. Es handelte sich um eine gefährliche Weiterentwicklung eines früheren Plans. Plan D sah vor, daß der verstärkte linke Flügel der alliierten Armeen nach Belgien hineinstoßen sollte, sobald Hitler eine Bewegung machte, und so weit wie möglich nach Osten vorrücken sollte. Das spielte Hitler geradezu in die Hände und paßte genau in dessen neues Konzept. Je weiter der linke Flügel der Alliierten nach Mittelbelgien vorstieß, um so leichter war es für seine Panzer, die Ardennen zu überwinden und den alliierten linken Flügel abzuschneiden.

Dieses Ergebnis trat um so sicherer ein, als das alliierte Oberkommando das Gros seiner motorisierten Kräfte für den Einmarsch in Belgien einsetzte und nur einen dünnen Schleier zweitklassiger Divisionen den Drehpunkt der Bewegung decken ließ – bei den Ausgängen der »unpassierbaren Ardennen«. Um das Debakel komplett zu machen, waren die Verteidigungslinien, die sie halten sollten, besonders schwach – es war die Lücke zwischen dem Ende der Maginot-Linie und dem Anfang der befestigten Frontlinie der Briten.

Churchill erwähnt in seinen Memoiren die Befürchtungen, die man in britischen Stäben im Herbst hinsichtlich dieser Lücke hegte:

»Mr. Hore-Belisha, der Kriegsminister, brachte das Thema im Kriegskabinett mehrmals zur Sprache. . . . Das Kabinett und unsere führenden Militärs scheuten sich jedoch, diejenigen zu kritisieren, deren Armeen zehnmal so stark waren wie die unseren.«

Nach Hore-Belishas Rücktritt Anfang Januar und dem Sturm, den seine Kritik ausgelöst hatte, war man noch weniger geneigt, auf diesem Punkt zu beharren. Außerdem wuchs in gefährlicher Weise sowohl in Großbritannien als auch in Frankreich ein trügerisches Selbstvertrauen. Churchill erklärte am 27. Januar in einer Rede, Hitler habe seine beste Chance bereits verspielt. Diese tröstliche Versicherung machte am nächsten Tag Schlagzeilen. Aber gerade zur gleichen Zeit reifte Hitlers neuer Plan heran . . .

Kapitel 5:
Der Finnische Winterkrieg

Nach der Teilung Polens war Stalin entschlossen, Rußlands baltische Flanke gegen eine künftige Bedrohung durch seinen einstweiligen Verbündeten, Hitler, abzusichern. Daher verschaffte sich die Sowjetunion rasch die strategische Kontrolle über Rußlands alte Puffergebiete im Baltikum. Bis zum 10. Oktober hatten sie Verträge mit Estland, Lettland und Litauen abgeschlossen, die es ihr erlaubten, in Schlüsselpositionen dieser Länder Truppen zu stationieren. Am 9. Oktober begannen Verhandlungen mit Finnland. Am 14. Oktober legte die Sowjetregierung ihre Forderungen auf den Tisch. Sie betrafen drei Hauptziele:

Erstens sollte der Seeweg nach Leningrad gesichert werden, indem die Sowjetunion in die Lage versetzt wurde, a) den Finnischen Meerbusen von beiden Küsten aus mit Artillerie zu blockieren, um feindlichen Kriegs- und Transportschiffen ein Eindringen in den Golf zu verwehren, b) jeden Gegner am Betreten der Inseln im Finnischen Meerbusen zu hindern, die westlich und nordwestlich der Einfahrt nach Leningrad liegen. Zu diesem Zweck forderte man die Finnen auf, die Inseln Hogland, Seiskari, Lavanskari, Tytaskari und Loivisto im Tausch gegen andere Gebiete abzutreten und die Hafenstadt Hangö für die Dauer von dreißig Jahren zu verpachten. Hier wollten die Russen einen Marinestützpunkt mit Küstenartillerie errichten, um in Verbindung mit dem Marinestützpunkt Paldaski am gegenüberliegenden Ufer den Zugang zum Finnischen Meerbusen sperren zu können.

Zweitens sollte der Landweg nach Leningrad besser geschützt werden, indem die finnische Grenze auf der Karelischen Landenge so weit zurückverlegt wurde, daß Leningrad außerhalb der Reichweite von

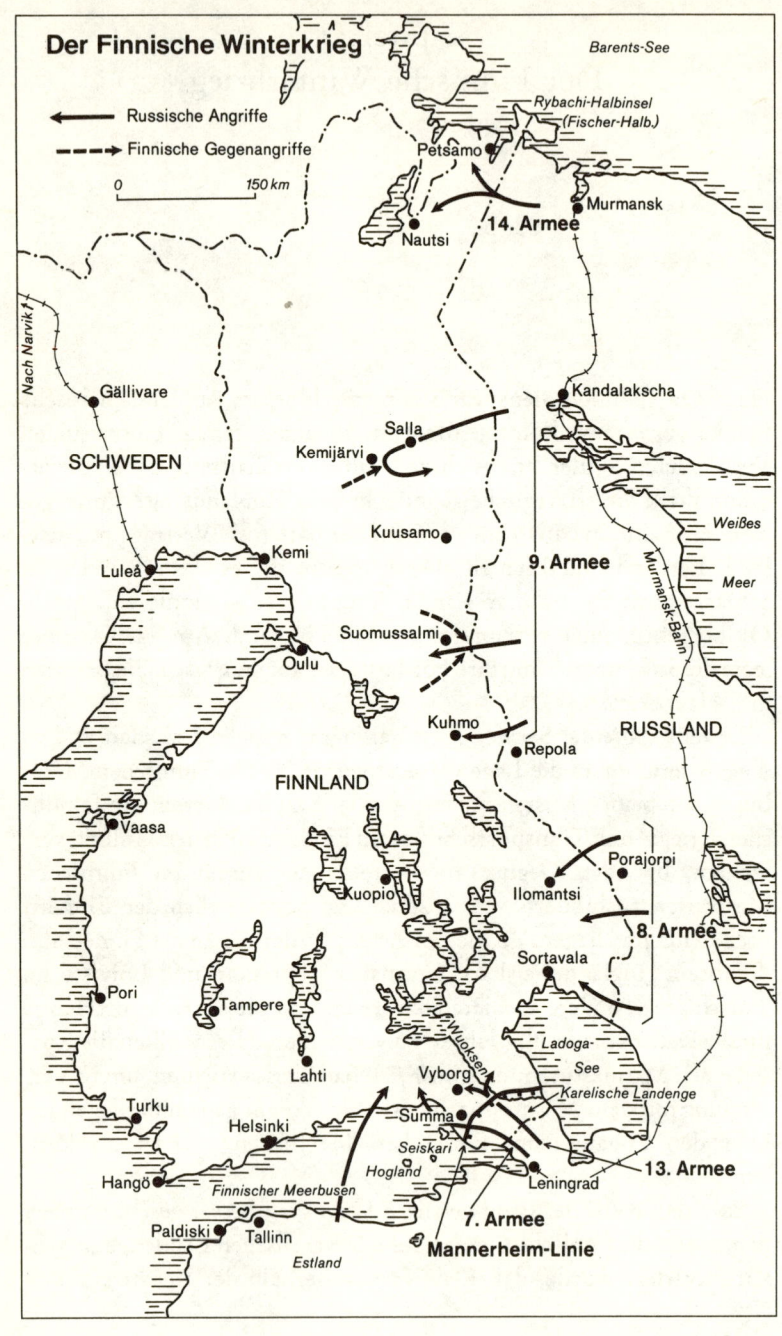

Der Finnische Winterkrieg

→ Russische Angriffe

--→ Finnische Gegenangriffe

0   150 km

Barents-See

Rybachi-Halbinsel (Fischer-Halb.)

Petsamo

Murmansk

14. Armee

Nautsi

Nach Narvik !

Gällivare

Kandalakscha

Salla

Kemijärvi

SCHWEDEN

Weißes

Kuusamo

9. Armee

Meer

Kemi

Murmansk-Bahn

Luleå

Oulu

Suomussalmi

RUSSLAND

Kuhmo

Repola

FINNLAND

Vaasa

Porajorpi

Kuopio

Ilomantsi

8. Armee

Pori

Sortavala

Tampere

Ladoga-See

Lahti

Vyborg

Karelische Landenge

Vuoksen

Turku

Summa

13. Armee

Helsinki

Seiskari

Hogland

Leningrad

Hangö

Finnischer Meerbusen

7. Armee

Paldiski

Tallinn

Mannerheim-Linie

Estland

schwerer Artillerie lag. Diese Neuordnung der Grenze hätte jedoch die wichtigsten Verteidigungsstellungen der Mannerheim-Linie nicht berührt.

Drittens sollte die Grenze im hohen Norden neu gezogen werden, und zwar im Gebiet von Petsamo, »wo die Grenze ungünstig und unnatürlich verlief«. Sie führte in gerader Linie durch die schmale Landenge der Rybachi-(Fischer-)Halbinsel und schnitt deren westlichen Teil ab. Die Neuordnung sollte offenbar verhindern, daß sich ein Gegner auf dieser Halbinsel festsetzte, und dadurch den Seeweg nach Murmansk sichern.

Im Austausch gegen diese Gebiete bot die Sowjetunion Finnland Gebiete um Repola und Porajorpi an – ein Tausch, durch den Finnland 5505 Quadratkilometer als Ausgleich für Gebietsabtretungen von nur 2750 Quadratkilometer bekommen hätte.

Bei einer objektiven Prüfung dieser Bedingungen könnte man sagen, daß sie auf einer vernünftigen Basis beruhten. Sie boten Rußland mehr Sicherheit, ohne diejenige Finnlands ernsthaft zu beeinträchtigen. Der Tausch hätte verhindert, daß Finnland bei einem deutschen Angriff auf Rußland zum Sprungbrett werden konnte. Aber er hätte Rußland keinen nennenswerten Vorteil für einen Angriff auf Finnland verschafft. Tatsächlich hätte das Gebiet, das Rußland abzutreten bereit war, Finnlands ungünstig schmale Taille erweitert.

Aber das Nationalgefühl machte es den Finnen schwer, einer solchen Regelung zuzustimmen. Während sie bereit waren, alle Inseln außer Hogland abzutreten, lehnten sie es ab, die Hafenstadt Hangö auf dem Festland den Russen zu überlassen, mit der Begründung, daß sich dies nicht mit ihrer strikten Neutralitätspolitik vertrüge. Daraufhin boten die Russen an, dieses Gebiet zu kaufen, da ein Besitzerwechsel in dieser Form mit Finnlands Neutralität vereinbar sei. Doch die Finnen wiesen auch dieses Angebot zurück. Die Gespräche versteiften sich, der Ton der russischen Presse wurde drohend, und am 28. November kündigte die russische Regierung den Nichtangriffspakt vom Jahr 1932. Am 30. November begann die russische Invasion.

Der erste Vorstoß endete mit einem Patt, das die Welt in Erstaunen versetzte. Ein direkter Vormarsch von Leningrad durch die Karelische Landenge kam an den vorderen Stellungen der Mannerheim-Linie zum Stehen. Ein Vorstoß beim Ladoga-See blieb stecken. Am anderen Ende der Front schnitten die Russen den kleinen Hafen Petsamo am Nördlichen Eismeer ab, um dadurch eventuelle Hilfsaktionen für Finnland auf diesem Weg zu blockieren.

Zwei bedrohliche Vorstöße fanden an der schmalen Gürtellinie Finnlands statt. Der nördliche führte über Salla nach Kemijarvi und war schon auf halbem Weg zum Bottnischen Meerbusen, ehe er von einer finnischen Division, die mit der Eisenbahn aus dem Süden herangeholt worden war, zurückgeschlagen werden konnte. Der südlichere Vorstoß bei Suomussalmi wurde Anfang Januar 1940 durch einen Gegenstoß aufgefangen. Die Finnen umfaßten beide Flanken der Eindringlinge, blockierten deren Nachschub- und Rückzugslinie und warteten, bis die Truppen durch Hunger und Kälte erschöpft waren. Dann griffen sie an und zerschlugen sie.

Bei diesem offenkundigen Erfolg des Schwachen gegenüber dem Starken verwandelte sich im Westen die Sympathie für Finnland als neuem Opfer einer Aggression rasch in Begeisterung. Der Eindruck eines finnischen Erfolges hatte weitreichende Auswirkungen: Die Regierungen Frankreichs und Englands erwogen die Entsendung eines Expeditionskorps. Damit wollte man nicht nur Finnland helfen, sondern auch die schwedischen Erzbergwerke von Gällivare schützen, von denen Deutschland beliefert wurde. Gleichzeitig konnte man von Finnland aus Deutschlands baltische Flanke bedrohen. Doch wurde, teilweise wegen der Einwände Norwegens und Schwedens, dieser Plan nicht verwirklicht, ehe Finnland zusammenbrach. Dadurch blieb Frankreich und England ein Krieg mit der UdSSR erspart zu einer Zeit, als ihre eigenen Verteidigungskräfte bedrohlich schwach waren. Aber die offensichtliche Gefahr eines alliierten Eingreifens in Skandinavien veranlaßte Hitler, dem zuvorzukommen und Norwegen zu besetzen.

Eine andere Folge des finnischen Anfangserfolges war es, daß sich die allgemeine Neigung verstärkte, die sowjetische Militärmacht zu unterschätzen. Diese Ansicht kam in Winston Churchills Rundfunkansprache vom 20. Januar 1940 zum Ausdruck, in der er meinte, Finnland habe »der Welt die militärische Unfähigkeit der Roten Armee bewiesen«. Hitler teilte diesen Irrtum bis zu einem gewissen Grad – das sollte im nächsten Jahr folgenschwere Auswirkungen haben.

Eine nüchterne Untersuchung des Feldzuges ergibt jedoch einleuchtende Gründe für den Mißerfolg des ersten Ansturms. Rußland hatte sich nicht auf eine große Offensive vorbereitet und noch kaum auf die riesigen Mengen an Munition und Kriegsmaterial aus seinen enormen

Beständen zurückgegriffen. Es war klar zu sehen, daß die sowjetischen Behörden über die Situation in Finnland falsch unterrichtet waren. Sie rechneten nicht mit ernsthaftem Widerstand, sondern glaubten, sie brauchten lediglich einen Aufstand des finnischen Volkes gegen eine unbeliebte Regierung zu unterstützen. Wenn man die Landkarte betrachtet, scheint außerdem die Grenze zwischen dem Ladoga-See und dem Nördlichen Eismeer offen zu sein. In Wirklichkeit aber befindet sich hier ein Gewirr von Seen und Wäldern, ein ideales Gelände, um dem Gegner Fallen zu stellen und hartnäckigen Widerstand zu leisten. Außerdem gab es auf der sowjetischen Seite nur eine einzige Bahnlinie von Leningrad nach Murmansk, die auf ihrer 1200 Kilometer langen Strecke nur eine einzige Abzweigung zur finnischen Grenze hatte. Dies spiegelte sich in der Tatsache wider, daß die Vorstöße an der Taille, die in den stark gefärbten Kriegsberichten aus Finnland so massiv wirkten, mit nur drei Divisionen ausgeführt wurden, während in dem Umfassungsmanöver nördlich des Ladoga-Sees vier Divisionen eingesetzt waren.

Der weitaus beste Zugang nach Finnland bot sich durch die Karelische Landenge zwischen dem Ladoga-See und dem Finnischen Meerbusen. Sie war jedoch durch die Mannerheim-Linie und die sechs aktiven finnischen Divisionen abgeriegelt, die dort sofort zusammengezogen worden waren. Die russischen Angriffe weiter im Norden dienten dem Zweck, einen Teil der finnischen Reserven dort zu binden, während für einen massiven Angriff auf die Mannerheim-Linie gründliche Vorbereitungen getroffen und vierzehn Divisionen herangeschafft wurden. Dieser begann am 1. Februar unter der Führung von General Meretskow. Er konzentrierte sich auf einen 15 Kilometer breiten Abschnitt bei Summa, der mit starkem Artilleriefeuer belegt wurde. Nachdem die Befestigungen zerstört waren, gingen Panzer und Infanterie auf Schlitten vor, um das Gebiet zu besetzen, während die sowjetische Luftwaffe die finnischen Gegenbewegungen zerschlug. Auf diese Weise war nach wenig mehr als vierzehn Tagen eine Bresche durch die ganze Tiefe der Mannerheim-Linie geschlagen. Daraufhin schlossen die Angreifer die finnischen Streitkräfte von den Flanken ein, ehe sie weiter in Richtung Wiborg vorstießen. Eine größere Flankenoperation wurde über den zugefrorenen Finnischen Meerbusen durchgeführt von Truppen, die von der Insel Hogland aus bis weit hinter Wiborg vordrangen. Die abgekämpften finnischen Truppen leisteten zwar noch einige Wochen vor Wiborg hartnäckig Widerstand; aber die Katastrophe war unausweichlich, sobald einmal ein Durchbruch erzwungen und ihre Nachschublinien gefährdet waren. Die Kapitulation war der einzige Ausweg, zumal das angekündigte französisch-britische Expeditionskorps noch nicht eingetroffen war, dessen Abfahrt allerdings kurz bevorstand.

Am 6. März 1940 entsandte die finnische Regierung eine Delegation zu Friedensverhandlungen nach Moskau. Außer der Erfüllung ihrer früheren Forderungen verlangte die Sowjetunion nun von Finnland Gebietsabtretungen bei Salla und Kunsamo, die ganze Karelische Landenge einschließlich Wiborg und den finnischen Teil der Fischerhalbinsel. Außerdem mußte sich Finnland verpflichten, eine Bahnlinie von Kemijarvi bis zur Grenze zu bauen, die an die russische Bahnlinie anschließen sollte. Am 13. März verlautete, die sowjetischen Bedingungen seien angenommen worden.

Angesichts der so rasch veränderten Verhältnisse, vor allem nach dem katastrophalen Zusammenbruch im Summa-Abschnitt der Mannerheim-Linie am 12. Februar, waren die neuen sowjetischen Bedingungen bemerkenswert gemäßigt. Feldmarschall Mannerheim, der realistischer dachte als die meisten Staatsmänner und berechtigte Zweifel hinsichtlich der französisch-britischen Hilfsangebote hatte, drängte auf eine Annahme. Aber auch Stalin bewies staatsmännisches Geschick, indem er seine Forderungen nur so geringfügig steigerte. Augenscheinlich wurde er gern ein Engagement los, das mehr als eine Million russischer Soldaten und einen großen Teil der sowjetischen Panzer und Flugzeuge band, und dies zu einer Zeit, als sich der kritische Frühling 1940 abzeichnete.

Während sich Polen besser als irgendein anderes europäisches Land für einen Blitzkrieg eignete, war Finnland das untauglichste Land dafür, zumal in der Jahreszeit, in der die Invasion stattfand.

Die geographische Einkreisung Polens wurde durch die Vielzahl an deutschen und den Mangel an polnischen Verbindungswegen vervollständigt. Das offene Land hatte den motorisierten Streitkräften ungehindert Bewegungsfreiheit geboten, besonders beim trockenen Septemberwetter. Die polnische Armee hatte sich noch stärker der Tradition des Angriffs verschrieben als die meisten Armeen und war daher noch weniger in der Lage gewesen, ihre spärlichen Mittel für die Verteidigung einzusetzen.

Im Gegensatz dazu profitierte der Verteidiger in Finnland davon, daß er bessere innere Bahn- und Straßenverbindungen besaß als der Angreifer. In Finnland gab es mehrere Bahnlinien, die parallel zur Grenze verliefen und auf denen die Finnen ihre Reserven verschieben konnten, während es auf russischer Seite nur die eine Linie von Leningrad nach Murmansk mit einer einzigen Abzweigung zur finnischen Grenze gab. Überall mußten die Russen von Stellungen aus vorstoßen, die zwischen 80 und 300 Kilometer von der Eisenbahn entfernt waren, ehe sie einen strategisch wichtigen Punkt bedrohen konnten. Hinzu kam noch, daß der Vormarsch durch ein Gebiet voller Seen und Wälder und über schlechte Straßen führte, die dazu noch unter tiefem Schnee lagen.

Diese Schwierigkeiten setzten den Streitkräften, die die Sowjetunion aufbieten konnte, ihre Grenzen, abgesehen von dem direkten Vorstoß durch die Karelische Landenge auf die stark befestigte Mannerheim-Linie. Dieser Landstreifen, auf der Karte 110 Kilometer breit, ist in der strategischen Wirklichkeit wesentlich schmaler: Die Hälfte davon wird durch den breiten Fluß Vuoksi versperrt, während der größte Teil des Restes von Seen und Wäldern bedeckt ist. Nur im rechten Abschnitt bei Summa ist genügend Raum für größere Truppenbewegungen.

Abgesehen von den strategischen Schwierigkeiten, größere Streitkräfte an den scheinbar so exponierten Teilen der finnischen Grenze zusammenzuziehen und sie tief ins Landesinnere des Feindes vorzuschieben, war es auch taktisch schwierig, den Widerstand der Verteidiger zu brechen, die das Gelände kannten und seine Vorteile wahrzunehmen wußten. Seen und Wälder lenken einen Angreifer in enge Vormarschkanäle, wo er von Maschinengewehrfeuer eingedeckt werden kann; sie bieten unzählige Möglichkeiten für versteckte Flankenmanöver wie auch für Partisanenkämpfe. Angesichts eines geschickten Feindes in ein solches Land einzudringen, ist selbst im Sommer ein Risiko, und es ist noch viel schwieriger, dies im arktischen Winter zu versuchen, wenn schwere Kolonnen ebenso unbeholfen sind wie ein Mann in Holzschuhen, der versucht, mit einem Gegner in Turnschuhen zu ringen.

Wenn Feldmarschall Mannerheim ganz offensichtlich Risiken auf sich nahm, indem er alle seine Reserven im äußersten Süden hielt, bis die Russen ihre Karten aufdeckten, so war seine Strategie im großen ganzen gerechtfertigt durch die Möglichkeit, den Anfangsvorstößen des Gegners mit Gegenschlägen zu antworten – besonders in einem solchen Land und im Winter.

Was nun die Russen anbetrifft, so konnte man erwarten, daß Pläne, die auf falschen Voraussetzungen beruhten, an der Wirklichkeit scheitern. Aber das allein ist noch kein Beweis für die militärische Untüchtigkeit einer Armee. Wenn auch autoritäre Regime besonders für alle Lagebeurteilungen empfänglich sind, die ihren Wünschen entsprechen, so ist doch keine Regierungsform gegen eine solche Gefahr immun: Es ist nützlich, daran zu erinnern, daß vielleicht die falschesten Vermutungen in der Geschichte der Neuzeit jene waren, auf denen die französischen Pläne von 1914 und 1940 beruhten.

Teil III.
Die Woge

Kapitel 6:
Die Besetzung von Norwegen

Die trügerische Stille von sechs Monaten nach der Eroberung Polens endete mit einem plötzlichen Donnerschlag. Er erfolgte nicht dort, wo sich die Sturmwolken zusammenballten, sondern an der skandinavischen Flanke: Die friedlichen Länder Norwegen und Dänemark wurden von einem Hitlerschen Blitz getroffen.

Am 9. April 1940 berichteten die Zeitungen, daß am Tag zuvor britische und französische Marineeinheiten in norwegische Gewässer eingedrungen waren und dort Minen gelegt hatten, um jeden Handelsverkehr mit Deutschland zu unterbinden. Die beglückwünschenden Kommentare zu dieser Initiative waren mit Argumenten gemischt, welche die Verletzung der norwegischen Neutralität rechtfertigten. An diesem gleichen Morgen aber überbot der Rundfunk die Presse; denn er brachte die viel verblüffendere Nachricht, daß deutsche Streitkräfte an mehreren Punkten entlang der norwegischen Küste landeten und außerdem in Dänemark einmarschierten.

Die Kühnheit dieses deutschen Unternehmens in Mißachtung der britischen Überlegenheit zur See erschütterte die alliierten Führer. Als der britische Premierminister Chamberlain an jenem Nachmittag vor dem Unterhaus eine Erklärung abgab, sagte er, deutsche Truppen seien an der Westküste Norwegens gelandet, in Bergen und Drontheim sowie an der Südküste, und er fügte hinzu: »Es liegen auch Berichte über eine Landung in Narvik vor, aber ich bezweifle stark, daß sie zutreffen.« Den britischen Behörden kam es unglaubhaft vor, daß Hitler es gewagt haben sollte, so weit im Norden eine Landung zu unternehmen, zumal ihre eigenen Seestreitkräfte dort in voller Stärke zur Stelle waren, um die Minenlegearbeit und andere geplante Aktionen zu schützen. Sie hielten »Narvik« für einen Hörfehler und meinten, es sei

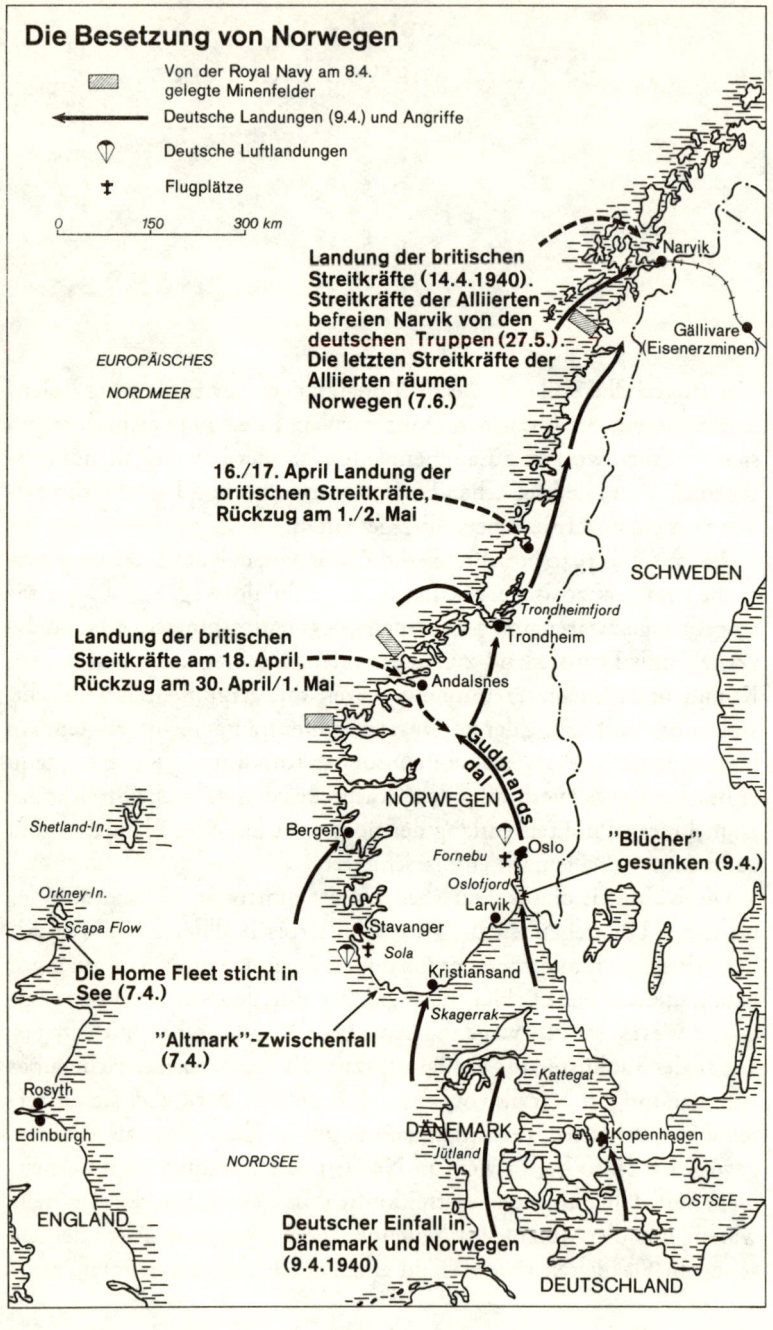

Die Besetzung von Norwegen

Von der Royal Navy am 8.4. gelegte Minenfelder

← Deutsche Landungen (9.4.) und Angriffe

Deutsche Luftlandungen

✝ Flugplätze

0   150   300 km

Landung der britischen Streitkräfte (14.4.1940). Streitkräfte der Alliierten befreien Narvik von den deutschen Truppen (27.5.) Die letzten Streitkräfte der Alliierten räumen Norwegen (7.6.)

16./17. April Landung der britischen Streitkräfte, Rückzug am 1./2. Mai

Landung der britischen Streitkräfte am 18. April, Rückzug am 30. April/1. Mai

Die Home Fleet sticht in See (7.4.)

"Altmark"-Zwischenfall (7.4.)

"Blücher" gesunken (9.4.)

Deutscher Einfall in Dänemark und Norwegen (9.4.1940)

EUROPÄISCHES
NORDMEER

Narvik

Gällivare (Eisenerzminen)

SCHWEDEN

Trondheimfjord
Trondheim

Andalsnes

Gudbrandsdal

NORWEGEN

Shetland-In.

Bergen

Fornebu   Oslo
Oslofjord
Larvik

Orkney-In.

Scapa Flow

Stavanger
Sola
Kristiansand

Skagerrak

Rosyth

Edinburgh

NORDSEE

Kattegat

DÄNEMARK
Jütland

Kopenhagen

OSTSEE

ENGLAND

DEUTSCHLAND

»Larvik« gemeint, ein Ort an der Südküste. Aber noch ehe der Tag zu Ende ging, wurde klar, daß die Deutschen die Hauptstadt Oslo und alle wichtigen Häfen einschließlich Narvik besetzt hatten. Alle ihre zu gleicher Zeit geführten Schläge zur See waren erfolgreich gewesen.

Auf die rasche Ernüchterung der britischen Regierung folgte eine neue Illusion. Churchill, damals Erster Lord der Admiralität, erklärte zwei Tage später vor dem Unterhaus:

»Nach meiner Überzeugung, die von meinen erfahrenen Ratgebern geteilt wird, hat Herr Hitler einen schweren strategischen Fehler begangen. . . . Wir haben durch das, was in Skandinavien geschehen ist, viel gewonnen. . . . Er hat sich an vielen Stellen der norwegischen Küste gebunden, um die er nun wird kämpfen müssen, notfalls den ganzen Sommer, und zwar gegen Länder, die weit überlegene Seestreitkräfte besitzen und diese leichter als er zum Schauplatz transportieren können. Ich sehe keinerlei Vorteil, den er errungen hätte . . . Ich glaube, daß der strategische Schnitzer, zu dem unser Todfeind provoziert worden ist, . . . große Vorteile für uns bringt.«

Diesen ermutigenden Worten folgten keine entsprechenden Taten. Die britischen Gegenzüge erfolgten langsam, zögernd und waren stümperhaft. Als es darauf ankam zu handeln, wurde die Admiralität außerordentlich vorsichtig. Obwohl sie vor dem Krieg wenig von Luftstreitkräften gehalten hatte, schreckte sie nun davor zurück, Schiffe an Orten zu riskieren, wo ihr Eingreifen hätte entscheidend sein können. Noch zaghafter waren die Truppenbewegungen. Obwohl an mehreren Stellen Truppen gelandet waren mit dem Auftrag, den deutschen Eindringling hinauszuwerfen, wurden sie alle in kaum vierzehn Tagen wieder eingeschifft – mit Ausnahme eines Stützpunktes bei Narvik, der jedoch einen Monat später ebenfalls aufgegeben wurde, als die deutsche Großoffensive im Westen begonnen hatte.

Die Luftschlösser, die Churchill errichtet hatte, waren in sich zusammengefallen. Sie waren erbaut worden auf der Grundlage einer falschen Beurteilung der Lage und einer Fehleinschätzung der Wandlungen in der modernen Kriegführung – hauptsächlich im Hinblick auf den möglichen Einsatz von Luftstreitkräften gegen die Marine.

Realistischer waren seine Schlußworte gewesen, in denen er die deutsche Invasion als einen Schritt bezeichnete, zu dem Hitler »provoziert« worden war. Denn die erstaunlichste aller Nachkriegsenthüllungen in bezug auf diesen Feldzug war wohl die Tatsache, daß Hitler bei all seiner Skrupellosigkeit es vorgezogen hätte, Norwegen neutral zu halten, und daß er nicht vorgehabt hatte, dort einzufallen, bis er durch die offenkundigen Anzeichen dafür, daß die Alliierten hier einen Schlag gegen ihn planten, dazu herausgefordert wurde.

Es ist faszinierend, den Ereignissen hinter den Kulissen auf beiden Seiten nachzugehen, obwohl es tragisch und erschreckend ist zu sehen, wie rücksichtslose angriffslustige Politiker einander beeinflussen und Ausbrüche zerstörerischer Gewalt hervorrufen.

Der erste eindeutige Schritt auf einer der beiden Seiten erfolgte am 19. September 1939. An diesem Tag legte Churchill, wie aus seinen Erinnerungen hervorgeht, dem britischen Kabinett den Plan vor, ein Minenfeld in norwegische Hoheitsgewässer zu legen und dadurch den Transport schwedischen Erzes von Narvik nach Deutschland zu unterbinden. Er führte an, dieser Schritt sei von größter Bedeutung, um die Kriegsindustrie des Feindes zu schädigen. Wie er danach dem Ersten Seelord mitteilte, standen »das Kabinett, der Außenminister eingeschlossen (Lord Halifax), dieser Aktion sehr wohlwollend gegenüber«.

Das zu hören ist recht überraschend, und es drängt sich der Gedanke auf, daß das Kabinett geneigt war, das Ziel zu billigen, ohne die Mittel zu bedenken oder zu fragen, wohin diese führen könnten. Über einen ähnlichen Plan war 1918 diskutiert worden; doch darüber heißt es in der amtlichen Seekriegsgeschichte:

». . . der Oberbefehlshaber (Lord Beatty) erklärte, es sei für die Offiziere und Mannschaften der Flotte ein höchst abstoßender Gedanke, mit überwältigender Stärke in die Gewässer eines kleinen, aber tapferen Volkes einzudringen und es zu überwältigen. Wenn die Norweger Widerstand leisteten, was zu erwarten wäre, so würde Blut vergossen werden; dies, sagte der Oberbefehlshaber, ›wäre ein ebenso großes Verbrechen wie irgendeines, das die Deutschen an anderer Stelle begangen haben‹.«

Offenkundig besaßen die Seeleute mehr Skrupel als die Politiker, oder die britische Regierung war zu Beginn des Krieges im Jahr 1939 rücksichtsloser als am Ende des Ersten Weltkriegs.

Der Stab des Außenministeriums übte jedoch einen mäßigenden Einfluß aus und hielt dem Kabinett seine Bedenken gegen die vorgeschlagene Verletzung von Norwegens Neutralität vor Augen. Bedauernd stellte Churchill fest:

»Die Einwände des Außenministeriums in bezug auf die Neutralität Norwegens wogen schwer, und ich konnte mich nicht durchsetzen. Ich fuhr fort, . . . meinen Standpunkt mit allen Mitteln und bei jeder Gelegenheit nachdrücklich zu betonen.«

Immer weitere Kreise diskutierten über diesen Plan, und sogar in der Presse wurden Argumente zu Churchills Gunsten erörtert. Das war genau der Weg, um in Deutschland Befürchtungen und Gegenmaßnahmen auszulösen.

Auf deutscher Seite findet sich der erste Anhaltspunkt von irgendwelcher Bedeutung in den später eroberten Akten Anfang Oktober, als der Oberbefehlshaber der Marine, Admiral Raeder, seinen Befürchtungen Ausdruck gibt, daß die Norweger den Briten ihre Häfen öffnen könnten; er berichtete Hitler über die strategischen Nachteile, die eine britische Besetzung mit sich bringen könnte. Er schlug vor, daß es für die deutsche Unterseeboot-Kriegführung vorteilhaft wäre, »Stützpunkte an der norwegischen Küste – zum Beispiel in Drontheim – mit Hilfe des russischen Druckes zu schaffen«.

Doch Hitler lehnte diesen Vorschlag ab. Sein Denken konzentrierte sich auf Angriffspläne im Westen. Er wollte Frankreich zum Friedensschluß zwingen und nicht in unwesentliche Operationen verstrickt werden oder Hilfsmittel anderweitig binden.

Ein neuer und wesentlich stärkerer Antrieb für beide Seiten ergab sich Ende November aus der russischen Invasion Finnlands. Churchill sah darin eine neue Möglichkeit, unter dem Deckmantel der Hilfeleistung für Finnland Deutschlands Flanke zu bedrohen:

»Ich begrüßte diesen neuen und vorteilhaften Sturm als eine Möglichkeit, den bedeutenden strategischen Vorteil zu gewinnen, Deutschland von den lebenswichtigen Eisenerzvorkommen abzuschneiden.«

In einer Aufzeichnung vom 16. Dezember stellte er seine Argumente für diesen Schritt zusammen, den er als »eine größere Angriffsoperation« bezeichnete. Es war ihm klar, daß ein solches Unternehmen die Deutschen wahrscheinlich dazu veranlassen würde, in Skandinavien einzufallen: »Wenn man auf den Feind schießt, wird er zurückschießen.« Aber er fügte hinzu: »Wir haben durch einen deutschen Angriff auf Norwegen und Schweden mehr zu gewinnen als zu verlieren.« (Er

ließ außer acht, was die skandinavischen Völker zu leiden haben würden, wenn ihre Länder in ein Schlachtfeld verwandelt wurden.)

Die meisten Kabinettsmitglieder hatten jedoch noch immer Bedenken, die norwegische Neutralität zu verletzen. Trotz Churchills
machtvollen Plädoyers weigerten sie sich, die sofortige Durchführung
seines Planes zu billigen. Immerhin ermächtigten sie die Stabschefs,
»einen Plan für die Landung von Truppen in Narvik« aufzustellen, da
Narvik die Endstation der Bahnlinie war, die zu den Erzvorkommen
in Gällivare in Schweden und von dort weiter nach Finnland führte.
Während die Hilfe für Finnland der angebliche Zweck einer solchen
Expedition war, ging es tatsächlich um den Besitz des schwedischen
Erzes.

Im gleichen Monat kam ein wichtiger norwegischer Besucher nach
Berlin. Es war Vidkun Quisling, ein ehemaliger Kriegsminister, der
Vorsitzende einer kleinen faschistischen Partei, die mit Deutschland
sympathisierte. Er suchte Admiral Raeder auf und warnte diesen vor
der Gefahr, daß England bald Norwegen besetzen könnte. Er bat um
Geld und Unterstützung für seinen eigenen Plan, durch einen Staatsstreich die norwegische Regierung zu stürzen. Er erklärte, eine Anzahl
führender norwegischer Offiziere sei bereit, ihn zu unterstützen – darunter, so behauptete er, Oberst Sundlo, der Kommandeur von Narvik.
Sobald er die Macht in Händen hätte, würde er die Deutschen bitten,
Norwegen zu schützen und somit dem britischen Einmarsch zuvorkommen.

Raeder bewog Hitler, Quisling persönlich zu empfangen, und sie
kamen am 16. und 18. Dezember zusammen. Aus der Aufzeichnung
ihres Gesprächs geht hervor, daß Hitler erklärte, »er würde es vorziehen, wenn Norwegen wie auch das übrige Skandinavien neutral blieben«, da er »den Kriegsschauplatz nicht ausweiten« wolle: »Sollte der
Feind jedoch Vorbereitungen treffen, um den Krieg auszudehnen,
würde er Schritte unternehmen, dieser Bedrohung entgegenzutreten.«
Vorerst bekam Quisling Hilfsgelder versprochen und erhielt die Zu-
sage, daß die Frage, ob er militärische Unterstützung erhalten könne,
geprüft würde.

Dennoch zeigt das Kriegstagebuch der deutschen Admiralität, daß
man es noch einen Monat später, am 13. Januar, für die günstigste
Lösung hielt, wenn Norwegen neutral bliebe, obwohl sich die Sorge
darüber verstärkte, »England könne beabsichtigen, Norwegen mit

dem stillschweigenden Einverständnis der norwegischen Regierung zu besetzen«.

Was geschah unterdessen auf der anderen Seite? Am 15. Januar richtete der französische Oberbefehlshaber, General Gamelin, ein Schreiben an Ministerpräsident Daladier, in dem er die Wichtigkeit eines neuen Kriegsschauplatzes in Skandinavien betonte. Er legte einen Plan für die Landung alliierter Truppen in Petsamo im Norden Finnlands vor. Gleichzeitig sollten Häfen und Flugplätze an der Westküste Norwegens vorsorglich in Besitz genommen werden. Der Plan faßte weiterhin die Möglichkeit ins Auge, »diese Operation bis nach Schweden hinein auszudehnen und die Eisenerzminen von Gällivare zu besetzen«.

Eine Rundfunkrede Churchills, der sich an die Neutralen mit der Aufforderung wandte, es sei ihre Pflicht, am Kampf gegen Hitler teilzunehmen, vermehrte natürlich die deutschen Befürchtungen [1].

Es gab allzu viele Andeutungen alliierter Aktionen.

Am 27. Januar befahl Hitler die Ausarbeitung von Plänen für eine Invasion Norwegens im Notfall. Der Sonderstab, der zu diesem Zweck gebildet wurde, trat am 5. Februar das erste Mal zusammen.

Am gleichen Tag trat auch der Alliierte Oberste Kriegsrat in Paris zusammen, und Chamberlain brachte Churchill mit. Bei dieser Besprechung wurden Pläne für die Aufstellung eines Expeditionskorps als »Finnland-Hilfe« genehmigt, bestehend aus zwei britischen Divisionen und einem etwas kleineren französischen Kontingent. Sie sollten als »Freiwillige« deklariert werden, um die Möglichkeit eines offenen Konfliktes mit Rußland zu vermindern. Es entwickelte sich jedoch eine Auseinandersetzung über die Marschroute. Der britische Pre-

---

1 Am 26. Januar sprach Churchill in einer Rundfunkrede über den Erfolg der alliierten Schiffe zur See und stellte die Verluste neutraler Schiffe durch U-Boot-Angriffe der Sicherheit alliierter Schiffe in Geleitzügen gegenüber. Dann fragte er nach einer kurzen tour d'horizon: »Aber was würde geschehen, wenn all die neutralen Nationen, die ich erwähnt habe – und einige andere, die ich nicht erwähnt habe –, auf einen spontanen Impuls hin in Übereinstimmung mit der Satzung des Völkerbundes ihre Pflicht täten und gemeinsam mit Großbritannien und Frankreich gegen Aggression und Unrecht aufstünden?« (Churchill: War Speeches, Bd. I, S. 137). Dieser Vorschlag löste Unwillen aus, und die belgische, holländische, dänische, norwegische und Schweizer Presse beeilte sich, ihn zurückzuweisen, während aus London verlautete – man müßte an die Tage der Beschwichtigungspolitik denken –, die Rundfunkrede gäbe nur Churchills persönliche Ansichten wieder.

mierminister betonte die Schwierigkeit einer Landung in Petsamo und die Vorteile einer Landung in Narvik, durch die man »die Kontrolle über die Erzvorkommen von Gällivare bekam«. Dies sollte das Hauptziel sein und nur ein Teil der Expeditionstruppe nach Finnland geschickt werden. Die britischen Argumente setzten sich durch, und man vereinbarte, daß die Expeditionstruppe Anfang März auslaufen sollte.

Am 16. Februar ereignete sich ein schicksalsschwerer Zwischenfall. Das deutsche Versorgungsschiff »Altmark«, das britische Kriegsgefangene aus dem Südatlantik zurückbrachte, wurde von britischen Zerstörern verfolgt und suchte Zuflucht in einem norwegischen Fjord. Churchill übermittelte an Kapitän Vian von H. M. S. »Cossack« den direkten Befehl, in norwegische Gewässer einzudringen, die »Altmark« zu entern und die Gefangenen zu befreien. Zwei norwegische Kanonenboote waren zur Stelle, griffen aber nicht ein, und der nachfolgende Protest der norwegischen Regierung wegen der Verletzung ihres Hoheitsgebiets wurde zurückgewiesen.

Hitler hielt diesen Protest für eine bloße Geste und war überzeugt, daß die norwegische Regierung mit England unter einer Decke steckte. Dieser Glaube wurde durch die Passivität der beiden Kanonenboote genährt, ebenso durch die Berichte Quislings, die Aktion der »Cossack« sei eine »abgekartete Sache« gewesen. Deutsche Admirale glaubten, daß der »Altmark«-Zwischenfall Hitler bewog, eine Intervention in Norwegen ins Auge zu fassen. Er war der Funke am Pulverfaß.

Hitler fand, daß er nicht mehr auf die Verwirklichung von Quislings Plänen warten konnte, zumal deutsche Beobachter in Norwegen berichteten, Quislings Partei mache nur ganz geringe Fortschritte, während die aus England gemeldete Zusammenziehung von Truppen und Transportschiffen auf eine Aktion in Norwegen hindeutete.

Am 20. Februar beauftragte Hitler General von Falkenhorst, eine Expeditionstruppe für Norwegen aufzustellen unter seinem Kommando. Er erklärte: »Ich bin darüber unterrichtet, daß die Engländer dort landen wollen, und ich möchte vor ihnen dort sein. Die Besetzung Norwegens durch die Briten wäre eine strategische Umfassungsbewegung, die sie in die Ostsee führt, wo wir weder Truppen noch Küstenbefestigungen haben. ... Der Feind wäre in der Lage, nach Berlin zu marschieren und das Rückgrat unserer beiden Fronten zu brechen.«

Am 1. März erließ Hitler seine Weisung für die vollständige Vorbereitung der Invasion. Auch Dänemark sollte besetzt werden, als notwendiges strategisches Sprungbrett und zum Schutz der Nachschublinien.

Doch auch dies war noch nicht die endgültige Entscheidung. Wie die Niederschriften von Raeders Gesprächen mit Hitler zeigen, schwankte dieser noch immer zwischen der Überzeugung, daß »die Erhaltung der norwegischen Neutralität das beste wäre«, und seiner Furcht vor einer drohenden britischen Landung. Als am 9. März die Pläne der Marine vorgelegt wurden, betonte er noch immer, die Risiken einer Operation, die »allen Prinzipien der Seekriegsführung widersprach«, obwohl diese »dringend« sei.

In der darauffolgenden Woche wuchsen die Besorgnisse auf deutscher Seite. Am 13. wurde gemeldet, daß britische Unterseeboote vor der norwegischen Südküste patrouillierten. Am 14. fingen die Deutschen einen Funkspruch auf, der den alliierten Transportern befahl, sich zur Abfahrt bereitzuhalten. Am 15. traf eine Anzahl französischer Offiziere in Bergen ein. Die Deutschen hatten den Eindruck, daß man ihnen zuvorkommen wollte, solange ihre eigene Expeditionstruppe noch nicht bereitstand.

Was ging nun auf alliierter Seite tatsächlich vor? Am 21. Februar drängte Daladier darauf, daß man den »Altmark«-Zwischenfall als Vorwand für die »sofortige Inbesitznahme« der norwegischen Häfen benützen sollte. Er führte aus: »Die Rechtfertigung eines solchen Schlages vor der Weltöffentlichkeit wird um so leichter sein, je rascher die Operation durchgeführt wird und je besser unsere Propaganda die Erinnerung an die Mitschuld Norwegens am ›Altmark‹-Zwischenfall auszunutzen vermag.« Eine solche Sprache ähnelte bemerkenswert derjenigen Hitlers. Der Vorschlag der französischen Regierung wurde in London mit einiger Skepsis aufgenommen, da die Expeditionstruppe noch nicht bereitstand und Chamberlain noch immer hoffte, daß die Regierungen Norwegens und Schwedens einem Einmarsch alliierter Truppen zustimmen würden.

Auf einer Konferenz des Kriegskabinetts am 8. März schlug Churchill jedoch vor, sofort Truppen in Narvik landen zu lassen nach dem Grundsatz, »Stärke zu zeigen, um sie nicht einsetzen zu müssen«. In einer weiteren Besprechung am 12. beschloß das Kabinett, die Pläne für eine Landung in Drontheim, Stavanger, Bergen und auch in Narvik wieder aufzugreifen.

Die bei Narvik gelandeten Truppen sollten rasch ins Binnenland und über die schwedische Grenze bis Gällivare vorstoßen. Alles war bereit, diesen Plan am 20. März in die Tat umzusetzen.

Doch am 13. März wurde durch Finnlands Kapitulation der ursprüngliche Vorwand für einen Einmarsch in Norwegen hinfällig. Die erste Reaktion auf diese kalte Dusche war es, daß zwei der für das norwegische Unternehmen vorgesehenen Divisionen nach Frankreich geschickt wurden. Eine andere Folge war der Sturz Daladiers und seine Ablösung als Ministerpräsident durch Paul Reynaud, den der allgemeine Wunsch nach einer tatkräftigeren Politik und schnelleren Aktionen zur Macht emportrug. Reynaud fuhr am 28. März zu einer Sitzung des Alliierten Obersten Kriegsrats nach London, entschlossen, auf die sofortige Verwirklichung des norwegischen Projektes zu dringen, das Churchill schon so lange befürwortet hatte.

Doch nun war es überflüssig, Druck auszuüben; denn, wie Churchill berichtete, »Chamberlain war in diesem Stadium sehr zu irgendeiner Angriffshandlung geneigt«. Als er sich im Frühjahr 1940 dazu durchgerungen hatte, sprang er mit beiden Füßen hinein. Bei der Eröffnung der Ratssitzung setzte er sich nicht nur stark für eine Aktion in Norwegen ein, sondern drängte auch auf die Annahme von Churchills anderem Lieblingsprojekt, fortlaufend Minen in den Rhein und andere deutsche Flüsse abzuwerfen. Reynaud äußerte sich zu dieser letztgenannten Operation zurückhaltend und erklärte, er müsse dazu die Zustimmung des französischen Kriegskomitees einholen. Aber auch er befürwortete lebhaft die norwegische Operation.

Man beschloß, die Verminung der norwegischen Gewässer am 5. April auszuführen und gleichzeitig bei Narvik, Drontheim, Bergen und Stavanger Truppen an Land zu setzen. Das erste Truppenkontingent für Narvik sollte am 8. April auslaufen. Doch dann trat eine neuerliche Verzögerung ein. Das französische Kriegskomitee stimmte dem Abwurf von Minen in den Rhein nicht zu, aus Furcht vor deutschen Gegenmaßnahmen, »die Frankreich treffen würden«. Er äußerte keine derartigen Bedenken hinsichtlich der Vergeltungsmaßnahmen, die auf Grund der anderen Aktion Norwegen treffen könnten, und Gamelin unterstrich sogar, daß es eines dieser Ziele war, »den Feind in eine Falle zu locken, indem man ihn dazu brachte, in Norwegen zu landen«. Chamberlain aber bestand darauf, daß beide Operationen durchgeführt werden sollten, und vereinbarte mit Churchill, daß dieser am 4. April nach Paris reisen und noch einmal versuchen sollte, Frankreich zu einer Zustimmung zum Rheinplan zu bewegen.

Das bedeutete einen kurzen Aufschub der Operation »Wilfred«, des norwegischen Plans. Merkwürdigerweise stimmte Churchill dem zu. In der Besprechung des Kriegskabinetts am Tag zuvor waren Berichte des Kriegsministeriums und des Außenministeriums vorgelegt worden, denen zufolge eine große Anzahl deutscher Schiffe mit Truppen an Bord in den Norwegen am nächsten gelegenen Häfen zusammengezogen worden waren. Unsinnigerweise vermutete man, diese Truppen stünden lediglich in Bereitschaft, um einen britischen Überfall auf Norwegen mit einem Gegenschlag zu beantworten.

Der Beginn des norwegischen Unternehmens wurde um drei Tage auf den 8. April verschoben. Diese weitere Verzögerung erwies sich als verhängnisvoll. Sie ermöglichte es den Deutschen, eine Nasenlänge vor den Alliierten in Norwegen einzumarschieren.

Am 1. April hatte sich Hitler endlich entschlossen und die Invasion Norwegens und Dänemarks für den Morgen des 9. April, 5.15 Uhr, befohlen. Nach dieser Entscheidung traf ein beunruhigender Bericht ein, wonach die norwegischen Flak- und Küstenbatterien Erlaubnis erhalten hatten, das Feuer zu eröffnen, ohne auf höhere Befehle zu warten. Dies legte den Gedanken nahe, daß die norwegischen Streitkräfte einsatzbereit waren und daß die Aussichten eines Überraschungserfolges schwinden würden, je länger Hitler wartete.

In den frühen Morgenstunden des 9. April trafen deutsche Vorausabteilungen, meist auf Kriegsschiffen, in den wichtigsten Häfen Norwegens ein, von Oslo bis hinauf nach Narvik, und besetzten sie ohne nennenswerte Schwierigkeiten. Ihre Kommandeure teilten den örtlichen Behörden mit, sie seien gekommen, Norwegen unter deutschen Schutz zu stellen gegen eine bevorstehende alliierte Invasion – eine Feststellung, die der Sprecher der Alliierten sofort dementierte.

Lord Hankey, damals Mitglied des Kriegskabinetts, stellte fest:

»Vom Beginn der Planungen für die deutsche Invasion an zogen Großbritannien und Deutschland in ihren Plänen und Vorbereitungen ungefähr gleich. Großbritannien begann sogar ein wenig früher . . ., aber beide Pläne wurden fast gleichzeitig ausgeführt, wobei Großbritannien in dem sogenannten Aggressionsakt vierundzwanzig Stunden voraus war, wenn dieser Ausdruck tatsächlich anwendbar ist.«

Deutschlands Endspurt jedoch war schneller und wirksamer. Es gewann das Rennen um eine Nasenlänge – es war beinahe ein »Foto-Finish«.

Einer der fragwürdigsten Punkte des Nürnberger Prozesses war es, daß man die Vorbereitung und Durchführung des Überfalls auf Norwegen unter die Hauptanklagepunkte gegen die Deutschen aufnahm. Es ist schwer zu verstehen, wie die britische und die französische Regierung die Stirn haben konnten, diese Anklage zuzulassen, und wie der öffentliche Ankläger für eine Verurteilung in dieser Hinsicht plädieren konnte. Das war einer der augenfälligsten Fälle von Heuchelei in der Geschichte.

Wenn wir uns nun dem Verlauf des Feldzuges selbst zuwenden, so ist es vor allem überraschend, daß eine sehr kleine Streitmacht die Hauptstadt und die wichtigsten Häfen Norwegens im Handstreich nahm. Sie bestand aus zwei Schlachtschiffen, einem Panzerschiff, sechs Kreuzern, vierzehn Zerstörern, dreißig U-Booten, einer Anzahl von Versorgungsschiffen und ungefähr 10 000 Mann – der Vorhut von drei Divisionen, die für die Invasion eingesetzt wurden. An keiner Stelle wurde die erste Landung von mehr als 2 000 Mann durchgeführt. Ein Fallschirmjägerbataillon nahm die Flugplätze bei Oslo und Stavanger in Besitz – es war das erste Mal, daß Fallschirmtruppen im Krieg eingesetzt wurden, und dies erwies sich als sehr wirkungsvoll. Der ausschlaggebende Faktor des deutschen Erfolges war jedoch die Luftwaffe. Bei diesem Unternehmen wurden etwa 800 Kampfflugzeuge und 250 Transportmaschinen eingesetzt. In der ersten Phase schüchterte die Luftwaffe die Norweger ein, und später lähmte sie die alliierten Gegenzüge.

Wie kam es, daß es der britischen Marine nicht gelang, die viel schwächeren deutschen Seestreitkräfte abzufangen und zu versenken, welche die Expeditionstruppe beförderten? Die Ausdehnung des Meeresraumes, die Beschaffenheit der norwegischen Küste und das dunstige Wetter waren von erheblichem Nachteil. Hinzu kamen jedoch noch andere Faktoren und vermeidbare Fehler. Wie Gamelin berichtet, erklärte der Chef des britischen Generalstabs, Ironside, als er diesen drängte, die Einschiffung der Expeditionstruppe zu beschleunigen: »Uns gegenüber ist die Admiralität allmächtig. Sie organisiert gern alles methodisch. Sie ist überzeugt, jede deutsche Landung an der Westküste Norwegens verhindern zu können.«

Am 7. April um 13.25 Uhr sichteten britische Flugzeuge »starke deutsche Marinestreitkräfte, die durch das Skagerrak rasch nach Norden fuhren«, auf die norwegische Küste zu. Churchill schreibt: »Uns in der Admiralität fiel es schwer zu glauben, daß sie nach Narvik fuhren« – trotz eines Berichtes aus Kopenhagen, der besagte, daß Hitler diesen Hafen besetzen wollte. Um 19.30 Uhr stach die britische Home Fleet von Scapa Flow aus in See. Doch offenbar waren sowohl die Admiralität als auch die Admirale auf hoher See von dem Gedanken erfüllt, die deutschen Schlachtkreuzer abzufangen. In dem Wunsch, diese im Kampf zu stellen, verloren sie die Möglichkeit aus dem Auge, daß das Ziel des Gegners auf dem Lande liegen könnte, und ließen sich so die Chance entgehen, die kleineren Kriegsschiffe, die Truppen an Bord hatten, abzufangen.

Da eine Expeditionstruppe bereits eingeschifft und bereit war, in See zu stechen, weshalb landete sie dann nicht und warf die deutschen Abteilungen zurück, ehe diese Zeit hatten, sich in den norwegischen Häfen festzusetzen? Als die Admiralität erfuhr, daß die deutschen Schlachtkreuzer gesichtet worden waren, befahl sie dem Kreuzergeschwader bei Rosyth, »die an Bord befindlichen Truppen an Land zu setzen, notfalls ohne ihre Ausrüstung, und sich sofort zur Flotte auf See zu begeben«. Ähnliche Befehle ergingen an die Schiffe an der Clydeside, die mit Truppen beladen waren.

Weshalb leisteten die Norweger keinen wirksameren Widerstand gegen eine so kleine Angriffsmacht? Zunächst einmal deshalb, weil ihre Truppen nicht mobilisiert worden waren. Trotz der Warnungen ihres Gesandten in Berlin und des Drängens ihres Generalstabchefs erfolgte die Mobilmachung erst in der Nacht vom 8. auf den 9. April, nur wenige Stunden vor der Invasion. Das war zu spät; die schnellen Angreifer störten die Durchführung.

Außerdem war die norwegische Regierung zu diesem Zeitpunkt, wie Churchill bemerkte, »hauptsächlich mit den britischen Unternehmungen beschäftigt«. Es war eine Ironie, daß die britische Minenleger-Operation die Aufmerksamkeit der Norweger während der kritischen vierundzwanzig Stunden vor der deutschen Invasion voll in Anspruch genommen und abgelenkt hatte.

Die Fähigkeit der Norweger, sich vom Eröffnungsschlag wieder zu erholen, wurde durch die mangelnde Kampferfahrung und eine überholte militärische Organisation beeinträchtigt. Sie waren nicht entfernt in der Lage, es mit einem modernen Blitzkrieg aufzunehmen, nicht einmal in einem so kleinen Maßstab wie in ihrem Fall. Die Geschwindigkeit, mit der die Angreifer die tiefen Täler entlangrasten und das Land überrannten, zeigte klar die Schwäche ihres Widerstandes. Dabei wäre der tauende Schnee auf den Talseiten, der alle Umfassungsmanöver behinderte, ein ernsthaftes Hindernis für die deutschen Erfolgsaussichten gewesen.

Der erstaunlichste aller dieser ersten Handstreiche war jener bei Narvik; denn dieser hoch im Norden gelegene Hafen war ungefähr 2000 Kilometer von den deutschen Flottenstützpunkten entfernt. Zwei norwegische Küstenwachboote stellten sich mutig den angreifenden deutschen Zerstörern, wurden aber rasch versenkt. Die Küstenverteidigung versuchte keinen Widerstand – der Grund dafür war eher Unfähigkeit als Verrat. Am nächsten Tag fuhr eine britische Zerstörerflottille in den Fjord ein und hatte ein Gefecht mit den Deutschen, bei dem beide Seiten Verluste erlitten und das am 13. April durch den Angriff einer stärkeren Flottille, unterstützt von dem Schlachtschiff »Warspite«, abgeschlossen wurde. Doch um diese Zeit hatten sich die deutschen Truppen schon in und um Narvik festgesetzt.

Weiter im Süden war Drontheim mühelos erobert worden, nachdem die deutschen Schiffe vor den Batterien, die den Fjord beherrschten, Spießruten gelaufen waren – ein Risiko, vor dem die alliierten Experten, die dieses Problem durchdacht hatten, zurückgeschreckt waren. Mit Drontheim besaßen die Deutschen die strategische Schlüsselposition für die Besetzung Mittelnorwegens, obwohl die Frage noch offen war, ob ihre Handvoll Soldaten vom Süden her verstärkt werden konnten.

Bei Bergen erlitten die Deutschen einige Verluste durch die norwegischen Schlachtschiffe und Küstenbatterien, hatten jedoch wenig Mühe, nachdem sie einmal gelandet waren.

Bei der Annäherung an Oslo erlitt die Hauptangriffsmacht jedoch einen schweren Schlag; denn der Kreuzer »Blücher«, der viele Stabsoffiziere an Bord hatte, wurde vor der Festung Oscarborg versenkt. Der Versuch, sich die Durchfahrt zu erzwingen, wurde aufgegeben, bis die Festung sich am Nachmittag nach einem heftigen Luftangriff ergab. Somit fiel die Einnahme Oslos den Fallschirmjägern zu, die auf dem Flugplatz Fornebu gelandet waren. Am Nachmittag unternahm diese mehr symbolische Truppe einen großen Parademarsch in der Stadt, und dieser Bluff hatte Erfolg. Immerhin versetzte dieser Aufschub den König und die Regierung in die Lage, nach Norden zu entkommen, in der Hoffnung, von dort aus den Widerstand zu organisieren.

Die Einnahme Kopenhagens sollte ursprünglich zeitlich mit der Ankunft in Oslo zusammenfallen. Die dänische Hauptstadt war von See her leicht zu erreichen, und kurz vor 5 Uhr morgens fuhren drei kleine Transportschiffe unter dem Schutz von Flugzeugen in den Hafen ein. Die Deutschen stießen bei ihrer Landung auf keinen Widerstand, und ein Bataillon besetzte die Kasernen in einem Überraschungsangriff. Gleichzeitig überschritten deutsche Truppen die dänische Grenze in Jütland. Nach einem kurzen Feuerwechsel gab es auch hier keinen Widerstand. Die Besetzung Dänemarks sicherte den Deutschen die Kontrolle über einen geschützten Seeweg von ihren eigenen Häfen nach Südnorwegen sowie vorgeschobene Flugplätze, von denen aus sie ihre Truppen dort unterstützen konnten. Die Dänen hätten vielleicht länger gekämpft, aber ihr Land war so ungeschützt, daß es kaum gegen einen Angriff mit modernen Waffen verteidigt werden konnte.

Wäre schneller und tatkräftiger gehandelt worden, so hätten zwei der norwegischen Schlüsselpositionen, welche die Deutschen an jenem Morgen eroberten, wieder zurückgewonnen werden können. Denn als sie landeten, befand sich die Masse der britischen Flotte unter Admiral Forbes auf der Höhe von Bergen, und er hatte erwogen, eine Flotteneinheit dorthin zu entsenden, um die deutschen Schiffe anzugreifen. Die Admiralität genehmigte das und schlug vor, einen ähnlichen Angriff bei Drontheim zu unternehmen. Kurz darauf jedoch entschied man, den Angriff bei Drontheim so lange zu verschieben, bis die deutschen Schlachtschiffe zur Strecke gebracht wären. Inzwischen nahmen vier Kreuzer und sieben Zerstörer Kurs auf Bergen; doch als Luftaufklärer berichteten, daß dort zwei deutsche Kreuzer waren statt des einen, von dem früher berichtet worden war, gewann die Vorsicht bei der Admiralität die Oberhand, und der Angriff unterblieb.

Nachdem sich die Deutschen in Norwegen festgesetzt hatten, hätte man ihren Griff am ehesten dadurch lockern können, daß man sie von ihrem Nachschub abschnitt. Das konnte nur dadurch erreicht werden, daß man das Skagerrak zwischen Dänemark und Norwegen sperrte. Doch bald zeigte sich, daß die Admiralität aus Furcht vor deutschen

Luftangriffen lediglich bereit war, Unterseeboote in das Skagerrak zu entsenden. Diese Vorsicht zeigte, daß die Admiralität nun doch erkannt hatte, daß Luftstreitkräfte der Marine gefährlich werden konnten, was sie vor dem Krieg nicht zur Kenntnis nehmen wollte. Gleichzeitig warf dies auch ein ungünstiges Licht auf Churchills Urteilsvermögen und seinen Wunsch, den Krieg auf Skandinavien auszudehnen; denn wenn die deutschen Nachschublinien nicht wirksam blockiert werden konnten, würde sie nichts daran hindern, ihre Macht im südlichen Norwegen auszubauen.

Doch es gab immer noch eine Möglichkeit, Mittelnorwegen zu schützen, wenn die beiden langen Gebirgspässe, die von Oslo nach Norden führten, gehalten und die kleine deutsche Truppe bei Drontheim rasch überwältigt werden konnte. Auf dieses Ziel richteten sich nun die britischen Anstrengungen. Eine Woche nach dem deutschen Handstreich unternahmen die Briten Landungen nördlich und südlich von Drontheim, bei Namsos und Andalsnes, als Vorbereitung für einen direkten Angriff auf Drontheim.

Doch auf diese Entscheidung folgte eine seltsame Kette von Unglücksfällen. General Hotblack, ein fähiger Soldat mit modernen Vorstellungen, wurde zum Leiter des Unternehmens ernannt. Nachdem er in seine Aufgabe eingeweiht worden war, verließ er um Mitternacht die Admiralität, um in seinen Klub zu gehen, und wurde einige Stunden später bewußtlos auf den Stufen des Klubhauses gefunden, wo er anscheinend einen Herzanfall erlitten hatte. Am nächsten Tag wurde ein Nachfolger ernannt und mit dem Flugzeug nach Scapa Flow geschickt; doch die Maschine stürzte ab, während sie den dortigen Flugplatz umkreiste.

Inzwischen änderten sich plötzlich die Ansichten der Stabschefs und der Admiralität. Am 17. April war der Angriffsplan genehmigt worden, doch schon am Tag darauf verwarf man ihn wieder. Die Risiken dieser Operation erschienen ihnen nun zu groß. Obwohl Churchill eine Landung in Narvik vorgezogen hätte, war er über diesen Sinneswandel sehr bestürzt.

Statt dessen empfahlen die Stabschefs nun, die Landungen bei Namsos und Andalsnes zu verstärken und zu einer Zangenbewegung gegen Drontheim zu entwickeln. Auf dem Papier nahm sich dieser Plan gut aus; denn in diesem Gebiet befanden sich weniger als 2000 deutsche Soldaten, während die Alliierten mit 13000 Mann landeten. Aber die

Entfernung, die es zurückzulegen galt, war groß, der Schnee hemmte die Truppenbewegung, und die alliierten Soldaten waren den Schwierigkeiten weniger gewachsen als die deutschen. Der Vorstoß südlich von Namsos wurde durch die Bedrohung seiner Nachhut vereitelt; denn einige kleine deutsche Einheiten, die von einem deutschen Zerstörer gedeckt wurden, landeten am Ausgang des Drontheim-Fjords. Die bei Andalsnes gelandeten Truppen konnten nicht nach Drontheim marschieren, sondern mußten sich bald gegen deutsche Truppen verteidigen, die von Oslo aus durch das Gudbrandtal vorstießen. Da den alliierten Truppen durch Luftangriffe schwer zugesetzt wurde, während sie selbst keine Unterstützung aus der Luft bekamen, empfahlen die dort eingesetzten Kommandeure die Evakuierung. Die Wiedereinschiffung der beiden Verbände war am 1. und 2. Mai beendet. Sowohl Süd- als auch Mittelnorwegen war nun fest in den Händen der Deutschen.

Nun konzentrierten sich die Alliierten darauf, Narvik zu gewinnen, aber wohl eher in dem Wunsch, das Gesicht zu wahren, als in der Hoffnung, doch noch die schwedischen Erzbergwerke zu erreichen. Die erste britische Landung in diesem Gebiet hatte am 14. April stattgefunden; aber die außerordentliche Vorsicht General Mackesys verhinderte jeden raschen Angriff auf Narvik trotz des Drängens von Admiral Lord Cork and Orrery, dem der kombinierte Verband in diesem Gebiet unterstellt worden war. Auch als die Landstreitkräfte auf 20 000 Mann verstärkt worden waren, machten sie nur langsam Fortschritte. Auf der Gegenseite standen 2 000 österreichische Gebirgsjäger sowie viele Seeleute von den deutschen Zerstörern unter dem Kommando von General Dietl, der die Vorteile des schwierigen Geländes für die Verteidigung zu nutzen verstand. Erst am 27. Mai wurden sie aus der Stadt Narvik gedrängt. Aber zu diesem Zeitpunkt war die deutsche Westoffensive bereits tief nach Frankreich vorgestoßen, das sich am Rande des Zusammenbruchs befand. Deshalb wurden am 7. Juni die alliierten Streitkräfte aus Narvik evakuiert. Gleichzeitig verließen der König und die Regierung das Land.

Während der ganzen Zeit, in der die skandinavische Angelegenheit schwelte, hatten die alliierten Regierungen einen übertriebenen Angriffsgeist bewiesen, verbunden mit mangelndem Zeitgefühl. Das Ergebnis waren schwere Leiden für das norwegische Volk. Hitler dagegen hatte lange gezögert, zuzuschlagen. Als er sich jedoch entschlossen hatte, den Westmächten zuvorzukommen, verlor er keine Zeit, und seine Truppen operierten mit einer Schnelligkeit und Kühnheit, die ihre geringe Zahl während des kritischen Stadiums reichlich wettmachten.

Kapitel 7:
Der Krieg im Westen

Der Lauf der Geschichte unserer Zeit wurde geändert und die Zukunft aller Völker in eine andere Richtung gewiesen, als Hitlers Armeen am 10. Mai 1940 die Verteidigung des Westens durchbrachen. Der entscheidende Akt dieses Dramas begann, als am 13. Mai Guderians Panzerkorps bei Sedan die Maas überschritt.

Am gleichen 10. Mai löste der ruhelose und dynamische Churchill Chamberlain als britischen Premierminister ab.

Die schmale Bresche bei Sedan wurde bald zu einer weiten Öffnung. Die deutschen Panzer, die durch sie hereinbrachen, erreichten binnen einer Woche die Kanalküste, wodurch die alliierten Armeen in Belgien abgeschnitten wurden. Diese Katastrophe führte zum Zusammenbruch Frankreichs und zur Isolierung Englands. Obwohl England hinter seinem Meeresgraben ausharren konnte, kam die Rettung erst, nachdem ein verlängerter Krieg zu einem weltweiten Kampf geworden war. Am Ende wurde Hitler durch das Gewicht Amerikas und Rußlands überwältigt, aber Europa war erschöpft und stand der Bedrohung einer kommunistischen Vorherrschaft gegenüber.

Nach der Katastrophe wurde der Zusammenbruch der französischen Front allgemein als unvermeidlich angesehen und Hitlers Angriff als unwiderstehlich. Aber der Augenschein war von der Wirklichkeit sehr verschieden, wie wir heute wissen.

Die Führer der deutschen Armee versprachen sich wenig von einer Offensive im Westen, die sie nur widerwillig auf Hitlers Drängen in Gang setzten. Hitler selbst verlor in einem kritischen Augenblick das Vertrauen und unterbrach den Vormarsch für zwei Tage in dem Moment, als seine Angriffsspitze die französische Verteidigung durchbrochen hatte und den Weg vor sich offen fand. Dies hätte Hit-

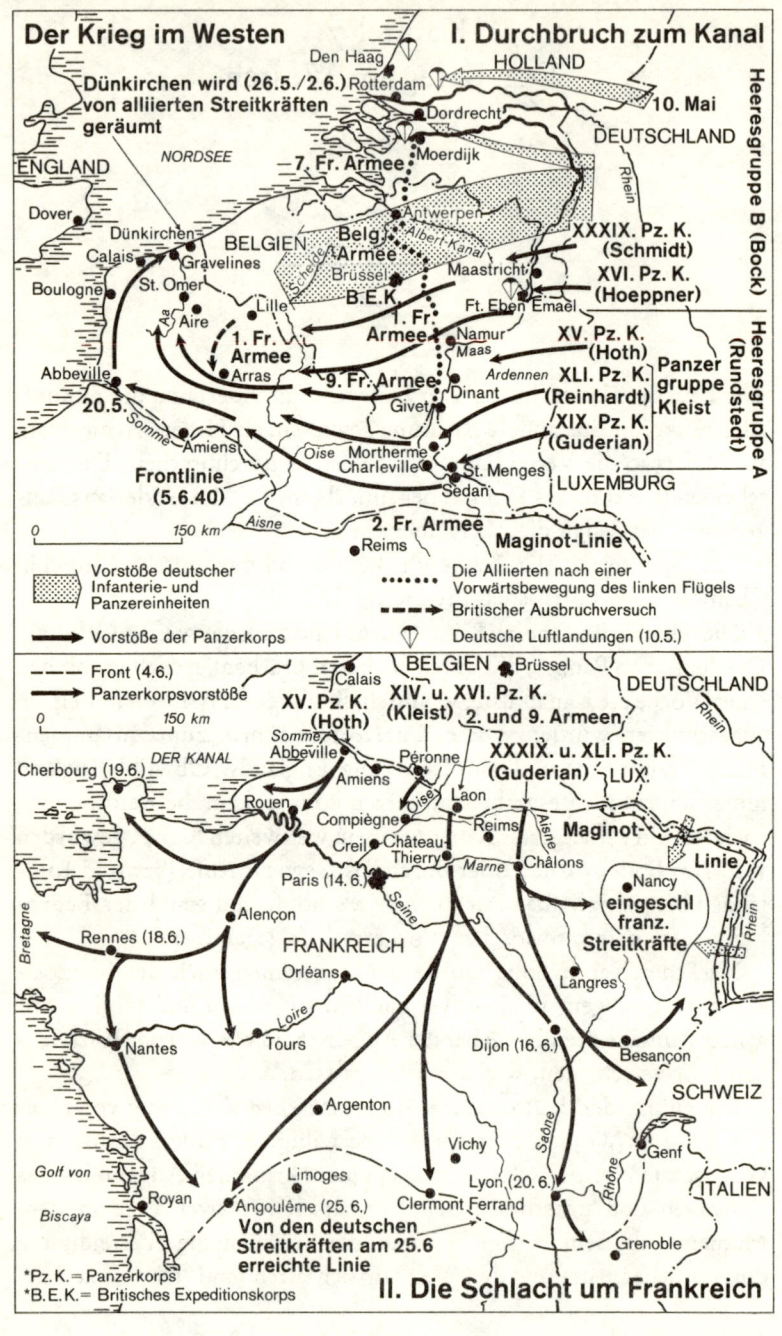

Der Krieg im Westen

I. Durchbruch zum Kanal

HOLLAND

Den Haag

Rotterdam

Dünkirchen wird (26.5./2.6.)
von alliierten Streitkräften
geräumt

Dordrecht

10. Mai

DEUTSCHLAND

NORDSEE

Moerdijk

7. Fr. Armee

ENGLAND

Antwerpen

Rhein

Dover

BELGIEN

Belg.
Armee

Albert Kanal

Heeresgruppe B (Bock)

Dünkirchen

Brüssel

Maastricht

XXXIX. Pz. K.
(Schmidt)

XVI. Pz. K.
(Hoeppner)

Calais

Gravelines

St. Omer

B.E.K.

Ft. Eben Emaël

Boulogne

Lille

1. Fr.
Armee

Namur

XV. Pz. K.
(Hoth)

Aire

1. Fr.
Armee

Maas

XLI. Pz. K.
(Reinhardt)

Panzer
gruppe
Kleist

Heeresgruppe A (Rundstedt)

Abbeville

Arras

9. Fr. Armee

Ardennen

Dinant

XIX. Pz. K.
(Guderian)

20.5.

Givet

Somme

Amiens

Oise

Mortherme

Charleville

St. Menges

LUXEMBURG

Frontlinie
(5.6.40)

Sedan

0   150 km

Aisne

2. Fr. Armee

Maginot-Linie

Reims

	Vorstöße deutscher Infanterie- und Panzereinheiten		Die Alliierten nach einer Vorwärtsbewegung des linken Flügels
→	Vorstöße der Panzerkorps		Britischer Ausbruchversuch
---	Front (4.6.)	⛊	Deutsche Luftlandungen (10.5.)

BELGIEN

Brüssel

DEUTSCHLAND

Calais

XIV. u. XVI. Pz. K.
(Kleist)

→ Panzerkorpsvorstöße

0   150 km

XV. Pz. K.
(Hoth)

2. und 9. Armeen

Somme

Abbeville

Péronne

XXXIX. u. XLI. Pz. K.
(Guderian)

LUX.

Rhein

DER KANAL

Amiens

Laon

Cherbourg (19.6.)

Oise

Rouen

Compiègne

Reims

Aisne

Maginot-

Creil

Château-
Thierry

Marne

Châlons

Linie

Paris (14.6.)

Nancy

**eingeschl franz.
Streitkräfte**

Alençon

Seine

Rhein

Bretagne

Rennes (18.6.)

FRANKREICH

Orléans

Langres

Nantes

Tours

Loire

Dijon (16.6.)

Besançon

Argenton

SCHWEIZ

Golf von

Vichy

Saône

Genf

Biscaya

Limoges

Lyon (20.6.)

Rhône

ITALIEN

Royan

Angoulême (25.6.)

Clermont Ferrand

**Von den deutschen
Streitkräften am 25.6
erreichte Linie**

Grenoble

*Pz. K. = Panzerkorps

*B.E.K. = Britisches Expeditionskorps

II. Die Schlacht um Frankreich

lers Sieg vereiteln können, wenn die Franzosen aus dieser Atempause Nutzen hätten ziehen können.

Am merkwürdigsten war es jedoch, daß dem Mann, der die Angriffsspitze führte, Guderian, vorübergehend die Befehlsgewalt entzogen wurde, weil seinen Vorgesetzten das Tempo, mit dem er den erzielten Durchbruch ausnützte, zu rasch war. Und doch wäre ohne seinen »Verstoß«, so schnell vorzugehen, die Invasion wahrscheinlich gescheitert, und die Weltgeschichte hätte einen anderen Verlauf genommen.

Hitlers Armeen besaßen keineswegs die gewaltige Überlegenheit, die man ihnen zuschrieb, sondern waren zahlenmäßig jenen unterlegen, denen sie gegenüberstanden. Seine Panzervorstöße brachten die Entscheidung, obwohl er weniger und schwächere Panzer besaß als seine Gegner. Nur in der Luft war er überlegen, und dies erwies sich als der wichtigste Faktor.

Außerdem wurde der Kampf im Grunde nur von einem Bruchteil der Streitkräfte entschieden, noch ehe die Masse seiner Truppen in Aktion trat. Dieser entscheidende Bruchteil von insgesamt 135 Divisionen, die er zusammengezogen hatte, bestand neben der Luftwaffe aus zehn Panzerdivisionen, einer Fallschirmjägerdivision und einer Luftlandedivision.

Die verblüffende Wirkung der neuen Truppengattungen hat nicht nur ihre verhältnismäßig geringe Stärke verborgen, sondern auch die Tatsache, daß der Sieg nur um Haaresbreite errungen wurde. Ihr Erfolg hätte leicht ausbleiben können ohne die alliierten Fehler, die zum größten Teil auf überholte Vorstellungen zurückzuführen waren. Abgesehen von der kurzsichtigen Führung auf der Gegenseite, beruhte der Erfolg der Invasion auf einer Reihe von Glücksfällen – und auf der Bereitschaft eines einzigen Mannes, Guderian, sie sich zunutze zu machen.

Die Schlacht um Frankreich ist eines der markantesten Beispiele in der Geschichte für die entscheidende Rolle einer neuen Idee, die von einem dynamischen Mann verwirklicht wird. Guderian hat berichtet, wie ihn vor dem Krieg der Gedanke des tiefen strategischen Eindringens unabhängiger Panzerstreitkräfte gepackt hatte, die Vorstellung von einem weitreichenden Panzervorstoß, der die Versorgungsadern der feindlichen Armee weit hinter der Front abschnitt. Als Panzerenthusiast erkannte er die Möglichkeiten, die sich aus dem neuen militärischen Denken ergaben, das sich nach dem Ersten Weltkrieg in England entwickelt hatte und vom Königlichen Panzerkorps zuerst demonstriert worden war. Die meisten der höheren deutschen Generale zweifelten an diesem Gedanken, ebenso wie es die britischen und französischen Militärdienststellen getan hatten. Doch als der Krieg kam, ergriff Guderian die Chance, diese Idee trotz der Bedenken seiner Vorgesetzten zu verwirklichen. Die Wirkung war ebenso entscheidend wie die anderer neuer Ideen in der Kriegsgeschichte – etwa der Einsatz des Pferdes, der lange Speer, die Phalanx, die elastische Legion, die schräge Gefechtsaufstellung, die berittenen Bogenschützen, der Langbogen, die Muskete, die Kanone, die Organisation von Armeen in getrennten und manövrierfähigen Divisionen. Ja, diese neue Idee erwies sich als noch unmittelbarer entscheidend.

Die deutsche Invasion im Westen begann mit dramatischen Erfolgen an der rechten Flanke gegen Schlüsselstellungen in der Verteidigung der neutralen Niederlande und des neutralen Belgien. Diese Schläge, bei denen Fallschirmjäger die Vorhut bildeten, lenkten die Aufmerksamkeit der Alliierten einige Tage lang vom Hauptstoß ab, der im Mittelabschnitt durch das Hügel- und Waldland der Ardennen auf das Herz Frankreichs gerichtet war.

Die Hauptstadt Hollands, Den Haag, sowie seine Verkehrsknotenpunkte bei Rotterdam wurden in den frühen Morgenstunden des 10. Mai von Fallschirmjägern angegriffen. Gleichzeitig begann der Sturm auf die holländischen Grenzverteidigungen 150 Kilometer weiter östlich. Die Verwirrung und Bestürzung, die dieser doppelte Schlag an und hinter der Grenze auslöste, wurde noch durch den intensiven Einsatz der Luftwaffe vergrößert. Die deutschen Panzerkräfte stießen, die Konfusion nutzend, durch eine Lücke in der südlichen Flanke vor und vereinigten sich am dritten Tag mit den Fallschirmjägern bei Rotterdam. Unter den Augen der französischen 7. Armee, die gerade zur Unterstützung der Holländer eingetroffen war, kämpften sie sich zu ihrem Ziel durch. Am fünften Tag kapitulierten die Holländer, obwohl ihre Hauptfront noch ungebrochen war. Ihre Kapitulation wurde durch die Drohung mit weiteren Luftangriffen auf ihre überfüllten Städte beschleunigt.

Hier waren die deutschen Streitkräfte wesentlich schwächer als jene, die ihnen gegenüberstanden. Außerdem wurde der entscheidende Vorstoß von nur einer Panzerdivision ausgeführt, der 9., der einzigen, die für den Angriff auf Holland entbehrt werden konnte. Ihr Vormarschweg war von Kanälen und breiten Flüssen durchschnitten, die leicht zu verteidigen gewesen wären. Der Erfolg hing vom Gelingen des Luftlandeunternehmens ab.

Aber die neue Waffe war überraschend klein, gemessen an dem, was sie erreichte. Im Mai 1940 hatte Deutschland nur 4500 ausgebildete Fallschirmjäger. Von diesem mageren Ganzen wurden 4000 Mann beim Angriff auf Holland eingesetzt. Sie bildeten fünf Bataillone und wurden durch eine leichte Infanteriedivision mit 12000 Mann unterstützt, die in Flugzeugen herangeschafft wurden.

Über die Hauptpunkte des Angriffsplans sagte der Oberbefehlshaber der Luftlandetruppen, General Student:

»Wegen unserer begrenzten Stärke mußten wir uns auf zwei Ziele beschränken – die Punkte, die am wichtigsten für den Erfolg der Invasion zu sein schienen. Der Hauptschlag unter meinem eigenen Befehl richtete sich gegen die Brücken von Rotterdam, Dortrecht und Moerdijk, über die der Hauptverbindungsweg von Süden über die Rheinmündungen führte. Unsere Aufgabe war es, die Brücken einzunehmen, ehe die Holländer sie sprengen konnten, und sie offen zu halten bis zur Ankunft unserer motorisierten Bodentruppen. Meine Truppe umfaßte vier Fallschirmjäger-Bataillone und ein Luftlande-Regiment (bestehend aus drei Bataillonen). Wir hatten vollen Erfolg, bei nur 180 Mann Verlusten. Wir durften nicht versagen, sonst wäre die ganze Invasion mißlungen.«

Student selbst war unter den Verwundeten. Er trug eine Kopfverletzung davon, so daß er acht Monate lang ausfiel.

Ein Nebenangriff richtete sich gegen die holländische Hauptstadt Den Haag. Sein Ziel war es, die Spitzen der Regierung und der Verwaltung gefangenzunehmen und so den ganzen Befehlsapparat zu zerschlagen. Die bei Den Haag eingesetzte Truppe bestand aus einem Fallschirmjäger-Bataillon und zwei mit Flugzeugen herangeschafften Regimentern unter General Graf Sponeck. Dieser Angriff wurde vereitelt, stiftete jedoch große Verwirrung.

Auch die Invasion Belgiens begann mit einer Überraschung. Hier wurde der Bodenangriff von der starken 6. Armee unter Reichenau ausgeführt, der auch Hoepners 16. Panzerkorps angehörte. Sie hatte eine mächtige Sperre zu überwinden, ehe sich ihr Angriff entfalten konnte. Nur 500 Fallschirmjäger standen zur Unterstützung dieses

Angriffs zur Verfügung. Ihre Aufgabe war es, die beiden Brücken über den Albert-Kanal sowie das Fort Eben Emael, Belgiens modernste Festung, zu erobern, die diese Wassergrenze schützte.

Diese winzige Einheit war ausschlaggebend. Denn die belgische Grenze lag hier jenseits des südlichen Vorsprungs holländischen Territoriums, das als »Maastrichter Blinddarm« bekannt ist. Sobald die deutsche Armee die holländische Grenze überschritt, hätten die belgischen Grenzwachen am Albert-Kanal reichlich Zeit gehabt, die Brücken in die Luft zu jagen, ehe die Invasionstruppen den 25 Kilometer breiten Streifen überquert hätten. Luftlandetruppen, die lautlos aus dem Nachthimmel kamen, boten aber eine neue und die einzige Möglichkeit, die wichtigen Brücken unbeschädigt sicherzustellen.

Die kleine Zahl der Fallschirmjäger, die in Belgien eingesetzt wurden, stand in einem außerordentlichen Gegensatz zu den damaligen Berichten, nach denen deutsche Fallschirmjäger an zahlreichen Orten zu Tausenden abgesprungen seien. Student lieferte die Erklärung dafür. Um nämlich so viel Verwirrung wie möglich zu stiften, wurden über dem ganzen Land Fallschirmattrappen abgeworfen. Dieser Trick erwies sich als äußerst wirkungsvoll, und ihm kam noch die natürliche Neigung erhitzter Gemüter zu Hilfe, alle Zahlen zu multiplizieren. Student sagte dazu:

»Auch das Unternehmen am Albert-Kanal war Hitlers eigene Idee. Es war vielleicht die originellste Idee dieses einfallsreichen Mannes. Er ließ mich kommen und fragte mich nach meiner Meinung. Nach eintägigem Überlegen bestätigte ich die Möglichkeit eines solchen Unternehmens und erhielt den Befehl, die Vorbereitungen zu treffen. Ich benützte 500 Mann unter Hauptmann Koch. Der Oberbefehlshaber der 6. Armee, General von Reichenau, und sein Generalstabschef, General Paulus, beide fähige Generale, hielten das Unternehmen für ein Abenteuer und glaubten nicht an seinen Erfolg.

Der Überraschungsangriff auf Fort Eben Emael wurde von einer winzigen Abteilung von 78 Fallschirmjägern unter Leutnant Witzig ausgeführt. Von ihnen fielen nur sechs Mann. Diese kleine Abteilung unternahm eine völlig unerwartete Landung oben auf dem Fort, überwältigte hier das Flugabwehrpersonal, sprengte die Panzertürme und die Kasematten aller Geschütze mit einem neuen, hochexplosiven Sprengstoff, der vorher geheimgehalten worden war.... Der Überraschungsangriff auf Eben Emael beruhte auf der Anwendung dieser neuen Waffe, die lautlos ans Ziel transportiert wurde mit einer anderen neuen Waffe – dem Lastensegler.«

Das Fort war gut angelegt und jeder Bedrohung gewachsen, es sei denn, daß feindliche Truppen auf seinem Dach landeten. Von hier aus hielten Witzigs Handvoll Männer die 1 200 Mann starke Besatzung in Schach, bis vierundzwanzig Stunden später die deutschen Bodentruppen erschienen.

Auch die belgischen Wachen auf den beiden wichtigen Brücken wurden auf ähnliche Weise überrumpelt. An einer der Brücken hatten sie bereits die Zündschnur angesteckt, um die Brücke in die Luft zu jagen, aber die Besatzung eines Segelflugzeugs drang in das Blockhaus ein und löschte sie noch im rechten Augenblick.

Bemerkenswert ist, daß die Verteidiger an der ganzen Invasionsfront planmäßig die Brücken sprengten außer an den Stellen, wo Luftlandetruppen eingesetzt wurden. Dies zeigt, wie knapp der deutsche Erfolg errungen wurde, da der Zeitfaktor die ausschlaggebende Rolle spielte.

Beim Anbruch des zweiten Tages waren genügend deutsche Streitkräfte über den Kanal gekommen, um die rückwärtigen belgischen Verteidigungslinien zu durchbrechen. Dann rollten Hoepners beide Panzerdivisionen (die 3. und 4.) über die unbeschädigten Brücken. Ihr unaufhaltsames Vordringen veranlaßte die belgischen Truppen zum Rückzug, als gerade die Franzosen und Briten eingetroffen waren, um sie zu unterstützen.

Dieser Durchbruch in Belgien war nicht der entscheidende Schlag der Invasion im Westen, hatte aber wesentlichen Einfluß auf ihren Ausgang. Er lenkte nicht nur die Aufmerksamkeit der Alliierten in die falsche Richtung, sondern band auch den größten beweglichen Teil der alliierten Streitkräfte in der Schlacht, die sich dort entwickelte, so daß die motorisierten Divisionen nicht abgezogen und nach Süden dirigiert werden konnten, um der größeren Bedrohung zu begegnen, die sich am 13. Mai plötzlich an der französischen Grenze abzeichnete, an ihrem schwächsten Teil im Westen der noch unfertigen Maginot-Linie.

Die motorisierten Angriffsspitzen der Heeresgruppe Rundstedt waren inzwischen durch Luxemburg und Belgisch-Luxemburg in Richtung Frankreich gestoßen. Nachdem sie die 120 Kilometer tiefen Ardennen durchquert und schwachen Widerstand beiseitegefegt hatten, überschritten sie die französische Grenze und standen am Morgen des vierten Tages an der Maas.

Es war ein kühnes Unternehmen gewesen, Panzer und Motorfahrzeuge durch ein derart schwieriges Gelände zu schicken, das traditionsgebundene Strategen lange als unpassierbar angesehen hatten. Aber das vergrößerte den Überraschungseffekt, während die dichten Wälder halfen, die Stärke des Schlages zu verschleiern.

Es war jedoch das französische Oberkommando, das am meisten für Hitlers Erfolg tat. Die verheerende Wirkung der Ardennen-Offensive beruhte weitgehend auf dem französischen Plan, der vom deutschen Standpunkt aus vorzüglich zu dem umgestalteten Angriffsplan paßte. Was sich für die Franzosen als verhängnisvoll erwies, war nicht, wie allgemein angenommen wird, ihre defensive Haltung oder der »Maginot-Linien-Komplex«, sondern gerade der offensivere Teil ihres Planes. Dadurch, daß sie mit ihrem linken Flügel nach Belgien hineinstießen, spielten sie ihrem Gegner in die Hände und zwängten sich in eine Falle hinein – eine Wiederholung ihres beinahe tödlich verlaufenen Plans XVII von 1914. Diesmal war die Gefahr noch größer, weil der Feind beweglicher war und im Fahrtempo statt im Schrittempo manövrierte. Auch war der Nachteil größer, weil bei diesem Vorstoß – von der französischen und der britischen Armee durchgeführt – die modernsten und schnellsten Teile der alliierten Streitkräfte eingesetzt wurden.

Mit jedem Schritt, den diese Armeen nach Belgien hinein vordrangen, setzten sie ihre Nachhut immer mehr Rundstedts Flankenangriff aus. Noch schlimmer war es, daß der Drehpunkt des alliierten Vormarschs durch einige zweitrangige französische Divisionen gedeckt wurde, die aus älteren Männern bestanden und nur schwach mit Panzer- und Fliegerabwehrgeschützen, zwei lebenswichtigen Notwendigkeiten, ausgerüstet waren. Daß der Drehpunkt so schlecht gedeckt war, war ein alles überbietender Schnitzer des französischen Oberkommandos unter Gamelin und Georges.

Der deutsche Vormarsch durch die Ardennen war eine listenreiche Operation und ein Meisterstück von Stabsarbeit. Am 10. Mai sammelte sich vor Tagesanbruch die größte Panzermassierung, die bisher im Krieg aufgetreten war, an der luxemburgischen Grenze. Sie bestand aus drei Panzerkorps, die in drei Blocks aufgestellt waren, von denen die beiden vorderen aus Panzerdivisionen und die dritte aus motorisierten Infanteriedivisionen bestanden. Die Vorhut wurde von General Guderian geführt, und das Ganze stand unter dem Oberkommando von General von Kleist.

Rechts von Kleists Gruppe stand ein weiteres Panzerkorps, das XV., unter Hoth, das durch die nördlichen Ardennen zur Maas zwischen Givet und Dinant durchstoßen sollte.

Die sieben Panzerdivisionen bildeten jedoch nur einen Bruchteil der Streitkräfte, die entlang der deutschen Grenze aufmarschiert und bereit waren, durch die Ardennen zu stoßen. Ungefähr 50 Divisionen waren auf einer schmalen, aber sehr tiefen Front zusammengezogen.

Der Erfolg des Angriffs hing wesentlich von der Schnelligkeit ab, mit der die deutschen Panzer durch die Ardennen vordringen und die Maas überqueren konnten. Erst wenn sie diesen Fluß überschritten hatten, bekamen die Panzer Raum zum Manövrieren. Sie mußten die Maas überqueren, ehe das französische Oberkommando merkte, was geschah, und die Reserven sammelte, um den Vorstoß abzufangen.

Die Deutschen gewannen das Rennen, wenn auch nur mit einem kleinen Vorsprung. Das Ergebnis hätte anders ausfallen können, wenn die Verteidiger fähig gewesen wären, von den Sprengungen, die nach dem früheren Plan ausgeführt worden waren, zu profitieren. Für die Sicherheit Frankreichs war es verhängnisvoll, daß die Flußübergänge nicht durch geeignete Verteidigungskräfte gedeckt wurden. Die Franzosen waren so töricht gewesen, sich auf Kavalleriedivisionen zu verlassen, um die Angreifer aufzuhalten.

Im Gegensatz dazu hätte ein Panzergegenschlag an der Flanke den deutschen Vorstoß in diesem Stadium wahrscheinlich aufhalten können, und zwar durch seine Wirkung auf die höheren Kommandostellen; denn diese fürchteten ohnehin einen Schlag gegen die deutsche linke Flanke.

Als Kleist jedoch sah, wie gut der Vormarsch verlief, stimmte er schon am 12. Mai Guderians Ansicht zu, daß die Maas überschritten werden sollte, ohne auf die Infanteriekorps zu warten. Inzwischen war aber schon ein starker Einsatz der Luftwaffe angeordnet worden. Zwölf Stuka-Staffeln sollten dazu beitragen, den Übergang zu erzwingen. Diese tauchten am frühen Nachmittag des 13. auf und ließen einen solchen Bombenhagel los, daß die meisten französischen Artilleristen bis zum Einbruch der Nacht in ihren Unterständen festsaßen. Guderians Angriff konzentrierte sich auf einen zwei Kilometer breiten Abschnitt des Flusses westlich von Sedan. Dieser Abschnitt eignete sich hervorragend dafür, den Übergang zu erzwingen. Der Fluß biegt an dieser Stelle scharf nach Norden ab, auf St-Menges zu, und dann wieder nach Süden, so daß er eine taschenähnliche Frontausbuchtung bildet. Die bewaldeten Höhen am Norufer bieten Deckung für Angriffsvorbereitungen und Geschützstellungen sowie für Artilleriebeobachter. Von St-Menges aus hatte man einen weiten Blick über diese Flußbiegung hinüber zu den bewaldeten Höhen des Bois de Marfee auf der gegenüberliegenden Seite.

Der Übergang begann um 16.00 Uhr nachmittags. Ein Panzerschützenregiment setzte mit Schlauchbooten und Flößen über die Maas. Bald waren Fähren in Betrieb, die leichte Fahrzeuge übersetzten. Die vordere Verteidigungslinie am Fluß war bald überrannt, und die Angreifer stießen weiter vor, um den Bois de Marfee und die südlichen Höhenzüge zu nehmen. Um Mitternacht war der Keil fast acht Kilometer tief, während eine Brücke bei Glair (zwischen Sedan und St-Menges) fertiggestellt wurde, über die nun die Panzer rollten.

Dessenungeachtet war die deutsche Situation am 14. Mai noch immer bedenklich, da nur eine Division über den Fluß gesetzt war und es nur eine Brücke gab, über die Verstärkung und Nachschub herangeführt werden konnte. Die Brücke wurde von alliierten Flugzeugen angegriffen, die vorübergehend zum Zuge kamen, weil sich das Schwergewicht der Luftwaffeneinsätze nun an andere Frontabschnitte verlagert hatte. Aber das Flakregiment Guderians schützte die lebenswichtige Brücke mit starkem Abwehrfeuer, und die alliierten Luftangriffe wurden verlustreich abgeschlagen.

Am Nachmittag waren Guderians drei Panzerdivisionen über dem Fluß. Nachdem ein verspäteter französischer Gegenangriff abgeschlagen worden war, schwenkte Guderian plötzlich nach Westen ab. Am nächsten Abend war er durch die letzte Verteidigungslinie durchgebrochen, und die Straßen nach Westen – die zur Kanalküste führten – lagen offen vor ihm.

Doch nun kam für Guderian eine kritische Situation, wenn auch nicht wegen des Feindes:

»Vom Hauptquartier der Panzergruppe kam der Befehl, den Vormarsch zu stoppen und die Truppe in dem gewonnenen Brückenkopf zurückzuhalten. Ich wollte und konnte diesen Befehl nicht befolgen; denn er bedeutete, den Überraschungseffekt und unseren

ganzen Anfangserfolg zu verspielen.« Nach einem lebhhaften tele-
fonischen Wortgefecht mit Kleist stimmte dieser zu, »den Vormarsch noch vierundzwanzig Stunden fortzusetzen, um den Brük-
kenkopf zu erweitern«.

Diese vorsichtige Erlaubnis wurde bis zum äußersten ausgenutzt, und
die Panzerdivisionen bekamen freie Fahrt. Gleichzeitig mit dem Vorstoß von Guderians drei Panzerdivisionen rückten Reinhardts beide
Divisionen von dem Übergang bei Monthermé aus vor und Hoths
beide Divisionen von dem Übergang bei Dissant aus. Das bewirkte
den allgemeinen Zusammenbruch des französischen Widerstandes, so
daß es durch leeren Raum weiterging.

Am Abend des 16. war der Vorstoß nach Westen mehr als 80 Kilometer weitergegangen, auf den Kanal zu, und hatte die Oise erreicht.
Doch wieder wurde gebremst, nicht durch den Feind, sondern von
oben. Die höheren Befehlshaber auf deutscher Seite waren über die
Leichtigkeit des Maasübergangs erstaunt und wollten ihrem Glück
nicht trauen. Sie erwarteten nun einen schweren französischen Gegenschlag an der Flanke. Auch Hitler teilte diese Befürchtungen. Deshalb
zügelte er den Vormarsch und hielt ihn zwei Tage auf, damit die Infanteriekorps nachkommen und eine Flankensicherung entlang der Aisne
aufbauen konnten.

Nachdem die Angelegenheit an höchster Stelle noch einmal erörtert
worden war, erhielt Guderian die Erlaubnis, eingehende Erkundungen durchzuführen. »Eingehende Erkundungen« war ein dehnbarer
Begriff und ermächtigte Guderian, beträchtlichen offensiven Druck
aufrechtzuerhalten während der zweitägigen Pause, bis die Infanteriekorps der 12. Armee an der Aisne eine starke Flankendeckung aufgebaut hatten und er die Erlaubnis erhielt, weiter bis zur Kanalküste
vorzugehen.

Bis jetzt war so viel Zeit gewonnen und auf der Gegenseite eine derartige Verwirrung gestiftet worden, daß der Aufenthalt an der Oise die
deutschen Erfolgsaussichten nicht ernsthaft gefährdete. Trotzdem
zeigte sich hier, daß die Kluft zwischen der neuen und der alten Schule
auf deutscher Seite größer war als jene zwischen Deutschen und Franzosen in den höheren Kommandostellen.

Gamelin schrieb am Ende des Krieges über die strategische Bedeutung der Maas-Überquerung:

»Sie war ein bemerkenswertes Manöver. Aber hatte man es vor-
hersehen können? Ich glaube nicht – jedenfalls so wenig, wie Napoleon das Manöver bei Jena oder Moltke dasjenige bei Sedan (im Jahr
1870) vorausgesehen hatte. Es war eine perfekte Ausnutzung der
Verhältnisse. Die Truppen und ihre Führung wußten, wie zu manövrieren war, und ihre Organisation erlaubte ihnen, schnell zu
operieren – so schnell wie Panzer, Flugzeuge und Funk es möglich
machen. Es ist vielleicht das erste Mal, daß eine entscheidende
Schlacht gewonnen wurde, ohne daß die Masse der Streitkräfte eingesetzt zu werden brauchte.«

Wie General Georges, der Oberbefehlshaber an der Kampffront, berichtet, rechnete man damit, daß die geplanten Hindernisse in Belgisch-Luxemburg aller Wahrscheinlichkeit nach die Ankunft der
Deutschen an der Maas »für mindestens vier Tage verzögern würden«.
Stabschef General Doumenc sagte:

»Indem wir dem Gegner unser eigenes Vorgehen zutrauten, hatten wir geglaubt, daß er den Übergang über die Maas erst dann versuchen würde, wenn er genügend Artillerie herangeschafft hatte.
Die fünf oder sechs Tage, die dazu nötig waren, hätten uns genügt,
unsere eigenen Aufstellungen zu verstärken.«

Es ist bemerkenswert, wie sehr diese französischen Überlegungen mit
jenen übereinstimmten, die an höheren Stellen »auf der anderen Seite
des Hügels« angestellt wurden. Man kann daraus ersehen, daß die führenden französischen Militärs ihre Grundüberlegungen bezüglich der
deutschen Offensive rechtfertigen konnten, und zwar mit größerer
Berechtigung, als es unmittelbar nach dem Ereignis den Anschein
hatte. In ihren Kalkulationen fehlte jedoch ein individueller Faktor –
nämlich Guderian. Die von ihm übernommene Theorie des tiefen strategischen Eindringens unabhängig operierender Panzerkräfte, seine
leidenschaftliche Überzeugung von der Durchführbarkeit sowie sein
sich daraus ergebender Impuls, die Gehorsamspflicht zu strapazieren,
warf die Überlegungen des französischen Oberkommandos in einem
Ausmaß um, wie es das deutsche Oberkommando niemals aus eigenem
Entschluß getan hätte. Es steht fest, daß Guderian und seine Panzertruppen die deutsche Armee mit sich zogen und dadurch den überwäl-
tigendsten Sieg der modernen Geschichte hervorbrachten.

In jedem Stadium spielte der Zeitfaktor wieder die entscheidende
Rolle. Die französischen Gegenangriffe wurden wiederholt aus dem

Konzept gebracht, da sie zu schwerfällig waren, um mit den wechselnden Situationen fertig zu werden – was wiederum darauf zurückzuführen war, daß die deutsche Vorhut schneller vorrückte, als das deutsche Oberkommando beabsichtigt hatte.

Die Franzosen hatten ihre Pläne auf die Vermutung gegründet, daß ein Sturm auf die Maas frühestens in neun Tagen erfolgen würde. Das war das gleiche Zeitmaß, das die deutschen Militärs anfangs im Sinn hatten, ehe Guderian sich einschaltete. Als dies einmal umgestoßen war, mußte Schlimmeres folgen. Die französischen Befehlshaber, an die Zeitlupenmethoden von 1918 gewöhnt, waren dem Tempo der Panzer geistig nicht gewachsen, was eine allgemeine Lähmung unter ihnen auslöste.

Einer der wenigen Männer auf alliierter Seite, der die Gefahr rechtzeitig erkannte, war der neue französische Ministerpräsident Paul Reynaud. Als kritischer Außenseiter hatte er vor dem Krieg seine Landsleute beschworen, Panzertruppen aufzustellen. Da ihm deren Wirkungskraft nur zu klar war, rief er am 15. Mai morgens Churchill an und sagte: »Wir haben die Schlacht verloren.«

Churchill erwiderte:

»Alle Erfahrungen zeigen, daß die Offensive nach einiger Zeit zum Stehen kommen wird. Ich erinnere an den 21. März 1918. Nach fünf oder sechs Tagen müssen sie warten, bis Nachschub kommt, dann ist die Gelegenheit für einen Gegenangriff. Ich habe das aus dem Mund von Marschall Foch selbst erfahren.«

Am nächsten Tag flog er nach Paris und sprach sich dort gegen einen Rückzug der alliierten Armeen aus Belgien aus. Doch auch so zögerte Gamelin zu lange, sie zurückzuziehen. Jetzt plante er eine wohlüberlegte Gegenoffensive in der 1918er-Manier – mit massierten Infanteriedivisionen. Auch Churchill setzte weiterhin sein Vertrauen darauf. Es war ein Unglück, daß Gamelins Überlegungen hergebrachten Gleisen folgten, denn er war zum Handeln fähiger als irgend jemand in Frankreich.

An jenem Tag unternahm Reynaud auch Schritte, um Gamelin zu ersetzen, indem er General Weygand, Marschall Fochs alten Mitarbeiter, aus Syrien herbeirief. Weygand kam erst am 19. an, so daß sich das Oberkommando drei Tage lang in einem Zustand der Ungewißheit befand. Am 20. erreichte Guderian den Kanal und schnitt somit die

Nachschublinien der alliierten Armeen in Belgien ab. Außerdem war Weygand sogar noch stärker in altmodischen Vorstellungen befangen als Gamelin und plante weiter in der 1918er-Manier. Damit zerrann die Aussicht auf Rettung. Mit einem Wort, die alliierten Führer taten alles zu spät, oder sie taten das Falsche und konnten am Ende die Katastrophe nicht abwenden.

Daß die britische Expeditionstruppe entkam, war zu einem großen Teil Hitlers persönlichem Eingreifen zu verdanken. Nachdem seine Panzer den Norden Frankreichs überrollt und die britische Armee von ihrem Stützpunkt abgeschnitten hatten, gebot Hitler ihnen in dem Augenblick Halt, als sie Dünkirchen nehmen wollten, den letzten Fluchthafen, der den Briten noch offenstand. Zu diesem Zeitpunkt war die Masse der britischen Expeditionstruppe noch viele Kilometer vom Hafen entfernt. Doch Hitler hielt seine Panzer drei Tage lang an.

Seine Handlungsweise rettete die britischen Streitkräfte, als nichts anderes mehr sie hätte retten können. Dadurch konnten sie entkommen und sich in England sammeln, den Krieg fortsetzen und sich der Drohung einer Invasion entgegenstellen. Dadurch bewirkte Hitler seinen und Deutschlands Sturz fünf Jahre später. Den Briten war völlig klar, daß sie nur knapp entkommen waren, aber sie wußten nichts über die Gründe ihrer Rettung und sprachen von dem »Wunder von Dünkirchen«.

Weshalb gab Hitler diesen verhängnisvollen Haltebefehl? Das blieb in vieler Hinsicht auch den deutschen Generalen ein Rätsel, und man wird nie mehr mit Gewißheit erfahren, was ihn zu dieser Entscheidung bewog. Hätte Hitler selbst eine Erklärung abgegeben, so wäre sie kaum glaubwürdig gewesen: Männer in hohen Stellungen, die einen gravierenden Fehler begehen, sagen später kaum die Wahrheit, und Hitler gehörte nicht gerade zu den wahrheitsliebenden großen Männern. Es ist wahrscheinlicher, daß seine Aussage die Spuren verwischen würde. Es ist auch ziemlich wahrscheinlich, daß er gar keine zutreffende Erklärung hätte abgeben können, weil seine Gründe zu kompliziert und seine Neigungen zu launenhaft waren. Außerdem wird die Erinnerung eines jeden Menschen leicht durch die späteren Ereignisse verfärbt.

Nach eingehenden Untersuchungen dieses kritischen Vorfalls haben sich für den Historiker genügend Beweise ergeben, so daß er nicht nur die Kette der Ereignisse, sondern auch das, was eine logische Kette der Ursachen zu sein scheint, die zu dieser verhängnisvollen Entscheidung führten, zusammensetzen kann.

Nachdem die Nachschublinien des alliierten linken Flügels in Belgien abgeschnitten waren, erreichte Guderians Panzerkorps am 20. Mai bei Abbeville das Meer. Dann rollte er nach Norden in Richtung auf die Kanalhäfen und die Nachhut der britischen Armee zu, die noch immer in Belgien war und dem Frontalaufmarsch von Bocks Infanterietruppen gegenüberstand. Zu Guderians Rechten bei dieser Fahrt nach Norden befand sich Reinhardts Panzerkorps, das ebenfalls zur Heeresgruppe Kleist gehörte.

Am 22. war durch seinen Vorstoß Boulogne eingeschlossen und am nächsten Tag Calais. Dies brachte ihn nach Gravelines, kaum fünfzehn Kilometer von Dünkirchen entfernt. Reinhardts Panzerkorps erreichte den Kanal Aire–St.Omer–Graveline. Aber dort wurde die Weiterfahrt durch Befehle von oben gestoppt. Den Panzerführern wurde befohlen, ihre Truppen hinter dem Kanal zurückzuhalten. Sie bombardierten ihre Vorgesetzten mit dringenden Anfragen und Protesten; aber man sagte ihnen, dies sei der »persönliche Befehl des Führers«.

Ehe wir tiefer zu den Wurzeln dieser rettenden Einmischung vordringen, wollen wir sehen, was auf britischer Seite geschah und wie sich die Massenflucht selbst abspielte.

Am 16. Mai nahm der Oberbefehlshaber, General Lord Gort, die britische Expeditionstruppe einen Schritt von ihrer vorgeschobenen Linie bei Brüssel zurück. Ehe sie jedoch in ihrer neuen Stellung an der Schelde ankam, hatte Guderian ihre Verbindungslinien weit im Süden abgeschnitten. Am 19. erfuhr das Kabinett, daß Gort einen »eventuellen Rückzug nach Dünkirchen erwog, wenn er dazu genötigt würde«. Das Kabinett wies ihn jedoch an, in südlicher Richtung nach Frankreich zu marschieren und sich einen Weg durch das deutsche Netz, das über seine Nachhut geworfen worden war, zu erzwingen – obgleich es davon unterrichtet worden war, daß er nur für vier Tage Vorräte und nur für eine Schlacht ausreichende Munition hatte.

Diese Anweisungen stimmten mit dem neuen Plan überein, den der französische Oberbefehlshaber Gamelin verspätet aufgestellt und an jenem Morgen verkündet hatte. Am Abend wurde Gamelin entlassen und durch Weygand ersetzt. Dessen erste Handlung war es, den Befehl

Gamelins zu annullieren. Nach einer weiteren dreitägigen Verzögerung gab er einen Plan heraus, der dem seines Vorgängers ähnelte.
Doch das war nichts weiter als ein Plan auf dem Papier.

Inzwischen hatte Gort mit zwei seiner zwölf Divisionen und der
einzigen Panzerbrigade, die man nach Frankreich geschickt hatte, von
Arras aus einen Angriff nach Süden versucht, obgleich er erklärte, daß
die Anweisungen des Kabinetts unausführbar seien. Als dieser Gegenschlag am 21. Mai begann, war er zu einem Vorstoß von zwei schwachen
Panzerbataillonen, denen zwei Infanteriebataillone folgten, zusammengeschrumpft. Die Panzer erzielten einige Fortschritte, bekamen
jedoch keine Unterstützung, da die Infanterie fortgesetzten Stuka-
Angriffen ausgesetzt war. Die benachbarte französische Erste Armee
sollte mit zwei ihrer dreizehn Divisionen eingreifen, doch ihr Beitrag
war gering. In diesen Tagen wurden die Franzosen wiederholt durch
die moralische Wirkung der deutschen Stukas und der schnell manö-
vrierenden Panzer gelähmt. Es ist jedoch erstaunlich, welche Wirkung
dieser kleine Panzerangriff auf einige der deutschen höheren Befehlshaber hatte. Er ließ sie einen Augenblick erwägen, den Vormarsch ihrer eigenen Panzerangriffsspitzen zu stoppen. Rundstedt selbst nannte
dies einen »kritischen Moment« und sagte: »Kurze Zeit befürchteten
wir, daß unsere Panzerdivisionen abgeschnitten werden könnten, ehe
die Infanteriedivisionen ihnen zu Hilfe kommen konnten.« Dies zeigt,
daß die Sache ganz anders hätte ausgehen können, wenn dieser britische Gegenschlag mit zwei Panzerdivisionen statt mit nur zwei
Bataillonen ausgeführt worden wäre[1].

Nach diesem Fehlschlag bei Arras unternahmen die alliierten Armeen im Norden keine weiteren Ausbruchsversuche mehr, während
die verspätete Entlastungsoffensive im Süden, die Weygand plante, so
schwach war, daß sie fast lächerlich wirkte. Sie wurde mühelos vereitelt

---

1 Da man genau diese Situation, die im Jahr 1940 eintrat, vorausgesehen hatte, war
schon seit 1935 in der »Times« und anderswo verlangt worden, daß Englands militärische Anstrengungen sich darauf richten sollten, eine stärkere Luftwaffe und zwei
oder drei Panzerdivisionen aufzustellen im Hinblick auf einen möglichen deutschen
Durchbruch in Frankreich, statt Infanteriedivisionen als Expeditionstruppe zu entsenden, von denen die Franzosen selbst mehr als genug hatten. Dieses Prinzip wurde
Ende 1937 vom Kabinett gebilligt, Anfang 1939 aber zugunsten einer herkömmlichen
Expeditionstruppe wieder aufgegeben. Bis Mai 1940 waren insgesamt dreizehn Infanteriedivisionen nach Frankreich entsandt worden, ohne eine einzige Panzerdivision,
und sie erwiesen sich als unfähig, irgend etwas zur Rettung der Situation zu tun.

durch die Sperre, welche die deutschen motorisierten Divisionen rasch entlang der Somme errichtet hatten, während die Panzerdivisionen nach Norden rollten, um die Falle zu schließen. Mit so langsamen Streitkräften, wie Weygand sie befehligte, hatten seine großsprecherischen Befehle keine größere praktische Wirkung als Churchills Beschwörungen an die Armee, »die Idee aufzugeben, man müsse den Angriff hinter Betonlinien oder natürlichen Hindernissen aufhalten«, und statt dessen die Überlegenheit »durch ungestümes, rücksichtsloses Vorgehen« wiederzuerlangen.

Während die höchsten Kreise weiter undurchführbare Pläne debattierten, wurden die abgeschnittenen Armeen im Norden auf eine Linie näher bei der Küste zurückgedrängt. Sie standen unter dem zunehmenden Frontaldruck durch Bocks Infanterie – obgleich sie von einem tödlichen Schlag in den Rücken durch die Panzerstreitkräfte verschont blieben.

Am 24. hatte sich Weygand bitter darüber beklagt, daß sich die »britische Armee auf eigene Faust 40 Kilometer in Richtung Hafen zurückgezogen hatte, und das in einem Augenblick, als unsere Truppen, die vom Süden im Anmarsch waren, nach Norden zu an Boden gewannen, wo sie mit ihren Verbündeten zusammentreffen sollten«. Tatsache ist, daß die französischen Truppen vom Süden her keinen wahrnehmbaren Fortschritt gemacht hatten. Weygands Worte zeigten nur den Grad der Unwirklichkeit, in der er lebte. Am Abend des 25. fällte Gort endgültig die Entscheidung, sich zum Meer bei Dünkirchen zurückzuziehen. Achtundvierzig Stunden vorher waren die deutschen Panzer an der Kanallinie angekommen, nur 16 Kilometer vom Hafen entfernt. Am 26. gestattete das britische Kabinett dem Heeresministerium, Gort telegrafisch seinen Schritt zu genehmigen und ihn zu einem solchen Rückzug zu »ermächtigen«. Am nächsten Tag kam ein weiteres Telegramm, das ihn anwies, seine Streitkräfte auf dem Seeweg zu evakuieren.

Am gleichen Tag brach die Front der belgischen Armee in der Mitte unter Bocks Angriff zusammen, und es waren keine Reserven zur Stelle, um die Lücke zu füllen. König Leopold hatte durch Admiral Keyes schon wiederholt Warnungen an Churchill geschickt, daß die Lage hoffnungslos werde. Nun war sie mit einem Schlag hoffnungslos geworden. Der größte Teil Belgiens war schon überrollt, und die Armee stand mit dem Rücken zur See, eingepfercht auf einem schmalen Landstreifen, der von flüchtenden Zivilisten überfüllt war. Daher beschloß der König am späten Nachmittag, um Waffenstillstand nachzusuchen, und der Feuereinstellungsbefehl wurde in den Morgenstunden des nächsten Tages verkündet.

Die Kapitulation der Belgier vergrößerte die Gefahr, daß die britische Expeditionstruppe vom Meer abgeschnitten wurde, ehe sie Dünkirchen erreichte. Churchill hatte an König Leopold eben die dringende Bitte geschickt, auszuhalten. Gegenüber Gort erklärte er privatim, das sei so gewesen, als »ob er sie gebeten hätte, sich für uns zu opfern«. Es ist verständlich, daß die eingekreisten Belgier, die schon wußten, daß die britischen Truppen die Evakuierung vorbereiteten, diese Mahnung nicht im gleichen Licht sahen wie Churchill. Ebensowenig war König Leopold gewillt, Churchills Rat zu befolgen, sich selbst »mit dem Flugzeug in Sicherheit zu bringen, ehe es zu spät ist«. Der König meinte, bei seiner Armee und seinem Volk bleiben zu müssen. Auf lange Sicht mag dieser Entschluß unklug gewesen sein, aber unter den gegebenen Umständen war es eine ehrenhafte Entscheidung. Churchills Kritik an seiner Haltung war wenig fair, während die heftige öffentliche Verurteilung durch den französischen Ministerpräsidenten und die französische Presse besonders ungerecht war, wenn man bedenkt, daß der Untergang Belgiens eine Folge des Zusammenbruchs der französischen Verteidigung an der Maas war.

Der britische Rückzug zur Küste wurde jetzt zu einem Wettlauf auf die Schiffe, ungeachtet der bitteren französischen Proteste und Vorwürfe. Es war ein Glück, daß man in England schon eine Woche zuvor mit den Vorbereitungen begonnen hatte, wenn auch unter anderen Voraussetzungen. Am 20. Mai hatte Churchill Schritte genehmigt, »eine große Zahl kleiner Fahrzeuge zusammenzuziehen und bereitzuhalten, um zu Häfen und Buchten an der französischen Küste zu fahren«. Ursprünglich sollten diese Schiffe Teile der britischen Expeditionstruppe retten, die bei dem Versuch, nach dem bestehenden Plan südwärts nach Frankreich hineinzustoßen, abgeschnitten werden könnten. Die Admiralität verlor keine Zeit, die Vorbereitungen zu treffen. Admiral Ramsay, der Kommandant des Seebereichs Dover, war am Tag zuvor, am 19., mit der Leitung der Operation betraut worden. Eine Anzahl Fährboote, Marineboote und kleiner Küstenschiffe wurden sofort für das Unternehmen, das »Operation Dynamo« hieß, zusammengezogen. Von Harwich bis nach Weymouth wurden die Offi-

ziere der Seetransportstellen angewiesen, alle Schiffe bis zu tausend
Tonnen listenmäßig zu erfassen.

In den darauffolgenden Tagen verschlechterte sich die Lage rasch,
und bald wurde der Admiralität klar, daß Dünkirchen der einzig mögliche Evakuierungsweg war. »Dynamo« begann am Nachmittag des
26. – vierundzwanzig Stunden vor dem belgischen Waffenstillstands-
angebot und noch ehe das Kabinett die Evakuierung genehmigt
hatte.

Zunächst hatte man nicht erwartet, daß mehr als ein kleiner Bruchteil der britischen Expeditionstruppe gerettet werden könne. Die
Admiralität hatte Ramsay angewiesen, zu versuchen, innerhalb von
zwei Tagen 45 000 Mann zurückzubringen, da der Feind bis dahin
wahrscheinlich jede weitere Evakuierung unmöglich gemacht haben
würde. Tatsächlich landeten in der Nacht zum 28. nur 25 000 Mann in
England. Es war ein Glück, daß die Gnadenfrist dann wesentlich länger war.

Denn in den ersten fünf Tagen war die Evakuierung durch die zu
kleine Anzahl von Booten behindert, die die Truppen vom Strand zu
den vor der Küste wartenden Schiffen brachten. Dieser Bedarf war,
obwohl Ramsay zu Anfang darauf hingewiesen hatte, nicht genügend
gedeckt worden. Doch jetzt machte die Admiralität größere Anstrengungen, diese zur Verfügung zu stellen und zu bemannen, wobei das
Marinepersonal von vielen freiwilligen Zivilisten verstärkt wurde –
durch Fischer, Besatzungen von Rettungsbooten, Jachtfahrer und andere, die einige Erfahrung im Umgang mit Booten hatten. Ramsay bemerkte, daß die Besatzung des Löschbootes »Massey Shaw« der Londoner Feuerwehr eine der besten Leistungen vollbrachte.

Am Strand gab es zuerst große Verwirrung, die auf den Zustand der
Auflösung der auf ihre Einschiffung wartenden Truppen zurückzuführen war. Zu dieser Zeit handelte es sich zum größten Teil um rückwärtige Dienste. Ramsay meinte, die Konfusion sei noch gesteigert
worden »durch die Tatsache, daß die Uniform der Armeeoffiziere
nicht von der anderer Ränge zu unterscheiden ist«, und er fand, daß
»das Auftauchen der Marineoffiziere mit ihren unzweideutigen Uniformen half, die Ordnung wiederherzustellen. ... Später, als Truppen
der Kampfverbände am Strand erschienen, hörten diese Schwierigkeiten auf«.

Der erste schwere Luftangriff erfolgte am Abend des 29., und »es war ein Glück, daß der lebenswichtige Hafen von Dünkirchen nicht schon jetzt durch versenkte Schiffe blockiert wurde«. Seine Erhaltung war um so wichtiger, als der überwiegende Teil der Truppen im Hafen eingeschifft wurde und weniger als ein Drittel am Strand.

Während der nächsten drei Tage verstärkten sich die Luftangriffe, und am 2. Juni mußte die Evakuierung tagsüber ausgesetzt werden. Die Jäger der R.A.F. taten ihr Bestes, die Luftwaffe in Schach zu halten, konnten jedoch nicht einmal ausreichende Deckung aus der Luft geben, da sie in der Minderzahl waren und wegen der Entfernung von ihren Flugplätzen in Südengland nicht lange über dem Gebiet bleiben konnten. Die dauernden Bombenangriffe waren eine schwere Belastung für die Truppen, die am Strand warteten, obwohl in dem weichen Sand die Wirkung der Bomben verpuffte. Weit mehr Schaden wurde auf dem Meer angerichtet, wo sechs Zerstörer, acht Transportschiffe und über 200 kleinere Schiffe verlorengingen – von insgesamt 860 britischen und alliierten Fahrzeugen aller Art, die bei der Evakuierung eingesetzt wurden. Zum Glück griff die deutsche Marine nur wenig mit U-Booten und Schnellbooten in den Kampf ein. Außerdem herrschte während der Evakuierung außergewöhnlich günstiges Wetter.

Bis zum 30. Mai waren 126000 Mann evakuiert worden, und auch der Rest der Expeditionstruppe war im Brückenkopf Dünkirchen eingetroffen – mit Ausnahme einiger kleinerer Einheiten, die während des Rückzugs abgeschnitten worden waren. Die Verteidigung des Brückenkopfes gegen die Einschließung zu Lande wurde dadurch hartnäckiger. Die Deutschen hatten ihre Chance verpaßt.

Leider hatten die französischen höheren Befehlshaber in Belgien, die immer noch nach Weygands untauglichem Plan operierten, gezögert, sich zusammen mit den Engländern so schnell wie möglich zum Meer zurückzuziehen. Infolgedessen wurde die Hälfte dessen, was von der französischen Ersten Armee noch übriggeblieben war, bei Lille am 28. Mai abgeschnitten und mußte sich am 31. ergeben. Ihr tapferer dreitägiger Widerstand ermöglichte jedoch dem Rest und den Engländern zu entkommen.

Am 2. Juni um Mitternacht schiffte sich die englische Nachhut ein, und die Evakuierung der britischen Expeditionstruppe war beendet – 224000 Mann waren in Sicherheit gebracht worden, und nur ungefähr 2000 gingen mit ihren Schiffen auf dem Weg nach England unter.

Außerdem waren ungefähr 95 000 verbündete Soldaten, hauptsächlich Franzosen, evakuiert worden. In der darauffolgenden Nacht wurden trotz wachsender Schwierigkeiten alle Anstrengungen unternommen, die restlichen Franzosen wegzuschaffen, und weitere 26 000 Mann wurden gerettet. Leider wurden einige tausend Mann der Nachhut zurückgelassen, was in Frankreich Bitterkeit hinterließ.

In den Morgenstunden des 4. Juni waren 338 000 britische und verbündete Soldaten in England an Land gegangen. Das war ein erstaunliches Ergebnis, gemessen an den Erwartungen, und eine großartige Leistung der Marine.

Fest steht aber auch, daß die Rettung des britischen Expeditionskorps unmöglich gewesen wäre ohne Hitlers Befehl, der Kleists Panzer zwölf Tage vorher, am 24. Mai, bei Dünkirchen zum Halten brachte.

Damals befand sich in dem 35 Kilometer breiten Streifen entlang der Aa zwischen Gravelines und St. Omer nur ein britisches Bataillon. Weitere 95 Kilometer Binnenland an der Kanallinie waren nur wenig besser verteidigt. Viele der Brücken waren noch nicht gesprengt oder für die Sprengung vorbereitet. Daher fiel es den deutschen Panzertruppen nicht schwer, am 23. Mai an mehreren Stellen des Kanals Brückenköpfe zu bilden – und dieses war, wie Gort in seiner Meldung sagte, »das einzige Panzerhindernis an seiner Flanke«. Nun konnte sie nichts mehr davon abhalten, sich an den Rückzugslinien der britischen Expeditionsarmee festzusetzen – es sei denn der Befehl Hitlers.

Es steht fest, daß sich Hitler seit dem Durchbruch nach Frankreich in einem Zustand äußerster Anspannung und Nervosität befunden hatte. Die verblüffende Leichtigkeit des Vorstoßes, die Widerstandslosigkeit, der seine Armeen gegenüberstanden, bereiteten ihm Unbehagen. Das alles ging zu glatt, um wahr zu sein. Diesen Auswirkungen kann man im Kriegstagebuch Halders, des deutschen Generalstabschefs, nachgehen. Am 17., einen Tag nachdem die französische Verteidigung hinter der Maas dramatisch zusammengebrochen war, schrieb Halder: »Ziemlich unerfreulicher Tag. Der Führer ist sehr nervös. Erschrocken über seinen eigenen Erfolg fürchtet er, irgendein Risiko einzugehen und möchte uns Zügel anlegen.«

Das war der Tag, an dem Guderian plötzlich Einhalt geboten wurde, als er in vollem Vormarsch auf das Meer war. Am nächsten Tag, dem 18., schrieb Halder: »Jede Stunde ist kostbar. . . . Führerhauptquartier sieht es völlig anders . . . sorgt sich ständig um die Südflanke. Er ist wütend und brüllt, wir seien auf dem besten Weg, den ganzen Feldzug zu verderben.« Erst am späten Abend, als Halder ihm versichern konnte, daß die nachfolgende Infanterie als Flankenschutz auf die Linie entlang der Aisne vorrückte, ließ Hitler die Panzertruppe weiter vorwärts gehen.

Zwei Tage später erreichte diese die Küste und schnitt die Verbindungslinien der alliierten Armeen in Belgien ab. Dieser glänzende Erfolg schien Hitlers Zweifel vorübergehend zu beschwichtigen. Aber sie erwachten wieder, als seine Panzer nach Norden schwenkten, besonders nach dem vorübergehenden Schock, den der britische Gegenangriff von Arras ausgelöst hatte, so schwach dieser auch gewesen war. Seine Panzertruppe, die er als Kostbarkeit betrachtete, näherte sich nun dem von den Engländern besetzten Gebiet, die er als besonders harte Gegner ansah. Gleichzeitig machte er sich Gedanken, was wohl die Franzosen im Süden planen mochten.

Oberflächlich betrachtet schien es für Hitler ungünstig zu sein, daß er den Morgen des 24. Mai für einen Besuch im Hauptquartier Rundstedts auswählte, denn das war ein kritischer Augenblick. Rundstedt war ein vorsichtiger Stratege, sorgfältig darauf bedacht, alle ungünstigen Faktoren einzukalkulieren und gefährlichen Optimismus zu vermeiden. Aus diesem Grund war er oft ein gutes Gegengewicht zu Hitler, indem er nüchterne Schätzungen lieferte. Doch gerade in diesem Fall war das nicht von Vorteil für die deutsche Seite. In seiner Lagebeurteilung ließ sich Rundstedt darüber aus, daß die Stärke der Panzertruppen durch den langen und raschen Vormarsch vermindert sei, und er wies auf die Möglichkeit hin, daß sie Angriffen aus dem Norden und Süden, besonders aus dem Süden, werde begegnen müssen.

Da er am Abend zuvor von Brauchitsch, dem Oberbefehlshaber des Heeres, Befehle bekommen hatte, daß die Umfassungsbewegung im Norden durch Bock abgeschlossen werden sollte, war es um so natürlicher, daß er schon an die nächste Phase im Süden dachte.

Außerdem befand sich Rundstedts Hauptquartier noch immer in Charleville bei Sedan – dicht hinter der Aisne und im Zentrum der nach Süden gerichteten deutschen Front. Dieser Standort begünstigte die Tendenz, sich auf das, was unmittelbar vor einem lag, zu konzentrieren und dem weniger Aufmerksamkeit zu schenken, was an der äußersten rechten Flanke geschah, wo der Sieg bereits gesichert schien. Auf Dünkirchen warf er nur einen Seitenblick.

Hitler »stimmte voll und ganz« Rundstedts Vorbehalten zu und betonte die Notwendigkeit, die Panzer für künftige Operationen zu schonen.

Nach der Rückkehr in sein eigenes Hauptquartier ließ er den Oberbefehlshaber kommen. Es ergab sich eine »recht unerfreuliche Aussprache«, die damit endete, daß Hitler seinen endgültigen Haltebefehl erließ. An diesem Abend schrieb Halder in sein Tagebuch:

»Der schnelle linke Flügel, der keinen Feind vor sich hat, wird dabei auf ausdrücklichen Wunsch des Führers angehalten! In dem genannten Raum soll die Luftwaffe das Schicksal der eingekesselten Armee vollenden!«

Hatte Rundstedt Hitlers Haltebefehl veranlaßt? Wenn Hitler das Gefühl gehabt hätte, daß sein Haltebefehl auf Rundstedts Einfluß zurückzuführen war, so hätte er dies fast mit Sicherheit erwähnt, nachdem die Engländer entkommen waren; denn er gab gern anderen die Schuld an allen seinen Fehlern. Doch in diesem Fall gibt es kein Anzeichen dafür, daß er jemals Rundstedts Meinung als ausschlaggebenden Faktor erwähnte. Ein solcher negativer Beweis ist ebenso schlüssig wie jeder andere.

Es ist wahrscheinlicher, daß Hitler Rundstedts Hauptquartier in der Hoffnung aufsuchte, seine eigenen Zweifel bestätigt zu finden und die Änderung des Angriffsplans, zu der er Brauchitsch und Halder veranlassen wollte, gerechtfertigt zu sehen. Wenn man überhaupt von einem Einfluß sprechen kann, dann kam er wahrscheinlich von Keitel und Jodl, den beiden führenden Militärs in seinem eigenen Stab. Besondere Bedeutung besitzt die Aussage General Warlimonts, der damals in besonders engem Kontakt mit Jodl stand. Erstaunt, von einem Haltebefehl Hitlers zu hören, befragte er Jodl darüber.

»Jodl bestätigte, daß der Befehl gegeben worden war und zeigte sich ziemlich ungehalten über meine Frage. Er selbst nahm den gleichen Standpunkt ein wie Hitler und betonte, daß die Erfahrungen, die sowohl Hitler als auch Keitel und er selbst in Flandern während des Ersten Weltkrieges gewonnen hätten, über jeden Zweifel bewiesen, daß Panzer im Marschland von Flandern nicht operieren könnten oder zumindest nicht ohne große Verluste, und solche Verluste seien angesichts der schon verminderten Stärke der Panzerkorps und ihrer Aufgaben, die ihnen im nahe bevorstehenden zweiten Stadium der Offensive in Frankreich zufielen, nicht tragbar.«

Warlimont fügte hinzu, daß er und die anderen Offiziere im OKW davon gewußt hätten, wenn der Haltebefehl tatsächlich auf Rundstedt zurückgegangen wäre, und daß Jodl, der wegen dieser Entscheidung in der Defensive stand, »es gewiß nicht versäumt hätte, Feldmarschall von Rundstedt als denjenigen zu nennen, der diesen Befehl angeregt oder zumindest unterstützt hatte«, da dies wegen Rundstedts »unbestrittener Autorität in allen operativen Fragen bei den höheren Generalstabsoffizieren« die Kritiker zum Schweigen gebracht hätte:

»Ein weiterer Grund für den Haltebefehl wurde mir jedoch damals klar. Göring war erschienen und hatte dem Führer versichert, seine Luftwaffe würde den Rest der Einkreisung besorgen, indem sie die Seeseite von der Luft aus schloß. Er überschätzte offensichtlich die Schlagkraft seiner eigenen Truppengattung.«

Diese Bemerkung Warlimonts gewinnt an Bedeutung, wenn man sie mit dem letzten Satz von Halders bereits erwähnter Tagebuchnotiz vom 24. Mai in Beziehung bringt. Darüber hinaus sagte Guderian, daß er den Befehl Kleists mit den Worten erhielt: »Dünkirchen ist der Luftwaffe zu überlassen. Sollte die Eroberung von Calais auf Schwierigkeiten stoßen, so ist diese Festung ebenfalls der Luftwaffe zu überlassen.« Guderian bemerkte dazu: »Ich glaube, es war Görings Eitelkeit, die den verhängnisvollen Entschluß Hitlers verursachte.«

Es gibt aber Beweise dafür, daß auch die Luftwaffe nicht so nachdrücklich eingesetzt wurde, wie es möglich gewesen wäre, und einige Luftwaffenoffiziere sagen, es sei auch hier Hitler gewesen, der bremste.

Deshalb vermutete man in höheren Kreisen hinter Hitlers militärischen Gründen ein politisches Motiv. Blumentritt, Rundstedts Operationsplaner, brachte das mit den merkwürdigen Äußerungen Hitlers in ihrem Hauptquartier in Verbindung:

»Hitler war bester Stimmung. Er gab zu, daß der Verlauf des Feldzugs ›ein wahres Wunder‹ war und meinte, der Krieg werde in sechs Wochen zu Ende sein. Danach wollte er einen vernünftigen Frieden mit Frankreich schließen, und dann wäre der Weg frei für eine Verständigung mit England.

Dann sprach er zu unserer Verblüffung bewundernd vom britischen Weltreich, von der Notwendigkeit seiner Existenz und von der Zivilisation, die England der Welt gebracht hatte. Er bemerkte mit einem Achselzucken, das Empire sei mit Mitteln errichtet worden, die oft hart waren, aber ›wo gehobelt wird, fallen Späne‹. Er verglich das britische Empire mit der katholischen Kirche – beide seien wesentliche Elemente der Stabilität der Welt. Er sagte, er wolle von England nichts anderes, als daß es Deutschlands Stellung auf dem Kontinent anerkenne. Die Rückgabe von Deutschlands verlorenen Kolonien sei wünschenswert, aber nicht lebenswichtig, und er würde England sogar mit Truppen unterstützen, wenn es irgendwo in Schwierigkeiten verwickelt würde. Er bemerkte, die Kolonien seien in erster Linie eine Prestigefrage, da sie im Krieg nicht gehalten werden könnten und nur wenige Deutsche könnten sich in den Tropen ansiedeln.

Er schloß, sein Ziel sei es, Frieden mit Großbritannien zu schließen auf einer Grundlage, die es als ehrenhaft betrachten würde.«

Nachträglich dachte Blumentritt oft an dieses Gespräch. Er meinte, der Haltebefehl sei aus anderen als militärischen Gründen gegeben worden, und es habe sich um den Teil eines politischen Planes gehandelt, um den Frieden leichter möglich zu machen. Wäre die britische Expeditionstruppe bei Dünkirchen gefangengenommen worden, so hätte bei den Engländern das Gefühl aufkommen können, daß ihre Ehre befleckt sei und wiederhergestellt werden müsse. Indem er sie entkommen ließ, hoffte Hitler, sie zu versöhnen.

Da diese Darstellung von Generalen stammt, die Hitler sehr kritisch gegenüberstanden und die zugeben, daß sie selbst die britische Armee vernichten wollten, ist sie von um so größerer Bedeutung. Ihr Bericht über Hitlers Aussprüche in den Tagen von Dünkirchen paßt zu vielem, was er selbst in »Mein Kampf« geschrieben hatte, und es ist bemerkenswert, wie sehr er sich in anderer Hinsicht an sein eigenes Testament hielt. In seinem Wesen gab es Züge, die darauf schließen lassen, daß er zu England eine Haßliebe empfand. Auch in den Tagebuchaufzeichnungen Cianos und Halders aus der damaligen Zeit sind ähnliche Bemerkungen über England festgehalten.

Hitlers Charakter war so kompliziert, daß eine einfache Erklärung der Wahrheit schwerlich nahekommt. Es ist wahrscheinlicher, daß sich seine Entscheidung aus mehreren Mosaiksteinchen zusammensetzte. Drei davon sind deutlich zu sehen: Sein Wunsch, die Panzer für den nächsten Schlag zu schonen, seine alte Angst vor dem Marschland Flanderns und Görings Forderungen im Namen der Luftwaffe. Aber es ist sehr wahrscheinlich, daß neben den militärischen auch politische Gründe mitspielten bei einem Mann, der eine Neigung zur politischen Strategie hatte und dessen Gedankengänge sehr verschlungen waren.

Die neue französische Front entlang der Somme und Aisne war länger als die ursprüngliche, und die zu ihrem Schutz zur Verfügung stehenden Streitkräfte waren stark reduziert. In der ersten Phase des Kampfes hatten die Franzosen 30 Divisionen und die Hilfe ihrer Verbündeten verloren – nur zwei britische Divisionen blieben in Frankreich, und zwei weitere, die noch nicht völlig ausgebildet waren, wurden nach Frankreich geschickt. Insgesamt hatte Weygand 49 Divisionen zusammengezogen, um die neue Front zu decken, 17 hatte er in der Maginot-Linie gelassen. In der kurzen, noch zur Verfügung stehenden Zeit konnte nicht viel getan werden, um die Front zu befestigen, und der Mangel an Truppen behinderte den verspäteten Versuch, eine tiefe Verteidigungsstellung aufzubauen. Da die meisten der motorisierten Divisionen verlorengegangen oder stark dezimiert waren, herrschte auch noch Mangel an beweglichen Reserven.

Im Gegensatz dazu hatten die Deutschen ihre zehn Panzerdivisionen wieder auf die alte Stärke gebracht, und ihre 130 Infanteriedivisionen waren noch fast völlig intakt. Für die neue Offensive wurden die Streitkräfte umgruppiert. Zwei neue Armeen (die 2. und 9.) wurden hinzugezogen, um das Gewicht am Aisne-Abschnitt (zwischen Oise und Maas) zu verstärken, und Guderian erhielt das Kommando über eine Panzergruppe, bestehend aus zwei Korps, die dorthin in Bereitschaft verlegt wurden. Kleist bekam zwei Panzerkorps, die von den Brückenköpfen an der Somme bei Amiens und Péronne in einer Umfassungsbewegung losschlagen und sich an der unteren Flußstrecke der Oise bei Creil wieder treffen sollten. Das restliche Panzerkorps unter Hoth sollte zwischen Amiens und dem Meer vorstoßen.

Die Offensive wurde am 5. Juni eröffnet, zuerst am Westabschnitt zwischen Laon und dem Meer. Der Widerstand war an den beiden ersten Tagen stark, aber am 7. brach das am weitesten westlich stehende Panzerkorps nach Rouen durch. Dann brach die Verteidigung zusammen, und als die Deutschen am 9. Juni die Seine überschritten, trafen sie auf keinen ernsthaften Widerstand mehr. Doch hier hatten sie die Entscheidung nicht beabsichtigt. Sie legten daher eine Pause ein; das war ein Glück für die kleine britische Streitmacht unter General Alan

Brooke, die dadurch in einer zweiten Evakuierung entkommen konnte, als die Franzosen kapitulierten.

Kleists Zangenbewegung verlief jedoch nicht nach Plan. Der rechte Flügel brach schließlich am 8. durch; aber der linke, der von Péronne aus vorstieß, blieb durch zähen Widerstand nördlich von Compiègne stecken. Daraufhin beschloß das deutsche Oberkommando, Kleists Gruppe zurückzunehmen und sie nach Osten zu verlegen, um den bei Champagne erzielten Durchbruch zu unterstützen.

Dort begann die Offensive erst am 9.; doch dann folgte rasch der Zusammenbruch. Sobald die Infanteriemassen die Überquerung erzwungen hatten, stießen Guderians Panzer durch die Bresche auf Châlons-sur-Marne und dann nach Osten vor. Bis zum 11. erweiterte Kleist den Keil und überquerte bei Château-Thierry die Marne. Der Vormarsch ging im Eiltempo weiter, über das Plateau de Langres auf Besançon und die Schweizer Grenze zu, wodurch alle französischen Streitkräfte in der Maginot-Linie abgeschnitten wurden.

Schon am 7. Juni hatte Weygand der Regierung geraten, unverzüglich um Waffenstillstand nachzusuchen, und am nächsten Tag gab er bekannt, daß die Schlacht an der Somme verloren war. Die Regierung zögerte noch, obwohl sie der gleichen Ansicht war, beschloß jedoch am 9. Juni, Paris zu verlassen. Sie schwankte zwischen der Bretagne und Bordeaux als neuem Standort und wählte dann als Kompromiß Tours. Gleichzeitig richtete Reynaud eine Bitte um Unterstützung an Präsident Roosevelt, in der er erklärte: »Wir werden vor Paris kämpfen, wir werden hinter Paris kämpfen, wir werden uns in der Provinz verschanzen und, wenn man uns von dort verjagt, nach Nordafrika zurückweichen . . .«

Am 10. erklärte dann Italien an Frankreich den Krieg. Man hatte Mussolini verspätet verschiedene Zugeständnisse in bezug auf die Kolonien angeboten, die er aber in der Hoffnung, mit Hitler besser zu fahren, verschmäht hatte. Aber die Italiener eröffneten ihre Offensive erst zehn Tage später, und sie konnte von den schwachen französischen Streitkräften leicht aufgehalten werden.

Am 11. flog Churchill nach Tours und versuchte vergeblich, die französischen Führer zu ermutigen. Am nächsten Tag erklärte Weygand vor dem Kabinett, der Kampf sei verloren. Er gab den Engländern die Schuld an beiden Niederlagen und sagte dann: »Ich fühle mich verpflichtet, deutlich zu sagen, daß die Einstellung der Feindseligkeiten eine Notwendigkeit ist.« Zweifellos hatte er mit dieser Einschätzung der Lage recht; denn die französischen Armeen zerfielen nun in Fragmente, und die meisten taten wenig, um standzuhalten, sondern lösten sich in einem Strom nach Süden auf. Das Kabinett schwankte jetzt zwischen Kapitulation und der Fortsetzung des Krieges von Nordafrika aus, beschloß dann jedoch nur, sich nach Bordeaux abzusetzen, während es Weygand anwies, möglichst an der Loire standzuhalten.

Am 14. Juni rückten die Deutschen in Paris ein und stießen auf den Flanken weiter vor. Am 16. erreichten sie das Rhônetal. Inzwischen forderte Weygand weiterhin den Abschluß eines Waffenstillstands und wurde dabei von allen wichtigen Befehlshabern unterstützt. In einem letzten Versuch, diese Entscheidung abzuwenden und weiteren Widerstand in Afrika zu sichern, schlug Churchill eine französischbritische Union vor. Das machte wenig Eindruck und rief nur Ärger hervor. Man stimmte darüber ab. Die Mehrheit des Kabinetts sprach sich dagegen aus und stimmte für die Kapitulation. Reynaud trat daraufhin zurück, und ein neues Kabinett unter Marschall Pétain wurde gebildet. Am Abend des 16. Juni übermittelte man Hitler das Waffenstillstandsgesuch.

Hitlers Bedingungen wurden den französischen Unterhändlern am 20. überreicht – im gleichen Eisenbahnwagen im Wald von Compiègne, in dem die deutschen Unterhändler den Waffenstillstand von 1918 unterzeichnet hatten. Der deutsche Vormarsch ging jenseits der Loire weiter, während noch die Verhandlungen liefen, aber am 22. wurden die deutschen Bedingungen angenommen. Der Waffenstillstand trat am 25. Juni um 1.35 Uhr morgens in Kraft, nachdem gleichzeitig ein Waffenstillstand mit Italien vereinbart worden war.

Kapitel 8:
Die Luftschlacht um England

Obwohl der Krieg mit dem deutschen Einmarsch in Polen am 1. September 1939 begann, worauf zwei Tage später die britische und französische Kriegserklärung an Deutschland folgte, ist es eine der Merkwürdigkeiten der Geschichte, daß Hitler und das deutsche Oberkommando keinerlei Vorbereitungen für den Kampf mit England getroffen hatten. Noch seltsamer war, daß in der fast neun Monate langen Pause, ehe im Mai 1940 die deutsche Offensive im Westen begann, nichts dergleichen geschah. Sogar als Frankreichs Zusammenbruch feststand, wurden keine Pläne dafür aufgestellt.

Daraus geht eindeutig hervor, daß Hitler auf eine Verständigung mit der englischen Regierung hoffte. Er rechnete mit einem Kompromißfrieden zu den günstigen Bedingungen, die er England gewähren wollte, und hatte trotz seiner ehrgeizigen Ziele nicht den Wunsch, einen Entscheidungskampf mit England auszutragen. Tatsächlich gab Hitler den deutschen Generalen zu verstehen, daß der Krieg beendet sei. Es wurde Urlaub gewährt und ein Teil der Luftwaffe an andere eventuelle Fronten verlegt. Außerdem befahl Hitler am 22. Juni die Demobilisierung von 35 Divisionen.

Sogar als Churchill jeden Kompromiß zurückgewiesen hatte und seine Entschlossenheit, den Krieg fortzusetzen, offenbar wurde, klammerte sich Hitler noch immer an den Glauben, daß dies nur Bluff sei, denn er meinte, England müsse zwangsläufig »seine militärisch hoffnungslose Lage« erkennen. Diese Hoffnung schwand nur langsam. Erst am 2. Juli befahl er, das Problem einer Invasion Englands zu studieren, und als er endlich zwei Wochen später, am 16. Juli, das »Unternehmen Seelöwe« vorzubereiten befahl, hatte er noch immer leise Zweifel, daß eine Invasion nötig sein würde. Er sagte jedoch, die

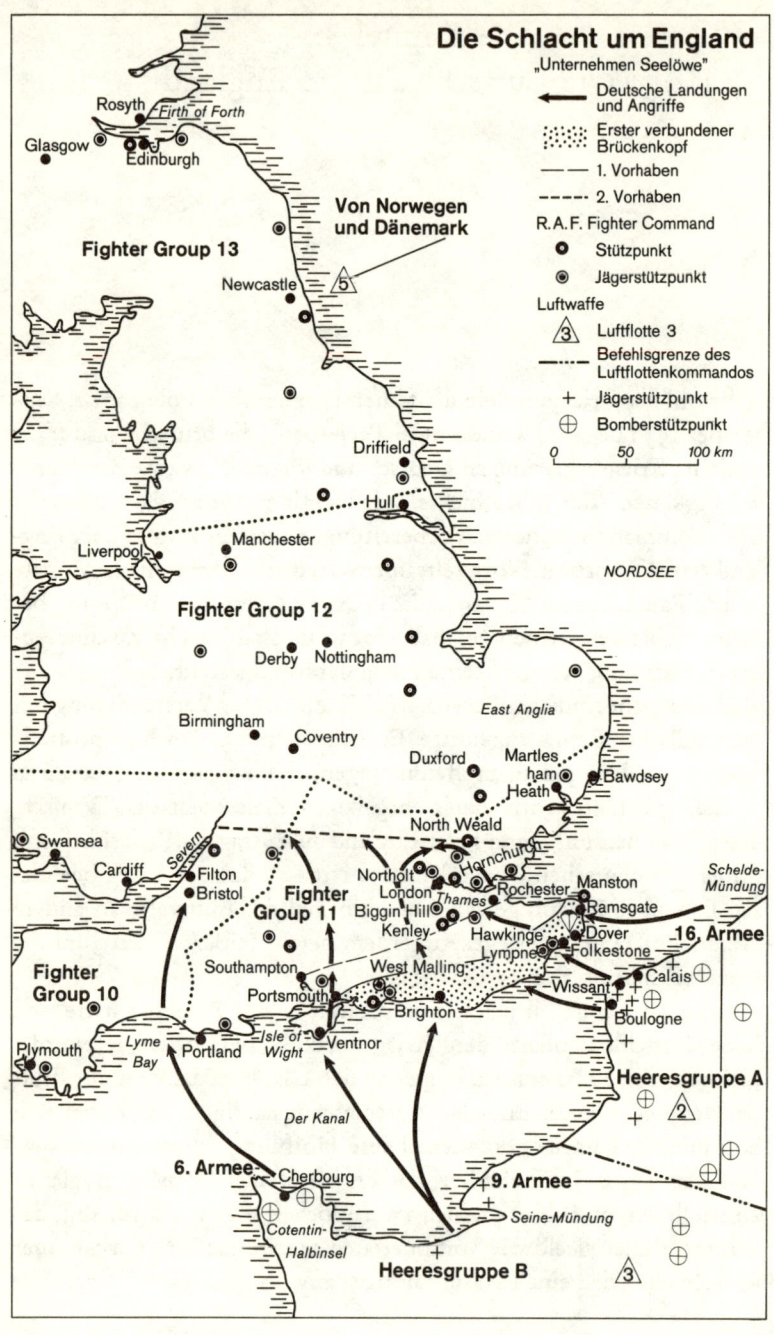

Die Schlacht um England
„Unternehmen Seelöwe"

Deutsche Landungen und Angriffe

Erster verbundener Brückenkopf

1. Vorhaben

2. Vorhaben

R.A.F. Fighter Command
○ Stützpunkt
◉ Jägerstützpunkt

Luftwaffe
△3 Luftflotte 3
Befehlsgrenze des Luftflottenkommandos
+ Jägerstützpunkt
⊕ Bomberstützpunkt

0   50   100 km

Rosyth *Firth of Forth*
Glasgow
Edinburgh

Von Norwegen und Dänemark

Fighter Group 13

Newcastle △5

Driffield

Hull

Liverpool
Manchester

NORDSEE

Fighter Group 12

Derby   Nottingham

Birmingham
Coventry

East Anglia

Duxford
Martlesham
Heath
Bawdsey

North Weald

Swansea
Cardiff
Severn
Filton
Bristol

Fighter Group 11

Northolt
Hornchurch
London   Rochester   Manston
Thames
Biggin Hill   *Schelde-Mündung*
Kenley   Ramsgate
Hawkinge   Dover
Lympne   Folkestone .16. Armee
West Malling   Wissant
Southampton   Calais ⊕
Portsmouth   Brighton   Boulogne ⊕

Fighter Group 10

Plymouth
Lyme Bay   Portland
Isle of Wight   Ventnor

Der Kanal

Heeresgruppe A
+ △2
+

6. Armee   Cherbourg
⊕
.9. Armee
Cotentin-Halbinsel   *Seine-Mündung*   ⊕
+   ⊕

Heeresgruppe B   △3

Vorbereitungen für die Operation müßten bis Mitte August abgeschlossen sein.

Selbst dann noch kamen Hitlers unterschwellige Vorbehalte – oder zumindest seine Zwiespältigkeit – in der Tatsache zum Ausdruck, daß er am 21. Juli Halder sagte, er beabsichtige, sich dem Problem Rußland zuzuwenden und wenn möglich noch im Herbst den Angriff zu eröffnen. Im OKW sagte Jodl am 29. zu Warlimont, Hitler sei entschlossen, den Krieg mit Rußland zu beginnen. Einige Tage zuvor war der Operationsstab von Guderians Panzergruppe nach Berlin beordert worden, um Pläne für den Einsatz der Panzertruppe in einem solchen Feldzug auszuarbeiten.

Als Frankreich zusammenbrach, war die deutsche Armee in keiner Weise für ein Unternehmen wie die Invasion Englands vorbereitet. Der Generalstab hatte nichts dergleichen erwogen, geschweige denn sich damit beschäftigt. Die Truppen waren in Landungsunternehmen von See her nicht ausgebildet, und es standen keine für diesen Zweck geeigneten Landefahrzeuge bereit. So konnte man nur versuchen, rasch Lastkähne aus Deutschland und den Niederlanden zu den Kanalhäfen zu schaffen und den Truppen etwas Übung im Ein- und Ausschiffen zu geben. Nur die vorübergehende »Entblößung« der britischen Streitkräfte, nachdem sie die meisten Waffen und Ausrüstungsgegenstände in Frankreich verloren hatten, konnte bei einem solch übereilten, unvorbereiteten Unternehmen Erfolg versprechen.

Die Hauptaufgabe fiel bei diesem Unternehmen Feldmarschall von Rundstedt und seiner Heeresgruppe A zu, die die 16. Armee (General Busch) auf der rechten Flanke und die 9. Armee (General Strauß) auf der linken Seite einsetzen sollte. Nach ihrer Einschiffung in den verschiedenen Häfen zwischen den Mündungen von Schelde und Seine sollten sich Seestreitkräfte an der Südostküste Englands zwischen Folkestone und Brighton vereinigen, während eine Luftlandedivision das von Klippen geschützte Gebiet Dover-Folkestone einnehmen sollte. Nach diesem Plan »Seelöwe« sollten zehn Divisionen in einer ersten Welle, die sich über vier Tage erstrecken würde, landen und einen breiten Brückenkopf bilden. Nach ungefähr einer Woche sollte der Hauptstoß ins Landesinnere beginnen, dessen erstes Ziel es sein würde, das hochgelegene Land in einem Bogen von der Themse-Mündung bis Portsmouth zu gewinnen. Danach sollte London vom Westen her abgeschnitten werden.

Eine Nebenoperation sollte gleichzeitig mit der ersten Welle von der
6. Armee (Feldmarschall von Reichenau), der Heeresgruppe B, durchgeführt werden, wobei drei Divisionen von Cherbourg aus in der
Lyme Bay westlich von Portland Bill landen und dann nach Norden
zur Mündung des Severn vorstoßen sollten.

Die zweite Welle der Invasion sollte aus einer motorisierten Streit-
macht bestehen, die sich aus sechs Panzer- und drei motorisierten
Divisionen in drei Korps zusammensetzte, denen wiederum eine dritte
Welle von neun Infanteriedivisionen und eine vierte Welle von acht
Infanteriedivisionen folgen sollte. Obwohl in der ersten Welle keine
Panzerdivisionen vorgesehen waren, sollten mit der ersten ihrer zwei
Angriffsgruppen ungefähr 650 Panzer übergesetzt werden (die erste
Angriffsgruppe bestand aus etwas mehr als einem Drittel der vorgese-
henen Invasionsstreitmacht von 250000 Mann). Die Kanalüberque-
rung dieser aus zwei Teilen bestehenden ersten Welle erforderte 155
Truppentransporter mit insgesamt ungefähr 700000 Tonnen, außer-
dem über 3000 kleinere Fahrzeuge – 1720 Lastkähne, 470 Schlepper
und 1160 Motorboote.

Die Vorbereitungen liefen erst Ende Juli an, und die deutsche Seekriegsleitung erklärte, daß eine so große Menge von Schiffen frühestens Mitte September zusammengezogen werden könnte, um die
Operation »Seelöwe« zu starten, während Hitler befohlen hatte, die
Vorbereitungen bis Mitte August zu beenden. (Tatsächlich empfahl die
Seekriegsleitung Ende Juli, die Operation bis zum Frühjahr 1941 zu
verschieben.)

Doch das war nicht das einzige Hindernis. Die deutschen Generale
waren sich der Risiken voll bewußt, die ihre Truppen eingehen würden, wenn sie das Meer überquerten. Sie zweifelten daran, daß Marine
und Luftwaffe die Durchfahrt freihalten könnten, und drängten darauf, daß die Invasion auf einer genügend breiten Front durchgeführt
werden sollte (von Ramsgate bis Lyme Bay), um die englischen Vertei-
digungsstreitkräfte zu verzetteln und abzulenken. Die deutschen
Admirale hatten noch größere Befürchtungen darüber, was geschehen
würde, wenn die britische Flotte am Schauplatz auftauchte. Sie hatten
wenig oder kein Vertrauen in ihre eigene Fähigkeit, ein solches Eingreifen zu verhindern. Daher betonten sie, daß dem Plan des Heeres,
der nach einer breiten Invasionsfront verlangte, unmöglich Deckung
gegeben werden könne, und daß die Überquerung auf einen relativ

schmalen, minengeschützten Korridor mit kleineren Heeresstreitkräften beschränkt bleiben müßte – Einschränkungen, die wiederum die Zweifel der Generale vertieften. Vor allem betonte Admiral Raeder, daß die Luftüberlegenheit in der Überfahrtszone unentbehrlich sei.

Nach einer Besprechung mit Raeder am 31. Juli akzeptierte Hitler die Ansicht der Marine, daß »Seelöwe« nicht vor Mitte September gestartet werden konnte. Aber die Operation war noch nicht endgültig bis 1941 aufgeschoben, da Göring versicherte, die Luftwaffe könne sowohl das Eingreifen der britischen Marine verhindern als auch die britische Luftwaffe vom Himmel verjagen. Die Marine- und Heeresbefehlshaber waren bereit, ihn eine vorbereitende Luftoffensive versuchen zu lassen, da sie diese zu nichts verpflichtete, ehe sie sich nicht als erfolgreich erwies. Sie hatte keinen Erfolg, und somit wurde der Kampf in der Luft zum Hauptfaktor, ja zum einzigen Faktor der entscheidenden Schlacht von England.

Die Überlegenheit der Luftwaffe über die Royal Air Force war nicht so groß, wie damals allgemein angenommen wurde. Sie konnte keinen dauernden Angriff mit Wellen von Bombermassen durchhalten, wie das die britische Öffentlichkeit befürchtet hatte, und die Zahl der deutschen Jäger war nicht viel größer als die der britischen.

Die Offensive wurde hauptsächlich von der 2. und 3. Luftflotte unter Feldmarschall Albert Kesselring und Feldmarschall Hugo Sperrle durchgeführt. Die erstere operierte von Stützpunkten im Nordosten Frankreichs, in Belgien und in den Niederlanden, die letztere vom Norden und Nordwesten Frankreichs. Jede Luftflotte operierte als in sich geschlossene Einheit, die alle notwendigen Bestandteile enthielt. Diese Integration war in Polen und im Westen sehr vorteilhaft gewesen, als die Luftwaffe mit den Heeresverbänden Hand in Hand arbeitete, war jedoch weniger vorteilhaft bei einem nur von der Luftwaffe geführten Feldzug. Jede Luftflotte entwarf ihre eigenen Einsatzpläne und reichte sie getrennt ein. Es gab keinen Gesamtplan.

Am 10. August, als die Offensive ernstlich beginnen sollte, hatten die Luftflotten 2 und 3 insgesamt 875 Standardbomber (hoch fliegende Bomber) und 316 Sturzkampfbomber. (Die Sturzkampfbomber erwiesen sich als so wehrlos gegenüber den britischen Jägern, daß sie nach dem 18. August aus der Schlacht gezogen und für die Invasion reserviert wurden.)

Zusätzlich hatte die 5. Luftflotte in Norwegen und Dänemark unter General Stumpff 123 Standardbomber. Sie nahm jedoch nur an einem Tag an der Schlacht teil, am 15. August, und ihre Verluste erwiesen sich dann als zu schwer, um einen so weiten Flug zu wiederholen. Aber durch ihr Dasein abseits vom Schauplatz band sie Teile des britischen Fighter Command im Nordosten Englands. Außerdem stellte sie Ende August der 2. und 3. Luftflotte über hundert Bomber zur Verfügung, um deren Verluste auszugleichen.

Diese hatten die Schlacht am 10. August mit 929 Jagdflugzeugen begonnen. Es handelte sich größtenteils um einmotorige Messerschmitt 109, aber auch 227 zweimotorige Me 110, die eine relativ große Reichweite hatten. Die Me 109, deren Prototyp 1936 erschienen war, hatte eine Höchstgeschwindigkeit von mehr als 560 Stundenkilometern, und ihr großes Steigvermögen gab ihr einen weiteren Vorteil gegenüber den britischen Jägern. Doch beim Wenden und Manövrieren war sie im Luftkampf ihnen gegenüber im Nachteil. Im Gegensatz zu den britischen Jägern hatte sie außerdem anfangs noch keinen Panzerschutz für den Piloten, obgleich sie kugelsichere Treibstofftanks hatte, die wiederum den Engländern fehlten.

Ein entscheidender Faktor für die deutschen einmotorigen Jäger war ihre begrenzte Reichweite. Die offizielle Reichweite der Me 109 von 660 Kilometern war irreführend. Ihr tatsächlicher Aktionsradius für Hin- und Rückflug betrug etwas mehr als 160 Kilometer, und vom Pas de Calais oder der Halbinsel Cotentin aus schaffte sie es gerade bis London, wobei ihr dort nur wenig Zeit zum Kämpfen blieb. Sie hatte nur eine Gesamtflugdauer von knapp 95 Minuten, was ihr nur 75 bis 80 Minuten taktische Flugzeit ermöglichte. Machte es der schwere Verlust an Bombern und deren sehr augenfällige Verwundbarkeit notwendig, daß ihnen Jagdschutz gegeben werden mußte, so konnten an einem beliebigen Tage nicht mehr als 300 bis 400 Bomber gegen Ziele im Süden Englands eingesetzt werden, wobei jeweils zwei Jäger einen Bomber begleiteten. Außerdem war die Me 109 bei Start und Landung schwer zu handhaben, da ihr Fahrgestell schwach war und dieser Mangel auf den hastig errichteten behelfsmäßigen Flugplätzen an der französischen Küste besonders ins Gewicht fiel.

Trotz ihrer Sollhöchstgeschwindigkeit von 550 Stundenkilometern erwies sich die zweimotorige Me 110 als wesentlich langsamer. Sie erreichte oft nicht einmal 480 Stundenkilometer, so daß die Spitfire sie weit hinter sich ließ, da sie nur langsam Geschwindigkeit aufnahm und schwer zu manövrieren war. Sie hätte »die Krone der Luftwaffenjäger in dieser Operation« werden sollen, erwies sich jedoch als die schwerste technische Enttäuschung von allen und mußte tatsächlich zu ihrem eigenen Schutz von Me 109 begleitet werden.

Der schwerste Mangel der deutschen Jäger war jedoch ihre primitive Funkausrüstung. Obgleich sie sich während des Fluges per Funk verständigen konnten, waren ihre Geräte kümmerlich im Vergleich mit denen der Briten. Außerdem konnten sie nicht vom Boden aus dirigiert werden.

Nachdem die R. A. F. in Frankreich über 400 Jäger verloren hatte, war der Bestand des Fighter Command wieder ergänzt worden und betrug Mitte Juli 650 Maschinen, so viele wie vor der deutschen Mai-Offensive. Die britische Jägerflotte bestand größtenteils aus Hurricanes und Spitfires, umfaßte aber auch fast 100 Maschinen anderer und älterer Typen.

Diese bemerkenswerte Wiedererstarkung war hauptsächlich Lord Beaverbrook zu verdanken, der im Mai, als die Churchill-Regierung gebildet worden war, das neue Amt eines Ministers für Flugzeugproduktion erhielt. Seine Kritiker beklagten sich darüber, daß sein energisches Eingreifen langfristige Planungen über den Haufen warf. Doch Air Chief Marshal Sir Hugh Dowding, der Oberbefehlshaber des Jägerkommandos, erklärte, daß »die Folgen der Ernennung nur als Wunder bezeichnet werden können«.

Bis zum Hochsommer wurde die Produktion von Jagdflugzeugen sogar auf das Zweieinhalbfache gesteigert, und während des ganzen Jahres produzierte England 4284 Jäger, Deutschland dagegen nur 1693 – ein Verhältnis von 5 zu 2.

Das Verhältnis der beiderseitigen Bewaffnung ist schwieriger zu erklären. Die Hurricanes und Spitfires waren nur mit acht Maschinengewehren bestückt, die vorn an den Flügeln befestigt waren. Es waren amerikanische Browning-Maschinengewehre – eine Waffe, die ausgewählt worden war, weil sie ausreichend zuverlässig ferngesteuert werden konnte und eine hohe Leistung von 1260 Schuß pro Minute besaß. Im allgemeinen waren die Jäger vom Typ Me 109 mit zwei feststehenden Maschinengewehren in der Motorhaube und zwei 20-mm-Geschützen in den Flügeln ausgerüstet. Diese Bewaffnung war als Ergebnis der im Spanischen Bürgerkrieg gewonnenen Erfahrungen entwickelt worden. Die Me 109 war dort erprobt worden, ebenso wie ältere Jägertypen, die inzwischen ersetzt worden waren.

Adolf Galland, das deutsche Flieger-As, hatte rückblickend keinen Zweifel, daß die Bestückung der Me 109 besser war. Die britische Meinung darüber war geteilt, da angenommen wurde, daß der Vorteil der höheren Schußleistung der Brownings in den kurzen Feuerstößen lag. Jedoch sah man auch, daß ein halbes Dutzend Geschosse aus einer Bordkanone mehr Schaden anrichten konnten als die entsprechenden Browning-Feuerstöße – und einige der britischen Jägerpiloten beklagten sich bitter darüber, daß, obwohl sie sicher waren, den Gegner getroffen zu haben, »nichts passierte«. Im Verlauf der Schlacht wurden dreißig Spitfires mit zwei 20-mm-Geschützen des Types Hispano (Oerlikon) ausgerüstet, und vom Oktober an wurden die Hurricanes mit vier Geschützen ausgestattet.

Schon zu Anfang fiel auf, daß die deutschen Bomber mit einigen frei schwenkenden Maschinengewehren zu dürftig bewaffnet waren, um die britischen Jäger abwehren zu können, wenn sie keinen Jagdschutz hatten.

Was die Jägerpiloten anbetraf, so war die Lage komplizierter und in der Anfangsphase der Schlacht für die Briten keineswegs günstig. Ihre Ausbildung hatte zwar ein hohes Niveau, aber der Mangel an Piloten war schwerwiegend. Die Fliegerschulen der R.A.F. wurden nur langsam ausgebaut, und dies beeinflußte die Kampfführung. Die Verluste mußten auf ein Minimum beschränkt werden, selbst wenn dies bedeutete, daß einige Luftangriffe nicht abgewehrt werden konnten. Die Flieger, nicht die Flugzeuge, waren Dowdings Hauptsorge!

Dadurch, daß Dowding mit seinen Mitteln im Juli sparsam umging, gelang es ihm, die Pilotenzahl bis Anfang August auf 1434 Mann zu bringen. Dazu verhalfen ihm 68 »ausgeliehene« Marineflieger. Einen Monat später waren es nur noch 840, und die Verluste betrugen im Durchschnitt wöchentlich 120. Dagegen kamen nur 260 Jagdflieger im Monat aus den Operational Training Units der R.A.F. Im September wurde der Mangel noch schlimmer, da die Zahl der qualifizierten Piloten schrumpfte, während die eilig ausgebildeten Neuankömmlinge wegen ihrer Unerfahrenheit gefährdeter waren. Frische Staffeln, die herangebracht wurden, um die abgekämpften abzulösen, verloren oft mehr Männer als diese. Die Erschöpfung wurde in zahlreichen Fällen von sinkendem Kampfgeist und wachsender Nervosität begleitet.

Die Deutschen hatten anfangs keine derartigen Sorgen. Trotz ihrer schweren Verluste auf dem Festland im Mai und Juni kamen aus den Fliegerschulen mehr Piloten, als die im Einsatz stehenden Staffeln aufnehmen konnten. Doch ihr Kampfgeist litt darunter, daß Göring und andere führende Männer der Luftwaffe die Jäger nur als »defensiv« und als zweitrangige Waffe betrachteten. Außerdem wurden viele der besten Piloten von den Jägern abgezogen, um die Verluste bei den Bombern und Sturzkampfbombern auszugleichen, während Göring ihnen weiterhin mangelnden Angriffsgeist vorwarf und ihnen die Schuld an allen Fehlschlägen der Luftwaffe gab – die größtenteils auf seinen eigenen Mangel an Voraussicht und Fehler in der Planung zurückzuführen waren. Im Gegensatz dazu wurde der Kampfgeist der britischen Jagdflieger gestärkt, die wußten, daß sie in den kritischen Monaten als Churchills »Auslese«, als Krone der Royal Air Force und Helden der Nation galten.

Die Beanspruchung der deutschen Jäger, sowohl der Piloten als auch der Flugzeuge, vergrößerte sich dadurch, daß sie in erhöhtem Maße als Geleitschutz eingesetzt wurden und zwei oder drei und manchmal sogar fünf Feindflüge am Tag unternehmen mußten. Göring gestattete keine Ruhetage und keine Rotation der Einheiten im Einsatz. So kam zu der Belastung wegen ihrer schweren Verluste noch Erschöpfung hinzu. Der Kampfgeist nahm zusehends ab, noch ehe der September kam. Hinzu kamen Zweifel, ob angesichts der Geringfügigkeit und Stümperhaftigkeit der Vorbereitungen, welche die Piloten erkannten, tatsächlich eine Invasion beabsichtigt war – so daß sie sich immer öfter fragten, ob sie nur geopfert wurden, um die Fassade einer Operation aufrechtzuerhalten, die in Wahrheit schon aufgegeben war.

Die Bomberbesatzungen wiederum litten unter schweren Verlusten und dem Gefühl ihrer Ohnmacht gegenüber Angriffen der R. A. F.-Jäger. So wurde das Absinken ihres Kampfgeistes immer augenfälliger, so tapfer sie auch ihre Befehle weiter ausführten.

Während sich beide Seiten in der Anfangsphase der Schlacht in bezug auf Geschicklichkeit und Mut gleichstanden, gewannen die Engländer im Laufe der Zeit die Oberhand durch die Tatsache und noch mehr durch das Bewußtsein, daß der Feind schwerere Verluste erlitt und seine Belastung größer war als die ihre – sosehr auch sie selbst in beiderlei Hinsicht zu leiden hatten.

Ein Handicap für die Deutschen war auch ihr mangelhafter Nachrichtendienst. Als Grundlage für die Durchführung der Offensive benutzte die Luftwaffe ein Vorkriegshandbuch, die sogenannte »Blaue Studie«, die Angaben über den Zustand und die Lage von Industrieanlagen in England enthielt sowie die Ergebnisse umfassender fotografischer Aufklärung im Rahmen sogenannter »Probeflüge auf zivilen Routen«. Das alles wurde unzulänglich vom Luftwaffennachrichtendienst ergänzt, an dessen Spitze nur ein Major stand. In einem Bericht über die R. A. F., den dieser Major Schmid im Juli 1940 vorlegte, unterschätzte er stark die britische Jägerproduktion, die er mit nur 180 bis 300 Maschinen im Monat bezifferte, während sie schon im August und September auf 460–500 Hurricanes und Spitfires anstieg – in jener Phase der Schlacht, die auf Beaverbrooks Bemühungen, das Programm zu beschleunigen, folgte. (Die Fehleinschätzung, die auf diesen großen Irrtum zurückzuführen war, wurde noch verschlimmert durch Berichte aus General Udets Produktionsabteilung, die besonders nachdrücklich die Nachteile der Hurricane und Spitfire anführten, ohne auf deren Vorteile hinzuweisen.)

In Major Schmids Bericht stand nichts über das dichte Verteidigungssystem der R. A. F., zu dem Radarstationen, Funkleitstellen und ein Netz von Hochfrequenzsendern gehörten. Und doch waren die britische Radarstation bei Bawdsey an der Küste von Suffolk und die hohen Gittermasten überall an der Küste schon lange vor dem Krieg für einen fremden Nachrichtendienst erkennbar gewesen, und im Jahr 1939 schien es kaum vorstellbar, daß die Deutschen von den Schlüsselstellungen des britischen Warnsystems nicht genügend wußten. Obgleich die Deutschen schon 1938 wußten, daß die Engländer mit Radar experimentierten, und im Mai 1940 am Strand von Boulogne sogar eine fahrbare Radarstation eroberten, hielten ihre Wissenschaftler die Erfindung für unfertig. Weit genauere Informationen über das britische Radar waren leicht in Frankreich zu haben, was auf die nachlässigen Sicherheitsvorkehrungen der Franzosen zurückzuführen war, als die Deutschen den größten Teil des Landes überrannten. Doch auch davon scheinen die Deutschen nicht profitiert zu haben. Göring selbst maß dem Radar wenig Bedeutung bei.

Tatsächlich erkannten die Deutschen erst im Juli, als sie ihre Funkbeobachtungsstationen an der französischen Küste aufgestellt hatten, daß es sich bei den Signalen, die die Radarmaste entlang der englischen Küste ausstrahlten, um etwas völlig Neues handelte. Die Luftwaffenführung unterschätzte sogar die Reichweite und die Wirksamkeit des britischen Radars und unternahm wenig, es zu stören oder zu zerstören. Auch die Erkenntnis, daß die britischen Jäger unter ständiger Funkkontrolle operierten, beeindruckte sie nicht – sie zog daraus den Schluß, daß dieses System die Befehlsgewalt über die Jäger unelastisch machte, und erwartete, daß Massenangriffe das System wirkungslos machen würden.

Die Neigung, die Verluste des Gegners in Luftkämpfen zu übertreiben, war ein beiden Seiten gemeinsamer Fehler, wirkte sich aber für die Deutschen ungünstiger aus. Anfangs hatte der Nachrichtendienst der Luftwaffe Dowdings Kräfte richtig eingeschätzt, da er von ungefähr 50 Hurricane- und Spitfire-Squadrons sprach, die eine Einsatzstärke von etwa 600 Flugzeugen hatten, von denen höchstens 400 bis 500 im südlichen Teil Englands lagen. Doch nachdem die Schlacht begonnen hatte, ergaben sich aus der Neigung, die britischen Verluste zu überschätzen und die britische Flugzeugproduktion zu unterschätzen, schwere Kalkulationsfehler, so daß die Piloten der Luftwaffe zuerst verwirrt und dann deprimiert waren, als die Zahl der britischen Jäger gleichblieb. Es wurden viel mehr Abschüsse gemeldet, als tatsächlich Maschinen existiert hatten.

Eine andere Fehlrechnung ergab sich aus dem Brauch der Luftwaffenführer, mit Rotstift die jeweilige R.A.F.-Squadron abzustreichen, wenn der Stützpunkt eines Jägerkommandos bombardiert worden war. Das war zum Teil auf die ungenügende fotografische Aufklärung und zum anderen auf eine unangebracht optimistische Analyse der Ergebnisse zurückzuführen. Zum Beispiel schätzte die Luftwaffe, daß bis zum 17. August nicht weniger als elf Flugplätze »für immer zerstört« worden waren – während tatsächlich nur einer, nämlich Manston, für einige Zeit ausfiel. Außerdem wurden Angriffe auf Flugplätze im Südosten geflogen, die gar nicht zum Fighter Command gehörten. Andererseits erkannten die Luftwaffenführer nicht die entscheidende Bedeutung von Stützpunkten des Fighter Command wie Biggin Hill, Kenley oder Hornchurch und wußten nicht, daß deren Kommandoräume leicht zerstörbar über der Erde lagen. Daher wurden die Angriffe auf die Stützpunkte, die die Luftwaffe Ende August durchführte, nicht fortgesetzt.

Ein weiterer Hemmschuh für die Deutschen war das Wetter, und zwar im doppelten Sinn: Das Wetter über dem englischen Kanal war für Angriffe oft ungünstig, und da es gewöhnlich vom Westen herkam, wußten es die Engländer natürlich zuerst. Die Deutschen waren hinter den Code der britischen Funkwetterberichte vom Atlantik gekommen; doch sie zogen wenig Nutzen daraus und wurden dabei oft überspielt. Vor allem klappte häufig das Zusammentreffen von Bombern und ihrem Jägerschutz wegen unerwarteter Wolkenbildung und schlechter Sicht nicht. Wolkenbänke über Nordfrankreich und Belgien verzögerten das Eintreffen der Bomber, deren Mannschaften wenig Erfahrung im Blindflug hatten. Und daraus ergab sich, daß sie zu ihrem Rendezvous zu spät kamen. Die Jäger, die keinen Treibstoff verschwenden konnten, schlossen sich dann anderen Bombern an, so daß die eine Bomberformation unter doppeltem Schutz flog, die andere ohne jeglichen Schutz und dadurch schwere Verluste erlitt. Als im Herbst das Wetter schlechter wurde, kamen solche Pannen öfter vor, und die Folgen waren katastrophal.

In anderer Hinsicht waren die Deutschen jedoch durch bessere Planung im Vorteil. Der britische Luft-See-Bergungsdienst war zu Beginn weitgehend auf den Zufall angewiesen, und Piloten, die auf das Wasser niedergingen, mußten sich größtenteils auf ihr Glück verlassen, irgendwann einmal aufgefischt zu werden. Das war um so schwerwiegender, als Mitte August fast zwei Drittel der Luftkämpfe, die zu Abschüssen führten, über der See stattfanden. Die Deutschen waren hier besser organisiert. Sie setzten etwa dreißig Heinkel-Wasserflugzeuge für Bergungsflüge ein, und ihre Jäger- und Bomberbesatzungen waren mit Schlauchbooten, einer Schwimmweste, einer Leuchtpistole und einer Chemikalie, die das Wasser grün färbte, ausgerüstet. Ein Jagdflieger, der notwassern mußte, konnte damit rechnen, noch 40 bis 60 Sekunden zum Aussteigen zu haben, ehe die Maschine sank. Ohne die Sicherheit, die durch diese Seerettungsmaßnahmen garantiert war, wäre der Kampfgeist der Luftwaffe noch rascher gesunken, als es tatsächlich der Fall war.

Die Offensive der Luftwaffe traf nicht nur auf den starken Widerstand der R. A. F.-Jäger, sondern auch auf den der Flakgeschütze, die für die Luftabwehr bereitgestellt waren. Diese wurden von der Armee geliefert, der sie auch gehörten (ähnlich denen, die die Expeditionstruppe begleitet hatten), obgleich sie dem Fighter Command der R. A. F. angegliedert und diesem auch unterstellt waren. Wenn sie auch während der Schlacht um England relativ wenig deutsche Bomber abschossen, so trugen sie doch viel zur nervlichen Belastung der Angreifer bei und beeinträchtigten die Genauigkeit der Bombeneinschläge.

Der Oberbefehlshaber des Anti-Aircraft Command war Generalleutnant Sir Frederick Pile. Eigentlich Artillerist, hatte er sich zum Royal Tank Corps versetzen lassen, als dieses 1923 aufgestellt wurde, und er war bald einer der energischsten Verfechter der motorisierten Kriegführung. Doch im Jahr 1937, nachdem er zum Generalmajor befördert worden war, übertrug ihm der Army Council das Kommando der 1. Flakdivision, die London und den Süden Englands verteidigte. Im nächsten Jahr wurden die beiden bestehenden Flakdivisionen zunächst auf fünf und dann auf sieben erweitert. Ende Juli 1939, kurz vor dem Krieg, erhielt »Tim« Pile das Kommando über die gesamte Luftabwehr, einschließlich der leichten Batterien, die aufgestellt wurden, um Flugplätze und andere wichtige Punkte gegen Tieffliegerangriffe zu verteidigen.

Ein weiteres wertvolles Abwehrinstrument war die Ballonsperre – eine Reihe von Ballons, die die Form von Würsten hatten und in Höhen von bis zu 1500 m mittels Stahlseilen verankert waren. Diese wurden von der R.A.F. selbst gestellt und getrennt befestigt, auch wenn sie dem Fighter Command unterstanden.

Während der Vorkriegsjahre war die Erweiterung der Flak zum Zweck der Heimatverteidigung nur widerwillig genehmigt worden, weil das Army Council sie als überflüssige Schwächung der Armee ansah. Daher stießen Piles Bemühungen, eine wirksame Luftverteidigung aufzubauen, auf den Widerstand des Kriegsministeriums und brachten ihn dort in Mißkredit. Zum Glück für das Land war es ihm jedoch gelungen, gute Beziehungen mit Dowding anzuknüpfen, der ein schwieriger Mensch war. Beide arbeiteten bemerkenswert gut miteinander.

Bei Kriegsausbruch, Anfang September 1939, waren 2232 schwere Flakgeschütze genehmigt worden – beinahe doppelt so viele, wie in dem sogenannten »Ideal«-Plan enthalten gewesen waren, der zwei Jahre zuvor abgelehnt worden war, sowie 1860 leichte Flakgeschütze und 4128 Suchscheinwerfer. Infolge des langen Zauderns konnten jedoch nur 695 schwere und 253 leichte Geschütze aufgeboten werden, als der Krieg begann – etwa ein Drittel der schweren Geschütze und ein Achtel der leichten Geschütze, die damals genehmigt waren. (Immerhin bedeutete das gegenüber dem Zeitpunkt der Münchener

Krise ein Jahr zuvor eine wesentliche Verbesserung, als nur 126 schwere Geschütze einsatzbereit waren.) Im Hinblick auf die Suchscheinwerfer war die Lage relativ gut, da 2 700 Stück aus einer genehmigten Gesamtzahl von 4 128 eingesetzt werden konnten, also mehr als zwei Drittel.

Nach Kriegsbeginn traten neue Schwierigkeiten auf, weil die Admiralität 255 schwere Geschütze anforderte, um die Ankerplätze der 6. Flotte zu verteidigen. Davon war vor dem Krieg nie die Rede gewesen, als die Admiralität großes Vertrauen in die Fähigkeit ihrer Schiffe setzte, jeden Luftangriff mit der eigenen Flak abzuwehren. Jetzt verlangte sie nicht weniger als 96 Geschütze, um den Ankerplatz bei Rosyth im Firth of Forth zu schützen – ebenso viele, wie damals für ganz London, und viermal so viele, wie für die Gegend bei Derby zur Verfügung standen, wo die überaus wichtigen Rolls-Royce-Werke lagen.

Die Expedition nach Norwegen im April 1940 brachte eine weitere große Forderung nach schweren und leichten Flakgeschützen mit sich.

Nach dem Zusammenbruch Frankreichs im Juni änderte sich die Situation radikal zum Schlechteren, da England von einem Ring feindlicher Flugzeugbasen von Norwegen bis zur Bretagne eingeschlossen war.

Damals standen dem Flak-Befehlsbereich 1 204 schwere und 581 leichte Geschütze zur Verfügung – also fast doppelt so viele schwere und mehr als doppelt so viele leichte wie bei Ausbruch des Krieges. Während der nächsten fünf Wochen kamen 124 schwere und 182 leichte Geschütze dazu; aber fast die Hälfte der ersteren und ein Viertel der letzteren mußten für Ausbildungszwecke und für Orte in Übersee bereitgestellt werden, die jetzt durch den Kriegseintritt Italiens gefährdet waren. Ende Juli hatte die Luftverteidigung von Großbritannien noch immer wenig mehr als die Hälfte der vorgesehenen schweren Flakgeschütze und kaum ein Drittel der leichten Flakgeschütze, die bei Kriegsausbruch als unbedingt erforderlich erachtet wurden, als die strategischen Verhältnisse noch weit günstiger waren. Suchscheinwerfer gab es mehr: Fast 4 000 Stück standen jetzt zur Verfügung, beinahe so viele, wie vorgesehen waren, obgleich die veränderten Verhältnisse jetzt nach einer noch größeren Anzahl verlangten.

In der Anfangsphase der Schlacht um England verstärkten sich all-

mählich die deutschen Luftoperationen gegen den britischen Schiffsbestand und die englischen Häfen am Kanal, und es gab vereinzelte
Versuche, die britischen Jäger herauszulocken. Bis zum 6. August hatten die beiden Oberbefehlshaber der Luftwaffe, Kesselring und
Sperrle, noch keine genauen Befehle für die Durchführung der Offensive erhalten – was dazu beitrug, daß das Bild der Operationen anfangs
so verwirrend war[1].

Regelmäßige Angriffe auf den Schiffsbestand begannen am 3. Juli,
während am nächsten Tag ein Verband von 78 Stukas, die von Me 109
begleitet wurden, den Marinehafen bei Portland angriffen, allerdings
ohne große Wirkung. Am 10. griff ein kleiner Bomberverband mit
starkem Jägerbegleitschutz einen Konvoi vor Dover an. Die Me 110
schnitten dabei gegenüber den Hurricanes, die aufgestiegen waren, um
den Geleitzug zu verteidigen, schlecht ab. Nach einem schwereren
Angriff auf einen Geleitzug im gleichen Gebiet am 25. Juli beschloß
die Admiralität, die Konvois nachts durch die Straße von Dover zu
schicken, und einige erfolgreiche Luftattacken auf Zerstörer führten zu
der Entscheidung, daß die in Dover stationierten sich nach Portsmouth
zurückziehen sollten. Die Durchfahrt eines anderen Geleitzuges in der
Nacht des 7. August wurde vom deutschen Radar auf den Klippen bei
Wissant ausgemacht, und er wurde am nächsten Tag von Stukas
angegriffen, die in Wellen bis zu 80 Maschinen anflogen. Mehr als
70 000 Tonnen Schiffsraum wurden versenkt, um den Preis von 31
Flugzeugen.

Am 11. verlor die R. A. F. in Luftkämpfen 32 Jäger. Dessenungeachtet verloren die Deutschen vom 3. Juli bis zum 11. August 270 Flugzeuge, während die R. A. F. 145 Jäger verlor – ein Verlust, der größer
war als die wöchentliche Produktion.

Nach Hitlers verspätetem Befehl vom 1. August an die deutsche Luftwaffe, die »englische Luftwaffe möglichst bald niederzukämpfen«,
und Görings Besprechungen mit der Luftwaffenführung wurde der
Beginn der Großoffensive für den 13. August festgesetzt. Diese
Offensive erhielt den Decknamen »Adlertag«. Zu optimistische

---

[1] General Pile übersandte mir täglich Tabellen der Luftangriffe in der Hoffnung, daß
ich etwas herausfinden könnte. Ich konnte jedoch kein System oder einen bestimmten
Zweck darin entdecken.

Berichte über bisherige Erfolge der Luftwaffe in dem vorangegangenen Zeitraum hatten Göring davon überzeugt, daß er in vier Schönwettertagen die Luftüberlegenheit erringen konnte. Am »Adlertag« war das Wetter jedoch weniger günstig als vorher.

Dennoch begann die Luftwaffe am »Adlertag« mit einleitenden Bombenangriffen auf britische Jägerbasen und Radarstationen im Südosten Englands. Die Flugplätze bei Manston, Hawkinge und Lympne wurden schwer beschädigt und einige der Radarstationen einige Stunden lang außer Betrieb gesetzt. Die bei Ventnor auf der Insel Wight wurde völlig zerstört; doch wurde diese Tatsache vor den Deutschen verheimlicht, indem ein anderer Sender die entsprechenden Signale ausstrahlte. Die Radartürme selbst hielten die Stukas oft von den Räumen in ihrer Nähe ab, zumal die Deutschen fälschlicherweise annahmen, daß sie sicher unter der Erde untergebracht seien. In diesem Zusammenhang muß den Radartechnikerinnen der W. A. A. F., der Women's Auxiliary Air Force, Achtung gezollt werden, die so lange Luftangriffe meldeten, bis ihre eigene Station bombardiert wurde.

Die dichte Wolkendecke über Südostengland veranlaßte Göring, den Hauptangriff auf den Nachmittag zu verschieben – doch mehrere Formationen erhielten den Aufschubbefehl nicht und vergeudeten ihre Mühe bei unzusammenhängenden Angriffen. Als der Großangriff am Nachmittag durchgeführt wurde, war er zu zersplittert und sein Ergebnis daher enttäuschend. An diesem Tag flog die Luftwaffe 1485 Einsätze, doppelt so viele wie die R. A. F. Unter Verlust von 45 deutschen Maschinen – Bombern und Jägern – wurden nur dreizehn R. A. F.-Jäger abgeschossen, obwohl 70 Abschüsse gemeldet worden waren.

Im Eröffnungsstadium verschwendete die Luftwaffe viele Angriffe auf Flugplätze, die nicht zum Fighter Command gehörten, obwohl die letzteren eigentlich ihr Hauptangriffsziel waren. Außerdem litt dieses Eröffnungsstadium auch unter schlechter Koordinierung zwischen den Bomberformationen und ihrem Jägerbegleitschutz.

Am nächsten Tag, dem 14. August, verminderte das Wetter den Angriff auf ungefähr ein Drittel der Stärke vom Eröffnungstag. Doch als es sich am Morgen des 15. aufklärte, startete die Luftwaffe ihren schwersten Angriff der ganzen Schlacht – 500 Bomber flogen dabei insgesamt 1786 Einsätze. Die ersten Angriffe richteten sich gegen die Flugplätze bei Hawkinge und Lympne, und obgleich der erstere der wichtigere war, erlitt dieser nur wenig Schaden, während der letztere zwei Tage lang außer Gefecht gesetzt wurde.

Am frühen Nachmittag flogen mehr als 100 Bomber der 5. Luftflotte in zwei Verbänden über die Nordsee, um Flugplätze bei Newcastle und in Yorkshire anzugreifen. Der größere Verband, ungefähr 65 in Stavanger stationierte Bomber, wurde von etwa 35 Me 110 begleitet, die sich jedoch von nur geringem Wert erwiesen. Dieser Verband traf auf so zähen Widerstand der R. A. F.-Jäger der 13. Fighter Group und der Flak, daß er nirgends ernsthaften Schaden anrichtete. 15 Flugzeuge wurden abgeschossen, während die R. A. F. neun verlor. Der andere Verband von 50 Bombern aus Aalborg in Dänemark flog ohne Geleitschutz, hatte jedoch das Glück, daß die 12. Fighter Group verhältnismäßig wenig Jäger aufsteigen ließ, so daß ein großer Teil der Angreifer bis zu dem R. A. F.-Bomberstützpunkt bei Driffield in Yorkshire vordrang, wo er großen Schaden anrichtete, obwohl er dabei sieben Bomber verlor und drei weitere auf dem Rückflug.

Im Süden hatte die britische Verteidigung bei verschiedenen schwereren Angriffsserien aus kürzerer Entfernung weniger Erfolg. Am frühen Nachmittag griffen 30 Bomber mit starkem Begleitschutz Rochester an und bombardierten dort die Flugzeugfabrik Short, während zur gleichen Zeit 24 Jagdbomber auf dem Jägerflugplatz der R. A. F. bei Marlesham Heath in Suffolk ernsten Schaden anrichteten. Die Vielzahl der Angriffe verwirrte das Radarbild, und die britischen Jäger-Squadrons, die einzeln ausgeschickt wurden, jagten hin und her. Zum Glück für die Verteidigung koordinierten die deutsche 2. und 3. Luftflotte ihre Angriffe nicht wirkungsvoll genug und büßten so den Vorteil ein, die R. A. F. in Trab zu halten. Erst gegen 18 Uhr flogen 200 Maschinen der 3. Luftflotte über den Kanal, um Flugplätze im südlichen Mittelengland anzugreifen. Unterstützt durch gute Radarwarnungen, stellten die 10. und 11. Fighter Group – die beide den südlichen Teil des Landes deckten – nicht weniger als 14 Squadrons auf die Beine, insgesamt etwa 170 Jäger, um diesen massiven Angriff abzuschlagen, und der Angriff hatte wenig Erfolg. Kurz darauf griff die 2. Luftflotte erneut im Südosten mit etwa 100 Flugzeugen an, traf aber auch hier auf prompten Widerstand und hatte wenig Wirkung. Selbst wenn die Angriffe ihr Ziel erreichten, fanden sie die britischen Jäger weit auseinandergezogen und gut getarnt.

An diesem Tag, der vielleicht der entscheidendste der Schlacht war, betrugen die deutschen Verluste insgesamt 75 Flugzeuge, während 34 britische Jäger verlorengingen. Bezeichnenderweise hatte die Luftwaffe weniger als die Hälfte ihrer Bomber eingesetzt – womit sie indirekt zugab, daß sie von der Begleitung ihrer Jäger abhängig war, von denen fast alle eingesetzt worden waren. Außerdem hatte die Operation dieses Tages klar gezeigt, daß die bisher so furchterregenden Stukas für ihre jetzigen Aufgaben ungeeignet waren, genauso wie die Jäger vom Typ Me 110, auf die man so große Hoffnungen gesetzt hatte.

Es war dieser Tag, der Churchill zu dem Ausspruch veranlaßte: »Noch nie schuldeten in einem Kampf zwischen Menschen so viele so wenigen so viel.«

Am nächsten Tag jedoch, dem 16., unternahm die Luftwaffe einen weiteren Großeinsatz unter der falschen Voraussetzung, daß die R.A.F. am 15. über 100 Flugzeuge verloren und nur noch 300 Jäger zur Verfügung hatte. Doch obwohl die Angriffe an mehreren Stellen Schaden anrichteten, verliefen sie im ganzen unbefriedigend. Trotz recht guten Wetters wurden am 17. keine Großangriffe mehr geflogen. Am 18. führte ein neuer und stärkerer Einsatz zum Verlust von 71 deutschen Flugzeugen (die Hälfte davon waren Bomber), dem ein R.A.F.-Verlust von 27 Jägern gegenüberstand. Von da an ließen die Angriffe nach. Tatsächlich hatten Tiefflieger, die den Radarschirm unterflogen hatten, in Kenley und Biggin Hill beträchtlichen Schaden angerichtet. Doch die Deutschen wußten davon nichts und meinten, ihre Verluste seien zu groß gewesen, um auf diese Art weiterzumachen. Schlechtes Wetter ließ die Schlacht dann etwas einschlafen.

Göring hatte für den 19. die Luftwaffenführer zu einer weiteren Besprechung zusammengerufen, und nach der Aussprache wurde beschlossen, die Luftoffensive fortzusetzen und weiterhin zu versuchen, die britische Jägerstreitmacht zu Boden zu zwingen.

In den beiden auf den 10. August folgenden Wochen verlor die Luftwaffe 167 Bomber (darunter 40 Stukas). Die Bomberpiloten verlangten daher einen immer stärkeren Geleitschutz. Spannungen und Reibereien zwischen den beiden Waffengattungen wuchsen noch durch Görings Neigung, sich auf die Seite der Bomber zu stellen und die Jäger herabzusetzen.

Doch auch auf britischer Seite gab es Reibereien, besonders zwischen Air Vice Marshal Keith Park, der im kritischen Südosten Englands die 11. Fighter Group befehligte, und Air Vice Marshal Trafford Leigh-Mallory, der die 12. Fighter Group in den Midlands unter sich hatte. Park war dafür, die Deutschen vor ihren Angriffszielen abzufangen und ihre Bomber abzuschießen, damit sie immer mehr Me 109 als Geleitschutz einsetzen mußten, an denen es ihnen mangelte. Leigh-Mallory dagegen meinte, dies würde für die R. A. F.-Jäger eine zu große Belastung mit sich bringen, die dann leicht am Boden getroffen werden konnten, zumal beim Auftanken oder ehe sie genügend Höhe erreicht hatten.

Außerdem gab es Meinungsverschiedenheiten über die Taktik zwischen der »Leigh-Mallory-Gruppe«, die die »big-wing«-Theorie massiver, konzentrierter Abfangkräfte vertrat, und Park, der an dem festhielt, was er für die elastischere Methode hielt, nämlich den gezielten Einsatz von Jägern, der den Briten durch ihr Radar möglich war.

Außerdem hieß es, Dowding und Park seien zu sehr darauf erpicht, die küstennahen Flugplätze im Südosten wegen der Stimmung der Zivilbevölkerung beizubehalten, obwohl es wesentlich klüger gewesen wäre, sich hinter London zurückzuziehen – außer Reichweite der deutschen Jäger und der von ihnen begleiteten Bomber.

In der Zeit vom 8. bis 18. August hatte das Fighter Command 94 Piloten verloren, weitere 60 waren verwundet worden. Doch waren die Flugzeuge noch nicht knapp geworden, trotz der in diesem Zeitraum abgeschossenen 175 Jäger, der 65 weiteren schwer beschädigten Flugzeuge und der 30, die am Boden zerstört worden waren.

Als sich am 24. das Wetter besserte, startete Göring seinen zweiten Versuch, die Luftherrschaft zu erringen. Diesmal war besser geplant worden. Die 2. Luftflotte unter Kesselring hatte gewöhnlich auf der französischen Seite des Kanals einige Maschinen in der Luft, um Park zu irritieren, da das Radar nicht zwischen Bombern und Jägern unterscheiden und erst spät ausmachen konnte, ob Maschinen plötzlich über den Kanal flogen. In dieser neuen Phase erlitten die küstennahen Flugplätze der 11. Fighter Group schwerere Schäden als zuvor, so daß Manston aufgegeben werden mußte.

Ein weiteres Kennzeichen des neuen Planes waren intensive Angriffe auf Flugplätze und Anlagen der R. A. F. im Raum London – und das führte zu den unbeabsichtigten Bombenabwürfen auf die britische Hauptstadt. In der Nacht des 24. warfen etwa zehn deutsche Bomber, die sich auf dem Flug nach Bombenzielen bei Rochester und

Thameshaven verflogen hatten, ihre Lasten auf das Zentrum Londons ab. Dieses Versehen löste in der nächsten Nacht einen Vergeltungsangriff auf Berlin aus, der von 80 britischen Bombern durchgeführt wurde, und diesem Angriff folgten noch weitere, was Hitler nach einigen Warnungen, die ignoriert wurden, dazu veranlaßte, Vergeltungsangriffe auf London zu befehlen.

Vor der neuen Offensive waren die meisten Jäger der 3. Luftflotte vom Typ Me 109 zur 2. Luftflotte versetzt worden, um den Geleitschutz im Gebiet des Pas de Calais zu verbessern. Diese Maßnahme machte sich bezahlt. Die Jäger der Royal Air Force hatten mehr Schwierigkeiten und größere Verluste bei dem Versuch, die deutsche Jägerabschirmung zu durchbrechen, und die deutschen Bomber waren eher in der Lage, zu ihren Zielen vorzustoßen. Darüber hinaus hatten die Deutschen eine neue Taktik entwickelt, sich zu getrennten Angriffen zu spalten, wenn die Formationen erst einmal den Radarschirm durchstoßen hatten.

Am 24. August, dem Beginn der Offensive, wurden die Flugplätze bei North Weald und Hornchurch nur von ihrer Flak gerettet. Auch die Marinewerft von Portsmouth wurde dadurch vor einem schweren Angriff der 3. Luftflotte bewahrt, aber die Stadt selbst litt schwer unter den sich daraus ergebenden ziellosen Bombenabwürfen. Danach ging die 3. Luftflotte zu Nachtangriffen über und griff vom 28. August an in vier aufeinanderfolgenden Nächten Liverpool an; aber viele Piloten konnten wegen ihrer unzureichenden Ausbildung und der Störung der deutschen Ortungsgeräte das Gebiet von Merseyside nicht finden. Bei diesen Angriffen zeigte sich jedoch auch die Unzulänglichkeit der britischen Verteidigung gegen Nachtangriffe.

Die beiden letzten Augusttage erwiesen sich für das Fighter Command als besonders verlustreich. Bezeichnenderweise hatten kleine deutsche Verbände von 15 bis 20 Bombern einen Jagdschutz, der dreimal so stark war wie sie selbst. Am 31. erlitt die R. A. F. den bisher schwersten Verlust der ganzen Schlacht. 39 abgeschossenen englischen Jägern stand ein deutscher Verlust von 41 Flugzeugen gegenüber. Der Verlust war für die R. A. F. zu groß, ohne daß die Angreifer abgeschreckt worden wären. Die meisten Flugplätze im Südwesten waren nun ernstlich beschädigt und einige so stark zerstört, daß sie unbrauchbar waren.

Sogar Dowding erwog jetzt eine Verlegung seiner Kampflinie im

Südosten, um sie außer Reichweite der Me 109 zu bringen. Außerdem wurde er heftig kritisiert, weil er 20 Jäger-Squadrons zur Verteidigung des Nordens bereithielt, der nur ein einziges Mal am Tage angegriffen worden war. Darüber hinaus verlangten die Piloten der 12. Fighter Group, die in East Anglia und den Midlands standen, ebenfalls in der Schlacht eingesetzt zu werden, während sich Park darüber beklagte, daß sie nicht so zur Mitarbeit bereit seien, wie er es wünschte. Solche Spannungen zwischen Park und Leigh-Mallory und zwischen Dowding und Air Chief Marshal Newall trugen nicht zu einer reibungslosen Lösung der Probleme bei.

Im Lauf des Monats August verlor das Fighter Command 338 Hurricanes und Spitfires, und 103 Maschinen wurden schwer beschädigt. Demgegenüber wurden 177 Me 109 abgeschossen und 24 schwer beschädigt. Das Verhältnis der Verluste an Jägern betrug also 2 zu 1.

Somit hatte Göring Anfang September Grund zu der Annahme, er stünde dicht vor seinem Ziel – der Zerstörung der englischen Jägerwaffe und ihrer Anlagen im Südosten. Aber er versäumte es, den einmal gewonnenen Vorteil zu halten und auszubauen.

Am 4. September griff die Luftwaffe englische Flugzeugwerke an – die Short-Werke bei Rochester und die Vickers-Armstrong-Werke bei Brooklands. Diese Angriffe waren als solche recht wirksam, bedeuteten jedoch eine Lockerung des Druckes auf das Fighter Command. Das war um so besser, als die Nerven der Piloten bis zum Zerreißen gespannt waren und ihre Leistungen deutlich nachgelassen hatten.

Dowding, der ein Gefühl für das Wesentliche hatte, befahl nun rasch stärksten Jägerschutz für die Flugzeugfabriken im Süden, und ein neuer Angriff auf Brooklands zwei Tage später wurde abgewehrt, ebenso Angriffe auf fünf Flugplätze um London.

In den vierzehn Tagen vom 24. August bis zum 6. September wurden 295 britische Jäger zerstört und 171 schwer beschädigt. 269 Maschinen wurden im gleichen Zeitraum produziert und repariert. Der Verlust der Luftwaffe an Me 109 war kaum halb so groß, aber sie hatte außerdem über 100 Bomber verloren.

Die Verluste der Luftwaffe und der Ruf nach stärkerem Geleitschutz für die Bomber beeinträchtigten jetzt ernstlich ihre Schlagkraft. Während sie anfangs ungefähr 1 500 Einsätze am Tag geflogen war und an den beiden letzten Augusttagen noch einmal 1 300 bis 1 400 Einsätze erreichte, blieb die Zahl in der ersten Septemberwoche immer unter

1 000. In den ersten zwei Monaten der Schlacht, die zu einer Zermürbungsschlacht geworden war, hatte die Luftwaffe über 800 Flugzeuge verloren. Kesselrings 2. Luftflotte, die die Hauptlast der Offensive trug, besaß jetzt noch ungefähr 450 einsatzfähige Bomber und 530 Jäger vom Typ Me 109. Und am Ende dieser dritten Phase der Schlacht begann sich endlich das Blatt zugunsten Englands zu wenden. In der vierten Phase verstärkte sich diese Tendenz noch, wozu nicht zuletzt eine neue Aufgabenstellung der Luftwaffe beitrug.

Am 3. September hatte Göring in Den Haag wieder eine Konferenz mit der Luftwaffenführung abgehalten. In dieser Besprechung wurde die schicksalhafte Entscheidung gefällt, London am Tage zu bombardieren, wozu Kesselring schon von Beginn an gedrängt hatte. Nun war Hitler damit einverstanden. Der Beginn wurde auf den 7. September festgesetzt.

Gleichzeitig sollten die 300 Bomber der 3. Luftflotte zu einem Nachtangriff eingesetzt werden. Das gefiel Sperrle, der immer für die Bombardierung des Schiffsbestandes und der Häfen gewesen war und die Aussichten, die britische Jägerstreitmacht und ihre Flugplätze zu zerstören, immer skeptischer beurteilt hatte.

Am Nachmittag des 7. startete eine Armada von etwa 1 000 Flugzeugen der 2. Luftflotte – mehr als 300 Bomber, begleitet von 648 Jägern – in Richtung London. Göring und Kesselring sahen von den Klippen bei Cap Blanc Nez zwischen Calais und Wissant aus zu. In dichten Staffelformationen flogen sie in 4 000 und 6 000 Meter Höhe in zwei Wellen. Die deutschen Jäger wandten eine neue Taktik an, wobei ein Teil des Geleitschutzes in einer Höhe von 8 000 bis 10 000 Meter weit vorausflog, während der andere Teil die Bomber geschlossen von allen Seiten in einer Entfernung von etwa 300 Meter deckte.

Gegen diese neue Technik war schwer etwas auszurichten, aber bei diesem ersten Mal war sie kaum erforderlich. Denn im Hauptquartier der 11. Fighter Group hatte der Flugsicherungsoffizier einen weiteren Angriff auf die im Landesinnern liegenden Fliegerhorste erwartet, und die vier Jägergeschwader, die schon aufgestiegen waren, wurden größtenteils nördlich der Themse zusammengezogen. Somit war für die Deutschen der Weg nach London frei. Die erste Welle flog direkt zu den Londoner Docks. Die zweite flog über das Zentrum Londons und dann über den Osten und die Docks zurück. Das Bombardement war nicht so genau, wie die Deutschen es sich gedacht hatten: Viele der Bomber zielten zu kurz, was jedoch in dem dichtbesiedelten Londoner Osten zu weit größeren Verlusten unter der Bevölkerung führte. Bei diesem ersten Massentagesangriff auf London – der auch der letzte war – wurden 300 Zivilisten getötet und über 1300 schwer verletzt.

Dies war ein entmutigender Abend für das Fighter Command. Aber obwohl seine Maschinen größtenteils verspätet am Schauplatz erschienen und dann von der neuen deutschen Taktik verwirrt waren, gelang es ihnen, 41 Flugzeuge abzuschießen, während sie selbst 28 Maschinen verloren. Den größten Schrecken für die Deutschen bildete eine besonders heftige Attacke der in Northolt stationierten 303. Squadron (die aus polnischen Piloten bestand).

Die starken Brände im Osten Londons dienten als Leuchtfeuer für den darauffolgenden Nachtangriff, der von 20 Uhr abends bis fast 5 Uhr morgens dauerte. Göring rief seine Frau an und sagte triumphierend: »London steht in Flammen.« Der fehlende Widerstand ließ ihn und viele seiner Untergebenen glauben, die britische Jägerstreitmacht sei dem Zusammenbruch nahe. Daher befahl er am nächsten Tag, ein größeres Gebiet Londons zu bombardieren.

Inzwischen war die Ansammlung von Invasionsschiffen im Kanal von Tag zu Tag größer geworden, und am Morgen des 7. September hatte die britische Regierung eine vorsorgliche Invasionswarnung herausgegeben. Nach dem Luftangriff, der kurz darauf folgte, wurde die Warnung verstärkt, mit dem Erfolg, daß eine Anzahl von Hilfseinheiten aufgerufen und Kirchenglocken geläutet wurden, die die Invasion ankündigen sollten.

Wegen des Fehlens von geeigneten Nachtjägern hing die Verteidigung Londons, wie auch anderer Städte, in dieser kritischen Zeit hauptsächlich von Flakgeschützen und Scheinwerfern ab. Am Abend des 7. standen nur 264 Geschütze bereit, um London zu verteidigen, doch dank Piles schnellen Maßnahmen wurde die Zahl in den nächsten achtundvierzig Stunden verdoppelt. Darüber hinaus ließ er von der Nacht des 10. September an »Sperrfeuer« legen und befahl jedem Geschütz, möglichst ununterbrochen zu feuern, welche Informationen es auch immer hatte. Obgleich die Zahl der Treffer gering war, ermutigte das Sperrfeuer die Bevölkerung, und es hatte außerdem die Wirkung, daß die Bomber in größere Höhen getrieben wurden.

Kesselring setzte seinen zweiten Tagesangriff auf London für den

Nachmittag des 9. September an. Die 11. Fighter Group war dieses Mal
mit neun Squadrons bereit, während weitere Squadrons der 10. und
12. Fighter Group mit ihnen zusammenarbeiteten. Die Jäger waren so
erfolgreich, daß die meisten deutschen Verbände zerstreut wurden, ehe
sie London erreichten. Weniger als die Hälfte der Bomber kam durch,
und kaum einer von ihnen traf sein Ziel.

Diese neue deutsche Offensive führte dazu, daß sich der Druck auf
das Fighter Command verminderte, auf das sich die Deutschen bisher
konzentriert hatten und das tatsächlich dem Zusammenbruch nahe
war, als die Angriffe auf London begannen. Die Opfer, die die Hauptstadt und ihre Bevölkerung bringen mußten, bedeuteten für die Lan-
desverteidigung die Rettung.

Außerdem veranlaßten die enttäuschenden Ergebnisse des 9. September Hitler wieder einmal dazu, seine zehntägige Anlauffrist für die
Invasion zu verlängern, diesmal auf den 14. Die Invasion sollte also
am 24. beginnen.

Schlechtes Wetter verschaffte der Londoner Verteidigung eine Ver-
schnaufpause; doch am 11. und 14. stieß eine Anzahl Bomber durch,
und die Jägerabwehr war so schwach, daß die Luftwaffe optimistisch
berichtete, der Widerstand des Fighter Commands beginne nun zu-
sammenzubrechen. Hitler verschob die Anlauffrist noch einmal, aber
nur um drei Tage, also auf den 17. September.

Kesselring startete am Morgen des 15., einem Sonntag, einen neuen
Großangriff. Dieses Mal war die Jägerabwehr besser vorbereitet.
Obgleich die Luftflotte auf dem ganzen Weg von der Küste an durch
eine Reihe einzelner oder paarweise fliegender Squadrons angegriffen
wurde – im ganzen waren es 22 –, kamen 148 Bomber bis in den Raum
London durch. Aber sie wurden daran gehindert, ihre Bomben genau
ins Ziel zu werfen, und die meisten von ihnen wurden weit auseinan-
dergetrieben. Als die Deutschen den Heimflug antraten, waren etwa
60 Jäger vom Duxford-Flügel der 12. Fighter Group aus East Anglia
zur Stelle. Obgleich viel von ihrer Wirkung verpuffte, weil sie noch
nicht genügend Höhe gewonnen hatten, versetzte ihre Attacke die
deutschen Flieger in Schrecken. Am Nachmittag halfen Wolken den
Angreifern, und eine große Anzahl konnte ungehindert bis London
fliegen, wo ihre Bomben viel Schaden anrichteten, besonders in den
dichtbesiedelten Wohnvierteln des Ostens. Doch an diesem Tag wurden ein Viertel der Bomber abgeschossen und noch wesentlich mehr

beschädigt, wobei oft ein oder zwei Mann der Besatzung tot oder verwundet zu ihrem Stützpunkt zurückkehrten, worunter wiederum der Kampfgeist auf diesen Flugplätzen litt.

Wie spätere Nachprüfungen ergaben, verloren die Deutschen an diesem Tag insgesamt 60 Flugzeuge. Das war zwar weniger als ein Drittel der 185, von denen das britische Luftfahrtministerium damals triumphierend sprach – doch der Verlust der R.A.F. betrug nur 26 Jäger, wobei die Hälfte der Piloten sich retten konnten. Das war eine wesentlich günstigere Bilanz als in den letzten Wochen. Göring, der noch immer seinen Jägern die Schuld gab, blieb optimistisch und schätzte, daß die britische Jägerstreitmacht in vier oder fünf Tagen erledigt sein würde. Doch weder seine Untergebenen noch seine Vorgesetzten teilten diesen Optimismus.

Hitler, der mit seiner Seekriegsleitung einer Meinung war, daß die R.A.F. noch lange nicht geschlagen sei, und der mit einer Periode stürmischen Wetters rechnete, verschob am 17. die Invasion »bis auf weiteres«. Am nächsten Tag befahl er, keine weiteren Schiffe in den Kanalhäfen zusammenzuziehen, und billigte den Beginn ihres Abzugs – 12 Prozent der Transporter (21 von 170) und 10 Prozent der Lastkähne (214 von 1918) waren durch britische Luftangriffe versenkt oder beschädigt worden. Am 12. Oktober wurde das Unternehmen »Seelöwe« endgültig bis zum Frühjahr 1941 verschoben – und im Januar ordnete Hitler an, daß alle Vorbereitungen mit Ausnahme einiger weniger langfristiger Maßnahmen abgebrochen werden sollten. Seine Gedanken hatten sich jetzt endgültig nach Osten gewandt.

Göring fuhr unbeirrt mit seinen Tagesangriffen fort; aber die Ergebnisse fielen immer enttäuschender aus, trotz gelegentlicher Erfolge in abgelegenen Häfen. Die Flugzeugwerke in Filton bei Bristol wurden am 25. September schwer getroffen, und am nächsten Tag wurde die Spitfire-Fabrik bei Southampton vorübergehend zerstört. Doch ein Großangriff auf London am 27. war ein schlimmer Fehlschlag, und beim letzten großen Tagesangriff am 30. September erreichte nur ein Bruchteil der Flugzeuge London, während 47 Flugzeuge abgeschossen wurden, bei einem Verlust von 20 R.A.F.-Jägern.

Nach den enttäuschenden Ergebnissen in der zweiten Septemberhälfte und den schweren Bomberverlusten ging Göring zum Einsatz von Jagdbombern über, die in großer Höhe operierten. Ungefähr

Mitte September wurde den in der Schlacht eingesetzten deutschen Jagdverbänden befohlen, ein Drittel ihrer Piloten auf Jagdbomber umzuschulen, von denen dann insgesamt ungefähr 250 zur Verfügung standen. Für die Ausbildung der Piloten wurde jedoch nur ungenügend Zeit gewährt, und die Bombenlast, die sie tragen konnten, reichte nicht aus, um viel Schaden anzurichten. Überdies neigten die Piloten instinktiv dazu, ihre Bomben loszuwerden, sobald sie in ein Gefecht verwickelt wurden.

Ihr Einsatz bewirkte lediglich, daß die deutschen Verluste vorübergehend zurückgingen, während der Druck auf die R. A. F. nicht nachließ. Doch erreichten Ende Oktober die deutschen Verluste wieder die alte Höhe, während das schlechter werdende Wetter den Druck auf die Besatzungen der Jagdbomber, die von improvisierten und sumpfähnlichen Flugplätzen aus operierten, sich vervielfältigte. Im Oktober verloren die Deutschen 325 Flugzeuge. Das übertraf die britischen Verluste bei weitem.

Die einzige Belästigung Englands waren jetzt die Nachtangriffe »normaler« Bomber. Vom 9. September an gingen die 300 Bomber von Sperrles 3. Luftflotte zur Routinearbeit über und griffen in 57 Nächten London mit durchschnittlich 160 Bombern an.

Anfang November gab Göring neue Befehle, die einen deutlichen Wechsel der Taktik bedeuteten. Die Luftoffensive hatte sich völlig auf die nächtliche Bombardierung von Städten, Industriezentren und Häfen zu konzentrieren. Durch die Freigabe der Bomber der 2. Luftflotte standen 750 Bomber zur Verfügung, obgleich jeweils nur ungefähr ein Drittel der Gesamtzahl eingesetzt wurde. Da sie es sich nachts leisten konnten, langsamer und niedriger zu fliegen, konnten sie schwerere Bombenlasten als am Tag tragen, und in einer Nacht wurden bis zu 1000 Tonnen abgeworfen. Doch die Treffgenauigkeit ließ zu wünschen übrig.

Die neue Offensive begann in der Nacht des 14. November mit einem Angriff auf Coventry. Sie wurde unterstützt durch helles Mondlicht und eine »Pfadfinder«-Abteilung. Doch nachfolgende Angriffe auf andere Städte wie Birmingham, Southampton, Bristol, Plymouth und Liverpool hatten nicht die gleiche Wirkung. Am 29. Dezember wurden in London schwere Schäden angerichtet, vor allem im Zentrum der City; doch dann ließen die Angriffe nach, bis sich das Wetter im März besserte. Der Höhepunkt einer Reihe schwerer

Angriffe war die Bombardierung Londons in der Nacht des 10. Mai, dem Jahrestag des Blitzkrieges 1940 im Westen. Doch am Himmel über England war der »Blitz«, wie er genannt wurde, am 16. Mai zu Ende, als der Großteil der Luftwaffe im Hinblick auf die kommende Invasion Rußlands nach Osten versetzt wurde.

Die deutsche Luftoffensive von Juli bis Ende Oktober 1940 hatte wesentlich mehr Schäden und Zerstörung angerichtet, als zugegeben wurde, und die Auswirkungen hätten noch schlimmer sein können, wenn sich die Angriffe auf die Hauptindustriegebiete konzentriert hätten. Doch ihr eigentliches Ziel, die Jägerstreitmacht der R. A. F. zu vernichten und den Kampfgeist des britischen Volkes zu untergraben, erreichte sie nicht.

Im Verlauf der Schlacht um England vom Juli bis Ende Oktober verloren die Deutschen 1733 Flugzeuge, jedoch nicht 2698, wie die Engländer behaupteten, während der Verlust der R. A. F. 915 Jäger betrug und nicht 3058, wie die Deutschen behaupteten.

Kapitel 9:
Der Gegenschlag aus Ägypten

Als Hitlers Angriff im Westen mit der Bresche in der improvisierten Front an der Somme–Aisne einen Punkt erreicht hatte, an dem die Niederlage Frankreichs zur Gewißheit wurde, trat Italien am 10. Juni 1940 in den Krieg ein, in der Hoffnung, an den Früchten des Sieges seinen Anteil zu haben. Von Mussolinis Standpunkt aus schien das eine fast völlig risikolose Entscheidung zu sein, während sie für Englands Lage im Mittelmeer und Afrika eine schwere Bedrohung darstellte.

Dies war die dunkelste Stunde in Englands Geschichte. Denn obwohl ein großer Teil der britischen Armee auf dem Seeweg aus Frankreich hatte entkommen können, hatte sie die meisten Waffen und Geräte zurücklassen müssen und sah nun unbewaffnet der Gefahr einer Invasion durch die siegreichen Deutschen ins Auge. Der kleine Teil der britischen Armee, der Ägypten und den Sudan gegen eine mögliche Invasion der italienischen Truppen in Libyen und Italienisch-Ostafrika bewachte, konnte keine Verstärkung erhalten.

Die Situation war um so schlimmer, als Italiens Kriegseintritt den Seeweg durch das Mittelmeer zu gefährlich machte und Verstärkungen über das Kap herangeführt werden mußten. Ein kleines Kontingent von 7000 Mann, das im Mai 1940 auf den Weg geschickt wurde, kam erst Ende August in Ägypten an!

Zahlenmäßig waren die italienischen Truppen den schwachen britischen Streitkräften haushoch überlegen, die ihnen unter General Sir Archibald Wavell gegenüberstanden, der auf Vorschlag Hore-Belishas im Juli 1939 den neu geschaffenen Posten eines Oberbefehlshabers Nahost erhalten hatte, als die ersten Schritte zur Verstärkung der dortigen Truppen unternommen wurden. Doch auch jetzt standen

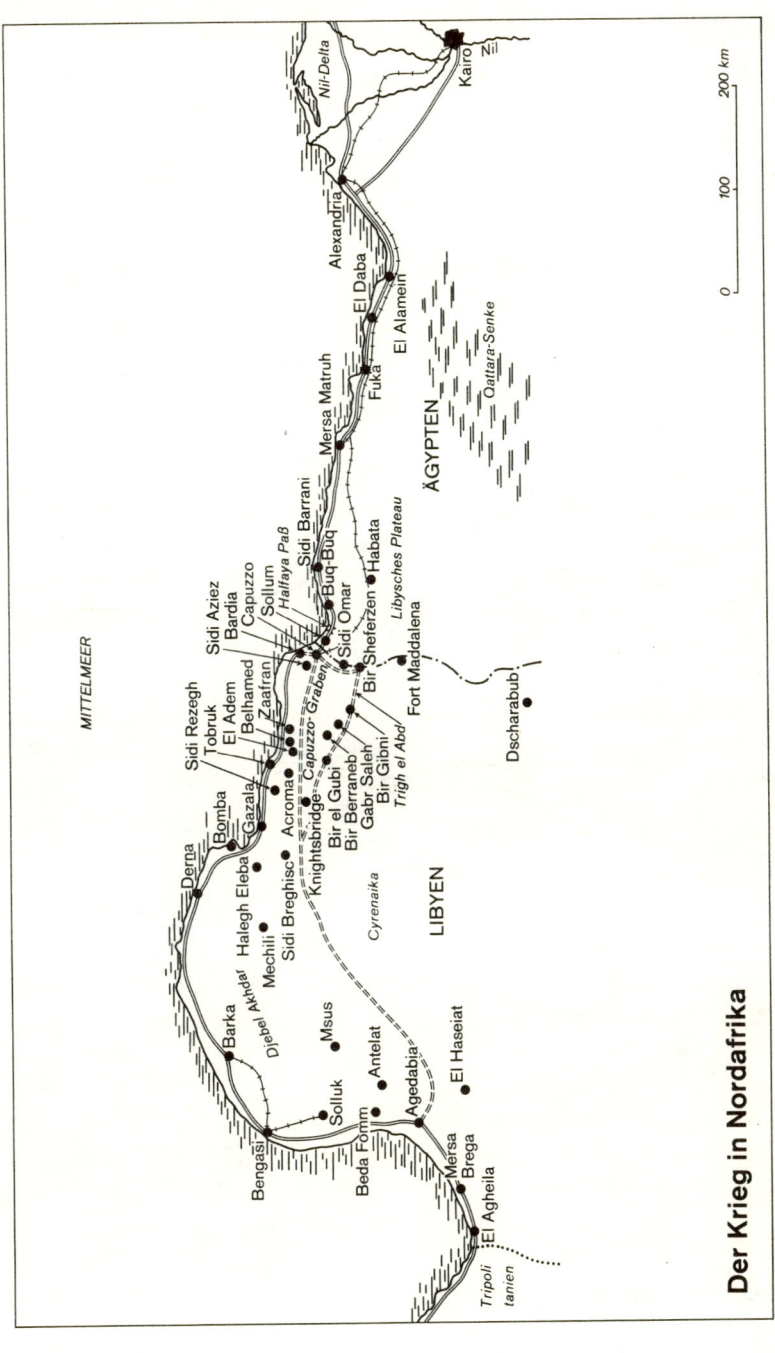

Der Krieg in Nordafrika

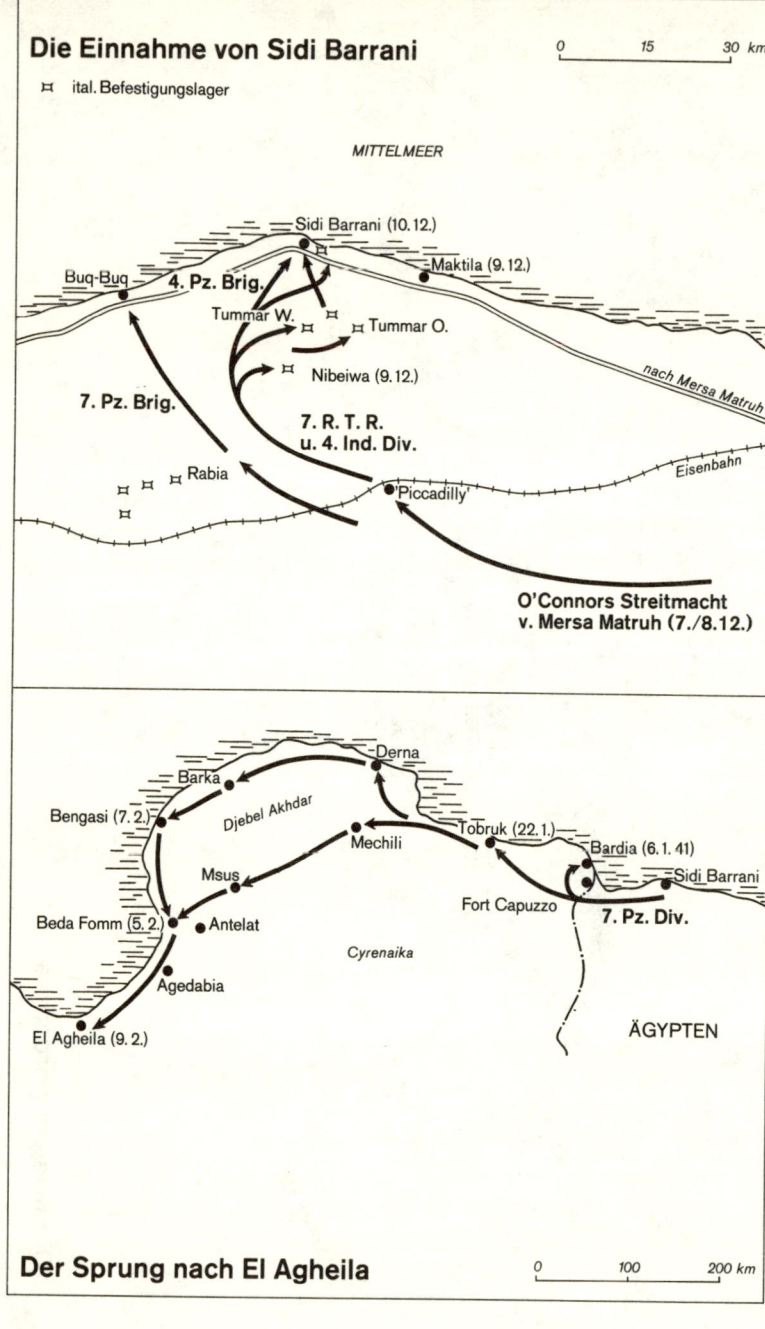

Die Einnahme von Sidi Barrani

0   15   30 km

⌑ ital. Befestigungslager

MITTELMEER

Sidi Barrani (10.12.)

Maktila (9.12.)

Buq-Buq

4. Pz. Brig.

Tummar W. ⌑ ⌑ Tummar O.

nach Mersa Matruh

7. Pz. Brig.

⌑ Nibeiwa (9.12.)

7. R. T. R.
u. 4. Ind. Div.

⌑ ⌑ Rabia

Eisenbahn

⌑

'Piccadilly'

O'Connors Streitmacht
v. Mersa Matruh (7./8.12.)

Derna

Barka

Bengasi (7.2.)

Djebel Akhdar

Tobruk (22.1.)

Bardia (6.1. 41)

Mechili

Sidi Barrani

Msus

Fort Capuzzo

7. Pz. Div.

Beda Fomm 5.2.

Antelat

Cyrenaika

Agedabia

ÄGYPTEN

El Agheila (9.2.)

Der Sprung nach El Agheila

0   100   200 km

kaum mehr als 50000 Briten einer halben Million Italiener und italienischer Kolonialtruppen gegenüber.

In Eritrea und Abessinien hatten die Italiener mehr als 200000 Mann stehen und hätten nach Westen in den Sudan vordringen können, der von nur 9000 britischen und sudanesischen Soldaten verteidigt wurde, oder im Süden nach Kenia, wo die Garnison nicht größer war. Zerklüftetes Land, weite Entfernungen und die Schwierigkeiten, welche die Italiener mit den erst kürzlich unterworfenen Äthiopiern hatten, sowie ihre eigene Untüchtigkeit bildeten während dieser gefährlichen Zeit den Hauptschutz des Sudan. Abgesehen von zwei kleinen Grenzübergriffen bei Kassala und Gallabat wurde von italienischer Seite aus keine Offensivbewegung entwickelt.

An der nordafrikanischen Front stand in der Cyrenaika eine noch größere Streitmacht unter Marschall Graziani 36000 britischen, neuseeländischen und indischen Truppen gegenüber, die Ägypten schützten. Die westliche Wüste diesseits der ägyptischen Grenze trennte die Gegner an dieser Front. Die am weitesten vorgeschobene britische Stellung befand sich bei Mersa Matruh, 190 Kilometer östlich der Grenze und ungefähr 320 Kilometer westlich des Nildeltas.

Doch Wavell blieb nicht passiv, sondern schickte einen Teil seiner einen, unvollständigen Panzerdivision direkt nach vorn in die Wüste. Eine fortgesetzte Angriffsserie über die Grenze durchzuhalten, um die italienischen Posten zu beunruhigen, war sehr gewagt. So gewann zu Beginn des Feldzuges General Creaghs 7. Panzerdivision, die bald als »Wüstenratten« berühmt werden sollte, eine moralische Überlegenheit über den Feind. Wavell spendete den 11. Husaren (dem Panzerregiment) unter Oberstleutnant J. F. B. Combe besonderes Lob und sagte, dieses Regiment sei »ständig in der vordersten Linie und gewöhnlich hinter der des Feindes«.

Am 14. Juni unternahm eine motorisierte Kolonne unter Brigadier J. A. C. Caunter einen Überraschungsschlag gegen Fort Capuzzo und eroberte diese wichtige Grenzfestung. Die Briten versuchten allerdings nicht, sie auf die Dauer zu halten, da es ihre Strategie war, beweglich zu bleiben – »Herren der Wüste« – und zu bewirken, daß die Italiener ihre Kräfte zusammenzogen und dadurch Ziele boten. Die offizielle Verlustliste der Italiener für die drei Monate bis Mitte September nannte 3500 Gefallene, während die Briten nur etwas mehr als 150 Mann verloren, obwohl sie oft aus der Luft bombardiert und mit

Maschinengewehren angegriffen worden waren, wobei die verhältnismäßig zahlreichen italienischen Flugzeuge zu dieser Zeit auf wenig Gegenwehr stießen.

Erst am 13. September begannen die Italiener, nachdem sie mehr als sechs Divisionen zusammengezogen hatten, einen vorsichtigen Vorstoß in die westliche Wüste hinein. Nachdem sie 80 Kilometer vorgerückt waren und knapp die Hälfte des Weges bis zu der britischen Stellung bei Mersa Matruh zurückgelegt hatten, richteten sie bei Sidi Barrani eine Kette befestigter Lager ein – die viel zu weit voneinander getrennt waren, um sich gegenseitig unterstützen zu können. Dann verging Woche um Woche, ohne daß sie versuchten, weiter vorzurükken. Inzwischen trafen bei Wavell weitere Verstärkungen ein, darunter drei Panzerregimenter, die durch Churchills kühne Initiative auf drei schnellen Handelsschiffen in aller Eile aus England herbeigeholt worden waren.

Da die Italiener nichts unternahmen, beschloß Wavell, sie anzugreifen. Das führte erstaunlicherweise zur Vernichtung der ganzen italienischen Armee und zum fast völligen Zusammenbruch der italienischen Macht in Nordafrika.

Doch ein so dramatisches Ergebnis war nicht vorauszusehen. Der Schlag war nicht als eine Generaloffensive geplant, sondern eher als Einzelangriff größeren Stils. Wavell betrachtete ihn als einen harten Schlag, der die Eindringlinge vorübergehend binden sollte, während er einen Teil seiner Truppen zum Sudan schickte, um dort die andere italienische Armee zurückzuschlagen. Somit gab es leider keine angemessenen Vorbereitungen, um nach dem überwältigenden Sieg, der tatsächlich errungen wurde, weiter nachzustoßen.

Ein großer Teil des Erfolges war auf eine radikale Änderung des Angriffsplans zurückzuführen, die auf Grund einer »Generalprobe« erfolgte, bei der Zweifel über die Durchführbarkeit laut wurden. Man beschloß anstelle eines Frontalangriffes, der wahrscheinlich fehlgeschlagen wäre, zumal dabei ein Minenfeld zu durchqueren war, die Lager des Feindes von hinten zu nehmen. Diese Taktik wurde von einem Stabsoffizier, Brigadier Dorman-Smith, vorgeschlagen, den Wavell entsandt hatte, um der Übung beizuwohnen. Der Befehlshaber der Western Desert Force, General O'Connor, erkannte sofort ihre Vorteile, und der Siegeslauf, der folgte, war hauptsächlich seiner Führung zuzuschreiben; denn die höheren Befehlshaber, Wavell und Wilson, waren zu weit vom Schauplatz entfernt, um auf eine schnelle Schlacht positiven Einfluß ausüben zu können. Sie hatten einen bedeutenden, aber leider unheilvollen Einfluß – wie man später sehen wird.

O'Connors Truppe bestand aus nur 30000 Mann, denen 80000 gegenüberstanden; doch sie hatte 275 Panzer gegenüber 120. Die 50 schwerbewaffneten »Matilda«-Panzer des 7. Royal-Tank-Regiments, unempfindlich gegen die meisten Panzerabwehrwaffen des Feindes, spielten in dieser wie auch den späteren Schlachten eine besonders entscheidende Rolle.

In der Nacht des 7. Dezember rückte die Streitmacht aus der Matruh-Stellung aus und begann ihren 120 Kilometer langen Anmarsch durch die Wüste. In der nächsten Nacht passierten sie eine Lücke in der Verteidigung des Feindes, und am frühen Morgen des 9. stürmte die Infanterie der 4. Indischen Division (General Beresford-Peirse) das Nibeiwa-Lager im Rücken, wobei die 7. Royal Tanks als Angriffsspitze wirkten. Die Garnison wurde in einem Überraschungsangriff genommen, wobei 4000 Gefangene gemacht wurden, während die Verluste der Angreifer gering waren – unter den Panzerbesatzungen nur sieben Mann. Dann stießen die »Matildas« nach Norden zum Lager »Tummar West« vor, das am frühen Nachmittag erstürmt wurde, und auch »Tummar East« fiel, ehe dieser Tag des Triumphs zu Ende ging. Inzwischen war die 7. Panzerdivision, die in dieser Schlacht von Brigadier J. A. C. Caunter geführt wurde, da General Creagh vorübergehend erkrankt war, nach Westen gefahren und erreichte die Küstenstraße, wodurch sie auf beide Seiten der Rückzugslinie des Feindes gelangte.

Am nächsten Tag bewegte sich die 4. Indische Division nach Norden auf die Gruppe italienischer Lager bei Sidi Barrani zu. Der Gegner war jetzt auf der Hut, und heftige Sandstürme behinderten den Vormarsch zusätzlich. Doch nach anfänglichem Stillstand begann am Nachmittag eine Umklammerungsbewegung von beiden Flanken – mit zwei zusätzlichen Panzerregimentern, die von der 7. Panzerdivision abgestellt wurden – und der größere Teil der Stellung von Sidi Barrani wurde überrannt, ehe der Tag zu Ende ging.

Am dritten Tage wurde die Reservebrigade der 7. Panzerdivision für einen weiteren Umfassungsangriff nach Westen herbeigeschafft. Sie erreichte jenseits Buq-Buq die Küste und schnitt eine große Kolonne sich zurückziehender Italiener ab. Weitere 14000 Italiener und 88 Geschütze fielen in die Hände der Briten; die Gesamtbeute betrug nun fast 40000 Gefangene und 400 Geschütze.

Die Reste der italienischen Armee suchten in der Küstenfestung Bardia Zuflucht, nachdem sie wieder über ihre eigene Grenze zurückgegangen waren. Dort wurden sie rasch durch die Einkesselungsbewegung der 7. Panzerdivision isoliert. Leider war keine unterstützende Infanteriedivision zur Hand, um aus ihrer Demoralisierung Vorteil zu ziehen; denn die höheren britischen Befehlshaber hatten beschlossen, die 4. Infanteriedivision abzuziehen, sobald Sidi Barrani gefallen war, und sie wieder nach Ägypten und von dort in den Sudan zurückzubringen. Da sie zu weit vom Schlachtfeld entfernt waren, erkannten sie nicht, welch entscheidenden Sieg O'Connor errungen hatte und was für eine großartige Gelegenheit dieser Sieg bot, so daß sie auf dem Befehl beharrten, die 4. Indische Division zurückzurufen.

So kam es, daß am 11. Dezember, dem dritten Tag der Schlacht, die geschlagenen Italiener in Panik nach Westen flüchteten, während die Hälfte der Siegerstreitmacht nach Osten marschierte! Es war ein seltsames Schauspiel, das eine schicksalhafte Verzögerung zur Folge hatte. Denn drei Wochen verstrichen, ehe die 6. Australische Division von Palästina eintraf, um die Wiederaufnahme des britischen Vormarsches zu verstärken.

Am 3. Januar 1941 wurde endlich der Sturmangriff auf Bardia angesetzt, bei dem 22 »Matildas« des 7. Royal-Tank-Regiments als »Dosenöffner« vorangingen. Die Verteidigung brach rasch zusammen, und am dritten Tag hatte sich die ganze Garnison ergeben – 45000 Gefangene mit 462 Geschützen und 129 Panzern. Der australische Divisionskommandeur (Generalmajor I. G. Mackay) sagte, jeder »Matilda«-Tank sei ihm so viel wert gewesen wie ein ganzes Infanteriebataillon.

Unmittelbar nach der Einnahme von Bardia rollte die 7. Panzerdivision westwärts, um Tobruk abzuschneiden, bis die Australier eintrafen und einen Sturmangriff auf die Küstenfestung starteten. Tobruk wurde am 21. Januar angegriffen und fiel am nächsten Tag – was 30000 Gefangene, 236 Geschütze und 87 Tanks einbrachte. Nur 16 »Matildas« standen für diesen Sturmangriff zur Verfügung, und wieder einmal erzielten diese den entscheidenden Durchbruch. An jenem Abend hörten sich einige der Männer des R. T. R. die Radionachrichten an. Als der Kommentator sagte: »Wir vermuten, daß der Sturmangriff von einem berühmten Kavallerieregiment geführt wurde«, wurde einer der Panzerpiloten so wütend, daß er dem Radio einen Tritt versetzte und rief: »Man muß entweder in der Kolonialtruppe oder schwarz sein oder der Kavallerie angehören, um in diesem . . . Krieg anerkannt zu werden.« Das war eine verständliche Reaktion. Denn noch nie zuvor in der Kriegsgeschichte hatte eine einzige Kampfeinheit einen derart entscheidenden Anteil am Erfolg einer Reihe von Kämpfen zu verzeichnen, wie das bei dem 7. R.T.R. bei Sidi Barrani, Bardia und Tobruk der Fall gewesen war.

Der rasche Fortschritt des britischen Vormarsches in der Cyrenaika war um so bemerkenswerter, als er unter einer erneuten Erschwerung stand. Verstärkungen, Transportmittel und Flugzeuge, die O'Connor hätte bekommen sollen, wurden in Ägypten zurückgehalten, und einige Einheiten wurden ihm sogar weggenommen. Denn Churchills Phantasie jagte jetzt einem anderen Hasen nach. In der Erinnerung an sein altes Abenteuer im Ersten Weltkrieg und durch den Widerstand der Griechen gegen die Italiener angeregt, träumte er von der Möglichkeit, eine mächtige Verbindung der Balkanländer gegen Deutschland zu schaffen. Das war eine sehr verlockende, aber unrealistische Vorstellung, da die primitiven Armeen der Balkanländer nicht in der Lage waren, deutschen Luft- und Panzerstreitkräften zu widerstehen, zumal ihnen England sehr wenig helfen konnte.

Anfang Januar beschloß Churchill, die Griechen zu zwingen, ein Kontingent britischer Panzer- und Artillerieeinheiten anzunehmen, die bei Saloniki landen sollten, und er befahl Wavell, sofort Vorbereitungen für die Entsendung einer solchen Expeditionstruppe zu treffen, obwohl dies eine Schwächung der kleinen Streitmacht O'Connors bedeutete. Doch General Metaxas, damals Chef der griechischen Regierung, lehnte den Vorschlag ab und führte an, daß dadurch eine deutsche Invasion provoziert werden könne und man kaum stark genug wäre, ihr entgegenzutreten. Außerdem gab der Oberbefehlshaber General Papagos zu bedenken, daß die Briten besser daran täten, ihre Eroberung Afrikas zu vollenden, ehe etwas völlig Neues in Angriff genommen wurde, das die Kräfte zersplitterte.

Diese höfliche Ablehnung von seiten der griechischen Regierung fiel mit O'Connors Eroberung Tobruks zusammen, so daß die britische Regierung nun beschloß, ihm die Einnahme des Hafens von Bengasi zu gestatten. Das würde die Eroberung der Cyrenaika, der östlichen Hälfte Italienisch-Nordafrikas, vervollständigen. Aber der Premierminister hielt weiter an seinem Balkanprojekt fest, und Wavell wurde angewiesen, O'Connor keine Verstärkungen zu schicken, die den Aufbau einer Streitmacht für jenen Schauplatz beeinträchtigen könnten.

Nach Erhalt der Erlaubnis, weiter vorzustoßen, erreichte O'Connor wieder einmal wesentlich mehr, als man angesichts seiner bescheidenen Mittel erwarten konnte. (Sein motorisierter Truppenteil, die 7. Panzerdivision, war auf nur 50 schnelle Kampfwagen zusammengeschrumpft, zu denen noch 75 leichte Panzer kamen – die eine sehr dünne Panzerung und kein wirksames panzerbrechendes Geschütz hatten.) Da er den Feind bei Derna an der Küstenstraße in einer starken Position vorfand, wollte er ihn durch eine Flankenbewegung herauslocken, sobald weiterer Nachschub und schnelle Kampfwagen eingetroffen waren. Diese wurden so rechtzeitig erwartet, daß der Vorstoß am 12. Februar beginnen konnte.

Doch am 3. zeigten Luftaufklärungsberichte, daß der Feind sich darauf vorbereitete, die Gegend von Bengasi aufzugeben und sich in den Engpaß von Agheila zurückzuziehen, wo er den Weg von der Cyrenaika nach Tripolitanien hinein blockieren konnte. Große Kolonnen wurden gesichtet, die sich schon auf dem Marsch befanden.

Sofort plante O'Connor einen kühnen Schlag in den Rücken des Feindes, wobei er nur die erschöpfte 7. Panzerdivision unter General Creagh einsetzte und sie quer durch die Wüste schickte, mit dem Ziel, die Küstenstraße weit hinter Bengasi zu erreichen. Sie hatte von ihrer Stellung bei Mechili ungefähr 240 Kilometer zu fahren, wobei die erste lange Strecke durch äußerst zerklüftetes Gelände führte. Mit einer Ration für nur zwei Tage und kaum genügend Benzin fuhr sie los – zu einem der wagemutigsten Abenteuer und atemberaubendsten Wettrennen in der Militärgeschichte.

Caunters 4. Panzerbrigade brach am 4. morgens um 8.30 Uhr auf, die Panzer der 11. Hussars fuhren voraus. (Die andere Panzerbrigade, nämlich die 7., war auf ein einziges Regiment vermindert worden, die 1. Royal Tanks.) Mittags brachten Luftaufklärer die beunruhigende Nachricht, daß sich der zurückziehende Feind schon südlich von Bengasi befand. Um die Störaktion zu beschleunigen, gab Creagh Caunter den Befehl, eine voll motorisierte Streitmacht, bestehend aus motori-

sierter Infanterie und Artillerie, zusammenzustellen und sie mit den
11. Hussars unter Oberst Combe vorzuschicken. Caunters Einwände
dagegen wurden bestätigt durch die Verwirrung und Verspätung, die
dadurch entstand, daß man diese Einheiten vom Schluß der Kolonne
abziehen und besondere Transportmöglichkeiten für sie organisieren
mußte. Darüber hinaus wurden die motorisierten Streitkräfte in dem
zerklüfteten Gelände, auf das man am Nachmittag traf, von den Panzern fast überholt. Caunter drängte bei Mondlicht weiter bis nach Mitternacht, ehe er seinen Panzerbesatzungen ein paar Stunden Ruhe erlaubte.

Am Morgen (dem 5.) kam die »Combe-Streitmacht« in leichterem
Gelände rascher voran, und bis zum Nachmittag hatte sie sich in einer
Riegelstellung südlich von Beda Fomm quer über zwei Rückzugswege
des Feindes festgesetzt. An diesem Abend ging eine völlig überraschte
Kolonne italienischer Artillerie und Zivilevakuierter in die Falle.

Inzwischen waren Caunters Panzer, die dichtauf folgten, gegen
17.00 Uhr nachmittags an der Rückzugslinie des Feindes hinter Beda
Fomm angekommen. Vor Einbruch der Dunkelheit zerschlugen sie
zwei Artillerie- und Transportkolonnen. Diese Aktion bildete den angemessenen Abschluß eines Vormarsches, bei dem sie tatsächlich in
dreiunddreißig Stunden 270 Kilometer zurückgelegt hatten – ein
Rekord an Beweglichkeit, der mit Panzern noch nie erreicht worden
war. Das straßenlose und zerklüftete Gelände ließ diese Leistung noch
erstaunlicher erscheinen.

Am nächsten Morgen, dem 6., tauchten die Hauptkolonnen des
Feindes am Schauplatz auf, von Panzern begleitet. Im ganzen waren
es mehr als 100 neue italienische Panzer, während Caunter nur 29
hatte. Glücklicherweise fuhren die italienischen Panzer in Rudeln statt
in geschlossener Formation und hielten sich nahe der Straße, während
die britischen Panzer geschickt manövrierten, um Feuerstellungen zu
gewinnen, wo sie durch Bodenfalten verborgen und geschützt wurden.
Den ganzen Tag hindurch fanden Panzergefechte statt, wobei die
Hauptlast von 19 Panzern des 2. R. T. R. getragen wurde, die am
Nachmittag auf sieben zusammengeschmolzen waren – als das erste
R. T. R. der anderen Brigade mit zehn weiteren Panzerwagen eintraf.
Die 3. und 7. Hussars, die ihre leichten Panzer kühn manövrierten,
trugen viel zur Verwirrung und Ablenkung des Feindes bei.

Als über dem Schlachtfeld die Nacht hereinbrach, waren 60 italienische Panzer unbrauchbar geworden. Weitere 40 wurden am Morgen verlassen gefunden, während nur drei britische tatsächlich außer Gefecht gesetzt worden waren. Die italienische Infanterie und andere Truppen ergaben sich in Massen, als ihre Panzer zerstört waren und sie sich ungeschützt fanden.

Combes Einheit griff von hinten kommend jene Reste auf, die versuchten, sich der 4. Panzerbrigade zu entziehen. Der letzte Ausbruchsversuch der Italiener richtete sich bald nach Tagesanbruch gegen diese rückwärtige Stellung und wurde von 16 Panzern geführt, die aber von dem 2. Bataillon der Rifle-Brigade in Schach gehalten wurden.

Insgesamt wurden in dieser Schlacht von Beda Fomm 20000 Gefangene gemacht und 216 Geschütze und 120 Panzer erobert. Die Gesamtstärke der Briten, sowohl Caunters wie auch Combes Streitkräfte, betrug nur 3000 Mann. Als Bardia und seine Garnison am 4. Januar fiel, prägte Anthony Eden, der nach sieben Monaten im Kriegsministerium gerade als Außenminister ins Foreign Office zurückgekehrt war, eine neue Version von Churchills berühmtem Ausspruch, als er sagte, »daß nie zuvor so viel von so vielen so wenigen überlassen worden war.« Das galt sogar noch mehr für den alles krönenden Sieg von Beda Fomm[1].

Der Glanz des Sieges wurde jedoch bald getrübt. Der völlige Untergang von Grazianis Armee hatte den Briten ungehinderten Zugang nach Tripolis durch den Engpaß von Agheila verschafft. Aber gerade als O'Connor und seine Truppen hofften, dorthin stürmen zu können, um den Gegner aus seinem letzten Stützpunkt in Nordafrika zu verdrängen, wurden sie durch Befehl des britischen Kabinetts endgültig gestoppt.

Am 12. Februar schickte Churchill an Wavell ein langes Telegramm, in dem er zuerst seiner Freude darüber Ausdruck gab, daß Bengasi

[1] Er war weitgehend einem Mann zu verdanken, der an dem Feldzug selbst nicht teilnahm, und zwar Generalmajor P. C. S. Hobart. Er war 1938 zum Befehlshaber der neugebildeten Panzerdivision in Ägypten ernannt worden und hatte sie auf ihren hohen Ausbildungsstand gebracht. Doch seine Vorstellungen darüber, wie eine Panzerstreitmacht geführt werden sollte und was sie alles erreichen könnte, wenn sie in strategischer Unabhängigkeit von den konventionellen Streitkräften operierte, standen im Gegensatz zu den Ansichten seiner konservativeren Vorgesetzten. Seine »Ketzerei«, die mit einer kompromißlosen Haltung verbunden war, hatten im Herbst 1939 zu seiner Entfernung geführt – sechs Monate, ehe die deutschen Panzer, welche die gleichen Ideen praktizierten, deren Durchführbarkeit bewiesen.

»drei Wochen früher als erwartet« eingenommen worden war, und ihn dann anwies, den Vormarsch abzubrechen, dort nur eine Mindeststreitmacht zu belassen, um die Cyrenaika zu halten, und den größtmöglichen Teil der Streitkräfte nach Griechenland zu schicken. Fast die ganze Luftwaffe O'Connors wurde sofort abgezogen und ihm nur eine Jagdsquadron belassen.

Was hatte diesen Salto hervorgerufen? General Metaxas war am 29. Januar plötzlich gestorben, und der neue griechische Ministerpräsident war ein Mann von weniger starkem Charakter. Churchill sah eine Möglichkeit, sein Lieblingsprojekt auf dem Balkan wieder aufleben zu lassen. So drängte er der griechischen Regierung sein Angebot noch einmal auf, und dieses Mal wurde sie so lange bearbeitet, bis sie es annahm. Mit Zustimmung Wavells, der drei Stabschefs und der drei Oberbefehlshaber im Nahen Osten, landete am 7. März das erste Kontingent einer britischen Streitmacht von 50 000 Mann in Griechenland.

Am 6. April fielen die Deutschen in Griechenland ein, und die Briten erlebten rasch ein zweites »Dünkirchen«. Nur knapp entkamen sie einer Katastrophe, als sie unter großen Schwierigkeiten auf dem Seeweg evakuiert wurden, wobei ihre sämtlichen Panzer, der größte Teil ihrer Ausrüstung und 12 000 Mann in deutsche Hände fielen.

O'Connor und sein Stab waren davon überzeugt, daß sie Tripolis hätten erobern können. Ein solcher Vorstoß verlangte die Verwendung Bengasis als Marinestützpunkt, und einige dort liegende Transportschiffe waren für das Hasardspiel in Griechenland reserviert worden. Wie General de Guingand, der später Montgomerys Stabschef wurde, enthüllt hat, war der gemeinsame Planungsstab in Nahost davon überzeugt, daß Tripolis erobert und die Italiener vor dem Frühjahr aus Afrika verjagt werden konnten.

General Warlimont, ein führender Mann in Hitlers Stab, erklärte nach dem Krieg, daß das deutsche Oberkommando der gleichen Ansicht war:

»Wir konnten damals nicht verstehen, warum die Engländer nicht die Schwierigkeiten der Italiener in der Cyrenaika ausnutzten und auf Tripolis vorstießen. Es gab niemanden, der sie hätte daran hindern können. Die paar italienischen Truppen, die noch dort geblieben waren, waren von Panik ergriffen und erwarteten jeden Augenblick das Auftauchen der britischen Panzer.«

Am 6. Februar, dem Tag, an dem Grazianis Armee in Beda Fomm endgültig vernichtet worden war, wurde ein jüngerer deutscher General, Erwin Rommel, der im Frankreich-Feldzug die 7. Panzerdivision glänzend geführt hatte, zu Hitler gerufen und erhielt den Befehl, das Kommando über eine kleine motorisierte Streitkraft zu übernehmen, die den Italienern zu Hilfe kommen sollte. Sie sollte aus zwei kleineren Divisionen, der 5. Leichten Division und der 15. Panzerdivision, bestehen. Der Transport der ersteren wäre jedoch erst Mitte April abgeschlossen und der der zweiten nicht vor Ende Mai. Es war ein langsames Programm – und die Briten hatten freie Fahrt.

Am 12. flog Rommel nach Tripolis. Zwei Tage später traf ein deutscher Transport ein, der als erstes Kontingent ein Aufklärungsbataillon und ein Panzerjägerbataillon brachte. Rommel beförderte sie rasch an die Front und unterstützte diese Handvoll Leute mit Panzerattrappen, die er in der Hoffnung bauen ließ, ein Minimum von Stärke vorzutäuschen! Diese Attrappen wurden auf Volkswagen montiert. Erst am 11. März traf das Panzerregiment der 5. Leichten Division in Tripolis ein.

Da er feststellte, daß die Briten nicht angriffen, erwog Rommel, mit dem, was er hatte, eine Offensive zu versuchen. Sein erstes Ziel war es nur, den Engpaß von Agheila zu besetzen. Der Erfolg fiel ihm am 31. März so leicht in den Schoß, daß er beschloß, weiter vorzustoßen. Es war ihm klar, daß die Briten seine Stärke sehr überschätzten – vielleicht wurden sie durch seine Panzerattrappen getäuscht. Darüber hinaus hielten die Deutschen das Kräftegleichgewicht in der Luft, was dazu beitrug, ihre Schwäche zu Lande vor dem britischen Oberkommando zu verbergen, und auch zu einigen der irreführenden Berichte führte, die während der darauffolgenden Kämpfe durch die R.A.F. geliefert wurden.

Auch mit dem von ihm gewählten Zeitpunkt hatte Rommel Glück. Die britische 7. Panzerdivision war Ende Februar nach Ägypten zurückgeschickt worden, um sich auszuruhen und neu ausgerüstet zu werden. Ihr Platz wurde von einem Teil der neu angekommenen und unerfahrenen 2. Panzerdivision eingenommen, der andere Teil war in Griechenland. Die 6. Australische Division war nach Griechenland geschickt worden, und der 9. Division, die ihre Stelle einnahm, mangelte es sowohl an Ausrüstung wie auch an Erfahrung. Auch O'Connor erhielt eine Ruhepause, und er war von Neame abgelöst worden, einem unerfahrenen Kommandeur. Außerdem schenkte Wavell, wie er später zugab, den Berichten über einen bevorstehenden deutschen Angriff keinen Glauben. Da die Zahlen seine Ansicht rechtfertigten, kann man ihm kaum einen Vorwurf daraus machen, daß er nicht mit einem Rommel rechnete.

Rommel ignorierte die höheren Befehle, bis Ende Mai zu warten, und nahm am 2. April seinen Vormarsch auf, und zwar mit 50 Panzern, denen langsamer zwei neue italienische Divisionen folgten. Durch Beweglichkeit und List suchte er seine geringe Stärke auszugleichen. Als Folge des Schocks, der durch Rommels Eröffnungsangriff ausgelöst worden war, wurde sein Schatten so groß, daß seine zwei schlanken Finger, 150 Kilometer voneinander entfernt, wie umklammernde Hörner erschienen.

Die Wirkung dieses verwegenen Vorstoßes grenzte an ein Wunder. Die britischen Streitkräfte räumten am 3. April Bengasi. In dieser Notlage wurde O'Connor gerufen, um Neame zu beraten; doch während des Rückzuges geriet ihr ungeschützter Wagen in den Rücken einer deutschen Vorausabteilung, und beide wurden am 6. abends gefangengenommen. Inzwischen hatte die eine britische Panzerbrigade während des langen und hastigen Rückzuges fast ihre gesamten Panzer verloren, während am nächsten Tag der Kommandeur der 2. Panzerdivision mit einer neu eingetroffenen motorisierten Brigade und anderen Einheiten bei Mechili umzingelt und zur Kapitulation gezwungen wurde – wobei Staubwolken, die Rommels Männer mit Lastwagen aufwirbelten, über die geringe Stärke der sie einkreisenden Panzerstreitkräfte hinwegtäuschten. Die Italiener hinkten noch immer hinterher.

Am 11. April waren die Briten aus der Cyrenaika über die ägyptische Grenze zurückgeworfen, mit Ausnahme einer kleinen Einheit, die in Tobruk eingeschlossen war. Das Ganze war auf seine Weise eine genauso erstaunliche Tat wie die vorhergegangene Eroberung der Cyrenaika, und sie war sogar noch schneller vonstatten gegangen.

Jetzt mußten die Briten mit ihrem Versuch, Nordafrika zu säubern, wieder ganz von vorn anfangen, und sie hatten dabei viel schwierigere Hindernisse zu überwinden als zuvor, von denen das größte die Anwesenheit Rommels war. Der Preis, den man dafür zahlen mußte, daß man die goldene Gelegenheit vom Februar 1941 vorbeigehen ließ, war hoch.

Kapitel 10:
Die Eroberung
von Abessinien

Als das faschistische Italien im Juni 1940 auf Mussolinis Betreiben in den Krieg eintrat, überwogen seine Streitkräfte in Italienisch-Ostafrika, zu dem seit 1936 das eroberte Äthiopien gehörte, bei weitem die britischen, ebenso wie in Nordafrika. Nach italienischen Angaben beliefen sich die Streitkräfte dort auf über 91 000 weiße und fast 200 000 eingeborene Soldaten – obgleich die letztere Zahl wohl nur auf dem Papier stand und vernünftigerweise um die Hälfte reduziert werden muß. In den ersten Monaten des Jahres 1940, die Italiens Kriegseintritt vorausgingen, hatte Großbritannien nur etwa 9 000 britische und eingeborene Soldaten im Sudan und 8 500 britisch-ostafrikanische Soldaten in Kenia stehen.

Auf diesem weitläufigen Kriegsschauplatz, der eigentlich ein doppelter war, ergriffen die Italiener ebenso langsam die Initiative wie in Nordafrika. Ein Hauptgrund dafür war das Bewußtsein, daß es ziemlich aussichtslos war, weiteren Nachschub an Benzin und Munition durch die britische Blockade zu bringen. Doch das war kaum ein guter Grund; denn er machte es für die Italiener nur um so dringender, ihre große Überlegenheit an Truppenstärke auszunutzen, ehe die britischen Streitkräfte in Afrika verstärkt werden konnten.

Anfang Juli gingen die Italiener von Eritrea im Nordwesten aus zögernd vor und besetzten die Stadt Kassala, 15 Kilometer hinter der sudanesischen Grenze, wobei sie zwei Brigaden, vier Kavallerieregimenter, zwei Dutzend Panzer – etwa 6 500 Mann – gegen einen Vorposten einsetzten, der nur von einer Kompanie aus 300 Mann der sudanesischen Verteidigungskräfte gehalten wurde. Generalmajor William Platt, Befehlshaber im Sudan, hatte damals für das gesamte große Gebiet nur drei britische Infanteriebataillone, die in Khartum, Atbara

und Port Sudan standen. Klugerweise warf er sie nicht in den Kampf,
bis er sah, wie sich die italienische Invasion entwickelte. Statt weiter
vorzustoßen, blieb diese wieder stehen, nachdem ein paar weitere
Grenzposten wie Gallabat im Nordwesten Äthiopiens auf dem Weg
nach Gondar und Moyale an der Nordgrenze Kenias besetzt worden
waren.

Erst Anfang August begannen die Italiener eine größere Offensivbewegung, die sich gegen das bequemste Ziel richtete – gegen Britisch-Somaliland, den Küstenstreifen an der afrikanischen Küste des
Golfs von Aden. Und selbst das Motiv dieser sehr begrenzten Bewegung war defensiv. Tatsächlich hatte Mussolini den Italienern
befohlen, in der Verteidigung zu bleiben. Aber der Prinz von Aosta,
Vizekönig von Äthiopien und Oberbefehlshaber in diesem Gebiet,
meinte, daß der französische Hafen von Djibouti den Briten leichten
Zugang nach Äthiopien bot, und er traute dem Waffenstillstandsab-
kommen mit den Franzosen nicht. Deshalb beschloß er, das angrenzende und größere Gebiet Britisch-Somaliland zu besetzen.

Die dortige britische Garnison unter Brigadier A. R. Chater bestand
nur aus vier afrikanischen und indischen Bataillonen, während ein britisches Bataillon, die 2. Black Watch, sich auf dem Wege dorthin befand. Die italienische Invasionstruppe bestand aus 26 Bataillonen, die
mit Artillerie und Panzern versehen waren. Aber im Somaliland hielt
das kleine Kamelreiterkorps den Vormarsch der Italiener auf, und
Generalmajor A. R. Godwin-Austen traf rechtzeitig am Schauplatz
ein, um das Kommando zu übernehmen, als die Eindringlinge gerade
den Tug-Argan-Paß, den Zugang zum Haupthafen, Berbera, erreichten. Hier wurden die Angreifer vier Tage lang in Schach gehalten. Aber
in Ermangelung weiterer Verstärkungen und Verteidigungsstellungen
mußten die britischen Truppen auf dem Seeweg aus Berbera evakuiert
werden; die meisten kamen nach Kenia zur Verstärkung der britischen
Streitkräfte, die nun dort aufgebaut wurden. Auf italienischer Seite
hatte es mehr als 2000 Gefallene gegeben, denen ein Verlust von kaum
250 bei den Briten gegenüberstanden, was bei den Italienern einen
Eindruck hinterließ, der weitreichende Auswirkung auf ihre zukünfti-
gen strategischen Pläne hatte.

Die britischen Streitkräfte in Kenia, die im November 1940 Generalleutnant Sir Alan Cunningham übernahm, umfaßten die 12. afrikanische Division unter Godwin-Austen (1. südafrikanische, 22. ostafri-

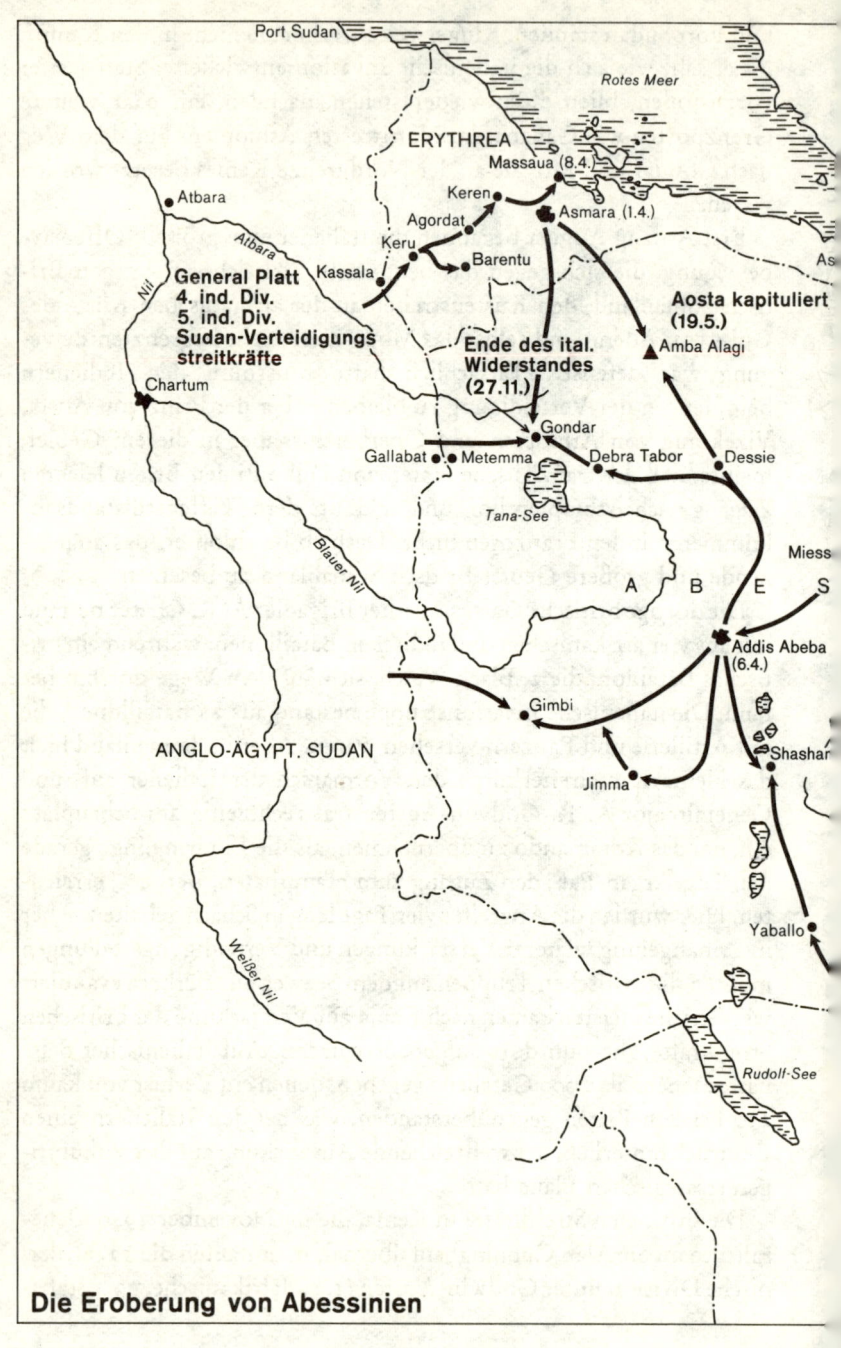

Die Eroberung von Abessinien

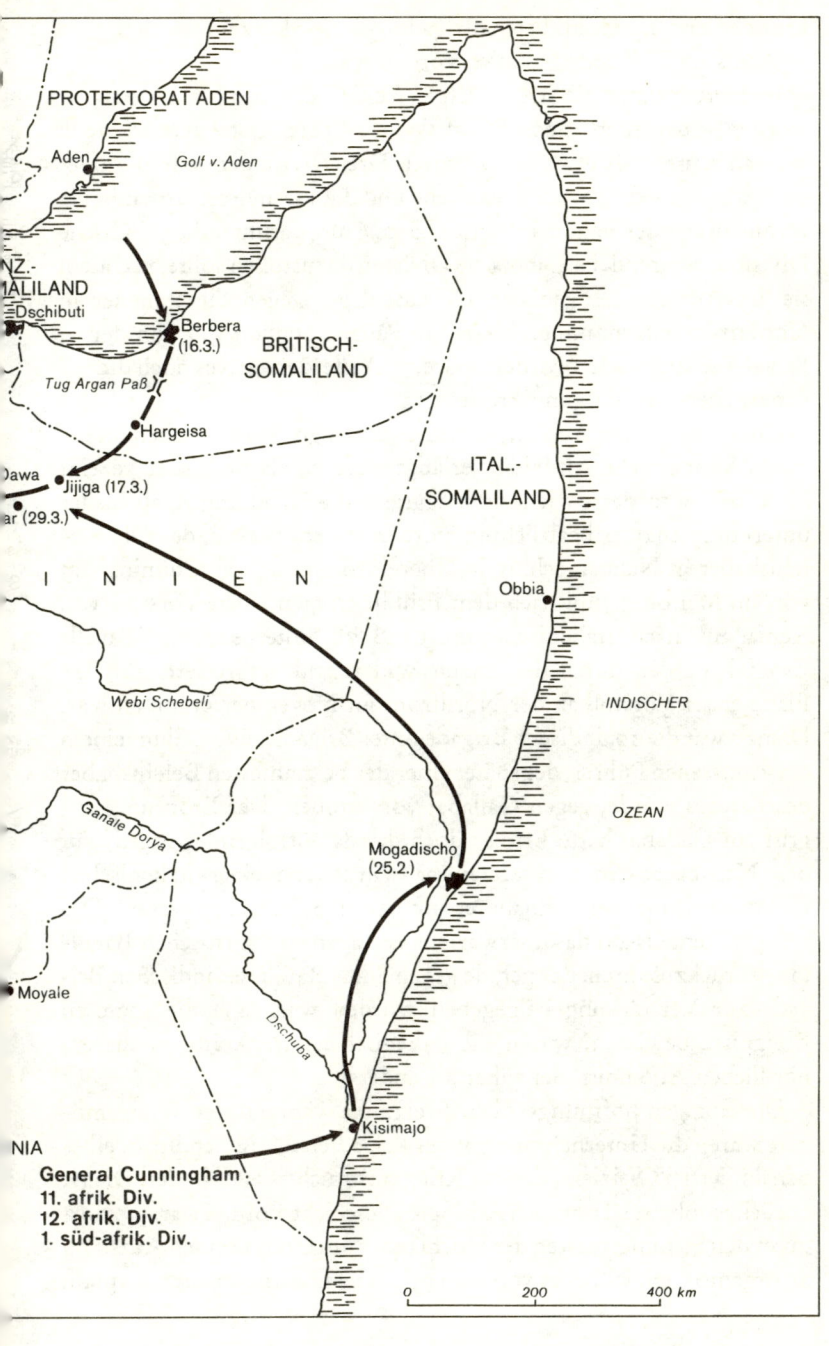

PROTEKTORAT ADEN

Aden

Golf v. Aden

NZ.-
MALILAND

Dschibuti

Berbera
(16.3.)

BRITISCH-
SOMALILAND

Tug Argan Paß

Hargeisa

Dawa

Jijiga (17.3.)

ar (29.3.)

ITAL.-
SOMALILAND

I N I E N

Obbia

Webi Schebeli

INDISCHER

Ganale Dorya

OZEAN

Mogadischo
(25.2.)

Moyale

Dschuba

Kisimajo

NIA

General Cunningham
11. afrik. Div.
12. afrik. Div.
1. süd-afrik. Div.

0   200   400 km

kanische und 24. Goldküsten-Brigade), die vor kurzem durch die 11. afrikanische Division verstärkt worden war.

Im Herbst waren die Streitkräfte in Kenia auf 75 000 Mann verstärkt worden – darunter 27 000 Südafrikaner, 33 000 Ostafrikaner, 9 000 Westafrikaner und etwa 6 000 Briten. Drei Divisionen waren aufgestellt worden – die 1. südafrikanische und die 11. und 12. afrikanische. Im Sudan standen jetzt insgesamt 28 000 Mann, darunter die 5. indische Division, während die 4. indische Division dazustoßen sollte, nachdem sie am Auftakt des genialen Gegenschlages gegen die Italiener in Nordafrika teilgenommen hatte. Ein Panzerbataillon war von den 4. Royal Tanks dorthin beordert worden. Außerdem gab es noch die sudanesischen Verteidigungskräfte.

Churchill war der Ansicht, von einer derart großen britischen Streitmacht könne mehr Aktivität verlangt werden, als sie bisher gezeigt hatte, und er forderte wiederholt aggressivere Handlungen, als bisher unternommen oder beabsichtigt worden waren. Wavell, der Oberbefehlshaber in Nahost, schlug in Übereinstimmung mit Cunningham vor, im Mai oder Juni nach dem Frühlingsregen einen Vorstoß von Kenia aus nach Italienisch-Somaliland zu unternehmen. Wavells Zweifel wurden durch den zähen Widerstand vergrößert, auf den Platts erster Vorstoß an der Nordfront im November gestoßen war. Damals war die 10. indische Brigade unter Brigadier W. J. Slim, einem entschlossenen Führer, der später einer der bekanntesten Befehlshaber des Krieges wurde, gegen Gallabat vorgestoßen. Der Eröffnungsangriff auf Gallabat hatte Erfolg; doch der darauffolgende Angriff auf den Nachbarposten von Metemma wurde von einer italienischen Kolonialbrigade von beinahe ebenbürtiger Stärke abgewiesen. Das war größtenteils auf das unerwartete Versagen eines britischen Bataillons zurückzuführen, das gerade gegen Slims Rat dieser indischen Brigade zur Verstärkung beigegeben worden war. Wie die späteren Ereignisse bewiesen, waren die italienischen Streitkräfte in diesem nördlichen Abschnitt viel zäher als anderswo.

Die einzigen hoffnungsvollen Ereignisse während der Wintermonate waren die Unternehmungen des Brigadiers D. A. Sandford, eines pensionierten Offiziers, der bei Kriegsausbruch wieder in den Dienst zurückgeholt und dann nach Äthiopien geschickt worden war, um dort unter den Stammesfürsten der Hochländer um Gondar einen Aufstand zu organisieren, wobei er von dem noch viel unorthodoxeren Captain

Orde Wingate mit einem sudanesischen Bataillon und seiner schwer faßbaren »Gideon Force« unterstützt worden war. Der im Exil lebende Kaiser Haile Selassie wurde am 20. Januar 1941 auf dem Luftwege nach Äthiopien zurückgebracht und betrat kaum drei Monate später, am 5. Mai, zusammen mit Wingate wieder seine Hauptstadt Addis Abeba – viel früher, als es sogar Churchill für möglich gehalten hatte.

Denn unter dem andauernden Druck Churchills und Smuts' in Südafrika hatten Wavell und Cunningham im Februar 1941 von Kenia aus die Invasion Italienisch-Somalilands eröffnet. Der Hafen von Kismayu wurde unerwartet leicht genommen, wodurch das Nachschubproblem vereinfacht wurde. Daraufhin überquerten Cunninghams Streitkräfte den Iuba-Fluß und stießen etwa 400 Kilometer auf die Hauptstadt Mogadiscio vor, die sie kaum eine Woche später, am 25. Februar, besetzten. Hier fiel ihnen eine enorme Menge an Motor- und Flugzeugtreibstoff in die Hände, weil sie durch ihren raschen Vormarsch den geplanten Sprengungen ebenso wie bei Kismayu zuvorgekommen waren. Gute Luftunterstützung war ein weiterer wichtiger Faktor bei dem schnellen Vorstoß.

Cunninghams Streitkräfte wandten sich dann landeinwärts nach Südäthiopien, und am 17. März besetzte die 11. afrikanische Division, nach einem Vormarsch von 650 Kilometern, Jijiga nahe der Provinzhauptstadt Harar. Das brachte sie dicht an die Grenze des ehemaligen Britisch-Somalilandes, wo am 16. eine kleine Streitmacht von Aden aus gelandet war. Gegen zähen Widerstand wurde Harar am 29. März besetzt, und Cunninghams Streitkräfte schwenkten dann nach Westen in Richtung auf die äthiopische Hauptstadt Addis Abeba ein, 480 Kilometer entfernt im westlichen Zentrum Äthiopiens. Kaum eine Woche später, am 6. April, wurde sie von Cunninghams Streitkräften besetzt – einen Monat später kehrte Kaiser Haile Selassie in seine Hauptstadt zurück. Die bemerkenswert bereitwillige Kapitulation der Italiener wurde beschleunigt durch Berichte über Greueltaten, die von äthiopischen Freischärlern an italienischen Frauen begangen worden waren.

Im Norden war der Widerstand jedoch viel stärker als am Anfang. Hier hatte General Frusci, der das Kommando führte, ungefähr 17 000 gut ausgerüstete Soldaten vorn im Gebiet von Eritrea stehen und noch mehr als drei Divisionen weiter rückwärts. General Platts Vorstoß, der in der dritten Januarwoche begann, wurde durch die 4. und 5. indische Division durchgeführt. Der Prinz von Aosta hatte den italienischen Streitkräften in Eritrea befohlen, zurückzuweichen, ehe sich der britische Vormarsch entfaltete, und daher kam der Vorstoß erst bei Keren, 100 Kilometer östlich von Kassala und 65 Kilometer jenseits der Grenze Eritreas, vorübergehend zum Stehen.

Auf härteren Widerstand trafen die beiden indischen Kolonnen bei den Gebirgsstellungen von Barentu und Agordat, die 70 bzw. 110 Kilometer östlich von Keren lagen. Glücklicherweise erreichte die 4. indische Division unter General Beresford-Peirse das entferntere Ziel zuerst, was den Vormarsch der 5. indischen Division auf Barentu erleichterte.

Wavell erkannte dann die Möglichkeit, sein Ziel auf die Eroberung Eritreas als Ganzes auszudehnen, und gab General Platt diesbezügliche neue Order. Doch Asmara, die Hauptstadt, war über 160 Kilometer jenseits von Agardat (der Hafen von Massaua sogar noch weiter entfernt), während fast in der Mitte die Gebirgsstellungen von Keren lagen, eine der stärksten Verteidigungsanlagen in Ostafrika und der einzige Zugang nach Asmara und dem italienischen Marinestützpunkt Massaua.

Die ersten Durchbruchsversuche begannen am 3. Februar morgens und endeten mit einem Mißerfolg, dem in den nächsten Tagen weitere folgten. General Carnimeo, der italienische Kommandeur dieses Gebietes, zeigte großartigen Kampfgeist und taktisches Geschick. Nach über einwöchigen Kämpfen gaben die Briten den Angriff auf, und eine lange Pause folgte. Erst Mitte März begann der Angriff von neuem, als die 5. indische Division herbeigeschafft war und in den Kampf geworfen werden konnte. Wieder wurde es ein langer Kampf. In einer Reihe italienischer Gegenangriffe wurden die Angreifer zurückgeschlagen, bis endlich am 27. März ein Bataillon schwer bewaffneter »Infanterie«-Panzer des 4. R.T.R. durch die Sperre brach und die italienische Front durchstieß – nach der gleichen Taktik, die das 7. R.T.R. bei den verschiedenen Kämpfen in Nordafrika von Sidi Barrani bis Tobruk mit Erfolg anwandte.

Damit war die Schlacht von Keren nach dreiundfünfzig Tagen beendet. Die Streitkräfte General Fruscis zogen sich südlich nach Äthiopien zurück, und am 1. April besetzten die Engländer Asmara. Dann stießen sie 80 Kilometer weiter ostwärts auf Massaua zu; am 8. April kapitulierte die Stadt nach kurzem Kampf. Damit war der Feldzug von Eritrea beendet.

Inzwischen hatten sich die restlichen italienischen Streitkräfte unter dem Prinz von Aosta südwärts nach Äthiopien zurückgezogen und planten, in einer Höhenstellung bei Amba Alagi, ungefähr 130 Kilometer südlich von Asmara, endgültig Stellung zu beziehen. Ihm waren nur 7000 Mann, 40 Geschütze und Vorräte, die kaum für drei Monate reichten, geblieben. Darüber hinaus belasteten Berichte über die äthiopische Behandlung der Kriegsgefangenen die Stimmung der Italiener. Daher war der Herzog, obgleich ein tapferer Soldat, mehr als bereit, einer Kapitulation zu »ehrenhaften Bedingungen« zuzustimmen, die am 19. Mai stattfand und die Gesamtzahl der italienischen Gefangenen auf 230000 ansteigen ließ. Noch immer gab es isolierte italienische Streitkräfte unter General Gazzera im Südwesten Äthiopiens und unter General Nasi im Nordwesten bei Gondar, doch diese wurden im Sommer und Herbst eingekesselt. Das war das Ende von Mussolinis kurzlebigem Afrika-Imperium.

Teil IV
Die Flut steigt

Kapitel 11:
Der Krieg auf dem Balkan

Es wird behauptet, die Entsendung der Expeditionstruppe General Wilsons nach Griechenland, die mit einer schnellen Evakuierung endete, sei trotzdem gerechtfertigt gewesen, weil durch sie ein Aufschub der Invasion Rußlands um sechs Wochen erreicht worden sei. Einige Militärs, die mit der Lage im Mittelmeer gut vertraut waren – vor allem General de Guingand, der spätere Generalstabschef Montgomerys, der dem gemeinsamen Planungsstab in Kairo angehörte –, haben diese Behauptung bestritten und das Abenteuer als ein politisches Hasardspiel verurteilt. Sie führen an, daß dadurch eine gute Gelegenheit verpaßt wurde, die Niederlage der Italiener in der Cyrenaika auszunützen und Tripolis zu nehmen, ehe deutsche Hilfe kam, nur um ungenügende Streitkräfte nach Griechenland zu werfen, die keine echte Chance hatten, das Land vor einem deutschen Einfall zu schützen.

Die Ereignisse bestätigten diese letztere Ansicht. Innerhalb von drei Wochen war Griechenland überrannt, und die Briten wurden aus den Balkanländern verjagt, während das deutsche Afrika-Korps, das in Tripolis hatte landen können, die reduzierte britische Streitmacht aus der Cyrenaika vertrieb. Diese Niederlagen bedeuteten für Großbritannien einen gefährlichen Rückschlag und einen Prestigeverlust, während sie den Griechen Elend brachten. Und selbst wenn der griechische Feldzug die Invasion Rußlands verzögerte, so rechtfertigt dies nicht die Entscheidung der britischen Regierung; denn damals hatte sie an ein solches Motiv nicht gedacht.

Doch es ist von historischem Interesse, ob der Feldzug tatsächlich diese Wirkung hatte. Der stärkste Beweis dafür liegt in der Tatsache, daß Hitler ursprünglich befohlen hatte, die Vorbereitungen für den Angriff auf Rußland bis zum 15. Mai abzuschließen, und daß Ende

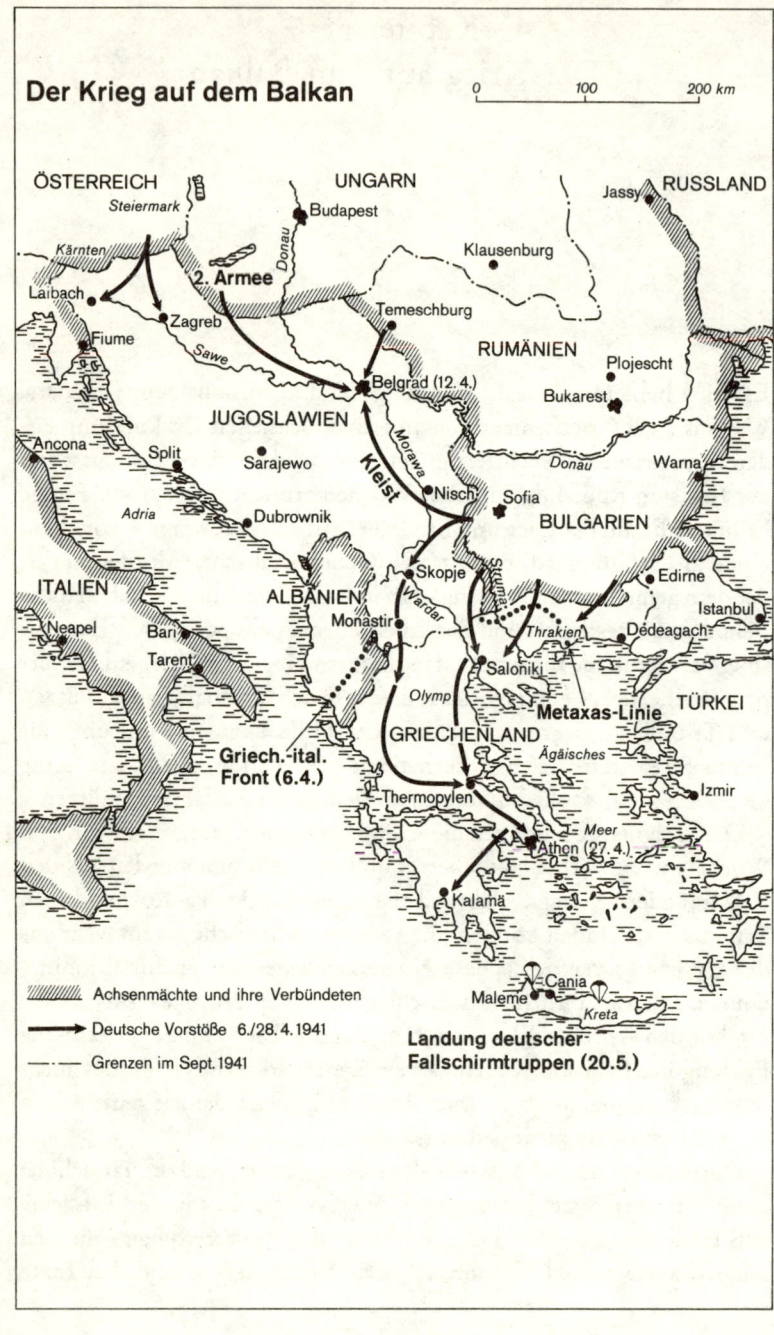

Der Krieg auf dem Balkan

0   100   200 km

ÖSTERREICH
Steiermark

UNGARN

Jassy   RUSSLAND

Kärnten

Budapest

Laibach

Donau

Klausenburg

2. Armee

Zagreb

Temeschburg

Fiume

Sawe

RUMÄNIEN

Plojescht

Belgrad (12. 4.)

Bukarest

JUGOSLAWIEN

Morawa

Ancona

Split

Sarajewo

Donau

Warna

Kleist

Nisch

Sofia

Adria

Dubrownik

BULGARIEN

ITALIEN

ALBANIEN

Skopje

Edirne

Istanbul

Monastir

Wardar

Dédeagach

Neapel

Bari

Thrakien

Tarent

Saloniki

TÜRKEI

Olymp

Metaxas-Linie

GRIECHENLAND

Ägäisches

**Griech.-ital.
Front (6.4.)**

Thermopylen

Izmir

Meer

Athen (27. 4.)

Kalamä

Cania

Maleme

Kreta

////////   Achsenmächte und ihre Verbündeten

**Landung deutscher
Fallschirmtruppen (20.5.)**

➡   Deutsche Vorstöße 6./28. 4. 1941

—·—   Grenzen im Sept. 1941

März dieses vorläufige Datum um ungefähr einen Monat hinausgeschoben und für den 22. Juni festgesetzt wurde. Generalfeldmarschall von Rundstedt sagte, die Vorbereitungen seiner Heeresgruppe seien durch die späte Ankunft der Panzerdivisionen, die im Balkan-Feldzug eingesetzt worden waren, behindert worden, und dies sei in Verbindung mit dem Wetter der ausschlaggebende Faktor für die Verzögerung gewesen.

Generalfeldmarschall von Kleist, der Befehlshaber der Panzertruppen unter Rundstedt, drückte sich noch deutlicher aus:

»Es stimmt, daß die auf dem Balkan eingesetzten Kräfte nicht groß waren, gemessen an unserer Gesamtstärke; aber der dort eingesetzte Anteil an Panzern war hoch. Die Masse der Panzer, die im Hinblick auf die Offensive gegen die russische Grenze in Südpolen unter mein Kommando kamen, hatten am Balkan-Feldzug teilgenommen und mußten überholt werden, während ihre Besatzungen eine Erholungspause brauchten. Viele waren bis in den Peloponnes gefahren und mußten den ganzen Weg zurückgebracht werden.«

Die Ansichten der Generalfeldmarschälle von Rundstedt und von Kleist waren selbstverständlich davon beeinflußt, in welchem Ausmaß die Offensive an ihrer Front von der Rückkehr dieser Panzerdivisionen abhängig war. Andere Generale maßen der Auswirkung des Balkan-Feldzuges weniger Bedeutung bei. Sie betonten, daß die Hauptrolle bei der Offensive gegen Rußland Generalfeldmarschall von Bocks Heeresgruppe Mitte im nördlichen Polen zufiel, und daß die Siegeschancen von ihrem Erfolg abhingen. Da Rundstedts Heeresgruppe nur eine Nebenrolle spielte, hätte eine Verringerung seiner Streitkräfte den Ausgang nicht entscheidend beeinflussen können, da die russischen Streitkräfte nicht leicht verlegt werden konnten. Sie hätte vielleicht sogar Hitlers Neigung, in der zweiten Phase der Invasion sein Hauptaugenmerk auf den Süden zu richten, entgegengewirkt – eine Neigung, die, wie wir sehen werden, die Aussichten vereitelte, Moskau noch vor Einbruch des Winters zu erreichen. Im Notfall hätte mit der Invasion begonnen werden können, ohne daß man auf die Verstärkung von Rundstedts Heeresgruppe durch die Ankunft der Divisionen vom Balkan wartete. Schließlich war auch zweifelhaft, ob der Boden für einen früheren Beginn trocken genug war. General Halders Meinung ging dahin, daß die Wetterverhältnisse vor dem Zeitpunkt, an dem die Invasion tatsächlich begann, ungeeignet gewesen wären.

Die rückblickenden Ansichten von Generalen bieten jedoch keinen sicheren Anhaltspunkt im Hinblick darauf, was beschlossen worden wäre, wenn es im Balkan keine Komplikationen gegeben hätte. Nachdem einmal das vorläufige Datum deswegen verschoben worden war, waren die Weichen für den Aufschub gestellt, bis die zusätzlichen Divisionen aus diesem Raum zurückgekommen waren.

Doch es war nicht der Griechenland-Feldzug, der die Verzögerung verursachte. Hitler hatte schon mit dieser Verwicklung gerechnet, als die Invasion Griechenlands in sein Programm für das Jahr 1941 aufgenommen wurde als Vorspiel zur Invasion Rußlands. Entscheidend für die Verschiebung des Angriffsdatums war der unerwartete Staatsstreich in Jugoslawien, der am 27. März stattfand, als General Simowitsch und seine Verbündeten die Regierung stürzten, die soeben Jugoslawien an die Seite der Achse Berlin–Rom geführt hatte. Hitler war über diese Nachricht so erzürnt, daß er noch am gleichen Tag beschloß, gegen Jugoslawien eine Großoffensive zu unternehmen. Dafür waren mehr zusätzliche Land- und Luftstreitkräfte erforderlich als für den Griechenland-Feldzug allein, so daß Hitler gezwungen war, die schwerwiegendere und schicksalhaftere Entscheidung zu treffen – den beabsichtigten Beginn des Angriffs auf Rußland zu verschieben.

Nicht die britische Landung, sondern die Angst vor ihr hatte Hitler den Plan eingegeben, in Griechenland einzumarschieren. Die Landung hielt nicht einmal die damalige jugoslawische Regierung davon ab, sich mit Hitler zu einigen. Andererseits könnte die britische Aktion Simowitsch dazu ermutigt haben, die Regierung zu stürzen und Hitler entgegenzutreten – allerdings mit weniger Erfolg.

Noch aufschlußreicher war die Schilderung der Operationen auf dem Balkan, die General von Greiffenberg gab, Chef des Generalstabes von Generalfeldmarschall Lists 12. Armee, die diesen Feldzug durchführte.

In der Erinnerung daran, daß sich die Alliierten im Jahr 1915 in Saloniki festgesetzt hatten und im September 1918 von hier aus einen entscheidenden Vorstoß ausführten, fürchtete Hitler 1941, die Briten würden wieder in Saloniki oder an der Südküste von Thrazien landen. Dann standen sie im Rücken der Heeresgruppe Süd, wenn diese nach Osten in den Süden Rußlands vorstieß. Hitler vermutete, daß die Engländer, wie schon einmal, versuchen würden, in den Balkan vorzustoßen – und er erinnerte sich daran, daß am Ende des Ersten Weltkrieges die alliierte Balkan-Armee wesentlich zu dessen Ausgang beigetragen hatte.

Daher beschloß er, vor Beginn der Operationen gegen Rußland vorbeugend die Küste Südthraziens zwischen Saloniki und Dedeagatsch (Alexandropolis) zu besetzen. Die 12. Armee (List) war für diese Operation vorgesehen; zu ihr gehörte Kleists Panzergruppe. Die Armee versammelte sich in Rumänien, überquerte die Donau nach Bulgarien und sollte von dort aus die Metaxas-Linie durchstoßen, wobei sie mit ihrem rechten Flügel auf Saloniki und dem linken Flügel nach Dedeagatsch vorrücken sollte. War einmal die Küste erreicht, sollten dort nur wenige deutsche Truppen bleiben, während die Bulgaren den Schutz der Küste übernahmen. Der Großteil der 12. Armee, vor allem Kleists Panzergruppe, sollte dann über Rumänien nach Norden verlegt werden, um im Südabschnitt der Ostfront in den Kampf einzugreifen. Der ursprüngliche Plan sah nicht die Besetzung ganz Griechenlands vor.

Als dieser Plan König Boris von Bulgarien vorgelegt wurde, erklärte er, daß er Jugoslawien nicht traue, das die rechte Flanke der 12. Armee bedrohen könne. Die deutschen Vertreter versicherten dem König jedoch, man erwarte in Anbetracht des 1939 geschlossenen Paktes zwischen Jugoslawien und Deutschland von daher keine Gefahr. Man hatte den Eindruck, daß König Boris nicht ganz überzeugt war.

Er sollte recht behalten. Als die 12. Armee von Bulgarien aus gemäß dem Plan mit den Operationen beginnen sollte und die Truppenbewegungen anliefen, kam es plötzlich zu dem Staatsstreich in Belgrad, der zur Abdankung des Prinzregenten Paul führte. Blumentritt schilderte die Situation:

»Es hatte den Anschein, als mißbilligten gewisse Belgrader Kreise die pro-deutsche Politik des Prinzregenten Paul und wollten mit den Westmächten paktieren. Ob die Westmächte oder die UdSSR den Staatsstreich vorher unterstützten, können wir als Soldaten nicht beurteilen. Aber auf jeden Fall hat Hitler ihn nicht inszeniert! Er war im Gegenteil eine höchst unangenehme Überraschung und hätte fast den ganzen Operationsplan der 12. Armee in Bulgarien über den Haufen geworfen.«

Zum Beispiel mußten Kleists Panzerdivisionen von Bulgarien aus sofort in nordwestlicher Richtung gegen Belgrad vorgehen. Eine weitere Improvisation war eine Operation der 2. Armee (Weichs) mit schnell zusammengezogenen Einheiten, die in Kärnten und der Steiermark standen und nun südwärts nach Jugoslawien hinein vorstießen. Diese Komplikationen in den Balkanländern zwangen zu einer Verschiebung des Rußland-Feldzuges von Mai auf Juni. Daher beeinflußte der Staatsstreich von Belgrad ganz erheblich den Beginn des Angriffs auf Rußland.

Doch auch das Wetter spielte 1941 eine wichtige Rolle, was ein Zufall war. Östlich der Bug–San-Linie in Polen können Bodenoperationen bis Mai nur in sehr beschränktem Umfang durchgeführt werden, weil die meisten Straßen schlammig sind und das Land im allgemeinen morastig ist. Wegen der vielen nicht regulierten Flüsse gibt es ausgedehnte Überschwemmungen. Je weiter man nach Osten geht, um so deutlicher fallen diese Nachteile ins Auge, hauptsächlich in den sumpfigen Waldgebieten des Pripjet und der Beresina. Selbst in normalen Zeiten sind Truppenbewegungen vor Mitte Mai sehr behindert. Doch 1941 war ein Ausnahmejahr: Der Winter hatte länger gedauert als sonst. Noch Anfang Juni war der Bug kilometerweit über seine Ufer getreten.

Ähnliche Verhältnisse herrschten weiter nördlich. Generalfeldmarschall von Manstein, der damals Kommandeur einer Vorausabteilung eines Panzerkorps in Ostpreußen war, sagte, daß dort Ende März/ Anfang Juni schwere Regenfälle niedergingen. Es ist offensichtlich, daß die Aussichten bei einem früheren Beginn der Invasion schlecht gewesen wären und es, ganz abgesehen von den Schwierigkeiten auf dem Balkan, sehr zu bezweifeln ist, ob ein früherer Zeitpunkt tunlich gewesen wäre. 1940 war das Wetter für die Invasion im Westen nur allzu günstig gewesen, doch das Wetter von 1941 hatte auf die Invasion im Osten genau den gegenteiligen Einfluß.

Als die Deutschen im April 1941 nach der Landung einer kleinen britischen Expeditionstruppe bei Saloniki in Griechenland einfielen, war die griechische Armee hauptsächlich darauf bedacht, die Bergpässe nach Bulgarien zu sichern, wo sich die deutschen Streitkräfte gesammelt hatten. Doch der erwartete Vorstoß das Strumatal herunter tarnte eine weniger direkte Truppenbewegung. Deutsche motorisierte Kolonnen bogen von der Struma seitwärts nach Westen ab das Strumitzatal parallel zur Grenze hinauf und stießen dann über die Bergpässe hinweg in das jugoslawische Ende des Tales von Vardar. Dabei trennten sie die Verbindung zwischen der griechischen und der jugoslawischen Armee und nutzten diesen Durchbruch zu einem schnellen

Vorstoß durch das Tal von Vardar bis nach Saloniki. Dabei schnitten sie einen großen Teil der griechischen Armee ab, die in Thrazien stand.

Die Deutschen weiteten diesen Erfolg aus, doch nicht durch einen direkten Vormarsch nach Süden von Saloniki aus am Olymp vorbei, wo die britische Armee in Stellung gegangen war, sondern weiter westlich durch einen Vorstoß durch die Schlucht von Bitola. Dieser Vorstoß auf die Westküste Griechenlands zu schnitt die griechischen Divisionen in Albanien ab, umging die Flanke der Briten und bewirkte den schnellen Zusammenbruch jeglichen Widerstandes in Griechenland durch die drohende Schwenkung auf die Rückzugslinie der restlichen alliierten Streitkräfte zu. Die Mehrzahl der britischen und alliierten Streitkräfte wurde auf dem Seeweg nach Kreta evakuiert.

Die Eroberung Kretas durch eine Invasion, die ausschließlich aus der Luft erfolgte, war eine der erstaunlichsten und kühnsten Taten des Krieges. Sie war auch das bemerkenswerteste Luftlandeunternehmen des Krieges. Sie ging auf Kosten Englands und sollte eine Warnung bleiben, das Risiko ähnlicher Überraschungsschläge »aus heiterem Himmel« in Zukunft nicht unberücksichtigt zu lassen.

Am 20. Mai 1941, um 8.00 Uhr morgens, fielen etwa 3000 deutsche Fallschirmjäger aus dem Himmel auf Kreta. Auf der Insel befanden sich 28600 britische, australische und neuseeländische Soldaten und zwei griechische Divisionen, die zahlenmäßig fast ebenso stark waren.

Man hatte erwartet, daß auf die deutsche Eroberung der Balkanländer ein Nachstoß gegen Kreta erfolgen würde, und über die Vorbereitungen hatten britische Agenten in Griechenland gute Informationen geliefert. Doch eine Luftlandeaktion war nicht so ernsthaft in Erwägung gezogen worden, wie es angebracht gewesen wäre. Churchill erwähnt, daß General Freyberg, der auf seinen Vorschlag hin zum Befehlshaber in Kreta ernannt worden war, am 5. Mai berichtete: »Kann Nervosität nicht verstehen; bin nicht im geringsten besorgt wegen Angriff aus der Luft.«

Er erwartete eher ein Landungsunternehmen von der See her, eine Gefahr, die schließlich durch die Royal Navy gebannt wurde.

Churchill dagegen war über eine Bedrohung »besonders aus der Luft« besorgt. Er verlangte, daß »mindestens ein weiteres Dutzend ›I‹-

(»Infanterie«)-Panzer dorthin geschickt würde, zur Verstärkung des bloßen halben Dutzends, das sich dort befand. Eine noch gravierendere Schwäche war das völlige Fehlen von Luftunterstützung, um die deutschen Sturzkampfbomber zu bekämpfen und die Luftlandetruppen abzufangen. Selbst die Lieferung von Flakgeschützen erfolgte nur spärlich.

Schon am ersten Abend war die Zahl der Deutschen auf der Insel mehr als verdoppelt worden und vergrößerte sich ständig durch das Absetzen von Fallschirmtruppen, durch Lastensegler und vom zweiten Abend an durch Transportflugzeuge. Sie landeten auf dem eroberten Flugplatz von Maleme, während dieser noch unter Artillerie- und Mörserbeschuß lag. Insgesamt wurden 22000 deutsche Soldaten auf dem Luftweg herbeigeschafft. Viele kamen bei Abstürzen ums Leben oder wurden verwundet; aber die Überlebenden waren zähe Kämpfer, während ihr zahlenmäßig überlegener Gegner nicht so gut ausgebildet war und einige noch immer unter dem Schock litten, aus Griechenland hinausgeworfen worden zu sein. Wichtiger war der Mangel an Ausrüstung, ganz besonders das Fehlen von Nahbereichsfunkgeräten. Nichtsdestoweniger kämpften viele dieser Einheiten hart, und ihr zäher Widerstand hatte wichtige Auswirkungen, die erst später bekannt wurden.

Trotzdem beherrschte Optimismus eine Zeitlang die britischen höheren Stellen. Auf Grund der eingegangenen Berichte gab Churchill dem Unterhaus am zweiten Tag bekannt, der größere Teil der Luftlandeeinheiten sei vernichtet worden. Das Nahost-Hauptquartier sprach noch zwei Tage lang davon, mit den Deutschen sei »aufgeräumt« worden.

Doch am siebenten Tag, dem 26., berichtete der britische Befehlshaber in Kreta: »Meiner Meinung nach haben die unter meinem Kommando stehenden Truppen die Grenze des Durchhaltevermögens erreicht . . . unsere Lage hier ist hoffnungslos.«

Da dieses Urteil von einem so tapferen Soldaten wie Freyberg kam, wurde es nicht angezweifelt. Die Evakuierung begann in der Nacht des 28. und endete in der Nacht des 31., wobei die deutsche Luftwaffe der Royal Navy bei ihrem Versuch, so viele Truppen wie möglich wegzubringen, schwere Verluste zufügte. Insgesamt wurden 16500 Mann gerettet, darunter ungefähr 2000 Griechen; der Rest war gefallen oder geriet in deutsche Gefangenschaft. Bei der Kriegsmarine gab es mehr als 2000 Tote. Drei Kreuzer und sechs Zerstörer wurden versenkt. Dreizehn weitere Schiffe, darunter zwei Schlachtschiffe und der damals einzige Flugzeugträger der Mittelmeerflotte, wurden schwer beschädigt.

Auf deutscher Seite gab es ungefähr 4000 Gefallene und etwa halb so viele Verwundete. Das war weniger als ein Drittel der britischen Verluste, ganz abgesehen von denen der Griechen und des örtlichen kretischen Aufgebots. Doch da dieser Verlust hauptsächlich die Elite von Deutschlands einziger Fallschirmjägerdivision betraf, hatte er eine unvorhergesehene Wirkung auf Hitler, die zum Vorteil Großbritanniens ausschlug.

Im Augenblick aber sah der Zusammenbruch auf Kreta katastrophal aus. Er traf das britische Volk um so härter, als er zwei anderen Katastrophen auf dem Fuß folgte: Im April hatte Rommel die britischen Streitkräfte in zehn Tagen aus der Cyrenaika vertrieben, und nach Beginn des deutschen Einmarsches in Griechenland waren sie auch von dort innerhalb von drei Wochen verjagt worden. Wavells Wintererfolg in der Cyrenaika gegen die Italiener erwies sich als ein trügerischer Lichtblick. Bei dieser neuen Serie von Niederlagen und dem Wiederaufleben des »Blitzes« über England im Frühling waren die Aussichten sogar noch düsterer als im Jahr 1940.

Doch Hitler baute seinen dritten Sieg im Mittelmeer keineswegs so aus, wie man es auf britischer Seite erwartet hatte – mit einem Stoß auf Zypern, Syrien, Suez oder Malta. Einen Monat später griff er Rußland an und ließ dafür die Möglichkeiten aus, die sich ihm offen darboten, die Briten aus dem Mittelmeer und dem Nahen Osten zu vertreiben. Wenn dies auch hauptsächlich darauf zurückzuführen war, daß ihn das russische Unternehmen völlig in Anspruch nahm, so war doch auch seine Reaktion nach dem Sieg in Kreta mit die Ursache. Ihr Preis bedrückte ihn mehr, als ihn die Eroberung aufheiterte. Der Kontrast zu seinen früheren leichten Erfolgen und weit größeren Eroberungen war zu stark.

In Jugoslawien und Griechenland waren immerhin seine neuen Panzerstreitkräfte ebenso unbezwingbar wie in den Ebenen Polens und Frankreichs, trotz der Gebirgszüge, die sie dort überwinden mußten. Sie waren wie ein Orkan durch beide Länder gefegt und hatten die ihnen sich entgegenstellenden Armeen umgeworfen wie Kegel.

Generalfeldmarschall Lists Armee nahm 90 000 Jugoslawen, 270 000 Griechen und 13 000 Engländer gefangen, bei einem eigenen Verlust von kaum 5 000 Toten und Verwundeten, wie spätere Aufzeichnungen zeigten. Damals schätzten britische Zeitungen die deutschen Verluste auf mehr als eine Viertelmillion, und sogar offizielle Verlautbarungen sprachen von »wahrscheinlich 75 000«.

Der Makel an Hitlers kretischem Sieg waren nicht nur die größeren Verluste, sondern die Tatsache, daß dadurch vorübergehend jene neuartige Kampftruppe geschwächt wurde, die Orte jenseits des Meeres erreichen und erobern konnte, ohne ein Eingreifen der britischen Marine riskieren zu müssen, die trotz ihrer schweren Verluste noch immer das Meer beherrschte. Tatsächlich hatte sich Hitler in Kreta übernommen.

Nach dem Krieg enthüllte General Student, Oberbefehlshaber der deutschen Luftlandetruppen, daß Hitler dem Angriffsplan gegen Kreta nur widerstrebend zugestimmt hatte:

»Er wollte den Balkan-Feldzug abbrechen, nachdem Südgriechenland erreicht war. Als ich das erfuhr, flog ich zu Göring und schlug vor, Kreta ausschließlich durch Luftlandetruppen einnehmen zu lassen. Göring – der immer leicht zu begeistern war – erkannte rasch die Möglichkeiten dieser Idee und schickte mich zu Hitler. Ich war am 21. April bei ihm. Als ich den Plan erläuterte, sagte Hitler: ›Das klingt einleuchtend, aber ich glaube nicht, daß es durchführbar ist.‹ Aber schließlich konnte ich ihn überzeugen.

Für die Operation setzten wir unsere einzige Fallschirmjägerdivision, unser einziges Lastensegler-Regiment und die 5. Gebirgsjägerdivision ein, die noch keine Erfahrung bei Luftlandeunternehmen hatte.«

Stukas und Jäger des 8. Fliegerkorps Richthofen, das bei der Eroberung Belgiens und Frankreichs 1940 ein entscheidendes Instrument gewesen war, übernahmen die Unterstützung aus der Luft. Student berichtet weiter:

»Es wurden keine Truppen über das Meer transportiert. Eine solche Verstärkung war ursprünglich vorgesehen, aber für den Seetransport standen nur eine Anzahl griechischer Küstenmotorsegler zur Verfügung. Ein Konvoi dieser kleinen Fahrzeuge sollte die schwereren Waffen für die Expedition befördern – Flugzeug- und Panzerabwehrgeschütze, die Artillerie und einige Panzer – zusammen mit zwei Bataillonen der 5. Gebirgsjäger-Division. ... Man sagte ihnen, die britische Flotte sei noch in Alexandria, während sie sich in Wirklichkeit schon auf dem Weg nach Kreta befand. Der Konvoi fuhr nach Kreta, wurde von der Flotte gefaßt und aufgerieben. Die Luftwaffe rächte diesen Schlag, indem sie der britischen Kriegsmarine eine Menge Haare ausriß. Aber unsere Bodenoperationen in Kreta waren wegen des Ausbleibens der schweren Waffen, mit denen wir gerechnet hatten, sehr behindert.

Am 20. Mai gelang es uns an keiner Stelle, einen Flugplatz völlig in unsere Hand zu bekommen. Am meisten erreichten wir auf dem Flugplatz Maleme, wo das wertvolle Fallschirmjäger-Sturmregiment gegen ausgewählte neuseeländische Truppen kämpfte. Die Nacht vom 20. zum 21. Mai war für das deutsche Kommando kritisch. Ich mußte eine sofortige Entscheidung treffen und beschloß, die Masse der Fallschirmjäger-Reserven, die mir noch zur Verfügung standen, für die endgültige Eroberung des Flugplatzes von Maleme einzusetzen. Wenn der Feind in dieser Nacht oder am Morgen des 21. Mai einen organisierten Gegenangriff unternommen hätte, wäre es ihm wahrscheinlich gelungen, die sehr mitgenommenen und erschöpften Reste des Sturmregiments zu vernichten – besonders da sie unter einem starken Munitionsmangel litten.

Aber die Neuseeländer unternahmen nur vereinzelte Gegenangriffe. Wie ich später erfuhr, erwartete das britische Kommando außer dem Luftlandeunternehmen die Ankunft der deutschen Hauptstreitmacht über dem Meer an der Küste zwischen Maleme und Chania und beließ daher seine Truppen an der Küste. In dieser entscheidenden Phase ging das britische Kommando nicht das Risiko ein, diese Truppen nach Maleme zu senden. Am 21. gelang es den deutschen Reserven, Flugplatz und Stadt Maleme einzunehmen. Am Abend konnte das 1. Gebirgsjäger-Bataillon abgesetzt werden, ebenso die ersten Luftlandetruppen – und dadurch hatte Deutschland die Schlacht um Kreta gewonnen.«

Aber der Preis dieses Sieges war höher, als die Befürworter des Planes erwartet hatten, teilweise deshalb, weil die britischen Streitkräfte auf der Insel dreimal so groß waren als angenommen, aber auch aus anderen Gründen:

»Ein großer Teil der Verluste war auf Fehllandungen zurückzuführen. Es gab nur wenige geeignete Stellen auf Kreta, und der Wind wehte vom Landesinneren zur See hin. Aus Furcht, die Fallschirmjäger würden über das Meer abgetrieben, setzten die Piloten sie zu weit landeinwärts ab – manche direkt über den britischen Stellungen. Die Waffenbehälter gingen weitab von den Truppen nieder, was ebenfalls zu unseren hohen Verlusten beitrug. Die wenigen dort stationierten britischen Panzer setzten uns zu Beginn schwer zu – es war ein Glück, daß es nicht mehr als zwei Dutzend waren. Die Infanterie, hauptsächlich Neuseeländer, kämpften zäh, obwohl sie überrascht worden waren.

Der Führer war über die schweren Verluste der Fallschirmjägereinheiten außer sich und kam zu dem Schluß, daß ihr Überraschungseffekt vorüber war. Danach sagte er oft zu mir: ›Die Zeit der Fallschirmjäger ist vorbei‹ . . .

Als ich Hitler dazu brachte, dem Kreta-Plan zuzustimmen, schlug ich auch vor, daß wir danach Zypern aus der Luft erobern sollten und dann von Zypern aus den Suezkanal. Hitler schien nicht abgeneigt, wollte sich aber nicht auf den Plan festlegen – er war mit der bevorstehenden Invasion Rußlands beschäftigt. Nach dem Schock über die schweren Verluste in Kreta lehnte er es ab, ein weiteres großes Luftlandeunternehmen zu versuchen. Ich kam wiederholt auf die Idee zurück, aber ohne Erfolg.«

So waren die britischen, australischen und neuseeländischen Verluste auf Kreta nicht ganz umsonst gewesen. Students Plan, den Suezkanal zu erobern, mag vielleicht illusorisch gewesen sein, es sei denn, auch Rommels Panzerkräfte in Afrika wären erheblich verstärkt worden. Aber die Eroberung Maltas wäre eine leichtere Aufgabe gewesen. Hitler war überzeugt, dies ein Jahr später zu verwirklichen, änderte jedoch seine Meinung und ließ den Plan fallen. Student sagte: »Er glaubte, daß alle italienischen Schiffe, wenn erst einmal die britische Flotte am Schauplatz erschien, in ihre Heimathäfen ausreißen und die deutschen Luftlandetruppen dort allein lassen würden.«

Kapitel 12:
Hitler wendet sich gegen Rußland

Der ganze Krieg bekam ein völlig anderes Aussehen, als Hitler am 22. Juni 1941 in Rußland einfiel, einen Tag vor dem Jahrestag von Napoleons Einmarsch im Jahr 1812. Dieser Schritt war für Hitler genauso tödlich wie für seinen Vorgänger, obwohl das Ende nicht so rasch kam.

Napoleon war gezwungen worden, sich noch vor Ende des Jahres aus Rußland zurückzuziehen, und die Russen betraten *seine* Hauptstadt im April des zweiten Jahres nach seiner Invasion. Hitler wurde erst nach drei Jahren aus Rußland getrieben, und die Russen betraten *seine* Hauptstadt erst im April des vierten Jahres. Er war zweimal so tief nach Rußland vorgestoßen wie Napoleon, obwohl er Napoleons illusorische Eroberung Moskaus nicht wiederholte. Sein tieferes Vordringen war auf die besseren Transportmöglichkeiten zurückzuführen. Aber er erreichte dadurch sein Ziel nicht. Der Raum bedeutete zuerst eine Enttäuschung und dann die Niederlage.

Die Geschichte wiederholte sich sogar in den Nebenwirkungen des für den Angreifer selbstmörderischen Schrittes. England bekam eine Atempause in einer Lage, die in den Augen der meisten außerhalb seiner Grenzen lebenden Menschen hoffnungslos erschien. Ihnen war klar, wie verzweifelt die Lage einer kleinen Insel am Rand eines feindlichen Kontinentes war, der sie enger umklammerte als zu Napoleons Zeit. Der Wert des Meeresgrabens hatte sich durch die Entwicklung der Luftstreitkräfte verringert. Die Industrialisierung der Insel hatte sie von Importen abhängig gemacht und somit die Bedrohung durch Unterseeboote vervielfacht. Durch die Weigerung, irgendein Friedensangebot in Erwägung zu ziehen, hatte die britische Regierung das Land auf einen Kurs festgelegt, der unter derartigen Bedingungen

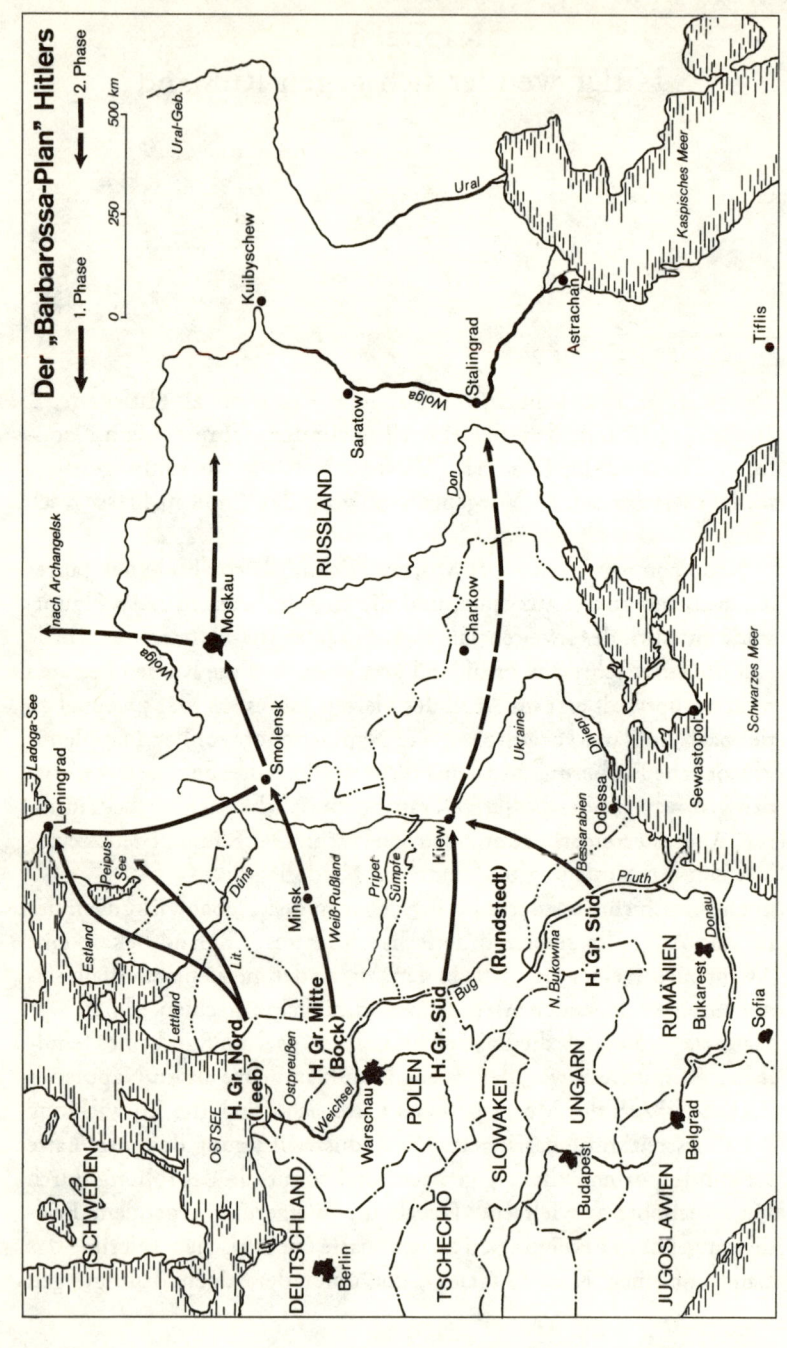

Der „Barbarossa-Plan" Hitlers

1. Phase 2. Phase

500 km
250
0

logischerweise über eine zunehmende Erschöpfung zum schließlichen Zusammenbruch führen mußte – selbst wenn Hitler von dem Versuch einer raschen Eroberung durch eine Invasion absah. Dieser kompromißlose Kurs war einem langsamen Selbstmord gleichzusetzen.

Die Vereinigten Staaten mochten »Luft einpumpen«, um Großbritannien über Wasser zu halten; doch das konnte den Prozeß höchstens verlängern, nicht aber das Ende abwenden. Darüber hinaus wurde diese Atempause durch Churchills Entscheidung wettgemacht, die er Mitte des Sommers traf, die Bombardierung Deutschlands mit Großbritanniens ganzer schwächlicher Kraft aufrechtzuhalten. Solche Bombenangriffe waren nichts als Nadelstiche; aber sie konnten verhindern, daß Hitler seine Aufmerksamkeit anderen Dingen zuwandte.

Doch das britische Volk trug den harten Tatsachen kaum Rechnung. Es war strategisch unwissend und instinktiv eigensinnig. Churchills feurige Reden trugen dazu bei, den Katzenjammer nach Dünkirchen zu mildern und waren genau das Stimulans, das die Inselbewohner wollten. Sie freuten sich über seinen herausfordernden Ton und fragten sich nicht, ob dies strategisch vertretbar war.

Noch tiefer als der Einfluß Churchills reichte derjenige Hitlers. Seine Eroberung Frankreichs und die dichte Annäherung an ihre eigenen Küsten brachte die Briten auf, wie es vordem kein Beweis seiner Gewaltherrschaft und Angriffslust getan hatte. Wieder einmal reagierten sie auf ihre traditionelle Weise – versessen darauf, ihre Zähne um jeden Preis in Hitlers Fell zu schlagen. Nie zuvor war ihre kollektive Charakterisierung als »Bulldogge« so klar unter Beweis gestellt und gerechtfertigt worden – mit all der erhabenen Dummheit dieses Tieres.

Wieder einmal wurde ein Eroberer des Westens von einem Volk aus dem Konzept gebracht, das »nicht einsah, daß es geschlagen war«. Hitler verstand die Briten besser als Napoleon, wie »Mein Kampf« bewies, und er hatte sich daher große Mühe gegeben, ihren Stolz nicht zu verletzen. Doch er hatte mit dem gesunden Menschenverstand des Volkes gerechnet und war verblüfft darüber, daß es weder die Hoffnungslosigkeit seiner Lage sah noch erkannte, daß die Bedingungen seines Friedensangebotes unter den gegebenen Umständen außergewöhnlich günstig waren. In der Verwirrung darüber zögerte er, was er als nächstes tun sollte, und wandte sich dann in die gleiche Richtung wie Napoleon. Er wollte zunächst Rußland erobern, bis eine endgültige Regelung mit Großbritannien erreicht werden konnte.

Das war kein plötzlicher Entschluß, sondern ging in mehreren Etappen vor sich. Auch waren die auslösenden Faktoren komplizierter als bei Napoleon und können nicht durch irgendeinen einzigen Grund oder die Vernunft erklärt werden.

Die schweren Verluste der Luftwaffe über Südengland waren zwar taktisch von Bedeutung, strategisch aber weniger entscheidend als die unentschiedene Seeschlacht vor Kap Finisterre im Jahr 1805. Denn Görings Niederlage hatte keine so unmittelbare Wirkung auf Hitler wie Villeneuves Rückzug auf Napoleon. Vorläufig wollte Hitler immer noch den Willen der Briten beugen und änderte nur die Form des Druckes – von der versuchten Zerstörung der Luftverteidigung bis zu Nachtangriffen auf die Industriestädte. Das dazwischenliegende Nachlassen des Druckes war, vom Wetter abgesehen, auf seinen Wankelmut zurückzuführen. Es scheint, daß er sehr ungern hart gegen Großbritannien vorging, solange er es möglicherweise dazu bringen konnte, seinen Frieden zu akzeptieren. Und so klammerte er sich an die Hoffnung, während er dieses Ziel ungeschickt weiter verfolgte.

Inzwischen gingen seine Gedanken mit wachsender Intensität in eine andere Richtung, unter dem Einfluß seiner wirtschaftlichen Bedürfnisse und Befürchtungen, die noch durch seine Vorurteile vervielfacht wurden. Obwohl sein Vertrag mit Stalin den Weg für einen Sieg im Westen geebnet hatte, waren seine dortigen Eroberungen im Grunde Zufallserfolge gewesen, während er eine Unterwerfung Sowjetrußlands schon immer ins Auge gefaßt hatte. Dieser Gedanke war für ihn mehr als eine Sache der Zweckmäßigkeit: Der Antibolschewismus war seine am tiefsten gehende gefühlsmäßige Überzeugung.

Dieser Drang nach Osten hing eng mit dem britischen Widerstand zusammen; aber er war schon wiederaufgelebt, ehe Großbritannien sein Friedensangebot abgelehnt hatte.

Anfang Juni 1940, als Hitler noch mit dem Frankreich-Feldzug beschäftigt war, hatte Stalin die Gelegenheit genützt und Litauen, Estland und Lettland besetzt. Hitler war damit einverstanden, daß die baltischen Staaten in der russischen Einflußsphäre liegen sollten, aber nicht mit ihrer tatsächlichen Besetzung. So hatte er das Gefühl, von seinem Partner übers Ohr gehauen worden zu sein, obwohl die meisten seiner Ratgeber den russischen Einmarsch ins Baltikum realistisch als natürliche Vorsichtsmaßnahme ansahen, die auf der Sorge darüber beruhte, was Hitler nach seinem Sieg im Westen wohl unternehmen mochte. Hitlers tiefes Mißtrauen gegen Rußland hatte sich darin gezeigt, daß er sich während des Westfeldzuges ständig darüber Sorgen machte, nur zehn Divisionen im Osten gelassen zu haben, denen hundert russische Divisionen gegenüberstanden.

Am 26. Juni, wieder ohne vorher seinen Partner in Kenntnis zu setzen, richtete Rußland dann ein Ultimatum an Rumänien, in dem es die sofortige Rückgabe Bessarabiens verlangte und zusätzlich noch die Übergabe der nördlichen Bukowina als »kleinen Ausgleich« dafür, daß Rußland 1918 seiner ehemaligen Provinz »beraubt« worden war. Der rumänischen Regierung blieb für die Antwort nur eine Frist von 24 Stunden, und als sie dem Druck nachgab, rückten die russischen Truppen sofort ein, zu Lande und in der Luft.

Das war für Hitler mehr als »eine Ohrfeige«, weil dadurch die Russen den rumänischen Ölfeldern bedrohlich nahe gerückt waren, die er brauchte, da er nun von den Quellen in Übersee abgeschnitten war. In den folgenden Wochen wurde er in zunehmendem Maße nervös und besorgt wegen der Auswirkungen auf die Luftoffensive gegen England. Entsprechend mißtrauisch wurde er gegenüber Stalins Absichten. Am 29. Juli sprach er mit Jodl über die Eventualität, gegen Rußland kämpfen zu müssen, wenn es versuchen sollte, sich der rumänischen Ölfelder zu bemächtigen. Wenige Wochen später begann er zwei Panzer- und zehn Infanteriedivisionen nach Polen zu verlegen. In einer am 6. September an den Geheimdienst gerichteten Direktive hieß es, die Ostgebiete würden in den kommenden Wochen stärker besetzt werden. Diese Truppenbewegungen dürften in Rußland aber nicht den Eindruck erwecken, daß Deutschland sich auf einen Angriff im Osten vorbereite. Die Stärke der deutschen Truppen solle durch häufige Umgruppierungen getarnt werden. Andererseits werde Rußland merken, daß starke und gut ausgebildete deutsche Truppen im Generalgouvernement, in den Ostprovinzen und im Protektorat stehen. Es solle daraus den Schluß ziehen, daß Deutschland bereit sei, vor allem auf dem Balkan seine Interessen gegen eine russische Eroberung mit starken Truppen zu schützen.

Diese Direktive hatte einen vorwiegend defensiven Ton. Sie schien eher den Willen zu zeigen, der russischen Aggression einen Riegel vorzuschieben, als eine deutsche Aggression anzukündigen. Doch wegen der Entfernung zwischen der deutschen Grenze und den Ölfeldern konnte Hitler nicht darauf zählen, sie unmittelbar schützen zu können, und das veranlaßte ihn, eine Ablenkungsoperation an der polnischen Grenze zu planen. Aus den Gedanken über ein solches Ablenkungsmanöver entwickelte sich bald der Plan einer Großoffensive mit dem Ziel, die Gefahr insgesamt zu bannen und damit der örtlichen Gefährdung zuvorzukommen.

Mitte September kamen Berichte, daß der russische Propagandadienst in der Roten Armee eine antideutsche Tendenz zeigte. Das war die erste mißtrauische Reaktion der Russen auf die Verstärkung der deutschen Streitkräfte im Osten und zeigte ihre Bereitschaft, ihre Truppen auf einen russisch-deutschen Konflikt vorzubereiten. Doch Hitler sah darin einen Beweis für ihre aggressiven Absichten. Er begann zu glauben, er könne es sich nicht mehr leisten, auf den Sieg im Westen zu warten, ehe er sich mit Rußland befaßte. Seine Befürchtungen, Vorurteile und ehrgeizigen Absichten steigerten sich gegenseitig. In dieser Geistesverfassung war auch sein Mißtrauen leicht zu wecken. Verblüfft darüber, daß die Engländer ihre hoffnungslose Lage nicht wahrzunehmen schienen, suchte er nach einer Erklärung dafür in Rußland. Im Laufe der nächsten Monate sagte er zu Jodl und anderen, Großbritannien warte offenbar auf eine russische Intervention, da es sonst nachgegeben hätte. Es müsse schon irgendein geheimes Abkommen geben. Die Entsendung von Sir Stafford Cripps nach Moskau und seine Gespräche mit Stalin waren dafür eine Bestätigung. Deutschland müsse bald losschlagen, ehe es selbst erdrosselt würde. Hitler sah nicht, daß auch die Russen umgekehrt seine Angriffslust fürchteten.

Der Plan für eine Offensive gegen Rußland war schon entworfen, als General Paulus (der später als Befehlshaber der Stalingrad-Armee berühmt werden sollte) Anfang September stellvertretender Chef des Generalstabes wurde. Er wurde angewiesen, »die Möglichkeiten des Planes« zu prüfen. Die näher bezeichneten Ziele waren zunächst die Zerschlagung der russischen Armeen in Westrußland, des weiteren ein Vorstoß tief genug nach Rußland hinein, um Deutschland gegen Luftangriffe aus dem Osten abzusichern. Der Vorstoß sollte bis zur Linie Archangelsk–Wolga gehen.

Anfang November stand der Operationsentwurf bis ins einzelne fest und wurde dann in zwei verschiedenen Planspielen erprobt. Hitler

war jetzt wegen einer russischen Offensive weniger besorgt und um
so mehr geneigt, selbst einen Angriff gegen Rußland zu unternehmen.
Riesige strategische Pläne vorzubereiten und zu durchdenken, be-
rauschte ihn immer. Die Zweifel, die seine Generale äußerten, wenn
er seine Gedankengänge enthüllte, machten ihn nur noch entschlossener. Hatte er nicht in jeder Frage recht gehabt, wo sie seine Fähigkeit
zum Erfolg angezweifelt hatten? Er mußte ihnen wieder beweisen, daß
sie unrecht hatten. Und was noch gravierender war – ihre Zweifel ließen trotz ihrer Fügsamkeit erkennen, daß sie im Innersten ihm als
Amateur noch immer mißtrauten. Außerdem drängten seine Admirale
und Generale auf einen Schlag gegen England – und er konnte nicht
untätig bleiben. Er hatte schon Pläne fertig für einen Marsch durch
Spanien gegen Gibraltar, um so das westliche Mittelmeer abzuriegeln;
doch war das eine zu kleine Operation für seinen gigantischen Ehrgeiz.

Eine neue Entwicklung, die Ende Oktober eintrat, beeinflußte seine
Entscheidung und noch mehr ihre Folgen, nämlich Mussolinis Angriff
auf Griechenland, den dieser ohne Hitlers Wissen begann. Das warf
Hitlers Programm um, und die Mißachtung seiner Führungsrolle
durch den Juniorpartner ärgerte ihn ebensosehr wie die Möglichkeit,
daß sich die Italiener in seiner Interessensphäre festsetzen könnten.

Obgleich diese letzte Gefahr durch die italienischen Schlappen geringer wurde, veranlaßt Mussolinis eigenmächtige Initiative Hitler
dazu, seine Aktivitäten auf dem Balkan zu beschleunigen. Dadurch
war ein neuer Grund gegeben, die Vollendung seines Planes im Westen
hinauszuschieben. Da er seine Bundesgenossen im Rennen um die
Beherrschung des Balkans aus dem Feld schlagen mußte, war nun als
nächstes die russische Angelegenheit zu regeln. Das war zwar bis jetzt
noch keine klare Entscheidung, doch stand diese Idee in seinem Denken ganz obenan.

Am 10. November kam Molotow nach Berlin, um einen großen
Fragenkomplex zu diskutieren, der auch den deutschen Vorschlag einschloß, Rußland solle endgültig der Achse beitreten. Nach Abschluß
der Gespräche wurde ein gemeinsames Kommuniqué herausgegeben,
in dem es hieß: »Der Gedankenaustausch fand in einer Atmosphäre
gegenseitigen Vertrauens statt und führte zu einer Verständigung über
alle wichtigen Fragen, die Deutschland und die Sowjetunion gemein-

sam interessieren.« Auch in vertraulichen Äußerungen zeigten sich die
deutschen Teilnehmer mit den Ergebnissen recht zufrieden, die am 16.
folgendermaßen zusammengefaßt wurden:

»Im Augenblick wird kein Vertrag abgeschlossen. Rußland
scheint willens, dem Drei-Mächte-Pakt beizutreten, wenn einige
weitere Fragen geklärt sind. . . . Molotow ist über beabsichtigte
deutsche Aktion im Balkan zur Unterstützung Italiens unterrichtet
und erhebt keine Einwände. Er schlägt die Schaffung geeigneter Bedingungen vor für einen russischen Einfluß in Bulgarien, entsprechend dem deutschen Einfluß in Rumänien, aber die Deutschen gehen auf diesen Vorschlag nicht ein. Deutschland erklärt jedoch sein
Desinteresse an der türkischen Beherrschung der Dardanellen und
sein Verständnis für den russischen Wunsch, dort Stützpunkte zu
errichten . . .«

Doch das »gegenseitige Vertrauen« fehlte völlig, und diese diplomatische Floskel hatte niemals hohler geklungen. Am 12. hatte in Hitlers
Weisung Nr. 18 gestanden:

»Politische Besprechungen mit dem Ziel, die Haltung Rußlands
für die nächste Zeit zu klären, sind eingeleitet. Gleichgültig, welches
Ergebnis diese Besprechungen haben werden, sind alle schon münd-
lich befohlenen Vorbereitungen für den Osten fortzuführen.«

Während die Diplomaten verhandelten, machten die militärischen
Pläne Fortschritte. Hitler hielt das Ergebnis dieser Gespräche nicht für
so zufriedenstellend wie andere. Er betrachtete Rußlands weitere Fragen bezüglich des Drei-Mächte-Paktes als pure Ablenkung und wurde
von seinem wachsenden Wunsch beherrscht, zum Angriff überzugehen. Raeder, der ihn am 14. aufsuchte, stellte fest, daß »der Führer
noch immer willens ist, gegen Rußland Krieg zu führen«. Nach
Molotows Besuch sprach Hitler mit einigen seiner Mitarbeiter und
machte ihnen klar, daß er Rußland angreifen würde. Ihre Versuche, ihn
von diesem Wagnis abzubringen, waren umsonst. Als sie anführten,
daß dies den Zweifrontenkrieg bedeutete, der sich für Deutschland im
Ersten Weltkrieg als verhängnisvoll erwiesen hatte, entgegnete er
scharf, man könne sich unmöglich darauf verlassen, daß Rußland stillhalten würde, bis Englands Widerstand gebrochen sei. Um Großbritannien zu besiegen, war eine Vergrößerung der Luftwaffe und Marine
erforderlich, was auf Kosten der Armee gehen mußte, und dies wiederum war unmöglich, solange Rußland eine Bedrohung blieb. Die

Lage hatte sich durch »Rußlands Unzuverlässigkeit, die sich in den Balkanstaaten gezeigt hat«, geändert. Daher würde die »Operation Seelöwe« aufgeschoben werden müssen.

Am 5. Dezember erhielt Hitler Halders Entwurf für den Operationsplan im Osten und erließ am 18. Dezember die »Weisung Nr. 21: Fall Barbarossa«. Sie begann mit der entschlossenen Feststellung: »Die deutsche Wehrmacht muß darauf vorbereitet sein, auch vor Beendigung des Krieges gegen England Sowjetrußland in einem schnellen Feldzug niederzuwerfen.« Weiter hieß es:

»Das Heer wird hierzu alle verfügbaren Verbände einzusetzen haben mit der Einschränkung, daß die besetzten Gebiete gegen Überraschungen gesichert sein müssen. Der Schwerpunkt des Einsatzes der Kriegsmarine bleibt auch während eines Ostfeldzuges eindeutig gegen England gerichtet . . .

Den Aufmarsch gegen Sowjetrußland werde ich gegebenenfalls acht Wochen vor dem beabsichtigten Operationsbeginn befehlen.

Vorbereitungen, die eine längere Anlaufzeit benötigen, sind – soweit noch nicht geschehen – schon jetzt in Angriff zu nehmen und bis zum 15. 5. 1941 abzuschließen.

Entscheidender Wert ist jedoch darauf zu legen, daß die Absicht eines Angriffes nicht erkennbar wird.

Die im westlichen Rußland stehende Masse des russischen Heeres soll in kühnen Operationen unter weitem Vortreiben von Panzerkeilen vernichtet, der Abzug kampfkräftiger Teile in die Weite des russischen Raumes verhindert werden.«

In der Weisung hieß es weiter, daß die Luftwaffe anschließend erforderlichenfalls das letzte Rußland verbleibende Industriegebiet am Ural ausschalten müsse. Die russische Ostseeflotte würde rasch ihre baltischen Stützpunkte verlieren und damit nicht mehr kampffähig sein. Rumänien werde wahrscheinlich am südlichen Flügel russische Streitkräfte binden und im Hinterland Hilfsdienste leisten. Hitler hatte im November bei dem neuen rumänischen Diktator, General Antonescu, wegen seiner Teilnahme an einem Angriff auf Rußland sondiert.

Die Floskel »werde ich gegebenenenfalls« klang unbestimmt; doch scheint wenig Zweifel darüber zu bestehen, daß Hitlers Absicht feststand, auch wenn es in einem späteren Absatz der Weisung hieß:

»Alle von den Herren Oberbefehlshabern auf Grund dieser Weisung zu treffenden Anordnungen müssen eindeutig dahin abgestimmt sein, daß es sich um Vorsichtsmaßnahmen handelt für den Fall, daß Rußland seine bisherige Haltung gegen uns ändern sollte.« Der Plan mußte durch ein geschicktes Täuschungsmanöver verschleiert werden, und es war ganz selbstverständlich, daß Hitler in dieser Hinsicht die Führung übernahm.

Ferner mußte auch sein eigenes Volk genauso wie der Feind getäuscht werden. So viele von denen, bei denen er das Projekt zur Sprache brachte, zeigten sich über die Gefahren eines Einfalls in Rußland besorgt, besonders deshalb, weil es den Zweifrontenkrieg bedeutete, so daß er es für ratsam hielt, so zu tun, als behielte er sich eine endgültige Entscheidung noch vor. Dadurch würden sie sich mit der Zeit an die neue Windrichtung gewöhnen, während er Zeit hatte, ihnen überzeugendere Beweise für Rußlands feindselige Absichten zu liefern. Vor allem seine Generale brachten so viele Einwände vor, daß er sich über die Folgen ihrer Abneigung Sorgen machte. Obwohl er auf Grund des Eides, den sie ihm geschworen hatten, Gehorsam verlangen konnte, würde das nicht genügen, um in ihnen jene Entschlossenheit zu wecken, die für Erfolg notwendig war. Da er sie als Fachleute brauchte, mußte er sie überzeugen.

Am 10. Januar wurde ein neuer Vertrag mit Rußland unterschrieben, der die Ergebnisse der Novembergespräche mit Molotow bezüglich der Grenz- und Wirtschaftsfragen behandelte. Somit sah die Oberfläche ruhiger aus. Doch Hitlers Privatansicht kam in seiner Bemerkung zum Ausdruck, daß Stalin ein »eiskalter Erpresser« sei. Zum gleichen Zeitpunkt kamen beunruhigende Berichte aus Rumänien und Bulgarien über dortige russische Aktivitäten.

Am 19. besuchte Mussolini Hitler. Dieser sprach bei diesem Zusammentreffen über die Schwierigkeiten, die er mit Rußland hatte. Über seine Angriffspläne machte er keine Enthüllungen, erwähnte aber bedeutungsvoll, daß Rußland wegen der Massierung deutscher Truppen in Rumänien scharf protestiert hatte. Einen interessanten Aufschluß über seine eigenen Gedanken lieferte seine Bemerkung: »Früher wäre Rußland überhaupt keine Gefahr gewesen, denn zu Lande sind sie uns ganz ungefährlich. Jetzt, im Zeitalter der Luftwaffe, aber kann von Rußland und vom Mittelmeer aus das rumänische Ölgebiet in ein rauchendes Trümmerfeld verwandelt werden, und dieses Ölgebiet ist für die Achse lebenswichtig.« Dies war auch das Argument, das er seinen Generalen entgegenhielt, die anführten, daß man der Gefahr eines eventuellen russischen Angriffs hinreichend entgegentreten könne, indem man die Verteidigungsstärke der deutschen Streitkräfte hinter der Front vergrößerte, statt eine Offensive nach Rußland hinein zu unternehmen.

Am 3. Februar billigte Hitler den endgültigen Text des »Barbarossa-Planes« nach einer Besprechung mit den Spitzen der Wehrmacht in Berchtesgaden, bei der die einzelnen Punkte des Planes durchgesprochen wurden. Keitel gab eine Schätzung über die Feindlage im westlichen Rußland ab, die er mit etwa 100 Infanteriedivisionen, 25 Kavalleriedivisionen und etwa 30 mechanisierten Divisionen angab. Das entsprach fast genau den Tatsachen; denn als die Invasion anlief, standen den Russen im Westen 88 Infanteriedivisionen, sieben Kavalleriedivisionen und 54 Panzer- und motorisierte Divisionen zur Verfügung. Keitel sagte damals, daß die deutschen Streitkräfte an Stärke etwa gleich, an Qualität jedoch weit überlegen seien. Tatsächlich bestanden die Invasionstruppen aus 116 Infanteriedivisionen (von denen vierzehn motorisiert waren), einer Kavalleriedivision und 19 Panzerdivisionen – außer neun Nachschubdivisionen. Die Aufzählung der feindlichen Streitkräfte war nicht dazu angetan, die Unruhe der Generale zu beschwichtigen; denn sie zeigte, daß man ohne deutliche Überlegenheit in eine große Offensive hineinging und an Panzerkräften – dem entscheidenden Faktor – unterlegen war. Die Planer spekulierten offensichtlich stark auf die Überlegenheit der Qualität.

Keitel fuhr fort: »Die Absichten der russischen Führung sind nicht erkennbar. An der Grenze stehen starke Kräfte, ein Zurückweichen ist nur beschränkt möglich, da Baltikum und Ukraine aus Versorgungsgründen für die Russen lebensnotwendig sind.« Das schien zu diesem Zeitpunkt vernünftig, erwies sich aber als eine übertrieben optimistische Vermutung.

Die Invasionsstreitkräfte sollten in drei Heeresgruppen geteilt werden, und ihre taktischen Aufgaben wurden folgendermaßen umrissen: Die Heeresgruppe Nord (unter Leeb) sollte den Angriff von Ostpreußen aus durch die baltischen Staaten in Richtung Leningrad tragen. Die Heeresgruppe Mitte (unter Bock) sollte vom Gebiet um Warschau entlang der Autostraße nach Moskau auf Minsk und Smolensk vorstoßen. Die Heeresgruppe Süd (unter Rundstedt) sollte südlich der Pripjet-Sümpfe angreifen auf einer bis nach Rumänien reichenden Frontbreite, wobei Dnjepr und Kiew ihre Ziele bildeten. Der Schwerpunkt sollte bei der Heeresgruppe Mitte liegen. Man rechnete damit, daß im Nordabschnitt knappes Kräftegleichgewicht herrschen würde und man im südlichen Abschnitt unterlegen wäre.

In seiner Lagebeurteilung bemerkte Keitel, die Haltung Ungarns sei noch immer zweifelhaft, und er betonte, daß man mit jenen Ländern, die eventuell mit Deutschland zusammengehen würden, aus Gründen der Geheimhaltung erst in letzter Stunde Vereinbarungen treffen könne. Rumänien mußte dabei eine Ausnahme bilden, weil seine Mitarbeit »lebensnotwendig« war. (Hitler hatte erst kurz zuvor noch einmal mit Antonescu gesprochen und ihn gebeten, deutsche Truppen durch Rumänien marschieren zu lassen, um die Italiener in Griechenland zu unterstützen; doch Antonescu hatte gezögert und angeführt, daß ein solcher Schritt eine russische Invasion Rumäniens heraufbeschwören könnte. Bei einer dritten Zusammenkunft versprach Hitler ihm nicht nur die Rückgabe Bessarabiens und der nördlichen Bukowina, sondern auch einen Streifen im südlichen Rußland »bis zum Dnjepr« als Belohnung für die rumänische Hilfe bei diesem Angriff.)

Keitel fügte hinzu, die Operation gegen Gibraltar sei jetzt nicht mehr möglich, da die Masse der deutschen Heeresartillerie nach Osten verladen worden war. Während die »Operation Seelöwe« ebenfalls vertagt war, »sollte alles getan werden, um unter unseren Truppen den Eindruck aufrechtzuerhalten, die Invasion Englands werde weiter vorbereitet«. Zu diesem Zweck sollten bestimmte Gebiete an der Kanalküste und in Norwegen plötzlich abgesperrt werden, während – ein doppelter Bluff – die Truppenkonzentration im Osten als Ablenkungsmanöver vor einer Landung in England dargestellt werden sollte.

Der militärische Operationsplan wurde mit dem »Plan Oldenburg«, einem Wirtschaftsplan großen Maßstabs für die Erschließung der eroberten sowjetischen Gebiete, verbunden. Ein Wirtschaftsstab wurde geschaffen, der vom Generalstab völlig getrennt war. Ein Bericht vom 2. Mai begann mit der Feststellung, der Krieg könne nur fortgesetzt werden, wenn im dritten Kriegsjahr alle Streitkräfte durch Rußland ernährt würden. Es bestehe kein Zweifel daran, daß viele Millionen Menschen in Rußland Hungers sterben würden, »wenn wir aus dem Land das herausholen, was für uns notwendig ist«. Es ist nicht klar, ob diese Sätze eine kaltblütige wissenschaftliche Analyse darstellten

oder als Warnung vor übertriebenen Zielen und Wünschen gedacht
waren. Weiter stand in dem Bericht: »Die Beschlagnahme und der
Abtransport von Ölsamen und Ölkuchen ist von größter Wichtigkeit;
Weizen kommt erst in zweiter Linie.« Ein früherer Bericht von General Thomas, Chef des Wehrwirtschafts- und Rüstungsamtes im OKW,
hatte darauf hingewiesen, daß die Eroberung des europäischen Rußland die Ernährungslage Deutschlands erleichtern könnte, sofern die
Transportfrage gelöst würde; doch sei damit anderen wichtigen Wirtschaftsproblemen nicht abgeholfen: »Ungelöst bleibt bis zur Gewinnung einer Verbindung mit dem Fernen Osten die Versorgung
Deutschlands mit Kautschuk, Wolfram, Kupfer, Platin, Zinn, Asbest
und Manilahanf.« Solche Warnungen konnten Hitler nicht zurückhalten. Doch eine andere Folgerung, daß es wichtig sei, »das Erdölgebiet
des Kaukasus unzerstört in unsere Hand zu bekommen«, trieb ihn
dazu, seinen Vorstoß bis zu dem Punkt auszudehnen, an dem er scheitern sollte.

Der »Barbarossa«-Plan litt freilich noch stärker unter einem störenden Vorspiel, das später weitreichende Folgen haben sollte: die psychologische Wirkung der doppelten diplomatischen Abfuhr auf Hitler,
die er von Griechenland und Jugoslawien auf Grund britischer Unterstützung erfuhr.

Ehe er Rußland angriff, wollte Hitler seine rechte Flanke frei haben,
frei von britischer Einmischung. Er hatte gehofft, sich die Herrschaft
über den Balkan ohne schwere Kämpfe mit Hilfe bewaffneter Diplomatie zu sichern. Er meinte, nach seinen Siegen im Westen müsse ihm
hier ein leichter Erfolg beschieden sein. Rußland hatte durch seinen
Vorstoß nach Bessarabien Hitler den Weg nach Rumänien geebnet:
Rumänien war ihm daraufhin in die Arme gefallen. Auch der nächste
Schritt erwies sich leicht: Am 1. März hatte die bulgarische Regierung den Köder geschluckt und einen Vertrag abgeschlossen, der es
deutschen Truppen gestattete, durch bulgarisches Gebiet zu marschieren und Stellungen an der griechischen Grenze zu beziehen. Die
Sowjetregierung gab ihre Mißbilligung dieser Neutralitätsverletzung
über den Rundfunk bekannt; doch da sie sich anderer drastischer Maßnahmen enthielt, war Hitler sicher, daß Rußland für den Krieg noch
nicht bereit war.

Die griechische Regierung war für Hitlers diplomatische Annäherungen weniger aufgeschlossen, nachdem Griechenland von seinem

Achsenpartner angegriffen worden war. Sie ließ sich von ihm auch nicht einschüchtern. Der Widerstandsgeist des griechischen Volkes war dadurch, daß es Mussolinis Invasion aufhalten konnte, nur noch größer geworden. Im Februar hatte Großbritannien Militärhilfe zugesagt; die Landung britischer Truppen begann wenige Tage nach Deutschlands Einmarsch in Bulgarien.

Diese Herausforderung provozierte Hitler zu seinem Angriff auf Griechenland, der einen Monat später begann. Das war eine unnütze Abweichung von seiner großen Linie. Denn die kleine britische Streitmacht konnte höchstens Nadelstiche gegen seine rechte Flanke verursachen, und die Griechen waren vollauf mit den Italienern beschäftigt.

Die störenden Auswirkungen auf seinen russischen Plan wurden durch die Ereignisse in Jugoslawien verstärkt. Hier hatte Hitlers Annäherungsversuch zu Beginn die gewünschten Ergebnisse. Unter dem deutschen Druck war die jugoslawische Regierung bereit, sich der Achse anzuschließen auf der Kompromißbasis, von militärischen Verpflichtungen freigestellt zu sein, doch unter der geheimen Bedingung, daß die Eisenbahnlinie Belgrad–Nisch in Richtung griechische Grenze den deutschen Truppen zur Verfügung stehen sollte. Der jugoslawische Vertreter unterschrieb das Abkommen am 25. März. Zwei Tage später unternahmen General Simowitsch, Chef der jugoslawischen Luftwaffe, und eine Gruppe junger Offiziere in Belgrad einen Militärputsch. Sie besetzten die Funkstation und das Fernsprechamt, stürzten die Regierung, errichteten eine neue unter Simowitschs Führung und widersetzten sich den deutschen Forderungen. Britische Agenten hatten dieses Komplott gefördert, und als die Erfolgsnachricht London erreichte, gab Churchill sie in einer Ansprache bekannt: »Ich habe großartige Neuigkeiten für Sie und das ganze Land. Heute am frühen Morgen fand Jugoslawien seine Seele.« Er erklärte weiter, die neue Regierung werde von Großbritannien »jede nur mögliche Hilfe und Unterstützung« erhalten.

Dieser Staatsstreich brachte auf dem Balkan eine völlig neue Lage. Hitler konnte einen solchen Affront nicht hinnehmen, und Churchills Frohlocken brachte ihn in Wut. Er beschloß sofort, in Jugoslawien wie auch in Griechenland einzumarschieren. Die erforderlichen Maßnahmen wurden so schnell getroffen, daß er schon zehn Tage später, am 6. April, zu seinem Schlag ansetzen konnte.

Die unmittelbaren Ergebnisse dieser Herausforderung auf dem Balkan waren höchst unerfreulich. Innerhalb einer Woche wurde Jugoslawien überrannt und die Hauptstadt durch den einleitenden Luftangriff schwer mitgenommen. Griechenland wurde in reichlich drei Wochen überrannt, und die britische Expeditionstruppe eilte nach einem langen Rückzug, bei dem es wenig Gegenwehr gab, zu ihren Schiffen. Sie war in jeder Phase unterlegen. Dieses Ergebnis warf auf Churchills Urteilsvermögen ein schlechtes Licht wie auch auf das derjenigen, die mit ihm an eine erfolgreiche militärische Intervention geglaubt hatten, und dies nicht nur im Hinblick auf Großbritanniens Prestigeverlust, sondern auch wegen des unermeßlichen Elends, das dadurch über das jugoslawische und griechische Volk hereinbrach. Das Gefühl, im Stich gelassen worden zu sein, hatte eine anhaltende Wirkung. Darüber hinaus war es eine Ironie der Geschichte, daß als Endergebnis von Churchills Initiative Jugoslawien in Form eines Staates wiedererstand, der allem, was Churchill vertrat, feindlich gesinnt war.

Die indirekten Ergebnisse dieser Episode aber waren bedeutsam und warfen ein schlechtes Licht auf Hitlers Urteilsvermögen. Obwohl Hitler mit einer so kleinen Streitmacht operierte, konnte er es sich nicht leisten, einen Feldzug in Jugoslawien und Griechenland gleichzeitig mit einer Invasion Rußlands durchzuführen, selbst wenn er darauf zählte, daß sich Quantität und Qualität multiplizieren würden. Ein besonderer Hemmschuh war, daß er weniger Panzer als Rußland besaß. Eine schnelle Eroberung des Balkans hing vom Einsatz der Panzerdivisionen ab, von denen er aber auch die letzte brauchte, ehe er es wagen durfte, Rußland anzugreifen. Deshalb wurde »Barbarossa« am 1. April von Mitte Mai bis zur zweiten Junihälfte aufgeschoben.

Es bleibt eine erstaunliche militärische Großtat, daß Hitler zwei Länder so schnell erobern und das neugesetzte Datum seines Einmarsches in Rußland trotzdem einhalten konnte. Tatsächlich meinten seine Generale, daß »Barbarossa« undurchführbar gewesen wäre, wenn Großbritannien Griechenland hätte halten können. Am Ende betrug die Verzögerung nur fünf Wochen; aber tatsächlich hat sie – zusammen mit einer willkürlichen Verzögerung im August, die auf Entschlußlosigkeit zurückzuführen war, sowie dem frühen Wintereinbruch – Hitlers Aussichten auf einen Sieg über Rußland zunichte gemacht.

Bis zum 1. Mai hatten sich die Engländer an der Südküste Griechenlands wieder eingeschifft mit Ausnahme derjenigen, die abgeschnitten oder gefangengenommen worden waren. An diesem Tage bestimmte Hitler das Datum für »Barbarossa«. In seinem Erlaß faßte er das Stärkeverhältnis kurz zusammen und fuhr dann fort:

»Beurteilung des Ablaufs Barbarossa: Voraussichtlich heftige Grenzschlachten, Dauer bis zu vier Wochen. Im weiteren Verlauf wird dann aber nur noch mit geringerem Widerstand zu rechnen sein. ... Der Russe wird sich dort, wo er hingestellt wird, bis zum letzten schlagen.«

Am 6. Juni gab Keitel den detaillierten Zeitplan für das Unternehmen heraus. Er enthielt eine Aufzählung der Streitkräfte, die gegen Rußland eingesetzt werden sollten, und zeigte, daß 46 Infanteriedivisionen im Westen gegen England belassen worden waren, darunter nur eine motorisierte Division und nur eine Panzerbrigade. Die Operationen »Attila« (Eroberung Französisch-Nordafrikas) und »Isabella« (Gegenschlag auf einen möglichen britischen Angriff in Portugal) könnten »noch innerhalb einer zehntägigen Ankündigungszeit, aber nicht gleichzeitig, durchgeführt werden«. »Die Luftflotte 2 ist aus dem Kampf gezogen und nach Osten verlegt worden, während die Luftflotte 3 jetzt allein die Durchführung des Luftkrieges gegen England übernommen hat.«

In dem Befehl hieß es weiter, daß am 25. Mai Verhandlungen mit dem finnischen Generalstab begonnen hatten, um ihn zur Mitwirkung beim Angriff zu bewegen. Die Rumänen, deren man sich schon vorher versichert hatte, sollten von den endgültigen Vorbereitungen am 15. Juni in Kenntnis gesetzt werden. Am 16. wurden die Ungarn aufgefordert, ihre Grenze strenger zu bewachen. Am folgenden Tag sollten in Ostdeutschland alle Schulen geschlossen werden. Deutsche Handelsschiffe sollten Rußland ohne viel Aufhebens verlassen, und keine Schiffe sollten mehr nach Rußland auslaufen. Ab 18. »braucht die Angriffsabsicht nicht mehr getarnt zu werden«. Bis dahin wäre es für Rußland zu spät, noch irgendwelche Vorkehrungen großen Stils zu treffen. Der letztmögliche Zeitpunkt für einen Widerruf des Angriffs wurde auf den 21., 13 Uhr, festgesetzt. Codewort für diese Möglichkeit war »Altona«, für den Start des Angriffs »Dortmund«. Zeitpunkt für das Überschreiten der Grenze war der 22. Juni, 3.30 Uhr.

Trotz deutscher Vorsichtsmaßnahmen erhielt der britische Geheimdienst schon lange zuvor gute Informationen über Hitlers Absichten und übermittelte diese den Russen. Tatsächlich hat er den genauen Zeitpunkt der Invasion schon eine Woche, ehe er festgesetzt wurde, vorausgesagt. Moskau nahm die wiederholten Warnungen jedoch ungläubig auf und betonte sein Vertrauen in den deutsch-russischen Pakt, was die Engländer wunderte und verbitterte. Sie hatten den Eindruck, daß die russischen Zweifel echt waren, was sich in Churchills Rundfunkansprache widerspiegelte, als die Nachricht von Hitlers Angriff kam. Und als die Rote Armee anfangs katastrophale Niederlagen erlitt, schrieb man dies teilweise der Überraschung zu.

Ein Studium der russischen Presse und Rundfunkmeldungen hätte diesen Eindruck kaum unterstützt. Seit Anfang April konnte man ihnen bedeutungsvolle Hinweise über Vorsichtsmaßnahmen entnehmen; sie zeigten, daß man von den deutschen Truppenbewegungen Kenntnis hatte. Gleichzeitig gab es viel auffallendere Bemerkungen darüber, daß Deutschland seinen Pakt strikt einhalten würde, verbunden mit der öffentlichen Verurteilung britischer und amerikanischer Versuche, Unfrieden zwischen Rußland und Deutschland zu stiften, besonders durch die Verbreitung von Gerüchten über deutsche Angriffsvorbereitungen gegen Rußland. In einer Rundfunksendung vom 13. Juni, in Stalins charakteristischem Stil abgefaßt, hieß es, man müsse annehmen, daß die Entsendung deutscher Truppen nach dem Osten und Nordosten Deutschlands auf Motive zurückzuführen sei, die mit Rußland in keiner Beziehung stünden – eine Feststellung, die Hitler sehr wohl zu der Annahme geführt haben konnte, daß sein Täuschungsmanöver den gewünschten Eindruck hinterlassen hatte. Einem doppelten Bluff kann man dadurch begegnen, daß man ihn wiederum verdoppelt. Dieselbe Rundfunksendung antwortete auf Auslandsberichte über die Einberufung russischer Reservisten mit der Erklärung, daß diese nur zu Ausbildungszwecken vor den üblichen Sommermanövern geschah. Am 20. schilderte der Moskauer Rundfunk in glühenden Farben die militärischen Übungen, die in der Nähe der Pripjet-Sümpfe im Gange waren, womit man vielleicht das Vertrauen im eigenen Land stärken wollte. Außerdem wurde bekanntgegeben, daß am Sonntag, dem 22., die zivilen Luftschutzmaßnahmen in Moskau »unter realistischen Bedingungen« ausprobiert werden sollten. Trotzdem wurden Auslandsberichte über eine bevorstehende deutsche Invasion wieder einmal als »Phantastereien rußlandfeindlicher Kräfte« hingestellt.

Die Deutschen waren über die britischen Warnungen an die Russen informiert. Tatsächlich berichtete der deutsche Marineattaché in Moskau am 24. April: »Der britische Botschafter sagt den 22. Juni als den Tag des Kriegsausbruchs voraus.« Doch das veranlaßte Hitler nicht, das Datum zu ändern. Vielleicht rechnete er damit, daß Rußland alle Berichte aus britischen Quellen ignorieren würde, oder er hielt den tatsächlichen Zeitpunkt für belanglos.

Es ist schwer zu sagen, inwieweit Hitler glaubte, daß die Russen auf seinen Schlag unvorbereitet waren. Denn oft verbarg er seine Gedanken auch vor seiner engsten Umgebung. In Berichten seiner Beobachter in Rußland hatte seit dem Frühjahr immer wieder gestanden, daß die Sowjetregierung bestrebt sei, ihn zu beschwichtigen, und daß, so lange Stalin lebe, keine Gefahr eines russischen Angriffs auf Deutschland bestünde. Noch am 7. Juni berichtete der deutsche Botschafter aus Moskau: »Alle Beobachtungen zeigen, daß Stalin und Molotow, die für die russische Außenpolitik allein verantwortlich sind, alles tun, um einen Konflikt mit Deutschland zu vermeiden.« Dies schienen nicht nur die Warenlieferungen auf Grund des Handelsabkommens zu bestätigen, welche die Russen einhielten, sondern auch ihr Zugeständnis an Hitler, die diplomatische Anerkennung der jugoslawischen, belgischen und norwegischen Exilregierung zurückzuziehen.

Andererseits hatte Hitler oft erklärt, die deutschen Diplomaten in Moskau seien die schlechtest unterrichteten der Welt. Außerdem legte er seinen Generalen gegenteilige Berichte vor, denen zufolge die Russen eine Offensive vorbereiteten, der man unbedingt zuvorkommen müsse – in diesem Fall mag er sie mit voller Absicht getäuscht haben, denn er hatte mit seinen Generalen fortgesetzt Schwierigkeiten, die immer noch Argumente gegen die Invasion vorbrachten. Oder aber es könnte ihn die verspätete Erkenntnis, daß die Russen nicht so unvorbereitet waren, wie er gehofft hatte, zu der Annahme geführt haben, daß ihre Absichten seinen eigenen sehr ähnlich waren. Nach Überschreiten der Grenze fanden die Generale jedenfalls wenig Anzeichen von russischen Angriffsvorbereitungen in der Nähe der Front und erkannten so, daß Hitler sie getäuscht hatte.

Kapitel 13:
Der deutsche Vormarsch auf Moskau

In Rußland ging es weniger um Probleme der Strategie und Taktik, als vielmehr um die des Raumes, der Logistik und der Technik. Obwohl einige der strategischen Entscheidungen von großer Bedeutung waren, spielten sie doch keine so große Rolle wie die technischen Unzulänglichkeiten in Verbindung mit der Weite des Raumes, so daß ihre Auswirkungen von diesen beiden Grundfaktoren abhingen. Vom Faktor Raum bekommt man leicht eine Vorstellung, wenn man sich die Karte von Rußland ansieht; der technische Faktor jedoch bedarf näherer Erläuterungen. Dieser Punkt ist für das Verständnis der Ereignisse wesentlich.

Wie bei Hitlers früheren Invasionen hing alles von der Panzertruppe ab, obwohl sie nur einen kleinen Bruchteil der gesamten Streitkräfte ausmachte. Die zur Verfügung stehenden 19 Panzerdivisionen umfaßten kaum ein Zehntel der gesamten deutschen und der Satellitendivisionen. Der gewaltige Rest umfaßte nur 14 motorisierte Divisionen, die in der Lage waren, mit den Panzerspitzen Schritt zu halten.

Im ganzen besaß die deutsche Wehrmacht 1941 einundzwanzig Panzerdivisionen gegenüber zehn im Jahr 1940. Doch diese scheinbare Verdoppelung war eine Illusion, denn sie war hauptsächlich durch eine Verdünnung erreicht worden. Im Westfeldzug bildete den Kern einer jeden Division eine Panzerbrigade, bestehend aus zwei Regimentern, von denen jedes 160 Kampfpanzer besaß. Vor der Invasion Rußlands wurde ein Panzerregiment aus jeder Division abgezogen und aus jeder »Rippe« eine neue Division gebildet.

Einige der qualifiziertesten Panzerexperten erhoben gegen diese Entscheidung Einwände und wiesen darauf hin, daß dies im Grunde darauf hinauslief, die Anzahl der Stäbe und der Hilfstruppen innerhalb

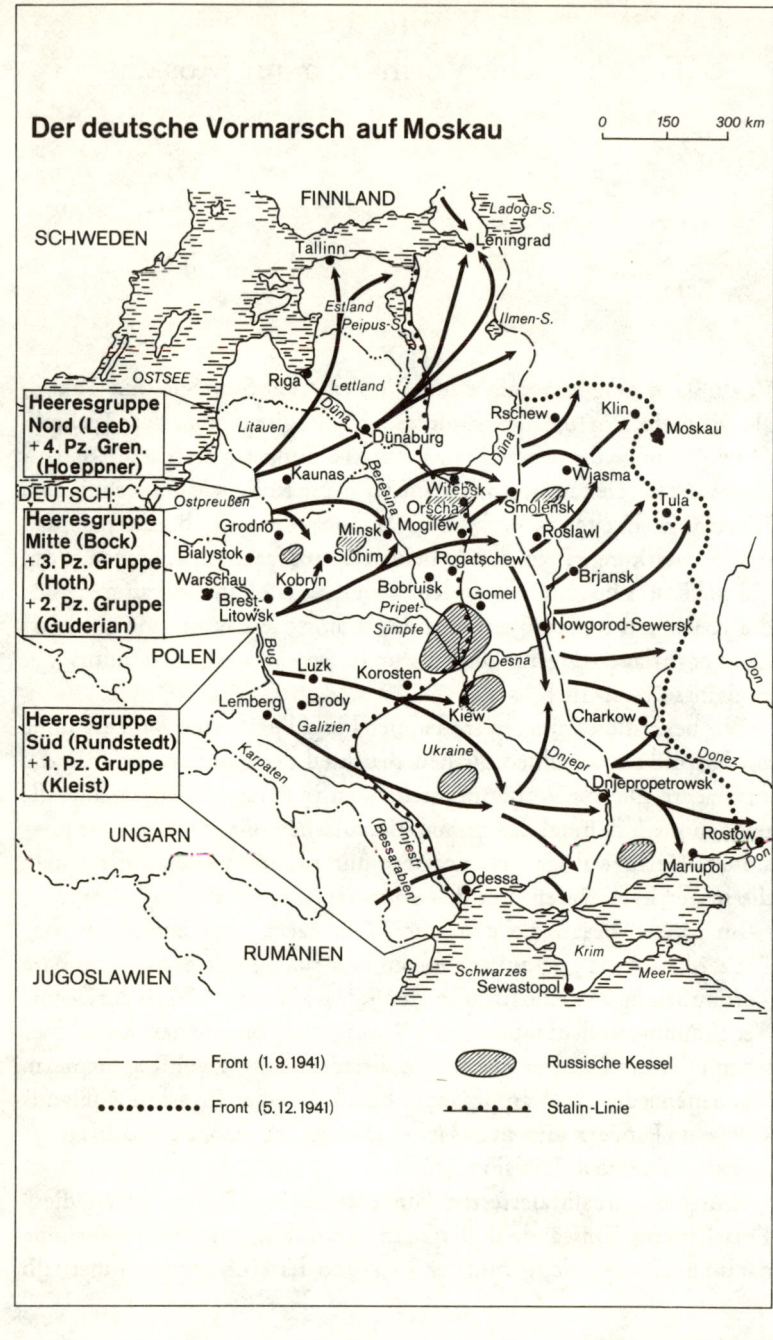

Der deutsche Vormarsch auf Moskau

0   150   300 km

SCHWEDEN

FINNLAND

Ladoga-S.
Tallinn   Leningrad

Estland
Peipus-S.   Ilmen-S.

OSTSEE

Riga   Lettland

Düna
Rschew   Klin   Moskau

**Heeresgruppe
Nord (Leeb)
+ 4. Pz. Gren.
(Hoeppner)**

Litauen   Dünaburg

Beresina   Wjasma

Kaunas   Düna   Tula

DEUTSCH-   Ostpreußen
Witebsk   Smolensk

**Heeresgruppe
Mitte (Bock)
+ 3. Pz. Gruppe
(Hoth)
+ 2. Pz. Gruppe
(Guderian)**

Grodno   Orscha   Roslawl
Minsk   Mogilew
Bialystok   Slonim
Warschau   Kobryn   Rogatschew   Brjansk
Brest-   Bobruisk   Gomel
Litowsk   Pripet   Nowgorod-Sewersk
Sümpfe   Desna
Don

POLEN   Bug   Luzk   Korosten

**Heeresgruppe
Süd (Rundstedt)
+ 1. Pz. Gruppe
(Kleist)**

Lemberg   Brody   Kiew   Charkow
Galizien   Ukraine   Dnjepr   Donez
Karpaten   Dnjepropetrowsk
Rostow
UNGARN   Dnjestr   Mariupol   Don
(Bessarabien)   Odessa

RUMÄNIEN   Krim
Schwarzes   Meer
JUGOSLAWIEN   Sewastopol

——— — Front (1. 9. 1941)   Russische Kessel

•••••••• Front (5. 12. 1941)   Stalin-Linie

der Panzerwaffe zu vervielfachen, während die Größe der Panzertruppe selbst gleichblieb und somit die Schlagkraft jeder Division vermindert war. Von 17 000 Mann wären dann nur 2 600 »Panzermän-
ner«. Aber Hitler war hartnäckig. Angesichts der unermeßlichen Weite
Rußlands wollte er das Gefühl haben, eine große Anzahl von Divisionen zu besitzen, die tief vorstoßen konnten, und er verließ sich darauf,
daß die technische Unterlegenheit der russischen Streitkräfte die Verdünnung seiner eigenen ausgleichen würde. Auch konnte er darauf
hinweisen, daß auf Grund der wachsenden Produktion von Panzern
des späteren Typs III und IV zwei Drittel der Panzer jeder Division
dann mittlere Panzer sein würden, die über schwerere Geschütze und
doppelt starke Panzerplatten verfügten, während im Westfeldzug zwei
Drittel leichte Panzer gewesen waren. Somit würde die Schlagkraft
einer Division wachsen, auch wenn die Zahl ihrer Panzer halbiert war.
Das war bis zu einem gewissen Grad und für den Augenblick ein gutes
Argument.

Die Verringerung der Zahl der Panzer unterstrich jedoch den funda-
mentalen Mangel der deutschen »Panzerdivision«: ein Großteil ihrer
Verbände war ungepanzert und nur bedingt geländegängig. Die wesentliche Neuerung, die der Panzer für die Kriegführung bedeutete
und die sogar wichtiger war als die Panzerung, war seine Fähigkeit, abseits der Straße zu operieren, unabhängig zu sein von der glatten und
festen Oberfläche vorbereiteter Wege. Während Radfahrzeuge nur das
Marschtempo beschleunigten und die Vorteile der Eisenbahn in etwas
elastischerer Form wiederholten, hatte der Panzer die Beweglichkeit
revolutioniert. Er bahnte sich seinen eigenen Weg, machte es deshalb
überflüssig, einer festgesetzten Route auf einem vorbereiteten Weg zu
folgen. So ersetzte er die eindimensionale Bewegung durch eine zwei-
dimensionale.

Die ersten britischen Vertreter der mechanisierten Kriegführung
hatten die große Bedeutung dieser Möglichkeit erkannt. Am Ende des
Ersten Weltkrieges hatten sie vorgeschlagen, daß alle Fahrzeuge, auch
jene, die Nachschub beförderten, geländegängige Kettenfahrzeuge
sein sollten. Ihre Ideen waren nicht einmal von der deutschen Wehrmacht voll verwirklicht worden, die mehr als alle anderen Armeen davon Gebrauch gemacht hatte.

In der reorganisierten Panzerdivision des Jahres 1941 gab es weniger
als 300 Kettenfahrzeuge und ca. 3000 Radfahrzeuge, von denen die

meisten an die Straße gebunden waren. Das Übergewicht derartiger Fahrzeuge hatte im Westfeldzug keine Rolle gespielt, als eine schlecht geplante Verteidigung im großen zusammenbrach und der Angreifer von einem Netz gut ausgebauter Straßen profitieren konnte. Doch im Osten, wo richtige Straßen selten waren, erwiesen sich die Räderfahrzeuge auf lange Sicht als eine entscheidende Bremse. Hier büßten die Deutschen dafür, daß sie in der Praxis zwanzig Jahre hinter jener Theorie herhinkten, die sie als den Schlüssel zum Erfolg gewählt hatten.

Wenn sie trotzdem Erfolge hatten, war das darauf zurückzuführen, daß ihr Gegner in der Ausrüstung noch rückständiger war. Denn obwohl die Russen an Panzern zahlenmäßig stark überlegen waren, war die Gesamtzahl ihrer Motorfahrzeuge so begrenzt, daß selbst ihre Panzertruppe nicht genügend Transportmöglichkeiten hatte. Das behinderte entscheidend die Manövrierfähigkeit, als es galt, den deutschen Panzervorstößen entgegenzutreten.

Die Deutschen besaßen bei dieser Offensive insgesamt 3 550 Panzer, nur 800 mehr als bei der Invasion im Westen. (Im August jedoch behaupteten die Russen, 8 000 zerstört zu haben.) Die Rote Armee besaß, wie Stalin am 30. Juli 1941 in seiner Depesche an Roosevelt anführte, insgesamt 24 000 Panzer, von denen mehr als die Hälfte in Westrußland standen.

Am frühen Sonntagmorgen, dem 22. Juni, wälzte sich die deutsche Flut in drei großen parallel verlaufenden Wogen zwischen der Ostsee und den Karpaten über die Grenze.

Am linken Flügel überschritt die Heeresgruppe Nord unter Leeb die ostpreußische Grenze zum russisch besetzten Litauen. Östlich von Warschau begann die Heeresgruppe Mitte unter Bock einen massiven Vorstoß auf beide Flanken der Frontausbuchtung, welche die russische Grenze in Nordpolen bildete. Rechts davon war ein 100 Kilometer breiter ruhiger Streifen, wo die deutsche Flut durch das westliche Ende der Pripjet-Sümpfe geteilt wurde. Am rechten Flügel stieß die Heeresgruppe Süd unter Rundstedt nördlich der Lemberger Frontausbuchtung vorwärts, welche die russische Grenze in Galizien bei den Karpaten bildete.

Die Lücke zwischen Bocks rechter und Rundstedts linker Flanke war absichtlich freigelassen worden, um eine Massierung der Angriffskräfte zu ermöglichen. In der ersten Phase wurde dadurch die Geschwindigkeit des deutschen Vorstoßes vergrößert. Da aber der Pripjet-Abschnitt unberührt blieb, hatten die Russen ein Zufluchtsgebiet, in dessen Schutz sie ihre Reserven zusammenziehen konnten und von dem aus sie, in einer späteren Phase, eine Reihe von Flankenangriffen nach Süden führen konnten, die Rundstedts Vormarsch auf Kiew bremsten. Das wäre von geringerer Bedeutung gewesen, wenn Bocks Vorstoß nördlich der Sümpfe sein Ziel, die russischen Armeen um Minsk einzuschließen, erreicht hätte.

Der Schwerpunkt der deutschen Offensive lag im linken Teil des Mittelabschnitts. Hier wurde Bock mit der Führungsrolle betraut, für die er ursprünglich bei der Invasion im Westen vorgesehen gewesen war und die dann von seiner Heeresgruppe auf diejenige Rundstedts übertragen worden war. Für seine entscheidende Aufgabe hatte er den größeren Teil der Panzerkräfte bekommen, und zwar zwei Panzergruppen unter Guderian und Hoth, während die anderen Heeresgruppen nur je eine hatten. Bock hatte außerdem die 4. und 9. Armee, von denen jede aus drei Infanteriekorps bestand.

Jede Panzergruppe (später Panzerarmeen genannt) bestand aus vier bis fünf Panzerdivisionen und drei motorisierten Divisionen.

Während alle deutschen Führungskräfte darin einig waren, daß bei dem Unternehmen der Einsatz dieser Panzergruppen unerläßlich war, entstanden Meinungsverschiedenheiten darüber, wie sie am besten eingesetzt werden konnten. Diese »Schlacht der Theorien« war von weitreichender Bedeutung. Einige der höheren Truppenführer wollten nach Überschreiten der Grenze die russischen Armeen so bald wie möglich in einer entscheidenden Kesselschlacht vernichten. Dieser Plan entsprach der orthodoxen strategischen Theorie, die von Clausewitz dargelegt, von Moltke verwirklicht und von Schlieffen weiterentwickelt worden war. Sie traten vor allem deshalb für diese Lösung ein, weil sie das Risiko fürchteten, zu weit nach Rußland hinein vorzustoßen, ehe die russischen Hauptstreitkräfte geschlagen waren. Um den Erfolg des Planes zu sichern, bestanden sie darauf, daß die Panzergruppen mit der Infanterie gemeinsam vorgehen müßten, indem sie von jeder Flanke aus eine Zangenbewegung ausführten und den Ring im Rücken des Feindes schlossen.

Die Panzerexperten, allen voran Guderian, hatten eine andere Idee. Sie wollten, daß die Panzergruppen so tief und so schnell wie möglich vordringen sollten, nach der Methode, die sich in Frankreich als so entscheidend erwiesen hatte. Guderian war der Meinung, daß seine und Hoths Gruppe ihren Durchbruch in Richtung Moskau sofort nützen und zumindest den Dnjepr erreichen sollten, ehe sie einschwenkten. Je früher sie diese Linie erreichten, desto wahrscheinlicher würde es sein, daß sich der russische Widerstand auflöste, wie es in Frankreich der Fall gewesen war, und um so größer wäre die Chance, daß der Dnjepr als Amboß diente wie der Kanal im Jahr 1940. Nach Guderians Ansicht sollte die Einkreisung der russischen Streitkräfte im Raum zwischen den beiden Panzervorstößen den Infanteriekorps überlassen bleiben, unterstützt von verhältnismäßig kleinen Einheiten, welche die Panzergruppen hinten belassen könnten, wenn sie vorwärts eilten.

Hitler entschied diese »Schlacht der Theorien« zugunsten der Orthodoxen. Trotz seines Wagemuts war er nicht kühn genug, sein Glück auf die Karte zu setzen, der er seine früheren Erfolge verdankte. Dieser Kompromiß war nachteiliger als 1940. Obwohl den Panzerexperten selbst größere Aufgaben übertragen wurden als 1940, bekamen sie nicht die Chance, so zu handeln, wie sie es für richtig hielten. Hitlers Entscheidung wurde nicht nur durch seine Zweifel an ihrer Methode beeinflußt, sondern durch seine lebhafte Phantasie. Er war von dem Gedanken erfüllt, die Masse der Roten Armee in einem einzigen gigantischen Kessel zusammenzutreiben.

Diese Vision wurde zum Irrlicht, das ihn immer tiefer nach Rußland hineinlockte. Die beiden ersten Versuche waren erfolglos. Der dritte brachte ihm eine größere Menge Gefangener ein und führte ihn über den Dnjepr. Beim vierten Versuch wurden mehr als eine halbe Million Russen eingeschlossen; doch der Winter mischte sich ein und verhinderte, daß die Deutschen die in der Front klaffende Lücke ausnützen konnten. Bei jeder dieser Schlachten war während des Öffnens und Schließens der Zange Zeit verstrichen, mit dem Ergebnis, daß bei dem Versuch, den taktischen Plan zu vollenden, das strategische Ziel verfehlt wurde.

Ob Guderians Methode erfolgreicher gewesen wäre, bleibt eine offene Frage. Aber damals fand sie Fürsprecher unter den fähigsten Mitgliedern des deutschen Generalstabs, die keine Anhänger der Panzerkriegführung waren, und nachträglich neigten sie noch mehr zu diesem Urteil. Ihnen waren die Verstärkungs- und Nachschubschwierigkeiten bewußt, die mit einem so tiefen Vormarsch verbunden waren; aber trotzdem glaubten sie, daß diese hätten überwunden werden können, wenn man die zur Verfügung stehenden Lufttransportmöglichkeiten voll ausgenutzt und die Panzertruppen vom Troß freigehalten hätte. Sie hätten mit ihren Kampfeinheiten vorwärts stoßen und sich darauf konzentrieren können, diese zu unterstützen, während es den dazu gehörenden motorisierten Kolonnen überlassen blieb, nachzufolgen. Doch dieser Gedanke, auf Sherman-Art mit leichtem Gepäck zu marschieren, stand in zu krassem Gegensatz zur Konvention europäischer Kriegführung, um in dieser Phase allgemeine Anerkennung zu finden.

Nachdem die »Schlacht der Theorien« zugunsten der orthodoxen Strategie entschieden war, entstand der Plan einer weiten Einkreisungsbewegung, durch die die russischen Hauptstreitkräfte vernichtet werden sollten, noch ehe der Dnjepr erreicht war. Um die Chancen zu vergrößern, sah der Plan für Bocks Frontabschnitt ein Nahbereichs-Einkreisungsmanöver der Infanteriekorps der 4. und 9. Armee vor und ein weiter reichendes Manöver an der Außenseite durch die Panzergruppen, die tiefer vordringen sollten als die ersteren, ehe sie einschwenkten. Dieses teleskopartige System entsprach bis zu einem gewissen Grade, jedoch nicht weit genug, den Ansichten Guderians, Bocks und Hoths.

Die Achse des Vormarsches bildete die große Autostraße nach Minsk und Moskau. Sie lief durch den Abschnitt der 4. Armee unter Kluge, der Guderians Panzergruppe zugeteilt war. Der Zugang war durch die Festung Brest-Litowsk versperrt, die durch den Bug gedeckt war. Somit war es die erste Aufgabe, einen Brückenkopf über den Fluß zu sichern und die Festung zu nehmen, damit der nachfolgende Vormarsch durch Benutzung der Autostraße an Stoßkraft gewinnen konnte.

Dabei ergab sich nun die Frage, ob die Panzerdivisionen warten sollten, bis die Infanteriedivisionen eine Lücke geschlagen hatten, oder ob sie beim Durchbruch Seite an Seite mit den Infanteriedivisionen kämpfen sollten. Man entschied sich für die zweite Möglichkeit, um Zeit zu gewinnen. Während Infanteriedivisionen eingesetzt wurden, um die Festung zu erobern, fuhren an beiden Flanken zwei Panzerdivisionen auf. Nachdem sie den Durchbruch über den Bug erzwungen hatten, umgingen sie Brest-Litowsk und stießen dann von beiden Seiten auf die Autostraße jenseits der Festung. Um die Geschwindigkeit noch zu steigern, wurden alle Kräfte, die bei dem Durchbruch eingesetzt waren, vorübergehend Guderians Führung unterstellt. Und als der Durchbruch gelungen war, eilte die Panzergruppe allein vorwärts – wie ein Geschoß.

Wegen der Breite der Front und der Umgehungstaktik wie auch der Plötzlichkeit des Angriffs drangen Bocks Armeen an vielen Stellen tief ein. Am zweiten Tag erreichten die Panzer an seinem rechten Flügel Kobrin, 65 Kilometer hinter Brest-Litowsk, während sein linker Flügel Festung und Eisenbahnknotenpunkt Grodno eroberte. Die russische Frontausbuchtung in Nordpolen bei Bialystok änderte ihre Form sichtbar und wurde zu einer Wespentaille zusammengedrückt. Der Druck wurde in den folgenden Tagen noch härter, als sich die Flügel bei Baranowitschi einander näherten und die Gefahr entstand, daß alle russischen Streitkräfte in der vorderen Zone abgeschnitten werden würden. Die mangelnde Schlagkraft der zahlenmäßig starken russischen Panzerkräfte unterstützte das Manöver.

Doch wurde der deutsche Vormarsch durch den äußerst zähen Widerstand der Russen verzögert. Gewöhnlich konnten die Deutschen ihre Gegner ausmanövrieren, jedoch nicht niederkämpfen. Eingekesselte Streitkräfte wurden manchmal gezwungen, sich zu ergeben; doch geschah das oft erst nach langem Widerstand und einer äußerst langsamen Reaktion auf eine strategisch hoffnungslose Lage, wodurch die Pläne des Angreifers verzögert wurden. Dies wog um so schwerer in einem Land, in dem Fernmeldeeinrichtungen knapp waren.

Die Wirkung zeigte sich erstmalig im Eröffnungsangriff auf Brest-Litowsk. Hier hielt die Garnison der alten Zitadelle trotz schwerer Bombardierung durch massierte Artillerie und aus der Luft eine Woche aus, ehe sie endlich überwältigt wurde. Die angreifenden Truppen kostete dies einen hohen Preis. Diese Erfahrung, die sich an anderen Punkten wiederholte, öffnete den Deutschen die Augen für das, was ihnen bevorstand, während der harte Widerstand, der ihnen an vielen Straßenknotenpunkten entgegentrat, ihre Umgehungsmanöver bremste, da er die Straßen blockierte, die ihre straßengebundenen Nachschubkolonnen brauchten.

Diese Ernüchterung wurde durch den Charakter des Landes noch verstärkt. Einer der höheren deutschen Generale schilderte treffend den Eindruck, den dieses Land machte.

»Der Raum schien endlos, der Horizont verschwommen. Die Eintönigkeit der Landschaft und die Unermeßlichkeit der Wälder, Sümpfe und Steppen drückte uns nieder. Gute Straßen gab es selten, schlechte dafür um so mehr, während der Regen Sand oder Lehm rasch in Morast verwandelte. Die Dörfer sahen erbärmlich und melancholisch aus mit ihren strohgedeckten Holzhütten. Die Natur war hart, und mittendrin stand der Mensch ebenso hart und gefühllos, gleichgültig gegen Wetter, Hunger und Durst, und beinahe ebenso gleichgültig gegenüber Leben und Verlusten, Krankheit und Hungersnot. Der russische Zivilist war zäh, und der russische Soldat noch zäher. Er schien eine grenzenlose Fähigkeit zum Gehorsam und Aushalten zu haben.«

Der Einkesselungsversuch erreichte seinen Höhepunkt bei Slonim, 160 Kilometer hinter der Grenze, wo sich die inneren Zangen beinahe um die zwei russischen Armeen, die sich in der Frontausbuchtung von Bialystok zusammengezogen hatten, geschlossen hätten. Doch die Deutschen schlossen den Kessel nicht schnell genug, und ungefähr die Hälfte der umzingelten Truppen konnte entkommen, wenn auch in kleinen und unzusammenhängenden Gruppen. Das Übergewicht an nichtmotorisierten Truppen in der deutschen 4. und 9. Armee war ein Hemmschuh bei der Verwirklichung des Operationsplanes.

Die Masse der Panzer an den Flügeln stieß mehr als 150 Kilometer tiefer vor, überquerte die russische Grenze von 1939 und rollte dann weiter landeinwärts bis hinter Minsk, das am 30. Juni, am neunten Tag, erobert wurde. In jener Nacht erreichte eine von Guderians weit vorgestoßenen Angriffsspitzen die historische Beresina bei Bobruisk, 145 Kilometer südöstlich von Minsk und knapp 65 Kilometer vom Dnjepr. Doch der Versuch, den Ring zu schließen, schlug fehl, und mit dem Mißlingen dieser grandiosen Einkesselung schwand Hitlers Traum von einem raschen, entscheidenden Sieg. Plötzlich einsetzender Regen, um den die Franzosen im Sommer vorher umsonst gebetet hatten, kam den hart bedrängten Russen zu Hilfe. Er verwandelte die sandige Erde in Schlamm.

In Rußland war der Regen ein viel schlimmeres Hindernis, als er es in Frankreich gewesen wäre, da er nicht nur taktisches Manövrieren im Gelände behinderte, sondern auch strategische Straßenbewegungen aufhielt. Denn die einzige gute Asphaltstraße im ganzen Gebiet war die neue Autostraße, die an Minsk vorbei direkt nach Moskau führte, und sie spielte in Hitlers Plan nur eine untergeordnete Rolle, der kein Wettrennen nach Moskau vorsah, sondern nur ein weitangelegtes Einkesselungsmanöver, für das er die nichtbefestigten Straßen auf jeder Flanke benutzen mußte. Nach den Regenfällen Anfang Juli zehrten diese »Treibsand-Straßen« an der Beweglichkeit der Angreifer und vervielfachten die Wirkung des zähen Widerstandes vieler eingeschlossener russischer Truppen in dem Gebiet, das die Deutschen überrannt hatten. Obgleich in der doppelten Einkesselungsschlacht von Bialystok und Minsk mehr als 300000 Gefangene gemacht wurden, konnte ungefähr die gleiche Zahl ausbrechen, ehe das Netz festgezogen wurde. Ihr Entkommen war bedeutsam, weil dadurch die nächste Verteidigungslinie verstärkt werden konnte, die vor und hinter dem Dnjepr verlief.

Auch die Natur des Landes wurde in diesem kritischen Stadium zur Bremse. Östlich von Minsk liegt ein weites Wald- und Sumpfgebiet, und auch die Beresina hat keine klare Flußlinie, sondern bildet ein Netz von kleineren Flüssen, die sich durch schwarzes Torfmoor winden. Die Deutschen mußten feststellen, daß es nur an zwei Stellen, den Hauptstraßen von Orscha und Mogilow, Brücken gab, die schwere Lasten tragen konnten. An den anderen Straßen gab es nur wackelige hölzerne Gebilde. Obwohl die Deutschen schnell vorangekommen waren, stellten sie fest, daß die Russen alle wichtigen Brücken gesprengt hatten. Ebenso stießen die Angreifer das erste Mal auf Minenfelder, wodurch ihr Vormarsch wieder verzögert wurde, da er dadurch auf die Straßen beschränkt war. Die Beresina hatte für Hitlers Vormarsch fast die gleiche Bremswirkung wie für Napoleons Rückzug.

Alle diese Faktoren behinderten das beabsichtigte Schließen der Falle in dem Gebiet westlich des Dnjepr.

Das Mißlingen der großen Einkesselung bewog das deutsche Oberkommando zu jenem Vorstoß über den Dnjepr hinaus, den es zu vermeiden gehofft hatte. Die deutschen Truppen standen schon fast 500 Kilometer tief in Rußland. Die Zangen öffneten sich wieder, um eine neue Einkesselung zu versuchen und sich hinter den Russen entlang der Dnjepr-Verteidigungslinie hinter Smolensk zu schließen. Doch die ersten zwei Tage im Juli waren damit vergangen, den Kessel bei Minsk zu schließen und die Infanteriekorps der 4. und 9. Armee nachzubringen, von denen einige seit zweieinhalb Wochen täglich über 30 Kilometer marschiert waren, um beim Durchbrechen der Stalin-Linie zu helfen.

Dieser Sturmangriff war leichter, als ihn sich das deutsche Oberkommando vorgestellt hatte, da die zurückweichenden Russen keine Zeit hatten, Stellung zu beziehen oder ihre Verteidigungsanlagen zu verbessern, die alles andere als fertig waren. Der Dnjepr war das größte Hindernis; doch durch schnelle Überraschungsangriffe an mehreren Punkten, die nicht an den Hauptübergängen lagen, konnten Guderians Panzerdivisionen ihn überwinden. Am 12. hatten die Deutschen zwischen Rogatschew und Witebsk auf breiter Front die Stalin-Linie durchbrochen und eilten nach Smolensk. Die Leichtigkeit des Durchbruchs ließ darauf schließen, daß mehr gewonnen als riskiert worden wäre, wenn man den Panzertruppen erlaubt hätte, gleich zu Anfang vorwärts zu stoßen, wie es Guderian gewollt hatte.

Die Schwierigkeiten des Landes, die durch die Regenfälle vermehrt wurden, waren ein größeres Hindernis als der desorganisierte russische Widerstand. Unter diesen Umständen kostete die durch die Pause verlorene Zeit einen hohen Preis. Denn jeder schwere Regenfall setzte vorübergehend die Beweglichkeit des Angreifers bis zum Stillstand herab. Aus der Luft bot sich ein seltsames Bild – bewegungslose Panzer lagen aufreiht in der Landschaft über eine Entfernung von 150 und mehr Kilometer.

Die Panzer hätten weiter vorstoßen können, doch sie und andere Kettenfahrzeuge bildeten nur einen kleinen Teil jeder sogenannten Panzerdivision. Ihr Nachschub und die Masse der Infanterie wurden in großen und schweren Räderfahrzeugen befördert, die weder die Straße verlassen konnten noch auf ihr vorwärts kamen, wenn sich ihre Oberfläche in Morast verwandelte. Sobald die Sonne wieder herauskam, trockneten die sandigen Straßen schnell, und die Prozession ging weiter. Doch die sich häufenden Verzögerungen behinderten die Operationen ernstlich.

Das trat wegen des verhältnismäßig schnellen Vormarschs von Guderians Panzergruppe an der Hauptstraße nach Smolensk, das am 16. erreicht wurde, nach außen hin nicht in Erscheinung. Das über 150 Kilometer tiefe Gebiet zwischen Dnjepr und der Desna wurde innerhalb einer Woche gesichert. Aber Hoths Panzergruppe am Nordflügel wurde in ihrem Vormarsch durch Sümpfe und Regengüsse aufgehalten. Das wirkte sich natürlich auf Hitlers Einkreisungsplan aus und gab den Russen mehr Zeit, ihre Kräfte um Smolensk zu sammeln. In der Endphase dieser Operation stieß man an beiden Flanken auf hartnäckigeren Widerstand. Tatsächlich war der Widerstand fast zu halsstarrig, denn es fehlten nur noch 15 Kilometer; bis sich die Zangen schlossen, und die Deutschen schätzten, daß eine halbe Million Russen in der Falle gefangen waren. Obwohl ein großer Teil entweichen konnte, gingen bis zum 5. August 300000 Russen in die Gefangenschaft.

Dieser unvollständige Sieg stellte die Deutschen vor ein Problem. Er bedeutete, daß ihr Weg nach Moskau, noch weitere 320 Kilometer, von beträchtlichen Streitkräften blockiert war, die ständig durch frisch mobilisierte Kräfte verstärkt wurden. Gleichzeitig war die Fähigkeit der Deutschen, ihrerseits Verstärkungen herbeizuschaffen, durch die Schwierigkeiten auf den schlechten Straßen sehr eingeschränkt.

Das bedeutete unvermeidliche Verzögerungen; doch sie waren nichts im Vergleich zu dem Aufschub, der nun eintrat. Denn es wurde Oktober, ehe der Vorstoß nach Moskau wiederaufgenommen wurde. Die beiden besten Sommermonate gingen vorüber, während Bocks Armeen an der Desna verharrten. Die Ursachen dafür liegen in Hitlers Unentschlossenheit, verbunden mit dem Fortschritt von Rundstedts Armeen südlich der Pripjet-Sümpfe.

An diesem Abschnitt hatten sich die Deutschen zunächst keiner Überlegenheit erfreut. Tatsächlich waren sie gegen eine Übermacht angetreten, die auf dem Papier gewaltig aussah. Die russische Armeegruppe Südwest unter Marschall Budjonnij umfaßte 30 Panzer- und motorisierte Divisionen, fünf Kavalleriedivisionen und 45 Infanteriedivisionen in Südpolen und der Ukraine. Davon standen sechs Panzer- und motorisierte Divisionen, drei Kavalleriedivisionen und dreizehn Infanteriedivisionen in Bessarabien den Rumänen gegenüber. An Panzern hatte sie fast doppelt so viele wie Marschall Timoschenkos Armeegruppe West, die dem deutschen Hauptangriff gegenübergestanden hatte. Insgesamt hatte Budjonnij mehr als 5000 Panzer verschiedener Typen, während Kleists Panzergruppe, die Rundstedts Angriffsspitze bildete, aus nur 600 Panzern bestand. Darüber hinaus war ein großer Teil der letzteren im Griechenland-Feldzug eingesetzt gewesen, und man hatte sie nur flüchtig überholt, ehe sie in diesem größeren Unternehmen eingesetzt wurden.

Um im Vorteil zu sein, mußte sich Rundstedt auf die Überraschung, die Geschwindigkeit und den Raum verlassen – und auf die feindlichen

Befehlshaber. Budjonnij, den berühmten alten Kavalleriehelden des Bürgerkrieges, hatte einer seiner eigenen Offiziere sehr treffend als »Mann mit riesigem Schnurrbart, aber winzigem Gehirn« bezeichnet. Einige der besten russischen Befehlshaber waren vor dem Krieg den Säuberungsaktionen zum Opfer gefallen, und jene, die als politisch zuverlässig überlebten, waren militärisch oft keine Leuchten. Erst als diese allzu gewichtigen Senioren unter der Kraftprobe des Krieges ausgemerzt worden waren, kam eine Elite der jüngeren Generation an die Spitze.

Rundstedts Hauptanstrengung konzentrierte sich auf seinen linken Flügel am Bug. Dieser Plan machte das Beste aus seinen begrenzten Kräften und zog aus der Tatsache Nutzen, daß seine Ausgangslinie weit hinter der Flanke der Lemberger Frontausbuchtung lag. Der Angriff erfolgte aus einem natürlichen Keil heraus, der nur ein wenig weiter vorwärtsgetrieben werden mußte, ehe er die Verbindungswege der russischen Streitkräfte in den Karpaten bedrohte. Nachdem Reichenaus 6. Armee sich die Übergänge über den Bug erzwungen hatte, wurden Kleists Panzer zu einem Vorstoß durch die Bresche auf Luzk und Brody zu angesetzt.

Die Überraschung erleichterte ihm nicht nur seinen Anfangsdurchbruch, sondern vereitelte auch den gefährlichen Gegenangriff, den die Russen sonst eventuell unternommen haben könnten. Da er wußte, daß 25 russische Divisionen an der ungarischen Karpatengrenze standen, hatte Rundstedt erwartet, daß diese einschwenken und ihn während seines Vorstoßes auf Luzk an der rechten Flanke angreifen könnten. Statt dessen zogen sie sich zurück.

(Diese Reaktion, und der offensichtliche Mangel an Vorbereitungen in der russischen vorderen Front, ließ Rundstedt und andere deutsche Befehlshaber daran zweifeln, ob Hitlers Argument, daß die Russen zu einem Angriff auf Deutschland bereit seien, gerechtfertigt gewesen war.)

Trotz dieses fliegenden Starts machten Rundstedts Streitkräfte keine so raschen Fortschritte wie diejenigen Bocks in der linken Mitte. Guderian beharrte darauf, daß es wichtig sei, die Russen weiterzujagen und ihnen keine Zeit zum Sammeln zu geben. Er war überzeugt, daß er Moskau erreichen konnte, wenn keine Zeit verlorenging, und daß ein solcher Hieb auf das Nervenzentrum von Stalins Macht den russischen Widerstand lähmen könnte. Hoth teilte seine Ansichten, und

Bock billigte sie. Doch Hitler kehrte zu seiner ursprünglichen Idee zurück, die in einem Erlaß vom 19. Juli niedergelegt war. Die Panzertruppen wurden Bock aus der Mitte weggenommen und an die Flügel geschickt. Guderians Panzergruppe sollte nach Süden rollen, um die russischen Armeen zu besiegen, die in der Ukraine Rundstedt gegenüberstanden, während Hoths Panzergruppe sich nach Norden wenden und Leebs Angriff auf Leningrad unterstützen sollte.

Wieder einmal suchte Brauchitsch, der Oberbefehlshaber des Heeres, Zeit zu gewinnen, statt sofort auf einen anderen Plan zu drängen. Er führte an, daß die Panzertruppen eine Ruhepause brauchten, ehe weitere Operationen begannen, daß ihre Maschinen überholt werden und Ersatz beschafft werden mußte. Hitler stimmte der Notwendigkeit einer solchen Pause zu. Inzwischen gingen die Meinungsverschiedenheiten über den zu verfolgenden Kurs auf hoher Ebene weiter, und sie hielten selbst dann noch an, als die Panzertruppen ihren Vorstoß hätten fortsetzen können.

Nachdem etliche Wochen mit Diskussionen verstrichen waren, drängte Generalstabschef Halder Brauchitsch, Pläne für einen schnellen Vorstoß nach Moskau vorzulegen. Hitlers Antwort darauf war ein neuer Erlaß vom 21. August, der mit den Worten begann:

»Der Vorschlag des Heeres für die Fortführung der Operation im Osten vom 18. 8. stimmt mit meinen Absichten nicht überein.

Das wichtigste, noch vor Einbruch des Winters zu erreichende Ziel ist nicht die Einnahme von Moskau, sondern die Wegnahme der Krim, des Industrie- und Kohlengebietes am Donez und die Abschnürung der russischen Ölzufuhr aus dem Kaukasusraum.«

Er befahl, den Weg zu diesen Zielen im Süden frei zu machen. Ein Teil von Bocks Heeresgruppe (einschließlich Guderians Panzertruppe) sollte sich nach Süden wenden, um die russischen Armeen bei Kiew, denen Rundstedt gegenüberstand, zu schlagen.

Als sie diese Befehle erhielten, versuchte Halder Brauchitsch dazu zu überreden, gemeinsam den Dienst zu quittieren. Doch Brauchitsch hielt das für eine nutzlose Geste, da Hitler ihre Abschiedsgesuche einfach ablehnen würde. Hitler schob ihre Einwände einfach mit der Bemerkung beiseite, die er oft wiederholte: »Meine Generale verstehen nichts von der wirtschaftlichen Seite des Krieges.« Äußerstenfalls wollte er Bock erlauben, seinen Vorstoß auf Moskau wieder aufzunehmen und ihm zu diesem Zweck Guderians Panzertruppen zur Verfügung zu stellen, nachdem die russischen Streitkräfte im Kiewer Kessel vernichtet waren.

Die Einkesselung Kiews war ein großer Erfolg und erweckte rosige Erwartungen. Guderian stieß nach Süden vor, hinter dem Rücken der Russen, während Kleists Panzergruppe nach Norden vorstieß. Die Zange schloß sich 240 Kilometer östlich von Kiew, und nach deutschen Angaben wurden über 600 000 Russen gefangengenommen. Doch es war Ende September, ehe die Schlacht zu Ende ging, da schlechte Straßen und Regenfälle das Einkesselungsmanöver verlangsamt hatten. Der Glanz des Sieges wurde durch den Schatten des Winters verdunkelt, der für den Angreifer in Rußland eine schon Geschichte gewordene Bedrohung darstellte. Die beiden im Sommer vergeudeten Monate vereitelten nun die Hoffnung, Moskau zu erreichen.

Der erneute Vormarsch begann am 30. September. Die Aussichten sahen zunächst vielversprechend aus, als Bocks Armeen eine große Umzingelung um Wjasma gelang, wobei wieder 600 000 Russen gefangengenommen wurden. Dadurch hatten die Deutschen augenblicklich fast freie Fahrt nach Moskau. Doch die Schlacht bei Wjasma war erst Ende Oktober zu Ende, die deutschen Truppen waren müde, das Land verwandelte sich in Morast, als das Wetter schlechter wurde, und frische russische Kräfte tauchten vor Moskau auf.

Die meisten deutschen Generale wollten die Offensive abbrechen und Winterstellungen beziehen. Sie dachten daran, wie es der Armee Napoleons ergangen war. Viele lasen auch Caulaincourts schonungslosen Bericht über das Jahr 1812. Doch auf höherer Ebene war man anderer Ansicht. Diesmal war es nicht allein Hitler zuzuschreiben, den die wachsenden Schwierigkeiten und der Winter niederdrückten. Am 9. November machte er folgende düstere Bemerkung: »Die Erkenntnis, daß keine der Armeen in der Lage ist, die andere zu vernichten, wird zu einem Kompromißfrieden führen.« Doch Bock drängte, die deutsche Offensive fortzusetzen. Brauchitsch und Halder stimmten mit ihm überein, und Halder sagte auf einer großen Führerbesprechung am 12. November, man habe guten Grund zu glauben, daß der russische Widerstand nahe am Zusammenbruch sei.

Brauchitsch und Halder wie auch Bock gaben natürlich nur ungern Haltebefehl, zumal sie vorher Hitler beschworen hatten, Moskau zu erobern, statt die Ziele im Süden zu verfolgen. So wurde der Vorstoß auf Moskau am 15. November wiederaufgenommen, als sich das Wetter vorübergehend besserte. Doch nach zweiwöchigem Kampf durch Schlamm und Schnee kam er 30 Kilometer vor Moskau zum Stehen. Selbst Bock bezweifelte nun den Wert eines weiteren Vorstoßes, obwohl er noch kurz zuvor erklärt hatte: »Das letzte Bataillon wird über diesen Punkt entscheiden.« Doch Brauchitsch, der sich weit hinten befand, forderte eine Fortsetzung der Offensive um jeden Preis. Er war ein kranker Mann und über Hitlers Ärger wegen der unbefriedigenden Ergebnisse, die man erzielt hatte, aufs äußerste beunruhigt.

Am 2. Dezember wurde eine neue Anstrengung unternommen, und einige Abteilungen drangen in die Vororte Moskaus ein. Doch der Vormarsch selbst wurde in den Wäldern um die Hauptstadt aufgehalten.

Das war das Signal für eine große russische Gegenoffensive, die von Schukow vorbereitet und geleitet wurde. Sie warf die erschöpften Deutschen zurück, umfaßte ihre Flanken und schuf eine kritische Situation. Von den Generalen angefangen, waren die Angreifer von schlimmen Gedanken an Napoleons Rückzug aus Moskau erfüllt. In dieser Lage untersagte Hitler jeden Rückzug, der über die kleinstmöglichen örtlichen Ausweichmanöver hinausging, und in dieser Situation hatte er recht. Durch diese Entscheidung wurden seine Truppen furchtbaren Leiden in ihren vorgeschobenen Stellungen vor Moskau ausgesetzt, denn sie hatten weder die Kleidung noch die Ausrüstung für einen russischen Winterfeldzug. Aber hätte erst einmal ein allgemeiner Rückzug begonnen, so hätte dieser leicht zu einer panikartigen Flucht werden können.

Hitler hatte seine Chance, Moskau zu erobern, durch seine August-Entscheidung verspielt, mit der er dem Vormarsch in diese Richtung Halt gebot und sich nach Süden wandte. Dieser Mißerfolg wurde durch das, was seine Truppen im Süden erreichten, nicht wettgemacht. Nach dem großen Kesseltreiben von Kiew überrannte Rundstedt die Krim und das Donez-Becken, war aber ohne Guderians Panzer beim Vorstoß auf die Ölfelder des Kaukasus gehemmt. Seine Truppen konnten Rostow am Don erreichen, waren jedoch erschöpft und wurden bald von den Russen zurückgedrängt. Dann wollte er sich auf eine günstige Verteidigungslinie am Mius zurückziehen, doch Hitler untersagte dies. Rundstedt antwortete, er könne einem solchen Befehl nicht nachkommen, und bat, seines Kommandos enthoben zu werden. Prompt wurde er von Hitler ersetzt; aber sofort danach brach die

Front zusammen, und Hitler mußte sich mit der Notwendigkeit eines Rückzugs abfinden. Das geschah in der ersten Dezemberwoche – gleichzeitig mit dem Rückschlag bei Moskau.

In der gleichen Woche bat Brauchitsch aus gesundheitlichen Gründen um seinen Abschied, in der folgenden Woche tat Bock das gleiche, und wenig später bat Leeb um seine Entlassung, als Hitler dessen Vorschlag für einen Rückzug an der Nordfront bei Leningrad ablehnte. So gingen alle vier Spitzenbefehlshaber weg.

Hitler ernannte für Brauchitsch keinen Nachfolger, sondern nahm die Gelegenheit wahr, sich selbst zum Oberbefehlshaber des Heeres zu machen. Zu Weihnachten schob er Guderian ab, die Hauptkraft seiner früheren Siege, weil er seine erschöpften Truppen ohne Hitlers Erlaubnis zurückgenommen hatte.

Ein grundlegender Faktor für das Scheitern der Invasion war die Tatsache, daß sich der Angreifer hinsichtlich der Reserven, die Stalin aus den Tiefen Rußlands heranholen konnte, verrechnet hatte. In dieser Beziehung waren sowohl der Generalstab wie auch der Geheimdienst ebenso getäuscht worden wie Hitler. Dieser verhängnisvolle Irrtum kommt in einem prägnanten Satz aus Halders Tagebuch von Mitte August zum Ausdruck: »Wir haben bei Kriegsbeginn mit etwa 200 feindlichen Divisionen gerechnet. Jetzt zählen wir bereits 360.«

Das machte die großartigen Anfangserfolge wieder zunichte. Nun hatten die Deutschen den Weg nicht mehr frei, sondern es standen ihnen frische Streitkräfte gegenüber, die am Kriegsschauplatz eingetroffen waren. Das umfassende sowjetische Mobilisierungssystem konnte außerhalb der Reichweite der deutschen Truppen anlaufen, und vom Winter 1941 an waren die Deutschen an der russischen Front immer in der Minderheit. Dank ihrer überlegenen Technik und Ausbildung konnten sie diese Armeen in aufeinanderfolgenden großen Kesselschlachten vernichten, blieben dann aber im Schlamm stecken. Als der Winterfrost den Boden hart gemacht hatte, standen sie wieder frischen Truppen gegenüber, die den Weg blockierten, und sie selbst waren zu erschöpft, um sich zu ihrem Ziel durchzukämpfen.

Neben ihrem Rechenfehler hinsichtlich der russischen Reserven war der verhängnisvollste Faktor die Art und Weise gewesen, in der Hitler und seine höchsten Generale den August mit Erörterungen darüber verschwendet hatten, was als nächstes zu tun sei. Dabei herrschte in den höchsten Stellen des deutschen Oberkommandos eine überraschende Unentschlossenheit.

Eine Stufe tiefer hatte besonders Guderian eine klare Vorstellung von dem, was zu tun sei. Er wollte so schnell wie möglich nach Moskau vorstoßen, wobei er es der Infanterie überlassen wollte, mit den desorganisierten feindlichen Kräften, durch die er sich seinen Weg gebahnt hatte, aufzuräumen. 1940 hatte er auf diese Weise die Schlacht um Frankreich gewonnen. Das wäre ein großes Risiko gewesen; doch hätte wahrscheinlich Moskau erobert werden können, ehe die russischen Ersatztruppen die Stadt hätten sichern können. Weit größere und verhängnisvollere Risiken entstanden durch den Kurs, dem man tatsächlich folgte.

Aber Rußland verdankte sein Überleben eher seiner Primitivität als der technischen Entwicklung, die seit der sowjetischen Revolution erreicht worden war. Das gilt nicht nur im Hinblick auf die Zähigkeit des Volkes und der Soldaten und deren Fähigkeit, Härten zu ertragen und Bedingungen, die westliche Völker und westliche Truppen gelähmt hätten. Ein noch größerer Vorteil waren die primitiven russischen Straßen. Die meisten davon waren kaum mehr als Sandspuren. Daß sie sich bei Regen in bodenlosen Schlamm verwandelten, hemmte die deutsche Invasion mehr als alle heroischen Opfer der Roten Armee. Hätte das sowjetische Regime Rußland ein Straßennetz gegeben, das dem westlicher Länder zu vergleichen war, wäre Rußland fast genauso schnell überrannt worden wie Frankreich.

Aber man kann diese Überlegung auch umkehren. Hitler hatte keine Siegeschancen, weil die Beweglichkeit seiner Wehrmacht auf Rädern statt auf Ketten beruhte. Auf Rußlands Schlammstraßen mußten die Räderfahrzeuge einsinken, während die Panzer weiterfahren konnten. Wären die Panzertruppen mit Kettenfahrzeugen für den Nachschub ausgerüstet gewesen, hätten sie trotz des Morastes bis August Rußlands lebenswichtige Zentren erreichen können.

Kapitel 14:
Rommels Eingreifen in Afrika

Im Jahr 1941 nahm das Kriegsgeschehen in Afrika eine Reihe überraschender Wendungen, die die Erwartungen auf beiden Seiten abwechselnd über den Haufen warfen, aber kein entscheidendes Ergebnis brachten. Es war ein Krieg schneller Truppenbewegungen mit einem ständigen Hin und Her. Das Jahr hatte damit begonnen, daß die Engländer die Italiener aus der Cyrenaika warfen. Dann erschien eine deutsche Streitmacht unter der Führung von General Erwin Rommel auf dem Schauplatz; kaum zwei Monate später wurden die Engländer aus der Cyrenaika verjagt und hielten nur noch einen Stützpunkt in der kleinen Hafenstadt Tobruk. Rommel seinerseits wurde bei zwei aufeinanderfolgenden Angriffen gegen Tobruk zurückgewiesen; doch dann scheiterten zwei britische Versuche, die belagerte Stadt zu entsetzen. Nach einer Pause von fünf Monaten, in der die Briten ihre Streitkräfte verstärkten, unternahmen sie im November eine größere Anstrengung, die zu einer »Schaukelschlacht« von einem Monat Dauer führte, in der sich das Glück wiederholt wendete, ehe die erschöpften Reste der feindlichen Armee gezwungen wurden, sich wieder einmal bis an die Westgrenze der Cyrenaika zurückzuziehen. Trotzdem lieferte Rommel in der letzten Woche des Jahres einen Gegenschlag, der sich als Vorahnung eines weiteren dramatischen Rückzugs der Briten erwies.

Rommels Eröffnungsschlag Ende März 1941 und seine weitreichenden Auswirkungen löste auf britischer Seite einen um so größeren Schock aus, als man nicht mit einem so frühen Vorstoß des Feindes gerechnet hatte. In einer Lagebeurteilung, die Wavell am 2. März an die Chefs des Generalstabs in London geschickt hatte, berichtete er über die

Ankunft deutscher Truppen in Tripolis, betonte aber, daß diese auf zwei oder mehr Divisionen verstärkt werden müßten, ehe sie einen ernsthaften Angriff versuchen könnten, und er schloß seinen Bericht mit den Worten, die Schwierigkeiten des Feindes machten es unwahrscheinlich, daß ein solcher Angriff vor Ende des Sommers zu erwarten wäre. Im Gegensatz dazu klangen Churchills Botschaften besorgt darüber, daß die Deutschen vielleicht nicht warten würden, bis sie einen konventionellen Aufbau vollendet hätten. Er hielt eine Gegenoffensive für dringend geboten, obwohl er in bezug auf die Schlagkraft der vorhandenen britischen Truppen zu optimistisch war. Am 26. März telegrafierte er an Wavell:

»Wir befürchten natürlich einen raschen deutschen Vorstoß auf Agheila. Es ist ihre Methode, überall dort rasch vorzugehen, wo sie keinen Widerstand finden. Ich nehme an, Sie warten nur darauf, bis die Schildkröte den Kopf weit genug herausstreckt, um ihn abzuschneiden. Es ist besonders wichtig, ihnen frühzeitig einen Begriff von unserer Qualität zu geben.«

Doch es fehlte an Qualität, sowohl in technischer als auch in taktischer Hinsicht. Zwar war die erschöpfte 2. Panzerdivision, die im Kampfgebiet stand, den beiden Einheiten Rommels im Verhältnis von drei zu zwei überlegen und verfügte über mehr mit großkalibrigen Kanonen bestückte Panzer; aber ein großer Teil davon bestand aus eroberten italienischen »M 13 s«, die von den Briten eingesetzt wurden, um den Mangel an eigenen »cruiser tanks (leichte Kavalleriebegleitpanzer) auszugleichen, und fast alle waren in einem sehr schlechten Zustand. Die Chancen einer so angeschlagenen Streitmacht wurden durch Wavells Anweisung noch verringert, daß sie, sollte sie angegriffen werden, zurückweichen und hinhaltend kämpfen sollte. Da die Engpaßstellung ostwärts von Al Agheila bei Rommels Eröffnungsangriff am 31. März aufgegeben wurde, hatte er den Weg frei in ein weites Wüstengebiet mit einer großen Auswahl alternativer Marschrouten und Ziele, so daß er die Briten verwirren konnte, während sie selbst nicht in der Lage waren, solche strapaziösen Manöver zu unternehmen. In den darauffolgenden Tagen gab Rommel ihnen keine Atempause. Die meisten ihrer Panzer gingen verloren – nicht im Kampf, sondern durch technisches Versagen oder weil ihnen bei länger dauernden und unzusammenhängenden Rückzügen der Treibstoff ausging.

In weniger als einer Woche waren die Briten mehr als 300 Kilometer aus ihrer Stellung an der Westgrenze der Cyrenaika zurückgeworfen. Nach knapp vierzehn Tagen standen sie 650 Kilometer weiter rückwärts an der Ostgrenze der Cyrenaika und Westgrenze Ägyptens, mit Ausnahme der eingeschlossenen Besatzung von Tobruk. Die Entscheidung, den kleinen Hafen zu halten und diese Stellung als »Stachel im Fleische des Feindes« zu benutzen, hatte auf den Verlauf des Afrika-Krieges in den kommenden zwölf Monaten weitreichenden Einfluß.

Der schnell um sich greifende Zusammenbruch hatte natürlich dazu geführt, die Zuversicht der Kommandeure und Truppen auf britischer Seite zu erschüttern und die Stärke der Angreifer zu überschätzen. In der Ferne war es leichter, über die begrenzte Stärke und die strategischen Schwierigkeiten des Feindes Buch zu führen. Churchill wog sie ab und telegrafierte am 7. April an Wavell:

»Sie sollten in der Lage sein, Tobruk mit seinen italienischen Verteidigungsanlagen zu halten, mindestens bis der Feind schwere Artillerie heranschafft. Es ist kaum anzunehmen, daß ihm dies in den nächsten Wochen gelingt. Er würde ein großes Risiko eingehen, wenn er Tobruk umginge und gegen Ägypten vorstieße, da er weiß, daß wir über See Verstärkung heranbringen und seine Nachschubwege bedrohen können. Tobruk scheint daher ein Ort zu sein, der bis zum letzten gehalten werden muß, ohne Gedanken an einen Rückzug. Bitte teilen Sie mir mit, was Sie beabsichtigen.«

Wavell hatte sich schon entschlossen, Tobruk wenn irgend möglich zu halten. Doch als er am 8., von Kairo kommend, dort gewesen war, berichtete er, die Lage habe sich wesentlich verschlechtert und die Aussichten, den Ort zu verteidigen, seien höchst unsicher. Churchill entwarf daraufhin in einer Sitzung mit den Stabschefs eine noch nachdrücklichere Botschaft, die besagte, es scheine undenkbar, daß die Festung Tobruk aufgegeben würde. Doch ehe diese Weisung abgeschickt wurde, teilte Wavell mit, er habe sich entschlossen, sie einige Zeit zu halten und an der Grenze eine bewegliche Streitmacht aufzustellen, um den Feind zu binden und den Druck zu mindern; gleichzeitig wolle er versuchen, den alten Plan einer Verteidigung im Gebiet von Mersa Matruh, 320 Kilometer weiter rückwärts, wiederaufzunehmen.

Tatsächlich fand kein weiterer Rückzug statt, dank der hartnäckigen

Verteidigung von Tobruk, obgleich noch acht Monate vergehen sollten, ehe es entsetzt werden konnte.

Den Hauptteil der Besatzung stellte die 9. australische Division unter General Morshead, die aus dem Gebiet von Bengasi sicher zurückgekehrt war. Außerdem war die 18. Infanteriebrigade (der 7. australischen Division) auf dem Seeweg angelangt, denen Abteilungen des 1. und 7. Royal-Tank-Regiments folgten, aus denen eine kleine Panzerstreitmacht mit über 50 Panzern aufgebaut wurde.

Rommels Angriff begann am Karfreitag, dem 11. April, mit Erkundungsvorstößen. Der Hauptangriff erfolgte am frühen Ostermontag aus dem Süden gegen den Mittelteil der 55 Kilometer langen Frontlinie, ungefähr 15 Kilometer vom Hafen entfernt. Er durchbrach die schwache Verteidigungslinie, und die Spitzenpanzerabteilung rollte drei Kilometer nach Norden weiter, wurde dort aber von der Artillerie der Verteidiger aufgehalten und zwängte sich dann aus der engen Einbuchtung, die sie erreicht hatte, wieder heraus, wobei sie 16 von den 38 eingesetzten Panzern verlor – eine Zahl, die die Geringfügigkeit von Rommels Streitmacht enthüllte. Die Italiener versuchten am 16. einen Angriff, wurden aber sofort abgewiesen, und fast tausend Mann ergaben sich, als ein Gegenangriff eines australischen Bataillons erfolgte.

Das italienische Oberkommando in Rom, das Rommels tiefen Vorstoß schon mit Unbehagen beobachtete, bat jetzt das deutsche Oberkommando, ihn in seiner abenteuerlichen Initiative zurückzuhalten, und berichtete von seiner Absicht, nach Ägypten vorzustoßen. Halder, der Chef des deutschen Generalstabes, war gleichermaßen bemüht, jede Überseeaktion zu drosseln, die Verstärkung auf Kosten der deutschen Streitkräfte erfordern könnte, die sich jetzt auf den Angriff gegen Rußland vorbereiteten. Er hatte auch eine instinktive Abneigung gegen Hitlers Vorliebe für dynamische Führer wie Rommel, die nicht in das Muster des Generalstabes paßten. So wurde Halders Stellvertreter, General Paulus, nach Afrika entsandt, um diesen »übergeschnappten Soldaten« zu zügeln, wie Halder in seinem Tagebuch bissig bemerkte. Paulus kam, sah und gebot Einhalt – doch nachdem er seinen Verweis erteilt hatte, billigte er einen neuen Sturmangriff auf Tobruk.

Dieser begann am 30. April. Bis zu diesem Zeitpunkt waren einige Vorausabteilungen der 15. Panzerdivision, wenn auch nicht ihr Panzerregiment, aus Europa eingetroffen, um die 5. leichte Panzerdivision zu verstärken. Diesmal richtete sich der Schlag unter dem Schutz der

Dunkelheit gegen die Südwestecke der Verteidigung. Am 1. Mai schlug die deutsche Infanterie bei Tageslicht eine Bresche von mehr als anderthalb Kilometer Breite. Dann setzte die erste Welle der Panzer zu einem Vorstoß auf das 16 Kilometer entfernte Tobruk an. Doch nachdem sie anderthalb Kilometer vorgestoßen waren, liefen sie unerwartet auf ein Minenfeld, das dort als Falle vor kurzem neu gelegt worden war, und 17 von 40 Panzern wurden außer Gefecht gesetzt. Trotzdem kehrten alle bis auf fünf sicher zurück, nachdem ihre Ketten unter Beschuß repariert worden waren. Um die Verteidigungsstellungen aufzurollen, stieß die zweite Panzer- und Infanteriewelle nach Südosten, in ihrem Rücken entlang. Doch nach einem seitlichen Vorstoß von fast fünf Kilometern wurden sie schließlich aufgehalten, und zwar durch den kombinierten Einsatz von Artillerie, die hinter dem Minenfeld in Stellung war, durch einen Gegenangriff 20 britischer Panzer und den anhaltenden Widerstand einiger australischer Vorposten, die sie versäumt hatten auszuschalten. Was die italienischen Hilfstruppen betraf, so waren sie im Angriff langsam, aber im Sichabsetzen schnell.

Am nächsten Tag waren nur noch 35 von über 70 Panzern gefechtsbereit, und der Angriff wurde eingestellt. Am Abend des 3. unternahm Morshead einen Gegenangriff mit seiner Reserve-Infanteriebrigade; doch dieser mißlang ebenfalls, und die Lage entwickelte sich zu einem Patt. Die Südwestecke der Verteidigungsstellung blieb in Rommels Griff; doch es war offensichtlich, daß seine Kräfte zur Eroberung Tobruks nicht ausreichten, und Paulus legte, ehe er wieder nach Hause zurückkehrte, sein Veto gegen jeden Versuch ein, den Angriff wiederaufzunehmen. So entwickelte sich nach zwei vergeblichen Versuchen Wavells, Rommel zurückzuschlagen und die Garnison zu entsetzen, eine Belagerung, die bis spät ins Jahr hinein andauerte.

Der erste dieser Gegenangriffe Mitte Mai hatte mehr Versuchscharakter, was sich in seinem Decknamen Operation Brevity ausdrückte; doch größere Hoffnungen knüpften sich an das nachfolgende Unternehmen Mitte Juni, die »Operation Battleaxe«. Das Ergebnis war ein kläglicher Ausgleich für das hohe Risiko, das man auf Churchills Betreiben eingegangen war – das Risiko, eine große Verstärkung an Panzern nach Ägypten zu schicken zu einem Zeitpunkt, als die Streitkräfte, die England verteidigten, noch immer schlecht ausgerüstet waren, und als Hitler sich noch nicht gegen Rußland gewandt hatte. Ein weiteres Risiko war es, diese Verstärkung auf dem Mittelmeerweg zu entsenden, was ein »Spießrutenlaufen« vor der Luftwaffe des Feindes bedeutete.

Churchills Bereitschaft, dieses doppelte Risiko einzugehen, um in Afrika die Oberhand zu gewinnen und die britische Stellung in Ägypten zu halten, stand in auffallendem Gegensatz zur Haltung Hitlers und Halders, die darin einiggingen, das deutsche Engagement im Mittelmeer in Grenzen zu halten. Im Oktober 1940 war General von Thoma zu einer Erkundungsreise in die Cyrenaika entsandt worden und hatte gemeldet, daß vier Panzerdivisionen benötigt würden und genügen sollten, um bei der Invasion Ägyptens den Erfolg zu sichern. Doch Mussolini war so wenig willens gewesen, eine so große Hilfe von Deutschland anzunehmen, wie Hitler bereit gewesen war, sie zu gewähren. Rommels kleine Streitmacht von zwei Divisionen war erst nach der italienischen Niederlage nach dort entsandt worden, um Tripolis zu halten. Auch wenn er bewiesen hatte, was er mit einer kleinen Panzertruppe erreichen konnte, blieben Hitler und Halder abgeneigt, die verhältnismäßig kleine Verstärkung, die höchstwahrscheinlich den Ausgang entschieden hätte, zur Verfügung zu stellen. Dadurch verspielten sie die Chance, Ägypten zu erobern und die Briten zu einem Zeitpunkt aus dem Mittelmeer zu verjagen, als diese noch schwach waren. Die Folge war, daß sie ein viel größeres Engagement eingehen und letzten Endes viel größere Opfer bringen mußten.

Doch trotz der noch immer spärlichen Hilfsmittel war schon im April 1941 in Großbritannien ein Geleitzug mit einer großen Panzerverstärkung für Ägypten zusammengestellt worden. Er war schon fast zum Auslaufen bereit, als am 20. April ein Telegramm Wavells eintraf, das den Ernst der Lage und den dringenden Bedarf an weiteren Panzern unterstrich. Churchill schlug sofort vor – und bewog auch die Chefs des Generalstabs, zuzustimmen[1] –, daß die ersten schnellen Schiffe, die Panzer an Bord hatten, bei Gibraltar Kurs nach Osten nehmen und den kürzeren Weg durch das Mittelmeer einschlagen sollten,

---

[1] In einer persönlichen Note an die Stabschefs schrieb er an diesem Tag scharf: »Der Ausgang des Krieges im Nahen Osten, der Verlust des Suezkanals, die Vergeudung und Zerstreuung der enormen Kräfte, die wir in Ägypten aufgebaut haben, das Ende jeglicher Aussichten auf amerikanische Unterstützung durch das Rote Meer – das alles kann von ein paar hundert Panzerfahrzeugen abhängen. Sie müssen, wenn irgend möglich, um jeden Preis dorthin geschafft werden.«

was einen Zeitgewinn von fast sechs Wochen bedeutete. Er bestand auch darauf, daß der Umfang der Verstärkung vergrößert und hundert der neuesten Panzer mitgeschickt werden sollten, obwohl der Chef des britischen Generalstabs, General Dill, sich einem solchen Abzug der ohnehin schwachen Kräfte widersetzte, die für die Heimatverteidigung zur Verfügung standen, um einer möglichen Frühlingsinvasion begegnen zu können.

Diese »Operation Tiger« war der erste Versuch, einen Konvoi durch das Mittelmeer zu bringen, seitdem die Luftwaffe dort im Januar aufgetaucht war. Von nebligem Wetter unterstützt, konnte der Geleitzug durchgeschleust werden, ohne aus der Luft Schaden zu erleiden. Allerdings lief eines der Schiffe mit 57 Panzern an Bord in der Straße von Sizilien auf eine Mine und sank. Am 12. Mai trafen die anderen vier Schiffe mit 238 Panzern (135 »Matilda«-Panzer, 82 Cruiser und 21 leichte Panzer) sicher in Alexandria ein. Das waren viermal so viele, wie Wavell bisher für die Verteidigung Ägyptens hatte zusammenbringen können.

Ohne jedoch auf diese große Verstärkung zu warten, hatte Wavell sich entschlossen, aus Rommels Schlappe von Tobruk und aus dem gemeldeten Nachschubmangel der Deutschen Nutzen zu ziehen und zu einem offensiven Schlag mit der zusammengewürfelten Streitmacht auszuholen, die sich unter Brigadier Gott an der Grenze zusammengezogen hatte. Das war die Operation »Brevity«. Wavells Ziel war es, die küstennahen Grenzstellungen zurückzuerobern, von denen er wußte, daß sie nur von wenigen Truppen gehalten wurden, und ihre Besatzungen unschädlich zu machen, ehe der Feind sie verstärken konnte. Wie er in einem Telegramm am 13. Mai Churchill mitteilte, hoffte er jedoch auf mehr: »Wenn wir Erfolg haben, werden wir eine sofortige kombinierte Aktion von Gotts Streitmacht und der Garnison von Tobruk in Erwägung ziehen, um den Feind nach Westen zu treiben.«

Zwei Panzereinheiten wurden herbeigeschafft, um Gotts Streitmacht Schlagkraft zu verleihen. Es handelte sich um das 2. R.T.R., das mit 29 älteren Panzerwagen, die überholt worden waren, ausgerüstet war, und um das 4. R.T.R. mit 26 Matilda-Panzern, als »Infanterie-Panzer« schwer bestückt und relativ langsam. Das 2. R.T.R. sollte mit einer Hilfsgruppe motorisierter Infanterie und Artillerie um die Wüstenflanke der befestigten Stellungen von Sidi Aziez marschieren

und den Nachschub- und Rückzugweg des Feindes blockieren. Das 4.
R.T.R. sollte die Spitze der motorisierten 22. Guards Brigade beim
Angriff bilden.

Nach einem nächtlichen Annäherungsmarsch von 50 Kilometern
wurde die von Italienern gehaltene Stellung auf dem Halfaya-Paß am
frühen Morgen des 15. Mai im Überraschungsangriff gestürmt, wobei
etliche hundert Gefangene gemacht wurden, obgleich die Artillerie der
Verteidiger einige »Matildas« außer Gefecht setzte. Zwei andere Stellungen, Bir Waid und Musaid, wurden schnell genommen; doch war
die Überraschung verpufft, ehe Fort Capuzzo erreicht war, und als
eine deutsche Kampfgruppe aus der Flanke angriff, geriet der Angriff
in Unordnung.

Obgleich die Festung schließlich fiel, wurde sie später wieder geräumt. Inzwischen war die Flankenbewegung gegen Sidi Aziez unter
der Drohung eines Gegenangriffs abgebrochen worden. Andererseits
war der feindliche Kommandeur von der Wucht des Angriffs so beeindruckt, daß er den Rückzug befahl.

So begannen am Abend beide Seiten, sich zurückzuziehen. Doch
während Rommel den deutsch-italienischen Rückzug schnell widerrief
und rasch ein Panzerbataillon von Tobruk zum Kampfplatz führte,
beschloß Gott, sich nach Halfaya zurückzuziehen. Seine Truppen waren schon im Abmarsch begriffen, als sie der Haltebefehl vom weit
entfernten höheren Kommando erreichte.

Bei Tagesanbruch fanden die Deutschen das Schlachtfeld verlassen
– sehr zu ihrer Erleichterung, da das verstärkende Panzerbataillon kein
Benzin mehr hatte und unbeweglich war, bis später am gleichen Tag
Nachschub kam.

Der britische Rückzug endete nicht bei Halfaya, doch man ließ dort
eine kleine Besatzung zurück. Die Deutschen waren schnell dabei, deren exponierte Stellung auszunutzen, und eroberten den Paß am 27.
durch einen plötzlichen Schlag aus verschiedenen Richtungen zurück.
Das war für sie von großem Vorteil, da es die nächste und stärkere britische Offensive »Battleaxe« ernstlich behinderte. Darüber hinaus
legte Rommel während der Kampfpause für die britischen Panzer bei
Halfaya wie auch vor anderen vorgeschobenen Stellungen Fallen an,
indem er 8,8-cm-Flakgeschütze eingraben ließ, die er höchst wirksam
für die Panzerabwehr einsetzte.

Diese Notmaßnahme erwies sich als sehr wichtig für die Entscheidung in der kommenden Schlacht. Damals gehörten fast zwei Drittel der deutschen Panzerabwehrgeschütze noch zum alten 3,7-cm-Typ, der fünf Jahre vor dem Krieg entwickelt worden und den britischen 4-cm-Tank- und Panzerabwehrgeschützen weit unterlegen war. Gegen die britischen Panzerspähwagen konnten sie wenig ausrichten, und gegen die »Matildas« waren sie machtlos. Selbst das neue 5-cm-Panzerabwehrgeschütz, von dem Rommel jetzt über 50 Stück hatte, konnte die dicke Panzerung der »Matildas« nur aus kurzer Entfernung durchdringen. Doch das auf Rädern fahrende 8,8-cm-Geschütz durchschlug die Vorderpanzerung der »Matildas« (77 mm stark) auf eine Entfernung von etwa 2 000 Meter. Rommel hatte von diesen Geschützen nur zwölf Stück; doch wurde eine Batterie von vier Geschützen bei Halfaya in Stellung gebracht und eine weitere am Hafid-Graben – zwei Punkten, welche die Briten zu Beginn ihres Angriffs nehmen wollten.

Das war Rommels Glück; denn in vieler Hinsicht war er anfangs schwer im Hintertreffen, hauptsächlich was die Zahl der Panzer, der Hauptwaffe in diesen Wüstenschlachten, betraf. Aus Deutschland waren keine weiteren Verstärkungen eingetroffen, und als die Schlacht begann, hatte er kaum hundert mit Kanonen bestückte Panzer zur Verfügung, und mehr als die Hälfte davon lag 130 Kilometer weiter rückwärts bei der Streitmacht, die Tobruk belagerte. Andererseits setzte die Ankunft des Geleitzuges »Tiger« die Briten in die Lage, etwa 200 mit Kanonen bestückte Panzer aufmarschieren zu lassen, wodurch sie im Anfangsstadium im Verhältnis von 4 zu 1 überlegen waren. Viel hing davon ab, ob sie diesen Vorsprung ausnutzen und die feindlichen Kräfte im Grenzgebiet zerschlagen konnten, ehe Rommel den Rest seiner Panzer (das 5. Panzerregiment) aus dem entfernten Tobruk herbeischaffen konnte.

Zum Unglück für die Briten wurden die Chancen verringert durch einen »infanteristisch gedachten« Offensivplan. Diese Denkgewohnheit wurde durch die wahllose Mischung verschiedenster Panzertypen verstärkt und führte schließlich zur Verzettelung der zahlenmäßigen Überlegenheit.

Die Ankunft des »Tiger«-Konvois hatte Wavell in die Lage versetzt, zwei Panzerbrigaden für die neue Offensive zusammenzustellen; aber nach der mißlungenen »Operation Brevity« Mitte Mai waren nur noch so wenige Panzer übrig, daß in jeder Brigade nur zwei oder drei Regimenter damit ausgerüstet werden konnten [1]. Außerdem reichte die Zahl der neu eingetroffenen Panzerwagen nur dazu aus, ein Regiment auszurüsten, und von den schon vorhandenen blieben gerade so viele übrig, daß ein zweites Regiment ausgerüstet werden konnte. Die beiden Regimenter der anderen Brigade wurden mit »Matildas« – »Infanteriepanzern« – ausgerüstet. Das beeinflußte stark den Entschluß des Stabes, diese Brigade zu Beginn als Unterstützung der Infanterie bei ihrem direkten Sturmangriff auf die befestigten Stellungen des Feindes einzusetzen, statt alle verfügbaren Panzer darauf zu konzentrieren, diejenigen des Feindes im vorderen Frontabschnitt zu zerschmettern. Diese Entscheidung hatte für die Entwicklung der Offensive verhängnisvolle Folgen.

Die Ziele des Unternehmens »Battleaxe« waren, da von Churchill festgesetzt, sehr hoch gesteckt. Es sollte ein »entscheidender« Sieg in Nordafrika errungen und Rommels Truppe »vernichtet« werden. Wavell äußerte vorsichtige Zweifel an der Möglichkeit eines so vollständigen Erfolges, erklärte aber, er hoffe, der Angriff werde den Feind von Tobruk aus nach Westen zurückwerfen. Das stand im Einsatzbefehl für General Beresford-Peirse, der als Befehlshaber der Western Desert Force die Offensive leiten sollte.

Der Angriffsplan umfaßte drei Phasen. Er wurde durch einen Sturmangriff der 4. indischen Division auf das befestigte Gebiet Halfaya–Sollum–Capuzzo eröffnet, wobei die mit Matilda-Panzern ausgerüstete 4. Panzerbrigade Unterstützung leistete, während der Rest der 7. Panzerdivision die Wüstenflanke deckte. In der zweiten Phase sollte die 7. Panzerdivision auf Tobruk nachstoßen, und zwar mit ihren zwei Panzerbrigaden. In der dritten Phase sollte diese Division, zusammen mit der Besatzung von Tobruk, nach Westen vorstoßen. Das war ein Plan, der schon den Keim des Mißlingens in sich trug. Denn indem die Hälfte der Panzer in der ersten Phase der Infanterie

---

[1] Churchill drängte darauf, daß weitere hundert Panzer, die erforderlich waren, um in jeder Brigade ein drittes Regiment auszurüsten, durch das Mittelmeer geschickt wurden; aber die Admiralität ging dieses Risiko ungern nochmals ein. Churchill schrieb in seinen Memoiren bitter: »Ich hätte mich nicht davon abhalten lassen sollen, einen Kabinettsbeschluß darüber zu erbitten und herbeizuführen; aber General Wavell selbst bestand nicht darauf, ja er stellte sich sogar auf die andere Seite. Das entzog mir den Boden unter den Füßen.« So fuhr der Konvoi um das Kap und kam erst Mitte Juli in Suez an.

zur Unterstützung zugeteilt wurde, halbierten sich die Chancen, das Panzerregiment des Feindes im vorderen Frontabschnitt zu schlagen, ehe dieses durch ein anderes Panzerregiment von Tobruk aus verstärkt werden konnte, und die Möglichkeit, die zweite und dritte Phase des britischen Planes zu verwirklichen, wurde stark vermindert.

Um die Grenzstellungen des Feindes zu erreichen, mußten die angreifenden Streitkräfte einen Anmarsch von 50 Kilometern unternehmen, zu dem sie am Nachmittag des 14. Juni aufbrachen. Der Endspurt von 13 Kilometern wurde in den frühen Morgenstunden des 15. bei Mondlicht unternommen, und die Schlacht begann mit einem Angriff des rechten Flügels auf die Außenstellung des Feindes am Halfaya-Paß. Doch dieses Mal waren die Verteidiger besser vorbereitet als im Mai, und der Überraschungseffekt wurde durch die Entscheidung verspielt, daß die Panzer erst dann mit dem Angriff beginnen sollten, wenn die Artillerie genügend Licht zum Schießen hatte. Diese Entscheidung erwies sich als verhängnisvoll, weil die eine Batterie, die zur Unterstützung dem Sturmangriff auf Halfaya zugeteilt worden war, im Sand steckenblieb. Es war heller Tag, als das »Matilda«-Bataillon das diesen Angriff führte, zum letzten Vorstoß ansetzte, und die erste Meldung, die über Funk kam, waren die Worte des Kommandeurs: »Sie schießen meine Panzer zusammen.« Das war seine letzte Meldung: Von den dreizehn »Matildas« überlebte nur ein einziger die »Panzerfalle« der vier 8,8-cm-Flakgeschütze, die Rommel an der Stelle gelegt hatte, die die britischen Truppen treffend »Höllenfeuer-Paß« nannten.

Inzwischen hatte sich die Kolonne in der Mitte über das Wüstenplateau auf Fort Capuzzo vorgeschoben, mit einem als Spitze vorangehenden ganzen Regiment von »Matildas«. Ihnen stand keine 8,8-cm-Flak im Weg, und der Widerstand der Besatzung brach angesichts dieser massiven Bedrohung zusammen. Das Fort fiel, und zwei Gegenangriffe im Laufe des Tages wurden wieder zurückgeschlagen.

Doch die Brigade an der Spitze der linken Kolonne, welche die Flanke des Feindes umgehen sollte, war in Rommels Panzerfalle am Hafid-Bergkamm gegangen und dort aufgehalten worden. Als der Angriff am späten Nachmittag wieder begann, geriet man nur noch tiefer in die Falle und hatte noch schwerere Verluste. Zu diesem Zeitpunkt war der Großteil des vorgeschobenen deutschen Panzerregiments am Kampfplatz erschienen, das einen Flankenangriff entwikkelte. Die übriggebliebenen britischen Tanks gingen langsam zum Grenzzaun zurück.

Bei Anbruch der Nacht hatten die Briten am ersten Tag mehr als die Hälfte ihrer Panzer verloren, hauptsächlich in den beiden Panzerfallen, während Rommels Panzertruppe noch fast völlig intakt war. Und durch die Ankunft seines anderen Panzerregimentes von Tobruk verschob sich das Kräfteverhältnis zu seinen Gunsten.

Am zweiten Tag ergriff Rommel die Initiative, indem er seine gesamte 5. leichte Division von Tobruk einsetzte, um die britische linke Flanke in der Wüste in Verbindung mit einem starken Gegenangriff der 15. Panzerdivision bei Capuzzo zu umklammern. Dieser Gegenangriff bei Capuzzo wurde zurückgeschlagen. Hier hatten die Briten den Vorteil, gut gewählte und getarnte Stellungen zu verteidigen. Der gleichzeitige Vormarsch von vorn und von der Flanke brachte aber den britischen Plan durcheinander, die Offensive an dem gleichen Tage erneut aufzunehmen, und bei Anbruch der Nacht hatte die Umklammerungsbewegung der Deutschen unheilvolle Fortschritte gemacht.

Rommel nutzte diesen Vorteil und verschob in den frühen Stunden des dritten Tages seine gesamten motorisierten Truppen nach Westen auf die Wüstenflanke mit dem Ziel, einen sensenähnlichen Schnitt gegen den Halfaya-Paß zu machen und die britischen Rückzugslinien abzuschneiden. Als diese Bedrohung am Vormittag offenkundig wurde, befahlen die höheren britischen Kommandostellen nach einer hastigen Besprechung den Rückzug ihrer auseinandergefallenen Streitkräfte. Der vorgeschobene Teil bei Capuzzo hatte nur einen sehr schmalen Ausweg; doch der hartnäckige Widerstand der übriggebliebenen britischen Panzer verschaffte der auf Lastwagen fahrenden Infanterie Zeit, und am vierten Morgen waren die britischen Streitkräfte um 50 Kilometer auf ihre Ausgangslinie zurückgefallen.

Die Verluste an Menschenleben in den drei Tagen der »Battleaxe«-Schlacht waren geringfügig. Auf britischer Seite wurden weniger als tausend Mann getötet, verwundet oder vermißt, und ungefähr die gleichen Verluste gab es auf der anderen Seite. Doch die Briten verloren 91 Panzer, die Deutschen nur zwölf. Da ihnen das Schlachtfeld überlassen worden war, konnten sie sich erholen und die meisten ihrer beschädigten Panzer reparieren, während die Briten bei ihrem hastigen Rückzug viele zurücklassen mußten, die nur wegen Maschinenschadens ausgefallen waren und hätten repariert werden können, wenn es die Zeit erlaubt hätte. Die unverhältnismäßig hohen Panzerverluste unterstrichen nur noch, daß diese Offensive die großen Hoffnungen, die an ihrem Anfang standen, nicht erfüllen konnte.

Tobruk, »Brevity« und »Battleaxe« kennzeichneten eine neue Wendung in der taktischen Entwicklung des Krieges. Bis jetzt hatte er eine fast völlige Umkehr der beherrschenden Rolle gebracht, die während des Ersten Weltkrieges und im vergangenen halben Jahrhundert die Verteidigung gespielt hatte. Seit September 1939 war auf allen Kriegsschauplätzen der Angriff wiederholt und überraschend erfolgreich gewesen, sofern er durch schnelle Panzerkräfte durchgeführt wurde, so daß sowohl die öffentliche Meinung als auch die der militärischen Fachleute zu dem Glauben kam, die Verteidigung sei von Natur aus im Nachteil und jeder Angreifer müsse die Oberhand gewinnen. Doch »Battleaxe« zeigte, was Tobruk und »Brevity« hatten ahnen lassen, nämlich wie wirksam eine Verteidigung selbst in einem so offenen Land wie der nordafrikanischen Wüste sein konnte, wenn sie mit Geschick und Verständnis für die Eigenarten moderner Waffen durchgeführt wurde. Als der Krieg weiterging und die Erfahrung wuchs, wurde immer sichtbarer, daß die Verteidigung in beweglicherer Form den Vorteil zurückgewann, den sie im Ersten Weltkrieg gehabt hatte, und daß nur große Überlegenheit der Kräfte oder ein sehr hoher Grad von Geschicklichkeit die Verteidigung des Gegners überwinden konnte.

Zum Schaden für die Aussichten des nächsten britischen Versuchs, Rommel zu schlagen und Nordafrika zu säubern, zog man aus »Battleaxe« entweder falsche oder gar keine Lehren. Den wichtigsten Punkt, den die höheren britischen Kommandostellen bei ihren Schlußfolgerungen übersahen, war die Rolle, die die 8,8-cm-Flak bei der Verteidigung gespielt hatte. Sie ignorierten Berichte darüber, daß dieses schwere Flakgeschütz als Panzerabwehrgeschütz eingesetzt worden war. Als sie diese Tatsache nach weiteren schweren Panzerverlusten im Herbst erkannten, beharrten sie hartnäckig auf der Ansicht, eine so massive Waffe könne nur in eingegrabenen Stellungen eingesetzt werden. Deshalb entwickelten sie auch keine Taktik, um dem nächsten Fortschritt in Rommels Verteidigungstaktik zu begegnen – dem nämlich, die 8,8-cm-Flak beweglich einzusetzen.

Eine weitere wichtige Entwicklung, die von den britischen Kampftruppen und ihren höheren Befehlshabern übersehen wurde, war des

Feindes kühner werdender Einsatz seiner normalen Panzerabwehrgeschütze in enger Verbindung mit seinen Panzern, nicht nur bei der
Verteidigung, sondern auch im Angriff. In den kommenden Schlachten
wurde diese Kombination zu einem dominierenden Faktor und übte
auf die Entscheidung sogar einen noch größeren Einfluß aus als die
8,8-cm-Flak.

Tatsächlich scheint es die Hauptursache für die unverhältnismäßig
schweren Verluste an Panzern auf britischer Seite gewesen zu sein, daß
die Deutschen ihre verhältnismäßig kleinen und handlichen 5-cm-
Pakgeschütze ihren eigenen Panzern voraus und getarnte eingegrabene
Stellungen gebracht hatten. Das wurde von den britischen Panzer-
mannschaften nicht bemerkt, die nicht wissen konnten, ob ein
Geschoß, das ihre Panzerung durchdrang, von einem Panzer oder
einem Panzerabwehrgeschütz abgefeuert worden war. Sie schrieben es
natürlich dem Gegner zu, der am sichtbarsten war. Dieser Fehlschluß
führte zu der falschen Überzeugung, ihre eigenen Panzer und Panzer-
geschütze seien denen des Feindes unterlegen, und daher auch zu
einem um sich greifenden Verlust des Selbstvertrauens.

Es gab noch einen anderen Punkt, den man bei der Analyse der
Sommerschlacht übersah und der ernste Wirkungen auf den britischen
Plan für die nächste Offensive hatte. In seiner Meldung, die fast drei
Monate nach »Battleaxe« abgefaßt worden war, kam Wavell zu dem
Schluß, daß der »Hauptgrund für unseren Mißerfolg zweifellos die
Schwierigkeit war, den Einsatz der Cruiser und der ›I‹ (Infanterie)-
Panzer zu koordinieren . . .« Doch tatsächlich ist diese Koordinierung
nicht einmal versucht worden. Die beiden »Matilda«-Regimenter wa-
ren zu Beginn von der Panzerdivision abgezogen und dem Komman-
deur der Infanterie unterstellt worden. Dieser hatte sich während der
ganzen Schlacht an ihnen festgeklammert, statt ihnen nach der ersten
Phase, wie es in dem Plan vorgesehen gewesen war, freien Lauf zu lassen. Bei kluger Kombination hätten die »I«-Panzer in der Panzerschlacht eine wertvolle Rolle spielen können, wenn sie als starker
Drehpunkt für die Manöver der Cruiser eingesetzt worden wären.
Zwischen den »Matildas« und den »A. 10«-Panzern, die im ersten li-
byschen Feldzug und auch bei »Battleaxe« wirkungsvoll Hand in
Hand operiert hatten, bestand nur ein kleiner Geschwindigkeitsunterschied. Die Deutschen aber erwiesen sich sowohl dieses Mal wie auch
später als fähig, Panzertypen Hand in Hand arbeiten zu lassen, zwi-

schen denen ein so großer Geschwindigkeitsunterschied bestand wie zwischen den schnelleren britischen Cruiser und den »Matildas«.

Leider führte die ungeprüfte Vermutung, daß die Koordinierung zu schwierig sei, bei der nächsten britischen Offensive zu einer vollständigen Trennung zwischen den schnellen Panzern und »I«-Panzerbrigaden, so daß die Schlacht auf britischer Seite von zwei gesonderten Einheiten geführt wurde.

Kapitel 15:
Operation »Kreuzfahrer«

Daß es im Sommer 1941 nicht gelang, einen entscheidenden Sieg in Afrika zu erringen und den Feind von diesem Kontinent zu vertreiben, machte Churchill nur noch begieriger darauf, dieses Ziel zu erreichen. Er war entschlossen, den Versuch so bald wie möglich mit stärkeren Kräften wiederaufzunehmen. Zu diesem Zweck brachte er Verstärkungen nach Ägypten und schob die Einwände seiner militärischen Berater beiseite, daß die Verteidigung des Fernen Ostens und hauptsächlich Singapurs nach der Verteidigung Großbritanniens schon lange auf der Prioritätenliste an zweiter Stelle stand und vor dem Nahen Osten rangierte. Der Chef des britischen Generalstabs, Sir John Dill, versuchte, Churchill an die sorgfältig erwogene Entscheidung bezüglich der beiden Regionen und Risiken zu erinnern; er war jedoch zu weich und aus Gewohnheit zu ehrerbietig, um sich gegen Churchills starke Persönlichkeit, Überzeugungskraft und hohe Stellung durchzusetzen.

Und doch war die Gefahr im Fernen Osten jetzt akut geworden, während die dortigen britischen Streitkräfte erbarmenswert schwach blieben. Obgleich sich Japan bisher noch nicht im Kriege befand, mußten die Schritte, die Roosevelt und Churchill im Juli unternahmen, um seine wirtschaftlichen Quellen abzuschneiden, unweigerlich dazu führen, daß es auf die einzig mögliche Art zurückschlug, nämlich mit den Waffen. Japans Zögern gab Amerika und Großbritannien eine Frist von über vier Monaten, ihre Verteidigung im Pazifik aufzubauen, doch versäumten sie es, diese Frist zu nutzen. Im Fall Großbritanniens war diese Nachlässigkeit hauptsächlich darauf zurückzuführen, daß Churchills Interessen und Bemühungen einseitig auf Nordafrika gerichtet waren. So verursachte Rommel indirekt den Fall Singapurs, sowohl durch den Eindruck, den er selbst auf einen persönlichkeitsbezogenen Premierminister machte, als auch durch seine potentielle Bedrohung des Niltales und des Suezkanals.

Für die neue Offensive in Afrika mit dem Decknamen »Operation Crusader« (Kreuzfahrer) wurden die britischen Streitkräfte erheblich verstärkt und neu ausgerüstet. Die vier Panzereinheiten wurden auf 14 verstärkt, so daß vier komplette Panzerbrigaden (jede mit drei Einheiten) als Angriffsstreitmacht zur Verfügung standen, während die Tobruker Garnison eine neue Brigade erhielt (bestehend aus zwei Panzereinheiten und einem zusätzlichen Bataillon), die auf dem Seeweg herangebracht wurde, um beim Ausbruch eingesetzt zu werden und mit dem Angriffsverband zusammenzutreffen. (Größtenteils waren die Brigaden mit den neuen Crusader-Panzern oder den neuen amerikanischen Stuart-Panzern ausgerüstet, die in diesem Gebiet die schnellsten waren; doch gab es noch vier Einheiten mit »I«-Panzern, »Matildas« oder Valentines.) Drei weitere motorisierte Infanteriedivisionen wurden herangeschafft, so daß es insgesamt vier neue Divisionen waren – mit einer frischen Division Panzern in Tobruk, der britischen 70., welche die 9. australische Division unterstützte, die bis dahin die Hauptlast der Belagerung getragen hatte.

Im Gegensatz dazu erhielt Rommel sehr wenig Verstärkung aus Deutschland und zu seinen ursprünglichen vier keine zusätzlichen Panzereinheiten. Die 5. leichte Division wurde in 21. Panzerdivision umbenannt, erhielt jedoch keine weiteren Panzer und Kanonen. Um seine Streitmacht zu vergrößern, konnte er nur eine nichtmotorisierte Infanteriedivision (die zu Beginn Afrika-Division und später 90. leichte Division hieß) aus einigen zusätzlichen Artillerie- und Infanterieabteilungen behelfsmäßig aufstellen. Die drei italienischen Divisionen (eine davon war eine Panzerdivision) wurden um drei kleine Infanteriedivisionen vergrößert. Doch ihr Wert war wegen ihrer veralteten Ausrüstung und dem Mangel an Motorfahrzeugen gering, so daß sie nur als Statisten eingesetzt werden konnten und ein lästiges Hindernis für Rommels strategische Manövrierfreiheit bildeten.

Auch in der Luft waren die Briten jetzt weit überlegen. Sie verfügten über fast 700 Flugzeuge, die zur Unterstützung der Offensive bereit waren und denen insgesamt 120 deutsche und 200 italienische Flugzeuge gegenüberstanden.

Was die Panzer betraf, so war die britische Überlegenheit sogar noch größer. Als die Offensive angesetzt wurde, hatten die Briten mehr als 710 mit Kanonen bestückte Panzer (200 davon waren »I«-Panzer), während der Feind nur 174 deutsche Panzerkampfwagen und 146 italienische hatte, von denen die letzteren veraltet waren und wenig Wert hatten. Somit hatten die Briten im ganzen eine Überlegenheit von mehr als 2 zu 1, und mehr als 4 zu 1 gegenüber den Deutschen, deren zwei Panzerdivisionen mit je zwei Panzereinheiten von dem britischen Oberbefehlshaber als »das Rückgrat der Feindarmee« angesehen wurden. Außerdem hatte Rommel keine Reservepanzer, außer einigen, die repariert wurden, während 500 britische entweder in Reserve oder schon auf dem Seeweg waren, so daß sie für einen verlängerten Kampf viel besser gerüstet waren. Im Endergebnis gab schließlich jene Reserve den Ausschlag in der Schlacht [1].

Rommels Hauptvorteil gegenüber dieser großen Überlegenheit an Panzern lag darin, daß bis zum Herbst zwei Drittel seiner Panzerabwehrgeschütze vom neuen langläufigen 5-cm-Typ waren, die ungefähr 70 Prozent mehr Durchschlagskraft hatten als seine alten 3,7-cm-Geschütze und den britischen 4-cm-Geschützen überlegen waren. Nun hing seine Verteidigung nicht mehr von einer Handvoll 8,8-cm-Flakgeschützen ab wie im Sommer.

Churchill schickte nicht nur einen Großteil der britischen Rüstungsproduktion und große Verstärkungen nach Ägypten; er lieferte dem dortigen Angriffsverband auch eine Reihe neuer Befehlshaber. Vier Tage nach der mißlungenen »Operation Battleaxe« wurde Wavell von seinem Posten entfernt und durch Sir Claude Auchinleck, bis dahin Oberbefehlshaber in Indien, ersetzt, und die Befehlshaber der Infanterie und der Panzerdivision wurden kurz danach abgelöst. Churchill war in zunehmendem Maße der Vorsicht Wavells überdrüssig geworden, und das enttäuschende Ergebnis von »Battleaxe« festigte seinen Entschluß, einen neuen Befehlshaber zu ernennen. Doch mußte er zu seinem neuerlichen Ärger entdecken, daß Auchinleck sich seinem Drängen, die Offensive bald zu wiederholen, widersetzte und darauf bestand zu warten, bis alles gründlich vorbereitet und er stark genug

---

1 Die Zahlen über die beiderseitigen Panzerkräfte und Hilfsquellen laut British Official History, S. 30–31. Die Zahlen über die britische Einsatzstärke – insgesamt 713 Panzer (darunter 201 »I«-Panzer) – konnten aus verschiedenen Unterlagen gefolgert werden. Nach einer anderen Berechnung auf Grund der Akten belief sich die Gesamtzahl auf 756 (darunter 225 »I«-Panzer.)

war, um ein entscheidendes Ergebnis zu erzielen. So wurde die nächste Offensive, »Operation Crusader«, erst für Mitte November angesetzt, fünf Monate nach »Battleaxe«. Inzwischen hatte die wesentlich verstärkte Streitmacht die Bezeichnung 8. Armee erhalten; ihr Kommando wurde Generalleutnant Sir Alan Cunningham übertragen, der Italienisch-Somaliland erobert und den nachfolgenden Vorstoß aus dem Süden nach Äthiopien geleitet hatte, der zur Vertreibung der Italiener aus diesem Land geführt hatte. Die neue Armee bestand aus dem 13. Korps unter Generalleutnant A. R. Godwin-Austen und dem 30.(Panzer-)Korps unter Generalleutnant C. W. M. Norrie. Aber mit Ausnahme von Norrie, einem Kavalleristen, hatte keiner der neuen Befehlshaber Erfahrung mit Panzern und ihrem Einsatz gegen Panzer. Und Norrie wurde anstelle des Panzerexperten ernannt, der ursprünglich für die Führung des Panzerkorps vorgesehen war, aber bei einem Flugzeugabsturz ums Leben kam, kurz ehe die Offensive begann. Das 13. Korps umfaßte die neuseeländische und die 4. indische Division mit einer Brigade von Infanterietanks. Das 30. Korps bestand aus der 7. Panzerdivision mit zwei Panzerbrigaden (die 7. und 22.), der 4. Panzerbrigadegruppe, der 22. Guards (Motor) Brigade und der 1. südafrikanischen Division. Die 2. südafrikanische Division war in Reserve.

Der Grundgedanke des Angriffsplans bestand darin, daß das 13. Korps die Feindtruppen festnageln sollte, welche die Grenzstellungen hielten, während das 30. Korps die Flanke dieser befestigten Stellungen umgehen und Rommels Panzer »suchen und vernichten« sollte, um sich dann mit der Besatzung von Tobruk, die ausbrechen sollte, 110 Kilometer hinter der Grenze zu vereinigen. Somit würden die beiden Korps mit ihren jeweiligen Panzern in weit getrennten Gebieten operieren, nicht mit kombinierten Kräften. Der gefährlichste Teil der britischen Panzer, die Brigade mit den »Matildas« und Valentines, trug zur Panzerschlacht nicht viel bei, sondern wurde nur in kleinen Abteilungen zusammen mit der Infanterie eingesetzt. Und als sich der Vorstoß entfaltete, verwandelte sich die getrennte Aufteilung bald in Zersplitterung, woraus überall Schwäche folgte.

Dadurch verspielten die Briten ihren Anfangsvorteil, den sie durch die strategische Umgehungsbewegung erzielt hatten, mit der sie den Feind überrascht und vorübergehend verwirrt hatten. Der britische Angriff verlor den Zusammenhang und brachte sich zu einem großen

Teil selbst in Unordnung. Rommel sagte sarkastisch: »Was macht es schon aus, daß zwei feindliche Panzer auf einen eigenen kommen, wenn sie sie auseinanderziehen und von mir einzeln zusammenschießen lassen? Sie haben mir nacheinander drei Brigaden präsentiert.« Die Ursache des Übels lag in dem ehrwürdigen Grundsatz, der in jedem amtlichen militärischen Handbuch steht und an der Generalstabsakademie gelehrt wird, daß »die Vernichtung der Hauptstreitkräfte des Feindes auf dem Schlachtfeld« das oberste und einzig wahre Ziel für einen militärischen Befehlshaber sei. Zwischen den Kriegen wurde dieser Grundsatz sogar noch nachdrücklicher vertreten von Befehlshabern, die ganz auf Infanterie ausgerichtet waren, wenn davon die Rede war, wie sie die Panzer, die ihnen zur Verfügung standen, einsetzen sollten.

»Zuerst die Panzer des Feindes vernichten, dann können wir die Schlacht fortsetzen«, hieß es. Das Festhalten an dieser Denkgewohnheit wurde in den Befehlen, die der 8. Armee und ihren Panzerkorps zugingen, offenkundig: »Ihr unmittelbares Ziel ist die Vernichtung der feindlichen Panzerkräfte.« Doch eine Panzertruppe an sich taugt nicht als unmittelbares Kampfziel. Denn sie ist eine bewegliche Streitmacht, die nicht leicht festzuhalten ist, wie das bei Infanterieformationen der Fall sein kann. Ihre Vernichtung ist eher indirekt zu erreichen, indem man sie an einen strategisch wichtigen Punkt zieht, den sie entweder zu decken oder zurückzuerobern hat. Beim Versuch, Rommels schwer greifbare Panzerkräfte auf eine zu direkte Art zu »töten«, wurden die britischen Panzer nicht nur zu weit auseinandergezogen, sondern sie ließen sich selbst zu leicht in die Schußlinie seiner Panzerfallen ziehen.

Am frühen Morgen des 18. November überschritt das britische 30. Korps die Grenze und schwenkte nach rechts auf das 145 Kilometer entfernte Tobruk ein. Der Vorstoß wurde durch einen »Luftschirm« gedeckt, doch dieser Schutz gegen Entdeckung und Störmanöver wurde nicht unmittelbar gebraucht, da ein heftiges Unwetter in der Nacht die Flugplätze des Feindes überschwemmt hatte und seine Flugzeuge am Boden festlagen. Es machte auch nichts aus, daß sich der Vormarsch aus dem gleichen Grund verlangsamte. Rommel hatte keine Ahnung von dem »Stahlgewitter«, das über ihn hereinbrechen sollte. Seine Gedanken waren auf die Vorbereitung eines eigenen Sturmangriffes auf Tobruk gerichtet, und seine Kampftruppe hatte sich in Bereitschaft dorthin bewegt, während er starke Sicherungstruppen in die Wüste südlich davon als Schutz gegen Störungen verlegt hatte.

Am 18. standen bis zum Einbruch der Dunkelheit die britischen Panzerkolonnen auf dem Trigh el Abd und stießen am nächsten Morgen weiter nach Norden vor. Ihre 50 Kilometer breite Front hatte sich dabei auf 80 Kilometer verlängert Die üblen Folgen dieser Überdehnung zeigten sich rasch.

In der Mitte erreichten und eroberten die beiden führenden Regimenter der 7. Panzerbrigade den Flugplatz des Feindes auf dem Höhenzug bei Sidi Rezegh, nur 19 Kilometer von den Außenbezirken Tobruks entfernt. Doch der Rest der Brigade und die Unterstützungsgruppe der Division kamen erst am Morgen des 20., und bis dahin hatte Rommel rasch einen Teil des Afrika-Korps mit vielen Panzerabwehrgeschützen herbeigeholt, um den höchsten Rand des Höhenzuges zu halten und den Weg zu blockieren. Keine Verstärkungen trafen ein, um die britische Streitmacht dort aufzubauen. Denn die zwei anderen Panzerbrigaden waren auf Schwierigkeiten gestoßen, die eine weit im Westen und die andere weit im Süden, während die 1. südafrikanische Division ebenfalls nach Westen abgezweigt worden war.

An der westlichen Flanke war die 22. Panzerbrigade auf italienische Panzer gestoßen und hatte bei deren Abwehr die befestigte Stellung der Italiener bei Bir el Gubi angegriffen. Die 22. Brigade war aus berittenen Milizregimentern zusammengestellt worden, die noch nicht lange in Panzern saßen und außerdem im Wüstenkrieg unerfahren waren. Bei einem allzu heldenhaften Sturmangriff, ausgeführt im unsterblichen Geist der »Charge of the Light Brigade« bei Balaklawa im Krimkrieg – wurden sie von den eingegrabenen Geschützen der Italiener schwer unter Beschuß genommen und verloren über 40 ihrer 160 Panzer. Unter dem Eindruck, daß sich der Angriff gut entwickle, ließ der Korpskommandeur die Südafrikaner einschwenken, um Bir el Gubi zu besetzen.

An der östlichen Flanke war die 4. Panzerbrigadegruppe, die sich über 40 Kilometer ausgedehnt hatte, um eine deutsche Aufklärungseinheit zu jagen, vom Auftauchen einer starken deutschen Panzerstreitmacht in ihrem Rücken überrascht worden, und ihre hinterste Einheit wurde schlimm mitgenommen, ehe eine der anderen zwei Einheiten umkehrte und die Gegner abweisen half. Dieser Schlag war eine

Folge von Rommels erster Gegenbewegung und wurde von einer starken deutschen Kampfgruppe (einschließlich der zwei Panzereinheiten der 21. Panzerdivision) ausgeführt, die nach Süden geschickt worden war, um die Situation zu erkunden.

Es war ein Glück für die britischen Panzer auf dieser Flanke, daß sie nicht am nächsten Morgen einem konzentrierten Schlag durch das gesamte Afrika-Korps ausgesetzt waren. Diese Schonfrist verdankten sie einem irreführenden Bericht, den der Kommandeur des Korps, Crüwell, erhalten hatte und der ihn glauben ließ, daß der gefährlichste britische Vorstoß auf der nördlichen Route erfolgte, den Capuzzo-Graben entlang. Daher schickte er seine zwei Panzerdivisionen nach Capuzzo und fand das Gebiet verlassen. Wegen fehlender Luftaufklärung tappten die Deutschen noch im dunkeln. Noch schlimmer, der 21. Panzerdivision war auf dieser Erkundungsfahrt der Treibstoff ausgegangen, so daß sie vorübergehend festlag. Nur die 15. Panzerdivision konnte an diesem Tag zurückkehren und schlug am Nachmittag die noch immer isolierte 4. Panzerbrigade bei Gabr Saleh, so daß diese Brigade an zwei aufeinanderfolgenden Tagen die ganze Last des deutschen Gegenschlages trug und noch einmal übel zugerichtet wurde. Obwohl die britischen höheren Befehlshaber über die Bewegungen des Feindes gut informiert wurden, nutzten sie den Vorteil nicht rasch genug, den ihnen diese Atempause und das vorübergehende Verschwinden des Afrika-Korps vom Schauplatz lieferte. Man unternahm nicht sofort Schritte, um die drei weit verstreuten Panzerbrigaden zusammenzuziehen. Doch gegen Mittag, als die Gefahr für die 4. Panzerbrigade offenkundig war, wurde die 22. als Verstärkung nach Osten geschickt, statt weiterzurollen, um sich der 7. bei Sidi Rezegh, wie früher beabsichtigt, anzuschließen. Doch hatte die 22. durch diese Verlegung von einer Flanke zur anderen einen langen Weg und traf erst bei Einbruch der Dunkelheit ein, als es zu spät war, um in den Kampf einzugreifen.

Und doch hatten die ganze Zeit die neuseeländische Division und die »I«-Panzerbrigade des 13. Korps nur 12 Kilometer entfernt bei Bir Gibni gelegen, begierig darauf, vorzurücken und zu helfen. Doch man rief sie nicht herbei, und ihre Hilfsangebote wurden abgelehnt – dies ist ein erstaunlicher Beweis, wie weit das »Denken in zwei Abteilungen« bei dieser Panzerschlacht ging.

Als am 21. November der Morgen anbrach, stellten die britischen

Panzerbrigaden bei Gabr Saleh fest, daß der Feind von ihrer Front verschwunden war. Dieses Mal aber nicht, um die Briten einen Schlag ins Wasser führen zu lassen – denn Rommel hatte inzwischen ein klares Bild vom britischen Plan gewonnen und Crüwell Befehl gegeben, mit den beiden Panzerbrigaden einen konzentrierten Schlag gegen die vorgedrungene britische Streitmacht bei Sidi Rezegh zu führen.

Norrie hatte diese Truppe eben angewiesen, weiter auf Tobruk vorzustoßen, und die Besatzung von Tobruk hatte Befehl, mit ihrem Ausbruchsversuch zu beginnen. Doch ehe der Vorstoß in Gang kam, geriet er schon in Unordnung. Um 8 Uhr morgens wurden zwei deutsche Panzerkolonnen gesichtet, die sich von Süden und Osten näherten. Zwei der drei britischen Panzereinheiten bei Sidi Rezegh wurden rasch umgeleitet, um ihnen entgegenzutreten. Somit war für den Vorstoß auf Tobruk nur eine übriggeblieben (die 6. Royal Tanks), und sie wurde bald von den günstig aufgestellten Geschützen des Feindes zerschlagen, die sich auf diese einzige Einheit konzentrieren konnten. Das war wieder ein »Charge of the Light Brigade« – in diesem Falle einer zu leichten Brigade. Inzwischen wurden die beiden anderen Panzereinheiten vom gesamten Gewicht des Afrika-Korps angegriffen. Eine von ihnen, die 7. Hussars, wurde von der 21. Panzerdivision überrannt und beinahe ausgelöscht. Die andere, die 2. Royal Tanks, griff die 15. Panzerdivision so kühn und – dank ihrer Fähigkeit, auch im Fahren gezielt zu feuern – so erfolgreich an, daß der Feind abdrehte. Doch die Deutschen griffen am Nachmittag wieder an und wandten dieses Mal ihre neue Taktik an, die Panzerabwehrgeschütze unauffällig vor ihre Panzer und um des Gegners Flanke herum vorzuschieben. Auf diese Weise erzielten sie so hohe Verluste beim Gegner, daß der schnell dahinschwindende Rest der 7. Panzerbrigade der Vernichtung nur durch die langerwartete und verspätete Ankunft der 22. Panzerbrigade aus Gabr Saleh entging – die 4. traf erst am nächsten Tag ein. Was den Ausbruchsversuch aus Tobruk betraf, so stieß dieser sechs Kilometer tief in die deutsch-italienische Belagerungsstellung hinein, wurde dann jedoch in Anbetracht des Rückschlages, den das 30. Korps erlitten hatte, abgebrochen, so daß die Ausbruchsstreitmacht in einem unangenehm tiefen und engen Frontvorsprung blieb.

Als am fünften Tag der Morgen anbrach, war das Afrika-Korps wieder verschwunden – doch dieses Mal nur, um sich mit Treibstoff und Munition zu versorgen. Selbst diese kurze Pause war nicht nach Rommels Geschmack, und um die Mittagszeit kam er ins Hauptquartier der 21. Panzerdivision, die in der Nähe des Schlachtfeldes geblieben war, und setzte sie auf einen indirekten Angriff an. Das Panzerregiment rollte durch das Tal nördlich von Sidi Rezegh nach Westen und griff die westliche Flanke der britischen Stellung an. Es fegte den Abhang hinauf, überrannte den Flugplatz und überwältigte einen Teil der Hilfstruppen, ehe die beiden übriggebliebenen britischen Panzerbrigaden sich einschalten konnten. Deren verspätete Gegenangriffe waren unzusammenhängend und endeten in Konfusion, als die Dunkelheit hereinbrach.

Doch dies war noch nicht das Ende eines schlechten Tages. Denn die deutsche 15. Panzerdivision, die in der Abenddämmerung nach ihrem »freien Tag« ins Kampfgebiet zurückkehrte, schlug im Rücken der 4. Panzerbrigade zu und umzingelte das Lager, in dem sich das Hauptquartier und die Reserve, die 8. Hussars, befanden. Durch diesen Überraschungsangriff fielen der größte Teil des Personals, der Panzer und der Funkausrüstung dem Feind in die Hände. Der Brigadekommandeur hatte den Gegenangriff bei Sidi Rezegh geleitet und entging so der Gefangennahme; doch als der Morgen des 23. heraufdämmerte, hatte er nur noch eine verstümmelte und verstreute Brigade und kaum die Mittel, ihre Überreste zu leiten und wieder zusammenzuholen. Diese Notlage lähmte seine Aktionen an dem noch kritischeren Tag, der nun anbrach.

Es war ein Ausgleich, wenn auch kein sofortiger, daß das Hauptquartier des Afrika-Korps am Morgen des 23. ein ähnliches Schicksal erlitt. Cunningham hatte endlich dem 13. Korps den Befehl gegeben, mit dem Vormarsch zu beginnen, obgleich nur in beschränktem Maße. Die Neuseeländer hatten am 22. Capuzzo eingenommen, und die 6. Brigade erhielt den Befehl, weiter auf Sidi Rezegh zu stoßen. Kurz nach der Morgendämmerung des 23. stieß sie auf das Hauptquartier des Afrika-Korps und überrannte es. Crüwell entging der Gefangennahme nur, weil er gerade weggefahren war, um die nächste Phase der Schlacht zu führen. Doch sein Verlust von Stabsoffizieren und Funksprechverbindungen wurde in den nächsten Tagen zu einem größeren Hindernis für die Deutschen, als die Briten erkannten, die mit ihren eigenen Sorgen und wachsenden Schwierigkeiten zu tun hatten.

Der 23. November war ein Sonntag, in England der »Sonntag vor Advent«, in Deutschland der »Totensonntag«. Angesichts dessen, was an jenem Tag in der Wüste geschah, war dieser Name, den die Schlacht von den Deutschen danach erhielt, grausam passend.

In der Nacht hatte sich die britische Streitmacht bei Sidi Rezegh ein Stück nach Süden zurückgezogen, um auf Verstärkung durch die 1. südafrikanische Division zu warten, die jetzt herangebracht wurde. Doch diese Verbindung kam nie zustande. Denn ein konzentrierter Vorstoß der beiden deutschen Panzerdivisionen, die aus dem Morgennebel auftauchten, überraschte die Briten und Südafrikaner und sprengte sie auseinander. Die Deutschen stürmten durch ihre Versorgungsstützpunkte und lösten eine wilde Flucht aus. Die Katastrophe wäre noch größer gewesen, wenn die Panzerdivisionen in diesem Moment nicht durch Funkbefehl von Crüwell umdirigiert worden wären, der kein klares Bild von der Lage hatte und sich mit der italienischen Ariete-Division zusammenschließen wollte, ehe er zum entscheidenden Schlag ausholte. Doch die Italiener rückten nur langsam vor, und erst am Nachmittag konnte Crüwell seinen Angriff von Süden aus gegen den größeren Teil von Norries vorgeschobenen Truppen ansetzen, die nun abgeschnittene 5. südafrikanische Brigade und 22. Panzerbrigade, von denen einige Teile inzwischen aus der Falle hatten entschlüpfen können. Als er zuschlug, war eine gute Verteidigungsstellung aufgebaut worden. Durch seinen konzentrierten Angriff gelang es ihm, in die Stellung einzudringen und die Verteidiger zu überwältigen, von denen ungefähr 3000 gefangen oder getötet wurden. Doch das Afrika-Korps verlor dabei über 70 seiner restlichen 160 Panzer.

Die bei diesem Direktangriff auf eine Verteidigungsstellung erlittenen Panzerverluste machten den Vorteil, den sie durch geschicktes Manövrieren während der vorangegangenen Tage gewonnen hatten, größtenteils wieder wett. Tatsächlich war der hohe Preis dieses taktischen Erfolgs für die Deutschen strategisch viel schädlicher als alles andere im Verlauf der »Operation Crusader«. Während das 30. Korps viel schwerere Verluste erlitten hatte und ihm von den 500 einsatzbereiten Panzern, mit denen es angefangen hatte, nur etwa 70 verblieben waren, verfügten die Briten über große Reserven, mit denen sie ihre Panzertruppen auffüllen konnten, während Rommel nichts im Rückhalt hatte.

Am 24. November nahm die Schlacht eine weitere dramatische Wendung. Denn Rommel versuchte jetzt, durch einen tiefen Vorstoß mit seinen ganzen motorisierten Truppen über die Grenze in den Rükken der 8. Armee seinen Erfolg auszuwerten. Er verlor keine Zeit damit, sie zu sammeln, sondern fuhr mit der 21. Panzerdivision los, sobald diese bereit war, und übernahm selbst die Führung. Der 15. befahl er zu folgen, und er erhielt die Zusicherung, daß das italienische motorisierte Korps (die Ariete-Panzerdivision und die motorisierte Trieste-Division) die deutschen Panzerdivisionen unterstützen würden, um den Ring um die britischen Streitkräfte zu schließen.

Laut seinem Nachtbericht an Berlin und Rom beabsichtigte er zunächst, aus der Verwirrung der britischen Streitkräfte Vorteile zu ziehen und die deutsch-italienischen Grenzbesatzungen zu entlasten. Doch in der Nacht weitete sich nach dem Zeugnis seiner Stabsoffiziere sein Ziel aus, und ihre Angaben werden durch das Kriegstagebuch des Hauptquartiers bestätigt, in dem es heißt, der Oberbefehlshaber habe sich entschlossen, den Feind mit seinen Panzerdivisionen zu verfolgen, an der Sollum-Front den vorigen Zustand wiederherzustellen und gleichzeitig gegen die rückwärtigen Verbindungslinien der Briten im Gebiet von Sidi Omar vorzurücken. Man erwartete, daß sie dadurch bald gezwungen wären, den Kampf aufzugeben.

Rommel zielte sowohl auf die Nerven des feindlichen Befehlshabers wie auch auf den Rücken der gegnerischen Streitkräfte und ihrer rückwärtigen Verbindungen in der Tiefe. Zu diesem Zeitpunkt hatte ein solcher Schlag mehr Aussichten, als Rommel wußte. Denn am Tag zuvor, der auf die katastrophale Panzerschlacht folgte, hatte Cunningham erwogen, sich über die Grenze zurückzuziehen, und war nur durch die Ankunft von Auchinleck daran gehindert worden, der mit dem Flugzeug von Kairo kam und darauf bestand, den Kampf fortzusetzen. Rommels Ansturm auf die Grenze löste dann jedoch eine wilde Flucht unter denjenigen aus, auf die er auf seinem Weg stieß, und bewirkte natürlich im Hauptquartier der 8. Armee noch größeres Erschrecken.

Um vier Uhr nachmittags hatte Rommel die Grenze bei Bir Sheferzen erreicht. Er hatte in fünf Stunden Fahrt 100 Kilometer durch die Wüste zurückgelegt. Bei seiner Ankunft schickte er sofort eine Kampfgruppe über den Drahtverhau an der Grenze in nordöstlicher Richtung zum Halfaya-Paß, um den Küstenrückzug- und Nachschubweg der 8. Armee in die Hand zu bekommen, wodurch diese auch im Rücken bedroht wurde. Nachdem Rommel die Kampfgruppe eine

Zeitlang selbst angeführt hatte, kehrte er um, blieb jedoch durch einen Maschinenschaden in der Wüste stecken. Zu seinem Glück fuhr Crüwell zufällig mit seinem eigenen Kommandofahrzeug vorbei und konnte ihn mitnehmen. Doch die Dunkelheit brach herein, und sie konnten keine Lücke im Drahtverhau finden. So verbrachten die beiden deutschen Befehlshaber zusammen mit ihren Stabschefs die Nacht mitten unter britischen und indischen Truppen, und ihre Sicherheit beruhte nur auf dem natürlichen Instinkt des einfachen Soldaten, »schlafende Generale in Ruhe zu lassen«; denn Crüwells Befehlsfahrzeug war von den Briten erbeutet worden und sah nach wie vor britisch aus. Das ermöglichte ihnen auch, in der Morgendämmerung unangefochten zu entkommen und sicher zum Hauptquartier der 21. Panzerdivision zurückzukehren.

Nach zwölfstündigem »Gewahrsam« stellte Rommel bei der Rückkehr fest, daß die 15. Panzerdivision noch nicht an der Grenze eingetroffen war, und die Ariete-Division war schon in einer frühen Phase zum Stehen gekommen, als sie die 1. südafrikanische Brigade in Stellung auf ihrem Weg fand. Die Transportkolonnen, die Treibstoffnachschub bringen sollten, waren ebenfalls noch nicht angekommen. Diese Verzögerungen behinderten nicht nur die Entfaltung von Rommels Gegenstoß, sondern schwächten diesen auch. Er konnte seinen Plan nicht durchführen, eine Kampfgruppe nach Osten in Richtung Habata, zur britischen Eisenbahn-Endstation, zu werfen und sowohl die Abhänge des Höhenzuges als auch die wichtige Binnenroute nach Ägypten, die auf seinem Kamm entlangführte, zu blockieren. Er mußte auch seinen anderen Gedanken fallenlassen, eine weitere Kampfgruppe nach Süden zur Oase Dscharabub in Marsch zu setzen, die hinter Fort Maddalena lag, wo sich das vorgeschobene Hauptquartier der 8. Armee befand – eine Bewegung, die dort die Verwirrung und Unruhe vervielfacht hätte. Selbst in der Grenzzone verstrich der Tag, ohne daß mehr geschah als ein erfolgloser und verlustreicher Angriff auf Sidi Omar durch das schon geschwächte Panzerregiment der 21. Panzerdivision. Als die stärkere 15. Panzerdivision verspätet auf dem Schauplatz erschien, bewirkte ihr nach Nordwesten gerichteter Vorstoß entlang der Grenze nur die Zerstörung einer Feldwerkstatt, wo 16 britische Panzer repariert wurden.

Diese nur unbedeutende Weiterentwicklung des Angriffs, der sich am Tag zuvor so gefährlich angelassen hatte, gab den Briten die Möglichkeit, Atem zu holen und ihr Gleichgewicht wiederzufinden. Außerdem wurde am dritten Tag, dem 26. November, Cunningham als Befehlshaber der 8. Armee durch Auchinlecks stellvertretenden Generalstabschef Neil Ritchie ersetzt, der in dieser Notlage dafür sorgen sollte, daß die Schlacht unter allen Umständen weiterging. Für die Briten war es ein großes Glück, daß der Vorstoß des Feindes ihre beiden großen Nachschublager südlich Trigh el Abd verfehlt hatte, von denen weitgehend die Möglichkeit abhing, den Kampf fortzusetzen und den Vorstoß wiederaufzunehmen. Der von Sidi Rezegh nach Südosten zielende Vorstoß der deutschen Panzerdivisionen ging weit von den Lagern entfernt vorbei. Die Vormarschlinie der Italiener hätte näher an die Lager herangeführt, wenn sie weiter vorgestoßen wären.

Aber obwohl Rommels Vorstoß an Schwung verloren hatte, blieb die britische Lage am Morgen des 26. sehr gefährlich. Das 30. Korps war so angeschlagen, daß es an diesem Tag nichts gegen die Bedrohung der rückwärtigen Teile des 13. Korps unternahm. Und diese Einheiten waren nicht nur vom Gros getrennt, sondern auch noch wegen defekter Funkgeräte isoliert. Doch auch die Deutschen litten durch das Versagen von Funkverbindungen unter Kommunikationsschwierigkeiten, was in ihrem Fall viel nachteiliger war. Denn ihre Aussichten, die Briten vom Rücken aus zu bedrohen, hingen von schnellen und koordinierten Aktionen ab, während die britischen Truppen bestenfalls ihre Grenzstellungen halten konnten, solange der vorgeschobene Teil des 13. Korps weiter nach Westen vorstieß und sich mit der Besatzung von Tobruk zu einer doppelten Bedrohung hinter Rommels Rücken zusammenschloß. Diese Bedrohung hatte nun eine Reihe von Hilferufen aus dem Hauptquartier der Panzergruppe in El Adem ausgelöst, das die Rückkehr der Panzerdivisionen verlangte, um den Druck zu vermindern.

Diese beunruhigenden Rufe von hinten, zusammen mit dem Versagen der Funkgeräte und der Treibstoffknappheit im Kampfgebiet, vereitelten die Fortsetzung von Rommels Gegenstoß. Er hatte Crüwell an jenem 26. befohlen, rasch die Sollum-Front zu säubern, durch einen gleichzeitigen Angriff der 15. Panzerdivision auf der einen und der 21. auf der anderen Seite. Doch er mußte hören, daß die 15. am frühen Morgen nach Bardia zurückgekehrt war, um sich mit Treibstoff und Munition zu versorgen. Als sie zum Schlachtfeld zurückkehrte, stellte er fest, daß sich die 21. auf Grund eines falsch verstandenen

Befehls von Halfaya zurückgezogen hatte und ebenfalls auf dem Weg zurück nach Bardia war, um Treibstoff und Munition aufzufüllen. So tat sich an diesem Tag nichts, und am Abend beschloß Rommel widerstrebend, die 21. Panzerdivision ihre Rückkehr nach Tobruk fortsetzen zu lassen. Am nächsten Tag befahl er der 15., ihrem Beispiel zu folgen, nachdem es ihr am frühen Morgen gelungen war, das Hauptquartier sowie Nachschubeinheiten der am weitesten zurückliegenden neuseeländischen Brigade zu überrumpeln. Dies war das Ende eines Gegenschlages, der so vielversprechend begonnen hatte.

Ein rückblickender Kommentar darüber ist natürlich von dem Wissen beeinflußt, daß der Vorstoß fehlschlug. Taktisch denkende Kritiker haben die Ansicht vertreten, Rommel hätte seinen Erfolg bei Sidi Rezegh im Rahmen örtlicher Aktionen ausnutzen sollen, und zwar hätte er die Reste des britischen 30. Korps oder die neuseeländische Division in ihrer vorgeschobenen Stellung zerschlagen sollen, oder er hätte Tobruk nehmen können, wodurch er seine Flanke und Nachschublinien frei gehabt hätte. Doch keiner dieser taktischen Vorschläge bot eine so große Chance für entscheidende strategische Ergebnisse, während sie das für ihn größere Risiko in sich bargen, daß er Zeit verlor und durch fruchtlosen Angriff geschwächt wurde. Das Kräfteverhältnis war für Rommel von Anfang an so ungünstig, daß er in einer längeren Abnutzungsschlacht geschlagen werden mußte. Wäre er den übriggebliebenen Panzern des 30. Korps gefolgt, so hätten sie eine Schlacht immer vermeiden können, weil sie schneller als seine waren. Die anderen Vorschläge hätten Angriffe auf Infanterie und Artillerie in Verteidigungsstellungen bedeutet. Da er sich eine Abnutzungsschlacht nicht leisten konnte, wäre es töricht gewesen, eines dieser taktischen Ziele zu verfolgen, wenn sich bessere Aussichten ergaben. Eine solche Aussicht bot an sich schon der Weg, den er wählte – ein tiefer strategischer Vorstoß mit seinen ganzen motorisierten Streitkräften. Die Chancen wurden dabei noch vergrößert, daß er endlich Mussolini dazu hatte bewegen können, ihm das italienische motorisierte Korps zu unterstellen.

Rommels Schlag ist nachträglich oft als überstürzt kritisiert worden. Doch die Kriegsgeschichte zeigt, daß Vorstöße dieser Art viele Male erfolgreich waren, vor allem durch ihre moralische Wirkung auf die gegnerischen Truppen und noch mehr auf die Befehlshaber. Auch Rommels eigene Erfahrung sprach dafür. Schon zweimal, im April und

Juni, hatte er durch einen ähnlichen strategischen Vorstoß die Briten zum Rückzug gezwungen – und im ersten Fall sogar ihren Zusammenbruch bewirkt –, und zwar mit geringeren Kräften und ohne eine derart bedrohliche Lage herbeizuführen. Zwei Monate später, im Januar 1942, brachte er durch einen vierten tiefen Vorstoß einen weiteren Zusammenbruch zustande, obwohl er dabei die britischen Rückzugswege nicht so stark bedrohte wie im November. Und als er zu seinem November-Vorstoß ansetzte, wurden die gegnerischen Streitkräfte stärker zersplittert als in den anderen drei Fällen, als seine strategischen Gegenschläge Erfolg hatten.

Weshalb gerade dieser Schlag mißlang, geht schon aus dem Bericht über diese kritischen Tage hervor. Es lag an der Verspätung der 15. Panzerdivision und daran, daß das italienische motorisierte Korps den von Rommel geführten Vorstoß der 21. Panzerdivision nicht rechtzeitig unterstützte. Dadurch ging die Stoßkraft verloren, und die »Schockwelle« konnte nicht ausgenutzt werden. Die Aktion an der Grenze war ungeschickt und fruchtlos, was teilweise auf das Fehlen genauer Informationen, auf den Zusammenbruch der Funkverbindung und falsch ausgelegte Befehle zurückzuführen war. Außerdem bedrohten die Briten ihren Gegner im Rücken. Es lag ferner an Auchinlecks Entschluß, die Schlacht fortzusetzen und einen Gegenschlag zu führen, statt sich zurückzuziehen, und daran, daß der Befehlshaber der 8. Armee in einem kritischen Zeitpunkt abgelöst wurde. Sein Nachfolger mußte die Schlacht trotz aller Gefahren fortsetzen, und dies erwies sich als glückliche Entscheidung, obgleich es auch hätte verhängnisvoll ausgehen können. (Zwei Monate später reagierte der Nachfolger auf eine kleinere Bedrohung ähnlich wie sein Vorgänger im November.)

Noch eine andere Tatsache verdient bei der militärischen Analyse der Episode Beachtung. Die Entscheidung, den Kampf fortzusetzen, hätte nichts genützt und sogar zu einer noch schlimmeren Katastrophe führen können, wenn die Panik, die Rommel auslöste, weiter um sich gegriffen hätte. Doch die meisten »Bruchstücke« des 30. Korps, die sich nicht auf seinem Weg befanden, blieben in oder bei ihren früheren Stellungen, wenn auch isoliert, und das gleiche galt auch für jene des 13. Korps. Allein die Tatsache, so aufgesplittert zu sein und – beim 30. Korps – so betäubt von den Schlägen, die man in vorangegangenen Tagen erhalten hatte, wirkte der sonst üblichen Neigung solcher zerstreuter Einheiten entgegen, zu ihrem Stützpunkt zurückzukehren. In diesem Fall hatte der Feind sie auf seinem östlichen Vorstoß so klar überholt, daß es ihnen sicherer erscheinen mußte, am Rand des Strudels zu verharren, auch wenn der Nachschub nicht gesichert war.

Als Rommels strategischer Gegenvorstoß seinen Zweck verfehlte, stellte sich die Frage, ob er sich von diesem Fehlschlag erholen konnte, und die nächste Frage war, ob er möglicherweise wieder die Oberhand gewinnen konnte. Erstaunlicherweise konnte er trotz seiner Schwäche beide Fragen positiv beantworten. Und doch konnte er von seinem wiedergewonnenen Vorteil nicht profitieren und mußte sich schließlich wegen der sich häufenden Abnutzungserscheinungen zurückziehen. Dieses Endergebnis zeigt, daß er recht hatte, diesen tiefen und scheinbar übereilten strategischen Gegenangriff vom 24. November zu versuchen; denn dies war der einzige Weg, der eine gute Chance bot, die Waage entscheidend zu seinen Gunsten ausschlagen zu lassen.

Als sich das Afrika-Korps mit seinen 60 übriggebliebenen Panzern (von denen ein Drittel leichte Panzer waren) nach Westen zurückzog, sahen die deutschen Chancen, die Lage in Tobruk durch einen direkten Angriff zu retten, düster aus, und auch seine eigene Situation erschien sehr prekär. Denn der nach Westen gerichtete Vorstoß der neuseeländischen Division, der von fast 90 Valentine- und »Matilda«-Kampfwagen unterstützt wurde, brach in der Nacht des 26. durch Rommels Abwehrschirm und vereinigte sich mit der britischen Streitmacht bei Tobruk, die mehr als 70 Panzer (darunter 20 leichte) umfaßte. Inzwischen hatte eine neue Lieferung die 7. Panzerdivision auf fast 130 Panzer verstärkt, so daß die Briten nun eine Überlegenheit an Panzern von 5 zu 1 hatten (und 7 zu 1 an Panzern, die mit Kanonen bestückt waren). Wären sie massiert eingesetzt worden, hätte es der 7. Panzerdivision schon allein gelingen sollen, das Afrika-Korps zu zerschlagen.

Das Afrika-Korps war in der ersten Phase seines Rückzuges in Gefahr, um so mehr, als die 21. Panzerdivision auf ihrem Weg durch eine blockierende Stellung aufgehalten wurde und der 15. Panzerdivision keine Hilfe leisten konnte, als sie am Nachmittag des 27. November von den zwei Panzerbrigaden der britischen 7. Panzerdivision, die über dreimal so viele Kampfwagen verfügte wie sie selbst, abgeschnitten und angegriffen wurde. Eine Brigade (die 22.) versperrte ihm den Weg, während die andere (die 4.) die Kolonne von der Flanke angriff und unter den Transportfahrzeugen große Zerstörungen anrichtete. Obwohl die Deutschen den Angriff nach einigen kritischen Stunden aufhalten konnten, kam ihr Marsch am Capuzzo-Graben entlang nach Westen zum Stehen. Doch als die Abenddämmerung hereinbrach, zogen sich die britischen Panzer nach Süden in die Wüste zurück, um wie üblich die Nacht in einem schützenden Lager zu verbringen. Das erlaubte den Deutschen, unter dem Schutz der Dunkelheit weiter nach Westen zu stoßen. Am nächsten Tag nahmen die britischen Panzerbrigaden ihren Angriff wieder auf, wurden jedoch durch den feindlichen Panzerabwehrschirm in Schach gehalten, und als die Nacht kam, konnten die Deutschen unbehindert vorgehen.

So vereinigte sich am Morgen des 29. das Afrika-Korps mit dem Rest von Rommels Streitkräften. Am nächsten Tag konzentrierte sich Rommel auf die isolierte 6. neuseeländische Brigade am Sidi-Rezegh-Kamm, während er die Ariete-Division einsetzte, seine Flanke gegen britische Panzertruppen, die im Süden lagen, zu decken. Seine Panzer schlugen, nachdem sie die Stellung umfahren hatten, von Westen zu, während seine Infanterie von Süden angriff. Bis zum Abend war die 6. neuseeländische Brigade vom Höhenzug vertrieben, doch eine Gruppe entkam und schloß sich wieder dem Hauptteil der Division im Tal bei Belhamed an. Die britischen Panzer bemühten sich kaum, durch Rommels »Schirm« zu brechen und zu Hilfe zu kommen, obgleich sie durch eine neue Lieferung von Kampfwagen ergänzt worden waren. Die Befehlshaber waren so oft in Fallen gelockt worden und hatten durch die geschickte Kombination von Panzern und Panzerabwehrgeschützen des Feindes solche Verluste hinnehmen müssen, daß sie nun übermäßig vorsichtig geworden waren.

Am 1. Dezember in der Frühe schlossen sich Rommels Streitkräfte um die Neuseeländer in Belhamed und zerschnitten den Korridor zwischen ihnen und den Truppen in Tobruk. Gegen halb fünf Uhr morgens erhielt die 4. Panzerbrigade Befehl, beim ersten Tageslicht so schnell wie möglich nach Norden zu stoßen und »um jeden Preis« die Panzer des Feindes anzugreifen. Sie trat gegen 7 Uhr morgens an, erreichte den Flugplatz von Sidi Rezegh um 9 Uhr und nahm, nachdem sie den Höhenzug verlassen hatte, mit den Neuseeländern Verbindung auf. Dann sollte ein Gegenangriff gegen die feindlichen Panzer stattfinden, deren Zahl auf ungefähr 40 geschätzt wurde. Doch bis zu diesem Zeitpunkt war ein Teil der Neuseeländer überrannt, und es war

Befehl zum allgemeinen Rückzug gegeben worden. Die Reste der neuseeländischen Division zogen sich östlich nach Zaafran zurück (und in der Nacht bis zur Grenze), während die 4. Panzerbrigade sich 40 Kilometer südlich nach Bir Berraneb absetzte.

Das Ergebnis dieser dritten Schlachtenrunde war eine erstaunliche Leistung der feindlichen Streitmacht, die zu Beginn eine Übermacht von 7 zu 1 an Kampfwagen gegen sich hatte und am Ende immer noch in einem Verhältnis 4 zu 1 unterlegen war.

Jetzt flog Auchinleck wieder zum Hauptquartier der 8. Armee. Da er die Schwäche von Rommels Truppen richtig einschätzte, war er entschlossen, die Schlacht fortzusetzen, da er frische Truppen und Panzerreserven hatte, die er zu diesem Zweck heranschaffen konnte. Die 4. indische Division wurde an der Grenze durch die 2. südafrikanische abgelöst und nach vorn geschickt, um sich der 7. Panzerdivision in einer Umgehungsbewegung anzuschließen und Rommels Nachschub- und Rückzugweg abzuschneiden.

Als Rommel von dieser neuen Bedrohung hörte, beschloß er, sich nach Westen zurückzuziehen und die ihm verbliebenen Panzer zu einem Schlag zu sammeln, um die britische Umgehungsbewegung zu verhindern. Daher setzte sich in der Nacht des 4. Dezember das Afrika-Korps nach Westen ab und gab die Belagerung Tobruks auf.

An diesem Morgen hatte die Spitzenbrigade der 4. indischen Division zu einem Angriff auf die italienische Stellung in Bir el Gubi (30 Kilometer südlich von Sidi Rezegh) angesetzt, doch brach der Sturm unter dem Feuer der Verteidiger zusammen. Der Angriff wurde am nächsten Morgen wiederholt und abermals abgeschlagen. Während dieser Operationen hatten die britischen Panzer die Nordflanke der Angriffstruppen gesichert, zogen sich aber leider am Nachmittag des 5. zum Feldlager zurück mit der Absicht, ein neues Lagersystem auszuprobieren. Um 17.30 Uhr tauchten plötzlich Rommels Panzertruppen am Schauplatz in Bir el Gubi auf und überrannten einen Teil der ungeschützten indischen Brigade. Der Rest konnte entkommen, als die Dunkelheit hereingebrochen war.

Auf diesen Rückschlag hin entschloß sich Norrie, der Befehlshaber des 30. Korps, seinen beabsichtigten Flankenvorstoß auf Acroma zu verschieben. Dadurch wurde die Chance verspielt, Rommels Rückzugslinie abzuschneiden. Die 4. Panzerbrigade erhielt Befehl, die Panzer des Feindes zu suchen und zu vernichten, ehe ein erneuter Vorstoß versucht wurde. Doch dies gelang nicht, und aus den Unterlagen geht hervor, daß wenig unternommen wurde, um dieses Ziel zu erreichen, obwohl eine neue Lieferung von 40 Panzern den Gesamtbestand der Brigade auf 136 gebracht hatte, beinahe dreimal so viele wie die restlichen Panzer des Afrika-Korps. Die Brigade verbrachte die nächsten zwei Tage in Stellung bei Bir el Gubi mit gelegentlichen kurzen Bewegungen, mit denen sie vergeblich hoffte, den Feind zu einem direkten Angriff auf die Artilleriestellungen der 4. indischen Division zu veranlassen.

Am 7. Dezember entschloß sich Rommel, bis zur Gazala-Linie zurückzugehen, nachdem man ihn unterrichtet hatte, daß Verstärkungen wahrscheinlich nicht vor Ende des Jahres zu erwarten waren. Noch in der Nacht begann das Afrika-Korps sich abzusetzen. Die Briten merkten nur langsam, was vor sich ging, und erst am 9. Dezember brachen ihre Panzer zu einem Vorstoß gegen »Knightsbridge«, die Straßenkreuzung südlich von Acroma, auf. 13 Kilometer vor Knightsbridge wurden sie von einer feindlichen Nachhut aufgehalten und waren mehr darauf bedacht, sich zu schützen, als den Feind zu stellen. Bis zum 11. hatten sich Rommels Streitkräfte sicher bis Gazala zurückgezogen, wo schon vorher eine Verteidigungsstellung vorbereitet worden war.

Am 13. Dezember führte Godwin-Austens 13. Korps, das jetzt die Verfolgung übernommen hatte, seinen Angriff auf die Gazala-Linie. Der Frontalangriff wurde abgewiesen, aber das italienische motorisierte Korps, das Rommels Inlandflanke deckte, gab dem Druck schnell nach, und der britische linke Flügel erreichte Sidi Breghisc, 25 Kilometer hinter der Gazala-Linie. Doch ein deutscher Panzergegenangriff verhinderte die Umklammerung.

Am 14., ehe der Angriff wiederaufgenommen wurde, setzte Godwin-Austen die 4. Panzerbrigade zu einer weiträumigeren Umfassungsbewegung an nach Halegh Eleba, halbwegs zwischen Gazala und Mechili, wo sich viele Wege kreuzten. Dieses Manöver mit dem Ziel, von beiden Seiten in Rommels Rücken zu gelangen, begann um 14.30 Uhr. Die Brigade ruhte dann für die Nacht, nachdem sie 30 Kilometer nach Süden gefahren war. Sie brach um 7 Uhr morgens auf und wollte 100 Kilometer vorstoßen, erreichte Halegh Eleba jedoch erst um 15 Uhr nachmittags, laut Zeitplan vier Stunden verspätet und zu spät, um den Hauptangriff auf Rommel zu unterstützen, indem sie dessen Panzerreserve, wie geplant, ablenkte. Dann rührte sie sich nicht vom Fleck und unternahm nichts, sich bemerkbar zu machen, so daß der Feind ihre Anwesenheit erst am nächsten Morgen bemerkte.

Inzwischen war der Hauptangriff auf die 15. Division fehlgeschlagen. Ein Sturmangriff in Küstennähe hatte in der Gazala-Stellung Fuß fassen können; doch ein Umfassungsmanöver war durch einen feindlichen Panzergegenangriff gegen Mittag fehlgeschlagen, der einen vorgeschobenen Teil der Angreifer abschnitt.

Noch immer hoffte das britische Oberkommando, daß die starke Panzerbrigade, die bis in den Rücken des Feindes vorgedrungen war, bis zum nächsten Tag entscheidende Ergebnisse erzielen würde. Doch am Morgen des 16. zog die Brigade 30 Kilometer nach Süden, um in Sicherheit auftanken zu können, und als sie am Nachmittag zu einem Punkt näher der Front zurückkehrte, wurde sie durch einen Panzerabwehrschirm aufgehalten und zog sich abermals nach Süden zurück, um für die Nacht zu lagern. Sie meldete einen Feuerwechsel auf große Distanz, jedoch keine Verluste. Offenbar war es der vorherrschende Wunsch, den Feind gehen zu sehen – und dieser ging, auf dem offenen Weg, den man ihm gelassen hatte.

Auch wenn es bei dem erfolgreichen Panzergegenschlag am 15. nur kleine Verluste gegeben hatte, waren dem Afrika-Korps kaum 30 Panzer geblieben, während die Briten jetzt über fast 200 verfügten. Rommel prüfte die Lage und sah, daß es unmöglich war, die Gazala-Linie lange zu halten. Er beschloß, einen großen Schritt zurückzugehen und außer Reichweite zu gelangen, bis Verstärkung eintraf. Er wollte bis zum Engpaß von Mersa Brega an der tripolitanischen Grenze zurückgehen, eine ideale Verteidigungsposition. Es war auch das Sprungbrett für seine erste Offensive gewesen und würde demselben Zweck wieder dienen. So begann er in der Nacht des 16. Dezember den Rückzug, auf dem das Afrika-Korps und das italienische motorisierte Korps den Weg durch die Wüste einschlug, während die italienischen Infanteriedivisionen die Küstenstraße entlangmarschierten.

Die Verfolgung kam langsam in Gang. Die 4. Panzerbrigade brach erst am nächsten Tag um 13 Uhr auf und hielt zwei Stunden später für die Nacht an, 20 Kilometer von ihrer ehemaligen Position bei Halegh Eleba. Am 18. rückte sie durch die Wüste weiter vor auf einen Punkt südlich von Mechili zu, doch als sie nach Norden einbog, verfehlte sie knapp die Nachhut der sich zurückziehenden feindlichen Kolonnen. Inzwischen rückte die 4. indische Division auf Kfz. verlastet und von

Infanteriepanzern begleitet durch das felsige Hügelland von Djebel Akhdar näher auf die Küste zu vor. Derna wurde am Morgen des 19. genommen, doch die Masse der feindlichen Marschkolonnen war schon sicher durch den Engpaß marschiert. Ein Versuch, ihnen weiter westlich den Weg abzuschneiden, wurde durch das schwierige Gelände und Treibstoffmangel verhindert, und nur einige wenige wurden gefangen. Nun lag ein großer Teil der Verfolger wegen Treibstoffmangels fest.

Motorisierte Infanterie wurde eingesetzt, um die Jagd durch die Wüste an der großen Bengasi-Biegung anzuführen. Als sie am 22. Dezember Antelat erreichte, fand sie die feindliche Panzerstreitmacht (mit 30 Panzern) bei Beda Fomm in Stellung, um den Rückzug der italienischen Fußtruppen zu sichern, und wurde bis zum 26. in Schach gehalten, während Rommels Nachhut weitere 50 Kilometer bis Agedabia an der Grenze von Tripolis zurückging. Inzwischen war die neu ausgerüstete 22. Panzerbrigade als Verstärkung herangekommen. Der Nachhut des Feindes folgend, führte die Gardebrigade einen Frontalangriff gegen Agedabia, der fehlschlug, während die 22. Panzerbrigade ein Umgehungsmanöver 50 Kilometer tiefer in die Wüste hinein durch El Haseiat ausführte. Dabei erlitt sie einen unerwarteten Rückschlag. Denn am 27. wurde ihre eigene Flanke plötzlich von deutschen Panzertruppen angegriffen und drei Tage später in weiteren Kämpfen eingekreist. Ungefähr 30 britische Panzer konnten entkommen, aber 65 gingen verloren. Bei diesem Gegenschlag hatte Rommel die Ankunft von zwei neuen Panzerkompanien mit 30 Panzern geholfen, die am 19. in Bengasi gelandet waren, kurz ehe der Hafen geräumt wurde – das war die erste Verstärkung, die ihn seit Beginn der »Operation Crusader« erreichte.

Der britische Rückzug bei El Haseiat war das enttäuschende Ende einer langen Verfolgung, ein Dämpfer auf die Freude über den endlichen Sieg auf dem Schlachtfeld um Tobruk. Immerhin wurden durch Rommels erzwungenen Rückzug wesentliche Vorteile gewonnen, da die deutsch-italienischen Besatzungen an der Grenze hoffnungslos isoliert wurden. Bardia ergab sich am 2. Januar und die beiden anderen Grenzposten am 17. Dadurch stieg die Zahl der Gefangenen, die in den Grenzstellungen eingebracht wurden, auf 20 000 Mann, einschließlich derjenigen, die vorher bei Sidi Omar gefangengenommen worden waren. Die Gesamtverluste der Achse betrugen 33 000 Mann, während sie auf britischer Seite unter 18 000 lagen. Doch fast zwei Drittel der Verluste der Achse waren Italiener, und von den 13 000 Deutschen war ein großer Teil Verwaltungspersonal, während der Großteil der britischen Verluste in der sechs Wochen dauernden Schlacht Kampftruppen waren, unter denen sich viele Wüstenveteranen befanden, die schwer zu ersetzen waren.

Welchen Nachteil es bedeutete, sich auf unerfahrene Truppen verlassen zu müssen, zumal in der Wüste, sollte sich in der nächsten Schlacht noch einmal zeigen. Diese begann in der dritten Januarwoche 1942, als Rommel, angeblich geschlagen, wieder zu einem seiner unerwarteten Schläge ausholte, der ein überraschend ähnliches Ergebnis brachte wie sein Eröffnungsschlag von 1941.

Kapitel 16:
Die Flut im Fernen Osten

Seit 1931 waren die Japaner dabei, in aggressiver Weise ihre Stützpunkte auf dem asiatischen Festland zu erweitern – auf Kosten der Chinesen, die durch Bürgerkriege geschwächt waren, und zum Schaden der amerikanischen und britischen Interessen in diesem Raum. In jenem Jahr hatten sie die Mandschurei besetzt und in einen japanischen Satellitenstaat verwandelt. Im Jahr 1932 fielen sie in das eigentliche China ein, und von 1937 an bemühten sie sich konsequent, ihre Herrschaft in diesem riesigen Raum zu befestigen. Doch wurden sie dort in endlose Guerilla-Kriege verstrickt und suchten schließlich eine Lösung des Problems in Ausweitungsunternehmungen nach Süden, mit denen sie die Chinesen von jeder auswärtigen Hilfe abschneiden wollten.

Nach Hitlers Eroberung Frankreichs im Jahr 1940 nutzten die Japaner die Hilflosigkeit der Franzosen aus, um durch Drohungen ihr Einverständnis mit einer »protektiven« Besetzung Französisch-Indochinas zu erlangen.

Im Gegenzug forderte Präsident Roosevelt am 24. Juli 1941 den Abzug der japanischen Truppen aus Indochina – und um seiner Forderung Nachdruck zu verleihen, befahl er am 26. die Einfrierung aller japanischen Guthaben in den USA und ein Embargo für alle Öllieferungen an Japan. Churchill ergriff am selben Tag die gleichen Maßnahmen, und zwei Tage später wurde auch die niederländische Exilregierung in London zu dem gleichen Schritt veranlaßt – dies bedeutete, wie Churchill bemerkte, daß »Japan mit einem Schlage seiner lebenswichtigen Ölzufuhren beraubt wurde«.

In früheren Erörterungen, die bis in das Jahr 1931 zurückreichen, war stets angenommen worden, daß ein solcher lähmender Schlag

Japan zum Krieg zwingen würde, als einziger Alternative zum
Zusammenbruch oder zur Aufgabe seiner gesamten Politik. Es ist bemerkenswert, daß Japan, ehe es losschlug, noch vier Monate wartete,
in denen es versuchte, durch Verhandlungen eine Aufhebung des
Ölembargos zu erreichen. Die USA-Regierung lehnte aber eine Aufhebung ab, wenn nicht Japan sich nicht nur aus Indochina, sondern
auch aus China zurückziehen würde. Von keiner Regierung, am wenigsten von einer japanischen, konnte man erwarten, daß sie so demütigende Bedingungen annehmen und sich mit einem solchen »Verlust
des Gesichts« abfinden würde. Somit bestand jeder Grund, seit der
letzten Juliwoche in jedem Augenblick den Ausbruch des Krieges im
Pazifik zu erwarten. Unter diesen Umständen hatten die Amerikaner
und Briten Glück, daß ihnen noch eine Gnadenfrist von vier Monaten
gewährt wurde, bevor die Japaner losschlugen. Doch wurde dieser
Zeitraum nur schlecht für defensive Vorbereitungen genutzt.

Am Morgen des 7. Dezember 1941 führte dann ein japanischer Flottenverband mit sechs Flugzeugträgern einen vernichtenden Luftangriff
auf Pearl Harbor durch, den großen amerikanischen Flottenstützpunkt auf den Hawaii-Inseln. Dieser Angriff erfolgte vor einer
Kriegserklärung, nach dem Vorbild des Angriffs auf Port Arthur im
Jahr 1904, mit dem Japan den Krieg gegen Rußland eröffnet hatte.

Bis Anfang 1941 ging Japans Plan für den Fall eines Krieges gegen
die USA dahin, das Gros der Flotte im südlichen Pazifik einzusetzen,
in Verbindung mit einem Angriff auf die Philippinen, um jede amerikanische Aktion über den Ozean hinweg zur Unterstützung der dortigen Garnisonen zu verhindern. Eine solche Operation erwarteten auch
die Amerikaner von den Japanern, und ihre Vermutungen wurden
durch die japanische Besetzung Indochinas verstärkt.

Admiral Yamamoto hatte jedoch in der Zwischenzeit einen neuen
Plan entwickelt – einen Überraschungsangriff auf Pearl Harbor. Der
dafür eingesetzte Verband machte einen großen Umweg an den Kurilen entlang und stieß unentdeckt von Norden auf die Hawaii-Inseln
vor; dann führte er kurz vor Sonnenaufgang mit 360 Flugzeugen seinen Angriff aus einer Position etwa 450 Kilometer von Pearl Harbor.
Von den acht amerikanischen Schlachtschiffen wurden vier versenkt,
eines lief auf Grund, und die anderen wurden schwer beschädigt. In
wenig mehr als einer Stunde hatten die Japaner die Herrschaft über den
Pazifik errungen.

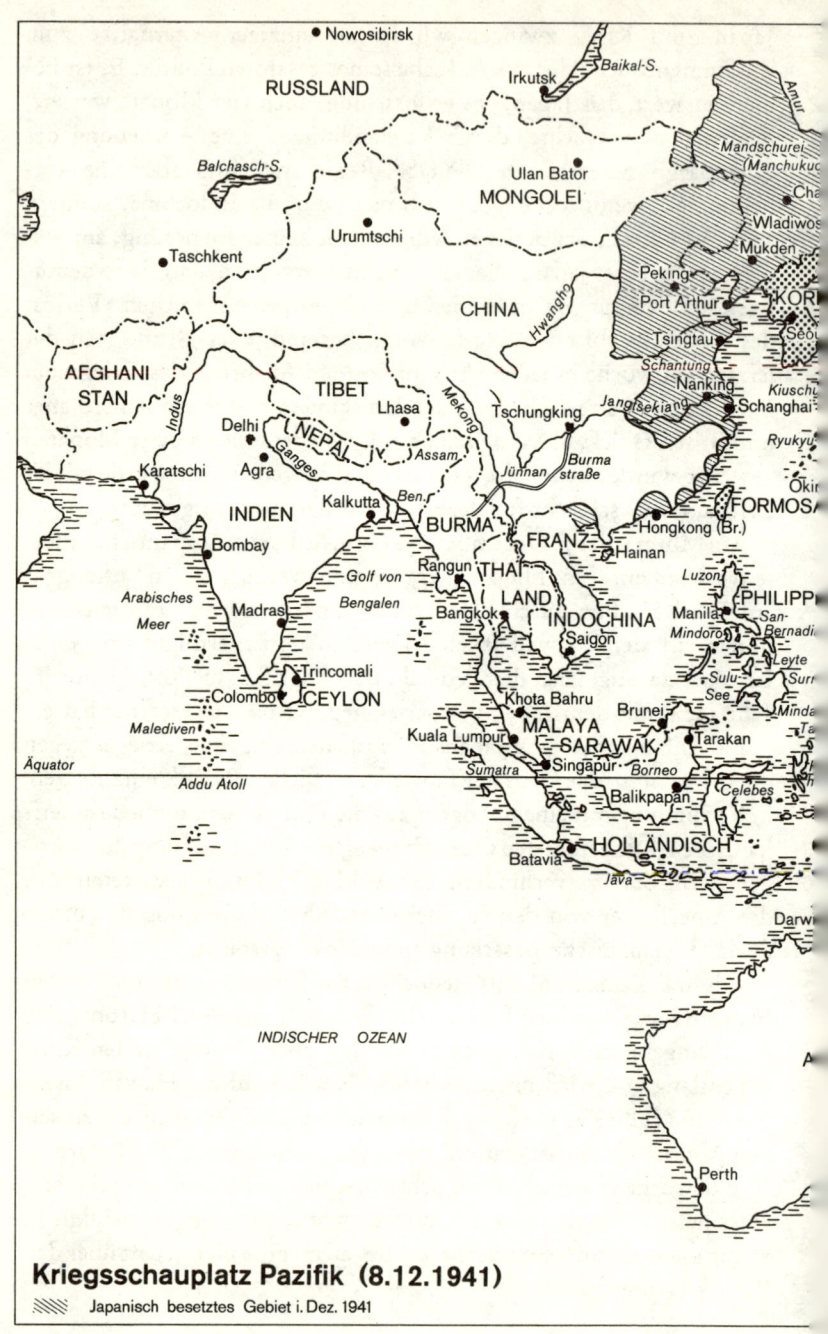

Kriegsschauplatz Pazifik (8.12.1941)

▨ Japanisch besetztes Gebiet i. Dez. 1941

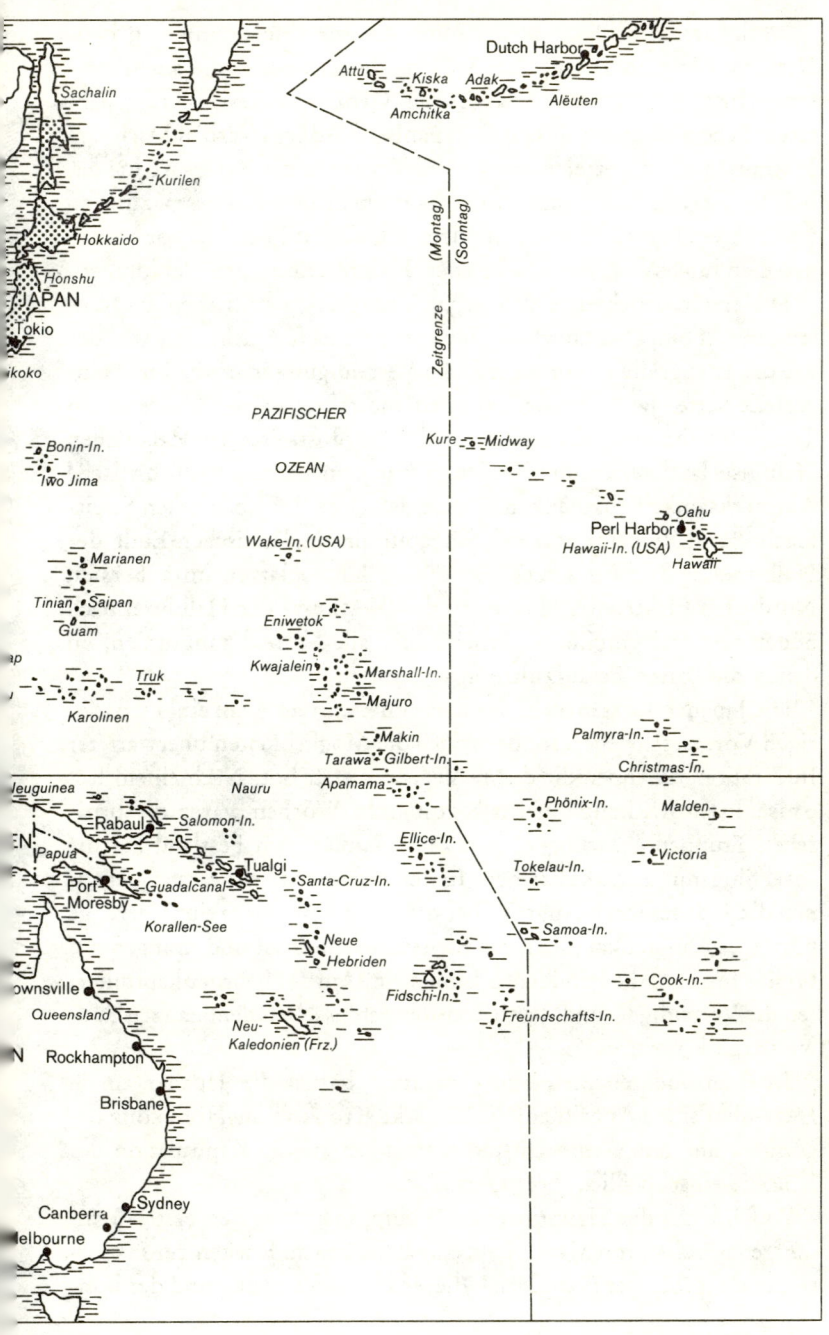

Nach diesem Schlag war der Weg frei für eine ununterbrochene Kette von Invasionen auf dem Seeweg, die sich gegen die amerikanischen, britischen und niederländischen Gebiete in diesem Raum richteten. Schon während der große japanische Angriffsverband sich den Hawaii-Inseln näherte, waren andere Verbände der Kriegsmarine dabei, Geleitzüge von Truppentransportern in den Südwestpazifik zu eskortieren. Fast gleichzeitig mit dem Angriff auf Pearl Harbor begannen Landungen auf der Malaiischen Halbinsel und den Philippinen.

Die ersteren richteten sich gegen den großen britischen Flottenstützpunkt Singapur; doch die Japaner versuchten nicht, ihn von der See her anzugreifen, worauf sich die Verteidigung in erster Linie eingestellt hatte. Japan bevorzugte den indirekten Weg. Während ein Truppenverband bei Kota Bharu an der Nordostküste der Malaiischen Halbinsel landete, um dort die Flugplätze zu nehmen und die britische Aufmerksamkeit abzulenken, wurde das Gros der japanischen Streitmacht 800 Kilometer nördlich Singapur am thailändischen Ende der Halbinsel an Land gesetzt. Von diesen Landeplätzen im äußersten Nordosten rückten die Japaner an der Westküste der Halbinsel nach Süden vor und umgingen nacheinander alle Verteidigungslinien, an denen die Briten sie aufzuhalten versuchten.

Die Japaner nutzten nicht nur diese unerwartete Wahl eines schwierigen Vormarschweges, sondern auch die Möglichkeiten unerwarteter Infiltration, die ihnen die dichte Vegetation oft bot. Nach einem fast pausenlosen Rückzug innerhalb von sechs Wochen waren die britischen Truppen gezwungen, sich Ende Januar vom Festland auf die Insel Singapur zurückzuziehen. In der Nacht zum 8. Februar begannen die Japaner ihren Angriff über die 1–2 Kilometer breite Meerenge hinweg, gelangten an mehreren Stellen auf die Insel und drangen auf breiter Front in die feindlichen Linien ein. Am 15. Februar kapitulierten die Verteidiger, und damit war der Schlüssel zu dem ganzen Südwestpazifik verloren.

In einer anderen kleineren Operation hatten die Japaner am 8. Dezember einen Angriff auf die britische Kronkolonie Hongkong begonnen, und am Weihnachtstag erzwangen sie die Kapitulation der Kolonie einschließlich ihrer Garnison.

Auf Luzon, der Hauptinsel der Philippinen, war den ersten Landungen nördlich von Manila bald eine Landung im Rücken der Hauptstadt gefolgt. Unter dem Druck dieser Hebelbewegung und der konzentrischen Drohung gaben die Amerikaner noch vor Ende Dezember den größten Teil der Insel auf und zogen sich auf die kleine Halbinsel Bataan zurück. Dort konnten sie nur frontal auf einer schmalen Front angegriffen werden, und es gelang ihnen, sich noch bis April 1942 zu halten.

Lange vorher, und auch noch vor dem Fall Singapurs, erfaßte die japanische Eroberungswelle die ganze Malaiische Halbinsel. Am 11. Januar landeten dann japanische Truppen in Borneo und Celebes, und größere Landungen erfolgten dort am 24. Fünf Wochen später, am 1. März, begannen die Japaner den Angriff auf Java, das Herzstück Niederländisch-Indiens, nachdem sie diese Insel durch ihre Flankenmanöver isoliert hatten. In knapp einer Woche fiel ganz Java wie eine reife Pflaume in ihre Hand.

Nur die scheinbar unmittelbar bevorstehende Bedrohung Australiens wurde nicht Wirklichkeit. Der japanische Hauptvorstoß ging jetzt in eine andere Richtung, nach Westen, und zielte auf die Eroberung Burmas. Der direkte Vormarsch auf breiter Front von Thailand auf Rangun war ein Umweg zu dem japanischen Hauptziel auf dem asiatischen Festland, der Lähmung des chinesischen Widerstandes; denn Rangun war der Eingangshafen für alle britischen und amerikanischen Nachschublieferungen dorthin, die dann über die Burma-Straße nordwärts nach China gelangten.

Gleichzeitig war diese Operation aber sehr geschickt dazu bestimmt, die Eroberung des westlichen Zugangs zum Pazifik zu vollenden und durch eine feste Schranke die Zugangswege zu sperren, auf denen eine spätere britisch-amerikanische Offensive hätte versucht werden können. Am 8. März fiel Rangun, und zwei Monate später waren die britischen Streitkräfte aus Burma über die Berge nach Indien vertrieben worden.

Die Japaner hatten damit eine so starke Position erobert, daß jeder Versuch einer Gegenoffensive von vornherein schwer behindert war und nur ein sehr langsamer Prozeß sein konnte.

Es verging auch lange Zeit, ehe die Alliierten genügend Kräfte versammelt hatten, um eine Wiedereroberung der japanischen Eroberungen zu versuchen – am südöstlichen Ende beginnend. Hier kam ihnen zugute, daß Australien intakt geblieben war; dies bot ihnen eine große Ausgangsbasis, die nahe an der Kette der vorgeschobenen japanischen Positionen lag.

Japan war das einzige Land außerhalb Europas und Nordamerikas, das sich in einem fortgeschrittenen Stadium der Industrialisierung befand, dank des schnellen Modernisierungsprozesses, der im Jahr 1868 unter Kaiser Meiji begonnen hatte. Dennoch war die japanische Gesellschaft im Kern eine feudale geblieben; der Krieger nahm den ersten Platz ein, nicht der Fabrikant oder Kaufmann. Der Kaiser galt als gottähnlich, und die herrschende Klasse war allmächtig. Der Einfluß der Militärs auf die Politik war ungeheuer groß: leidenschaftlich patriotisch und oft stark fremdenfeindlich eingestellt, hofften sie, die Herrschaft ihres Landes über ganz Ostasien, insbesondere über China, auszubreiten. Seit den dreißiger Jahren hatten sie durch Drohungen und Gewaltakte praktisch die Leitung der japanischen Politik in ihrer Hand zu konzentrieren verstanden.

Japans Einstellung zu politischen und strategischen Problemen war stark dadurch beeinflußt, daß das Land seit dem Beginn seiner Modernisierung keine Niederlage erlebt hatte. Der Glaube des Volkes an seine Unbesiegbarkeit wurde fast allgemein nach dem Krieg mit Rußland von 1904/05, als Japans Streitkräfte sowohl zu Lande als auch zur See ihre Überlegenheit bewiesen hatten – und gezeigt hatten, daß die Herrschaft der Europäer über die anderen Völker der Welt gebrochen werden konnte.

Im August 1914 hatte Japan, seit 1902 Großbritanniens Verbündeter, Kiautschau, das deutsche Schutzgebiet in China, erobert, zusammen mit den Marshall-Inseln, den Karolinen und den Marianen, Inselgruppen im Pazifik, die ebenfalls deutsche Kolonien waren. Diese Eroberungen wurden 1919 am Schluß des Ersten Weltkrieges im Vertrag von Versailles bestätigt – damit wurde Japan zur beherrschenden Macht auf der westlichen Hälfte des Pazifik. Trotzdem war das japanische Volk mit seinen Kriegsgewinnen nicht zufrieden und hatte das Gefühl, ein »Habenichts« zu sein wie Italien. So kamen die Japaner zu der Ansicht, sie hätten einiges mit Italien und mit Deutschland gemeinsam.

Dieses Gefühl der Frustration entwickelte sich wahrscheinlich aus dem Scheitern des japanischen Versuches vom Jahr 1915, China unter die Kontrolle Japans zu bringen, als die japanischen »21 Forderungen« wegen des amerikanischen Protestes zurückgezogen werden mußten. Bezeichnenderweise war China schon seit dem chinesisch-japanischen Krieg von 1895 für die japanische Armee das eigentliche Angriffsziel.

Obwohl gegen Ende des Ersten Weltkrieges eine Studie über die Verteidigungspolitik des Kaiserreiches die USA als den ersten möglichen Feind nannte, im Einklang mit der Ansicht der Kriegsmarine, machte sich die Armee stets mehr Sorgen über Sowjetrußland, dessen große Landstreitkräfte im Fernen Osten als eine weit größere Gefahr für Japans kontinentale Pläne betrachtet wurden.

Dann kam in den Jahren 1921–1924 eine Reihe von Demütigungen für Japan. Zunächst lehnte Großbritannien höflich die Erneuerung des Bündnisses mit Japan ab. Dieser Bruch war bis zu einem gewissen Grade durch verschiedene Anzeichen für japanische Expansionspläne im Pazifik mit verursacht; doch der endgültige Entschluß erfolgte unter starkem amerikanischem Druck. Die Japaner betrachteten dies als Beleidigung und als ein Zeichen, daß die weißen Völker sich gegen sie verbündeten. Ihr Unwille wurde verstärkt durch mehrere amerikanische Gesetze zur Beschränkung der japanischen Einwanderung, die in einem Gesetz von 1924 gipfelten, das alle Asiaten als Einwanderer ausschloß. Dieser doppelte »Verlust des Gesichtes« wurde schmerzlich empfunden.

Unterdessen hatte Großbritannien Pläne für den Aufbau eines fernöstlichen Flottenstützpunktes in Singapur bekanntgegeben, der für eine ganze Schlachtflotte ausreichend sein sollte. Dies war offensichtlich als eine Warnung für Japan gedacht und wurde von den Japanern als Herausforderung aufgefaßt.

All dies wirkte sich zum Nachteil der politischen Führer Japans aus, die vor allem in zunehmendem Maße dafür angegriffen wurden, daß sie im Washingtoner Flottenabkommen von 1921 ein Kräfteverhältnis von 3:5:5 gegenüber der amerikanischen und der britischen Kriegsflotte akzeptiert hatten. Andere Vorwürfe waren, daß sie in die Rückgabe der Provinz Schantung an China eingewilligt und nachher den Neun-Mächte-Vertrag von 1922 unterzeichnet hatten, der die territoriale Integrität Chinas garantierte.

Es war eine Ironie der Geschichte, daß das Washingtoner Abkommen praktisch die späteren expansionistischen Aktionen Japans erleichterte, weil es die feindliche Gegenwehr im Pazifik geschwächt hatte – die geplanten amerikanischen und britischen Flottenstützpunkte in diesem Raum waren entweder in ihrem Aufbau stark verzögert worden oder nur schwach befestigt. Außerdem war es für Japan leicht, in den 13 Jahren, ehe es das Washingtoner Abkommen offen aufkündigte, dessen Bestimmungen über die Beschränkung von Feuerkraft und Tonnage der Kriegsschiffe zu umgehen.

Die liberaler eingestellten politischen Führer Japans litten auch unter der 1929 beginnenden Weltwirtschaftskrise, da Japan durch sie besonders stark betroffen wurde; die daraus entstandene Unzufriedenheit konnte von den Militaristen leicht für ihr Argument ausgebeutet werden, daß die Expansion die einzige Lösung für Japans Wirtschaftsprobleme sei.

Im September 1931 lieferte der »Zwischenfall von Mukden« den örtlichen japanischen Befehlshabern den Vorwand und die Gelegenheit, sich in der Mandschurei auszubreiten und dieses Land in den japanischen Satellitenstaat Mandschukuo zu verwandeln. Die japanischen Truppen, die auf Grund ihrer vertraglichen Rechte die südmandschurische Eisenbahn bewachten, griffen die chinesischen Garnisonen in Mukden und benachbarten Städten unter dem Vorwand der Verteidigung gegen einen drohenden Angriff an und entwaffneten sie. Die tatsächlichen Vorgänge waren unklar und wurden mit Absicht unklar gemacht; sie verhalfen jedenfalls den Japanern dazu, in den nächsten Monaten die ganze Mandschurei zu besetzen. Obwohl diese Besetzung weder vom Völkerbund noch von den USA anerkannt wurde, gaben die Proteste und die weitverbreitete Kritik Japan den Anlaß, im Jahr 1933 aus dem Völkerbund auszutreten. Drei Jahre später verband es sich mit dem nationalsozialistischen Deutschland und dem faschistischen Italien im Antikominternpakt.

Im Juli 1937 führte ein angeblicher Zusammenstoß an der Marco-Polo-Brücke, ein neuer höchst dubioser »Zwischenfall«, dazu, daß die japanische Kwantung-Armee in das eigentliche Nordchina einrückte. Die Invasion wurde in den nächsten zwei Jahren fortgesetzt und weiter verstärkt; doch die Japaner wurden dadurch immer mehr in dem Kampf gegen die chinesischen Nationalstreitkräfte unter Tschiang Kai-schek festgenagelt, während sie bei dem Angriff auf Schanghai im Sommer 1937 einen Rückschlag erlitten. Dieser erwies sich jedoch auf lange Sicht als ein Vorteil, da er die Japaner anspornte, taktische Fehler zu korrigieren, und ihre Neigung zu übertriebenem Selbstvertrauen bremste, die bis auf den Russisch-Japanischen Krieg zurückging. Freilich mußten sie vorher noch einmal Lehrgeld bezahlen, und zwar bei einem Zusammenstoß mit der Roten Armee an der umstrittenen Westgrenze der Mandschurei. Hier, im Raum von Nomonhan, wurde im August 1939 eine japanische Truppe von etwa 15 000 Mann umzingelt und verlor über 11 000 Mann, als die Russen fünf motorisierte Brigaden und drei Infanteriedivisionen heranführten.

Im gleichen Monat bewirkte die unerwartete Nachricht von dem deutsch-russischen Pakt einen politischen Umschwung in Japan und die Rückkehr zu gemäßigten Regierungen. Aber diese Wirkung hielt nur bis zu Hitlers Eroberung Westeuropas im Jahr 1940 an, und im Juli 1940 wurde von der Armee eine achsenfreundliche Regierung unter Fürst Konoye in den Sattel gehoben. Die japanische Expansion in China wurde beschleunigt, und Ende September unterzeichnete Japan den Dreimächtepakt mit Deutschland und Italien, in dem diese drei Länder sich verpflichteten, auch jedes Land zu bekämpfen, das sich neu den Alliierten anschloß – dieser Pakt richtete sich somit in erster Linie gegen eine Intervention der USA.

Im April 1941 sicherten sich die Japaner noch weiter den Rücken durch einen Neutralitätspakt mit Sowjetrußland. Dieser ermöglichte eine Freigabe japanischer Truppen für expansionistische Unternehmungen im Süden – freilich war auch danach das Mißtrauen gegen Rußland noch so stark, daß Japan nur elf Divisionen für Operationen im Süden einsetzte, während 13 in der Mandschurei und 22 in China stehenblieben.

Am 24. Juli übernahm Japan dann mit widerwilliger Zustimmung der Vichy-Regierung die Kontrolle über Französisch-Indochina. Zwei Tage später ließ Präsident Roosevelt alle japanischen Guthaben einfrieren, ein Vorgehen, dem sich die britische und die niederländische Regierung bald anschlossen. So kam der Handel dieser Länder mit Japan zum Stillstand, insbesondere dank des gleichzeitigen Embargos die Ausfuhr von Öl.

Japan importierte im Frieden 88 Prozent seines Ölbedarfs. Zur Zeit des Embargos besaß es Vorräte, die für drei Jahre normalen oder für die halbe Zeit kriegsmäßigen Ölverbrauchs ausreichten. Eine Untersuchung des Kriegsministeriums hatte gezeigt, daß diese Vorräte noch vor Ablauf der drei Jahre erschöpft sein würden, die man zur Beendigung des Krieges mit China für notwendig hielt; daher war zunächst ein Sieg in China um so vordringlicher. Die einzigen erreichbaren Ölvorräte lagen in Niederländisch-Indien, und man rechnete in Tokio damit, daß die Holländer zwar die Anlagen vor der Eroberung zerstören würden, daß diese aber wieder instand gesetzt werden könnten, ehe die Vorräte in Japan zu sehr zusammengeschrumpft sein würden. Somit würde das Öl aus Java und Sumatra die Lage retten und den Abschluß der Eroberung Chinas ermöglichen.

Die Eroberung dieses Raumes einschließlich Malayas würde Japan auch den Besitz von vier Fünfteln der Kautschukerzeugung und zwei Dritteln der Zinnproduktion der ganzen Welt bringen. Dies wäre nicht nur für Japan ein äußerst wertvoller Gewinn, sondern würde auch seine Gegner schwerer treffen als der Verlust des Öls.

Dies waren die wichtigsten Faktoren, die Japans Führer erwägen mußten, als sie mit dem Embargo konfrontiert wurden. Wenn Amerika nicht dazu gebracht werden könnte, das Embargo aufzuheben, dann standen sie vor der Wahl, entweder ihre ehrgeizigen Ziele aufzugeben – und in diesem Fall würde ein Putsch der Armee die wahrscheinliche Folge sein –, oder sich mit Gewalt das Öl zu nehmen und die weißen Großmächte zu bekämpfen. Es war eine schreckliche Alternative. Wenn Japan zwar den Feldzug in China fortsetzen, aber sich aus Indochina zurückziehen und seine Expansion nach Süden einstellen würde, dann könnte es wohl eine gewisse Milderung des Embargos erreichen; aber Japan würde dadurch schwächer werden und weniger leicht in der Lage sein, weiteren Forderungen der USA Widerstand zu leisten.

Das natürliche Zögern vor einer solchen Wahl zwischen »alles oder nichts« dürfte die Erklärung für das Rätsel sein, weshalb die Japaner so lange zauderten, bis sie losschlugen, und ihre Entscheidung vier Monate lang aufschoben. Dazu kam der natürliche Wunsch aller militärischen Führer, reichlich Zeit für die Vollendung der Vorbereitungen zu gewinnen, und daneben langwierige Diskussionen über die beste Strategie. Es gab sogar die optimistische Hoffnung und Meinung, Amerika werde weiterhin beiseite stehen, wenn Japan sich darauf beschränkte, holländische und britische Territorien zu besetzen.

Am 6. August ersuchte Japan offiziell die USA um die Aufhebung des Embargos. Im gleichen Monat erfolgte die amerikanische Entscheidung, im Falle eines Krieges sämtliche Inseln der Philippinen zu verteidigen, und die japanische Forderung nach Einstellung der Entsendung amerikanischer Verstärkungen zu diesen Inseln. Diese Forderung erhielt eine feste Antwort, in der die Japaner vor weiteren Aggressionen gewarnt wurden.

Nach weiteren zwei Monaten interner Diskussionen wurde die

Regierung des Fürsten Konoye durch eine neue unter General Hideki Tojo abgelöst – und dies bedeutete wahrscheinlich die Entscheidung. Dennoch gab es noch weitere längere Erörterungen, und der endgültige Entschluß zum Kriege wurde erst am 25. November gefaßt. Ein Faktor, der diese Entscheidung beschleunigte, war ein Bericht, der zeigte, daß die Ölvorräte vom April bis September um etwa ein Viertel zurückgegangen waren.

Immerhin erhielt der Oberbefehlshaber der japanischen Kriegsmarine, Admiral Yamamoto, am gleichen Tag den Befehl, daß der Angriff auf Pearl Harbor abzubrechen sei, falls die weitergehenden Verhandlungen in Washington wider Erwarten doch erfolgreich verlaufen würden.

Die Stärke der beiderseitigen Kriegsflotten im Pazifik im Dezember 1941 ergeben sich aus der folgenden Tabelle[1]:

	Große Schiffe	Flugzeug-träger	Schwere Kreuzer	Leichte Kreuzer	Zerstörer	U-Boote
Brit. Empire	2	–	1	7	13	–
USA	9	3	13	11	80	56
Niederlande	–	–	–	3	7	13
Freies Frankreich	–	–	–	1	–	–
Alliierte insges.	11	3	14	22	100	69
Japan	10	10	18	18	113	63

1 Zahlen aus Roskill: The War at Sea I, S. 560

Aus dieser Gegenüberstellung ergibt sich vor allem, daß die beiden Seiten zwar in fast jeder anderen Hinsicht einander ziemlich gleich waren, daß die Japaner aber einen großen Vorsprung in Flugzeugträgern hatten, der entscheidenden Waffe. Außerdem kann eine solche Tabelle nicht die qualitativen Unterschiede aufzeigen. Die japanische Seemacht war eine einheitliche und gut ausgebildete Waffe (vor allem für Nachtkämpfe), sie kannte nicht die Kommando- und Sprachschwierigkeiten der alliierten Seite. Wesentlich war auch, daß rund 10000 Kilometer Ozean zwischen den beiden größten Stützpunkten der Alliierten lagen, Pearl Harbor und Singapur. Auch materialmäßig war die japanische Marine weit besser. Sie hatte viele neuere Schiffe, die meist besser bewaffnet und schneller waren als die entsprechenden alliierten. Von den großen Schiffen war nur die britische »Prince of Wales« in dieser Hinsicht den neueren japanischen Schlachtschiffen ebenbürtig.

Was die Heeresstärke betrifft, so hatten die Japaner nur elf Divisionen von ihrer Gesamtzahl von 51 für ihre Operationen im Südwestpazifik eingesetzt. Das war weniger als eine viertel Million Kampftruppen, mit Einschluß nichtkämpfender Einheiten insgesamt etwa 400 000 Mann. Die entsprechenden Zahlen für die Alliierten sind unsicher. Als sie sich zum Angriff entschlossen, schätzten die Japaner die britischen Kräfte auf 11 000 Mann in Hongkong, 88 000 in Malaya und 35 000 in Burma, insgesamt 134 000, die Amerikaner auf 31 000 Mann in den Philippinen und dazu etwa 110 000 Filipinos, die Holländer auf 25 000 Mann reguläre Truppen und 40 000 Mann Miliz. Oberflächlich gesehen, erscheint der Beginn einer so weitreichenden Offensive mit so bescheidenen Kräften wie ein riskantes Glücksspiel. Aber in Wahrheit war es ein genau berechnetes Spiel, da die Beherrschung des Meeres und der Luft den Japanern in der Regel die Überlegenheit an Ort und Stelle garantieren würde; dazu kam ihre überlegene Erfahrung und Ausbildung, insbesondere auf dem Gebiet von amphibischen Landungen, Dschungelkämpfen und Nachtangriffen.

Was die Stärke der Luftwaffe betrifft, so setzten die Japaner nur 700 ihrer Gesamtzahl von 1 500 Heeresflugzeugen der ersten Linie für diesen Feldzug ein; aber sie wurden verstärkt durch 480 Flugzeuge der Marine, und zwar der auf Formosa stationierten 11. Luftwaffe, und außerdem die 360 Flugzeuge, die für den Angriff auf Pearl Harbor abgestellt waren. Ursprünglich waren die Flugzeugträger dazu bestimmt worden, für die Operation im Süden Luftwaffenschutz zu stellen. Aber im November, knapp vier Wochen vor Kriegsausbruch, wurde die Reichweite der »Null«-Jäger, die den dort verfügbaren alliierten Jägern überlegen waren, so sehr erhöht, daß sie die 700 Kilometer von Formosa bis zu den Philippinen und wieder zurück fliegen konnten. Dadurch wurden die Flugzeugträger für den Pearl-Harbor-Angriff frei.

Diesen starken japanischen Luftwaffeneinheiten standen 307 einsatzfähige amerikanische Flugzeuge auf den Philippinen gegenüber, einschließlich 35 »B 17«-Langstreckenbombern, während die übrigen zweitrangiger Qualität waren; ferner 158 britische Flugzeuge der ersten Linie in Malaya, meist ältere Typen, und 144 holländische Flugzeuge in Niederländisch-Indien. In Burma besaßen die Briten damals

nur 37 Jäger. Die japanische Überlegenheit an Zahl wurde ergänzt
durch überlegene Qualität – insbesondere der »Null«-Jäger.

Die Japaner verdankten auch viel der Entwicklung von Methoden
der amphibischen Kriegführung, die für ein so riesiges ozeanisches
Gebiet mit vielen Inseln und Meerbusen entscheidend war. Ihre einzige ernsthafte Schwäche war ihre relativ kleine Handelsmarine von
wenig mehr als 6 Millionen t, aber dies wurde erst in einem späteren
Stadium des Krieges ein entscheidendes Handicap.

Alles in allem begannen die Japaner den Krieg mit Vorteilen auf der
ganzen Linie. In der ersten Phase war die einzige echte Gefahr für sie
die Möglichkeit einer schnellen Intervention der amerikanischen Pazifik-Flotte; aber diese Gefahr schalteten sie durch ihren Angriff auf
Pearl Harbor aus.

Ein weiterer Faktor, der bei einem Kräftevergleich selten genügend
gewürdigt wird, ist der Nachrichtendienst. Im großen und ganzen waren die Japaner auf diesem Gebiet stark, dank ihres langen und sorgfältigen vorherigen Studiums der betreffenden Gebiete – aber die Alliierten besaßen einen riesigen Vorteil dadurch, daß die Amerikaner im
Sommer 1940 den japanischen diplomatischen Kode entziffert hatten
(eine Leistung von Oberst William F. Friedman). Von da an konnten
alle geheimen Meldungen des japanischen Außenministeriums und des
Oberkommandos von den Amerikanern mitgelesen werden, und
während der Verhandlungen vor Kriegsausbruch kannten sie immer
die letzten Vorschläge aus Tokio, noch ehe sie ihnen vorgelegt wurden.
Obwohl die Amerikaner schließlich in Pearl Harbor überrascht wurden, war ihre Kenntnis der japanischen Kode ein großer grundlegender
Vorteil und wurde immer wichtiger, je besser die Amerikaner ihn auszunutzen lernten.

Die japanische Strategie war auf ein doppeltes, sowohl defensives
wie offensives Ziel ausgerichtet: die Sicherung der Ölzufuhr, die ihnen
gestatten würde, China zu besiegen, das gleichzeitig dadurch seinerseits von jeder Zufuhr abgeschnitten sein würde, die es zu weiterem
Widerstand brauchte. Wenn sie dabei auch Gefahr liefen, Amerika
herauszufordern, eine Weltmacht mit einem dem japanischen weit
überlegenen Potential, so wurden die japanischen Führer ermutigt
durch den Lauf der Ereignisse in Europa, wo die Achse jetzt fast das
ganze Festland beherrschte und Sowjetrußland durch Hitlers Angriff
so hart bedrängt wurde, daß es kaum im Fernen Osten intervenieren

konnte. Wenn die Japaner ihren Traum verwirklichten, einen konzentrischen Verteidigungsring von den Alëuten im Norden bis Burma im Süden aufzubauen, dann, so hofften sie, würden die Vereinigten Staaten nach vergeblichen Versuchungen, den Ring zu durchbrechen, sich schließlich mit Japans Eroberungen und der Schaffung der sogenannten »Großen Ostasiatischen Wohlstandssphäre« abfinden. Dieser Plan hatte eine gewisse Ähnlichkeit mit Hitlers Konzeption der Schaffung eines großen Verteidigungsrings von Archangelsk bis Astrachan.

Der ursprüngliche japanische Plan war gewesen, zuerst die Philippinen zu erobern, dann den amerikanischen Versuch einer Rückeroberung abzuwarten, den man auf dem Wege über die Mandats-Inseln erwartete, und die eigenen Kräfte zur Abwehr dieses Versuches zu konzentrieren. Im Rahmen dieses Dreistufenplanes rechneten die Japaner mit der Eroberung der Philippinen in 50 Tagen, Malayas in 100 und des ganzen Niederländisch-Indien in 150 Tagen. Doch im August 1939 wurde Admiral Yamamoto, ein leidenschaftlicher Befürworter der Flugzeugträger, zum Oberbefehlshaber der Vereinigten Kriegsmarine ernannt; er erkannte scharfsinnig die Notwendigkeit eines sofortigen Überraschungsschlages zur Lähmung der amerikanischen Pazifik-Flotte – die er »einen gegen die Kehle Japans gerichteten Dolch« nannte – und zur Verzögerung amerikanischer Gegenaktionen. Widerwillig und zweifelnd akzeptierte der japanische Admiralstab seine Argumente.

Das Problem dieses Eröffnungsangriffes wurde kompliziert durch die Zeitdifferenz – Sonntag, der 7. Dezember, in Hawaii war Montag, der 8. Dezember in Malaya. Es wurde dann vereinbart, daß sämtliche großen Operationen zwischen 17.15 und 19 Uhr Greenwich Mean Time beginnen und alle Angriffe am frühen Morgen nach Ortszeit stattfinden sollten.

Auf amerikanischer Seite hatte man es lange für politisch mißlich angesehen, die Philippinen aufzugeben; doch das militärische Argument, daß es unmöglich sei, diese 8000 Kilometer von Pearl Harbor entfernten Inseln zu verteidigen, hatte die Oberhand gewonnen. So sah der Plan nur vor, einen Stützpunkt auf der stark befestigten Halbinsel Bataan in der Nähe der Hauptstadt Manila zu behaupten. Im August 1941 wurde jedoch der Plan geändert und der Beschluß gefaßt, die ganzen Philippinen zu verteidigen.

Ein wichtiger Faktor bei diesem Beschluß war der Druck von General Douglas MacArthur, der seit 1935 militärischer Berater der philippinischen Regierung gewesen war und Ende Juli 1941 als Oberbefehlshaber im Fernen Osten in den aktiven Dienst der US-Armee zurückkehrte; Präsident Roosevelts hohe Meinung von MacArthurs Urteil hatte sich schon früher darin gezeigt, daß er 1934 seine vierjährige Amtszeit als Stabschef der US-Armee um ein Jahr verlängerte. Ein weiterer Faktor war, daß Roosevelt zu der Überzeugung gekommen war, seit Deutschland so sehr in Rußland gebunden sei, könne er es sich leisten, gegenüber Japan einen härteren Kurs zu steuern – wie er es dann mit der Verhängung des Ölembargos tat. Ein dritter Faktor war der Optimismus, den die Indienststellung der neuen »B 17«-Langstreckenbomber erzeugt hatte – sie würden, so hoffte man, nicht nur Formosa, sondern auch Japan selbst entscheidend treffen können. Japan jedoch schlug zu, bevor eine nennenswerte Zahl von »B 17«-Bombern die amerikanische Luftwaffe auf den Philippinen verstärkt hatte. Schließlich wurde eines von den amerikanischen Stabschefs nie ernsthaft in Rechnung gestellt: ein japanischer Angriff auf Pearl Harbor.

Kapitel 17:
Japans Eroberungen

Die Ausführung des Pearl-Harbor-Angriffsplanes verdankte dem Durchsetzungsvermögen Admiral Yamamotos ebensoviel wie schon seine Annahme. Viele Monate lang traf von den geschulten Abwehroffizieren der Kriegsmarine, die dem japanischen Konsulat in Honolulu zugeteilt waren, ein Strom von Informationen vor allem über die amerikanischen Schiffsbewegungen ein. In der japanischen Kriegsmarine selbst wurden die Besatzungen von Schiffen und Flugzeugen intensiv für die Operation und ihre Durchführung in verschiedenen Wetterverhältnissen geschult; die Bomberbesatzungen unternahmen mindestens 50 Übungsflüge.

Wie bereits erwähnt, kam dem Plan die vor kurzem erfolgte Vergrößerung der Reichweite der »Null«-Jäger sehr zugute; sie befreite den Flugzeugträgerverband von der Notwendigkeit, bei den Operationen im Südwestpazifik mitzuhelfen. Ferner profitierte der Plan von den Lehren des britischen Angriffs auf Tarent im November 1940, wo es der britischen Marineluftwaffe gelungen war, mit nur 21 Torpedobombern drei italienische Schlachtschiffe zu versenken, die in einem stark befestigten Hafen lagen. Doch auch damals war es nicht für möglich gehalten worden, aus der Luft abgeschossene Torpedos in Gewässer zu lenken, die weniger als etwa 23 Meter tief waren – etwa die Durchschnittstiefe des Hafens von Tarent –, und Pearl Harbor wurde daher als nicht durch solche Angriffe gefährdet angesehen, da der Hafen dort nur 10 bis 15 Meter tief war. Im Laufe des Jahres 1941 hatten aber die Briten auf Grund ihrer Erfahrungen bei Tarent gelernt, Lufttorpedos auch im Wasser abzuschießen, das nur knapp 12 Meter tief war, indem sie die Torpedos mit hölzernen Flossen versahen, die verhinderten, daß sie sich überschlugen und sich in dem seichten Meeresboden festsetzten. – Als die Japaner über ihre Botschaften in Rom und London von diesen Einzelheiten erfuhren, fühlten sie sich ermuntert, ähnliche Versuche zu unternehmen. Um den geplanten Angriff noch wirksamer zu machen, wurden außerdem ihre Bomber mit 37-cm- und 40-cm-Geschossen ausgerüstet, die Panzer brechen konnten und mit Flossen ausgestattet waren, so daß sie wie Bomben herunterfielen. Wenn man sie vertikal von oben abwarf, konnte keine Deckpanzerung ihnen widerstehen.

Die amerikanische Pazifikflotte hätte die Gefahr eines Angriffs im Stil von Tarent abwehren können, indem sie ihre größeren Schiffe mit Anti-Torpedo-Netzen ausrüstete; diese Möglichkeit machte den Japanern Sorge. Aber ihr Oberbefehlshaber, Admiral Husband E. Kimmel, war ebenso wie das Marineministerium der Meinung, die damals üblichen schwerfälligen Netze wären ein zu großes Hindernis für schnelle Bewegungen der Schiffe und für deren Bootsverkehr. Wie die Ereignisse zeigten, verurteilte diese Entscheidung die Flotte in Pearl Harbor zum Untergang.

Das Datum des Angriffes wurde durch eine Kombination verschiedener Faktoren bestimmt. Die Japaner wußten, daß Admiral Kimmel seine Flotte immer zum Wochenende nach Pearl Harbor zurückbrachte und daß die Schiffe dann nicht voll bemannt waren, was die Wirkung eines Überraschungsangriffes verstärken mußte. So lag ein Sonntag als Datum nahe.

Nach Mitte Dezember würde das Wetter für amphibische Landungen in Malaya und auf den Philippinen ungünstig sein, da dann der Monsun auf seinem Höhepunkt war; dies würde auch das Auftanken des Angriffsverbandes auf hoher See erschweren. Am 8. Dezember (Tokioer Zeit), einem Sonntag in Hawaii, würde es dort kein Mondlicht geben, und der schützende Mantel der Dunkelheit wäre für einen Überraschungsangriff von Vorteil. Außerdem würden die Gezeiten dann für eine Landung in Hawaii günstig sein – ein Plan, der ursprünglich erwogen, aber dann fallengelassen wurde, weil es an Truppentransportern mangelte und das Herannahen einer großen Invasionsflotte vermutlich entdeckt worden wäre.

Bei der Auswahl des Weges für den Angriffsverband wurden drei Möglichkeiten erörtert. Die eine war die südliche Route über die Marshall-Inseln, die zweite war eine mittlere Route über die Midway-Inseln. Diese beiden Wege waren die kürzeren; aber sie wurden

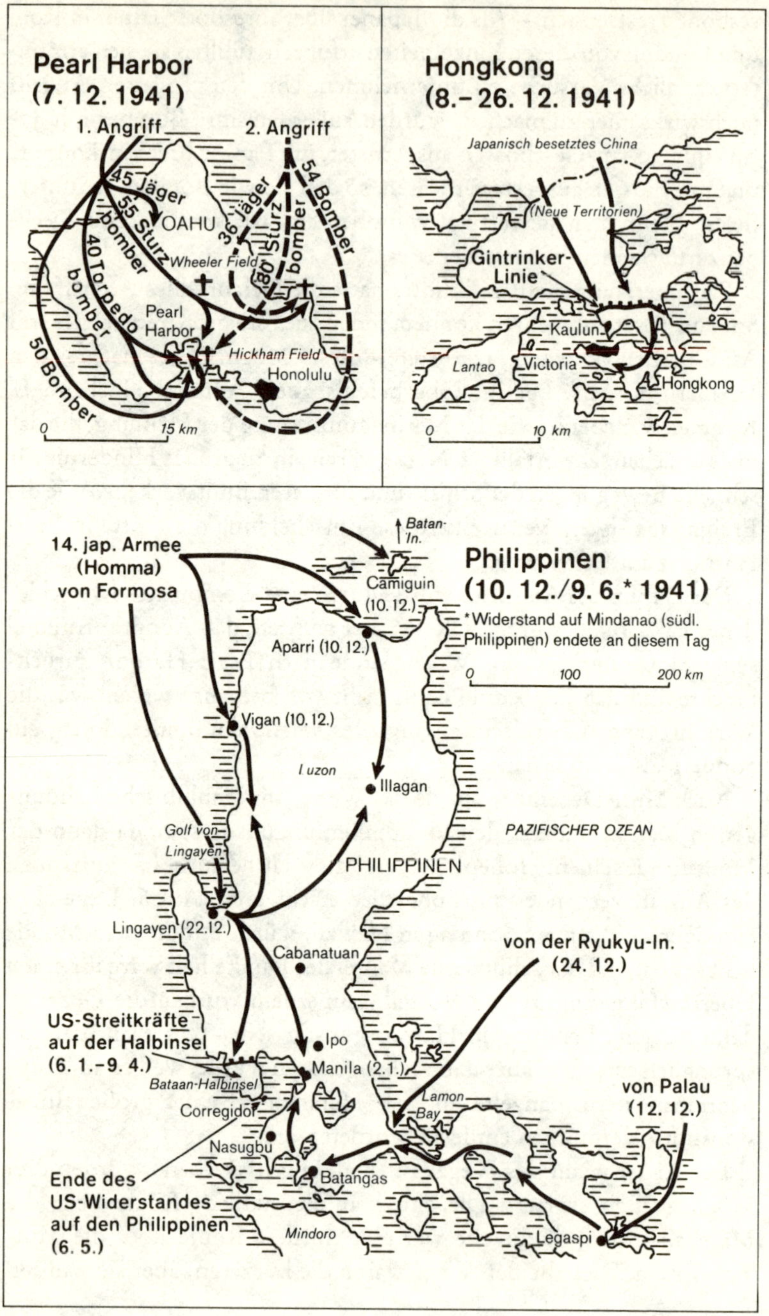

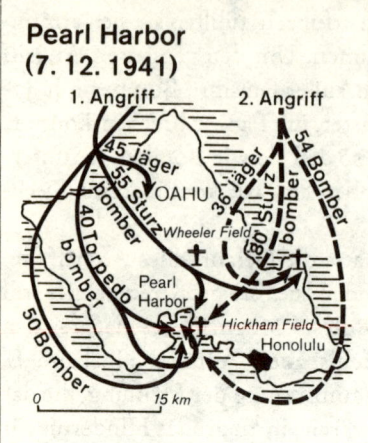

Pearl Harbor
(7. 12. 1941)

1. Angriff   2. Angriff

45 Jäger
55 Sturzbomber
40 Torpedobomber
50 Bomber
54 Bomber
36 Jäger
80 Sturzbomber

OAHU
Wheeler Field
Pearl Harbor
Hickham Field
Honolulu

0   15 km

Hongkong
(8.–26. 12. 1941)

Japanisch besetztes China

(Neue Territorien)

Gintrinker-Linie

Kaulun
Lantao   Victoria
Hongkong

0   10 km

Philippinen
(10. 12./9. 6.* 1941)

*Widerstand auf Mindanao (südl. Philippinen) endete an diesem Tag

14. jap. Armee
(Homma)
von Formosa

Batan-In.
Camiguin (10.12.)
Aparri (10.12.)
Vigan (10.12.)

Luzon

Illagan

0   100   200 km

Golf von Lingayen

PHILIPPINEN

PAZIFISCHER OZEAN

Lingayen (22.12.)

Cabanatuan

von der Ryukyu-In.
(24. 12.)

US-Streitkräfte
auf der Halbinsel
(6. 1.–9. 4.)

Ipo
Manila (2.1.)

Bataan-Halbinsel
Corregidor
Nasugbu

Lamon-Bay

von Palau
(12. 12.)

Ende des
US-Widerstandes
auf den Philippinen
(6. 5.)

Batangas

Mindoro

Legaspi

verworfen zugunsten des nördlichen Weges über die Kurilen, was ein Neuauftanken nötig machte – aber dieser Weg vermied die großen Schiffahrtswege und brachte auch weniger Gefahr einer Entdeckung durch amerikanische Aufklärungsflugzeuge mit sich.

Die Japaner nutzten auch den Grundsatz eines Angriffs mit »ungleich langen Beinen« aus. Nachdem sie sich im Dunkeln ihrem Ziel genähert hatten, ließen die Flugzeugträger ihre Flugzeuge bei Morgendämmerung aufsteigen, als sie Hawaii am nächsten waren; dann drehten sie ab, aber nicht im direkten Rückweg, und wurden von ihren Flugzeugen an einem Punkt wieder erreicht, der vom Ziel weiter entfernt war als der Punkt, wo die Maschinen gestartet waren. So flogen die japanischen Flugzeuge sozusagen ein kurzes und ein langes Bein – während verfolgende amerikanische Flugzeuge zwei lange Beine fliegen mußten, sowohl auf dem Hinflug als auch auf dem Rückflug. Dieser Nachteil war von den amerikanischen Verteidigungsplanern nicht in Rechnung gestellt worden.

Die Angriffsziele in der Reihenfolge ihrer Wichtigkeit waren: die amerikanischen Flugzeugträger (die Japaner hofften, es würden sechs oder zumindest drei in Pearl Harbor liegen), die Schlachtschiffe, die Öltanks und anderen Hafenanlagen, die Flugzeuge auf ihren wichtigsten Flugplätzen Wheeler, Hickam und Bellows Field. Die Japaner setzten bei dem Angriff sechs Flugzeugträger ein, die insgesamt 423 Flugzeuge mitführten, von denen 360 am Angriff teilnahmen – 104 Bomber, 135 Sturzbomber und 40 Torpedobomber, mit 81 Jägern. Der begleitende Verband bestand aus zwei Schlachtschiffen, drei Kreuzern, neun Zerstörern und drei U-Booten, mit acht Tankern als Begleitung; sein Befehlshaber war Admiral Nagumo. Außerdem war ein gleichzeitiger Angriff durch Zwerg-Unterseeboote geplant, der das erwartete Chaos beim Feind ausnutzen sollte.

Am 19. November verließen die U-Boote ihren Stützpunkt Kure in Japan, mit fünf Zwergbooten im Schlepp. Der Hauptangriffsverband versammelte sich am 22. in der Tankan-Bucht in den Kurilen und lief dort am 26. aus. Am 2. Dezember erhielt er die Meldung, daß die Angriffsbefehle bestätigt wurden; daher wurden die Schiffe jetzt verdunkelt. Doch auch danach blieb der Vorbehalt in Kraft, daß das ganze Unternehmen aufgegeben würde, falls der Flottenverband vor dem 6. Dezember entdeckt oder falls in Washington eine Einigung in letzter Minute erzielt werden sollte. Am 4. Dezember erfolgte das letzte Auftanken, und die Geschwindigkeit wurde von 13 auf 25 Seemeilen erhöht.

Auf dem Wege über Tokio erreichten den Verband ständig Nachrichten des japanischen Konsulats in Honolulu; daher waren die Befehlshaber enttäuscht, als am 6., am Vorabend des Angriffs, in Pearl Harbor keine Flugzeugträger gemeldet wurden. (Einer befand sich an der kalifornischen Küste, ein anderer überführte Bomber nach Midway, ein dritter hatte gerade Jäger nach Wake überführt, und drei befanden sich im Atlantik.) Jedoch wurden acht Schlachtschiffe in Pearl Harbor gemeldet, obendrein ohne Torpedonetze, und so beschloß Admiral Nagumo weiterzufahren. Am nächsten Morgen zwischen 6.00 und 7.15 Uhr Hawaii-Zeit stiegen die Flugzeuge auf, gut 400 Kilometer nördlich von Pearl Harbor.

Es gab zwei Warnungen in letzter Stunde, die den Ablauf der Dinge hätten ändern können. Die erste war, daß seit 3.55 Uhr mehrfach das Herannahen der japanischen U-Boote entdeckt wurde; ein U-Boot wurde gegen 7 Uhr morgens von amerikanischen Zerstörern, ein anderes von Marineflugzeugen versenkt. Dann entdeckte bald nach 7 Uhr die nördlichste der sechs amerikanischen Radar-Stationen auf Hawaii das Herannahen eines starken Verbands von Flugzeugen, offensichtlich über hundert. Aber diese wurden von der Auswertungszentrale als amerikanische »B 17«-Bomber gedeutet, die man aus Kalifornien erwartete – obwohl es sich bei den »B 17« nur um zwölf Maschinen handelte und sie von Osten und nicht von Norden kommen mußten.

Der japanische Angriff begann um 7.55 Uhr und dauerte bis 8.25 Uhr; dann griff um 8.40 Uhr eine zweite Welle von Sturzbombern und Bombern an. Aber die Torpedobomber der ersten Welle waren die entscheidenden gewesen.

Von den acht amerikanischen Schlachtschiffen wurden die »Arizona«, »Oklahoma«, »West Virginia« und »California« versenkt; die »Maryland«, »Nevada«, »Pennsylvania« und »Tennessee« wurden schwer beschädigt (die »Nevada« lief auf Grund, und die »California« wurde später gehoben). Ferner wurden drei Zerstörer und vier kleinere Schiffe versenkt, drei leichte Kreuzer und ein Versorgungsschiff für Marineflugzeuge schwer beschädigt. 188 amerikanische Flugzeuge wurden zerstört und 63 beschädigt. Von den japanischen Flugzeugen wurden nur 29 abgeschossen und 70 beschädigt – versenkt wurden die fünf Zwerg-Unterseeboote bei ihrem Angriff, der ein völliger Fehlschlag war. Die amerikanischen Verluste betrugen 3435 Tote und Verwundete; die japanischen Verlustzahlen sind ungewiß, aber die Zahl der Toten lag unter hundert.

Die zurückkehrenden Flugzeuge landeten zwischen 10.30 und 13.30 Uhr auf ihren Trägern. Am 23. Dezember kehrte der Hauptverband wieder nach Japan zurück.

Der große Angriff brachte Japan drei entscheidende Vorteile: Die amerikanische Pazifik-Flotte war praktisch außer Gefecht gesetzt, die Operationen im Südwestpazifik waren jetzt gegen amerikanische Einmischung abgesichert, und der Angriffsverband von Pearl Harbor konnte jetzt zur Unterstützung dieser Operationen eingesetzt werden. Die Japaner hatten dadurch Zeit gewonnen, ihren Verteidigungsring aufzubauen und zu erweitern.

Auf der Passivseite stand, daß der Schlag die amerikanischen Flugzeugträger, sein Hauptziel, verfehlt hatte – dies war für die Zukunft ein entscheidender Faktor. Er hatte ferner die Öltanks und andere wichtige Einrichtungen verfehlt, deren Zerstörung das amerikanische Comeback im Pazifik stark verzögert hätte, da Pearl Harbor die einzige voll ausgebaute Marinebasis war. Und da der Angriff als eine Überraschung erfolgt war, offenkundig ohne vorherige Kriegserklärung, erregte er in Amerika so große Empörung, daß sich die öffentliche Meinung geschlossen hinter Präsident Roosevelt und gegen Japan stellte.

Es war eine Ironie, daß die Japaner geplant hatten, sich in den Grenzen der Legalität zu halten und trotzdem den Überraschungseffekt auszunutzen – mit anderen Worten so nahe an die Grenze des Völkerrechtsbruches zu gehen, wie sie konnten, ohne diese Grenze zu überschreiten. Ihre Antwort auf die amerikanischen Forderungen vom 26. November sollte am späten Abend des Samstag, 6. Dezember, dem japanischen Botschafter in Washington übermittelt und von diesem am Sonntag, 13 Uhr – 7.30 Uhr Hawaii-Zeit –, der US-Regierung übergeben werden. Dies würde den USA eine minimale Chance – etwa eine halbe Stunde – geben, ihre militärischen Dienststellen in Hawaii und anderswo zu benachrichtigen, daß der Krieg da sei; aber man könnte es noch gerade als völkerrechtlich korrekt bezeichnen. Jedoch infolge der Länge der japanischen Note (5000 Worte) und verzögerter Entschlüsselung in der japanischen Botschaft war sie nicht vor 14.20 Uhr

Washingtoner Zeit zur Übergabe fertig – das heißt etwa 35 Minuten nach Beginn des Angriffs auf Pearl Harbor.

Trotzdem war das Ausmaß der amerikanischen Empörung über das barbarische Verhalten der Japaner und ihren Überraschungsangriff im Lichte der Geschichte erstaunlich. Denn der japanische Angriff hatte einen genauen Präzedenzfall in dem japanischen Angriff auf die russische Flotte bei Port Arthur. Im August 1903 hatten zwischen Japan und Rußland Verhandlungen über eine Regelung ihrer Differenzen im Fernen Osten begonnen; aber nach 5 1/2 Monaten kam die japanische Regierung zu dem Schluß, daß die russische Haltung keine Möglichkeit einer befriedigenden Regelung bot, und am 4. Februar 1904 beschloß sie, Gewalt anzuwenden. Am 6. wurden die Verhandlungen abgebrochen – aber ohne Kriegserklärung.

Die japanische Flotte unter Admiral Togo lief insgeheim in Richtung Port Arthur, der russischen Marinebasis, aus. In der Nacht zum 8. griffen Togos Torpedoboote das in Port Arthur vor Anker liegende russische Geschwader überraschend an. Sie versenkten zwei seiner besten Schlachtschiffe und einen Kreuzer – mit dem Erfolg, daß von da an die japanische Überlegenheit zur See im Fernen Osten hergestellt war. Erst am 10. erfolgte die japanische Kriegserklärung und gleichzeitig die russische.

Die damalige Haltung Großbritanniens, das zwei Jahre vorher ein Bündnis mit Japan abgeschlossen hatte, war ein seltsamer Gegensatz zu der Art und Weise, wie man 37 Jahre später die amerikanische Verdammung des japanischen Verhaltens nachbetete. Die »Times« schrieb im Februar 1904 in einem Leitartikel:

»Die japanische Kriegsmarine hat dank dem mannhaften Entschluß des Mikado und seiner Berater die Initiative ergriffen und den Krieg mit einem kühnen Akt eröffnet ... Dank seiner Lage an der äußeren Reede war das russische Geschwader einem Angriff ausgesetzt und lud direkt dazu ein. Diese Einladung wurde mit einer Promptheit und Pünktlichkeit angenommen, die der Kriegsmarine unserer tapferen Verbündeten alle Ehre macht ... Die moralische Wirkung verspricht gewaltig zu werden und wird wohl den ganzen weiteren Verlauf des Krieges bestimmen ... Durch diesen tapferen Akt hat die japanische Marine den Vorteil ausgenutzt, den kluge Staatskunst ihr geboten hat, und sich zum Herrn der Lage gemacht.«

Auch der Artikel über Japan in der »Encyclopaedia Britannica« lobt
Japan dafür, daß es die Waffen gegen »eine militärische Diktatur und
eine Politik eigennütziger Beschränkungen« ergriffen hat.

Am 21. Oktober 1904 wurde Admiral Sir John Fisher zum Ersten
Seelord ernannt. Er begann sofort, König Eduard VII. und mehreren
einflußreichen Politikern den Vorschlag zu machen, die wachsende
Gefahr der ständig zunehmenden deutschen Flotte auszuschalten, indem man sie »kopenhagene«, d. h. durch einen plötzlichen Angriff
ohne vorherige Kriegserklärung. Er ging sogar so weit, für diesen Plan
Propaganda zu machen. Seine ständige Befürwortung solcher Absichten kam natürlich zu den Ohren der deutschen Regierung und wurde
dort natürlich ernster genommen als in englischen politischen Kreisen.

Es ist nicht klar, ob Admiral Fishers Vorschläge schon vor dem
Erfolg des japanischen Coups bei Port Arthur gemacht wurden. Aber
auch der Gewaltschlag, mit dem Nelson ohne Kriegserklärung die dänische Flotte bei Kopenhagen vernichtete, war ein fester Bestandteil
der britischen Seegeschichte und jedem Seemann vertraut. Togo hatte
als junger Marineoffizier sieben Jahre zum Studium in England verbracht. Daher mag der Einfluß von Nelsons Coup bei Kopenhagen auf
Togos Aktion von 1904 ebenso groß gewesen sein wie der Einfluß von
Togos Aktion auf Fishers Vorschlag.

Für die Amerikaner aber war trotz der Lehren der Geschichte der
Angriff auf Pearl Harbor eine so große Überraschung, daß der Schock
nicht nur in weitesten Kreisen zu schärfster Kritik an der Regierung,
vor allem an Präsident Roosevelt führte, sondern auch zu einem Verdacht, daß nicht nur Blindheit und momentane Verwirrung, sondern
makabrere Faktoren für die Katastrophe verantwortlich seien. Ein solcher Verdacht entstand bei Roosevelts Kritikern und politischen Gegnern und hat sich lange gehalten.

Doch wenn es auch klar ist, daß der Präsident seit langem nach einem
Weg suchte, um Amerika in den Krieg gegen Hitler hineinzuführen,
so genügt die nachweisliche Selbstgefälligkeit und Fehlkalkulation bei
den Stäben von Armee und Marine, um die Argumente amerikanischer
»revisionistischer« Historiker zu widerlegen, Roosevelt habe zu diesem Zweck die Katastrophe von Pearl Harbor manipuliert, und sie
überwiegt auch die dürftigen Beweise, auf die man einen solchen Verdacht zu stützen versucht hat.

Der Fall Hongkongs

Der schnelle Verlust dieses britischen Außenpostens im Fernen Osten war ein denkbar klares Beispiel dafür, wie strategische Erwägungen ebenso wie der gesunde Menschenverstand umsonst vermeidlichen Prestigerücksichten geopfert werden [1]. Selbst die Japaner haben niemals eine solche Torheit begangen, nur um »das Gesicht zu wahren«, wie Großbritannien in diesem Fall. Hongkong war offensichtlich der schwache Punkt der britischen Position und seiner Lage nach weit schwerer zu verteidigen als Singapur. Dieser Inselhafen nahe der Küste Chinas war nur gut 600 Kilometer von den japanischen Luftwaffenstützpunkten auf Formosa entfernt, dagegen 2500 Kilometer von dem britischen Flottenstützpunkt Singapur.

In einer Studie über die strategische Gesamtsituation Anfang 1937 hatten die britischen Stabschefs Japan nach Deutschland an die zweite Stelle als potentiellen Feind gesetzt und Singapur nach Großbritannien selbst zur Schlüsselposition erklärt, von der das Überleben des britischen Commonwealth abhinge. Sie gaben deswegen die Meinung zu Protokoll, daß keine Rücksicht auf die britischen Interessen im Mittelmeer die Entsendung einer starken Flotte nach Singapur verhindern dürfe. Bei der Erörterung Hongkongs waren sie der Meinung, bis zu einer Entsetzung im Falle eines feindlichen Angriffs würden mindestens 90 Tage vergehen, und erklärten weiter, selbst wenn eine verstärkte Garnison die Kolonie halten könne, würde der Hafen durch die von Formosa aus operierende japanische Luftwaffe neutralisiert werden. Doch optimistischer und weniger realistisch, als es die Tatsachen erlaubten, lehnten sie die logische Schlußfolgerung ab mit der Begründung, eine Evakuierung der Garnison würde einen hohen Prestigeverlust bedeuten und China bei seinem Widerstand gegen die

1 Im März 1935 bat mich General Dill, der neue Leiter der Operations- und Nachrichtenabteilung, zum Kriegsministerium zu einer Besprechung über gegenwärtige und künftige Verteidigungsprobleme zu kommen. Die Diskussion drehte sich um den Fernen Osten und vor allem um die Frage, ob man versuchen solle, im Falle eines Krieges mit Japan, Hongkong zu verteidigen. Eine Tagebuchnotiz vom gleichen Abend lautete: »Ich erklärte, und er schien der gleichen Meinung zu sein, es sei besser, den Verlust Hongkongs zu riskieren, indem man es zu schwach verteidigt, als es so sehr zu verstärken, daß es zu einem moralischen Verdun oder Port Arthur wird, was im Fall seines Verlustes unser Prestige schwer schädigt.

Japaner entmutigen. Die Schlußfolgerung der Stabschefs lautete:
»Hongkong sollte als ein wichtiger, wenn auch nicht lebenswichtiger
Außenposten betrachtet werden, der so lange wie möglich verteidigt
werden muß.« Diese Schlußfolgerung war das Todesurteil für die Garnison.

Zwei Jahre später, Anfang 1939, führte ein neuer Überblick über die
Lage zur gleichen Schlußfolgerung; doch wies sie eine sehr wichtige
Änderung auf, indem sie der Sicherheit des Mittelmeeres vor der des
Fernen Ostens den Vorrang gab. Dies machte die Verteidigung Hongkongs noch hoffnungsloser, um so mehr, als inzwischen eine japanische Expeditionstruppe nördlich und südlich von Hongkong auf dem
chinesischen Festland fest etabliert war, dadurch die britische Besit-
zung isolierte und der Gefahr eines Landangriffes aussetzte.

Im August 1940 wurde nach dem Zusammenbruch Frankreichs die
Gesamtsituation erneut untersucht, und zwar von einem neuen Team
von Stabschefs, in dem Dill, jetzt Chef des Empire-Generalstabes, die
Armee vertrat. Diesmal erkannten sie die Tatsache, daß Hongkong
nicht zu verteidigen war, und empfahlen den Abzug der Garnison –
damals nur vier Bataillone. Ihre Ansicht wurde von dem Kriegskabinett unter Vorsitz Churchills akzeptiert. Aber nichts geschah, um diese
Empfehlung in die Tat umzusetzen. Im Gegenteil, ein Jahr später fielen die Stabschefs wieder um und rieten Churchill, das Angebot der
kanadischen Regierung zur Verstärkung der Garnison um zwei Bataillone anzunehmen – ein Angebot, das durch die optimistische Ansicht
von Generalmajor A. E. Grasett, eines Kanadiers, ausgelöst wurde, der
nach Beendigung seines Kommandos in Hongkong auf dem Rückweg
nach England dem Chef des kanadischen Generalstabes erklärt hatte,
eine solche Verstärkung würde den Platz stark genug machen, einen
längeren Angriff auszuhalten. Als sie die Annahme dieses Angebots
empfahlen, äußerten die britischen Stabschefs die Meinung, selbst im
schlimmsten Fall werde dies der Garnison erlauben, die Insel »in wür-
digerer Form« zu verteidigen. Dies war wieder ein reines Prestigear-
gument. Am 27. Oktober 1941 schifften sich dann die zwei kanadischen Bataillone nach Hongkong ein – und vergrößerten damit das
nutzlose Opfer um fast die Hälfte.

Am 8. Dezember eröffneten die Japaner ihren Angriff vom Festland
aus mit einer gut ausgerüsteten Streitmacht von fast einer Division (12
Bataillone) mit reichlicher Unterstützung durch Luftwaffe und Artil-

lerie. Am nächsten Tag zogen sich die Briten auf die sogenannte »Gin-trinker-Linie« auf der Halbinsel Kaulun zurück, und am Morgen des 10. wurde auf dieser Halbinsel eine entscheidende Stellung von den Japanern genommen. Dies führte zur baldigen Aufgabe der »Gintrin-ker-Linie« und zum Rückzug auf die Insel Hongkong, als die Japaner noch ihren Angriff auf diese Linie vorbereiteten.

Die ersten japanischen Versuche, die Meerenge zu überqueren, wurden abgewiesen; aber sie dienten dazu, die Kräfte der Verteidiger zu verzetteln. Dann landete in der Nacht vom 18. auf den 19. die japa-nische Hauptstreitmacht in der Nordostecke der Insel, und ihr kon-zentrierter Angriff stieß bald bis zur Deep Water Bay im Süden durch und spaltete die Verteidigung in zwei Hälften. Die eine Hälfte kapitu-lierte am Weihnachtsabend, die andere folgte am nächsten Vormittag. Trotz der Verstärkung hatte sich Hongkong nur knapp 18 Tage gehal-ten – ein Fünftel der erwarteten Zeit. Die Japaner hatten dabei weniger als 3 000 Mann verloren, aber die gesamte verstärkte Garnison von fast 12 000 Mann gefangengenommen. Der Verlust Hongkongs erfolgte im hundertsten Jahr seiner Besetzung und im 99. Jahr seiner formellen Abtretung durch China.

Der Fall der Philippinen

Um 2.30 Uhr morgens des 8. Dezember 1941 erreichte und alarmierte die Nachricht von dem japanischen Angriff auf Pearl Harbor das ame-rikanische Oberkommando auf den Philippinen. Zwar verzögerte Morgennebel auf Formosa den geplanten japanischen Luftangriff auf die Inseln. Aber dies erwies sich als ein Vorteil für die Japaner. Denn auf amerikanischer Seite bestand Unklarheit – deren Ursachen noch heute umstritten sind –, ob die B-17-Bomber Formosa als sofortige Angriffsaktion bombardieren sollten. Infolgedessen erhielten sie den Befehl, über der großen Insel Luzon in der Luft zu bleiben, um nicht am Boden von einem Angriff getroffen zu werden. Um 11.30 Uhr landeten sie dann, um sich für ihren Angriffsflug zu rüsten – gerade als die verspäteten japanischen Bomber über ihren Köpfen erschienen. Wegen des mangelhaften amerikanischen Warnsystems wurden an diesem ersten Kriegstag die meisten amerikanischen Flugzeuge außer Gefecht gesetzt, vor allem die B-17-Bomber und die modernen P-40-

E-Jäger. Die Waagschale der Luftwaffe schlug damit zugunsten der Japaner aus, die von da an mit ihren 190 Heeresflugzeugen und 300 Marineflugzeugen, die von Formosa aus operierten, die Luft beherrschten. Am 17. wurden die zehn übriggebliebenen B-17 nach Australien zurückgezogen. Auch von Admiral Harts Verband mit dem prätentiösen Namen »Asiatische Flotte« wurden die wenigen Überwasserschiffe abgezogen, und nur die 29 U-Boote blieben in dem Raum zurück.

Was die Landstreitkräfte betrifft, so hatte MacArthur im Gegensatz zu der auf sein eigenes Drängen zurückgehenden Entscheidung, die ganzen Philippinen zu verteidigen, klugerweise den größten Teil seiner 31 000 Mann regulärer Truppen (Amerikaner und Filipinos) in der Nähe von Manila zusammengezogen, so daß die ausgedehnten Küsten nur von Filipino-Truppen zweiter Ordnung, nominell insgesamt etwa 110 000 Mann, geschützt wurden. Diese Entscheidung war strategisch richtig, aber sie bedeutete natürlich, daß die Japaner wenig Schwierigkeiten hatten zu landen, wo immer sie wollten.

Die Operation war der japanischen 14. Armee unter General Homma anvertraut worden. Er setzte 57 000 Mann bei den Landungen und den ersten Landoperationen ein. Diese Zahl war relativ nicht allzu groß; um so mehr kam es auf die Überraschung und auf die Luftüberlegenheit an. Die Japaner mußten auch schnell einige entlegene Inseln und schwach verteidigte Küstenstriche besetzen, um dort Flugplätze für ihre Heeresflugzeuge geringerer Reichweite zu bauen.

Schon am ersten Tag besetzten sie die Hauptinsel der Batan-Gruppe, 190 Kilometer nördlich von Luzon, und am 10. machten sie einen Sprung auf die Insel Camigain, die nördlich an Luzon anschloß. Am gleichen Tag landeten zwei andere Einheiten an der Nordküste von Luzon selbst, und am 12. landete eine vierte, die von den Palau-Inseln kam, ohne Widerstand am Südostende der Insel. Dies ebnete den Weg für die Hauptlandung, die vom 22. Dezember an im Golf von Lingayen, 190 Kilometer nördlich Manilas, erfolgte. 85 Truppentransporter beförderten General Hommas 43 000 Mann. Am 24. landete eine andere Einheit von 7 000 Mann, von den Ryukyu-Inseln kommend, in der Lamon Bay direkt gegenüber Manila. Keiner dieser Verbände stieß auf ernsthaften Widerstand, da die ungeschulte und schlecht ausgerüstete philippinische Armee schnell auseinanderlief, vor allem, wenn Panzer gegen sie vorrückten, und die Amerikaner ihr zu spät zu Hilfe kamen. Bisher hatten die Japaner nicht einmal 2 000 Mann verloren.

MacArthur erkannte, daß er seinen Plan einer Vernichtung der Invasionsarmee vor ihrer Festsetzung an der Küste nicht mehr durchführen könne; er war daher bereits am 23. auf seinen ursprünglichen Plan zurückgekommen, sich mit den verbliebenen Streitkräften auf die Halbinsel Bataan zurückzuziehen. Sein Entschluß war durch Berichte mit veranlaßt worden, welche die Zahl der Japaner doppelt so hoch angaben, als sie wirklich war – und die den größten Teil seiner eigenen Filipinos nicht mitzählten. Am 26. wurde Manila zur offenen Stadt erklärt. Trotz der anfänglichen Verwirrung gelang es MacArthurs Truppen, sich unter feindlichem Druck Schritt für Schritt zurückzuziehen. Bis zum 6. Januar hatten sie feste Stellungen auf der Halbinsel bezogen – auch dank der Tatsache, daß die Japaner nur halb so stark waren wie sie selber.

Aber nach ihrem Rückzug auf diese Halbinsel, die etwa 40 Kilometer lang und gut 30 Kilometer breit war, litten die Amerikaner an der Notwendigkeit, über 100 000 Menschen einschließlich der Zivilisten zu ernähren statt der 43 000, mit denen sie nach ihrem ursprünglichen Plan gerechnet hatten. Außerdem war die Halbinsel schwer malariaverseucht, so daß schon sehr bald nur noch höchstens ein Viertel der amerikanischen Truppen kampfbereit war.

Die ersten japanischen Angriffe auf die Bataan-Stellung wurden zurückgeschlagen, ebenso die amphibischen Flankenangriffe, welche die Japaner versuchten. Am 8. Februar, nach einem Monat, stellten sie ihre Angriffe ein, da ihre Streitkräfte zu schwach geworden waren – auch 10 000 Japaner waren an Malaria erkrankt, und ihre 48. Division war zur Unterstützung der Operationen gegen Niederländisch-Indien abgezweigt worden. Anfang März waren die japanischen Stellungen nur von rund 3 000 Mann besetzt; aber die Amerikaner waren davon nicht unterrichtet und machten daher keinen Versuch, die Offensive zu ergreifen. Außerdem war ihre eigene Kampfstärke jetzt auf ein Fünftel ihrer Gesamtzahl zusammengeschrumpft; ihr Kampfgeist litt durch MacArthurs Abreise nach Australien am 10. März und dadurch, daß offensichtlich keinerlei Versuch gemacht wurde, ihnen zu Hilfe zu kommen – auf Grund eines Anfang Januar in Washington gefaßten Beschlusses.

Ende März wurden dann die Japaner wieder durch über 22 000

Mann frische Truppen verstärkt, ebenso auch durch neue Flugzeuge und Artillerie. Am 3. April nahmen sie ihre Angriffe wieder auf; die Amerikaner wurden auf der Halbinsel zurückgedrängt, bis am 9. April ihr neuer Befehlshaber General King bedingungslos kapitulierte, um eine »Massenschlächterei« zu vermeiden.

Der Kampf verlagerte sich jetzt auf die befestigte Insel Corregidor, die einschließlich der Truppen auf drei benachbarten kleineren Inseln von fast 15 000 Mann besetzt war.

Doch nur drei Kilometer Wasserstraße trennten sie von der Halbinsel Bataan; das gestattete den Japanern, über die Meerenge hinweg die Insel unter schweren Artilleriebeschuß zu nehmen und ständig aus der Luft anzugreifen. Dies setzte sich Woche für Woche fort; allmählich wurde dadurch die Verteidigung aufgerieben, der größte Teil der Geschütze war außer Gefecht gesetzt und die Wasserversorgung der Insel beschädigt.

Am 4. Mai steigerte sich die Beschießung auf 16 000 Geschosse. Kurz vor Mitternacht überquerten dann 2 000 Japaner die Meerenge und landeten auf der Insel. Sie stießen zwar auf harten Widerstand und verloren noch bei der Landung etwa die Hälfte ihrer Truppen; doch die Landung von Panzern wendete das Schicksal und verursachte einen schnellen Zusammenbruch der Verteidiger. Am nächsten Morgen, dem 6. Mai, bot General Wainwright, der nach dem Verlassen Bataans auf Corregidor befehligte, in einer Funkbotschaft die Kapitulation an, um nutzlose Verluste zu vermeiden.

General Homma lehnte zuerst eine solche lokale Kapitulation ab, solange noch amerikanische und philippinische Einheiten auf den südlichen Inseln eine Art Guerillakrieg weiterführten, ebenso wie einige Einheiten in den entlegeneren Teilen der Inseln Luzon. Wainwright erklärte sich dann bereit, eine allgemeine Waffenstreckung zu befehlen, aus Furcht, die inzwischen entwaffnete Garnison von Corregidor würde massakriert werden. Doch einige dieser Einheiten folgten seiner Anweisung nicht – in loyaler Befolgung der Befehle MacArthurs aus Australien, und erst am 9. Juni endete der letzte Widerstand.

Die Amerikaner hatten in diesem Feldzug etwa 30 000 Mann verloren, ihre philippinischen Verbündeten etwa 110 000 Mann. Zwar war ein großer Teil der letzteren durch Desertion ausgefallen; aber die Gesamtzahl der Kapitulierenden betrug dennoch 80 000 Mann in Bataan und 15 000 Mann auf Corregidor. Die japanischen Verluste sind schwieriger zu beziffern, scheinen aber, von den Kranken abgesehen, nur etwa 12000 Mann betragen zu haben.

Immerhin hatten trotz des anfänglichen Zusammenbruchs die Verteidiger auf den Philippinen weit länger ausgehalten als irgendwo sonst – vier Monate in Bataan und sechs Monate insgesamt –, obwohl sie von außerhalb keine wirksame Unterstützung und keinen Nachschub erhielten.

Der Fall von Malaya und Singapur

Nach dem japanischen Plan wurde die Eroberung Malayas und Singapurs der 25. Armee General Yamaschitas übertragen; sie bestand aus drei Divisionen und zusätzlichen Versorgungseinheiten und hatte eine Kampfstärke von etwa 70000, eine Gesamtstärke von etwa 110000 Mann. Die verfügbaren Truppentransporter reichten nur für eine direkte Überführung eines Viertels der Armee – 17000 Mann Kampftruppen und 26000 Mann insgesamt – über den Golf von Siam. Diese Voraustruppen sollten die Flugplätze im Norden nehmen; das Gros der Armee sollte dann auf dem Landweg von Indochina durch Thailand und durch den Isthmus von Kra marschieren, um so bald wie möglich die auf dem Seeweg beförderte Streitmacht zu verstärken und dann weiter auf der Westküste der Malaiischen Halbinsel vorzurükken.

Äußerlich schien dies eine bemerkenswert kleine Streitmacht für ein so weit gestecktes Ziel – in der Tat war sie zahlenmäßig der britischen Armee von 88000 Mann unter General Percival unterlegen, die Malaya verteidigte und aus 19000 Briten, 15000 Australiern, 37000 Indern und 17000 Malaien bestand. Aber dies war eine bunt zusammengewürfelte Gesellschaft, schlecht bewaffnet und geschult im Vergleich zu Yamaschitas drei Divisionen – der Kaiserlichen Garde, der 5. und der 18. –, die zu den besten Truppen der japanischen Armee überhaupt gehörten. Außerdem wurden diese von 211 Panzern unterstützt, während die Briten in Malaya keinen einzigen hatten, und von 560 Flugzeugen, viermal soviel wie die Briten hatten – und obendrein an Kampfkraft weit überlegen. Außerdem rechneten die Japaner, daß der Monsun vom November bis März die britischen Truppenbewegungen behindern würde, da in dieser Zeit nur die besseren Straßen passierbar waren. Sie rechneten auch damit, daß das gebirgige Rückgrat

Malayas, über 2000 Meter hoch und mit dichtem Urwald bedeckt, die Stellungen der Verteidiger in zwei Hälften teilen und dadurch den japanischen Übergang von der Ost- auf die Westküste erleichtern würde.

Das Paradoxe an den britischen Dispositionen war, daß die Bodentruppen weit verzettelt waren, um Flugplätze zu schützen, auf denen keine ausreichende Luftwaffe lag, und daß diese Flugplätze einst angelegt worden waren, um einen Flottenstützpunkt zu schützen, in dem jetzt keine Flotte lag. Die Nutznießer sowohl der Flugplätze wie des Flottenstützpunktes wurden dann die Japaner.

Die zwei japanischen Hauptlandungen erfolgten bei Singora und bei Patani im thailändischen Teil der Malaiischen Halbinsel, mit vier Nebenlandungen weiter nördlich an der thailändischen Küste. Der Bedeutung nach an dritter Stelle stand die Landung bei Kota Bharu, dem ersten Ort südlich der Grenze zwischen Thailand und Malaya. Diese Landetruppe sollte zuerst den britischen Flugplatz dort besetzen und dann eine Ablenkungsoperation an der Ostküste durchführen, während der Hauptvorstoß entlang der Westküste erfolgte. Alle Landungen geschahen am frühen Morgen des 8. Dezember – die Landung von 5500 Mann bei Kota Bharu sogar eine Stunde vor dem Angriff auf Pearl Harbor. Der dortige Flugplatz wurde nach kurzem Kampf den Japanern überlassen, während die Flugplätze auf thailändischem Gebiet noch reibungsloser besetzt wurden. Der geplante britische Gegenstoß, die »Operation Matador«, kam zu spät in Gang, weil man sich scheute, die Grenze zu überschreiten, ehe die Neutralität Thailands von den Japanern verletzt wurde. Britische Aufklärungsflugzeuge hatten schon am 6. Dezember eine japanische Flotte im Golf von Siam entdeckt, aber schlechtes Wetter hatte dann deren weitere Bewegungen verhüllt. Das Anlaufen der »Operation Matador« warf lediglich die britischen Verteidigungsvorbereitungen über den Haufen. Am Vormittag des 10. Dezember hatte die japanische 5. Division bereits den Übergang von der Ost- zur Westküste vollzogen und die malaiische Grenze überschritten; sie marschierte auf zwei Straßen in die Provinz Kedah ein.

An diesem Tage erlitt die britische Kriegsmarine eine schwere Katastrophe.

Nach der Entscheidung vom Juli 1941, Japan die Ölzufuhr abzuschneiden, hatte Churchill verspätet »die furchtbaren Auswirkungen des Embargos erkannt«; einen Monat später, am 25. August, hatte er die Entsendung einer »abschreckenden« Seestreitmacht in den Fernen Osten vorgeschlagen. Die Admiralität plante, dort die »Nelson«, die »Rodney« und vier ältere Schlachtschiffe, außerdem einen Schlachtkreuzer und zwei oder drei Flugzeugträger zusammenzuziehen. Churchill wollte lieber »eine kleinere Zahl bester Schiffe« dafür einsetzen und schlug vor, eines der neuen Schlachtschiffe vom Typ »King George V.« zu entsenden, außerdem einen Schlachtkreuzer und einen Flugzeugträger. Am 29. August schrieb er der Admiralität:

»Ich bin nicht der Überzeugung, daß Japan es mit der sich jetzt bildenden Kombination von USA, Großbritannien und Rußland aufnehmen wird . . . Und nichts würde seine Bedenken mehr verstärken als das Auftauchen der von mir erwähnten Flotteneinheit, vor allem eines Schiffes vom Typ K.G.V. Dies könnte in der Tat eine entscheidende Abschreckung bilden.«

Dementsprechend liefen die »Prince of Wales« und der Schlachtkreuzer »Repulse« nach Singapur aus – aber ohne einen Flugzeugträger. Der einzige, der dafür bestimmt worden war, lief in Jamaica auf Grund und mußte zur Reparatur ins Dock. Es befand sich zwar ein anderer im Indischen Ozean in erreichbarer Nähe von Singapur; aber er erhielt keinen Befehl, sich dorthin zu begeben. So waren die beiden großen Schiffe auf Luftschutz durch Jäger von der Küste aus angewiesen, und deren gab es nicht viele – ganz abgesehen von dem schnellen Verlust der Flugplätze im Norden.

Die »Prince of Wales« und die »Repulse« erreichten Singapur am 2. Dezember; am nächsten Tag traf Admiral Sir Tom Phillips ein, um das Kommando der »Fernöstlichen Flotte« zu übernehmen. Am 6. wurde, wie erwähnt, ein großer japanischer Geleitzug von Transportschiffen auf der Fahrt von Indochina in die Richtung von Malaya gesichtet. Am Mittag des 8. erfuhr Phillips, daß dieser seine Truppen bei Singora und Kota Bharu absetzte, unter dem Schutz von mindestens einem Schlachtschiff der »Kongo«-Klasse, fünf Kreuzern und 20 Zerstörern. Am späten Nachmittag lief Phillips tapfer mit seinem sogenannten »Verband Z« aus – den zwei großen Schlachtschiffen und vier Zerstörern –, um die Transportschiffe anzugreifen, obwohl kein Luftschutz so weit nördlich gestellt werden konnte, nachdem die Flugplätze dort verlorengegangen waren.

Am Abend des 9. klärte sich das Wetter auf, und damit verschwand für Phillips der schützende Mantel. Sein Verband Z wurde von der Luft aus gesichtet; daher drehte er nach Süden bei und wollte wieder nach Singapur zurück. Doch noch in der Nacht kam von dort eine Meldung, die fälschlich von einer japanischen Landung bei Kuantan, etwa auf halbem Wege, berichtete; in der Überlegung, daß dort ein Überraschungsangriff möglich und das Risiko gerechtfertigt sei, änderte er den Kurs nach Kuantan.

Die Japaner waren aber auf jedes Störungsmanöver durch den Verband Z, dessen Ankunft in Singapur der ganzen Welt durch Rundfunk bekanntgegeben war, gut vorbereitet. Ihre 22. Flottille, ein Eliteverband mit den besten Piloten der Marineluftwaffe, war auf den Flugplätzen in der Nähe von Saigon in Indochina stationiert. Außerdem deckte eine Kette von 12 Vorposten-U-Booten den ganzen Weg von Singapur nach Kota Bharu und Singora ab. Schon am frühen Nachmittag des 9. war die Fahrt des Verbandes Z nach Norden von diesen U-Booten gesichtet und gemeldet worden. Als diese Meldung eintraf, wechselte die 22. Flottille, die sich gerade auf einen Angriff auf Singapur vorbereitete, schnell ihre Bomben gegen Torpedos aus und stieg zu einem Nachtangriff auf Verband Z auf; da Phillips nach Süden abgedreht war, fand sie ihn zunächst nicht. Kurz vor Morgendämmerung stieg sie jedoch noch einmal auf, und diesmal wurde Verband Z in der Nähe von Kuantan gesichtet. Die Japaner setzten bei dem Angriff 34 Bomber und 51 Torpedobomber ein; die ersteren eröffneten den Angriff bald nach 11 Uhr, und die letzteren folgten in verschiedenen Wellen. Beide Arten des Angriffs wiesen eine erstaunliche Zielgenauigkeit auf – obwohl sie gegen Schiffe gerichtet waren, die mit hoher Geschwindigkeit fuhren und nicht unbeweglich im Hafen lagen und überrascht wurden wie bei Pearl Harbor. Außerdem konnte die »Prince of Wales« mit ihren 175 Flak-Geschützen 60 000 Schüsse in der Minute abgeben. Doch beide Schiffe wurden versenkt, die »Repulse« um 12.30 und die »Prince of Wales« um 13.20 Uhr. Den begleitenden Zerstörern gelang es, von den 2800 Mann der beiden Schiffsbesatzungen über 2000 zu retten; unter den Ertrunkenen befand sich Admiral Phillips selbst.

Die Japaner störten die Rettungsarbeiten nicht. Sie hatten dabei nur drei Maschinen verloren.

Vor dem Krieg hatten die Chefs der Admiralität den Gedanken mitleidig belächelt, daß Schlachtschiffe durch Luftangriffe versenkt werden könnten, und Churchill hatte zu ihrer Ansicht geneigt. Diese Illusion hielt sich sogar bis zu dieser Katastrophe vom Dezember 1941. Wie Churchill schrieb:

»Die japanische Kapazität in bezug auf den Luftkrieg wurde damals sowohl von uns wie von den Amerikanern stark unterschätzt.« Dieser Schlag besiegelte das Schicksal Malayas und Singapurs. Die Japaner konnten jetzt ihre Landungen ungehindert fortsetzen und Flugplätze an der Küste anlegen. Die Überlegenheit ihrer Luftwaffe über die spärlichen britischen Flugzeuge in Malaya war der entscheidende Faktor beim Zusammenbruch des britischen Widerstandes; sie ermöglichte es den Landtruppen, die ganze Malaiische Halbinsel zu besetzen und Singapur durch die Hinterpforte anzugreifen. Singapurs Fall war somit die Folge früherer Versäumnisse und Fehlurteile – vor allem in London.

Vom 10. Dezember an wurde der britische Rückzug entlang der Westküste Malayas nahezu unaufhaltsam. Straßensperren wie beispielsweise eine große bei Jitra wurden entweder von japanischen Panzern und Artillerie überwunden oder durch Flankenbewegungen der japanischen Infanterie durch den angrenzenden Dschungel umgangen. Der Befehlshaber im nördlichen Malaya, General Heath, hoffte am Perak-Fluß eine Widerstandslinie aufzubauen; aber sie wurde von einer japanischen Einheit umgangen, die von Patani aus vorrückte. Eine starke Stellung weiter hinten, bei Kampar, wurde durch eine Flankenbewegung über das Meer hinweg umgangen, die von japanischen Truppen mit beim Vormarsch erbeuteten kleinen Landefahrzeugen ausgeführt wurde.

Am 27. Dezember wurde Air Chief Marshal Sir Robert Brooke-Popham als Oberbefehlshaber im Fernen Osten durch Generalleutnant Sir Henry Pownall abgelöst.

Anfang Januar zogen sich die Briten auf den Fluß Slim zurück, der die Provinz Selangor und den Weg zu den südlichen Flugplätzen bei Kuala Lumpur sperrte. Aber in der Nacht vom 7. zum 8. Januar durchbrach eine japanische Panzerkompanie die schlecht ausgerüstete Verteidigung und raste weiter, um die Brücke fast 30 Kilometer jenseits der Front zu nehmen. Die britischen Truppen an der Nordseite des Flusses, etwa 4000 Mann, wurden mit ihrer gesamten Ausrüstung abgeschnitten – die Japaner kostete dies nur sechs Panzer und einige wenige Infanteristen. Die 11. indische Division war damit zersprengt.

Dieses Desaster führte zur baldigen Aufgabe des mittleren Malaya und gefährdete die Chance, die Provinz Johore im Südteil lange genug zu halten, bis Verstärkungen vom Nahen Osten auf dem Seeweg Singapur erreichten.

Gerade am Tage des Desasters traf General Wavell auf seinem Weg nach Java, wo er den neugeschaffenen Posten des Oberbefehlshabers des ABDA-(amerikanisch-britisch-niederländisch-australischen)Kommandos übernehmen wollte, in Singapur ein. Pownall wurde jetzt sein Stabschef, das bisherige Oberkommando Fernost wurde aufgelöst. Wavell entschied, die Verteidigung auf Johore zu stützen und die besten Truppen sowie sämtliche Verstärkungen dort zu belassen. Dies bedeutete einen schnelleren Rückzug statt des von General Percival geplanten schrittweisen Zurückweichens: Kuala Lumpur wurde am 11., die Engpaßstellung bei Tampin am 13. Januar aufgegeben. Dies verschaffte den Japanern den Zugang zu den besseren Straßen in Johore und gestattete ihnen, zwei Divisionen gleichzeitig statt abwechselnd einzusetzen; dadurch wurde auch die zähe Verteidigung von Gemas durch die Australier nutzlos. So wurde der Rückzug durch Johore noch schneller als geplant war.

Unterdessen hatte die gleichzeitige Zurücknahme der britischen Truppen an der Ostküste zur Räumung Kuantans und seines Flugplatzes am 6., Endaus am 21. geführt; am 30. Januar vereinigten sich die östliche und die westliche britische Truppe an der Südspitze der Malaiischen Halbinsel. In der folgenden Nacht überquerte die letzte Nachhut die Meerenge, die zur Insel Singapur führte. Die japanische Heeresluftwaffe, weniger tüchtig als die Marineluftwaffe, hatte wenig getan, um den britischen Rückzug zu stören, und sich nur im Einsatz gegen Flugplätze als wirksame Waffe erwiesen.

Somit hatten die Japaner ganz Malaya in 54 Tagen erobert. Ihre Verluste betrugen nur 4 600 Mann, während die Briten etwa 25 000 Mann (die meisten davon Gefangene) und große Mengen von Kriegsmaterial verloren hatten.

In der Nacht zum Sonntag, 8. Februar 1942, überquerten dann die beiden Spitzendivisionen der japanischen Invasionsarmee, welche die ganze Malaiische Halbinsel in einer Länge von 800 Kilometern besetzt hatten, den schmalen Meeresarm, der die Insel Singapur vom Festland trennt. Die Überquerung geschah auf einem Abschnitt von 13 Kilometern Breite an einer Stelle, wo die Meerenge nur gut einen Kilometer breit ist. Dieser Abschnitt wurde von drei Bataillonen der 22. australischen Brigade gehalten.

Gepanzerte Landefahrzeuge brachten die ersten Angriffswellen an Land; die übrigen folgten in einer bunten Zusammenstellung aller möglichen Boote, und manche Japaner schwammen sogar herüber, mit ihren Gewehren und ihrer Munition. Einige Landefahrzeuge wurden versenkt; aber die meisten der Truppen landeten ungehindert, unterstützt durch Pannen auf britischer Seite, die nie befriedigend erklärt worden sind: Die Scheinwerfer an der Küste wurden nicht eingesetzt, Nachrichtenverbindungen funktionierten nicht, und die Artillerie begann nur sehr langsam mit dem geplanten Sperrfeuervorhang.

Bei Tagesanbruch waren 13 000 Japaner gelandet, und die Australier hatten sich auf Stellungen landeinwärts zurückgezogen. Bis Mittag waren es schon über 20 000 Japaner, und sie hatten sich im nordwestlichen Teil der Insel fest eingenistet. Später landete noch eine dritte Division, welche die Gesamtzahl auf über 30 000 erhöhte. Dicht dahinter standen noch zwei weitere Divisionen auf dem Festland; aber General Yamaschita glaubte, er könne sie beim Kampf auf der Insel nicht wirksam einsetzen. Er schickte jedoch in den folgenden Tagen umfangreiche Verstärkungen zum Ausgleich entstandener Lücken in den Kampf. Zahlenmäßig waren die Verteidiger auf der Insel mehr als stark genug, um die Invasion zurückzuschlagen, zumal sie in dem Abschnitt erfolgte, wo sie am ehesten erwartet worden war. General Percival hatte auch jetzt noch etwa 85 000 Mann unter seinem Befehl – Briten, Australier, Inder und einige aus dem Land selbst rekrutierte malaiische und chinesische Einheiten, aber die Mehrheit davon war zu schlecht ausgebildet, um der japanischen Angriffstruppe widerstehen zu können, die aus eigens für diese Operation ausgewählten Truppen bestand; die britischen Verbände waren auch schon wiederholt im dichten Urwald oder in den Gummiplantagen ausmanövriert worden. Ihre Führung war im allgemeinen mangelhaft.

Auch die britische Luftwaffe war vom Beginn des Feldzuges an den Japanern zahlenmäßig und qualitativ unterlegen; das wenige, was von ihr übriggeblieben war, wurde im Endstadium des Feldzuges zurückgezogen. Der mangelhafte Schutz gegen die heftigen und unablässigen feindlichen Luftangriffe war um so demoralisierender für die Truppe, als ihr Kampfgeist schon durch den langen Rückzug auf der Malaiischen Halbinsel gelitten hatte.

Das Versäumnis der Regierung in London, die entscheidend wichtige Luftunterstützung zu stellen, wurde auch nicht gutgemacht durch die flammenden Appelle Churchills und seiner militärischen Berater, in denen es hieß, die Schlacht »soll unter allen Umständen bis zum bitteren Ende ausgekämpft werden«, die Kommandeure sollten »zum höheren Ruhm des britischen Empire mit ihren Truppen sterben« sowie »eine Taktik der verbrannten Erde anwenden und alles zerstören, was für den Angreifer von Nutzen sein könnte, ohne Schonung der Truppen oder Rücksicht auf die Bevölkerung«. All dies bewies eine außerordentliche Unkenntnis der Psychologie bei den maßgebenden Männern in der Heimat. Der Kampfgeist von Soldaten in der Frontlinie wurde nicht gestärkt durch den Anblick schwarzer Rauchwolken aus brennenden Öltanks, der hinter ihnen aufstieg. Es war auch keine Ermutigung für sie zu wissen, daß ihnen nur Tod oder Gefangenschaft blühen konnte. Ein Jahr später brach der Widerstand selbst der zähen deutschen Afrika-Veteranen schnell zusammen, als, nach Hitlers Befehl, Tunis um jeden Preis zu halten, ihre Front durchstoßen wurde und hinter ihnen nur das vom Feind beherrschte Meer lag. Truppen aufzufordern, mit »dem Rücken zur Wand zu kämpfen«, hat selten Erfolg, wenn diese Wand so beschaffen ist.

In Singapur kam das Ende am Sonntag, dem 15. Februar, genau eine Woche nach der japanischen Landung. Bis dahin waren die Verteidiger auf den Stadtrand von Singapur zurückgedrängt worden, das an der Südküste der Insel liegt. Die Lebensmittel wurden knapp, und die Wasserversorgung konnte jeden Augenblick abgeschnitten werden. Am Abend dieses Tages erschien General Percival mit einer weißen Fahne, um sich dem japanischen Befehlshaber zu ergeben. Für einen tapferen Soldaten war dies ein bitterer Schritt; aber die Kapitulation war unvermeidlich, und er beschloß selbst zu gehen, in der Hoffnung, damit eine bessere Behandlung seiner Truppen und der Bevölkerung zu erlangen.

Diese zwei schwarzen Sonntage in Singapur waren ein schwerer Schlag für das Prestige dessen, was man jahrelang stolz »das Empire, in dem die Sonne nie untergeht«, genannt hatte.

Das Unvermögen, den Angriff der japanischen Armee zurückzuschlagen, war jedoch nicht der Hauptgrund. Die Kapitulation Singapurs war die Folge der Niederlage zur See zwei Monate vorher. Sie war außerdem das Ende einer langen Kette von Irrtümern und Versäumnissen. Der Ausbau des neuen Stützpunktes und seiner Verteidigung war erbärmlich langsam gewesen. Ein politisches Widerstreben, dafür Geld auszugeben, war aber nicht die einzige Bremse. In den Jahren nach dem Beschluß, diesen Stützpunkt auszubauen, gab es in Whitehall einen ständigen Streit über die beste Form ihrer Verteidigung. Am heftigsten war der Streit innerhalb des Ausschusses der Stabschefs – die angeblich eine heilige Dreieinigkeit bildeten. Trenchard, der Chef des Luftwaffenstabes, betonte die überragende Bedeutung der Luftwaffe; Beatty, der Erste Seelord, befürwortete schwere Geschütze – und tat mit mitleidigem Lächeln den Gedanken ab, daß Flugzeuge für Schlachtschiffe eine schwere Gefahr sein könnten. Beides waren berühmte Männer und starke Persönlichkeiten.

Die Regierung zögerte, sich zwischen ihren beiden Ansichten zu entscheiden, und die Kontroverse setzte sich noch lange nach ihrem Ausscheiden fort. Im wesentlichen überwog dann die Ansicht der älteren Waffengattung: Die schweren Geschütze wurden gestellt, aber nicht die Flugzeuge. Doch leider kam der Angriff, als er schließlich erfolgte, nicht aus der Richtung, in welche die Geschütze zeigten, sondern von hinten.

In den dreißiger Jahren hatten verschiedene Militärexperten, die sich mit dem Problem befaßten, die Meinung vertreten, der Angriff könne durch die Hintertür auf dem Weg über die Malaiische Halbinsel erfolgen. Dies schien um so wahrscheinlicher, als der Flottenstützpunkt nördlich der Stadt Singapur in dem schmalen Meeresarm zwischen Insel und Festland angelegt worden war. Zu denen, die diese Meinung vertraten, gehörte Percival, im Jahr 1936/37 oberster Stabsoffizier in Malaya. Dieser Ansicht schloß sich der damalige Oberbefehlshaber General Dobbie an, der im Jahr 1938 mit dem Bau einer Verteidigungslinie im Süden Malayas begann.

Hore-Belisha, der damals Kriegsminister war, erkannte schnell die Notwendigkeit einer Verstärkung der kleinen Garnison; ein Hauptmerkmal des Verteidigungsprogrammes, das er bei seiner Amtsübernahme aufstellte, war der Vorrang der Verteidigung des Empire vor Operationen auf dem europäischen Festland. Zwar war die Gefahr eines Krieges mit Deutschland und Italien so akut geworden, daß die Verstärkung der Streitkräfte im Mittelmeer an erster Stelle stand; aber er veranlaßte die britisch-indische Regierung, zwei Brigaden nach Malaya zur Verstärkung der dortigen Truppe zu entsenden. Mehr war

kaum möglich angesichts der beschränkten Kräfte in den Vorkriegs-
jahren.

Als dann im September 1939 der Krieg ausbrach, begannen sich
Großbritanniens militärische Kräfte zu vervielfachen; aber da der
Krieg auf Westeuropa beschränkt war, wurde natürlich das Gros der
Kräfte für diesen Kriegsschauplatz bestimmt. Dann kamen die Katastrophen von Mai und Juni 1940: Frankreichs Zusammenbruch und
Italiens Kriegseintritt. In dieser furchtbaren Krise war die vordringlichste Notwendigkeit die Stärkung der Verteidigung Großbritanniens, an zweiter Stelle kam die Verteidigung des Mittelmeeres. Es war
schon schwierig, diese beiden Belange miteinander in Einklang zu
bringen – ja, Churchills größte und kühnste Tat war, daß er das Risiko
auf sich nahm, die Verteidigung Ägyptens zu verstärken, noch ehe
Großbritannien selbst gegen eine Invasion gesichert war.

Es wäre daher ungerecht, die geringen Vorkehrungen zu tadeln, die
in dieser Zeit für Malaya getroffen wurden. In Anbetracht der
Umstände war es schon bemerkenswert, daß die dortige Truppe im
Winter 1940/41 um sechs Brigaden verstärkt wurde. Leider erfolgte
keine ähnliche Verstärkung der Luftwaffe, die noch wichtiger gewesen
wäre.

Anfang 1940 hatte der neue Oberbefehlshaber General Bond die
Ansicht geäußert, daß die Verteidigung Singapurs von der Verteidigung ganz Malayas abhänge. Er schätzte drei Divisionen als das Minimum, das dafür erforderlich sei, und schlug vor, die Royal Air Force
solle die Hauptverantwortung für die Verteidigung Malayas übernehmen. In England wurde diese Ansicht grundsätzlich akzeptiert, aber
mit einer wichtigen Änderung: Während die Befehlshaber in Malaya
500 moderne Flugzeuge für notwendig hielten, meinte der Ausschuß
der Stabschefs, etwa 300 würden genügen, und selbst diese Zahl könne
nicht vor Ende 1941 erreicht werden. Als aber im Dezember 1941 die
japanische Invasion kam, besaß die Luftwaffe in Malaya nur 158 Flugzeuge erster Linie, und die meisten davon waren ältere Typen.

Im Laufe des Jahres 1941 war nämlich das Gros der verfügbaren
modernen Jäger nach Deckung der Bedürfnisse der Verteidigung
Großbritanniens in den Mittelmeerraum entsandt worden, um dort
die erfolglosen Offensiven zu unterstützen. In der zweiten Jahres-
hälfte wurden ferner etwa 600 Jäger nach Rußland geschickt. Aber
Malaya erhielt kaum welche. Ebenso wurden keine Langstrecken-

bomber dorthin geschickt; doch Hunderte wurden Nacht für Nacht
für Bombenangriffe auf Deutschland eingesetzt, die in diesem Stadium
des Krieges offensichtlich nutzlos waren. Es liegt auf der Hand, daß
die Bedürfnisse der Verteidigung Malayas unzureichend berücksichtigt wurden.

Den Schlüssel zu diesem Rätsel liefert Churchill selbst in seinen
Kriegserinnerungen. Anfang Mai 1941 hatte der Chef des Empire-Generalstabes, Sir John Dill, dem Premierminister eine Denkschrift vorgelegt, in der er gegen den weiteren Aufbau von Streitkräften in Nordafrika zu Lasten Großbritanniens selbst und Singapurs argumentierte:
»Der Verlust Ägyptens wäre eine Kalamität, die ich nicht auf die
leichte Schulter nehmen möchte . . . Aber nur eine erfolgreiche Invasion Englands würde unsere endgültige Niederlage bedeuten.
Daher ist Großbritannien und nicht Ägypten lebenswichtig, und die
Verteidigung Großbritanniens muß den Vorrang haben. Ägypten
kommt aber nicht einmal an zweiter Stelle; denn es ist ein anerkann-
ter Grundsatz unserer Strategie, daß letztlich die Sicherheit Singapurs vor der Ägyptens kommt. Dennoch ist die Verteidigung Singapurs heute beträchtlich unter der Sollstärke.

In einem Krieg muß man natürlich Risiken eingehen, aber es müssen kalkulierte Risiken sein. Wir dürfen nicht in den Irrtum verfal-
len, von der Sicherheit lebenswichtiger Plätze Abstriche zu machen.«
Churchill regte sich über diese Denkschrift auf; denn sie widersprach
seiner Idee, gegen Rommel offensiv zu werden, und seinem Traum eines baldigen entscheidenden Sieges in Nordafrika. »Eine Billigung dieser Vorschläge würde eine völlige Umstellung auf die Defensive bedeuten . . . Wir hätten nichts mehr in der Hand, um die Initiative zu
ergreifen.«
In einer scharfen Antwort erklärte er:
»Ich schließe daraus, daß Sie eher bereit sind, den Verlust Ägyptens und des Niltales zusammen mit dem Ruin der dort konzentrierten Armee von einer halben Million Mann in Kauf zu nehmen,
als Singapur zu verlieren. Ich bin nicht dieser Ansicht, und ich glaube
auch nicht, daß sich die Alternative so darstellt . . . Sollte Japan in
den Krieg eintreten, dann werden höchstwahrscheinlich die Vereinigten Staaten auf unserer Seite mitmachen; auf jeden Fall würde Japan wahrscheinlich nicht Singapur gleich zu Anfang belagern, da

dies für Japan gefährlicher und für uns ungefährlicher wäre als ein Einsatz seiner Kreuzer und Schlachtkreuzer gegen die Handelswege im Fernen Osten.«

Es ist offensichtlich, daß Churchill in seiner Erregung die Argumente des Chefs des Empire-Generalstabs entstellte. Es handelte sich nicht darum, die Verteidigung Ägyptens zu schwächen, sondern nur darum, diese Offensive zu verschieben, an die Churchill sein Herz gehängt hatte und auf die er übertriebene Hoffnungen setzte. Im Endergebnis erwies sich die Juni-Offensive in Nordafrika als ein Fiasko, und die neue mit frischen Kräften geführte Offensive im November führte zu keinem entscheidenden Erfolg. Churchills Antwort an Feldmarschall Dill beweist auch, wie schwer er die Gefahr für Singapur unterschätzte. Rückschauend ist es erstaunlich, daß er bemerken konnte:

»Viele Regierungen, die ich erlebt habe, hätten gegenüber einer so ernsten Verlautbarung von höchster professioneller Autorität nachgegeben; aber ich hatte keine Schwierigkeiten, meine politischen Kollegen von meiner Ansicht zu überzeugen, und ich wurde natürlich von den Spitzen von Kriegsmarine und Luftwaffe unterstützt. Meine Ansicht hatte daher die Oberhand, und der Strom von Verstärkungen in den Nahen Osten ging unvermindert weiter.«

Im Juli sandte Präsident Roosevelt seinen persönlichen Berater Harry Hopkins nach London, um seine Bedenken gegen die Weisheit dieser Strategie und seine Warnung zum Ausdruck zu bringen, anderswo Gefahren auf sich zu nehmen, indem man im Nahen Osten »sich zuviel vornimmt«. Die amerikanischen Militär- und Marineexperten unterstützten diese Warnung und äußerten die Ansicht, Singapur solle den Vorrang vor Ägypten erhalten.

Keines dieser Argumente vermochte Churchills Ansicht zu ändern: »Ich wollte nicht dulden, daß der Kampf um Ägypten aufgegeben wird, und fand mich damit ab, dafür jeden möglichen Preis in Malaya zu zahlen.« Aber in Wirklichkeit erwartete er doch keine Gefahr. Er schreibt offen: »Ich bekenne, daß meiner Meinung nach die ganze japanische Gefahr, verglichen mit unseren anderen Bedürfnissen, in einem unklaren Zwielicht stand.« Es liegt also auf der Hand, daß die Verantwortung für die unzureichende Verteidigung Malayas in erster Linie bei Churchill selbst lag – und daß sie auf sein Drängen nach einer vorzeitigen Offensive in Nordafrika zurückzuführen ist.

Die unmittelbaren strategischen Folgen des Verlustes von Singapur waren katastrophal; denn ihm folgte schnell die Eroberung Burmas und Niederländisch-Indiens, ein Vorstoß auf zwei Linien, der die Japaner bedrohlich nahe an Indien auf der einen und Australien auf der anderen Seite heranführte. Fast vier Jahre harter Kämpfe und ungeheurer Verluste verstrichen, ehe Singapur im Zuge von Japans schließlichem Zusammenbruch infolge von Erschöpfung und Atombombenschock wiedergewonnen wurde.

Jedoch die langfristigen Auswirkungen von Singapurs schnellem Fall waren irreparabel. Singapur war ein Symbol gewesen, das herausragende Symbol westlicher Macht im Fernen Osten – einer Macht, die auf die britische Kriegsmarine gegründet war und lange Zeit von ihr aufrechterhalten wurde. Seit Ende des Ersten Weltkrieges war auf die Schaffung eines großen Flottenstützpunktes in Singapur so viel Nachdruck gelegt worden, daß dessen symbolische Bedeutung noch größer war als sein strategischer Wert. Die schnelle Eroberung des Stützpunktes im Februar 1942 erschütterte das britische und damit das europäische Prestige in Asien.

Kein verspäteter Wiedereinzug konnte diesen Eindruck wegwischen. Der weiße Mann hatte mit dem Verblassen seines Nimbus seine Vormachtstellung verloren. Die Erkenntnis seiner Verwundbarkeit förderte und ermutigte nach dem Kriege die asiatische Revolte gegen die europäische Herrschaft.

Der Fall Burmas

Der Verlust Burmas war für Großbritannien die erste Folge des Verlustes von Malaya und erlaubte den Japanern, ihre Besetzung der westlichen Eingangspforten nach China und in den Pazifik zu vervollständigen – damit wurde der große Verteidigungsring vollendet, der ihnen bei ihren strategischen Planungen vor Augen stand. Aber obwohl ein zweiter Akt, war der Burma-Feldzug doch eine in sich unabhängige Operation, die der 15. Armee unter Generalleutnant Iida anvertraut war.

Diese »Armee« enthielt nur zwei Divisionen und war einschließlich Nachschubeinheiten nur 35 000 Mann stark. Ihre Aufgabe war, Thailand zu besetzen, einschließlich des größten Teils des Isthmus von Kra,

und der 25. Armee den Rücken zu decken, während diese weiter südlich nach Malaya vorrückte; anschließend sollte sie ihre unabhängige
Aufgabe durchführen, Burma zu erobern, mit der Hauptstadt Rangun
als erstem Ziel.

Eine so großangelegte Operation mit so schwachen Kräften war gerechtfertigt durch die zahlenmäßige und qualitative Dürftigkeit der
Streitkräfte, die Burma verteidigten. Diese betrugen anfänglich nur
wenig mehr als eine Division, die größtenteils aus frisch ausgehobenen
Burmesen bestand, mit einem Rückgrat von nur zwei britischen
Bataillonen und einer indischen Brigade – während eine zweite indische Brigade noch unterwegs war, um eine Reserve zu bilden. Als die
große Krise da war, wurden die meisten verfügbaren Verstärkungen
nach Malaya abgezweigt, zu spät, um Singapur zu retten, und erst
Ende Januar begann die halbausgebildete und unvollständige 17. Division in Burma einzutreffen, als Vorläufer der versprochenen weiteren
Verstärkungen. In bezug auf die Luftwaffe war die Lage noch schlimmer, da zunächst nur 37 Flugzeuge verfügbar waren, denen 100 japanische gegenüberstanden, die Anfang Januar nach dem Fall Manilas
durch eine weitere Luftwaffenbrigade verdoppelt wurde.

Die japanische Invasion Burmas begann schon Mitte Dezember, als
eine Einheit der 15. Armee Tenasserim an der westlichen, burmesischen Seite des Isthmus von Kra besetzte, dort die drei Flugplätze einnahm und damit den Weg für britische Luftwaffenverstärkungen nach
Malaya versperrte. Am 23. und 25. Dezember folgten schwere japanische Luftangriffe auf Rangun; sie veranlaßten die indischen Arbeiter
dort zu panikartiger Flucht, bei der sie die Straßen blockierten, und
zur Aufgabe ihrer Arbeit an den Verteidigungsanlagen. Am 20. Januar
begann der eigentliche Angriff mit einem Vorstoß von Thailand aus
nach Moulmein, das am 31. nach zähem, aber regellosem Kampf besetzt wurde, wobei die Verteidiger, mit dem Delta des Salween-Flusses
im Rücken, nur knapp der Gefangennahme entgingen.

Ende Dezember hatte Wavell seinen Stabschef in Indien, Generalleutnant T. J. Hutton, zur Übernahme des Kommandos in Burma bestimmt, und dieser hatte die zusammengewürfelten Truppen, die
Moulmein und den Zugang nach Rangun verteidigten, Generalmajor
J. E. Smyth unterstellt, dem Befehlshaber der neu eintreffenden 17. indischen Division.

Nach dem Fall Moulmeins rückten die Japaner weiter nach Nordwesten vor, in der ersten Hälfte Februar überquerten sie den Salween dort und etwa 40 Kilometer stromaufwärts. Smyth hatte einen strategischen Rückzug auf eine Position vorgeschlagen, wo er seine Kräfte konzentrieren könne; aber ihm war erst zu spät erlaubt worden, sich zurückzuziehen und eine solche Stellung am Bilin-Fluß aufzubauen, der freilich schmal und an mehreren Stellen leicht passierbar war. Diese Stellung wurde bald umgangen. Dann kam es zu einem Wettlauf, um die britischen Truppen rechtzeitig auf den 48 Kilometer dahinter liegenden und ein bis zwei Kilometer breiten Sittang zurückzuziehen. Infolge des verspäteten britischen Starts konnten die Japaner den Briten zuvorkommen, trotz des Handicaps, daß sie ihre Umgehungsmanöver durch Dschungelwege machen mußten; die wichtigste Brücke über den Sittang wurde am frühen Morgen des 23. Februar gesprengt, als der größte Teil von Smyth' Truppen noch am östlichen Ufer war. Knapp 3500 Mann kamen zurück, auf Schleichwegen und mehr als die Hälfte ohne Gewehre. Am 4. März umzingelten die Japaner, ihren Erfolg ausnutzend, Pegu, einen Eisenbahn- und Straßenknotenpunkt, wo sich die Reste von Smyth' Truppen und einige Verstärkungen zu sammeln suchten.

Am nächsten Tag traf General Sir Harold Alexander ein, um General Hutton im Kommando der Burma-Armee abzulösen. Diese Blitzentscheidung Churchills war angesichts der Umstände ganz natürlich, um so mehr angesichts der Tatsache, daß der schnelle Zusammenbruch im Oberkommando nicht vorausgesehen worden war. Aber sie war ungerecht gegenüber »Tom« Hutton, der nicht nur selbst Zweifel an der Möglichkeit, Rangun zu halten, geäußert, sondern weise Voraussicht bewiesen hatte, indem er militärischen Nachschub in den Raum von Mandalay, 600 Kilometer nördlich von Rangun, geschickt und gleichzeitig den Bau einer Gebirgsstraße vom indischen Staat Manipur aus als Überlandverbindung nach Mandalay und der Burma-Straße nach Tschungking beschleunigt hatte. Während dieser Zeit waren die Ansichten in der Heimat immer noch stark beeinflußt durch Wavells Meinung, die japanische Kapazität werde stark überschätzt und sei ein Mythos, der durch energische Gegenaktion zum Platzen gebracht werden könne.

Bei seiner Ankunft bestand Alexander zunächst darauf, Rangun müsse gehalten werden, und befahl eine Offensive zur Wiederherstellung der Lage. Aber als diese Offensive begann, hatte sie nur geringe

Erfolge, trotz energischen Vorgehens der neu eingetroffenen 7. Panzerbrigade. Daher schloß sich Alexander bald der Ansicht Huttons an und befahl am Nachmittag des 6. März die Räumung Ranguns nach der Durchführung von einigen Sprengungen am nächsten Tag. So betraten die Japaner am 8. zu ihrer eigenen Überraschung eine leere Stadt. Die britischen Streitkräfte hatten Glück, daß sie auf der Straße nach Norden durch Prome entkommen konnten, indem sie eine Lücke im japanischen Einschließungsring entdeckten.

Es kam jetzt zu einer zeitweiligen Kampfpause, während der die Japaner durch zwei weitere Divisionen, die 18. und 56., sowie durch zwei Panzerregimenter verstärkt und ihre Luftwaffe auf über 400 Maschinen verdoppelt wurden. Die Briten erhielten weit weniger Verstärkungen an Landtruppen. In bezug auf die Luftwaffe hatten ihre drei unvollständigen Jäger-Squadrons und die beiden von Tschiang Kai-schek wieder ausgeliehenen amerikanischen freiwilligen Verbände mit (zu Beginn) insgesamt 54 Hurricanes und Tomahawks erfolgreich japanische Luftangriffe auf Rangun abgewehrt und dem Angreifer unverhältnismäßig schwere Verluste zugefügt. Aber nach der Aufgabe Ranguns wurden die meisten britischen Flugzeuge nach Indien zurückgezogen, wo bis Ende März eine Verstärkung von etwa 150 Bombern und Jägern aus dem Nahen Osten eintraf. Der Verlust von Rangun hatte ferner das Frühwarnsystem unterbrochen, so daß die verbleibenden britischen Flugzeuge, ebenso wie vorher in Malaya, zu einem wirksamen Widerstand gegen die Japaner nicht mehr in der Lage waren.

Anfang April rückte die verstärkte 15. japanische Armee den Irrawaddy entlang nach Norden in Richtung Mandalay vor, in Erfüllung ihres Auftrages, die Burma-Straße nach China abzuschneiden. Die britischen Truppen in Stärke von etwa 60000 Mann hielten eine ostwestliche Linie 250 Kilometer südlich von Mandalay mit Hilfe chinesischer Truppen an ihrer Ostflanke. Aber die Japaner umgingen kühn ihre Westflanke und nahmen Mitte April die Ölfelder von Yenangyaung. General Joseph Stilwell, der amerikanische Offizier, der Tschiang Kai-scheks rechte Hand war, entwarf den Plan, die Japaner den Sittang entlang vorrücken zu lassen und dann durch eine Zangenbewegung einzuschließen; aber sein Plan wurde vereitelt durch eine größere japanische Flankenbewegung im Osten in Richtung auf Lashio an der Burma-Straße. An dieser Flanke kam es zu schnellen Truppenbewegungen, und bald wurde es klar, daß weder Lashio noch die Burma-Straße selbst gehalten werden könnte.

Daher entschloß sich Alexander klugerweise, nicht Mandalay zu halten, wie die Japaner gehofft hatten, sondern sich auf die indische Grenze zurückzuziehen. Der lange Rückzug von über 300 Kilometern begann am 26. April, gedeckt durch Nachhuten, und die Ava-Brücke über den Irrawaddy wurde am 30. gesprengt – am Tag bevor die Japaner Lashio erreichten.

Das Hauptproblem war jetzt, die indische Grenze und die Provinz Assam zu erreichen, ehe Mitte Mai der Monsun begann, die dazwischenliegenden Flüsse über die Ufer treten ließ und die Straßen überschwemmte. Die Japaner rückten eilig den Chindwin-Fluß entlang, um den britischen Rückzug abzuschneiden; aber den britischen Nachhuten gelang es, auf Umwegen durchzuschlüpfen und eine Woche vor Beginn des Monsun Tamu zu erreichen. Sie verloren bei diesem Endspurt den größten Teil ihrer Ausrüstung, darunter alle Panzer, aber der größte Teil der Soldaten wurde gerettet. Immerhin waren die britischen Verluste im Burma-Feldzug dreimal so hoch wie die japanischen – 13 500 gegenüber 4 500 Mann. Daß die Truppen in Burma bei ihrem Rückzug von 1 500 Kilometern überhaupt davonkamen, verdankten sie großenteils den wiederholten Gegenangriffen der Panzer der 7. Panzerbrigade – und der überlegenen Art, wie nach dem Entschluß zur Aufgabe Ranguns der Rückzug organisiert wurde.

Ceylon und der Indische Ozean

Während die japanische Armee in Burma scheinbar unwiderstehlich von Rangun auf Mandalay vorrückte, wurden die Briten auch durch das Auftauchen der japanischen Kriegsmarine im Indischen Ozean alarmiert. Denn die große Insel Ceylon im Süden Indiens wurde von ihnen als lebenswichtig betrachtet – als potentielles Sprungbrett für die japanische Kriegsmarine, von dem aus diese sowohl den britischen Seeweg in den Nahen Osten um Südafrika herum als auch die britischen Seeverbindungen nach Indien und Australien bedrohen könnte. Außerdem war seit dem Verlust Malayas der Kautschuk aus Ceylon für Großbritannien sehr wichtig geworden.

Wavell erhielt daher von den britischen Stabschefs die Richtlinie, daß der Schutz Ceylons noch wichtiger sei als der Kalkuttas. Aus diesem Grunde wurden nicht weniger als sechs Brigaden nach Ceylon abgestellt, zu einer Zeit, als die britischen Streitkräfte in Burma offenkundig unzureichend und die in Indien gefährlich schwach waren.

Außerdem wurde im März ein neuer Flottenverband in Ceylon aufgebaut, unter dem Kommando von Admiral Sir James Somerville – er umfaßte fünf Schlachtschiffe, davon freilich vier veraltete, und drei Flugzeugträger, von denen einer, die »Hermes«, alt und klein war.

Gleichzeitig bereiteten sich die Japaner auf eine Offensive von Celebes aus in den Indischen Ozean vor, mit einer beachtlichen Streitmacht von fünf Flugzeugträgern – den für den Angriff auf Pearl Harbor eingesetzten – und vier Schlachtschiffen. Als dies berichtet wurde, sahen die Aussichten für eine Verteidigung Ceylons düster aus. Aber die Gefahr war nicht so ernst, wie sie schien; denn diese japanische Offensive war nach ihrer Zielsetzung im Grunde defensiv. Die Japaner hatten nicht genug Truppen zur Verfügung, um eine Invasion Ceylons zu versuchen. Ihr Ziel war nur eine Einzelaktion – die Zerstreuung des in Ceylon aufgebauten britischen Flottenverbandes und der Schutz ihrer eigenen Truppentransporte nach Rangun auf dem Seeweg.

In der Erwartung eines Angriffs am 1. April war Admiral Somervilles Verband in zwei Hälften geteilt worden – die schnellere Hälfte, der Verband A, sollte im Ozean patrouillieren, bis er zum Auftanken nach Addu Atoll geschickt wurde, einem neuen geheimen Stützpunkt auf den Malediven etwa 900 Kilometer südwestlich Ceylon. Der japanische Angriff erfolgte dann am 5. April, als über 100 Flugzeuge den Hafen von Colombo angriffen, dort großen Schaden anrichteten und die Jäger-Gegenangriffe in die Flucht schlugen. In einem zweiten Angriff von 50 Bombern am gleichen Nachmittag wurden zwei britische Kreuzer versenkt. Somervilles Flottenverband, der zu spät eingreifen konnte, zog sich dann zurück – die älteren Schlachtschiffe nach Ostafrika und die schnelleren nach Bombay. Doch nach einem erfolgreichen Angriff auf Trincomali am 9. zog sich die japanische Flotte wieder zurück; der zu Angriffen auf die Handelsschiffahrt abgestellte Verband hatte freilich inzwischen im Golf von Bengalen 23 Schiffe mit 112000 t versenkt.

Dies war eine neue demütigende Niederlage für die britische Seemacht, hatte aber glücklicherweise keine weiteren Folgen. Ja, wenn die Briten nicht einen solchen Angriff provoziert hätten, indem sie in

Ceylon einen offenkundig antiquierten Flottenverband aufstellten, hätten die Japaner vermutlich gar nicht angegriffen, da dies jenseits ihrer abgesteckten Ziele lag.

Eine weitere Folge, die Großbritanniens Beziehungen zu den Franzosen ebenso belastete wie es seine Kräfte verzettelte, war die Entsendung einer kombinierten Heeres- und Marinestreitmacht zur Besetzung des Hafens von Diego Suarez im Norden der französischen Kolonie Madagaskar, um einer möglichen japanischen Besetzung zuvorzukommen. Dieser ziemlich aufwendigen Operation im Mai 1942 folgte im September eine noch größere Expedition zur Eroberung der ganzen Insel. Doch wie bei der Versenkung der französischen Flotte bei Mers-el-Kebir in Algerien 1940 erwies sich auch hier die Furcht auf lange Sicht als ein schlechter Ratgeber.

Teil V
Die große Wende
1942

Kapitel 18:
Gezeitenwechsel in Rußland

Im Jahr 1940 hatten die Deutschen ihre Feldzüge am 9. April mit dem Sprung nach Norwegen und Dänemark eröffnet; die Feldzüge des Jahres 1941 hatten sie am 6. April mit der Balkan-Offensive eingeleitet. Im Jahr 1942 gab es keinen so frühen Beginn. Diese Tatsache zeigte die Erschöpfung der Deutschen infolge ihres vergeblichen Versuches vom Jahr 1941, einen schnellen Sieg über Rußland zu erringen, und sie zeigte, wie sehr ihre Offensivkraft dort absorbiert war. Zwar waren an der russischen Front die Wetterbedingungen für eine frühe Offensive ungünstig, aber es gab kein solches Hindernis für eine entsprechende Operation gegen das östliche oder das westliche Ende der prekären britischen Position im Mittelmeer. Dennoch erfolgte keine neue Bedrohung dieses für Großbritanniens Überseeverbindungen entscheidenden Raumes.

Auf dem russischen Kriegsschauplatz war die Winter-Gegenoffensive der Roten Armee nach ihrem Beginn im Dezember noch über drei Monate weitergegangen, wenn auch mit geringerem Erfolg. Bis zum März 1942 war sie auf einigen Abschnitten fast 250 Kilometer weitergekommen. Aber die Deutschen hielten nach wie vor die wichtigsten Bastionen ihrer Winterfront – die Städte Schlüsselburg, Nowgorod, Rschew, Wjasma, Brjansk, Orel, Kursk, Charkow und Taganrog –, obwohl die Russen in die Zwischenräume zwischen diesen Städten eingedrungen waren und oft viele Kilometer weit in ihrem Rücken standen.

Diese Städte waren, taktisch gesehen, entscheidende Hindernisse; strategisch gesehen konnte man mit ihnen die Situation beherrschen, weil es Schlüsselpunkte in einem dünnen Netz von Verkehrsverbin-

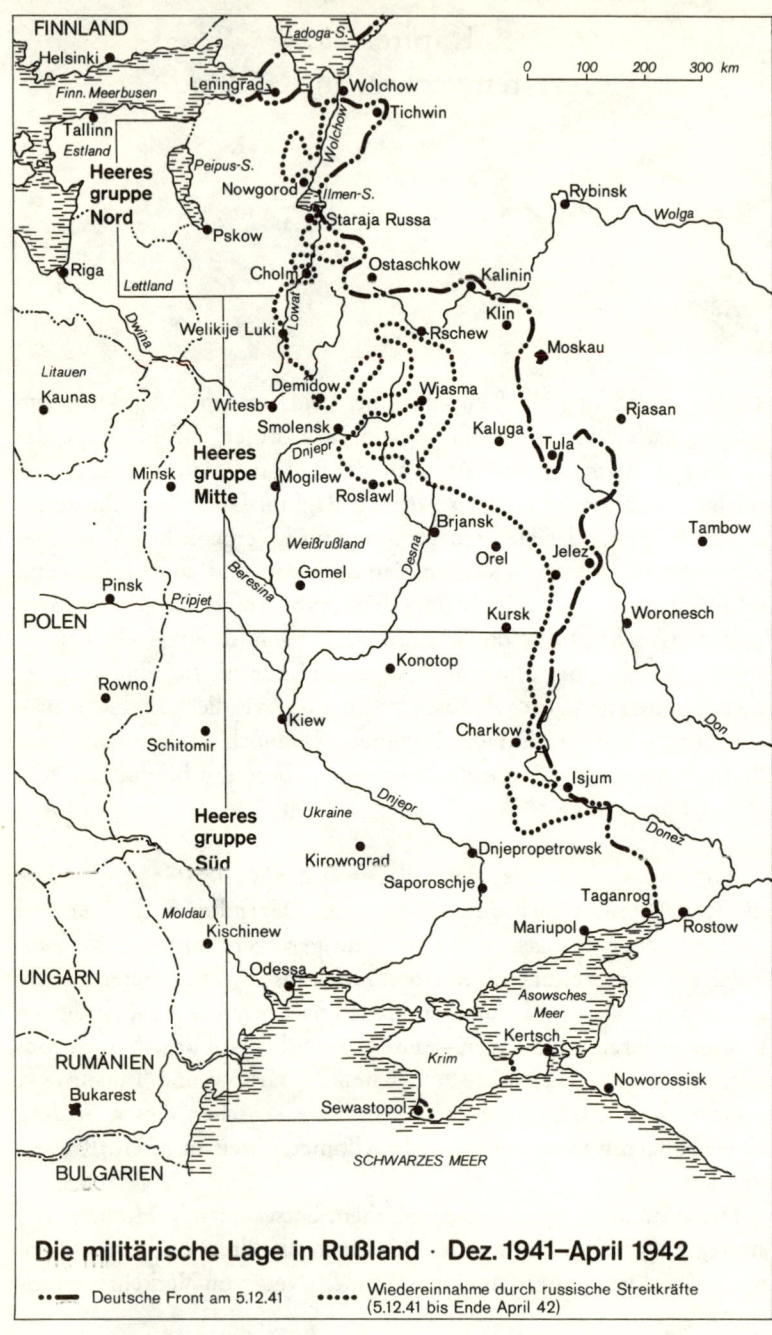

Die militärische Lage in Rußland · Dez. 1941–April 1942

••▬ Deutsche Front am 5.12.41   •••••• Wiedereinnahme durch russische Streitkräfte
                                                        (5.12.41 bis Ende April 42)

dungen waren. Zwar konnten die deutschen Besatzungen nicht das russische Einsickern in die weiten Räume zwischen den Städten verhindern, aber diese Schlüsselpunkte hinderten wiederum die Ausweitung jedes Vordringens, solange sie intakt blieben. Somit erfüllten diese Stellungen in größerem Maßstab die Bremsfunktion, welche die französischen Forts in der Maginot-Linie hätten erfüllen sollen – und vielleicht erfüllt hätten, wenn die Kette von Forts entlang der französischen Grenze nicht auf halber Strecke aufgehört hätte, was den Deuschen Raum genug ließ, sie zu umgehen.

Da es der Roten Armee nicht gelang, diese Bastionen so weit zu unterlaufen, daß sie zusammenbrachen, stellten sich die tiefen russischen Einbrüche in den Räumen dazwischen später als ein Nachteil heraus. Denn diese Ausbuchtungen waren natürlich weniger leicht zu verteidigen als Städte, und ihre Verteidigung absorbierte daher eine übermäßige Menge von Truppen, während sie um so leichter durch deutsche Flankenbewegungen von den Städten aus abgeschnitten werden konnten.

Bis zum Frühjahr 1942 war die Front in Rußland so tief verzahnt, daß sie fast wie die norwegische Küste aussah, wo die Fjorde weit in das Binnenland einschneiden. Daß es den Deutschen gelang, ihre Stellungen in den Städten zu halten, war ein erstaunlicher Beweis für die Möglichkeiten einer modernen Verteidigung, wenn sie geschickt und zäh durchgeführt und von ausreichenden Waffen unterstützt wird. Dies war eine Lehre, die noch mehr als selbst die russische Verteidigung im Jahr 1941 die oberflächlichen Schlußfolgerungen widerlegte, die man aus den schnellen offensiven Erfolgen des Kriegsbeginns gegen schwache Verteidigung gezogen hatte – ohne zu bedenken, daß in allen diesen Fällen der Angreifer eine entscheidende waffenmäßige Überlegenheit besaß oder auf eine schwache und verstörte Verteidigung stieß. Diese Lehre bekräftigte in größerem Ausmaß die Erfahrungen des Bogens von St.-Mihiel im Ersten Weltkrieg und bewies die Möglichkeiten, die schon durch die vier Jahre dauernde Verteidigung dieser theoretisch unhaltbaren Stellung angedeutet wurden. Die Erfahrungen des Winterfeldzuges von 1941/42 bestätigten ferner die langfristige Lehre der Geschichte, daß die Auswirkungen eines Überraschungsangriffes in erster Linie psychologischer Natur sind und daß die Gefahr am größten im Anfang ist – und sich vermindert, wenn der plötzliche Schock nicht zu einem sofortigen Zusammenbruch führt.

Rückschauend ist es klar, daß Hitlers Verbot jedes größeren Rückzuges den Erfolg hatte, daß die Zuversicht der deutschen Truppen wiederhergestellt wurde und wahrscheinlich die deutsche Front vor einem größeren Zusammenbruch bewahrte; sein Beharren auf einem »Igelsystem« der Verteidigung brachte den Deutschen zu Beginn des Feldzuges von 1942 erhebliche Vorteile.

Indirekt aber zahlten die Deutschen einen hohen Preis für diese starre Verteidigung. Ihr Erfolg im Winter 1941/42 stärkte den Glauben, daß sie unter den ungünstigeren Bedingungen der folgenden Winter ebensogut wiederholt werden könnte. Ein unmittelbareres Handicap für die Deutschen war die Belastung ihrer Luftwaffe durch die langwierigen Bemühungen, unter schwierigen Winterbedingungen die Besatzungen der abgeschnittenen Städte aus der Luft zu versorgen. Wegen des schlechten Wetters war die Unfallquote hoch, und in den kurzen Zwischenzeiten guten Wetters mußte eine übermäßige Zahl von Flugzeugen eingesetzt werden, um Nachschublücken zu decken – manchmal mußten über 300 Transportmaschinen am Tag fliegen, um ein einziges Armeekorps zu versorgen. Die Notwendigkeit, Lufttransporte solchen Ausmaßes für eine ganze Kette isolierter vorgeschobener Stellungen zu stellen, überlastete die Lufttransportorganisation der Luftwaffe, und auch der Abzug flugerfahrener Einheiten auf andere Kriegsschauplätze beschränkte deren Kampfkraft an der russischen Front.

Die gewaltige Belastung dieses Winterfeldzuges für eine Armee, die darauf in keiner Weise vorbereitet war, hatte auch andere verspätete Auswirkungen. Am Ende des Winters waren viele Divisionen auf knapp ein Drittel ihrer ursprünglichen Stärke zusammengeschmolzen. Sie wurden niemals wieder voll aufgefüllt, und erst spät im Sommer erreichten sie eine ausreichende Stärke zu neuen aktiven Operationen. Die zusätzlichen Divisionen, die während des Winters in der Heimat aufgestellt wurden, führten zu einer Gesamtzahl von Divisionen, die im Grunde völlig fiktiv war. Auch später wurden Divisionen, die durch schwere Kämpfe fast aufgerieben worden waren, zur Tarnung beibehalten ohne Auffüllung der Lücken in ihren Reihen; diese nominellen Divisionen waren manchmal nur zwei oder drei Bataillone stark.

Hitler war von seinen Generalen gesagt worden, etwa 800 000 Mann müßten zusätzlich der Front zur Verfügung gestellt werden, wenn man im Jahr 1942 die Offensive wiederaufnehmen wolle. Doch Albert Speer, der neue Rüstungsminister, erklärte es für unmöglich, eine so große Zahl von Arbeitern aus den Fabriken freizugeben. Das Defizit wurde schließlich durch eine radikale Änderung der Heeresorganisation »gedeckt«. Die Infanteriedivisionen wurden auf der Grundlage von sieben Bataillonen statt wie bisher neun aufgebaut; die Kampfstärke einer Infanteriekompanie wurde auf höchstens 80 Mann, statt wie bisher 180 Mann, festgesetzt. Diese Reduzierung diente einem doppelten Zweck: Man hatte festgestellt, daß nach dem Verlust vieler geschulter Offiziere die jüngeren Offiziere, die diese als Kompaniechefs ersetzten, den Überblick verloren, wenn sie so große Kompanien befehligten, und man hatte festgestellt, daß bei den größeren Kompanien auch die Verluste größer waren, nicht aber entsprechend die Kampfkraft.

Diese doppelte Reduzierung der Zahl der Bataillone in einer Division und der Zahl der Männer in einem Bataillon führte in den folgenden Jahren zu einer unrealistischen Einschätzung der deutschen Stärke durch die alliierten Nachrichtendienste, da man weiterhin die deutschen Divisionen so zählte, als seien sie gleich stark wie die alliierten. Es wäre richtiger gewesen, zwei deutsche Divisionen als gleich stark mit einer britischen oder amerikanischen Division zu zählen. Aber auch dieses Verhältnis hätte etwa nach dem Sommer 1944 keinen richtigen Maßstab mehr abgegeben, da dann nur noch wenige deutsche Divisionen ihre reduzierte Sollstärke besaßen.

Bei dem Feldzug von 1942 gab es auch eine Verstärkung der deutschen Panzer, die mehr äußerlich als wirklich war. Im Laufe des Winters wurden zwei neue Panzerdivisionen aufgestellt – zum Teil durch die Umrüstung der einen Kavalleriedivision, der man bisher ihre Pferde gelassen hatte, ohne daß diese einen nennenswerten Zweck mehr erfüllten. Auch die Zahl der Panzer der motorisierten Infanteriedivisionen wurde erhöht; aber nur knapp die Hälfte der 20 bestehenden Panzerdivisionen erhielt ihre Sollstärke an Panzern.

Somit bot die deutsche Bilanz eine etwas prekäre Grundlage für die Fortsetzung der Offensive. Selbst durch noch so große Anstrengungen konnten die Deutschen kaum ihre frühere Truppenstärke wiederherstellen, und auch das nur durch vermehrtes Zurückgreifen auf die Truppen ihrer Verbündeten, die an Qualität geringer waren als ihre eigenen. Sie hatten keine Reserven mehr, die Verluste eines weiteren kostspieligen Feldzuges auszugleichen. Ein noch größeres Handicap war ihr Unvermögen, ihre zwei wichtigsten offensiven Trumpfkarten, die Luftwaffe und die Panzer, so auszuspielen, daß sie ihnen die Überlegenheit verschafften[1].

Die ungünstigen Seiten der Situation wurden vom deutschen Generalstab erkannt, aber dessen Chefs hatten nur noch schwindenden Einfluß auf Hitlers Entscheidungen. Hitlers Druck war für sie zu stark geworden, und der Druck der Ereignisse war für Hitler zu stark geworden – er mußte auf seinem Weg immer weiter und weiter gehen.

Die Frage einer Wiederaufnahme der Offensive im Jahr 1942 wurde auf deutscher Seite schon im November 1941 erörtert – noch vor dem letzten Versuch, Moskau zu nehmen. Rundstedt behauptete später, bei diesen Erörterungen nicht nur für einen Übergang zur Defensive eingetreten zu sein, sondern auch einen Rückzug bis auf die Ausgangslinie in Polen empfohlen zu haben. Auch Leeb soll dieser Ansicht gewesen sein. Wenn auch die anderen führenden Generale keine so radikale Änderung der Strategie befürworteten, so empfanden doch die meisten zunehmende Besorgnis darüber, wo der Rußland-Feldzug noch enden würde, und sie zeigten keinen Eifer für die Wiederaufnahme der Offensive. Das Scheitern des Dezember-Angriffs auf Moskau und die harte Prüfung des Winters verstärkten ihre Zweifel.

Aber das Gewicht dieser militärischen Opposition wurde geschwächt durch die Veränderungen im deutschen Oberkommando, die dem Mißerfolg des Feldzuges von 1941 folgten. Rundstedt hatte Ende November seine Ablösung erbeten und erhalten, als Hitler seinen Vorschlag ablehnte, den Vorstoß zum Kaukasus einzustellen und sich auf eine Winter-Verteidigungslinie am Mius-Fluß zurückzuziehen. Er hatte noch Glück mit dem Zeitpunkt und der Form seines Abschieds. Als dann der Mißerfolg des Feldzuges der ganzen Welt offenbar geworden war, wurde am 19. Dezember die Verabschiedung von Brauchitschs öffentlich in einer Form bekanntgegeben, die durchblicken ließ, daß er der Schuldige sei. Dies diente dem doppelten Zweck, Hitler einen Sündenbock zu liefern und ihm zu gestatten, den unmittelbaren

---

[1] Diese Nachteile konnten auch von Beobachtern im Westen erraten werden. In einem Kommentar vom März 1942 äußerte ich die Schlußfolgerung: »Es wäre angebracht, in diesem Sommer nicht nur eine Wiederholung der deutschen Mißerfolge vom Herbst, sondern einen endgültigen Wechsel der Gezeiten zu erwarten.«

Oberbefehl des Heeres zu übernehmen. Bock, der allzu eifrige Helfershelfer bei Hitlers letztem Vorstoß auf Moskau, hatte sich Mitte Dezember mit einem durch Ärger und Streß hervorgerufenen Magenleiden krank gemeldet, und sein Rücktritt wurde am 20. Dezember angenommen. Leeb blieb noch für den Augenblick; es war weniger leicht, ihn für die Nichteinnahme Leningrads verantwortlich zu machen, da sein Plan eines Angriffs auf die Stadt von Hitler selbst abgelehnt worden war, aus Furcht vor hohen Verlusten im Straßenkampf. Aber als Leeb sah, daß nichts Hitler bewegen konnte, den Rückzug aus dem Bogen von Demjansk zu genehmigen, bat auch er um seine Ablösung.

Das Verschwinden Brauchitschs und aller drei ursprünglichen Heeresgruppen-Befehlshaber schwächte den mäßigenden Einfluß des Generalstabschefs Halder. Diese Tendenz wurde verstärkt durch die natürliche Neigung der drei Nachfolger, ihre Zweifel zurückzustellen und den Wünschen des Führers gegenüber gefügiger zu sein. Hitler verstand sehr wohl die Wirkung von Beförderungen auf das Urteil und auf die Gefügigkeit hoher Offiziere – beruflicher Ehrgeiz ist selten für eine solche Versuchung unempfänglich.

Rundstedt wurde durch Reichenau ersetzt, Bock durch Kluge und Leeb später durch Küchler. Da Bocks Ablösung vom Oberbefehl der Heeresgruppe Mitte auf eine zeitweilige Erkrankung zurückzuführen war, wurde er Reichenaus Nachfolger, als dieser im Januar plötzlich an einer Herzattacke starb. Aber er wurde endgültig im Juli 1942 abgelöst, nachdem während der Sommeroffensive der südliche Befehlsbereich neu geordnet worden war. Bei dieser Neuordnung wurde aus der Heeresgruppe Süd eine besondere Heeresgruppe A für den Vorstoß auf den Kaukasus herausgenommen und Feldmarschall List unterstellt; die restliche Heeresgruppe Süd erhielt den Namen Heeresgruppe B, zuerst unter Bock und dann unter Weichs.

Der Plan einer neuen großen Offensive konkretisierte sich in den ersten Monaten 1942. Hitlers Entscheidung wurde durch seine Wirtschaftsexperten beeinflußt, die ihm sagten, Deutschland könne ohne Öl aus dem Kaukasus und ohne Weizen und Eisenerz aus diesem Raum den Krieg nicht weiterführen – die Irrigkeit dieser Ansicht erwies sich dadurch, daß Deutschland zwar niemals das kaukasische Öl erhielt, aber den Krieg noch drei volle Jahre weiterführte. Aber Hitler war für solche wirtschaftlichen Argumente um so empfänglicher, als sie sich mit seinem instinktiven Bestreben deckten, etwas Konkretes zu tun und wieder offensiv zu werden. Der Gedanke eines Rückzuges war ihm widerwärtig, so viel Erleichterung und Vorteil ein solcher auch bringen mochte. Da er vor dem großen Rückzug zurückschreckte, sah er keine andere Möglichkeit, als wieder vorzurücken.

Dieser Instinkt machte ihn unempfänglich für unangenehme Tatsachen. Beispielsweise hatte der deutsche Nachrichtendienst die Information, daß in den russischen Fabriken im Ural und anderswo 600–700 Panzer im Monat gebaut wurden. Aber als Halder ihm dies mitteilte, schlug er auf den Tisch und erklärte, solche Produktionszahlen seien unmöglich. Er wollte nicht wahrhaben, was er nicht glauben wollte.

Immerhin brachte man ihn dazu, die Begrenzung der deutschen Reserven insoweit anzuerkennen, als das Ausmaß der neuen Offensive eingeschränkt wurde. Nach dem zu Beginn des Frühjahres aufgestellten Plan sollte sie an beiden Flanken, aber nicht an der gesamten Front erfolgen.

Der Hauptstoß sollte an der Südflanke am Schwarzen Meer vor sich gehen, in Form eines Vorstoßes in dem Korridor zwischen den Flüssen Donez und Don. Nach der Überquerung des Unterlaufs des Don zwischen seinem großen Knie und dem Schwarzen Meer sollte die eine Stoßrichtung nach Süden auf den Kaukasus zielen, die andere nach Osten auf Stalingrad an der Wolga.

Bei der Aufstellung dieses doppelten Zieles hatte Hitler ursprünglich die Idee, daß die Einnahme von Stalingrad den Weg für eine Schwenkung nach Norden freigeben könnte, mit der er in den Rücken der russischen Armeen im Raum Moskau gelangen würde. In seiner Umgebung wurde sogar von einem Vorstoß bis zum Ural gesprochen. Aber nach langen Diskussionen überzeugte Halder ihn, daß dies ein praktisch unmögliches Projekt sei, und als tatsächliches Ziel wurde dann aufgestellt, den Vormarsch über Stalingrad hinaus nur so weit auszudehnen, daß diese strategische Schlüsselstellung taktisch gesichert war. Als Zweck der Einnahme Stalingrads wurde die strategische Flankendeckung für den Vorstoß in den Kaukasus bezeichnet; denn Stalingrad lag an der Wolga, beherrschte den Landweg zwischen Wolga und Don und bildete als großes Verkehrszentrum den Korken für den Flaschenhals, in den die Deutschen hineinstießen.

Zu Hitlers Plan für 1942 gehörte auch eine Offensive geringeren Ausmaßes zur Einnahme Leningrads im Sommer. Abgesehen von dem

Prestigewert der Stadt wurde diese Operation im Norden für wichtig angesehen zur Sicherung der Landverbindung nach Finnland und zur Befreiung dieses Verbündeten aus seiner isolierten Lage.

An der übrigen Ostfront sollten die deutschen Armeen in der Defensive bleiben und lediglich ihre befestigten Stellungen hier und da verbessern. Die deutsche Offensive von 1942 war also auf die beiden Flügel beschränkt. Diese Beschränkung war ein Zeichen dafür, wie knapp die deutschen Reserven schon wurden. Zudem konnte die geplante Operation am Südflügel nur durchgeführt werden, indem man mehr als vorher Deutschlands Verbündete in Anspruch nahm und ihnen auferlegte, die Rückendeckung für den Vormarsch zu stellen, sobald er tiefer in das Land hineinstieß.

Der Gedanke eines solchen tiefen Vorstoßes auf einer Flanke ohne einen gleichzeitigen Druck auf das feindliche Zentrum widersprach den geheiligten Regeln der Strategie, die man die deutschen Generale von Jugend auf gelehrt hatte. Er sah um so gefährlicher aus, als der Vorstoß in dem Korridor zwischen den russischen Armeen und dem Schwarzen Meer erfolgen sollte. Die deutschen Generale hatten ungute Gefühle bei dem Gedanken, daß der Schutz ihrer Flanke landeinwärts weitgehend von rumänischen, ungarischen und italienischen Truppen abhängen würde. Hitler jedoch beantwortete alle ihre Bedenken mit der nachdrücklichen Erklärung, Deutschland könne sich in diesem Krieg nur mit Hilfe der Ölvorräte aus dem Kaukasus behaupten. Was die Abhängigkeit von verbündeten Truppen zum Schutz der Flanke betrifft, so erklärte er, diese würden nur dafür eingesetzt, den Don und die Wolga zwischen Stalingrad und dem Kaspischen Meer zu halten, wobei die breiten Flüsse selbst die Hauptfunktion haben würden. Die Einnahme von Stalingrad und die Behauptung dieser Schlüsselstellung würde aber deutschen Truppen anvertraut sein.

Zur Vorbereitung der Hauptoffensive begannen die deutschen Truppen auf der Krim am 8. Mai einen Angriff zur Einnahme des östlichen Teils, der Halbinsel Kertsch, wo es den Russen im Herbst gelungen war, sie zum Stehen zu bringen. Ein gut vorbereiteter Angriff, unterstützt durch eine Konzentration von Sturzbombern, erzielte einen Einbruch in die Verteidigung. Die Deutschen drangen durch diese Lücke hinein, schwenkten nach Norden und drängten einen großen Teil der Verteidiger an die Küste, wo die Sturzbomber bald zu ihrer

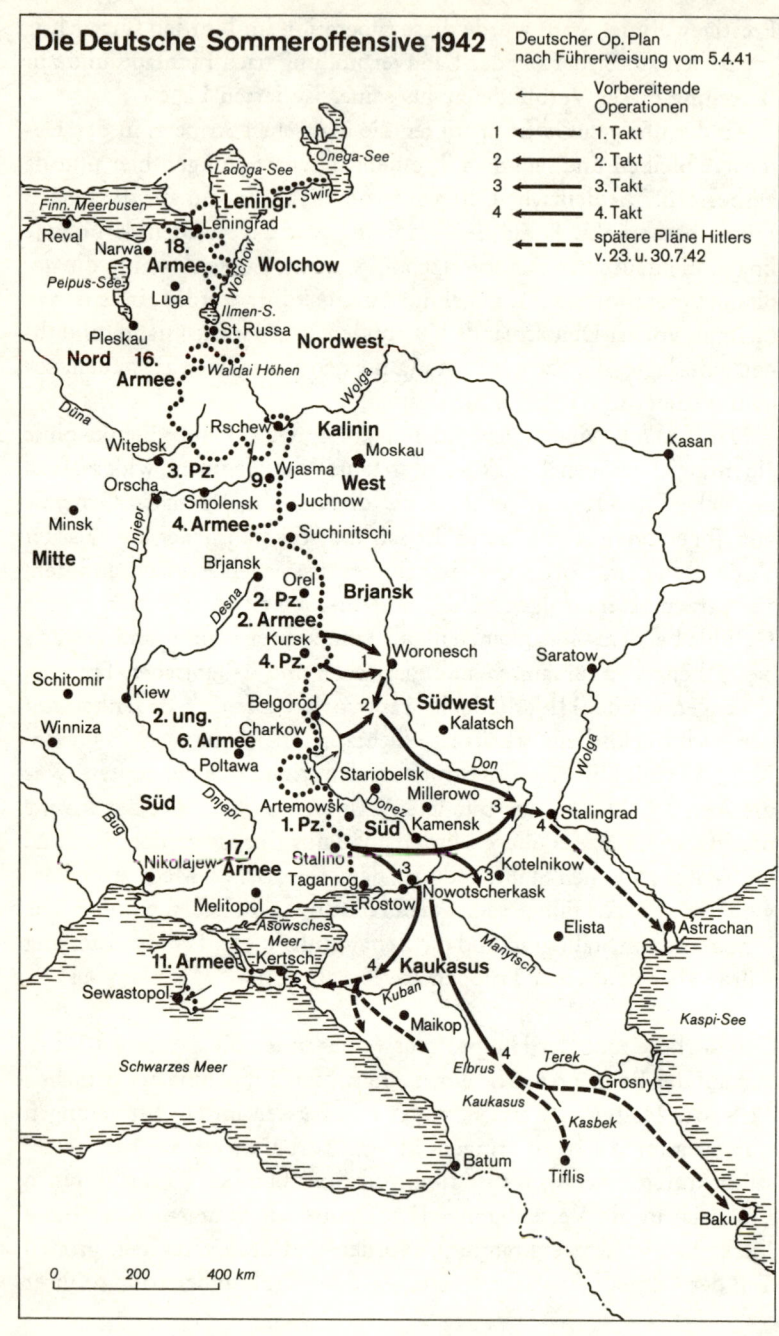

Die Deutsche Sommeroffensive 1942

Deutscher Op. Plan
nach Führerweisung vom 5.4.41

Vorbereitende
Operationen
1   1. Takt
2   2. Takt
3   3. Takt
4   4. Takt
    spätere Pläne Hitlers
    v. 23. u. 30.7.42

Onega-See
Ladoga-See
Finn. Meerbusen
Leningr. Swir
Leningrad
Reval
Narwa 18.
Armee Wolchow
Peipus-See
Luga Ilmen-S.
Pleskau St. Russa Nordwest
Nord 16.
Armee Waldai Höhen
Wolga
Düna
Witebsk Rschew Kalinin
Moskau Kasan
3. Pz. 9. Wjasma
Orscha Smolensk West
Minsk 4. Armee Juchnow
Mitte Suchinitschi
Brjansk
Dnjepr Orel
Desna 2. Pz. Brjansk
Kursk
4. Pz. 1 Woronesch Saratow
Schitomir
Kiew 2 Südwest
Belgoród Kalatsch
Winniza 2. ung.
6. Armee Charkow
Poltawa Don
Stariobelsk
Süd Artemowsk Donez Millerowo 3 Stalingrad
Dnjepr 1. Pz. Kamensk 4
Bug Süd
17. Stalino Kotelnikow
Nikolajew Armee Taganrog Nowotscherkask
Melitopol Röstow 3
Asowsches Elista Astrachan
Meer Manytsch
11. Armee Kertsch 4 Kaukasus
Sewastopol Kuban Kaspi-See
Maikop
Schwarzes Meer 4 Terek
Elbrus Grosny
Kaukasus Kasbek
Batum
Tiflis Baku

0   200   400 km

Waffenstreckung führten. Nachdem der Weg damit freigelegt war, rückten die Deutschen die 80 Kilometer lange Halbinsel vor. Nach kurzem Aufenthalt an dem »Tataren-Graben«, einer historischen Verteidigungsstellung 20 Kilometer vom Ende der Halbinsel entfernt, nahmen sie am 16. Mai die Stadt Kertsch; damit waren die Russen aus der Krim herausgedrängt, abgesehen von der seit langem eingeschlossenen Festung Sewastopol im Südwesten.

Diese Operation war als eine Hebelbewegung zur Unterstützung des Hauptangriffes durch einen Übergang über die Straße von Kertsch auf die Halbinsel Kuban, das westliche Ende Kaukasiens, gedacht. Die deutschen Truppen von Kertsch sollten den anderen den Weg frei machen. Aber die Hauptoffensive auf dem Landweg nach Kaukasien machte so schnelle Fortschritte, daß diese Hebelbewegung unnötig wurde.

Ein entscheidender Faktor bei dem Erfolg des deutschen Vormarsches war eine am 12. Mai beginnende russische Offensive gegen Charkow, die sich vor allem gegen die 6. Armee von General Paulus richtete, die sich ihrerseits dazu rüstete, den russischen Bogen bei Izyum zu beseitigen. Dies war ein verfrühter Versuch, der angesichts der starken deutschen Verteidigung die russischen Kräfte überstieg. Ehrgeizige Ziele und übertriebene Erwartungen wurden angedeutet in Marschall Timoschenkos Tagesbefehl, in dem es hieß: »Ich befehle hiermit den Truppen, die entscheidende Offensive zu beginnen.« Die Verlängerung dieser Offensive gegen Charkow nützte nur den Deutschen, da sie einen zu großen Teil der russischen Reserven in Anspruch nahm und die Russen damit einem Gegenschlag aussetzte. Die Russen durchbrachen zwar die deutsche Verteidigung in diesem Raum und schwärmten nach Nordwesten und Südwesten aus; doch auf Hitlers Befehl wurde die geplante Offensive von Paulus' 6. Armee und Kleists 1. Panzerarmee gegen Izyum um einen Tag vorverlegt, und eine Gegenoffensive der ganzen Heeresgruppe brachte die russische Offensive zum Stehen. Zwei vollständige sowjetrussische Armeen und Teile von zwei anderen wurden dabei aufgerieben, und bis Ende Mai verlor die Rote Armee 241000 Mann an Gefangenen. Und nur noch wenige Reserven standen zur Verfügung, als die Deutschen im Juni ihren Hauptangriff begannen.

Die deutsche Offensive sollte an der ganzen deutschen Front im Süden erfolgen, die von der Küste bei Taganrog den Donez entlang

bis dicht hinter Charkow und Kursk verlief. Es war eine treppen-
förmige Frontlinie. Die am weitesten zurückliegenden Truppen am
linken Flügel sollten zuerst losschlagen. Die vorgeschobenen Teile
am rechten Flügel sollten warten, bis der linke Flügel vorgerückt war,
ehe sie selbst vorrückten; aber sie sollten unterdessen durch Flankenbewegungen den feindlichen Widerstand am linken deutschen Flügel
schwächen.

Am rechten Flügel stand die 17. deutsche Armee, abgesehen von der
11. Armee in der Krim; daneben, etwas weiter zurück, die 1. Panzerarmee. Nach dem 9. Juli bildeten diese beiden Armeen Lists Heeresgruppe A, die bis zum Kaukasus vorrücken sollte. Zu ihrer Linken
stand Bocks Heeresgruppe B, welche die 4. Panzerarmee, die 6. Armee,
die 2. Armee und die ungarische 2. Armee umfaßte. Die beiden Panzerarmeen sollten die entscheidenden Vorstöße gegen die vorgeschobenen Stellungen der Russen unternehmen – die 1. Panzerarmee aus
dem Raum Charkow und die 4. aus dem Raum Kursk heraus. Dann
sollten die »infanteristischen« Armeen nachfolgen.

Als unmittelbarer Auftakt für die Hauptoffensive begann am 7. Juni
ein Angriff gegen die Festung Sewastopol. Er wurde von Mansteins
11. Armee ausgeführt. Trotz zähen Widerstandes behielten die Deutschen schließlich durch überlegene Stärke und Kampfkraft die Oberhand; doch erst am 4. Juli war die Festung und damit die ganze Krim
vollständig in deutscher Hand. Die Russen verloren damit ihren wichtigsten Flottenstützpunkt im Schwarzen Meer. Aber ihre Flotte war
immer noch intakt, wenn sie auch weiterhin passiv blieb.

Unterdessen war dem Eröffnungszug auf der Krim eine zweite
wichtige Ablenkungsoperation gefolgt, näher an dem Raum, wo sich
die Hauptoffensive vorbereitete. Am 10. Juni benutzten die Deutschen
ihren Keil bei Izyum, um den Übergang über den Donez zu erzwingen
und einen Brückenkopf an der Nordseite des Stromes zu gewinnen.
Nachdem sie diesen schrittweise ausgeweitet hatten, führten sie am 22.
einen kräftigen Panzerangriff nach Norden und erreichten zwei Tage
später den Eisenbahnknotenpunkt Kupjansk, etwa 60 Kilometer
nördlich des Flusses. Dies ermöglichte eine sehr nützliche Flankenbewegung zur Unterstützung der Hauptoffensive nach Osten, die am 28.
Juni begann.

Auf dem linken Flügel der Hauptoffensive gab es mehrere Tage lang
heftige Kämpfe, bevor die russischen Reserven erschöpft waren und

die 4. Panzerarmee zwischen Kursk und Belgorod durchbrach. Danach ging der Vormarsch durch die 150 Kilometer breite Ebene bis nach Woronesch am Don zügig weiter. Dies schien auf einen Vorstoß über den oberen Don hinaus hinzudeuten, der die Bahnverbindung zwischen Moskau und Stalingrad und dem Kaukasus abgeschnitten hätte. Tatsächlich hatten die Deutschen aber nicht diese Absicht. Ihre Befehle lauteten, am Don haltzumachen und den Fluß zu einem defensiven Flankenschutz für den weiteren Vorstoß nach Südosten zu benutzen. Die 2. ungarische Armee löste jetzt die deutsche 4. Panzerarmee ab, die nach Südosten in den Korridor zwischen Don und Donez schwenkte, gefolgt von der 6. Armee, die Stalingrad einnehmen sollte.

Die ganzen Operationen auf diesem linken Flügel dienten dazu, die Hauptgefahr für die Russen zu verschleiern, die sich am rechten Flügel entwickelte. Denn während ihre Aufmerksamkeit auf den Vorstoß von Kursk nach Woronesch gelenkt wurde, führte Kleists 1. Panzerarmee einen noch gefährlicheren Angriff aus dem Raum Charkow heraus. Dieser nutzte die ungünstigen Positionen aus, welche die russischen Truppen nach dem Scheitern ihrer eigenen Offensive einnahmen, ebenso auch den Keil von Kupjansk in der russischen Flanke. Nach einem schnellen Durchbruch fuhren Kleists Panzerdivisionen in dem Korridor zwischen Don und Donez bis Tschertkowo an der Eisenbahn Moskau–Rostow. Dann schwenkten sie nach Süden an Millerowo und Kamensk vorbei bis zum Unterlauf des Don oberhalb von Rostow.

Dem linken deutschen Flügel glückte bei geringem Widerstand am 22. Juli eine Überquerung des Flusses, nach einem Vormarsch von fast 400 Kilometern vom Ausgangspunkt aus. Am nächsten Tag trieb der rechte Flügel, der am Rande der Verteidigung Rostows angelangt war, einen Keil in die russischen Stellungen. Da Rostow an der Westseite des Don liegt, war die Stadt durch solche Vorstöße gefährdet, und in der Eile des Rückzuges war ihre Verteidigung nicht richtig organisiert worden. Die deutschen Flankenmanöver vergrößerten die Verwirrung, und Rostow fiel schnell in deutsche Hand. Seine Einnahme schnitt die große Pipeline vom Kaukasus ab; die russischen Armeen waren bei ihrer Ölversorgung jetzt auf die Lieferungen durch Tanker auf dem Kaspischen Meer oder über die neue Bahnlinie angewiesen, die sie eilig in den Steppen Ostkaukasiens anlegten. Rußland hatte damit außerdem einen großen Teil seiner Weizenversorgung verloren.

Dieser spektakuläre Erfolg wurde dadurch geschmälert, daß zwar große russische Truppeneinheiten überrannt wurden, die Gesamtzahl der Gefangenen aber nicht annähernd so hoch war wie 1941. Das Tempo des deutschen Vormarsches war nicht schnell genug dazu. Dies lag nicht so sehr an stärkerem Widerstand als an dem Verlust so vieler bestens geschulter deutscher Panzereinheiten und der deutschen Neigung, vorsichtiger vorzugehen. Die Panzer-»Gruppen« von 1941 waren zu Panzer-»Armeen« ausgebaut worden, mit einem stärkeren Anteil von Infanterie und Artillerie; aber diese Verstärkung des Gewichts führte zu einer Verminderung des Tempos. Obwohl große Mengen russischer Soldaten durch den deutschen Vorstoß zeitweilig abgeschnitten waren, konnten viele von ihnen wieder zurückfinden, ehe die Deutschen sie gefangennahmen. Die südöstliche Richtung des deutschen Vorstoßes legte es nahe, daß diese russischen Einheiten sich in nordöstlicher Richtung zurückzogen; dies half dem russischen Oberkommando, sie im Raum Stalingrad zusammenzuziehen, wo sie eine latente Bedrohung der Flanke des deutschen Vorstoßes in den Kaukasus bildeten. Dies hatte entscheidende Auswirkungen auf die nächste Phase des Feldzuges, als sich die deutschen Armeen in zwei verschiedene Richtungen aufteilten – der eine Teil wollte die kaukasischen Ölfelder und der andere die Wolga bei Stalingrad erreichen.

Nach Überquerung des unteren Don schwenkte Kleists 1. Panzerarmee nach Südosten in das Tal des Manych-Flusses, der durch einen Kanal mit dem Kaspischen Meer verbunden ist. Durch die Sprengung des großen Staudammes und die Überflutung des Tales stoppten die Russen zeitweilig den Vormarsch der Panzer. Aber nach nur zwei Tagen Verzögerung gelang es den Deutschen, den Fluß zu überqueren und dann den Vorstoß zum Kaukasus fortzusetzen, sich in einer breiten Front auffächernd. Dank des geringen Widerstandes und der Flachheit des Geländes fuhr Kleists rechte Panzersäule fast genau nach Süden über Armavir bis zu den großen Ölfeldern von Maikop, über 300 Kilometer südöstlich von Rostow; diese wurden am 9. August erreicht. Am gleichen Tag rückte das Gros seiner mittleren Panzersäule in Pjatigorsk ein, 240 Kilometer östlich von Maikop und schon am Fuße des Kaukasus. Die linke Säule schlug eine weiter östliche Richtung auf Budenowsk ein. Die Panzerspitzen waren schon vorausgeeilt, und das Tempo dieses Vorstoßes über den Don in der ersten Hälfte des August war erstaunlich.

Doch das Tempo verlangsamte sich fast ebenso plötzlich, wie es sich beschleunigt hatte. Die Hauptursachen waren Knappheit an Treibstoff und das Erreichen der Berge; diese doppelte Bremse wurde später noch verstärkt durch die Auswirkungen des entfernten Kampfes in Stalingrad, der einen großen Teil der Streitkräfte absorbierte, die sonst der Kaukasus-Offensive den entscheidenden Schwung hätten geben können.

Es war schwierig, den schnellen Nachschub an Treibstoff für eine so weitreichende Operation sicherzustellen, um so mehr, als der Treibstoff auf dem Schienenweg über Rostow kommen mußte und die Geleise zuerst von der breiten russischen auf die schmale mitteleuropäische Spurweite umgestellt werden mußten. Solange die russische Flotte im Schwarzen Meer lag, konnten die Deutschen nicht wagen, Nachschub auf dem Seeweg zu transportieren. Begrenzte Mengen wurden auf dem Luftweg transportiert; aber insgesamt war das auf dem Land- und Luftweg die Armeen Erreichende nicht genug, um den ersten Schwung der Offensive durchzuhalten.

Natürlich waren die Berge ein Hindernis für die Erreichung der deutschen Ziele; aber dieses Hindernis wurde verstärkt durch den immer zäheren Widerstand, den die Deutschen in diesem Raum vorfanden. Anfangs war es nicht schwer gewesen, die sich dem Vormarsch entgegenstellenden russischen Truppen zu umgehen, und diese hatten sich meist zurückgezogen, bevor sie abgeschnitten wurden, und nicht so hartnäckig gekämpft wie 1941. Dies mag auch auf eine elastischere Defensivstrategie der Russen zurückzuführen sein; doch das deutsche Oberkommando war auf Grund des Verhörs von Gefangenen überzeugt, daß jetzt abgeschnittene Truppen, insbesondere die aus dem asiatischen Rußland, mehr als früher bestrebt waren, nach einem Rückweg in die Heimat zu suchen. Als dann der Kaukasus erreicht war, wurde der Widerstand noch zäher. Die russischen Truppen dort waren zum großen Teil aus Einheimischen zusammengesetzt, die das Gefühl hatten, ihre Heimat zu verteidigen, und die mit dem gebirgigen Gelände gut vertraut waren. Alle diese Faktoren kamen der Verteidigung zugute, während die Beschaffenheit des Landes die Angreifer im Platz beschränkte und die Flut ihrer Panzerverbände in enge Kanäle lenkte.

Während die 1. Panzerarmee ihre Flankenbewegung zum Kaukasus durchführte, folgte ihr die 17. Armee zu Fuß durch den Flaschenhals von Rostow und schwenkte von dort nach Süden auf die Küste des Schwarzen Meeres.

Nach der Einnahme der Ölfelder von Maikop wurde die deutsche Kaukasus-Front wieder geteilt, und neue Ziele wurden gesteckt. Die 1. Panzerarmee erhielt den Hauptabschnitt zwischen dem Fluß Laba und dem Kaspischen Meer; ihr erstes Ziel sollte der gebirgige Teil der großen Straße von Rostow nach Tiflis sein, ihr nächstes Ziel Baku am Kaspischen Meer. Die 17. Armee war für den schmaleren Abschnitt zwischen der Laba und der Straße von Kertsch zuständig. Ihre erste Aufgabe war der Vormarsch nach Süden von Krasnodar und Maikop aus über das westliche Ende des Kaukasus bis zu den Schwarzmeer-Häfen Noworossisk und Tuapse; ihr weiteres Ziel der Durchbruch auf der Küstenstraße über Tuapse hinaus bis nach Batumi dicht vor der türkischen Grenze.

Diese Küstenstraße südlich von Tuapse führte am Rand hoher Berge entlang; aber die erste Aufgabe der 17. Armee sah relativ einfach aus, da es nur noch 75 Kilometer bis zur Küste waren und das westliche Ende des großen Gebirges in sanften Hügeln ausläuft. Aber der Auftrag erwies sich dennoch als schwierig. Die Deutschen mußten den Kuban überqueren, der in der Nähe seiner Mündung breite sumpfige Ufer hat, und die Hügel weiter östlich waren immerhin unwegsam genug, um natürliche Hindernisse zu bilden. Erst Mitte September nahm die 17. Armee Noworossisk ein – Tuapse erreichte sie nie.

Die 1. Panzerarmee machte auf ihrem Abschnitt vergleichsweise bessere Fortschritte, aber auch mit vermindertem Tempo und immer größeren Pausen. Der Treibstoffmangel war das entscheidende Handicap bei dem Vormarsch zu den Bergen – die Panzerdivisionen mußten manchmal mehrere Tage hintereinander stehenbleiben und neuen Nachschub abwarten. Durch dieses Handicap verscherzten sich die Deutschen ihre beste Chance, die rasche Einnahme der Pässe, solange die Überraschung auf ihrer Seite und die Verteidigung noch schwach war. Als sie dann daranging, sich einen Weg in die Berge zu erkämpfen, war die 1. Panzerarmee auch dadurch behindert, daß die meisten ihrer Gebirgstruppen der 17. Armee zugeteilt worden waren.

Das erste ernste Hindernis bildete der Terek-Fluß, der den Zugang zu der Bergstraße nach Tiflis und zu den Ölfeldern von Grozny deckte. Der Terek hat zwar keineswegs die ehrfurchtgebietende Breite der Wolga, aber seine starke Strömung machte ihn zu einem ernsten

Hindernis. Kleist versuchte dann weiter östlich auszuweichen und erzwang in der ersten Septemberwoche einen Übergang bei Mozdok. Aber dann wurden seine Truppen in den dichtbewaldeten Hügeln jenseits des Flusses wiederum aufgehalten. Grozny lag nur 80 Kilometer jenseits des Flusses bei Mozdok, aber trotz aller Bemühungen gelang es den Deutschen nicht, die Ölfelder in ihre Hand zu bringen.

Ein wichtiger Faktor bei diesem Mißerfolg war, daß die Russen mehrere hundert Bomber auf den Flugplätzen in der Nähe von Grozny stationiert hatten. Ihr plötzliches Auftauchen war eine um so wirksamere Bremse für Kleists Vormarsch, als ihm die meisten seiner Flak-Einheiten und ein großer Teil seiner Luftwaffe entzogen worden waren, um die deutsche Armee bei Stalingrad zu unterstützen. So konnten die russischen Bomber die Armee Kleists ungehindert belästigen, und sie vergrößerten seine Schwierigkeiten noch, indem sie große Teile des Waldes in Brand setzten, durch den er vorrücken wollte. Die Russen machten außerdem ein umfassendes Störmanöver, indem sie Kavalleriedivisionen an der Küste des Kaspischen Meeres gegen seine exponierte östliche Flanke einsetzten. Bei Angriffen über die Steppe hinweg gegen einen dünnen defensiven Schleier fand die russische Kavallerie ungewöhnlich gute Gelegenheit zur Entfaltung ihrer besonderen Qualitäten. In dieser weiten Ebene konnte sie in die deutschen Vorpostenstellungen eindringen, wo immer sie wollte, und deutsche Nachschubsendungen abfangen. Die Konzentration russischer Kräfte auf dieser Flanke wurde durch die Bahnlinie unterstützt, die sie von Astrachan nach Süden gebaut hatten. Sie wurde über die flache Steppe hinweg ohne jeden Unterbau angelegt, und weder Bohlen noch Erddämme waren notwendig. Die Deutschen stellten bald fest, daß es ihnen wenig half, die Bahnlinie abzuschneiden, da jedesmal, wenn ein Teil der Linie zerstört war, schnell neue Geleise gelegt wurden. Im übrigen war der Feind kaum faßbar, und seine Bedrohungen an der Flanke wurden immer intensiver. Zwar gelangten deutsche bewegliche Verbände bis zur Küste des Kaspischen Meeres, aber der Anblick dieses Meeres war für sie wie eine Fata Morgana in der Wüste.

Im September und Oktober setzte Kleist seine Versuche fort, von Mozdok aus durch Überraschungsangriffe an verschiedenen Stellen weiter südlich vorzudringen. Aber jedesmal wurde er zum Stehen gebracht. Dann beschloß er, das Schwergewicht vom linken Zentrum auf das rechte Zentrum zu verlegen und einen Zangenangriff auf Ordscho-nikidse zu unternehmen, das Eingangstor zum Daryal-Paß, durch den die große Bergstraße nach Tiflis führt. Dieser Angriff begann in der ersten Oktoberwoche, und Kleist erhielt dafür so viel Luftunterstüt-zung, wie verfügbar gemacht werden konnte. Die rechte deutsche Zange nahm in einem westlichen Umfassungsmanöver Naltschik und Alagir, wo eine andere militärisch wichtige Straße über den Mami-son-Paß beginnt. Von Alagir ging der Vorstoß weiter nach Ordscho-nikidse, im Zusammenwirken mit einem anderen Vorstoß, der das Terek-Tal aufwärts führte. Regen und Schnee hinderten Kleists Trup-pen in dieser letzten Phase; aber sie waren schon fast in Reichweite ihres Nahzieles, als die Russen plötzlich einen gut geführten Gegenan-griff unternahmen. Dieser hatte den schnellen Zusammenbruch einer rumänischen Gebirgsjägerdivision zur Folge, die sich bei dem Vor-marsch gut gehalten hatte, aber jetzt unter der Belastung der neuen Anstrengungen litt. Infolgedessen mußte sie Kleist zurückziehen und seinen Plan aufgeben. Die Front stabilisierte sich nun, und die Deut-schen standen immer noch vor der Schranke des hohen Gebirges, die sie vergeblich zu durchbrechen versucht hatten.

Dieser endgültige Rückschlag im mittleren Kaukasus fiel mit dem Beginn der großen russischen Gegenoffensive bei Stalingrad zusam-men.

Im westlichen Kaukasus war ebenfalls von den Deutschen eine letzte Anstrengung geplant worden, aber sie wurde nie unternommen. Hit-ler hatte sich verspätet entschlossen, dafür die Luftlande-Trumpfkarte auszuspielen, die er so sorgfältig zurückgehalten hatte: Die Fall-schirmjägerdivision – die zur Tarnung immer noch 7. Fliegerdivision hieß – war in der Krim zu einem Angriff auf die Küstenstraße von Tuapse nach Batumi zusammengezogen worden, der mit einem erneu-ten Vorstoß der 17. Armee zusammenfallen sollte. Aber dann begann die russische Offensive bei Stalingrad, und ihr folgte ein neuer russi-scher Angriff bei Rschew, wo Schukows Armeen schon im August beinahe durchgebrochen wären, als sie dadurch die Lage Stalingrads zu erleichtern versuchten. Hitler war über diese doppelte Bedrohung so erschrocken, daß er seinen letzten Versuch, Batumi zu erreichen, ab-sagte und befahl, die Fallschirmjäger mit der Bahn nach Norden zur Verstärkung der Mittelfront in den Raum Smolensk zu verlegen.

Alle diese Mißerfolge und neuen Gefahren waren die Folge des
Fehlschlages bei Stalingrad, wo sich ein zweitrangiges Angriffsziel all-
mählich zu einem Hauptangriffsziel entwickelt hatte, das die Reserven
des Heeres und der Luftwaffe absorbierte, die für das eigentliche
Hauptziel eingesetzt werden sollten, und das schließlich ohne Sinn und
Zweck die deutschen Kräfte verbrauchte.

Es war eine Ironie, daß die Deutschen in der ersten Phase des Feldzuges für die Befolgung der Regeln einer orthodoxen Strategie und in
der zweiten Phase für die Mißachtung dieser Regeln bestraft wurden.
Aus der ursprünglichen Konvergenz der beiden Ziele hatte sich eine
fatale Divergenz entwickelt.

Der direkte Vorstoß auf Stalingrad war der 6. Armee unter Generaloberst Paulus anvertraut. Sie rückte an der Nordseite des Korridors
zwischen Don und Donez vor. Unterstützt durch den großen Panzervorstoß an ihrer südlichen Flanke, machte sie zuerst gute Fortschritte.
Aber je weiter sie vorrückte, desto mehr schwand ihre Stärke, da immer mehr Divisionen zur Deckung der länger und länger werdenden
Nordflanke am Don abgestellt werden mußten. Die Schrumpfung ihrer Kräfte wurde verstärkt durch die Ausfälle, die durch die langen und
schnellen Märsche in großer Hitze ebenso wie durch Kampfhandlungen entstanden. Diese Schrumpfung erschwerte wiederum die Überwindung der verschiedenen Widerstandslinien, die von den Russen
nacheinander bei ihrem Rückzug aufgebaut wurden. Schwerere
Kämpfe führten zu schwereren Verlusten und verminderten die
Fähigkeit, mit dem nächsten Hindernis fertig zu werden.

Dieser Prozeß wurde um so spürbarer, je mehr sich die 6. Armee
dem großen östlichen Knie des Don näherte. Am 28. Juli erreichte eine
ihrer motorisierten Vorhuten den Don bei Kalatsch, rund 550 Kilometer vom Ausgangspunkt und nur noch rund 60 Kilometer vom westlichen Knie der Wolga bei Stalingrad. Aber dies war ein Schlag ins Wasser, und der allgemeine Vormarsch wurde durch hartnäckigen
russischen Widerstand im Don-Knie aufgehalten. Die verkürzte Front
und der relativ geringe Anteil von motorisierten Truppen in der
6. Armee, verglichen mit den Panzerarmeen, beeinträchtigte deren
Manövrierfähigkeit. Zwei Wochen vergingen, ehe die Deutschen die
russischen Truppen im Knie zurückschlagen konnten. Doch auch dann
vergingen wieder zehn Tage, ehe sie Brückenköpfe am anderen Fluß-
ufer errichten konnten.

Am 23. August waren die Deutschen schließlich soweit, daß sie das Schlußstadium ihres Angriffs auf Stalingrad eröffneten. Er erfolgte in der Form einer Zangenbewegung der 6. Armee vom Nordwesten und der 4. Panzerarmee vom Südwesten. Noch in der gleichen Nacht erreichten deutsche motorisierte Einheiten das Ufer der Wolga 45 Kilometer oberhalb von Stalingrad und näherten sich dem Wolga-Knie 25 Kilometer südlich der Stadt. Doch die beiden Zangen wurden von den Verteidigern noch klar auseinandergehalten. In der nächsten Phase führten die Deutschen einen Angriff von Westen und bildeten damit einen kompletten Halbkreis; der Ernst der Lage zeigte sich in dem Ton des Aufrufes an die russischen Truppen, mit allen Kräften bis zum letzten Mann auszuhalten. Die Russen befolgten den Aufruf mit wundervoller Zähigkeit, obwohl sie unter nervenzermürbenden Bedingungen kämpften, die auch für ihre Versorgung und ihren Nachschub ungünstig waren. Aber der drei Kilometer breite Strom in ihrem Rükken war für sie nicht nur ein Nachteil – bei solchen Truppen erschwerte er nicht nur den Widerstand, sondern verstärkte ihn auch psychologisch.

An dem gesamten russischen Verteidigungsbogen folgte jetzt Angriff auf Angriff in scheinbar endloser Reihenfolge, mit häufigem Wechsel von Ort und Form; aber nur geringe Fortschritte entschädigten die Angreifer für ihre Verluste. Manchmal wurde die Verteidigung durchbrochen; aber der Durchbruch war niemals tief genug, um mehr als einen örtlichen Rückzug zur Folge zu haben.

Häufiger mißlang der Versuch eines Durchbruchs. Je mehr Mißerfolg auf Mißerfolg folgte, desto größer wurde die psychologische Bedeutung dieser Stadt – wie es 1916 bei Verdun der Fall war. Diesmal war die psychologische Bedeutung durch den Namen verstärkt: Stalingrad war ein ermutigendes Symbol für die Russen und ein hypnotisierendes Symbol für die Deutschen, insbesondere für ihren Führer. Hitler war dadurch so behext, daß er alle strategischen Gesichtspunkte aus dem Auge verlor und keinen Gedanken mehr für die weitere Zukunft hatte. Stalingrad wurde schicksalsschwerer als Moskau – weil sein Name mehr bedeutete.

Dabei waren die Unwirtschaftlichkeit und die Gefahren einer so unablässigen Anstrengung jedem geschulten militärischen Fachmann mit kühlem Kopf klar. Solche wiederholten Angriffe zahlen sich selten aus, wenn nicht die Verteidiger von jeder Verstärkung abgeschnitten oder die Reserven ihres Landes erschöpft sind – aber in diesem Fall waren es gerade die Deutschen, die weniger in der Lage waren, einen solchen Abnutzungsprozeß durchzuhalten.

Denn trotz der ungeheuren Menschenverluste Rußlands waren seine Menschenreserven immer noch weit größer als die Deutschlands. Rußlands ernstester Mangel bestand auf dem Gebiet der Ausrüstung; er ging noch auf die Verluste von 1941 zurück und war zum Teil für die neuen Niederlagen von 1942 verantwortlich. Es fehlte an Artillerie; doch wurde diese großenteils durch Mörser ersetzt, die auf Lastwagen herangefahren wurden. An Panzern und motorisierten Transportfahrzeugen jeder Art bestand ebenfalls ernster Mangel. Aber seit Ende des Sommers traf ein immer stärker werdender Strom neuer Ausrüstung aus den neuen Fabriken in den rückwärtigen Gebieten ein, ebenso auch dank der amerikanischen und britischen Lieferungen. Gleichzeitig trug jetzt die massenweise Einberufung von Männern, die nach Kriegsausbruch erfolgte, ihre Früchte, und die Zahl der neuen Divisionen aus Russisch-Asien wurde immer größer.

Das Schlachtfeld von Stalingrad lag so weit östlich, daß es für diesen Zustrom aus dem Osten leicht erreichbar war. Dies kam der Verteidigung der Stadt zugute; wenn auch die direkten Verstärkungen durch die ungünstige Lage der halbeingeschlossenen Stadt behindert wurden, so hatte die wachsende Stärke der russischen Armeen an der Nordflanke eine mittelbare Wirkung, die einer direkten Verstärkung gleichkam. Der russische Gegendruck an dieser Flanke hätte den Kampf schon weit früher entschieden, wenn er nicht durch die Mängel in den Waffen der modernen Kriegführung beeinträchtigt worden wäre. Aber seine Wirkung wurde immer stärker, je mehr die Deutschen dort in einen Abnutzungskampf verwickelt wurden und ihre begrenzten Reserven an Menschen und Maschinen verausgabten. Bei einem Kampf dieser Art hatten sie als die Angreifer relativ höhere Verluste – und sie konnten sich diese Verluste weniger leisten.

Die Gefahren dieses Prozesses wurden vom deutschen Generalstab bald erkannt. Bei der Rückkehr von seiner täglichen Besprechung mit Hitler pflegte Halder oft die Hände hochzuheben in einer Geste der Verzweiflung und Niedergeschlagenheit, die seinen Mitarbeitern andeutete, daß wieder einmal ein Versuch vergeblich gewesen war, Hitler zur Vernunft zu bringen. Seine Argumente gegen eine Fortsetzung der

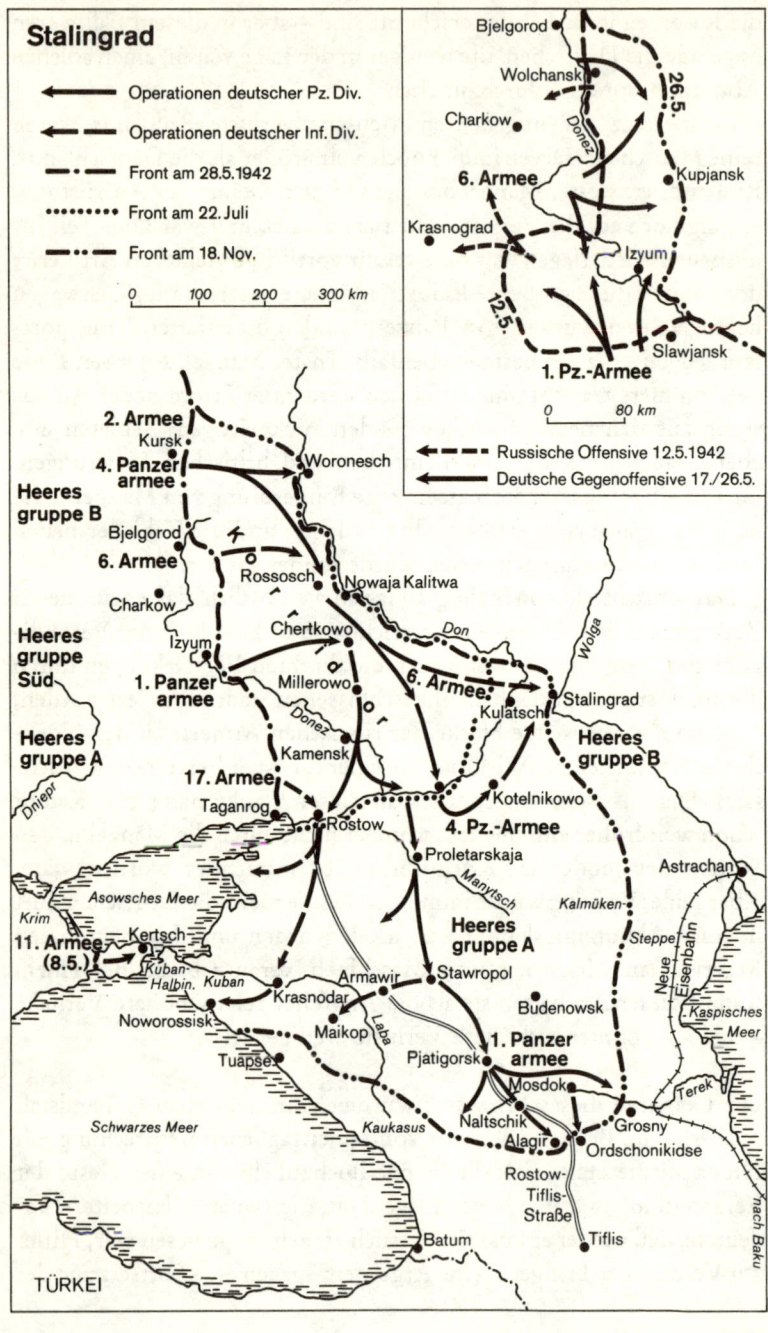

Stalingrad

→ Operationen deutscher Pz. Div.
⇢ Operationen deutscher Inf. Div.
—·—·— Front am 28.5.1942
·········· Front am 22. Juli
—··—··— Front am 18. Nov.

0   100   200   300 km

Bjelgorod
Wolchansk
Charkow
Kupjansk
26.5.
Donez
6. Armee
Krasnograd
Izyum
12.5.
Slawjansk
1. Pz.-Armee

0   80 km

⇠ Russische Offensive 12.5.1942
← Deutsche Gegenoffensive 17./26.5.

2. Armee
Kursk
4. Panzer armee
Woronesch
Heeres gruppe B
Bjelgorod
6. Armee
Charkow
Rossosch
Nowaja Kalitwa
Heeres gruppe Süd
Izyum
Chertkowo
Don
Wolga
1. Panzer armee
Millerowo
6. Armee
Heeres gruppe A
Donez
Kulatsch
Stalingrad
Kamensk
Heeres gruppe B
17. Armee
Kotelnikowo
Taganrog
Rostow
4. Pz.-Armee
Dnjepr
Proletarskaja
Manytsch
Astrachan
Asowsches Meer
Kalmüken
Steppe
Krim
Heeres gruppe A
Neue Eisenbahn
11. Armee (8.5.)
Kertsch
Kuban-Halbin.
Kuban
Armawir
Stawropol
Budenowsk
Kaspisches Meer
Noworossisk
Krasnodar
Maikop
Laba
1. Panzer armee
Schwarzes Meer
Tuapse
Pjatigorsk
Mosdok
Terek
Kaukasus
Naltschik
Grosny
Alagir
Ordschonikidse
Rostow-Tiflis-Straße
nach Baku
Batum
Tiflis

TÜRKEI

Offensive wurden um so eindringlicher, je näher der Winter kam; beides zusammen ging Hitler auf die Nerven, so daß das gegenseitige Verhältnis für beide unerträglich wurde. Bei der Erörterung seiner Pläne hatte Hitler immer noch seine hochfahrende Gewohnheit, mit der Hand in weit ausladenden Bewegungen über die Landkarte zu streichen, obwohl der Vormarsch jetzt so gering war, daß er kaum noch auf der Karte in Erscheinung trat. Je weniger Hitler in der Lage war, die Russen wegzufegen, desto mehr neigte er dazu, widerspenstige Berater wegzufegen. Er war immer der Ansicht gewesen, die »alten Generale« folgten seinen Plänen nur mit halbem Herzen, und je weniger Fortschritte diese machten, desto mehr sah er im Generalstab eine Bremse.

So nahm Ende September Halder seinen Abschied, und mit ihm einige seiner Mitarbeiter. Sein Nachfolger wurde General Kurt Zeitzler, ein weit jüngerer Mann, der damals Stabschef von Rundstedt im Westen war. Im Jahr 1940 war Zeitzler Stabschef von Kleists Panzerkorps gewesen, und zum großen Teil hatte seine kühne Planung des Nachschubes den großen Panzervorstoß vom Rhein bis zum Ärmelkanal ermöglicht. Abgesehen von diesem bedeutsamen Verdienst glaubte Hitler, er würde bei dem großen Problem des Vorstoßes zum Kaspischen Meer und zur Wolga mit einem jüngeren Offizier weniger Schwierigkeiten haben – insbesondere da dieser durch die plötzliche Beförderung auf einen der höchsten militärischen Posten angespornt wäre. Zeitzler rechtfertigte zunächst dieses Vertrauen; er belästigte Hitler nicht mit ständigem Widerspruch, wie es Halder getan hatte. Aber in kurzer Zeit bekam auch er Sorgen, und als die Aussicht auf eine Eroberung Stalingrads verblaßte, begann er auf Hitler einzureden, daß die Aufrechterhaltung einer so weit vorgeschobenen deutschen Front praktisch unmöglich sei. Als die Ereignisse diese Warnung bestätigten, war dies für Hitler kein Grund, seinen Rat höher einzuschätzen, und im Lauf des Jahres 1943 nahm er Zeitzler gegenüber eine immer kühlere Haltung ein, so daß auch dessen Rat mehr und mehr unwirksam wurde.

Dieselben grundlegenden Faktoren, die schon zur Vereitelung des deutschen Angriffs auf Stalingrad geführt hatten, verwandelten diesen in einen schicksalsschweren Rückschlag, weil sie der schließlich erfolgenden russischen Gegenoffensive zugute kamen.

Je näher die Deutschen an die Stadt herankamen, desto mehr wurden sie in ihrer Bewegungsfreiheit eingeengt, während die Verkürzung der Front den Verteidigern gestattete, ihre Reserven schneller zu jedem bedrohten Punkt des kleiner gewordenen Verteidigungsbogens zu werfen. Gleichzeitig verloren die Deutschen den Vorteil, den sie vorher durch die Möglichkeit von Ablenkungsangriffen gehabt hatten: Während der ersten Phase des Sommerfeldzuges bis zum Vorstoß auf den Don hatte die Ungewißheit über das eigentliche deutsche Ziel den Widerstand gelähmt; aber jetzt war das deutsche Ziel offenkundig geworden, und das russische Oberkommando konnte über seine Reserven mit absoluter Sicherheit verfügen. Somit verlor die zunehmende Konzentration deutscher Kräfte auf Stalingrad immer mehr ihre Wirkung – der konzentrierte Angriff stieß auf konzentrierte Verteidigung.

Die deutsche Konzentration auf Stalingrad zog aber gleichzeitig in zunehmendem Maße Reserven von dem deutschen Flankenschutz ab, der seinerseits durch zu weite Ausdehnung stark belastet war – er reichte rund 600 Kilometer von Woronesch den Don entlang bis zum »Isthmus« von Stalingrad und von dort wieder über die Kalmückensteppe bis zum Terek. Während hier die öde Steppe jeden russischen Gegenangriff gegen die deutschen Linien beeinträchtigte, galt dies nicht für den nördlichen Abschnitt am Don; dort war zwar die deutsche Stellung durch den Strom geschützt, aber sie mußte verwundbar werden, wenn er im Winter einfror oder wenn die Russen unbewachte Stellen für größere Überquerung fanden. Außerdem war es den Russen gelungen, einen Brückenkopf an der anderen Don-Seite bei Serafimowitsch, 160 Kilometer westlich Stalingrad, zu halten.

Die Gefahren für diese weit gedehnte Flanke deuteten sich an durch eine Anzahl kleinerer Erkundungsangriffe, welche die Russen seit August führten. Diese zeigten, wie dünn die deutsche Flanke war und daß ihren Schutz größtenteils die Verbündeten übernommen hatten – Ungarn von Woronesch südwärts, Italiener im Abschnitt von Nowaja Kalitwa weiter südlich, Rumänen westlich und südlich von Stalingrad. Diese lange Flankenfront war nur durch wenige deutsche Regimenter oder hie und da Divisionen verstärkt, welche in die verbündeten Truppen eingesprengt waren. Der einer Division zugeteilte Abschnitt war manchmal bis 60 Kilometer lang, und es gab keinerlei wirklich befestigte Stellungen. Die Bahnlinien endeten oft 100 oder 150 Kilometer hinter der Front, und das Land war so öde, daß es wenig Holz zum Bau von Verteidigungsanlagen lieferte. Die schmerzliche Erkenntnis dieser Handicaps veranlaßte den deutschen Generalstab schon im August, Hitler zu sagen, daß es unmöglich sei, die Don-Linie als Verteidigungsflanke den Winter hindurch zu halten. Aber seine Warnung wurde nicht beachtet. Alle defensiven Erwägungen wurden von Hitler dem Ziel der Einnahme Stalingrads untergeordnet.

Der verkrampfte Charakter dieser allzu direkten Offensive wurde noch deutlicher seit Mitte September, als die Deutschen in die ausgedehnten Vorstädte und dann in das Industriegelände von Stalingrad vorrückten. Eine Verwicklung in Straßenkämpfe ist immer ein Hindernis für eine Offensive, und sie war besonders nachteilig für eine Armee, deren Hauptvorteil in überlegener Manövrierfähigkeit bestand. Gleichzeitig konnte die Verteidigung auf Arbeitermilizen zurückgreifen, die mit der fanatischen Wildheit von Männern kämpften, deren Wohnungen unmittelbar bedroht sind. Unter den bestehenden Verhältnissen war eine Rekrutierung an Ort und Stelle eine beachtliche Verstärkung der Verteidiger – der 62. Armee unter General Tschuikow und eines Teils der 64. Armee unter General Schumilow – in den kritischen Wochen, bis Verstärkungen von außen das Blatt wendeten. Denn die 62. Armee war bei den Kämpfen westlich des Don schwer dezimiert worden, und wenig neue Reserven konnten ihr von General Jeremenko zur Verfügung gestellt werden, der auf dem ganzen Abschnitt befehligte.

Das Vordringen der Deutschen in das bebaute Gelände Stalingrads führte auch dazu, daß ihre Offensive sich in eine Reihe lokaler Angriffe auflöste, was ihren ursprünglichen Schwung verminderte. Dies führte ferner zu einem Wiederaufleben der – bei infanteristisch geschulten Kommandeuren ohnehin beliebten – Taktik, Panzer in kleinen Gruppen statt in großen Massen einzusetzen. Viele Angriffe wurden von nur 20 oder 30 Panzern geführt, und wenn auch für einige der größeren Operationen Rudel von etwa 100 Panzern zusammengefaßt wurden, so bedeutete auch diese Zahl nur einen Panzer auf je 300 Mann. Bei einer relativ so kleinen Zahl war es natürlich, daß die Panzerabwehrwaffen schließlich obsiegten. Wenn diese beschränkte Zahl zu unzweckmäßiger Taktik führte, so enthüllte sie auch einen zunehmenden materiellen Mangel. Dieser zeigte sich ebenso klar in der abnehmenden

Luftunterstützung. Den Deutschen fehlte es also gerade an den beiden Waffen, denen sie in erster Linie ihre bisherigen Erfolge verdankten. Infolgedessen wurde die auf der Infanterie liegende Last schwerer, und die Verluste bei jedem Vormarsch wurden höher.

Oberflächlich gesehen schien die Lage der Verteidiger immer gefährlicher oder gar verzweifelt zu werden, je enger sich der Kreis zusammenzog und je näher der Feind dem Stadtzentrum kam. Der kritischste Zeitpunkt war der 14. Oktober, aber der deutsche Angriff an diesem Tag wurde von General Rodimzews 13. Gardedivision zum Stehen gebracht. Doch auch nach Überwindung dieser Krise blieb die Lage ernst, da die Verteidiger jetzt mit dem Rücken so nahe an der Wolga standen, daß sie nur noch wenig Raum zur Praktizierung einer elastischen Verteidigung hatten. Sie konnten es sich nicht länger leisten, Gelände aufzugeben, um Zeit zu gewinnen.

Aber unter der Oberfläche wirkten sich grundlegende Faktoren zugunsten der Verteidiger aus. Der Kampfgeist der Angreifer wurde langsam erschüttert durch zunehmende Verluste, ein wachsendes Gefühl der Ohnmacht und das drohende Herannahen des Winters, während ihre Reserven so überbeansprucht waren, daß die allzu langen Flanken brüchig zu werden drohten. Die Situation wurde somit reif für den Gegenangriff, den das russische Oberkommando vorbereitete und für den es genügend Reserven zusammengezogen hatte.

Dieser Gegenangriff begann am 19. und 20. November und war zeitlich gut abgepaßt. Er begann in dem Zwischenraum zwischen den ersten Frostperioden, die den Boden verhärteten und für schnelle Bewegungen geeigneter machten, und den ersten großen Schneefällen, die das Manövrieren behindern. Der Angriff traf die Deutschen in einem Moment der Erschöpfung, als sie zum ersten Mal die natürliche Reaktion auf den Fehlschlag ihrer Offensive und das Ausbleiben des Sieges empfanden.

Der Gegenangriff war aber auch strategisch und psychologisch gut angelegt – er praktizierte das indirekte Vorgehen in doppeltem Sinne. Zwei Zangen, jede aus verschiedenen Zinken zusammengesetzt, bohrten sich in die Flanken der angreifenden Truppe, um die 6. Armee und die 4. Panzerarmee von der Heeresgruppe B abzuschneiden. Und sie wurden gerade dort angesetzt, wo der Flankenschutz meist von rumänischen Truppen gestellt wurde. Der Plan war von dem brillanten Triumvirat im russischen Generalstab ausgedacht worden, den Generalen

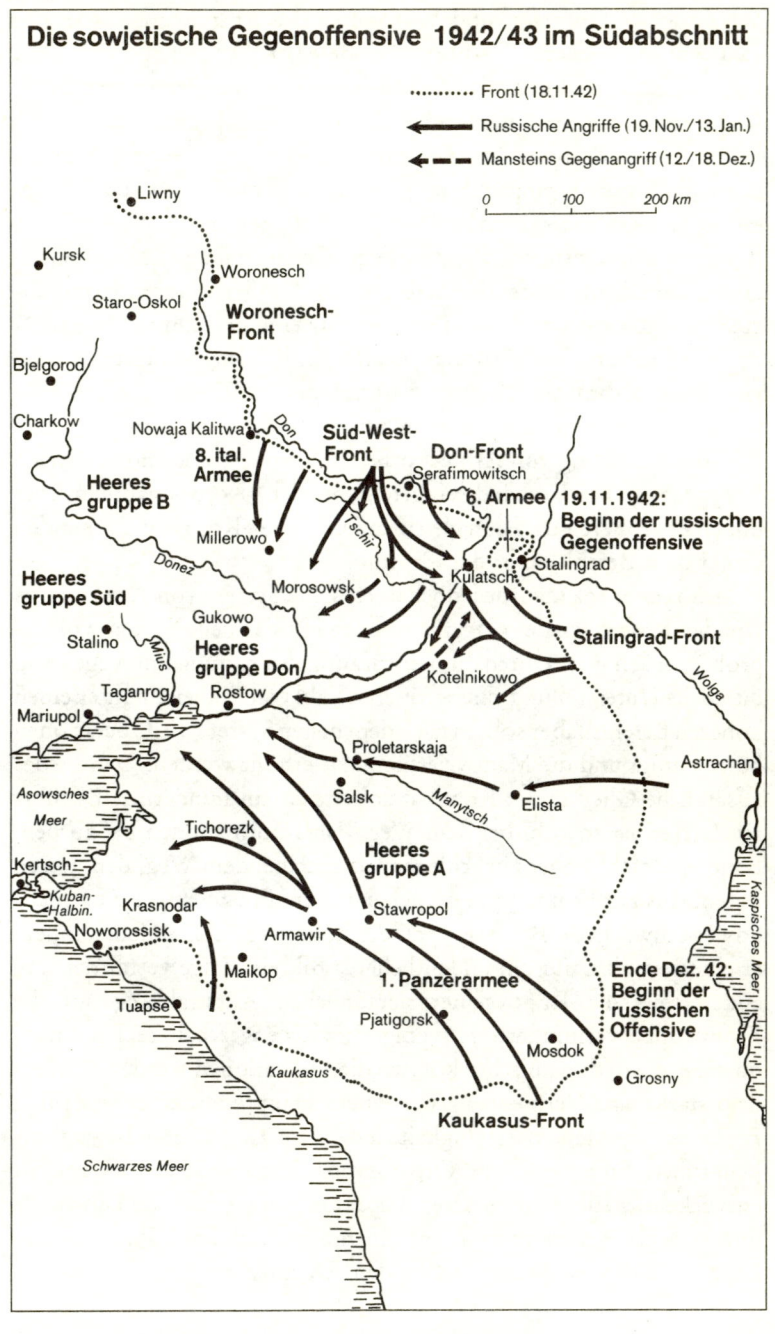

Die sowjetische Gegenoffensive 1942/43 im Südabschnitt

········· Front (18.11.42)

◄──── Russische Angriffe (19. Nov./13. Jan.)

◄─ ── Mansteins Gegenangriff (12./18. Dez.)

0   100   200 km

Liwny

Kursk

Staro-Oskol

Woronesch

Woronesch-Front

Bjelgorod

Charkow

Nowaja Kalitwa

Don

8. ital. Armee

Süd-West-Front

Don-Front

Serafimowitsch

6. Armee

19.11.1942: Beginn der russischen Gegenoffensive

Stalingrad

Heeres gruppe B

Millerowo

Donez

Tschir

Morosowsk

Kulatsch

Heeres gruppe Süd

Gukowo

Stalino

Mius

Heeres gruppe Don

Rostow

Kotelnikowo

Stalingrad-Front

Wolga

Taganrog

Mariupol

Proletarskaja

Astrachan

Asowsches Meer

Salsk

Manytsch

Elista

Tichorezk

Heeres gruppe A

Kertsch

Kuban-Halbin.

Krasnodar

Armawir

Stawropol

Noworossisk

Maikop

1. Panzerarmee

Pjatigorsk

Tuapse

Mosdok

Ende Dez. 42: Beginn der russischen Offensive

Kaspisches Meer

Kaukasus

Grosny

Kaukasus-Front

Schwarzes Meer

Schukow, Wassilewskij und Woronow. Die Ausführung lag in den Händen von General Watutin, dem Befehlshaber der Südwestfront, General Rokossowskij, dem Befehlshaber der Don-Front, und General Jeremenko, dem Befehlshaber der Stalingrad-Front.

Hier ist es angebracht zu erwähnen, daß die ganze russische Front in zwölf »Fronten« eingeteilt war, die direkt dem Großen Hauptquartier in Moskau unterstanden. Statt ihre Truppen in ständige größere Armeen zu organisieren, pflegten die Russen jetzt einen höheren General mit dem dazugehörenden Stab aus dem Großen Hauptquartier abzustellen, um verschiedene »Fronten« für eine bestimmte Operation zu koordinieren. Die »Fronten« bestanden im Durchschnitt aus etwa vier Armeen, die freilich kleiner waren als die des Westens; jede Armee befehligte meist die ihr unterstellten Divisionen unmittelbar ohne Zwischenschaltung von Armeekorps. Die Panzer- und motorisierten Truppen waren in Verbände eingeteilt, die sich »Korps« nannten, aber nur einer größeren Division gleichkamen; diese »Korps« unterstanden direkt dem Befehlshaber der »Front«.

Im Sommer 1943 wurde jedoch das frühere System von Armeekorps von den Russen wieder eingeführt, noch ehe das neue System voll erprobt worden war. Durch die Verkürzung des Kommandoweges und durch die Unterstellung einer größeren Zahl von Einheiten unter einen höheren Befehlshaber sollten nach dem neuen System die Operationen beschleunigt und die Manövrierfähigkeit erhöht werden. Denn jedes zusätzliche Glied in der Kommandokette ist ein Hindernis: Es führt zu Zeitverlust sowohl bei dem Weg, den Informationen bis zu dem höheren Befehlshaber zurücklegen, als auch bei dem Weg, den dessen Befehle bis zur Fronttruppe zu gehen haben. Ein zu langer Kommandoweg schwächt die Befehlsgewalt des höheren Kommandeurs, indem er einerseits ihm nur ein undeutlicheres Bild der Lage vermittelt und andererseits die Kraft seiner persönlichen Ausstrahlung auf die Fronttruppe vermindert. Je weniger zwischengeschaltete Kommandostäbe, desto dynamischer können die Operationen werden. Außerdem stärkt eine Vermehrung der einem Hauptquartier unterstellten Einheiten die Manövrierfähigkeit, indem sie zu größerer Beweglichkeit führt. Eine flexiblere Organisation kann größere Schlagkraft entwickeln, weil sie zu besserer Anpassung an wechselnde Umstände und stärkere Konzentration auf einen entscheidenden Punkt in der Lage ist. Wenn ein Mensch außer dem Daumen nur einen oder zwei

Finger hätte, würde er es viel schwerer finden, ein bestimmtes Objekt zu greifen, als er es mit dem Daumen und vier Finger kann; seine Hand wäre weniger beweglich und auch weniger zu festem Druck imstande. Diese unnötige Erschwerung zeigte sich bei den Armeen der Westmächte, bei denen die meisten Formationen nur aus zwei oder drei manövrierfähigen Teilen bestanden.

Nordwestlich von Stalingrad stießen die russischen Panzerspitzen am Ufer des Don bis Kalatsch und bis zur Eisenbahnlinie nach dem Donez-Becken vor. Südöstlich von Stalingrad stieß die linke Zange nach Westen auf die Bahnlinie vor, die von Stalingrad nach Süden bis zum Schwarzen Meer führt. Nachdem sie diese Linie abgeschnitten hatten, rückte auch dieser Verband auf Kalatsch vor, und am 23. November war die Einschließung der deutschen Streitkräfte vollendet. Der Ring wurde in den folgenden Tagen noch fester und umschloß die 6. Armee und ein Korps der 4. Panzerarmee. In wenigen Tagen hatte eine schnelle russische Operation strategisch das Blatt gewendet, obwohl der taktische Vorteil der Defensive erhalten blieb – ein doppelter Erfolg. Denn die Deutschen mußten weiterhin angreifen, nicht um einzubrechen, sondern um auszubrechen. Aber ihre Anstrengungen mit umgekehrtem Vorzeichen waren jetzt ebenso erfolglos wie ihre früheren Anstrengungen, vorzurücken.

Gleichzeitig hatte eine andere starke russische Einheit nach dem Ausbruch aus dem Brückenkopf von Serafimowitsch sich über das Gebiet westlich des Don-Knies ausgebreitet, in einem aus mehreren Keilen bestehenden Vorstoß nach Süden in den Korridor zwischen Don und Donez, um sich schließlich an dem Fluß Tschir mit der von Kalatsch aus vorstoßenden linken Zange zu vereinigen. Dieses äußere Umfassungsmanöver war entscheidend wichtig für den Erfolg des ganzen Planes; denn es beseitigte die feindliche Operationsbasis und ließ einen eisernen Vorhang über die Zugangswege niedergehen, auf denen deutsche Entsatztruppen Paulus zu Hilfe kommen könnten.

Der deutsche Gegenstoß Mitte Dezember wurde daher vom Südwesten aus geführt, östlich des Don an der Linie Kotelnikowo–Stalingrad. Die Truppen waren dazu unter dem Befehl von Mansteins 11. Armee eilig zusammengezogen worden; diese Armee war aus der Heeresgruppe Mitte herausgelöst und »Heeresgruppe Don« getauft worden. Ihre bescheidene Größe rechtfertigte kaum einen so anspruchsvollen Namen, und für den Versuch, Stalingrad zu entsetzen, mußte sie auf spärliche Reserven zurückgreifen, darunter die mit der Bahn von der Bretagne in Frankreich nach Osten transportierte 6. Panzerdivision.

Durch geschickte Taktik versuchte Manstein die geringe Zahl seiner Panzer auszugleichen, und es gelang ihm, einen tiefen Keil in die russischen Stellungen zu treiben. Aber dieser improvisierte Vorstoß wurde knapp 50 Kilometer vor der eingeschlossenen Armee zum Stehen gebracht und dann durch russischen Flankendruck allmählich zurückgedrängt. Mit dem Scheitern dieses Versuches schwand jede Hoffnung auf Entsetzung von Paulus und seiner Armee, denn das deutsche Oberkommando hatte keine Reserven mehr zu einem neuen Versuch. Manstein hielt an seiner exponierten Stellung fest, solange er konnte und länger, als es für ihn gefahrlos war, um die Luftlinie zu verkürzen, auf der ein dünner Strom von Nachschub die zum Untergang verurteilte Armee noch erreichte.

Unterdessen begannen die Russen am 16. Dezember ein neues äußeres Umfassungsmanöver weit im Westen. General Golikow, Befehlshaber der »Front« bei Woronesch, überschritt mit seinem linken Flügel den mittleren Don an mehreren Stellen auf einem 90 Kilometer langen Abschnitt zwischen Nowaja Kalitwa und Monastirschtschina, der von der 8. italienischen Armee gehalten wurde. Nach schwerem Artilleriebeschuß, der bereits viele Italiener in die Flucht jagte, überschritten in der ersten Morgendämmerung Panzer und Infanterie den festgefrorenen Don. Schneestürme blendeten die feindliche Gegenwehr, aber hielten die Russen nicht auf, die rasch nach Süden in Richtung auf Millerowo und den Donez vorrückten. Gleichzeitig griffen Watutins Truppen vom Tschir aus nach Südwesten an, ebenfalls in Richtung Donez. Innerhalb einer Woche hatten die beiden konzentrischen Angriffe den Feind fast ganz aus dem Korridor zwischen Don und Donez vertrieben. Die Verteidigung war zwar zu dünn und das Tempo zu schnell gewesen, als daß im ersten Stadium viele Gefangene hätten gemacht werden können; aber im nächsten Stadium wurden größere Einheiten des zurückweichenden Feindes überrannt und eingeschlossen, so daß bis Ende der zweiten Woche – das auch das Ende des Jahres war – die Zahl der Gefangenen 60 000 erreichte.

Diese Operation bedrohte alle deutschen Armeen am unteren Don und in Kaukasien im Rücken. Nur neue heftige Schneefälle und zäher

Widerstand der deutschen Truppen bei Millerowo und anderen wichtigen Plätzen nördlich des Donez wendete die Gefahr für den Augenblick ab.

Dennoch war die Gefahr jetzt so offenkundig und ihre Vergrößerung so wahrscheinlich, daß Hitler endlich dazu gebracht wurde, die Unausweichlichkeit einer noch größeren Katastrophe als der Einschließung bei Stalingrad zu erkennen, wenn er an seinem Traum der Eroberung des Kaukasus festhielt und seine Armeen zwang, dort stehenzubleiben, während tausend Kilometer weiter hinten ihr Rückweg bedroht war. So befahl er im Januar den Rückzug vom Kaukasus. Dieser Befehl kam gerade rechtzeitig, um die Abschneidung aller deutschen Armeen dort zu verhindern. Ihr erfolgreicher Rückzug verlängerte den Krieg; aber er machte noch vor der Kapitulation der deutschen Truppen bei Stalingrad der ganzen Welt klar, daß für die Deutschen in Rußland die Ebbe angebrochen war.

Der ganze Verlauf der russischen Gegenoffensive war durch das taktische Geschick gekennzeichnet, mit dem General Schukow seine Angriffspunkte wählte, psychologisch wie topographisch. Er traf immer die weichen Stellen in der Position des Feindes. Außerdem zeigte er eine seltene Fähigkeit, jedesmal mit einer neuen Drohung aufzuwarten, sobald seine Angriffsverbände den ersten Schwung und damit die Chance, einen Zusammenbruch des Feindes herbeizuführen, verloren hatten. Da ein konzentrierter Angriff die feindliche Widerstandskraft immer in abnehmendem Maße belastet, erneuerte Schukow die anfängliche Wirkung, indem er eine weit gefächerte Reihe von Angriffen führte. Dies ist in der Regel eine zweckmäßigere und weniger erschöpfende Art der Strategie, wenn eine Gegenoffensive sich zu einer Offensive auswächst und damit nicht länger den ursprünglichen Vorteil besitzt, daß sie aus dem Rückzug zum Sprung übergehen kann.

Jedoch hinter allen anderen materiellen und moralischen Faktoren, die den Lauf der Dinge beeinflußten, lag der grundlegende Faktor des Verhältnisses zwischen Raum und Kraft. Der Raum war an der Ostfront so weit, daß ein Angreifer immer Platz für Flankenmanöver fand, wenn er sich nicht zu offenkundig auf einzelne Ziele konzentrierte – wie 1941 auf Moskau und 1942 auf Stalingrad. So hatten die Deutschen ihre offensiven Erfolge ohne zahlenmäßige Überlegenheit erringen können, solange sie qualitativ überlegen waren. Doch die Tatsache, daß an der Ostfront der Raum auch so tief war, wurde zur Rettung der Russen in der Zeit, als sie den Deutschen an Motorisierung und Manövrierfähigkeit noch nicht gewachsen waren.

Inzwischen aber hatten die Deutschen diesen technischen Vorsprung und taktischen Vorteil eingebüßt – und gleichzeitig einen großen Teil ihrer Menschenreserven aufgebraucht. Mit der Schrumpfung ihrer Kräfte wurden jetzt die weiten Räume Rußlands für sie zum Verhängnis, da sie es ihnen unmöglich machten, eine so weite Front zu halten. Die große Frage war jetzt, ob sie die Lage wiederherstellen konnten, indem sie ihre Front verkürzten, oder ob sie ihre Kräfte schon so verausgabt hatten, daß ihnen überhaupt keine Chance mehr blieb.

Kapitel 19:
Rommel auf dem Höhepunkt

Der Afrika-Feldzug von 1942 erlebte noch heftigere und folgenschwerere Wendungen des Schicksals als der von 1941. Er begann damit, daß die feindlichen Armeen sich an der Westgrenze der Cyrenaica gegenüberstanden – genau dort, wo sie neun Monate vorher gestanden hatten. Aber schon drei Wochen nach Beginn des neuen Jahres führte Rommel wieder eine seiner großen strategischen Operationen, die ihn fast 400 Kilometer weiterbrachte, und trieb die Briten zwei Drittel des ganzen Weges bis zur ägyptischen Grenze zurück, bevor sie sich wieder sammeln konnten. Dort verhärtete sich die Front an der Gazala-Linie.

Ende Mai schlug Rommel wiederum zu und kam einer britischen Offensive zuvor – ebenso wie die Briten seiner eigenen im November 1941 zuvorgekommen waren. Auch diesmal wurden die Briten nach einer neuen wirbelwindartigen Schlacht mit atemberaubend schnellem Wechsel zum Rückzug gezwungen – zu einem so schnellen und so weiten Rückzug, daß sie sich erst an der Alamein-Linie, dem letzten Eingangstor zum Nil-Delta, wieder sammeln konnten. Diesmal hatte Rommel bei seinem Vormarsch nach gewonnener Schlacht in einer Woche fast 500 Kilometer zurückgelegt. Aber sein Schwung und seine Kraft waren damit nahezu erschöpft. Seine weiteren Versuche, bis nach Alexandria und Kairo vorzustoßen, scheiterten, und er entging nur knapp einer Niederlage, bevor der Kampf in gegenseitiger Erschöpfung endete.

Mit frischen Verstärkungen unternahm er Ende August einen neuen Anlauf zum endgültigen Sieg. Aber die Briten waren inzwischen noch mehr verstärkt worden; von einem neuen Team von Kommandeuren, an ihrer Spitze die Generale Sir Harold Alexander und Sir Bernard

Montgomery, wurde sein Vorstoß pariert, und er mußte den größten
Teil seiner geringen Anfangsgewinne wieder aufgeben.

Dann gingen Ende Oktober die Briten wieder zur Offensive über,
mit stärkeren Kräften als je zuvor – und diesmal brachte es die Entscheidung. Nach 13tägigem Kampf waren Rommels Reserven erschöpft und seine Panzer fast vollständig aufgebraucht. Seine Front
brach zusammen, und er hatte noch Glück, daß er mit den Überresten
seiner Armee entkommen konnte. Doch diese waren zu schwach, um
noch einmal ernsthaften Widerstand zu leisten, und bis zum Ende des
Jahres, acht Wochen später, war Rommel bis Buerat in Tripolitanien
zurückgejagt worden – über 1500 Kilometer von Alamein. Aber auch
das war nur ein Zwischenaufenthalt bei einem Rückzug, der im Mai
1943 in Tunis mit der vollständigen Vernichtung der deutschen und
italienischen Streitkräfte in Afrika endete.

Anfang Januar 1942 betrachteten die Briten ihren Rückschlag bei Agedabia nur als vorübergehende Unterbrechung ihres Vormarsches auf
Tripolis. Sie waren eifrig mit den Plänen und der Vorbereitung dieser
Operation beschäftigt, die den allzu passenden Namen »Acrobat« erhielt. Doch bevor der Monat endete, hatten sie eine Reihe von Purzel-
bäumen nach hinten machen müssen.

Am 5. Januar erreichte ein Geleitzug von sechs Schiffen, der die
Sperre der britischen Kriegsmarine und Luftwaffe durchbrechen
konnte, Tripolis mit einer neuen Ladung von Panzern, die Rommels
Panzerstärke auf etwas über 100 erhöhten. Mit dieser Hilfe und angesichts von Meldungen über die Schwäche der britischen vorgeschobenen Truppen plante er einen sofortigen Gegenschlag – doch er behielt
seine Absicht für sich. Am 21. Januar begann der Angriff. Am 23. erschien der italienische Kriegsminister General Cavallero in Rommels
Hauptquartier, um Einwände gegen die Offensive zu erheben; aber da
waren seine Panzerspitzen schon über 150 Kilometer vorgerückt, und
die Briten hatten sich fast noch schneller zurückgezogen.

Die britischen Fronttruppen zur Zeit des Rommelschen Angriffs
bestanden in der Hauptsache aus einer neu eingetroffenen Panzerdivision, der 1., deren Panzerbrigade mit 150 Panzern aus drei umgerüste-
ten Kavallerieregimentern zusammengesetzt war, die nur wenig
Erfahrung im Panzerkrieg und keinerlei Erfahrung im Wüstenkrieg
hatten. Dieses Handicap war um so größer, als Rommels neue »Panzer

III« mit 50 mm dicken Platten besser gepanzert waren als seine älteren, während die deutschen Panzerabwehr-Einheiten eine neue Offensivtaktik in Verbindung mit ihren eigenen Panzern entwickelt hatten. Diese Taktik wird von Heinz Schmidt in seinem Buch »Mit Rommel in der Wüste« beschrieben:

»Mit unseren zwölf Pak-Geschützen sprangen wir von einem vorteilhaften Punkt zum anderen, während unsere Panzer aus verdeckter Stellung uns, wenn möglich, Feuerschutz gaben. Dann bezogen wir eine neue Stellung, um ihnen Feuerschutz zu geben, während sie vorrückten. Diese Taktik bewährte sich, und trotz heftigem Feuer waren die feindlichen Panzer nicht imstande, unseren Vormarsch aufzuhalten. Der Feind hatte ständig schwere Verluste und mußte Gelände aufgeben. Wir konnten nicht umhin, das Gefühl zu haben, daß wir es nicht mehr mit den zähen und erfahrenen Gegnern zu tun hatten, die uns am Capuzzo-Graben so viel zu schaffen gemacht hatten.«

Noch schlimmer war, daß die drei britischen Panzerregimenter getrennt in den Kampf geschickt wurden. Sie verloren fast die Hälfte ihrer Panzer in den ersten Kampfhandlungen, als die Deutschen sie bei Antelat überraschend angriffen. Rommels Vormarsch wurde dann zeitweilig durch die Intervention des italienischen Kriegsministers gestoppt, der dem italienischen motorisierten Korps nicht erlauben wollte, dem Afrika-Korps zu folgen. Aber die Briten nutzten diese Kampfpause nicht aus, und das Ausbleiben eines starken britischen Gegenschlages ermutigte Rommel, am 25. weiter bis Msus vorzurükken, indem er die von der Gardebrigade und der 1. Panzerdivision gehaltene Linie durchbrach; letztere wich nach Norden aus und entfernte sich mit ihren verbliebenen 30 Panzern aus der Linie des deutschen Vorstoßes.

Rommels schneller und bedrohlicher Vorstoß auf Msus führte zu einem voreiligen Befehl, daß die 4. indische Division bei Bengasi diesen mit Vorräten angefüllten Hafen räumen und sich auf die Linie Derna–Mechili zurückziehen solle. Dieser Befehl wurde noch in der Nacht widerrufen und die Vorbereitung eines Gegenangriffes angeordnet, nachdem Auchinleck mit dem Flugzeug aus Kairo im Hauptquartier der 8. Armee Ritchies eingetroffen war. Aber sein Eingreifen war diesmal nicht so erfolgreich wie im November. Es führte dazu, daß die britischen Truppen sich verzettelten und unbeweglich blieben, während sie versuchten, den 220 Kilometer langen Abschnitt zwischen Bengasi und Mechili zu halten, während Rommel Zeit und Möglichkeit erhielt, aus seiner zentralen Stellung bei Msus heraus neue Aktionen zu entfalten und zwischen verschiedenen Zielen zu wählen.

Gerade diese variable Drohung Rommels führte in den nächsten Tagen zu »Order, Contreorder, Desorder« auf britischer Seite. Eine Folge war, daß der Korpskommandeur General Godwin-Austen um seine Ablösung bat, weil der Armeebefehlshaber direkte Befehle an seine ihm unterstellten Kommandeure ausgegeben hatte. Bald gab es noch schlimmere Folgen.

Da Rommels Kräfte begrenzt waren, beschloß er, zunächst nach Westen auf Bengasi zu schwenken, um jede Bedrohung seines Rückens auszuschalten, während er einen Vorstoß nach Osten auf Mechili simulierte. Diese Täuschung gelang so gut, daß das britische Oberkommando schnell Verstärkungen nach Mechili schickte, während die weit auseinandergezogene 4. indische Division keine Unterstützung erhielt. Rommels Blitzmarsch auf Bengasi war für sie ein Schock und führte zur überstürzten Räumung des Hafens mit allen dort angehäuften Vorräten. Die Schockwirkung ausnutzend, schickte Rommel zwei kleinere Kampfgruppen auf einen Vorstoß nach Osten. Durch kühne Kombination von Vorstoß und Drohung veranlaßten diese die Briten zur Aufgabe einer Reihe möglicher Verteidigungsstellungen und zum Rückzug auf die Gazala-Linie – obwohl das Gros des Afrika-Korps infolge Nachschubmangels noch nicht über Msus hinausgelangt war. Am 4. Februar zog sich die 8. Armee in den Schutz der Stellungen bei Gazala zurück; doch erst Anfang April konnte Rommel, nachdem er das zögernde italienische Oberkommando überzeugt hatte, seine Truppen bis nahe an die britische Stellung heranführen.

Bis dahin war die Stellung bei Gazala durch den Aufbau von Hindernissen und die Anlage breiter Minenfelder von einer bloß geographischen in eine befestigte Linie verwandelt worden. Doch die Vorkehrungen für ihre Verteidigung wurden bald überschattet durch die Planung einer neuen britischen Offensive. Zwar war diese Linie ein passendes Sprungbrett für einen Angriff, aber sie war weniger geeignet zur Verteidigung, da sie zu gerade verlief und nicht tief genug war. Außer im Küstenabschnitt waren die befestigten Punkte zu weit voneinander entfernt, um sich gegenseitig wirksamen Feuerschutz zu geben. Sie erstreckten sich 80 Kilometer von der Küste nach Süden, mit immer größeren Abständen. Die südlichste Stellung bei Bir Hacheim, die von der 1. freifranzösischen Brigade unter General Koenig gehalten wurde, war 25 Kilometer von der vorletzten bei Sidi Muftah entfernt. Eine weitere Erschwerung der Verteidigung war der vorgeschobene Stützpunkt, der im Hinblick auf eine neue Offensive bei Belhamed angelegt worden war. Dieser bot sich als Ziel für eine Umfassungsbewegung des Feindes an; die Notwendigkeit, die großen dort angehäuften Vorräte zu schützen, war für die britischen Kommandeure während der Kampfhandlungen eine ständige Sorge und engte ihre Bewegungsfreiheit ein.

Die Planung litt auch unter Meinungsverschiedenheiten auf britischer Seite über die Zweckmäßigkeit und Durchführbarkeit einer neuen Offensive. Schon seit Februar drängte Churchill auf ein baldiges Vorgehen; er wies darauf hin, daß 635 000 britische Soldaten auf dem nahöstlichen Kriegsschauplatz untätig herumstanden, während die Russen verzweifelt kämpften und während sich im Mittelmeer selbst Malta infolge von Kesselrings unablässigen Luftangriffen in höchster Not befand. Auchinleck aber, der die technischen und taktischen Mängel der britischen Streitkräfte gut erkannte, wollte warten, bis Ritchie seine Streitkräfte genügend verstärkt hatte, um Rommels qualitative Überlegenheit mit Sicherheit auszugleichen. Schließlich sandte Churchill, seine Argumente beiseite wischend, Auchinleck einen klaren Befehl zum Angriff, den er »befolgen oder sein Kommando abgeben müsse«. Aber Rommel schlug am 26. Mai wieder zu – noch einmal kam er den Briten zuvor, deren Offensive erst Mitte Juni beginnen sollte.

Durch Verstärkungen waren beide Seiten auf eine größere Zahl und Kampfkraft gebracht worden als zu Beginn der November-Offensive, der »Operation Crusader«, obwohl die Zahl der Divisionen die gleiche blieb: drei deutsche (davon zwei Panzerdivisionen) und sechs italienische (davon eine Panzerdivision) gegen sechs britische (davon zwei Panzerdivisionen). Wenn man nur die Divisionen zählt, wie es sowohl Staatsmänner als auch Generale meist tun, griff Rommel mit einer Überlegenheit von 9:6 an – und diese militärische Arithmetik wurde zur Begründung der britischen Niederlage stets angeführt.

Aber das wahre Kräfteverhältnis sah sehr anders aus und zeigte, wie irreführend es sein kann, nur nach Divisionen zu rechnen. Vier der fünf nicht voll aufgefüllten italienischen Infanteriedivisionen waren nicht motorisiert, so daß sie nicht aktiv an einer beweglichen Schlacht teil-

nehmen konnten, wozu sich diese Schlacht von Gazala bald entwikkelte. Die britische 8. Armee dagegen besaß nicht nur Motorfahrzeuge
in überreicher Menge, sondern enthielt auch zwei unabhängige motorisierte Brigadegruppen und zwei unabhängige Panzerbrigaden außer
ihren sechs Divisionen; dazu hatte eine (die 1.) ihrer zwei Panzerdivisionen zwei Panzerbrigaden statt einer, wie es jetzt die Regel war. Insgesamt hatte die 8. Armee 14 Panzerverbände in der Frontlinie, und
drei weitere waren unterwegs; ihr gegenüber standen sieben Panzerverbände Rommels, von denen nur die vier deutschen mit kampfkräf-
tigen Panzern ausgerüstet waren.

Die Panzerverbände der 8. Armee hatten zusammen 850 Panzer,
und 420 weitere standen bereit, als Verstärkung an die Front geschickt
zu werden. Ihre Gegner hatten zusammen nur 560 Panzer, davon aber
230 veraltete und unzuverlässige italienische, und auch 50 der 330
deutschen waren leichte Panzer. In einem Kampf zählten nur die 280
deutschen, mit Kanonen ausgerüsteten mittleren Panzer wirklich mit,
und es standen keine weiteren in Reserve bereit, außer etwa 30, die in
Reparatur waren, und einer neuen Sendung von etwa 20, die soeben
in Tripolis gelandet waren. Somit hatten nach wirklichkeitsnaher
Rechnung die Briten für den anfänglichen Panzerkampf eine zahlenmäßige Überlegenheit von 3:1 und von mehr als 4:1, wenn es zu
einem Abnutzungskampf kommen sollte.

In bezug auf Artillerie hatten die Briten eine zahlenmäßige Überlegenheit von 3:2; aber diese wurde teilweise dadurch ausgeglichen, daß
alle ihre Geschütze auf die einzelnen Divisionen verteilt waren, während Rommel eine bewegliche Reserve von 56 mittleren Geschützen,
die seinem unmittelbaren Befehl unterstanden, sehr wirkungsvoll einsetzte.

Was die Luftwaffe betrifft, so waren beide Seiten in ihren Kräften
ausgeglichener als bei jedem früheren Kampf. Die britische Desert Air
Force hatte eine Stärke von etwa 600 Flugzeugen erster Linie (380
Jäger, 160 Bomber und 60 Aufklärungsflugzeuge) gegenüber einer
deutsch-italienischen Zahl von 530 (350 Jäger, 140 Bomber, 40 Aufklärungsflugzeuge). Aber die 120 deutschen Me 109 waren den britischen Hurricanes und Kittyhawks qualitativ überlegen.

Eine schwierigere Frage ist das qualitative Gleichgewicht zwischen
den Panzern beider Seiten. Nach der Niederlage der 8. Armee vertrat
man auf britischer Seite natürlich die Ansicht, die eigenen Panzer wä-

ren den feindlichen unterlegen gewesen, und diese Ansicht wurde in Auchinlecks offiziellem Bericht als Tatsache wiedergegeben. Aber sie wird nicht durch eine Analyse der technischen Daten der beiderseitigen Kanonen und Panzerungen bestätigt. Die meisten deutschen mittleren Panzer waren mit den kurzen 50-mm-Geschützen ausgerüstet, deren Durchschlagskraft der des Zwei-Pfünder-Geschützes etwas unterlegen war, mit dem alle in Großbritannien gebauten Panzer bewaffnet waren. Die britischen Panzer konnten dafür mit höherer Anfangsgeschwindigkeit schießen. Im Jahr 1941 waren die meisten deutschen Panzer dünner gepanzert als die neueren britischen (30 mm als Maximum gegenüber 40 mm); aber jetzt waren sie besser geschützt, ausgenommen am Turm, da einige der neu eingetroffenen eine dickere Rumpfpanzerung von 50 mm und die übrigen zusätzliche Platten an den exponiertesten Stellen des Rumpfes hatten. Sämtliche deutschen Panzer waren aber verwundbarer als die »Matildas« mit 78 mm und die »Valentines« mit 65 mm Panzerung.

In diesem Kampf wurde ein neuer deutscher mittlerer Panzer – der Panzer III (J) Spezial – erstmalig eingesetzt, der ein langes 50-mm-Geschütz besaß, das der deutschen Panzerabwehrkanone ähnlich war. Doch nur 19 dieser Panzer hatten die Front erreicht, wenn auch eine weitere Sendung mit der gleichen Zahl soeben in Tripolis gelandet war. Diese Verstärkung wurde weit ausgeglichen durch das Eintreffen von über 400 der neuen amerikanischen »Grant«-Panzer in Ägypten. Als die Schlacht begann, waren die zwei britischen Panzerdivisionen bei Gazala schon mit fast 170 »Grants« ausgerüstet – diese hatten ein 75-mm-Geschütz, dessen Durchschlagskraft noch besser war als das der langen 50-mm-Geschütze der deutschen Panzer III, und außerdem einen besseren Schutz (57 mm Panzerung gegenüber 50 mm). Es gibt daher keine Rechtfertigung für die oft wiederholte Behauptung, die Panzer auf britischer Seite wären den deutschen unterlegen gewesen. Im Gegenteil, die Briten besaßen einen qualitativen Vorteil ebenso wie eine große zahlenmäßige Überlegenheit[1].

Auch in bezug auf Panzerabwehr-Geschütze besaßen die Briten jetzt die qualitative Überlegenheit dank dem Eintreffen ihres 6-Pfünder-(57 mm)Geschützes, dessen Durchschlagskraft um 30 Prozent

1 Eine eingehende Untersuchung dieser Frage findet sich bei Liddell Hart: The Tanks Band II, S. 92–98 und 154–156

größer war als die des langen deutschen 50-mm-Pak-Geschützes. Von diesen Geschützen waren schon genügend zur Front gelangt, um sowohl die motorisierten Infanteriebrigaden als auch die motorisierten Bataillone der Panzerbrigaden mit ihnen auszurüsten. Zwar war das deutsche 88-mm-Geschütz immer noch der gefürchtetste »Panzerkiller«; aber Rommel hatte erst 48 davon, und sein hoher Aufbau machte es verwundbarer als jedes der bisherigen Pak-Geschütze auf beiden Seiten.

Eine Analyse der technischen Faktoren bietet also keine ausreichende Erklärung für die Niederlage der 8. Armee bei Gazala. Das Beweismaterial zeigt eindeutig, daß die Niederlage im wesentlichen auf die überlegene Taktik der Deutschen im allgemeinen und auf ihre taktische Kombination von Panzern mit Panzerabwehrwaffen im besonderen zurückzuführen ist.

Die befestigte Gazala-Linie wurde vom 13. Korps gehalten, das jetzt Generalleutnant »Strafer« Gott befehligte, mit zwei Infanteriedivisionen in vorderer Linie – der 1. südafrikanischen an der rechten und der 50. an der linken Seite. Das 30. Korps unter Norrie, das die meisten Panzer enthielt, sollte die Südflanke decken und außerdem einen möglichen Panzervorstoß im Zentrum zurückschlagen – den die britischen Kommandeure seltsamerweise für wahrscheinlich hielten. Diese doppelte Aufgabe führte dazu, daß sich die britischen Panzer in ungünstiger Position befanden: Die 1. Panzerdivision stand in der Nähe des Capuzzo-Grabens, die 7. Panzerdivision, die nur eine Panzerbrigade hatte, war etwa 15 Kilometer weiter südlich postiert und weit auseinandergezogen, um die französische Brigade, die Bir Hacheim hielt, unterstützen zu können. Auchinleck hatte Ritchie eine stärkere Konzentration vorgeschlagen, aber leider wurden seine Anregungen von den Männern an der Front nicht durchgeführt.

In der mondhellen Nacht zum 26. Mai umging Rommel schnell die britische Flanke mit seinen drei deutschen Divisionen und den beiden des italienischen motorisierten Korps, während die vier nichtmotorisierten italienischen Divisionen einen Angriff auf die Gazala-Linie markierten. Obwohl dieses Flankenmanöver mit mehr als 10000 Fahrzeugen noch vor Dunkelwerden gesichtet und berichtet worden war, und dann wieder in der Morgendämmerung, als Bir Hacheim umgangen wurde, glaubten die britischen Kommandeure immer noch, der deutsche Hauptangriff würde entsprechend ihrer Erwartung im Zentrum erfolgen. Die britischen Panzerbrigaden bewegten sich daher nur langsam und griffen nur nacheinander in den Kampf ein, während die zwei alleinstehenden motorisierten Brigaden an der Südflanke keine Unterstützung erhielten und einzeln zersprengt wurden. Das Hauptquartier der 7. Panzerdivision wurde überrannt und ihr Kommandeur, Generalmajor F. W. Messervy, gefangengenommen; freilich gelang es ihm nachher zu fliehen. Dies war sein zweites Mißgeschick innerhalb weniger Monate; denn er war Befehlshaber der 1. Panzerdivision gewesen, als diese im Januar von Rommel bei Antelat überrascht und zersprengt worden war.

Aber Rommel war es trotz seiner Anfangserfolge nicht gelungen, bis zum Meer durchzubrechen und damit die Divisionen in der Gazala-Linie abzuschneiden, wie er gehofft hatte. Für seine Panzereinheiten war es ein Schock gewesen, als sie zum erstenmal auf die »Grant«-Panzer mit ihren 75-mm-Geschützen stießen. Sie wurden unter mörderisches Feuer genommen aus Entfernungen, die zu groß waren, als daß sie zurückschießen konnten, und sie vermochten nur dann Fortschritte zu erzielen, wenn sie ihre Pak-Geschütze, darunter drei Batterien von 88 mm, in die vorderste Linie brachten, während die deutschen Panzer selbst die Flanken der britischen Panzereinheiten umgingen – diese waren oft weit voneinander entfernt und daher durch Flankenangriffe um so verwundbarer. Trotzdem waren bis zum Dunkelwerden die deutschen Panzerdivisionen nur fünf Kilometer nördlich vom Capuzzo-Graben vorgerückt, und das unter schweren Verlusten – sie waren jetzt noch fast 30 Kilometer vom Meer entfernt. Rommel selbst schrieb in seinem Tagebuch:

»Unser Plan, die britischen Truppen hinter der Gazala-Linie zu überrollen, hat nicht funktioniert . . . Das Auftreten der neuen amerikanischen Panzer hat große Lücken in unsere Reihen gerissen . . . Allein an diesem Tag sind weit mehr als ein Drittel der deutschen Panzer verlorengegangen.«

Auch Rommels neuer Versuch am zweiten Tag, das Meer zu erreichen, brachte wenig Fortschritte und noch mehr Verluste. Als es Nacht wurde, war sein Versuch eines schnellen Sieges bereits gescheitert, obwohl die Briten nichts getan hatten, seine »Gleichgewichtsstörung« auszunutzen – sie verpaßten damit eine Chance, ihn zu Fall zu bringen. Rommels Lage war um so gefährlicher, als seine Nachschubkolonnen einen langen Umweg um Bir Hacheim machen mußten, unter ständiger Gefahr des Eingreifens britischer Panzer oder Flugzeuge. Er selbst entkam nur knapp der Gefangenschaft, als er in seinem Wagen an die vorderste Front fuhr – er hatte noch Glück, weil er bei der Rückkehr in sein Kampfhauptquartier feststellen mußte: »Während unserer Abwesenheit hatten die Briten meinen Stab überrollt.« Das Afrika-Korps hatte nur noch 150 einsatzfähige Panzer, die Italiener noch 90, die Briten aber 420.

Nach einem weiteren Tag vergeblicher Bemühungen befahl er seinen Angriffsverbänden, eine Verteidigungsstellung zu beziehen. Dies war freilich eine sehr prekäre Stellung; denn sie lag jenseits der Gazala-Linie, und so war er von seinen übrigen Streitkräften durch die britischen Truppen dort und ihren ausgedehnten Ring von Minenfeldern getrennt. »Mit dem Rücken zur Wand zu kämpfen« ist schlimm genug, aber mit dem Rücken zu einem Minenfeld zu kämpfen ist schlimmer.

In den folgenden Tagen regneten britische Fliegerbomben auf diese Stellung, die den treffenden Namen »der Kessel« erhielt, und die britischen Panzer griffen sie zu Lande an. Die Zeitungen waren schon voll von triumphierenden Berichten, Rommel sei jetzt in der Falle, während im britischen Hauptquartier die selbstgewisse Zuversicht bestand, man könne jetzt bequem mit ihm fertig werden und er werde bald kapitulieren müssen.

Doch in der Nacht zum 13. Juni hatte sich die ganze Situation geändert. Am 14. gab Ritchie die Gazala-Linie auf und begann einen schnellen Rückzug bis zur ägyptischen Grenze, der die Truppen in Tobruk abgeschnitten zurückließ. Am 21. nahm Rommel diese Festung ein, mit ihrer Besatzung von 35 000 Mann und gewaltigen Vorratslagern. Es war das schlimmste britische Desaster in diesem Krieg nach dem Fall Singapurs. Am nächsten Tag gab die 8. Armee auch ihre Position an der Grenze bei Sollum auf und zog sich hastig nach Osten durch die Wüste zurück, mit Rommel dicht auf den Fersen.

Wie war es zu dieser dramatischen Wendung gekommen? Selten hatte es eine so verworrene Schlacht gegeben, und die einzelnen Fäden sind niemals vollständig entwirrt worden. »Das Geheimnis des Kessels« hat alle jene irritiert, welche die Vorgänge auf britischer Seite beschreiben wollten, und das Ganze wurde noch mehr zu einem Rätsel durch die Legenden, die bald entstanden.

Außer der Legende, Rommel habe die Überlegenheit an Panzern besessen, gibt es eine andere Legende, wonach an einem einzigen schicksalsschweren Tag, am 13. Juni, das Gros der britischen Panzer zerstört worden und damit der Kampf entschieden worden sei. In Wahrheit war dies aber nur der Gipfel einer Reihe von katastrophalen Tagen. Der eigentliche Schlüssel zu dem »Geheimnis des Kessels« findet sich in Rommels Tagebuchnotizen. Am Abend des 27. Mai schrieb er:

> »Trotz der prekären Situation und der schwierigen Probleme war ich voller Hoffnung in bezug auf das, was die Schlacht bringen würde. Denn Ritchie hatte seine Panzer einzeln in den Kampf geschickt und uns damit die Chance gegeben, sie mit einer gerade ausreichenden Zahl unserer Panzer in einen Kampf zu verwickeln ... Die Briten hätten sich niemals dazu bringen lassen dürfen, ihre Kräfte so zu zersplittern.«

Rommel erwähnte dann, er habe seine gefährlich exponierte Verteidigungsstellung bezogen:

> »In der sicheren Annahme, daß die Briten nicht wagen würden, einen größeren Teil ihrer Panzerverbände zum Angriff gegen die Italiener in der Gazala-Linie einzusetzen, solange starke deutsche Panzerverbände sie im Rücken bedrohen konnten ... Ich sah also voraus, daß die britischen motorisierten Brigaden sich weiterhin die Köpfe gegen unsere gut aufgebaute Verteidigungsstellung einrennen und ihre Kräfte dabei erschöpfen würden.«

Rommels Berechnung erwies sich als nur allzu richtig. Die Briten beharrten auf einer Reihe von Einzelangriffen auf seine Stellung, die schwere Verluste kosteten. Solche direkten Angriffe sind immer die falscheste Art der Vorsicht. Während er diese Angriffe abschlug, überrumpelte Rommel die isolierte Stellung bei Sidi Muftah hinter seinem Rücken, die von der 150. Infanteriebrigade gehalten wurde, und bahnte für seinen Nachschub einen Weg durch das Minenfeld.

Vier Tage später, am 5. Juni, führte Ritchie einen größeren Angriff auf Rommels Stellung. Aber auch dieser wurde nur bruchstückweise durchgeführt, während den Verteidigern die lange Pause zugute kam, in der sie ihre Stellung aufbauen und befestigen konnten. Der recht komplizierte Angriffsplan litt auch an einer Reihe von Pannen und wurde zu einer ungeregelten Aufeinanderfolge direkter Attacken, die eine nach der anderen abgeschlagen wurden. Am Abend des zweiten

Tages waren die britischen Panzer durch Verluste im Kampf und technische Defekte von etwa 400 auf 170 zusammengeschmolzen. Außerdem hatte Rommel, die Verwirrung der Angreifer ausnutzend, am ersten Abend einen plötzlichen zangenförmigen Gegenangriff geführt, der eine der Brigaden der 5. indischen Division zersprengte; dann hatte er die andere im Rücken gefaßt, und sie wurde am nächsten Tag zusammen mit der gesamten Artillerie der Division vernichtet. Die Gefangennahme von vier Artillerieregimentern mit 4000 Mann war eine beachtliche »Beute«.

Während diese Operation ablief, wurden die britischen Panzerbrigaden in Schach gehalten. Ihre Versuche, die Inder zu entsetzen, waren ohne System und Koordination. Der Zusammenbruch der Kommandostruktur war um so schlimmer, als der Befehlshaber der 7. Panzerdivision, General Messervy, am Abend vorher mit dem Hauptquartier der 5. indischen Division von den deutschen Panzern überrollt worden war – sein zweites Verschwinden von der Bühne in dieser Schlacht.

Unterdessen war Rommel dabei, einen weiteren wichtigen Teil der Stellung der 8. Armee abzuschneiden. Am Abend des 1. Juni, sofort nach der Einnahme der Stellung bei Sidi Muftah, hatte er einer deutschen Kampfgruppe und der italienischen Trieste-Division befohlen, die völlig abgesetzte von der 1. französischen Brigade gehaltene Stellung bei Bir Hacheim anzugreifen. Doch sie verteidigte sich so zäh, daß Rommel sich genötigt sah, selbst dorthin zu fahren und den Angriff persönlich zu führen; er schreibt: »Noch nie hatte ich in Afrika einen hartnäckigeren Kampf.« Erst am zehnten Tag wurde die Verteidigung durchbrochen, und die meisten Franzosen entkamen unter dem Schutz der Nacht.

Rommel war nun frei, einen neuen weitergesteckten Angriff zu führen. Wenn auch die britischen Panzerbrigaden durch neue Verstärkungen auf insgesamt 330 Panzer gebracht worden waren – mehr als das Doppelte, als das Afrika-Korps noch hatte –, so war ihr Kampfgeist doch schwer erschüttert, und die Deutschen sahen schon den Sieg vor Augen. Am 11. Juni stieß Rommel nach Osten vor, und am nächsten Tag schloß er zwei der drei britischen Panzerbrigaden mit seinen Panzerdivisionen ein – er zwang die Briten zum Kampf in einem eingeengten Gelände, wo er sie mit konzentriertem Feuer bearbeiten konnte. Die Briten hätten mehr Anstrengungen gemacht, der Falle zu entgehen, wenn sie nicht ohne Führung gewesen wären, weil Messervy durch den Vormarsch des Feindes wiederum, zum drittenmal in drei Wochen, von seinen Truppen abgeschnitten worden wäre, als er gerade den Armeebefehlshaber aufsuchte. Am Nachmittag des 12. saßen die beiden Panzerbrigaden fest in der Falle, und nur Teile von ihnen entkamen, während die dritte Brigade, die ihnen zu Hilfe kam, schwere Verluste erlitt. Am 13. schwenkte Rommel nach Norden und drängte die Briten aus der Knightsbridge-Stellung, während er weiterhin den restlichen britischen Panzern schwer zusetzte; bis zum Einbruch der Nacht waren es nur noch knapp 100 Panzer. Zum erstenmal hatte Rommel eine zahlenmäßige Überlegenheit an Panzern – und da er im Besitz des Schlachtfeldes blieb, konnte er im Gegensatz zu den Briten viele seiner beschädigten Panzer wieder reparieren.

Die zwei britischen Divisionen in der Gazala-Linie waren nun in akuter Gefahr, ebenfalls abgeschnitten zu werden; denn am 14. Juni schickte Rommel das Afrika-Korps nach Norden an Acroma vorbei zur großen Küstenstraße. Doch die Deutschen wurden dort durch das Minenfeld aufgehalten, das sie erst am späten Nachmittag überqueren konnten, und die Panzerbesatzungen waren jetzt so übermüdet, daß sie einschliefen, wenn sie bei Dunkelheit haltmachten – ungeachtet Rommels Aufruf, immer weiterzufahren und die Küstenstraße abzuschneiden. Dies war ein Glück für die Südafrikaner, deren lange Geleitzüge von Fahrzeugen in der ganzen Nacht auf der Straße nach Osten zurückfuhren. Ein Teil ihrer Nachhut wurde freilich doch abgeschnitten, als am Morgen die deutschen Panzer bis zur Küste vorrückten.

Der anderen Division in der Gazala-Linie, der 50. britischen, gelang es zu entkommen, indem sie nach Westen die italienische Front durchbrach und dann einen langen Umweg nach Süden und zuletzt nach Osten bis zur ägyptischen Grenze machte. Auch die südafrikanische Division setzte, nachdem sie auf der Küstenstraße entkommen war, ihren Rückzug bis zur Grenze fort, über 160 Kilometer und 110 Kilometer östlich von Tobruk.

Ein so langer Rückzug widersprach den Absichten Auchinlecks, und seine Befehle an Ritchie lauteten, die 8. Armee solle sich wieder sammeln und auf einer Linie westlich von Tobruk Widerstand leisten. Aber Ritchie hatte seinem Oberbefehlshaber nicht mitgeteilt, daß die Divisionen von der Gazala-Linie schon bis zur Grenze zurückgingen, und als Auchinleck dies erfuhr, war es zu spät, diesen Rückzug zu stoppen.

Aber es kam noch schlimmer: Die britischen Truppen »fielen zwischen zwei Stühle«. Denn am 14. Juni, als die Briten sich zurückzogen, sandte Churchill ein pathetisches Telegramm, in dem es hieß: »Nehme an, daß eine Aufgabe Tobruks keinesfalls in Frage kommt.« Er wiederholte diese Mahnung in Telegrammen vom 15. und 16. Dieser Rat aus dem weit entfernten London führte zu dem Fehler, der allem die Krone aufsetzte: Der übereilte Beschluß, einen Teil der 8. Armee in Tobruk zu lassen, während sich die anderen Teile auf die Grenze zurückzogen, gab Rommel die Chance, die isolierte Besatzung von Tobruk zu überwältigen, ehe sie ihre Verteidigung richtig aufbauen konnte.

Nach ihrem Vorstoß zur Küste von Rommel schnell wieder nach Osten in Marsch gesetzt, umfuhren die deutschen Panzerverbände den Halbkreis von Tobruk, nahmen die im Rücken der 8. Armee aufgebauten festen Stellungen und besetzten schließlich den Flugplatz von Gambut, östlich von Tobruk. Bei dieser Fahrt fegten sie die Überreste der britischen Panzerbrigade beiseite, die sich dann auch bis zur Grenze zurückzogen. Rommel aber verfolgte sie nicht, sondern schwenkte, sobald er den Flugplatz Gambut besetzt hatte, seine Truppen wieder nach Westen und begann mit erstaunlicher Schnelligkeit einen Angriff auf Tobruk. Dessen vor kurzem verstärkte Besatzung bestand aus der 2. südafrikanischen Division (zu der die 11. indische Brigade gehörte) unter General Klopper, die Gardebrigade und die 32. Panzerbrigade mit 70 Panzern. Als diese starken Truppen Rommels Panzerverbände nach Osten weiterziehen sahen, erwarteten sie keinen sofortigen Angriff und waren darauf nicht vorbereitet. Um 5.20 Uhr des 20. Juni aber begann plötzlich ein schwerer Angriff deutscher Artillerie und Sturzbomber gegen einen Abschnitt im Südosten des Halbkreises, dem ein Infanterieangriff folgte. Um 8.30 Uhr begannen die deutschen Panzer durch eine Lücke in der Verteidigung hereinzuströmen, und Rommel war persönlich dabei, um der Operation mehr Schwung zu geben. Bis zum Nachmittag hatten die Panzer den Widerstand der verwirrten Verteidiger überwunden und rückten jetzt in Tobruk ein. Am nächsten Morgen kam der Kommandeur der Festung, General Klopper, zu der Ansicht, weiterer Widerstand sei aussichtslos und ein Rückzug unmöglich; so faßte er den schweren Entschluß zu kapitulieren. Obwohl einige kleine Einheiten entweichen konnten, wurden 35 000 Mann gefangengenommen.

Die Folge dieses Desasters war ein überstürzter Rückzug von Ritchies verbliebenen Truppen nach Ägypten, mit Rommel dicht dahinter. Bei dieser Verfolgung kamen Rommel die gewaltigen Vorräte zugute, die er in Tobruk erbeutet hatte – nach Aussage von Bayerlein, dem Stabschef des Afrika-Korps, waren damals 80 Prozent von Rommels Fahrzeugen erbeutete britische. Diese große Beute verschaffte ihm die Transportmittel, den Treibstoff und die Verpflegung, um seine Beweglichkeit voll wiederherzustellen. Sie konnte freilich nicht seine Kampfstärke wiederherstellen: Als das Afrika-Korps am 23. Juni an der Grenze ankam, besaß es nur noch 44 einsatzfähige Panzer, und die Italiener hatten nur noch 14. Dennoch beschloß Rommel, weiterhin nach der Maxime zu verfahren, einem geschlagenen Feind dicht auf den Fersen zu bleiben.

Feldmarschall Kesselring flog am Tag nach Tobruks Fall von Sizilien nach Nordafrika, um gegen einen weiteren Vormarsch zu protestieren; er forderte die Rückgabe seiner Luftwaffeneinheiten für den geplanten Angriff auf Malta, wie es vorher vereinbart war. Auch das italienische Oberkommando in Afrika war gegen einen weiteren Vormarsch, und am 22. Juni gab Marschall Bastico Rommel tatsächlich den Befehl, stehenzubleiben – worauf Rommel erwiderte, er werde diesen »Rat« nicht annehmen, und scherzhaft seinen nominellen Vorgesetzten zum Abendessen in Kairo einlud. Nach einem solchen Sieg konnte er sich Freiheiten erlauben, um so mehr, als ein Funkspruch aus Hitlers Hauptquartier ihm die Nachricht von seiner Beförderung zum Generalfeldmarschall gebracht hatte. Gleichzeitig appellierte Rommel direkt an Mussolini und an Hitler und bat um die Erlaubnis, weiter vorzurücken. Hitler und seine militärischen Berater hatten ihrerseits schwere Zweifel in bezug auf den geplanten Angriff auf Malta, weil sie fürchteten, die italienische Kriegsmarine würde die Deutschen nicht genügend gegen die britische Kriegsmarine unterstützen, und die auf Malta abgesetzten deutschen Fallschirmjäger würden ohne Nachschub und Verstärkungen allein gelassen werden. Schon einen Monat vorher, am 21. Mai, hatte Hitler beschlossen, wenn Rommel Tobruk eingenommen habe, sollte der Angriff auf Malta, die »Operation Herkules«, aufgegeben werden. Mussolini war ebenfalls erleichtert durch die

Möglichkeit einer weniger gefährlichen Alternative zu »Herkules«, und schnell dabei, leichteren Ruhm zu verfolgen. So erhielt Rommel am Morgen des 24. den Funkspruch: »Duce billigt Absicht der Panzerarmee, den Feind nach Ägypten hinein zu verfolgen.« Einige Tage später flog Mussolini über das Meer nach Derna; in einem anderen Flugzeug folgte ein weißer Hengst, mit dem er als Triumphator in Kairo einziehen wollte. Selbst Kesselring scheint nach italienischen Berichten jetzt zugegeben zu haben, daß ein Feldzug nach Ägypten dem Angriff auf Malta vorzuziehen sei.

Der überstürzte britische Rückzug von der Grenze, noch bevor Rommel dort eintraf, war sowohl eine Rechtfertigung als auch ein Erfolg für dessen Kühnheit. Es war eine augenfällige Demonstration der Bedeutung des moralischen Faktors – und für die Richtigkeit von Napoleons oft zitiertem Ausspruch, daß sich im Krieg der Geist zur Materie wie 3 : 1 verhält. Denn als Ritchie beschloß, die Grenze aufzugeben – »um mit der Entfernung Zeit zu gewinnen«, wie er Auchinleck telegraphierte –, hatte er dort noch drei fast intakte Infanteriedivisionen und eine vierte ganz frische, die auf dem Weg dorthin war, sowie dreimal soviel einsatzfähige Panzer wie das Afrika-Korps. Aber der Schock der Nachricht aus Tobruk bewog ihn, jeden Versuch zu unterlassen, die Grenze zu halten – er faßte diesen Entschluß noch in der Nacht zum 20. Juni, sechs Stunden vor Kloppers Kapitulation!

Es war Ritchies Absicht, bei Mersa Matruh stehenzubleiben und dort mit den von der Grenze zurückgeführten Divisionen zu kämpfen, verstärkt durch die 2. neuseeländische Division, die soeben aus Syrien eintraf. Doch am Abend des 25. Juni löste Auchinleck Ritchie ab und übernahm selbst das Kommando der 8. Armee. Nachdem er das Problem mit seinem ersten Stabsoffizier Dorman-Smith durchgesprochen hatte, widerrief er den Befehl, die befestigte Stellung bei Mersa Matruh zu halten, und beschloß im Raum Alamein eine beweglichere Schlacht zu schlagen. Dies war ein harter Entschluß; denn er bedeutete nicht nur große Schwierigkeiten beim Abtransport der Truppen und Vorräte, sondern er mußte auch in London neue Bestürzung hervorrufen. Bei diesem Beschluß bewies Auchinleck einen kühnen Kopf und starke Nerven. Obwohl ein weiterer Rückzug durch das materielle Kräfteverhältnis nicht gerechtfertigt wurde, war er doch wahrscheinlich richtig angesichts der Schwäche der Stellung bei Mersa Matruh, die leicht umgangen werden konnte, und angesichts der schlechten moralischen

Verfassung der Truppen. Denn obwohl die von der Grenze zurückgehenden Einheiten nicht demoralisiert waren, war immerhin ihre Siegeszuversicht erschüttert, und sie waren in einem Zustand höchster Unordnung. Generalmajor Sir Howard Kippenberger, der neuseeländische Befehlshaber und spätere Kriegshistoriker, sah sie im Raum Matruh ankommen, »so völlig durcheinandergewürfelt und desorganisiert«, daß man »keine einzige geschlossene Formation, sei es Infanterie, Panzer oder Artillerie, mehr erkennen konnte«. Rommel ließ ihnen keine Zeit, sich zu reorganisieren, und das Tempo seiner Verfolgung widerlegte Ritchies Begründung für die Aufgabe der Grenze: »mit der Entfernung Zeit zu gewinnen«.

Als Rommel in der Nacht vom 23. auf 24. Juni das grüne Licht aus Rom erhalten hatte, rückte er sogleich im Mondschein über die Grenze in die Wüste vor. Am Abend des 24. hatte er schon über 160 Kilometer zurückgelegt und die Küstenstraße östlich von Sidi Barrani erreicht, den Briten dicht auf den Fersen, wenn er auch nur einen kleinen Teil der Nachhuten gefangennehmen konnte. Am nächsten Abend waren seine Truppen schon nahe an den Stellungen, welche die Briten bei Mersa Matruh bezogen hatten, und bereits südlich davon.

Weil Mersa Matruh so leicht umgangen werden konnte, waren die motorisierten Einheiten des 13. Korps weiter südlich in der Wüste stationiert worden, unterstützt durch die neuseeländische Division, während die Stellung bei Matruh vom 10. Korps mit zwei Infanteriedivisionen gehalten wurde. Zwischen den beiden Korps bestand eine Lücke von fast 15 Kilometern, die durch ein Minenfeld ausgefüllt war.

Es war keine Zeit, einen sorgfältig vorbereiteten Angriff zu führen. Wegen seiner geringen Kräfte mußte sich Rommel auf Geschwindigkeit und Überraschung verlassen. Während die Briten wieder auf insgesamt 160 Panzer, davon fast die Hälfte »Grants«, verstärkt worden waren, hatte er knapp 60 deutsche, davon ein Viertel leichte Panzer II, und eine Handvoll italienische Panzer. An Infanterie waren seine drei deutschen Divisionen nur 2 500 und die sechs italienischen Divisionen nur etwa 6 000 Mann stark. Es war reine Tollkühnheit, mit so schwachen Kräften einen Angriff zu führen, aber die Tollkühnheit triumphierte mit Hilfe der moralischen Wirkung und der Geschwindigkeit.

Die drei stark zusammengeschmolzenen deutschen Divisionen, die den Vormarsch anführten, begannen den Angriff am Nachmittag des

26. Zwei von ihnen gelangten vor die bereits erwähnte Lücke. Die 90. leichte Panzerdivision hatte das Glück, an den schmalsten Teil des Minenfeldes zu gelangen, und bis Mitternacht war sie schon fast 20 Kilometer darüber hinaus; sie erreichte am nächsten Abend wieder die Küstenstraße und blockierte so die direkte Rückzugslinie von Mersa Matruh. Die 21. Panzerdivision brauchte mehr Zeit, durch den doppelten Minengürtel zu gelangen; doch bei Tageslicht konnte sie über 30 Kilometer durchstoßen und schwenkte dann in den Rücken der neuseeländischen Division bei Minqar Qaim; ehe sie zum Halten gebracht wurde, zerstörte sie einen Teil von deren Transportfahrzeugen. Die 15. Panzerdivision weiter südlich stieß auf britische Panzer und wurde fast den ganzen Tag aufgehalten. Doch der schnelle und tiefe Vorstoß der 21. Panzerdivision und ihre Bedrohung der britischen Rückzugslinie machte einen so starken Eindruck, daß am Nachmittag der Korpskommandeur Gott den Rückzug befahl – der bald in einen sehr ungeregelten Rückzug ausartete. Die Neuseeländer waren dadurch isoliert; aber nach Dunkelwerden gelang ihnen der Durchbruch durch den dünnen feindlichen Ring. Das 10. Korps in Mersa Matruh erhielt erst am frühen Morgen des nächsten Tages die Meldung von dem Rückzug des 13. Korps – und da war seine eigene Rückzugsstraße schon seit neun Stunden blockiert. Zwei Drittel des Korps schafften zwar in der nächsten Nacht im Schutz der Dunkelheit den Durchbruch nach Süden in kleinen Gruppen. Aber 6000 Mann wurden gefangengenommen – mehr als Rommels ganzer Angriffsverband –, und große Mengen Nachschub und Ausrüstung wurden zurückgelassen, die jetzt Rommel zugute kamen.

Unterdessen stießen seine Panzerspitzen schon weiter vor, so schnell, daß sie die britische Hoffnung vereitelten, zeitweilig bei Fuka Widerstand zu leisten. Durch ihren schnellen Vorstoß bis zur Küstenstraße, die sie am Abend des 28. erreichten, konnten sie die Überreste der indischen Brigade abschneiden und gefangennehmen, die bei dem ersten Angriff zerstreut worden war, und am nächsten Morgen fingen sie auch einige der Einheiten ab, die aus Mersa Matruh entkommen waren. Die 90. leichten Panzer, die bei Mytruh die Gegend vom Feind gesäubert hatten, nahmen am gleichen Nachmittag den Vormarsch an der Küstenstraße wieder auf; bis Mitternacht waren sie 150 Kilometer gefahren und hatten die Panzerspitzen überholt.

Am nächsten Morgen, dem 30. Juni, schrieb Rommel triumphierend an seine Frau: »Nur noch 150 Kilometer bis Alexandria!« Am gleichen Abend war er nur noch 90 Kilometer von seinem Ziel entfernt, und die Schlüssel Ägyptens schienen in seiner Reichweite zu liegen.

Kapitel 20:
Gezeitenwechsel in Afrika

Am 30. Juni rückten die Deutschen bis nahe an die Alamein-Linie nach – ein ziemlich kurzer Vormarsch – und warteten dort auf die Italiener. Durch diese kurze Pause zur Sammlung von Kräften verscherzte sich Rommel seine besten Chancen. Denn an diesem Vormittag befanden sich die Reste der britischen Panzerbrigaden noch in der Wüste südlich der Küstenstraße, ohne zu wissen, daß sie bei ihrem Rückzug von Rommels Panzern bereits überholt worden waren. Nur die geringe Zahl der Verfolger rettete sie davor, abgeschnitten und »einkassiert« zu werden, bevor sie in den Schutz der Alamein-Linie gelangten.

Rommels kurze Pause mag auch durch irrige Berichte seines Nachrichtendienstes über die Stärke dieser Verteidigungsstellung verursacht worden sein. In Wirklichkeit bestand die Alamein-Linie aus vier »Boxen«, die in dem 60 Kilometer breiten Abschnitt zwischen der Küste und dem steilen Abfall in die große Qattara-Senke angelegt worden waren – diese machte wegen ihrer Salzsümpfe und ihres weichen Sandes ein Umgehungsmanöver unmöglich. Die größte und stärkste »Box« lag an der Küste bei Alamein und war von der 1. südafrikanischen Division besetzt. Die nächste nach Süden zu, von ähnlicher Stärke, war eine neuangelegte bei Deir el Schein; dort stand die 18. indische Brigade. Die dritte, elf Kilometer weiter, war bei Bab el Qattara (das die Deutschen Qaret el Abd nannten) und wurde von der 6. neuseeländischen Brigade verteidigt. Dann kam nach einem Zwischenraum von 22 Kilometern die von der 5. indischen Division gehaltene Stellung bei Naqb el Dweis. Die Zwischenräume wurden von einer Kette kleiner beweglicher Verbände verteidigt, die aus diesen drei Divisionen und Resten der zwei, die Mersa Matruh gehalten hatten, zusammengestellt worden waren.

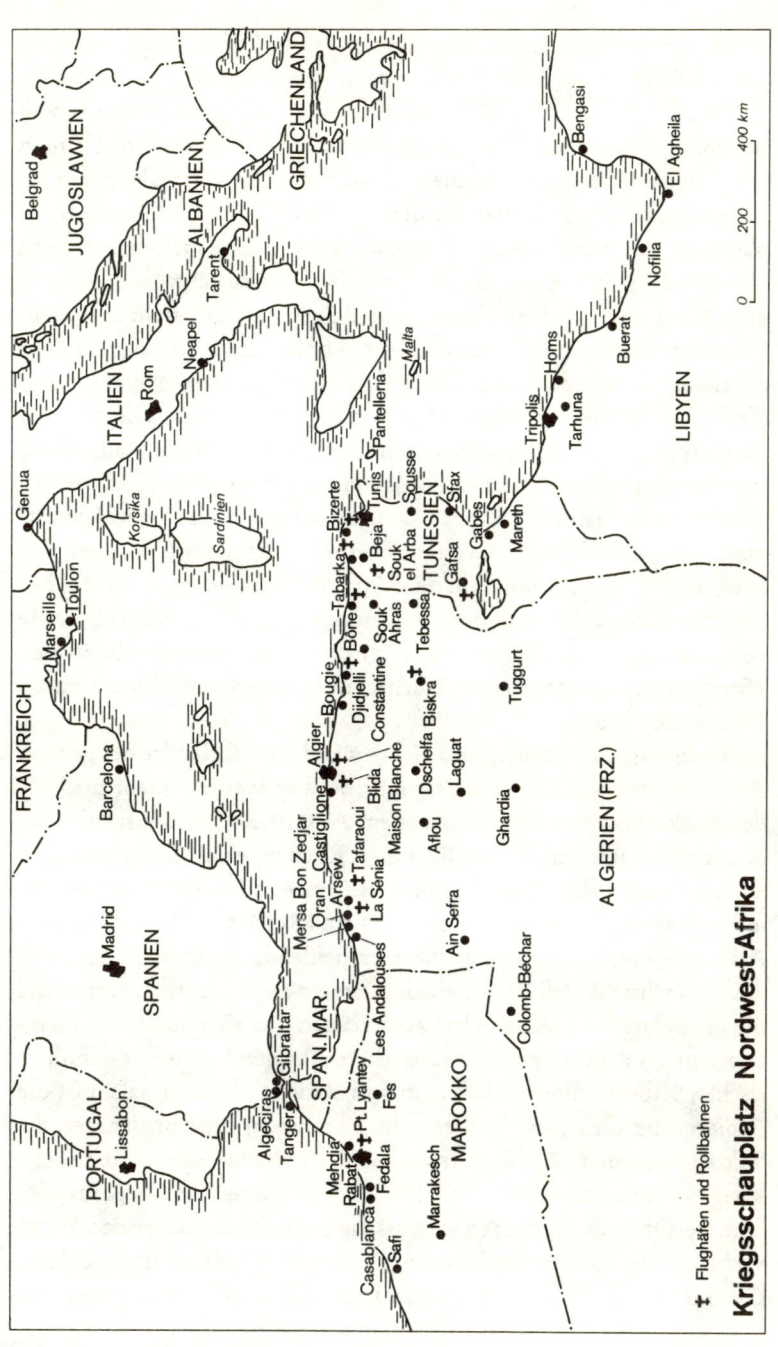

Kriegsschauplatz Nordwest-Afrika

✝ Flughäfen und Rollbahnen

PORTUGAL
SPANIEN
Lissabon
Madrid
FRANKREICH
Barcelona
Marseille
Toulon
Genua
ITALIEN
Korsika
Sardinien
Rom
Neapel
Tarent
JUGOSLAWIEN
Belgrad
ALBANIEN
GRIECHENLAND

Algeciras
Gibraltar
Tanger
SPAN. MAR.
Les Andalouses
Ain Sefra
Colomb-Béchar
MAROKKO
Mehdia
Rabat
Fedala
Casablanca
Safi
Marrakesch
Fes
Pt. Lyautey

Mersa Bon Zedjar
Oran
Castiglione
Arsew
✝ Tafaraoui
La Sénia
Algier
Bougie
Maison Blanche
Blida
Djidjelli
Constantine
Biskra
Dschelfa
Laghuat
Afiou
Ghardia
Tuggurt

Tabarka
Bizerte
Bône
Souk Ahras
Souk el Arba
Tebessa
Beja
Tunis
TUNESIEN
Sousse
Sfax
Gafsa
Gabes
Mareth
Pantelleria
Malta

ALGERIEN (FRZ.)

LIBYEN
Tripolis
Homs
Tarhuna
Buerat
Nofilia
El Agheila
Bengasi

0   200   400 km

Als Rommel seinen Angriffsplan für den 1. Juli entwarf, wußte er noch nichts von der Existenz der neuen »Box« bei Deir el Schein. Er wußte auch nicht, daß die britischen Panzer bei ihrem Rückzug von seinem eigenen Vorstoß überholt worden und eben erst in Alamein angelangt waren. Daher rechnete er, sie befänden sich wahrscheinlich im Süden, um diese Flanke zu decken. Auf Grund dieser Annahme plante er, durch einen Angriff dort die Panzer festzuhalten und dann mit dem Gros des Afrika-Korps nach Norden zu schwenken, um in dem Abschnitt zwischen Alamein und Bab el Qattara durchzubrechen. Doch das Afrika-Korps stieß auf die ihm unbekannte Stellung bei Deir el Schein und wurde dort bis zum Abend aufgehalten, ehe es gelang, die Stellung mit den meisten ihrer Verteidiger zu nehmen. Diese hatten aber lange genug ausgehalten, um Rommels Hoffnung auf einen schnellen Durchbruch und nachfolgende Ausweitung des Erfolges zu vereiteln. Die britischen Panzer kamen zwar zu spät auf dem Kampfplatz an, um die »Box« zu retten; aber ihr verspätetes Auftreten hinderte das Afrika-Korps daran, den Vorstoß fortzusetzen. Rommel befahl, beim Mondschein weiter vorzustoßen; doch diese Absicht wurde von den britischen Flugzeugen vereitelt, die, unterstützt durch den Mondschein, die deutschen Nachschubkolonnen angriffen und in Unordnung brachten.

Dieser Tag – Mittwoch, der 1. Juli – war der gefährlichste des ganzen Afrika-Feldzuges. Er war der eigentliche Wendepunkt, mehr noch als der Rückschlag von Rommels neuem Angriff Ende August oder die Schlacht im Oktober, die mit Rommels Rückzug endete. Der letzteren hat man wegen ihres dramatischen Ausganges allein den Namen Alamein gegeben; in Wahrheit aber gab es eine Reihe von »Schlachten von Alamein«, und die erste war die entscheidende.

Die Nachricht, daß Rommel vor Alamein angelangt war, veranlaßte die britische Flotte, Alexandria zu verlassen und sich durch den Suez-Kanal in das Rote Meer zurückzuziehen. Aus den Kaminen der militärischen Stabsquartiere in Kairo stiegen Rauchwolken auf, als dort die Papiere eilig verbrannt wurden – in grimmigem Humor nannten die Soldaten dies den »Aschermittwoch«. Die Veteranen des Ersten Weltkrieges erinnerten sich, daß dies der Jahrestag des Beginns der Somme-Offensive von 1916 war, als die britische Armee 60 000 Mann verlor – der höchste Verlust eines einzigen Tages in ihrer ganzen Geschichte. Als die Bewohner von Kairo die schwarzen Wolken verkohlten Papiers sahen, nahmen sie dies natürlich als ein Zeichen, daß die Briten aus Ägypten flohen, und Menschenmengen belagerten den Hauptbahnhof, um noch rechtzeitig abzureisen. Als die Außenwelt diese Nachrichten hörte, zog sie daraus den Schluß, daß Großbritannien den Krieg im Mittelmeer verloren habe.

Doch als es Abend wurde, war die Lage an der Front wieder hoffnungsvoll geworden, und die Verteidiger waren wieder optimistisch – im Gegensatz zu der Panik hinter der Front.

Rommel setzte am 2. Juli seinen Angriff fort; aber das Afrika-Korps hatte nur noch knapp 40 einsatzfähige Panzer, und die Truppen waren todmüde. Der neue Angriff kam erst am Nachmittag in Gang und gelangte bald zum Stehen, als man zwei große britische Panzerverbände sichtete, einen auf dem Weg der Deutschen und den anderen bei einer Bewegung um ihre Flanke herum. Auchinleck hatte nämlich die Situation kühl geprüft, die Schwäche von Rommels Angriffsverbänden erkannt und einen Gegenschlag geplant, der, wie er hoffte, entscheidend sein würde. Sein Plan wurde zwar nicht so durchgeführt, wie er wollte, und Fehler in der Ausführung vereitelten seine Hoffnungen; aber er diente doch dazu, Rommels Ziel zu vereiteln.

Am 3. Juli machte Rommel einen neuen Versuch; aber da hatte das Afrika-Korps nur noch 26 kampffähige Panzer, und sein Vorstoß nach Osten wurde am Vormittag von den britischen Panzern zum Stehen gebracht, wenn auch ein neuer Vorstoß am Nachmittag 15 Kilometer weit kam. Ein konzentrischer Vorstoß der italienischen Ariete-Division wurde ebenfalls zurückgeschlagen, und dabei erbeutete ein neuseeländisches Bataillon durch einen plötzlichen Gegenangriff an der Flanke fast die gesamte Artillerie der Italiener – und »die übrigen flohen panikartig«. Dieser plötzliche Zusammenbruch war ein klares Zeichen einer Überspannung der Kräfte.

Am nächsten Tag, dem 4. Juli, schrieb Rommel melancholisch nach Hause: »Die Dinge laufen leider nicht so, wie wir gerne möchten. Der Widerstand ist zu groß, und unsere Kräfte sind erschöpft.« Seine Vorstöße waren nicht nur pariert, sondern auch durch aufregende Gegenstöße beantwortet worden. Seine Truppen waren im Augenblick sowohl zu übermüdet als auch zahlenmäßig zu schwach zu neuen Anstrengungen. So war er gezwungen, den Angriff abzubrechen und ihnen eine Ruhepause zu gönnen, obwohl er dadurch Auchinleck Zeit ließ, neue Verstärkungen heranzuführen.

Auchinleck hatte die Initiative wiedergewonnen, und er war schon dicht davor, das Geschick zu wenden, noch ehe seine Verstärkungen eintrafen. Sein Plan für diesen Tag war im Kern der gleiche wie für den Vortag: den Angriff der Panzerarmee mit Norries 30. Korps aufzuhalten, während Gotts 13. Korps im Süden in den Rücken des Feindes gelangen sollte. Aber diesmal blieb das Gros der Panzer im Norden unter dem Befehl des 30. Korps, wenn auch zum 13. Korps die kürzlich umorganisierte 7. Panzerdivision gehörte, die sich jetzt »leichte Panzerdivision« nannte und aus einer motorisierten Brigade, leichten Panzerwagen und Stuart-Panzern bestand. Es fehlte ihr an Schlagkraft; aber sie war beweglich genug für eine schnelle und weite Umfassung des feindlichen Rückens, während die starke Neuseelanddivision seine Flanke angriff.

Unglücklicherweise konnte dank mangelhafter Sicherheitsvorkehrungen im Funkverkehr der deutsche Funkhorchdienst Auchinlecks Plan mithören und Rommel warnen. Die 21. Panzerdivision wurde daher zurückverlegt, um dem Umfassungsangriff zu begegnen, und diese Gegenbewegung mag zum Teil erklären, weshalb die unteren Befehlshaber Auchinlecks Absichten nur zögernd ausführten. Ein ähnliches Zögern zeigte sich am nördlichen Abschnitt. Als die 21. Panzerdivision dort abgezogen war, stießen einige »Stuarts« der 1. britischen Panzerdivision vor, und schon dieser geringfügige Vorstoß führte zu einer plötzlichen Panik unter den dünnen Einheiten der deutschen 15. Panzerdivision, die nur noch 15 Panzer und etwa 200 Mann Infanterie besaß. Eine solche Panik bei so zähen deutschen Kämpfern bewies, wie übermüdet sie waren. Aber es geschah nichts, diese goldene Gelegenheit zu einem Großangriff der ganzen Panzerdivision und des ganzen Korps auszunutzen, der vielleicht die Entscheidung gebracht hätte.

Am gleichen Abend befahl Auchinleck seinen Truppen noch nachdrücklicher als je zuvor, den Angriff durchzuführen, und schrieb in seinem Befehl: »Unsere Aufgabe ist es, den Feind so weit östlich wie möglich zu vernichten und nicht, ihn entkommen zu lassen ... Der Feind darf keine Ruhepause erhalten ... Die 8. Armee wird angreifen und den Feind in seiner jetzigen Position vernichten.« Aber es gelang ihm nicht, seinen eigenen Kampfgeist über den ganzen Kommandoweg bis nach unten hin zu übertragen. Er hatte zwar sein taktisches Hauptquartier nach vorne in die Nähe des Hauptquartiers des 30.

Korps verlegt; doch auch dieses war noch fast 30 Kilometer hinter der Front und ebensoweit vom Hauptquartier des 13. Korps im Süden entfernt. Das Hauptquartier der deutschen Panzerarmee aber war nur 10 Kilometer hinter der Front, und Rommel selbst erschien oft bei den vordersten Truppen, die er durch sein persönliches Beispiel an Ort und Stelle aufmunterte. Rommel ist von orthodoxeren Militärs, deutschen ebenso wie britischen, kritisiert worden, weil er allzuoft sich von seinem Hauptquartier entfernte und allzu gern den unmittelbaren Befehl über einen Kampf übernahm. Aber diese Frontnähe, wenn sie ihm auch manchmal Schwierigkeiten bereitete, war ein Hauptgrund seiner großen Erfolge. Rommel erweckte unter den Bedingungen des modernen Krieges das Vorbild der großen Heerführer der Vergangenheit zu neuem Leben.

Am 5. Juli tat das 13. Korps wenig und das 30. Korps noch weniger, um Auchinlecks Befehl durchzuführen. Die Brigaden der Neuseeland-Division, die bei dem Angriff auf Rommels Rücken die Hauptrolle spielen sollten, wurden von den Absichten ihres Oberbefehlshabers und von dem, was man von ihnen erwartete, nicht unterrichtet. Man mag Auchinleck deswegen kritisieren, weil er das Gros seiner Panzer beim 30. Korps beließ, statt es zur Verstärkung des Umfassungsangriffs dem 13. Korps zu Verfügung zu stellen; aber man hat wenig Grund zu der Annahme, daß diese Panzer dort nachdrücklicher eingesetzt worden wären als im Zentrum, wo ein kräftiger Vorstoß angesichts der Schwäche des Feindes leicht hätte gelingen können – die 1. Panzerdivision war jetzt auf eine Stärke von 99 Panzern aufgefüllt worden, während die ihnen gegenüberstehende 15. Panzerdivision nur noch 15 und das ganze Afrika-Korps nur noch 30 hatte.

Die beste Entschuldigung und wohl auch die zutreffendste Erklärung für dieses Versagen war reine Übermüdung infolge der allzu langen Anspannung. Dies war der Faktor, der in dieser ersten entscheidenden Phase des Kampfes den Ausgang im Sinne eines Unentschieden bestimmte.

In der Bilanz war dies vermutlich auf kurze Sicht zum Vorteil für die Deutschen und Italiener, wenn auch auf lange Sicht zu ihrem Nachteil. Denn die britische Situation war niemals so verzweifelt, wie sie äußerlich schien, während am 5. Juli die Truppen Rommels dem vollständigen Zusammenbruch näher waren als je zuvor dem vollständigen Sieg.

Während der jetzt folgenden kurzen Kampfpause kam die restliche italienische Infanterie nach vorne und übernahm die jetzt statisch gewordene Front im nördlichen Abschnitt; dadurch wurden die Deutschen für den von Rommel geplanten neuen Vorstoß im Südabschnitt freigesetzt. Doch am 8. Juli, als er diesen Vorstoß beginnen wollte, hatte sich die Kampfstärke seiner drei deutschen »Divisionen« auf nicht mehr als 50 Panzer und etwa 2000 Mann Infanterie erhöht, und die der sieben italienischen »Divisionen« (einschließlich der neu eingetroffenen Littorio-Panzerdivision) betrug nur 54 Panzer und etwa 4000 Mann Infanterie. Die Gegenseite war durch das Eintreffen der 9. australischen Division, die im Jahr 1941 Tobruk so tapfer verteidigt hatte, und durch zwei neue Regimenter verstärkt worden, wodurch sie jetzt über 200 Panzer besaß. Die australische Division wurde dem 30. Korps unterstellt, das jetzt einen neuen Kommandeur erhielt, Generalleutnant W. H. Ramsden, der bisher die 50. Division befehligte.

Rommels Absicht, den Schwerpunkt nach Süden zu verlegen, entsprach dem Wunsch und dem neuen Plan Auchinlecks, die Australier zu einem Angriff nach Westen entlang der Küstenstraße einzusetzen. Als daher die Deutschen nach Süden schwenkten, zogen sich die Neuseeländer nach Osten zurück und räumten die Stellung bei Bab el Qattara, so daß alles, was die Deutschen durch ihren Vorstoß am 9. Juli gewannen, der Besitz einer leeren »Box« war.

Früh am nächsten Morgen begannen die Australier ihren Angriff an der Küste und überrannten schnell die italienische Division, die diesen Abschnitt hielt. Obwohl sie von eilig herbeigerufenen deutschen Truppen zum Stehen gebracht und einige ihrer Geländegewinne ihnen wieder genommen wurden, zwang diese starke Bedrohung seines Nachschubs über die Küstenstraße Rommel zur Aufgabe seines Vorstoßes im Süden. Auchinleck suchte sogleich diesen Erfolg durch einen Vorstoß auf das jetzt geschwächte Zentrum Rommels bei den Hügeln von Ruweisat auszuweiten. Doch wiederum mißglückte ein gut durchdachter Plan durch fehlerhafte Ausführung seitens der Unterbefehlshaber und durch mangelnde Zusammenarbeit zwischen Panzern und Infanterie – der die Deutschen so viele ihrer Erfolge verdankt hatten.

Die schlechte taktische Zusammenarbeit zwischen den einzelnen Waffengattungen war um so schlimmer, als seit langem bei der Infanterie das Mißtrauen gegen zu geringe Unterstützung durch die eigenen

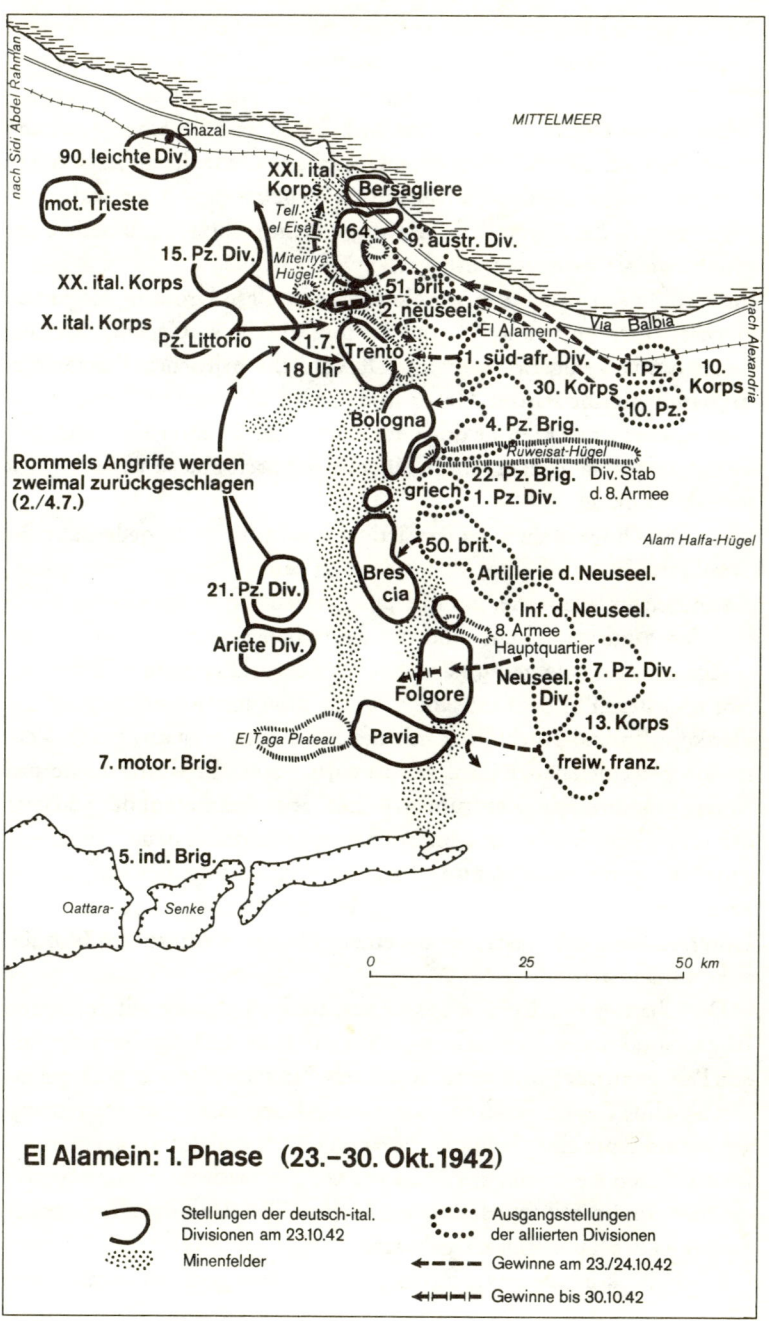

MITTELMEER

nach Sidi Abdel Rahman

Ghazal

90. leichte Div.

mot. Trieste

XXI. ital. Korps

Bersagliere

Tell el Eisa

164.

9. austr. Div.

15. Pz. Div.

Miteiriya-Hügel

XX. ital. Korps

51. brit.

X. ital. Korps

2. neuseel.

El Alamein

Via Balbia

Pz. Littorio

1.7. 18 Uhr

Trento

1. süd-afr. Div.

1. Pz.

10. Korps

30. Korps

10. Pz.

Bologna

4. Pz. Brig.

nach Alexandria

Rommels Angriffe werden zweimal zurückgeschlagen (2./4.7.)

Ruweisat-Hügel

22. Pz. Brig.

Div. Stab d. 8. Armee

griech.

1. Pz. Div.

Alam Halfa-Hügel

50. brit.

Artillerie d. Neuseel.

21. Pz. Div.

Brescia

Inf. d. Neuseel.

Ariete Div.

8. Armee Hauptquartier

7. Pz. Div.

Folgore

Neuseel. Div.

13. Korps

El Taga Plateau

Pavia

freiw. franz.

7. motor. Brig.

5. ind. Brig.

Qattara-

Senke

0   25   50 km

El Alamein: 1. Phase (23.–30. Okt. 1942)

Stellungen der deutsch-ital. Divisionen am 23.10.42

Ausgangsstellungen der alliierten Divisionen

Minenfelder

Gewinne am 23./24.10.42

Gewinne bis 30.10.42

Panzer gewachsen war – wenn sie sich durch einen Vorstoß dem Gegenangriff deutscher Panzer aussetzte:

»Damals bestand in der ganzen 8. Armee, nicht nur in der neuseeländischen Division, ein starkes Mißtrauen, fast ein Haß gegen unsere Panzer. Überall hörte man Geschichten, wie die anderen Waffengattungen von den Panzern im Stich gelassen worden waren; es galt fast als die Regel, daß die Panzer nicht rechtzeitig da sein würden, wo sie gebraucht wurden.«

Immerhin beanspruchte dieser Vorstoß und diese Drohung Rommels magere Reserven, während ein von ihm geführter Gegenangriff im Norden nur wenig Erfolg hatte. Obwohl die britischen Panzer nur langsam deutsche Panzer-Gegenstöße gegen die eigene Infanterie parierten, so erschreckten sie doch die italienische Infanterie so sehr, daß sie sich in großer Zahl ergab. In einem Brief nach Hause vom 17. Juni schrieb Rommel:

»Die Dinge stehen gegenwärtig schlecht für mich, jedenfalls im militärischen Sinn. Der Feind benutzt seine Überlegenheit, insbesondere an Infanterie, um die italienischen Einheiten eine nach der anderen zu vernichten, und die deutschen Einheiten sind viel zu schwach, um alleine zu kämpfen. Es ist wirklich zum Weinen.«

Am nächsten Tag bedrohte die 7. Panzerdivision Rommels südliche Flanke, während Auchinleck mit neuen, soeben eingetroffenen Verstärkungen einen neuen Großangriff vorbereitete. Er wollte wiederum einen Durchbruch im Zentrum erreichen, aber diesmal auf der Südseite der Hügel von Ruweisat. Eine soeben eingetroffene neue Panzerbrigade, die 23. mit 150 Valentine-Panzern, sollte bei diesem Angriff eingesetzt werden; aber eines ihrer drei Regimenter wurde dann zur Unterstützung der Australier bei einem kleineren Angriff im Norden abkommandiert.

Die Chancen sahen um so besser aus, als die 8. Armee mit der neuen Brigade und neuen Verstärkungen für die anderen Brigaden jetzt fast 400 Panzer an der Front hatte. Rommels Panzerstärke war noch geringer, als seine Gegner wußten – das Afrika-Korps hatte nur noch knapp 30. Jedoch dank einer Kombination von Glück und guter Lagebeurteilung standen sie immer gerade dort, wo der britische Hauptvorstoß drohte – und meist wurde nur ein kleiner Teil der britischen Panzer dort wirklich zum Einsatz gebracht.

Auchinleck plante jetzt, durch einen Nachtangriff der Infanterie –

der 5. indischen Division – auf breiter Front das Zentrum des Feindes zu durchbrechen und dann entlang den Hügeln von Ruweisat und dem Tal weiter südlich davon weiter vorzustoßen, nachdem der deutsche Widerstand durch eine nördliche Flankenbewegung der Neuseeländer vermindert worden wäre. Dann sollte bei Tageslicht die 23. Panzerbrigade bis zum Ende des Tales bei El Mireir durchbrechen; anschließend sollte die 2. Panzerbrigade dort durchgezogen werden und die Ausweitung des Durchbruchs übernehmen. Es war ein gut durchdachter Plan; aber er erforderte eine gründliche Ausarbeitung aller Details durch die Unterbefehlshaber, die nicht erfolgte. Die einzelnen Aktionen waren auf einer Stabsbesprechung des Korps nicht ausreichend aufeinander abgestimmt worden, und Gotts Unterführer hatten nur vage Kenntnis von den Aufgaben ihrer Nachbarn.

Der Angriff begann in der Nacht zum 21. Juli, und die Neuseeländer erreichten ihr Ziel. Aber dann kamen deutsche Panzer und stifteten durch einen nächtlichen Gegenangriff Verwirrung. Nach Tagesanbruch überrannten sie die am weitesten vorgerückte Neuseeland-Brigade, während die 22. Panzerbrigade, welche die Flanke der Neuseeländer decken sollte, nicht aufgetaucht war – ihr Kommandeur hatte, im Gegensatz zu den Deutschen, erklärt, die Panzer könnten nachts nicht fahren.

Auch der Nachtangriff der indischen Division hatte sein Ziel nicht erreicht. Schlimmer noch war, daß es ihm nicht gelungen war, in dem Minenfeld eine Lücke für den darauffolgenden Vormarsch der 23. Panzerbrigade zu schaffen. Als am Morgen zwei von deren Regimentern zum Angriff antraten, trafen sie auf die zurückweichenden Inder, aber konnten nicht klar erfahren, ob die Minen auf ihrem Weg schon beseitigt waren. So fuhren sie tapfer weiter und führten aus, was die Neuseeländer voll Bewunderung, aber leider allzu treffend »einen Angriff im Stil von Balaklawa« [1] nannten. Sie fanden bald heraus, daß kein Weg durch das Minenfeld gebahnt worden war und daß sie in eine dreifache Falle geraten waren: heftiges Feuer der deutschen Panzer und der deutschen Pak, während sie selbst in einem Minenfeld festsaßen. Nur elf Panzer kehrten zurück. Der einzige versöhnliche Aspekt dieses unglückseligen Angriffes war, daß diese beiden neuen Panzerregimen-

---

1 Bei Balaklawa auf der Krim unternahm die britische Kavallerie im Krimkrieg 1855 einen todesmutigen Angriff auf die russischen Stellungen, bei dem die Angreifer größtenteils niedergemäht wurden. – Anm. d. Übers.

ter das Vertrauen der Infanterie, insbesondere der Neuseeländer, wiederherstellten, nicht durch übermäßige Vorsicht der eigenen Panzertruppe im Stich gelassen zu werden.

Das andere Regiment der Brigade hatte bei dem Angriff im Norden ebensoviel Energie bewiesen. Aber der Preis war hoch – insgesamt gingen 118 Panzer an diesem Tag verloren, während die Deutschen nur drei verloren. Trotzdem hatten die Briten immer noch zehnmal soviel Panzer wie Rommel. Aber das Scheitern des ersten Angriffes wirkte so deprimierend, daß wenig neue Anstrengungen unternommen wurden, den Angriff wiederaufzunehmen und das überwältigende Übergewicht der britischen Seite zum Tragen zu bringen.

Nach einer Pause von vier Tagen zur Reorganisation und Umgruppierung wurde ein neuer Versuch gemacht, Rommels Front zu durchbrechen, diesmal im Norden. Er begann mit der Einnahme der Miteiriya-Hügel durch die Australier in einer mondhellen Nacht, und die 50. Division südlich von ihnen hatte auch einen guten Start. Doch der Kommandeur der 1. Panzerdivision, die anschließend durchfahren sollte, war nicht überzeugt, daß ein genügend breiter Weg durch das Minenfeld freigelegt worden war, und sein Zaudern verdarb die Chancen des ganzen Angriffs. Erst am späten Vormittag begannen die ersten Panzer durch das Minenfeld zu fahren und wurden dann von nach Norden geeilten deutschen Panzern zum Stehen gebracht. Die Infanterie auf der anderen Seite des Minenfeldes wurde abgeschnitten und durch einen Gegenangriff aufgerieben. Auch die Australier waren inzwischen von den Hügeln wieder vertrieben worden.

Auchinleck beschloß jetzt widerstrebend, den Angriff aufzugeben. Viele seiner Soldaten zeigten nach einem so langen Kampf Anzeichen physischer Erschöpfung und eine zunehmende Neigung, sich zu ergeben, wenn sie abgeschnitten wurden. Es war auch klar, daß die Verteidiger auf einer so schmalen Front im Vorteil waren und daß dieser Vorteil mit den Verstärkungen, die gerade jetzt endlich Rommel erreichten, größer werden würde – bis Anfang August hatten sich seine Panzer gegenüber dem Stand vom 22. Juli verfünffacht.

Doch wenn auch die Schlacht für die Briten enttäuschend endete, so war ihre Lage doch weit besser als zu Beginn. Der Schlußsatz von Rommels Bericht über die Schlacht spricht das Urteil:

»Obwohl die britischen Verluste in diesem Kampf bei Alamein höher waren als unsere, war dieser Preis für Auchinleck nicht übermäßig hoch; denn das einzige, worauf es ihm ankam, war, unseren Vormarsch zum Stehen zu bringen, und das ist ihm leider gelungen.«

Obwohl die 8. Armee in der Juli-Schlacht bei Alamein Verluste von über 13000 Mann hatte, konnte sie über 7000 Gefangene machen, darunter über 1000 Deutsche. Die Verluste wären geringer und die Erfolge weit größer gewesen, wenn die Pläne energischer und exakter durchgeführt worden wären. Immerhin war der Unterschied in den Gesamtverlusten beider Seiten nicht sehr groß, und Rommel konnte sich diese Verluste weit weniger leisten. Sein Mißerfolg mußte sich angesichts des gewaltigen Stroms von Verstärkungen, der sich jetzt nach Ägypten ergoß, schließlich verhängnisvoll auswirken.

Sein eigener Bericht schildert, wie gefährlich nahe einer Niederlage er Mitte Juli gekommen war. Noch eindeutiger ist sein eigenes Geständnis in einem Brief an seine Frau vom 18. Juli:

»Gestern war ein besonders harter und kritischer Tag. Wir sind wieder einmal durchgekommen. Aber es kann so nicht lange weitergehen, sonst wird die Front bald brechen. Militärisch ist dies die schwierigste Zeit, die ich je durchgemacht habe. Natürlich ist Hilfe in Aussicht; aber ob wir sie noch erleben werden, ist die Frage.«

Rommels Bericht über die Schlacht zollt auch dem britischen Oberbefehlshaber hohes Lob:

»General Auchinleck, der persönlich das Kommando bei El Alamein übernommen hatte, dirigierte seine Truppen mit beachtlichem Geschick ... Er schien die Situation mit ausgesprochen kühlem Kopf zu beurteilen, denn er ließ sich durch keine unserer Bewegungen dazu bewegen, eine zweitbeste Lösung zu akzeptieren.«

Doch jede der »erstbesten« Lösungen, die Auchinleck nacheinander mit Hilfe seines ideenreichen ersten Stabsoffiziers Dorman-Smith ausarbeitete, verlor sich auf dem Kommandoweg zu den drittklassigen ausführenden Organen. Auch der Kommandoweg selbst wurde blokkiert; ein wesentlicher Grund dafür war die bunte Mischung von Kontingenten aus verschiedenen Ländern des britischen Commonwealth unter so harten Bedingungen. Die Kommandeure der Einheiten wurden immer wieder durch besorgte Anfragen und Mahnungen ihrer Regierungen von ihrer Aufgabe abgelenkt; wenn auch solche Besorgnisse nach den unglücklichen Erfahrungen der letzten Monate sehr natürlich waren, so vergrößerten sie doch die bei jeder Kriegführung ohnehin üblichen Reibungen.

Es war ferner natürlich, daß die Enttäuschung am Ende der Juli-Schlacht den Eindruck schlechter Führung verstärkte und zu dem instinktiven Wunsch führte, drastische Veränderungen im höheren Kommando vorzunehmen. Wie üblich konzentrierte sich die Kritik auf die oberste Sprosse der Leiter und nicht auf die unteren Sprossen, wo die Irrtümer und Fehler wirklich begangen worden waren. Ein besserer Grund war freilich der Wunsch, das Selbstvertrauen der Truppen wiederherzustellen, das durch den Fehlschlag von Auchinlecks Gegenoffensive von neuem erschüttert worden war. Unter diesen Umständen ist ein Wechsel im Oberkommando das bequemste Aufputschmittel und mag als solches notwendig sein – so ungerecht dies auch gegenüber dem Befehlshaber sein mag, der abgelöst wird.

Churchill beschloß, selbst nach Ägypten zu fliegen, um die Lage in Augenschein zu nehmen, und kam am 4. August in Kairo an – dem Jahrestag von Großbritanniens Eintritt in den Ersten Weltkrieg. Obwohl Auchinleck »die gegnerische Flut zum Stehen gebracht hatte«, wie Churchill erkannte und auch anerkannte, so war es doch nicht gleichermaßen offenkundig, daß die Gezeiten schon gewechselt hatten, wie man es heute rückschauend weiß. Rommel stand nach wie vor nur 90 Kilometer von Alexandria und dem Nil-Delta – beunruhigend nahe. Churchill hatte schon vorher daran gedacht, einen Wechsel im Oberkommando vorzunehmen, und seine Absicht verhärtete sich zu einem Entschluß, als er feststellen mußte, daß Auchinleck sich seinem Drängen auf baldige Wiederaufnahme der Offensive entschieden widersetzte und darauf bestand, diese müsse bis September aufgeschoben werden, damit die neu eingetroffenen Truppen sich erst akklimatisieren und in den Bedingungen des Wüstenkrieges geschult werden könnten.

Churchills Entschluß wurde auch durch eine Besprechung mit dem südafrikanischen Premierminister Feldmarschall Smuts bestärkt, der auf seine Bitten nach Ägypten geflogen war. Churchills erster Gedanke war, das Oberkommando dem sehr fähigen Chef des Empire-Generalstabes, General Sir Alan Brooke, anzubieten. Aber Brooke wollte, aus Gründen persönlichen Takts ebenso wie aus vorsichtiger Berechnung, nicht seinen Posten aufgeben und Auchinlecks Platz einnehmen. Daher schlug nach weiteren Besprechungen Churchill telegraphisch den anderen Mitgliedern des Kriegskabinetts in London vor, Alexander zum Oberbefehlshaber im Nahen Osten und Gott zum Befehlshaber der 8. Armee zu ernennen – das letztere war eine erstaunliche Wahl angesichts der Mißgriffe dieses tapferen Soldaten als Korpskommandeur in den letzten Schlachten. Aber Gott wurde am nächsten Tag auf seinem Flug nach Kairo durch den Absturz seines Flugzeuges getötet. Daher wurde jetzt glücklicherweise Sir Bernard Montgomery von England nach Ägypten geflogen, um den Posten zu übernehmen. Auch zwei neue Korpskommandeure kamen aus England: Generalleutnant Sir Oliver Leese für das 30. und Generalleutnant Brian Horrocks für das 13. Korps.

Paradoxerweise war es eine Folge dieser Veränderungen, daß die Wiederaufnahme der britischen Offensive auf ein späteres Datum verschoben wurde, als Auchinleck vorgeschlagen hatte. Aber der ungeduldige Premierminister mußte der festen Entschlossenheit Montgomerys weichen, mit der Offensive zu warten, bis die Vorbereitungen und die Schulung der neuen Truppen abgeschlossen war. Dies bedeutete, daß man Rommel wieder die Initiative überließ und ihm eine neue Siegeschance gab, und zwar in der sogenannten »Schlacht von Alam Halfa«. Doch in Wahrheit gab man ihm damit »nur genug Strick, um sich aufzuhängen«.

Im Laufe des August wurde Rommel nur durch zwei neue Einheiten verstärkt – eine deutsche Fallschirmjägerbrigade und eine italienische Fallschirmjägerdivision. Beide kamen nach Afrika ohne ihre eigentlichen Waffen, zum infanteristischen Einsatz. Jedoch die Ausfälle in den schon vorher in Nordafrika stehenden Divisionen wurden jetzt in erheblichem Maß durch neu eingezogene Soldaten und neu gelieferte Waffen wettgemacht – wenn auch die italienischen Divisionen viel mehr erhielten als die deutschen. Am Vorabend des Angriffs, den Rommel für Ende August plante, verfügte er über etwa 200 mit Kanonen bestückte Panzer in seinen beiden Panzerdivisionen und über 240 Panzer in den italienischen. Während die italienischen Panzer noch von dem älteren Typ waren, der jetzt veralteter war als je, besaßen von den deutschen »Panzer III« 74 die lange 50-mm-Kanone und 27 der »Panzer IV« die neue lange 75-mm-Kanone. Dies war ein bedeutender qualitativer Zuwachs.

Auch die britische Frontpanzerstärke war jedoch auf insgesamt über

700, davon etwa 160 »Grants«, aufgefüllt worden. Freilich wurden nur etwa 500 in der Panzerschlacht eingesetzt, die diesmal nur kurz war.

Die befestigte Frontlinie wurde immer noch von den gleichen vier Infanteriedivisionen gehalten wie im Juli, doch mit vermehrter Truppenstärke; von den Panzerdivisionen blieb die 7. in der Stellung, während die 1. zur Auffrischung aus der Front gezogen und durch die 10. unter Generalmajor Gatehouse ersetzt worden war; diese bestand aus zwei Panzerbrigaden, der 22. und der neu eingetroffenen 8., und nach Beginn des Kampfes wurde auch die neuausgerüstete 23. seinem Kommando unterstellt. Eine neue Infanteriedivision war ebenfalls an die Front gekommen, um die rückwärtige Stellung bei den Alam-Halfa-Hügeln zu halten.

An dem Verteidigungsplan, den Dorman-Smith entworfen und Auchinleck noch als Oberbefehlshaber gebilligt hatte, wurde keine radikale Veränderung vorgenommen. Nach gewonnener Schlacht wurde vielfach erzählt, der Plan sei nach dem Kommandowechsel völlig umgestaltet worden. Daher ist es erwähnenswert, daß Alexander in seinem Bericht die Tatsachen mit einer Ehrlichkeit feststellt, die allen solchen Legenden den Boden entzieht. Er berichtet, als er das Oberkommando übernommen habe,

»bestand der Plan, den Abschnitt zwischen dem Meer und den Ruweisat-Hügeln so hartnäckig wie möglich zu verteidigen und jeden feindlichen Vorstoß südlich der Hügel von einer stark verteidigten vorbereiteten Stellung auf der Alam-Halfa-Hügelkette aus der Flanke zu bedrohen. General Montgomery, der jetzt die 8. Armee befehligte, übernahm den Plan grundsätzlich, womit ich einverstanden war, und hoffte, wenn der Feind uns genug Zeit ließe, würde er unsere Stellung durch Verstärkung der linken, südlichen Flanke verbessern können.«

Die Alam-Halfa-Stellung wurde verstärkt, bevor Rommel angriff, aber sie wurde nicht ernsthaft bedroht; denn die Schlacht wurde entschieden durch die gut ausgedachte Stationierung der britischen Panzer und ihre sehr wirksame defensive Aktion.

Der nördliche und der mittlere Abschnitt der Front waren so stark befestigt worden, daß der südliche Abschnitt von 25 Kilometern zwischen der neuseeländischen »Box« an den Hügeln von Alam Nayil und der Qattara-Senke der einzige Teil der Front war, wo ein schneller Durchbruch möglich erschien. Wenn Rommel einen Durchbruch erzielen wollte, mußte er diesen Weg einschlagen – das war offenkundig, und das war auch von dem noch zu Zeiten Auchinlecks aufgestellten Plan beabsichtigt.

Eine Überraschung in bezug auf das Ziel des Vorstoßes war daher unmöglich, und Rommel konnte nur in bezug auf Zeitpunkt und Tempo einen Überraschungseffekt erzielen. Er hoffte, wenn er schnell durch den Südabschnitt durchgebrochen wäre und die Verbindungswege der 8. Armee abgeschnitten hätte, dann würde diese aus dem Gleichgewicht geraten. Sein Plan war, in einem Nachtangriff das Minenfeld zu überwinden; danach sollte das Afrika-Korps mit einem Teil des italienischen motorisierten Korps noch vor Tagesanbruch etwa 45 Kilometer nach Osten vorstoßen, anschließend nach Nordosten zu der Küste schwenken und das Versorgungszentrum der 8. Armee bedrohen. Dies würde, hoffte er, die britischen Panzer zu einer Verfolgungsjagd verleiten und ihm die Chance geben, sie in einer Falle zu fangen. Die 90. leichte Panzerdivision und der Rest des italienischen motorisierten Korps sollten unterdessen einen schützenden Korridor bilden, stark genug, um Gegenangriffe aus dem Norden abzuwehren, bis er im Rücken der Briten die Panzerschlacht gewonnen habe. In seinem Bericht schreibt er, er habe »sich besonders auf die langsame Reaktion des britischen Oberkommandos verlassen; denn die Erfahrung hatte uns gezeigt, daß dieses immer ziemlich viel Zeit brauchte, Entschlüsse zu fassen und auszuführen«.

Doch als der Angriff in der Nacht zum 30. August begann, stellte sich heraus, daß der Minengürtel viel tiefer war als erwartet. Bei Tagesanbruch waren Rommels Panzerspitzen daher nur 13 Kilometer darüber hinausgelangt, und das Gros des Afrika-Korps konnte seinen Vormarsch erst um 10 Uhr vormittags beginnen. Bis dahin wurde diese große Masse von Fahrzeugen von der britischen Luftwaffe schwer bombardiert. Gleich zu Beginn wurde der Kommandeur des Korps, General Walter Nehring, verwundet, und das Afrika-Korps wurde im weiteren Verlauf von seinem Stabschef, Generalleutnant Fritz Bayerlein, kommandiert.

Als es klar wurde, daß der Überraschungseffekt verfehlt worden war und das Tempo des Vormarsches sehr hinter dem Zeitplan zurückblieb, dachte Rommel an einen Abbruch des Angriffs. Doch nach Besprechung mit Bayerlein folgte er seiner eigenen natürlichen Neigung und entschloß sich zur Fortsetzung, wenn auch mit veränderten

Zielen und in begrenzter Form. Da die britischen Panzer Zeit genug gehabt hatten, ihre Positionen für die Schlacht einzunehmen und somit jeden tiefen Vorstoß von der Flanke bedrohen konnten, sah er sich genötigt, früher als erwartet nach Norden zu schwenken. Er befahl daher dem Afrika-Korps eine sofortige Kehrtwendung zur Höhe 132, einem dominierenden Punkt der Alam-Halfa-Hügelkette. Diese Kehrtwendung brachte die Deutschen in den Raum, wo die 22. Panzerbrigade postiert war, und auch in einen Raum, wo weicher Sand das Manövrieren behinderte.

Die Kampfpositionen der 8. Panzerbrigade lagen etwa 16 Kilometer südöstlich von denen der 22. Wenn Montgomery riskiert hatte, die beiden Brigaden so weit voneinander aufzustellen, dann hatte er sich darauf verlassen, daß jede von ihnen fast ebenso viele Panzer hatte wie das ganze Afrika-Korps und daher imstande sein müßte, sich zu verteidigen, bis die andere Brigade ihr zu Hilfe kam. Die 8. Brigade erreichte jedoch ihre Position erst um 4.30 Uhr morgens – sie hatte Glück, daß der Feind sich so stark verspätete, denn nach Rommels ursprünglichem Plan sollte das Afrika-Korps ebenfalls noch in der Dunkelheit im gleichen Raum eintreffen. Ein Zusammenstoß im Dunkeln oder auch ein Angriff am frühen Morgen, ehe die 8. Brigade ihre Position bezogen hätte, wäre sehr mißlich gewesen, insbesondere für Truppen, die zum erstenmal im Kampfeinsatz waren. Weil aber Rommel früher als geplant nach Norden schwenkte, traf sein Angriff nur die 22. Brigade, aber erst spät am Nachmittag. Denn ständige Luftangriffe und das verspätete Eintreffen der Geleitzüge mit Treibstoff und Munition hatten den Vormarsch des Afrika-Korps so verzögert, daß es auch die verkürzte Schwenkung nach Norden erst am Nachmittag vornahm. Als sich die deutschen Panzer Alam Halfa und den Positionen der 22. Brigade näherten, gerieten sie in das Feuer der geschickt aufgestellten britischen Panzer und anschließend unter den Beschuß der Artillerie dieser Brigade, die von ihrem neuen und jungen Befehlshaber General Roberts geschickt befehligt wurde. Verschiedene Vorstöße und örtliche Flankenbewegungen scheiterten, bis die Nacht dem Kampf ein Ende machte, den Verteidigern eine wohlverdiente Ruhepause brachte und bei den Angreifern Niedergeschlagenheit verursachte.

Der Mißerfolg des Angriffes ging jedoch nicht nur auf diese feindlichen Gegenschläge zurück; der Treibstoff war beim Afrika-Korps so knapp, daß Rommel am Nachmittag seine Befehle für eine große Anstrengung zur Einnahme von Höhe 132 widerrufen mußte. Selbst am Morgen des 1. September bestand immer noch eine so große Treibstoffknappheit, daß Rommel für den ganzen Tag jeden Gedanken an größere Operationen aufgeben mußte. Das einzige, was er noch versuchen konnte, war ein örtlicher Angriff allein mit der 15. Panzerdivision zur Einnahme der Hügel von Alam Halfa. Das Afrika-Korps befand sich jetzt in sehr mißlicher Lage und erlitt zunehmende Verluste durch die Angriffe britischer Bomber und der Artillerie des 13. Korps, die in der Nacht begonnen hatten und den ganzen Tag über dauerten. Die immer schwächer werdenden Angriffe der deutschen Panzer wurden durch eine starke Verteidigung einer nach dem andern zum Stehen gebracht; denn in der Frühe des gleichen Tages hatte Montgomery, der jetzt sicher war, daß der Feind nicht im Osten in seinen Rücken gelangen würde, den anderen zwei Panzerbrigaden befohlen, sich mit der von Roberts zu vereinigen.

Am gleichen Nachmittag befahl Montgomery, mit der Ausarbeitung von Plänen für eine Gegenoffensive zu beginnen, »die uns die Initiative zurückgeben würde«. Sein Gedanke war, durch einen Flankenangriff nach Süden aus der Stellung der Neuseeländer heraus den Hals der Flasche zu verschließen, in die Rommel hineingestoßen war. Er traf auch Vorkehrungen, um beim 10. Korps eine »Verfolgungstruppe« zu bilden, die mit allen verfügbaren Reserven bis Daba durchbrechen sollte.

Die deutsche Panzerarmee hatte jetzt nur noch Treibstoff für einen Tag zur Verfügung – genauer gesagt, eine Menge, die nur für knapp 100 Kilometer Fahrt ausreichte. Daher beschloß Rommel nach einer zweiten Nacht fast ständiger britischer Bombenangriffe die Offensive abzubrechen und einen schrittweisen Rückzug einzuleiten. Im Laufe des Tages sah man, wie die deutschen Einheiten, die vor Alam Halfa lagen, immer dünner wurden und sich nach Westen zurückzuziehen begannen. Doch die Erlaubnis, ihnen zu folgen, wurde den britischen Kommandeuren verweigert; denn es war Montgomerys Grundsatz, jedes Risiko zu vermeiden, daß seine Panzer von Rommel in die Falle gelockt wurden wie schon so oft. Gleichzeitig gab Montgomery Befehl, den Angriff der Neuseeländer, unterstützt durch andere Einheiten, in südlicher Richtung in der übernächsten Nacht, der vom 3. zum 4. September, zu beginnen.

Doch am 3. September begannen die deutschen Truppen einen allgemeinen Rückzug, und nur einzelne Patrouillen folgten ihnen. Der britische Angriff gegen die rückwärtige Flanke Rommels, die von der 90. leichten Panzerdivision und der italienischen Trieste-Division gehalten wurde, mußte nach ziemlich hohen Verlusten abgebrochen werden.

In den nächsten zwei Tagen, dem 4. und 5. September, setzte das Afrika-Korps seinen schrittweisen Rückzug fort; kein weiterer Versuch wurde unternommen, es abzuschneiden, und nur schwache Vorhuten folgten ihm sehr vorsichtig. Am 6. hielten die Deutschen auf einer hügeligen Linie zehn Kilometer östlich von ihrer Ausgangsstellung und hatten offenbar die Absicht, dort harten Widerstand zu leisten. Am nächsten Tag beschloß Montgomery, mit Alexanders Billigung, die Schlacht abzubrechen. Daher blieb Rommel im Besitz dieses bescheidenen Geländegewinns im Süden – er war eine dürftige Entschädigung für seine Verluste und für den endgültigen Fehlschlag seiner ursprünglichen Pläne.

Für die Soldaten der 8. Armee überwog der Anblick, den Feind beim Rückzug zu sehen, selbst wenn es nur ein paar kurze Schritte zurück waren, bei weitem die Enttäuschung, daß man ihn nicht hatte abschneiden können. Es war ein klarer Beweis, daß sich das Blatt gewendet hatte. Montgomery hatte es bereits geschafft, bei seinen Truppen neue Zuversicht zu erwecken, und ihr Vertrauen in ihn wurde jetzt bestätigt.

Die Frage bleibt freilich, ob hier eine große Gelegenheit versäumt wurde, die Widerstandskraft des Feindes ein für allemal zu brechen, während das Afrika-Korps in der »Flasche« steckte. Dies hätte alle späteren Anstrengungen und die schweren Verluste beim Angriff auf seine vorbereiteten Stellungen unnötig gemacht. Aber auch so, wie sie verlief, war die Schlacht von Alam Halfa ein großer britischer Erfolg. Als sie endete, hatte Rommel endgültig die Initiative verloren, und angesichts des immer breiter werdenden Stroms von Verstärkungen für die britische Seite mußte die nächste Schlacht für Rommel eine »Schlacht ohne Hoffnung« werden – wie er sie selbst genannt hat.

Im klareren Licht unserer jetzigen Kenntnisse der beiderseitigen Kräfte und Reserven kann man sehen, daß Rommels endgültige Niederlage in dem Augenblick wahrscheinlich war, als sein Vorstoß nach Ägypten in der ersten Schlacht von Alamein im Juli zum Stehen gebracht wurde, und dies kann als der eigentliche Wendepunkt angesehen werden. Dennoch erschien Rommel immer noch als eine große Gefahr, als er Ende August seinen neuen Angriff begann. Da das Kräfteverhältnis beider Seiten ausgeglichener war als jemals zuvor oder jemals später, hatte er noch eine Möglichkeit des Sieges – und er hätte ihn vielleicht errungen, wenn seine Gegner ebenso versagt hätten wie bei mehreren früheren Gelegenheiten, als ihre Chancen noch sicherer erschienen. Aber jetzt war die Möglichkeit des Sieges ohne Wiederkehr entschwunden. Die entscheidende Bedeutung der »Schlacht von Alam Halfa« zeigt sich darin, daß sie einen eigenen Namen erhielt, obwohl sie im gleichen Raum ausgekämpft wurde wie die anderen Schlachten von Alamein.

Auch vom taktischen Gesichtspunkt verdient diese Schlacht besonderes Interesse. Denn sie wurde nicht nur von den Verteidigern gewonnen, sondern auch durch reine Verteidigung entschieden, ohne jeden Gegenangriff oder auch nur jeden ernsthaften Versuch zu einem solchen. Sie bildet daher einen Kontrast zu den meisten »Wendepunkt«-Schlachten des Zweiten Weltkrieges und früherer Kriege. Zwar verscherzte sich Montgomery durch seinen Beschluß, auf eine offensive Ausnutzung seines defensiven Erfolges zu verzichten, die zeitweilig sehr gute Chance, Rommels Truppen insgesamt einzukesseln und zu vernichten. Aber dies schmälert nicht die Bedeutung der Schlacht als eines Wendepunktes des ganzen Feldzuges. Von da an waren die britischen Truppen des endgültigen Erfolges sicher, und dies stärkte ihren Kampfgeist, während ihre Gegner unter dem Gefühl litten, daß sie trotz allen Anstrengungen und Opfern nicht mehr erreichen könnten als eine Hinauszögerung des Endes.

Auch von der Taktik im einzelnen kann man einiges lernen. Die Stationierung der britischen Truppen und die Wahl des Kampfplatzes hatte großen Einfluß auf das Endergebnis, ebenso auch die Flexibilität der britischen Dispositionen. Am entscheidendsten war aber die gutdurchdachte Kombination der Einsatzpläne für die Luftwaffe und für das Heer: Das Heer »hielt den Ring«, während die Luftwaffe ständig den Kampfplatz bombardierte, der zu einer Falle für Rommels Truppen geworden war. In dieser Schlacht konnte die Luftwaffe um so wirksamer und ungehinderter eingesetzt werden, weil sie damit rechnen konnte, daß alle Truppen in diesem »Ring« Feinde und damit Ziele waren – im Gegensatz zu der Behinderung des Einsatzes der Luftwaffe in einer mehr fluktuierenden Schlacht.

Sieben Wochen vergingen, bis die britische Offensive begann. Ein ungeduldiger Premierminister tobte über diese Verzögerung; aber Montgomery war entschlossen zu warten, bis seine Vorbereitungen abgeschlossen waren und er des Erfolges einigermaßen sicher sein konnte, und Alexander unterstützte ihn. So mußte Churchill, dessen Stellung damals nach der Reihe britischer Nackenschläge seit Beginn des Jahres recht schwach war, ihren Argumenten für eine Verschiebung der Offensive bis Ende Oktober nachgeben.

Das genaue Datum wurde durch die Phasen des Mondes bestimmt; denn die Offensive sollte mit einem Nachtangriff beginnen, um das Abwehrfeuer des Feindes zu behindern, und ausreichendes Mondlicht war für die Freilegung von Lücken in den Minenfeldern nötig. So wurde der Beginn der Offensive für die Nacht zum 23. Oktober festgelegt – am 24. war Vollmond.

Ein wichtiger Faktor bei Churchills Wunsch nach einem früheren Datum war das große Projekt einer gemeinsamen amerikanisch-britischen Landung in Französisch-Nordafrika – die »Operation Torch«, die für Anfang November geplant war. Ein entscheidender Sieg über Rommel bei Alamein würde die Franzosen dazu bewegen, die Alliierten als Fackelträger der Befreiung von der Achsenherrschaft zu begrüßen, und würde General Franco die Lust nehmen, den Einmarsch deutscher Truppen nach Spanien und Spanisch-Marokko zu billigen – ein Gegenzug, der für die alliierten Landungen sehr gefährlich werden könnte.

Alexander jedoch war der Meinung, wenn seine Offensive, die »Operation Lightfoot«, zwei Wochen vor »Torch« begänne, dann würde »diese Zeitspanne ausreichen, den größeren Teil der uns gegenüberstehenden Achsenarmee zu vernichten, und andererseits wäre sie nicht lang genug, als daß der Feind seine Truppen in Afrika nennenswert verstärken könnte«. Auf jeden Fall, so sagte er, sei es notwendig, sich den Erfolg an diesem Ende Nordafrikas zu sichern, wenn man von den neuen Landungen am anderen Ende gute Ergebnisse haben wolle: »Der entscheidende Faktor war meine Überzeugung, durch einen Angriff, ehe ich dazu bereit war, würde ich einen Fehlschlag, wenn nicht sogar eine Katastrophe riskieren.« Diese Argumente setzten sich durch, und obwohl das jetzt vorgeschlagene Datum fast einen Monat später war als das von Churchill früher vorgeschlagene, wurde die Verschiebung auf den 23. Oktober von ihm schließlich gebilligt.

An diesem Datum war die Überlegenheit der britischen Kräfte – sowohl nach Zahl wie nach Qualität – größer als je zuvor. Nach der üblichen Rechnung mit Divisionen schienen die beiden Seiten annähernd gleich zu sein – jede hatte zwölf »Divisionen«, davon vier Panzerdivisionen. Aber nach der tatsächlichen Truppenstärke war das Verhältnis sehr viel anders: Die Kampfstärke der 8. Armee betrug 230000 Mann, die Rommels weniger als 80000, und davon waren nur 27000 Deutsche. Außerdem hatte die 8. Armee sieben Panzerbrigaden und insgesamt 23 Panzerregimenter, Rommel dagegen nur vier deutsche und sieben italienische Panzerbataillone. Noch krasser war der Unterschied in der Zahl der Panzer. Bei Beginn der Schlacht hatte die 8. Armee insgesamt 1440 mit Kanonen bestückte Panzer, von denen 1229 einsatzbereit waren – und in einer längeren Schlacht konnte sie auf einen Teil der weiteren rund 1000 Panzer zurückgreifen, die sich jetzt in den Nachschubdepots und Werkstätten in Ägypten befanden. Rommel aber hatte nur 260 deutsche Panzer (davon waren 20 in Reparatur, und 30 waren leichte Panzer II) und 280 italienische, alles veraltete Typen. In einer Panzerschlacht zählten nur die 210 mit Kanonen bestückten deutschen mittleren Panzer – so daß in Wahrheit die britische Seite mit einer zahlenmäßigen Überlegenheit von 6:1 begann und dazu noch weit bessere Möglichkeiten hatte, ihre Verluste auszugleichen.

An Kampfkraft, bei einem Kampf Panzer gegen Panzer, war die britische Überlegenheit noch größer, da die »Grants« jetzt durch die noch neueren und größeren »Sherman«-Panzer ergänzt wurden, die in großer Zahl aus Amerika eintrafen. Beim Beginn der Schlacht besaß die 8. Armee über 500 »Shermans« und »Grants«, und noch mehr waren unterwegs, während Rommel nur 30 der neuen »Panzer IV« mit dem 75-mm-Schnellfeuergeschütz hatte, die es mit den neuen amerikanischen Panzern aufnehmen konnten. Außerdem hatte Rommel seinen früheren Vorsprung an Pak-Geschützen verloren; seine »88er« Pak-Geschütze waren zwar auf 86 Stück aufgefüllt und durch 68 erbeutete russische »76er« ergänzt worden; aber die üblichen deutschen 50-mm-Geschütze konnten nur auf ganz nahe Entfernung die Panzerung der »Shermans« und »Grants« oder auch der »Valentines« durchschlagen. Dies war um so schlimmer, als die neuen amerikanischen Panzer Geschosse von besonders hoher Sprengwirkung besaßen, die auch auf große Entfernung feindliche Pak-Geschütze außer Gefecht setzen konnten.

In bezug auf die Luftwaffe besaßen die Briten eine größere Überlegenheit als je zuvor. Sir Arthur Tedder, Oberbefehlshaber der Luftwaffe im Nahen Osten, hatte jetzt 96 einsatzfähige Squadrons zur Verfügung, darunter 13 amerikanische, 13 südafrikanische und eine rhodesische, fünf australische, zwei griechische, eine französische und eine jugoslawische. Insgesamt waren es über 1500 Flugzeuge erster Linie. Davon standen 1200 Maschinen, die in Ägypten oder Palästina stationiert waren, bereit, die Offensive der 8. Armee zu unterstützen, während Deutsche und Italiener zusammen nur etwa 350 einsatzfähige Flugzeuge in Afrika hatten.

Diese Überlegenheit in der Luft war von großem Wert bei der Störung der Bewegungen der Panzerarmee und des Nachschubs, ebenso wie für den Schutz des Nachschubs der 8. Armee vor ähnlichen Störungen. Aber noch wichtiger für den Ausgang des Kampfes war der strategische Einsatz der Luftwaffe, zusammen mit den britischen U-Booten, gegen die Nachschubwege der deutschen Panzerarmee über das Meer. Im Lauf des September wurde fast ein Drittel des für sie bestimmten Nachschubs bei der Überquerung des Mittelmeers versenkt, und außerdem wurden viele Schiffe zur Umkehr gezwungen. Im Oktober wurde die Störung des Nachschubs noch intensiver, und weniger als die Hälfte der verschifften Mengen kam in Afrika an. Artilleriemunition wurde so knapp, daß nur noch wenig vorhanden war, um britisches Geschützfeuer zu beantworten. Der empfindlichste Verlust aber war die Versenkung der Öltanker: kein einziger erreichte Afrika in den Wochen vor Beginn der britischen Offensive, so daß jeder Panzer zu Beginn der Schlacht nur noch drei Tankfüllungen zur Verfügung hatte statt der 30, die als Mindestreserve angesehen wurden. Diese Knappheit behinderte Rommels Bewegungen in jeder Weise. Sie zwang zu einer übervorsichtigen Verteilung der motorisierten Einheiten, verhinderte ihre schnelle Konzentration an den Stellen, wo der Feind angriff, und machte sie immer unbeweglicher, je länger der Kampf dauerte.

Der mangelhafte Nachschub von Lebensmitteln hatte auch die Ausbreitung von Krankheiten bei der Truppe zur Folge. Diese wurde gefördert durch die schlechten sanitären Verhältnisse in den Schützengräben, insbesondere den von den Italienern besetzten. In der Juli-Schlacht waren die Briten oft durch den Schmutz und Gestank der eroberten italienischen Gräben bewogen worden, diese schnell wieder

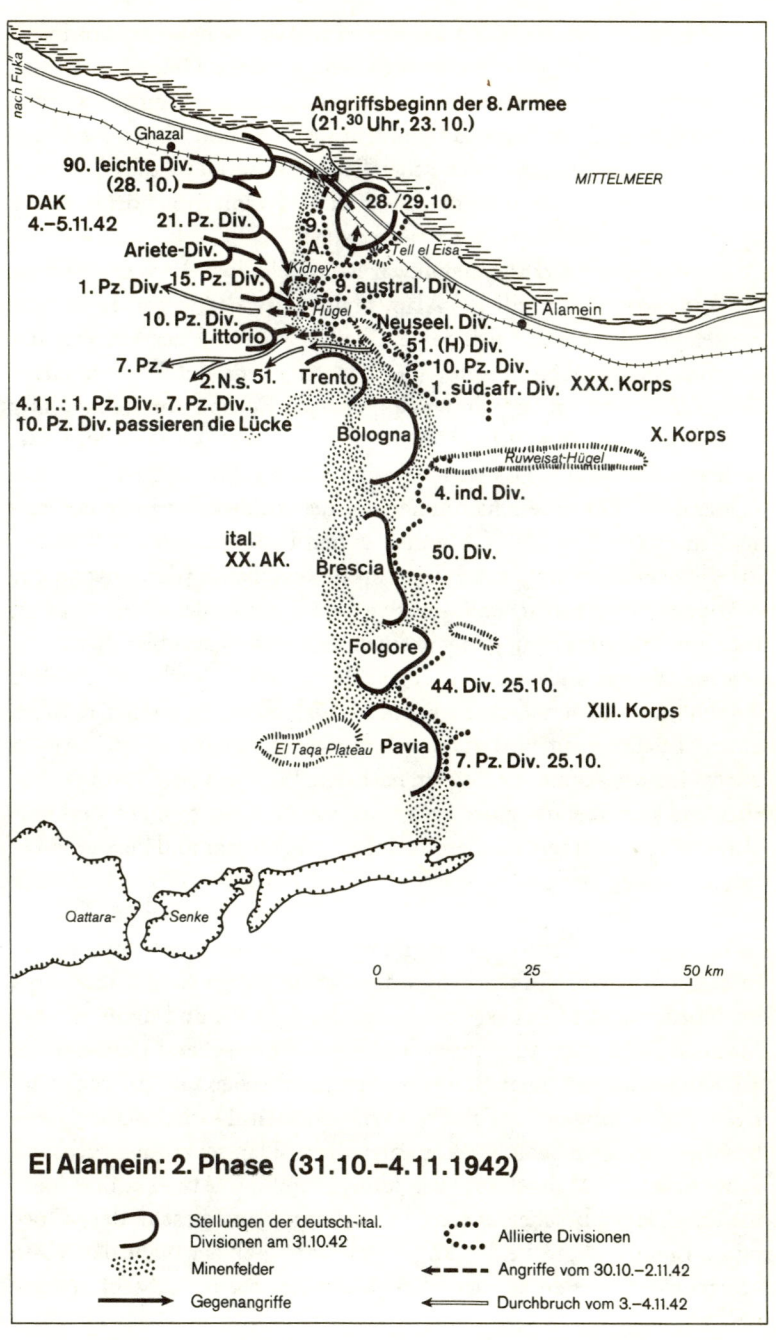

El Alamein: 2. Phase (31.10.–4.11.1942)

Angriffsbeginn der 8. Armee
(21.30 Uhr, 23.10.)

MITTELMEER

90. leichte Div.
(28.10.)

DAK
4.–5.11.42

21. Pz. Div.

Ariete-Div.

1. Pz. Div. 15. Pz. Div.

10. Pz. Div.

Littorio

7. Pz.

4.11.: 1. Pz. Div., 7. Pz. Div.,
10. Pz. Div. passieren die Lücke

Ghazal

nach Fuka

28./29.10.

9.
A.
Kidney

Hügel

2. N.s. 51. Trento

Bologna

Tell el Eisa

9. austral. Div.

Neuseel. Div.

51. (H) Div.

10. Pz. Div.

1. süd-afr. Div.

El Alamein

XXX. Korps

X. Korps

Ruweisat-Hügel

4. ind. Div.

ital.
XX. AK.

Brescia

50. Div.

Folgore

44. Div. 25.10.

XIII. Korps

El Taqa Plateau Pavia

7. Pz. Div. 25.10.

Qattara- Senke

0   25   50 km

Stellungen der deutsch-ital.
Divisionen am 31.10.42

Minenfelder

Gegenangriffe

Alliierte Divisionen

Angriffe vom 30.10.–2.11.42

Durchbruch vom 3.–4.11.42

zu räumen, und waren dabei manchmal von deutschen Panzern in offenem Gelände angegriffen worden, ehe sie neue Gräben ausheben konnten. Doch die unzureichenden sanitären Einrichtungen wurden schließlich zu einem Bumerang, indem sie Ruhr und infektiöse Gelbsucht nicht nur bei den italienischen Truppen, sondern auch bei ihren deutschen Verbündeten verbreiteten; zu den Opfern gehörten einige der führenden Offiziere der Panzerarmee.

Der wichtigste Krankheitsfall war Rommel selbst. Er war schon im August vor dem Angriff bei Alam Halfa zeitweise wegen Krankheit ausgefallen. Er erholte sich soweit, daß er während der Schlacht das Kommando ausüben konnte; aber danach wurde der Rat der Ärzte dringlicher, und im September flog er nach Europa zur Behandlung und Genesung. Er wurde zeitweilig ersetzt durch General Stumme, während der vakante Posten des Kommandeurs des Afrika-Korps von General von Thoma eingenommen wurde – beide kamen von der russischen Front. Ihre Unerfahrenheit in den Bedingungen des Wüstenkrieges war ein zusätzliches Hindernis für die Planung der Abwehr der bevorstehenden britischen Offensive. Am Tag nachdem diese begann, fuhr Stumme zur Front, geriet in einen schweren Feuerüberfall, fiel aus seinem Wagen und starb an einer Herzattacke. Noch am gleichen Abend brach Rommel seinen Erholungsurlaub in Österreich ab, nach einem Telefonanruf Hitlers, der ihn fragte, ob er sofort nach Afrika zurückkehren könne. Er flog am nächsten Tag, dem 25. Oktober, zurück und kam abends an der Front an – um die Leitung einer Verteidigung zu übernehmen, die bereits tief eingebeult war und bei der in erfolglosen Gegenangriffen fast die Hälfte der einsatzfähigen Panzer ausgefallen war.

Montgomerys ursprünglicher Plan war gewesen, gleichzeitig an der rechten und an der linken Flanke anzugreifen – mit Leeses 30. Korps im Norden und Horrocks' 13. Korps im Süden – und dann mit der Masse seiner Panzer, die unter dem Befehl von General Lumsden im 10. Korps zusammengefaßt waren, durchzubrechen und die rückwärtigen Verbindungen des Feindes abzuschneiden. Doch Anfang Oktober war er zu dem Schluß gekommen, dieser Plan sei zu anspruchsvoll »angesichts der Mängel im Ausbildungsstand der Armee«, und hatte ihn durch einen bescheideneren Plan ersetzt. Nach diesem, der »Operation Lightfoot«, sollte der Angriff im Norden in der Nähe der Küste konzentriert werden, in dem sechs Kilometer breiten Abschnitt zwi-

schen den Höhenzügen von Tell el Eisa und Miteiriya – während das
13. Korps einen Ablenkungsangriff im Süden machen, diesen aber
nicht allzu weit durchführen sollte, es sei denn, die feindliche Verteidigung bräche ganz zusammen. Dieser vorsichtige Plan führte zu einem
längeren und verlustreichen Kampf, der durch den kühneren ursprünglichen Plan angesichts der ungeheuren Überlegenheit der 8.
Armee wohl hätte vermieden werden können. Die Schlacht wurde so
zu einem zähen Abnutzungskampf statt zu einem zügigen Manöver
– und zeitweilig schien sich die Operation am Rande des Mißerfolgs
zu bewegen. Doch die Ungleichheit der Kräfte beider Seiten war so
groß, daß selbst ein ungünstiges Verhältnis der Abnutzung sich zugunsten Montgomerys auswirkte, der sein Vorhaben mit der für ihn
charakteristischen unbeugsamen Entschlossenheit durchführte. Innerhalb der selbstgewählten Grenzen seiner Planung bewies er auch her-
vorragendes Geschick bei dem Wechsel der Angriffsrichtungen und bei
der Entwicklung taktischer Hebelbewegungen, die den Feind aus dem
Gleichgewicht bringen sollten.

Nach 15 Minuten massivsten Feuers aus über tausend Geschützen begann der Infanterieangriff am Freitag, dem 23. Oktober, 10 Uhr
abends. Er hatte einen guten Start, unterstützt durch die Munitions-
knappheit des Feindes, die Stumme genötigt hatte, seiner Artillerie die
Einstellung des Feuers auf die britischen Versammlungsräume zu befehlen. Doch die Tiefe und Dichte der Minenfelder erwies sich als ein
größeres Hindernis, und deren Säuberung dauerte länger als erwartet,
so daß sich bei Tagesanbruch die britischen Panzer immer noch in den
Schneisen befanden oder nur ganz knapp darüber hinaus. Erst am
zweiten Vormittag, nach weiteren Nachtangriffen der Infanterie, gelang es den vier Panzerbrigaden, sich zehn Kilometer hinter der ursprünglichen Front zu entfalten; aber sie hatten beim Durchbruch
durch die engen Korridore schwere Verluste erlitten. Auch der Ablenkungsangriff des 13. Korps im Süden stieß auf ähnliche Schwierigkeiten und wurde am zweiten Tag, dem 25., abgebrochen.
    Jedoch der Keil, der am Nordabschnitt in die Verteidigung hinein-
getrieben worden war, sah so bedrohlich aus, daß die deutschen Kommandeure ihre Panzereinheiten eine nach der anderen in die Schlacht
schickten, um eine Ausweitung des Keils zu verhindern. Dieses Vorgehen entsprach der Berechnung Montgomerys und erlaubte seinen

jetzt in günstigen Stellungen befindlichen Panzern, dem Feind bei diesen vereinzelten Gegenangriffen schwere Verluste zuzufügen. Am Abend hatte die 15. Panzerdivision nur noch ein Viertel ihrer einsatzfähigen Panzer – und die 21. Panzerdivision befand sich noch im Südabschnitt.

Am nächsten Tag, dem 26. Oktober, nahmen die Briten den Angriff wieder auf; aber ihre Versuche, weiter vorzustoßen, wurden zum Stehen gebracht, und ihre Panzer zahlten einen hohen Preis für diese vergeblichen Bemühungen. Die Chance, den Einbruch zu einem Durchbruch auszuweiten, war versäumt, und der massive britische Panzerkeil war in einem starken Ring deutscher Pak-Geschütze festgefahren. Lumsden und seine Divisionskommandeure hatten bereits in der zweiten Nacht Einwände gegen diese Art des Panzereinsatzes erhoben – mit Gewalt den Durchbruch durch so enge Korridore zu erzwingen –, und das Gefühl, »verheizt« zu werden, verbreitete sich bei Offizieren und Mannschaften, je höher die Verluste bei diesen Durchbrüchen wurden.

Obwohl er sich weiterhin den Anschein unerschütterten Selbstvertrauens gab, erkannte Montgomery, daß der eigentliche Durchbruch gescheitert und der Einbruch abgeriegelt war, daß er einen neuen Plan entwerfen und unterdessen seinen Angriffsverbänden eine Ruhepause gönnen mußte. Seine bei dieser und bei anderen Gelegenheiten bewiesene Bereitschaft, das taktische Ziel je nach den Umständen zu ändern, war eine bessere Aufmunterung für seine Truppe und ein größerer Beweis für seine Führungsqualitäten als seine Gewohnheit, hinterher so zu tun, als sei alles genau nach Plan verlaufen. Paradoxerweise hat gerade diese Gewohnheit dazu beigetragen, die Anerkennung zu beeinträchtigen, die ihm für seine Beweglichkeit und Anpassungsfähigkeit gebührt.

Der neue Plan wurde »Operation Supercharge« getauft. Die 7. Panzerdivision wurde jetzt zur Verstärkung nach Norden befohlen. Auch Rommel benutzte die Kampfpause, seine Truppen umzugruppieren, und die 21. Panzerdivision war bereits auf ihrem Weg nach Norden, in ihrem Gefolge die italienische Ariete. Der Ablenkungsangriff des britischen 13. Korps im Süden hatte also seinen Zweck nicht erfüllt, die Aufmerksamkeit des Feindes abzulenken und ihn zu veranlassen, einen Teil seiner Panzer im Süden zu halten. Die beiderseitige Konzentration der Streitkräfte im Norden war taktisch ein Vorteil für

Rommel: Sie machte die Briten abhängiger von der reinen langsamen Abnutzung. Aber zu ihrem Glück war ihre zahlenmäßige Überlegenheit so groß, daß selbst bei einem ungünstigen Zahlenverhältnis der Verluste die gegenseitige Abnutzung sich zu ihren Gunsten auswirken mußte, wenn sie unbeirrbar durchgeführt wurde.

Montgomerys neuer Angriff begann in der Nacht zum 28. Oktober mit einem Vorstoß nach Norden zur Küste aus dem breiten Keil heraus, der in die Front des Feindes hineingetrieben worden war. Seine Absicht war, die feindliche »Tasche« an der Küste abzukneifen und dann entlang der Küstenstraße nach Westen bis Daba und Fuka vorzustoßen. Doch die Operation lief sich im Minenfeld fest, und ihre Chancen entschwanden mit Rommels schnellem Gegenzug, die 90. leichte Panzerdivision an diese Flanke zu werfen. Immerhin konnte Rommel dankbar sein, als der britische Angriff zum Stehen kam; denn seine Reserven waren jetzt fast erschöpft. Das Afrika-Korps hatte nur noch 90 Panzer, während die 8. Armee über 800 an der Front hatte – so daß, obwohl sie Verluste von vier britischen auf einen deutschen Panzer erlitten hatte, ihre Überlegenheit größer geworden war und jetzt 11 : 1 betrug.

In einem Brief an seine Frau vom 29. schrieb Rommel:

»Ich habe nicht mehr viel Hoffnung. Nachts liege ich mit offenen Augen und kann nicht schlafen, wenn ich an die Last denke, die auf meinen Schultern liegt. Tags bin ich dann todmüde. Was wird geschehen, wenn die Dinge hier schief gehen? Dieser Gedanke quält mich Tag und Nacht. Wenn es so kommt, sehe ich keinen Ausweg mehr.«

Man sieht aus diesem Brief, daß die Belastung nicht nur die Truppen, sondern auch ihren Kommandeur, der immer noch ein kranker Mann war, zu Boden drückte. Am Morgen dieses Tages hatte er daran gedacht, einen Rückzug auf die Stellung bei Fuka knapp 100 Kilometer westlich zu befehlen; aber er hatte gezögert, dies zu tun, weil es die Aufopferung eines großen Teiles seiner weniger beweglichen Infanterie bedeutet hätte. Daher verschob er diese schicksalsschwere Entscheidung in der Hoffnung, ein neuer Widerstand würde Montgomery dazu bringen, die Offensive abzubrechen. Im Endeffekt wirkte sich aber das Steckenbleiben ihres Angriffs an der Küste zum Vorteil der Briten aus; denn wenn Rommel jetzt entkommen wäre, dann wäre die ganze britische Planung über den Haufen geworfen worden.

Sobald Montgomery sah, daß sein Vorstoß an die Küste gescheitert war, kehrte er zu seinem ursprünglichen Angriffsplan zurück, in der Hoffnung, von der Verschiebung der spärlichen Reserven des Feindes nach Norden zu profitieren. Es war eine kluge Entscheidung und ein neuer Beweis seiner Beweglichkeit. Doch seine Truppen waren nicht so beweglich, und die Zeit, die sie für die Umgruppierung brauchten, gestattete einen neuen Angriff nicht vor dem 2. November.

Diese neue Kampfpause, die auf die verschiedenen früheren folgte, vertiefte die Besorgnis und die Niedergeschlagenheit in London. Churchill war schwer enttäuscht über den langsamen Fortschritt der Offensive und wurde nur mit Mühe davon abgehalten, Alexander ein eisiges Telegramm zu schicken. Das Unwetter ergoß sich über den Chef des Empire-Generalstabes, General Sir Alan Brooke, der sich bemühte, das Kabinett zu beruhigen, aber im Innern selbst wachsende Zweifel hatte und sich besorgt fragte, ob »ich Unrecht hatte und Monty schon geschlagen war«. Auch Montgomery selbst war nicht mehr so zuversichtlich, wie er sich nach außen den Anschein gab, und bekannte im vertraulichen Gespräch seine Besorgnis.

Auch der Beginn des neuen Angriffs am frühen Morgen des 2. November war enttäuschend und verstärkte den Eindruck, daß die ganze Offensive abgebrochen werden müsse. Wiederum verursachten die Minenfelder eine große Verzögerung, und der Widerstand war zäher als erwartet. Bei Tagesanbruch fand sich die vordere Panzerbrigade »vor den Mündungen eines gewaltigen Schirms von Pak-Geschützen auf der Rahman-Höhenstraße, statt darüber über diese hinaus, wie es geplant war«. In dieser beengten Position wurde sie von den restlichen Panzern Rommels angegriffen und verlor in den Kämpfen dieses Tages drei Viertel ihrer eigenen Panzer. Die übrigen hielten tapfer aus und ermöglichten es damit den nachfolgenden Brigaden, durch die Lücke vorzustoßen, aber auch diese wurden ihrerseits kurz hinter der Straße aufgehalten. Als die Nacht dem Kampf ein Ende machte, hatten die Briten fast 200 Panzer im Kampf oder durch technische Defekte verloren.

Doch so trübe die Situation nach diesem neuen Mißerfolg aussah – insbesondere wenn man sie von der Ferne betrachtete –, so bald sollte sich die Wolke verziehen. Denn am Ende des Tages war Rommel auch am Ende seiner Kräfte. Es ist erstaunlich, daß die deutsche Verteidigung so lange gehalten hatte; denn ihr harter Kern waren nur die zwei Panzerdivisionen des Afrika-Korps, deren Kampfstärke beim Beginn der Schlacht nur 9 000 Mann betragen und im feindlichen Feuer auf nicht viel über 2 000 Mann zusammengeschmolzen war. Schlimmer noch war, daß das Afrika-Korps nur noch knapp 30 einsatzfähige Panzer hatte, die Briten aber immer noch mehr als 600 – so daß ihre Überlegenheit jetzt 20 : 1 betrug. Die dünner gepanzerten italienischen Tanks waren unter dem britischen Feuer völlig aufgerieben worden, und viele der überlebenden Besatzungen waren in wilder Flucht nach Westen verschwunden.

In dieser Nacht entschloß sich Rommel, in zwei Etappen auf die Fuka-Stellung zurückzugehen. Dieser Rückzug war schon im Gang, als bald nach Mitternacht ein Gegenbefehl von Hitler kam, der darauf bestand, die Stellung bei Alamein unter allen Umständen zu halten. Daher stoppte Rommel, der bisher noch nicht unter Hitlers Einmischung zu leiden gehabt und daher die Notwendigkeit des Ungehorsams nicht gelernt hatte, den Rückzug und rief seine schon auf dem Weg befindlichen Einheiten zurück.

Diese Kehrtwendung zerstörte die Chance, weiter hinten wirksamen Widerstand zu leisten, während der Versuch, bei Alamein stehenzubleiben, völlig nutzlos war. Der Rückzug nach Westen war in den ersten Stunden des 3. November von der britischen Luftaufklärung festgestellt worden und bewog naturgemäß Montgomery, seine Bemühungen fortzusetzen und zu verstärken. Obwohl zwei Angriffe, den Feind seitlich zu umfassen, im Lauf des Tages scheiterten, gelang es einem neuen Infanterieangriff der 51. Highland- und der 4. indischen Division in der nächsten Nacht, die Verbindung zwischen dem Afrika-Korps und den Italienern zu zerschneiden. Bald nach Tagesanbruch drangen am 4. die drei Panzerdivisionen durch die Lücke hindurch und entfalteten sich dann, mit dem Befehl, nach Norden zu schwenken und den Rückzug des Feindes an der Küstenstraße abzuschneiden. Die motorisierte Neuseeland-Division und eine 4. Panzerbrigade verstärkten den Vorstoß.

Jetzt war eine einzigartige Gelegenheit da, Rommels ganze Armee abzuschneiden und zu vernichten. Die Gelegenheit war um so besser, als der Kommandeur des Afrika-Korps, General Thoma, in der Verwirrung des Vormittages gefangengenommen worden war und der Rückzugsbefehl erst am Nachmittag gegeben wurde – während Hitlers verspätete Zustimmung erst am nächsten Tag eintraf. Doch sobald Rommel den Rückzugsbefehl gegeben hatte, bewegten sich die deutschen Truppen sehr schnell, verstaut in alle möglichen übriggebliebenen Kraftfahrzeuge, während das Nachstoßen der Briten wieder an den alten Fehlern übergroßer Vorsicht, ängstlichen Zauderns und zu langsamer Bewegung litt.

Nachdem sie die Lücke passiert und sich dann voll entfaltet hatten, wurden die drei Panzerdivisionen nach Norden an die Küstenstraße bei Ghazal befohlen, nur 16 Kilometer hinter der zerbrochenen Front. Diese zu enge Schwenkung gab den Überresten des Afrika-Korps die Möglichkeit, sie nach wenigen Kilometern durch einen dünnen Schleier bis zum Nachmittag aufzuhalten, bis die Panzerkräfte ihren Rückzug begannen. Nach Dunkelwerden blieben die britischen Panzer vorsichtig stehen – dies war um so bedauerlicher, als sie sich schon weit hinter dem Gros der deutschen Panzerkräfte befanden.

Auch am nächsten Tag, dem 5. November, waren die Bewegungen zum Abschneiden des deutschen Rückzuges zu langsam und zu eng angesetzt. Die 1. und die 7. Panzerdivision sollten zuerst auf Daba vorgehen, nur 16 Kilometer jenseits von Ghazal, und die Vorhuten kamen erst am Mittag dort an – um festzustellen, daß der zurückweichende Feind schon durch war. Die 10. Division sollte nach Galal vorstoßen, 25 Kilometer weiter westlich; dort erwischte sie noch die Nachhut des Feindes und erbeutete etwa 40 Panzer – aber meist italienische Panzer, denen das Benzin ausgegangen war. Erst am Abend versuchte man, das Gros des zurückweichenden Feindes zu verfolgen; aber die britischen Panzer blieben wieder wie üblich die Nacht über stehen, nach einem kurzen Vormarsch von 17 Kilometern, noch 10 Kilometer vor ihrem neuen Ziel, der Geländestufe bei Fuka.

Die neuseeländische Division und die ihr zugeteilten Panzer hatten Befehl erhalten, nach dem Durchbruch bis Fuka vorzustoßen; aber sie wurden bei der Verfolgung der deutschen Panzer aufgehalten, teils durch schlechte Verkehrsregelung und dann durch die Gefangennahme der Italiener, die sie auf ihrem Weg vorfanden. So war sie erst auf halbem Weg nach Fuka, als sie am Abend des 4. stehenblieb. Sie gelangte gegen Mittag des 5. in die Nähe ihres Zieles, wurde aber dann durch ein angebliches Minenfeld aufgehalten – das in Wahrheit nur eine Tarnung war, welche die Briten selbst seinerzeit bei ihrem Rückzug nach Alamein angelegt hatten. Die Neuseeländer passierten erst am späten Abend.

Unterdessen war die 7. Panzerdivision nach ihrer zu frühen

Schwenkung auf Daba in die Wüste zurückbefohlen worden, um nach Baqqusch, 24 Kilometer westlich von Fuka, zu fahren. Aber sie wurde aufgehalten, als die letzten Kolonnen der Neuseeländer quer zu ihrer Vormarschrichtung den Weg versperrten, und blieb dann auch die Nacht über stehen. Am nächsten Morgen vereinigten sich die drei verfolgenden Divisionen im Raum von Fuka und Baqqusch, aber der zurückweichende Feind war schon nach Westen entkommen. Sie nahmen nur ein paar hundert Versprengte gefangen und erbeuteten ein paar Panzer, die keinen Treibstoff mehr hatten.

Alle Hoffnung, Rommels Verbände noch abzufangen, ruhte jetzt auf der 1. Panzerdivision, die, nachdem sie bei Daba den Feind verfehlt hatte, den Befehl erhielt, weit durch die Wüste auszuholen und dann die Küstenstraße westlich von Mersa Matruh abzuschneiden. Aber ihr Marsch mußte zweimal wegen Treibstoffknappheit unterbrochen werden, das zweite Mal nur wenige Kilometer von der Küstenstraße. Dies konnte den Kommandeur der Division um so mehr zur Verzweiflung bringen, als er und andere vorgeschlagen hatten, wenigstens eine der Panzerdivisionen sollte zu einer lang ausgedehnten Verfolgung bis Sollum dadurch in die Lage versetzt werden, indem man einen Teil der Munition durch Treibstoff ersetzte.

Am Nachmittag des 6. November setzte im Küstenstrich Regen ein, der in der Nacht stark zunahm. Das verzögerte die ganze Verfolgung und ermöglichte Rommels Entweichen. Hinterher bildete der Regen die Hauptentschuldigung dafür, daß man ihm den Rückzug nicht abgeschnitten hätte. Aber bei sachlicher Beurteilung ergibt sich, daß schon vor dem Regen die besten Chancen verpaßt worden waren – durch zu enge Flankenbewegungen, zu viel Vorsicht, zu wenig Gefühl für den Zeitfaktor, durch die Weigerung, im Dunkeln weiterzufahren, und durch eine zu große Konzentration auf den jeweiligen Kampf unter Vernachlässigung der Möglichkeiten späterer Ausnutzung des Erfolges. Wenn die Verfolgung tiefer in die Wüste hineingeführt und einen entfernteren Punkt an der Küste angesteuert hätte, etwa die steilen Abhänge bei Sollum, dann hätte man die Gefahr vermieden, daß feindlicher Widerstand oder das Wetter den Zweck der Operation vereitelten – denn Regen ist zwar häufig im Küstengebiet, aber selten in der Wüste im Landesinnern.

In der Nacht zum 7. zog sich Rommel von Mersa Matruh nach Sidi Barrani zurück und leistete dort noch einmal kurzen Widerstand, während seine Transportkolonnen durch die von der britischen Luftwaffe heftig bombardierten Pässe bei Sollum und Halfaya hindurch langsam über die Grenze kamen. Zeitweise gab es eine riesige Verkehrsstauung an der Küstenstraße mit einer fast 40 Kilometer langen Schlange; aber dank gut organisierter Verkehrsregelung kamen trotz britischer Bombenangriffe die meisten Fahrzeuge in der folgenden Nacht durch. So befahl Rommel am 9. seinen Nachhuten den Rückzug auf die Grenze, obwohl noch etwa 1 000 Fahrzeuge den engen Flaschenhals durchfahren mußten.

Montgomery hatte inzwischen eine besondere Streitmacht zur Verfolgung zuammengestellt, die aus der 7. Panzer- und der neuseeländischen Division bestand, und den anderen zwei Panzerdivisionen Befehl gegeben, anzuhalten, um zu vermeiden, daß ihnen der Treibstoff ausging und Rommel dadurch Gelegenheit zu einem Gegenangriff gegen unbewegliche Panzereinheiten erhielt. Diese weitere Verfolgungsoperation begann am 8.; aber die Neuseeländer erreichten die Grenze erst am 11., und obwohl die beiden Brigaden der 7. Panzerdivision bei ihrer Fahrt durch die Wüste südlich der Küstenstraße die Grenze schon am Nachmittag vorher überschritten hatten, entging ihnen gerade eben die Nachhut des Feindes, als diese am 11. den Graben von Capuzzo durchfuhr.

Doch wenn auch Rommel den Klauen Montgomerys entkommen war und erfolgreich alle Versuche vereitelt hatte, seinen Rückzug abzuschneiden, so war er doch zu schwach, eine neue Verteidigungslinie an der Grenze oder weiter westlich in der Cyrenaica zu bilden. Seine Kampfstärke betrug im Augenblick nur 5 000 Deutsche und 2 500 Italiener, mit elf deutschen und zehn italienischen Panzern, 35 deutschen Pak-Geschützen, 65 deutschen Feldgeschützen und einigen wenigen italienischen Geschützen. Obwohl etwa 15 000 Mann deutscher Kampftruppen nach Westen entkommen waren, so hatten zwei Drittel von ihnen alle Waffen verloren, ebenso hatte auch ein noch größerer Teil der Italiener, die entkommen waren, die ihren zurückgelassen. Außer einigen tausend feindlichen Toten hatte die 8. Armee etwa 10 000 Deutsche und über 20 000 Italiener – einschließlich nichtkämpfender Einheiten – gefangengenommen sowie etwa 450 Panzer und über 1 000 Geschütze erbeutet. Dies war eine reiche Entschädigung für ihre eigenen Verluste in Höhe von 13 500 Mann und für die Enttäuschung, daß Rommel entwichen war, um »eines Tages wieder zu kämpfen«.

Nach einer kurzen Pause zur Heranführung des Nachschubs wurde der britische Vormarsch wiederaufgenommen. Aber es war mehr ein Nachrücken als eine Verfolgung, und Rommels frühere Gegenangriffe hatten einen so tiefen Eindruck hinterlassen, daß der Vormarsch vorsichtig im Küstengebiet vor sich ging, statt die Wüste zu durchqueren und den Bogen von Bengasi ganz abzuschneiden. Die britischen Panzerspitzen erreichten erst am 26. November Mersa Brega, über zwei Wochen nach Überschreitung der Grenze zur Cyrenaica und lange nachdem Rommel den Schutz dieser Engpaßstellung gewonnen hatte. Die einzige ernsthafte Schwierigkeit während seines Rückzuges durch die Cyrenaica war Treibstoffmangel gewesen. Bei Mersa Brega wurde er durch eine neue italienische Panzerdivision, die Centauro, verstärkt, sowie durch Teile von drei italienischen Infanteriedivisionen – obwohl diese, da nicht motorisiert, für ihn mehr eine Belastung als ein Gewinn waren.

Es kam jetzt zu einer weiteren Pause von zwei Wochen, in der die Briten Verstärkungen und Nachschub für einen Angriff auf die Stellung bei Mersa Brega heranführten. Montgomery arbeitete wieder einen Plan aus, »um den Feind in dieser Stellung zu vernichten« – indem er Rommel durch einen starken Frontalangriff festnagelte und gleichzeitig andere starke Verbände zu einem weiten Umfassungsmanöver ausschickte, das seine Rückzugslinie blockieren sollte. Der Frontalangriff sollte am 14. Dezember beginnen, nachdem in der Nacht vom 11. zum 12. starke Luftangriffe die Aufmerksamkeit des Feindes von dem in dieser Nacht beginnenden Umfassungsmanöver ablenken sollten. Jedoch Rommel war in der Nacht zum 12. plötzlich verschwunden und vereitelte so den britischen Plan. Er zog sich in einer schnellen Absetzbewegung auf eine Stellung in der Nähe von Buerat zurück, rund 400 Kilometer westlich Mersa Brega und doppelt so weit von der vorgeschobenen Basis der 8. Armee bei Bengasi entfernt.

Als das Jahr zu Ende ging, hielt Rommel immer noch diese Stellung bei Buerat; denn diesmal gab es einen Monat Pause zum Nachrücken, ehe Montgomery bereit war, seinen Angriff wiederaufzunehmen. Aber trotz allem war es klar, daß sich das Blatt in Afrika endgültig gewendet hatte. Es bestand kaum noch eine Chance, daß Rommels

Armee wieder genügend verstärkt werden konnte, um es mit dem erhöhten Potential der 8. Armee aufzunehmen – und sein rückwärtiges
Gebiet, möglicherweise seine Rückzugsstellungen, war jetzt bedroht
durch den britisch-amerikanischen Vormarsch von Algerien nach
Tunesien hinein.

Aber Hitlers Illusionen erwachten bald zu neuem Leben, und Mussolini klammerte sich verzweifelt an die seinen, weil er es nicht ertragen
konnte, Italiens afrikanisches Imperium zerbröckeln zu sehen. Ja, ihre
Illusionen waren schon wieder lebendig geworden, als es noch gar
nicht sicher war, ob es Rommel gelingen würde, seinen Verfolgern zu
entkommen und die Reste seiner geschlagenen Armee zu retten. Als
er die Stellung von Mersa Brega erreichte, fand er dort den Befehl vor,
diese Linie »unter allen Umständen« zu halten und einen britischen
Vormarsch nach Tripolitanien zu verhindern. Um dieser utopischen
Forderung mehr Nachdruck zu verleihen, wurde Rommel wieder dem
italienischen Marschall Bastico unterstellt, wie er es schon vor dem
Vorstoß nach Ägypten gewesen war. Als er am 22. November mit
Bastico zusammentraf, sagte er ihm unverblümt, der Befehl »Wider-
stand bis zum letzten« in diesem Wüstenkrieg bedeute den sicheren
Untergang der verbliebenen Truppen: »Entweder wir verlieren die
Stellung vier Tage früher und retten die Armee, oder wir verlieren so-
wohl die Stellung wie die Armee vier Tage später.«

Dann suchten am 24. Marschall Cavallero und Feldmarschall Kesselring Rommel auf; er erklärte ihnen, da kaum 5000 Mann seiner
deutschen Truppen noch Waffen hätten, brauche er, um die Stellung
bei Mersa Brega zu halten, noch vor Beginn von Montgomerys Angriff
50 »Panzer IV« mit den neuen langen 75-mm-Geschützen und 50
Pak-Geschütze gleicher Art sowie einen ausreichenden Nachschub
von Treibstoff und Munition. Dies war eine bescheidene Schätzung
seiner Bedürfnisse; aber es war nur allzu offensichtlich, daß auch diese
Anforderung keine Chance hatte, da jetzt der größte Teil der verfügbaren Verstärkungen und Ausrüstungen nach Tunesien ging. Dennoch
beharrten beide Marschälle auf dem Befehl, bei Mersa Brega stehenzubleiben. Daher flog Rommel in das Führerhauptquartier bei
Rastenburg in Ostpreußen, in der Hoffnung, Hitler zur Erkenntnis
der wahren Lage bringen zu können. Er hatte einen kühlen Empfang,
und als er meinte, das Klügste wäre, ganz Nordafrika zu räumen,
hatte Hitler einen Wutanfall und wollte kein weiteres Argument

mehr hören. Diese Explosion erschütterte mehr als alles andere Rommels Glauben an seinen Führer. In sein Tagebuch schrieb er:
»Ich begann zu erkennen, daß Adolf Hitler die Lage einfach nicht so sehen wollte, wie sie war, und daß er emotional auf das reagierte, was, wie sein Nachrichtendienst ihm ja gemeldet haben muß, richtig war . . . Hitler bestand darauf, es sei eine politische Notwendigkeit, einen größeren Brückenkopf in Afrika zu halten, und es dürfe daher keinen Rückzug von der Stellung bei Mersa el Brega geben.«

Doch auf seinem Rückweg fand Rommel in Rom Mussolini Vernunftgründen zugänglicher und besser informiert über die Schwierigkeit, ausreichenden Nachschub nach Tripolis zu verschiffen und von dort nach Mersa Brega zu bringen. So erhielt er Mussolinis Zustimmung zur Vorbereitung einer vorläufigen Stellung bei Buerat, zum rechtzeitigen Rückzug der nicht motorisierten italienischen Infanterie dorthin und zum Rückzug seiner übrigen schwachen Kräfte, sobald die Briten angriffen. Rommel handelte prompt auf Grund dieser Ermächtigung und räumte heimlich im Dunkeln die Stellung, sobald die Briten mit der Vorbereitung eines Angriffs zu beginnen schienen. Darüber hinaus hatte er sich entschlossen, nicht bei Buerat und auch nicht vor Tripolis stehenzubleiben und Montgomery so eine Chance zu geben, ihn einzukesseln. Sein neuer Plan war vielmehr, sich direkt bis zur tunesischen Grenze und bis zum Engpaß von Gabes zurückzuziehen, wo er nicht mehr leicht von der Flanke umfaßt werden und von wo er mit den dort vorhandenen Verstärkungen eher einen wirksamen Gegenschlag führen könnte.

Kapitel 21:
»Fackel« – die neue Flut
aus dem Atlantik

Die alliierten Landungen in Französisch-Nordafrika erfolgten am 8. November 1942, zwei Wochen nach dem Beginn der britischen Offensive gegen Rommels Stellungen bei Alamein im Nordosten Afrikas und vier Tage nach dem Zusammenbruch dieser Stellungen. Auf der »Arcadia«-Konferenz in Washington zu Weihnachten 1941 – der ersten alliierten Konferenz nach dem japanischen Angriff auf Pearl Harbor, der die Vereinigten Staaten in den Krieg hineinzog – hatte Churchill das »Nordwestafrika-Projekt« als einen Schritt zur Schließung und Einengung des Ringes um Deutschland empfohlen. Er erzählte den Amerikanern, es bestehe bereits unter dem Namen »Gymnast« ein Plan für eine Landung in Algerien für den Fall, daß die 8. Armee in der Cyrenaika einen so entscheidenden Erfolg erringe, daß sie nach Westen bis zur tunesischen Grenze vorstoßen könne. Er schlug weiter vor: »Gleichzeitig sollten amerikanische Streitkräfte in der Annahme französischer Zustimmung ohne Widerstand an der marokkanischen Küste landen.« Präsident Roosevelt, der stets rasch die politischen Vorteile einer großräumigen Strategie erkannte, sprach sich für das Projekt aus; aber seine militärischen Berater hatten Zweifel an seiner praktischen Durchführbarkeit und hatten Bedenken, daß es die Chancen eines baldigen direkten Angriffs auf die deutsche Stellung in Europa stören könnte. Das äußerste, zu dem sie sich bereit erklärten, war eine Fortsetzung der Planung dieser Operation, die jetzt den neuen Namen »Super-Gymnast« erhielt.

In den nächsten Monaten konzentrierte sich die militärische Planung auf das Projekt einer Offensive über den Kanal hinweg, die im August oder September 1942 geführt werden sollte, um Stalins Forderung nach einer »Zweiten Front« zu erfüllen. Die Halbinsel Cotentin mit dem Hafen Cherbourg wurde als der günstigste Landeplatz angesehen, so wie General Marshall, der Generalstabschef des Heeres, und Generalmajor Eisenhower es vorgeschlagen hatten, den Marshall als Befehlshaber der amerikanischen Truppen auf dem europäischen Kriegsschauplatz ausgewählt und nach England entsandt hatte. Die Briten betonten aber die Gefahren einer vorzeitigen Landung in Europa mit ungenügenden Kräften und wiesen auf das Risiko hin, daß ein solcher Brückenkopf abgeriegelt oder gar vom Feind überwältigt werden könnte, ohne den Russen nennenswerte Erleichterungen zu bringen. Doch Präsident Roosevelt unterstützte das Projekt und legte sich, als Molotow Ende Mai Washington besuchte, auf die Zusicherung fest, er »hoffe und erwarte«, noch im Jahr 1942 eine Zweite Front in Europa zu schaffen.

Dann aber kam es zu einem Rückgriff auf den Plan einer Landung in Nordwestafrika infolge des unerwarteten britischen Zusammenbruchs in Nordostafrika durch Rommels Angriff auf die Gazala-Linie im Juni.

Die Schlacht von Gazala hatte schon einen ungünstigen Verlauf genommen, als Churchill mit seinen Stabschefs am 17. Juni zu einer neuen Konferenz nach Washington flog. Nach der Ankunft flog er im Hubschrauber nach Hyde Park, Roosevelts Landsitz am Hudson, zu einer vertraulichen Besprechung unter vier Augen. Hier betonte er wieder die Nachteile und Gefahren einer vorzeitigen Landung in Frankreich und schlug die Wiederbelebung von »Gymnast« als bessere Alternative vor. Die britischen und amerikanischen Stabschefs, die am 21. Juni in Washington zusammentraten, waren aber bei allen Meinungsverschiedenheiten über den Cotentin-Landeplan darin einig, daß das nordafrikanische Projekt unvernünftig sei.

Ihr gemeinsames negatives Urteil über das Projekt wurde aber bald durch den Druck der Ereignisse überholt, verbunden mit Roosevelts dringendem Wunsch nach irgendeiner konkreten Aktion im Jahr 1942, mit der er, wenn auch nicht so unmittelbar wie zuerst gedacht, sein Versprechen an die Russen einlösen könnte.

Am 21. Juni kam die Nachricht, daß die Festung Tobruk in Rommels Hand gefallen war und die Überreste der britischen 8. Armee sich nach Ägypten zurückzogen. In den folgenden Wochen verschlechterte sich die britische Situation in Afrika noch mehr, und die Argumente für eine direkte oder indirekte amerikanische Intervention wurden entsprechend stärker. Ende Juni erreichte Rommel, den zurückweichenden Briten auf den Fersen, die Alamein-Linie und begann sie anzugreifen. Am 8. Juli telegrafierte Churchill an Roosevelt, die »Operation Sledgehammer« (Schmiedehammer), die Landung in Frankreich noch in diesem Jahr, müsse ausfallen, und nochmals befürwortete er die Operation »Gymnast«. Seinem Kabel folgte eine Denkschrift auf dem amtlichen Wege über Feldmarschall Sir John Dill, Chef der britischen Militärmission in Washington, in der es hieß: »Gymnast ist der einzige Weg, wie die USA im Jahr 1942 Hitler treffen können«, andernfalls müßten beide Westmächte in diesem Jahr stillsitzen.

Die amerikanischen Stabschefs reagierten darauf mit neuen Einwendungen gegen »Gymnast«. Marshalls Verdammung des Plans als »aufwendig und unwirksam« wurde unterstützt von Admiral King, der meinte, es sei »unmöglich, die Verpflichtungen der Kriegsmarine auf anderen Kriegsschauplätzen zu erfüllen und gleichzeitig genügend Schiffsraum und Begleitschutz für eine solche Operation zu stellen«. Beide betrachteten außerdem die britische Weigerung, noch in diesem Jahr eine Landung in Frankreich zu versuchen, als klaren Beweis, daß die Briten auch im Jahr 1943 keine Landung riskieren wollten. Daher schlug Marshall, bereitwillig unterstützt von King, eine radikale Änderung der amerikanischen Strategie vor: wenn die Briten nicht den amerikanischen Plan einer baldigen Offensive über den Kanal hinweg annähmen, sollten die USA sich dem Pazifik zuwenden und den entscheidenden Schlag gegen Japan führen, mit anderen Worten gegen Deutschland eine defensive Haltung einnehmen, von Luftangriffen abgesehen, und alle verfügbaren Kräfte im Pazifik einsetzen.

Der Präsident jedoch war dagegen, seinen britischen Verbündeten ein solches Ultimatum zu stellen; er mißbilligte die vorgeschlagene strategische Schwenkung und wies seine Stabschefs an, wenn sie nicht doch noch die Briten zu einer Operation im Kanal in diesem Jahr überreden könnten, entweder eine eigene Operation in Französisch-Nordafrika zu unternehmen oder den britischen Kräften im Mittleren Osten Verstärkungen zukommen zu lassen. Er betonte, es sei politisch notwendig, noch vor Jahresende eine spektakuläre Aktion zu beginnen.

Angesichts dieser Entscheidung des Präsidenten hätte man erwarten können, die Stabschefs würden eine vorübergehende Verstärkung der britischen Kräfte im Nahen Osten dem »Gymnast«-Plan vorziehen, den sie so heftig und hartnäckig verdammt hatten. Auch Marshalls

Planungsstab kam zu dem Schluß, die erste Alternative sei das kleinere Übel. Aber völlig unerwartet bekehrten sich nun Marshall und King zu »Gymnast«. Sie entschieden sich für diese Alternative, als sie Mitte Juli zusammen mit Harry Hopkins als Vertreter des Präsidenten nach London flogen und feststellten, daß die britischen Stabschefs nach wie vor entschieden gegen Eisenhowers Plan einer baldigen Landung bei Cherbourg waren.

Bei der Entscheidung für die Alternative Nordwestafrika war, laut Hopkins, Marshalls Hauptgrund »die Schwierigkeit, unsere Truppen mit den britischen in Ägypten zu vermischen«. Zwar würde eine solche Mischung auch bei einer gemeinsamen Operation in Nordwestafrika eintreten; aber es war offenkundig, daß amerikanische Verstärkungen für den Nahen Osten einem britischen Oberbefehlshaber unterstellt werden müßten.

Die Annahme von »Super-Gymnast« wurde auf zwei weiteren Sitzungen der amerikanischen und britischen Stabschefs in London am 24. und 25. Juli aktenkundig gemacht und sofort von Roosevelt gebilligt. Der Präsident betonte in seinem Telegramm sogar, die geplante Landung solle spätestens am 30. Oktober stattfinden – was schon Hopkins empfohlen hatte, »um lange Verzögerungen und Zeitverluste zu vermeiden«. Auf Churchills Vorschlag erhielt die Operation den feurigeren Namen »Torch« (Fackel). Man kam ferner überein, daß ein Amerikaner den Oberbefehl führen solle – eine Besänftigung der sauren Gefühle der amerikanischen Stabschefs, zu der Churchill gern bereit war. Am 26. Juli wurde Eisenhower von Marshall mitgeteilt, daß er diesen Posten haben solle.

Die Entscheidung war nun für »Torch« gefallen; aber die Frage des Zeitpunktes und des Landeplatzes war noch nicht geregelt und nicht einmal eingehend erörtert worden. So entstanden neue Meinungsverschiedenheiten über beide Fragen.

In der Frage des Zeitpunktes schlugen die britischen Stabschefs auf Anraten Churchills den 7. Oktober als Datum vor. Die amerikanischen Stabschefs jedoch empfahlen den 7. November als »frühestes mögliches Datum für eine Landung von Truppen auf Grund der Verfügbarkeit militärischer Transportfahrzeuge«.

In der Frage des Landeplatzes gingen die Ansichten noch mehr auseinander. Die Briten schlugen Landungen an der Nordküste Afrikas im Mittelmeerraum vor, damit man von dort schnell bis Tunesien vorstoßen könne. Aber die amerikanischen Stabschefs hielten an dem begrenzten Ziel des ursprünglichen »Gymnast«-Planes fest, als man nur eine rein amerikanische Operation ins Auge gefaßt hatte, und wollten die Landung auf den Raum Casablanca an der atlantischen Westküste Marokkos beschränken. Sie fürchteten nicht nur einen französischen Widerstand, sondern auch eine feindliche Reaktion Spaniens und einen deutschen Gegenschlag, der durch die Einnahme Gibraltars den Zugang zum Mittelmeer überhaupt blockieren könnte. Die Briten waren ungehalten über eine so vorsichtige Betrachtung des strategischen Problems; sie argumentierten, dies würde den Deutschen Zeit lassen, Tunesien zu besetzen, außerdem den französischen Widerstand in Algerien und Marokko zu versteifen und so die ganze Zielsetzung der Operation zunichte machen[1].

Eisenhower und sein Stab neigten zu der britischen Ansicht; seine erste Planskizze, die am 9. August entworfen wurde, war als ein Kompromiß gedacht. Sie sah gleichzeitige Landungen im Mittelmeer und im Atlantik vor, aber nicht weiter östlich als Algier – wegen der Gefahr feindlicher Luftangriffe aus Sizilien und Sardinien –, mit Ausnahme einer kleinen Landung bei Bône (420 Kilometer östlich von Algier und 200 Kilometer westlich von Bizerta) zur Einnahme des dortigen Flugplatzes. Dieser Kompromiß befriedigte die britischen Planer nicht, da er nicht die wichtigste Vorbedingung des Erfolges zu erfüllen schien, die sie so formulierten: »Wir müssen die wichtigsten Orte Tunesiens 26 Tage nach der Durchfahrt durch Gibraltar besetzt haben, nach Möglichkeit schon 14 Tage danach.« Nach britischer Ansicht war eine größere Landung bei Bône oder gar noch weiter östlich notwendig für einen raschen Vormarsch nach Tunesien.

Diese Argumente beeindruckten den Präsidenten, der Marshall und King anwies, die Planung zu überprüfen. Sie hatten auch Eisenhower

---

1 Ich selbst wurde am 28. Juni unmittelbar nach der Washingtoner Konferenz über meine Ansicht zum Nordwestafrika-Projekt befragt. Als mir gesagt wurde, die Hauptlandung solle bei Casablanca an der Atlantikküste stattfinden, wies ich darauf hin, daß dieser Ort noch 1700 Kilometer von Bizerta und Tunis, den strategisch wichtigsten Orten, entfernt sei, und daß die beste Chance eines schnellen Erfolges in der möglichst schnellen Einnahme dieser beiden Städte bestehe – dies bedeute, daß die Landung so nahe wie möglich bei Tunis und Bizerta erfolgen müsse. Ich wies auch darauf hin, wie wichtig es sei, in Algerien »auf dem Rücken der Franzosen« zu landen, um deren Widerstand zu vermeiden, der bei einem Frontalangriff und langsamen Vormarsch von Casablanca aus zu erwarten sei.

beeindruckt, der nach Washington berichtete, die amerikanischen Angehörigen seines Stabes seien jetzt von der Richtigkeit der britischen Argumente überzeugt, und er sei dabei, einen neuen Plan auszuarbeiten, bei dem die Landung in Casablanca wegfallen und das Datum der anderen Landungen vorverlegt werden würde.

Sein Stab legte in der Tat am 21. August eine zweite Planskizze vor, die weitgehend den britischen Vorstellungen folgte. Statt der Landung in Casablanca sah sie eine amerikanische Landung bei Oran (400 Kilometer östlich von Gibraltar) und britische Landungen bei Algier und bei Bône vor. Doch Eisenhowers eigene Begutachtung dieses Planes war nur lauwarm, und er betonte wieder, eine solche Expedition ausschließlich im Mittelmeerraum wäre durch Flankenangriffe stark gefährdet. Diese Schlußfolgerung entsprach der Meinung Marshalls. Diese zweite Planskizze war für die amerikanischen Stabschefs so unannehmbar wie die erste für die britischen. Marshall erklärte dem Präsidenten: »Eine einzige Verbindungslinie durch die Meerenge ist viel zu riskant«, er sei gegen jede Landung im Mittelmeerraum östlicher als Oran.

Churchill erhielt die Nachricht von dieser neuesten Wendung, als er zusammen mit General Brooke von seiner Reise nach Ägypten und Moskau zurückkehrte – wo Stalin ihn wegen der Nichteröffnung einer Zweiten Front mit provozierenden Fragen angezapft hatte wie: »Wollt ihr uns die ganze Arbeit machen lassen, während ihr nur zuschaut? Wollt ihr niemals wieder anfangen zu kämpfen? Ihr werdet sehen, es wird schon gutgehen, wenn ihr einmal anfangt!« Das war natürlich ein Stachel für Churchill; aber es war ihm gelungen, Stalins Interesse für die Möglichkeiten von »Torch« zu erwecken, und er hatte lebhaft ausgemalt, wie diese Operation indirekt den deutschen Druck auf Rußland mildern könnte. Daher war er schockiert, jetzt zu hören, daß die Amerikaner den Plan wieder verwässern wollten.

Am 27. August sandte er ein langes Telegramm an Roosevelt, in dem er erklärte, die von den amerikanischen Stabschefs vorgeschlagenen Änderungen könnten verhängnisvoll für den ganzen Plan sein, und »die ganze Operation verliert ihren eigentlichen Zweck, wenn wir nicht am ersten Tag schon Algier und Oran nehmen«. Er wies auch auf den schlechten Eindruck hin, den eine bescheidenere Zielsetzung auf Stalin machen würde.

Roosevelt bestand in seiner Antwort am 30. darauf, daß »eine unse-

rer Landungen unter allen Umständen am Atlantik erfolgen müsse«.
Daher schlug er vor, die Amerikaner sollten die Landungen bei Casablanca und Oran, die Briten die weiter östlichen durchführen. Außerdem warf er, an das militärische Vorgehen der Briten gegen die Vichy-Franzosen in Nordafrika, Syrien und anderswo erinnernd, ein neues Problem auf:

»Ich bin entschieden der Meinung, daß die ersten Angriffe ausschließlich von amerikanischen Bodentruppen geführt werden müssen ... Ich möchte sogar soweit gehen zu sagen, daß eine gleichzeitige Landung von Briten und Amerikanern den Widerstand aller Franzosen in Afrika zur Folge haben wird, während eine anfangs rein amerikanische Landung ohne britische Truppen die echte Chance bietet, daß es zu keinem oder nur zu einem symbolischen französischen Widerstand kommen wird ... Wir glauben, daß die deutsche Luftwaffe oder deutsche Fallschirmjäger in größerer Zahl nicht vor zwei Wochen nach Beginn des Angriffes nach Algier oder Tunis gelangen können.«

Die Briten waren entsetzt über die Absicht, vor den Landungen im Osten eine Woche verstreichen zu lassen, da sie diese Landungen für wichtiger und dringlicher hielten als die weiter westlichen, und waren keineswegs überzeugt von der optimistischen Annahme der Amerikaner, daß die Deutschen erst nach zwei Wochen wirksam eingreifen könnten.

Churchill war gern bereit, sich zur politischen und psychologischen Ebnung des Weges des vermittelnden Einflusses des amerikanischen Botschafters bei der Vichy-Regierung, Admiral Leahy, zu bedienen. Zwar war er »bereit, den vorwiegend amerikanischen Charakter der Expedition beizubehalten« und daher die britischen Streitkräfte »so sehr im Hintergrund zu halten wie irgend möglich«; aber er hielt es nicht für möglich, die Tatsache zu verschleiern, daß der größere Teil des Schiffsraums, der Kriegsmarine und der Luftunterstützung von den Briten gestellt und daß diese Elemente noch vor den Bodentruppen zuerst sichtbar werden würden. Er berührte diese Punkte in einer taktvollen Antwort an Roosevelt vom 1. September und betonte, wenn »der unblutige politische Sieg nicht errungen wird, für den – da bin ich Ihrer Meinung – gute Aussicht besteht, dann wird es zu einer militärischen Katastrophe mit weitreichenden Folgen kommen«. Er fuhr fort: »Schließlich scheint es uns entscheidend wichtig, daß trotz aller

Schwierigkeiten Algier gleichzeitig mit Casablanca und Oran besetzt wird. Hier ist der Ort, wo sich die politische Reaktion ganz Nordafrikas für uns hoffnungsvoll entscheiden kann. Algier aufzugeben zugunsten einer Landung in Casablanca mit zweifelhafter praktischer Durchführbarkeit, scheint uns ein sehr schwerwiegender Entschluß. Wenn dies dazu führt, daß die Deutschen uns nicht nur in Tunesien, sondern auch in Algerien zuvorkommen, dann werden die Ergebnisse für den ganzen Mittelmeerraum beklagenswert sein.« Dieses richtige Argument für eine Landung bei Algier im Rahmen des ganzen Planes ließ die Bedeutung der Landungen weiter östlich außer acht – ein Zugeständnis, das für die Aussicht auf einen schnellen strategischen Erfolg verhängnisvoll werden sollte.

In seiner Antwort an Churchill stimmte Roosevelt am 3. September zu, daß eine Landung bei Algier in den Plan aufgenommen werden solle, und er schlug vor, zuerst sollten amerikanische Truppen landen »innerhalb einer Stunde von britischen Truppen gefolgt«. Churchill akzeptierte dies sofort unter der Voraussetzung, die für Casablanca bestimmten Kräfte so zu reduzieren, daß die Landung bei Algier militärisch durchschlagend wäre. Roosevelt war in etwas eingeschränkter Form damit einverstanden und schlug die Reduzierung der Landetruppen bei Casablanca und bei Oran um je ein kampfstarkes Regiment vor, um 10000 Mann für den Einsatz bei Algier bereitzustellen. Churchill telegrafierte am 5. September zurück: »Wir sind mit der von Ihnen vorgeschlagenen Kräfteplanung einverstanden. Wir haben genügend Truppen, die für Landungen gut ausgebildet sind. Wenn es Ihnen recht ist, können sie Ihre Uniform tragen; sie werden darauf stolz sein. Der Schiffsraum geht in Ordnung.« Noch am gleichen Tag kabelte Roosevelt ein einziges Wort zurück: »Hurra!«

So wurde die Frage endlich durch diesen Austausch von Telegrammen zwischen Roosevelt und Churchill entschieden. Drei Tage später setzte Eisenhower den 8. November als Datum der Landungen fest; er lehnte Churchills Angebot ab, die britischen Truppen in amerikanische Uniform zu stecken, da er bestrebt war, den ersten Landungen einen rein amerikanischen Anstrich zu geben. Churchill fand sich mit der Verzögerung und mit der Abänderung des Plans ab. In einem späteren Telegramm an Roosevelt vom 15. September sagte er sogar unterwürfig:

»Bei der ganzen Torch-Operation, der militärischen wie der politischen, betrachte ich mich als Ihren Untergebenen, der nur verlangt, seine Ansicht Ihnen klar vortragen zu dürfen.« Roosevelts »Hurra«-Telegramm vom 5. September entschied das, was man treffend »den transatlantischen Wettstreit militärischer Essays« genannt hat – freilich sprach Marshall weiterhin seine Zweifel aus, und sein politischer Vorgesetzter, der Heeresminister Stimson, beklagte sich bitter beim Präsidenten über die Entscheidung, in Nordafrika zu landen. Die Entscheidung des Präsidenten machte es jetzt aber möglich, die Planung im Eiltempo voranzutreiben, um die frühere Verzögerung wettzumachen. Der Plan litt jedoch an den Folgen des Kompromisses: Indem er die Chancen eines schnellen durchschlagenden Erfolges in Nordafrika verminderte, machte er für längere Zeit die Abzweigung alliierter Kräfte im Mittelmeerraum notwendig – wie die amerikanischen amtlichen Kriegshistoriker erkannt und betont haben[1].

Nach dem endgültigen Plan sollte jetzt die Landung an der Atlantik-Küste zur Einnahme Casablancas von einer rein amerikanischen Streitmacht unter Generalmajor George S. Patton mit 24 500 Mann erfolgen, die von der westlichen Einsatzgruppe der Kriegsmarine unter Admiral Hewitt dorthin gebracht werden sollte. Sie startete aus den USA selbst – der größte Teil vom Hafen Hampton Roads in Virginia – und bestand aus 102 Schiffen, davon 29 Truppentransportern.

Die Einnahme Orans wurde einer zentralen Einsatzgruppe übertragen, die aus 18 500 Mann amerikanischer Truppen unter Generalmajor Fredendall bestand, aber von einem britischen Marineverband unter Kommodore Troubridge begleitet wurde. Sie fuhr von der Clyde-Bucht in Schottland ab, da sie aus amerikanischen Truppen bestand, die schon im August nach Schottland und Nordirland überführt worden waren.

Für die Operation gegen Algier war die ebenfalls rein britische östliche Einsatzgruppe der Kriegsmarine zuständig, unter dem Befehl von Konteradmiral Sir Harold Burroughs; aber die Angriffstruppe bestand aus 9000 Briten und 9000 Amerikanern, und ihr Befehlshaber Generalmajor Ryder war Amerikaner. Amerikanische Einheiten wurden

---

1 Siehe insbesondere die tiefschürfende Analyse in Maurice Marloff und Edwin M. Snell: Strategie Planning for Coalition Warfar 1941–42

auch in die etwa 2000 Mann starken britischen Kommandotrupps eingegliedert. Diese seltsam gemischte Zusammensetzung ging auf die Hoffnung zurück, wenn man die Amerikaner vorn ins Schaufenster stellte, würden die Franzosen annehmen, die gesamte Landetruppe sei amerikanisch. Am 9. November, dem Tag nach der Landung, übernahm aber der Befehlshaber der neugebildeten britischen 1. Armee, Generalleutnant Kenneth Anderson, den Befehl über sämtliche alliierten Truppen in Algerien.

Die Landetruppen für Oran und Algier kamen aus Großbritannien in zwei großen Geleitzügen, einem langsamen, der am 22. Oktober, und einem schnellen, der vier Tage später abfuhr. Dieser Zeitplan war so arrangiert, daß beide Geleitzüge in der Nacht zum 5. November zusammen die Straße von Gibraltar passieren konnten, und von dort aus wurden sie von einem Verband der britischen Mittelmeerflotte unter Admiral Sir Andrew Cunningham geschützt. Dessen Anwesenheit genügte, die italienische Kriegsmarine vom Eingreifen abzuhalten, selbst nach der Landung – so daß, wie Cunningham mit Bedauern bemerkte, sein großer Verband »untätig hin und her fahren mußte«. Cunningham selbst hatte aber viel zu tun, da er Befehlshaber der alliierten Kriegsmarine unter Eisenhower und somit für die gesamte maritime Seite von »Torch« verantwortlich war. Einschließlich der Versorgungsschiffe, die schon Anfang Oktober in früheren Geleitzügen abgefahren waren, kamen über 250 Handelsschiffe aus Großbritannien, davon 40 Truppentransporter (einschließlich drei amerikanischer), während die britische Kriegsmarine mit 160 Kriegsschiffen verschiedener Typen am Geleitschutz für die Operation beteiligt war.

Das diplomatische Vorspiel zu den Landungen war eine Mischung von Spionageroman und »Western«, mit einigen komischen Zwischenspielen. Robert Murphy, der oberste diplomatische Vertreter der USA in Nordafrika, hatte aktiv den Weg für die Landungen geebnet durch diskrete Sondierungen bei den hohen französischen Offizieren, bei denen er Sympathien für den Plan und mögliche Hilfsbereitschaft vermutete. Er zählte vor allem auf General Mast, den Befehlshaber der Truppen im Raum Algier (vorher Stabschef des Oberbefehlshabers General Juin) und auf General Béthouart, der die Truppen im Raum Casablanca befehligte – wenn auch dieser Raum mit allen seinen Streitkräften unter dem Befehl von Admiral Michelier stand, was die Amerikaner leider nicht erkannten.

Mast hatte vorgeschlagen, ein höherer militärischer Vertreter der Alliierten solle insgeheim zu vertraulichen Gesprächen mit Juin und anderen nach Algier kommen. Dementsprechend flog General Mark Clark, der soeben zum stellvertretenden Oberbefehlshaber von »Torch« ernannt worden war, mit vier Stabsoffizieren nach Gibraltar; von dort wurde die Gruppe in einem britischen U-Boot zu einem Treffen in einer Villa an der Küste 100 Kilometer westlich von Algier gefahren. Das U-Boot kam am Morgen des 21. Oktober an der Küste an, aber zu spät, um noch bei Dunkelheit Mark Clark und seine Gruppe an Land zu setzen; daher mußte es den ganzen Tag getaucht bleiben, während die enttäuschten und verwirrten Franzosen wieder nach Hause gingen. Auf Grund einer Meldung des U-Boots nach Gibraltar, die auf einem geheimen Funkkanal nach Algier weitergegeben wurde, erschienen Murphy und einige Franzosen am nächsten Abend wieder in der Villa, als Clark und seine Leute in vier Schlauchbooten an Land kamen – von denen eines bei der Landung kenterte. Sie wurden zum Treffpunkt gewiesen durch ein abgeblendetes Licht, das aus einem Fenster schien.

Mark Clark erzählte Mast ziemlich allgemein, eine große amerikanische Streitmacht werde für den Einsatz in Nordafrika vorbereitet und werde von britischen Luft- und Seestreitkräften unterstützt werden – eine Mitteilung, die nicht sehr aufrichtig war. Außerdem zog er es im Interesse der Geheimhaltung vor, Mast keinen klaren Hinweis über Zeit und Ort der alliierten Landungen zu geben. Diese übertriebene Vorsicht beim Umgang mit einem Mann, dessen Hilfe von entscheidender Bedeutung sein könnte, war unklug, da sie ihm und seinen Freunden die nötigen Informationen und die nötige Zeit vorenthielt, um eine praktische Zusammenarbeit in die Wege zu leiten. Clark ermächtigte zwar Murphy, Mast unmittelbar vor den Landungen von dem Datum, aber immer noch nicht von den Landeplätzen zu unterrichten. Dies war aber zu spät für Mast, um seine Mitverschworenen in Marokko zu benachrichtigen.

Die Besprechung wurde zeitweilig in dramatischer Form durch das Auftauchen mißtrauischer französischer Polizeibeamter unterbrochen. Clark und seine Gefährten wurden eilig in einem leeren Weinkeller versteckt, während die Polizei die Villa durchsuchte. Nachdem sie sich endlich entfernt hatte, immer noch mißtrauisch und mit der Drohung, bald zurückzukommen, hatten die Amerikaner neue

Schwierigkeiten, als sie sich in der Abenddämmerung wieder einschiffen wollten; denn die Brandung war sehr heftig geworden, und Clark ertrank beinahe, als sein Schlauchboot kenterte. Bei einem neuen Versuch kurz vor Sonnenaufgang kenterten die anderen; aber schließlich gelangte die ganze Gruppe heil durch die schweren Brecher und erreichte das U-Boot völlig durchnäßt. Am nächsten Tag stiegen sie auf ein Wasserflugzeug um, das sie nach Gibraltar zurückbrachte.

Eine wichtige Frage bei den Erörterungen auf dieser Konferenz war die Wahl des französischen Führers, der am ehesten geeignet wäre, die französischen Streitkräfte in Nordafrika der alliierten Seite zuzuführen. Der Oberkommandierende General Juin hatte zwar vertraulich seine Bereitschaft ausgesprochen; aber er neigte offenbar dazu, so lange wie möglich »auf dem Zaun zu sitzen« und keine eigene Initiative zu ergreifen. Seine wichtigsten Unterbefehlshaber hatten nicht genügend Ansehen und zögerten nicht weniger, einen endgültigen Schritt in Mißachtung der Befehle der Vichy-Regierung zu tun. Admiral Darlan, der Oberbefehlshaber der gesamten französischen Streitkräfte und designierte Nachfolger des greisen Marschalls Pétain als Staatschef, hatte schon 1941 im Gespräch mit Leahy und noch jüngst im Gespräch mit Murphy angedeutet, er sei unter Umständen bereit, die Politik der Kollaboration mit Deutschland zu verlassen und die Franzosen wieder auf die alliierte Seite zu führen, wenn ihm ausreichende militärische Hilfe der USA zugesichert würde. Aber er hatte so lange mit Hitler zusammengespielt, daß seine Andeutungen kein großes Vertrauen erweckten. Außerdem hatte er antibritische Ressentiments, die natürlich durch das britische Vorgehen gegen die französische Flotte bei Oran im Jahr 1940 noch verstärkt worden waren. Dies machte seine Haltung noch zweifelhafter angesichts der Schwierigkeit, die Tatsache zu verschleiern, daß die Briten bei der Operation einen großen Anteil hatten.

General de Gaulle wurde aus dem entgegengesetzten Grund ausgeschlossen: weil seine Auflehnung gegen Pétain im Jahr 1940 und sein späterer Anteil an Churchills Aktionen gegen Dakar Syrien und Madagaskar alle der Vichy-Regierung treu gebliebenen Offiziere unwillig machte, sich seiner Führung zu unterstellen, selbst jene, die am leidenschaftlichsten das deutsche Joch abschütteln wollten. Dieser Gesichtspunkt wurde von Murphy stark unterstrichen und bereitwillig von Roosevelt akzeptiert, der ein tiefes Mißtrauen gegen de Gaulles

Urteil und eine tiefe Abneigung gegen seine Arroganz entwickelt hatte. Churchill, der sich ja kürzlich als »Ihr Untergebener« bezeichnet hatte, beugte sich der Stimme seines Herrn, und de Gaulle erhielt keinerlei Information über den Plan, bevor die Landung stattfand.

Unter diesen Umständen stimmten alle Amerikaner, vom Präsidenten abwärts, der Ansicht General Masts und seiner Freunde bereitwillig zu, daß General Giraud der geeignetste Kandidat für die Führung der Franzosen in Nordafrika sei – wie Murphy schon vor der Konferenz vorgeschlagen hatte. Giraud, ein Armeebefehlshaber im Mai 1940, war in deutsche Kriegsgefangenschaft geraten, aber hatte im April 1942 fliehen und das unbesetzte Frankreich erreichen können, wo er auf Grund des Versprechens, die Autorität Pétains anzuerkennen, in Freiheit leben durfte. Er nahm seinen Wohnsitz in der Nähe von Lyon; von dort, obwohl unter Polizeiaufsicht, nahm er mit vielen Offizieren in Frankreich selbst und in Nordafrika Kontakt auf, die seinen Wunsch teilten, mit amerikanischer Hilfe eine Revolte gegen die deutsche Herrschaft zu organisieren. Girauds Grundgedanke zeigte sich in einem Brief an einen seiner Freunde, General Odic: »Wir wollen nicht, daß die Amerikaner uns befreien; aber wir wollen, daß sie uns helfen, uns zu befreien – was nicht ganz das gleiche ist.« In seinen vertraulichen Unterhandlungen mit amerikanischen Vertretern hatte er zur Bedingung gemacht, daß er Oberbefehlshaber aller alliierten Truppen auf französischem Gebiet sein müsse, wo immer französische Truppen am Kampf teilnahmen. Aus einer Botschaft, die er erhielt, schloß er, seine Bedingungen seien von Roosevelt angenommen worden; aber sie waren eine völlige Überraschung für Eisenhower, als Giraud am 7. November, dem Vorabend der Landungen, in Gibraltar ankam und mit ihm zusammentraf.

Giraud war an einem geheimen Treffpunkt an der Südküste Frankreichs von demselben britischen U-Boot »Seraph«[1] aufgenommen worden, das Mark Clark bei seiner geheimen Mission an die algerische

---

1 Giraud hatte verlangt, aus politischen Gründen solle ein amerikanisches Schiff ihn abholen, und seine Forderung wurde erfüllt, indem man die »Seraph« nominell unter den Befehl eines amerikanischen Offiziers, Captain Wright, stellte und eine amerikanische Flagge mitführen ließ, die notfalls gezeigt werden sollte. Giraud wurde von seinem Sohn und zwei jungen Stabsoffizieren begleitet, von denen einer, Captain Beaufre, maßgebend Anteil an der Planung der ganzen Operation gehabt hatte. Sowohl Wright wie Beaufre machten nach dem Krieg eine hervorragende Karriere.

Küste gebracht hatte. Er stieg dann auf ein Wasserflugzeug um und wurde nach Gibraltar gebracht. Als er dort eintraf, war er erschreckt über die Nachricht, daß die alliierten Landungen schon am nächsten Morgen stattfinden sollten – man hatte ihnen gesagt, sie seien für den nächsten Monat geplant –, und erschreckt über die Feststellung, daß nicht er, sondern Eisenhower den Oberbefehl über die Landeoperationen haben sollte. Dies führte zu einem heftigen Streit, bei dem er sich auf seinen höheren Dienstgrad und auf die ihm gegebenen Zusicherungen berief und ständig wiederholte, sich mit weniger als dem Oberbefehl zufriedenzugeben, wäre eine Preisgabe seines persönlichen Prestiges und des Prestiges seines Landes. Aber als die Besprechungen am nächsten Morgen, dem 8., wiederaufgenommen wurden, fand er sich mit der Lage ab nach ausdrücklichen Zusicherungen, daß er der Chef der französischen Streitkräfte und der französischen Verwaltung in Nordafrika sein solle – ein Versprechen, das bald beiseitegewischt wurde aus Gründen der Zweckmäßigkeit und der größeren taktischen Vorteile, die Admiral Darlan bot.

Als sie die »Fackel« der Freiheit nach Französisch-Nordafrika brachten, gelang den Amerikanern die Überraschung allzugut – dies stiftete bei ihren Freunden und Helfern mehr Verwirrung als beim Feind. Ihre französischen Kollaborateure waren zu wenig darauf vorbereitet, ihnen wirksam zu helfen, und unter dem Schock der plötzlichen Invasion reagierten die meisten französischen Befehlshaber so, wie es unter solchen Umständen natürlich war, nämlich loyal zu der legitimen Autorität, die von Marschall Pétain in Vichy verkörpert wurde. So stießen die Landungen anfänglich auf Widerstand – bei Oran und Casablanca mehr als bei Algier.

Bei Casablanca hatte der französische Divisionskommandeur General Béthouart am späten Abend des 7. die Meldung erhalten, die Landung würde am 8. um 2 Uhr morgens stattfinden. Er befahl sogleich, die deutsche Waffenstillstandskommission zu verhaften, und schickte einige Offiziere zur Begrüßung der Amerikaner an die Küste bei Rabat, 80 Kilometer weiter nördlich, da er annahm, die Landungen würden dort erfolgen, weil es der Sitz der französischen Verwaltung in Marokko war und weil dort keine Küstenbatterien standen.

Danach machte sich Béthouart selbst auf, mit einem Bataillon das Armeehauptquartier in Rabat zu besetzen, und ließ den Armeebefehlshaber unter Bewachung abführen. Gleichzeitig schrieb er Briefe an General Noguès, den Generalresidenten und Oberkommandierenden in Marokko, und an Admiral Michelier, in denen er sie informierte, die Amerikaner seien im Begriff zu landen, General Giraud werde den Oberbefehl in ganz Französisch-Nordafrika übernehmen, und er selbst sei von Giraud zum Befehlshaber der Truppen in Marokko ernannt worden. Er forderte Noguès und Michelier auf, den von ihm erteilten Befehl, die Amerikaner ohne Widerstand landen zu lassen, zu sanktionieren – oder aber beiseite zu stehen, bis es für sie leichter sei, die vollendete Tatsache zu akzeptieren.

Als Noguès den Brief erhielt, versuchte er, zunächst »auf dem Zaun zu sitzen«, bis die Lage klarer war. Aber während Noguès zögerte, handelte Michelier sofort. Seine Luft- und U-Bootaufklärung hatte die herannahende Armada erst am späten Abend entdeckt, und daher kam er zu dem Schluß, daß Béthouart auf einen Bluff hereingefallen sei. Micheliers Versicherung, an der Küste sei keine starke Streitmacht gesichtet worden, überzeugte Noguès so sehr, daß er auch nach den ersten Berichten über die Landung, die er gegen 5 Uhr morgens erhielt, noch annahm, es seien nur kleine Kommando-Angriffe. Er sprang daher auf der antiamerikanischen Seite vom Zaun herunter, befahl den französischen Truppen, der Landung Widerstand zu leisten, und ließ Béthouart unter Anklage des Hochverrats verhaften.

General Pattons Hauptlandung erfolgte bei Fedala, 25 Kilometer nördlich von Casablanca; kleinere Landungen erfolgten bei Mehdia, 90 Kilometer weiter nördlich, und bei Safi, 220 Kilometer südlich Casablanca. Fedala bot die der Stadt und ihrem Hafen am nächsten liegende geeignete Küste, und Casablanca war der einzige große und gut ausgerüstete Hafen an der atlantischen Küste Marokkos. Mehdia wurde ausgewählt wegen seiner Nähe am Flugplatz von Port Lyautey, dem einzigen Flugplatz in Marokko mit einer Betonpiste. Safi wurde gewählt, weil von dort die starke französische Garnison in Marrakesch im Landesinnern am besten am Eingreifen bei Casablanca gehindert werden konnte und weil es einen Hafen hatte, groß genug, um mittlere Panzer auszuladen.

Als die große amerikanische Armada nach einer ruhigen Fahrt über den Ozean sich am 6. November der Küste Marokkos näherte, wurde dort schwere See gemeldet, und für den 8. wurde eine so schwere Brandung vorausgesagt, daß die Landung unmöglich wäre. Aber Admiral Hewitts eigener Meteorologe sagte voraus, der Sturm würde sich legen, und so beschloß der Admiral, die Landung plangemäß zu riskieren. Am 7. begann sich das Meer wirklich zu beruhigen, und am 8. war es ziemlich ruhig; die Brandung war sogar geringer als an jedem anderen Morgen des Monats. Dennoch kam es wegen der mangelnden Erfahrung mit Landeoperationen zu zahlreichen Unfällen und Verzögerungen.

Freilich verlief die Operation besser, als Patton vor der Einschiffung in einer der für ihn typischen bombastischen Reden vorausgesagt hatte, als er den Marineoffizieren erklärte, ihre ausgetüftelten Landepläne würden in den ersten fünf Minuten zusammenbrechen, und renommierte: »Noch nie in der Geschichte hat die Marine eine Armee zur richtigen Zeit und am richtigen Ort an Land gesetzt. Aber wenn ihr uns irgendwo im Umkreis von 50 Meilen von Fedala und innerhalb einer Woche nach dem Tag X an Land setzt, dann schaffe ich die Sache.«

Zum Glück war die Verwirrung bei den Franzosen so groß, daß die ersten Landewellen schon heil an der Küste gelandet waren, ehe das Feuer der Verteidiger ernst wurde, und dann war das Tageslicht schon hell genug, daß die amerikanischen Schiffsgeschütze die Küstenbatterien zum Schweigen bringen konnten. Aber neue Schwierigkeiten entstanden in dem Landekopf selbst aus dem Durcheinander bei den unerfahrenen Landeeinheiten, so daß Patton jetzt seine explosive Kritik auf seine eigenen Leute richtete. Sowohl die Soldaten selbst wie die Landeboote waren überladen; und obwohl der Vormarsch auf Casablanca am zweiten Tag ohne nennenswerten Widerstand in Gang kam, mußte er plötzlich gestoppt werden, weil die gesamte Ausrüstung sich an der Küste stapelte, aber nicht nach vorne zu den marschierenden Truppen kam. Auch am dritten Tag waren die Fortschritte gering, und der Widerstand wurde stärker, so daß die Lage kritisch wurde.

Sie wäre noch ernster geworden, wenn nicht die französische Kriegsmarine schon am ersten Tag außer Gefecht gesetzt worden wäre. Dies geschah in einem Seegefecht bei Casablanca, das noch im Stil früherer Seekämpfe stattfand. Es begann um 7 Uhr morgens, als die Küstenbatterie von Cap El Hank und die Geschütze der »Jean Bart« im Hafen – des neuesten französischen Schlachtschiffes, das noch nicht fertiggestellt war und sich nicht von seinem Liegeplatz entfernen konnte – das Feuer auf den Verband Konteradmiral Giffens eröffnete, der aus dem Schlachtschiff »Massachusetts«, zwei schweren Kreuzern und vier Zerstörern bestand. Die Schiffe erhielten keinen Treffer, und ihre Antwort war so gründlich, daß zeitweise sowohl die Küstenbatterie wie die »Jean Bart« zum Schweigen gebracht wurden. Aber sie waren von diesem lebhaften Schußwechsel so in Anspruch genommen, daß sie die Aufgabe vernachlässigten, die anderen französischen Schiffe in Schach zu halten. Um 9 Uhr vormittags waren ein leichter Kreuzer, sieben Zerstörer und acht U-Boote ausgelaufen; sie fuhren in Richtung Fedala, wo die amerikanischen Transporter unbeweglich lagen. Freilich wurden sie aufgehalten und zum Rückzwung gezwungen durch zwei Kreuzer und zwei Zerstörer, die Admiral Hewitt ihnen entgegengesandt hatte. Dann tauchte die gesamte amerikanische Begleitgruppe auf, um den Rückzug der französischen Schiffe abzuschneiden. Durch geschicktes Manövrieren, die Verwendung von Nebelwänden und einen Ablenkungsangriff der U-Boote gelang es den Franzosen, dieser Konzentration überlegener Feuerkraft bei Verlust von nur einem Zerstörer zu entgehen. Doch dann machten sie einen neuen tapferen Versuch, den Landeraum zu erreichen; bei diesem zweiten Einsatz wurde ein weiterer Zerstörer versenkt, und nur eines der acht Schiffe kam unbeschädigt in den Hafen zurück, wo dann zwei weitere durch Bombenangriffe versenkt und andere schwer beschädigt wurden.

Doch dieser Erfolg war noch nicht entscheidend, da die Batterien von El Hank und die 38-cm-Geschütze der »Jean Bart« wieder zum Leben erwachten, während die amerikanischen Schiffe soviel Munition verbraucht hatten, daß sie die in Dakar stationierten französischen Kriegsschiffe nicht hätten zurückschlagen können, wenn sie am Landeort erschienen wären, wie man befürchtete.

Glücklicherweise wurde aber die Lage in Casablanca und an der Atlantikküste überhaupt grundlegend geändert durch die politische Entwicklung in Algier. Am späten Nachmittag hörte General Noguès, daß die französischen Autoritäten dort, an ihrer Spitze Admiral Darlan, den Befehl zur Einstellung der Kämpfe gegeben hatten. Noguès handelte prompt auf Grund dieser unbestätigten Nachricht und befahl am 10. seinen Unterbefehlshabern, bis zu einem Waffenstillstand den aktiven Widerstand einzustellen.

Unterdessen war die amerikanische Landung bei Oran auf etwas härteren Widerstand gestoßen als die bei Casablanca. Doch es gab hier eine bemerkenswert gute gemeinsame Planung und praktische Zusammenarbeit zwischen der amerikanischen Truppe und dem britischen Flottenverband, der diese an der Küste absetzte. Außerdem war die Spitze der Landtruppen, die erste US-Infanteriedivision unter Generalmajor Allen, eine sehr gut ausgebildete Einheit, und sie wurde durch etwa die Hälfte der 1. Panzerdivision unterstützt.

Die Operation lief gut an. Am Abend des 7. November hatte der Geleitzug zur Täuschung Oran in östlicher Richtung passiert, aber bei Dunkelheit war er wieder zurückgefahren. Die Landung begann planmäßig um 1 Uhr nachts im Golf von Arzen, 38 Kilometer östlich der Stadt, und eine halbe Stunde später am Strand von Les Andalouses, 22 Kilometer westlich, und bei Mersa Bou Zedjar, 48 Kilometer westlich von Oran. Die Überraschung war vollständig, und an der Küste stieß man auf keinerlei Widerstand. Obwohl dieser Abschnitt von 13 Küstenbatterien abgedeckt wurde, gab es erst nach Tagesanbruch störendes Feuer, und auch dann richtete es sehr wenig Schaden an, dank der wirksamen Unterstützung durch die Kriegsschiffe und der Tarnung durch Nebelwände. Die Ausschiffung und Ausladung klappte im großen und ganzen gut, obwohl behindert durch die Überlastung der Soldaten, die jeder fast 90 Pfund an Ausrüstung tragen mußten. Die mittelschweren Panzer waren auf den Transportschiffen verladen und wurden nach Einnahme des Hafens von Arzeu auf dem Kai ausgeladen.

Der einzige schwere Rückschlag erfolgte bei dem Versuch, den Hafen von Oran in direktem Angriff zu nehmen, um einer eventuellen Sabotage an den Hafenanlagen und den Schiffen zuvorzukommen. Zwei kleine britische Schlepper mit je 400 amerikanischen Soldaten an Bord und von zwei Motorbooten begleitet, führten diesen kühnen Plan aus, den die amerikanischen Marineoffiziere als zu kühn bezeichnet hatten. Das Ergebnis bestätigte deren Ansicht, daß dies ein »Himmelfahrtskommando« war. Unklugerweise begann die Aktion zwei Stunden nach den Landungen, als die Franzosen durch die Landeoperationen schon aufgeweckt worden waren.

Auch die groß entfaltete amerikanische Flagge hielt die Franzosen nicht von nachhaltigem Feuer ab, das beide Schiffe schwer beschädigte, die Hälfte der Besatzung und der an Bord befindlichen Truppen tötete, während die übrigen, meist verwundet, gefangengenommen wurden.

Der Vormarsch von den Landeköpfen kam zwischen 8 und 9 Uhr morgens in Gang, und bald nach 11 Uhr erreichte Oberst Waters' Kolonne leichter Panzer von Arzeu aus den Flugplatz Tafaraoui, der schon eine Stunde später zur Aufnahme von Flugzeugen aus Gibraltar bereit war. Als aber die Panzerkolonne nach Norden schwenkte, wurde sie kurz vor dem Flugplatz La Sénia aufgehalten, und ebenso erging es der Kolonne von Oberst Robinett aus Mersa Bou Zedjar. Auch der koordinierte Vormarsch der Infanterie aus Arzeu und aus Les Andalouses rannte sich fest, als man in der Nähe von Oran auf Widerstand stieß.

Am zweiten Tag wurden nur wenige Fortschritte gemacht, da sich der französische Widerstand versteifte und ein Gegenangriff gegen die Flanke des Landekopfes von Arzeu den ganzen Plan durcheinanderbrachte. Zwar wurde am Nachmittag der Flugplatz La Sénia genommen; aber die meisten französischen Flugzeuge waren schon abgeflogen, und wegen ständigem Artilleriebeschuß konnte er noch nicht benutzt werden. Am dritten Vormittag wurde ein konzentrischer Angriff auf Oran unternommen, nachdem einige Widerstandsnester in der Nacht umgangen worden waren. Infanterieangriffe von Osten und Westen lenkten die Aufmerksamkeit der Verteidiger auf sich, so daß Panzerspitzen von beiden Kolonnen ohne Widerstand aus südlicher Richtung in die Stadt eindringen und noch vor Mittag das französische Hauptquartier erreichen konnten. Die französischen Kommandeure ergaben sich daraufhin. Die amerikanischen Verluste bei den dreitägigen Kämpfen betrugen weniger als 400 Mann, die französischen waren noch geringer. Das Nachlassen des Widerstandes am letzten Tag war schon stark davon beeinflußt, daß die französischen Kommandeure wußten, daß in Algier Verhandlungen im Gange waren.

Die Landung bei Algier war noch glatter verlaufen, in erster Linie dank dem örtlichen Befehlshaber General Mast und seinen zur Kollaboration bereiten Vertrauten. Nirgends gab es ernsthaften Widerstand, außer bei dem Versuch, sich wie in Oran die Einfahrt in den Hafen zu erzwingen.

Ein amerikanischer Truppentransporter war am 7. noch 240 Kilometer vor Algier durch ein U-Boot-Torpedo beschädigt worden, aber danach war die weitere Fahrt im Mittelmeer ohne Zwischenfall verlaufen. Obwohl von einigen Aufklärungsflugzeugen gesichtet, erreichte der Konvoi die Landeplätze ohne Störung durch Luftangriffe. Eine

Gruppe landete bei Cap Matifou, 25 Kilometer östlich Algier, eine zweite bei Cap Sidi Ferruch und eine dritte bei Castiglione, beide westlich der Stadt. Die beiden Landungen in der Nähe von Algier wurden der politischen Tarnung zuliebe von den Amerikanern, die bei Castiglione in erster Linie von den Briten durchgeführt.

Hier begann die Landung planmäßig um 1 Uhr nachts und ging trotz der schroffen und gefährlichen Küste ohne Mißgeschick vonstatten. Französische Truppen, auf die man stieß, berichteten, sie hätten Befehl erhalten, keinen Widerstand zu leisten. Schon um 9 Uhr morgens wurde der Flugplatz Blida erreicht. Auf der östlichen Seite von Algier erfolgte die Landung etwas später und nicht ganz so glatt, aber auch hier gab es keinen Widerstand. Der wichtige Flugplatz Maison Blanche wurde bald nach 6 Uhr morgens erreicht und nach einem symbolischen Widerstand von einigen wenigen Schüssen besetzt. Der Vormarsch auf Algier selbst freilich kam zum Stehen, als eine befestigte Stellung in einem Dorf die Durchfahrt verweigerte; auch die Küstenbatterie von Cap Matifou lehnte eine Übergabe ab, bis sie am Nachmittag zweimal von Kriegsschiffen beschossen und von Sturzbombern angegriffen worden war. Der Versuch, den Hafen von Algier im Handstreich zu nehmen, glückte noch weniger. Zwei britische Zerstörer mit großen amerikanischen Flaggen und einem amerikanischen Infanteriebataillon an Bord wurden dafür eingesetzt – es war geplant, drei Stunden nach der Landung in den Hafen einzufahren, in der Hoffnung, die Verteidiger würden dann anderswohin abgelenkt sein, selbst wenn sie nicht mit der Landung einverstanden wären. Statt dessen wurden die Zerstörer schwer beschossen, sobald sie an der Hafeneinfahrt auftauchten. Der eine wurde schwer getroffen und drehte ab; dem anderen gelang es beim vierten Versuch, das Feuer zu unterlaufen und am Kai festzumachen, wo er seine Truppen an Land setzte. Zuerst gelang die Besetzung der Hafenanlage ohne Widerstand; aber gegen 8 Uhr morgens zwang plötzliches Geschützfeuer den Zerstörer zur Flucht aus dem Hafen. Die Landetruppe wurde von afrikanischen Truppen der Franzosen eingeschlossen und ergab sich am Nachmittag, da ihr die Munition ausging und es keine Anzeichen eines Entsatzes gab. Immerhin war das französische Feuer so angelegt gewesen, daß es die Landetruppe weniger vernichtete als nur in Schach hielt.

Bei der Landung bei Cap Sidi Ferruch gab es weit mehr Verzögerung und Durcheinander; einige Landefahrzeuge verirrten sich sogar und landeten an dem britischen Landekopf weiter westlich. Viele Landefahrzeuge wurden in der Brandung zerstört, und die Bataillone verstreuten sich über 25 Kilometer Küste. Zum Glück fanden gerade diese Truppen anfangs eine freundliche Aufnahme: Mast erschien mit einigen seiner Offiziere, um sie zu begrüßen und ihnen den Weg zu weisen – anderenfalls wäre diese Landung ein verlustreiches Fiasko geworden. Aber als die Kolonnen nach eiliger Neuformation auf Algier vorrückten, stießen sie an mehreren Stellen auf Widerstand. Denn inzwischen war Mast seines Kommandos enthoben, seine Befehle zur Kooperation mit den Alliierten waren widerrufen und seine Truppen angewiesen worden, sich dem alliierten Vormarsch entgegenzustellen.

Die Kollaborateure der Alliierten in Algier hatten ihre Rolle bemerkenswert gut gespielt – in Anbetracht der sehr kurzfristigen Vorankündigung, die sie von der Landung erhalten hatten, und ihrer sehr dürftigen Information über deren Zielsetzung. Ihre Pläne zur Unterstützung der Landung wurden prompt durchgeführt: Offiziere wurden an die Küste geschickt, um die Amerikaner zu begrüßen und ihnen den Weg zu zeigen, wichtige Kontrollpunkte wurden von speziell ausgesuchten Einheiten besetzt, die Telefonverbindungen weitgehend blockiert, Polizeidienststellen besetzt und andersdenkende hohe Beamte eingesperrt; der Rundfunksender wurde von ihnen übernommen in Erwartung einer Sendung von General Giraud selbst oder in seinem Namen, die, wie man hoffte, entscheidende Wirkung haben würde. Alles in allem gelang es den Kollaborateuren, jeden Widerstand hinreichend zu lähmen, als die Landungen erfolgten, und sie hatten die Stadt bis 7 Uhr morgens fest in ihrer Hand – länger als sie es erwartet oder für notwendig gehalten hatten.

Doch der amerikanische Vormarsch von den Landeplätzen aus war dann zu langsam, um mit ihren Plänen übereinzustimmen. Als die Amerikaner bis 7 Uhr morgens noch nicht in der Stadt waren, zeigten sich die Grenzen des politischen Einflusses der Kollaborateure. Und als sie im Rundfunk einen Appell im Namen Girauds verlasen, der ebenfalls nicht wie erwartet aufgekreuzt war, war die Wirkung so gering, daß sich herausstellte, wie sehr sie das Gewicht seines Namens überschätzt hatten. Bald begannen die Verschworenen die Herrschaft über die Lage zu verlieren, und sie wurden beiseite geschoben oder sogar verhaftet.

Unterdessen fanden aber auf höherer Ebene entscheidende Verhandlungen statt. Eine halbe Stunde nach Mitternacht hatte Robert Murphy General Juin aufgesucht, ihm die Nachricht überbracht, daß überwältigend starke Streitkräfte im Begriff ständen, zu landen, und ihn aufgefordert, zu kooperieren und sogleich Befehle zu geben, der Landung keinen Widerstand entgegenzusetzen; Murphy erklärte, die Amerikaner kämen auf Einladung Girauds, um Frankreich zu helfen, sich zu befreien. Juin war in keiner Weise bereit, Girauds Führung anzuerkennen oder seine Autorität als ausreichend zu betrachten, und erklärte, diese Forderung müsse Admiral Darlan vorgelegt werden – der zufällig gerade zu diesem Zeitpunkt in Algier war, um seinen schwerkranken Sohn zu besuchen. Darlan wurde durch einen Telefonanruf geweckt und aufgefordert, zu Juins Villa zu kommen und dort eine dringliche Botschaft Murphys entgegenzunehmen. Als er dann von der bevorstehenden Aktion unterrichtet wurde, war seine erste Reaktion ein ärgerlicher Ausruf:

»Ich wußte schon lange, daß die Briten dumm sind; aber ich glaubte immer, die Amerikaner seien intelligenter. Ich fange an zu glauben, daß ihr ebenso viele Fehler macht wie sie.«

Nach kurzem Wortwechsel erklärte Darlan sich bereit, einen Funkspruch an Marschall Pétain abzuschicken, in dem er die Situation erläuterte und um Genehmigung nachsuchte, im Namen des Marschalls nach eigenem Ermessen zu handeln. Zeitweilig war die Villa Juins von einer bewaffneten Gruppe von Anti-Vichy-Franzosen umstellt, so daß Darlan praktisch ein Gefangener war; aber etwas später wurden sie von einer Abteilung Gardes Mobiles vertrieben, die jetzt Murphy in Haft nahmen. Dann begaben sich Darlan und Juin, die sich gegenseitig wie mißtrauische Katzen beäugten, in das Hauptquartier von Algier. Von dort aus ergriff Juin Maßnahmen, um die Kontrolle über seine Truppen wiederzugewinnen; er ließ General Koeltz und andere Offiziere, die von Mast verhaftet worden waren, freilassen und dafür General Mast verhaften. Darlan jedoch sandte kurz vor 8 Uhr einen zweiten Funkspruch an Pétain, in dem er betonte: »Die Lage verschlechtert sich, und unsere Verteidigung wird bald überwältigt werden« – ein erkennbarer Wink, daß es klug wäre, sich der »force majeure« zu beugen.

Pétain erteilte in seiner Antwort die erbetene Vollmacht. Denn kurz nach 9 Uhr hatte der amerikanische Geschäftsträger in Vichy, Pinkney Tuck, ihn aufgesucht und ihm einen Brief Roosevelts übergeben, in dem dieser Pétain um seine Mitwirkung bat. Pétain übergab ihm eine vorbereitete Antwort, die »Bestürzung und Trauer« über die amerikanische »Aggression« aussprach und erklärte, Frankreich werde einem Angriff auf sein Empire auch durch alte Freunde Widerstand leisten: »Dies ist der Befehl, den ich gebe.« Aber die persönliche Haltung des Marschalls gegenüber Tuck war sehr freundlich, und er schien keineswegs traurig zu sein. Sein Verhalten machte vielmehr den Eindruck, daß die formelle Antwort nur dazu diente, das deutsche Mißtrauen zu besänftigen und eine deutsche Intervention zu verhindern. Einige Stunden später jedoch nahm sein Ministerpräsident Laval unter deutschem Druck ein Angebot deutscher Luftunterstützung an – und noch am gleichen Abend bereiteten die Achsenmächte die Entsendung von Streitkräften nach Tunesien vor.

Unterdessen hatte Darlan auf eigene Verantwortung den französischen Truppen und Schiffen im Raum Algier den Befehl erteilt, das Feuer einzustellen. Obwohl dieser Befehl nicht für den Raum Oran und den Raum Casablanca galt, ermächtigte Darlan Juin, eine Abmachung für ganz Nordafrika mit den Alliierten zu treffen. Am frühen Abend kam man ferner überein, daß die Kontrolle über die Stadt Algier um 8 Uhr abends in die Hand der Amerikaner übergehen und der Hafen vom Tagesanbruch des nächsten Tages, des 9., den Alliierten zur Verfügung stehen solle.

Am Nachmittag des 9. erschien Mark Clark, um weitere Verhandlungen zu führen, und der britische General Anderson übernahm das Kommando der alliierten Truppen für den Vormarsch nach Tunesien. Auch Giraud war kurz vorher erschienen; aber mußte feststellen, daß er bei seinen führenden Landsleuten in Algier keineswegs willkommen war, und er nahm seinen Wohnsitz bei einer Familie, die sehr abgelegen wohnte – Clark bemerkte dazu: »Er tauchte praktisch unter.« Freilich erschien er am nächsten Vormittag bei Clarks erster Besprechung mit Darlan, Juin und ihrem wichtigsten Unterbefehlshaber.

Hier drängte Clark Darlan, eine sofortige Feuereinstellung für ganz Französisch-Nordafrika zu befehlen; als dieser zögerte und meinte, er habe eine Zusammenfassung der alliierten Bedingungen nach Vichy geschickt und müsse die Antwort abwarten, schlug Clark auf den Tisch und erklärte, dann würde eben Giraud den Befehl an Darlans Stelle erteilen. Darlan wies auf Girauds mangelnde Legitimation und sein ungenügendes persönliches Gewicht hin und meinte ferner, ein solcher

Befehl würde die sofortige Besetzung ganz Südfrankreichs durch die Deutschen zur Folge haben – eine Voraussage, die sich bald erfüllte. Nach weiteren hitzigen Erörterungen erklärte Clark schroff, wenn Darlan nicht sofort den verlangten Befehl erteile, würde er in Haft genommen werden – Clark hatte bereits vorsichtshalber das Gebäude mit seinen Truppen umstellt. Nach kurzer Besprechung mit seinem Stab nahm Darlan darauf das Ultimatum an, und um 11.20 Uhr ging der entsprechende Befehl heraus.

Als dies in Vichy bekannt wurde, war Pétains erste Reaktion, den Befehl zu billigen; aber als Laval auf der Fahrt nach München, wo er in brüsker Form zu Hitler zitiert worden war, davon erfuhr, rief er Pétain an und veranlaßte ihn, das Verhalten Darlans zu mißbilligen. Am frühen Nachmittag erhielt Clark die Nachricht, daß Vichy den Waffenstillstand abgelehnt habe. Als Darlan davon erfuhr, sagte er niedergeschlagen zu Clark: »Ich kann nichts anderes tun als den Befehl widerrufen, den ich heute vormittag unterzeichnet habe.« Darauf erwiderte Clark: »Sie werden nichts dergleichen tun. Der Befehl wird nicht widerrufen werden. Und um dessen sicher zu sein, nehme ich Sie hiermit gefangen.« Darlan, der diese Lösung schon angedeutet hatte, zeigte sich gern dazu bereit und sandte an Pétain die Antwort: »Ich annulliere meine Befehle und betrachte mich als Gefangenen« – wobei die Annullierung nur für deutsche und Vichy-Ohren bestimmt war. Am nächsten Tag gab Pétain – auf Grund neuen Drucks von Hitler auf dem Wege über Laval – offiziell bekannt, die gesamte Befehlsgewalt über Nordafrika sei Darlan entzogen und Noguès übertragen worden; aber er hatte bereits Darlan eine geheime Botschaft geschickt des Inhalts, dieser Schritt geschehe nur unter deutschem Druck und widerspreche seinen eigenen Wünschen. Eine solche Doppelzüngigkeit war wegen der prekären Situation in Frankreich notwendig; aber sie trug wenig zur Klärung der Situation und der Haltung der französischen Befehlshaber in Nordafrika bei.

Zum Glück klärte Hitler bald die Lage und beseitigte die Skrupel der Franzosen, indem er seinen Truppen befahl, den unbesetzten Teil Frankreichs, der nach dem Waffenstillstand von 1940 unter der Kontrolle der Vichy-Regierung war, nunmehr auch zu besetzen. Am 8. und 9. November hatte Vichy auf das Angebot bewaffneter Unterstützung, die Hitler Frankreich aufdrängen wollte, ausweichend geantwortet und Vorbehalte gemacht, die sein Mißtrauen erweckten. Am 10. kam

Laval in München an, wo er vor Hitler und Mussolini erscheinen mußte, und am gleichen Nachmittag forderte Hitler, die Häfen und Flugplätze Tunesiens müßten den Achsenmächten zur Verfügung gestellt werden. Laval versuchte noch Zeit zu gewinnen und erklärte, Frankreich könne einem Einmarsch der Italiener nicht zustimmen, und auf jeden Fall könne allein Pétain darüber entscheiden. Hitler verlor darauf die Geduld und gab gleich nach Beendigung der Gespräche seinen Truppen den Befehl, um Mitternacht in den unbesetzten Teil Frankreichs einzumarschieren – eine bereits genau vorbereitete Operation – und zusammen mit den Italienern die Flugplätze und Flottenstützpunkte in Tunesien zu besetzen.

Südfrankreich wurde von den deutschen motorisierten Verbänden schnell besetzt, während sechs italienische Divisionen von Osten her einmarschierten. Schon am Nachmittag des 9. waren deutsche Flugzeuge auf einen Flugplatz in der Nähe von Tunis geflogen, zusammen mit einer Einheit des Heeres, die sie dort schützen sollte; aber sie waren durch einen Ring französischer Truppen auf dem Flugplatz eingeschlossen worden. Vom 11. November an wurde jetzt die Luftbrücke vervielfacht, und die französischen Truppen in der Nähe wurden entwaffnet, während Panzer, Geschütze, Transportfahrzeuge und Vorräte auf dem Seeweg nach Bizerta verschifft wurden. Bis Ende November waren 15 000 Mann mit etwa 100 Panzern in Tunesien angelangt, zu einem großen Teil freilich Versorgungseinheiten, die den neuen Stützpunkt aufbauen sollten. Etwa 9 000 Italiener waren dazugekommen, hauptsächlich auf dem Landweg von Tripolis aus, und wurden vor allem zur Deckung der südlichen Flanke eingesetzt. Für eine so eilig improvisierte Aktion zu einer Zeit, als die Achsenmächte an allen Fronten hart bedrängt wurden, war dies eine gute Leistung. Jedoch war eine Streitmacht dieser Größenordnung sehr klein im Vergleich zu dem, was die Alliierten nach Französisch-Nordafrika geworfen hatten, und hätte wenig Aussicht gehabt, den Alliierten Widerstand zu leisten, wenn die Planung von »Torch« einen größeren Teil der alliierten Expeditionstruppen für den Vormarsch nach Tunesien bestimmt oder wenn das alliierte Oberkommando diesen Vormarsch schneller aufgenommen hätte.

Die deutsche Invasion Südfrankreichs trug mehr als alles andere dazu bei, den Alliierten in Nordafrika zu helfen, und zwar durch den Schock, den sie den französischen Befehlshabern versetzte. Am Vor-

mittag des 11. November, bevor die Nachricht von der Invasion Südfrankreichs eintraf, hatte es in Algier ein neues Hin und Her gegeben.
Clark suchte Darlan auf und drängte ihn, zwei dringende Schritte zu
unternehmen: der französischen Kriegsflotte in Toulon den Befehl
zum Auslaufen nach Nordafrika und dem Gouverneur von Tunesien,
Admiral Estéva, den Befehl zum Widerstand gegen die Deutschen zu
geben. Darlan wich zuerst aus und wandte ein, seine Befehle würden
möglicherweise nicht befolgt werden angesichts der Rundfunkmeldung, daß er des Oberbefehls über die gesamten französischen Streitkräfte enthoben worden sei – und als er weiter bedrängt wurde, lehnte
er die Forderungen Clarks ab. Clark verließ wütend das Zimmer Darlans; aber am Nachmittag erhielt er einen Anruf, er möchte Darlan
nochmals aufsuchen, und Darlan war jetzt, angesichts der Entwicklung
in Frankreich, mit Clarks Wünschen einverstanden – wenn auch seine
Mitteilung an den Befehlshaber der Flotte in Toulon eher als dringender Rat und weniger als Befehl formuliert war. Eine andere günstige
Wendung war, daß General Noguès, von Vichy zum Nachfolger Darlans ernannt, sich bereit erklärte, am nächsten Tag zu einer Besprechung nach Algier zu kommen.

Doch am Morgen des 12. hatte Clark einen neuen Wutanfall, als er
hörte, Darlans Befehl zum Widerstand in Tunesien sei widerrufen
worden. Nachdem er Darlan und Juin in sein Hotel zitiert hatte,
wurde es bald klar, daß dies auf Juin zurückging, der argumentierte,
es sei kein Widerruf, sondern nur eine Suspendierung des Befehls bis
zum Eintreffen von Noguès, der jetzt sein legitimer Vorgesetzter sei.
Solche Skrupel, obwohl sie für den französischen militärischen Kodex
charakteristisch waren, erschienen Clark als bloße formaljuristische
Spitzfindigkeiten. Wenn auch die beiden Franzosen sich schließlich
einverstanden erklärten, den Befehl für Tunis sofort neu zu erlassen,
ohne auf Noguès zu warten, so wurde sein Mißtrauen wieder verstärkt
durch ihr Widerstreben, Giraud an der Besprechung teilnehmen zu
lassen. Clark war so wütend über dieses ewige Zaudern, daß er davon
sprach, alle französischen Führer zu verhaften und auf einem Schiff im
Hafen einzusperren, wenn sie nicht innerhalb 24 Stunden zu einem befriedigenden Entschluß kämen.

Dann aber wurde Darlans Position bei den anderen französischen
Führern in Afrika gestärkt durch eine zweite geheime Botschaft Pétains, in der er sein Vertrauen zu Darlan bekräftigte und erklärte, er

selbst befinde sich in engem Akkord mit Präsident Roosevelt, wenn er auch wegen der Anwesenheit der Deutschen nicht offen sprechen könne. Dies half Darlan, der mehr Wirklichkeitssinn hatte als viele seiner Landsleute, die Zustimmung von Noguès und anderen zu einer Übereinkunft mit den Alliierten einschließlich der Anerkennung Girauds zu erhalten. Die französischen Diskussionen bei einer neuen Konferenz am 13. wurden beflügelt durch eine neue Drohung Clarks, er würde sie allesamt einsperren, und am Nachmittag kam es zu einer Einigung, die sogleich die Zustimmung Eisenhowers fand, der von Gibraltar herübergeflogen war. Danach sollte Darlan Hoher Kommissar und Oberbefehlshaber der Kriegsmarine sein, Giraud Oberbefehlshaber des Heeres und der Luftwaffe, Juin Befehlshaber des östlichen Abschnitts und Noguès Befehlshaber des westlichen Abschnittes sowie Generalresident von Marokko. Die aktive Zusammenarbeit mit den Alliierten bei der Befreiung Tunesiens solle sofort beginnen.

Eisenhower stimmte der Abmachung um so bereitwilliger zu, als er ebenso wie Clark erkannt hatte, daß Darlan der einzige war, der die Franzosen auf die alliierte Seite führen konnte; er erinnerte sich an das, was Churchill ihm vor kurzem in London gesagt hatte: »Wenn ich Darlan treffe, dann würde ich, so sehr ich ihn hasse, gern eine Meile auf Händen und Knien kriechen, wenn ich ihn dadurch dazu bringen könnte, seine Flotte den Alliierten zuzuführen.« Eisenhowers Entscheidung wurde ebenso prompt von Roosevelt und Churchill sanktioniert.

Jedoch dieser »Kuhhandel mit Darlan«, der in der Öffentlichkeit so lange als eine üble Nazi-freundliche Figur dargestellt worden war, erregte in Großbritannien und Amerika einen ärgeren Proteststurm, als Churchill oder Roosevelt vorausgesehen hatten. In Großbritannien war er noch größer, da de Gaulle dort saß und seine Anhänger alles taten, die Entrüstung in der Öffentlichkeit anzufachen. Roosevelt suchte den Sturm zu besänftigen durch eine öffentliche Erklärung, in der er einen Satz aus einem vertraulichen Telegramm Churchills übernahm, daß das Abkommen mit Darlan »nur ein zeitweiliger Notbehelf und nur gerechtfertigt durch den Druck der militärischen Lage« sei. In einer Pressekonferenz beschrieb er das Abkommen als die Befolgung eines alten Sprichworts der orthodoxen Kirche: »Meine Kinder, bei schwerer Gefahr ist es euch erlaubt, mit dem Teufel zusammenzugehen, bis ihr die Brücke überschritten habt.«

Roosevelts Erläuterungen des Abkommens als eines »zeitweiligen Notbehelfs« war natürlich ein Schock für Darlan, der meinte, er sei betrogen worden. In einem Protestschreiben an Mark Clark bemerkte er bitter, sowohl diese öffentliche Erklärung wie private Mitteilungen zeigten, daß er für die Amerikaner »nur eine Zitrone sei, die weggeworfen wird, nachdem man sie ausgepreßt hat«. Roosevelts Erklärung wurde mindestens ebensosehr von den französischen Befehlshabern übelgenommen, die Darlan bei dem Abkommen bei den Alliierten unterstützt hatten. Eisenhower kabelte konsterniert nach Washington: »Die wirklichen Gefühle der Franzosen gleichen nicht im entferntesten unseren vorherigen Berechnungen, und es ist von höchster Wichtigkeit, daß nichts Voreiliges unternommen wird, was das von uns hergestellte Gleichgewicht über den Haufen wirft.« General Smuts, der auf seinem Weg von London nach Südafrika in Algier Station machte, kabelte an Churchill:

»Was Darlan betrifft, so hatten die veröffentlichten Erklärungen eine beunruhigende Wirkung auf die französischen Führer, und es wäre gefährlich, in dieser Richtung weiterzugehen. Noguès hat bereits mit dem Rücktritt gedroht, und da er die marokkanische Bevölkerung in der Hand hat, hätte dies weitreichende Folgen.«

Unterdessen hatte Darlan ein klares und detailliertes Abkommen mit Clark für eine praktische Zusammenarbeit getroffen. Er bewog ferner die französischen Befehlshaber in Westafrika, seinem Beispiel zu folgen und den wichtigen Hafen Dakar, zugleich mit den dortigen Flugplätzen, den Alliierten zur Verfügung zu stellen. Doch am Weihnachtsabend wurde er von einem fanatischen jungen Mann ermordet; er hieß Bonnier de la Chapelle und gehörte zu den royalistischen und gaullistischen Gruppen, die auf Darlans Beseitigung drängten. Sein Verschwinden löste das mißliche politische Problem der Alliierten und ebnete später den Weg für de Gaulle, während die Alliierten bereits den Nutzen ihres »Kuhhandels mit Darlan« geerntet hatten. Churchill schreibt in seinen Erinnerungen: »Darlans Ermordung, so verbrecherisch sie war, befreite die Alliierten aus ihrer Verlegenheit, mit ihm zusammenarbeiten zu müssen, und ließ ihnen dabei alle Vorteile, die er ihnen in den entscheidenden Stunden der alliierten Landung verschafft hatte.« Darlans Mörder wurde auf Befehl Girauds sofort von einem Kriegsgericht abgeurteilt und erschossen. Am folgenden Tag wählten die französischen Befehlshaber Giraud als Nachfolger Darlans zum

Hohen Kommissar. Giraud »füllte die Lücke« – aber auch nur für kurze Zeit.

Wenn es den Alliierten nicht gelungen wäre, Darlans Unterstützung zu gewinnen, wären ihre Schwierigkeiten viel größer gewesen. Denn es standen fast 120000 Mann französischer Truppen in Nordafrika: etwa 55000 in Marokko, 50000 in Algier und 15000 in Tunesien. Obwohl über einen weiten Raum verstreut, hätten sie gefährlichen Widerstand leisten können, wenn sie sich weiterhin gegen die Alliierten gestellt hätten.

Der einzige wichtige Punkt, in dem Darlans Unterstützung und Autorität nicht den gewünschten Erfolg hatte, war die Überführung des Gros der französischen Flotte von Toulon nach Nordafrika. Ihr Befehlshaber, Admiral de Laborde, zögerte, der Aufforderung Darlans zu entsprechen ohne eine Bestätigung von Pétain, und ein Abgesandter Darlans, der ihn persönlich überzeugen sollte, wurde von den Deutschen abgefangen. Laborde wurde in seinem Zögern noch bestärkt und sein Mißtrauen eingeschläfert dadurch, daß die Deutschen so schlau waren, am Rande des Kriegshafens haltzumachen und den Hafen weiterhin von französischen Truppen besetzt zu lassen. Unterdessen bereiteten sie einen Handstreich vor, um die Flotte intakt in ihre Hand zu bekommen, und führten ihn am 27. November aus, nachdem sie die Ausfahrt aus dem Hafen vermint hatten. Aber obwohl ihr langes Zaudern die Franzosen um die Möglichkeit gebracht hatte, auszubrechen, konnten sie doch den vorbereiteten Plan durchführen, ihre Flotte schnell genug zu versenken, ehe die Deutschen sie in ihre Hand bekamen. So erfüllten sie die Zusicherung, die Darlan in seiner ersten Besprechung mit Clark in Algier am 10. November gegeben hatte: »Unter keinen Umständen wird unsere Flotte in deutsche Hand fallen.« Die Alliierten waren enttäuscht, daß die Flotte nicht nach Nordafrika gekommen war; aber noch größer war ihre Erleichterung darüber, daß die Gefahr, die Flotte könnte gegen sie eingesetzt werden, mit ihrer Versenkung vorüber war.

Ein weiterer Grund zur Erleichterung vor allem in den ersten kritischen Tagen war, daß Spanien sich jeder Einmischung enthalten und daß auch Hitler nicht versucht hatte, durch Spanien hindurch das westliche Tor des Mittelmeers anzugreifen. Die spanische Armee hätte durch Geschützfeuer aus Algeciras den Hafen und den Flugplatz von Gibraltar unbenutzbar machen können; sie hätte auch die Verbindung zwischen Pattons Truppe und den alliierten Streitkräften in Algerien abschneiden können, da die Bahnverbindung von Casablanca nach Oran dicht an der Grenze Spanisch-Marokkos entlangführt. Als »Torch« geplant wurde, hatten die Briten erklärt, wenn Franco interveniere, würde Gibraltar unbenutzbar werden[1], und Eisenhowers Planungsstab rechnete, daß fünf Divisionen und über drei Monate zur Besetzung Spanisch-Marokkos notwendig sein würden. Zum Glück verhielt sich Franco ruhig als »nichtkriegführender« Verbündeter der Achse – um so bereitwilliger, als die Amerikaner spanische Produkte abnahmen und ihn mit Öl aus dem karibischen Raum versorgten. Außerdem zeigen die später geöffneten diplomatischen Archive der Achsenmächte, daß Hitler, nach seinen früheren Erfahrungen mit Francos geschicktem Ausweichen vor seinem Wunsch nach einem Durchmarsch durch Spanien gegen Gibraltar, im November 1942 nicht mehr im Ernst eine solche Operation plante. Erst im April 1943 wurde dieser Gedanke wieder aufs Tapet gebracht, und zwar von Mussolini – als die Truppen der Achse in Tunesien hart bedrängt wurden und man eine alliierte Invasion Italiens fürchtete. Doch auch dann lehnte Hitler Mussolinis Vorschlag ab, einmal weil er fürchtete, ein Marsch durch Spanien würde auf hartnäckigen Widerstand seines »nichtkriegführenden Verbündeten« stoßen, und außerdem weil er damit rechnete, die Achse könnte ihre Stellung in Tunesien auch so behaupten. Dieser Optimismus Hitlers beruhte auf dem beachtlichen Erfolg der schwachen Streitkräfte der Achse, die Ende November nach Tunesien geschickt worden waren, um dem alliierten Vormarsch entgegenzutreten.

---

1 Dies war keine neue Schlußfolgerung. Nach Ausbruch des spanischen Bürgerkrieges im Jahr 1936 hatte ich diesen Punkt in zahlreichen Artikeln, Vorträgen und privaten Unterhaltungen betont, wenn ich auf die Gefahren hinwies, die entstehen könnten, falls Spanien von einem faschistischen Regime beherrscht würde, das aktiv mit den Achsenmächten zusammenarbeite.

Kapitel 22:
Wettlauf nach Tunis

Der alliierte Vorstoß nach Tunis und Bizerta begann mit einer maritimen Landeoperation, freilich nur sehr geringer Reichweite – einem Angriff auf den Hafen Bougie, gut 150 Kilometer östlich von Algier und nur ein Viertel der Strecke von Algier nach Bizerta. Dies war eine Kleinausgabe des ursprünglichen Planes, nach dem unter der Annahme sofortiger voller französischer Mitarbeit Fallschirmjäger und vom Meer aus an Land gesetzte Kommandotruppen an drei Tagen hintereinander – dem 11., 12. und 13. November – die Flugplätze von Bône, Bizerta und Tunis nehmen sollten, während eine schwimmende Reserve der in Algier gelandeten Streitmacht den Hafen von Bougie und den Flugplatz Djidjelli, 60 Kilometer weiter östlich, nehmen sollte. Doch in der unsicheren Situation nach der Landung bei Algier erschien dieser Plan zu riskant, und die entfernteren Operationen wurden daher fallengelassen. Statt dessen beschloß man am 9. November, nur Bougie und den Flugplatz zu besetzen und dann mit einer Vorausabteilung bis zum Eisenbahnknotenpunkt Souk Ahras nahe der tunesischen Grenze vorzustoßen, während gleichzeitig eine zur See und zur Luft beförderte Truppe Bône besetzte.

Am Abend des 10. fuhren zwei Geleitzüge unter starker Bedeckung von Kriegsschiffen von Algier ab; sie hatten an Bord die zur 78. britischen Division unter Generalmajor Evelegh gehörende 36. Brigadegruppe und die gesamten für die Expedition benötigten Materialien. Sie kamen am frühen Morgen des 11. auf der Höhe von Bougie an, aber verloren bei der Landung an den nahe gelegenen Küsten bei schwerer Brandung viel Zeit aus Furcht vor feindlichem Widerstand – doch stellte sich schließlich die Aufnahme durch die Franzosen als freundlich heraus. Wegen der Brandung wurde die geplante Landung in der Nähe

von Djidjelli nicht versucht, und der Flugplatz wurde erst zwei Tage
später besetzt – nicht rechtzeitig, um wirksamen Jägerschutz für die
Operation bieten zu können, so daß mehrere Schiffe durch Luftangriffe versenkt wurden. Am frühen Morgen des 12. jedoch fuhr ein
Kommandotrupp in den Hafen von Bône ein, und eine Fallschirmjä-
gereinheit wurde auf dem Flugplatz abgesetzt; beide wurden von den
Franzosen freundlich aufgenommen.

Am 13. begann die Brigadegruppe von Bougie aus weiterzufahren,
während andere Teile der Division auf dem Landweg von Algier dazu-
kamen; dahinter folgte die »Blade Force«, eine soeben gelandete Panzerkolonne, die aus den 17. und 21. Lancer-Regimentern unter Oberst
Hull bestand – es war die Vorausabteilung der 6. britischen Panzerdivision[1]. Um diesen Truppen den Weg zu bahnen, sollte am 15. ein britisches Fallschirmjägerbataillon bei Souk el Arba, jenseits der tunesischen Grenze, und ein amerikanisches Fallschirmjägerbataillon bei
Tebessa abgesetzt werden; dieses sollte die Südflanke decken und
einen Feldflugplatz in der Nähe besetzen. Die Amerikaner landeten
planmäßig und stießen zwei Tage später 120 Kilometer weiter südöstlich vor, wo sie den Flugplatz von Gafsa besetzten, gut 100 Kilometer
vom Golf von Gabes und der Grenze zwischen Libyen und Tunesien
entfernt. Die britischen Fallschirmjäger sprangen wegen schlechten
Wetters erst einen Tag später ab, und die Spitze der Bodentruppen kam
auch so schnell voran, daß sie ebenfalls am 16. Souk el Arba erreichte.
Am gleichen Tage erreichte ein anderer Verband, der an der Küste vorrückte, den kleinen tunesischen Hafen Tabarka.

Am nächsten Tag, dem 17., gab General Anderson der 78. Division
den Befehl, »nach Tunis vorzustoßen und die Streitkräfte der Achse
zu vernichten«, sobald sie ihre Konzentration abgeschlossen habe.
Diese Pause zur Konzentration der Kräfte, so wünschenswert sie auch
schien, war ein Fehler angesichts der Geringfügigkeit der feindlichen
Kräfte, die bis dahin nach Tunesien gelangt waren: ein Fallschirmjägerregiment von nur zwei Bataillonen bei Tunis, die am 11. von Italien
herübergeflogen worden waren, und zwei weitere Bataillone bei

---

[1] Bei den 17./21. Lancers und anderen Panzerregimentern dieser Division hatten zwei
Gruppen jeder Squadron den neuen schnellen »Crusader III«-Panzer mit dem
mächtigen 6-Pfünder-Geschütz; die anderen beiden Gruppen waren mit dem
»Valentine« ausgerüstet, der nur ein 2-Pfünder-Geschütz besaß und langsamer,
aber zuverlässiger und besser gepanzert war.

Bizerta. Am 16. traf General Nehring – der frühere Befehlshaber des Afrikakorps, der von seiner schweren Verwundung in dem Kampf bei Alam Halfa soeben wiederhergestellt worden war – mit einem einzigen Stabsoffizier in Tunis ein, um den Befehl über diese rund 3 000 Mann zu übernehmen, die sich »90. Korps« nannten. Selbst Ende November hatten die deutschen Truppen erst die Stärke einer Division erreicht.

Doch ohne sich mit einer ordnungsgemäßen Konzentration abzugeben, begaben sie sich sofort an die westliche Front und verschleierten durch diese Kühnheit ihre Schwäche. Die französischen Truppen in Tunesien, obwohl weit zahlreicher, zogen sich vor ihnen zurück, um einen vorzeitigen Zusammenstoß vor Ankunft alliierter Verstärkungen zu vermeiden. Am 17. stieß ein deutsches Fallschirmjägerbataillon von nur 300 Mann unter Hauptmann Knoche auf der Straße Tunis–Algier nach Westen vor, und die dort postierten französischen Einheiten zogen sich bis Medjez el Bab, 60 Kilometer westlich Tunis, und bis zu der dortigen strategisch wichtigen Brücke über den Medjerda zurück. Hier wurden die Franzosen in der Nacht zum 18. durch die ersten Abteilungen der »Blade Force« verstärkt.

Um 4 Uhr morgens wurde der französische Befehlshaber in Tunesien, General Barré, dorthin gebeten, um mit einem deutschen Abgesandten zusammenzutreffen; dieser überreichte ein Ultimatum Nehrings, daß die französischen Truppen sich auf eine Linie in der Nähe der tunesischen Westgrenze zurückziehen müßten. Barré versuchte zu parlamentieren; aber die Deutschen erkannten, daß dies nur ein Versuch war, Zeit zu gewinnen, und ihre Aufklärung entdeckte am frühen Morgen die Nähe der alliierten Truppen. So brachen sie um 9 Uhr morgens die Verhandlungen ab und eröffneten eine Viertelstunde später das Feuer. Anderthalb Stunden später tauchten auch deutsche Sturzbomber auf und verliehen dem Bluff noch mehr Nachdruck. Nach ihren Angriffen, welche die Verteidiger stark mitnahmen, griffen auch die Fallschirmjäger an, und diese ganze Vortäuschung von Kraft vermittelte dem Gegner einen übertriebenen Eindruck der deutschen Stärke. Die alliierten Befehlshaber glaubten, nicht aushalten zu können, wenn nicht weitere Verstärkungen herankämen – und General Andersons Befehl schloß eine solche Unterstützung aus, bis die alliierte Konzentration zum Vormarsch auf Tunis abgeschlossen war.

Nach Dunkelwerden ließ Hauptmann Knoche mehrere kleinere Gruppen den Fluß durchschwimmen, und diese täuschten sehr wirkungsvoll einen Angriff mit größerer Stärke vor. Die Alliierten zogen sich zurück und ließen die Brücke intakt; um Mitternacht forderte der britische Befehlshaber den französischen Kommandeur auf, sich sofort auf eine sichere Stellung auf einem Hügel 12 Kilometer weiter zurückzuziehen. Dies geschah, und die Deutschen besetzten Medjez el Bab. Es war ein schlagendes Beispiel eines gelungenen Bluffs dank der Kühnheit einer kleinen Einheit, die nicht einmal ein Zehntel so stark war wie die Verteidiger.

Weiter nördlich war Major Witzigs Bataillon mit einigen Panzern von Bizerta entlang der Küste westlich vorgerückt und war auf das Spitzenbataillon der britischen 36. Infanteriebrigade gestoßen. Obwohl die Deutschen einen Teil des Bataillons überrannten, hielt es aus, bis die übrige Brigade ihm zu Hilfe kam.

Unterdessen hatten kleinere deutsche Einheiten im Süden die wichtigen Städte Sousse, Sfax und Gabes auf dem Weg nach Tripolis besetzt. Etwa 50 aus der Luft abgesetzte Fallschirmjäger blufften die französische Garnison so erfolgreich, daß sie Gabes räumte. Die Deutschen wurden am 20. verstärkt durch zwei italienische Bataillone aus Tripolis, die gerade rechtzeitig kamen, um einen Handstreich der amerikanischen Fallschirmjäger auf Gabes zu verhindern. Am 22. vertrieb ein kleiner deutscher Panzerverband die Franzosen aus dem Straßenkreuzungspunkt Sbeitla und ließ dort eine italienische Einheit zurück, als er selbst nach Tunis zurückkehrte – aber diese wurde schnell durch eine andere Einheit von Oberst Raffs amerikanischen Fallschirmjägern vertrieben. Alles in allem hatte General Nehrings Gerippe eine Streitmacht, die nicht nur die Brückenköpfe Tunis und Bizerta halten, sondern sie auch zu einem großen Brückenkopf, der fast die ganze nördliche Hälfte Tunesiens umfaßte, erweitern konnte.

Andersons geplante Offensive zur Einnahme von Tunis begann erst am 25. November. Bis dahin aber waren die schwachen deutschen Kräfte verdreifacht worden, obwohl die deutschen Kampftruppen immer noch nur zwei kleinere Fallschirmjägerregimenter, ein Bataillon Fallschirmpioniere, drei Infanteriebataillone und zwei Kompanien eines Panzerbataillons mit 30 Panzern umfaßten – zu diesen Panzern gehörten einige der neuen »Panzer IV« mit langen 7,5-cm-Geschützen. So war die extreme Ungleichheit zwischen den Kräften der Achse und den Alliierten wegen Andersons langer Pause an der tunesischen Grenze erheblich vermindert worden.

Anderson selbst zweifelte jetzt, ob seine Kräfte ausreichten, das Ziel
Tunis zu erreichen. Daher wurde er auf Befehl Eisenhowers durch
weitere amerikanische Einheiten verstärkt, insbesondere das Kampfkommando B der ersten Panzerdivision, welche über 1000 Kilometer
weit von Oran gekommen war – die Fahrzeuge auf Rädern auf der
Straße und die Panzer mit der Eisenbahn[1].

Die alliierte Offensive hatte drei Stoßrichtungen: links an der
Küste stand die 36. Infanteriebrigade, im Zentrum die weit größere
»Blade Force« und rechts an der Hauptstraße die 11. Infanteriebrigade
– alle drei verstärkt durch amerikanische Panzer- und Artillerieeinheiten.

Der linke Vorstoß auf der hügeligen Küstenstraße begann einen Tag
zu spät und kam dann in den ersten zwei Tagen nur je 10 Kilometer
vorwärts – Witzigs kleines Bataillon von Fallschirmpionieren zog sich
vor ihm zurück. Am 28. kam man doppelt so viel vorwärts, geriet aber
dann in einen Hinterhalt, den Witzig in einem Paß in der Nähe von
Djefna gelegt hatte, und das Spitzenbataillon erlitt schwere Verluste.
Am 30. scheiterte ein größerer Angriff gegen eine inzwischen stärker
gewordene Verteidigung und mußte aufgegeben werden. Dieser
Rückschlag führte wiederum zum Scheitern einer amphibischen Operation eines gemischten britisch-amerikanischen Kommandos, das an
der Küste nördlich von Djefna landete und die Straße hinter der deutschen Front blockierte, aber drei Tage später wieder eingeschifft werden mußte, als von einem Entsatz nichts zu sehen war.

Der mittlere Vorstoß wurde von der »Blade Force« durchgeführt,
die von einem amerikanischen Bataillon leichter Panzer verstärkt war,
so daß sie nun gut über 100 Panzer hatte. Sie rückte am 25. fast 50 Kilometer bis zum Chouigui-Paß vor, nachdem sie eine schwache deutsche
Vorpostenlinie durchbrochen hatte. Am nächsten Tag stellte sich ihr
eine deutsche Panzerkompanie mit zehn Panzern und zwei Infanterie-
kompanien entgegen, die von Mateur südwärts vorgerückt waren; acht
der Panzer wurden außer Gefecht gesetzt, meist durch die amerikani-

---

1 Die amerikanischen Panzerdivisionen in dieser Periode des Krieges bestanden aus
zwei Panzerregimentern von je einem leichten und vier mittleren Bataillonen, einem
Panzerinfanterieregiment von drei Bataillonen und drei gepanzerten Feldartillerie-
bataillonen. Sie hatten eine Sollstärke von 390 Panzern – 158 leichten und 232 mittleren.
Für die Kampfhandlungen wurde die Division in die beiden Kampfkommandos A
und B aufgeteilt, später kam noch eine dritte dazu.

schen 3,7-cm-Panzerabwehrgeschütze; aber die Aktion führte doch dazu, daß das britische Oberkommando den Vorstoß der Blade Force abbrach und sie zur Deckung der Flanke des rechten Vorstoßes einsetzte.

Beide Seiten betasteten sich nur in diesem »Nebelkrieg«; aber die alliierte Vorsicht in einem entscheidenden Augenblick bildete einen Gegensatz zu der Kühnheit der Deutschen – um so mehr, als am Tag vorher eine kleine Abteilung der Blade Force durch einen glücklichen Zufall dem deutschen Oberkommando einen Schrecken eingejagt hatte. Hull hatte Oberstleutnant Waters, dem Kommandeur des Bataillons leichter Panzer, befohlen, die Brücken über den Medjerda zu erkunden; eine Kompanie, die diesen Auftrag ausführte, gelangte dabei zufällig an den Rand des Flugplatzes Djedeida, der erst kürzlich in Benutzung genommen war. Ihr Kommandeur, Major Barlow, erkannte und ergriff die gute Gelegenheit, fegte mit seinen 17 Panzern über den Flugplatz und zerstörte etwa 20 deutsche Flugzeuge – in den Berichten wurde die Zahl bis auf 40 vergrößert. Dieser tiefe Durchbruch, der ebenfalls in den Berichten aufgebauscht wurde, die Nehring erreichten, war für ihn ein solcher Schock, daß er seine Truppen zur Verteidigung näher auf Tunis zurückzog.

Der rechte Vorstoß der Alliierten entlang der Hauptstraße war bei einem ersten Angriff auf Medjez el Bab zurückgeworfen worden; aber am Abend des 25. befahl Nehring unter dem Eindruck des Handstreichs auf dem Flugplatz Djedeida den Rückzug, in der Besorgnis, die Verteidiger könnten durch einen neuen Angriff überwältigt werden. Auf ihren Fersen folgend, besetzten die alliierten Panzerspitzen am frühen Morgen des 27. Tebourba, 30 Kilometer weiter östlich. Aber ein kurzer Vormarsch am nächsten Tag wurde bei Djedeida, 20 Kilometer vor Tunis, zum Stehen gebracht; ebenso wurde am 29. ein neuer Angriff zurückgeschlagen. Der Kommandeur, General Evelegh, riet dann zu einer Pause, bis weitere Verstärkungen herangekommen und besserer Jägerschutz gegen die deutschen Sturzbomber organisiert worden wäre, welche die Alliierten zunehmend belästigten und ihnen auf die Nerven fielen.

Dieser Vorschlag wurde von Anderson und von Eisenhower genehmigt. Dieser besuchte in diesen Tagen das Frontgebiet und wurde von den amerikanischen Offizieren mit der ständigen Beschwerde begrüßt: »Wo bleibt unsere verdammte Luftwaffe? Warum sehen wir nur Heinis in der Luft?« In seinen Erinnerungen bemerkt Eisenhower: »Alle Unterhaltungen am Straßenrand zeugten von einer erstaunlichen Übertreibung des angerichteten Schadens; aber es war dennoch bedenklich, solche Kommentare zu hören wie ›wir werden uns sicher zurückziehen müssen, unter diesen Umständen können keine Menschen existieren‹.«

Unterdessen warf Feldmarschall Kesselring, der zu gleicher Zeit Tunis besuchte, Nehring vor, er sei zu vorsichtig und defensiv. Er wischte alle Argumente über die weit größere Stärke der Alliierten und über die Behinderung des Einfluges von Verstärkungen durch alliierte Bombenangriffe auf die Flugplätze brüsk beiseite. Er kritisierte den Befehl zum Rückzug bei Medjez el Bab und ordnete an, das verlorene Gelände wiederzugewinnen, zum mindesten bis Tebourba. So erfolgte am 1. Dezember ein Gegenangriff von drei Panzerkompanien[1] mit etwa 40 Panzern, einer Feldbatterie von drei Geschützen und zwei Kompanien mit Pak-Geschützen. Der Gegenangriff richtete sich nicht direkt gegen die alliierte Truppe, die Djedeida angegriffen hatte, sondern gegen den Chouigui-Paß an der Flanke, mit der Absicht, dann die alliierte Truppe bei Tebourba im Rücken zu fassen. Die Deutschen stießen zuerst auf die Blade Force, die sie zum Teil überrennen und zersprengen konnten; dann aber wurden sie beim Vorstoß auf Tebourba durch Artillerie und Bombenangriffe zum Stehen gebracht, ehe sie ihr Ziel erreichten und die Hauptstraße blockieren konnten.

Doch der ständige Druck der Deutschen bedeutete eine solche Gefahr für diese Hauptverbindungslinie, daß die alliierte Panzerspitze bei Djedeida in die Nähe von Tebourba zurückgezogen wurde. Am 3. Dezember verstärkte sich der deutsche Druck, da Nehring alle verfügbaren deutschen Einheiten in den Kampf warf und nur eine Handvoll Truppen in der Stadt Tunis zurückließ. In der Nacht wurde die alliierte Panzerspitze auch aus Tebourba herausgedrängt und entkam nur unter Zurücklassung von viel Material und vielen Fahrzeugen. Die Deutschen machten dabei mehr als 1000 Gefangene, und zu ihrer Beute gehörten auch über 50 Panzer.

Es verdient Erwähnung, daß sich bei den jüngst eingetroffenen

---

[1] Die wichtigsten Teile der 10. deutschen Panzerdivision waren soeben in Tunesien eingetroffen; darunter zwei Kompanien mit 32 »Panzer III« und zwei der neuen »Panzer IV«.

deutschen Verstärkungen auch fünf der neuen 56-Tonnen-»Tiger«-Panzer befanden, die ein langes 8,8-cm-Geschütz hatten. Diese Ungetüme waren eine Art »Geheimwaffe«; aber Hitler hatte beschlossen, einige zur Kampferprobung nach Tunis zu schicken, und zwei von ihnen wurden der Kampfgruppe zugeteilt, die bei Djedeida und Tebourba kämpfte.

In den darauffolgenden Tagen planten die alliierten Kommandeure eine Wiederaufnahme ihrer Offensive mit verstärkter Kraft. Doch deren Aussichten wurden bald vermindert durch Nehrings Aktion zur Ausweitung seiner Geländegewinne. Nehring plante jetzt, mit einem kleinen Panzerverband durch ein großes südliches Umfassungsmanöver Medjez el Bab wiederzunehmen. Hier war das Kampfkommando B der ersten US-Panzerdivision aufgestellt worden, in der Absicht, für den neuen Vormarsch bereitzustehen. Eine Vorausabteilung wurde bei Dschebel el Guessa stationiert, einem Hügel südwestlich von Tebourba, der das flache Land weiter südlich überblickte. Zur Vorbereitung ihres eigenen Umfassungsmanövers griffen die Deutschen am 6. Dezember diesen Beobachtungspunkt an und überrannten die Verteidiger.

Dieser neue deutsche Streich veranlaßte den soeben eingetroffenen neuen Befehlshaber des britischen 5. Korps, Generalleutnant Allfrey, einen Rückzug seiner Truppen nördlich des Medjerda-Flusses aus ihren Stellungen bei Tebourba auf eine neue Stellung bei dem Hügel 290 (den die Briten »Longstop Hill« genannt hatten) zu befehlen, die Medjez el Bab näher lag. Er befürwortete sogar einen weiteren Rückzug auf eine Linie westlich dieses Ortes; dieser Vorschlag wurde von Anderson angenommen, aber von Eisenhower abgelehnt. Der »Longstop Hill« wurde jedoch geräumt.

In einem Brief an einen Freund, General Handy, schrieb Eisenhower am 7. Dezember: »Ich glaube, unsere jetzigen Operationen kann man am besten so beschreiben, daß sie jeden anerkannten Grundsatz der Kriegführung verletzt haben, daß sie allen in militärischen Lehrbüchern niedergelegten operativen und logistischen Methoden widersprechen und insgesamt in den nächsten 25 Jahren von allen Lehrgängen der Kriegsakademie verdammt werden.«

Nachdem sie am 10. Dezember ihre Flankenbewegung wiederaufgenommen hatten, mit etwa 30 mittleren und zwei »Tiger«-Panzern, wurden die Deutschen kurz vor Medjez el Bab durch eine geschickt aufgebaute französische Batterie zum Stehen gebracht und dann durch eine Abteilung des amerikanischen Kampfkommandos B, die sie im Rücken bedrohte, zum Rückzug veranlaßt. Aber die Deutschen errangen dann einen indirekten unerwarteten Erfolg, als das Kampfkommando B nach Dunkelwerden sich aus seiner exponierten Position zurückzog, seinen Weg auf Grund einer falschen Meldung über neue deutsche Bewegungen änderte und auf einen schlammigen Weg in der Nähe des Flusses geriet, wo viele seiner Panzer und andere Fahrzeuge festsaßen und aufgegeben werden mußten. Dieses Mißgeschick beeinträchtigte zeitweise erheblich die Aussicht auf Wiederaufnahme des alliierten Vorstoßes in Richtung Tunis. Im Augenblick hatte das Kampfkommando B nur noch 44 einsatzbereite Panzer – knapp ein Viertel seiner Sollstärke. Die beiden deutschen Gegenangriffe hatten die alliierten Pläne allzusehr durcheinandergebracht.

Inzwischen war Generaloberst Jürgen von Arnim von Hitler zum Oberbefehlshaber der Achsenstreitkräfte in Tunesien ernannt worden, die jetzt den Namen 5. Panzerarmee erhielten. Am 9. Dezember übernahm er das Kommando von Nehring, und nach Ankunft weiterer Verstärkungen ging er daran, die beiden Umkreise um Tunis und Bizerta zu einem großen Brückenkopf zu erweitern, der von einer 150 Kilometer langen Kette von Verteidigungsstellungen geschützt wurde und sich von der Küste 30 Kilometer westlich Bizerta bis Enfidaville an der Ostküste erstreckte. Er war in drei Abschnitte eingeteilt: der nördliche wurde von der improvisierten Division von Broich (die nach ihrem Befehlshaber benannt wurde) gehalten, der mittlere von der 10. Panzerdivision, die tropfenweise angekommen war, und der südliche von der italienischen Superga-Division. Der alliierte Nachrichtendienst schätzte die Achsenstreitkräfte in Tunesien Mitte Dezember auf etwa 25 000 Kampftruppen und 10 000 Mann Verwaltungs- und Versorgungseinheiten, mit zusammen 80 Panzern – eine etwas übertriebene Schätzung. Die Kampftruppen der Alliierten zählten knapp 40 000 Mann – rund 20 000 Briten, 12 000 Amerikaner und 7 000 Franzosen –, aber ihre Gesamtzahl war weit höher, da der administrative Aufbau bei den Alliierten üppiger war.

Verzögerungen beim Aufbau seiner Kräfte, zum Teil durch schlechtes Wetter verschuldet, veranlaßten Anderson, die Wiederaufnahme der Offensive zu verschieben. Am 16. Dezember beschloß er sie am 24. zu beginnen, um den Vollmond für einen Nachtangriff der Infanterie auszunutzen. Die Offensive sollte von der britischen 78. Division und 6. Panzerdivision zusammen mit Teilen der 1. US-Infanteriedivision ausgeführt werden.

Erste Angriffe wurden gemacht, um den »Longstop Hill« und ebenso den Hügel 466 an der nördlichen Straße nach Tebourba wiederzugewinnen. Beide Angriffe litten an schlechtem Wetter und entwickelten sich zu längeren hin und her gehenden Kämpfen, so daß der Hauptangriff verschoben werden mußte. Am 25. hatten die Deutschen ihre ursprünglichen Stellungen wiedergewonnen und gaben jetzt dem »Longstop Hill« den Namen »Weihnachtshügel«.

Aber bereits am Weihnachtsabend hatten Eisenhower und Anderson widerstrebend beschlossen, angesichts dieser Rückschläge und der furchtbaren Wolkenbrüche, die das Kampffeld in einen Morast verwandelten, die Offensive aufzugeben. Die Alliierten hatten den »Wettlauf nach Tunis« verloren.

Jedoch dank einer Ironie des Schicksals erwies sich dieser Fehlschlag als einer der größten verkappten Segnungen, die man sich vorstellen konnte. Denn ohne diesen alliierten Fehlschlag hätten Hitler und Mussolini nicht die Zeit und nicht den Mut gehabt, weiterhin sehr große Verstärkungen nach Tunesien zu schicken und diesen Brückenkopf bis zu einer Stärke von über 250000 Mann auszubauen – die mit dem Rücken zu dem vom Feind beherrschten Meer kämpfen mußten und im Falle einer Niederlage keinen Ausweg hatten. Als dann im Mai 1943 die Streitkräfte der Achse schließlich überwältigt wurden, war der ganze Süden Europas unverteidigt, so daß die anschließende alliierte Invasion Siziliens im Juli leichtes Spiel hatte. Ohne den alliierten Mißerfolg im Dezember, der zu einer so großen Ausbeute an feindlichen Gefangenen im Mai führte, wäre mit großer Wahrscheinlichkeit der Wiedereintritt der Alliierten nach Europa zurückgeschlagen worden. Denn was Churchill gern den »weichen Unterleib Europas« nannte, war in Wirklichkeit ein bergiges und für jede Invasionsstreitmacht sehr schwieriges und hartes Gelände – es war nur »weich«, wenn nicht genug Verteidiger da waren.

Kapitel 23:
Gezeitenwechsel im Pazifik

Japans offensives Ziel im Pazifik, die Schaffung der sogenannten »Großen Ostasiatischen Wohlstandssphäre«, war praktisch innerhalb von vier Monaten erreicht worden. In dieser Zeit waren Malaya und Niederländisch-Indien ebenso wie Hongkong vollständig erobert worden, dazu fast die ganzen Philippinen und der südliche Teil von Burma. Innerhalb eines weiteren Monats brachte die Kapitulation der Inselfestung Corregidor den Fall von Amerikas letztem Stützpunkt auf den Philippinen. Eine Woche später wurden die Briten aus Burma vertrieben und nach Indien zurückgeworfen, und China war dadurch von seinen Verbündeten abgeschnitten. Diese gewaltigen Eroberungen hatten die Japaner nur etwa 15 000 Mann, 380 Flugzeuge und vier Zerstörer gekostet.

Nach einer solchen Serie leichter Triumphe waren die Japaner natürlich wenig dazu bereit, zur Defensive überzugehen – wie es ihr strategischer Plan eigentlich vorsah. Sie fürchteten, ein solcher Übergang würde ihren Kampfgeist langsam einschläfern und ihren wirtschaftlich so viel stärkeren westlichen Gegnern die Chance geben, sich wieder zu erholen. Insbesondere die japanische Kriegsmarine war bestrebt, die beiden möglichen Ausgangspunkte für ein amerikanisches Comeback, Hawaii und Australien, auszuschalten. Sie wiesen darauf hin, die amerikanischen Flugzeugträger könnten nach wie vor von Hawaii aus operieren, und Australien werde offensichtlich zu einem Sprungbrett ebenso wie zu einer sicheren Basis für die Alliierten ausgebaut.

Die japanische Armee, die ihre Augen immer noch mehr auf China und die Mandschurei gerichtet hatte, war nicht gewillt, die für solche Unternehmungen erforderlichen Truppen freizugeben – für eine Invasion Australiens waren selbstverständlich große Truppenzahlen notwendig. Ebenso hatte die Armee bereits abgelehnt, an einem Plan des Vereinigten Flottenstabes zur Eroberung Ceylons mitzuwirken.

Die Kriegsmarine hoffte jedoch, durch einen neuen erfolgreichen Streich in einer der beiden Richtungen die Einwände der Armee zu überwinden und sie zu veranlassen, die für die eine oder die andere der beiden Unternehmungen erforderlichen Truppen zur Verfügung zu stellen. Die Marine war sich aber selbst nicht klar, welches die beste Stoßrichtung sei. Admiral Yamamoto und der Flottenstab befürworten einen Plan zur Einnahme der Midway-Inseln – 1700 Kilometer westlich von Hawaii – als Köder, um die amerikanische Pazifikflotte zur Aktion zu verleiten und sie dann zu vernichten. Der Admiralstab zog jedoch einen Vorstoß über die Salomon-Inseln zur Einnahme Neu-Kaledoniens, der Fidschi-Inseln und Samoas vor – durch die Einnahme dieser Inselkette wollte er die Seeverbindung zwischen Amerika und Australien abschneiden. Ein gewichtiges Argument für diesen zweiten Plan, die Isolierung Australiens, war, daß die Japaner bereits ein gutes Stück Weges bis zur Schließung des Ringes zurückgelegt hatten; denn bis Ende März 1942 waren sie bereits von Rabaul zu den Salomon-Inseln ebenso wie zur Nordküste Neu-Guineas vorgestoßen.

Die Diskussion zwischen den Vertretern der beiden Pläne wurde dann unterbrochen durch den amerikanischen Luftangriff auf Tokio vom 18. April 1942.

Der Angriff auf Tokio

Der Luftangriff auf die japanische Hauptstadt, das Herz des japanischen Mutterlandes, ging auf den Wunsch nach einer Vergeltung für Pearl Harbor zurück, und die Planung hatte schon im Januar begonnen. Da die Entfernung von jedem den Amerikanern noch verbliebenen Stützpunkt zu groß war, mußte der Angriff von Flugzeugträgern aus gestartet werden.

Da man wußte, daß die Japaner eine Kette von Vorpostenbooten besaßen, die etwa 800 Kilometer östlich Japans operierten, mußten die Flugzeuge aus einer Entfernung von etwa 850 Kilometern aufsteigen, was einen Hin- und Rückflug von zusammen 1700 Kilometern bedeutete; zu viel für Flugzeuge, die auf Flugzeugträgern befördert wurden.

Außerdem würden die wenigen kostbaren Flugzeugträger der US-Kriegsmarine gefährdet sein, wenn sie in dem Raum warten müßten, bis die Flugzeuge vom Angriff zurückkehrten. So beschloß man, Flugzeuge der Heeresluftwaffe mit größerer Reichweite einzusetzen, und diese sollten nach der Bombardierung Tokios weiterfliegen und auf chinesischen Flugplätzen landen.

Dies bedeutete einen Flug von über 3 000 Kilometern und setzte die Fähigkeit voraus, von Flugzeugträgern aus zu starten. Daher wurden die B 25 »Mitchell« für diese Aufgabe ausgewählt. Diese Bomber, mit Reservebenzintanks ausgestattet, konnten eine Bombenlast von über 1 000 Kilogramm etwa 3 800 Kilometer weit befördern. Die Piloten unter dem Kommando von Oberstleutnant James H. Doolittle übten sich in kurzen Starts und langen Überwasserflügen. Nur 16 Maschinen wurden eingesetzt, da sie zu groß waren, um unter Deck verstaut zu werden, und genügend Platz für den Start haben mußten.

Am 2. April lief der dafür ausgewählte Flugzeugträger »Hornet« mit einem Geleitschutz von Kreuzern und Zerstörern aus San Francisco aus. Am 13. vereinigte er sich mit der auf dem Flugzeugträger »Enterprise« stationierten 16. Task Force, die ihm Luftunterstützung geben sollte, da die eigenen Flugzeuge der »Hornet« unter Deck verstaut waren. Am Morgen des 18. wurde der Verband von einem japanischen Vorpostenboot entdeckt, als er noch gut 1 000 Kilometer von Tokio entfernt war. Der Marinebefehlshaber, Vizeadmiral Halsey, beriet sich mit Doolittle, und sie kamen überein, es sei besser, trotz der zusätzlichen Entfernung die Bomber sofort aufsteigen zu lassen. Dies erwies sich als ein richtiger und glücklicher Entschluß.

In schwerer See zwischen 8.15 und 9.24 Uhr aufsteigend, erreichten die Bomber Japan in vier Stunden, überraschten die Luftabwehr völlig und warfen ihre Bomben, darunter Brandbomben, auf Tokio, Nagoya und Kobe ab. Sie flogen dann nach China weiter, von Rückenwind unterstützt. Unglücklicherweise war infolge eines Mißverständnisses der Flugplatz Tschutschau nicht zu ihrem Empfang vorbereitet, so daß die Mannschaften eine Bruchlandung machen oder mit dem Fallschirm abspringen mußten. Von den beteiligten 82 Mann kehrten 70 zurück – drei von den anderen waren von den Japanern gefangengenommen und wegen Bombardierung nichtmilitärischer Ziele hingerichtet worden. Die beiden Flugzeugträger entkamen unverletzt und erreichten Pearl Harbor am 25. April.

Es war ein glücklicher Umstand, daß trotz der Warnung des Vorpostenboots die Japaner den Angriff erst einen Tag später erwartet hatten, am 19., wenn, wie sie berechnet hatten, die Flugzeugträger nahe genug herangekommen wären. Bis dahin wäre die Luftwaffe zur Abwehr bereit gewesen, und Admiral Nagumos Flugzeugträger hätten ihre für einen Gegenangriff vorgesehene Position erreicht.

Das primäre Ergebnis des Angriffs war ein Auftrieb für die amerikanische Stimmung, die durch Pearl Harbor schwer erschüttert worden war. Aber er zwang auch die Japaner, jetzt ständig vier Gruppen von Heeresjägern für die Verteidigung Tokios und anderer Städte in Japan festzuhalten; ein anderes Ergebnis war die Entsendung einer Strafexpedition von 53 Bataillonen in die chinesische Provinz Tschekiang, wo die Bomber gelandet waren. Eine noch bedeutsamere Auswirkung war der Beschluß, künftigen Angriffen zuvorzukommen, indem man sowohl die Aktion gegen die Midway-Inseln als auch die Aktion zur Isolierung Australiens von Amerika durchführte. Diese doppelte Anstrengung beeinträchtigte die Konzentration der japanischen Kräfte.

Nach dem jetzt revidierten japanischen Plan sollte die erste Aktion, die selbst wieder aus zwei Teilen bestand, in einem Vorstoß zu den Salomon-Inseln bestehen, mit dem Hauptziel der Einnahme von Tulagi als einer Basis für Wasserflugzeuge, die den weiteren Sprung nach Südosten decken könnten. Gleichzeitig sollte Port Moresby an der Südküste Neuguineas genommen werden, wodurch der australische Staat Queensland in Reichweite japanischer Bomber kam.

Dann sollte die Vereinigte Flotte unter Yamamoto die Midway-Inseln und einige Schlüsselstellungen in den westlichen Aleuten besetzen. Nach der erhofften Vernichtung der amerikanischen Pazifikflotte sollte dann der dritte Schritt die Wiederaufnahme des Vorstoßes nach Südosten zur Blockierung der Seeverbindung zwischen Amerika und Australien sein.

Die erste Aktion führte zur Schlacht im Korallenmeer, die zweite zu der Schlacht von Midway und die dritte zu dem langen Kampf um Guadalcanal, die große Insel in der Nähe von Tulagi.

Eine paradoxe indirekte Auswirkung dieses vielseitigen japanischen Plans war ein interner Konflikt in der amerikanischen Kommandostruktur. Anfang April hatten die USA die Zuständigkeit für den ganzen pazifischen Raum mit Ausnahme Sumatras übernommen, während Sumatra und der Raum des Indischen Ozeans in britischer Zuständigkeit blieben. Diese amerikanische Sphäre war in zwei Teile geteilt: den südwestpazifischen Raum unter General MacArthur, der sein Hauptquartier jetzt in Australien hatte, und den pazifischen Raum unter Admiral Nimitz. Beide waren starke und energische Persönlichkeiten, die daher leicht zusammenstießen. Der japanische Offensivplan bot aber beiden ein großes Tätigkeitsfeld; außerdem lag die Grenze zwischen ihren Räumen bei den Salomon-Inseln, wo die amphibische Drohung der Japaner die Zusammenarbeit von MacArthurs Landtruppen und Nimitz' Seestreitkräften erforderte. So mußten beide wohl oder übel zu einer praktischen Verständigung kommen.

Die Schlacht im Korallenmeer

Die japanischen Land- und Luftstreitkräfte für die erste Aktion wurden bei Rabaul auf New Britain zusammengezogen, die Seestreitkräfte bei Truk auf den Karolinen, 1500 Kilometer weiter nördlich. Hinter den amphibischen Verbänden, die für die beiden Invasionen abgestellt waren, stand ein Flugzeugträgerverband bereit, um jede amerikanische Intervention abzuwehren. Er bestand aus den Flugzeugträgern »Zuikaku« und »Schokaku« mit einem Geleitschutz von Kreuzern und Zerstörern und verfügte über 125 Marineflugzeuge, 42 Jäger und 83 Bomber. Weitere 150 Flugzeuge bei Rabaul konnten sie verstärken.

Der amerikanische Nachrichtendienst, die große Stärke der Alliierten, hatte den japanischen Plan in seinen Grundzügen erfahren, und Admiral Nimitz sandte alle verfügbaren Kräfte nach Süden: die Flugzeugträger »Yorktown« und »Lexington« aus Pearl Harbor mit 141 Maschinen, 42 Jägern und 99 Bombern sowie zwei Gruppen von Kreuzern als Begleitschutz. Die beiden anderen amerikanischen Flugzeugträger, »Enterprise« und »Hornet«, die von ihrer Aufgabe beim Angriff auf Tokio zurückkehrten, wurden ebenfalls in das Korallenmeer beordert, aber kamen für die Schlacht zu spät.

Am 3. Mai landeten die Japaner auf Tulagi und nahmen diese Insel ohne Widerstand, da die vorher gewarnte kleine australische Garnison zurückgezogen worden war. Zu diesem Zeitpunkt tankte die »Lexington« auf hoher See auf, während die »Yorktown« unter Konteradmiral Fletcher noch weiter entfernt war. Doch am nächsten Tag, noch 150

Kilometer von Tulagi, flogen ihre Maschinen eine Reihe von Einsätzen, bei denen ein japanischer Zerstörer versenkt wurde. Die »Yorktown« entkam durch einen glücklichen Zufall der japanischen Vergeltung: Die beiden japanischen Flugzeugträger mußten gerade eine Handvoll Jäger nach Rabaul bringen und hatten den Kampfplatz verlassen müssen, nur um eine eigene Überführung einzusparen. Dies war der Anfang einer Serie von Fehlern und Mißverständnissen auf beiden Seiten, von denen in der Bilanz die Amerikaner mehr Nutzen hatten.

Admiral Takagis Flugzeugträgerverband fuhr jetzt nach Süden in das Korallenmeer, östlich an den Salomonen vorbei, in der Hoffnung, den amerikanischen Trägerverband im Rücken zu fassen. Unterdessen hatte die »Lexington« sich zur »Yorktown« gesellt, und beide Schiffe steuerten jetzt nach Norden, um die japanische Invasionsflotte auf ihrem Weg nach Port Moresby abzufangen. Am 6. Mai – dem schwarzen Tag, an dem Corregidor kapitulierte – suchten sich die beiden Flugzeugträgerverbände gegenseitig, ohne Kontakt aufzunehmen, obwohl sie zeitweise nur 100 Kilometer voneinander entfernt waren.

Am Morgen des 7. berichteten dann japanische Aufklärungsflugzeuge, sie hätten einen Flugzeugträger und einen Kreuzer gesichtet, worauf Takagi prompt einen großen Bombenangriff auf die Schiffe befahl, die beide rasch versenkt wurden – doch in Wahrheit waren es nur ein Tanker und ein ihn begleitender Zerstörer, so daß sich die Mühe kaum lohnte. Am Abend führte Takagi einen zweiten kleineren Angriff, bei dem 20 der 27 eingesetzten Flugzeuge verlorengingen. Unterdessen verschwendeten auch Fletchers Trägerflugzeuge, ebenfalls durch einen falschen Bericht irregeführt, ihre Mühe auf einen Angriff auf die Geleitfahrzeuge der Invasion von Port Moresby. Dabei versenkten sie immerhin den leichten Flugzeugträger »Schoho« in zehn Minuten – eine der schnellsten Versenkungen des ganzen Krieges. Wichtiger war noch, daß die Japaner dadurch veranlaßt wurden, ihre Flotte umkehren zu lassen und die Invasion zu verschieben – es war ein paradoxer Nutzen des irrtümlichen Angriffs auf das falsche Schiff.

Am Morgen des 8. Mai hatten die beiden Flugzeugträgerverbände endlich gegenseitige Feindberührung. Beide Seiten waren ziemlich gleich stark: Die Japaner hatten 121 und die Amerikaner 122 Flugzeuge, die Japaner hatten vier schwere Kreuzer und sechs Zerstörer, die Amerikaner fünf schwere Kreuzer und sieben Zerstörer. Die Japaner konnten sich jedoch in einem Dunstgürtel bewegen, während die Amerikaner bei klarem Himmel kämpfen mußten. Eine Folge davon war, daß die »Zuikaku« von ihnen nicht gesichtet wurde. Die »Schokaku« jedoch erhielt drei Bombentreffer und mußte den Kampfplatz verlassen. Auf der anderen Seite erhielt die »Lexington« zwei Torpedo- und zwei Bombentreffer, und die darauffolgenden inneren Explosionen machten die Aufgabe dieses vielgefeierten Schiffes notwendig, das von seinen Matrosen »Lady Lex« genannt wurde. Die flinkere »Yorktown« entkam mit nur einem Bombentreffer.

Am Nachmittag befahl Nimitz seinem Trägerverband den Rückzug aus dem Korallenmeer – mit um so weniger Bedenken, als die Gefahr für Port Moresby inzwischen vorüber war. Auch die Japaner zogen sich von dem Schauplatz zurück in der irrigen Annahme, sie hätten beide amerikanische Flugzeugträger versenkt.

An absoluten Verlusten schnitten die Amerikaner in bezug auf Flugzeuge etwas besser ab – 74 gegenüber mehr als 80 –, und ihre Verluste an Menschenleben betrugen nur 543 gegenüber mehr als 1 000 der Japaner. Aber sie hatten einen großen Flugzeugträger der Marine verloren, die Japaner dagegen nur einen leichten Flugzeugträger. Doch wichtiger war, daß die Amerikaner das strategische Ziel des Feindes, die Einnahme von Port Moresby auf Neuguinea, vereitelt hatten. Und dank einer überlegenen Technik gelang es ihnen, die »Yorktown« rechtzeitig für den nächsten Akt des pazifischen Krieges zu reparieren, während keiner der beiden am Kampf beteiligten japanischen Flugzeugträger für die zweite entscheidendere Schlacht instand gesetzt werden konnte.

Die Schlacht im Korallenmeer war die erste Seeschlacht der Geschichte, die zwischen Flotten ausgekämpft wurde, die sich niemals gegenseitig zu Gesicht bekamen – auf Entfernungen, welche die äußerste Reichweite der Schlachtschiffe, etwa 30 Kilometer, weit hinter sich ließen und 150 Kilometer oder noch mehr betrugen. Eine Wiederholung im größeren Stil erfolgte bald.

Die Schlacht von Midway

Das Kaiserliche Hauptquartier in Japan hatte bereits durch seinen Befehl vom 5. Mai den nächsten Akt eingeleitet. Der vom Vereinigten

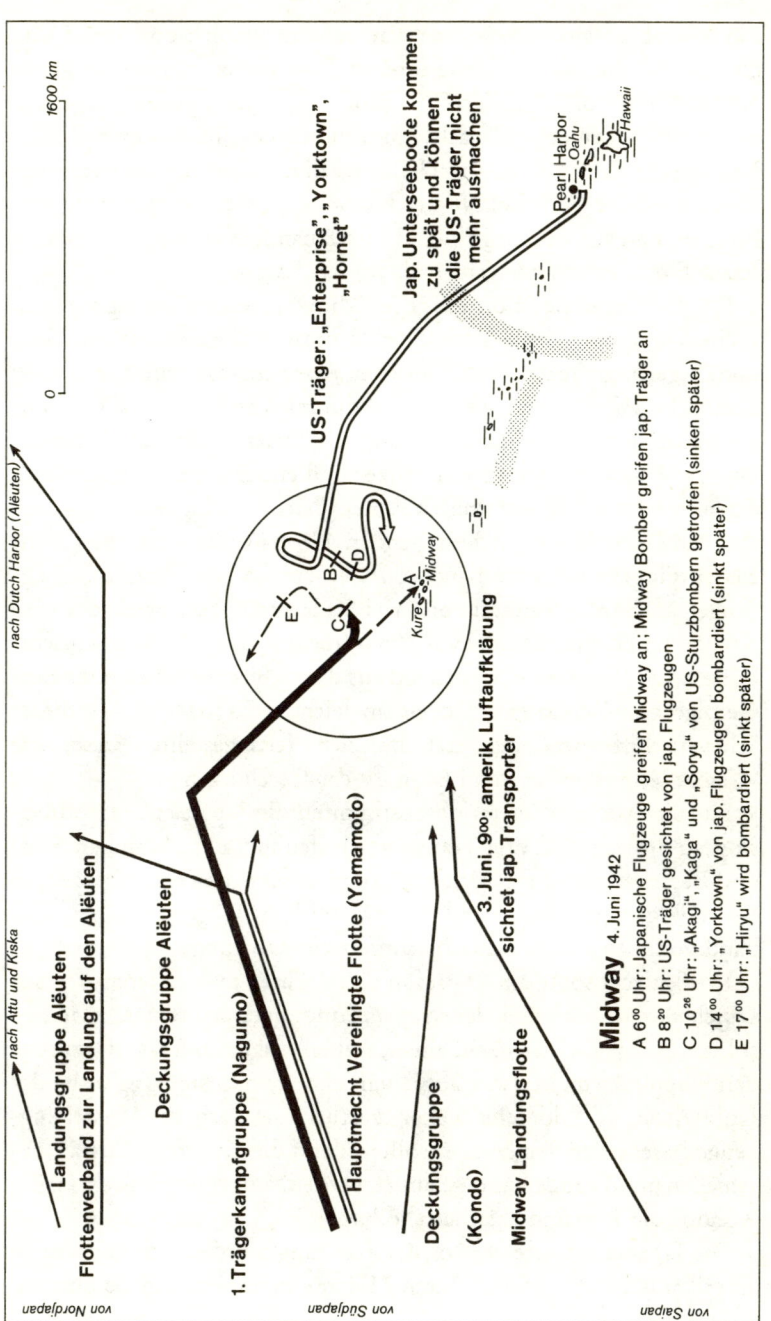

Midway 4. Juni 1942

A 6⁰⁰ Uhr: Japanische Flugzeuge greifen Midway an; Midway Bomber greifen jap. Träger an

B 8²⁰ Uhr: US-Träger gesichtet von jap. Flugzeugen

C 10²⁶ Uhr: „Akagi", „Kaga" und „Soryu" von US-Sturzbombern getroffen (sinken später)

D 14⁰⁰ Uhr: „Yorktown" von jap. Flugzeugen bombardiert (sinkt später)

E 17⁰⁰ Uhr: „Hiryu" wird bombardiert (sinkt später)

Flottenstab ausgearbeitete Plan war außerordentlich umfassend und gut ausgedacht, aber es fehlte ihm an Beweglichkeit. Fast die ganze Kriegsmarine sollte bei der Operation eingesetzt werden, insgesamt 200 Schiffe; dazu gehörten acht Flugzeugträger, elf Schlachtschiffe, 22 Kreuzer, 65 Zerstörer und 21 U-Boote. Ihnen standen über 600 Flugzeuge zur Seite. Admiral Nimitz konnte dagegen nur 76 Schiffe aufbringen, und von diesen griff ein Drittel, nämlich die zur Nordpazifischen Flotte gehörenden, niemals in den Kampf ein.

Für die Hauptoperation, die gegen Midway, setzten die Japaner ein: 1. eine vorgeschobene U-Boot-Flotille, die in drei Reihen patrouillierte und Gegenangriffe der amerikanischen Kriegsmarine behindern sollte; 2. eine Invasionsstreitmacht unter Admiral Kondo von zwölf Truppentransportern, die 5000 Mann mitführten, mit unmittelbarer Unterstützung vier schwerer Kreuzer und entfernterem Schutz durch einen aus zwei Schlachtschiffen, einem leichten Flugzeugträger und vier schweren Kreuzern bestehenden Flottenverband; 3. Nagumos Ersten Flugzeugträgerverband von vier Trägern, mit über 250 Flugzeugen an Bord, geschützt von zwei Schlachtschiffen, zwei schweren Kreuzern und einem Rudel von Zerstörern; 4. das Gros der Schlachtflotte unter Yamamoto, bestehend aus drei Schlachtschiffen mit einem Gefolge von Zerstörern und einem leichten Kreuzer. Eines dieser Schlachtschiffe war der erst kürzlich fertiggestellte Riese, die »Yamato«, mit 70000 t und neun 45-cm-Geschützen.

Für die Alëuten-Operation bestimmten die Japaner: 1. eine Invasionsstreitmacht von drei Transportschiffen mit 2400 Mann an Bord und Begleitschiffen, mit Unterstützung zweier schwerer Kreuzer; 2. einen Flugzeugträgerverband von zwei leichten Trägern; 3. einen Verband von vier älteren Schlachtschiffen zur Deckung.

Die Schlacht sollte am 3. Juni in den Alëuten mit Luftangriffen auf Dutch Harbor beginnen, denen am 6. Landungen an drei Stellen folgen sollten. In der Zwischenzeit, am 4., sollten Nagumos Trägerflugzeuge den Flugplatz von Midway angreifen, und am nächsten Tag sollte das Kure-Atoll, 95 Kilometer weiter westlich, als Basis für Wasserflugzeuge besetzt werden. Am 6. sollten dann die Kreuzer Midway beschießen und Truppen dort gelandet werden, wobei die Schlachtschiffe Kondos die Invasion absichern sollten.

Die Japaner erwarteten, vor der Landung würden sich noch keine amerikanischen Schiffe im Raum Midway befinden, und sie hofften, die amerikanische Pazifik-Flotte würde mit Volldampf nordwärts fahren, sobald die Nachricht von den ersten Luftangriffen auf den Aleuten eintraf. Dies würde den Japanern ermöglichen, die US-Flotte zwischen ihren beiden Flugzeugträgerverbänden einzuschließen. Aber bei der Verfolgung dieses strategischen Zieles, der Vernichtung der amerikanischen Flugzeugträger, behinderten sich die Japaner selbst durch ihre taktischen Vorkehrungen. Wegen der günstigen Mondverhältnisse in den ersten Junitagen wollte Yamamoto nicht warten, bis die »Zuikaku« die im Korallenmeer verlorenen Flugzeuge ersetzt hatte und die anderen Träger verstärken konnte. Von den acht verfügbaren Flugzeugträgern wurden zwei zu den Aleuten entsandt, zwei weitere wurden den Schlachtschiffen zum Begleitschutz zugeteilt. Gleichzeitig wurden die Bewegungen aller Flottenverbände dem Tempo der langsamen Transportschiffe angepaßt. Außerdem ist es schwer, den Sinn eines Ablenkungsmanövers zu den Aleuten zu erkennen, wenn das Hauptziel der Japaner die Vernichtung der amerikanischen Flugzeugträger und nicht nur die Einnahme von Midway war. Am schlimmsten aber war, daß die Japaner keinerlei strategische Beweglichkeit mehr behielten, weil sie sich auf die Einnahme eines bestimmten Punktes zu einem bestimmten Zeitpunkt festgelegt hatten.

Auf amerikanischer Seite war die Hauptsorge von Admiral Nimitz die Überlegenheit der japanischen Kräfte. Seit der Katastrophe von Pearl Harbor hatte er keine Schlachtschiffe mehr, und nach der Schlacht im Korallenmeer hatte er nur noch zwei einsatzfähige Flugzeugträger – die »Enterprise« und die »Hornet«. Doch dank einer erstaunlichen technischen Leistung vermehrten sich seine Träger auf drei, da die »Yorktown« in zwei Tagen statt den geschätzten 90 Tagen repariert werden konnte.

Nimitz' großer und seine Schwäche ausgleichender Vorteil war die Überlegenheit seiner Informationsquellen. Die drei amerikanischen Flugzeugträger mit ihren zusammen 233 Flugzeugen waren weit nördlich von Midway stationiert, um außer Sicht der japanischen Aufklärungsflugzeuge zu sein, während sie selbst damit rechnen konnten, jede Einzelheit der japanischen Bewegungen durch ihre auf Midway stationierten »Catalina«-Langstrecken-Aufklärungsflugzeuge zu erfahren. So hofften sie, die japanischen Verbände in der Flanke angreifen zu können. Am 3. Juni sichtete die amerikanische Luftaufklärung die langsam fahrenden japanischen Transporter 1 000 Kilometer westlich von Midway. Mängel in den Suchanlagen der japanischen Flugzeuge erlaubten es den amerikanischen Flugzeugträgern, sich ungesehen von Nordosten zu nähern. Es kam ihnen dabei zustatten, daß Yamamoto und Nagumo glaubten, die amerikanische Pazifik-Flotte befände sich gar nicht auf hoher See.

Am Morgen des 4. Juni ließ Nagumo 108 seiner Flugzeuge Midway angreifen, während eine zweite Welle ähnlicher Größe bereitstand, jedes eventuell gesichtete feindliche Kriegsschiff anzugreifen. Die erste Welle richtete auf Midway großen Schaden an, bei nur geringen eigenen Verlusten; aber sie berichtete Nagumo, es sei noch ein zweiter Angriff nötig. Da seine eigenen Flugzeugträger jetzt von Flugzeugen aus Midway bombardiert wurden, glaubte der Admiral, es sei nötig, die Flugplätze der Insel noch stärker auszuschalten, und befahl daher seiner zweiten Angriffswelle, statt Torpedos für diesen Zweck Bomben mitzuführen, da von den amerikanischen Flugzeugträgern noch nichts zu sehen war.

Kurz darauf wurde gemeldet, eine Gruppe amerikanischer Schiffe nähere sich in einer Entfernung von etwa 300 Kilometern. Zuerst glaubte man, es seien nur Kreuzer und Zerstörer; aber um 8.20 Uhr kam eine genauere Meldung, daß zu dieser Gruppe auch ein Flugzeugträger gehöre. Dies war ein unangenehmer Augenblick für Nagumo, da die meisten seiner Torpedo-Bomber inzwischen mit Bomben ausgerüstet und die meisten seiner Jäger auf Erkundungsflügen waren. Er mußte auch abwarten, bis die letzten seiner Flugzeuge von dem ersten Angriff auf Midway zurückkehrten.

Nach Erhalt dieser Meldung schlug Nagumo einen nordöstlichen Kurs ein, und dies half ihm, der ersten Welle von Sturzbombern zu entgehen, die von den amerikanischen Trägern aufgestiegen waren. Und als dann drei Wellen von relativ langsamen Torpedo-Bombern zwischen 9.30 und 10.24 Uhr die japanischen Flugzeugträger angriffen, wurden 35 der 41 amerikanischen Maschinen von japanischen Jägern oder Fla-Geschützen abgeschossen. In diesem Augenblick glaubten die Japaner, sie hätten die Schlacht schon gewonnen.

Aber zwei Minuten später stürzten 37 amerikanische Sturzbomber von der »Enterprise« aus 6000 Meter Höhe so unerwartet auf sie herab, daß keine Abwehr möglich war; die japanischen Jäger, die soeben die dritte Welle der Torpedo-Bomber erfolgreich abgewehrt hatten, hatten keine Gelegenheit, noch aufzusteigen. Der Träger »Akagi«,

Nagumos Flaggschiff, wurde, gerade als seine Flugzeuge die Torpedos gegen Bomben auswechselten, von Bomben getroffen, die viele der Torpedos zur Explosion brachten und die Aufgabe des Schiffes notwendig machten. Der Träger »Kaga« hatte Bombentreffer, die seine Kommandobrücke zerstörten und das Schiff vom Bug bis zum Heck in Brand setzten; es sank schließlich am Abend. Der Träger »Soryu« hatte drei Treffer durch 500-kg-Bomben von den Sturzbombern der »Yorktown«, die jetzt auf dem Kampfplatz eintraf, und mußte innerhalb von 20 Minuten aufgegeben werden.

Der einzige noch intakte japanische Träger, die »Hiryu«, führte einen Gegenangriff gegen die »Yorktown«, der sie am Nachmittag so schwer beschädigte, daß sie aufgegeben werden mußte – die bei der Schlacht im Korallenmeer erlittenen Schäden waren offenbar allzu eilig repariert worden. Aber dafür attackierten 24 amerikanische Sturzbomber, darunter zehn von der »Yorktown«, am späten Nachmittag die »Hiryu« und trafen sie so schwer, daß sie am frühen Morgen des 5. Juni aufgegeben werden mußte und sank.

Diese Schlacht vom 4. Juni erlebte somit den schnellsten Wechsel des Schlachtenglücks, den man in der Seekriegsgeschichte je erlebt hatte, und zeigte, wie zufallsbedingt diese Schlachten sind, die in dem neuen Stil kombinierter See- und Luftkämpfe auf weite Entfernungen ausgefochten werden.

Admiral Yamamotos erste Reaktion auf die Nachricht von diesem Desaster seiner Flugzeugträger war, seine Schlachtschiffe in den Kampf zu werfen und seine zwei leichten Träger von den Aleuten zurückzuholen – immer noch in der Hoffnung, durch eine Seeschlacht alten Stils das Geschick zu wenden. Aber die spätere Nachricht von dem Verlust der »Hiryu« und die düsteren Berichte Nagumos stimmten ihn um, und am Morgen des 5. entschied er, den Angriff auf Midway aufzugeben. Er hoffte immer noch, die Amerikaner in eine Falle zu locken, indem er sich westwärts zurückzog; aber dies wurde verhindert durch die vorbildliche Kombination von Kühnheit und Vorsicht, die Admiral Spruance, der Befehlshaber der amerikanischen Flugzeugträger, bei dieser Aktion bewies.

Unterdessen war der japanische Angriff auf die Aleuten im Nordpazifik planmäßig am 3. Juni angelaufen, als die zwei dafür abgestellten leichten Flugzeugträger 23 Bomber unter Schutz von zwölf Jägern gegen Dutch Harbor aussandten. Es waren zu wenig für entscheidende

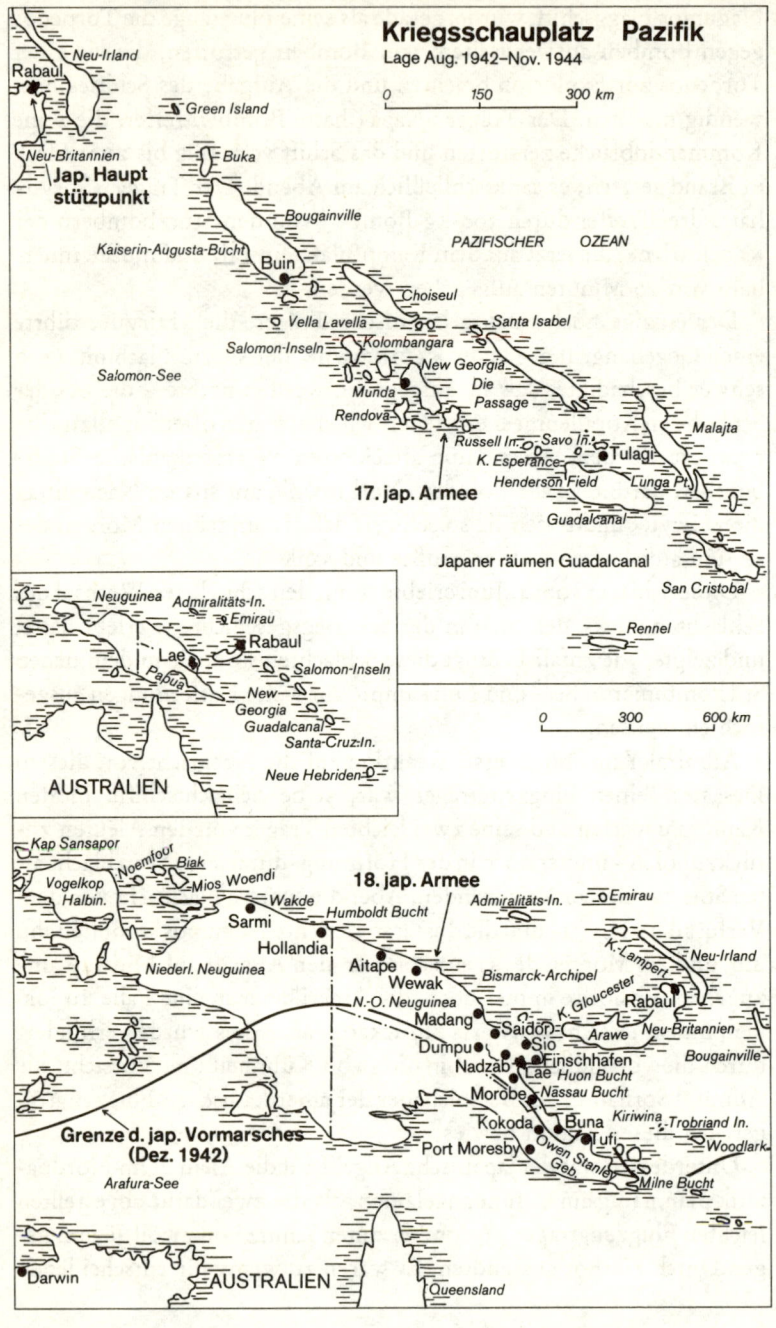

Kriegsschauplatz Pazifik
Lage Aug. 1942–Nov. 1944

0   150   300 km

Neu-Irland

Rabaul

Green Island

Neu-Britannien

Jap. Haupt stützpunkt

Buka

Bougainville

PAZIFISCHER OZEAN

Kaiserin-Augusta-Bucht

Buin

Choiseul

Vella Lavella

Santa Isabel

Salomon-Inseln

Kolombangara

New Georgia

Salomon-See

Munda

Die Passage

Rendova

Malajta

Russell In.

Savo In.

K. Esperance

Tulagi

17. jap. Armee

Henderson Field

Lunga Pt.

Guadalcanal

Japaner räumen Guadalcanal

San Cristobal

Rennel

0   300   600 km

Neuguinea

Admiralitäts-In.

Emirau

Lae

Rabaul

Papua

Salomon-Inseln

New Georgia

Guadalcanal

Santa-Cruz-In.

AUSTRALIEN

Neue Hebriden

Kap Sansapor

Biak

18. jap. Armee

Emirau

Noemfoor

Mios Woendi

Vogelkop Halbin.

Wakde

Humboldt Bucht

Admiralitäts-In.

Sarmi

K. Lamperi

Neu-Irland

Hollandia

Niederl. Neuguinea

Aitape

Wewak

Bismarck-Archipel

K. Gloucester

Rabaul

N.-O. Neuguinea

Madang

Saidor

Arawe

Neu-Britannien

Dumpu

Sio

Bougainville

Nadzab

Finschhafen

Lae

Huon Bucht

Morobe

Nassau Bucht

Kokoda

Buna

Kiriwina

Trobriand In.

Grenze d. jap. Vormarsches (Dez. 1942)

Port Moresby

Tufi

Woodlark

Owen Stanley Geb.

Arafura-See

Milne Bucht

Darwin

AUSTRALIEN

Queensland

Wirkungen, und sie richteten wenig Schaden an, zumal Nebel die Ziele verdeckte. Auch eine Wiederholung am nächsten Tag bei klarerem Wetter erzielte einige schwere Treffer, aber keine drastischen Erfolge. Dann wurden am 5. Juni die Flugzeugträger nach Süden beordert, um bei der großen Operation gegen Midway zu helfen. Am 7. jedoch landete der kleine japanische Truppenverband und nahm ohne Widerstand zwei der drei Inseln – Kiska und Attu. Die japanische Propaganda bauschte diesen bescheidenen Erfolg auf, um den viel wichtigeren Fehlschlag bei Midway auszugleichen. Auf den ersten Blick sah die Einnahme dieser Inseln wie ein bedeutender Erfolg aus, da die Inselkette der Aleuten, die sich im Nordpazifik über große Entfernungen erstreckt, dem kürzesten Weg zwischen San Francisco und Tokio nahe liegt. Aber in Wirklichkeit waren diese kahlen und felsigen Inseln, oft in Nebel eingehüllt und von Stürmen umgeben, als See- oder Luftstützpunkte für einen Vorstoß durch den Pazifik, gleich in welcher Richtung, völlig ungeeignet.

Alles in allem waren diese Operationen des Juni 1942 eine empfindliche Niederlage für die Japaner. Sie hatten in der Schlacht von Midway vier Flugzeugträger und etwa 330 Flugzeuge verloren, von denen die meisten mit den Trägern untergingen, ebenso einen schweren Kreuzer – während die Amerikaner nur einen Flugzeugträger und etwa 150 Flugzeuge verloren. Auf amerikanischer Seite waren die Sturzbomber die entscheidende Waffe gewesen – im Gegensatz dazu waren über 90 Prozent ihrer Torpedo-Bomber abgeschossen worden, und die großen B-17-Bomber der Armee hatten sich als völlig ungeeignet zum Angriff auf Schiffe erwiesen.

Außer den bereits erwähnten strategischen Irrtümern litten die Japaner auch an anderen Fehlern verschiedener Art. Auf der Kommandoebene waren die Fehler die praktische Isolierung Yamamotos auf der Brücke des Schlachtschiffes »Yamato«, die schwachen Nerven Nagumos und die alte Marinetradition, die Admiral Yamaguchi und andere Kommandeure veranlaßte, mit ihren Schiffen unterzugehen, statt zu versuchen, wieder die Initiative zu gewinnen. Admiral Nimitz war an Land geblieben und hatte dadurch den Gesamtüberblick über die strategische Lage behalten, im Gegensatz zu Yamamoto.

Das Mißgeschick der Japaner wurde vergrößert durch eine Reihe taktischer Fehler: die Unterlassung, genügend Aufklärungsflugzeuge zur Suche nach den amerikanischen Flugzeugträgern auszuschicken;

der mangelnde Jägerschutz in großen Höhen, unzureichende Vorkehrungen zum Löschen von Feuer; der gleichzeitige Angriff mit den Flugzeugen aller vier Träger – was bedeutete, daß sie alle ihre Flugzeuge zur gleichen Zeit wieder aufnehmen und wieder ausrüsten mußten, so daß zeitweilig der ganze Trägerverband keine Schlagkraft hatte; die Fortsetzung des Kurses auf den Feind zu, während die Umrüstung der Flugzeuge erfolgte – was den amerikanischen Maschinen ermöglichte, Nagumos Verband leichter zu entdecken und zu treffen, bevor er zurückschlagen oder auch nur sich mit seinen Jägern verteidigen konnte. Die meisten dieser Fehler gingen letzten Endes auf ein übertriebenes Selbstvertrauen zurück.

Nachdem die Japaner diese vier Flugzeugträger mit ihren gut ausgebildeten Flugzeugbesatzungen verloren hatten, spielte ihre immer noch bestehende Überlegenheit an Schlachtschiffen und Kreuzern keine große Rolle mehr. Diese Schiffe konnten sich nur noch in Räume wagen, die von ihren auf dem Land stationierten Flugzeugen abgedeckt waren – und die japanische Niederlage bei dem langen Kampf um Guadalcanal war dann in erster Linie durch die fehlende Luftherrschaft verschuldet. Die Schlacht von Midway verschaffte den Amerikanern eine unschätzbar wertvolle Atempause, bis Ende des Jahres ihre neuen Flugzeugträger der »Essex«-Klasse einsatzbereit waren. So kann man mit Recht sagen, daß Midway der Wendepunkt war, der die schließliche Niederlage Japans einleitete.

Der Südwestpazifik nach Midway

Doch obwohl der Ausgang der Schlacht von Midway den japanischen Vorstoß im Südwestpazifik erheblich erschwerte, brachte er ihn nicht völlig zum Stehen. Zwar konnten die Japaner nicht mehr ihre Flotte zur Beschleunigung ihres Vorstoßes einsetzen; aber sie setzten den Vorstoß in einer zweiteiligen Operation fort – in Neuguinea durch einen Landangriff über die Papua-Halbinsel im Osten der großen Insel hinweg und auf den Salomon-Inseln durch ein Hüpfen von Insel zu Insel, bei dem jedesmal die ganze Kette entlang neue Flugplätze angelegt wurden, um den nächsten kurzen Sprung abzudecken.

Neuguinea und Papua

Als die Japaner im Dezember 1941 den Krieg begannen, kämpfte der größte Teil der australischen Operationsstreitkräfte im Rahmen der britischen 8. Armee in Nordafrika. Zwar wurden sie sofort zurückgerufen, als die neue Gefahr für Australien in so naher Entfernung auftauchte; aber die einzige Landtruppe von nennenswerter Stärke war bis dahin eine Brigade, die bei Port Moresby, der Hauptstadt Papuas, an der Südküste der Insel stationiert war. Die sehr kleinen australischen Garnisonen an der Nordküste ebenso wie im Bismarck-Archipel und auf den Salomonen wurden zurückgezogen, sobald sich die Japaner näherten. Doch man hielt es für notwendig, Port Moresby zu halten, weil japanische Luftangriffe von dort den australischen Staat Queensland treffen konnten. Die australische Bevölkerung war natürlich nervös bei dem Gedanken an eine solche Bedrohung.

Anfang März 1942 waren die Japaner von Rabaul aus bei Lae an der Nordküste Neuguineas gelandet, ziemlich nahe an der Halbinsel Papua. Jedoch, wie bereits berichtet, ihre über das Meer beförderte Expedition zur Einnahme von Port Moresby kehrte infolge der ansonsten unentschiedenen Schlacht im Korallenmeer wieder um. Unterdessen war General Douglas MacArthur zum alliierten Oberbefehlshaber im Südwestpazifik ernannt worden. Nach der Schlacht von Midway Anfang Juni wurde die alliierte Position auf Neuguinea wesentlich gestärkt, sowohl direkt als auch indirekt, da inzwischen die meisten australischen Truppen aus Nordafrika zurückgekehrt waren und neue Divisionen aufgestellt wurden, während die USA zwei Divisionen und acht Gruppen der Luftwaffe in Australien stationierten. Auch in Papua selbst waren die australischen Truppen auf über eine Division verstärkt worden: zwei Brigaden bei Port Moresby und eine dritte bei der Milne-Bucht am östlichen Ende der Halbinsel, während zwei Bataillone nach Buna an der Nordküste vorrückten, in der Absicht, dort einen Luftwaffenstützpunkt zur Deckung des geplanten alliierten Vormarsches in westlicher Richtung an der Nordküste Neuguineas zu bilden.

Am 21. Juli kamen die Japaner jedoch diesem Vorstoß zuvor, und die scheinbar schon entschwindende japanische Drohung erschien aufs neue, als 2 000 Japaner in der Nähe von Buna landeten – um diesmal auf dem Landweg die Einnahme von Port Moresby zu versuchen. Für die Alliierten war es ein weiterer Schock, als die Japaner am 29. Kokoda nahmen, fast auf halbem Weg zwischen Buna und Port Moresby; Mitte August, als sie inzwischen über 13 000 Mann gelandet hatten, begannen sie die Australier durch den Dschungel zurückzudrängen. Zwar ist die Halbinsel dort nur gut 150 Kilometer breit; aber ihr Weg führte über die Owen-Stanley-Berge, die bis zu 3 000 Meter hoch sind, und die großen Schwierigkeiten des Nachschubs über so schwieriges Gelände, die natürlich für den Angreifer noch größer sind, wurden durch alliierte Luftangriffe noch verstärkt. Innerhalb eines Monats wurde der japanische Vormarsch etwa 50 Kilometer vor Port Moresby zum Stehen gebracht. Unterdessen war eine kleinere japanische Einheit von 1 200, später auf 2 000 Mann verstärkt, am 25. August in der Milne-Bucht gelandet; sie hatte nach fünf Tagen schwerer Kämpfe den Rand des dortigen Flugfeldes erreicht, wurde aber durch einen australischen Gegenangriff gezwungen, sich wieder einzuschiffen.

Bis Mitte September 1942 hatte MacArthur in Papua das Gros der 6. und 7. australischen Division sowie ein amerikanisches Regiment konzentriert und war bereit, zur Offensive überzugehen. Am 23. September kam General Sir Thomas Blamey, der australische Oberbefehlshaber der alliierten Landstreitkräfte im Südwestpazifik, in Port Moresby an, um die Leitung der Operationen zu übernehmen. Auch seine Truppen stießen auf harten Widerstand, als sie sich bemühten, den Weg nach Kokoda und von dort nach Buna zurückzukämpfen; aber ihre Nachschubschwierigkeiten wurden durch zunehmende Verwendung von Lufttransporten erleichtert. Bis Ende Oktober waren die Japaner aus der letzten von drei Positionen vertrieben, die sie nacheinander auf dem Rücken der Bergkette angelegt hatten, und am 2. November eroberten die Australier Kokoda zurück, wo sie sogleich den Flugplatz wieder in Betrieb nahmen. Die Japaner versuchten, sich am Kumusi-Fluß zu halten; aber ihr Widerstand wurde überwunden mit Hilfe von Brückenbaumaterial, das aus der Luft abgeworfen wurde, und durch die Flankendrohung neuer australischer und amerikanischer Truppen, die an die Nordküste geflogen wurden.

Immerhin gelang es ihnen, sich den ganzen Dezember hindurch in der Nähe von Buna zu halten, und erst nach Ankunft weiterer alliierter Verstärkungen auf dem See- und dem Luftweg wurde am 21. Januar 1943 dieses letzte japanische Widerstandsnest in Papua liquidiert. In diesem sechsmonatigen Feldzug hatten sie über 12 000 Mann verloren; die australischen Verluste im Kampf betrugen 5 700 und die amerikanischen 2 800 Mann. Aber die Alliierten hatten dreimal soviel Leute in dieser tropischen feuchten Hitze und in dem malariaverseuchten Dschungel durch Krankheiten verloren. Immerhin hatten sie bewiesen, daß sie selbst unter so schrecklichen Dschungel-Kampfbedingungen erfolgreich gegen die Japaner kämpfen konnten und daß die Luftherrschaft in all ihren Formen für sie ein entscheidender Vorteil war.

Guadalcanal

Der Kampf um Guadalcanal entstand aus dem beiderseitigen natürlichen Wunsch von General MacArthur und Admiral Nimitz, den Sieg bei Midway durch einen schnellen Übergang von der Defensive zur Gegenoffensive im ganzen Pazifik auszunutzen. Ihr Wunsch wurde unterstützt durch ihre Chefs in Washington, General Marshall und Admiral King, insoweit als eine solche Offensive mit dem zwischen den beiden Alliierten abgesprochenen strategischen Grundgedanken vereinbar war, zuerst Deutschland zu schlagen. Für eine baldige Gegenoffensive war – worüber sich alle einig waren – der Südwestpazifik der einzige geeignete Raum. Meinungsverschiedenheiten entstanden jedoch – ganz selbstverständlich – darüber, wer die Gegenoffensive leiten sollte. Jetzt, da die feindliche Drohung für die Hawaii-Inseln im Zentralpazifik beseitigt war, wollte die Marine die führende Rolle bei einer Operation spielen, die im Kern eine amphibische sein mußte. Nur widerstrebend hatte Admiral King den Grundsatz akzeptiert, sich zuerst Deutschland vorzunehmen und zu diesem Zweck eine amerikanische Armee in Großbritannien aufzubauen. Als dann die britischen Argumente gegen eine Offensive über den Kanal hinweg schon im Jahr 1942 Marshall veranlaßten, sich mit dem Gedanken zu befreunden, dem Pazifik Vorrang einzuräumen, war King erfreut über einen solchen Meinungswandel, selbst wenn er nur vorübergehend war – und wenig Aussicht hatte, von Präsident Roosevelt als endgültige neue Strategie akzeptiert zu werden.

Doch der allseitig gebilligte Übergang zur Offensive im Südwestpazifik verschärfte sofort den Streit darüber, wer deren Gesamtleitung in der Hand haben solle, und in der zweiten Hälfte Juni wurde daraus eine hitzige Diskussion. Das Ergebnis war ein Kompromiß, der in der Direktive der Vereinigten Stabschefs vom 2. Juli zum Ausdruck kam und von Marshall inspiriert wurde. Die Offensive sollte in drei Phasen vor sich gehen: Die erste war die Besetzung der Santa-Cruz-Inseln und der östlichen Salomonen, insbesondere Tulagis und Guadalcanals; zu diesem Zweck wurde die Grenze zwischen den beiden Kommandosphären abgeändert, so daß dieser Raum unter den Befehl von Nimitz kam, der daher die erste Phase lenken sollte. Die zweite Phase sollte die Einnahme der übrigen Salomon-Inseln und der Küste von Neuguinea bis zur Halbinsel Huon sein. Als dritte Phase war die Einnahme von Rabaul, des wichtigsten japanischen Stützpunktes im Südwestpazifik, und des übrigen Bismarck-Archipels gedacht – diese beiden Phasen fielen auf Grund der Neueinteilung der Kommandozonen unter die Leitung MacArthurs.

Dieser Kompromißplan gefiel MacArthur nicht, der sogleich nach dem Sieg bei Midway einen baldigen großen Angriff auf Rabaul befürwortete und zuversichtlich voraussagte, er könne Rabaul mit dem Rest des Bismarck-Archipels bald nehmen und die Japaner bis nach Truk (auf den 1 000 Kilometer entfernten Karolinen) zurückwerfen. Aber er mußte erkennen, daß keine Hoffnung bestand, die von ihm als notwendig bezeichneten Kräfte zu erhalten: eine Marineinfanteriedivision und zwei Flugzeugträger zusätzlich zu den drei Infanteriedivisionen, die er schon hatte. So wurde der dreistufige Kompromißplan angenommen – und brauchte dann weit länger zu seiner Durchführung, als irgendeiner der amerikanischen Befehlshaber gedacht hatte.

Denn dem alliierten Plan einer Einnahme der östlichen Salomonen kamen die Japaner zuvor, wie sie es schon in Papua getan hatten. Am 5. Juli meldeten Aufklärungsflugzeuge, daß die Japaner einige Truppen von Tulagi zu der größeren benachbarten Insel Guadalcanal (150 Kilometer lang und knapp 40 Kilometer breit) verlegt hatten und dort bei Lunga Point einen Flugplatz anlegten (dieser wurde später »Henderson Field« genannt). Die offenkundige Gefahr, daß japanische Bomber von dort operieren könnten, veranlaßte eine sofortige Überprüfung der amerikanischen Strategie, und Guadalcanal wurde das erste Ziel. Mit seinem harten Rückgrat bewaldeter Berge und seinem ungesunden Klima mit häufigen tropischen Regenfällen war die Insel für einen militärischen Feldzug denkbar ungeeignet.

Die strategische Leitung dieser Operation unter der Oberaufsicht von Nimitz wurde Vizeadmiral Robert L. Ghormley, dem Oberbefehlshaber in diesem Raum, anvertraut, während Konteradmiral Fletcher die taktische Leitung hatte – er befehligte auch die drei zur Dekkung bestimmten Flugzeugträgergruppen, die jeweils um die großen Träger »Enterprise«, »Saratoga« und »Wasp« herum aufgebaut worden waren. Die Luftunterstützung von Landflugplätzen aus kam aus Port Moresby, aus Queensland und aus verschiedenen kleinen Flugplätzen auf den Inseln. Die Landetruppe unter dem Befehl von Generalmajor Alexander A. Vandegrift umfaßte die 1. Marineinfanteriedivision und ein Regiment der 2., insgesamt 19000 Marinesoldaten, die in 19 Transportschiffen unter Geleitschutz dorthin gebracht wurden.

Als sich die Armada näherte, war vom Feind nichts zu sehen; am Morgen des 7. August begann der Angriff von der See und aus der Luft und um 9 Uhr vormittags die Landung. Bis zum Abend waren 11000 Marinesoldaten an Land; am nächsten Morgen wurde der Flugplatz besetzt, der, wie man feststellte, fast fertiggestellt war. Die 2200 Japaner auf der Insel, meist Angehörige von Bautrupps, waren in den Dschungel geflohen. Auf Tulagi leistete die japanische Besatzung von 1500 Mann härteren Widerstand; erst am zweiten Abend wurde sie von den dort gelandeten 6000 Marinesoldaten überwunden.

Die Japaner reagierten prompt – paradoxerweise um so schneller, als sie annahmen, die amerikanische Landetruppe sei nur ein Bruchteil so stark, wie sie wirklich war. Daher warteten sie nicht, bis sie eine angemessene Gegenaktion unternehmen konnten, sondern sandten eine Reihe tröpfchenweiser Verstärkungen auf die Insel, so daß sich ein längerer Feldzug aus dem entwickelte, was sich beide Seiten als eine schnelle Aktion bzw. Gegenaktion vorgestellt hatten.

Die Geleitzüge der japanischen Kriegsmarine waren jedoch größer, und ihre Fahrten führten zu einer Reihe beachtlicher Seekämpfe. Der erste und der für die Amerikaner am ungünstigsten verlaufende war die Schlacht von Savo, einer Insel nahe der Nordwestküste Guadalcanals. Am Abend des 7. August zog der japanische Oberbefehlshaber in Rabaul, Vizeadmiral Mikawa, einen Verband von fünf schweren und zwei leichten Kreuzern zusammen und lief nach Guadalcanal aus. Am nächsten Tag unerkannt durch die enge Passage zwischen den beiden Ketten der Salomon-Inseln fahrend, näherte er sich am Abend der Insel Savo – gerade als Fletcher die amerikanischen Flugzeugträger zu

rückgezogen hatte, weil ihr Treibstoff knapp geworden war. Die Vorsichtsmaßnahmen der Amerikaner waren unzureichend; so konnte
Mikawa am frühen Morgen die südliche und die nördliche Gruppe des
amerikanischen Verbandes überraschend angreifen. Eine Stunde später
dampfte er durch die Passage wieder zurück und ließ vier versenkte
oder sinkende amerikanische Kreuzer zurück, während der fünfte
US-Kreuzer schwer beschädigt war und seine eigenen Schiffe kaum etwas abbekommen hatten.

Den Japanern kam dabei ihre überlegene Fähigkeit zu Nachtkämp-
fen sehr zugute, die auf ihre besseren optischen Instrumente und auf
ihre 60-cm-Torpedos zurückging. Es war eine der schwersten Niederlagen der amerikanischen Kriegsmarine in diesem Krieg. Zum Glück
vollendete Mikawa seinen Auftrag nicht durch die Versenkung der
schutzlos im Hafen liegenden Transport- und Versorgungsschiffe – er
wußte nicht, daß die amerikanischen Flugzeugträger abgezogen worden waren, und erwartete daher einen baldigen Gegenangriff aus der
Luft, wenn er nicht schnell in die relative Sicherheit der schmalen Passage zurückgekehrt sei.

Jedoch die verbleibenden amerikanischen Schiffe wurden noch am
gleichen Nachmittag nach Süden zurückgezogen, um weitere Angriffe
zu vermeiden, obwohl erst die Hälfte der Lebensmittel und des Nachschubs an Munition für die Marineinfanterie ausgeladen worden war.
Deren Verpflegung wurde auf zwei Mahlzeiten am Tag reduziert, und
zwei Wochen lang waren sie von jeder Versorgung abgeschnitten –
ohne Unterstützung durch die Kriegsmarine und ohne Unterstützung
aus der Luft, bis am 20. nach der Ankunft von fünf Squadrons der
Marineinfanterie-Luftwaffe Henderson Field in Benutzung genommen wurde. Doch auch dann war die Luftunterstützung noch dürftig.

Die Japaner verpaßten aber die gute Gelegenheit, hauptsächlich weil
sie immer noch die Stärke der auf Guadalcanal gelandeten Marineinfanterie erheblich unterschätzten – sie nahmen etwa 2000 Mann an und
glaubten, eine Truppe von 6000 Mann würde ausreichen, die Insel zurückzuerobern. Sie schickten daher zwei Vorausabteilungen von insgesamt 1500 Mann auf Zerstörern auf die Insel, die am 18. August
landeten; diese griffen an, ohne auf den folgenden Geleitzug zu warten, und wurden sofort von den Marinesoldaten zersprengt. Der
darauffolgende Geleitzug mit etwa 2000 Mann lief am 19. von Rabaul
aus; er erhielt starken Geleitschutz der Kriegsmarine und war als ein

Köder gedacht, um die amerikanische Flotte in eine Falle zu locken, wie man es schon bei Midway versucht hatte. An der Spitze fuhr der leichte Flugzeugträger »Ryujo«, dahinter kamen zwei Schlachtschiffe und drei Kreuzer unter Admiral Kondo, am Schluß die Flugzeugträger »Zuikaku« und »Schokaku« unter Admiral Nagumo.

Dieser Köderplan führte zu der Schlacht in den östlichen Salomonen, aber die von den Japanern beabsichtigte Falle funktionierte nicht. Denn Admiral Ghormley hatte rechtzeitig Meldung vom Herannahen des Verbandes durch »Küstenwächter« erhalten – eine Organisation, die aus Nachrichtenoffizieren der australischen Marine und einigen Pflanzern auf den Inseln bestand. Er zog südöstlich Guadalcanals drei Verbände zusammen, deren Kern jeweils die Flugzeugträger »Enterprise«, »Saratoga« und »Wasp« bildeten. Die »Ryujo« wurde am Morgen des 24. gesichtet und am Nachmittag von amerikanischen Trägerflugzeugen versenkt. Inzwischen waren auch die beiden japanischen Flugzeugträger gesichtet worden, so daß, als die erwarteten Angriffe von ihnen aus erfolgten, die amerikanischen Träger alle ihre Jäger an Bord hatten und dem Feind schwere Verluste zufügen konnten. Sie schossen über 70 der eingesetzten 80 Feindflugzeuge ab und verloren nur 17 eigene. Von den Schiffen erlitt nur die »Enterprise« ernsthafte Schäden. Nach diesem unentschiedenen Kampf zogen sich beide Flotten in der Nacht zurück.

Nach diesem Treffen gab es zur See eine längere Kampfpause; zu Lande versuchten die schwachen japanischen Truppen ohne Erfolg, das Henderson Field zu erreichen, und wurden von den Marinesoldaten zurückgeschlagen, wobei fast alle getötet wurden. Sie wurden ersetzt durch eine Reihe kleinerer Einheiten, die von Zerstörern so regelmäßig hintereinander abgesetzt wurden, daß die Marinesoldaten vom »Tokio-Expreß« sprachen. Dadurch verstärkten sich die japanischen Bodentruppen auf Guadalcanal stetig; bis Anfang September waren weitere 6000 Mann gelandet worden. In der Nacht vom 13. auf den 14. September erfolgte ein neuer heftiger Angriff auf die Stellungen der Marineinfanterie, der unter hohen Verlusten abgewiesen wurde.

Die amerikanische Kriegsmarine in diesem Raum wurde jedoch erheblich geschwächt durch den Verlust der Flugzeugträger »Saratoga« und »Wasp«, von denen der erste durch japanische U-Boote schwer beschädigt und der zweite versenkt wurde. Da die »Enterprise« noch in Reparatur war, blieb nur die »Hornet« übrig, um den Bodentruppen Luftunterstützung zu geben.

Nach dem Mißerfolg der ersten japanischen Versuche zur Wiedereroberung Guadalcanals erließ das Kaiserliche Hauptquartier am 18. September eine neue Direktive, die diesem Feldzug den Vorrang vor dem in Neuguinea einräumte. Aber die Japaner unterschätzten immer noch die Stärke der dortigen Marineinfanterie; sie rechneten mit nur 7500 Mann und kalkulierten, eine Division in Zusammenarbeit mit Einheiten der Vereinigten Flotte würde genügen, mit ihnen fertig zu werden. Der Transport der ersten verstärkenden Einheit auf dem Seeweg führte zu einem neuen Seekampf nahe der Küste von Guadalcanal am 11./12. Oktober. Bei dieser sogenannten Schlacht von Cap Esperance waren die beiderseitigen Verluste nicht hoch, aber im Vergleich bei den Amerikanern geringer. Während des Kampfes gelang es jedoch den Japanern, neue Truppen zu landen, die ihre Gesamtzahl auf 22000 Mann verstärkten. Gleichzeitig verstärkten auch die Amerikaner ihre Truppen auf 23000 Mann, dazu 4500 Mann auf Tulagi.

Dennoch war Mitte Oktober für sie die kritischste Zeit des ganzen Feldzuges, zumal als der Beschuß durch zwei japanische Schlachtschiffe den Flugplatz Henderson Field umpflügte, die Treibstoffvorräte in Brand setzte, 48 der 90 US-Flugzeuge vernichtete und die schweren Bomber der Armee zum Rückzug auf die Neuen Hebriden zwang. Wiederholte japanische Bombenangriffe waren eine weitere Belastung, während die feuchte Hitze und die dem Klima nicht angepaßte Verpflegung die Marinesoldaten schwer mitnahm.

Am 24. Oktober begann die durch schwere Wolkenbrüche verzögerte japanische Offensive. Der Hauptangriff kam aus dem Süden; doch wurden die Japaner an den gut ausgebauten Stellungen der Marineinfanterie abgeschlagen, und ihre Verluste beliefen sich auf Tausende, während die Amerikaner nur einige hundert Mann verloren. Am 26. mußten sie sich unter Zurücklassung von 2000 Toten wieder zurückziehen.

Unterdessen kreuzte die Vereinigte Flotte unter Yamamoto mit zwei Flugzeugträgern, zwei leichten Flugzeugträgern, vier Schlachtschiffen, 14 Kreuzern und 44 Zerstörern nordöstlich der Salomon-Inseln auf und erwartete die Nachricht, daß Henderson Field von der Armee genommen sei. Der amerikanische Flottenverband war nur halb so stark, obwohl das neue Schlachtschiff »South Dakota« und mehrere Kreuzer neu hinzugekommen waren. Bei den Schlachtschiffen war das Verhältnis 1 : 4. Doch der Flugzeugträger »Hornet« war jetzt wieder durch die reparierte »Enterprise« verstärkt, und dies war im modernen Seekrieg entscheidender. Auch die Ablösung des physisch erschöpften Admirals Ghormley durch Admiral Halsey war eine Verstärkung der Amerikaner. Am 26. Oktober stießen die beiden Flotten in der sogenannten Schlacht bei den Santa-Cruz-Inseln zusammen – eine Schlacht, die wieder durch die Flugzeuge auf beiden Seiten entschieden wurde. Die »Hornet« wurde versenkt und die »Enterprise« beschädigt, während auf der anderen Seite die »Schokaku« und der leichte Flugzeugträger »Zuiho« schwer beschädigt wurden, ehe sich beide Flotten am 27. vom Schauplatz zurückzogen. Aber an Flugzeugen verloren die Japaner weit mehr: 70 kehrten nicht zurück, und in der zehntägigen Periode, deren Höhepunkt diese Schlacht war, verloren sie insgesamt 200 – zusätzlich zu den 300, die sie seit Ende August verloren hatten. Außerdem erhielten die Amerikaner bald neue Verstärkung durch über 200 Flugzeuge sowie durch den Rest der 2. Marineinfanteriedivision.

Dennoch wurden auch die Japaner von neuem verstärkt, um ihre Angriffe wiederaufzunehmen – getrieben von kriegerischem Stolz und irregeführt durch absurd übertriebene Berichte über den Schaden, den sie beim Feind angerichtet hätten. Diese Angriffe führten zu den beiden Seekämpfen, die man die Seeschlacht von Guadalcanal genannt hat. Der erste fand am frühen Morgen des 13. November statt, und obwohl er nur knapp eine halbe Stunde dauerte, wurden zwei amerikanische Kreuzer versenkt, während das japanische Schlachtschiff »Hiei« so schwer beschädigt wurde, daß es am nächsten Tag versenkt werden mußte – das erste japanische Schlachtschiff, das in diesem Krieg verlorenging. Der zweite Teil der Seeschlacht fand in der Nacht vom 14. auf 15. November statt, und zwar mit verteilten Rollen: Die Japaner versuchten, 11 000 Mann in einem Geleitzug mit starkem Zerstörerschutz auf der Insel zu landen, und der Geleitzug wurde von Admiral Kondos schweren Schiffen abgedeckt. Sieben der Truppentransporter wurden dabei versenkt, und obwohl die anderen vier Guadalcanal erreichten, wurden sie am Morgen durch Luftangriffe schwer behindert, so daß nur 4000 Mann und sehr wenig des dringend benötigten Nachschubs gelandet werden konnten.

Bei dem diese Aktion begleitenden Seekampf wurden die amerikanischen Zerstörer schwer mitgenommen; aber dann wurde Kondos noch übriggebliebenes Schlachtschiff, die »Kirischima«, so schwer beschädigt, als gegen Mitternacht die radargelenkten Geschütze des amerikanischen Schlachtschiffs »Washington« auf eine Entfernung von 7,5 Kilometern das Feuer eröffneten, daß es in sieben Minuten außer Gefecht gesetzt wurde und bald versenkt werden mußte.

Unterdessen waren an Land die Marinesoldaten und andere amerikanische Truppen, die jetzt besser mit Nachschub versorgt waren als der Feind, zur Offensive übergegangen. Bis Ende des Monats wurde die Zahl der amerikanischen Flugzeuge auf der Insel auf 188 verstärkt, und die Japaner wagten nicht mehr, Verstärkungen oder Nachschub mit Geleitzügen auf die Insel zu bringen – im Dezember schickten sie von beidem nur winzige Mengen auf U-Booten.

Die japanische Kriegsmarine hatte so schwere Verluste erlitten, daß ihre Chefs die Aufgabe Guadalcanals vorschlugen; aber die Chefs der Armee, die jetzt bei Rabaul 50000 Mann zusammengezogen hatten, hofften immer noch, mit ihnen die 25000 Mann auf Guadalcanal verstärken zu können. Bis zum Jahreswechsel hatten aber die Amerikaner ihre Truppen auf der Insel auf über 50000 Mann verstärkt, und sie waren jetzt mit allem gut versorgt, während die Japaner, die nur noch ein Drittel ihrer normalen Rationen erhielten, durch Hunger und Malaria so geschwächt waren, daß sie nicht mehr an eine Offensive denken konnten – so hartnäckig sie noch in der Defensive kämpften. Daher trug das Kaiserliche Hauptquartier widerstrebend den Realitäten Rechnung und gab am 4. Januar 1943 den Befehl zur allmählichen Räumung der Insel. In Unkenntnis dieser Entscheidung stießen die Amerikaner nur vorsichtig vor, so daß die Japaner alle ihre Truppen in drei Aktionen wieder einschiffen konnten, die in der Nacht zum 1. Februar begannen und in der Nacht zum 7. Februar endeten, wobei sie nur einen Zerstörer verloren.

In der Bilanz war der lange Kampf um Guadalcanal eine schwere Niederlage für Japan. Die Japaner hatten 25000 Mann verloren, davon 9000 durch Hunger und Krankheit, während die amerikanischen Verluste weit geringer waren. Schlimmer war, daß sie mindestens 600 Flugzeuge mit ihren ausgebildeten Besatzungen eingebüßt hatten.

Und gleichzeitig nahmen die Kräfte Amerikas in jeder Hinsicht immer mehr zu, sobald die Mobilisierung seines Menschenpotentials und seiner Industrie in Schwung gekommen war.

Burma – die Gegenaktion schlägt fehl

Im Mai 1942, als sich die Briten aus Burma nach Indien zurückzogen, hatten die Japaner die vorgesehene Grenze ihrer Expansion in Südostasien erreicht, und daher gingen sie in die Defensive über, um ihre Eroberungen zu konsolidieren. Unterdessen machten die Briten Pläne für ein Comeback in der nächsten trockenen Jahreszeit, die im November 1942 anfing. Aber wegen der logistischen Schwierigkeiten erwies sich keiner dieser Pläne als durchführbar. Und der einzige, der praktisch erprobt wurde, die sehr begrenzte Offensive in Arakan, endete mit einem katastrophalen Fehlschlag.

Das logistisch entscheidende rückwärtige Gebiet, Assam und Bengalen, war niemals als ein großer militärischer Stützpunk betrachtet oder ausgebaut worden. Flugplätze, Treibstofflager, Straßen, Eisenbahnen und Pipelines – alles mußte erst aufgebaut, und die wenigen Häfen mußten vergrößert werden.

Die erste große Schwierigkeit, vor der das Oberkommando Indiens stand, war der Schiffsraum, da der größte Teil des Nachschubs über das Meer kommen mußte. Aber da alle anderen Kriegsschauplätze Vorrang hatten, blieb für Indien, selbst als es von einer Invasion bedroht wurde, wenig Schiffsraum übrig, nachdem man für die Geleitzüge im Atlantik und in der Arktis, für die Kriegsschauplätze im Mittelmeer und im Pazifik Vorsorge getroffen hatte. Der für Indien abgezweigte Schiffsraum war nur rund ein Drittel dessen, was für den Ausbau des Raumes als Sprungbrett für eine Offensive nötig gewesen wäre.

Auch der Transport im Landesinnern bot große Schwierigkeiten. Das Straßen- und Eisenbahnnetz Nordostindiens war veraltet und unzuverlässig. Es mußte erheblich verbessert werden, ehe die von Kalkutta und anderen Häfen kommenden Transporte bis zur Front gelangen konnten. Mängel aller Art hinderten den Fortschritt der Arbeit, ebenso die Monsune, die häufig Erdrutsche verursachten und Brücken wegschwemmten. Japanische Luftangriffe wirkten ebenfalls störend; Schwierigkeiten mit den einheimischen Arbeitskräften und politische Unruhen waren noch schlimmere Handicaps – zumal die ausgedehnten Unruhen nach dem Fehlschlag der Cripps-Mission im Spätsommer 1942, als die indische Kongreßpartei zu einem Feldzug des zivilen Ungehorsams aufrief. Die Unruhe wurde von projapanischen Elementen noch angestachelt, die in der schlechten wirtschaftlichen Lage Indiens einen günstigen Nährboden fanden. Der schlimmste Mangel von allen aber war der an Lokomotiven: Wavell hatte mindestens 185 verlangt und erhielt ganze vier!

Das logistische Problem war erheblich verschärft worden durch die Entscheidung, Indien zu einem Stützpunkt für 34 Divisionen und 100 Squadrons der Luftwaffe auszubauen. Über eine Million Menschen waren beim Bau der 220 neuen Flugplätze beschäftigt; dadurch wurde die Zahl der für andere Vorhaben, von denen der Straßenbau das vordringlichste war, verfügbaren Arbeitskräfte vermindert. Das Versorgungsproblem wurde zudem durch die Notwendigkeit verschärft, 400000 zivile Flüchtlinge aus Burma zu ernähren.

Das Oberkommando Indien besaß zwar eine große Zahl von Divisionen; aber die meisten davon waren im Zuge der Vergrößerung der indischen Armee zu Kriegszwecken neu gebildet worden, und es fehlte ihnen an Ausrüstung und Ausbildung, an erfahrenen Offizieren und Unteroffizieren. Die wenigen Einheiten, die Kampferfahrung hatten, waren nicht nur durch den Burma-Feldzug, sondern auch durch die Unbilden der Malaria dezimiert und hatten beim Rückzug den größten Teil ihrer Ausrüstung verloren. Nur drei der etwa 15 auf dem Papier verfügbaren Divisionen waren für Operationen in naher Zukunft wirklich einsatzbereit.

Die administrativen Probleme wurden durch die Kommando-Probleme noch verschärft, insbesondere bei den chinesischen Truppen, die sich nach Indien zurückgezogen hatten, bei der 10. US-Heeresluftflotte – und bei dem schwierigen General Stilwell.

Ein anderer entscheidender Faktor war die Notwendigkeit einer Luftüberlegenheit – um Indien selbst zu schützen, den ständigen Fluß von Nachschub nach China sicherzustellen und um die für einen Versuch zur Wiedereroberung Burmas notwendige Luftunterstützung zu beschaffen. Zum Glück hatten die Japaner, sobald im Mai 1942 der Monsun begann, einen großen Teil ihrer Luftwaffe für die Feldzüge im Südwestpazifik abgezweigt, und sie gaben dem Rest eine Ruhepause. Dies ermöglichte den Alliierten, verhältnismäßig ungestört ihre Luftwaffe in diesem Raum aufzubauen. Im September 1942 standen schon 31 britische und indische Squadrons in Indien. Davon waren freilich sechs noch nicht für Operationen tauglich, neun wurden für eine eventuelle Verteidigung Ceylons zurückgehalten, und fünf wurden für Transport- und Aufklärungszwecke eingesetzt – womit nur sieben Jäger- und vier Bomber-Squadrons für militärische Operationen in Nordostindien übrigblieben. Aber der Strom von Flugzeugen aus Großbritannien und den USA wurde mit jedem Monat stärker, und im Februar 1943 waren es schon 52 Squadrons. Zudem wurden die Flugzeuge selbst durch neuere Typen ersetzt – durch Mitchells, Hurricanes, Liberators und Beaufighters. Die meisten konnten direkt zu den neuen Flugplätzen in Assam und Bengalen geflogen werden, nachdem die Gefahr einer Invasion Indiens auf dem Seeweg sich nach den Seeschlachten im Korallenmeer und bei Midway verflüchtigt hatte.

Im April 1942 hatte Wavell das Oberkommando Indien neu geordnet: Das Zentrale Oberkommando, das sich jetzt in Agra befand, war für Ausbildung und Versorgung zuständig, während die drei regionalen Armeekommandos – das nordwestliche, das südliche und das östliche – die Verantwortung für die Operationen hatten.

Die Planung für die Rückeroberung Burmas setzte eine Zusammenarbeit mit den chinesischen Armeen voraus, sowohl den jetzt in Assam stehenden wie mit denen in der chinesischen Provinz Yunnan. Der chinesische Plan vom Oktober 1942 sah einen konzentrierten Vormarsch von 15 chinesischen sogenannten Divisionen aus Yunnan und drei aus Assam vor, zusammen mit etwa zehn britischen und indischen Divisionen. Die letzteren sollten nicht nur in Nordburma einmarschieren, sondern auch einen Angriff von See her auf Rangun führen. Wavell stimmte dem Plan grundsätzlich zu, hatte aber Zweifel, ob die nach seiner Ansicht notwendigen Voraussetzungen vorhanden waren: die Luftherrschaft über dem burmesischen Raum und eine starke britische Flotte mit vier oder fünf Flugzeugträgern zur Beherrschung des Indischen Ozeans und Sicherung des Angriffs auf Rangun. Die zweite Voraussetzung war in der Tat nicht gegeben – angesichts der umfangreichen Verpflichtungen der britischen Kriegsmarine in anderen Räumen. Daher zog Tschiang Kai-schek, der diese Voraussetzungen nur als Ausflüchte Wavells und als Beweis ansah, daß die Briten nicht zu einer ernsthaften Anstrengung gewillt waren, Ende 1942 grollend seine Mitwirkung bei der Operation zurück.

Wavell beschloß, trotzdem eine begrenzte Offensive zu unternehmen, zur Rückeroberung des Küstengebiets von Arakan durch einen Vormarsch von 150 Kilometern entlang der Halbinsel Mayu – zusammen mit einer Invasion der Insel Akyab von See her, um die dortigen Flugplätze zurückzuerobern, von denen aus japanische Bomber den größten Teil Nordostindiens angreifen konnten. Wenn die alliierte Luftwaffe dort wieder fest installiert wäre, könnte sie von dort aus das ganze nördliche und mittlere Burma abdecken. Dieser wichtige Bestandteil des Planes wurde jedoch wegen Mangels an Landefahrzeugen aufgegeben.

Dennoch bestand Wavell auf dem Landfeldzug nach Arakan – er erschien ihm besser als gar nichts. Die 14. indische Division begann im Dezember 1942 ihren Vormarsch, aber bewegte sich so langsam, daß der Befehlshaber der japanischen 15. Armee, General Iida, Verstärkungen dorthin schicken und bis Ende Januar den Vormarsch zum Stehen bringen konnte. Obwohl die Japaner im Februar noch mehr Truppen dorthin entsandten, bestand Wavell auf der Wiederaufnahme des Vormarsches, trotz der Proteste von General Irwin, Befehlshaber der östlichen Armee, der ihn warnte, die Truppen seien durch Malaria arg dezimiert und in ihrem Kampfgeist unterhöhlt. Daher konnten die Japaner jetzt die 14. Division im Rücken angreifen, und als sie Mitte März Htizwe am Mayu-Fluß erreicht hatten, zwangen sie sie zum Rückzug. Die 14. Division wurde dann durch die 26. ersetzt; aber der japanische Gegenangriff über den Mayu hinweg ging weiter und erreichte Anfang April bei Indin die Küste. Dann schwenkten die Japaner nach Norden, mit dem Ziel, noch vor Beginn des Monsuns im Mai die Linie Maungdaw–Buthidaung zu erreichen und dadurch britische Pläne für einen Vorstoß nach Burma in der nächsten trockenen Jahreszeit zu verhindern.

Am 14. April übernahm Generalleutnant W. J. Slim, Kommandeur des 15. indischen Korps, den Befehl über die Truppen in Arakan und war erschrocken festzustellen, wie sehr sie physisch und moralisch durch die Malaria und durch die schweren Verluste bei Frontangriffen auf japanische Stellungen gelitten hatten. Er hoffte zwar, die Linie Maungdaw–Buthidaung zwischen dem Meer und dem Mayu zu halten; aber er plante notfalls einen weiteren Rückzug auf eine Linie 80

Kilometer weiter nördlich, auf der Höhe von Cox's Bazar. Hier war das Gelände ziemlich flach und daher für die britische Überlegenheit an Artillerie und Panzern geeigneter als die Urwälder und Sümpfe des Mayu-Gebiets, während die japanischen Nachschublinien an der Küste verwundbarer sein würden.

Aber beides glückte nicht. Die Japaner vertrieben am 6. Mai die Briten aus Buthidaung, und diese Flankenbedrohung führte auch zur Aufgabe von Maungdaw an der Küste. An dieser neuen Linie blieben die Japaner stehen, da der Monsun bevorstand. Alles in allem war der britische Versuch, Akyab und seine Flugplätze auf dem Landwege ohne Hilfe einer maritimen Operation zurückzuerobern, ein völliger Fehlschlag. Die Japaner hatten ihre Geschicklichkeit bei Flankenbewegungen und langsamem Einsickern durch den Urwald bewiesen, während die Briten den Kampfgeist ihrer Truppen durch verlustreiche Frontalangriffe und dilettantische Mißachtung jedes indirekten Vorgehens beeinträchtigt hatten. Im Mai 1943 standen sie wieder dort, wo sie im Herbst 1942 gestanden hatten.

Die Chindits

Den einzigen Lichtblick in dieser trüben Periode des Krieges bot am nördlichen Ende des burmesischen Kriegsschauplatzes die erste »Chindit«-Operation. Diesen Namen hatte ihr Urheber, Orde Wingate, erfunden nach einem Fabeltier, dem Chinthe, halb Löwe und halb Adler, von dem zahlreiche Standbilder in burmesischen Pagoden stehen. Seine Phantasie war durch dieses greifähnliche Tier angeregt worden, das die enge Zusammenarbeit von Luftwaffe und Bodentruppen symbolisieren sollte. Daß die ersten derartigen Operationen in der Nähe des Chindwin-Flusses in Nordburma ausgeführt wurden, mag diesen Namen der Öffentlichkeit eingeprägt haben.

Im Herbst 1938 war Orde Wingate, damals als Hauptmann auf Urlaub von Palästina, mit einigen militärisch einflußreichen Leuten zusammengetroffen und hatte großen Eindruck auf sie gemacht, wie vorher schon auf General Wavell, der damals Befehlshaber in Palästina war[1]. Doch bei der Rückkehr nach Palästina im Dezember stellte er

---

1 Er suchte mich mehrmals auf und besprach mit mir die Ausbildung der SNS (Special Night Squads), die er aus Angehörigen der jüdischen Untergrundorganisation

fest, daß seine zionistischen Sympathien ihn in amtlichen britischen Kreisen so verdächtig gemacht hatten, daß Wavells Nachfolger, General Haining, der ursprünglich seinen Plan der SNS-Organisation gebilligt hatte, ihn von der Durchführung ausschloß und auf einen nebensächlichen Posten in seinen eigenen Stab abschob; später wurde er auf Hainings Betreiben in die Heimat zurückversetzt.

Doch im Herbst 1940 wurde er von diesem toten Geleise erlöst und nach Afrika geschickt, um einen Guerilla-Feldzug gegen die Italiener in Äthiopien zu organisieren. Nach dem erfolgreichen Abschluß des Ostafrika-Feldzuges im Mai 1941 machte er während eines Malariaanfalls in einem Moment psychischer Depression einen Selbstmordversuch; von seiner Genesung in der Heimat wurde er in den Fernen Osten abberufen und erhielt dort eine neue große Chance. Wieder wurde sie ihm von Wavell gegeben, der nach dem Fehlschlag seiner Sommeroffensive im Nahen Osten abgelöst und nach Indien geschickt worden war. Als Ende 1941 Wavell sich wegen der japanischen Invasion Malayas und Burmas wieder in einer kritischen Lage befand, bat er um die Entsendung Wingates in der Absicht, dort Guerillaoperationen zu führen.

Nach seiner Ankunft veranlaßte Wingate die Schaffung von sogenannten »Long Range Penetration Groups«, die dazu ausgebildet wurden, im burmesischen Urwald zu operieren sowie japanische Nachschubverbindungen und Vorposten anzugreifen. Seine Idee war, diese Kräfte müßten stark genug sein, um wirksam zuschlagen zu können, aber klein genug, um der Aufmerksamkeit des Feindes zu entgehen. Die Größe einer Brigade wurde als angemessen angesehen, und die 77. indische Brigade wurde für diesen Zweck reorganisiert. Diese »Chindits« mußten bessere Dschungelkämpfer sein als die Japaner, und sie brauchten Experten für Kämpfe dieser Art, vor allem Experten für Sabotageakte und für den Funkverkehr. Sie mußten ferner eine enge Zusammenarbeit mit der Luftwaffe entwickeln, da sie auf Nachschub aus der Luft angewiesen waren; zu diesem Zweck wurde jedem Verband eine kleine Luftwaffeneinheit zugeteilt. Innerhalb des Verbandes sollten Lasttiere den Transport bewerkstelligen.

Hagana zusammengestellt hatte, um die bewaffneten arabischen Banden zu bekämpfen. Er erzählte mir, wie er meine taktischen Ideen für solche Guerilla-Operationen angewandt habe. Auf Wingates Bitten schrieb ich für ihn einen Einführungsbrief an Winston Churchill.

Wingate drängte auf eine baldige Operation, sowohl zur Wiederherstellung des britischen Kampfgeistes als auch zur praktischen Erprobung seiner LRPG. Wavell hätte vorgezogen, daß diese Verbände
unmittelbar vor und während einer großen britischen Offensive in
Aktion treten sollten; aber er entschied auf Wingates Wunsch, daß ein
vorheriger Versuch gewagt werden solle, wegen der Erfahrungen, die
dabei gemacht, und der Informationen, die dabei gewonnen werden
könnten.

Die Brigade bestand aus sieben Verbänden und war für die geplante
Operation in zwei Gruppen eingeteilt: eine nördliche Gruppe von fünf
Verbänden mit insgesamt 2 200 Mann und 850 Mauleseln und eine
südliche Gruppe von zwei Verbänden mit insgesamt 1 000 Mann und
250 Mauleseln. Beide Gruppen überquerten in der Nacht zum 14.
Februar 1943 den Chindwin, unterstützt durch Ablenkungsmanöver
der regulären Truppen.

Als sie weiter nach Osten zogen, teilten sich die Gruppen in ihre
vorher bestimmten Verbände und führten zahlreiche Angriffe auf japanische Vorposten aus; ebenso unterbrachen sie Bahnlinien, sprengten sie Brücken und legten Hinterhalte an den Straßen an. Mitte März
überquerten sie den Irrawaddy, 150 Kilometer östlich des Chindwin.
Doch dann hatten die Japaner die Gefahr erkannt und setzten einen
großen Teil von zwei Divisionen gegen die Chindits ein. Daraufhin
mußten diese sich zurückziehen, und Mitte April waren sie wieder in
Indien, nach Verlust von einem Drittel ihrer Zahl und des größten
Teils ihrer Ausrüstung.

Die Operation hatte wenig strategischen Effekt; immerhin zeigte
sie, daß auch britische und indische Truppen im Dschungel operieren
konnten, und wertvolle Erfahrungen in der Nachschubversorgung aus
der Luft wurden gewonnen.

Die Operation brachte auch General Mutaguchi, den Kommandeur
der japansichen 15. Armee, zu der Erkenntnis, daß er den Chindwin
nicht als sichere Barriere ansehen könne und daß er seinen eigenen
Vormarsch wiederaufnehmen müsse, um einer britischen Gegenoffensive zuvorzukommen. Dadurch kam es zu dem japanischen Vorstoß
über die indische Grenze im Jahr 1944 und zu der entscheidenden
Schlacht von Imphal.

Künftige Planungen

Eine ernsthafte britische Offensive in der trockenen Jahreszeit 1942/43 war durch die Kombination von administrativen Schwierigkeiten und mangelnden Kräften unmöglich gemacht worden. Die Planung für die nächste trockene Jahreszeit 1943/44, so wie sie auf der Casablanca-Konferenz vom Januar 1943 beschlossen wurde, sah in der Hauptsache einen Angriff auf Rangun von See her vor, unter dem Namen »Operation Anakim«; ihm sollten britische und chinesische Offensiven im Norden Burmas und die Einnahme der wichtigsten Plätze an der Küste vorausgehen. Diese Zielsetzung setzte voraus, daß die Überlegenheit in der Luft gewonnen und starke Kräfte der Kriegsmarine mit genügend Landefahrzeugen zusammengezogen wurden – ebenso wie die Lösung der administrativen Probleme und der Probleme des Überlandtransports.

Die Schwierigkeit der Schaffung aller dieser Voraussetzungen war offenkundig so groß, daß Wavell im Frühjahr 1943 dazu neigte, sich von Burma abzuwenden und eine Operation gegen Sumatra zu bevorzugen. Seine Besprechungen mit Churchill und den Stabschefs bei einem Besuch in London im April überzeugten diese, daß die »Operation Anakim« aufgegeben oder verschoben werden müsse, und statt dessen wurde die Operation gegen Sumatra unter dem Namen »Culverin« beschlossen. Dieser Umweg leuchtete Churchill ein; aber auch er mußte aus den gleichen Gründen aufgegeben werden wie »Anakim« – und außerdem weil die Amerikaner darauf bestanden, den Landweg für den militärischen Nachschub nach China so bald wie möglich wieder zu öffnen. Daher wurde die Operation im Süden verschoben, wenn auch die Planung dafür weiterging. Wenn auf diesem Kriegsschauplatz überhaupt etwas geschehen sollte, dann müßte es im Norden von Burma geschehen.

Kapitel 24:
Die Schlacht im Atlantik

Die kritische Periode der Schlacht im Atlantik war die zweite Hälfte
1942 und die erste Hälfte 1943, aber ihre langfristige Fluktuation ging
mit dem Gesamtverlauf des Krieges in diesen sechs Jahren parallel.
Man kann sogar sagen, daß die Schlacht schon vor dem Krieg begann,
da die ersten ozeangehenden deutschen U-Boote schon am 19. August
1939 zu ihren Kriegsstandorten im Atlantik ausliefen. Bis zum Ende
des Monats, am Vorabend der deutschen Invasion Polens, fuhren
schon 17 im Atlantik, während etwa 14 U-Boote kleineren Typs sich
in der Nordsee befanden.

Trotz ihrem späten Start beim Bau von U-Booten hatten die Deutschen bei Kriegsausbruch insgesamt 56 Boote (davon freilich zehn
nicht voll einsatzfähig), nur eines weniger als die britische Kriegsmarine. Von diesen waren 30 »Nordsee-Enten«, die für den Atlantik nicht
geeignet waren.

Der erste Schlag war die Versenkung des Passagierschiffs »Athenia«
am Abend des 3. September, noch am Tag der britischen Kriegserklärung. Sie wurde ohne Vorwarnung torpediert, im Gegensatz zu Hitlers ausdrücklichem Befehl, daß der U-Boot-Krieg im Einklang mit
der Haager Konvention geführt werden solle; der U-Boot-Kommandant rechtfertigte später sein Verhalten mit der Behauptung, er habe
das Schiff für einen bewaffneten Hilfskreuzer gehalten. In den nächsten Tagen wurden noch mehrere andere Schiffe versenkt.

Dann errangen die Deutschen am 17. September einen wichtigeren
Erfolg, als der britische Flugzeugträger »Courageous« von »U 29« in
der Nähe der britischen Westküste versenkt wurde. Drei Tage vorher
hatte der Flugzeugträger »Ark Royal« nur mit knapper Not dem
»U 39« entkommen können, das darauf von den begleitenden Zerstö-

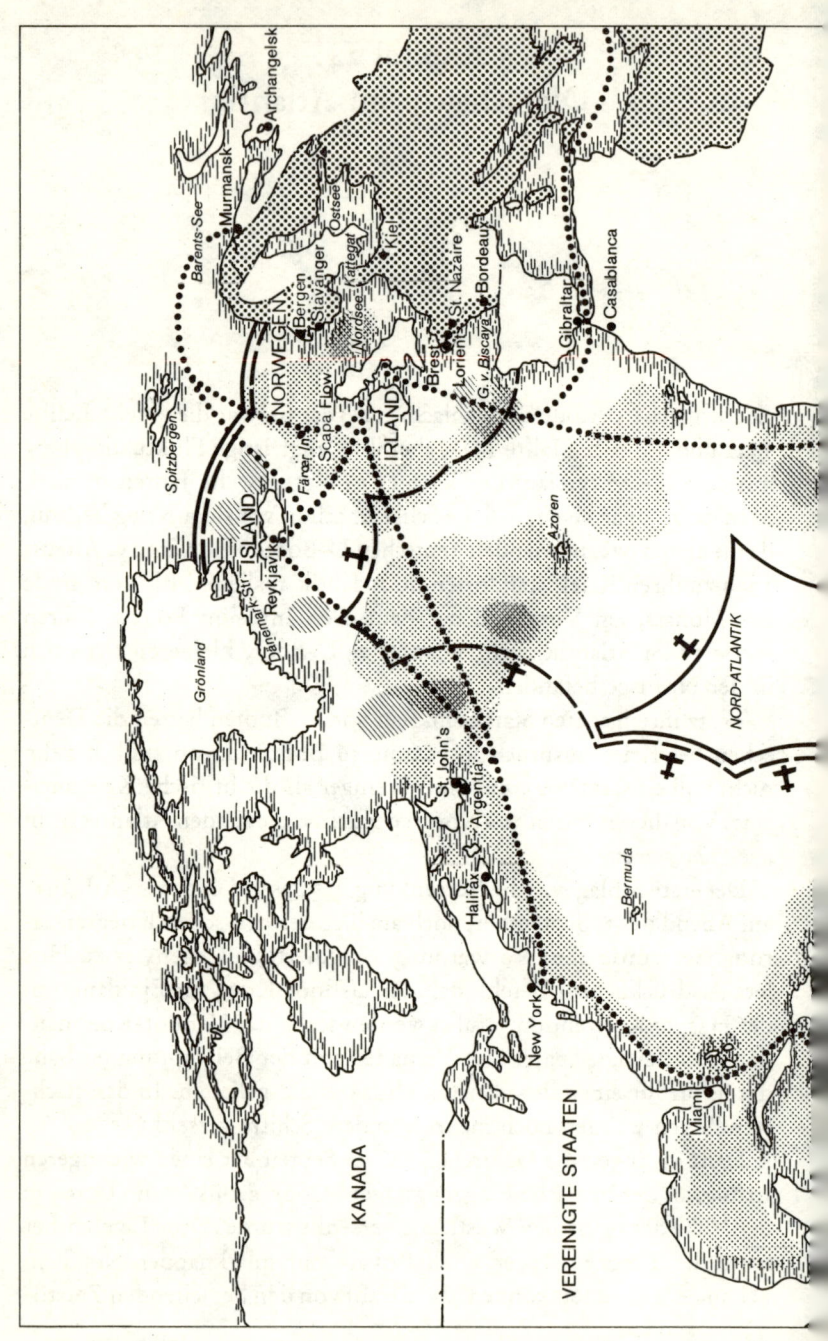

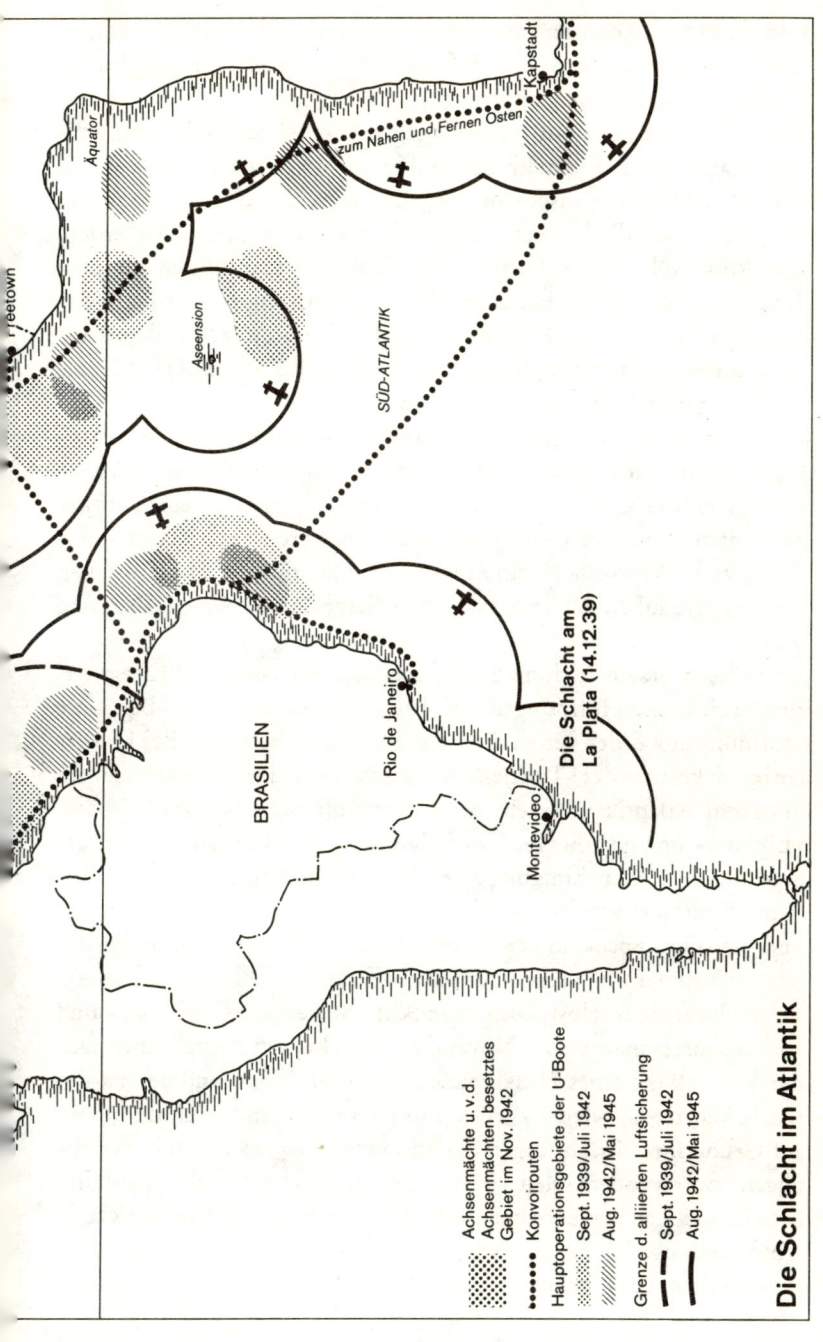

Die Schlacht im Atlantik

Achsenmächte u. v. d.
Achsenmächten besetztes
Gebiet im Nov. 1942

Konvoirouten

Hauptoperationsgebiete der U-Boote
Sept. 1939/Juli 1942
Aug. 1942/Mai 1945

Grenze d. alliierten Luftsicherung
Sept. 1939/Juli 1942
Aug. 1942/Mai 1945

Äquator

Freetown

Aseension

SÜD-ATLANTIK

zum Nahen und Fernen Osten

Kapstadt

BRASILIEN

Rio de Janeiro

Montevideo

Die Schlacht am
La Plata (14.12.39)

rern prompt angegriffen und versenkt wurde. Diese offenkundigen Gefahren führten dazu, daß die großen Flugzeugträger aus der U-Boot-Jagd zurückgezogen wurden.

Die deutschen U-Boot-Angriffe gegen Handelsschiffe hatten ebenfalls beachtliche Erfolge. Im September 1939 wurden 41 alliierte und neutrale Schiffe mit insgesamt 154000t versenkt, und bis Ende des Jahres betrugen die Verluste 114 Schiffe mit über 420000t. Außerdem war Mitte Oktober »U 47« unter Kapitänleutnant Prien zu dem Ankerplatz der Flotte bei Scapa Flow vorgedrungen und hatte das Schlachtschiff »Royal Oak« versenkt; dies hatte die zeitweilige Aufgabe dieses Hauptstützpunkts der Kriegsflotte zur Folge, bis die Abwehr gegen U-Boote verbessert war.

Es ist freilich bezeichnend, daß die Verluste bei der Handelsschifffahrt im November und Dezember weniger als die Hälfte der Verluste der ersten zwei Kriegsmonate betrugen und Minen daran einen größeren Anteil hatten als U-Boote. Außerdem waren neun deutsche U-Boote versenkt worden – ein Sechstel der Gesamtzahl. Die deutschen Luftangriffe auf die Schiffahrt waren in dieser Zeit nur eine Belästigung und nicht mehr.

In diesem ersten Stadium des Krieges setzte die deutsche Kriegsmarine noch große Hoffnungen auf ihre Überwasserschiffe; aber diese Hoffnungen wurden durch die Erfahrung nicht bestätigt. Bei Kriegsausbruch kreuzte das »Taschenschlachtschiff« »Admiral Graf Spee« im mittleren Atlantik und sein Schwesterschiff »Deutschland» (später »Lützow« umbenannt) im Nordatlantik, obwohl Hitler erst am 26. September die Genehmigung zum Beginn von Angriffen auf die britische Schiffahrt gab. Keines der beiden Schiffe hatte große Erfolge, und die »Graf Spee«, in der Mündung des La Plata an der argentinischen Küste von britischen Kriegsschiffen eingeschlossen, versenkte sich im Dezember selbst. Die neuen Schlachtkreuzer »Gneisenau« und »Scharnhorst« machten im November einen kurzen Ausfall, aber nach der Versenkung eines Hilfskreuzers zwischen Island und den Faröer Inseln kehrten sie wieder zurück. Die alliierten Handelsschiffe fuhren auf Grund ihrer Erfahrungen in den Jahren 1917/18 schon in Geleitzügen; zwar war der Geleitschutz noch unzureichend und viele Schiffe hatten noch gar keinen, aber sie bildeten doch schon eine wirksame Abschreckung.

Nach dem Zusammenbruch Frankreichs im Juni 1940 wurde aber

die Gefahr für die britischen Schiffahrtslinien viel ernster. Alle Schiffe, die südlich von Irland fuhren, waren jetzt deutschen U-Boot-, Überwasser- und Luftangriffen aus nächster Nähe ausgesetzt. Wenn man nicht große Risiken laufen wollte, war der einzige Schiffahrtsweg jetzt die nordwestliche Route nördlich an Irland vorbei. Doch auch diese Route konnte von den neuen deutschen Langstreckenflugzeugen, den viermotorigen Focke-Wulf »Kondor« (den FW 200), die von Starvanger in Norwegen und Merignac bei Bordeaux aus operierten, beobachtet und angegriffen werden. Im November 1940 versenkten diese Langstreckenbomber 18 Schiffe mit 66000 t. Außerdem waren auch die Versenkungszahlen der U-Boote stark angestiegen.

Die Gefahr war so ernst geworden, daß zahlreiche britische Kriegsschiffe aus der Abwehr gegen die Invasion herausgezogen und zum Schutz der Nordwestroute abgestellt wurden. Dennoch war der Geleitschutz durch Kriegsschiffe und Flugzeuge noch zu schwach. Schon im Juni, dem ersten Monat der veränderten strategischen Situation, waren die Versenkungen durch U-Boote auf 58 Schiffe mit 284000 t gestiegen, und obwohl sie im Juli etwas zurückgingen, betrugen sie in den folgenden Monaten durchschnittlich über 250000 t – und im Oktober waren es 63 Schiffe mit über 350000 t.

An der britischen Ostküste hatten durch Flugzeuge gelegte Minen in den letzten Monaten 1939 mehr Schaden angerichtet als U-Boote, und nach der deutschen Invasion Norwegens und der Niederlande im Frühjahr 1940 verstärkte sich diese Gefahr.

Außerdem lief im Herbst 1940 die »Admiral Scheer« unentdeckt in den Nordatlantik aus; am 5. November griff sie einen heimwärts fahrenden Geleitzug an und versenkte fünf Handelsschiffe und das einzige Geleitschiff, den Hilfskreuzer »Jervis Bay« – der sich selbst aufopferte, um dem Geleitzug Zeit zum Entkommen zu geben. Das plötzliche Auftauchen der »Scheer« auf dieser lebenswichtigen Geleitzugsstraße brachte vorübergehend die gesamte britische Atlantikschiffahrt in Verwirrung und veranlaßte, daß andere Geleitzüge bis zu zwei Wochen verschoben wurden, bis man wußte, daß die »Scheer« in den Südatlantik gefahren war. Hier fand sie weniger Ziele; aber immerhin erhöhte sie ihre Versenkungszahlen auf 16 Schiffe mit 99000 t, bis sie nach einer Fahrt von 46000 Seemeilen am 1. April 1941 heil nach Kiel zurückkehrte. Auch der Kreuzer »Admiral Hipper« lief Ende November 1940 in den Atlantik aus, mußte aber am Weihnachtstag zu

seiner Überraschung feststellen, daß ein von ihm angegriffener Geleitzug starken Geleitschutz hatte, da es sich um einen Truppentransport
für den Nahen Osten handelte. Die begleitenden Kreuzer vertrieben
die »Hipper«, und ein Maschinenschaden veranlaßte sie, Brest anzulaufen. Von dort machte sie im Februar 1941 einen zweiten Ausfall und
war etwas erfolgreicher, indem sie sieben Schiffe aus einer nicht geschützten Gruppe von Schiffen versenkte, die an der afrikanischen
Küste fuhren; aber ihr Treibstoff wurde knapp, und der Kapitän beschloß, wieder nach Brest zurückzukehren. Mitte März befahl der
deutsche Admiralstab eine gründliche Überholung in einem deutschen
Hafen, und sie kehrte vor der »Scheer« nach Kiel zurück. Die geringe
technische Leistungsfähigkeit der »Hipper« hatte gezeigt, daß, ganz
abgesehen von ihren Maschinendefekten, ihr Typ für Angriffe auf die
Schiffahrt nicht geeignet war.

Nach den U-Booten und den Minen waren die wirksamste deutsche
Waffe im Seekrieg die getarnten Handelsschiffe, die zu Kaperzwecken
umgebaut waren und seit April 1940 auf lange Fahrten ausgeschickt
wurden. Bis Ende 1940 hatte die erste Welle von sechs solcher Schiffe
54 Handelsschiffe mit insgesamt 366 000 t versenkt – meist in weit entfernten Gewässern. Der Gedanke an ihre mögliche Anwesenheit in der
Nähe verursachte mindestens ebensoviel Nervosität und Störung des
Schiffsverkehrs wie ihre tatsächlichen Versenkungen, und ihre Wirksamkeit wurde erhöht durch die meisterhafte Art, in der die Deutschen
sie an geheimen Treffpunken auftankten und versorgten. Diese Ka-
perschiffe wurden geschickt eingesetzt, und ihre Ziele waren gut ausgewählt – nur eines von ihnen wurde in eine Kampfhandlung verwik-
kelt und kam dabei ziemlich ungeschoren davon. Ihre Kapitäne, mit
einer einzigen Ausnahme, verhielten sich menschlich, ließen den
Besatzungen der versenkten Schiffe Zeit, in die Boote zu gehen, und
behandelten ihre Gefangenen anständig.

Angesichts dieser vielfältigen Gefahren, vor allem der U-Boot-Gefahr auf den atlantischen Schiffsrouten, wurde das Geleitschutzpoten-
tial der britischen Kriegsmarine überbeansprucht. Von den französischen Atlantikhäfen Brest, Lorient und La Pallice bei La Rochelle aus
konnten die U-Boote bis 25° West in den Atlantik hinausfahren, während die Briten im Sommer 1940 nur Geleitschutz bis 15° West, etwa
300 Kilometer westlich von Irland, stellen konnten; Geleitzüge in
Richtung Amerika mußten sich dann auflösen oder ungeschützt wei-

terfahren. Selbst im Oktober wurde der volle Geleitschutz nur auf etwa 19° West ausgedehnt, etwa 600 Kilometer westlich von Irland. Der übliche Geleitschutz bestand nur aus einem Hilfskreuzer, und erst Ende des Jahres konnte er in der Regel auf zwei Schiffe verstärkt werden. Nur Geleitzüge in den Nahen Osten erhielten stärkeren Schutz. Halifax in Nova Scotia (Kanada) war die wichtigste westliche Endstation für die Atlantik-Geleitzüge. Geleitzüge in Richtung England – meist mit Lebensmitteln, Öl und Munition an Bord – wurden in den ersten 300–400 Seemeilen von kanadischen Zerstörern eskortiert; danach übernahm der Ozean-Geleitschutz den Konvoi, bis dieser den besser geschützten Raum nahe der europäischen Küsten erreichte.

Wirksame Hilfe bei der Lösung des Geleitschutzproblems bildete dann die Inbetriebnahme der Korvetten seit Frühjahr 1940. Diese kleinen Schiffe von nur 925 t waren für die Mannschaften sehr unangenehm bei rauhem Wetter und hatten das Handicap, langsamer zu sein als ein U-Boot im aufgetauchten Zustand; aber sie leisteten im Schutz von Geleitzügen bei jedem Wetter eine sehr mutige Arbeit.

Eine größere Hilfe bedeutete das Abkommen, das Churchill nach zweimonatigen Verhandlungen im September 1940 mit Roosevelt schloß; danach wurden 50 alte und überzählige amerikanische Zerstörer noch aus dem Ersten Weltkrieg den Briten zur Verfügung gestellt, im Austausch gegen eine Verpachtung von acht britischen Stützpunkten auf der amerikanischen Seite des Atlantik für die Zeit von 99 Jahren. Obwohl diese Zerstörer veraltet waren und vor ihrem Einsatz mit »Asdic«, der neuen Vorrichtung zur Entdeckung von U-Booten, ausgerüstet werden mußten, leisteten sie bald einen wichtigen Beitrag zum Geleitschutz und zur Abwehr der U-Boote. Die andere Seite der Abmachung wiederum ermöglichte es den USA, Stützpunkte für den Schutz ihrer eigenen Schiffahrt aufzubauen – gleichzeitig war dies der erste der Schritte, die jenes große neutrale Land in die Schlacht im Atlantik hereinzogen.

Der herannahende Winter 1940/41 mit seinem schlechten Wetter bedeutete natürlich erhöhte Schwierigkeiten für die Geleitzüge und ihren Schutz, aber auch eine Verminderung der Tätigkeit der deutschen U-Boote. Deutsche Zahlen zeigen, daß bis zum Juli 1940 die Zahl der deutschen U-Boote seit Kriegsbeginn um die Hälfte gestiegen war, daß 27 versenkt worden und 51 übriggeblieben waren. Bis zum Februar 1941 sank die Zahl der einsatzfähigen Boote auf 21. Doch mit ihren französischen Stützpunkten konnten die Deutschen jetzt auch bei geringerer Gesamtzahl mehr U-Boote gleichzeitig einsetzen und außerdem auch ihre kleineren Boote in den Ozean hinausschicken.

Der Beitrag der italienischen Kriegsmarine zu diesem Kampf war verschwindend gering. Obwohl italienische U-Boote seit August 1940 im Atlantik operierten und im November immerhin 26 ausgelaufen waren, erreichten sie praktisch nichts.

Zwar verminderte sich die U-Boot-Gefahr im Lauf des Winters, hauptsächlich wegen des schlechten Wetters; doch bald nach Beginn des Jahres 1941 lebte sie von neuem auf und wurde gleichzeitig vervielfacht durch die neue »Wolfsrudel«-Taktik des Admirals Dönitz – mehrere U-Boote arbeiteten zusammen, statt wie bisher einzeln. Diese neue Taktik war im Oktober 1940 eingeführt und in den folgenden Monaten weiterentwickelt worden.

Sie funktionierte so, daß, wenn die Annäherung eines Geleitzuges festgestellt worden war, das U-Boot-Kommando an Land die nächste Gruppe von Booten informierte, die dann ein Boot aussandten, um den Konvoi zu entdecken und die anderen Boote durch Funk auf seine Spur zu lenken. Wenn alle Boote versammelt waren, begannen sie Nachtangriffe über Wasser, vorzugsweise vor dem Kurs des Konvois, und wiederholten diese mehrere Nächte lang; bei Tageslicht entfernten sich die Boote aus der Reichweite des Konvois und seines Geleitschutzes. Bei Angriffen über Wasser hatten sie den Vorteil größerer Geschwindigkeit als die meisten Geleitschiffe. Nachtangriffe über Wasser waren bereits im Ersten Weltkrieg geführt worden, und Dönitz selbst hatte vor dem Zweiten Krieg in einem Buch geschildert, wie man so etwas macht.

Diese neue Taktik traf die Briten unvorbereitet, da sie sich in erster Linie auf Angriffe getauchter Boote eingerichtet und sich auf »Asdic«, die Vorrichtung zur Entdeckung von Booten unter Wasser, verlassen hatten. »Asdic« hatte eine Reichweite von 1400 Metern; aber es konnte keine U-Boote entdecken, die über Wasser wie Torpedoboote operierten, und wenn die U-Boote nachts über Wasser angriffen, waren die Geleitschiffe praktisch blind. Diese deutsche Taktik der Nachtangriffe über Wasser machte die britischen Vorbereitungen auf den U-Boot-Krieg praktisch wertlos.

Die beste Chance, der neuen Taktik zu begegnen, war die frühzeitige Ortung und Vertreibung des beschattenden U-Boots, des »Kontakthalters«. Wenn die Geleitschiffe die U-Boote zum Tauchen zwingen konnten, dann waren diese behindert, und ihre Periskope waren bei Nacht nutzlos. Eine sehr wichtige Gegenmaßnahme gegen Nachtangriffe war daher die Beleuchtung des Meeres. Anfangs gebrauchte man dazu Sternschnuppen- und Raketen-Leuchtschirme; aber diese wurden später ersetzt durch ein wirksameres Mittel mit dem Namen »Snowflake« (Schneeflocke), das die Dunkelheit fast in hellen Tag verwandelte. Zugleich wurden die zum Geleitschutz und zum Patrouillendienst gegen U-Boote eingesetzten Flugzeuge mit einem mächtigen Scheinwerfer ausgerüstet, der nach seinem Erfinder »Leigh Light« genannt wurde. Wichtiger war die Entwicklung von Radar zur Ergänzung der Sichtung durch Augenschein. Hand in Hand mit den neuen technischen Vorrichtungen ging eine gründlichere Ausbildung der Besatzungen der Geleitschiffe und eine beachtliche Verbesserung in der Organisation des Nachrichtendienstes.

Aber alle diese Verbesserungen brauchten Zeit, und es war ein Glück, daß die kleine Zahl der damals verfügbaren U-Boote die Tätigkeit der neuen »Wolfsrudel« begrenzte. Vor dem Krieg hatte Admiral Dönitz geschätzt, wenn die Briten ein weltweites Geleitzugssystem aufbauten, werde Deutschland 300 U-Boote brauchen, um entscheidende Ergebnisse zu erzielen – aber im Frühjahr 1941 hatte es eine operative Stärke von nur einem Zehntel dieser Zahl.

Dies war um so mehr ein Glück, als die Angriffe auf die Schiffahrt durch andere Kriegsschiffe und Flugzeuge im März 1941 einen neuen Höhepunkt erreichten. In diesem Monat versenkten oder kaperten das »Taschenschlachtschiff« »Admiral Scheer« und die Schlachtkreuzer »Scharnhorst« und »Gneisenau« 17 Schiffe, die Langstreckenbomber versenkten 41 und die U-Boote die gleiche Zahl – alles in allem ein Verlust von 139 Schiffen und über einer halben Million t Schiffsraum.

Die beiden Schlachtkreuzer wurden freilich, nachdem sie am 22. März in Brest eingelaufen waren, durch heftige britische Luftangriffe auf den Hafen im ganzen Monat April zur Unbeweglichkeit verurteilt.

Mitte Mai aber lief das neue deutsche Schlachtschiff »Bismarck«, begleitet von dem neuen Kreuzer »Prinz Eugen«, in den Atlantik aus, um den Seekrieg zu intensivieren. Der britische Nachrichtendienst arbeitete gut, und die Meldung von ihrer Anwesenheit im Kattegat erreichte London am Morgen des 21. Mai, während noch am gleichen Tag die beiden Schiffe von Flugzeugen des Küstenkommandos in der Nähe von Bergen in Norwegen gesichtet wurden. Der Schlachtkreuzer »Hood« und das Schlachtschiff »Prince of Wales« liefen unter dem Kommando von Vizeadmiral Holland sogleich von Scapa Flow aus, um sie auf ihrer erwarteten Fahrt nördlich an Irland vorbei abzufangen; am nächsten Abend, nachdem die Luftaufklärung ergeben hatte, daß sie sich nicht mehr im Raum Bergen befanden, lief das Gros der Kriegsflotte unter Admiral Tovey ebenfalls aus Scapa Flow in der gleichen Richtung aus. Am Abend des 23. wurden die zwei deutschen Schiffe von den Kreuzern »Norfolk« und »Suffolk« in der Dänemark-Straße zwischen Island und Grönland gesichtet. Zu diesem Zeitpunkt war Admiral Hollands Verband schon nahe am südlichen Ausgang der Straße.

Auf dem Papier war dieser Verband an Stärke überlegen, da die »Hood« mit 42 000 t das größte Schiff beider Kriegsmarinen war und acht 38-cm-Geschütze besaß, und es wurde von dem neuen Schlachtschiff »Prince of Wales« mit 35 000 t und zehn 35-cm-Geschützen begleitet. Doch die »Hood«, 1920 fertiggestellt, war nie gründlich modernisiert worden – der Kriegsausbruch war dem Beschluß der Admiralität zuvorgekommen, ihr besseren Panzerschutz zu geben – und die »Prince of Wales« war noch so neu, daß ihre Bewaffnung noch nicht richtig erprobt war[1]. Die deutschen Schiffe, obwohl angeblich den Begrenzungen des deutsch-britischen Flottenvertrages von 1935 entsprechend – 35 000 t für Schlachtschiffe und 10 000 t für schwere Kreuzer –, waren in Wahrheit 42 000 t bzw. 15 000 t groß; dies gestattete ihnen einen schwereren Panzerschutz, als es äußerlich den Anschein hatte. Außerdem war ihre Unterlegenheit in der Bewaffnung – acht 38-cm-Geschütze der »Bismarck« und acht 20-cm-Geschütze der »Prinz Eugen« – nicht nur durch Defekte bei den Geschützen der »Prince of Wales« und die besseren deutschen Entfernungsmesser ausgeglichen, sondern auch durch die taktische Anordnung der britischen Schiffe zu Beginn des Kampfes.

Die Deutschen wurden in der Morgendämmerung um 5.35 Uhr gesichtet, und um 5.52 Uhr eröffneten alle vier Schiffe das Feuer auf eine

---

1 Es befanden sich sogar noch einige Werftarbeiter von der Clydeside an Bord.

Entfernung von 23 Kilometern. Auf britischer Seite führte die »Hood«, und beide deutsche Schiffe konzentrierten ihr Feuer auf sie. Sie war nicht nur das Flaggschiff, sondern auch das verwundbarste, insbesondere für Schüsse von oben – ein Grund, um zu versuchen, die Entfernung so weit wie möglich zu verringern. Die Annäherung an den Feind erfolgte aber fast frontal, so daß das britische Schiff seine Heckgeschütze nicht gebrauchen konnte, während die Deutschen mit voller Breitseite schossen. Ihre zweite oder dritte Geschützsalve hatte solche Wirkung, daß um 6 Uhr die »Hood« explodierte und in wenigen Minuten sank – nur drei von den 1400 Mann der Besatzung überlebten. Dies erinnerte nur allzusehr an das Schicksal der britischen Schlachtkreuzer in der Schlacht von Jütland (Skagerrak) ein Vierteljahrhundert vorher.

Die »Prince of Wales«, auf die sich beide deutsche Schiffe jetzt konzentrierten, erlitt ebenfalls in wenigen Minuten schwere Treffer von der »Bismarck« und auch drei von der »Prinz Eugen«. So beschloß ihr Kapitän um 6.13 Uhr klugerweise, den Kampf abzubrechen, und entfernte sich unter dem Schutz einer künstlichen Nebelwand. Die Entfernung betrug jetzt nur noch 13,5 Kilometer. Konteradmiral Wake-Walker, der nach Hollands Tod den Verband befehligte, bestätigte diese Entscheidung und beschloß, mit dem Feind nur noch in Tuchfühlung zu bleiben, bis die große Flotte unter Tovey herangekommen war. Diese war aber noch über 400 Kilometer entfernt, und die Aussicht, die deutschen Schiffe zu erwischen, war nicht gut, da im Lauf des Vormittags die Sichtverhältnisse schlechter wurden. Es war daher eine Erleichterung, als am Nachmittag festgestellt wurde, daß die »Bismarck« ihren Kurs geändert und ihre Geschwindigkeit auf 24 Knoten gedrosselt hatte.

Denn bei dem kurzen Kampf am Morgen hatte auch die »Prince of Wales« zwei Treffer auf der »Bismarck« erzielt; einer davon hatte ein Leck im Benzintank geschlagen, das ihre Fahrkapazität beeinträchtigte und den deutschen Admiral Lütjens bewog, einen westfranzösischen Hafen anzulaufen – unter Aufgabe der Kaperfahrt im Atlantik.

Noch am gleichen Nachmittag entsandte Admiral Tovey das zweite Kreuzergeschwader unter Admiral Curteis und den Flugzeugträger »Victorious« – der im Begriff gewesen war, mit einer Ladung von Jägern in das Mittelmeer auszulaufen – in eine Position, wo sie nur 100 Kilometer von der »Bismarck« entfernt waren, nahe genug, um die neun Torpedobomber der »Victorious« aufsteigen zu lassen. Diese stiegen bald nach 10 Uhr abends bei schlechtem Wetter auf und hatten Schwierigkeiten, die »Bismarck« zu finden; aber schließlich flogen sie mehrere Angriffe auf das Schiff kurz nach Mitternacht. Ein Treffer richtete bei dem schwergepanzerten Schiff keinen ernsten Schaden an; es gelang ihm, in den ersten Stunden des 25. Mai seinen Verfolgern zu entkommen, und der Rest dieses Tages wurde mit ergebnislosem Suchen verbracht.

Erst um 10.30 Uhr am 26. wurde es wieder durch ein »Catalina«-Flugzeug des Küstenkommandos entdeckt, noch etwa 1 000 Kilometer von Brest entfernt. Toveys weit auseinandergezogene Flotte war zu der Zeit in schlechter Position, um die »Bismarck« noch rechtzeitig abzufangen, und war außerdem knapp an Treibstoff. Aber Admiral Somervilles Flottenverband H, der von Gibraltar herankam, war jetzt nahe genug; zu diesem Verband gehörte auch der große Flugzeugträger »Ark Royal«. Der erste Angriff scheiterte, aber ein zweiter gegen 9 Uhr abends hatte mehr Erfolg. Zwei der 13 abgeschossenen Torpedos trafen ins Ziel. Wenn auch ein Treffer auf den Panzergürtel der »Bismarck« traf und wenig anrichtete, so zerstörte der andere, der direkt am Heck traf, ihre Schiffsschraube und ihre Steuervorrichtung und blockierte die Ruder. Dies entschied den Kampf.

Während Kapitän Vians Zerstörer in der Nacht »den Ring hielten« und auch weitere Torpedoangriffe unternahmen, kamen die Schlachtschiffe »King George V.« und »Rodney« heran und bearbeiteten eineinhalb Stunden lang das gelähmte Schiff mit panzerbrechenden Geschossen. Um 10.15 Uhr des 27. war sie nur noch ein brennendes Wrack. Auf Toveys Befehl zogen sich die Schlachtschiffe jetzt zurück, bevor sie durch U-Boote oder schwere Bomber gefährdet werden konnten, und überließen es den Kreuzern, dem sinkenden Schiff den Rest zu geben. Dies tat die »Dorsetshire« mit drei Torpedos, und um 10.36 Uhr versank die »Bismarck« in den Wellen.

Bevor das Ende kam, hatte sie mindestens acht, vielleicht sogar zwölf Torpedotreffer und noch mehr Geschoßtreffer überlebt. Dies war ein bemerkenswert gutes Zeichen für die technische Leistung ihrer Erbauer.

Die »Prinz Eugen« hatte sich schon am 24. von der »Bismarck« getrennt, um irgendwo im Mittelatlantik aufgetankt zu werden; aber danach hatte sie einen Maschinendefekt festgestellt, und daher beschloß der Kapitän, die Fahrt abzubrechen und Brest anzulaufen. Obwohl ihre Rückfahrt entdeckt wurde, erreichte sie am 1. Juni ungestört den Hafen.

Diese dramatischen Ereignisse des Mai 1941 bedeuteten den Höhepunkt und das schließliche Scheitern der deutschen Pläne und Bemühungen, die Schlacht im Atlantik mit Überwasserschiffen zu gewinnen.

Der U-Boot-Krieg aber ging noch sehr lange weiter und wurde zu einer schweren Gefahr, obwohl er ein häufiges Auf und Ab aufwies. Im Mai 1941 stiegen die Versenkungen durch U-Boote stark an, und im Juni erreichten sie wieder eine Rekordzahl von 61 Schiffen mit 310 000 t – ebenso viele Schiffe, wie sich in einem großen Geleitzug befanden. Es war aber bemerkenswert, daß die Seeleute dadurch nicht abgeschreckt wurden, und es gab niemals Schwierigkeiten mit der Rekrutierung der Besatzungen.

In diesem Frühjahr kam jedoch eine Reihe von Gegenfaktoren ins Spiel. Am 11. März trat das amerikanische Leih- und Pachtgesetz in Kraft, und im gleichen Monat wurde eine amerikanische »Atlantische Flottenhilfsgruppe« von Zerstörern und Wasserflugzeugen gebildet. Im April wurde dann die amerikanische »Sicherheitszone«, die von amerikanischen Kriegsschiffen bewacht wurde, nach Osten erweitert, von 60° auf 26° West. Im März wurden ferner amerikanische Luftwaffenstützpunkte an der Ostküste Grönlands eröffnet, und im Mai übernahm die US-Kriegsmarine den verpachteten Stützpunkt Argentia auf Neufundland. Anfang Juli löste amerikanische Marineinfanterie die britische Garnison von Rejkjavik in Island ab, und von da an schützten amerikanische Marinestreitkräfte die amerikanische Schifffahrt im Raum Island. Die amerikanische »Neutralität« im Atlantik wurde offenkundig immer weniger neutral. Schon im April war ferner die Instandsetzung britischer Schiffe in amerikanischen Werften genehmigt worden, und der Bau von Kriegsschiffen und Handelsschiffen auf Grund des Leih- und Pachtabkommens hatte begonnen.

Unterdessen wurde auch Kanada eine stärkere Hilfe für Großbritannien beim Kampf im Atlantik. Im Juni 1941 wurde ein kanadischer Geleitschutzverband gebildet, mit der Basis St. John's auf Neufundland. Die kanadische Kriegsmarine übernahm nun die Verantwortung für Anti-U-Boot-Geleitschutz im Ozean in östlicher Richtung bis zu einem Punkt südlich von Island. Dadurch wurde die Verwirklichung der britischen Pläne eines lückenlosen Geleitschutzes möglich.

Im Sommer 1941 wurde die Regelung eingeführt, daß kanadische und britische Geleitschiffe ihre Geleitzüge an einem Treffpunkt etwa 35° West in der Mitte des Ozeans voneinander übernahmen. Der Geleitschutz von Island aus und der Geleitschutz in den europäischen Gewässern trafen sich zur Übergabe im östlichen Atlantik etwa auf der Höhe 18° West.

Von Juli an begleitete eine Gruppe von Geleitschiffen die Konvois in Richtung Gibraltar auf dem ganzen Weg, und auch den Geleitzügen nach Sierra Leone wurde an der ganzen westafrikanischen Küste ständiger Geleitschutz geboten. Die Konvois hatten jetzt im Durchschnitt fünf Geleitschiffe. Ein Konvoi von 45 Schiffen hatte einen Umkreis von über 45 Kilometer, der geschützt werden mußte. Aber die Asdic-Anlage jedes Geleitschiffes konnte nur einen Umkreis von 1,5 Kilometern erfassen, so daß es immer noch breite Lücken gab, durch die ein U-Boot unerkannt hindurchschlüpfen konnte.

Bei dem Geleitschutz aus der Luft ermöglichte der Einsatz von »Catalina«-Wasserflugzeugen (ebenfalls auf Grund des Leih- und Pachtabkommens) seit Frühjahr 1941 die Ausdehnung dieses Schutzes auf etwa 1000 Kilometer von den Britischen Inseln – dies zwang die U-Boote, die nordwestliche Route zu meiden –, 900 Kilometer von Kanada und 650 Kilometer südlich von Island. Dadurch blieb im mittleren Atlantik eine Lücke von etwa 450 Kilometern Breite; die amerikanischen »Liberator«-Langstreckenflugzeuge, die diese Lücke hätten schließen können, waren erst seit dem März 1943 im Einsatz, und im April 1943 waren erst 41 in Dienst gestellt.

Unterdessen nahm auch die Zahl der deutschen U-Boote zu. Im Juli 1941 waren 65 einsatzbereit, im Oktober 80. Die Gesamtstärke der U-Boote betrug am 1. September 1941 198, und 47 waren bis dahin verlorengegangen. Insgesamt wurden viel schneller neue U-Boote in Dienst gestellt als alte versenkt wurden. Außerdem wurden jetzt stärkere U-Boote gebaut. Ihre geschweißten druckfesten Rümpfe erwiesen sich haltbarer als die Rümpfe der britischen Boote mit ihren vernieteten Platten; eine Wasserbombe mußte viel näher an dem Boot explodieren, wenn sie eine Wirkung haben sollte.

Im September 1941 wurden vier Geleitzüge durch U-Boote schwer mitgenommen, jedesmal wegen Mangel an ausreichendem Schutz aus der Luft. Doch in diesem Monat wurde, auf Grund eines neuen Abkommens zwischen Roosevelt und Churchill, die Zusammenarbeit zwischen beiden Kriegsmarinen noch enger durch Roosevelts Billigung des amerikanischen »Verteidigungsplans Nr. 4 für die westliche Hemisphäre«. Auf Grund dieses Planes durften amerikanische Kriegsschiffe auch Geleitzüge nichtamerikanischer Schiffe schützen, und sie begannen den Geleitschutz für Atlantik-Konvois bis zu dem Treffpunkt in der Mitte des Ozeans zu stellen – der Treffpunkt selbst wurde nach Osten auf die Höhe von 22° West verlegt.

Dies erleichterte das britische Problem, zwischen den Britischen Inseln und dem Treffpunkt in der Mitte des Ozeans ausreichenden Geleitschutz zu beschaffen. Bis Ende 1941 war der Geleitschutz auf acht Gruppen von je drei Zerstörern und sechs Korvetten verstärkt worden. Weitere elf Gruppen von je fünf Zerstörern sollten eigentlich in Reserve bleiben, um den Schutz eines angegriffenen Konvois zu verstärken oder im Fall besonders starker Zusammenziehungen von U-Booten; aber auch sie wurden weitgehend mit Routineaufgaben befaßt.

Im Oktober gingen die Versenkungen durch U-Boote auf 32 Schiffe mit 156000 t zurück; bezeichnenderweise wurde kein Schiff im Umkreis von 600 Kilometern eines Stützpunkts der Küstenflugzeuge versenkt. Dies zeigte das Widerstreben der U-Boote, sich in Zonen zu begeben, die durch Aufklärungs- und Bomberflugzeuge großer Reichweite abgedeckt wurden; freilich war der Rückgang auch auf die Entsendung von U-Booten ins Mittelmeer zur Unterstützung von Rommels Operationen in Nordafrika zurückzuführen.

Im November gingen die Versenkungen weiter zurück – auf wenig mehr als ein Drittel der Oktober-Zahl –, und im Dezember waren sie im Nordatlantik noch geringer. Aber die schweren Verluste im Fernen Osten nach dem Kriegseintritt Japans erhöhten die Gesamtversenkungszahlen auf 282 Schiffe mit fast 600000 t.

Im Westen waren im Lauf der zweiten Hälfte 1941 die deutschen Langstreckenbomber zu einer größeren Gefahr geworden, zumal für die Konvois in Richtung Gibraltar, als die U-Boote. Dies führte dazu, daß man die Notwendigkeit erkannte, jeden Konvoi auch durch Jäger zu schützen, und daß man den ersten Geleitschutz-Flugzeugträger einsetzte, die »Audacity« mit Jägern, die mit Hilfe von Katapulten starteten. Die »Audacity« bewährte sich bei der erfolgreichen Verteidigung eines nach England fahrenden Geleitzuges bei Gibraltar im Dezember, wurde aber bei dem neuntägigen Kampf selbst versenkt. Ende 1941 betrug die Gesamtzahl der einsatzfähigen deutschen U-Boote 86, und etwa 150 weitere waren in der Erprobung und Ausbildung. Aber da jetzt 50 im Mittelmeer oder auf dem Seeweg zum Mittelmeer operierten, blieben nur 36 für den Nordatlantik übrig. Die Jagd nach deutschen Versorgungsschiffen im Juni hatte dazu geführt, daß neun abgefangen und die U-Boote aus dem Südatlantik zurückgezogen wurden. In den neun Monaten April bis Dezember 1941 hatten die Gesamtversenkungen durch deutsche und italienische U-Boote 328 Schiffe mit 1 576 000 t betragen – aber nur ein Drittel davon waren Schiffe gewesen, die im Geleitzug fuhren, und 20 der 30 versenkten U-Boote waren durch Geleitschutzschiffe erledigt worden. So war es klar, daß stärkerer Geleitschutz und Ausweichstraßen für die Schiffahrt zeitweilig die Oberhand über die U-Boote gewonnen hatten.

Es mag nützlich sein, einen näheren Überblick über das Geleitschutzsystem zu Beginn des Jahres 1942 zu geben. Die drei großen Operationsbasen des Oberkommandos westliche Gewässer unter Admiral Sir Percy Noble waren Liverpool, Greenock und Londonderry; ihm unterstanden 25 Geleitschutzgruppen mit insgesamt 70 Zerstörern und 95 kleineren Fahrzeugen.

Die Fahrzeuge bestanden aus vier Kategorien: 1. Zerstörer kürzerer Reichweite für Geleitzüge in den Nahen Osten und in die Arktis auf dem ersten Teil ihrer Fahrt und für Truppentransporter nach Beginn der Überführung amerikanischer Truppen, 2. Zerstörer größerer Reichweite und Korvetten für nordatlantische Geleitzüge vom Treffpunkt im westlichen Ozean bis Großbritannien und für Geleitzüge in Richtung Gibraltar, 3. Korvetten, Zerstörer größerer Reichweite für Geleitzüge nach Sierra Leone auf dem größten Teil ihrer Fahrt, 4. Flak-Gruppen zum Schutz von Geleitzügen im Bereich deutscher Bomber und von Geleitzügen in der Arktis und Richtung Gibraltar. Außerdem gab es etwa zwei Gruppen in Gibraltar für örtlich begrenzten Geleitschutz und den Geleitschutzverband in Freetown (Sierra Leone) mit einer Zerstörerflottille und etwa zwei Dutzend Korvetten. Der Neufundland-Geleitschutzverband, hauptsächlich von der kanadischen Kriegsmarine gestellt, bestand aus 14 Zerstörern und etwa 40 Korvetten sowie einer Anzahl anderer Schiffe für örtlich begrenzten Geleitschutz.

Doch dieser Verbesserung standen zu Beginn des Jahres 1942 schwere Handicaps gegenüber. Das eine war der Mangel an Flugzeugen. Bei der Übernahme des Küstenkommandos im Sommer 1941 hatte Sir Philip Joubert de la Ferté dessen Bedarf auf ungefähr 800 Flugzeuge verschiedener Art geschätzt und vor allem die Wichtigkeit von Langstreckenbombern betont. Aber zum Jahresbeginn wurden die Bomber des Küstenkommandos dem Bomberkommando für den Luftkrieg gegen Deutschland zur Verfügung gestellt, und diesem wurden auch alle neuen Bomber zugeteilt. Der Streit um die Prioritäten wurde sehr bitter. Auch die Marineluftwaffe hatte Schwierigkeiten, Jäger für die 31 neuen Geleitschutz-Flugzeugträger zu bekommen, die in Auftrag gegeben worden waren.

Ein anderes Handicap war, daß die neuen Fregatten, die in Amerika für britische Rechnung gebaut wurden, nicht so schnell kamen wie gehofft – in erster Linie, weil der Vorrang den Landefahrzeugen eingeräumt wurde, die für eine Operation über den Kanal hinweg benötigt wurden, auf die man in Amerika immer noch für das Jahr 1943 hoffte, wenn nicht sogar für 1942. Diese Prioritäten trugen erheblich zu der anhaltenden Schwäche der britischen Kriegführung im Atlantik und zu den schweren Verlusten der Schiffahrt bei.

Ein drittes Handicap waren Amerikas eigene maritime Schwierigkeiten – die nicht nur im Pazifik durch die Katastrophe von Pearl Harbor entstanden waren, sondern auch im Atlantik durch die Ausdehnung des U-Boot-Krieges und die eigenen Schiffsverluste der USA.

Admiral Dönitz und sein Stab stellten im Mai 1942 die Berechnung auf, daß monatlich im Durchschnitt 700000 t versenkt werden müßten, um England zu besiegen. Die Deutschen wußten, daß sie im Jahr 1941 diese Zahl nicht erreicht hatten – freilich wußten sie nicht, daß der Monatsdurchschnitt nicht mehr als 180000 t betragen hatte. Aber sie dachten, Amerikas Kriegseintritt werde ihnen jetzt mehr Handlungsfreiheit im westlichen Atlantik und mehr Gelegenheit zur Auffindung ungeschützter Angriffsziele bieten.

Zwar konnten nur wenige U-Boote ausgesandt werden, um an der amerikanischen Küste zu operieren; aber diese erzielten unverhältnismäßig gute Ergebnisse. Denn die amerikanischen Admirale gingen nur langsam und widerstrebend zur Organisation von Geleitzügen über – wie die britischen Admirale im Ersten Weltkrieg. Die Amerikaner ergriffen auch nur zögernd andere Vorsichtsmaßnahmen. Beleuchtete

Fahrbahnmarkierungen und unbeschränkter Funkverkehr gaben den U-Booten jeden gewünschten Hinweis. Große Küstenorte wie Miami beleuchteten weiterhin ihre Seefronten kilometerlang mit Neonlampen – und die Schiffe auf See hoben sich klar dagegen ab. Die U-Boote lagen am Tage getaucht in der Nähe der Küste und griffen nachts über Wasser mit Geschützen oder Torpedos an. Obwohl niemals mehr als etwa ein Dutzend U-Boote an der amerikanischen Küste operierten, versenkten sie von Amerikas Kriegseintritt bis 1. April 1942 fast eine halbe Million t Schiffsraum, davon 57 Prozent Tanker.

Die Auswirkung auf die Situation Großbritanniens war ernst. Die amerikanische Kriegsmarine mußte ihre Begleitschiffe und -flugzeuge in ihre eigenen Küstengewässer zurückziehen, und britische Handelsschiffe, die den Atlantik heil überquert hatten, wurden so in den amerikanischen Gewässern zu einer leichten Beute.

Admiral Dönitz war durch diese Ergebnisse so ermutigt, daß er jedes verfügbare U-Boot an die amerikanische Küste schicken wollte. Zum Glück für die Alliierten kam ihnen Hitlers »Intuition« in diesem kritischen Moment zu Hilfe. Bei einer Besprechung am 22. Januar hatte er die Überzeugung ausgesprochen, Norwegen sei »der Raum des Schicksals«, und gefordert, jedes verfügbare Überwasserkriegsschiff und U-Boot sollte dorthin geschickt werden, um eine alliierte Invasion abzuwehren. Drei Tage später erhielt Dönitz den völlig unerwarteten Befehl, eine erste Gruppe von acht U-Booten dorthin zu kommandieren, um den Seeweg zu diesem Land abzudecken. Auch das neue Schlachtschiff »Tirpitz« wurde im Januar nach Norwegen verlegt; ihm folgten die »Scheer«, »Prinz Eugen«, »Hipper« und »Lützow«. Es steckte ein richtiger Kern in dieser Voraussicht, da im April Churchill die britischen Stabschefs anwies, die Möglichkeit einer Landung in Norwegen zwecks Beseitigung der deutschen Gefahr für die Arktis-Geleitzüge zu prüfen – aber die Bedenken der Stabschefs wurden von den Amerikanern geteilt, und das Projekt wurde niemals ausgereift. Ein anderer glücklicher Umstand für die Alliierten war, daß der strenge Winter 1941/42 die Ausbildung der U-Boote in der Ostsee behinderte, mit dem Ergebnis, daß in der ersten Hälfte 1942 nur 69 neue U-Boote einsatzbereit wurden. Von diesen wurden dann 26 nach Nordnorwegen kommandiert, zwei ins Mittelmeer, und zwölf ersetzten verlorene Boote, so daß der Nettozuwachs im Atlantik nur 29 Boote betrug.

Dennoch stiegen die Versenkungen durch U-Boote der Achse insgesamt von Monat zu Monat. Im Februar waren es fast 500000 t, im März über 500000 t, im April ging die Zahl auf 430000 t zurück; aber im Mai stieg sie auf 600000 und im Juni erreichte sie die ominöse Zahl von 700000 t. Die Gesamtzahl versenkter Schiffe in allen Weltmeeren und durch alle Waffen betrug im ersten Halbjahr 1942 4 147 406 t – davon entfielen über 3 Millionen t auf U-Boote und fast 90 Prozent auf den Atlantik und die Arktis. Erst im Juli ging die Versenkung durch U-Boote wieder auf etwas unter 500000 t zurück, dank den Verbesserungen sämtlicher Methoden der U-Boot-Bekämpfung und dank der Übernahme des Geleitzugsystems durch die Amerikaner.

Die Besserung der Lage im Sommer 1942 erwies sich aber als illusorisch. Bis Ende August hatte die Einstellung neugebauter U-Boote die Gesamtstärke auf über 300 erhöht, und davon waren etwa die Hälfte einsatzbereit. Dazu gehörten Gruppen, die in der Nähe von Grönland, an der kanadischen Küste, im Raum der Azoren, an der Küste Nordwestafrikas, im Karibischen Meer und an der brasilianischen Küste operierten. Die Versenkungen durch U-Boote im August überschritten wieder die 500000-t-Grenze. In den nächsten Monaten hatten sie besonders große Erfolge in der Nähe von Trinidad im Karibischen Meer, wo viele Schiffe noch einzeln fuhren. Politisch und strategisch unzweckmäßiger war die Versenkung von fünf brasilianischen Schiffen Mitte August, die prompt zu einer Kriegserklärung Brasiliens an Deutschland führte. Die Benutzung brasilianischer Stützpunkte ermöglichte dann den Alliierten, den ganzen Südatlantik besser zu kontrollieren und Überwasserkaperschiffe aus diesem Raum zu vertreiben.

Dies war jedoch weniger entscheidend, als es früher gewesen wäre, da der Platz der deutschen Hilfskreuzer bei Kaperfahrten in entfernten Meeren jetzt von neuen und größeren U-Booten eingenommen wurde – den sogenannten »U-Kreuzern« von 1 600 t und einem Aktionsradius von fast 50000 Kilometern.

Die U-Boote konnten jetzt im Notfall auch weit tiefer tauchen, bis 200 Meter oder noch mehr – ein Vorteil, der jedoch dadurch ausgeglichen wurde, daß auch die Wasserbomben jetzt in größerer Tiefe zur Explosion gebracht werden konnten. Die U-Boote profitierten auch davon, daß ein neuer Typ von Untersee-Tankern sie mitten im Ozean auftanken konnte; auch ihr Funkhorchdienst funktionierte immer besser. Außerdem konnten die Deutschen jetzt wieder die meisten verschlüsselten Geleitzugs-Funkmeldungen der Briten entziffern, wie sie es schon bis zum August 1940 gekonnt hatten.

Auf der anderen Seite war die neue 10-Zentimeter-Radaranlage, die von den U-Booten nicht aufgefangen werden konnte, die wichtigste aller neuen technischen Leistungen britischer Wissenschaftler im Seekrieg. Als sie ab Anfang 1943 für Flugzeuge voll einsatzfähig war, in Verbindung mit dem »Leigh Light«, konnten die Alliierten wieder bei Nacht oder bei schlechter Sicht operieren und die auf einer Länge von 1,5 Metern arbeitenden Radar-Suchanlagen der U-Boote überspielen. Das Kriegstagebuch von Admiral Dönitz in dieser Periode zeigt, wie beunruhigt er über die Wirkung dieses neuen britischen Ortungsgeräts war, ebenso wie über die zunehmende Zahl britischer Flugzeuge im östlichen Atlantik.

Während des ganzen U-Boot-Krieges erwies sich Dönitz als ein sehr fähiger Stratege, der immer nach weichen Stellen beim Gegner Ausschau hielt und seine Schlagkraft dort konzentrierte, wo die Abwehr am schwächsten war. Von Anfang an hatte er die Initiative behalten, und die alliierte U-Boot-Abwehr war immer einen Schritt hinter ihm zurück. In der zweiten Hälfte 1942 richtete sich seine Aufmerksamkeit vor allem auf die Lücke im Geleitzugsystem im Raum südlich von Grönland; es war sein Ziel, Geleitzüge festzustellen, bevor sie diesen Raum erreichten, sie anzugreifen, während sie ihn durchquerten, und sich dann zurückzuziehen, wenn wieder Schutz aus der Luft vorhanden war. Bis zum Herbst besaß Dönitz auch genügend U-Boote, um den »Rudeln« zu erlauben, auf eigene Initiative anzugreifen, wo immer sich eine Gelegenheit bot.

So erhöhte sich die U-Boot-Gefahr wieder, und im November stiegen die Versenkungszahlen auf 119 Schiffe mit 729000 t. Ein großer Teil der Verluste entfiel jedoch auf Schiffe, die einzeln ohne Geleitzug in der Nähe der Küsten Südafrikas oder Südamerikas fuhren.

Der Bedarf an Geleitschutz wurde noch verstärkt durch die Anforderungen der »Operation Torch«, der britisch-amerikanischen Landung in Nordwestafrika im Herbst dieses Jahres. Die Geleitzüge in Richtung Gibraltar und Sierra Leone sowie die in der Arktis mußten zeitweilig eingestellt werden. Es gab auch neue Anforderungen an Geleitschutz für die Konvois von Truppentransportern, die amerikanische Truppen von Island nach Großbritannien überführten. Diese schnellen Konvois brauchten mindestens vier Zerstörer zum Schutz für drei Transporter.

Eine Ausnahme waren dabei die beiden riesigen 80 000-t-Passagierschiffe »Queen Mary« und »Queen Elizabeth«, die zu Truppentransportern umgebaut worden waren und mindestens 15 000 Mann, fast eine ganze Division, befördern konnten. Ihre Geschwindigkeit von über 28 Knoten war zu groß für begleitende Zerstörer, außer zu Beginn und zum Ende ihrer Fahrten; so mußten sie sich allein auf ihre Geschwindigkeit verlassen, zusammen mit einem Zick-Zack-Kurs und ständig wechselnden Routen. Es war ein großes Risiko; aber es gelang keinem U-Boot, sie jemals auf ihren vielen Transatlantikfahrten seit August 1942 abzufangen.

Ganz allgemein aber konnte die Stellung von Geleitschutz durch Schiffe oder Flugzeuge nicht mit der wachsenden Gefahr durch die steigende Produktion deutscher U-Boote Schritt halten. Im Durchschnitt wurden jetzt 17 im Monat neu in Dienst gestellt, und Ende 1942 hatte Deutschland 212 einsatzfähige und insgesamt 393 U-Boote – verglichen mit 91 einsatzfähigen und insgesamt 249 zu Beginn des Jahres. Im Laufe des Jahres waren 87 deutsche und 22 italienische U-Boote versenkt worden – zu wenig, um mit dem Tempo der Neubauten Schritt zu halten. Im Lauf des Jahres 1942 hatten die U-Boote der drei Achsenmächte insgesamt 1 160 Schiffe mit insgesamt 6 266 000 t versenkt, und die anderen Waffen des Feindes erhöhten die Gesamtverluste auf 1 664 Schiffe mit über 7 790 000 t. Obwohl etwa 7 Millionen t neuen Schiffsraums von den Alliierten in Dienst gestellt wurden, blieb immer noch ein Defizit von fast 1 Million t übrig, das zu dem Verlustsaldo der früheren Kriegsjahre dazukam. Die britische Einfuhr sank in diesem Jahr auf knapp 34 Millionen t – ein Drittel weniger als im Jahr 1939! Insbesondere die Vorräte an Brennstoff für den zivilen Verbrauch in Großbritannien waren gefährlich knapp geworden – nur 300 000 t bei einem Monatsverbrauch von 130 000 t. Wenn auch die Vorräte aus den Reservebeständen der Kriegsmarine ergänzt werden konnten, war dies doch eine Sache, die nur bei schwerster Notlage zu vertreten gewesen wäre.

Als daher die alliierte Gipfelkonferenz im Sommer 1943 in Casablanca zusammentrat, um die künftige alliierte Strategie zu besprechen, stand sie vor einer sehr beunruhigenden Bilanz in bezug auf den

Schiffsraum. Ehe die U-Boot-Gefahr nicht überwunden und die Schlacht im Atlantik nicht gewonnen war, konnte an eine erfolgreiche Invasion Europas nicht gedacht werden. Die Schlacht im Atlantik war so entscheidend geworden wie die Schlacht von England im Jahr 1940. Und ihr Ausgang hing im wesentlichen davon ab, welche Seite materiell und psychologisch länger aushalten konnte.

Der Verlauf des Kampfes wurde durch einen Wechsel im Oberkommando beeinflußt. Im November 1942 wurde Admiral Sir Percy Noble zum Chef der britischen Marinemission in Washington ernannt; er wurde damit der Vertreter des britischen Ersten Seelords bei den amerikanischen Vereinigten Stabschefs. Während der 20 Monate seiner Amtszeit als Oberbefehlshaber in den westlichen Gewässern hatte er viel dazu getan, die U-Boot-Abwehr zu verbessern und den Kampfgeist der Geleitschiff- ebenso wie der Flugzeugbesatzungen hochzuhalten, dank seines Verständnisses für ihre Sorgen und des persönlichen Kontakts, den er mit ihnen hielt. Die Wahl seines Nachfolgers war ein sehr guter Griff: Es war Admiral Sir Max Horton, ein hervorragender U-Boot-Kommandant im Ersten Weltkrieg, der seit Anfang 1940 die britischen U-Boote in der Heimat befehligt hatte. Er brachte für den Feldzug eine genaue Kenntnis der U-Boote und ihrer Besatzungen mit, verbunden mit Energie, Tatkraft und Phantasie. Alle diese Qualitäten machten ihn zu einem ebenbürtigen Gegner für Dönitz.

Hortons Plan war, einen stärkeren und konzentrierteren Angriff auf die U-Boote vorzubereiten. Die Korvetten und die anderen kleinen Fahrzeuge waren nicht schnell genug, um bei Kämpfen mit U-Booten mitzuhalten; denn wenn sie die Boote zu weit verfolgten, konnten sie die Geleitzüge, die sie beschützen sollten, nicht mehr einholen. Neue Zerstörer und Fregatten wurden also gebraucht, die einzeln operierten und, wenn sie ein U-Boot gesichtet hatten, dies zu Tode jagen konnten. Bereits seit September waren solche Gruppen zur Unterstützung der normalen Geleitschiffe aufgebaut worden; aber Horton baute sie jetzt energischer aus und verminderte sogar die Stärke des eigentlichen Geleitschutzes zugunsten solcher Gegenangriffe. Sein Ziel war, den Feind im mittleren Atlantik durch einen koordinierten Gegenangriff dieser neuen Gruppen und der Flugzeuge auf Trägerbasis zu überraschen, in Zusammenarbeit mit den eigentlichen Geleitschiffen und Flugzeugen großer Reichweiten. Er betonte, diese neuen Gruppen sollten keine Zeit damit verlieren, weit und breit nach U-Booten zu suchen – ein Fehler, den man früher gemacht habe. Man solle sie in der Nähe des Konvois finden, und die neuen Unterstützungsgruppen sollten eng mit den eigentlichen Geleitschiffen zusammenarbeiten. Jeder Geleitzug sollte in der für Flugzeuge unerreichbaren Lücke bei Grönland durch eine solche Gruppe verstärkt werden. Er rechnete damit, daß die U-Boote, gewohnt, nur aus der Richtung des Konvois attackiert zu werden, aus ihrem Konzept gebracht werden würden, wenn die Angriffe aus sämtlichen Richtungen kämen.

Auf der deutschen Seite war Hitler wütend über das magere Ergebnis des Angriffs auf einen Arktis-Geleitzug, den die »Hipper«, die »Lützow« und sechs Zerstörer am Silvesterabend von ihrem Stützpunkt Altenfjord in Norwegen ausgeführt hatten; dies hatte gewichtige Folgen. In seinem Ärger sprach er seinen »festen und unabänderlichen Entschluß« aus, mit den großen Schiffen aufzuhören. Dies führte zum Rücktritt des Oberbefehlshabers der Kriegsmarine, Großadmiral Raeder, einen Monat später; an seine Stelle trat Dönitz, der gleichzeitig sein Amt als Befehlshaber der U-Boote beibehielt. Dönitz verstand es besser, Hitler zu behandeln, und am Ende erhielt er Hitlers Zustimmung dafür, die »Tirpitz«, die »Lützow« und die »Scharnhorst« als »ziemlich starke Einsatzgruppe« in Norwegen zu belassen.

Im Dezember 1942 und im Januar 1943 gab es eine ruhigere Zeit im Atlantik, und die Versenkungen durch U-Boote fielen auf knapp 200 000 t im Monat. Dies war hauptsächlich auf das stürmische Wetter zurückzuführen – das aber auch bei den Handelsschiffen und ihren Geleitzügen viele Störungen anrichtete.

Im Februar verdoppelte sich die Versenkungszahl nahezu, und im März betrug sie sogar 108 Schiffe mit 627 000 t – sie näherte sich also wieder den Rekordzahlen von Juni und November 1942. Noch beunruhigender war, daß fast zwei Drittel davon aus Geleitzügen heraus versenkt wurden. Mitte März konzentrierten sich nicht weniger als 38 U-Boote auf zwei heimwärts fahrende Geleitzüge, die zufällig nahe beieinander fuhren, und versenkten daraus 21 Schiffe mit 141 000 t bei einem Verlust von nur einem U-Boot – bis schließlich nach einigen Tagen Geleitschutz aus der Luft gestellt werden konnte. Dies war eine der größten Geleitzugsschlachten des Krieges.

Rückschauend meint die britische Admiralität: »Die Deutschen kamen ihrem Ziel, den Seeweg zwischen der Neuen und der Alten Welt abzuschneiden, niemals so nahe wie in den ersten zwanzig Tagen des März 1943.« Der Admiralstab begann sich sogar zu überlegen, ob das Geleitzugssystem weiterhin als eine wirksame Abwehr angesehen und beibehalten werden könne.

Doch in den letzten elf Tagen des März erfolgte plötzlich ein großer Umschwung: im Atlantik wurden nur 15 Schiffe versenkt im Vergleich zu 107 in den ersten 20 Tagen des Monats. Im April war die Verlustzahl nur halb so groß wie im März, und im Mai war sie noch geringer. Admiral Hortons koordinierte Gegenoffensive begann wirksam zu werden und zeitigte die erwarteten Erfolge in bemerkenswert kurzer Zeit.

Die Amerikaner hatten in der kritischsten Zeit des März darum ersucht, aus dem Geleitschutz im Nordatlantik entlassen zu werden, und wollten dafür die Verantwortung für die Schiffahrt im Südatlantik und im Mittelmeer übernehmen. Auch der Pazifik machte ihnen große Sorgen. Die praktische Auswirkung dieser Änderung war aber nicht groß: Die US-Regierung unterstellte den ersten Flugzeugträger der Unterstützungsgruppen britischem Kommando und stellte weiterhin die sehr wichtigen »Liberator«-Langstreckenbomber. So waren vom 1. April ab Großbritannien und Kanada allein für alle Geleitzüge zwischen dem amerikanischen Kontinent und Großbritannien zuständig.

Im Frühjahr 1943 erlitten die U-Boote in einer Reihe von Geleitzugsschlachten Niederlagen und schwere Verluste. Mitte Mai berichtete Dönitz besorgt seinem Führer: »Wir stehen vor der größten Krise des U-Boot-Krieges, da der Feind durch neue Vorrichtungen zur Ortung . . . einen Kampf unmöglich macht und uns schwere Verluste zufügt.« Denn die U-Boot-Verluste im Mai hatten sich gegenüber dem Vormonat mehr als verdoppelt und betrugen 30 Prozent der auf See befindlichen Boote – eine Verlustzahl, die nicht lange ertragen werden konnte. Daher zog am 23. Mai Dönitz seine U-Boote aus dem Nordatlantik zurück, bis er sie durch neue Waffen verstärken konnte.

Im Juli wurden zum ersten Mal mehr alliierte Handelsschiffe neu gebaut als versenkt. Dies war der entscheidende Faktor und der Beweis, daß die deutsche U-Boot-Offensive abgeschlagen worden war.

Rückblickend sieht man aber, daß Großbritannien im März 1943 nur knapp der Niederlage entgangen ist. Und man sieht, daß der Hauptgrund dafür der Mangel an Langstreckenflugzeugen für den Geleitschutz war; in der Zeit von Januar bis Mai 1943 wurden im Atlantik nur zwei Schiffe aus Geleitzügen versenkt, die Schutz durch Flugzeuge hatten. Sobald ausreichender Geleitschutz aus der Luft für die Konvois bestand, insbesondere durch die »Liberators«, wurde es für die U-Boote immer schwerer, in »Wolfsrudeln« zu operieren. Sie riskierten jetzt jeden Augenblick, ein Flugzeug über sich zu finden, das die ganze Unterstützungsgruppe zu ihrer Position lenkte.

Aber auch Radar auf der neuen 10-cm-Wellenlänge, welche die U-Boote nicht abfangen konnten, war ein sehr wichtiger Faktor, wie Dönitz erkannte. Neue Waffen wie »Hedgehog« (Igel), eine spezielle Anti-U-Boot-Rakete, und schwerere Wasserbomben leisteten ebenfalls einen wichtigen Beitrag. Zu erwähnen ist auch die Forschungsarbeit der Anfang 1942 gebildeten Gruppe unter dem Namen »Western Approaches Tactical Unit«, die das beste taktische System zur Bekämpfung der U-Boote entwickeln sollte, und Professor P. M. S. Blacketts Analyse des besten Aufbaus von Geleitzügen. Schließlich war Ende Mai 1943 ein neuer Code für den Funkverkehr in der Schiffahrt eingeführt worden und beraubte die Deutschen ihrer wertvollsten Informationsquelle.

Die wichtigsten Faktoren bei dem Sieg waren jedoch die Verbesserung des Ausbildungsstandes bei den Geleitschiffen und den Flugzeugen sowie die zunehmende Zusammenarbeit zwischen Seeleuten und Fliegern.

Von allen Einzelpersonen hat, wie bereits betont, den größten Anteil an der Niederlage der U-Boote Admiral Sir Max Horton. Ein großes Verdienst gebührt auch Air Marshal Sir John Slessor, der im Februar 1943 Befehlshaber des Küstenkommandos wurde. Aus der Reihe tüchtiger Kommandeure von Geleitschutzgruppen verdienen zwei besondere Anerkennung: Captain F. J. Walker und Commander P. W. Gretton (später Vizeadmiral Sir Peter Gretton).

Im Juni 1943 wurden im Nordatlantik keine Geleitzüge angegriffen, und der Juli war sehr verlustreich für die U-Boote, insbesondere in der Biscaya, wo die Patrouillenflugzeuge des Küstenkommandos eine reiche Ernte hielten: Von 86 U-Booten, die in diesem Monat die Biscaya zu durchqueren suchten, wurden 55 gesichtet und davon 17 versenkt (mit einer Ausnahme durch Flugzeuge) und sechs zur Umkehr gezwungen. Der Weg nach draußen für die Boote war jetzt eine enge Fahrstraße in der Biscaya, die an der spanischen Küste entlangführte. Doch auch die Flugzeuge mußten für ihre Erfolge einen hohen Preis zahlen, und 14 wurden in diesem Monat dort abgeschossen.

In den drei Monaten Juni bis August 1943 versenkten die deutschen U-Boote nicht mehr als 58 alliierte Handelsschiffe auf allen Meeren mit Ausnahme des Mittelmeers, die Hälfte davon waren Schiffe in der Nähe von Südafrika und im Indischen Ozean. Dieser bescheidene Erfolg wurde mit dem Verlust von 79 Booten erkauft – von denen 58 durch Flugzeuge versenkt wurden.

In der Hoffnung, wieder die Oberhand zu gewinnen, drängte Dönitz bei Hitler auf stärkere Langstrecken-Luftaufklärung im Atlantik und stärkeren Luftwaffenschutz für die Anmarschwege der Boote – und er fand ein wohlwollenderes Gehör als Raeder seinerzeit für seinen Versuch, Görings mangelnde Bereitschaft zur Zusammenarbeit von U-Booten und Luftwaffe zu überwinden. Dönitz erhielt auch die Zusicherung, daß der Bau von U-Booten von 30 auf 40 im Monat erhöht wurde und neue Typen den Vorrang erhielten, die auch getaucht schneller fahren konnten. Doch der vielversprechende »Walter«-Typ – ein Boot, das durch ein Gemisch von Dieselöl und Wasserstoffsuperoxyd angetrieben wurde – hatte noch so viele Kinderkrankheiten, daß kein Boot vor Kriegsende einsatzbereit war. Eine wichtige Neuentwicklung war aber die »Schnorchel«-Belüftungsanlage und der Diesel-Austauschmast – eine holländische Vorkriegserfindung, die den Booten erlaubte, ihre Batterien aufzuladen, während sie in Seerohrtiefe getaucht waren. 30 Boote wurden bis Mitte 1944 damit ausgerüstet.

Zwei andere neue deutsche Vorrichtungen dieser Jahre waren das Torpedo, das akustisch zu den Propellern eines Schiffes gelenkt wurde, und die Gleitbombe. Aber trotz allem verloren die Alliierten im September und Oktober, den ersten zwei Monaten des wiederaufgenommenen U-Boot-Krieges, nur neun Handelsschiffe von den 2 468 Schiffen, die in 64 Geleitzügen den Nordatlantik überquerten – während 25 U-Boote versenkt wurden. Nach dieser neuen schweren Niederlage gab Dönitz die Operationen in großen Gruppen auf.

Am 8. Oktober 1943 übernahm dann Großbritannien im Einvernehmen mit Portugal zwei Luftwaffenstützpunkte auf den Azoren, und von da an konnte im ganzen Nordatlantik den Geleitzügen Luftunterstützung gestellt werden.

In den ersten drei Monaten 1944 erlitten die U-Boote noch schwerere Verluste: Nur drei Handelsschiffe von 3 360, die in 105 Geleitzügen den Nordatlantik überquerten, wurden versenkt, dagegen 36 U-Boote. Dönitz stellte nun alle Operationen gegen Geleitzüge ein und erklärte Hitler, sie könnten nicht wiederaufgenommen werden, ehe die neuen Typen von U-Booten fertiggestellt, neue Abwehrvorrichtungen einsatzbereit und bessere Luftaufklärung garantiert wären.

Ende März 1944 erhielt Dönitz den Befehl, eine Gruppe von 40 U-Booten zu Operationen in Küstengewässern für den Fall einer alliierten Invasion Westeuropas zu bilden. Bis Ende Mai hatte er 70 Boote in Biscaya-Häfen konzentriert; nur drei blieben im Nordatlantik, wurden aber nur noch mit Wetterbeobachtung beschäftigt.

Die Aufgabe des deutschen U-Boot-Krieges im Nordatlantik war eine große Erleichterung für das Küstenkommando – dessen Flugzeuge, die Gruppe Nr. 19, hatten bis Ende Mai 1944 im Lauf von 41 Monaten der U-Boot-Bekämpfung 50 Boote versenkt und 56 schwer beschädigt. Die Gruppe hatte dabei 350 Flugzeuge verloren; die Verluste wären vermutlich geringer und die Erfolge noch größer gewesen, wenn dem Küstenkommando mehr Flugzeuge zur Verfügung gestellt worden wären, entsprechend der vordringlichen Wichtigkeit seiner Aufgabe.

Zu den anderen Ereignissen dieser Periode gehörten zwei Angriffe auf die »Tirpitz« an ihrem Ankerplatz in Nordnorwegen, der eine durch drei Zwerg-Unterseeboote im September 1943, der andere durch Marineflugzeuge im März 1944. Beide Angriffe beschädigten das Schiff, und ihnen folgte seine Versenkung durch schwere Bomber der R.A.F. im November 1944. Das Schlachtschiff hatte nur ein einziges Mal bei einem Angriff auf Spitzbergen seine schweren Geschütze im Kampf abgefeuert; aber daß es so viele Beschädigungen überlebte, war ein gutes Zeichen für den deutschen Kriegsschiffbau. Außerdem hatte seine bloße Existenz als »ship in being« und als potentielle Gefahr die maritime Strategie Großbritanniens erheblich beeinflußt und einen großen Teil der britischen Seestreitkräfte absorbiert.

Die von der »Scharnhorst« ausgehende Gefahr war schon im Dezember 1943 beseitigt worden, als der Schlachtkreuzer bei einem

Versuch, einen Arktis-Geleitzug abzufangen, von einem starken britischen Flottenverband gestellt und versenkt wurde.

Im ersten Halbjahr 1944 waren die größte Gefahr in den britischen Heimatgewässern die neuen deutschen kleinen Motor-Torpedoboote, die sogenannten E-Boote. Es waren zwar niemals mehr als etwa drei Dutzend, aber sie konnten schnell von einer Geleitzugsstraße auf die andere dirigiert werden und sich die besten Möglichkeiten aussuchen; so wurden sie zu einer sehr unangenehmen Störung des Schiffsverkehrs.

Die deutschen U-Boote, die in den französischen Häfen konzentriert worden waren, um einer alliierten Invasion entgegenzutreten, erwiesen sich als wenig wirkungsvoll, obwohl sie bis zur Invasion im Juni 1944 mit dem »Schnorchel« ausgerüstet und dadurch weniger verwundbar waren.

Als die amerikanische 3. Armee nach ihrem Ausbruch aus dem Brückenkopf in der Normandie sich Mitte August diesen Häfen – Brest, Lorient und St-Nazaire – näherte, wurden die meisten U-Boote nach Norwegen verlegt. Von da an konnten die Schiffe von und nach Großbritannien wieder die alte normale Route südlich von Irland benutzen.

Seit Ende August begann eine große Zahl von U-Booten von Norwegen und von Deutschland aus neue Angriffe; sie fuhren nördlich an Schottland und Irland vorbei und legten sich dann nahe der Küste an verkehrsreichen Stellen auf die Lauer – bis hinunter nach Portland Bill an der englischen Südküste. Aber mit dieser neuen Kampagne erreichten sie wenig; in den vier Monaten September bis Dezember 1944 versenkten sie in britischen Küstengewässern nur 14 Schiffe. Freilich hatten sie dank ständigen Untertauchens und Benutzung ihrer Schnorchel auch weniger Verluste als früher.

Die Arktis-Geleitzüge

Die britischen Geleitzüge zu den nordrussischen Häfen begannen Ende September 1941. Da Archangelsk im Winter vereist war, wurde dann Murmansk benutzt, der einzige große eisfreie Hafen Rußlands. Daß es den Deutschen nicht gelang, diesen Hafen auf dem Landweg zu nehmen, war ein folgenschweres Versäumnis, da es sie der Chance beraubte, diesen nördlichen Nachschubweg der Russen abzuschneiden. Als die Deutschen erkannten, in wie großem Umfang die Briten und dann auch die Amerikaner den Russen auf diesem Schiffahrtsweg zu Hilfe kamen, verstärkten sie eilig ihre Marine- und Luftstreitkräfte in Nordnorwegen und führten im März, April und Mai 1942 mehrere gewaltige Angriffe auf die arktischen Geleitzüge. Am schwersten wurde dann Ende Juni der Geleitzug PQ 17 auf seiner Fahrt nach Osten getroffen. Die Admiralität nahm an, der Konvoi und sein Geleitschutz wären im Begriff, von den deutschen Kriegsschiffen zusammengeschossen zu werden, und befahl am 4. Juli dem Konvoi, sich im Barents-Meer aufzulösen. Die hilflosen Handelsschiffe wurden dann von Flugzeugen und U-Booten angegriffen, und nur 13 von 36 Schiffen entkamen. Von den Flugzeugen, die der Konvoi beförderte, erreichten nur 87 Rußland, und 210 gingen unter; von den Panzern wurden 164 abgeliefert und 430 versenkt; von anderen Fahrzeugen wurden 896 abgeliefert und 3350 versenkt – zugleich mit zwei Dritteln der übrigen Fracht, insgesamt 99316 t.

Nach diesem Desaster wurde der nächste Geleitzug nach Rußland erst im September abgeschickt. Er erhielt weit stärkeren Geleitschutz, und Admiral Raeder, der durch den Funkhorchdienst davon erfahren hatte, hielt vorsichtigerweise seine größeren Kriegsschiffe zurück, die andernfalls die Geleitschiffe vielleicht überwältigt hätten. 27 der 40 Frachtschiffe von PQ 18 gelangten heil nach Archangelsk, während die deutschen Flugzeuge und U-Boote ziemlich schwere Verluste hatten. Nie wieder haben die Deutschen im hohen Norden soviel Luftstreitkräfte eingesetzt.

Danach wurden im Winter 1942/43 einige kleinere Geleitzüge abgeschickt. Die Russen drängten zwar wiederholt auf mehr Geleitzüge, aber sie trugen in keiner Weise zu ihrem Schutz auf der langen Fahrt über den Ozean und nur wenig zu ihrem Schutz in den Küstengewässern bei. Von März 1943 ab war der Oberbefehlshaber der Heimatflotte, Admiral Tovey, nicht mehr gewillt, die Entsendung weiterer Geleitzüge zu riskieren, da die Tage im hohen Norden zu lang wurden. Die kritische Situation im Atlantik war ein anderes entscheidendes Argument für diesen Beschluß, und die arktischen Geleitzüge wurden auf den Atlantik umgelenkt, wo sie zur Niederlage der deutschen U-Boote wesentlich beitrugen.

Als sie im November 1943 wiederaufgenommen wurden, stand ein
weit stärkerer Geleitschutz zur Verfügung, darunter die neuen
Geleit-Flugzeugträger. Diese fügten sowohl der geschwächten deutschen Luftwaffe als auch den U-Booten schwere Verluste zu, und
große Mengen Fracht wurden jetzt heil nach Rußland verschifft.
Insgesamt fuhren in den 40 von Großbritannien ausgehenden arktischen Geleitzügen seit 1941 811 Schiffe; davon wurden 58 versenkt,
33 mußten aus irgendwelchen Gründen umkehren, 720 gelangten ans
Ziel und lieferten insgesamt 4 Millionen t Fracht in Rußland ab. Zu
dieser Fracht gehörten 5 000 Panzer und über 7 000 Flugzeuge. Bei diesen gewaltigen Lieferungen an Rußland verloren die Alliierten 18
Kriegsschiffe und 98 Frachtschiffe, einschließlich der bei Geleitzügen
auf ihrem Rückweg versenkten. Die Deutschen verloren bei Operationen gegen diese Geleitzüge den Schlachtkreuzer »Scharnhorst«, drei
Zerstörer und 38 U-Boote.

Schlußphase

In den ersten Monaten 1945 vergrößerte sich die deutsche U-Boot-
Flotte immer noch – durch Neubauten und geringere Verluste dank
dem Schnorchel und der Einstellung der weiträumigen Operationen
im Atlantik. Im Januar wurden allein 30 neue Boote in Dienst gestellt,
gegenüber 18 im Monatsdurchschnitt von 1944. Einige davon gehörten
zu den neuen verbesserten Typen mit größerem Aktionsradius und
höherer Geschwindigkeit im getauchten Zustand: Typ XXI, der für
den Ozean geeignet war, mit 1 600 t und Typ XXIII, ein Küstenboot
mit 230 t. Im März 1945 erreichte die deutsche U-Boot-Flotte sogar
ihre Rekordzahl von 463 Booten.

Erst im März begann dann der alliierte Bombenfeldzug ernste Auswirkungen auf die Produktion der Boote zu haben. Zum Glück für die
Alliierten hatte das Minenlegen in der Ostsee von Flugzeugen aus zwar
wenig direkte Wirkungen, aber eine sehr wichtige und von den Mari-
nestäben kaum erkannte indirekte Auswirkung insofern, als es die
Versuchs- und Ausbildungsfahrten der neuen deutschen U-Boote hinderte und dadurch ihre Indienststellung verzögerte. Wenn die neuen
Typen in großer Zahl zum Einsatz gekommen wären, hätten sie viel-

leicht die U-Boot-Gefahr wieder so bedrohlich verstärkt wie im Jahr 1943.

Sobald aber die alliierten Armeen im März den Rhein überschritten hatten und, zugleich mit dem russischen Vormarsch von Osten, auf Berlin vorrückten, wurden auch die deutschen U-Boote in ihrer Tätigkeit gelähmt. In den letzten Wochen des Krieges beschränkte sich diese fast ganz auf die Ostküste Großbritanniens. Zwar erreichten sie dort nicht viel; aber es ist bezeichnend, daß keines der Boote neuen Typs in diesen Gewässern versenkt wurde.

Nach Deutschlands Kapitulation im Mai ergaben sich 159 U-Boote. Aber 203 wurden von ihren Besatzungen versenkt – das war kennzeichnend für den hartnäckigen Stolz und den ungebrochenen Kampfgeist der U-Boot-Besatzungen.

In den 5 1/2 Jahren des Krieges hatten die Deutschen 1157 U-Boote gebaut und in Dienst gestellt und 15 ausländische U-Boote übernommen; davon sanken 789, darunter drei ehemals ausländische. Außerdem hatten sie etwa 700 Zwerg-U-Boote gebaut. Bei weitem den größten Anteil an den Versenkungen von U-Booten auf dem Meer – 500 von 632 – hatten britische See- und Luftstreitkräfte. Auf der anderen Seite der Bilanz hatten deutsche, italienische und japanische U-Boote zusammen 2828 Schiffe mit insgesamt fast 15 Millionen t versenkt; bei weitem den größten Anteil daran hatten die Deutschen. Deutsche U-Boote versenkten ferner 175 alliierte Kriegsschiffe, zum größten Teil britische. Von den durch U-Boote versenkten alliierten Schiffen entfielen 61 Prozent auf Schiffe, die nicht im Geleitzug fuhren, 9 Prozent auf Schiffe, die sich vom Geleitzug entfernt hatten, und nur 30 Prozent auf Schiffe im Geleitzug – noch viel weniger auf Schiffe in Geleitzügen, die von Flugzeugen geschützt wurden.

Die Besetzung der französischen Kriegshäfen an der Atlantikküste für die Dauer von vier Jahren und die Weigerung der Republik Irland, den Alliierten die Benutzung ihrer westlichen und südlichen Küstengewässer zu gestatten – obwohl Irland selbst weitgehend auf die von Übersee kommenden Einfuhren angewiesen war –, waren zwei Faktoren, welche die alliierten Schiffsverluste im Atlantik wesentlich vergrößerten. Und der einzige verbliebene Schiffahrtsweg nach Großbritannien konnte nur dadurch offengehalten werden, daß die Alliierten Nordirland und Island in ihrer Hand hatten.

Liddell Hart

Geschichte
des Zweiten Weltkrieges

Ungekürzte Sonderausgabe
in einem Band
Zweiter Teil

Inhalt Band 2

Teil VI
Der Anfang vom Ende

Kapitel 25:
Afrika wird feindfrei

Die erste Folge des Fehlschlages des alliierten Versuches, im Dezember
1942 Tunis zu nehmen, war die Aufgabe der ursprünglichen Idee,
Rommel zwischen der ihn verfolgenden britischen 8. Armee und der
neuen 1. Armee in Tunesien in die Zange zu nehmen. Jetzt mußten
die beiden Armeen noch eine geraume Zeit sich einzeln mit den Streitkräften Rommels in Tripolitanien und Arnims in Tunesien auseinan-
dersetzen; die Deutschen aber durften, je näher Rommel an Arnim
heranrückte, die strategischen Vorteile einer mittleren Position ausnutzen, die ihnen gestattete, ihr kombiniertes Gewicht gegen den einen
oder den anderen Angreifer zu werfen.

Nachdem Eisenhower vor Weihnachten in Tunesien zum Stehen
gebracht worden war und jetzt vor die Aussicht gestellt wurde, bis zum
Ende der Regen- und Schlammzeit warten zu müssen, suchte er durch
einen Vorstoß mehr in südlicher Richtung die Küste bei Sfax zu erreichen und dadurch Rommels Nachschub- und Rückzugslinie abzuschneiden. Für diese »Operation Satin« wollte er hauptsächlich amerikanische Truppen einsetzen, die er im Raum Tebessa zusammenziehen
und mit denen er das neue II. US-Korps unter Generalmajor Fredendall bilden wollte. Doch als er auf der Konferenz von Casablanca Mitte
Januar 1943 den Vereinigten Stabschefs, die mit Roosevelt und Churchill zur Konferenz gekommen waren, diesen Plan auseinandersetzte,
überwog bei der Erörterung die Ansicht, ein solcher Vorstoß ungeüb-
ter Truppen in einen Raum, wo sie bald mit Rommels Veteranen zu
tun haben würden, sei zu riskant; vor allem General Alan Brooke war
dieser Ansicht. Eisenhower ließ sich dazu bewegen, den Plan aufzugeben.

Diese Entscheidung überließ die nächste Aktion Montgomery, der

Mitte Dezember bei Nofilia verhielt, um seine Kräfte zu sammeln, ehe er die Stellung bei Buerat 220 Kilometer weiter westlich angriff, auf die Rommel die Reste seiner Armee nach seinem langen Rückzug aus Ägypten zurückgezogen hatte.

Mitte Januar begann Montgomery seine neue Offensive. Sie war nach demselben Schema geplant wie die früheren: ein Angriff auf die Front des Feindes, der ihn dort festhalten sollte, kombiniert mit einem Flankenmanöver durch die Wüste im Innern, um ihm den Rückzug abzuschneiden. Diesmal jedoch vermied er jede vorbereitende Erprobung, die seine Absicht verraten und »den Feind aus seiner jetzigen Linie verscheuchen« würde. Außerdem wurde nur ein dünner Schleier von Panzern dazu benutzt, die feindliche Position zu beobachten, und das Gros von Montgomerys Armee wurde weit hinter der Front gehalten – bis zum Tag vor der Offensive, und dann ging die Truppe am Morgen des 15. direkt von dem langen Anmarsch zum Angriff über. Die 51. Division griff mit Panzerunterstützung an der Küstenstraße an, während die 7. Panzer- und die neuseeländische Division das Umfassungsmanöver ausführten. Zuerst stieß man auf keinerlei Widerstand, und dann leisteten westlich von Buerat nur feindliche Nachhuten einige Gegenwehr. Rommel hatte nämlich die Stellung bei Buerat schnell verlassen und war wiederum der Falle entkommen. Dies fiel ihm um so leichter, als, wie Alexander in seinem Bericht mit höflichem Tadel bemerkte, »die Neuseeländer und die 7. Panzerdivision nur sehr vorsichtig das südliche Ende des feindlichen Panzerabwehrschirmes umgingen«.

Rommel hatte seinen schwersten Kampf wiederum mit dem Oberkommando der Achse. Im fernen Rom hatte Mussolini wieder einmal jeden Kontakt mit der Wirklichkeit verloren, und in der Woche vor Weihnachten hatte er einen Befehl erlassen, »bis zum äußersten« an der Buerat-Stellung festzuhalten. Daraufhin fragte Rommel durch Funkspruch Marschall Cavallero, den Chef des Comando Supremo, was er denn tun solle, wenn die Briten diese leicht zu umgehende Position ignorieren und weiter westlich vorstoßen würden. Cavallero beantwortete die Frage nicht, aber betonte, die italienischen Truppen dürften nicht wieder dem Feind zur Beute fallen wie bei Alamein.

Rommel wies General Bastico auf den offenkundigen Widerspruch zwischen Mussolinis Befehl und Cavalleros Forderung hin. Wie die meisten Diener eines autoritären Regimes, suchte Bastico der Entscheidung und der Verantwortung für ein Vorgehen auszuweichen, das nicht den Hoffnungen und Illusionen seines Führers entsprach. Aber durch seine Hartnäckigkeit gelang es Rommel, ihn zum Befehl zum Rückzug der nichtmotorisierten italienischen Truppen auf die Linie Tarhuna–Homs, 200 Kilometer weiter westlich, zu veranlassen. Dann verlangte Cavallero in der zweiten Januarwoche, eine deutsche Division solle bis zur Enge von Gabes zurückgezogen werden, um dort den erwarteten amerikanischen Angriff abzuhalten – der dann, wie berichtet, nicht erfolgte. Rommel war natürlich gern bereit, einem Verlangen zu entsprechen, das gut in seinen Plan paßte, und bestimmte die 21. Panzerdivision dazu. Dies ließ ihm nur die 36 Panzer der 15. Panzerdivision und die 57 veralteten italienischen Panzer der Centauro-Division, um den 450 Panzern entgegenzutreten, die Montgomery für seinen neuen Vorstoß zusammengezogen hatte. Rommel hatte aber keine Absicht, einen hoffnungslosen Kampf gegen eine solche Überlegenheit zu führen; daher zog er sich von der Buerat-Stellung zurück, sobald er durch seine Funkaufklärung erfuhr, daß die Briten zur Offensive am 15. Januar bereit seien.

Zwei Tage hielt er die britischen Truppen noch auf, in denen sie nicht nur wegen der weithin verstreuten Minen, sondern auch wegen des Verlusts von etwa 50 Panzern bei der Durchbrechung des dünnen deutschen Abwehrschirms nur vorsichtig operierten. Dann aber zog er am 17. seine motorisierten Truppen auf die Linie Tarhuna–Homs zurück und befahl der dort stehenden italienischen Infanterie, bis Tripolis zurückzugehen. Die Linie Tarhuna–Homs war leichter zu verteidigen als die Stellung bei Buerat; aber die massierten Panzerverbände, die Montgomery gegen seine Flanke im Landesinnern einsetzte, überzeugten Rommel am 19., daß auch hier ein längerer Widerstand unmöglich war und seine Rückzugsstraße gefährden würde. Daher begann er noch in der Nacht, seine Truppen von dort zurückzuziehen, während bereits die Hafenanlagen von Tripolis gesprengt wurden.

Am nächsten Morgen kam eine Nachricht von Cavallero, die Rommel Mussolinis schärfste Mißbilligung des Rückzuges und entschiedene Forderung überbrachte, die Linie noch mindestens drei Wochen zu halten. Am Nachmittag kam Cavallero angeflogen, um dieser Botschaft noch persönlichen Nachdruck zu verleihen. Rommel wies sarkastisch darauf hin, daß jeder solche Termin vom Verhalten des Feindes abhänge, solange man keine ausreichenden Verstärkungen habe, um dem Feind entgegenzutreten. Schließlich legte er Cavallero den Kern der Frage in der gleichen Form vor, wie er sie im November Bastico vorgelegt hatte, als dieser verlangte, die Mersa-Brega-Linie zu halten: »Wir können entweder Tripolis einige Tage länger halten und unsere Armee verlieren, oder Tripolis einige Tage früher aufgeben und die Armee für Tunesien retten. Entscheiden Sie sich!« Cavallero vermied, eine klare Entscheidung zu treffen; aber er traf sie indirekt, indem er Rommel anwies, die Armee müsse gerettet und Tripolis so lange wie möglich gehalten werden. Rommel begann darauf sofort die nichtmotorisierten italienischen Truppen und die transportablen Vorräte nach rückwärts zu verlegen. Dann zog er in der Nacht zum 22. den Rest der Truppen aus der Linie Tarhuna–Homs zurück und ging direkt bis zur tunesischen Grenze, 160 Kilometer westlich von Tripolis, und dann bis zur Mareth-Linie, 130 Kilometer weiter zurück.

Die Briten folgten ihm über die Buerat-Linie hinaus nur »zähflüssig«, wie Montgomery selbst es beschrieb. Das lag nicht nur an den Minen und Straßensprengungen, sondern auch an der äußersten Vorsicht, mit der man die Nachhut des Feindes anfaßte. Montgomery betont in seinen Erinnerungen, der Vormarsch an der Küstenstraße habe es ganz allgemein »an Initiative und Elan fehlen lassen«; er unterstrich diesen Kommentar durch das Zitat einer Tagebucheintragung vom 20. Januar: »Rief den Kommandeur der 51. Division an und gab ihm eine majestätische Abreibung, dies hatte eine sofortige Wirkung.« Doch in Wahrheit hatte sich Rommel bereits auf die Linie Tarhuna–Homs zurückgezogen, und nicht der stärkere feindliche Druck an der Küstenstraße, sondern die Massierung von Panzern gegen seine rechte Flanke hatten ihn zu dem Befehl veranlaßt, am 22. auch diese Linie aufzugeben und sich auf die tunesische Grenze zurückzuziehen. Als die 51. Division beim Mondschein vorrückte, wobei die Spitzen der Infanterie auf den Panzern aufgesessen waren, fanden sie, daß der Feind verschwunden war. Und bei Tagesanbruch des 23. Januar rückten die Spitzen der sich vereinigenden britischen Kolonnen ungehindert in Tripolis ein.

Die Erreichung dieses Zieles, des Fernzieles so vieler britischer Offensiven seit 1941, krönte den 2000-Kilometer-Vormarsch von Alamein, dem weichenden Rommel auf den Fersen. Auf den Tag drei Monate nach Beginn der Offensive wurde Tripolis erreicht. Für Mont-

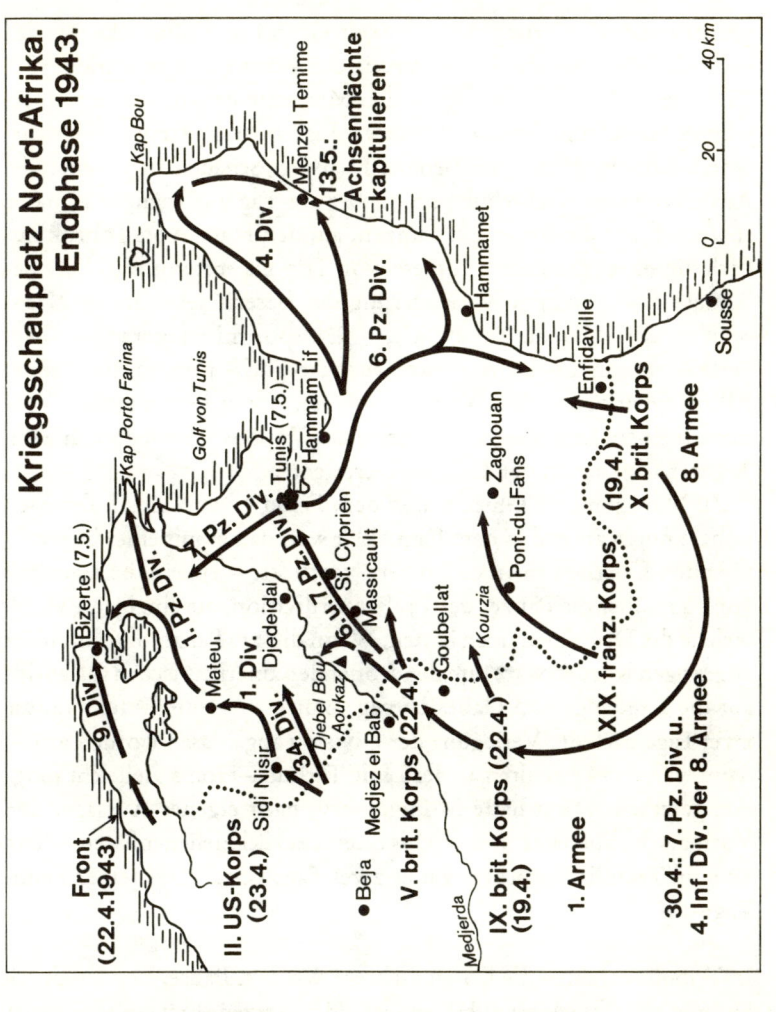

Kriegsschauplatz Nord-Afrika.
Endphase 1943.

gomery und seine Truppen war dies ein Grund zum Jubel; aber er stieß auch einen Seufzer der Erleichterung aus – denn, wie er schrieb: »Ich habe die ersten wirklich angstvollen Momente gehabt seit der Übernahme des Befehls über die 8. Armee.« Ein Sturm in der ersten Januarwoche hatte im Hafen von Benghasi schwere Schäden angerichtet, die Ausladung von Nachschub von 3000 t am Tag auf weniger als 1000 reduziert und die Briten gezwungen, auf den Hafen von Tobruk zurückzugreifen, der 1200 Kilometer von Tripolis entfernt war. Dies bedeutete eine gewaltige Verlängerung der bereits sehr langen Nachschubstraße. Um die zusätzlichen Transportmittel bereitzustellen, hatte Montgomery das 10. Korps »unbeweglich« gemacht und seinen Fahrzeugpark requiriert; aber er fürchtete, er würde den ganzen Vormarsch einstellen müssen, wenn er nicht Tripolis innerhalb von zehn Tagen nach Beginn der Offensive erreichte.

Zu Montgomerys Glück waren dem Feind seine Nachschubsorgen unbekannt, während es dem Feind klar war, daß er mit einer überwältigenden Überlegenheit an Panzern vorrückte – einer Überlegenheit von 14:1 über die Panzer der 15. Panzerdivision, die einzigen Panzer, welche die Deutschen noch hatten. Wenn die 21. Panzerdivision nicht abgezogen worden wäre, um der drohenden amerikanischen Offensive auf die Landenge von Gabes entgegenzutreten – eine Offensive, die zwei Tage nach der Verlegung der Division abgeblasen worden war –, dann wäre ein Festhalten an der Linie Tarhuna–Homs vielleicht möglich gewesen. Dann hätte Montgomery, nach eigener Aussage, den Vormarsch abbrechen und sich bis Buerat zurückziehen müssen – denn als er in Tripolis einrückte, war es zwei Tage vor Ablauf seiner Zehn-Tage-Frist.

In Tripolis machten die Briten mehrere Wochen Pause, um den durch Sprengungen blockierten Hafen instand zu setzen. Erst am 3. Februar konnte das erste Schiff wieder einlaufen, erst am 9. der erste Geleitzug. Dem Rückzug des Feindes waren nur leichte Truppen gefolgt, und Montgomerys Spitzendivision rückte erst am 16. Februar über die tunesische Grenze vor – Rommels Nachhut hatte sich in der Nacht zuvor auf das Vorfeld der Mareth-Linie zurückgezogen. Diese Linie hatten ursprünglich die Franzosen gebaut, um eine italienische Invasion Tunesiens von Tripolitanien aus zu verhindern. Sie bestand nur aus einer Kette von Blockhäusern, und Rommel hielt es für besser, sich auf neu ausgehobene Schützengräben zwischen den einzelnen Häusern zu verlassen. Nach einer Inspektion der Mareth-Linie meinte er sogar, es wäre klüger, die Verteidigung des Raums von Tunis auf die Linie bei dem Wadi Akarit zu stützen – 60 Kilometer weiter hinten und 25 Kilometer westlich von Gabes. Diese Linie konnte nicht umgangen werden, da sich ihre Inland-Flanke an die Salzsümpfe von Schott el Dscherid anlehnte.

Aber dieser Vorschlag war nicht im Sinne weit vom Schuß lebender Diktatoren, die immer noch hoffnungsvoll Luftschlösser errichteten, und Rommels eigenes Prestige war auf einem Tiefpunkt. Mussolini machte seinem Ärger über den Verlust von Tripolis Luft, indem er Bastico zurückberief und Cavallero entließ, der durch General Ambrosio ersetzt wurde. Auch Rommel hatte schon am 26. Januar ein Telegramm bekommen, in dem ihm mitgeteilt wurde, angesichts seines schlechten Gesundheitszustandes werde er nach der Konsolidierung seiner neuen Stellung an der Mareth-Linie des Kommandos enthoben; seine Armee werde den Namen 1. italienische Armee erhalten, und General Giovanni Messe werde ihr Befehlshaber werden. Es blieb ihm jedoch überlassen, das Datum der Übergabe und der Abreise zu bestimmen – ein Zugeständnis, von dem er zum Schaden der Alliierten ausgiebigen Gebrauch machte.

Rommel war ein kranker Mann, und die Belastung der letzten drei Monate hatte ihre Spuren hinterlassen. Aber er sollte jetzt im Februar zeigen, daß immer noch viel in ihm steckte.

Statt über den Vormarsch der Amerikaner auf seine Rückzugslinie nach Südtunesien beunruhigt zu sein, witterte er eine gute Gelegenheit anzugreifen, bevor Montgomery wieder in seine Nähe kommen konnte. Obwohl die Mareth-Linie eine schwache Verteidigungsstellung war, bot sie doch ein Hindernis für Panzer und würde Montgomery zum mindesten aufhalten. Außerdem hatte Rommel seine Kräfte wieder verstärken können: Durch seinen Rückzug nach Westen war er seinen Nachschublägern näher gekommen und erhielt jetzt mehr Nachschub, als er auf dem langen Rückzug verloren hatte. An Truppen hatte er jetzt wieder ebensoviel wie beim Beginn der Schlacht von Alamein: Bei seiner Ankunft in Tunesien betrug seine Armee knapp 30 000 Deutsche[1] und etwa 48 000 Italiener – einschließlich der 21.

1 Das war etwa die Hälfte ihrer Sollstärke und die gleiche Zahl wie bei Beginn der Schlacht von Alamein.

Panzerdivision, die in den Raum Gabes–Sfax kommandiert worden war, und der italienischen Centauro-Panzerdivision, die zur Bewachung des Engpasses von El Guettar gegenüber der amerikanischen Stellung bei Gafsa abgestellt worden war. In bezug auf Bewaffnung war seine Lage freilich nicht annähernd so gut: Die deutschen Einheiten hatten nur etwa ein Drittel ihrer Sollstärke an Panzern, ein Viertel ihrer Sollstärke an Panzerabwehrgeschützen und ein Sechstel der von Artillerie. Außerdem waren von seinen etwa 130 Panzern weniger als die Hälfte wirklich einsatzfähig. Trotz allem aber war die Gesamtsituation relativ besser, als sie werden würde, sobald Montgomery vollen Gebrauch von dem Hafen Tripolis machen und seine überlegenen Kräfte an der tunesischen Grenze zusammenziehen konnte. Rommel war bestrebt, dieses Intervall auszunutzen.

Er plante einen doppelten Schlag in napoleonischem Stil; er wollte seine mittlere Position zwischen zwei feindlichen Streitkräften ausnutzen, um die einen anzugreifen, bevor die anderen zu Hilfe kommen konnten. Wenn es ihm gelänge, die hinter ihm stehenden Amerikaner zusammenzuschlagen, dann würde er beide Hände frei haben, um Montgomerys 8. Armee anzugreifen, die jetzt durch die Verlängerung ihrer Nachschublinien geschwächt war.

Es war ein brillanter Plan; aber sein größtes Handicap war, daß seine Durchführung zum großen Teil von Kräften abhing, die nicht unter Rommels Befehl standen. Er selbst konnte von der Mareth-Linie nur gerade genug Kräfte einsparen, um eine große Kampfgruppe – weniger als eine halbe Division – unter Oberst von Liebenstein zu bilden. Seine bewährte 21. Panzerdivision, schon vorher nach Tunesien entsandt, stand gerade da, wo sie angreifen sollte; aber sie war jetzt der Armee Generaloberst von Arnims unterstellt. Daher mußte Arnim über die Ziele des Hauptangriffs und die dabei einzusetzenden Kräfte entscheiden, während Rommel nur mitwirken konnte.

Das Objekt dieses Gegenangriffes war das II. US-Korps, zu dem eine französische Division gehörte. Seine Front war 150 km breit; aber das Schwergewicht lag auf den drei Straßen durch die Berge zum Meer, vor allem bei den Pässen in der Nähe von Gafsa, Faid und Fonduk. Diese Pässe waren so eng, daß sich die Amerikaner sicher fühlten.

Doch Ende Januar machten die Panzer der 21. Division einen plötzlichen Vorstoß zum Faid-Paß, überwältigten die schlecht bewaffneten Franzosen, bevor die Amerikaner zur Hilfe kommen konnten, und

schufen sich dadurch ein Sprungbrett für den geplanten größeren
Angriff. Dieser Coup machte die alliierten Befehlshaber darauf auf-
merksam, daß eine solche Offensive vom Feind geplant wurde; aber
sie erwarteten den Angriff nicht aus dieser Richtung, sondern hielten
den Überfall auf den Faid-Paß für ein Ablenkungsmanöver und ver-
muteten, der eigentliche Angriff würde bei Fonduk erfolgen. General
Bradley schreibt in seinen Erinnerungen:»Diese Annahme wurde fast
zu einem Glaubenssatz.« Sie bestand sowohl in Eisenhowers Hauptquartier wie in dem der britischen 1. Armee unter Anderson, der jetzt
die gesamte alliierte Front in Tunesien bis zur Ankunft von General
Alexander befehligte. Dieser war auf der Casablanca-Konferenz zum
Befehlshaber – unter Eisenhower – der neuen 18. Armeegruppe ernannt worden, die aus der 1. und der 8. Armee gebildet werden sollte,
sobald die letztere in Tunesien einrückte. Um sich gegen den erwarteten Angriff abzusichern, hielt Anderson das Kampfkommando B mit
der Hälfte der amerikanischen Panzer hinter Fonduk in Reserve. Diese
Fehlkalkulation erleichterte den Vorstoß des Feindes.

Bis Anfang Februar waren die Truppen der Achse in Tunesien auf
gut 100000 Mann verstärkt worden – ein besseres Verhältnis zu der
Stärke der Alliierten, als es im Dezember bestand oder als es bestehen
würde, wenn die Alliierten ihre Kräfte konzentriert haben würden.
Etwa 30 Prozent davon waren Verwaltungs- und Versorgungseinheiten; die Zahl der Panzer – es waren jetzt fast nur deutsche Panzer –
betrug über 280, davon 110 der 10. Panzerdivision, 91 der 21. Panzerdivision, ein Dutzend »Tiger« einer Spezialeinheit, während Rommel
jetzt 26 Panzer der Gruppe Liebenstein und 23 restliche italienische
Panzer der Centauro-Division mitbrachte. Diese Gesamtzahl war
zwar wesentlich geringer als die der alliierten Panzer und machte auch
eine zahlenmäßige Überlegenheit an dem für den Angriff ausgewählten Frontabschnitt unmöglich. Denn die erste US-Panzerdivision, die
an diesem Abschnitt im südlichen Tunesien stand, hatte zwar nicht ihre
volle Stärke, aber immerhin etwa 300 einsatzfähige Panzer – wenn auch
90 veraltete »Stuarts« – und 36 Panzerzerstörer; sie war auch an Artillerie weit stärker als eine Panzerdivision [1]. Zu Rommels Enttäuschung

1 Diese Zahlen zeigen, wie irreführend es sein kann, die Stärke der Alliierten und der
  Achse nach der Zahl der auf beiden Seiten stehenden Divisionen zu vergleichen, wie
  es die alliierten Befehlshaber und viele der amtlichen Kriegshistoriker getan haben.
  Zu dieser Zeit war die Sollstärke einer amerikanischen Panzerdivision mit 390

war aber nur ein Teil der 10. Panzerdivision zur Verstärkung der 21. abgestellt worden und auch nur für den Anfang, da Arnim die 10. Division für einen späteren Angriff weiter nördlich einsetzen wollte. Am 14. Februar begann der deutsche Angriff, als die 21. Panzerdivision zusammen mit dem Kontingent der 10. von Faid weiter vorstieß. Arnims Stellvertreter, General Ziegler, hatte das unmittelbare Kommando. Während zwei Kampfgruppen der 10. Panzerdivision vom Faid-Paß in zwei Kolonnen vorrückten, um die vorgeschobenen Einheiten der 1. US-Panzerdivision in die Zange zu nehmen, versuchten zwei Kampfgruppen der 21. Panzerdivision durch eine größere Flankenbewegung im Süden während der Nacht in den Rücken der Amerikaner zu gelangen. Obwohl es Teilen der US-Division gelang, zu entkommen, ehe der Ring sich schloß, war der Verlust an Material sehr hoch: Das Kampffeld war besät mit brennenden amerikanischen Panzern, von denen 40 dabei verlorengingen. Am nächsten Morgen wurde die Kampfgruppe C eilig nach vorne geschickt, um einen Gegenangriff zu führen; sie wurde prompt von deutschen Verbänden eingeschlossen, und nur vier seiner Panzer entkamen.

Zum Glück für die Alliierten nutzten die Deutschen ihren Erfolg nicht schnell genug aus. Rommel hatte Ziegler am 14. beschworen, die ganze Nacht durchzufahren und den Anfangserfolg so gründlich wie möglich auszunutzen: »Die Amerikaner hatten keine praktische Kampferfahrung, und es mußte unsere Aufgabe sein, ihnen von Anfang an einen tiefen Minderwertigkeitskomplex beizubringen.« Aber Ziegler hielt sich für verpflichtet zu warten, bis er Arnims Genehmigung erhielt; erst am 17. stieß er 40 Kilometer bis nach Sbeitla vor. Dort aber hatten die Amerikaner Kräfte zusammengezogen, und infolgedessen stießen die Deutschen auf härteren Widerstand. Die Kampfgruppe B (jetzt unter Brigadegeneral Robinett) hielt die Deut-

---

Panzern über doppelt so groß wie die einer normalen deutschen Panzerdivision mit 180 Panzern. Das wirkliche Verhältnis war meist noch krasser, da es die Deutschen schwerer hatten, Ausfälle wieder zu ersetzen. Wie man sieht, hatte selbst die dezimierte 1. US-Panzerdivision rund dreimal soviel Panzer wie der Durchschnitt der feindlichen Panzerdivisionen. Die Sollstärke einer britischen Panzerdivision war kurz vorher auf etwa 270 Panzer vermindert worden; aber im Jahr 1944 wurde sie wieder auf 310 erhöht, da auch die Aufklärungseinheiten mit Panzern statt mit Panzerspähwagen ausgerüstet wurden. Die tatsächliche Stärke der alliierten Panzerdivisionen war meist zwei- bis dreimal so hoch wie die einer deutschen.

schen bis zum späten Nachmittag in Schach und half, den Rückzug der geschlagenen Reste der anderen zwei Kampfkommandos zu decken – bis sie sich selbst zurückzog im Rahmen der von Anderson angeordneten Zurücknahme des ganzen alliierten Südflügels auf die Linie der Dorsal-Bergrücken. Insgesamt hatten die Deutschen über 100 Panzer erbeutet und fast 3 000 Gefangene gemacht.

Unterdessen war die von Rommel mitgebrachte Kampfgruppe, die bei Gafsa die äußerste südliche Flanke der Alliierten angriff, in diese Stadt eingerückt, nachdem sie am 15. geräumt worden war. Sie beschleunigte ihr Tempo, schwenkte nach Nordwesten, stieß am 17. 80 Kilometer weit über Feriana hinaus vor und nahm den amerikanischen Flugplatz bei Thelepte. General Alexander – der am gleichen Tag in Nordafrika eintraf und am 19. den Oberbefehl über beide Armeen übernahm – schrieb in seinem Bericht:»In der Verwirrung des Rückzuges wurden amerikanische, französische und britische Truppen unentwirrbar durcheinandergemischt; es gab keinen gemeinsamen Abwehrplan mehr und dafür völlige Unklarheit darüber, wer kommandierte.« Rommel erfuhr, daß die Alliierten sogar ihr Nachschublager in Tebessa, 60 Kilometer weiter hinter dem nächsten Gebirgszug, in Brand gesetzt hatten. Dies schien ihm ein klarer Beweis, daß sie einer Panik nahe waren.

Aber jetzt erfolgte die entscheidende Wende – obwohl die alliierten Befehlshaber meinten, diese sei erst drei Tage später eingetreten. Rommel wollte die Verwirrung und Panik beim Feind durch einen kombinierten Vorstoß aller verfügbaren Kräfte auf Tebessa ausnutzen. Er glaubte, ein so tiefer Vorstoß zu den Hauptverbindungswegen der Alliierten »würde die Briten und Amerikaner zwingen, das Gros ihrer Truppen nach Algerien zurückzuziehen« – eine Möglichkeit, die jetzt von den nervös gewordenen alliierten Befehlshabern ernsthaft erörtert wurde. Doch er stellte fest, daß Arnim, der bereits die 10. Panzerdivision zurückgezogen hatte, nicht zu einem solchen Abenteuer bereit war. So sandte Rommel seine Vorschläge an das Comando Supremo in Rom – er zählte auf Mussolinis Wunsch, »seine innenpolitische Stellung durch einen Sieg zu stärken«. Gleichzeitig gewann sein Stabschef Bayerlein den Luftwaffenbefehlshaber in Tunesien für den Plan.

Doch die Stunden verrannen, und erst gegen Mitternacht am 18. kam eine Meldung aus Rom, die den Angriff genehmigte, Rommel mit seiner Durchführung beauftragte und beide Panzerdivisionen ihm unterstellte. Jedoch der Befehl lautete weiter, der Angriff solle in nördlicher Richtung auf Thala und Le Kef erfolgen, nicht in nordwestlicher Richtung auf Tebessa. Nach Rommels Ansicht war dies »eine erschrekkende und unglaubliche Kurzsichtigkeit« – denn es bedeutete, daß der kombinierte Vorstoß »viel zu nahe an der alliierten Front erfolgte und starke feindliche Reserven gegen uns ins Feld führen mußte«.

So erfolgte der Angriff genau dort, wo Alexander ihn erwartete, da er Anderson bereits befohlen hatte, seine Panzer für die Verteidigung Thalas zu konzentrieren – wenn auch auf Grund der irrigen Berechnung, Rommel werde eher einen »taktischen Sieg« anstreben als ein indirektes strategisches Ziel verfolgen. Diese irrige Annahme erwies sich als ein Glücksfall für die Alliierten, dank dem Comando Supremo – aber die Alliierten wären stark aus dem Konzept gebracht worden, hätte Rommel so angreifen dürfen, wie er wollte. Denn das Gros der alliierten Verstärkungen wurde in den Raum Thala kommandiert, während Tebessa nur dürftig von den Resten der 1. US-Panzerdivision gehalten wurde.

Rommels Angriff begann am frühen Morgen des 19. Februar, wenige Stunden nach Eintreffen der Meldung des Comando Supremo. Aber die Erfolgsaussichten waren geringer geworden, sowohl durch die Verzögerung als auch durch Arnims Verlegung der 10. Panzerdivision nach Norden, so daß sie jetzt zurückgerufen werden mußte und nicht rechtzeitig ankam, um bei der ersten Phase des Angriffs mitzuwirken. Rommel beschloß, die Kampfgruppe seines Afrika-Korps nach Norden zu schwenken, um den Vorstoß auf Le Kef durch Thala zu führen, während die 21. Panzerdivision Le Kef auf einer Umgehungsstraße über Sbiba erreichen sollte.

Der Weg nach Thala führte durch den Kasserine-Paß zwischen Sbeitla und Feriana, und die Stellung dort wurde von einem amerikanischen Verband unter Oberst Stark gehalten. Ein erster Versuch scheiterte, den Paß im Überraschungsangriff zu nehmen, und am Nachmittag wurden Starks Kräfte so weit verstärkt, daß sie denen des Afrika-Korps erheblich überlegen waren. Dennoch gelang es den Deutschen, am Abend an einigen Stellen einzudringen, und erst recht nach Dunkelwerden. Der Vorstoß der 21. Panzerdivision nach Sbiba war unterdessen durch ein Minenfeld und starke alliierte Abwehr mit überlegenen Panzern und Geschützen (die 21. Division hatte nur noch 40 Panzer im Einsatz) blockiert worden. So beschloß Rommel, sich auf die Bezwingung des Kasserine-Passes zu konzentrieren, wo die Verteidigung erschüttert zu sein schien, und dabei die verspätet eintreffende 10. Panzerdivision einzusetzen. Doch es stellte sich heraus, daß die Division nur aus einem Panzerbataillon, zwei Infanteriebataillonen und einem Kradschützen-Bataillon bestand: Arnim hatte fast die halbe Division zurückgehalten und ebenso das Bataillon mit »Tiger«-Panzern, mit dem Rommel besonders gerechnet hatte.

Sein konzentrierter Angriff auf den Paß konnte erst nach Eintreffen dieser Teile der 10. Panzerdivision am Nachmittag des 20. erfolgen. Nachdem er selbst hier an die vorderste Front gekommen war, setzte er die gesamte verfügbare Infanterie – fünf Bataillone, darunter ein italienisches Bersaglieri-Bataillon – zu einem gleichzeitigen Angriff an, und diesem gelang ein Durchbruch. Aber die Angreifer fanden dann hartnäckigen Widerstand einer kleinen britischen Einheit, die erst überwunden werden konnte, nachdem ein Panzerbataillon zur Verstärkung herangekommen war und dessen elf Panzer kampfunfähig geschossen wurden. Die amtliche amerikanische Kriegsgeschichte, mit einer in amtlichen Kriegsgeschichten seltenen Ehrlichkeit, hebt nicht nur den hartnäckigen Widerstand dieser britischen Einheit hervor, sondern bemerkt auch in bezug auf den leichten Durchbruch an anderen Stellen: »Der Feind war erstaunt über die Menge und die Qualität der amerikanischen Ausrüstung, die mehr oder weniger unversehrt erbeutet worden war.«

Nach der Einnahme des Passes schickte Rommel Aufklärungseinheiten auf die Straße nach Thala und ebenfalls auf die Straße nach Tebessa, um die Alliierten im unklaren zu lassen, wohin sie ihre Reserven werfen sollten, und auch um die Möglichkeit zu erkunden, doch noch seinen ursprünglichen Plan der Einnahme des großen amerikanischen Versorgungslagers bei Tebessa zu verfolgen.

Am nächsten Morgen, dem 21. Februar, blieb Rommel stehen in Erwartung eines alliierten Angriffs zur Wiedereinnahme des Kasserine-Passes. Diese Pause schien seinen Gegnern unverständlich, weil sie nicht wußten, wie gering seine Kräfte im Vergleich zu denen der Alliierten waren. Als Rommel feststellte, daß sich auch die Gegner nicht rührten, stieß er mit den ihm zur Verfügung stehenden Teilen der 10. Panzerdivision auf der Straße nach Thala weiter vor. Die ihm gegenüberstehende britische 26. Panzerbrigade zog sich langsam vor den Deutschen zurück und leistete nur an verschiedenen Bergketten

Widerstand, bis sie von der Flanke umgangen wurde. Aber als ihre Panzer sich am Abend auf die bereits vorbereitete Stellung bei Thala zurückzogen, folgte ihnen eine Gruppe deutscher Panzer auf den Fersen – an ihrer Spitze schlauerweise ein erbeuteter »Valentine«, so daß man annahm, es seien versprengte britische Panzer. So drangen die Deutschen plötzlich in die Stellung ein, überrannten einen Teil der Infanterie, zerstörten viele Fahrzeuge und verbreiteten Verwirrung. Nach einem dreistündigen Durcheinander nahmen sie bei ihrem Rückzug 700 Gefangene mit. Bei allen diesen Gefechten auf der Straße zwischen Kasserine und Thala hatten sie ein Dutzend Panzer verloren, aber fast 40 feindliche außer Gefecht gesetzt.

Rommel erwartete jetzt einen größeren Gegenangriff und beschloß, ihn abzuwarten. Aber im Lauf des Vormittags zeigte die Luftaufklärung, daß große alliierte Verstärkungen eingetroffen waren und sich näherten. Somit wurde es klar, daß die Aussicht eines weiteren Vorstoßes über Thala hinaus entschwunden war, während die linke Flanke der Achse sich in zunehmender Gefahr befand: Am vorhergehenden Nachmittag war die Kampfgruppe des Afrika-Korps auf der Straße nach Tebessa vorgerückt, um die dortigen Pässe zu nehmen und dem Vorstoß nach Thala die Flanke zu sichern; aber sie war durch schweres Feuer amerikanischer Artillerie aus Stellungen in der Höhe zum Stehen gebracht worden. Eine Wiederaufnahme des Vorstoßes am Morgen des 22. brachte nur geringe Gewinne und schwerere Verluste, als sich die Angreifer leisten konnten; denn in diesem Abschnitt waren ihnen die Amerikaner – Robinetts Kampfgruppe B und Allens 1. Infanteriedivision – zahlenmäßig weit überlegen.

Am gleichen Nachmittag kamen Rommel und Kesselring, der nach Tunesien geflogen war, zu dem Schluß, es habe keinen Zweck mehr, den Angriff nach Westen weiterzuführen, und man solle ihn abbrechen, um die Kampftruppen zu einem Gegenstoß nach Osten gegen die britische 8. Armee einzusetzen. Infolgedessen erhielten noch am Abend die Truppen den Befehl, sich zunächst bis zum Kasserine-Paß zurückzuziehen.

Unterdessen hatte General Allen versucht, einen Gegenangriff gegen die Flanke der Achse zu führen; aber dieser wurde verzögert durch die Schwierigkeit, mit Robinett Verbindung herzustellen. Erst am späten Nachmittag kam er in Gang und beschleunigte den Rückzug des Afrika-Korps auf den Kasserine-Paß, wobei die italienischen Einheiten ungeordnet zurückwichen. Rommel war beeindruckt von der zunehmenden taktischen Geschicklichkeit der Amerikaner und der Genauigkeit ihres Artilleriefeuers, ebenso wie von ihrer überreichen Bewaffnung. Seine schwachen Verbände wären in ernste Gefahr geraten, wenn ein größerer und umfassenderer Gegenangriff geführt worden wäre.

Jedoch seine Schwäche und der Umschwung in der Situation wurden von dem alliierten Oberkommando nicht erkannt. Wie die amtliche amerikanische Kriegsgeschichte bemerkt, wurde General Fredendalls Leitung der Operationen gegen den zurückweichenden Feind »außerordentlich zögernd gerade zu dem Zeitpunkt, als der Feind am verwundbarsten war«. Auch Anderson war noch auf Defensive eingestellt. Die starken alliierten Einheiten bei Sbiba wurden in dieser Nacht sogar 15 Kilometer nach Norden zurückgezogen, aus Furcht, Rommel könnte bei Thala durchbrechen und sie im Rücken bedrohen; aus dem gleichen Grund wurde auch die Räumung Tebessas ins Auge gefaßt. Selbst als am Morgen des 23. der feindliche Rückzug aus Thala festgestellt wurde, geschah noch nichts, um den Feind zu bedrängen, und erst am späten Abend erging der Befehl zu einer allgemeinen Gegenoffensive am 25. Bis dahin aber hatte sich der Feind ungestört durch den Engpaß von Kasserine zurückgezogen, und der alliierte Versuch, den Feind zu »vernichten« und den Paß »wiederzuerobern«, war dann nur noch ein Spaziergang, gestört nur durch die Straßensprengungen und die Minen, die der entschwundene Feind zurückgelassen hatte.

Wenn man das Kräfteverhältnis und den sich verhärtenden feindlichen Widerstand in Rechnung stellt, kommt man zu dem Urteil, daß die Einstellung der Offensive der Achse sehr richtig war. Eine weitere Verfolgung wäre angesichts der jetzt auf alliierter Seite zusammengezogenen weit überlegenen Kräfte töricht gewesen. Nach dem materiellen Ergebnis waren die Vorteile der Offensive groß im Vergleich zu den Verlusten: Über 4000 Gefangene waren gemacht worden bei wenig mehr als 1000 Mann eigener Verluste, und etwa 200 Panzer waren zerstört oder kampfunfähig gemacht bei einem noch geringeren Verhältnis eigener Einbußen. Als ein Angriff mit begrenztem Ziel war es ein brillanter Erfolg. Aber er hatte das strategische Ziel, die Alliierten zum Rückzug aus Tunesien zu zwingen, nicht erreicht, wenn er auch ihm gefährlich nahe gekommen war. Das Ziel wäre wahrscheinlich erreicht worden, wenn die ganze 10. Panzerdivision für diesen Angriff bereitgestellt und Rommel von Anfang an mit der Leitung der Operationen beauftragt worden wäre – mit der Ermächtigung, den Stoß gegen Tebessa zu richten. Eine rasche Einnahme dieses großen amerikanischen Stützpunkts und Flugplatzes mit seinen gewaltigen Vorratslagern hätte es den Alliierten unmöglich gemacht, ihre Position in Tunesien zu halten.

Eine Ironie des Schicksals war das Eintreffen eines Befehls aus Rom am 23. Februar, der sämtliche Streitkräfte der Achse in Tunesien dem Kommando Rommels unterstellte. Diese Ernennung zum Befehlshaber der neugebildeten »Heeresgruppe Afrika« zeigte zwar, wie sehr der dramatische Erfolg dieses Gegenangriffes Rommels Prestige bei Mussolini und Hitler wieder gestärkt hatte; aber ihr Zeitpunkt hatte für ihn einen bitteren Beigeschmack, da die Ernennung am Vormittag nach Beginn des Rückzuges eintraf, viel zu spät, um die verpaßten Chancen noch einzuholen.

Der Befehl aus Rom kam auch zu spät, um Arnims geplanten Vorstoß im Norden zu stoppen, für den er Reserven zurückgehalten hatte, die viel besser für Rommels Angriff hätten eingesetzt werden können. Nach dem Plan sollte die Einnahme von Medjez el Bab das begrenzte Ziel sein, und der Angriff sollte am 26. beginnen. Doch am Morgen des 24. flog Arnim, nachdem er Rommel durch einen seiner Stabsoffiziere von diesem begrenzten Plan unterrichtet hatte, zu Kesselring nach Rom, und dort entstand aus dieser Unterredung ein viel weiter gesteckter Plan. An acht verschiedenen Stellen auf einem Frontabschnitt von 100 Kilometern zwischen der Nordküste und Pont-du-Fahs sollten Angriffe gegen das britische 5. Korps erfolgen; der Hauptangriff eines Panzerverbandes sollte gegen den Straßenkreuzungspunkt Beja, 90 Kilometer westlich Tunis, gerichtet und mit einer Panzerbewegung zur Einnahme von Mejez el Bab kombiniert werden. Obwohl alle verfügbaren Kräfte für den Angriff bestimmt wurden, waren sie doch in keiner Weise seiner großen Ausdehnung angemessen. Für den Vorstoß nach Deja wurde der Panzerverband auf 77 Panzer verstärkt, darunter 14 »Tiger«; aber auch dies wurde nur erreicht, indem man 15 Panzer »einkassierte«, die soeben in Tunis angekommen und für die 21. Panzerdivision bestimmt waren. Rommel war entsetzt, als er von dem neuen Plan erfuhr, und bezeichnete ihn als »völlig unrealistisch« – wenn er ihn auch irrtümlich dem italienischen Comando Supremo zuschrieb, das in Wirklichkeit genauso konsterniert darüber war wie er selbst.

Arnims Angriffsbefehl ging am 25. heraus, und die Offensive sollte am nächsten Tag beginnen, dem für den kleineren Plan vorgesehenen Datum. Das war zwar ein bemerkenswertes Zeichen für die Schnelligkeit und Elastizität der deutschen Planung, aber doch zu schnell für eine so umfangreiche Abänderung. Die beste Leistung bei dieser Offensive errang die Division General von Manteuffels am nördlichsten Abschnitt, die fast 1600 britische und französische Gefangene machte. Der Hauptangriff einer deutschen Panzergruppe überrannte zwar die vorgeschobene britische Stellung bei Sidi Nsir, geriet aber dann in einen engen sumpfigen Engpaß 15 Kilometer vor Beja, wo britische Geschütze den Deutschen schwere Verluste zufügten: Alle deutschen Panzer bis auf sechs wurden kampfunfähig, und der Vorstoß erlahmte. Der Ablenkungsangriff auf Medjez el Bab scheiterte ebenfalls nach einigen Anfangserfolgen, und genauso erging es den anderen Angriffen weiter südlich. Insgesamt machten die Achsenstreitkräfte dabei 2500 Gefangene bei eigenen Verlusten von nur knapp über 1000 Mann; aber dies wurde dadurch ausgeglichen, daß 71 ihrer Panzer zerstört oder kampfunfähig wurden, während die Briten nur etwa zwei Dutzend verloren. Denn die Deutschen hatten einen Fehlbedarf an Panzern, und die ihrigen konnten nicht so leicht ersetzt werden.

Schlimmer war, daß diese verfehlte Offensive die Freigabe der Divisionen verzögerte, die für Rommels geplanten zweiten Angriff gegen Montgomerys Stellung bei Medenine gegenüber der Mareth-Linie benötigt wurden. Denn Kesselring hatte verlangt, die 10. und 21. Panzerdivision sollten lange genug in der Nähe der amerikanischen Flanke verbleiben, um die Amerikaner daran zu hindern, Reserven nach Norden zu schicken, während Arnims Truppen angriffen. Diese Verzögerung beeinträchtigte entscheidend die Erfolgsaussichten von Rommels östlichem Gegenschlag. Bis zum 26. Februar hatte Montgomery nur eine einzige Division bei Medenine; wie er später zugab, war er sehr beunruhigt, und sein Stab arbeitete fieberhaft, um das Kräfteverhältnis aufzubessern, bevor Rommel angreifen konnte. Bis zum 6. März aber, als der Angriff dann erfolgte, hatte Montgomery seine Kräfte vervierfacht, auf vier Divisionen mit fast 400 Panzern, 350 Geschützen und 470 Pak-Geschützen. So war in der Zwischenzeit Rommels Chance entschwunden, mit überlegenen Kräften anzugreifen. Seine drei Panzerdivisionen (die 10., 15. und 21.) hatten zusammen nur 160 Panzer

– weniger als die Sollstärke einer einzigen Division – und wurden von
nur 200 Geschützen und 10000 Mann Infanterie unterstützt, abgesehen von den schwachen italienischen Verbänden in der Mareth-Linie.
Außerdem hatte Montgomery jetzt drei Staffeln von Jägern, die von
vorgeschobenen Flugplätzen aus operierten, und besaß so die Luftüberlegenheit, wobei Rommels Chance, einen Überraschungserfolg zu
erzielen, zunichte gemacht wurde, als zwei Tage vor Beginn des
Angriffes das Herannahen seiner Panzerdivisionen entdeckt wurde.

In dieser Situation entfaltete Montgomery seine große Fähigkeit
zum Aufbau einer koordinierten Verteidigung, und der Angriff wurde
noch nachdrücklicher abgeschlagen als sechs Monate vorher bei Alam
Halfa. Die vorrückenden Deutschen wurden bald durch konzentriertes britisches Feuer zum Stehen gebracht; die Nutzlosigkeit weiterer
Angriffe erkennend, brach Rommel am Abend die Operation ab. Doch
bis dahin hatte er mehr als 40 Panzer verloren, wenn auch nur 645
Mann; die Verluste der Verteidiger waren weit geringer.

Dieser Rückschlag machte jeder fundierten Hoffnung ein Ende, daß
die an Truppen und an Waffen unterlegenen Streitkräfte der Achse
noch imstande sein würden, eine der beiden alliierten Armeen zu
schlagen, bevor sie sich vereinigten und gemeinsam angriffen. Schon
eine Woche vorher hatte Rommel Kesselring eine nüchterne und pessimistische Lagebeurteilung geschickt, die auch die Ansicht seiner beiden Armeebefehlshaber Arnim und Messe zum Ausdruck brachte.
Darin hatte er betont, daß die Truppen der Achse eine Front von 600
Kilometern gegen weit überlegene Kräfte – zweimal so stark an Zahl
und sechsmal so stark an Panzern [1] – halten müßten und nur gefährlich
dünne Linien aufbauen könnten. Er hatte vorgeschlagen, die Front auf
einen Bogen von 150 Kilometern zu verkürzen, der Tunis und Bizerta
einschloß; aber er hatte erklärt, auch dieser könne nur gehalten werden, wenn der Nachschub auf 140000 t im Monat verstärkt würde.
Zum Schluß hatte er nachdrücklich um Aufklärung über die langfristigen Pläne der Oberkommandos für den tunesischen Feldzug gebeten.
Als Antwort erhielt er nach mehreren dringenden Mahnungen nur die

---

1 Er schätzte die Stärke der Alliierten auf 210000 Mann, 1600 Panzer, 850 Geschütze
und 1100 Pak-Geschütze. Die wirkliche Stärke der Alliierten im März betrug aber
über 500000 Mann, davon freilich nur die Hälfte Kampftruppen, fast 1800 Panzer,
1200 Geschütze und über 1500 Pak-Geschütze.

Mitteilung, der Führer stimme mit seiner Lagebeurteilung nicht überein. Der Antwort lag eine Tabelle mit der Zahl der Verbände auf beiden Seiten bei, ohne Rücksicht auf ihre tatsächliche Stärke und Ausrüstung – die gleiche falsche Vergleichsbasis, die freilich auch die alliierten
Befehlshaber, damals wie später, bei ihren Erfolgsberichten verwand-
ten.

Nach dem Fehlschlag bei Medenine kam Rommel zu dem Schluß,
es sei »reiner Selbstmord« für die deutschen und italienischen Truppen, in Afrika zu bleiben. Daher nahm er am 9. März seinen lange ver-
schobenen Krankheitsurlaub, übergab das Kommando der Heeresgruppe an Arnim und flog nach Europa, um seinen Herren und
Meistern die Situation zu erläutern.

Doch das Ergebnis war nur, daß er nichts mehr mit dem Feldzug
in Afrika zu tun hatte. In Rom sprach er Mussolini, der »jedes Gefühl
für die unangenehme Wirklichkeit verloren zu haben schien und die
ganze Zeit nur nach Argumenten suchte, um seine Ansichten zu stützen«. Dann berichtete Rommel auch Hitler, der für seine Argumente
völlig unzugänglich war und ihm zu verstehen gab, er sei seiner
Ansicht nach ein »Pessimist« geworden. Hitler verbot Rommel, bald
nach Afrika zurückzukehren, und sagte ihm, er solle erst wieder ge-
sund werden, »um dann das Kommando über die Operationen gegen
Casablanca zu übernehmen«. Da Casablanca unendlich weit entfernt
an der Atlantikküste lag, ergibt sich daraus, daß sich Hitler immer noch
einbildete, er könne die Alliierten vollständig aus Afrika hinauswerfen
– ein Beweis für seine extreme Illusionsfähigkeit.

Unterdessen wurde eine kombinierte alliierte Offensive mit weit
überlegenen Kräften vorbereitet, um das südliche Eingangstor nach
Tunesien aufzusprengen, der 8. Armee die Vereinigung mit der 1.
Armee zu ermöglichen und Messes »1. italienische Armee« – die frü-
here »Panzerarmee Afrika« Rommels – in die Zange zu nehmen.
(General Bayerlein, obwohl dem Namen nach nur der Stabschef
General Messes, hatte aber direkte Befehlsgewalt über alle deutschen
Bestandteile dieser Armee.)

Nachdem er den deutschen Gegenangriff bei Medenine abgewiesen
hatte, versuchte Montgomery nicht, diesen Abwehrerfolg und den
schlechten Zustand der feindlichen Truppe durch einen sofortigen
Vormarsch auszunutzen; sondern er ging methodisch vor und baute
seine Kräfte und seine Nachschubverbindungen für einen wohlvorbe-

reiteten Angriff auf die Mareth-Linie aus. Dieser Angriff sollte am 20. März erfolgen, zwei Wochen nach dem Kampf bei Medenine.

Zu seiner Unterstützung durch eine Bedrohung des feindlichen Rückens führte das amerikanische II. Korps im südlichen Tunesien am 17. März einen Angriff mit dreifachem Ziel: feindliche Reserven auf sich zu lenken, die dazu benutzt werden könnten, Montgomery zu blockieren; die Frontflugplätze bei Thelepte wieder zu erobern, um damit Montgomerys Vormarsch zu unterstützen; schließlich bei Gafsa ein Nachschubzentrum zur Versorgung Montgomerys bei seinem Vormarsch zu bilden. Die Angreifer sollten aber nicht den Rückzugsweg des Feindes durch einen Vorstoß bis zur Küste abschneiden. Diese Begrenzung der Ziele ging auf Zweifel an der Durchführbarkeit eines so tiefen Vorstoßes – 300 Kilometer bis zur Küste – und auf den Wunsch zurück, sich nicht wieder einem deutschen Gegenangriff auszusetzen wie im Februar. Aber sie erboste den aggressiven Kampfgeist General Pattons, der Fredendall als Korpskommandeur abgelöst hatte. Das 2. Korps umfaßte jetzt vier Divisionen mit 88 000 Mann – etwa viermal soviel wie die Streitkräfte der Achse, die ihnen gegenüberstanden.

Der amerikanische Angriff begann vielversprechend. Am 17. wurde Gafsa von Allens 1. Infanteriedivision kampflos besetzt, und die Italiener zogen sich 30 Kilometer zu einer Stellung in einem Engpaß östlich von El Guettar zurück. Am 20. gelangte Wards 1. Panzerdivision aus dem Raum Kasserine in die Flanke der Straße von Gafsa zur Küste, und am nächsten Morgen besetzte sie Station de Sened, bevor sie über Maknassy weiter östlich vorrückte.

Am gleichen Tag ließ Alexander Patton die Zügel locker, indem er ihm befahl, einen starken Panzervorstoß zur Abschneidung der Küstenstraße zu unternehmen, um Montgomerys soeben begonnene Offensive gegen die Mareth-Linie zu unterstützen. Doch dieser Angriff wurde vereitelt von der hartnäckigen Verteidigung des Passes und der umgebenden Höhen durch eine kleine deutsche Einheit unter Oberst Lang. Mehrere Angriffe am 23. zur Einnahme der beherrschenden Höhe 322 scheiterten, obwohl sie nur von etwa 80 Mann aus Rommels früherem Stabsbataillon verteidigt wurde. Ein neuer Angriff am nächsten Tag mit größerer Stärke wurde wieder abgeschlagen, weil auch die Verteidiger auf 350 Mann angewachsen waren. Am 25. wurde ein neuer Versuch gemacht unter der persönlichen Leitung von General Ward – auf Grund eines diktatorischen Telefonbefehls von Patton, der darauf bestand, der Angriff müsse endlich Erfolg haben. Aber er hatte keinen Erfolg und mußte angesichts feindlicher Verstärkungen aufgegeben werden; Ward wurde daraufhin des Kommandos enthoben. Aber Patton war so einseitig auf Angriff ausgerichtet, daß er die gegebenen taktischen Vorteile der Verteidigung auch gegen weit überlegene Kräfte nicht erkannte.

Diese Vorteile zeigten sich ebenfalls im Abschnitt El Guettar, auch bei Truppen, die zwar relativ kampfunerfahren, aber besonders gut ausgebildet waren wie die 1. US-Infanteriedivision. Hier hatten Allens Truppen die italienische Position durchbrochen und am nächsten Tag weitere Fortschritte gemacht; sie wurden aber am 23. durch einen deutschen Gegenangriff schwer getroffen, der von der dezimierten 10. Panzerdivision, der Hauptreserve der Heeresgruppe Afrika, ausgeführt wurde, die von der Küste heranbefohlen worden war. Der Gegenangriff überrannte die amerikanischen Spitzeneinheiten, lief sich aber dann in einem Minenfeld fest und wurde von Allens Artillerie und Panzerzerstörern schwer zusammengeschlagen; etwa 40 deutsche Panzer wurden im Laufe des Tages durch feindliches Feuer oder Minen kampfunfähig.

Indem er die wichtigste Panzerreserve des Feindes zu einem so verlustreichen Gegenschlag verlockte, hatte dieser begrenzte Vorstoß der Amerikaner den Fehlschlag von Maknassy wieder ausgeglichen. Er hatte nicht nur ein Gegengewicht gegen Montgomerys Kräfte auf sich gelenkt, sondern auch einen großen Teil der spärlichen Panzer des Feindes ausgeschaltet. Ihren schließlichen Sieg in Tunesien hatten die Alliierten mehr den drei erfolglosen Gegenangriffen des Feindes zu verdanken, die dem erfolgreichen Angriff bei Faid Mitte Februar folgten, als ihren eigenen Offensiven. Die klare Überlegenheit errangen die Alliierten erst, nachdem der Feind seine eigenen Kräfte überbeansprucht und erschöpft hatte. Wenn die Deutschen nicht ihre verbliebenen Kräfte in nutzlosen Gegenangriffen verbraucht hätten, hätten sie den Kampf wohl noch weiter in die Länge ziehen können.

In der Nacht zum 20. März begann Montgomerys Angriff auf die Mareth-Linie. Er hatte dazu das X. und das XXX. Korps mit zusammen etwa 160000 Mann, 610 Panzern und 1410 Geschützen zusammengezogen. Die Armee General Messes umfaßte zwar auf dem Papier neun Divisionen im Gegensatz zu Montgomerys sechs, aber sie hatte weniger als 80000 Mann mit 150 Panzern (einschließlich derer der 10. Panzerdivision bei Gafsa) und 680 Geschützen. So hatte der Angreifer eine Überlegenheit von über 2:1 an Mannschaften und Geschützen – ebenso an Flugzeugen – und von 4:1 an Panzern.

Die Mareth-Linie war 35 Kilometer lang, vom Meer bis zu den Matmata-Hügeln, und jenseits dieses Gebirgszuges hatte sie eine offene Flanke in der Wüste. Unter diesen Umständen wäre es klüger gewesen, die schwachen Kräfte der Achse hätten nur einen hinhaltenden Widerstand mit beweglichen Verbänden an der Mareth-Linie geleistet und ihre Abwehr dann an der Stellung von Wadi Akarit nördlich von Gabes aufgebaut – einer knapp 22 Kilometer breiten schmalen Landenge zwischen dem Meer und den Salzsümpfen, den sogenannten Schotts. Dies hatte Rommel schon seit dem Rückzug aus Alamein im November vorgeschlagen. Als er am 10. März mit Hitler sprach, war es ihm gelungen, ihn dazu zu bringen, Kesselring den Befehl zu erteilen, die nichtmotorisierten italienischen Divisionen in der Mareth-Linie sollten sich zum Wadi Akarit zurückziehen, um dort neue Stellungen aufzubauen. Aber die italienischen Oberbefehlshaber zogen es vor, an der Mareth-Linie festzuhalten, und Kesselring, der auch ihrer Ansicht war, bewog Hitler, den neuen Befehl rückgängig zu machen.

Nach Montgomerys ursprünglichem Plan sollte der Hauptschlag ein Frontalangriff der drei Infanteriedivisionen von General Leeses XXX. Korps sein, das angewiesen wurde, die Abwehrstellungen am Meer zu durchbrechen und eine Lücke aufzureißen, durch welche die Panzerverbände von General Horrocks X. Korps nachstoßen könnten. Gleichzeitig machte das neuseeländische Korps unter General Freyberg einen weiten Umfassungsmarsch nach El Hamma, 40 Kilometer landeinwärts von Gabes, um dort den Feind im Rücken zu fassen.

Der Frontalangriff war ein Fehlschlag. Auf dem schmalen Abschnitt an der Küste gelang nur ein kleiner Einbruch in die feindliche Position, die durch das breite und tiefe Flußbett des Wadi Zigzaou und einen Panzergraben auf der anderen Seite geschützt wurde. Das weiche Flußbett und die dort gelegten Minen hinderten den Vormarsch der Panzer und der Geschütze, während die in die feindliche Stellung eingedrungene Infanterie einem konzentrierten Feuer ausgesetzt wurde. Eine Wiederholung des Angriffs in der folgenden Nacht erzielte eine gewisse Ausweitung des Brückenkopfes, und ein Teil der italienischen Truppen benutzte die Gelegenheit, um sich zu ergeben, als die Briten plötzlich in ihrer Mitte waren. Doch die Pak-Geschütze wurden immer noch durch das sumpfige Gelände aufgehalten, das sie durchqueren mußten, und am Nachmittag wurde die Infanterie wieder durch einen deutschen Gegenangriff mit 30 Panzern und zwei Infanteriebataillonen der 15. Panzerdivision überrannt; im Schutz der Dunkelheit zogen sich die Briten wieder über den Wadi zurück.

Das große Flankenmanöver hatte gut begonnen, war aber dann ins Stocken geraten. Nach einem langen Marsch vom rückwärtigen Gebiet der 8. Armee aus über schwieriges Wüstengelände hatte das neuseeländische Korps seine 27000 Mann und 200 Panzer bis nahe an einen Paß 45 Kilometer westlich von Gabes und 25 Kilometer von El Hamma herangebracht, als in der Nacht zum 20. der Angriff an der Küste begann. Aber danach stießen die Neuseeländer in diesem Paß auf Widerstand, wo die Italiener von der 21. deutschen Panzerdivision aus der Reserve und dann auch von vier von der Mareth-Linie herangeführten Bataillonen des Afrika-Korps verstärkt wurden. Am Morgen des 13. März, als offenkundig keine Aussicht mehr auf Wiederaufnahme des Angriffs an der Küste bestand, beschloß Montgomery, seinen Plan zu revidieren und alle seine Kräfte auf der Flanke landeinwärts zu konzentrieren, da dort die Chancen besser waren, daß ein neuer Angriff mit größeren Kräften bis El Hamma durchbrechen könnte.

Die neue Planung war eine gute Konzeption und eine meisterhafte Abwandlung der früheren. Sie zeigte Montgomerys Fähigkeit, den Schwerpunkt seines Angriffs flexibel abzuändern und neue Hebel zu bilden, wenn der alte nicht funktionierte, fast noch besser als bei Alamein – wenn er auch nach seiner Gewohnheit später das ihm für seine Flexibilität, das eigentliche Kriterium militärischer Führung, gebührende Lob selbst entwertete, indem er so sprach, als sei von Anfang an alles genau nach Plan verlaufen. In vieler Hinsicht war dies seine beste militärische Leistung im Krieg, trotz der Schwierigkeiten, die aus seinem ursprünglichen Plan eines Durchbruchs an einem engen und sumpfigen Abschnitt in der Nähe der Küste entstanden, und trotz der Enthüllung der Möglichkeiten eines Umfassungsmanövers in der Wüste ohne ausreichende Kräfte, um dieses Manöver rasch durchzuführen.

Vorzeitige Enthüllung wurde auch das größte Handicap des neuen Angriffsplanes unter dem Namen »Supercharge II« – ein Name, der an den letzten erfolgreichen Plan von Alamein erinnerte. Denn alarmiert durch das Herannahen der Neuseeländer am 20., schloß das Oberkommando der Achse sogleich, daß die am 23. und 24. beobachteten weiteren Bewegungen in dieser Richtung einen Wandel in Montgomerys Plan und die Verlegung des Schwergewichts auf die Flanke in der Wüste bedeuteten. Dementsprechend wurde die 15. Panzerdivision in die Nähe von El Hamma befohlen, um dort die 21. Panzer- und 164. leichte Division zu unterstützen – zwei Tage bevor die britischen Verstärkungen in dem Raum eintrafen, und gerade rechtzeitig für den am 26. März festgesetzten Beginn des Angriffs.

Die Erfolgsaussichten von »Supercharge II« verminderten sich, als das Überraschungsmoment entfiel; aber dies wurde durch vier andere Faktoren ausgeglichen. Erstens hatte Arnim am 24. beschlossen, die Armee Messes auf die Stellung am Wadi Akarit zurückzunehmen, um nicht ihre Einschließung zu riskieren, und sich über Messes Wunsch hinweggesetzt, an der Mareth-Linie zu bleiben – die Verteidiger sollten jetzt den Angriff nur noch lange genug aufhalten, bis die nicht-motorisierten Divisionen aus der Mareth-Linie herausgezogen waren. Zweitens wurde die Vormarschstraße von einem »Sperrfeuer« aus der Luft überzogen – durch mehrere Bomben- und Bordwaffenangriffe von 16 Jäger-Squadrons aus niedriger Höhe in Wellen von je zwei Squadrons in 15 Minuten Abstand; diese Nachahmung der deutschen Blitzkriegsmethoden wurde von Air Vice-Marshall Broadhurst, dem Befehlshaber der Desert Air Force, organisiert und funktionierte sehr gut – obwohl sie von seinen Vorgesetzten in der R.A.F. als nicht der offiziellen Doktrin entsprechend mißbilligt wurde. Der dritte Faktor war der kühne Entschluß, die Panzer auch während der Nacht vorstoßen zu lassen – was die Deutschen oft mit Erfolg praktiziert, die Briten aber bisher nur zögernd versucht hatten. Der vierte Faktor war reines Glück: Ein Sandsturm erhob sich, der die Zusammenziehung der britischen Panzer und den Beginn ihres Vormarsches durch einen mit feindlichen Pak-Geschützen dicht besetzten Paß verschleierte.

Der Angriff begann am 26. um 4 Uhr nachmittags, wobei die niedrige Sonne die Verteidiger blendete. Die 8. Panzerbrigade und die neuseeländische Infanterie kamen zuerst. Dann folgte die 1. Panzerdivision, drang unter dem Schutz von Staub und Abenddämmerung 8 Kilometer vor, verhielt bei Dunkelheit und fuhr »in einer festen Phalanx« nachts weiter, sobald der Mond aufgegangen war. Bei Tagesanbruch hatte sie den Engpaß passiert und war vor El Hamma angekommen. Hier wurden die Angreifer zwei Tage lang durch den deutschen Panzerabwehrschleier und einen Gegenangriff von etwa 30 Panzern aufgehalten – dies ermöglichte dem größten Teil der Truppen in der Mareth-Linie, sich zum Wadi Akarit zurückzuziehen, obwohl sie zu Fuß marschierten. Etwa 5 000 Italiener waren gefangengenommen worden, hauptsächlich in der ersten Phase des Kampfes, und später etwa 1 000 Deutsche im Kampf bei El Hamma; aber ihr Opfer ermöglichte dem Gros der Achsenstreitkräfte, sich heil und mit geringem Verlust an Ausrüstung zurückzuziehen. Mehr als eine Woche verging, ehe Montgomery bereit war, die neue Stellung des Feindes anzugreifen.

Unterdessen nahm Patton seinen Vorstoß zur Küste im Rücken des Feindes wieder auf, verstärkt durch die 9. und 34. US-Infanteriedivision. Der Hauptvorstoß sollte von El Guettar in Richtung Gabes erfolgen, wobei die Infanterie für die 1. Panzerdivision den Weg freikämpfen sollte; die 34. Division sollte 150 Kilometer weiter nördlich den Fonduk-Paß nehmen und so eine weitere Straße in die Küstenebene freikämpfen. Doch der Angriff wurde bald zum Stehen gebracht, und die 34. Division zog sich einige Kilometer aus der Reichweite des Feindes zurück, um sich neu zu ordnen – was die Deutschen zu der in einem Bericht niedergelegten Schlußfolgerung führte: »Die Amerikaner geben den Kampf auf, sobald sie angegriffen werden.« Der Hauptangriff erlitt ebenfalls am 28. nach geringem Geländegewinn einen Rückschlag. An diesem Tag war aber Montgomery schon bei El Hamma durchgebrochen und erreichte Gabes; daher wies Alexander Patton an, seine Panzer zur Küste vorstoßen zu lassen, ohne auf die Infanterie zu warten. Dieser Versuch wurde durch eine gut aufgebaute Kette feindlicher Pak-Geschütze vereitelt, und nach drei Tagen wurde die Infanterie wieder zu Hilfe gerufen. Obwohl Patton tobte, erzielte sie keine besseren Erfolge. Immerhin hatte die Gefahr eines Durchbruchs im eigenen Rücken dazu geführt, daß die deutsche 21. Panzerdivision an diesem Abschnitt zur Unterstützung der 10. abberufen worden war; diese Verminderung der ohnehin spärlichen feindlichen Panzerreserven war eine große Hilfe für Montgomerys bevorstehenden Frontalangriff auf die Wadi-Akarit-Stellung – einen Angriff, für den er 570 Panzer und 1 470 Geschütze zusammengezogen hatte.

Die Wadi-Akarit-Stellung war von Natur aus stark, da das flache Gelände an der Küste nur knapp sechs Kilometer breit und von der tiefen Schlucht des Wadi Akarit durchzogen wird, während weiter landeinwärts eine Kette steiler niedriger Hügel sich aus der Ebene erhebt und bis zum Beginn des Salzsumpfes reicht. Aber die Entscheidung der Achse, die Mareth-Linie aufzugeben, war so spät gefällt worden, daß wenig Zeit blieb, die neue Stellung zu befestigen und in die Tiefe zu staffeln. Obendrein waren die Verteidiger knapp an Munition, da sie den größten Teil ihrer begrenzten Reserve in ihren früheren Abwehrstellungen verbraucht hatten.

In der Abenddämmerung des 5. April begann die 4. indische Division ihren Vorstoß; lange vor Tagesanbruch des 6. war sie tief in die Hügel hinein durchgebrochen und hatte etwa 4000 Gefangene gemacht, meist Italiener. Um 4.30 Uhr morgens begannen die 50. und 51. Division ihren Angriff, unterstützt durch ein Geschützfeuer von fast 400 Geschützen. Die 50. Division wurde an einem Panzergraben aufgehalten; aber die 51. erzielte einen Einbruch in die Verteidigung des Feindes, wenn auch keinen so großen, wie ihn die 4. indische Division gemacht hatte. Der Einbruch an zwei Stellen bot die Gelegenheit zum schnellen Nachstoßen der Panzer des X. Korps unter General Horrocks, das zu diesem Zweck dicht hinter der Front aufgestellt worden war.

Kurz vor 9 Uhr morgens kam Horrocks zum Hauptquartier General Tukers, des Befehlshabers der indischen Division, und eine Tagebucheintragung berichtet: »Kommandeur 4. Division berichtete Kommandeur X. Korps, daß wir den Widerstand des Feindes gebrochen hatten, daß der Weg für das X. Korps zum Nachstoßen frei war, daß sofortige Offensive den ganzen Feldzug in Nordafrika beenden würde. Jetzt sei die Zeit, mit der Peitsche zu knallen und weder Menschen noch Maschinen zu schonen. Kommandeur X. Korps sprach telefonisch mit Armeebefehlshaber und erbat Genehmigung, das X. Korps einzusetzen, um den zügigen Angriff in Fluß zu halten.« Aber dabei gab es unglückliche Verzögerungen; und Alexanders Bericht stellt fest: »Um 12 Uhr setzte General Montgomery das X. Korps ein.« Doch zu der Zeit hatte die deutsche 90. leichte Division im Gegenangriff die britische 51. aus einem Teil des gewonnenen Geländes wieder vertrieben und den Einbruch teilweise abgeriegelt. Als dann am Nachmittag die Panzerspitzen des X. Koprs verspätet ihren Vorstoß begannen, wurden sie von der 15. Panzerdivision, der einzigen verfügbaren Reserve des Feindes, zum Stehen gebracht.

Nichts wurde unterdessen an diesem Tage unternommen, um mit dem Schwergewicht des X. Korps den Einbruch der indischen Division auszuweiten. Montgomery plante in seiner überlegten Art erst am folgenden Morgen den Durchbruch nach massiertem Luftangriff und Artilleriefeuer. Doch als der Morgen kam, war der Feind verschwunden, und der geplante Knockout-Schlag war zu einer neuen Verfolgung einer dem Zugriff entgangenen Armee geworden.

Aber wenn auch Montgomery seine Chance eines entscheidenden Sieges verpaßt hatte, so hatten seine Gegner ihre Chance verpaßt, den Einbruch völlig zu reparieren und ihre Position an der Wadi-Akarit-Linie zu halten; denn zwei ihrer drei Panzerdivisionen, die 10. und die 21., waren wegbefohlen worden, um der amerikanischen Drohung in ihrem Rücken entgegenzutreten. Am Abend vorher hatte General Messe Arnim erklärt, es sei nicht möglich, noch einen Tag länger die Wadi-Akarit-Linie ohne entsprechende Verstärkungen zu halten, und er hatte Arnims Zustimmung zu einem Rückzug auf die Stellung bei Enfidaville erhalten, 240 Kilometer weiter nördlich – die nächste Linie, wo der ebene Küstenstreifen schmal und in der Flanke von einer Bergkette geschützt war.

Die Truppen der Achse begannen ihren Rückzug am Abend des 6. April und erreichten die Stellung bei Enfidaville ungehindert am 11., obwohl sie zum größten Teil zu Fuß marschieren mußten. Die Spitzenverbände der 8. Armee kamen erst zwei Tage später dort an, obwohl sie voll motorisiert und den schwachen deutschen Nachhuten, die gelegentlich den Feind aufhielten, weit überlegen waren.

Bei einem Versuch, diesen Rückzug des Feindes abzuschneiden, setzte Alexander das IX. Korps der 1. Armee unter General Crocker zu einem Versuch an, den Fonduk-Paß zu nehmen und dann östlich über Kairuan bis zur Küstenstadt Sousse, etwa 30 Kilometer von Enfidaville, vorzupreschen. Der eilig vorbereitete Angriff sollte in der Nacht vom 7. zum 8. April erfolgen. Doch die 34. Division brach fast drei Stunden zu spät auf, und nachdem sie den Schutz der Dunkelheit verloren hatte, wurde sie bald durch das feindliche Feuer aufgehalten – um so mehr geneigt, in Deckung zu gehen, weil sie sich an die schlechten Erfahrungen mit ihrem vorherigen Angriff zehn Tage früher erinnerte. Dieser Mißerfolg gestattete es dem Feind, auch die eine Brigade der 46. Division unter Feuer zu nehmen, die bessere Fortschritte bei der Gewinnung der Höhenstellungen nördlich des Passes gemacht hatte. Daher beschloß Crocker, mit seinen Panzern sofort den Durchbruch zu erzwingen und nicht auf die Vorbereitung durch die Infanterie zu warten, da der ganze Angriff nur Sinn hatte, wenn es zu einem raschen Durchbruch bis zur Küste kam.

Dieser Panzerangriff erfolgte am nächsten Tag, dem 9. April, durch die 6. Panzerdivision unter Generalmajor Keightley; 34 Panzer gingen verloren, relativ wenig in Anbetracht der Schwierigkeiten der Durchfahrt durch Minenfelder und des Spießrutenlaufens durch 15 Pak-Geschütze, die auf die schmale Paßstraße gerichtet waren. Alle diese 15 Geschütze wurden zum Schweigen gebracht; aber erst am Nachmittag kamen die Panzer durch. Daher beschloß Crocker, seine Einheiten bis zum nächsten Morgen in einer Igelstellung am Ausgang des Passes verhalten zu lassen. Dies war ein Gegensatz zu der Kühnheit seines früheren Entschlusses; aber das Minenfeld mußte erst für die Durchfahrt der Transportfahrzeuge ausgeräumt werden, und es wurde gemeldet, daß sich vom Süden zurückziehende deutsche Panzer unter General Bayerlein bereits Kairuan näherten. Die 6. Panzerdivision nahm am frühen Morgen des 10. April ihren Vorstoß nach Osten wieder auf; aber als sie Kairuan erreichte, hatten die feindlichen Verbände auf ihrem Rückzug die Stadt schon ungehindert passiert. Auch die kleine deutsche Einheit, die den Fonduk-Paß verteidigte, war verschwunden, nachdem sie Bayerleins Auftrag erfüllt hatte, das IX. Korps bis zum Morgen des 10. April aufzuhalten, um den Rückzug von Messes Armee in dem Küstenstreifen zu decken. Ihre erfolgreiche Herauslösung aus einer so prekären Situation, von vorne und von hinten von weit überlegenen Kräften bedroht, war eine bemerkenswerte Leistung.

Die beiden Armeen der Achse hatten sich nun zur Verteidigung des 150 Kilometer langen Bogens von der Nordküste bis Enfidaville vereinigt. Dies hatte zwar zeitweilig ihre Situation verbessert; doch der Nutzen wurde vermindert durch die schweren Verluste, die sie erlitten hatten, vor allem an Ausrüstung. Daher war auch diese verkürzte Linie noch zu lang für ihre schrumpfenden Kräfte angesichts der wachsenden Überlegenheit der Alliierten an Zahlen und an Bewaffnung. Zudem war der durch Arnims Gegenangriff im Februar erzielte Geländegewinn jetzt größtenteils durch Angriffe des britischen V. Korps Ende März und Anfang April zunichte gemacht worden. Die Alliierten waren also jetzt in guter Position für neue Angriffe gegen Tunis und Bizerta.

Politische und psychologische Erwägungen beeinflußten die Wahl des Raumes, in dem die Alliierten den Feldzug durch einen Knockout-Schlag beenden wollten. In einem Brief an Alexander vom 23. März und ähnlichen späteren Briefen schlug Eisenhower vor, der Hauptangriff solle im Norden, im Abschnitt der 1. Armee erfolgen; Pattons Korps solle dorthin verlegt werden, um an dem Schlußkampf teilzunehmen und dadurch die Kampfstimmung der Amerikaner zu stärken. Alexander übernahm diesen Vorschlag bei seiner Planung und wies am 10. April Anderson an, den Hauptangriff etwa für den 22. vorzubereiten. Er beugte sich auch dem energischen Protest Pattons gegen eine erneute Unterstellung unter die 1. Armee und verfügte, das II. US-Korps Pattons solle weiterhin selbständig nur unter seiner eigenen Oberleitung operieren. Gleichzeitig lehnte er Montgomerys Bitte ab, die 6. Panzerdivision, die sich räumlich mit der 8. Armee vereinigt hatte, dieser zu unterstellen – er teilte Montgomery mit, die 8. Armee werde bei der Offensive nur eine zweitrangige Rolle spielen, und er müsse daher eine seiner zwei Panzerdivisionen (die 1.) zur Verstärkung der 1. Armee abgeben.

Diesmal fielen die politischen und die strategischen Erwägungen zusammen. Der Nordabschnitt bot bessere Möglichkeiten zur Entfaltung der überlegenen Kräfte der Alliierten, wegen seiner räumlichen Weite und seiner kürzeren Nachschublinien, während der südliche Abschnitt bei Enfidaville für die Entfaltung von Panzerverbänden und daher für eine wirksame Offensive weniger günstig war.

Nach dem »endgültigen Plan«, den Alexander am 16. April herausgab, sollte die Offensive aus vier konzentrischen Vorstößen bestehen. Die 8. Armee sollte in der Nacht zum 19. April mit Horrocks' X. Korps durch Enfidaville nördlich von Hammamet und Tunis vorstoßen, mit dem Ziel, den Zugang zur Halbinsel von Cap Bon zu blockieren und so den Rest der Achsentruppen daran zu hindern, sich dorthin zu einem längeren Widerstand festzusetzen. Dieser Auftrag verlangte einen Marsch von mindestens 80 Kilometern durch sehr schwieriges Gelände. Das französische XIX. Korps, das nächste in der Reihe, sollte alle Möglichkeiten ausnutzen, die sich aus dem Vormarsch seiner beiden Nachbarn ergeben würden. Das britische IX. Korps, mit einer

Infanterie- und zwei Panzerdivisionen, sollte am frühen Morgen des 22. zwischen Pont-du-Fahs und Goubellat losschlagen und dort einem Panzerdurchbruch den Weg frei machen. Das britische V. Korps zu seiner Linken, mit drei Infanteriedivisionen und einer Panzerbrigade, sollte die Hauptarbeit leisten und am Abend des gleichen Tages bei Medjez el Bab den 25 Kilometer breiten Abschnitt angreifen, der von nur zwei Regimentern der deutschen 334. Division gehalten wurde. Im nördlichen Abschnitt sollte einen Tag später das II. US-Korps angreifen; dieser 60 Kilometer breite Abschnitt wurde von drei Regimentern der Division Manteuffel und einem der 334. gehalten – nicht einmal 8000 Mann gegen 95000 Amerikaner.

Die Erfolgsaussichten einer solchen allgemeinen Offensive, die fast gleichzeitig an jedem Abschnitt begann, sahen sehr gut aus. Auf alliierter Seite standen jetzt 20 Divisionen mit einer Kampfstärke von über 300000 Mann und 1400 Panzern. Die Gesamtstärke der neun deutschen Divisionen, die das Rückgrat der Verteidigung des großen Bogens bildeten, wurde vom alliierten Nachrichtendienst auf knapp 60000 Mann geschätzt, und sie hatten zusammen nicht einmal 100 Panzer – ein deutscher Bericht gibt die Zahl der einsatzfähigen sogar nur mit 45 an.

Die große alliierte Offensive begann zwar genau nach Plan, aber sie verlief nicht planmäßig. In der Verteidigung erwiesen sich die Deutschen immer noch als sehr hartnäckig und sehr geschickt in der Ausnutzung schwierigen Geländes zur Abwehr eines überlegenen Feindes. Daher mußte Alexanders »endgültiger Plan« revidiert werden – es war nur der vorletzte.

Der Angriff der 8. Armee mit drei Infanteriedivisionen bei Enfidaville stieß in den Hügeln am Rande des Küstenstreifens auf zähen Widerstand und wurde unter Verlusten zum Stehen gebracht – was die optimistische Annahme von Montgomery und Horrocks Lügen strafte, der Feind könne aus diesem Engpaß »herausgeboxt« werden. Die Italiener kämpften hier genauso tapfer wie die Deutschen. Weiter landeinwärts gelang es den massierten Panzern des britischen IX. Korps, die feindliche Front nordwestlich Pont-du-Fahs in einer Tiefe von 13 Kilometern zu durchstoßen; aber dann griff Arnims einzige nennenswerte bewegliche Reserve ein, die dezimierte 10. Panzerdivision, die jetzt weniger als ein Zehntel der etwa 360 Panzer des angreifenden Verbandes besaß, und brachte den Angriff zum Stehen. Im mittleren Abschnitt machte der Hauptangriff des britischen V. Korps angesichts des hartnäckigen Widerstandes von zwei deutschen Infanterieregimentern nur langsame Fortschritte und gelangte nach vier Tagen harter Kämpfe nur rund 10 Kilometer über Medjez el Bab hinaus. Dort wurde er endgültig aufgefangen, stellenweise sogar zurückgedrängt durch das Eingreifen einer improvisierten Panzerbrigade, die den größten Teil der übriggebliebenen Panzer der Heeresgruppe Afrika enthielt. An dem nördlichen Abschnitt machte das II. US-Korps in den ersten zwei Tagen der Offensive in sehr unwegsamem Gelände wenig Fortschritte und stellte dann am 25. April fest, daß der Feind heimlich auf eine neue Verteidigungsstellung einige Kilometer weiter zurückgegangen war. Insgesamt war die alliierte Offensive überall zum Stehen gebracht worden, ohne irgendwo einen entscheidenden Durchbruch zu erzielen.

Aber die Achse hatte dabei ihre Kräfte und ihre spärlichen Reserven bis zum äußersten beansprucht. Am 25. April hatten ihre beiden Armeen nur noch ein Viertel des Treibstoffes, der zum vollen Wiederauftanken der Panzer nötig gewesen wäre – d.h. nur genug für 25 Kilometer Fahrt. Die vorhandene Munition reichte kaum noch für drei Tage weiterer Kämpfe aus; auch die Lebensmittel wurden verzweifelt knapp. Es kam kaum noch neuer Nachschub an, um Munition, Treibstoff und Lebensmittel zu ergänzen. Arnim erklärte später: »Auch ohne die alliierte Offensive hätte ich spätestens am 1. Juni kapitulieren müssen, weil wir nichts mehr zu essen hatten.«

Ende Februar hatten Rommel und Arnim gemeldet, mindestens 140 000 t Nachschub im Monat seien erforderlich, um die Kampfkraft der Achsentruppen zu erhalten, falls das Comando Supremo Tunesien nicht aufgeben wolle. Die zuständigen Dienststellen in Rom, welche die Schwierigkeiten der Verschiffung kannten, reduzierten die Zahl auf 120 000 t und rechneten dabei, daß bis zu einem Drittel davon auf dem Weg versenkt werden würde. Aber schließlich erreichten im März nur 29 000 t Tunesien, davon ein Viertel auf dem Luftweg. Im Gegensatz dazu luden die Amerikaner allein in diesem Monat etwa 400 000 t Nachschub ungehindert in nordafrikanischen Häfen aus. Im April schrumpfte der Nachschub der Achse auf 23 000 t, und in der ersten Maiwoche auf ganze 2000 t. Dies war ein Beweis, wie sehr die alliierte (hauptsächlich britische) Luft- und Seemacht, unterstützt durch einen ausgezeichneten Nachrichtendienst über die feindlichen Schiffsbewegungen, die Seewege im Mittelmeer beherrschte. Diese Zahlen erklären voll und ganz den plötzlichen Zusammenbruch des deutsch-italienischen Widerstandes in Tunesien – weit besser als die Kriegsberichte der alliierten Befehlshaber.

Alexanders neuer »endgültiger Plan« entstand indirekt aus dem Mißerfolg im Engpaß bei Enfidaville. Als am 21. April der Fehlschlag des Angriffs klargeworden war, sah sich Montgomery bewogen, ihn wegen der steigenden Verluste aufzugeben – dies half Arnim, alle seine verbliebenen Panzer nach Norden zu dirigieren, um, wie berichtet, den britischen Hauptangriff bei Medjez el Bab zu stoppen. Montgomery plante, seinen Angriff am 29. wiederaufzunehmen und auf den schmalen Küstenstreifen zu konzentrieren, ohne sich der Höhen landeinwärts zu versichern. Dieser Plan wurde zwar von Horrocks akzeptiert, stieß aber auf starke Einwände der beiden wichtigsten Divisionskommandeure, Tucker und Freyberg. Ihre Warnungen wurden durch die ersten Mißerfolge nach Beginn des neuen Angriffs bestätigt. Am nächsten Tag, dem 30. April, erschien Alexander selbst, um die Lage mit Montgomery zu erörtern, und gab dann den Befehl, zwei Divisionen der 8. Armee zu einem neuen zusammengefaßten Angriff im Abschnitt Medjez el Bab in den Raum der 1. Armee zu verlegen.

Diese Verlegung wurde rasch durchgeführt. Die 4. indische und die 7. Panzerdivision begannen noch am gleichen Tag vor Dunkelwerden ihren langen Marsch nach Nordwesten. Für die 7. Panzerdivision, die weiter hinten in Reserve lag, bedeutete dies einen Umweg von fast 450 Kilometern über schlechte Straßen, aber diese Bewegung wurde in wenigen Tagen durchgeführt – wobei die Panzer auf Spezialfahrzeuge verladen wurden. Die beiden Divisionen wurden dann dem IX. Korps unterstellt, das den entscheidenden Schlag ausführen sollte und sich selbst weiter nördlich hinter dem vom V. Korps gehaltenen Abschnitt konzentrierte. Horrocks selbst übernahm den Befehl über das IX. Korps, da Crocker gerade bei der Vorführung eines neuen Mörsers schwer verletzt worden war – ein persönliches Mißgeschick gerade in einem so entscheidenden Augenblick!

Unterdessen hatte Bradleys II. US-Korps in der Nacht zum 26. April seinen Angriff im nördlichen Abschnitt wiederaufgenommen. In vier Tagen harter Kämpfe stieß sein Vormarsch durch hügeliges Gelände auf hartnäckigen Widerstand. Aber die Reserven des Feindes wurden dabei so schwer beansprucht, und es trat vor allem ein so akuter Munitionsmangel ein, daß er sich auf eine leichter zu verteidigende Stellung östlich von Mateur zurückziehen mußte. Dieser Rückzug wurde in den beiden Nächten zum 1. und zum 2. Mai ungehindert und geschickt durchgeführt. Aber die neue Stellung war jetzt nur noch 25 Kilometer von dem Hafen Bizerta entfernt, so daß die Verteidigung jetzt keinerlei Tiefe mehr hatte, ebensowenig wie im Abschnitt Medjez el Bab vor Tunis.

Dieser Mangel an Tiefe trug entscheidend zum Erfolg der neuen Offensive bei, die von den Alliierten für den 6. Mai vorbereitet wurde. Sobald die Kruste einmal durchbrochen war, gab es jetzt keine Möglichkeit längeren Widerstandes durch elastische Verteidigung und Rückzugsmanöver mehr. Die Truppen der Achse hatten die bisherigen Angriffe vereiteln können, aber um den Preis fast totaler Erschöpfung ihres knappen Materials; jetzt hatten sie nur noch genug Munition für kurze Antworten auf das überwältigende Feuer der Angreifer und nur noch genug Treibstoff für ganz kurze Gegenangriffe. Außerdem hatten sie keine Luftunterstützung mehr, da die Flugplätze in Tunesien unhaltbar und fast alle restlichen Flugzeuge schon nach Sizilien zurückgezogen worden waren.

Der bevorstehende Schlag war für die Befehlshaber der Achse keine Überraschung, da sie alliierte Funksprüche aufgefangen hatten, aus denen die Verlagerung großer Kräfte von der 8. auf die 1. Armee hervorging. Aber die Kenntnis des bevorstehenden Schlages war für sie von geringem Nutzen, da keine Kräfte zur Abwehr mehr vorhanden waren.

Nach Alexanders neuem Plan unter dem Namen »Vulcan« sollte das IX. Korps mit einem großen Hammerschlag durchbrechen; es sollte durch das V. Korps hindurchfahren und an einer nur drei Kilometer breiten Front im Tal südlich des Medjerda-Flusses angreifen. Den Angriff sollten in massiver Phalanx die 4. britische und die 4. indische Division führen, dicht dahinter die 6. und die 7. Panzerdivision. Insgesamt waren über 470 Panzer dabei vereinigt. Nachdem die zwei Infanteriedivisionen die Verteidigung in einer Tiefe von etwa fünf Kilometern durchstoßen hätten, sollten die beiden Panzerdivisionen durchziehen und im ersten Anlauf den Raum von St. Cyprien erreichen, 20 Kilometer von der Ausgangsbasis und schon auf halbem Wege nach Tunis. Alexander betonte in seinen Anweisungen, das Ziel sei die

Einnahme von Tunis, und es dürfe keine Pause zur Säuberung von Ortschaften geben, die der Feind weiterhin besetzt hält.

Zur Vorbereitung des Angriffs des IX. Korps wurde dem V. Korps befohlen, am Abend des 5. Mai die flankierenden Höhen des Djebel Bou Aoukaz zu nehmen; dies gelang nach kurzem hartem Kampf. Danach sollte es die Hauptaufgabe des V. Korps sein, »den Schlauch offenzuhalten«, durch den das IX. Korps vorstieß. Dies erwies sich als kein Problem, da der Feind nicht mehr die Kräfte zu einem wirksamen Gegenangriff hatte. Das übliche vorbereitende Sperrfeuer wurde diesmal ersetzt durch mehrere zentral gesteuerte gezielte Feuerstöße auf alle bekannten Stützpunkte des Feindes, und dafür wurde die doppelte Menge Artilleriemunition zur Verfügung gestellt. Durch diese konzentrierten Feuerstöße fiel ein Geschoß auf je zwei Meter Front, so daß die Verteidiger mit einem fünfmal so dichten Feuerregen eingedeckt wurden wie bei Alamein im vergangenen Herbst. Die lähmende Wirkung dieser konzentrierten Feuerstöße durch 400 Geschütze wurde noch verstärkt durch einen gewaltigen Luftangriff mit über 200 Einsätzen, der beim Morgengrauen begann.

Bis 9.30 Uhr vormittags hatte die 4. indische Division einen tiefen Einbruch erzielt, bei nur geringen eigenen Verlusten; sie berichtete, es gebe kein Zeichen ernsthaften Widerstandes, und die Panzer könnten jetzt »so weit und so schnell durchfahren, wie sie wollen«. Gegen 10 Uhr begannen dann die Spitzen der 7. Panzerdivision durch die von der Infanterie erreichte Linie durchzustoßen. Auf dem rechten Flügel kam die 4. Division langsamer vorwärts; aber ihr half der Vorstoß ihres Nachbarn zur Linken, und sie erreichte ihr Ziel noch vor Mittag. Die Panzerdivisionen durften dann endlich weiter vorstoßen. Im Laufe des Nachmittags erhielten sie jedoch Befehl, bis zum nächsten Morgen bei Massicault stehenzubleiben – knapp zehn Kilometer hinter der Startlinie des Angriffs und fünf Kilometer hinter der von der Infanterie erreichten Linie, nur ein Viertel des Weges nach Tunis. Diese extreme Vorsicht wird in der Geschichte der 7. Division damit erklärt, der Kommandeur »hielt es für klüger, jede der beiden Brigaden in den festen Stellungen zu lassen, die sie genommen hatten, und ihnen nicht die Zügel freizugeben« – eine Erklärung, die allzu klar zeigt, daß man die elementaren Grundsätze der schnellen Ausnutzung eines Erfolges nicht begriffen hatte. Wie beim Wadi Akarit ergriffen auch diesmal Horrocks und die Kommandeure der Panzerdivisionen nur zögernd die große Gelegenheit, und sie operierten weiter in einem Tempo, das mehr einer Infanterieaktion als den Möglichkeiten motorisierter Kriegführung entsprach.

Es bestand keine Notwendigkeit für eine solche Vorsicht. Der 13 Kilometer breite Abschnitt südlich des Medjerda-Flusses, wo der Angriff auf einer Front von drei Kilometern erfolgte, war nur von zwei schwachen Infanteriebataillonen und einem Panzerabwehr-Bataillon gehalten worden, unterstützt von hastig zusammengestellten höchstens 60 Panzern – fast allen Panzern, die der Achse in Tunesien verblieben waren. Dieser sehr dünne Schild war durch die gewaltige Konzentration von Geschützfeuer und Fliegerbomben zerrieben worden, die dem Angriff vorausging. Außerdem hatte Treibstoffknappheit Arnim daran gehindert, diejenigen Verbände der 10. und 21. Panzerdivision, die keine Panzer mehr hatten, nach Norden zu verlegen.

Die 6. und 7. Panzerdivision nahmen am frühen Morgen des 7. Mai ihren Vormarsch wieder auf, aber zeigten wiederum übermäßige Vorsicht und wurden bis zum Nachmittag von einer Handvoll deutscher Truppen mit zehn Panzern und ein paar Geschützen bei St. Cyprien aufgehalten. Erst um 3.15 Uhr nachmittags erhielten sie den Befehl, bis nach Tunis vorzurücken. Eine halbe Stunde später rückten die Panzer der 11. Hussars in die Stadt ein und krönten damit die führende Rolle, die dieses Regiment seit Beginn des Nordafrika-Feldzuges vor fast drei Jahren gespielt hatte. Fast gleichzeitig kam das Panzerregiment der 6. Panzerdivision an. Ihnen folgten Panzer und motorisierte Infanterie, um die Besetzung der Stadt zu vervollständigen. Dabei war für die alliierten Truppen die hysterische Begeisterung der Bevölkerung, die sie mit Blumen und mit Küssen überschüttete, störender als der sporadische Widerstand kleiner Einheiten desorganisierter und verwirrter Deutscher. Eine große Zahl deutscher Soldaten wurde noch am Abend gefangengenommen, weit mehr am nächsten Vormittag, während die größere Hälfte nach Norden und nach Süden aus Tunis zu entfliehen suchte. Alles, was von den kämpfenden Verbänden der Achse in dieser Gegend verblieben war, zog sich in diese zwei verschiedenen Richtungen zurück, sobald sie durch den Vorstoß nach Tunis hinein auseinandergesprengt worden waren.

Unterdessen hatte das II. US-Korps seinen Angriff im Nordabschnitt wiederaufgenommen, der mit dem britischen Vorstoß koordiniert war. Am 6. Mai waren die Fortschritte noch gering, und der

Widerstand schien noch zähe; aber am nächsten Nachmittag fanden Aufklärungstrupps der 9. Infanteriedivision die Straße frei. Kurz nach 4 Uhr nachmittags betraten sie Bizerta, nachdem der Feind die Stadt geräumt und sich nach Südosten zurückgezogen hatte. Der formelle Einzug in die Stadt wurde dem französischen »Corps Franc d'Afrique« vorbehalten, das am 8. eintraf. Die 1. Panzerdivision, die von Mateur aus vorrückte, war in den ersten zwei Tagen noch häufig aufgehalten worden, ebenso die 1. und 34. Infanteriedivision weiter südlich. Aber am 8. sah sie, daß die feindliche Abwehr zusammenbrach, da dem Feind Munition und Treibstoff ausgingen und da die britische 7. Panzerdivision von Tunis entlang der Küste nach Norden in seinen Rücken schwenkte.

Eingeschlossen zwischen den britischen und amerikanischen Panzerspitzen und ohne die Möglichkeit zu weiterem Widerstand oder zum Rückzug, begannen sich die Truppen der Achse in Massen zu ergeben. Die Spitzeneinheit der 11. Hussars hatte noch vor dem Abend rund 10000 Gefangene in ihrer Hand. Am frühen Morgen des nächsten Tages, des 9., fuhr eine andere Einheit des Regiments bis Porto Farina, 30 Kilometer östlich Bizerta, wo sie die Kapitulation von etwa 9000 am Ufer zusammengepferchten Soldaten entgegennahm, von denen einige noch in rührender Weise Flöße zu bauen suchten – der britische Verband war froh, diese Masse von Gefangenen den amerikanischen Panzereinheiten übergeben zu können, die bald darauf eintrafen. Um 9.30 Uhr vormittags meldete General von Vaerst, Kommandeur der 5. Panzerarmee, an Arnim: »Unsere Panzer und unsere Artillerie sind vernichtet, wir sind ohne Munition und Treibstoff. Wir werden bis zum Letzten kämpfen.«

Dieser letzte Satz war ein Stück absurdes Pathos, denn Soldaten können nicht ohne Munition kämpfen. Vaerst erfuhr bald, daß seine Soldaten erkannten, wie unsinnig solche heroischen Befehle waren, und sich in Massen ergaben. So stimmte er um Mittag der formellen Kapitulation seiner restlichen Truppen zu, was die Gesamtausbeute an Gefangenen in diesem Raum auf fast 40000 erhöhte.

Ein noch größerer Teil der Achsentruppen befand sich, als ihr Gebiet in zwei Teile getrennt wurde, im Raum südlich Tunis. Dieser Raum war von Natur leichter zu verteidigen, und die alliierten Befehlshaber erwarteten, der Feind würde hier längeren Widerstand leisten. Aber auch hier führte die Erschöpfung von Munition und

Treibstoff zu einem baldigen Zusammenbruch. Er wurde beschleunigt durch ein allgemeines Gefühl der Hoffnungslosigkeit, da selbst dort, wo noch Vorräte vorhanden waren, die Truppen wußten, daß kein Nachschub und aus dem gleichen Grund auch kein Entkommen mehr möglich war.

Alexanders Sorge war jetzt, die Armee General Messes, den südlichen Teil der Achsen-Truppen, daran zu hindern, sich in die große Halbinsel von Cap Bon zurückzuziehen und dort eine feste Stellung zu einem »Widerstand bis zum Letzten« aufzubauen. Daher erhielt sofort nach der Einnahme von Tunis die 6. Panzerdivision den Befehl, nach Südosten zu schwenken in die Richtung von Hamman Lif, dem nächstgelegenen Punkt auf der Grundlinie der Halbinsel, während die 1. Panzerdivision ebenfalls dorthin marschieren sollte. Bei Hamman Lif kommen die Hügel dem Meer so nahe, daß der flache Küstenstreifen nur 300 Meter breit ist. Diese enge Passage wurde von einer deutschen Einheit gehalten, die noch zwei Tage lang alle Versuche verhinderte, die Durchfahrt zu erzwingen. Das Hindernis wurde erst überwunden, als Infanterie die Hügel über der Stadt einnahm, Artillerie die Straßen methodisch Häuserblock für Häuserblock bestrich und · eine Panzerkolonne direkt am Rande des Wassers vorstieß. Am Abend des 10. wurde der Vorstoß über die ganze Grundlinie der Halbinsel bis nach Hammamet ausgedehnt und dadurch der Rest der feindlichen Kräfte abgeschnitten. Durch Treibstoffmangel gelähmt, hatten sie sich nicht bis zur Halbinsel zurückziehen können. Am nächsten Tag gelangte die 6. Panzerdivision, nach Süden vorrückend, in den Rücken der Achsen-Truppen, welche bei Enfidaville die britische 8. Armee in Schach hielten; obwohl sie noch Munition besaßen, führte die klare Erkenntnis, daß sie hoffnungslos eingeschlossen waren, zu einer baldigen Kapitulation.

Bis zum 13. Mai hatten sich alle restlichen Kommandeure und Truppen der Achse ergeben. Nur ein paar hundert Mann waren auf dem See- oder Luftweg nach Sizilien entkommen, außer den 9000 Verwundeten und Kranken, die seit Anfang April evakuiert worden waren. Über die Höhe der Gefangenenzahlen besteht Unklarheit. Am 12. Mai meldete Alexanders Hauptquartier an Eisenhower, die Zahl der Gefangenen seit 5. Mai sei auf 100000 gestiegen und werde wahrscheinlich 130000 erreichen, wenn die Zählung abgeschlossen sei. Ein späterer Bericht gab die Gesamtzahl von rund 150000 an. In seiner

Schilderung nach dem Krieg aber erklärte Alexander, die Gesamtzahl habe »eine Viertel Million Mann« betragen; Churchill nennt in seinen Memoiren die gleiche runde Zahl, aber schränkt sie durch das Wort »nahezu« ein; Eisenhower schreibt von »240000, davon etwa 125 000 Deutsche«. Doch die Heeresgruppe Afrika hatte am 2. Mai nach Rom gemeldet, daß ihre Verpflegungsstärke im Monat April zwischen 170000 und 180000 geschwankt habe – das war vor den schweren Kämpfen in der letzten Woche des Feldzuges. So ist es schwer zu sehen, wie die Zahl der Gefangenen diese Verpflegungsstärke um fast 50 Prozent überschritten haben könnte – Verwaltungsstäbe, die für die Verpflegung der Truppen verantwortlich sind, neigen nicht dazu, deren Zahl zu gering anzugeben. Es mag hier angemerkt werden, daß noch größere Unterschiede zwischen der letzten bekannten deutschen Verpflegungsstärke und den alliierten Angaben über die Zahl der Gefangenen in den letzten Stadien des Krieges sehr häufig waren.

Doch wie groß auch immer die genaue Zahl der Gefangenen in Tunesien gewesen sein mag, es war ein großer Fischzug. Die bedeutsamste Auswirkung aber war, daß die Achse das Gros ihrer kampferprobten Truppen im Mittelmeerraum verlor. Diese hätten die bevorstehende alliierte Invasion Siziliens – den ersten und entscheidenden Akt des alliierten Wiedereintritts nach Europa – vereiteln können.

Kapitel 26:
Sizilien – Das Eingangstor nach Europa

Nachträglich sah die alliierte Eroberung Siziliens im Jahr 1943 wie eine ganz einfache Sache aus. Aber in Wirklichkeit war dieser erste Wiedereintritt nach Europa ein gefährlicher Sprung ins Ungewisse. Sein erfolgreicher Ausgang war zum großen Teil einer Reihe von Faktoren zu verdanken, die erst später bekanntwurden: dem blinden Stolz Hitlers und Mussolinis, die gemeinsam versuchten, in Afrika ihr Gesicht zu wahren; dem eifersüchtigen Mißtrauen Mussolinis gegen seinen deutschen Verbündeten und seinem Widerstreben, diesem eine führende Rolle bei der Verteidigung italienischen Territoriums einzuräumen; schließlich der Tatsache, daß Hitler im Gegensatz zu Mussolini glaubte, Sizilien sei nicht das eigentliche Ziel der Alliierten – ein Irrtum, der wiederum zum Teil auf eine geniale britische Kriegslist zurückging.

Am wichtigsten war der erste Faktor. Eine der größten Ironien der ganzen Geschichte dieses Krieges war, daß Hitler und der deutsche Generalstab – die stets Bedenken hatten, sich auf überseeische Expeditionen in Reichweite der britischen Seemacht einzulassen – Rommel nicht genügend frische Kräfte zukommen ließen, um seine Siege auszuweiten, aber dann in der letzten Phase so viele Truppen nach Afrika schickten, daß sie sich damit die Aussicht auf eine Verteidigung Europas verscherzten.

Es war eine weitere Ironie, daß sie zu dieser fatalen Torheit bewogen wurden durch ihren unerwarteten Erfolg bei der Vereitelung von Eisenhowers erstem Vorstoß auf Tunis, nachdem sie zuerst durch die alliierte Invasion Nordafrikas überrascht worden waren. Während die alliierten Panzer allzu vorsichtig von Algerien aus vorrückten, hatten die Deutschen schnell reagiert und Truppen über das Mittelmeer geflogen, in der Hoffnung, die Einnahme von Tunis und Bizerta durch die Alliierten zu verhindern. Es gelang ihnen auch, sich in dem bergigen Gelände zu halten und eine längere Kampfpause zu erzwingen. Aber der Erfolg dieses Abwehrmanövers bestärkte Hitler und Mussolini in dem Glauben, sie könnten sich unbegrenzt lange in Tunesien halten. Daher beschlossen sie, Verstärkungen in ausreichendem Maße dorthin zu schicken, um Eisenhowers Truppen gewachsen zu sein. Und je mehr sie sich in Tunesien festlegten, desto mehr meinten sie, daß sie sich nicht ohne Prestigeverlust zurückziehen könnten. Gleichzeitig wurde das Problem, ob man sich zurückziehen oder aushalten solle, dadurch verstärkt, daß die überlegenen See- und Luftstreitkräfte der Alliierten den Meeresarm zwischen Sizilien und Tunesien immer mehr beherrschten.

Der in Tunesien aufgebaute deutsch-italienische Brückenkopf hielt die Alliierten den ganzen Winter über in Schach und bot den Überresten von Rommels Armee am Ende ihres 3000 Kilometer langen Rückzuges aus Alamein ein schützendes Obdach. Dennoch sollte sich das Scheitern des ersten Versuches zur Einnahme Tunesiens auf lange Sicht für die Alliierten als großer Vorteil herausstellen. Denn Hitler und Mussolini wollten auf kein Argument für eine Evakuierung der deutschen und italienischen Truppen hören, solange noch Zeit und Möglichkeit bestand, sie zurückzunehmen.

Zu einem letzten Versuch, Hitler von dieser Notwendigkeit zu überzeugen, flog Rommel am 10. März 1943 in Hitlers ostpreußisches Hauptquartier. Sein Tagebuch berichtet, wie zwecklos dieser Versuch war:

»Ich betonte so entschieden wie möglich, daß die Truppen aus Afrika in Italien neu ausgerüstet werden müßten, damit sie unsere Flanke in Südeuropa verteidigen könnten. Ich ging sogar so weit, ihm zu garantieren – etwas, was ich normalerweise sehr ungern tue –, daß ich mit diesen Truppen jede alliierte Invasion in Südeuropa zurückschlagen könnte. Aber es war hoffnungslos.«

Als dann die alliierten Armeen den Brückenkopf einschlossen, um ihm ein Ende zu machen, mußten die Truppen der Achse dort mit sinkender Hoffnung in Erwartung des letzten Schlages stehenbleiben – und die durch einige Tage nebeligen Wetters im April gebotene Chance einer ungehinderten Einschiffung und Rückfahrt vorübergehen lassen. Es gelang ihnen zwar noch, am 20. bis 22. April den ersten alliierten

Versuch zu vereiteln, die Abwehr zu durchbrechen; aber ihre Front brach zusammen, als sie beim nächsten großen Angriff am 6. Mai durchbrochen wurde. Der völlige Zusammenbruch, der dann folgte, war auf die Schmalheit des Brückenkopfes und das akute Bewußtsein seiner Verteidiger zurückzuführen, daß sie mit dem Rücken gegen das feindliche Meer kämpften.

Die Gefangennahme von acht vollständigen Divisionen in Tunesien, darunter des größten Teils der kampferprobten Veteranen Rommels und der Elite der italienischen Armee, ließ Italien und die italienischen Inseln fast ohne jede Verteidigung zurück. Diese Streitkräfte hätten eine sehr starke Verteidigung des italienischen Eingangstors nach Europa bilden können, und die Chancen einer erfolgreichen alliierten Invasion wären dann mager gewesen.

Die Alliierten freilich waren nicht darauf vorbereitet, diese günstige Gelegenheit sofort auszunutzen – obwohl sie schon im Januar beschlossen hatten, eine Landung in Sizilien solle der nächste Schritt sein, und obwohl Tunis nur kurz nach dem erwarteten Zeitpunkt gefallen war. Zu ihrem Glück wurde aber die günstige Gelegenheit verlängert durch Uneinigkeit und Meinungsverschiedenheiten in den feindlichen Hauptquartieren.

Hier können wir wiederum direkte Beweise anführen, die in erster Linie General Westphal geliefert hat, damals der Stabschef Feldmarschall Kesselrings, des Oberbefehlshabers in Süditalien. Da Italien keine beweglichen motorisierten Streitkräfte mehr besaß, baten die führenden Militärs die Deutschen um Verstärkung durch Entsendung von Panzerdivisionen. Hitler war geneigt, dieser dringenden Bitte zu entsprechen, und schickte Mussolini eine persönliche Botschaft, in der er ihm fünf Divisionen anbot. Aber Mussolini, ohne Kesselring zu informieren, antwortete Hitler, er brauche nur drei – und das bedeutete nur eine neue Division außer den beiden neu ausgehobenen Divisionen, die sich auf dem Weg nach Afrika in Italien befanden. Mussolini sprach sogar den Wunsch aus, daß keine weiteren deutschen Truppen nach Italien kommandiert werden sollten.

Mussolinis Widerstreben, dieses Angebot vom Mai 1943 anzunehmen, entsprang einer Mischung von Stolz und Furcht. Er konnte es nicht ertragen, die Welt und auch sein eigenes Volk sehen zu lassen, wie abhängig er von deutscher Hilfe war. Wie Westphal bemerkte: »Er wollte, daß Italien von den Italienern verteidigt wird, und verschloß

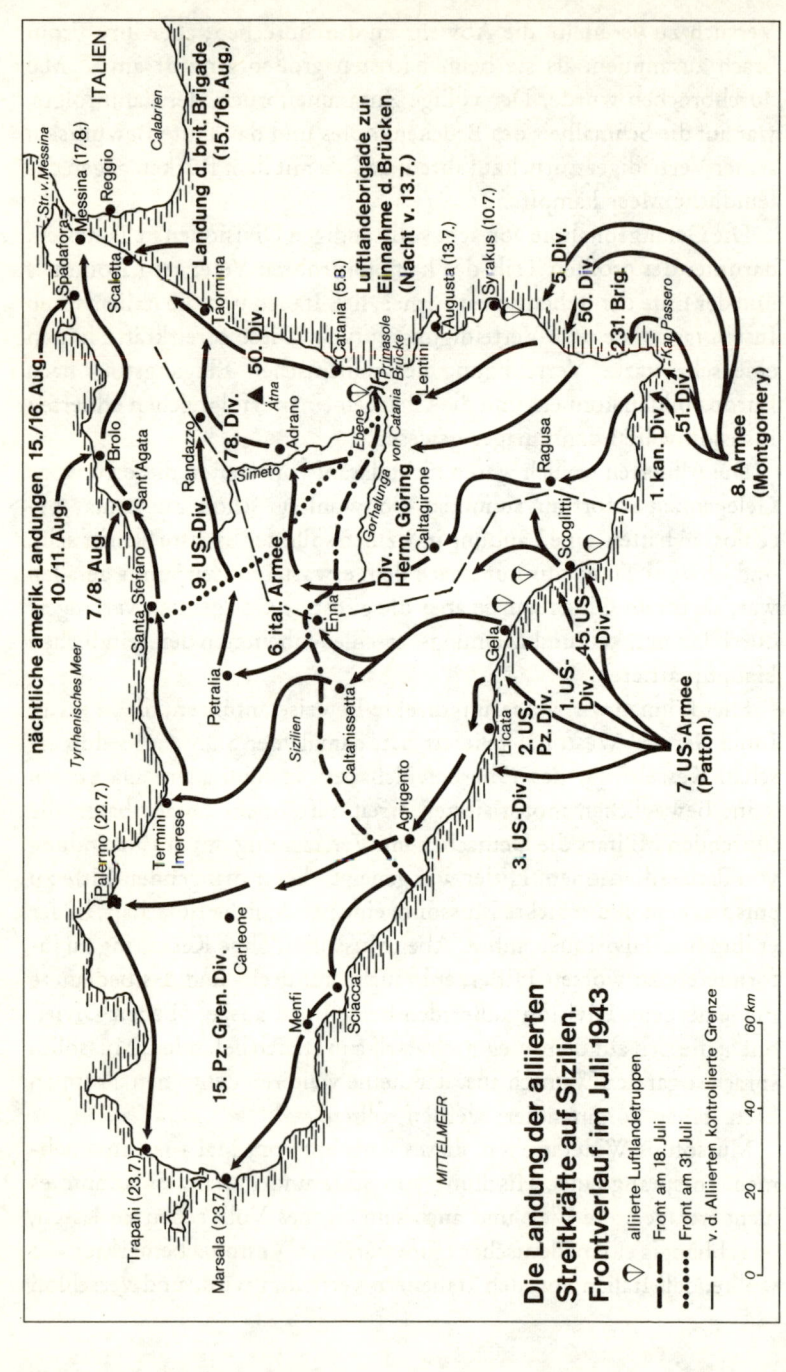

Die Landung der allierten Streitkräfte auf Sizilien. Frontverlauf im Juli 1943

allierte Luftlandetruppen
Front am 18. Juli
Front am 31.Juli
v. d. Alliierten kontrollierte Grenze

0   20   40   60 km

MITTELMEER

Marsala (23.7.)
Trapani (23.7.)
Menfi
Carleone
15. Pz. Gren. Div.
Palermo (22.7.)
Termini Imerese
Sciacca
Agrigento
Caltanissetta
Petralia
Santa Stefano
Sant'Agata
Brolo
7./8. Aug.
10./11. Aug.
nächtliche amerik. Landungen 15./16. Aug.
Tyrrhenisches Meer
Sizilien
9. US-Div. Randazzo
78. Div.
50. Div.
Adrano
Ätna
Simeto
Gorhalunga
Ebene
von Catania Primasole Brücke
Div. Herm. Göring
Caltagirone
Enna
6. ital. Armee
Licata
Gela
2. US-Pz. Div.
1. US-Div.
45. US-Div.
3. US-Div.
7. US-Armee (Patton)
Scoglitti
Ragusa
Lentini
Catania (5.8.)
Augusta (13.7.)
Luftlandebrigade zur Einnahme d. Brücken (Nacht v. 13.7.)
Syrakus (10.7.)
5. Div.
50. Div.
231. Brig.
Kap Passero
51. Div.
1. kan. Div.
8. Armee (Montgomery)
Taormina
Scaletta
Messina (17.8.)
Spadafora
Str. v. Messina
Reggio
Calabrien
ITALIEN
Landung d. brit. Brigade (15./16. Aug.)

seine Augen vor der Tatsache, daß der erschreckende Zustand seiner Streitkräfte dies völlig unrealistisch machte.« Doch sein zweiter Grund war, daß er die Deutschen nicht eine beherrschende Position in Italien einnehmen lassen wollte. Sosehr er bemüht war, die Alliierten aus Italien herauszuhalten, so sehr war er fast ebenso bemüht, auch die Deutschen herauszuhalten.

Der neue Chef des Armeegeneralstabes, General Roatta (vorher Befehlshaber in Sizilien), überzeugte dann schließlich Mussolini, daß größere deutsche Verstärkungen notwendig seien, wenn man an eine erfolgreiche Verteidigung Italiens und seiner Inseln denke. So erklärte sich der Duce schließlich mit dem Kommen weiterer deutscher Divisionen einverstanden, unter der Bedingung, daß sie operativ italienischen Befehlshabern unterstellt werden müßten.

Die italienische Armee in Sizilien bestand aus nur vier frontfähigen Divisionen und sechs unbeweglichen Küstenverteidigungsdivisionen, deren Bewaffnung und Kampfgeist schlecht waren. Die neu ausgehobenen deutschen Soldaten, die auf dem Wege nach Afrika waren, als dort der Zusammenbruch erfolgte, wurden zu einer Division formiert, die den Namen 15. Panzergrenadierdivision erhielt; aber sie besaß nur eine kleine mit Panzern ausgerüstete Einheit. Ende Juni wurde die ähnlich zusammengestellte Panzerdivision Hermann Göring nach Sizilien verlegt. Aber Mussolini wollte nicht zugeben, daß diese beiden Divisionen zu einem Korps unter einem deutschen Kommandeur vereinigt wurden. Sie wurden unmittelbar dem italienischen Armeebefehlshaber General Guzzoni unterstellt und in fünf Gruppen als bewegliche Reserven eingeteilt. Der ranghöchste deutsche Verbindungsoffizier, Generalleutnant von Senger und Etterlin, erhielt einen kleinen Operationsstab und eine eigene Nachrichtenkompanie, um im Notfall Befehlsgewalt über die deutschen Truppen ausüben zu können.

Zu der Zeit, als Mussolini endlich bereit war, mehr deutsche Hilfe anzunehmen, bekam Hitler mehr Zweifel über die Zweckmäßigkeit, sie zu leisten, und er neigte auch zu einer anderen Ansicht über den eigentlichen Gefahrenpunkt. Einerseits argwöhnte er, daß die Italiener Mussolini stürzen und Frieden schließen würden – ein Verdacht, der bald durch die Ereignisse bestätigt wurde –, und zögerte daher, mehr deutsche Divisionen so weit nach Italien hineinzuschicken, aus Furcht, daß sie abgeschnitten werden könnten, wenn der italienische Verbündete zusammenbrach oder die Seite wechselte. Andererseits gelangte er zu der Annahme, Mussolini, das italienische Oberkommando und Kesselring irrten sich alle mit ihrer Ansicht, daß der nächste Schritt der Alliierten von Afrika aus ein Sprung nach Sizilien sein würde; hierin irrte Hitler.

Hitlers größter strategischer Nachteil bei der Abwehr des alliierten Wiedereintritts nach Europa war die ungeheure Ausdehnung seiner Eroberungen – von der Westküste Frankreichs am Atlantik bis zur Ostküste Griechenlands an der Ägäis. Es war sehr schwer für ihn abzuschätzen, wo die Alliierten zuschlagen würden; deren größter strategischer Vorteil war die weite Auswahl verschiedener Ziele und zudem ihre Kapazität zu Ablenkungsmanövern, die ihnen ihre Seemacht verschaffte.

Hitler mußte sich ständig gegen die Gefahr einer Invasion aus England über den Kanal hinweg wappnen; gleichzeitig mußte er aber befürchten, die alliierten Armeen in Nordafrika könnten an seiner großen Südfront irgendwo zwischen Spanien und Griechenland landen.

Er nahm an, die Alliierten würden eher in Sardinien als in Sizilien eine Landung versuchen. Sardinien würde ein bequemes Sprungbrett für eine Landung in Korsika sein und somit ein geeigneter Ausgangspunkt für Operationen sowohl gegen das französische wie gegen das italienische Festland. Gleichzeitig erwartete Hitler auch eine alliierte Landung in Griechenland und wollte daher Reserven zurückhalten, die dorthin dirigiert werden könnten.

Diese Vermutungen wurden verstärkt, als das deutsche Oberkommando von Nazi-Agenten in Spanien Dokumente erhielt, die man bei einem »britischen Offizier« gefunden hatte, dessen Leiche an der spanischen Küste angeschwemmt worden war. Außer Ausweispapieren und persönlicher Korrespondenz gehörte dazu ein Privatbrief – dessen Überbringer der Tote sein sollte – von Generalleutnant Sir Archibald Nye, stellvertretendem Chef des Empire-Generalstabes, an General Alexander. Dieser Brief erwähnte amtliche Depeschen über bevorstehende Operationen und deutete an, daß die Alliierten in Sardinien und in Griechenland zu landen beabsichtigen, wobei sie durch ihren »Tarnplan« den Feind überzeugen wollten, Sizilien sei ihr Ziel.

Die Leiche und der Brief gehörten zu einem genialen Täuschungsmanöver des britischen Intelligence Service. Dieses war so gut ausgedacht, daß der deutsche Nachrichtendienst von der Echtheit überzeugt war. Obwohl es die Ansicht der führenden italienischen Militärs und

Kesselrings nicht änderte, daß Sizilien das nächste Ziel der Alliierten sei, scheint es doch auf Hitler großen Eindruck gemacht zu haben.

Auf Befehl Hitlers wurde daher die 1. Panzerdivision von Frankreich nach Griechenland in Marsch gesetzt, um die dort stehenden drei deutschen Infanteriedivisionen und die italienische 11. Armee zu verstärken, während die neugebildete 90. Panzergrenadierdivision die vier italienischen Divisionen in Sardinien ergänzte. Weitere Verstärkungen für diese Insel wurden durch die Nachschubschwierigkeiten behindert, da in den wenigen Häfen die meisten Piers durch Bombenangriffe zerstört waren. Aber als zusätzliche Sicherheitsmaßnahme wurde General Students XI. Fliegerkorps (mit zwei Fallschirmjägerdivisionen) nach Südfrankreich verlegt; dort stand es bereit zu einem Gegenangriff aus der Luft gegen eine alliierte Landung in Sardinien.

Unterdessen ging die alliierte Planung im langsamen Gang weiter. Der Beschluß, in Sizilien zu landen, war aus einem Kompromiß entstanden und noch nicht durch eine klare Vorstellung der weiteren Ziele ergänzt worden. Als die amerikanischen und britischen Stabschefs im Januar 1943 auf der Casablanca-Konferenz zusammentrafen, stand zunächst ihre Meinungsverschiedenheit im Gegensatz zu dem Namen »Vereinigte Stabschefs«, den sie führten. Die Amerikaner (Admiral King, General Marshall und General Arnold) wollten nach der Säuberung Nordafrikas die Operation im Mittelmeer, die sie als eine Ablenkung ansahen, beenden und zu dem direkten Angriff auf Deutschland zurückkehren. Die Briten (General Brooke, Admiral Pound, Air Chief Marshal Portal) meinten, die Voraussetzungen für eine direkte Invasion in Nordfrankreich seien noch nicht gegeben, und ein solcher Versuch noch im Jahr 1943 werde mit einem Mißerfolg enden – eine Meinung, die rückschauend kaum angefochten werden kann. Aber alle waren der Meinung, daß irgendeine weitere Aktion unternommen werden müsse, um den Druck auf Deutschland aufrechtzuerhalten und deutsche Kräfte von der russischen Front abzuziehen. Der britische Gemeinsame Planungsstab befürwortete eine Landung in Sardinien; aber sowohl die britischen als auch die amerikanischen Stabschefs zogen Sizilien vor – dieser Ansicht war auch Churchill –, so daß eine Einigung in diesem Punkt schnell erreicht wurde. Das gewichtigste Argument dafür war, daß die Eroberung Siziliens den Schiffahrtsweg durch das Mittelmeer endgültig frei machen und dadurch eine Menge

Schiffsraum einsparen würde – denn seit 1940 waren die meisten Geleitzüge mit Truppen und Nachschub nach Ägypten und Indien gezwungen gewesen, den weiten Umweg um Südafrika zu machen.

Als sie am 19. Januar diesen Beschluß faßten, Sizilien anzugreifen,
erklärten die Vereinigten Stabschefs als Ziel: 1. den Verbindungsweg
durch das Mittelmeer sicherer zu machen, 2. die russische Front von
deutschem Druck zu entlasten, 3. den alliierten Druck auf Italien zu
verstärken. Die Frage, was nach der Eroberung Siziliens geschehen
solle, blieb offen. Jeder Versuch, das nächste Ziel zu bestimmen, hätte
zu neuen Meinungsverschiedenheiten geführt – aber solche taktvollen
Ausklammerungen haben oft mangelnde strategische Vorbereitungen
zur Folge.

Die Planung des Sizilien-Feldzuges wurde nicht als besonders dring-
lich empfunden. Obwohl man annahm, die Eroberung Tunesiens
würde bis Ende April abgeschlossen sein, bestimmten die Vereinigten
Stabschefs die Vollmondperiode im Juli als das erwünschte Datum für
die Landung. Von britischer Seite wurde am 20. Januar eine Planskizze
für diese »Operation Husky« vorgelegt: eine kombinierte Aktion von
Streitkräften aus dem östlichen und aus dem westlichen Mittelmeer.
Man kam überein, daß Eisenhower der Oberste Befehlshaber und
Alexander sein Stellvertreter sein solle – das war eine Anerkennung der
Rolle der USA als Senior-Partner in der Allianz; denn der britische
Oberbefehlshaber war der ranghöhere und erfahrenere General, und
bei diesem Feldzug würden die Briten den größeren Teil der Streitkräfte stellen. Anfang Februar wurde ein besonderer Planungsstab gebildet, mit dem Hauptquartier in Algier; seine Unterabteilungen waren freilich weit voneinander entfernt, und bei der Luftwaffe war dies
nicht nur eine räumliche, sondern auch eine weite gedankliche Entfernung – mit dem Ergebnis, daß die Aktionen in der Luft während des
Sizilien-Feldzuges nicht gut auf die Bedürfnisse der Land- und Seestreitkräfte abgestimmt waren. Viel Zeit verging mit dem Hin- und
Herschicken des Planes. Eisenhower, Alexander und die beiden auser-
wählten Armeebefehlshaber Montgomery und Patton waren noch zu
sehr mit der letzten Phase des Nordafrika-Feldzuges beschäftigt, um
dem nächsten Schritt viel Aufmerksamkeit widmen zu können. Montgomery fand erst Ende April Zeit, die Planskizze zu studieren, und
verlangte dann zahlreiche Abänderungen. Der Plan wurde dann am 3.
Mai in neuer Fassung fertiggestellt und erhielt den Segen der Vereinig-

ten Stabschefs am 13. Mai – eine Woche nach dem Zusammenbruch der Achsentruppen in Tunesien und am Tage, an dem die letzten Reste des Feindes sich dort ergaben.

Diese Verzögerung in der Planung war um so bedauerlicher, als nur eine der zehn Divisionen, die bei der Invasion Siziliens mitwirken sollten, am Endkampf in Nordafrika beteiligt war, und sieben davon erst ganz frisch auf dem Mittelmeer-Schauplatz angekommen waren. Eine Landung in Sizilien bald nach dem Zusammenbruch der Achse in Afrika hätte die Insel fast unverteidigt vorgefunden. Die lange Pause, die man dem Feind zur Verstärkung der Verteidigung Siziliens ließ, wäre aber vielleicht noch länger gewesen, wenn nicht Churchill auf der Casablanca-Konferenz und später auf einer Landung im Juni bestanden hätte. Er gewann die Unterstützung der Vereinigten Stabschefs; aber die Befehlshaber im Mittelmeer selbst waren nicht darauf vorbereitet, die Invasion vor dem 10. Juli zu beginnen.

Die wichtigste Abänderung des Planes war, daß die Armee Pattons nicht am nordwestlichen Ende Siziliens in der Nähe Palermos landen sollte, sondern ebenfalls im Südosten dicht bei Montgomerys Armee, deren Landeplätze dadurch dichter konzentriert wurden. Angesichts der Zeit, die der Feind für eine Verstärkung der Verteidigung gewonnen hatte, war diese dichtere Massierung der Invasionstruppen eine vernünftige Vorsichtsmaßnahme gegen die Gefahr eines schweren Gegenangriffs. Doch sie stellte sich dann als unnötig heraus, und man verscherzte sich dadurch die Chance, den Hafen von Palermo gleich zu Beginn zu erobern. Dies hätte noch ernstere Auswirkungen gehabt, wenn nicht die neuen amphibischen Fahrzeuge im Zusammenwirken mit den LST, den neuen Speziallandefahrzeugen für Panzer, das Problem der Versorgung mit Nachschub an der Küste selbst so gut gelöst hätten. Der revidierte Plan verzichtete auch weitgehend auf den Ablenkungseffekt, den der ursprüngliche Plan angestrebt hatte, und erleichterte es damit dem Gegner, nach der Landung seine verstreuten Reserven zu konzentrieren und den alliierten Vormarsch über das gebirgige Innere der Insel zu hindern. Wenn Patton an der Nordwestküste in der Nähe von Palermo gelandet wäre, dann hätte er schnell die Straße von Messina, die Nachschub- und Rückzugslinie des Feindes, erreicht, und alle feindlichen Streitkräfte in Sizilien wären in der Falle gewesen. So wie sich die Dinge entwickelten, hatte das Entweichen der deutschen Divisionen auf das Festland weitreichende Folgen für den späteren Verlauf des Feldzuges.

Ein Irrtum zugunsten größerer Sicherheit war freilich sehr naheliegend bei dem ersten Schritt zur Rückkehr der Alliierten nach Europa – und der ersten großen über das Meer hinweg durchgeführten Operation gegen eine feindliche Küste. Es verdient Erwähnung, daß diese Landung von acht Divisionen zu gleicher Zeit im Ausmaß größer war als selbst die in der Normandie elf Monate später. Etwa 150 000 Mann wurden an jedem der ersten drei Tage gelandet, und die schließliche Gesamtzahl betrug 478 000 – 250 000 Briten und 228 000 Amerikaner. Die britischen Landungen erfolgten auf einem 60 Kilometer langen Küstenstrich an der Südostecke der Insel und die amerikanischen auf einem ebenfalls 60 Kilometer langen Küstenstrich an der Südküste, wobei ein Zwischenraum von 30 Kilometern zwischen dem linken britischen und dem rechten amerikanischen Flügel bestand.

Der Anteil der Kriegsmarine an der Operation war von Admiral Sir Andrew Cunningham und seinem Stab geplant und geleitet worden. Er umfaßte einen Komplex von Operationen mit dem Höhepunkt der Landung bei Nacht, und er lief von Anfang bis Ende so wundervoll glatt ab, daß dies für die Planer wie für die Ausführenden ein großes Ruhmesblatt bedeutete. Als amphibische Operation funktionierte es weit besser als die »Operation Torch«, die Landung in Französisch-Nordafrika im vergangenen November, von der man viel gelernt hatte.

Der (britische) östliche Einsatzverband der Kriegsmarine unter Vizeadmiral Sir Bertram Ramsay bestand aus 795 Schiffen, und weitere 715 Landefahrzeuge wurden mitgeführt. Die 5. und die 50. Division und die 231. Infanteriebrigade kamen auf Schiffen aus dem östlichen Ende des Mittelmeers von Suez, Alexandria und Haifa; sie sollten am südlichen Teil der sizilianischen Ostküste zwischen Syrakus und Cap Passero landen. Die 51. Division kam in Landefahrzeugen aus Tunesien, und ein Teil von ihr machte Zwischenlandung in Malta; sie sollte an der südöstlichen Ecke Siziliens landen. Die 1. kanadische Division, die westlich davon an Land gehen sollte, kam aus Großbritannien in zwei Geleitzügen; der zweite und schnellere von diesen, der den größten Teil der Truppen an Bord hatte, lief am Tag »X minus 12«, dem 28. Juni, von England aus. Er passierte den gegen Minen geschützten Schiffahrtsweg bei Bizerta unmittelbar vor den amerikanischen Konvois.

Der (amerikanische) westliche Marine-Einsatzverband unter Vizeadmiral Henry Kent Hewitt bestand aus 580 Schiffen, weitere 1124 Landefahrzeuge wurden mitgeführt. Die 45. Infanteriedivision wurde für die Landung bei Scoglitti am rechten Flügel in zwei Geleitzügen über den Ozean transportiert und nahm nach kurzem Zwischenaufenthalt in Oran ihre LST und kleineren Landefahrzeuge bei Bizerta an Bord. Die 1. Infanterie- und die 2. Panzerdivision, die bei Gela landen sollten, schifften sich in Algier und in Oran ein. Die 3. Infanteriedivision, die am linken Flügel bei Licata landete, schiffte sich in Bizerta ein und wurde vollständig auf Landeschiffen und Landefahrzeugen transportiert.

Die Fahrt und die Zusammenziehung der Geleitzüge dieser großen Armada erfolgten unter dem Schutz der Kriegsmarine und der Luftwaffe ohne ernste Störung; nur vier Schiffe eines Geleitzuges und zwei LST wurden durch U-Boote versenkt. Auch durch Luftangriffe entstand während der Fahrt kein nennenswerter Schaden; die feindliche Luftwaffe wurde so gut in Schach gehalten, daß die meisten Geleitzüge nicht einmal gesichtet wurden. Die alliierte Luftüberlegenheit auf diesem Kriegsschauplatz war so groß – über 4000 einsatzfähige Flugzeuge gegenüber etwa 1500 deutschen und italienischen –, daß die feindlichen Bomber im Juni auf Stützpunkte im nördlichen und mittleren Italien zurückgezogen worden waren. Vom 2. Juli an wurden die Flugplätze in Sizilien so schwer und nachhaltig bombardiert, daß am Tage der Invasion nur einige wenige kleinere Landefelder benutzbar waren und die meisten der nichtbeschädigten Jäger sich auf das Festland oder nach Sardinien zurückzogen (die Gesamtzahl der im Laufe des Sizilien-Feldzuges vernichteten Flugzeuge betrug nicht mehr als 200, nicht 1100, wie die Alliierten damals meldeten). Am Nachmittag des 9. Juli begannen die Geleitzüge in ihren Versammlungsräumen östlich und westlich von Malta einzutreffen. Gleichzeitig erhob sich starker Wind, der die See so hoch aufwühlte, daß die kleineren Fahrzeuge gefährdet waren und der Landungsplan durcheinandergebracht zu werden drohte. Zum Glück legte sich der Sturm gegen Mitternacht; nur eine ärgerliche Dünung blieb, und nur ein kleiner Teil der Fahrzeuge erreichte dadurch die Küste zu spät.

Die schlimmste Wirkung aber hatte der Sturm auf die Luftlandung, die den Seelandungen vorausgehen sollte, von Teilen der 1. britischen und 82. amerikanischen Luftlandedivision ausgeführt. Da es die erste größere Operation dieser Art war, welche die Alliierten versuchten, wäre sie auf jeden Fall schwierig gewesen wegen der mangelnden Erfahrung der Mannschaften und der Notwendigkeit, bei Nacht zu landen. Der Sturm vermehrte die navigatorischen Schwierigkeiten für die Transport- und Schleppflugzeuge bei der Landung in ihren Zielräumen, und zusammen mit dem Flak-Feuer brachte er die Absprünge in große Unordnung. Die amerikanischen Fallschirmjäger wurden in kleinen Einheiten über einen Raum von mehreren Dutzend Quadratkilometern verstreut; die britischen Truppen, die in Gleitflugzeugen befördert wurden, fanden sich ebenfalls in einem weiten Raum verstreut, und 47 der 134 Gleitflugzeuge fielen ins Wasser. Aber die unbeabsichtigte weite Streuung der Luftlandetruppen trug dazu bei, hinter der feindlichen Front weit und breit Alarm und Verwirrung zu stiften, und einige der abgesprungenen Einheiten konnten auch Brücken und Straßenkreuzungen besetzen.

In der Bilanz wurden die Schwierigkeiten, die der plötzliche Sturm den Angreifern bereitete, mehr als ausgeglichen dadurch, daß er auch die Verteidigung lähmte. Denn obwohl am Nachmittag fünf Geleitzüge auf der Fahrt von Malta nach Norden gesichtet wurden und zahlreiche Meldungen darüber noch vor dem Abend eintrafen, erreichten die Warnungen aus dem Oberkommando entweder die nachgeordneten Stäbe nicht, oder sie machten keinen Eindruck. Zwar wurden alle deutschen Truppen in Reservestellungen eine Stunde nach der ersten Meldung in Alarmzustand versetzt; aber die Italiener an der Küste nahmen an, der heulende Wind und die rauhe See garantierten ihnen endlich eine Nacht Ruhe. Admiral Cunnigham bemerkte treffend in seinem Bericht, das schlechte Wetter »hatte die Wirkung, daß die übermüdeten Italiener, die mehrere Nächte Alarm hinter sich hatten, dankbar ins Bett gingen und sagten ›heute können sie aber nicht kommen‹. Aber sie kamen doch.«

Die Müdigkeit der Italiener war freilich nicht nur physisch bedingt. Die meisten von ihnen waren kriegsmüde, und nur wenige hatten Mussolinis Kriegsbegeisterung geteilt. Außerdem bestanden die Truppen an der Küste meist aus Sizilianern – dahinter stand die Annahme, sie würden eher bereit sein, sich als Kämpfer zu bewähren, wenn sie ihre eigene Heimat verteidigten. Aber diese Annahme berücksichtigte weder ihre offenkundige Abneigung gegen die Deutschen noch ihre nüchterne Erkenntnis, daß, je härter sie kämpften, desto weniger von ihren Häusern übrigbleiben würde.

Ihre Unlust zu kämpfen vertiefte sich, als am 10. Juli der Tag anbrach und man dieses gewaltige Aufgebot von Schiffen sehen konnte, die das Meer bis zum Horizont füllten, ebenso wie den ständigen Strom von Landefahrzeugen mit Verstärkungen für die ersten Angriffswellen, die im Morgengrauen an Land gekommen waren.

Die Verteidigung an der Küste wurde schnell überrannt, und die Ängste, die viele der Soldaten durch Seekrankheit ausgestanden hatten, wurden mehr als ausgeglichen, als sie bei der Ankunft an der Küste nur auf schwaches feindliches Feuer stießen und nur ganz geringe Verluste hatten. Die erste Phase der Invasion wurde von Alexander in zwei Sätzen zusammengefaßt: »Die italienischen Küstendivisionen, deren Kampfwert nie sehr hoch eingeschätzt worden war, lösten sich auf, fast ohne einen Schuß abzugeben; auch die Felddivisionen, auf die man stieß, wurden weggefegt wie Spreu vor dem Wind. Massenkapitulationen waren sehr häufig.« So fiel vom ersten Tag an fast die ganze Last der Verteidigung auf die Schultern der beiden eilig zusammengekratzten deutschen Divisionen, die später durch zwei weitere verstärkt wurden.

Es gab nur einen einzigen gefährlichen Gegenangriff in der kritischen Phase, bevor die Invasionstruppen sich fest an Land etabliert hatten. Er wurde ausgeführt von der Division Hermann Göring, die zusammen mit einer Abteilung mit den neuen 56-t-»Tiger«-Panzern bei Caltagirone eingesetzt war – 30 Kilometer von der Küste in der Bergkette, welche die Ebene von Gela überblickte, wo die 1. US-Infanteriedivision gelandet war. Zum Glück erfolgte dieser Angriff erst am zweiten Tag. Auch eine kleine Gruppe italienischer leichter Panzer veralteten Typs machte am ersten Vormittag einen tapferen Gegenangriff und drang wieder in die Stadt Gela ein, bis sie von dort vertrieben wurde; aber der deutsche Panzerverband wurde unterwegs aufgehalten und trat erst am nächsten Morgen in Erscheinung. Auch dann waren erst wenige amerikanische Panzer entladen worden – wegen der Landeschwierigkeiten in schwerer Brandung und der Überfüllung am Strand. Die deutschen Panzer kamen dann in kleinen Rudeln über die Ebene, überrannten die amerikanischen Vorposten und gelangten bis zu den Sanddünen am Rande der Küste. Es sah kurze Zeit so aus, als würden hier die Invasoren ins Meer zurückgeworfen werden; aber gut gezieltes Geschützfeuer der Kriegsschiffe zersprengte sehr schnell den Angriff. Auf die gleiche Weise wurde ein drohender Vorstoß einer anderen deutschen Einheit mit einigen »Tigern« an der linken Flanke der 45. Division von vornherein zum Stehen gebracht.

Am nächsten Tag gelangten zwei Kampfgruppen der 15. Panzergrenadierdivision nach einem Eilmarsch von West-Sizilien vor die amerikanische Front; aber da war die Division Hermann Göring bereits zum britischen Abschnitt umgelenkt worden, um dort die Erweiterung des Brückenkopfes zu verhindern. Der dortige Vorstoß sah am bedrohlichsten aus, da er sich bereits dem großen Hafen Catania näherte, während die drei amerikanischen Landeköpfe noch schmal und noch nicht miteinander verbunden waren.

Die britischen Landungen waren auf ebensowenig Widerstand gestoßen wie die amerikanischen, und der Vormarsch aus den Landeköpfen wurde durch das Ausbleiben sofortiger Gegenangriffe erleichtert. Es gab zwar auch hier Pannen und Verzögerungen bei der Ausschiffung, aber sie verlief im ganzen besser als bei den Landungen weiter westlich, die leichter angreifbar waren. Vom zweiten Tag an wurden die feindlichen Luftangriffe häufiger; aber auch die Abwehr durch alliierte Flugzeuge war stärker, so daß die Verluste an Schiffen fast ebenso gering waren wie an dem amerikanischen Sektor. Für alle, welche die ersten Jahre des Krieges im Mittelmeer erlebt hatten, schien es, wie Admiral Cunningham schrieb, »fast ein Wunder, daß große Flotten mit vielen Schiffen an einer feindlichen Küste vor Anker gehen können ... mit so geringen Verlusten durch Luftangriffe«. Diese Unverwundbarkeit gegen Luftangriffe war ein entscheidender Faktor beim Erfolg dieser amphibischen Invasion.

In der nächsten Phase jedoch wurde der Fortschritt durch eine andere Form des Luftkrieges aufgehalten. Die britischen Truppen hatten in den ersten drei Tagen den ganzen südöstlichen Teil der Insel vom Feind gesäubert. Dann entschloß sich Montgomery, »eine große Anstrengung zum Durchbruch aus dem Raum Lentini in die Ebene von Catania zu machen«, und befahl einen Großangriff für die Nacht zum 13. Juli. Das Hauptproblem dabei war die Einnahme der Brücke bei Primasole über den Simeto, wenige Kilometer südlich von Catania. Eine Fallschirmjägerbrigade wurde dafür eingesetzt; obwohl nur die Hälfte von ihr an der richtigen Stelle absprang, genügte dies, um die Brücke unversehrt zu nehmen. Die nächste Phase des Kampfes wird am besten geschildert in dem Bericht von General Student, dem Befehlshaber des deutschen XI. Fliegerkorps, zu dem die Luftlande-

truppen gehörten. Seine zwei Divisionen waren von Hitler nach Südfrankreich kommandiert worden, bereit, nach Sardinien zu fliegen,
wenn die Alliierten, wie Hitler annahm, dort landeten. Aber Luftlandetruppen sind eine höchst bewegliche strategische Reserve, die leicht
für andere Situationen eingesetzt werden können, wie Students Bericht
zeigt:
»Als die Alliierten am 10. Juli in Sizilien landeten, schlug ich einen sofortigen Luftlande-Gegenangriff mit meinen beiden Divisionen vor. Aber Hitler lehnte dies ab – insbesondere Jodl war dagegen.
So wurde die 1. Fallschirmjägerdivision nur nach Italien – teils nach
Rom und teils nach Neapel – geflogen, während die 2. Fallschirmjägerdivision mit mir in der Nähe von Nimes blieb. Die 1. Division
wurde jedoch bald nach Sizilien befohlen, zwecks Einsatz als Bo-
dentruppe zur Verstärkung der schwachen deutschen Kräfte, als die
italienischen Truppen sich in Massen ergaben. Ein Teil der Division
wurde in mehreren Etappen dorthin geflogen und im östlichen Sektor südlich von Catania hinter unserer Front abgesetzt – ich hätte
lieber gesehen, wenn sie hinter der alliierten Front abgesetzt worden
wären. Das erste Kontingent landete etwa drei Kilometer hinter unserer Front, durch einen seltsamen Zufall fast gleichzeitig mit den
britischen Fallschirmjägern, die hinter unserer Front abgesetzt wurden, um die Brücke über den Simeto zu nehmen. Es überwältigte
die britischen Fallschirmjäger und nahm die Brücke wieder. Dies geschah am 14. Juli.«
Das Gros der britischen Truppen konnte dann nach drei Tagen harter
Kämpfe die Brücke zurückerobern und den Weg in die Ebene von
Catania wieder öffnen. Aber ihr Versuch, weiter nördlich vorzurükken, stieß auf zunehmenden Widerstand deutscher Reserven, die dort
konzentriert waren, um die östliche Küstenstraße nach Messina, wo
Sizilien dem italienischen Festland ganz nahe kommt, zu blockieren.
Dies vereitelte die Hoffnung auf eine schnelle Säuberung Siziliens.
Montgomery war gezwungen, das Schwergewicht der 8. Armee nach
Westen zu verlegen, zu einem größeren Umweg durch das bergige
Landesinnere und um den Ätna herum; er arbeitete dabei mit der
7. Armee zusammen, die am 22. Juli die Nordküste erreichte und
Palermo besetzte – freilich zu spät, um den Rückzug der beweglichen
Truppen des Feindes abzufangen. Dieser neue Plan bedeutete für die
Armee Pattons eine stark veränderte Aufgabe: Ihre Funktion als

Schutzschild für die Flanke des schnellen Vorstoßes der 8. Armee auf Messina und als Ablenkung für die feindlichen Kräfte wandelte sich zu der einer offensiven Angriffsspitze.

Für diesen neuen Angriff, der am 1. August beginnen sollte, wurden zwei neue Infanteriedivisionen, die 9. amerikanische und 78. britische, aus Afrika herübergebracht; sie erhöhten die Gesamtzahl auf zwölf. Auch die Deutschen wurden durch die 29. Panzergrenadierdivision verstärkt, und General Hube mit dem Stab des XIV. Panzerkorps übernahm jetzt die Kampfführung. Doch seine Aufgabe war nicht mehr die Verteidigung Siziliens, sondern nur noch eine Verzögerungsaktion zur Deckung der Evakuierung der Achsentruppen – dieser Beschluß war unabhängig voneinander sowohl von Guzzoni wie von Kesselring bald nach Mussolinis Sturz am 25. Juli gefaßt worden, noch vor der neuen alliierten Offensive.

Einer solchen Verzögerungsaktion kam sowohl die geographische Gestalt als auch die geologische Formation Siziliens zugute, das ein gebirgiges Dreieck bildet. Während die Bodenbeschaffenheit den Verteidigern nützte und jeder Schritt zurück für sie eine Verkürzung der Front bedeutete, wurden die alliierten Armeen durch das Gelände immer mehr an der vollen Entfaltung ihrer überlegenen Kräfte gehindert. Patton machte dreimal den Versuch, den Vormarsch durch kleine amphibische Sprünge zu beschleunigen: eine Landung bei Sant Agata in der Nacht vom 7. zum 8. August, eine zweite bei Brolo am 10./11. und eine dritte bei Spadafora am 15./16.; aber sie kam jedesmal zu spät, um entscheidenden Erfolg zu haben. Auch Montgomery versuchte eine solche Operation am 15./16. August; aber da war die Nachhut des Feindes schon nach Norden entwichen, die meisten feindlichen Truppen hatten bereits die Meerenge überquert und befanden sich auf dem Festland.

Der Rückzug über die Straße von Messina war glänzend organisiert und wurde zum größten Teil in sechs Tagen und sieben Nächten durchgeführt, ohne ernsthafte Störung durch alliierte Luft- oder Seestreitkräfte. Fast 40000 Deutsche und über 60000 Italiener wurden ungehindert evakuiert. Wenn auch die Italiener bis auf etwa 200 alle ihre Fahrzeuge zurückließen, so brachten die Deutschen fast 10000 Fahrzeuge ebenso wie 47 Panzer, 94 Geschütze und 17000 t Ausrüstung und Nachschub auf das Festland. Am 17. August gegen 6.30 Uhr morgens rückte die erste amerikanische Patrouille in Messina ein, und kurz darauf kam die erste britische Einheit an – begrüßt mit fröhlichen Rufen »Wo kommt ihr Touristen denn her?«.

Der Erfolg dieses wohlorganisierten Absetzmanövers ließ Alexanders Meldung an den Premierminister über den Abschluß des Feldzuges recht hohl erscheinen: »Bis 10 Uhr vormittags am 17. August 1943 war der letzte deutsche Soldat aus Sizilien herausgeworfen . . . Man kann annehmen, daß alle am 10. Juli auf der Insel befindlichen italienischen Streitkräfte vernichtet worden sind, wenn auch einige wenige angeschlagene Einheiten auf das Festland entkommen sein mögen.« Soweit man aus den Berichten schließen kann, betrug die Zahl der deutschen Truppen in Sizilien wenig über 60 000, die der italienischen 195 000 (Alexanders damalige Schätzung lautete 90 000 Deutsche und 315 000 Italiener). Von den Deutschen wurden 5 500 Mann gefangen, und 13 500 Verwundete wurden schon vor dem Rückzug auf das Festland evakuiert, so daß die Zahl der Toten kaum mehr als einige tausend betragen haben kann (die britische Schätzung lautete 24 000 Tote). Die britischen Verluste betrugen 2 721 Tote, 2 183 Vermißte und 7 939 Verwundete – insgesamt 12 843. Die amerikanischen Verluste betrugen 2 811 Tote, 686 Vermißte und 6 471 Verwundete – insgesamt 9 968. So betrugen die alliierten Verluste insgesamt etwa 22 800 Mann. Es waren keine schweren Verluste im Vergleich zu den großen politischen und strategischen Ergebnissen des Feldzuges – der Mussolinis Sturz und Italiens Kapitulation zur Folge hatte.

Doch die »Ausbeute« an feindlichen Gefangenen hätte größer und die nächste Phase des Feldzuges leichter sein können, wenn die Alliierten stärkeren Gebrauch von amphibischen Umfassungsmanövern gemacht hätten. Dies war jedenfalls Admiral Cunninghams Ansicht, und in seinem Bericht bemerkt er spitz:

»Nach den ersten Tagen wurde seitens der 8. Armee von den amphibischen Möglichkeiten kein Gebrauch mehr gemacht. Die Landefahrzeuge lagen abrufbereit zu diesem Zweck zur Verfügung . . . Sicher gab es militärische Gründe dafür, von diesem meiner Ansicht nach unschätzbar wertvollen Bestandteil der Seemacht und von den Möglichkeiten flexibler Bewegungen keinen Gebrauch zu machen; aber es ist zu erwägen, ob bei künftigen Gelegenheiten nicht viel Zeit und viel Kampf gespart werden kann auch durch kleine amphibische Flankenmanöver, die den Feind in Verwirrung bringen.«

Zu Kesselrings großer Erleichterung hatte das alliierte Oberkommando keinen Versuch gemacht, in Kalabrien, der »Fußspitze« Italiens, hinter dem Rücken des Feindes zu landen, um seinen Rückzug über die Straße von Messina zu verhindern. Während des ganzen Sizilien-Feldzuges hatte er ängstlich eine solche Operation erwartet, und er hatte keine Kräfte zur Verfügung, um sie zu verhindern. Nach seiner Ansicht »hätte ein Ablenkungsangriff auf Kalabrien den Feldzug in Sizilien zu einem überwältigenden alliierten Sieg gemacht«. Und bis zum Abschluß des Sizilien-Feldzuges und dem erfolgreichen Entkommen der dort kämpfenden vier deutschen Divisionen hatte Kesselring nur zwei deutsche Divisionen zum Schutz ganz Süditaliens zur Verfügung.

Kapitel 27:
Die Invasion Italiens –
Kapitulation und Stillstand

»Nichts ist so erfolgreich wie der Erfolg« heißt ein bekanntes Sprichwort. Aber in einem tieferen Sinn ist es oft so, daß »nichts so erfolgreich ist wie der Mißerfolg«. Religiöse und politische Bewegungen, die von den herrschenden Gewalten unterdrückt wurden, sind häufig zu neuem Leben erwacht und blieben auf lange Sicht siegreich, nachdem ihre Führer den Glorienschein des Märtyrertums errungen hatten. Der gekreuzigte Christus wurde mächtiger als der lebende. Siegreiche Generale wurden von den besiegten in den Schatten gestellt – wie der unsterbliche Nachruhm von Hannibal, Napoleon, Robert Lee und Rommel beweist.

Auch in der Geschichte der Nationen kann man das gleiche feststellen, wenn auch in etwas versteckterer Form. Jedermann kennt das Sprichwort: »In einem Krieg gewinnen die Engländer nur eine einzige Schlacht – die letzte.« Dies drückt ihre typische Neigung aus, mit Desastern anzufangen, aber mit einem Sieg zu enden. Diese Gewohnheit ist riskant und kostspielig. Aber paradoxerweise ist oft das Endergebnis darauf zurückzuführen, daß die anfänglichen Niederlagen der Briten und ihrer Verbündeten den Feind allzu zuversichtlich gemacht und zur Überspannung seiner Kräfte bewogen haben.

Oft genug hat, auch nachdem sich das Blatt gewendet hat, der Mißerfolg des ersten Anlaufs sich auf lange Sicht als vorteilhaft herausgestellt, indem gerade er zum vollen endgültigen Erfolg beitrug. Dies geschah ganz eindeutig zweimal im Verlauf der Operationen im Mittelmeer während des Zweiten Weltkrieges. Der Mißerfolg des ersten alliierten Vorstoßes von Algerien nach Tunis im November 1942 hatte, wie schon gesagt, Hitler und Mussolini ermutigt, einen breiten Strom von Verstärkungen über das Meer dorthin zu schicken, wo die

Alliierten sechs Monate später den Feind in der Falle hatten und zwei Armeen der Achse zu Gefangenen machen konnten – dadurch wurde das Haupthindernis ihres eigenen Sprunges von Afrika nach Südeuropa beseitigt.

Das nächste Beispiel eines Mißerfolgs, der sich dann als Vorteil herausstellte, war die Invasion Italiens selbst. Nach der schnellen Eroberung Siziliens und dem Sturz Mussolinis sah der zweite und so viel kürzere Sprung nach Italien wie ein Kinderspiel aus. Und die Erfolgsaussichten waren um so besser, als insgeheim ohne Wissen der Deutschen die Kapitulation Italiens vereinbart worden war; sie sollte gleichzeitig mit der alliierten Hauptlandung bekanntgegeben werden. Zu diesem Zeitpunkt standen nur sechs schwache deutsche Divisionen in Süditalien und zwei Divisionen in der Nähe von Rom, um den doppelten Auftrag zu erfüllen, die alliierte Invasion abzuwehren und gleichzeitig ihre italienischen Ex-Verbündeten niederzuwerfen.

Feldmarschall Kesselring brachte es jedoch fertig, die Invasoren in Schach zu halten, während er die Italiener entwaffnete, und es gelang ihm, die alliierten Armeen auf einer Linie rund 150 Kilometer südlich von Rom zum Stehen zu bringen. Acht Monate vergingen, bevor die Alliierten die italienische Hauptstadt erreichten, und dann wurden sie wiederum für acht Monate aufgehalten, ehe sie aus der schmalen und gebirgigen Halbinsel in die Ebenen Norditaliens durchbrechen konnten. Doch diese lange Verzögerung eines Abschlusses, der im September 1943 schon so nahe schien, brachte für die alliierte Kriegführung im allgemeinen wichtige Vorteile mit sich. Hitler hatte zuerst geplant, seine Truppen aus Süditalien herauszuziehen und eine Verteidigungsstellung in den Bergen weiter nördlich aufzubauen. Aber Kesselrings unerwartet erfolgreiche Verteidigung gegen diese doppelte Gefahr bewog ihn dann, entgegen Rommels Rat Reserven nach Süditalien zu schicken, um einen so großen Teil Italiens so lange wie möglich zu halten. Diese Entscheidung ging auf Kosten der Reserven, die Hitler bald brauchte, um die weit größere Gefahr des deutschen Zweifrontenkrieges gegen die Russen im Osten und die westlichen Alliierten in Frankreich abzuwehren.

Im Verhältnis zu ihren eigenen dort eingesetzten Kräften absorbierten die Alliierten in Italien einen relativ höheren Teil des deutschen Potentials als an den anderen Fronten. Zudem war die italienische Front diejenige, wo die Deutschen mit dem geringsten Risiko Gelände

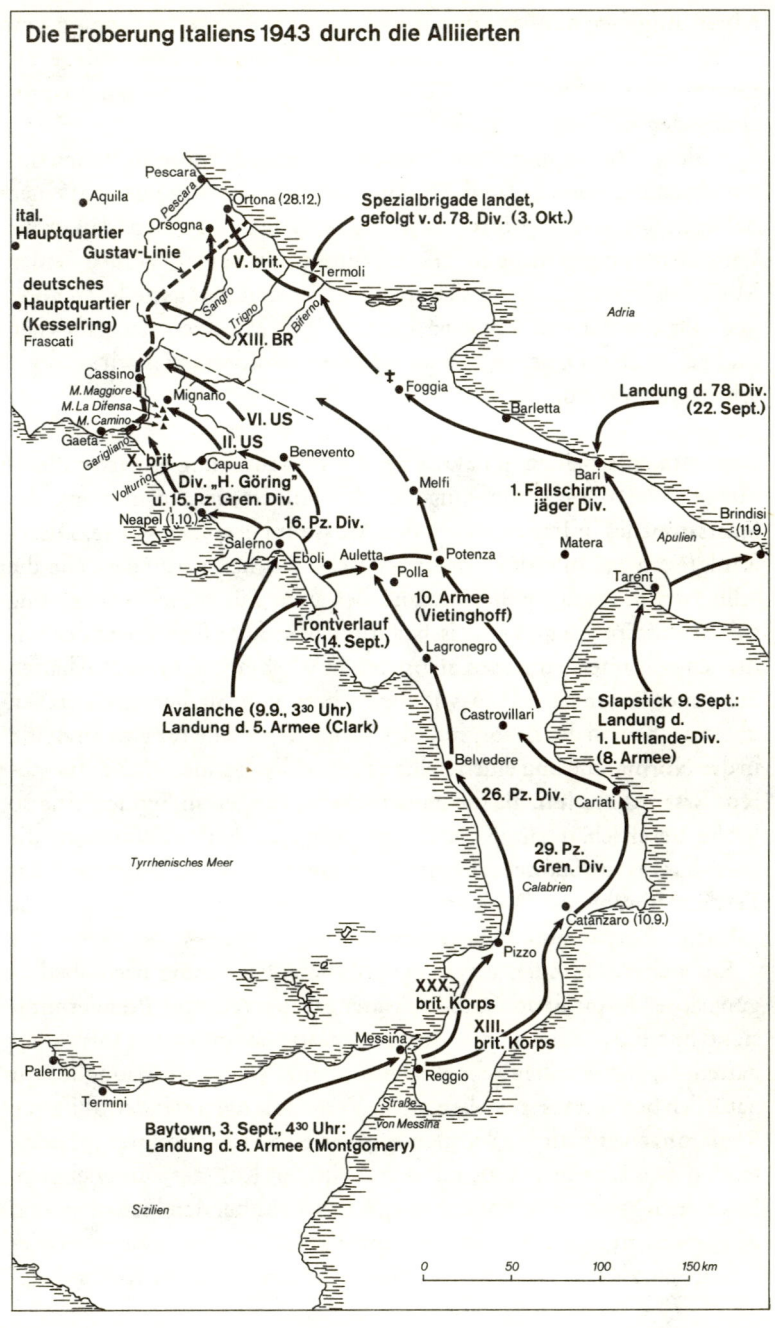

Die Eroberung Italiens 1943 durch die Alliierten

Aquila
Pescara

ital.
Hauptquartier
Gustav-Linie

Orsogna
Ortona (28.12.)

Pescara

Spezialbrigade landet, gefolgt v. d. 78. Div. (3. Okt.)

deutsches
Hauptquartier
(Kesselring)
Frascati

V. brit.

Termoli

Sangro

Trigno

Biferno

XIII. BR

Adria

Cassino
M. Maggiore
M. La Difensa
M. Camino
Gaeta

Mignano

Foggia

Barletta

Landung d. 78. Div. (22. Sept.)

VI. US

II. US

Garigliano

X. brit.

Volturno

Capua

Benevento

Melfi

Bari

1. Fallschirm jäger Div.

Brindisi (11.9.)

Div. „H. Göring"
u. 15. Pz. Gren. Div.

Neapel (1.10.)

16. Pz. Div.

Salerno

Eboli

Auletta

Polla

Potenza

Matera

Apulien

Tarent

Frontverlauf (14. Sept.)

Lagronegro

10. Armee (Vietinghoff)

Avalanche (9.9., 3³⁰ Uhr) Landung d. 5. Armee (Clark)

Castrovillari

Slapstick 9. Sept.: Landung d. 1. Luftlande-Div. (8. Armee)

Belvedere

26. Pz. Div.

Cariati

Tyrrhenisches Meer

29. Pz. Gren. Div.

Calabrien

Catanzaro (10.9.)

Pizzo

XXX. brit. Korps

XIII. brit. Korps

Messina

Reggio

Palermo

Termini

Straße von Messina

Baytown, 3. Sept., 4³⁰ Uhr: Landung d. 8. Armee (Montgomery)

Sizilien

0   50   100   150 km

hätten aufgeben können; aber je mehr sie ihre Kräfte anspannten, um überall eine ausgedehnte Front zu halten, desto größer wurde die Gefahr eines schließlichen Zusammenbruchs durch Überbeanspruchung der Kräfte.

Solche Überlegungen mochten die alliierten Armeen in Italien unter Alexander über die lange Enttäuschung ihrer Hoffnungen auf einen baldigen Sieg hinwegtrösten. Man sollte freilich bedenken, daß große Unternehmungen nicht in der Hoffnung begonnen werden, einen Mißerfolg zu erzielen, der sich später als Vorteil herausstellt. Denn es liegt nicht in der menschlichen Natur, einen Mißerfolg zu wünschen und zu suchen. Daher muß man nüchtern schildern, was wirklich geschah und warum.

Der erste entscheidende Faktor bei der Enttäuschung alliierter Hoffnungen war die Verzögerung bei der politischen Ausnutzung des Staatsstreiches in Italien, durch den Mussolini gestürzt wurde. Dieser erfolgte am 25. Juli; doch mehr als sechs Wochen vergingen, ehe die Alliierten das italienische Festland betraten. Für diese Verzögerung gab es militärische und politische Gründe. Auf der Konferenz der britischen und amerikanischen Stabschefs in Washington Ende Mai hatten die Amerikaner dem Plan widersprochen, von Sizilien nach Italien überzugehen, in der Besorgnis, dies könne ihre Pläne für eine Invasion in der Normandie und einen Feldzug gegen die Japaner im Pazifik stören. Erst am 20. Juli, als die italienischen Truppen in Sizilien eine so große Bereitschaft zur Kapitulation bewiesen hatten, stimmten die amerikanischen Stabschefs einer Fortsetzung des Feldzuges auf das Festland hinüber zu. Doch dann war es schon zu spät, um sich auf eine sofortige Fortsetzung vorzubereiten.

Ein weiteres Hindernis war die politische Forderung nach »bedingungsloser Kapitulation«, die Präsident Roosevelt und Premierminister Churchill auf der Konferenz von Casablanca im Januar formuliert hatten. Die neue italienische Regierung unter Marschall Badoglio war natürlich bemüht festzustellen, ob in Verhandlungen mit den alliierten Regierungen günstigere Bedingungen erzielt werden könnten; aber sie fand, daß es schwierig war, mit den Alliierten Kontakt aufzunehmen. Ein naheliegender Verbindungsweg schien der über den britischen und den amerikanischen Botschafter beim Vatikan zu sein; aber er erwies sich als nutzlos wegen einer wirklich außerordentlichen Kurzsichtigkeit von amtlicher Seite, wie Badoglios Bericht enthüllt: »Der britische Botschafter teilte uns mit, unglücklicherweise sei sein Geheimcode schon alt und fast mit Sicherheit den Deutschen bekannt; daher könne er uns nicht raten, ihn für vertrauliche Mitteilung an seine Regierung zu benutzen. Und der amerikanische Geschäftsträger antwortete, er habe überhaupt keinen Geheimcode.« So mußten die Italiener warten, bis sie Mitte August einen glaubwürdigen Vorwand fanden, um einen Bevollmächtigten nach Portugal zu schicken, wo er mit britischen und amerikanischen Vertretern zusammentreffen konnte. Doch selbst dann ergaben sich auf diesem Umweg noch weitere Verzögerungen.

Im Gegensatz dazu ergriff Hitler ohne Zeitverlust Maßnahmen für die Eventualität, daß die neue italienische Regierung Frieden schließen und aus dem Bündnis mit Deutschland aussteigen wollte. Am Tage des Staatsstreichs in Rom, am 25. Juli, war Rommel in Griechenland eingetroffen, um dort den Oberbefehl zu übernehmen; aber kurz vor Mitternacht erhielt er einen Telefonanruf, der ihm mitteilte, Mussolini sei abgesetzt und er selber solle sofort zu Hitlers Hauptquartier in Ostpreußen zurückfliegen. Dort kam er am nächsten Mittag an und »erhielt den Befehl, in den Alpen Truppen zusammenzuziehen und einen möglichen Einmarsch nach Italien vorzubereiten«.

Dieser Einmarsch begann sogleich, wenn auch noch zum Teil verschleiert. Rommel befürchtete, die Italiener könnten mit Hilfe alliierter Fallschirmjäger plötzlich die Alpenpässe sperren, und gab am 30. Juli den nächstliegenden deutschen Verbänden den Befehl, die Grenze zu überschreiten und die Pässe zu besetzen. Dies geschah unter dem Vorwand, den Nachschubweg nach Italien gegen Sabotage oder Fallschirmjägerangriffe zu schützen. Die Italiener protestierten und drohten kurze Zeit, den Durchmarsch zu hindern; aber sie zögerten, das Feuer zu eröffnen und einen Konflikt mit ihren Verbündeten heraufzubeschwören. Die deutsche Infiltration wurde dann immer mehr ausgeweitet, unter dem Vorwand, die Italiener von der Verteidigung Norditaliens zu entlasten, damit sie ihre Kräfte im Süden verstärken könnten, wo die Alliierten offensichtlich jeden Augenblick landen konnten. Dieses Argument war strategisch so einleuchtend, daß die führenden italienischen Militärs es kaum ablehnen konnten, ohne ihre Absicht zu enthüllen, die Seite zu wechseln. So hatten sich bis Anfang September acht deutsche Divisionen unter Rommel südlich der italienischen Grenze eingenistet und bildeten eine potentielle Verstärkung für Kesselrings Truppen in Italien.

Außerdem wurde die 2. Fallschirmjägerdivision, die aus besonders zähen Kämpfern bestand, von Frankreich nach Ostia in die Nähe von Rom geflogen. Mit ihr kam General Student, der Oberbefehlshaber der deutschen Luftlandetruppen. Bei seiner Vernehmung nach dem Krieg sagte er aus:

»Das italienische Oberkommando erhielt vorher keine Kenntnis von unserem Eintreffen, und ihm wurde nachher gesagt, die Division sei zur Verstärkung für Sizilien oder Kalabrien bestimmt. Aber meine von Hitler erhaltenen Anweisungen lauteten, ich solle in der Nähe von Rom bleiben und auch den Oberbefehl über die 3. Panzergrenadierdivision übernehmen, die vom Norden dorthin gekommen war. Mit diesen zwei Divisionen sollte ich mich bereit halten, die italienischen Streitkräfte im Raum von Rom zu entwaffnen.« Die Anwesenheit dieser deutschen Divisionen vereitelte den alliierten Plan, eine Luftlandedivision, und zwar die 82. amerikanische unter General Ridgway, in der Nähe von Rom abzusetzen, um die Italiener bei der Verteidigung ihrer Hauptstadt zu unterstützen. Wenn diese Luftlandung erfolgt wäre, dann wäre Kesselrings eigenes Hauptquartier, das sich in Frascati, 15 Kilometer südöstlich von Rom befand, gefährdet gewesen.

Dennoch sah die Student zugedachte Aufgabe zunächst sehr schwierig aus. Marschall Badoglio hatte fünf italienische Divisionen im Raum Rom konzentriert, trotz der deutschen Bemühungen, ihn zu überreden, einige davon zur Verteidigung der Küste im Süden abzuziehen. Wenn diese nicht entwaffnet werden könnten, würde Kesselring in der mißlichen Lage sein, gegen zwei alliierte Invasionsarmeen kämpfen zu müssen, während eine dritte feindliche Armee die Nachschub- und Rückzugslinie seiner sechs deutschen Divisionen in Süditalien abschnitt. Diese waren soeben zu einer 10. Armee unter dem Befehl General von Vietinghoffs zusammengefaßt worden; dazu gehörten die vier Divisionen, die aus Sizilien entkommen waren, freilich arg dezimiert durch die Verluste in dem dortigen Feldzug.

Am 3. September begann die Invasion des Festlands mit der Überquerung der schmalen Straße von Messina durch Montgomerys 8. Armee und ihre Landung an der Fußspitze Italiens. Am gleichen Tag unterzeichneten die italienischen Vertreter insgeheim den Waffenstillstand mit den Alliierten. Es wurde vereinbart, er solle geheimgehalten werden, bis die Alliierten ihre zweite und wichtigste Landung durchgeführt hätten, die am »Schienbein« Italiens in der Nähe von Salerno stattfinden sollte.

Um Mitternacht des 8. September begann die britisch-amerikanische 5. Armee unter General Mark Clark im Golf von Salerno zu landen – wenige Stunden nachdem der britische Rundfunk die amtliche Meldung von Italiens Kapitulation bekanntgegeben hatte. Die italienischen Führer hatten die Landung noch nicht so bald erwartet. Badoglio beklagte sich mit einem gewissen Recht, er sei noch nicht in der Lage, mit den Alliierten zusammenzuarbeiten, ehe seine Vorbereitungen abgeschlossen wären. Aber die mangelnde Vorbereitung und das Zögern der Italiener war dem General Maxwell Taylor, der von Eisenhower heimlich nach Rom entsandt worden war, schon so unangenehm klargeworden, daß Ridgways geplante Luftlandung im Raum von Rom abgeblasen wurde, nachdem Eisenhower am Vormittag eine Warnung von Taylor bekommen hatte, die Erfolgsaussichten seien gering. Dann aber war es zu spät, zu dem ursprünglichen Plan zurückzukommen, Ridgways Truppen zu beiden Seiten des Volturno nördlich von Neapel abzusetzen, um feindliche Verstärkungen zu hindern, nach Süden in den Raum Salerno zu gelangen.

Die Rundfunkmeldung von der italienischen Kapitulation überraschte auch die Deutschen; aber ihr Vorgehen bei Rom war prompt und energisch, trotz der durch die Landung bei Salerno verursachten doppelten Notlage.

Das Ergebnis hätte vielleicht anders ausgesehen, wenn die Italiener ebenso entschlossen gehandelt hätten, wie sie geschickt geschauspielert hatten – wodurch sie in den voraufgegangenen Tagen weitgehend ihre Absichten zu verschleiern und Kesselrings Argwohn zu beschwichtigen vermocht hatten. Eine pikante Schilderung gibt Kesselrings Stabschef, General Westphal:

> »Am 7. September suchte der italienische Marineminister Admiral Graf Courten Feldmarschall Kesselring auf und informierte ihn, die italienische Flotte werde am 8. oder 9. aus Spezia auslaufen, um den Kampf mit der britischen Mittelmeerflotte zu suchen. Die italienische Flotte werde siegen oder untergehen, sagte er mit Tränen in den Augen. Dann beschrieb er im einzelnen den Schlachtplan.«

Diese pathetischen Versicherungen machten einen überzeugenden Eindruck. Am nächsten Nachmittag fuhren Westphal und ein anderer deutscher General, Toussaint, zum Hauptquartier der italienischen Armee nach Monterotondo, 25 Kilometer nordöstlich von Rom:

»Unser Empfang durch General Roatta war sehr herzlich. Er erörterte mit mir im einzelnen die künftige gemeinsame Führung der Operationen der 7. italienischen und der 10. deutschen Armee in Süditalien. Während wir sprachen, kam ein Telefonanruf von Oberst von Waldenburg mit der Nachricht von der Rundfunkmeldung über die italienische Kapitulation ... General Roatta versicherte uns, dies sei nur ein übles Propagandamanöver. Der gemeinsame Kampf, sagte er, werde weitergehen, so wie es zwischen uns vereinbart worden sei.«

Westphal war jedoch von diesen Zusicherungen nicht völlig überzeugt, und als er am späten Abend in das deutsche Hauptquartier nach Frascati zurückkehrte, stellte er fest, daß Kesselring bereits an alle nachgeordneten Stäbe das Schlüsselwort »Achse« ausgegeben hatte – das vereinbarte Signal, das bedeutete, daß Italien die Achse verlassen hatte und geeignete Maßnahmen zur Entwaffnung der Italiener sofort ergriffen werden müßten.

Die deutschen Kommandos wandten dabei eine Mischung von Überredung und Gewalt an, je nach der Situation und ihrem eigenen Ermessen. Im Raum Rom, wo die Chancen für ihn nicht gut standen, wandte Student eine Schocktaktik an:

»Ich versuchte, das italienische Hauptquartier durch eine Landung aus der Luft auszuheben. Es war aber nur ein Teilerfolg: Während 30 Generale und 150 andere Offiziere in einem Teil des Gebäudekomplexes gefangengenommen wurden, leisteten andere erfolgreich Widerstand. Der Generalstabschef war schon in der vergangenen Nacht zugleich mit dem König und Badoglio entkommen.«

Statt zu versuchen, Students wenige Divisionen zu überwältigen, beeilten sich die italienischen Kommandeure, aus der Reichweite der Deutschen zu gelangen, und zogen sich mit ihren Truppen östlich nach Tivoli zurück, die Hauptstadt den Deutschen überlassend. Dies bahnte den Weg für Verhandlungen, bei denen Kesselring eine mildere Form der Überredung anwandte und vorschlug, wenn die italienischen Truppen ihre Waffen niederlegten, dürften sie sofort nach Hause gehen. Dieses Angebot widersprach dem Befehl Hitlers, daß alle italienischen Soldaten gefangengenommen werden sollten; aber es erwies sich als viel erfolgreicher bei geringerem Verlust von Menschenleben und von Zeit. Das Ergebnis mag mit den Worten Westphals geschildert werden:

»Die Lage im Raum von Rom beruhigte sich vollständig, nachdem der italienische Befehlshaber die deutschen Kapitulationsvorschläge in ihrer Gesamtheit angenommen hatte. Dies beseitigte die Gefahr für den Nachschub der 10. Armee ...

Es war eine weitere Erleichterung für uns, daß Rom nicht zum Schlachtfeld zu werden brauchte. In der Kapitulationsabmachung verpflichtete sich Kesselring, Rom als offene Stadt zu behandeln. Er verpflichtete sich, sie solle nur von zwei Polizeikompanien zur Bewachung der Fernsprechleitungen und ähnlichem besetzt werden. Diese Verpflichtung wurde bis zum Ende der deutschen Besatzung stets eingehalten. Dank der Kapitulation war es jetzt wieder möglich, den Funkverkehr mit dem OKW wiederaufzunehmen, der seit dem 8. abgebrochen worden war. Eine weitere Folge der unblutigen Ausschaltung der italienischen Streitkräfte war die Möglichkeit, jetzt sofort Verstärkungen auf dem Landweg vom Raum Rom zur 10. Armee im Süden zu schicken ... So hatte sich die Situation im Raum von Rom, die uns anfangs so viel Sorgen machte, in einer Weise geklärt, die kaum hätte besser sein können.«

Bis dahin hatten Hitler und seine militärischen Berater im OKW die Armee Kesselrings mehr oder weniger als verloren betrachtet. Westphal ist auch dafür ein interessanter Zeuge:

»Nachschub und Ersatz von Personal, Waffen und Ausrüstung für uns waren seit August völlig abgeschnitten. Alle Anforderungen wurden vom OKW mit der Bemerkung abgetan: ›Wir werden sehen.‹ Diese ungewohnt pessimistische Haltung spielt wohl auch eine Rolle beim Einsatz von Rommels Heeresgruppe B in Oberitalien. Sie hatte den Auftrag, diejenigen Teile unserer Truppen, die dem gemeinsamen Angriff der Alliierten und der Italiener entkommen wären, in eine neue Stellung in den Appeninen aufzunehmen.

Auch Feldmarschall Kesselring sah die Lage als ernst an. Aber seiner Ansicht nach war es noch möglich, sie unter gewissen Umständen zu meistern – je weiter südlich die erwartete große Landung stattfinden würde, desto besser würden die Chancen sein. Aber wenn der Feind auf dem See- und Luftweg im Raum Rom landen würde, dann könne man kaum mehr damit rechnen, die 10. Armee vor der Abschneidung zu bewahren. Die zwei Divisionen, die wir in der Nähe von Rom hatten, seien keineswegs ausreichend für die doppelte Aufgabe, die starken italienischen Streitkräfte auszuschalten und die alliierte Landung zurückzuschlagen – und außerdem die rückwärtigen Verbindungen der 10. Armee offenzuhalten. Am Morgen des 9. September wurde es zu unserem Leidwesen offenkundig, daß die italienischen Truppen die Straße nach Neapel und damit den Nachschub der 10. Armee blockierten. Diese Armee hätte das nicht lange ausgehalten. So stieß unser Oberbefehlshaber einen Seufzer der Erleichterung aus, als am 9. und 10. keine Luftlandungen auf den Flugplätzen in der Nähe von Rom erfolgten. An diesen beiden Tagen erwarteten wir stündlich eine solche Landung im Zusammenwirken mit den italienischen Truppen. Eine solche Luftlandung hätte ohne Zweifel den italienischen Truppen und der italienischen Bevölkerung, die uns nicht wohl gesonnen war, großen Auftrieb gegeben.«

Kesselring selbst formulierte das Problem in einem Satz:

»Eine Luftlandung in der Nähe von Rom und eine Seelandung in diesem Raum statt bei Salerno hätte uns automatisch gezwungen, ganz Süditalien zu räumen.«

Auch so waren die Tage nach der alliierten Landung in Salerno eine Zeit intensivster Anspannung für die Deutschen, die um so mehr Nerven kostete, als Informationen über das, was bei Salerno vor sich ging, weitgehend fehlten. Niemals war der »Nebel« so dicht – angesichts der Tatsache, daß die Deutschen im Lande eines Verbündeten kämpften, der ihnen plötzlich in den Rücken gefallen war. Wieder kann man am besten die Schilderung Westphals zitieren:

»Der Oberbefehlshaber erfuhr zuerst sehr wenig über die Lage bei Salerno. Die Telefonverbindung brach ab, da sie über das italienische Postnetz lief. Es war nicht leicht, sie wiederherzustellen, da man uns nicht erlaubt hatte, die italienische Fernsprechtechnik zu studieren. Funkverbindung konnte zuerst nicht hergestellt werden, da die Funker der neugebildeten 10. Armee mit den besonderen atmosphärischen Bedingungen im Süden nicht vertraut waren.«

Es war ein Glück für die Deutschen, daß die alliierte Hauptlandung gerade in dem Raum erfolgte, wo sie sie erwartet hatten und wo Kesselring am besten seine spärlichen Kräfte konzentrieren konnte. Auch der Vormarsch der britischen 8. Armee die Stiefelspitze Italiens herauf verlief planmäßig; aber sie war noch zu weit entfernt, um eine unmittelbare Gefahr für die deutschen Truppen zu bedeuten. Kesselring profitierte sehr von der Abneigung der alliierten Befehlshaber, Operationen außerhalb des Bereichs alliierter Luftunterstützung zu riskieren – und bei seinen Berechnungen konnte er darauf zählen, daß sie konsequent diese althergebrachten Beschränkungen beobachten würden. Infolgedessen erlitten die alliierten Landungen bei Salerno – optimistisch »Operation Avalanche« (Erdrutsch) genannt – einen verlustreichen Rückschlag. Mark Clark selbst spricht sogar von einer »Beinahe-Katastrophe«. Nur ganz knapp gelang es den Landetruppen, den deutschen Gegenangriff abzuwehren und nicht wieder ins Meer zurückgeworfen zu werden.

In der ursprünglichen Planung hatte Mark Clark eine Landung im Golf von Gaeta nördlich von Neapel vorgeschlagen, wo das Gelände freier ist und nicht so gebirgig wie bei Salerno, was den Vormarsch von der Küste ins Landesinnere behindern würde. Aber als Tedder, der alliierte Luftwaffen-Oberbefehlshaber, ihm sagte, die Luftunterstützung könne dort im Raum Gaeta nicht so gut sein, gab Clark nach und erklärte sich mit Salerno einverstanden.

Auf alliierter Seite hatten manche die Ansicht geäußert, die wirksamste Art, die Deutschen zu überraschen oder zu überrumpeln, sei eine Landung jenseits dieser Grenze; es wurde vorgeschlagen, eine Landung an der Ferse Italiens, im Raum Tarent–Brindisi, würde am wenigsten erwartet werden und dabei wenig Risiko bedeuten, wohl aber den baldigen Besitz zweier guter Häfen versprechen. Eine solche Landung wurde dann im letzten Moment zusätzlich als Nebenlandung dem Plan hinzugefügt. Doch die in Taranto gelandeten Truppen bestanden nur aus der britischen 1. Luftlandedivision, die eilig von ihren Ruhestellungen in Tunesien zusammengezogen und in den Schiffen, die man kurzfristig zur Verfügung stellen konnte, übers Meer transportiert wurde. Sie stieß auf keinerlei Widerstand; aber sie war völlig ohne Panzer und mit sehr wenig Artillerie und motorisierten Fahrzeugen angekommen – es fehlten ihr also gerade die Dinge, die nötig gewesen wären, um die gute Gelegenheit voll auszunutzen.

Nach diesem allgemeinen Überblick über den Verlauf der alliierten Invasion kommen wir zu einer genaueren Schilderung des Verlaufs der Operationen, die mit der Überquerung der Straße von Messina durch Montgomerys 8. Armee am 3. September begannen.

Die Befehle für die Landung in Kalabrien, die »Operation Baytown«, wurden erst am 16. August ausgegeben, als die letzten deutschen Nachhuten dabei waren, Sizilien zu verlassen. Auch dann wurde
in den Befehlen kein eigentliches »Ziel« genannt, wie Montgomery in
einem Bericht an Alexander am 19. sarkastisch monierte. Als Antwort
wurde das Ziel verspätet definiert, und ihm wurde befohlen:
»Ihre Aufgabe ist es, einen Brückenkopf an der Fußspitze Italiens
zu bilden, um unseren Seestreitkräften zu ermöglichen, die Straße
von Messina zu durchfahren. Falls sich der Feind zurückzieht, werden Sie ihm mit allen verfügbaren Kräften folgen; Sie müssen dabei
bedenken, daß, je größere feindliche Kräfte Sie an der südlichsten
Spitze Italiens binden, desto mehr Hilfe Sie der Operation Avalanche leisten werden.«
Dies war ein bescheidenes Ziel, und ein ziemlich unbestimmtes dazu,
für die Veteranen der 8. Armee. Montgomery bemerkt in seinen Erinnerungen: »Es wurde kein Versuch gemacht, meine Operationen mit
denen der bei Salerno landenden 5. Armee zu koordinieren.« Für die
zweite Aufgabe, dieser Armee Hilfe zu leisten, erfolgte die Landung
der 8. Armee an einem denkbar ungeeigneten Ort, der mehr als 450
Kilometer über einen sehr engen und gebirgigen Weg von Salerno und
für eine feindliche Abwehr geradezu ideal geeignet war. Es gab nur
zwei gute Straßen, von denen eine sich an der Westküste, die andere
an der Ostküste entlangschlängelte, so daß nur zwei Divisionen eingesetzt werden konnten, mit je einer Brigade, die an ihrer Spitze fuhr;
oft war es schwierig, mehr als je ein Bataillon bei dem Vormarsch voll
zu entfalten. Für den Feind bestand daher keine Notwendigkeit, starke
Kräfte in diesem Raum zu belassen, und um so weniger Anlaß hierzu,
als er sicher sein konnte, daß der größere Teil der alliierten Streitkräfte
anderswo landen würde. Sobald die 8. Armee sich für die Halbinsel
Kalabrien entschieden hatte, wurden auch die Möglichkeiten der 5.
Armee vermindert, den Feind zu überraschen, da die Zahl der alternativen Möglichkeiten, mit der er rechnen mußte, dadurch verringert
wurde. Die Stiefelspitze war der ungeeignetste Ort zum Aufbau einer
wirksamen Ablenkung des Feindes. Die Deutschen konnten ihre
Streitkräfte ungehindert von dort zurückziehen und die Invasion ihren
eigenen operativen Schwierigkeiten überlassen.
Trotz der Unwahrscheinlichkeit starken feindlichen Widerstandes
wurde Montgomerys Landeunternehmen mit seiner üblichen Sorgfalt

und Gründlichkeit vorbereitet. Fast 600 Geschütze wurden unter dem Kommando des 30. Korps zusammengezogen und schossen ein gewaltiges Sperrfeuer von der sizilianischen Küste aus, um die Überquerung der Meerenge und die Landung an der Küste bei Reggio abzudecken, die von General Dempseys XIII. Korps durchgeführt wurde. Die Zusammenziehung einer solchen Masse von Artillerie hatte den Angriff einige Tage über das geplante Datum hinaus verzögert. Die Beschießung wurde außerdem verstärkt durch das Feuer von 120 Schiffsgeschützen.

In den Tagen vorher hatten Berichte des britischen Nachrichtendienstes ergeben, daß die Deutschen nicht mehr als zwei Infanteriebataillone an der Fußspitze stehen hatten, und auch diese waren über 15 Kilometer von der Küste entfernt aufgestellt, um die beiden Straßen nach Norden zu blockieren. Diese Kenntnis vom Rückzug des Feindes veranlaßte kritische Beobachter zu der Bemerkung, das vorbereitende Sperrfeuer sei ein Beispiel gewesen, wie man »mit einem Schmiedehammer eine Nuß knackt«. Der Kommentar war treffend, aber nicht ganz richtig – es gab nicht einmal mehr eine Nuß zu knacken. Das ganze war einfach eine gewaltige Verschwendung von Munition.

Am Nachmittag des 3. September landeten die 5. britische und die 1. kanadische Division an leeren Küsten, an denen es nicht einmal Minen und Stacheldraht gab. Ein Kanadier berichtete scherzhaft: »Der heftigste Widerstand an diesem Tage kam von einem Puma, der aus dem Zoologischen Garten von Reggio entflohen war und es offenbar auf den Brigadekommandeur abgesehen hatte.« Die landende Infanterie hatte keinerlei Verluste, und bis zum Abend war die Stiefelspitze bis zu einer Tiefe von fast zehn Kilometern ohne Widerstand besetzt. 3000 Italiener und drei versprengte deutsche Soldaten wurden gefangengenommen; die Italiener halfen dann bereitwillig bei der Ausladung der britischen Landefahrzeuge. Auch in den nächsten Tagen gab es keinen ernsthaften Widerstand, als die Invasoren weiter nördlich vorrückten, und nur kurze Feuergefechte mit feindlichen Nachhuten. Aber zahlreiche Straßensprengungen, von den Deutschen beim Rückzug geschickt durchgeführt, hemmten den Vormarsch der 8. Armee: Bis zum 6. September, dem vierten Tag, war sie nur 45 Kilometer über den Landeplatz hinaus vorgerückt, und erst am 10. erreichte sie die schmalste Stelle Kalabriens, noch nicht einmal ein Drittel der Entfernung bis Salerno.

Dennoch war, nach Montgomerys Schilderung, Alexander »höchst optimistisch«, als er am 5. September die 8. Armee besuchte und die Nachricht brachte, daß die Italiener zwei Tage vorher heimlich einen Waffenstillstand unterzeichnet hatten. Montgomery bemerkt dazu, Alexander sei »offenbar bereit, seine Pläne auf der Annahme aufzubauen, daß die Italiener alles tun, was sie versprechen«. Dieser Optimismus wurde von Montgomery angezweifelt: »Ich sagte ihm meine Meinung, die Deutschen würden, wenn sie herausfinden, was vor sich geht, den Italienern eins überziehen.« Die Ereignisse bestätigten diese in Montgomerys Tagebuch verzeichnete Bemerkung.

Alexanders Zuversicht in bezug auf die »Operation Avalanche« ist um so überraschender, als zwei Wochen vorher ein deutscher militärischer Kommentator unter dem Decknamen »Sertorius« im Rundfunk vorausgesagt hatte, die alliierte Hauptlandung werde im Raum Neapel–Salerno erfolgen, mit einer Nebenlandung auf der Halbinsel Kalabrien.

Bereits am 18. August hatte Hitler seine Befehle für diesen Fall ausgegeben, und diese lauteten:

»1. Früher oder später ist mit der Kapitulation Italiens angesichts des feindlichen Druckes zu rechnen.

2. Zur Vorbereitung darauf muß die Rückzugslinie der 10. Armee offengehalten werden. Mittelitalien, insbesondere der Raum Rom, muß bis dahin vom Oberbefehlshaber Süd gehalten werden.

3. In dem am meisten bedrohten Küstenstreifen zwischen Neapel und Salerno muß eine starke Gruppe von mindestens drei motorisierten Einheiten der 10. Armee zusammengezogen werden. Alle nicht mehr motorisierten Einheiten der Armee müssen ebenfalls in diesen Raum verlegt werden. Zuerst können die motorisierten Einheiten zwischen Catanzaro und Castrovillari bleiben, um von dort in die Kämpfe einzugreifen. Teile der 1. Fallschirmjägerdivision können zum Schutz des Flugplatzes Foggia eingesetzt werden. Im Fall einer feindlichen Landung muß der Raum Neapel–Salerno gehalten werden. Südlich des Engpasses von Castrovillari sollen dann nur hinhaltende Aktionen erfolgen ...«

Kesselring verlegte sechs seiner acht Divisionen nach Süden, wo sie zu General von Vietinghoffs neugebildeter 10. Armee stießen, die ihr Hauptquartier in Polla südöstlich von Salerno hatte. Hitler hatte am 22. August Vietinghoff persönlich befohlen, Salerno als »das Zentrum des Schwergewichts« zu betrachten. Kesselrings zwei andere Divisionen wurden in der Nähe von Rom in Reserve gehalten, bereit, »für den Fall eines italienischen Verrats« die Hauptstadt in Besitz zu nehmen und die Rückzugslinie der 10. Armee offenzuhalten. Zu den sechs Divisionen im Süden gehörten zwei, die neu in Italien angekommen waren, die 16. und 26. Panzerdivision, und die vier, die aus Sizilien entkommen waren. Von diesen wurden die zwei am meisten dezimierten, die Division Hermann Göring und die 15. Panzergrenadiere, zur Wiederauffüllung in den Raum Neapel gebracht; die 1. Fallschirmjägerdivision ging nach Apulien und die 29. Panzergrenadierdivision blieb in Kalabrien, Montgomery gegenüber. Um ihr dabei zu helfen, wurde vorübergehend auch die 26. Panzerdivision nach Kalabrien geschickt. Die 16. Panzerdivision, die am besten bewaffnete von allen, wurde zum Schutz des Golfs von Salerno abgestellt, des wahrscheinlichsten Platzes einer großen Landung, und konnte dort von den anderen Divisionen schnell verstärkt werden. Immerhin besaß auch sie nur ein Panzerbataillon[1] und nur vier Infanteriebataillone, wenn auch ziemlich viel Artillerie.

Dies war eine bescheidene Streitmacht im Vergleich zu der großen Armada, die zum Golf von Salerno fuhr – mit etwa 700 Schiffen und Landefahrzeugen, mit 55 000 Mann für die erste Landung und weiteren 115 000 für die zweite Phase.

Die Landung wurde von der 36. US-Infanteriedivision am rechten, der britischen 6. und 56. Division am linken Flügel durchgeführt, während ein Teil der 45. US-Infanteriedivision in Reserve blieb. Diese Divisionen unterstanden dem VI. US-Korps unter General Dawley und dem britischen X. Korps unter General McCreery. Das letztere sollte an einem elf Kilometer langen Küstenstreifen südlich von Salerno landen, in der Nähe der Hauptstraße nach Neapel, welche die gebirgige Halbinsel von Sorrent überquert und durch die Enge von Cava führt, einen niedrigen, aber schwierigen Paß. Auf seinen schnellen Erfolg kam es somit entscheidend an, sowohl für die Öffnung des Weges nach

---

1 Dieses Bataillon hatte etwa 80 Panzer vom Typ Mark IV. Das früher dazu gehörende Bataillon mit »Panthern« war durch ein Bataillon mit 40 Sturmgeschützen ersetzt worden – die auf weite Entfernung für Panzer gehalten werden konnten. Dennoch ist es schwer verständlich, wie General Mark Clark in seinen Erinnerungen zu der Schätzung kommen konnte, die Deutschen hätten Anfangs vermutlich etwa 600 Panzer bei Salerno gehabt – dies war fast das Achtfache der wirklichen Zahl!

Norden, nach Neapel, wie für die Blockierung etwaiger deutscher Verstärkungen aus dem Norden. Um seine Aufgabe zu erleichtern, wurden zwei britische Kommandotrupps und drei Bataillone amerikanischer Elitetruppen für die schnelle Einnahme dieses Passes und des Chiunzi-Passes auf der Nachbarstraße abgestellt.

Der britische Hauptgeleitzug lief am 6. September von Tripolis aus, der größte amerikanische schon am Abend vorher von Oran. Andere Geleitzüge kamen aus Algier, Bizerta und den nordsizilianischen Häfen Palermo und Termini. Obwohl ihr Bestimmungsort ein streng bewachtes Geheimnis war, war er nicht schwer zu raten angesichts der bekannten Grenzen der Luftunterstützung und der Notwendigkeit, bald einen großen Hafen einzunehmen – zwei Bedingungen, die hier so gut zusammenfielen, daß sie einen sehr naheliegenden Hinweis boten. Erleichtert wurde das Raten auch durch die unglückliche Wahl der Namen »Force N« und »Force S« für den nördlichen und den südlichen Angriffsverband. Aber es handelte sich nicht nur um ein geschicktes Raten; denn ein Stabsbefehl mit weiter Verbreitung erwähnte ausdrücklich eine Anzahl von Orten in der Nähe von Salerno.

Da nun das Ziel so klar auf der Hand lag, war es ein um so größeres Handicap, daß der Armeebefehlshaber Mark Clark darauf bestand, den Überraschungseffekt so weit wie möglich zu erhalten, und jede vorherige Beschießung der Küste von See aus verbot, trotz entschiedener Befürwortung des Marinebefehlshabers Vizeadmiral Hewitt – der klar sah, es sei »phantastisch anzunehmen, wir könnten einen taktischen Überraschungserfolg erzielen«[1]. Andererseits kann man vielleicht annehmen, daß der Vorteil einer Aufweichung der Küstenverteidigung durch starke Beschießung ausgeglichen worden wäre durch eine schnellere Konzentration der feindlichen Reserven, wenn der geplante Landeplatz dadurch noch klarer gemacht worden wäre.

Die Annäherung der Geleitzüge an der West- und Nordküste Siziliens vorbei wurde am frühen Nachmittag des 8. September vom Feind gesichtet und dem deutschen Hauptquartier gemeldet; um 3.30 Uhr wurden die deutschen Truppen in Erwartung der Landung in Alarmzustand versetzt. Um 6.30 Uhr nachmittags gab Eisenhower über Radio Algier den Waffenstillstand mit Italien bekannt, und um 7.20 Uhr wurde die Meldung im Nachrichtendienst der BBC wiederholt. Diese Rundfunknachrichten wurden von den alliierten Truppen an

1 S. E. Morison: History of U.S. Naval Operations in World War II, Band IX, S. 249

Bord der Geleitzüge mitgehört; trotz der Warnungen mancher Offiziere, man würde nach wie vor mit den Deutschen zu tun haben, machten sie bei vielen den Eindruck, die Landung werde jetzt ein ruhiger Spaziergang sein. Diese Illusionen wurden bald zerstreut – ebenso wie die der alliierten Planer, die optimistisch die Einnahme Neapels schon am dritten Tag vorausgesagt hatten. In Wirklichkeit wurde dieses Ziel erst nach drei Wochen harter Kämpfe, knapp an der Katastrophe vorbei, endlich erreicht.

Im Lauf des Nachmittags des 8. September und dann wieder nach Dunkelwerden wurden die Geleitzüge einige Male aus der Luft angegriffen, als deutsche Bomber sie überflogen und Leuchtschirme abwarfen; aber die Armada erlitt zum Glück nur geringen Schaden. Bald nach Mitternacht kamen die ersten Transportschiffe an den Landestellen 10–15 Kilometer von der Küste entfernt an und begannen, ihre Landefahrzeuge zu Wasser zu lassen. Diese erreichten die Küste ziemlich planmäßig um 3.30 Uhr nachts. Zwei Stunden vorher hatte eine von den Deutschen übernommene Küstenbatterie das Feuer auf die Landefahrzeuge an der nördlichen Flanke eröffnet, aber war von den begleitenden Zerstörern zum Schweigen gebracht worden. Das letzte Stadium der Landung war unterstützt worden durch eine kurze, aber intensive Beschießung der Küstenbatterie durch Schiffsgeschütze und Raketenbomben – eine neue Waffe, die hier erstmalig eingesetzt wurde. Am südlichen Abschnitt jedoch gab es kein solches unterstützendes Feuer, da der amerikanische Divisionskommandeur sich an den »kein Feuer«-Befehl seines Armeebefehlshabers hielt, in der Hoffnung, er könne durch eine Stille den Feind hier überraschen. Der Erfolg war aber, daß bei der letzten Anfahrt an die Küste die Landefahrzeuge plötzlich von einem Geschoßhagel überschüttet wurden und die Truppen zahlreiche Verluste erlitten.

Da die Aussicht auf einen raschen Vormarsch nach Neapel davon abhing, daß die Straße von Salerno nach Norden durch die Berge bald besetzt wurde, ist es angebracht, die Landungen im einzelnen von links nach rechts zu schildern, angefangen bei der nördlichen Flanke. Hier landeten die amerikanischen Rangers ohne Widerstand an einem schmalen Küstenstreifen bei Maiori und besetzten innerhalb von drei Stunden den Chiunzi-Paß, während sie sich gleichzeitig auf den Höhen festsetzten, welche die Hauptstraße Salerno–Neapel überblickten. Die britischen Kommandos hatten ebenfalls eine leichte Landung bei Vietri, wo die Straße die Küste verläßt und anfängt aufzusteigen. Doch der Feind reagierte schnell und verzögerte die Säuberung der Stadt; die Kommandos wurden dann nördlich der Stadt in dem niedrigen Paß von La Molina zu Beginn der Cava-Schlucht aufgehalten.

Die britische Hauptlandung an Küstenstreifen wenige Kilometer südlich von Salerno stieß von Anfang an auf harten Widerstand; ihr Fortschritt wurde auch dadurch beeinträchtigt, daß ein Teil der 46. Division versehentlich am Landeplatz ihres rechten Nachbarn, der 56. Division, abgesetzt wurde, was Verwirrung und Gedränge am Strand verursachte. Obwohl ein Teil der Landetruppen drei Kilometer landeinwärts vorstieß, erlitten sie schwere Verluste und erreichten die wichtigen Ziele des ersten Tages nicht: den Hafen von Salerno, den Flugplatz Montecorvino und die Straßenkreuzungen bei Battipaglia und Eboli. Am Ende des Tages gab es immer noch eine elf Kilometer breite Lücke zwischen der britischen rechten Flanke nördlich des Sele und der amerikanischen linken Flanke südlich dieses Flusses.

Die amerikanischen Landungen erfolgten an vier Küstenstrichen in der Nähe der berühmten griechischen Tempel bei Paestum. Der Annäherung an die Küste unter schwerem Feuer, ohne Unterstützung ihrer eigenen Schiffe, folgten weitere Feuerschläge nach der Landung ebenso wie mehrere deutsche Luftangriffe auf die Küste. Es war eine harte Probe für die Truppen der 36. Division, die noch keinerlei Kampferfahrung hatte. Zum Glück erhielten sie jetzt gute Unterstützung durch Geschützfeuer von Zerstörern, die kühn durch Minenfelder hindurch heranfuhren, um ihnen zu helfen; dies erwies sich sehr nützlich, sowohl hier als auch an dem britischen Abschnitt, bei der Abwehr von Gegenstößen kleiner Gruppen deutscher Panzer, die jetzt für die Gelandeten die Hauptgefahr waren. Bis zum Dunkelwerden war der amerikanische linke Flügel etwa acht Kilometer landeinwärts bis zur Stadt Capaccio auf den Hügeln vorgedrungen, aber der rechte Flügel war immer noch an der Küste ziemlich festgenagelt.

Der zweite Tag, der 10. September, war an der amerikanischen Front ruhig, da die 16. Panzerdivision den größten Teil ihrer spärlichen Kräfte nach Norden zur britischen Front abgezogen hatte, die strategisch die größere Gefahr für die deutschen Stellungen bei Salerno bedeutete. Die Amerikaner benutzten dies, um ihren Landekopf auszuweiten und das Gros der 15. Division, ihre schwimmende Reserve, an Land zu setzen. Unterdessen hatte die britische 56. Division am frühen Morgen den Flugplatz Montecorvino und Battipaglia besetzt, wurde aber später durch einen kräftigen Gegenangriff zweier deutscher motorisierter Infanteriebataillone mit einigen Panzern wieder daraus vertrieben – dies führte zu einer teilweisen Panik, selbst bei der Gardebrigade, ehe neue Panzerverstärkungen ihr zu Hilfe kamen.

In dieser Nacht begann die 56. Division mit drei Brigaden einen Angriff zur Einnahme der beherrschenden Höhen des Monte Evoli; doch sie machte nur geringe Fortschritte, zu denen die Wiederbesetzung Battipaglias gehörte. Die 46. Division besetzte die Stadt Salerno und kam den Kommandos zu Hilfe, gelangte aber nicht weiter nach Norden. Am amerikanischen Abschnitt rückte die neu eingetroffene 45. Division etwa 15 Kilometer landeinwärts am Ostufer des Sele über Persano vor und gelangte fast bis zur Straßenkreuzung von Ponte Sele. Dann wurde sie durch einen Gegenangriff eines motorisierten Infanteriebataillons mit acht Panzern zurückgeworfen, das schnell vom britischen Abschnitt über den Fluß herübergekommen war.

So waren am Ende des dritten Tages die vier gelandeten alliierten Divisionen – mit zusätzlichen Einheiten, die zusammen einer fünften gleichkamen – immer noch auf zwei schmale voneinander getrennte Landeköpfe beschränkt, während die Deutschen die umgebenden Höhen und die Straßen zu diesen flachen Küstenstreifen besetzt hielten. Der 16. Panzerdivision, die an kampffähigen Einheiten knapp halb so stark war wie eine alliierte Division, war es gelungen, die Invasion aufzuhalten und Zeit für die Ankunft deutscher Verstärkungen zu gewinnen.

Die ersten Verstärkungen, die ankamen, waren die 29. Panzergrenadierdivision auf ihrem Rückweg von Kalabrien und ein Verband von zwei Infanteriebataillonen und etwa 20 Panzern, welche die wiederausgerüstete Division Hermann Göring aufstellen konnte. Dieser Verband, der aus dem Raum Neapel kam, durchbrach in einem Gegenangriff die britischen Linien oberhalb des La-Molina-Passes und gelangte bis kurz vor Vietri, ehe er am 13. durch die britischen Kommandotrupps zum Stehen gebracht werden konnte. Immerhin war dieser Paß jetzt für die Invasoren gesperrt; es wurde nur allzu deutlich, daß das britische X. Korps auf dem sehr schmalen Küstenstreifen bei Salerno festgenagelt war, während die Deutschen die Höhen ringsherum beherrschten.

Unterdessen war Mark Clarks anfänglicher Optimismus durch die Ereignisse im südlichen Abschnitt noch stärker erschüttert worden. Denn die 29. Panzergrenadierdivision warf sich zusammen mit einem Teil der 16. Panzerdivision in die Lücke zwischen den Briten und den Amerikanern. Am Abend des 12. September wurde der britische rechte Flügel wiederum aus Battipaglia vertrieben und erlitt schwere Verluste, insbesondere viele Gefangene, welche die Deutschen machten. Am 13. nutzten die Deutschen die erweiterte Lücke zwischen den beiden alliierten Korps zu einem Angriff gegen den amerikanischen linken Flügel aus, vertrieben ihn aus Persano und verursachten einen allgemeinen Rückzug. In der daraus entstehenden Verwirrung durchstießen die Deutschen die feindlichen Linien an mehreren Stellen und gelangten an einer Stelle bis fast einen Kilometer an die Küste heran.

An diesem Abend sah die Lage so bedrohlich aus, daß die Ausladung der Frachtschiffe am südlichen Abschnitt eingestellt wurde. Mark Clark sandte sogar Admiral Hewitt eine dringende Bitte, sich auf die Wiedereinschiffung des Hauptquartiers der 5. Armee vorzubereiten und alle verfügbaren Fahrzeuge für die Evakuierung des VI. Korps von diesem Landekopf und seine erneute Landung im britischen Abschnitt bereitzustellen – oder aber das X. Korps nach Süden zu verlegen[1]. Eine solche große improvisierte Verlegung war praktisch kaum durchführbar, und der Vorschlag löste einen entsetzten Protest General McCreerys und seines Marinekollegen Commodore Oliver aus, während er Bestürzung weiter oben verursachte, als Eisenhower und Alexander davon erfuhren. Aber er trug dazu bei, eine beschleunigte Verstärkung der Truppen an der Küste zu veranlassen; zusätzliche Landefahrzeuge wurden durch Umleitung von 18 LST, die schon auf dem Weg nach Indien waren, zur Verfügung gestellt. Auch die 82. Luftlandedivision sollte jetzt Mark Clark unterstützen, und in schneller Reaktion auf seinen Notruf setzte am Nachmittag General Ridgway die erste Rate dieser Division am südlichen Landekopf ab. Auch die britische 7. Panzerdivision begann am 15. am nördlichen Brückenkopf zu landen.

Doch dann war die Krise schon überwunden, vor allem dank der schnellen Hilfe der alliierten See- und Luftstreitkräfte. Am 14. waren

---

1 Cunningham: A Sailor's Odyssey, S. 569. Nur die letzte dieser vorgeschlagenen Notmaßnahmen wird in S. E. Morisons »History of U.S. Naval Operations«, Band IX, erwähnt.

alle verfügbaren Flugzeuge sowohl der strategischen als auch der praktischen Luftwaffe im Mittelmeer zu einer Bombardierung der deutschen Truppen und ihrer Verbindungswege eingesetzt worden. Sie flogen an jenem Tag mehr als 1900 Einsätze. Noch wirkungsvoller bei der Abwehr des deutschen Vorstoßes auf die Küsten war das unentwegte Feuer der alliierten Kriegsschiffe. Vietinghoff berichtet rückschauend:

»Der Angriff stieß an diesem Morgen auf härteren Widerstand; doch vor allem mußten die vorrückenden Truppen das schwerste Geschützfeuer über sich ergehen lassen, das sie je erlebt hatten – ein Geschützfeuer von mindestens 16–18 Schlachtschiffen, Kreuzern und großen Zerstörern. Mit erstaunlicher Präzision und Manövrierfreiheit schossen diese Schiffe mit überwältigender Wirkung auf jedes erkannte Ziel.«

Mit so gewaltiger Unterstützung gelang es den Amerikanern, die rückwärtige Verteidigungslinie zu behaupten, auf die sie sich in der Nacht vorher zurückgezogen hatten.

Am 15. gab es eine Kampfpause, während der die Deutschen mit Hilfe einiger Verstärkungen ihre durch die Geschütze und Bomben mitgenommenen Einheiten wieder auffrischten. Die 26. Panzerdivision, immer noch ohne Panzer, war jetzt aus Kalabrien angekommen, nachdem sie sich von Montgomerys Front abgesetzt hatte, wie es Vietinghoff am Tage der Landung bei Salerno befahl. Teile der 3. und 15. Panzergrenadierdivision waren ebenfalls aus Rom bzw. Gaeta eingetroffen. Doch selbst mit diesen neuen Kräften hatten die Deutschen nur das Äquivalent von etwa vier Divisionen mit wenig mehr als 100 Panzern, während die 5. Armee bis zum 16. etwa sieben größere Divisionen mit rund 200 Panzern an der Küste stehen hatte. So hatte das alliierte Oberkommando keinen Grund zur Besorgnis, es sei denn wegen der Möglichkeit eines Nachlassens des Kampfgeistes der Truppen, ehe sich ihre Überlegenheit in vielfacher Hinsicht auswirkte. Außerdem war die 8. Armee jetzt schon ziemlich nahe herangerückt; sie konnte diese Überlegenheit noch verstärken und die Flanke des Feindes bedrohen.

An diesem Vormittag kam Alexander, der von Bizerta in einem Zerstörer herübergefahren war, zu Besuch in das Hauptquartier Clarks und besichtigte dann die einzelnen Landeköpfe. In seiner üblichen taktvollen Art wies er jeden Gedanken auf eine Räumung eines von ihnen ab. Neue Verstärkung bot das Eintreffen der britischen Schlachtschiffe »Warspite« und »Valiant«, die zusammen mit sechs Zerstörern am Nachmittag vorher von Malta ausgelaufen waren. Sie traten wegen Verständigungsschwierigkeiten mit den vorgeschobenen Beobachtern erst sieben Stunden später in Aktion; aber dann beschossen sie Ziele bis 20 Kilometer landeinwärts, und die schweren Geschosse ihrer 38-cm-Geschütze hatten sowohl physisch wie moralisch einen durchschlagenden Erfolg.

Ebenso kam an diesem Vormittag eine Gruppe von Kriegsberichterstattern der 8. Armee an. Sie glaubten, der Vormarsch dieser Armee zur Unterstützung der 5. sei zu langsam und übertrieben vorsichtig; daher waren sie auf eigene Faust in mehreren Jeeps vorausgefahren, benutzten Nebenstraßen und Feldwege, um die gesprengten Brücken der Hauptstraße zu vermeiden, und kamen heil durch die 80 Kilometer »feindlichen Landes«, ohne irgendwelchen Deutschen zu begegnen. Erst 27 Stunden später kam der erste Aufklärungs-Vortrupp der 8. Armee an und stellte den Kontakt mit der 5. Armee her.

Am Vormittag des 16. begannen die Deutschen wiederum anzugreifen, zunächst an dem britischen Sektor, mit je einem Vorstoß aus nördlicher Richtung auf Salerno und Battipaglia. Diese Vorstöße wurden im Zusammenwirken von Artillerie, Schiffsgeschützen und Panzern zum Stehen gebracht. Dies und das Herannahen der britischen 8. Armee führte Kesselring zu der Schlußfolgerung, die Möglichkeit, die Invasoren wieder ins Meer zu werfen, sei jetzt vorbei. Daher genehmigte er noch am gleichen Abend ein Absetzmanöver an der Küstenfront und einen allmählichen Rückzug nach Norden. Die erste Phase sollte ein Rückzug auf den Volturno 30 Kilometer nördlich von Neapel sein – diese Linie, bestimmte er, solle bis Mitte Oktober gehalten werden.

Angesichts der großen Hilfe, die das Feuer der Schiffsgeschütze bei der Zerschlagung des deutschen Gegenangriffes geleistet hatte – zum großen Teil noch, bevor die großen Schiffe in Aktion traten –, war es für die Deutschen eine Genugtuung, daß die »Warspite« am gleichen Nachmittag durch einen Treffer ihrer neuen »FX 1400« funkgesteuerten Gleitbomben außer Gefecht gesetzt wurde. Mit derselben neuen Waffe hatten sie auch der Flotte ihres ehemaligen italienischen Verbündeten einen Abschiedsfußtritt gegeben, als diese am 9. September von Spezia auslief, um sich mit den Alliierten zu vereinigen – durch eine dieser gesteuerten Bomben wurde ihr Flaggschiff, die »Roma«, versenkt.

Sobald die deutschen Bemühungen gescheitert waren, die Invasoren ins Meer zurückzuwerfen, wurde ein deutscher Rückzug aus dem Raum Salerno unvermeidlich. Denn wenn auch Kesselring sich nach Kräften bemüht hatte, die Möglichkeiten auszunutzen, die ihm (nach seinen eigenen Worten) »Montgomerys sehr vorsichtiger Vormarsch« bot, so war es doch klar, daß er nicht länger diesen Küstenstreifen halten konnte, sobald die 8. Armee aus Kalabrien herangekommen war und seine Position vom Landesinnern aus an der Flanke umgehen konnte. Er hatte viel zuwenig Truppen, um eine so sehr verbreiterte Front zu halten. Doch die neue Bedrohung durch die 8. Armee kam nicht schnell genug, um den deutschen Rückzug zu gefährden oder auch nur zu beschleunigen. Erst am Nachmittag des 20. September rückte eine kanadische Panzerspitze der 8. Armee in Potenza ein, einem der wichtigsten Straßenkreuzungspunkte Süditaliens, 80 Kilometer landeinwärts von Salerno. 100 deutsche Fallschirmjäger, die am Tag vorher nach Potenza geworfen worden waren, hatten einen Tag Verzögerung und die Vorbereitung eines Angriffs in Brigadestärke, etwa das 30fache ihrer eigenen Zahl, nötig gemacht – ein typisches Beispiel dafür, wie eine geschickte Verteidigung in einer unklaren Situation den Feind aufhalten kann. Bei dem Angriff, der dann den Rückzug dieser kleinen Einheit erzwang, wurden nur 16 Deutsche gefangengenommen; aber fast 2 000 italienische Einwohner der Stadt waren bei dem vorbereitenden Luftangriff getötet worden! Kanadische Vorposten fuhren in der nächsten Woche vorsichtig bis nach Melfi, 60 Kilometer nördlich, und hatten nur flüchtige Berührung mit feindlichen Nachhuten. Unterdessen hatte aber das Gros der 8. Armee angehalten, da ihr Nachschub knapp wurde, obwohl sie ihre Nachschublinie nach Tarent und Brindisi an der Südostecke Italiens verlegt hatten.

Die Landungen in diesem Raum waren nämlich inzwischen ohne jeden Widerstand erfolgt. Tarent war eines der möglichen Ziele gewesen, die in Betracht gezogen wurden, nachdem im Juni die Vereinigten Stabschefs Eisenhower angewiesen hatten, Pläne für den nächsten Akt nach der Eroberung Siziliens auszuarbeiten. Man hatte diese Stadt jedoch abgelehnt, weil sie nicht dem Grundprinzip entsprach, das sein Stab eisern festgelegt hatte, nämlich daß keine Landung an feindlicher Küste außerhalb der Reichweite alliierten Jägerschutzes diskutabel sei.

Tarent war ebenso wie Neapel gerade eben außerhalb der etwa 280 Kilometer Reichweite von »Spitfires«, die von Flugplätzen in Nordost-Sizilien aus operierten, während Salerno gerade noch innerhalb dieser Zone lag. Der Tarent-Plan wurde erst wieder zum Leben erweckt, als am 3. September der Waffenstillstand mit Italien unterzeichnet worden war. Er wurde dann als improvisierte Operation zweiten Ranges dem Invasionsplan hinzugefügt – nachdem man erfahren hatte, daß dort in der »Ferse« Italiens nur eine Handvoll deutsche Truppen standen, und man verspätet erkannte, daß der Hafen von Neapel selbst nach seiner Einnahme und Wiederinstandsetzung nicht ausreichen würde, um einen Vormarsch auf beiden Seiten der Apenninen mit dem erforderlichen Nachschub zu versorgen.

Admiral Cunningham, auf dessen Initiative dieser Plan zurückging, erklärte Eisenhower, wenn die Truppen für diesen Zweck zur Verfügung gestellt werden würden, dann würde er die Schiffe beisteuern, um sie zu transportieren. Zu diesem Zeitpunkt stand die britische 1. Luftlandedivision noch in Tunesien, da nicht genügend Transportflugzeuge verfügbar waren, um sie für eine Luftlandung einzusetzen. Daher wurde sie in Bizerta eilig auf fünf Kreuzern und einem Minenleger eingeschifft, die am Abend des 8. September nach Tarent ausliefen. Am nächsten Nachmittag begegnete der Konvoi auf seiner Fahrt dem in Tarent stationierten italienischen Geschwader, das ausgelaufen war, um sich in Malta den Alliierten zu ergeben. Am Abend lief der Konvoi in den Hafen ein und fand ihn zum größten Teil intakt vor. Zwei Tage später ging man zur Besetzung von Brindisi (wohin König Victor Emmanuel und Marschall Badoglio geflogen waren) und von Bari über, knapp 100 Kilometer weiter nördlich an der Küste. So waren in diesem Raum drei große Häfen besetzt worden, von denen aus man einen Vormarsch an der Ostküste hätte machen können, lange bevor ein vergleichbarer Hafen an der Westküste genommen worden war – dabei war es jetzt nur allzu klar, daß die lange Verzögerung des Eintreffens in Neapel von Salerno aus den Deutschen Zeit lassen würde, den Hafen vorher zu zerstören.

Doch die sich an der Ostküste bietende wundervolle Gelegenheit wurde nicht ausgenutzt, wegen Mangel an Voraussicht und ungenügenden Anstrengungen zur vollen Auswertung des Erfolges. Da die Operation nur als ein Handstreich zur Einnahme der Häfen gedacht war, wurde die 1. Luftlandedivision ohne Transportfahrzeuge auf den

Weg geschickt, abgesehen von einem halben Dutzend Jeeps, und blieb bis zum 14. in diesem erbärmlichen Zustand. In diesen fünf Tagen waren einige Vorposten in Jeeps und requirierten Kraftwagen bis Bari gefahren, ohne in diesem breiten Küstenstreifen irgendwelche feindlichen Truppen zu sehen. Denn die dezimierte deutsche 1. Fallschirmjägerdivision war die einzige in diesem Raum gewesen, und ein Teil von ihr war bereits an die Front nach Salerno abgezogen worden, während der Rest nach Foggia, 190 Kilometer nördlich Tarent, zurückgezogen worden war, um Kesselrings östliche Flanke zu decken. Aber selbst nachdem Fahrzeuge eintrafen, um die britischen Truppen wieder beweglich zu machen, wurden sie immer noch am kurzen Zügel gehalten, während die Planung und Vorbereitung eines großen Vormarsches an der Ostküste methodisch vor sich ging. Das Festhalten an diesen vorsichtigen Gewohnheiten war zu einem Zeitpunkt so großer Möglichkeiten um so unverständlicher, als die 1. Fallschirmjägerdivision nur noch 1300 Mann stark war, während die britische Division von Anfang an viermal so stark war und noch mehr Truppen auf dem Weg waren, um einen großen Vorstoß durchzuführen. Aber die Gewohnheit war stärker.

Die Leitung der Operationen in diesem Raum war dem Befehlshaber des V. Korps, General Allfrey, übertragen worden, der auch den allzu vorsichtigen und daher erfolglosen Vorstoß auf Tunis im Dezember 1942 geleitet hatte. Seine Aufgabe war von Alexander so definiert worden: »in der Ferse Italiens einen Stützpunkt aufzubauen, der die Häfen Tarent und Brindisi und, wenn möglich, auch Bari umfaßt, im Hinblick auf einen späteren Vormarsch«. Jede Wahrscheinlichkeit eines baldigen Vorstoßes über diese Grenzen hinaus verschwand, als am 13. September Allfreys Korps der 8. Armee unterstellt wurde; denn man konnte immer damit rechnen, daß Montgomery vor einer Offensive zunächst große Truppenmengen zusammenziehen und sich ausreichender Reserven versichern würde.

Am 22. September begann die 78. Division in Bari zu landen, kurz darauf die 8. indische Division in Brindisi, während Dempseys XIII. Korps von der Ostküste hierher befohlen wurde. Aber erst am 27. September wurde eine kleine motorisierte Abteilung von Bari nach Norden vorgeschickt, um die Feindlage zu erkunden; sie besetzte Foggia, das die Deutschen beim Herannahen der Briten sofort räumten, so daß die vielbegehrten Flugplätze kampflos genommen wurden.

Doch auch dann hielt Montgomery an seinem früheren Befehl fest, daß vor dem 1. Oktober keine größeren Verbände marschieren sollten; als der Vormarsch dann begann, wurden nur die zwei Divisionen des XIII. Korps dabei eingesetzt und die drei Divisionen des V. Korps zurückgehalten, um den »festen Stützpunkt« zu sichern und die Flanke zu decken.

Die deutsche 1. Fallschirmjägerdivision hielt jetzt eine Linie am Biferno, der vor dem kleinen Hafen Termoli ins Meer mündet – eine sehr breite Front für ihre geringe Stärke. Montgomerys Angriff auf diese Linie war so geplant, daß er sie durch eine amphibische Operation im Rücken umging. Am frühen Morgen des 3. Oktober landete eine Spezialbrigade hinter Termoli, nahm, unterstützt von dem nächtlichen Überraschungseffekt, schnell den Hafen und die Stadt ein und vereinigte sich dann mit einem Brückenkopf am Nordufer des Flusses, der durch direkten Angriff gewonnen worden war. In den nächsten zwei Tagen wurden zwei weitere Infanteriebrigaden der 78. Division von Barletta nach Termoli verschifft, um den Brückenkopf zu verstärken und den Vormarsch wiederaufzunehmen.

Doch der deutsche Armeebefehlshaber von Vietinghoff hatte inzwischen die britische Langsamkeit ausgenutzt und am 2. Oktober die 16. Panzerdivision von der Volturno-Linie an die Westküste befohlen, um den dortigen dünnen Schleier von Fallschirmjägern zu verstärken. In schnellem Marsch über den Gebirgsrücken gelangten sie am Morgen des 5. in die Nähe von Termoli und führten prompt einen Gegenangriff, der die Briten bis zum Rand der Stadt zurückdrängte und beinahe ihre rückwärtige Verbindung abgeschnitten hätte. Jedoch wurden die Deutschen wieder zurückgedrängt, als die 78. Division neue Verstärkungen auf dem Seeweg heranführte und auch von neuen britischen und kanadischen Panzern unterstützt wurde. Die Deutschen setzten sich ab und zogen sich auf Stellungen am nächsten Fluß, dem Trigno, 20 Kilometer weiter nördlich zurück. Ihr kühner Gegenangriff hatte aber auf Montgomery so starken Eindruck gemacht, daß er wieder zwei Wochen auf einen weiteren Ausbau seiner Kräfte verwandte, ehe er die Trigno-Linie angriff.

Unterdessen war Mark Clarks 5. Armee von Salerno aus langsam die Westküste entlang vorgerückt und hatte versucht, den Rückzug der deutschen 10. Armee zu beschleunigen. Die erste Phase war die lang-

samste, da der deutsche rechte Flügel hartnäckig an der Hügelkette
nördlich von Salerno festhielt, um die Herauslösung des linken Flügels
zu decken, während sich dieser von dem südlichen Küstenstreifen bei
Battipaglia und Paestum absetzte. Fast eine Woche verging nach dem
Beginn dieses Rückzuges, bis das britische X. Korps am 23. September
eine Offensive begann, um den Durchbruch von Salerno nach Neapel
zu erzwingen. Bei dieser Offensive setzte das Korps die 46. und 56.
Division, die 7. Panzerdivision und noch eine Panzerbrigade gegen die
drei oder vier deutschen Bataillone ein, welche die Pässe besetzt hielten. Wenig Fortschritte waren bis zum 26. September gemacht worden, als man feststellte, daß die Deutschen in der Nacht vorher verschwunden waren – nachdem sie ihre Mission erfüllt hatten, für das
Absetzmanöver ihrer Kameraden im Süden Zeit zu gewinnen. Danach
waren nur noch zerstörte Brücken ein ernstes Hindernis für den alliierten Vormarsch. Am 28. betrat das Korps bei Nocera die freie Ebene,
aber erst am 1. Oktober rückten seine Spitzen in Neapel ein.

Inzwischen war das amerikanische VI. Korps nach einem langsamen
Marsch von durchschnittlich nur 5 Kilometern am Tag auf den durch
Sprengungen blockierten Straßen im Landesinneren auf gleiche Höhe
wie das X. Korps gekommen; am 2. Oktober rückte es in Benevent
ein. Das Korps hatte jetzt einen neuen Kommandeur, Generalmajor
John P. Lucas, der Dawley abgelöst hatte.

Die 5. Armee hatte seit der Landung drei Wochen bis Neapel gebraucht, ihrem eigentlichen Ziel, und sie hatte dabei fast 12 000 Mann
verloren – fast 7 000 Briten und 5 000 Amerikaner. Dies war die Strafe
für die Wahl eines allzu nahe liegenden Landeplatzes auf Kosten des
Überraschungseffekts – nur aus dem Grunde, weil der Raum Salerno
noch innerhalb der Grenze des Jägerschutzes lag.

Eine weitere Woche verstrich, bis die 5. Armee auf die Linie des
Volturno-Flusses aufgeschlossen hatte, auf die sich die Deutschen zurückgezogen hatten. Schlammige Straßen und durchweichter Grund
hinderten den Vormarsch, da schwere Regenfälle in der ersten Oktoberwoche eingesetzt hatten, einen Monat früher als erwartet. In der
Nacht zum 12. Oktober begann dann der Angriff der 5. Armee gegen
die von drei deutschen Divisionen gehaltene Volturno-Linie. Das
VI. US-Korps gewann einen Brückenkopf am nördlichen Ufer oberhalb von Capua; aber dessen Ausweitung wurde verhindert durch den
Rückschlag, den der rechte Flügel des britischen X. Korps bei dem

Versuch einer Überquerung bei Capua an der Hauptstraße Neapel–Rom erlitten hatte. Auch die zwei kleinen Brückenköpfe, welche die beiden anderen britischen Divisionen in der Nähe der Küste gewonnen hatten, gingen durch rasche Gegenangriffe wieder verloren. So kamen die deutschen Truppen dem Befehl Kesselrings nach, diese Linie bis zum 16. Oktober zu halten, ehe sie sich auf die nächste Verteidigungslinie 24 Kilometer weiter nördlich zurückziehen konnten – eine eilig improvisierte Stellung, die von der Mündung des Garigliano-Flusses über die unwegsamen Hügel entlang der Nationalstraße Nr. 6 und über die Enge von Mignano bis zum Oberlauf des Garigliano und bis zu dessen Nebenflüssen, dem Rapido und dem Liri, reichte. Kesselring hoffte, diese vorgeschobene Linie zu halten, während er für eine längere Verteidigung eine sorgfältig ausgebaute Stellung vorbereitete, die sich am Garigliano und am Rapido entlangzog und auf die Enge von Cassino gestützt war. Diese etwas mehr rückwärtige Stellung wurde die Gustav- oder Winter-Linie genannt.

Schlechtes Wetter und Straßensprengungen verzögerten den Angriff der 5. Armee auf die erste dieser beiden Linien noch weitere drei Wochen bis zum 5. November, und dann war der deutsche Widerstand so hartnäckig, daß nach zehntägigen Kämpfen und geringen Fortschritten – außer am Küstenabschnitt – Mark Clark genötigt war, seine übermüdeten Truppen wieder zurückzuziehen und zu einer neuen verstärkten Anstrengung wieder aufzufrischen. Diese war dann erst in der ersten Dezemberwoche möglich. Die Verluste der 5. Armee hatten sich bis Mitte November auf 22 000 Mann erhöht, davon fast 12 000 Amerikaner.

Während dieser langen Pausen änderte Hitler seine Ansicht in einer sehr folgenschweren Weise. Ermutigt durch die Langsamkeit des alliierten Vormarsches von Salerno und von Bari aus, war er zu der Auffassung gelangt, es wäre vielleicht gar nicht nötig, sich nach Norditalien zurückzuziehen. Am 4. Oktober gab er die Anweisung aus: »Die Linie Gaeta–Ortona wird gehalten werden« – und er versprach Kesselring, drei Divisionen von Rommels Heeresgruppe B in Norditalien würden ihm zugeführt werden, um ihm zu helfen, sich südlich von Rom so lange wie möglich zu halten. Hitler neigte mehr und mehr zu Kesselrings Standpunkt, der einen längeren Widerstand im Süden befürwortete; freilich legte er sich erst am 21. November endgültig darauf fest, als er sämtliche deutschen Truppen in Italien dem Oberbefehl

Kesselrings unterstellte. Rommels Heeresgruppe wurde aufgelöst, und ihre restlichen Truppen standen nun Kesselring zur Verfügung. Immerhin mußte dieser nach wie vor einen Teil im Norden belassen, um dieses große Gebiet zu besetzen und zu kontrollieren, während vier der besten Divisionen, davon drei Panzerdivisionen, nach Rußland verlegt und durch drei dezimierte und erholungsbedürftige ersetzt wurden.

Eine kleinere, aber dennoch wertvolle Verstärkung erhielt Kesselring auch durch die 90. Panzergrenadierdivision. Diese hatte zur Zeit des italienischen Waffenstillstandes in Sardinien gestanden, war aber dann über die schmale Straße von Bonifacio nach Korsika evakuiert und später, in kleinen Gruppen über zwei Wochen verteilt, auf dem See- und Luftweg nach Livorno auf das italienische Festland überführt worden; es gelang ihr dabei, den alliierten See- und Luftstreitkräften zu entgehen, die nur bescheidene Versuche machten, die Verlegung zu stören. Als die Division jetzt sechs Wochen später Kesselring unterstellt wurde, konnte er sie rechtzeitig nach Süden verlegen, um die verzögerte Offensive der 8. Armee an der Ostküste Italiens aufzuhalten.

Hitlers Entscheidung, alle deutschen Streitkräfte in Italien Kesselring und seiner neuen »Heeresgruppe C« zu unterstellen, war nämlich getroffen worden am Tag nachdem Montgomery einen ersten Angriff gegen die deutsche Stellung am Sangro begonnen hatte – eine Stellung, die Ortona mit einschloß und das adriatische Ende der Gustav-Linie bildete.

Nach dem zähen Widerstand, den er bei der Überschreitung des Biferno in der ersten Oktoberwoche vorgefunden hatte, hatte Montgomery das V. Korps herangeführt, um den Küstenabschnitt zu übernehmen, und das XIII. Korps in den hügeligen Abschnitt im Landesinnern verlegt, wo deutsche Nachhuten den Vormarsch der Kanadier immer wieder behinderten. Nach dieser Umgruppierung rückte das V. Korps auf den Trigno, 18 Kilometer nördlich des Biferno, vor und errichtete dort in der Nacht zum 22. Oktober einen kleinen Brückenkopf, den es am 27. durch einen größeren Nachtangriff erweiterte. Dann wurde es durch Schlamm und feindliches Feuer gleichzeitig aufgehalten, so daß es erst in der Nacht vom 3. November in die Hauptstellung des Feindes einbrechen konnte. Daraufhin zogen sich die Deutschen auf den 27 Kilometer weiter nördlich gelegenen Sangro zurück.

Wieder folgte eine lange Pause, während Montgomery seinen neuen Angriff vorbereitete und die neu eingetroffene 2. neuseeländische Division an die Front brachte; seine Angriffsstärke für die Sangro-Offensive wurde dadurch auf fünf Divisionen und zwei Panzerbrigaden erhöht. Auch das sogenannte LXXVI. Panzerkorps der Deutschen, das der 8. Armee gegenüberlag, war inzwischen durch die 65. Infanteriedivision verstärkt worden; diese übernahm den Küstenabschnitt von der 16. Panzerdivision, die nach Rußland verlegt wurde. Darüber hinaus verfügte das Panzerkorps aber nur über die Reste der 1. Fallschirmjägerdivision und eine Kampfgruppe der 26. Panzerdivision, die jetzt tropfenweise an die Adria zurückkehrte, nachdem der Druck der 5. Armee im Westen geringer geworden war.

Montgomery wollte durch die Sangro-Offensive die deutsche Winter-Linie durchbrechen, dann 30 Kilometer weiter bis Pescara vorstoßen, die große Hauptstraße von dort nach Rom abschneiden und die deutschen Truppen im Rücken bedrohen, die immer noch die 5. Armee in Schach hielten. Denn Alexander hielt sich nach wie vor optimistisch an seine Direktive vom 21. September, die für die alliierte Offensive vier aufeinanderfolgende Ziele festgesetzt hatte: 1. die »Konsolidierung« der Linie Salerno–Bari, 2. die Einnahme des Hafens von Neapel und der Flugplätze von Foggia, 3. die Einnahme von Rom, seiner Flugplätze und des wichtigen Knotenpunkts Terni, 4. die Einnahme des Hafens Livorno und der Städte Florenz und Arezzo, 250 Kilometer nördlich von Rom. Die rasche Einnahme Roms war wieder als entscheidender Punkt in einer neuen Direktive genannt worden, die Alexander am 8. November ausgab, nachdem er eine entsprechende Anweisung Eisenhowers erhalten hatte.

Montgomerys Offensive sollte am 20. November beginnen; aber wegen des schlechten Wetters und des angeschwollenen Flusses führte er zunächst nur einen begrenzten Angriff, durch den nach mehreren Tagen harter Kämpfe ein Brückenkopf von zehn Kilometer Breite und zwei Kilometer Tiefe gebildet wurde. Dieser wurde unter großen Anstrengungen gehalten, bis in der Nacht zum 28. der große Angriff begann. Montgomery legte völlige Zuversicht über den Ausgang an den Tag, und er erklärte in einem Tagesbefehl an seine Truppen vom 25. November: »Die Zeit ist gekommen, die Deutschen bis nördlich von Rom zu jagen ... Die Deutschen sind jetzt gerade in der Verfassung, wie wir sie uns wünschen. Wir werden sie jetzt gewaltig aufs

Haupt schlagen.« Aber es war vielleicht ein schlechtes Vorzeichen, daß er diesen Tagesbefehl in strömendem Regen unter einem riesigen Regenschirm verlas, nachdem er aus seinem Wagen gestiegen war.

Die Offensive begann gut unter dem Schutz gewaltiger Luftangriffe und Artilleriebeschießungen, und sie stützte sich auf eine zahlenmäßige Überlegenheit von 5:1. Die deutsche 65. Division, eine unerprobte und schlecht ausgerüstete Division mit Angehörigen verschiedener Nationalitäten, begann zu weichen, und die Hügelkette jenseits des Sangro wurde bis zum 30. genommen. Doch die Deutschen fingen sich wieder beim Rückzug auf ihre Hauptlinie weiter hinten, und ihnen kam zugute, daß die Verfolger sich an Montgomerys oft wiederholte Mahnung hielten, erst eine »feste Basis« zu schaffen. Eine besonders gute Gelegenheit zur Ausweitung des Erfolges wurde dadurch bei Orsogna an der Flanke im Landesinnern versäumt. So gewannen die Deutschen Zeit für das Eintreffen der restlichen 26. Panzerdivision und der 90. Panzergrenadierdivision, die Kesselring vom Norden herunterschickte. Dadurch wurde der Vormarsch jetzt immer zähflüssiger. Es gab immer wieder einen neuen Fluß zu überqueren. Erst am 10. Dezember wurde der Moro, 13 Kilometer nördlich des Sangro, überschritten, und erst am 28. wurde Ortona erreicht, das nur drei Kilometer jenseits des Moro liegt. Dann kam der Vormarsch bei Riccio zum Stehen, erst auf halbem Wege bis Pescara und die Hauptstraße Pescara–Rom. Dies war die Situation am Ende des Jahres, als Montgomery den Oberbefehl über die 8. Armee an General Oliver Leese abgab und nach England zurückkehrte, um zur Vorbereitung der Invasion in der Normandie das Kommando über die 21. Heeresgruppe zu übernehmen.

Unterdessen hatte am 2. Dezember eine neue Offensive Mark Clarks westlich der Apenninen begonnen. Seine 5. Armee war inzwischen auf zehn Divisionen angewachsen; aber zwei davon, die britische 7. Panzerdivision und die 82. US-Luftlandedivision, sollten jetzt für die bevorstehende Invasion nach England zurückgezogen werden. Auch Kesselrings Kräfte waren verstärkt worden, und vier Divisionen hielten jetzt die deutsche Front westlich der Apenninen, wobei eine in Reserve blieb. Das erste Ziel der neuen Offensive war die Bergkette westlich der Nationalstraße Nr. 6 und der Enge von Mignano. Das britische X. Korps und das neu eingetroffene amerikanische II. Korps unter Generalmajor Geoffrey Keyes wurden dabei eingesetzt, unterstützt von über 900 Geschützen, die in den ersten zwei Tagen über 4000 t Munition auf die deutschen Stellungen abschossen. Die Briten kamen am 3. Dezember fast bis zum Gipfel des 1000 Meter hohen Monte Camino, wurden von dort wieder vertrieben und gewannen am 6. endgültig diese Höhe; dies brachte sie bis zur Garigliano-Linie. Gleichzeitig nahmen die Amerikaner zu ihrer Rechten den Monte La Difensa und den Monte Maggiore, die niedriger waren, aber der Hauptstraße näher lagen. In der zweiten Phase, die am 7. Dezember begann, stießen das II. und VI. US-Korps auf breiter Front bis zum Rapido vor, in der Hoffnung, die Deutschen jetzt aus der gesamten Bergstellung östlich der Straße Nr. 6 zu vertreiben. Aber sie stießen auf wachsenden Widerstand und machten in den nächsen Wochen nur wenige Kilometer langsame Fortschritte. In der zweiten Januarwoche erlahmte die Offensive, ehe sie den Rapido und die Gustav-Linie erreicht hatte. Die Verluste der 5. Armee im Kampf waren auf fast 40000 gestiegen, weit mehr, als der Feind verloren hatte. Außerdem hatten allein die Amerikaner in den ersten zwei Monaten dieses bitteren Winterkrieges in den Bergen Ausfälle durch Krankheiten in Höhe von rund 50000 Mann.

Diese Fortsetzung der Invasion Italiens war in jeder Hinsicht sehr enttäuschend. In vier Monaten waren die Alliierten nur ganze 110 Kilometer über Salerno hinaus vorgerückt – das meiste davon in den ersten Wochen – und waren noch 130 Kilometer von Rom entfernt. Alexander selbst bezeichnete den Verlauf als ein »langsames Vorwärtsprügeln«. Eine treffendere Bezeichnung, die jetzt aufkam, war »Zentimeterarbeit«. Angesichts der geographischen Ähnlichkeit Italiens mit einem Bein wäre der Ausdruck »Annagen« noch passender gewesen.

Selbst wenn man die Schwierigkeiten des Geländes und das schlechte Wetter in Rechnung stellt, sieht man bei einer genauen Analyse des Feldzuges, daß günstige Gelegenheiten schnellerer Fortschritte wiederholt verpaßt wurden, weil die alliierten Befehlshaber zu großes Gewicht auf die »Konsolidierung« jedes Fortschrittes und auf die Schaffung einer »festen Basis« vor jedem weiteren Vorrücken legten. Dazu kam ihr Bestreben, sich vor jeder Offensive erst ausreichender Kräfte und Materialien zu versichern. Immer wieder kamen die alliierten Befehlshaber »zu spät«, in der Besorgnis, »zu wenig« Kräfte zu haben. In seinem Kommentar zu dem Feldzug bemerkte Kesselring treffend:

»Die alliierten Pläne zeigten durchweg, daß der beherrschende Gedanke des alliierten Oberkommandos der war, des Erfolges unbedingt sicher zu sein, und dieser Gedanke führte sie dazu, sich orthodoxer Methoden und Waffen zu bedienen. Daher war es mir trotz unzureichender Möglichkeiten der Aufklärung und dürftigem Nachrichtendienst fast immer möglich, den nächsten strategischen oder taktischen Schritt meines Gegners vorauszusehen – und so die geeigneten Gegenmaßnahmen zu ergreifen, soweit es meine Kräfte erlaubten.«

Doch die primäre Quelle aller Schwierigkeiten, unter denen die Alliierten litten, war die Wahl Salernos und der italienischen Stiefelspitze zu Landeplätzen – eine Wahl, die allzusehr den Erwartungen der Gegner entsprach, nach deren Erfahrungen mit den vorsichtigen Gewohnheiten der Alliierten. Kesselring und sein Stabschef General Westphal, die Nutznießer dieser allzu naheliegenden Entscheidung, waren der Ansicht, daß die Alliierten schwere strategische Strafe für ihren Wunsch gezahlt haben, sich taktische Sicherheit gegen Luftangriffe zu verschaffen – und daß es sich hier angesichts der geringen Stärke der deutschen Luftwaffe in Süditalien um eine Überversicherung handelte. Sie waren der Meinung, daß der Grundsatz des alliierten Oberkommandos, die Reichweite seiner Offensiven den Grenzen der Luftunterstützung anzupassen, die Rettung der Verteidiger war, weil dadurch das Problem der Verteidigung vereinfacht wurde.

Zu der Frage, was die Alliierten hätten besser machen sollen, äußerte sich Westphal wie folgt:

»Wenn die bei der Landung in Salerno eingesetzten Kräfte statt dessen bei Civitavecchia nördlich von Rom gelandet wären, dann wären die Ergebnisse viel besser gewesen. Es standen nur zwei deutsche Divisionen im Raum von Rom und . . . es konnten keine anderen schnell genug herangeführt werden. In Verbindung mit den fünf italienischen Divisionen, die bei Rom standen, hätte eine kombinierte See- und Luftlandung die italienische Hauptstadt innerhalb von 72 Stunden genommen. Abgesehen von den politischen Auswirkungen eines solchen Sieges hätte dies dazu geführt, mit einem Schlag den ganzen Nachschub der fünf deutschen Divisionen in Kalabrien abzuschneiden . . . Dadurch wäre ganz Italien südlich der Linie Rom–Pescara in alliierte Hand gefallen.«

Westphal hielt es auch für einen Fehler, daß Montgomerys 8. Armee an der Fußspitze Italiens landete, von wo sie sich die ganze Länge des Fußes hinausarbeiten mußte, während die viel besseren Möglichkeiten der Ferse Italiens und der adriatischen Küste vernachlässigt wurden: »Die Landung der britischen 8. Armee hätte mit voller Stärke im Raum Tarent erfolgen sollen, wo nur eine einzige Fallschirmjägerdivision (mit nur drei Batterien Artillerie) stand. Ja, es wäre sogar besser gewesen, im Raum Pescara–Ancona zu landen ... Gegen eine solche Landung hätte keine Gegenwehr aus dem Raum Rom herangezogen werden können, da wir zu wenig verfügbare Kräfte hatten. Ebensowenig hätten nennenswerte Kräfte schnell aus der Po-Ebene herangeführt werden können.«

Es wäre auch unmöglich gewesen, Kesselrings Truppen schnell genug von der Westküste zur Südostküste zu verlegen, wenn die alliierte 5. Armee die Hauptlandung bei Tarent und nicht bei Salerno gemacht hätte.

Alles in allem: Die Alliierten nützten weder anfangs noch später ihren größten Vorteil aus, ihre Kapazität zu amphibischen Unternehmungen. Dieses Versäumnis wurde ihr schwerstes Handicap. Das Zeugnis Kesselrings und Westphals stützt das bissige Urteil, das Churchill in einem Telegramm aus Carthago in Tunesien an die britischen Stabschefs vom 19. Dezember so formulierte:

»Die Stagnation des ganzen Italien-Feldzuges wird zu einem Skandal ... Das große Versäumnis, amphibische Aktionen an der adriatischen Küste und ähnliche Angriffe an der Westküste zu unternehmen, hat zu einem Desaster geführt.

Drei Monate lang ist kein einziges Landefahrzeug im Mittelmeer für irgendeinen Angriffszweck verwendet worden ... Es gibt wenig Beispiele selbst in diesem Krieg dafür, daß so wertvolle Kräfte so vollständig ungenutzt blieben.«

Churchill sah aber nicht, daß die ganze militärische Doktrin der Alliierten falsch war – weil sie sich zu sehr an den Grundsatz vorsichtiger Bankiers hielt »kein Wagnis ohne Sicherheit«.

28. Kapitel:
Deutsche Rückschläge in Rußland

Anfang 1943 sah es so aus, als würden die deutschen Armeen im Kaukasus das gleiche Schicksal erleiden wie die Armeen in Stalingrad. Sie steckten sogar noch tiefer in der Falle als die letzteren. Sie waren schon über einen Monat seit der Einschließung Stalingrads dort festgehalten, während der Winter immer strenger und die Gefahr immer größer wurde. Es waren düstere Aussichten für die 1. Panzerarmee und die 17. Armee, die zusammen die Heeresgruppe A bildeten, in deren Oberbefehl Generaloberst Kleist Feldmarschall List abgelöst hatte.

In der ersten Januarwoche wurde die prekäre Situation der Heeresgruppe noch verschärft durch verschiedene Umfassungsmanöver. Das direkteste erfolgte dort, wo die Heeresgruppe mit ihrer Spitze in den Bergen des Kaukasus steckte. Die Russen schlugen zuerst auf ihre linke Flanke bei Mozdok, dann auf ihre rechte Flanke bei Naltschik und eroberten beide Orte zurück. Noch gefährlicher war ein gleichzeitiger russischer Vorstoß durch die Kalmückensteppe, 300–400 Kilometer hinter ihrer linken Flanke an der Nahtstelle zwischen Heeresgruppe A und Heeresgruppe Don. Nach der Einnahme von Elista rückten die Russen am Manych-See vorbei bis Armavir vor, die Stadt, durch die Kleists rückwärtige Verbindung mit Rostow lief. Am gefährlichsten aber war ein plötzlicher südlicher Vorstoß entlang dem Don aus Richtung Stalingrad nach Rostow selbst. Eine russische Vorausabteilung näherte sich diesem Flaschenhals bis auf 80 km.

Diese alarmierende Nachricht erreichte Kleist am gleichen Tage, als er einen nachdrücklichen Befehl Hitlers erhielt, unter keinen Umständen seine Front zurückzuziehen. Zu diesem Zeitpunkt stand seine 1. Panzerarmee noch gut 600 km südöstlich von Rostow. Am nächsten Tag erhielt er einen neuen Befehl: sich aus dem Kaukasus zurückzuziehen und sein ganzes Material mitzunehmen. Diese Forderung vergrößerte die Schwierigkeit der großen Entfernung bei einem Wettlauf mit der Zeit.

Um die Straße nach Rostow für die 1. Panzerarmee frei zu machen, wurde der 17. Armee befohlen, sich westlich entlang des Kuban-Flusses zur Halbinsel Taman zusammenzuziehen, von wo sie notfalls über die Straße von Kertsch auf die Krim evakuiert werden könnte. Dieser Rückzug dauerte nicht lange, und die russischen Streitkräfte, die noch bis vor kurzem in dem Küstenstreifen bei Tuapse belagert wurden, waren nicht stark genug, auf die abrückende 17. Armee einen ernsthaften Druck auszuüben.

Im Gegensatz dazu war der Rückzug der 1. Panzerarmee eine Operation mit vielen direkten und indirekten Gefahren. Die gefährlichste Phase war die vom 15. Januar bis zum 1. Februar, als das Gros der Armee Rostow erreicht hatte. Aber auch nachher war die Verlängerung der Rückzugslinie, wenn diese auch nicht so schmal war, durch eine Reihe von russischen Angriffen bedroht, die sich auf eine Front von weiteren 300 km erstreckten.

Am 10. Januar hatte General Rokossowskij einen konzentrierten Angriff auf die eingeschlossenen deutschen Truppen in Stalingrad begonnen, nachdem ein russisches Ultimatum zur Übergabe abgelehnt worden war. Generaloberst Paulus' Truppen waren durch Hunger, Krankheiten, seelische Depressionen und Munitionsmangel zu geschwächt, als daß sie zu längerem starkem Widerstand in der Lage waren. Erst recht waren sie nicht in der Lage, aus der Umklammerung auszubrechen. So konnten die Russen einen Teil der einschließenden Truppen abzweigen, um die Operation nach Süden zum Abschneiden der deutschen Kräfte im Kaukasus zu verstärken, und noch mehr wurden dafür freigestellt, als sich der Ring geschlossen hatte.

Als dieser Schlußakt von Stalingrad begann, standen Kleists Truppen nach ihrem Rückzug aus der Spitze des Kaukasus-Bogens am Fluß Kuma zwischen Pjatigorsk und Budenowsk. Zehn Tage später erreichte der russische Vorstoß von Elista südwärts einen Punkt über 150 km im Rücken der Kuma-Linie; doch Kleists Truppen näherten sich auf ihrem Rückzug schon Armavir und umgingen so den akuten Gefahrenpunkt.

Freilich entstand weiter hinten eine akute Gefahr aus dem kraftvollen russischen Vorstoß nach Rostow auf beiden Seiten des Don. An

Inset (top right): Kursk

Briansk-Front (Popow) 12.7.

Briansk

18.8.

Orel (5.8.)

5.7.

deutsche Angriffe (5./10.7.)

Heeres gruppe Mitte (Kluge)

Zentral-Front (Rokossowski)

Kursk

Woronesch-Front (Watutin)

Heeres gruppe Süd (Manstein)

deutsche Angriffe (5./15.7.)

4.8.

Steppen-Front (Koniew) 14.8.

Bjelgorod

Seim

23.8.

Charkow

Südwest-Front (Malinowski)

Poltawa

Kursk

← deutsche Angriffe   ← russische Angriffe

Main map:

Ladoga-See

Finnischer Meerbusen

Leningrad

Schlüsselburg

Leningrad-Front

Estland

Wolchow-Front

Peipus-S.

Luga

Pskov

Ilmen-S.

Nordwestfront

Heeres gruppe Nord

Demjansk

Lettland

Opotschka

Kalinin-Front

Kalinin

Welikije Luki

Ende 1942

von den Deutschen aufgegebenes Gebiet (März 1943)

Belji

Rschew

Moskau

Witebsk

Smolensk

Wjasma

Westfront

Bereszina

Orscha

Minsk

Mogilew

Roslawl

Kaluga

Kirow

Tula

Rogatschew

Schlobin

Briansk-Front

Briansk

Orel

Mosyr

Heeres gruppe Mitte

Pripet

Korosten

Tschernigow

Kursk

Schitomir

Kiew

Fastow

Sumy

Woronesch

Woronesch-Front

Berditschew

Heeres gruppe Süd

Bjelgorod

Charkow

2. ung. Armee

Kapitulation d. 6. deutschen Armee (31. Jan. 1943):

Poltawa

Dnjepr

Don

Krementschug

Izyum

Bug

Kirowograd

Losowaja

Millerowo

Südwest-Front

Stalingrad

Dnjepropetrowsk

Donez

Kamensk

Pawlograd

Krasnoarmeisk

Perwomeisk

Krivoi-Rog

Saporoschje

Stalino

Mius

Heeres gruppe Don

Südfront

Wolga

Taganrog

Odessa

Chersen

Melitopol

Rostow

Manytsch

Kalmüken-Steppe

Nogaische Steppe

Salsk

Elista

Asowsches Meer

Manytsch-S.

Heeresgruppe A

Krim

Kertsch

Kuban

Armawir

Budenowsk

Kuma

Taman Halbin.

Krasnodar

Sewastopol

Noworossisk

17. Armee

1. Pz. Armee

Pjatigorsk

Mosdok

Tuapse

Kaukasus

Nalchik

Schwarzes Meer

Transkaukasus-Front

Der Krieg in Rußland. Frontverlauf v. Dez. 42 bis Dez. 43

—— Ende Dez. 1942   ——— 12. Juli 1943   •••••• Ende Dez. 1943

0   300 km

der Ostseite waren die Russen schon nahe am Manych und am Eisenbahnknotenpunkt Salsk. Am Westufer hatten sie den Donez erreicht, nicht weit von dem Punkt, wo er in den unteren Don einmündete. Kleists Nachhut hatte bis Rostow immer noch dreimal so weit als die Russen. Außerdem waren Mansteins erschöpfte Truppen, welche die Flanke von Kleists Rückzug zu decken suchten, jetzt selber so schwer bedrängt, daß sie dem Zusammenbruch nahe waren.

Die sich zurückziehenden Streitkräfte gewannen jedoch das Rennen und entkamen aus der Falle. Zehn Tage später waren Kleists Nachhuten schon nahe an Rostow, und die Truppen, die sie abschneiden wollten, hatten das Nachsehen. Zum Glück für die Deutschen hatte das trostlose schneebedeckte Land sogar die Russen bei ihrem Versuch behindert, über ihre entfernten Eisenbahnstützpunkte hinaus schnell und kräftig genug vorzustoßen, um die Falle zu schließen. Aber die Zange war nur gerade eben noch offengehalten worden. Mansteins Streitkräfte hatten so lange an exponierten Stellungen festgehalten, daß ihre Rückzugschancen gefährdet waren, und einige der Divisionen Kleists mußten wieder umkehren, um sie herauszuhauen und zu verstärken.

Die deutschen Truppen aus dem Kaukasus überschritten ungehindert den Don bei Rostow, gerade als die Stalingrad-Armee zusammenbrach. Paulus selbst und ein großer Teil der Armee kapitulierte am 31. Januar; die letzten Reste folgten am 2. Februar. Insgesamt waren seit Beginn des Angriffs drei Wochen vorher 92000 Mann gefangengenommen worden, während die tatsächlichen Verluste fast dreimal so hoch waren. Unter den Gefangenen befanden sich 24 Generale. Obwohl die deutschen Generale an der Ostfront kleine Giftkapseln erhalten hatten für den Fall, daß sie in russische Hand fielen, scheinen doch nur wenige diese benutzt zu haben – bis zum Scheitern der Offiziersverschwörung gegen Hitler am 20. Juli 1944, als manche lieber Gift nahmen als in die Hände der Gestapo zu fallen. Aber »Stalingrad« wirkte seitdem wie ein schleichendes Gift in den Köpfen der deutschen Kommandeure an allen Fronten, das ihr Vertrauen in die Strategie untergrub, die sie praktisch ausführen mußten. Moralisch noch mehr als materiell hatte die Katastrophe dieser Armee bei Stalingrad Auswirkungen, von denen sich das deutsche Heer nicht mehr erholte.

Dennoch war Hitlers beruhigende Erklärung nicht ungerechtfertigt, daß die Opferung der Armee bei Stalingrad dem Oberkommando Zeit und Möglichkeit zu Gegenmaßnahmen gegeben habe, von denen das Schicksal der ganzen Ostfront abhänge. Wenn die Armee von Stalingrad irgendwann in den ersten sieben Wochen nach ihrer Einschließung kapituliert hätte, dann hätte eine viel größere Katastrophe über die anderen deutschen Armeen kommen können. Denn Mansteins schwache Truppen hätten vermutlich nicht der russischen Flut standhalten können, die sich entlang des Don nach Rostow gewälzt hätte, und die Truppen im Kaukasus wären abgeschnitten worden. Ihr Schicksal wäre auch besiegelt gewesen, wenn es der Stalingrad-Armee gelungen wäre, aus der Falle auszubrechen und sich nach Westen zurückzuziehen. Und wenn auch ihr Widerstand in der zweiten Januarhälfte nicht stark genug war, die Russen an einem machtvollen Vorstoß nach Rostow zu hindern, so hatte sie dennoch noch genügend Kraft, um die Chancen der Kaukasus-Streitkräfte, Rostow rechtzeitig zu erreichen und durch den Flaschenhals zu entkommen, entscheidend zu verbessern.

Doch selbst mit dieser Hilfe glückte der Rückzug aus dem Kaukasus nur gerade eben. In Ansehung von Zeit, Raum, Truppenstärke und Wetterbedingungen war es eine erstaunliche Leistung – für die Kleist zum Feldmarschall befördert wurde. Aber wenn auch Geschick und Zähigkeit der Durchführung volle Anerkennung verdienen, liegt die größte Bedeutung dieses Rückzuges doch in dem Beweis der außerordentlichen Widerstandskraft einer modernen Verteidigung, solange die Kommandeure und die Truppen ihren kühlen Kopf und ihren Mut bewahren.

Weitere Beweise dafür wurden in den folgenden Wochen geliefert. Denn auch nachdem die sich zurückziehenden Armeen sicher durch den Flaschenhals von Rostow gekommen waren, standen sie vor Gefahren, die sich weit hinter ihrer Rückzugslinie entwickelt hatten. Mitte Januar hatte General Watutins linker Flügel den Vorstoß vom mittleren Don zum Donez hinter Rostow wiederaufgenommen. Millerowo fiel, und schon vorher wurde unter Umgehung dieses zähen Hindernisses der Donez selbst an zwei Stellen bei und östlich von Kamensk überschritten.

In der gleichen Woche begannen zwei neue russische Offensiven. Die eine war weit weg: im Sektor von Leningrad. Sie durchbrach die 17monatige Umklammerung dieser großen Stadt und erleichterte den Druck der Belagerung. Wenn sie auch nicht weit genug kam, um den deutschen Bogen zu durchbrechen, der sich im Rücken der Stadt bis zum Ladoga-See hinzog, so brach sie doch ein Loch am Ufer des Sees bis nach Schlüsselburg, und diese strategische Kehlkopfoperation schuf einen Luftkanal, durch den die Garnison und die Bevölkerung freier atmen konnten.

Die zweite neue Offensive bedrohte den Lebensraum der Deutschen im Süden. Sie begann am 12. Januar, als General Golikows Armeen aus dem westlichen Teil des Don unterhalb vor Woronesch vorstießen und die Front der 2. Armee und der ungarischen 2. Armee durchbrachen. In einer Woche hatte die Offensive gut 150 km zurückgelegt, die halbe Strecke vom Don bis Charkow. General Watutins rechter Flügel half mit einer Zangenbewegung nach Osten im Korridor zwischen Don und Donez.

In der letzten Januar-Woche wurde die Offensive noch einmal ausgeweitet. Während der Schwerpunkt auf dem südwestlichen Vorstoß nach Charkow lag, stießen die Russen von Woronesch nach Westen auf breiter Front vor, brachten dort den örtlichen Rückzug der Deutschen durcheinander und verwandelten ihn in ein Zurückfluten auf breiter Front. In knapp drei Tagen hatten die Russen fast die Hälfte der Strecke nach Kursk, dem Sprungbrett, von dem aus der Feind seine Sommeroffensive begonnen hatte, zurückgelegt.

In der ersten Februarwoche stießen sie auf ihrer rechten Flanke vor und schlugen einen tiefen Keil über die Bahnlinie und die Straße Kursk–Orel hinweg. Dann durchstießen sie die Linie Kursk–Belgorod. Nachdem sie so Kursk von beiden Seiten umfaßt hatten, nahmen sie die Stadt am 7. Februar in einem überraschenden Vorstoß. Ebenso wurde ihr zweiter Keil als Basis für die Einnahme von Belgorod zwei Tage später verwandt. Dies wiederum bedrohte die Nordflanke von Charkow.

Unterdessen hatte sich der scheinbar direkte Vormarsch auf Charkow in einer mehr südwestlichen Richtung entwickelt – in der Richtung auf das Asowsche Meer und die deutsche Rückzugslinie von Rostow westwärts. Am 5. Februar nahmen Watutins Truppen Izyum ein – von wo die Deutschen im Frühjahr ihre entscheidende Flankenbewegung begonnen hatten, und sie benutzten die Überquerung des Donez, um eine Zange in der anderen Richtung zu bilden. Nachdem sie südlich des Donez die Eisenbahnlinie durchstoßen hatten, schwärmten sie nach Westen aus und nahmen am 11. den wichtigen Eisenbahnknotenpunkt Losowaja.

Diese neuen Geländegewinne unterhöhlten die deutsche Position in Charkow selbst, das am 16. in Golikows Hand fiel. Dies war ein Triumph; die unmittelbarste Gefahr für die deutsche Situation insgesamt entstand aber aus dem fortgesetzten südlichen Vorstoß der Russen vom Donez zum Asowschen Meer. Vier Tage vorher hatte eine schnelle Vorausabteilung schon Krasnoarmeisk an der Hauptstraße von Rostow nach Dnjepropetrowsk erreicht. Dies drohte die Rückzugslinie der Armeen abzuschneiden, die gerade eben der Kaukasusfalle entkommen waren.

Der wechselnde Rhythmus der russischen Offensive war jetzt noch deutlicher geworden als im Anfangsstadium. Man kann sich leicht vorstellen, welche Belastung dies für die deutsche Widerstandskraft und für ihr bereits überbeanspruchtes Potential bedeutete – wenn man an die Ausdehnung der Front denkt, die sie mit schrumpfenden Reserven halten mußte. Die abwechslungsreiche Art, wie die Russen diese Schwäche des Gegners ausnutzten, war eine aufschlußreiche Demonstration ihrer verbesserten Taktik und ihrer besseren Fähigkeit, diese Überlegenheit auszunutzen. Wenn man die Methode studiert, mit der sie eine solche Reihe von Schlüsselpositionen eingenommen hatten, dann sieht man, daß in jedem Fall die Einnahme – selbst wenn ihr ein Vorstoß in unmittelbarer Nähe voranging – das Ergebnis eines indirekten Vorstoßes war, der den betreffenden Ort praktisch unhaltbar gemacht oder ihn wenigstens seines strategischen Wertes beraubt hatte. Die Erfolge dieser Reihe indirekter Hebelbewegungen lassen sich an Hand der Operationen klar nachzeichnen. Das Oberkommando der Roten Armee glich einem Pianisten, der mit seinen Händen auf der Tastatur auf und ab lief.

Wenn dieser wechselnde Rhythmus der russischen Offensive der Taktik Marschall Fochs im Jahr 1918 glich, so war es doch eine subtilere und schnellere Anwendung dieser strategischen Methode. Von Mal zu Mal blieb das eigentliche Ziel mehr im unklaren, und die Operationen wurden durch immer kürzere Pausen gekennzeichnet. Während der einleitende Vorstoß niemals direkt auf den Ort zielte, den die Operation bedrohen sollte, waren die ergänzenden Bewegungen oft direkt im geographischen Sinne – und daher doch indirekt im psychologischen Sinne, da sie aus der am wenigsten erwarteten Richtung kamen.

Jedoch in der zweiten Februarhälfte erfolgte ein dramatischer Szenenwechsel. Die Russen büßten ihre Vorteile ein, als sie über den Donez zum Asowschen Meer und zum Dnjepr-Knie vorstießen, um die deutschen Armeen im Süden abzuschneiden. Das Ziel der Russen war hier offenkundig, und es brachte sie in denselben Raum, in den die Deutschen sich zurückzogen. Es kam so zu einem Wettlauf, dessen Ausgang davon abhing, ob es den Russen gelang, sich quer vor den deutschen Rückzugskorridor zu legen, bevor die Deutschen ankamen und sich wieder sammeln konnten, um den Vorstoß abzufangen.

Zum Unglück für die Russen wurden sie zu diesem Zeitpunkt durch ein sehr frühes Tauwetter behindert, das die aus dem langanhaltenden Vormarsch ergebenden Schwierigkeiten vergrößerte. Als sie ihre Winteroffensive planten, hatten sie festgestellt, daß die logistische Seite ihres Plans nicht mit der strategischen Seite übereinstimmte, da sie nicht genug Fahrzeuge hatten, um auch nur die Hälfte des für so ausgedehnte Vorstöße erforderlichen Mindestbedarfs an Benzin, Munition und Verpflegung zu transportieren. Mit charakteristischer Kühnheit beschlossen sie, nicht den Plan zu ändern, sondern darauf zu spekulieren, daß sie den größeren Teil ihres Bedarfs dem Feind wegnehmen würden! Dies glückte, da bei jedem Durchbruch eine große Zahl von Nachschublagern und Depots in ihre Hand fiel. Aber als der feindliche Widerstand sich versteifte und solche Glücksfälle seltener wurden, begannen die Russen mehr unter dem Mangel an Fahrzeugen zu leiden, je weiter sie sich von ihren Eisenbahnstützpunkten entfernten. So machte sich das Gesetz der überdehnten Front wieder geltend, diesmal zum Nachteil der Russen. Im Don-Donez-Gebiet gab es wenige Bahnlinien, und diese verliefen rechtwinkelig zu ihrem südwestlichen Vormarsch. Im Gegensatz dazu half der westöstliche Verlauf der relativ zahlreichen Bahnlinien südlich des Donez den Deutschen, sich schnell an jedem Gefahrenpunkt zu sammeln. Auch begannen die Deutschen jetzt von der Verkürzung ihrer Front zu profitieren – sie war jetzt rund 1000 Kilometer kürzer als im Herbst.

Von dieser Kombination von Hindernissen zum Stehen gebracht, waren die Russen in einer recht mißlichen Lage. Sie hatten über den Donez hinweg einen breiten Keil 130 Kilometer in der Richtung zum Dnjepr vorgetrieben, der aber 50 Kilometer vor dem Fluß, bei Pawlograd, zum Stehen kam; sie hatten einen schmalen Keil 110 Kilometer über den Donez hinweg bis Krasnoarmeisk vorgetrieben, quer durch den Korridor zwischen Donez und Asowschem Meer. Die Deutschen rafften alle verfügbaren Streitkräfte zusammen und führten jetzt unter dem Befehl Mansteins einen Gegenschlag mit drei Schwerpunkten; er sollte den unregelmäßigen Frontverlauf des russischen Bogens mit seinen zwei vorgetriebenen Spitzen ausnutzen. Links wurde vom Dnjepr aus ein Vorstoß gegen die südwestliche Spitze gemacht; rechts erfolgte ein Vorstoß gegen die südöstliche Spitze; in der Mitte wurde der Angriff gegen die weichende Front dazwischen in Richtung auf Losowaja geführt. Beide Spitzen wurden abgebrochen, und die deutschen Panzer stießen tief in den Bogen hinein. Diese Gegenstöße entwickelten sich in der letzten Februarwoche zu einer großen Gegenoffensive, als durch den deutschen Rückzug aus dem Raum Rostow mehr Verstärkungen verfügbar wurden. In der ersten Märzwoche hatte der deutsche Vorstoß wieder den Donez auf einem großen Abschnitt rechts und links von Izyum erreicht, der russische Bogen war fast ganz verschwunden, und ein großer Teil der russischen Truppen war südlich von Charkow eingeschlossen.

Wenn es den Deutschen gelungen wäre, den Donez schnell zu überschreiten und damit die Rückzugslinien der russischen Armeen abzuschneiden, dann hätte dies zu einer Katastrophe für die Russen geführt, die der deutschen von Stalingrad vergleichbar gewesen wäre. Aber sie wurden bei diesem Versuch zum Stehen gebracht, da sie nicht genügend Kräfte hatten, um irgendein stark verteidigtes Hindernis im Sturm zu nehmen. Nach diesem Stillstand verschob sich der Schwerpunkt nach Nordwesten, wo der Druck des deutschen Umgehungsmanövers die Russen am 15. März wieder aus Charkow verdrängte. Vier Tage später erreichte ein schneller deutscher Vorstoß nördlich von Charkow Belgorod. Aber dies war das Ende der deutschen Erfolge. Ihre Gegenoffensive erlahmte in der nächsten Woche im Schlamm des Frühjahrstauwetters.

Während die Deutschen im Süden ihre Gegenoffensive führten, mußten sie im Norden zurückgehen. Es war ihr erster größerer Rückzug in diesem Raum seit über einem Jahr. Nach dem Winterfeldzug von 1941/42 hatte die deutsche Front vor Moskau die Form einer geballten Faust, die von den Russen umgeben war – im Mittelpunkt der Faust lag Smolensk. Im August 1942 hatten die Russen den linken Knöchel der Faust, die befestigten Stellungen von Rschew, hart angegriffen in dem Bemühen, Stalingrad durch ein Ablenkungsmanöver zu Hilfe zu kommen und die Mittelfront des Gegners zu durchbrechen.

Ihre Offensive war dank des hartnäckigen Widerstandes bei Rschew nicht zum Ziel gekommen, wenn sie auch die Flanken der deutschen Stellung aufgerissen hatte. Ein zweiter Versuch im November hatte die deutsche Faust noch exponierter gemacht, so daß sie jetzt wie eine Halbinsel mit einer schmalen Landzunge aussah. Ende des Jahres griffen die Russen von der Spitze ihres eigenen großen Bogens im Norden die Deutschen an und nahmen den Knotenpunkt Welikije Luki, 240 Kilometer westlich von Rschew auf der Linie Moskau–Riga. Die Gefahr nicht nur für Rschew, sondern für die ganze deutsche Faust wurde noch deutlicher.

Einen Monat später wurde die Gefahr indirekt noch vergrößert durch die Kapitulation von Stalingrad, während der darauffolgende Zusammenbruch im Süden den Nachteil des Festhaltens an zu ausgedehnten Fronten zeigte. General Zeitzler hatte nun ein einziges Mal bei Hitler Erfolg: Sosehr der Führer jeden Rückzug haßte, ganz besonders einen Rückzug aus der Richtung Moskau, so wurde er doch zu der Überzeugung gebracht, daß die Front in diesem Sektor begradigt werden müsse, um einen Zusammenbruch zu verhindern und Reserven freizusetzen. Rschew wurde Anfang März geräumt, gerade als ein neuer russischer Angriff begann, und bis zum 12. wurde die ganze Faust aufgegeben, einschließlich des wichtigen Knotenpunkts Wjasma. Die Deutschen zogen sich auf eine kürzere Linie zurück, die östlich von Smolensk verlief. Auch der kleinere befestigte Vorsprung bei Demjansk zwischen Welikije Luki und dem Ilmensee wurde Anfang März geräumt. (Die Bedeutung dieses Rückzuges wurde im Westen nicht klar, weil die Zeichnungen in britischen und amerikanischen Zeitungen seit über einem Jahr dort eine gerade Linie gezeigt hatten, wobei Demjansk hinter der russischen Front lag.)

Was aber die deutschen Armeen durch diese Frontverkürzung im Norden gewannen, wurde mehr als ausgeglichen durch die erneute Ausdehnung ihrer Front und die neuen Versuchungen, die der Erfolg ihrer Gegenoffensive im Süden geschaffen hatte. Er vereitelte die Hoffnungen der Generale, daß Hitler dazu gebracht werden könnte, einen langfristigen Rückzug auf eine Linie zu billigen, hinter der sich die Deutschen weit entfernt vom russischen Vormarsch konsolidieren und reorganisieren würden. Der Erfolg im Süden schuf eine alte und neue Reihe von offensiven Ausgangspositionen, die allzu verlockend aussahen für einen Mann, dessen Instinkt nur auf die Offensive gerichtet war und der seinem innersten Wesen nach nur sehr widerwillig den Gedanken aufgab, daß eine neue Offensive die ganze Lage wieder zu seinen Gunsten verändern könnte.

Der Erfolg der Gegenoffensive hatte die Notwendigkeit beseitigt, das Donez-Becken zu räumen. Da er wieder auf der alten Linie südlich des Donez bei Taganrog stand, konnte Hitler dieses Industriegebiet behalten – und gleichzeitig die Hoffnung auf einen neuen Vormarsch in den Kaukasus. Dank der Rückkehr zum Ufer des Donez weiter westlich, zwischen Charkow und Izyum, konnte das Oberkommando eine neue Flankenbewegung dort ins Auge fassen. Durch die Wiedereinnahme von Belgorod und Behauptung von Orel hatten die Deutschen ausgezeichnete Flankenpositionen für eine Zangenbewegung gegen die von den Russen kürzlich gewonnenen Stellungen bei Kursk. Wenn sie diesen großen Balkon abkneifen konnten, dann würden sie eine klaffende Lücke in die russische Front reißen, und sobald ihre Panzerdivisionen dort durchgestoßen wären, würde alles möglich werden. Die Russen waren zwar stärker, als Hitler früher gedacht hatte, aber ihre Verluste waren sehr schwer gewesen. Nur die »alten Generale« hielten die russischen Reserven für unerschöpflich. Wenn er diesen Gedankengang weiter verfolgte, der seiner natürlichen Neigung entsprach, dann schien es Hitler immer klarer, daß ein Durchbruch bei Kursk das Geschick wieder zu seinen Gunsten wenden und alle seine Probleme lösen könnte. Es fiel ihm nicht schwer, sich selbst davon zu überzeugen, daß alle seine Schwierigkeiten nur auf den russischen Winter zurückgingen und daß er im Sommer wieder obenauf sein würde. Dieser Gedanke wurde sein Sommernachtstraum.

Wenn die Hauptoffensive im Raum Kursk erfolgen sollte, so gehörte zu Hitlers Sommerprogramm auch der Angriff auf Leningrad, der zweimal verschoben worden war – es ist seltsam, wie genau sein Plan das Schema von 1942 wiederholte. Ein Fallschirmjägerkorps aus zwei Divisionen war aufgestellt worden und sollte eine Überraschungsaktion gegen Leningrad unternehmen, um für den Landangriff den Weg frei zu machen. Je mehr ihn das Glück verließ, desto risikofreudiger wurde Hitler; noch ein Jahr vorher hatte er gezögert, General Students Vorschlag eines Luftlandeangriffs auf Stalingrad anzunehmen. Jedoch wurde dieses Korps nach dem Zusammenbruch in Tunesien nach Südfrankreich verlegt und stand dort bereit für einen Luftlande-Gegenschlag gegen die erwartete alliierte Landung in Sardinien. Und schließlich führte dann das Scheitern der Kursk-Offensive zur endgültigen Aufgabe des Leningrader Angriffsplans.

Bei den Generalen waren die Ansichten über den Kursker Offensivplan geteilt. Eine zunehmende Zahl von ihnen begann zu zweifeln, ob ein Sieg im Osten noch möglich sei, und zu den Zweiflern gehörte jetzt auch ein so Hitler-gläubiger Mann wie Kleist. Freilich hatte er diesmal direkt mit der Offensive nichts zu tun. Bei der Umgruppierung während des Winterfeldzuges erhielt Manstein den Oberbefehl über den größten Teil der Südfront. Die 1. Panzerarmee war Anfang des Jahres seiner Heeresgruppe zugeteilt worden, während Kleist nur den Oberbefehl über die Krim und den Brückenkopf von Kuban behielt. Die Offensive gegen den Kursker Bogen sollte an der Südseite von Mansteins linkem Flügel und an der Nordseite von Kluges Heeresgruppe Mitte durchgeführt werden.

Beide Oberbefehlshaber äußerten sich vorher, als ob sie an die Erfolgsaussichten glaubten. Doch die Hoffnung wird oft durch professionelle Erwägungen gefördert: Pflichttreue Soldaten neigen von Natur zum Glauben an den Erfolg einer Operation, mit der sie beauftragt sind, und sie sind von Natur aus wenig bereit, Zweifel zu äußern, die das Vertrauen eines Vorgesetzten in ihre Fähigkeiten schwächen könnten. Die ganze Richtung ihrer militärischen Ausbildung trug auch dazu bei, Zweifel zu ersticken. Wenn viele Generale jetzt einen langfristigen Rückzug zur Abschüttelung der Russen lieber gesehen hätten, wie Rundstedt schon ein Jahr vorher empfohlen hatte, so hatte der Führer jede derartige Maßnahme verboten. Da die Frontlinie der deutschen Armeen am Ende des Winters für die Verteidigung nicht besonders günstig war, neigten die Generale um so mehr zu dem Grundsatz, den man sie gelehrt hatte: Angriff ist die beste Verteidigung. Durch einen Angriff, meinten sie, könne man die Nachteile der Lage beseitigen und die Offensivpläne des Gegners stören. So richteten sich alle Bemühungen auf einen Erfolg des Angriffs, ohne Rücksicht auf die Folgen eines Scheiterns und auf die Gefahr, daß eine Verausgabung der jüngst aufgefrischten deutschen Reserven später jede Verteidigung unmöglich machen würde.

Die Verschlechterung der deutschen Lage wurde verschleiert durch eine Politik äußerster Geheimhaltung im internen Bereich, zusammen mit einer zunehmenden Verdünnung der Einheiten und Formationen. Die Zahl der deutschen Divisionen wurde annähernd auf dem alten

Stand belassen, so daß es nicht mehr klar war, wie irreführend ihre Zahl als Index der wirklichen Stärke geworden war. Im Frühjahr 1943 hatte eine deutsche Division im Durchschnitt wenig mehr als die Hälfte ihrer früheren Mannschaftsstärke und Bewaffnung; viele Divisionen blieben noch weit darunter, während manche fast wieder ihre frühere Stärke erreichten. Die Befehlshaber wurden auf Grund der Geheimhaltung so sehr voneinander abgeschlossen, daß wenige von ihnen ein klares Bild der allgemeinen Lage hatten – und sie hatten gelernt, daß es klüger war, nicht zuviel zu fragen.

Die Politik der Verdünnung wurde aber auch aus anderen Gründen als denen der Tarnung durchgeführt. Hitler war fasziniert und berauscht von Zahlen. Für seinen demagogischen Sinn bedeuteten Zahlen Macht. Da die Division die militärische Standardeinheit war, war er besessen von dem Gedanken, die größtmögliche Zahl von Divisionen zu haben – obwohl seine Siege im Jahr 1940 im wesentlichen durch die qualitative Überlegenheit seiner Panzertruppen errungen worden waren. Vor dem Einmarsch in Rußland hatte er auf der Verdünnung bestanden, um eine größtmögliche Zahl von Divisionen aufzustellen. Und im weiteren Verlauf hatte er die Verdünnung noch fortgesetzt, um einen Rückgang der irreführenden Gesamtzahl zu vermeiden. Die Folge dieser Verdünnung war eine gefährliche Inflation auf dem Gebiet der militärischen Ökonomie.

Im Jahr 1943 trug diese Inflation viel dazu bei, die Vorteile auszugleichen, welche die qualitative Verbesserung der deutschen Ausrüstung bot, insbesondere durch die Produktion der neuen »Tiger« und »Panther« (Panzer). Immer wenn Divisionen schwere Verluste erleiden, werden ihre Eliteeinheiten überproportional geschwächt im Vergleich zu den Stabsabteilungen, da die Verluste hauptsächlich die kämpfende Truppe treffen. Bei einer Panzerdivision entfällt in der Regel die höchste Verlustquote auf Panzer und Panzerbesatzungen, eine geringere auf die infanteristischen Einheiten, die geringste auf die Verwaltungs- und Versorgungseinheiten. Es ist daher eine Verschwendung von Kampfkraft, Divisionen, insbesondere Panzerdivisionen auf einem Stand unterhalb ihrer Sollstärke bestehen zu lassen. Wenn nicht die Verluste schnellstens wieder aufgefüllt werden, bleibt der gesamte Körper der Division unökonomisch groß im Vergleich zu seiner Schlagkraft.

Diese Handicaps des deutschen Heeres traten noch schärfer hervor, weil das russische Heer jetzt qualitativ weit besser und gleichzeitig zahlenmäßig stärker war als 1942. Seine Kampfkraft profitierte von dem ständigen Strom militärischer Ausrüstung aus den neuen oder weiter ausgebauten Fabriken im Ural-Gebiet und aus westalliierten Quellen. Seine Panzer waren mindestens ebensogut wie jedes anderen Heeres – die meisten deutschen Offiziere hielten sie sogar für besser. Wenn sie auch an Zusatzgeräten, beispielsweise an Funkausrüstungen, noch Mangel hatten, so erreichten sie doch ein hohes Maß von Leistung, Haltbarkeit und Bewaffnung. Die russische Artillerie war technisch ausgezeichnet, und die Raketenartillerie war im großen Stil zu wirklich beachtlicher Leistungsfähigkeit ausgebaut worden. Das russische Infanteriegewehr war moderner als das deutsche und hatte größere Feuerkraft, während die meisten schwereren Infanteriewaffen ebensogut waren.

Der Hauptmangel lag auf dem Gebiet der Kraftfahrzeuge; aber dieser entscheidende Bedarf wurde jetzt durch ständig zunehmende Lieferungen amerikanischer Lastwagen gedeckt. Kaum weniger wichtig für die Beweglichkeit der Truppen waren die großen Mengen amerikanischer Lebensmittelkonserven, die geliefert wurden; sie trugen dazu bei, das Nachschubproblem zu lösen, das wegen der riesigen Zahl der russischen Truppen und den schlechten Verkehrsverbindungen das größte Handicap für die volle Ausnutzung der russischen Stärke war. Das Nachschubproblem wäre noch weit schwieriger gewesen, wenn die russischen Soldaten nicht daran gewöhnt gewesen wären, auf einem weit niedrigeren Versorgungsniveau zu leben und zu kämpfen als die Soldaten irgendeines westlichen Landes. Wenn auch die Rote Armee niemals die gleiche Beweglichkeit erreichte wie westliche Armeen, so war sie doch im Verhältnis zu ihrer technischen Ausrüstung beweglicher, weil sie mit einem viel niedrigeren Stand der Ausrüstung auskam. Die Primitivität war ebenso ein Vorzug wie ein Mangel: Russische Soldaten konnten überleben, wenn andere verhungert wären. So konnten die Elitetruppen der Roten Armee jetzt tiefere Einbrüche erzielen, weil sie mehr und besseres Material hatten, während die große Masse der Truppe nachfolgen konnte, weil sie so wenig Bedarf an Fahrzeugen und Verpflegung hatte.

Die Rote Armee hatte auch erheblich an taktischer Wendigkeit gewonnen. Während in diesem Punkt im Jahr 1942 eine Verschlechterung eingetreten war, infolge des Verlustes eines großen Teils der am besten geschulten Truppen zu Beginn des Krieges, war dies durch größere Kriegserfahrungen im Jahr 1943 größtenteils ausgeglichen worden, und die neugebildeten Einheiten hatten eine bessere Ausbildung erhalten als die alten vor dem Kriege. Die Verbesserung begann an der Spitze. Die drastische Beseitigung vieler der alten Kommandeure hatte die Bahn frei gemacht für den schnellen Aufstieg einer Generation dynamischer junger Generale, meist noch unter 40, die beruflich besser geschult und politisch weniger abgestempelt waren als ihre Vorgänger. Das Durchschnittsalter der höheren russischen Kommandeure lag jetzt fast 20 Jahre unter dem der deutschen, und diese Verjüngung führte zu einer Erhöhung der Leistung und Aktivität. Die kombinierte Auswirkung dynamischerer Führung und reiferer Kampferfahrung war sowohl in der Generalstabsarbeit als auch in der taktischen Beweglichkeit der Truppen ersichtlich.

Diese Verbesserungen hätten sich noch mehr ausgewirkt, wenn nicht die Generale, aus Angst oder aus Gier nach Lob von oben, die Neigung gehabt hätten, Angriffe in unökonomischer Weise fortzusetzen, auch wenn sie auf starken Widerstand stießen. Um nicht einen Mißerfolg zuzugeben, warfen sie oft ihre Truppen unablässig gegen unbezwingbare Hindernisse, unter steigenden Verlusten. Solche nutzlosen Angriffe sind ein Erzübel aller Armeen wegen der Kombination der hierarchischen Rangordnung mit der militärischen Disziplin; aber es war natürlich noch schlimmer in der Roten Armee wegen der speziellen Verhältnisse im Sowjetsystem, der alten russischen Traditionen und der riesigen russischen Menschenreserven. Unter diesen Umständen konnten nur Kommandeure mit ganz starker Stellung es wagen, ein Gefühl für die Grenzen des Möglichen zu entwickeln, während das überreiche »Menschenmaterial« eine großzügige Verausgabung nahelegte. Es war leichter, rücksichtslos Menschen zu opfern, als den Zorn des Mannes an der Spitze zu riskieren.

Im großen und ganzen aber wurde diese Rammbock-Tendenz weitgehend durch die Tiefe des Raumes ausgeglichen. Es gab fast immer genug Raum zum Manövrieren, und das russische Oberkommando entwickelte ein besonderes Geschick darin, weiche Stellen in der riesigen Front des Feindes zu entdecken. Da die Rote Armee jetzt die allgemeine zahlenmäßige Überlegenheit besaß, konnte ihr Oberkommando ein Zahlenverhältnis von mindestens vier zu eins auf jedem Sektor aufbauen, den es für einen Angriff ausgewählt hatte, und wenn erst der Durchbruch geglückt war, wurde der Raum zum Manövrieren noch größer. Vergebliche Frontalangriffe und verlustreiche Wiederholung solcher Angriffe waren häufiger an der Nordfront, wo die deutsche Verteidigung stärker und fester war. Im Süden aber hatten die Russen ihre besten Kommandeure und ihre besten Truppen, zugleich mit genügend Raum, um deren Tüchtigkeit auszunutzen.

Dennoch war das Ausmaß, in dem die Deutschen sich gegen so große Nachteile behaupteten, ein Beweis dafür, daß die russischen Streitkräfte noch weit davon entfernt waren, die Deutschen an technischer Effizienz zu überholen – daß der Krieg noch zwei Jahre dauerte, bestätigte dies. Die Kenntnis dieses deutschen Vorteils färbte auf die Haltung beider Seiten im Frühjahr 1943 ab. Sie bestärkte Hitler und auch seine militärischen Berater in der Hoffnung, das Geschick könne sich noch zu Deutschlands Gunsten wenden lassen, wenn man die Fehler der Vergangenheit vermeide. Sie bestärkte die russischen Führer in ihren inneren Zweifeln trotz aller Zuversicht, die sie nach ihren Erfolgen im Winter errungen hatten; denn sie konnten nicht vergessen, daß die von ihren Erfolgen im vorhergehenden Winter erweckten Hoffnungen in dem darauffolgenden Sommer zunichte gemacht worden waren. Wenn jetzt ein neuer Sommer bevorstand, konnten sie nicht sicher sein, ob das Rennen wirklich gelaufen war.

Diese tiefsitzende Unsicherheit war wohl der Grund für ein interessantes diplomatisches Zwischenspiel vor dem Wiederbeginn der großen Kämpfe. Im Juni 1943 trafen sich Molotow und Ribbentrop in Kirowograd, das noch von den Deutschen besetzt war, zu einem Gespräch über die Möglichkeit einer Beendigung des Krieges. Nach Mitteilung deutscher Offiziere, die als technische Berater dabei waren, schlug Ribbentrop als Friedensbedingung vor, Rußlands künftige Grenze solle am Dnjepr verlaufen, während für Molotow nur die volle Wiederherstellung der früheren russischen Westgrenze diskutabel war. Das Gespräch stieß sich an der Schwierigkeit, eine so große Differenz zu überbrücken, und wurde abgebrochen, nachdem eine Meldung darüber zu den Westmächten durchgesickert war. Die Entscheidung lag jetzt wieder auf dem Schlachtfeld.

Der Sommerfeldzug begann später als in jedem der vorhergehenden Jahre; nach dem Ende des Winterfeldzuges gab es eine Pause von über drei Monaten. Diese Verzögerung war wenigstens teilweise auf die zunehmenden Schwierigkeiten auf deutscher Seite zurückzuführen, ihre

Streitkräfte wieder aufzufüllen und die für eine neue Offensive notwendigen Reserven aufzubauen. Auf deutscher Seite bestand aber auch zunehmend der Wunsch, die Russen möchten die Initiative ergreifen und sich dabei festrennen, so daß die deutsche Offensive die Wirkung eines Gegenschlages haben könnte. Dieser Wunsch ging nicht in Erfüllung – nicht sosehr wegen Hitlers Ungeduld als wegen der russischen Entscheidung, diesmal eine ähnliche Umgehungsstrategie anzuwenden.

Rückschauend glauben die deutschen militärischen Führer heute, daß ihre Offensive einen großen Erfolg gehabt hätte, wenn ihre Kampftruppen so rechtzeitig bereitgestanden hätten, daß sie schon sechs Wochen früher hätten angreifen können. Als ihre Zangenbewegung sich in einer Reihe tiefer Minenfelder festlief und sie feststellten, daß die Russen ihre Hauptstreitmacht schon zurückgezogen hatten, schrieben sie diesen Mißerfolg der Vermutung zu, daß die Russen während der Kampfpause von den deutschen Vorbereitungen Wind bekommen hätten und dadurch in die Lage gesetzt worden wären, sich entsprechend vorzubereiten. Diese Ansicht übersah, daß der Kursker Bogen als Angriffsziel sehr nahe lag. Er bedeutete eine ebenso klare Verlockung für eine deutsche Zangenbewegung wie der angrenzende Bogen bei Orel eine Verlockung für eine russische Zangenbewegung. So war auf beiden Seiten wenig Zweifel über den Raum des nächsten Angriffes möglich, und die Hauptfrage war, wer zuerst losschlagen würde.

Dies war auch auf russischer Seite diskutiert worden. Die Argumente für ein Losschlagen vor den Deutschen waren die, daß die russische Verteidigung zwei Sommer hintereinander von dem deutschen Angriff über den Haufen geworfen worden war; die durch die vielen offensiven Erfolge seit Stalingrad erzeugte Zuversicht machte die russischen Führer geneigt, in diesem Sommer die Initiative zu ergreifen. Andererseits wurde darauf hingewiesen, daß im Jahr 1942 Timoschenko mit seiner Charkow-Offensive im Mai den Anfang gemacht hatte, auf die der russische Zusammenbruch zwischen Charkow und Kursk im Juni in katastrophaler Weise gefolgt war.

Bei seiner ersten Besprechung mit dem russischen Generalstab Ende Mai gewann der neue Chef der britischen Militärmission, Generalleutnant G. Le Q. Martel, den Eindruck, die Entscheidung sei für eine Offensive gefallen. Er sagte offen, nach seiner Meinung würden die

Russen in Schwierigkeiten geraten, wenn sie eine Offensive starteten, solange die aufgefrischten deutschen Panzerformationen noch nicht abgenutzt seien, und daß sie »schwer auf den Kopf geschlagen würden«, wenn sie etwas Derartiges versuchten.

Kurz darauf wurde er über die britische Taktik in Nordafrika befragt, und er »erklärte ihnen, daß unser Erfolg in Alamein weitgehend darauf zurückzuführen war, daß wir die deutschen Panzerverbände sich an unserer Verteidigung die Köpfe blutig rennen ließen. Als die deutschen Panzer mitten im Kampf und schwer angeschlagen waren, war für uns die Zeit gekommen, selbst anzugreifen«. Bei der nächsten Besprechung hatte er den Eindruck, daß der russische Generalstab dieser Taktik zuneigte. Er benutzte die Gelegenheit, die Russen mit einer anderen britischen Erfahrung bekannt zu machen: der Wichtigkeit, bei einem feindlichen Panzerdurchbruch auf beiden Seiten die Flanken zu halten und mit allen verfügbaren Reserven zu verstärken, als eine Art indirekten Widerstandes, der besser ist, als sich der Sturzflut frontal entgegenzustellen.

Wenn man die Ursprünge eines Planes zurückverfolgt, ist es meist schwierig, die entscheidenden Erwägungen zu bewerten, selbst nachdem alle Akten offenliegen; denn Dokumente enthalten selten die wirklichen Beweggründe. Sie zeigen nicht, wie Gedanken ausgesät werden und in den Köpfen der Planer heranreifen. Während manche, die neue Gedanken aussäen, gern die Wirkung dieser Aussaat überschätzen, sind diejenigen, in deren Köpfen die Gedanken reifen, umgekehrt noch mehr geneigt, die erste Anregung zu unterschätzen, so folgenreich sie auch gewesen sein mag. Dies gilt ganz besonders für amtliche Dienststellen, vor allem dann, wenn der Nationalstolz dabei im Spiel ist. Unter Verbündeten ist es normal, daß jeder die empfangene Hilfe bagatellisiert und die geleistete Hilfe aufbauscht, sei es materielle oder gedankliche. Es ist daher unwahrscheinlich, daß die Geschichte mehr Licht auf die Entstehung des russischen Feldzugsplans von 1943 werfen wird, wenn es auch offenkundig ist, daß die strategischen Planer auf reichhaltige Erfahrungen aus ihren eigenen Feldzügen zurückgreifen und daraus die notwendigen Schlußfolgerungen ziehen konnten. Wichtiger als solche Überlegungen ist der dramatische Erfolg der angewandten Defensiv-Offensivtaktik.

Der deutsche Angriff begann im Morgengrauen des 5. Juli gegen beide Flanken des Kursker Bogens. Die westliche Front dieses Bogens war fast 160 Kilometer lang; die südliche Flanke war ungefähr 80 Kilometer und die nördliche Flanke über 240 Kilometer tief, da diese mit der Flanke des deutschen Bogens bei Orel zusammenfiel, der in der umgekehrten Richtung verlief. Das Hauptgebiet des Bogens wurde von Rokossowskijs Truppen gehalten, während Watutins rechter Flügel an der Südflanke stand.

Mansteins südliche und Kluges nördliche Zange waren etwa gleich stark, doch hatte Manstein einen größeren Anteil von Panzertruppen. Insgesamt wurden 18 Panzer- und Panzergrenadierdivisionen für diese Offensive eingesetzt. Dies war fast die Hälfte der deutschen Gesamtstärke an der Ostfront und der größte Teil der deutschen Panzer, die im Osten verfügbar waren – Hitler setzte viel auf eine Karte.

Die südliche Zange drang in den ersten Tagen an einigen Stellen etwa 30 Kilometer vor – das war kein schneller Durchbruch. Die Deutschen wurden durch tiefe Minenfelder aufgehalten und stellten fest, daß die Masse der Verteidiger sich nach hinten zurückgezogen hatte, so daß der Ertrag an Gefangenen enttäuschend gering war. Zudem wurden die Keile, die sie in die russische Front hineintrieben, durch die hartnäckige Verteidigung an den Flanken daran gehindert, sich zu verbreitern. Kluges Zange im Norden kam noch weniger vorwärts und schaffte keinen Durchbruch durch die russische Hauptverteidigung. Nach einer Woche der Kämpfe waren die deutschen Panzerdivisionen schon stark geschwächt. Kluge, beunruhigt durch Zeichen einer bevorstehenden Bedrohung seiner eigenen Flanke, begann seine Panzer zurückzuziehen.

Da begannen am 12. Juli die Russen ihre Offensive gegen die nördliche Flanke und die Nase des Bogens von Orel. Der Angriff im Norden drang in drei Tagen fast 50 Kilometer vor, bis in den Rücken von Orel, während der andere Angriff, der nicht so weit vorzudringen brauchte, sich der Stadt bis auf 24 Kilometer näherte. Aber vier der Panzerdivisionen, die Kluge aus der Kursker Front herausgelöst hatte, kamen gerade rechtzeitig, um den Nordflügel der Russen an einer Durchstoßung der Bahnlinie von Orel rückwärts nach Brjansk zu hindern. Danach wurde die russische Offensive eine harte Kraftanstrengung, und mit überlegenem Gewicht wurden die Deutschen zurückgedrängt. Es war eine verlustreiche Anstrengung, die aber schließlich unterstützt wurde, als Rokossowskys Truppen aus dem Kursker Bogen heraus zum Angriff auf der Südflanke übergingen. Am 5. August wurden die

Deutschen aus Orel herausgedrängt. Orel war nicht nur einer der stärksten Pfeiler der deutschen Front seit 1941, sondern, solange es in deutscher Hand war, war ein Wiederaufleben des Vormarsches nach Moskau immer möglich. Seine strategische Bedeutung hatte es zu einem militärischen Symbol gemacht, und seine Räumung war daher ebenso niederdrückend für die Deutschen wie aufmunternd für die Russen.

Unterdessen waren Watutins Truppen den sich auf der Südseite des Kursker Bogens auf die ursprünglichen Linien zurückziehenden deutschen Truppen gefolgt. Am 4. August begann Watutin einen Angriff auf diese geschwächte Frontlinie, am nächsten Tag nahm er Belgorod ein. Die Erschöpfung des Gegners ausnutzend, stieß er in der nächsten Woche 130 Kilometer weit vor und gelangte in den Rücken von Charkow bis zur Linie Charkow–Kiew. Diese Sichelbewegung eröffnete die Aussicht, die ganze deutsche Südfront zum Einsturz zu bringen. Zehn Tage später überschritten die Truppen Marschall Konjews an Watutins linker Seite den Donez südöstlich von Charkow und drohten die Einschließung der Stadt zu vollenden. Konjew hatte dies möglich gemacht, indem er mutig die Ljubotin-Sümpfe als passende Stelle für die Überquerung des Flusses aussuchte.

Wenn einer von beiden Vorstößen den Knotenpunkt Poltawa erreicht hätte, dann wäre nicht nur die Garnison von Charkow eingeschlossen, sondern auch die ganze deutsche Position an ihrem ausgestreckten rechten Arm entlang des Donez gefährdet worden. Zu diesem Zeitpunkt war das III. Panzerkorps fast die einzige noch verfügbare Reserve. Mit ihren drei SS-Panzerdivisionen war es gerade in Marsch gesetzt worden, um eine Bedrohung der »Finger« am Mjus-Fluß bei Taganrog abzuwehren. Es wurde jetzt schnell zurückgeholt und kam gerade rechtzeitig, um die Gefahr bei Poltawa abzuwenden. Dies machte es möglich, das Gros der Truppen bei Charkow zurückzuziehen, bevor die Stadt am 23. August wieder in russische Hand fiel. Auch an anderen Punkten zeigten die dezimierten Panzerdivisionen, daß sie zwar wenig Schlagkraft mehr hatten, aber immer noch den Vormarsch der russischen Truppenmassen hindern konnten. Die Krise wurde gemeistert und die Situation stabilisiert, wenn auch nicht für länger. Die Russen rückten weiter vor, doch in langsamerem Tempo. In den sechs Wochen seit Beginn ihrer Offensive hatten sie 25 000 Gefangene gemacht; dies war eine kleine Zahl für eine so große Schlacht auf vielen

Abschnitten und ein Zeichen dafür, daß die deutsche Verteidigung nur an einzelnen begrenzten Punkten zusammengebrochen war.

In der zweiten Augusthälfte dehnte sich die russische Offensive weiter aus. Während Popows Truppen langsam von Orel nach Brjansk vorrückten, begannen Jeremenkos Truppen an ihrer rechten Flanke einen Vorstoß nach Smolensk. Auf ihrer linken Flanke gelang Rokossowskij ein tieferer Vorstoß zum Dnjepr bis in die Nähe von Kiew, während Watutin von Süden auch dorthin vorstieß. Noch weiter südlich überquerte Tolbuchin den Mjus und erzwang die Aufgabe von Taganrog. Dann rückte Anfang September Malinowskij über den Donez auf Stalino vor, und diese Flankenbewegung führte zu einem hastigen Rückzug der Deutschen aus dem »Arm« südlich des Donez. Bezeichnenderweise gelang es ihnen aber, die Punkte zu halten, welche die Flanke ihres größeren Rückzugs deckten, und ebenso die Bahnlinien, bis das Gros ihrer Truppen der Umklammerung entgangen war. Der Knotenpunkt Losowaja wurde erst Mitte September aufgegeben.

Dieses Schema der russischen Operationen ähnelte jetzt noch mehr der Offensive Fochs von 1918 – mit ihren sich abwechselnden Vorstößen zu verschiedenen Punkten, wobei jeder Vorstoß zeitweilig eingestellt wurde, wenn sein Schwung angesichts harten Widerstands erlahmte, jeder Vorstoß den Weg für den nächsten bahnte und alle aufeinander abgestimmt waren. Im Jahr 1918 hatte dies dazu geführt, daß die Deutschen ihre Reserven zu den angegriffenen Punkten schickten und deswegen nicht mehr genügend Kraft behielten, um auch die nächsten Angriffe durch Reserven abzudecken. Diese Taktik lähmte ihre Bewegungsfreiheit und erschöpfte mehr und mehr ihre Reserven. Die Russen wiederholten die Taktik ein Vierteljahrhundert später in verbesserter Form und unter günstigeren Bedingungen.

Es ist die natürliche Taktik einer Armee, die in ihrer Beweglichkeit begrenzt, aber an Kraft überlegen ist. Sie ist um so mehr angebracht, wenn die Verbindungswege zu schlecht sind, um eine schnelle Verschiebung von Reserven von einem zum anderen Abschnitt zur Ausbeutung eines besonderen Erfolges zu ermöglichen. Da diese Taktik aber jedesmal einen neuen Fronteinbruch bedeutet, sind die Verluste bei dieser »breit« angelegten Operation höher als bei einer »tief« angelegten. Diese Taktik wird kaum zu einem schnellen Erfolg führen; aber sie ist auf lange Sicht sicherer, vorausgesetzt, daß die betreffende Armee genug materielle Überlegenheit besitzt, um den Prozeß immer weiter fortzuführen.

Bei diesem offensiven Vorgehen waren die russischen Verluste natürlich höher als die deutschen; aber die Deutschen verloren mehr, als sie sich nach dem kostspieligen Scheitern ihrer eigenen Offensive leisten konnten. Für sie bedeutete der Kräfteverschleiß den Ruin. Hitlers Abneigung gegen jeden langfristigen Rückzug verlangsamte das Zurückweichen, aber beschleunigte die Erschöpfung ihrer Kräfte.

Im September führte die Ausdünnung der deutschen Front und die Erschöpfung ihrer Reserven zu einer Beschleunigung des russischen Vormarsches. Fähige Befehlshaber wie Watutin, Konjew und Rokossowskij nutzten sehr schnell jede weiche Stelle der breiten Front aus. Ihr Vormarschtempo wurde beschleunigt auch durch den ständig zunehmenden Strom amerikanischer Lastwagen. Bis Ende des Monats hatten die Russen den Dnjepr nicht nur an seinem großen östlichen Knie bei Dnjepropetrowsk überschritten, sondern auf dem größten Teil seines Laufes stromaufwärts über Kiew hinaus bis zur Einmündung des Pripjet. Die Überquerungen erfolgten schnell an einer großen Zahl von Punkten, und Brückenköpfe wurden gebildet. Dies war ein schlechtes Vorzeichen für die Aussichten der Deutschen, sich hinter dem Schutz dieses breiten Stromes, den deutsche Militärsprecher unvorsichtigerweise als ihre »Winterlinie« bezeichnet hatten, zu erholen und zu reorganisieren. Die Leichtigkeit, mit der die Russen den Fluß überquerten, war ein Zeichen für die Geschicklichkeit ihrer Kommandeure und ihre Kühnheit bei der Ausnutzung der Möglichkeiten des Raumes. Die Schaffung des wichtigen Brückenkopfes bei Krementschug südwestlich Poltawa ging auf Konjews Entscheidung zurück, seine Kräfte nicht auf eine Linie zu konzentrieren, sondern an zahlreichen Punkten über den Strom zu setzen – insgesamt 18 auf einer Strecke von 95 Kilometern. Das Überraschungsmoment bei dieser kalkulierten Kräfteverzettelung wurde dadurch erhöht, daß die Überquerungen unter dem Schutz des Nebels erfolgten. Eine ähnliche Taktik gestattete Watutin, nördlich von Kiew eine Reihe von Brückenköpfen zu bilden, die in kurzer Zeit mit den anderen verbunden wurden.

Der grundlegende Faktor der ganzen Lage war jedoch, daß die Deutschen nicht mehr genügend Truppen hatten, um ihre ganze Front abzudecken, selbst wenn sie nur in dünnen Linien aufmarschierten und daher Gegenangriffe führen mußten, um die Ausweitung der feindlichen Brückenköpfe zu verhindern. Dies war natürlich eine gefährliche Taktik, wenn ihre eigenen Reserven so gering und die der Angreifer so groß waren.

480 Kilometer nördlich von Kiew gaben die Deutschen am 25. September Smolensk auf, eine Woche vorher waren sie aus Brjansk herausgedrängt worden. Langsam, aber sicher gingen sie auf die Kette städtischer Stützpunkte zurück, die sich am oberen Dnjepr entlangzog – von Schlobin über Rogaschew, Mogilew und Orscha bis Witebsk an der Düna.

Im äußersten Süden räumten sie ihren Brückenkopf auf der Kuban-Halbinsel und zogen sich über die Straße von Kertsch auf die Krim zurück, die aber ihrerseits jetzt in Gefahr war, von der russischen Flut auf dem Festland isoliert zu werden. Kleist hatte den Befehl erhalten, seine Truppen von der Kuban-Halbinsel zurückzuziehen und den Abschnitt zwischen dem Asowschen Meer und dem Dnjepr-Knie bei Saporosche zu übernehmen. Dieser Beschluß wurde zwei Wochen zu spät gefaßt: Als seine Truppen Mitte Oktober in ihren neuen Stellungen ankamen, waren die Russen schon bei Melitopol durchgebrochen, und der ganze Abschnitt geriet in Bewegung.

Nach den ersten Überquerungen des Dnjepr war dieser Abschnitt in der ersten Hälfte Oktober relativ ruhig gewesen, während die Russen Verstärkungen heranführten, Nachschub bereitstellten und die Brücken bauten, auf denen sie vorrücken wollten. Meistens waren es Pfahl- und Balkenbrücken, und sie wurden schnell gebaut mit Hilfe von Bäumen, die in der Nähe der Überquerung gefällt worden waren. Die Russen waren Meister in dieser Kunst des improvisierten Brückenbaus – wie im amerikanischen Bürgerkrieg die Truppen General Shermans bei ihrem Marsch durch Georgia und Carolina. Vier Tage war die durchschnittliche Zeit für den Bau einer Brücke über diesen breiten Strom, welche die schwersten Fahrzeuge aushielt.

Während die Aufmerksamkeit sich auf den Raum Kiew richtete, wo man den nächsten Sturm erwartete, wurde die nächste Phase eröffnet mit einem Angriff etwa auf halbem Weg in dem langen Abschnitt zwischen dem Dnjepr-Knie und Kiew. Konjew brach plötzlich aus dem Brückenkopf von Krementschug aus und trieb einen mächtigen Keil nach Süden quer durch die Grundlinie des großen Bogens. Zunächst standen dort wenige deutsche Truppen, um ihn abzuwehren; aber Manstein schickte schnell Reserven dorthin und verlangsamte seinen

Vormarsch; er gewann damit Zeit, die gefährdeten deutschen Truppen im Bogen zurückzuziehen. Diese Truppen halfen, die Russen vor Kriwoj Rog zum Stehen zu bringen, 110 Kilometer südlich ihrer Ausgangslinie und etwa in der Mitte des früheren Bogens.

Doch der dafür gezahlte Preis war der Zusammenbruch der Stellungen südlich des Dnjepr-Knies, da Manstein gezwungen war, von diesem Abschnitt Truppen abzuziehen, ehe Kleists Truppen kamen, um diese zu ersetzen. Die Russen weiteten den Durchbruch bei Melotopol aus, stießen in der ersten Novemberwoche durch die Steppe von Nogaisk bis zum Unterlauf des Dnjepr vor, schnitten so den Zugang zur Krim ab und isolierten die dort verbliebenen feindlichen Truppen.

Das Endergebnis erfüllte jedoch nicht die optimistische Annahme, daß eine Million Mann östlich des Dnjepr abgeschnitten worden seien. Auch in den zwei Tagen des schnellsten Vormarsches wurden nur 6000 Gefangene gemacht, und das Gros der deutschen Streitkräfte – die weit geringer waren als angenommen – hatte Zeit, sich über den Dnjepr zurückzuziehen. Insgesamt meldeten die Russen nur 98 000 Gefangene in den ersten vier Monaten des Feldzuges, und über die Hälfte davon waren Verwundete. Ein bemerkenswerter Widerspruch, der freilich von wenigen alliierten Kommentatoren festgestellt wurde, bestand zwischen dieser Meldung und der russischen Behauptung, 900 000 Deutsche seien getötet und 1 700 000 gleichzeitig verwundet worden. Denn bei jedem Durchbruch fällt ein großer Teil der Verwundeten meist in die Hände des Angreifers, und je schwerer die Niederlage ist, desto kleiner ist der Prozentsatz derer, die noch mit zurückgenommen werden können. Noch erstaunlicher war Stalins Behauptung vom 6. November, die Deutschen hätten im Lauf des Jahres vier Millionen Mann verloren. Wäre das auch nur zur Hälfte wahr gewesen, dann wäre der Krieg vorbei gewesen. Der Krieg sollte aber noch lange Zeit dauern, wenn er auch seinen Höhepunkt überschritten hatte.

In der zweiten Hälfte Oktober kamen wenig Nachrichten aus dem Raum Kiew; aber die Russen weiteten ihren Brückenkopf nördlich der Stadt aus, bis er ein breites Sprungbrett bildete, breit genug für eine mächtige Umfassungsbewegung. Diese wurde von Watutin in der ersten Novemberwoche begonnen. Er fand weiche Stellen in der jetzt stark überdehnten Front, drang durch diese nach Westen vor, drehte dann nach innen ab, um die Rückzugsstraßen von Kiew abzuschneiden, und nahm die Stadt von hinten. Doch gelang es den Deutschen wieder, der Falle zu entkommen: Sie ließen nur 6000 Gefangene zurück; aber sie waren nicht mehr imstande, den Ansturm der Russen aufzuhalten, da die meisten ihrer Panzerdivisionen durch Konjews Vorstoß im Dnjepr-Knie nach Süden abgelenkt worden waren.

Am Tag nach der Einnahme von Kiew erreichten die russischen Panzer Fastow, 65 Kilometer weiter südwestlich. Dies war das Tempo einer Verfolgungsschlacht. Nachdem sie dort den Widerstand gebrochen hatten, kamen sie in den nächsten fünf Tagen 100 Kilometer weiter und nahmen den Knotenpunkt Schitomir an der einzigen übriggebliebenen nordsüdlichen Bahnlinie östlich der Pripjet-Sümpfe. Dann drehten sie nach Norden und nahmen am 16. November Korosten. Zu diesem Zeitpunkt war der deutsche Widerstand nahe am Zusammenbruch, und Stalins Behauptung vom 6. November, »der Sieg ist nahe«, wäre beinahe schnell in Erfüllung gegangen. Denn Manstein hatte keine Reserven zur Hand.

In dieser Notlage befahl er Manteuffel, den dynamischen Befehlshaber der 7. Panzerdivision, alle Einheiten zusammenzufassen und seinem Befehl zu unterstellen, deren er habhaft werden konnte, und mit dieser zusammengekratzten Streitmacht einen Gegenschlag aus der Richtung Berditschew zu führen. Durch einen kühnen Zick-Zack-Vormarsch gelang Manteuffels blitzartiger Vorstoß in brillanter Weise; er durchstieß die russische Flanke und eroberte am 19. in einem Nachtangriff Schitomir zurück, wonach er weiter nach Korosten vorstieß. Die Verteilung seiner Kräfte auf eine große Zahl kleiner Panzerverbände, die weit ausschwärmten, trug dazu bei, ein übertriebenes Bild seiner Stärke zu vermitteln. Sie schossen zwischen den russischen Heersäulen hindurch, faßten sie im Rücken, griffen Hauptquartiere und Nachrichtenzentren an und hinterließen so auf ihrem Weg eine lähmende Verwirrung beim Gegner.

In dem Bemühen, den dadurch geschaffenen Vorteil auszunutzen, begann Manstein nun eine klare Gegenoffensive gegen den immer noch sehr einladenden großen russischen Bogen westlich von Kiew. Er war gestärkt worden durch die Ankunft mehrerer frischer Panzerdivisionen aus dem Westen. Sein Plan war eine Zangenbewegung – ein Panzervorstoß aus Richtung Nordwest nach Fastow und ein gleichzeitiger Vorstoß aus Richtung Süden. Der erste Vorstoß wurde vom Panzerkorps General Balcks geführt, zu dessen drei Divisionen auch die Manteuffels gehörte. Aber Watutins vorgeschobene Truppen waren jetzt durch Artillerie und Flakgeschütze verstärkt worden, die über die Dnjepr-Brücken gekommen waren, ebenso wie durch Reserve-Infanteriedivisionen. Die deutsche Gegenoffensive errang daher keine so durchschlagenden Erfolge wie ihr Eröffnungszug. Auf der Landkarte sah sie gefährlicher aus als in Wirklichkeit; denn sie hatte nicht mehr den Vorteil der Überraschung zur Kompensation ihrer begrenzten Stärke und wurde außerdem durch schlechtes Wetter behindert. Anfang Dezember blieb sie im Schlamm stecken. Während der darauffolgenden Kampfpause verstärkte Watutin seine Armeen für einen neuen Vorstoß mit vergrößerter Kraft.

Den besten Kommentar zur Lage gab, sicher unbewußt, Hitler, als er Manteuffel zur Belohnung für seinen rettenden Vorstoß zu Weihnachten in sein Hauptquartier bei Angerburg einlud und sagte: »Als Weihnachtsgeschenk gebe ich Ihnen 50 Panzer.« Dies war die beste Belohnung, die sich Hitler vorstellen konnte, und eine recht große im Verhältnis zu seinen Mitteln; denn die stärksten Panzerdivisionen hatten damals nur 180 Panzer, und wenige hatten mehr als die Hälfte davon.

Der nördliche Abschnitt der deutschen Front war ebenfalls im Herbst schweren und langwierigen Belastungen ausgesetzt. Doch hier war es trotz wiederholter Offensiven den Russen nicht gelungen, die Front am Oberlauf des Dnjepr zu durchbrechen, auf den sich die Deutschen nach der Räumung von Smolensk zurückgezogen hatten. Der russische Mißerfolg lag hier an der natürlichen Stärke moderner Verteidigungsanlagen sowie an der Tatsache, daß sie weniger Manövrierraum zur Verfügung hatten als im Süden, schließlich auch daran, daß ihr Ziel zu offenkundig war.

Bei diesen Kämpfen spielten beide Luftwaffen nur eine unbedeutende Rolle, da sie durch Schnee und Eis behindert waren. Dies ersparte der Verteidigung zusätzlichen Druck von oben, der die gewaltige Unterlegenheit am Boden noch verstärkt hätte. Freilich behinderte dies auch die Luftaufklärung der Verteidiger; aber sie konnten die wahrscheinliche Richtung des russischen Hauptangriffs raten und ihre Vermutungen durch ausgiebigen Einsatz von aufklärenden Patrouillen bestätigen.

Die Hauptlast des Angriffs hatte Heinricis 4. Armee zu tragen, die mit zehn dezimierten Divisionen die 160 Kilometer Frontlinie zwischen Orsch und Rogatschew hielt. Die Russen führten gegen sie vom

Oktober bis Dezember fünf Offensiven von fünf bis sechs Tagen, wobei jeden Tag mehrere neue Angriffe vorgetrieben wurden. Bei der ersten Offensive setzten sie etwa 20 Divisionen ein, als die Deutschen gerade eine eilig ausgebaute Stellung von einer einzigen Schützengrabenlinie besetzt hatten. Bei der nächsten Offensive hatten sie 30 Divisionen eingesetzt, doch da hatten die Deutschen ihre Verteidigung schon ausgebaut. Die folgenden Offensiven wurden mit 36 Divisionen unternommen.

Das Hauptgewicht des russischen Angriffs richtete sich gegen Orscha, auf einem Abschnitt von etwa 20 Kilometern rechts und links der Rollbahn von Moskau nach Minsk. Als Angriffsziel hatte Orscha offenkundige Vorzüge wegen seiner Bedeutung als Nachschubzentrum; aber gerade dies veranlaßte die Deutschen, sich auf diesen Raum zu konzentrieren. Ihre Verteidigungsmethoden an dieser Stelle sind es wert, studiert zu werden. Heinrici setzte dreieinhalb Divisionen auf diesem sehr schmalen Abschnitt ein und überließ es den anderen sechseinhalb, den Rest der ausgedehnten Front abzudecken. Er hatte so an der entscheidenden Stelle ein günstiges Verhältnis von Stärke zu Raum. Seine Artillerie war noch fast intakt, und er konnte 380 Geschütze zusammenziehen, um den entscheidenden Abschnitt zu halten. Da sie direkt dem Hauptquartier unterstand, konnte die Artillerie ihr Feuer auf jeden bedrohten Punkt des Abschnitts konzentrieren. Gleichzeitig pflegte der Armee-Oberbefehlshaber die Divisionen an den ruhigen Teilen seiner Front zu »melken« und während der Kämpfe täglich den stark beanspruchten Divisionen ein frisches Bataillon zuzuführen. Dies glich meistens die Verluste des Vortages aus und verschaffte der betreffenden Division eine intaktere Reserve, die sie zu Gegenangriffen verwenden konnte. Die Nachteile einer Vermischung der Formationen wurden vermindert durch ein System der Rotation innerhalb der Divisionen – die jetzt aus drei Regimentern zu je zwei Bataillonen bestanden. Am zweiten Kampftag war das verstärkende Bataillon die »Schwester« des Bataillons, das am Tag zuvor dazugekommen war, und wurde vom Regimentsstab begleitet; nach zwei weiteren Tagen war so ein zweites völlig neues Regiment in der Kampflinie, und bis zum sechsten Tag war dann die ursprüngliche Division ganz abgelöst und zu dem ruhigen Frontabschnitt abgestellt, aus dem die Ablösung Einheit für Einheit herausgezogen worden war.

Diese wiederholten Erfolge der Verteidigung gegen eine zahlenmäßige Überlegenheit von 6:1 waren eine bemerkenswerte Leistung. Sie
zeigten, wie man den Krieg hätte in die Länge ziehen und die russische
Kraft hätte erschöpfen können, wenn die defensive Strategie ebensogut gewesen wäre wie die Taktik. Doch diese Chance wurde verspielt
dadurch, daß Hitler darauf bestand, kein Rückzug dürfe ohne seine
Einwilligung erfolgen, und daß er nur widerwillig diese Einwilligung
gab. Armee-Oberbefehlshabern, die nach eigenem Gutdünken entschieden, drohte das Kriegsgericht, selbst in Fällen, wo es sich darum
handelte, eine kleine Einheit aus einer gefährlichen isolierten Position
zurückzuziehen. Hitlers Veto wurde so oft praktiziert, daß untere
Befehlshaber in ihrer Entscheidung gelähmt wurden, und es kam soweit, daß man sagte, ein Bataillonskommandeur wage nicht, »einen
Posten vom Fenster zur Türe zurückzuziehen«. Papageiengleich wiederholte das Oberkommando immer, daß »jeder Mann kämpfen muß,
wo er steht«.

Dieser starre Grundsatz hatte den deutschen Armeen geholfen, die
Nervenkrise des ersten russischen Winters zu überstehen. Aber auf
lange Sicht wirkte er verhängnisvoll – als die deutschen Truppen ihre
Angst vor dem russischen Winter überwunden hatten, aber immer weniger über ausreichende Kräfte verfügten, um den riesigen russischen
Raum zu füllen. Dieser Grundsatz lähmte bewegliche Kommandeure
bei dem Bestreben, sich Angriffen zu entziehen, ihre Kräfte neu aufzubauen und nach dem Motto zu handeln »reculer pour mieux sauter«.

Im Jahr 1943 zeigten sich die verhängnisvollen Folgen dieser Starrheit an der Südfront. Im Jahr 1944 sollte sich dies im Norden wiederholen, in dem Abschnitt, wo die deutsche Verteidigung sich vorher so
schwer überwindlich gezeigt hatte.

Kapitel 29:
Japanische Rückschläge im Pazifik

Die erste Phase des Krieges im Pazifik hatte die japanische Eroberung des ganzen westlichen und südwestlichen Teils dieses Raumes mit allen Inseln sowie der angrenzenden Länder Südostasiens erlebt. Die zweite Phase war gekennzeichnet durch Japans Versuch, seine Herrschaft auf die amerikanischen und britischen Stützpunkte auf den Hawaii-Inseln und in Australien auszudehnen, und durch seine entscheidende Niederlage in den kombinierten Luft- und Seeschlachten bei Midway und bei Guadalcanal auf den Salomon-Inseln, vor der Türe Australiens.

In der dritten Phase waren die Japaner in der Defensive – dies wurde deutlich durch den Befehl an die Kommandeure im Südwest-Pazifik, »alle Stellungen auf den Salomon-Inseln und auf Neuguinea zu halten«. Nur in Burma führten sie noch offensive Operationen gegen die Alliierten, und auch diese waren im Kern eigentlich defensiv, nämlich mit dem Zweck, eine britische Gegenoffensive von Indien aus zu verhindern. Die Möglichkeit wirksamer Aktionen der Japaner war zerstört worden durch den Verlust von vier Flugzeugträgern bei Midway, von zwei Schlachtschiffen und vielen kleineren Einheiten bei Guadalcanal sowie den Verlust von Hunderten von Flugzeugen in beiden entscheidenden Operationen. Die Alliierten hatten wieder die Vorhand; die Frage war jetzt, ob und wie sie diese nutzen könnten.

Der japanische Offensivplan und die Offensive selbst hatten den strategischen Vorteil von Japans geographischer Lage gut ausgenutzt, sowohl offensiv wie defensiv. Denn dank seiner schnellen Eroberungen war Japan jetzt mit konzentrischen Verteidigungsringen umgeben, die für jeden alliierten Gegenschlag gegen Japan gewaltige Hindernisse bildeten.

Nach der Karte schien es zahlreiche Alternativen zu geben, doch bei
näherem Zusehen blieben nur wenige übrig. Von Norden angefangen:
Die nördliche Pazifik-Route schied aus wegen des Fehlens geeigneter
Stützpunkte ebenso wie wegen der häufigen Stürme und Nebel. Eine
Gegenoffensive aus den russischen Stellungen in Fernost schied aus
wegen Stalins Weigerung, dabei mitzuwirken und in den Kampf gegen
Japan einzutreten, solange Rußland im Westen durch den deutschen
Angriff so hart bedrängt war. Eine alliierte Offensive durch China
hindurch war unmöglich wegen der Nachschubschwierigkeiten angesichts der bestehenden Verhältnisse ebenso wie wegen der Unzuverlässigkeit der Chinesen. Der noch weiter entfernte Weg über Burma
schied aus wegen des Ausmaßes des britischen Rückzuges – bis über
die indische Grenze – und des offenkundigen Fehlens ausreichender
Kräfte für ein baldiges Comeback.

So wurde es bald klar, daß eine wirksame Gegenoffensive nur von
den Amerikanern kommen könnte, und auf einem Weg, der ihnen
paßte. Es gab hier vor allem zwei Alternativen: über den Südwest-
Pazifik von Neuguinea zu den Philippinen oder durch den mittleren
Pazifik. General Douglas MacArthur als Oberbefehlshaber im Südwest-Pazifik befürwortete natürlich den ersteren Weg. Er meinte, dies
wäre der schnellste Weg, um Japan seine neugewonnenen südlichen
Besitzungen wegzunehmen, auf deren Rohstofflieferungen seine
Kriegführung angewiesen war. Nach seiner Ansicht war der Weg
durch den mittleren Pazifik gefährdet durch Angriffe von den Inselgruppen aus, die Japan erobert und auf denen es schnell Luftwaffen-
und Flottenstützpunkte aufgebaut hatte; außerdem würden Australiens Sorgen nicht behoben werden durch eine so weit entfernte
Gegenoffensive.

Die amerikanischen Flottenbefehlshaber befürworteten jedoch den
Weg durch den mittleren Pazifik. Sie meinten, dieser würde ihnen gestatten, ihre ständig wachsende Zahl schneller Flugzeugträger wirksamer einzusetzen als in den überfüllten Gewässern um Neuguinea –
und er würde besser passen zu ihrer neuen Konzeption des Einsatzes
von Kommandotruppen unter Deckung von Flugzeugträgern zur Isolierung und Eroberung von Inseln. Dieser Weg würde auch zu ihrem
neuen Plan eines Nachschubsystems über Flottenstützpunkte passen,
das besser sei, als in Kampfpausen die Flugzeugträger wieder in ihren
Hafen zurückzuholen. Sie meinten ferner, so würde das Risiko ver-

mieden, das darin lag, daß der südliche Weg Flankenangriffen durch die japanischen Streitkräfte auf den Mandatsinseln ausgesetzt war, während der Vorstoß auf der südlichen Route, weil er naheliegend war und erwartet wurde, an sich schon auf hartnäckigeren Widerstand stoßen würde. Ein gewichtigerer, wenn auch mehr persönlicher Grund war, daß die Admirale das Gros ihrer Flugzeugträger der Verfügungsgewalt MacArthurs und seinen »einnehmenden« Neigungen entziehen wollten.

Schließlich wurde auf der »Dreizack-Konferenz« in Washington im Mai 1943 beschlossen, einen doppelarmigen Vorstoß durchzuführen und auf beiden Routen vorzugehen; dies würde die Japaner im ungewissen lassen und sie dazu bringen, ihre Streitkräfte zu verzetteln und nicht zu konzentrieren, ferner sie daran hindern, ihre Reserven von einem Schauplatz zum anderen zu verlegen. Beide Routen sollten am Ende auf der Höhe der Philippinen zusammentreffen. Diese Entscheidung erfüllte den Zweck, zwei alternative Ziele anzugreifen – ein entscheidender Vorteil bei der strategischen Konzeption des indirekten Vorgehens. Jedoch dieser Kompromißbeschluß berücksichtigte nicht ausreichend die Tatsache und die Lehre der Geschichte, daß eine solche beim Gegner ein Dilemma hervorrufende Zweigleisigkeit unter geringeren Kosten erzielt werden kann, wenn man eine einzige Vormarschroute wählt, die zwei alternative Ziele bedroht, die der Gegner beide verteidigen will – während man selbst auf einer einzigen Route operiert.

Der doppelarmige Vorstoß erforderte zwangsläufig eine viel größere und somit langwierigere Vorbereitung – in bezug auf Truppenstärke, Schiffe, Landefahrzeuge, Flottenstützpunkte und Flugplätze. Diese lange Vorbereitung gab den Japanern mehr Zeit, ihre eigenen defensiven Vorbereitungen zu treffen und so die amerikanische Aufgabe zu erschweren, insbesondere bei der Durchführung von Land- und Landeoperation.

Während dieser längeren Kampfpause war die einzige Operation von einiger Bedeutung die amerikanische Expedition zur Wiedereroberung der Aleuten im nördlichen Pazifik. Doch strategisch war diese Operation so entlegen, daß sie keine Auswirkung auf den Kriegsverlauf haben konnte. Sie war von sekundärer Bedeutung, ohne eine Ergänzung zu oder eine Ablenkung von einer größeren Operation zu

bilden. Ihr einziger Wert lag im Psychologischen, nämlich in der Beru-
higung der amerikanischen Öffentlichkeit, die besorgt war über die
Bedrohung der Sicherheit Alaskas durch die Einnahme der Inseln
Kiska und Attu durch eine kleine japanische Landetruppe im Juni
1942. Doch diese Herzstärkung wurde erkauft durch eine sehr große
und unwirtschaftliche Verausgabung der immer noch beschränkten
amerikanischen Kräftereserven.

Eine erste Reaktion auf die Einnahme der beiden Inseln war ein
Flottenbombardement von Kiska Anfang August; dann waren Ende
des Monats US-Truppen auf der Insel Adak, gut 300 Kilometer östlich
von Kiska, gelandet und hatten dort einen Flugplatz gebaut, um einen
Angriff auf die andere Insel vorzubereiten. Im Januar 1943 hatten die
Amerikaner die Insel Amtschitka, 150 Kilometer östlich Kiska, in der
gleichen Absicht wiederbesetzt. Doch dann entschieden sich die östlichen Befehlshaber für einen Angriff auf Attu, die westlichste der Aleu-
ten-Inseln, da sie festgestellt hatten, daß diese schwächer verteidigt war
als Kiska. Ende März gab es ein Zwischenspiel, als der blockierende
Flottenverband auf einen etwas stärkeren japanischen Verband stieß,
der drei Truppentransporter dorthin eskortierte. Nach einem dreistündigen Gefecht auf weite Entfernung zogen sich die Japaner zurück. Auf beiden Seiten wurden keine Schiffe versenkt, aber die Truppentransporter mußten umkehren.

Am 11. Mai landeten dann die Amerikaner eine Division in Attu unter dem Schutz des Nebels und eines Bombardements von drei
Schlachtschiffen. Mit einer Überlegenheit von 4:1 drängte die Division
die japanische Besatzung von etwa 2500 Mann in 14 Tagen harter
Kämpfe in die Berge zurück; dann lösten die Japaner selbst das Problem durch einen selbstmörderischen Angriff, in dem sie ausgelöscht
wurden – nur 26 Gefangene wurden gemacht. Die Amerikaner konzentrierten sich daraufhin auf Kiska. Ständiger Druck aus der Luft und
von See her auf diese jetzt isolierte Insel veranlaßte die Japaner, in der
Nacht zum 15. Juli unter dem Schutz des so häufigen Nebels ihre Garnison (etwa 5000 Mann) zu evakuieren. Die Amerikaner bombardierten die Insel noch zweieinhalb Wochen lang und landeten dann eine
große Streitmacht von etwa 34000 Mann – die fünf Tage die Insel
durchkämmten, bis sie sich überzeugt hatten, daß sie feindfrei war.

So wurden die Aleuten vom Feind befreit; aber die Amerikaner hatten insgesamt 100000 Mann, unterstützt von großen Marine- und

Luftstreitkräften, für diese nebensächliche Aufgabe aufgewandt – ein krasses Beispiel schlechter Ökonomie der Kräfte und ein gutes Beispiel für die Kräfteverzettelung, die ein Gegner mit geringem Einsatz durch Ablenkungsmanöver verursachen kann.

Der scheinbare Stillstand im Südwest-Pazifik dauerte bis zum Sommer 1943.

Zum Glück für die Amerikaner und ihre Verbündeten wurden die Abwehrmaßnahmen des Feindes behindert durch die akuten Meinungsverschiedenheiten zwischen den japanischen Armee- und Marinebefehlshabern. Wenn auch beide gewillt waren, alle japanischen Eroberungen zu behaupten, so waren sie doch über die beste Methode durchaus uneinig. Die Armeebefehlshaber befürworteten Landoperationen in Neuguinea, einer vorgeschobenen Stellung, die sie für die Sicherung ihrer Eroberungen in Niederländisch-Indien und in den Philippinen für notwendig hielten. Die Marinebefehlshaber verlangten Vorrang für die Salomon- und die Bismarck-Inseln als strategischem Schutz für die große Flottenbasis von Truk in den Karolinen, 1600 Kilometer weiter nördlich. Bei den strategischen Entscheidungen gewann, wie üblich, die Armee die Oberhand.

Die Verteidigungslinie, auf die man sich schließlich einigte, verlief von Santa Isabel und New Georgia in den Salomon-Inseln, westlich von Guadalcanal, bis Lae in Neuguinea – das heißt, sie umfaßte den ganzen Raum westlich der Papua-Halbinsel. Die Marine sollte den Salomonen-Abschnitt übernehmen, die Armee den Neuguinea-Abschnitt.

Das Armeekommando in Rabaul, dem Hauptquartier des ganzen Gebiets, leitete die Operationen der 17. Armee auf den Salomonen und der 18. Armee in Neuguinea; die 7. Luftwaffendivision war der ersteren, die 8. der letzteren zugeteilt. Die Marinestreitkräfte umfaßten die 8. Flotte und die 11. Luftflotte, die beide vom Marinehauptquartier in Rabaul gelenkt wurden. Die Marinestreitkräfte waren schwach und bestanden nur aus Kreuzern und Zerstörern, konnten aber durch schwerere Schiffe aus Truk verstärkt werden.

Die Armeestreitkräfte in diesem Raum waren umfangreich: drei Divisionen der 18. Armee in Neuguinea mit insgesamt 55000 Mann, zwei Divisionen und eine Brigade neben kleineren Einheiten der 17. Armee auf den Salomon- und Bismarck-Inseln. Wenn auch die japanische Luftwaffe beim Kampf um Guadalcanal schwere Verluste erlitten hatte, so hatte die Armee doch noch 170 und die Marine 240 Flugzeuge zur Verfügung. Innerhalb von sechs Monaten, so rechnete man, würden die Japaner in dem Raum durch 10–15 Divisionen und bis zu 850 Flugzeugen verstärkt werden. So bestand Grund zu der Annahme, daß eine abwehrende und das Gewonnene behauptende Strategie durchaus möglich sei.

Die amerikanische Planung wurde kompliziert durch die frühere Entscheidung, den ganzen Kriegsschauplatz zwischen einem Pazifik- und einem Südwest-Pazifik-Raum aufzuteilen, mit den Salomon-Inseln als Grenzlinie. Bei dem Bemühen, diese Einteilung leichter durchführbar zu machen, beschlossen die Vereinigten Stabschefs, MacArthur solle den strategischen Oberbefehl über den ganzen Raum Neuguinea–Salomonen haben, Admiral Halsey, der Oberbefehlshaber im Südpazifik, aber den taktischen Oberbefehl, während die Flottenstreitkräfte aus Pearl Harbor, die in diesem Raum tätig waren, weiter dem Pazifik-Kommando des Admirals Nimitz unterstehen sollten.

Das strategische Ziel der Amerikaner war die Durchbrechung der Barriere, die durch den Bismarck-Archipel gebildet wurde, und die Einnahme des wichtigsten japanischen Stützpunkts Rabaul. Dies sollte durch abwechselnde Schläge auf beiden Zufahrtswegen erreicht werden – um die Japaner »auf Trab« zu halten. Zuerst sollten Halseys Streitkräfte die Russell-Inseln westlich von Guadalcanal besetzen und dort einen Marine- und Luftwaffenstützpunkt aufbauen. Dann sollten zwei Inseln der Trobriand-Gruppe östlich von Neuguinea genommen werden, um Luftwaffenstützpunkte für den Angriff auf Rabaul und Zwischenstationen für eine Verlegung von Flugzeugen von einer Route zur anderen zu gewinnen. In der zweiten Phase sollte Halsey nach New Georgia (in den Salomonen westlich Guadalcanal) vorrücken und den wichtigen Flugplatz Munda einnehmen, während MacArthur die japanischen Stützpunkte um Lae an der Nordküste Neuguineas erobern sollte. Bis dahin, hoffte man, würde Halsey die Insel Bougainville am westlichen Ende der Salomonen in der Hand haben. In der dritten Phase sollten MacArthurs Truppen nach Norden abdrehen und den Meeresarm nach New Britain am Nordende des Bismarck-Archipels überqueren – der großen Insel, auf der Rabaul lag. In der vierten Phase sollte dann der alliierte Angriff auf Rabaul selbst stattfinden. Es war ein sehr langsames Vorgehen, selbst nach der Planung: man kalkulierte, daß der Angriff auf Rabaul erst acht Monate nach Eröffnung des Feldzuges beginnen könnte.

MacArthur hatte sieben Divisionen (davon drei australische) in seinem südwestpazifischen Raum sowie etwa 1 000 Flugzeuge (davon ein Viertel australische); zwei weitere amerikanische Divisionen und acht australische Divisionen, die noch in der Ausbildung waren, sollten noch dazukommen. Halsey hatte sieben Divisionen (davon zwei der Marineinfanterie und eine neuseeländische) und 1 800 Flugzeuge (davon 700 der US-Armee) zur Verfügung. Die Flottenstärke variierte; denn während eine amphibische Streitmacht für jeden der beiden Zweige des Angriffs aufgebaut wurde, waren viele der Kriegsschiffe nur kurzfristig von Admiral Nimitz' großer Streitmacht bei Pearl Harbor entliehen; anfangs hatte Halsey sechs Schlachtschiffe, zwei Flugzeugträger und zahlreiche kleinere Schiffe. Insgesamt war jetzt eine genügend große Streitmacht versammelt, um einen Erfolg in Aussicht zu stellen, wenn auch nicht so viel, wie MacArthur gewünscht hatte: Er hatte etwa 22 Divisionen und 45 Luftwaffengruppen verlangt.

Während der Zeit der Vorbereitung landete Halsey am 21. Februar einen Truppenverband auf den Russell-Inseln, fand aber keine Spur der japanischen Besatzung, die man dort vermutete. Außerdem machte sein Flottenverband der japanischen Praxis von Blitzangriffen entlang des schmalen Schlauches zwischen Neuguinea und den Inseln ein Ende. In Neuguinea wurde ein japanischer Versuch, den Flugplatz von Wau in der Nähe des Huon-Golfes zu nehmen, von den Australiern vereitelt, die eine Brigade dort aus der Luft absetzten; als die Japaner das Gros einer Division als Verstärkung dorthin entsandten, wurde der Geleitzug von acht Truppentransportern und acht Zerstörern sogleich entdeckt und von der alliierten Luftwaffe angegriffen; er verlor alle Transporter mit über 3 600 Mann (die Hälfte der Gesamtzahl) und die Hälfte der Zerstörer. Nach dieser unheilvollen »Schlacht vom Bismarck-Archipel« wagten die Japaner nur noch, mit U-Booten oder auf Segelschiffen Nachschub zu ihren Truppen in Neuguinea zu entsenden.

Admiral Yamamoto suchte dann die mißliche Lage der Japaner im Luftkampf zu beheben, indem er die Flugzeugträger der 3. Flotte von Truk nach Rabaul entsandte, in der Hoffnung, die alliierte Luftwaffe durch ständige Angriffe auf ihre Stützpunkte zu verschleißen. Doch diese Operation (die am ominösen Datum des 1. April begann) kostete die Japaner in zwei Wochen doppelt soviel Flugzeuge als die Verteidiger – im Gegensatz zu den schöngefärbten Berichten der angreifenden Piloten. Dann geriet Yamamoto selbst bei einem Flug nach Bougainville – von dem der US-Nachrichtendienst vorher erfahren hatte – in eine Falle und wurde abgeschossen. Sein Nachfolger als Oberbefehlshaber der vereinigten japanischen Flotte war Admiral Koga, aber er war kein so furchteinflößender Kommandeur wie Yamamoto.

Die lang geplante amerikanische Offensive sollte am 30. Juni mit einem dreifachen Angriff beginnen: General Kruegers Armee-Einheit sollte auf den Inseln Kiriwina und Woodlark (oder Murua) der Trobriand-Gruppe landen, die (größtenteils australische) Neuguinea-Armee unter General Herring sollte bei Salamaua im Huon-Golf und die Admiral Halsey unterstehenden Truppen sollten in New Georgia landen.

Die Landung auf den Trobriand-Inseln erwies sich als einfach, da man keinen Widerstand antraf, und der Bau von Flugplätzen begann sofort. Die neue Operation auf Neuguinea ließ sich gut an, und die amerikanische Landung zur Unterstützung der Amerikaner stieß auf keinen ernsthaften Widerstand. Doch die japanischen Truppen in diesem Abschnitt (etwa 6000) wurden erst Mitte August in die Umgebung von Salamaua zurückgedrängt – und die amerikanische Vorhut dort erhielt den Befehl, auf die erwarteten Landungen auf der Halbinsel Huon zu warten, ehe sie das Hauptziel Lae angriff. Die dritte Angriffsoperation, die von Halseys Truppen gegen New Georgia, erwies sich als noch schwieriger.

Die große Insel New Georgia hatte eine japanische Besatzung von etwa 10 000 Mann, deren Abwehrkraft durch die dschungelbewachsenen Berge und das feuchte Klima noch vergrößert wurde. Das Hindernis wurde noch schwieriger durch den Befehl des japanischen Kaiserlichen Hauptquartiers, daß es so lange wie möglich gehalten werden müsse. Zudem wurden die Schwierigkeiten der Invasion noch erhöht durch die Riffe an der Nordostküste und den umgebenden Gürtel von Inselchen im Süden und Westen.

Der amerikanische Plan war der einer Landung in drei Teilen. Die Hauptlandung in Divisionsstärke sollte bei der Insel Rendova an der Westküste erfolgen, von der aus man den 8 Kilometer breiten Meeres-

arm und das Gelände bis zum wichtigen Flugplatz Munda Point überqueren wollte. Sobald dies erreicht war, sollte eine kleinere Streitmacht
an der Nordküste von New Georgia landen, 16 Kilometer von Munda
entfernt, und so die Japaner von Verstärkungen auf dem Seeweg abschneiden. Ferner sollten im Süden drei ergänzende Landungen erfolgen. Ein Flottenverband von fünf Flugzeugträgern, neun Kreuzern
und 29 Zerstörern sowie eine Luftflotte von etwa 530 Flugzeugen sollten die Landung abdecken.

Der Bericht eines Beobachters nahe der Küste, die Japaner zögen
sich in den südlichen Teil von New Georgia zurück, veranlaßte Halsey,
die erste Landung dort am 21. Juni vorzunehmen, statt bis zum 30.
zu warten. Doch man stieß auf keinen Widerstand, und die weiteren
Landungen in diesem Abschnitt gingen am 30. glatt vonstatten.

Bei der Hauptlandung auf der Insel Rendova überwältigten die 6000
Amerikaner schnell die Besatzung von nur 200 Japanern, und die darauffolgenden Landungen geschahen in der ersten Juli-Woche. In dieser
und der nächsten Woche machten die schwachen japanischen Flotten-
einheiten mehrere Gegenstöße, wie im Guadalcanal-Feldzug; es gelang ihnen, die Kreuzer erheblich zu beschädigen und insgesamt etwa
3000 Mann an der Küste abzusetzen.

An der Küste machte die eingesetzte unerfahrene US-Division nach
der Überquerung des Meeresarms von Rendova aus bei ihrem Vormarsch durch den Dschungel auf Munda nur langsame Fortschritte –
trotz gewaltiger Unterstützung durch Luftwaffe, Artillerie und
Schiffsgeschütze. Die Meldungen über ihren schlechten Kampfgeist
führten dazu, daß weitere eineinhalb Divisionen nach New Georgia
entsandt wurden. Am 5. August jedoch wurden Munda und das angrenzende Gebiet endlich eingenommen; freilich konnte sich der
größte Teil der japanischen Truppen auf die benachbarte Insel Kolombangara im Norden zurückziehen. Bei den weiteren Flottenoperatio-
nen fügten die Amerikaner dank ihrer Beherrschung des Luftraums
der japanischen Flotte empfindliche Verluste zu.

Die bei weitem wichtigste Folge der langsamen amerikanischen
Fortschritte auf New Georgia war, daß sie Halsey und andere US-
Kommandeure dazu brachten, die Nachteile eines solchen schrittweisen Vorgehens zu erkennen, vor allem weil er dem Feind Zeit genug
gab, seine nächste Verteidigungslinie zu verstärken. Durch dieses Vorgehen verscherzte man sich die großen Vorteile der Überlegenheit zur

See und in der Luft. So beschloß man jetzt, Kolombangara mit seiner Besatzung von 10000 Japanern abzuriegeln und »im eigenen Saft schmoren zu lassen«, während die Amerikaner zu der großen, aber schwach verteidigten Insel Vella Lavella übergingen, wo die Japaner nur eine Truppe von 250 Mann hatten (dies war ein geplantes Umgehungsmanöver und ein Fortschritt gegenüber dem Vorgehen auf den Alëuten). Der Aufbau eines Flugplatzes auf Vella Lavella würde die Amerikaner ferner bis auf 150 Kilometer an Bougainville heranbringen, die westlichste der Salomonen.

Die Landung auf Vella Lavella erfolgte am 15. August, noch ehe die Eroberung von New Georgia beendet war. Die Hoffnungen General Sasakis, des örtlichen japanischen Befehlshabers, auf Kolombangara längeren Widerstand zu leisten, wurden vereitelt durch einen Befehl seines Oberkommandos, die mittleren Salomonen aufzugeben und sich auf Bougainville zurückzuziehen. Ende September und Anfang Oktober wurden die große Besatzung von Kolombangara und die kleine von Vella Lavella in mehreren Nächten evakuiert.

Insgesamt verloren die Japaner im Feldzug von New Georgia etwa 2500 Tote und 17 Kriegsschiffe, während die Alliierten etwa 1000 Tote (freilich wesentlich mehr durch Krankheiten) und sechs Kriegsschiffe verloren. In der Luft waren jedoch die japanischen Verluste viel höher.

Der Vormarsch der Alliierten auf Salamaua im August war hauptsächlich erfolgt, um die Vorbereitungen für den Angriff auf Lae und die Halbinsel Huon zu verschleiern; die Häfen und Flugplätze der Halbinsel wurden benötigt zur Flankendeckung für den bevorstehenden nördlichen Vorstoß zu der Insel New Britain. Bei dem Angriff auf Huon war es MacArthurs Plan, einen amphibischen, einen Luftlande- und einen Landangriff zu kombinieren. Diese dreifache Operation war natürlich sehr kompliziert, und MacArthur hätte genügend Kräfte gehabt, um sich auf eine der drei Teiloperationen zu konzentrieren, wenn dies gewünscht worden wäre. Am 5. September landete in der amphibischen Operation das Gros der 9. australischen Division östlich von Lae. Am nächsten Tag wurde das 503. US-Fallschirmjägerregiment auf dem nicht mehr benutzten Flugplatz von Nadzab, nordwestlich von Lae, abgesetzt – die erste Luftlandeoperation der Alliierten im Pazifik überhaupt. Sobald dieser Flugplatz benutzbar gemacht worden war, wurde die 7. australische Division in Transportflugzeugen eingeflogen. Gleichzeitig wurde auch der australisch-amerikanische Vormarsch auf Salamaua zu Lande wiederaufgenommen.

Die kombinierten Angriffe stießen auf wenig Widerstand. Denn das japanische Kaiserliche Hauptquartier hatte erkannt, daß seine einzige Division in diesem Raum abgeschnitten zu werden drohte, und genehmigte daher den Rückzug der Division über die bergige Halbinsel hinweg nach Kiari, etwa 80 Kilometer jenseits von Lae. So wurde Salamaua am 11. September und Lae am 15. geräumt. Doch die japanischen Hoffnungen, den Hafen von Finschhafen an der Spitze der Halbinsel zu behaupten, wurden vereitelt, als dort am 22. eine australische Brigade der amphibischen Streitmacht landete. Obwohl die Japaner als Verstärkung eine weitere Division heranführten, wurden sie allmählich entlang der Küste zurückgedrängt. Gleichzeitig rückte die 7. australische Division in schnellerem Tempo entlang des Markham-Tales von Lae aus weiter vor und erreichte Anfang Oktober Dumpu, knapp 80 Kilometer von dem nächsten bedeutenden Ort und Hafen Madang, 260 Kilometer nordwestlich Lae. Ende 1943 waren die alliierten Streitkräfte in der Lage, einen Vorstoß mit zwei Teilen, entlang der Küste und durch das Landesinnere, auf Madang zu beginnen; freilich kamen sie langsamer vorwärts als geplant.

Im September 1943 war es dem Kaiserlichen Hauptquartier endlich klargeworden, daß seine früheren optimistischen Lagebeurteilungen revidiert werden müßten. Japans Streitkräfte waren zu dünn über einen zu großen Raum verteilt, und die Amerikaner hatten sich in unerwartet kurzer Zeit von ihren anfänglichen Niederlagen erholt. Sowohl in der Luft als auch zu Wasser hatten sie jetzt die Oberhand. Den Japanern wurde es klar, daß sie die Hörner einziehen und ihren Verteidigungsbogen verkürzen müßten. Denn abgesehen von dem Druck auf ihren Flanken bestand stets die potentielle Gefahr im Zentrum, aus Pearl Harbor, wo Admiral Nimitz jetzt die größte Zahl von Schiffen versammelt hatte, die jemals seit Admiral Jellicoes »Grand Fleet« im Ersten Weltkrieg beisammen war.

Japans prekäre militärische Situation wurde noch verschärft durch seine schwache ökonomische Basis. Die japanische Flugzeugproduktion reichte nicht aus, mit Amerika Schritt zu halten, und war nicht mehr in der Lage, Japans Handelsflotte zu schützen.

Der neue Operationsplan, den das Kaiserliche Hauptquartier Mitte September festlegte, beruhte auf einer Schätzung des räumlichen Minimums, das für die Sicherung der japanischen Kriegsziele unerläßlich war. Dieses Minimum, genannt der »absolute nationale Verteidigungsraum«, erstreckte sich von Burma über Malaya bis zum westlichen Neuguinea, und von da bis zu den Karolinen, den Marianen und nördlich zu den Kurilen. Diese Verkürzung des Verteidigungsbogens bedeutete, daß der größte Teil von Neuguinea, der ganze Bismarck-Archipel einschließlich Rabaul, die Salomon-Inseln, die Gilbert-Inseln und die Marshall-Inseln jetzt als nicht mehr wesentlich betrachtet wurden – wenn sie auch noch sechs Monate länger gehalten werden sollten. Bis dahin, so hoffte man, hätte sich dieser Minimum- oder »absolute« Raum in eine unverletzliche Barriere verwandelt, Japans Flugzeugproduktion sich verdoppelt, und eine Flotte wäre aufgebaut worden, groß genug, der amerikanischen Pazifik-Flotte wieder in offenem Kampf gegenüberzutreten.

Inzwischen aber mußten die japanischen Truppen im Südwest-Pazifik eine alliierte Streitmacht von jetzt etwa 20 Divisionen, unterstützt von fast 3 000 Flugzeugen, in Schach halten. Die Japaner hatten nur drei Divisionen im östlichen Neuguinea, eine vierte in New Britain, eine fünfte in Bougainville, und eine sechste war noch auf dem Weg. Andererseits standen noch 26 Divisionen in China und 15 in der Mandschurei angesichts der Gefahr einer russischen Invasion. In bezug auf Landtruppen war Japans Schwäche also nicht die Zahl, sondern die falsche Verteilung.

Auf alliierter Seite machte der langsame Fortschritt MacArthur nur zu einem immer eifrigeren Befürworter der Weiterführung der Operation, zumal seit er wußte, daß die Vereinigten Stabschefs jetzt dazu neigten, dem Vorstoß im mittleren Pazifik Vorrang einzuräumen, da er kürzere Entfernungen vor sich hatte und daher wohl mit kürzeren Zeiträumen rechnen konnte.

Sein Eindruck für die Dringlichkeit der Operation wurde verstärkt durch die offen ausgesprochene Ansicht der Stabschefs, daß die Eroberung von Rabaul nicht notwendig war und daß dieser stark verteidigte Platz ebensogut hätte umgangen und abgeschnitten werden können. Auch Admiral Halsey neigte von Natur aus zum Vormarsch, und der Eifer, mit dem er den Vormarsch durch die Salomonen betrieb, wurde um so größer, als viele seiner Schiffe ebenso wie die 2. Marineinfanteriedivision ihm weggenommen wurden, um den Vorstoß durch den mittleren Pazifik zu unterstützen.

Der Feldzug von Bougainville

Diese große Insel, die westlichste der Salomonen, hatte eine japanische Besatzung von 40000 Soldaten und 20000 Matrosen, größtenteils im Süden der Insel. Halsey hatte jetzt nur noch so wenig Schiffe und Landungsfahrzeuge, daß er anfangs nur eine verstärkte Division landen konnte. Ihr klug gewählter Landeplatz war die Kaiserin-Augusta-Bucht an der am schwächsten verteidigten Westküste – mit gutem Terrain für den Bau von Flugplätzen.

Nach schweren Luftangriffen auf die japanischen Flugplätze und nach Besetzung der kleinen Inseln am Zugang zu Bougainville erfolgte die Landung am 1. November – zur Überraschung der Japaner, die sicher waren, der Angriff würde im Süden kommen, wo die Brandung geringer war. Japanische Gegenangriffe zur Luft und zu Wasser wurden abgewiesen, und ihre Verluste waren weit höher als der angerichtete Schaden. Luftangriffe auf Rabaul von den US-Flugzeugträgern aus und durch die alliierte Luftwaffe in Neuguinea trugen ebenfalls dazu bei, die Intervention der jüngst verstärkten japanischen Luftwaffe in Rabaul unwirksam zu machen. Eine wichtige Lehre für die Zukunft war, daß schnelle Flugzeuge von Trägern aus auch in Räumen operieren konnten, die scheinbar durch feindliche Flugzeuge auf Landbasis gut abgedeckt waren.

Zu Lande weiteten die US-Truppen, verstärkt durch eine weitere Division, ihre Landeplätze allmählich zu einem über 16 Kilometer breiten Brückenkopf aus, und bis Mitte Dezember hatten sie 44000 Mann an Land, um ihn zu halten. Die Japaner reagierten nur langsam, weil sie immer noch glaubten, die amerikanische Hauptlandung werde anderswo erfolgen. Selbst als sie erkannten, daß die Kaiserin-Augusta-Bucht die Hauptgefahr war, wurden ihre Gegenbewegungen noch dadurch behindert, daß sie ihre Truppen von ihren Stellungen im Süden über 80 Kilometer Urwald wieder zurückführen mußten. Daher unternahmen sie wenig bis Ende Februar, und es gab eine längere Kampfpause.

Unterdessen ging der alliierte Vormarsch in Neuguinea weiter. Am 2. Januar 1944 landete MacArthur fast 7000 Mann in Saidor, halbwegs zwischen der Halbinsel Huon und Madang, und diese Zahl wurde bald verdoppelt. So wurde den schwachen und abgekämpften Resten der ähnlich großen japanischen Truppe, die bei Sio im Westen der Halbinsel auszuhalten suchte, der Rückweg abgeschnitten. Es gelang ihr nur durch einen langen Marsch mit vielen Umwegen durch den bergigen Urwald, der Falle zu entkommen; bei diesem Rückzug verlor sie wieder mehrere tausend Mann. Gleichzeitig stieß die australische Zange von Dunpu aus im Markham-Tal weiter zur Küste vor, die am 13. April erreicht wurde. Am 24. nahmen MacArthurs Truppen Madang ohne ernsthaften Widerstand; denn das Kaiserliche Hauptquartier sah sich veranlaßt, den Rückzug zu beschleunigen und seine Truppen in Neuguinea auf Wewak, gut 300 Kilometer weiter westlich, zurückzunehmen.

MacArthur führte seinen nächsten Streich noch vor der Säuberung der Huon-Halbinsel. Am 15. Dezember hatte General Kruegers »Alamo«-Truppe eine Landung an der Südwestküste von New Britain bei Arawe begonnen; kurz nach Weihnachten landete das Gros seiner zwei Divisionen an der Westspitze bei Cap Gloucester, um den dortigen Flugplatz zu nehmen. Denn obwohl der Plan des Angriffs auf Rabaul aufgegeben war, wollte MacArthur beide Seiten der Meerenge in der Hand haben, zur Sicherung der Flanke seines fortgesetzten westlichen Vorstoßes in Neuguinea. Die Westspitze von New Britain, wo die Amerikaner landeten, wurde von etwa 8000 Mann erst kürzlich aus China eingetroffener Truppen verteidigt; aber sie waren durch eine breite Straße wilden Geländes von Rabaul entfernt, das 480 Kilometer weit weg am anderen Ende der großen sichelförmigen Insel lag; sie konnten auch nur wenig Luftunterstützung erhalten, da die 7. Luftwaffendivision soeben in den Raum Celebes, 3000 Kilometer weiter westlich, verlegt worden war. So leistete die japanische Truppe bei Cap Gloucester wenig Widerstand und begann bald einen langen Rückzug auf Rabaul.

Eine Aufklärungseinheit der (ihrer Pferde beraubten) 1. Kavalleriedivision landete dann Ende Februar auf den Admiralitäts-Inseln, knapp 400 Kilometer nördlich von Cap Gloucester; dort gab es verschiedene Flugplätze, Platz für noch weitere, die man anlegen konnte, und außerdem einen sehr großen geschützten Ankerplatz. Die japanische Besatzung von etwa 4000 Mann leistete härteren Widerstand als erwartet, aber sie wurde überwunden, nachdem das Gros der amerikanischen Streitmacht am 9. März gelandet war und die Japaner im Rükken gefaßt hatte. Bis Mitte März hatten die Amerikaner ihre wichtigsten Ziele erreicht und konnten die Arbeit beginnen, die Admiralitäts-Inseln in einen großen Stützpunkt zu verwandeln – obwohl die Reste der japanischen Truppe noch bis Mai weiterkämpften, als sie dann völlig aufgerieben wurden.

So war Rabaul mit seiner Garnison von über 100000 Japanern jetzt abgeschnitten – und konnte »im eigenen Saft schmoren«. Die Barriere der Bismarck-Insel war erfolgreich durchstoßen worden, und zwar mit weit weniger Verlusten, als ein direkter Angriff sie gefordert hätte.

Auf der Insel Bougainville vergingen noch vier Monate nach der Landung, ehe der japanische Befehlshaber zu spät erkannte, daß die amerikanische Landung an der Westküste die eigentliche Landung war. Im März 1944 brachte er eine Truppe von etwa 15000 Mann durch den Urwald dorthin und griff den amerikanischen Brückenkopf an, der jetzt von über 60000 Mann gehalten wurde. Der japanische Kommandeur hatte die amerikanische Stärke auf etwa 20000 Mann des Heeres und 10000 Mann Luftwaffen-Bodenpersonal geschätzt – auch diese Schätzung hätte ihn eigentlich erkennen lassen müssen, daß sein verspäteter Gegenangriff kaum Chancen hatte. Bei diesem vergeblichen Angriff gegen eine Überlegenheit von 1 : 4, der am 8. März begann und zwei Wochen dauerte, verlor er über 8000 Mann, mehr als die Hälfte seiner Truppe, während die amerikanischen Verluste unter 300 Mann blieben. Nach dieser vernichtenden Niederlage wurden die Reste der japanischen Besatzung auf der Insel, die jetzt hoffnungslos abgeschnitten waren, ihrem Schicksal überlassen.

Der Vormarsch im mittleren Pazifik

Der Vorstoß im mittleren Pazifik richtete sich – ebenso wie der durch den Südwestpazifik gegen die Philippinen, mit dem Ziel, dort die amerikanische Position wiederherzustellen – nicht direkt gegen Japan. In diesem Stadium des Krieges war der Grundgedanke der Vereinigten

Stabschefs in Washington der, daß nach der Wiedereroberung der Philippinen die amerikanischen Streitkräfte nach China übersetzen und dort große Luftwaffenstützpunkte aufbauen sollten; von diesen Stützpunkten aus, glaubte man, könnte die amerikanische Luftwaffe den Luftraum über Japan beherrschen und Japans Widerstandskraft zerbrechen, ganz abgesehen von der Abschneidung seiner Zufuhren.

Dieser strategische Plan war der Grundgedanke bei den amerikanischen Bemühungen, die chinesischen Nationalisten unter Tschiang Kai-schek zu unterstützen und ihren Widerstand gegen die Japaner zu stärken. Ebenso erklärte dies, daß die Amerikaner darauf drängten, die Briten möchten ihren Vormarsch in Burma aufnehmen und die Burma-Straße nach Südchina wieder freikämpfen, um Tschiang Kai-schek Kriegsmaterial liefern zu können.

In der Praxis aber kam der Vorstoß im mittleren Pazifik so schnell voran, daß die Streitkräfte von Admiral Nimitz ihrer Operation eine Wendung nach Norden gaben und die Marianen-Inselgruppe eroberten; die Entwicklung der neuen »B 29«-Superfortress machte es möglich, von dort direkt Japan anzugreifen, da die Marianen nur knapp 2 000 Kilometer vom japanischen Festland entfernt waren. Außerdem war es im Oktober 1944, als die Marianen erobert wurden, den amerikanischen Stabschefs klargeworden, daß wenig Aussichten auf direkte Hilfe der chinesischen Nationalisten und wenig Aussichten auf einen britischen Verbindungsweg nach China für die nächste Zukunft bestanden.

Die Einnahme der Gilbert-Inseln

Bei der Ausarbeitung des Planes für einen Vorstoß im mittleren Pazifik hatte Admiral King ursprünglich mit einem Vorstoß zu den Marshall-Inseln beginnen wollen; aber dieser Gedanke wurde wegen Mangel an Schiffsraum und an ausgebildeten Truppen fallengelassen. Statt dessen beschloß man, mit einem Angriff auf die Gilbert-Inseln zu beginnen, obwohl diese etwas weiter von dem amerikanischen Stützpunkt in Pearl Harbor auf Hawaii entfernt waren. Aber ihre Einnahme schien weniger schwierig zu sein, und gleichzeitig, hoffte man, würde sie den US-Truppen Praxis für amphibische Operationen und Bomberstützpunkte für einen darauffolgenden Angriff auf die Marshall-Inseln schaffen. Bei den Gilbert-Inseln sollten die zwei westlichsten, Makin und Tarawa, die Hauptangriffsziele sein.

Nimitz als Oberster Befehlshaber bestimmte Vizeadmiral Reymond Spruance zum Befehlshaber der Angriffsoperation. Die Bodentruppen, das sogenannte 5. amphibische Korps, unterstanden Generalmajor Holland Smith von der Marineinfanterie, während für die Transportschiffe Konteradmiral Richard Turner verantwortlich war, der schon in den Salomonen Erfahrungen mit solchen Operationen gesammelt hatte. Das ganze Unternehmen wurde auf zwei Angriffsstreitkräfte aufgeteilt: eine nördliche, die mit sechs Transportschiffen und 7000 Mann der 27. Division Makin nehmen sollte, und eine südliche, die mit 16 Transportschiffen und 18000 Mann der 2. Marineinfanteriedivision Tarawa zu nehmen hatte. Außer den Begleitschiffen für die Transporter wurde die Invasion durch den schnellen Kreuzerverband Konteradmiral Charles Pownalls abgedeckt, der aus sechs Flugzeugträgern, fünf kleineren Trägern und sechs neuen Schlachtschiffen sowie zahlreichen kleineren Einheiten bestand. Zu den 850 Flugzeugen auf den Flugzeugträgern kamen noch 150 Bomber der Armee, die von Landstützpunkten aus operierten.

Die wichtigste Neuerung bei dieser Aktion war ein beweglicher Service-Verband, welcher der Flotte bei ihrer Operation zur Verfügung stand und alle ihre Bedürfnisse abdeckte, außer größeren Reparaturen bei den großen Kriegsschiffen. Er bestand aus Tankern, Tendern, Schleppfahrzeugen, Minensuchern, Frachtschiffen und Munitionsschiffen. Später kamen noch Hospitalschiffe, Barackenschiffe, ein schwimmendes Trockendock, schwimmende Kräne, Überwachungsschiffe, Schiffe zum schnellen Aufbau von Landebrücken und andere dazu. Dieser schwimmende »Train« erhöhte wesentlich die Reichweite und die Schlagkraft der Flotte bei amphibischen Operationen.

Nach vorbereitender Bombardierung begann der Angriff auf die Gilbert-Inseln, genannt »Operation Galvanic«, am 20. November 1943 – dem Jahrestag der epochemachenden Offensive mit massiertem Panzereinsatz in Cambrai 1917. Die Gilbert-Inseln waren sehr schwach verteidigt, da die auf Grund des neuen japanischen Operationsplanes vom September zugesagten Verstärkungen noch nicht eingetroffen waren. Auf Makin stand nur eine Besatzung von 8000 Mann, und auf der Koralleninsel Apamama, einem Nebenziel, nur 25 Mann. Aber Tarawa hatte eine Garnison von über 3000 Mann und war stark befestigt.

Die kleine Garnison von Makin hielt sich vier Tage gegen eine US-Heeresdivision, die in dieser Art von Kriegführung unerfahren war. Weit wirkungsvoller war der Einsatz einiger weniger »Amphtracks« (amphibische Raupenfahrzeuge, die über Korallenriffe fahren können), aber die Landetruppe verfügte nur über wenige dieser neuen Fahrzeuge.

Tarawa, weit stärker befestigt und verteidigt, erhielt schweren Geschützhagel von See her (3 000 Tonnen in zweieinhalb Stunden) ebenso wie massive Bombenangriffe aus der Luft, bevor es von der 2. Marineinfanteriedivision, die sich bei Guadalcanal ausgezeichnet hatte, angegriffen wurde. Dennoch wurde ein Drittel der 5 000 Gelandeten am ersten Tag außer Gefecht gesetzt, als sie den 600 Meter breiten Streifen zwischen dem Korallenriff und dem Ufer überquerten. Aber die Überlebenden waren unerschrocken und zwangen die Japaner, sich auf zwei Stützpunkte im Innern zurückzuziehen; dieser Rückzug gestattete es den Marinesoldaten, über die ganze Insel auszuschwärmen und die sich verteidigenden Stützpunkte einzuschließen. Dann aber lösten die Japaner in der Nacht zum 22. das immer noch schwierige Problem der Marineinfanterie, indem sie zu wiederholten Gegenangriffen übergingen, bei denen sie ausgelöscht wurden. Danach wurden auch die restlichen Inseln schnell vom Feind gesäubert.

Die Marine verlor dabei einen der begleitenden Flugzeugträger; doch im großen und ganzen bewiesen die Flugzeugträger, daß sie japanische Luftangriffe bei Tag wie bei Nacht abwehren konnten, während die japanischen Überwasser-Kriegsschiffe die große Flotte Admiral Spruances nicht zum Kampf herausforderten.

Die amerikanische Öffentlichkeit war schockiert durch die hohen Verluste, und der Angriff auf die Gilbert-Inseln wurde ein Thema heftiger Kontroversen. Doch die gewonnenen Erfahrungen erwiesen sich in vieler Hinsicht als wertvoll und führten zu wesentlichen Verbesserungen in der Technik amphibischer Operationen. Konteradmiral S. E. Morison, der offizielle Geschichtsschreiber der Kriegsmarine, nannte die Operation gegen die Gilbert-Inseln »die Aussaat des Sieges von 1945«.

Nimitz und sein Stab waren schon dabei, den nächsten Sprung zu planen, den zu den Marshall-Inseln; doch erst nach dem Angriff auf die Gilbert-Inseln wurde auf Drängen von Nimitz eine grundlegende Änderung des Planes vorgenommen. Statt eines direkten Angriffes auf die nächsten, die östlichsten Inseln der Gruppe sollten diese umgangen werden, und der nächste Sprung sollte auf die Koralleninsel Kwajalein erfolgen, 600 Kilometer weiter. Danach, wenn alles gutging, sollten Spruances Reserven Eniwetok am äußersten Ende dieser 1000 Kilometer langen Inselkette nehmen. Die Kommandoorganisation war ähnlich wie die bei dem Angriff auf die Gilbert-Inseln; doch wurden zwei neue Divisionen für den Angriff eingesetzt, mit insgesamt 54000 Mann Angriffstruppen und 31000 Mann Garnisonstruppen, um das eroberte Gebiet zu besetzen. Von der Kriegsmarine sollten vier Gruppen von Flugzeugträgern dabeisein, mit insgesamt zwölf Flugzeugträgern und acht Schlachtschiffen. Noch weit mehr »Amphtracks« wurden eingesetzt, und diese waren jetzt bewaffnet und gepanzert, während die Jagdbomber und die Kanonenboote mit Raketen ausgerüstet wurden. Die einleitende Beschießung sollte viermal so groß sein wie bei dem Angriff auf die Gilbert-Inseln.

Der Erfolg des Plans beruhte auch darauf, daß die Japaner alle verfügbaren Verstärkungen zu den östlichen Inseln der Gruppe entsandt hatten, da ihnen die neuartige amerikanische Strategie des indirekten Angriffs und der Umgehungsmanöver noch unbekannt war.

Nach kurzer Überholung und Ruhestellung in Pearl Harbor kehrte der Verband schneller Flugzeugträger Ende Januar 1944 zurück, und durch ständige Einsätze (insgesamt über 6000) lähmte er die Bewegungen der Japaner zur See und zur Luft während der ganzen Dauer des Angriffs auf die Marshall-Inseln – dabei wurden etwa 150 japanische Flugzeuge abgeschossen.

Der Auftakt zu der Operation war am 31. Januar die Besetzung der nicht verteidigten Insel Majuro in der östlichen Inselkette, die einen guten Ankerplatz für den amerikanischen Service-Flottenverband bot. Dann wurden die kleinen Inselchen in der Nähe von Kwajalein besetzt, und der Hauptangriff erfolgte plangemäß am 1. Februar. Die Garnison der Insel half den Amerikanern durch wiederholte selbstmörderische Gegenangriffe, bei denen sie nach der wilden, aufopferungsvollen »Banzai«-Manier vorpreschte. Obwohl die japanische Besatzung über 8000 Mann zählte, davon 5000 Mann Kampftruppen, kostete die Amerikaner dieser Sieg nur 370 Tote.

Da die Reserve des Korps (etwa 10000 Mann) bei dem Angriff nicht eingesetzt worden war, wurde sie vorausgeschickt, um Eniwetok zu nehmen. Dort wären die Amerikaner zwar immer noch 1600 Kilometer von den Marianen entfernt gewesen, aber nur noch 1 000 Kilometer von Truk, dem großen japanischen Stützpunkt der Karolinen. Daher wurde als Flankensicherung des Angriffs gegen Eniwetok am gleichen Tag von neun amerikanischen Flugzeugträgern ein schwerer Angriff auf Truk geführt. Ein zweiter Angriff erfolgte in der darauffolgenden Nacht, wobei mit Hilfe von Radar die Angriffsziele ausgemacht wurden, und ein dritter folgte am nächsten Morgen. Obwohl Admiral Koga vorsichtigerweise den größten Teil seiner Flotte zurückgezogen hatte, wurden zwei Kreuzer und vier Zerstörer versenkt, daneben 26 Tanker und Frachtschiffe. In der Luft litten die Japaner noch mehr: sie verloren über 250 Flugzeuge gegenüber nur 25 der Amerikaner. Die strategische Wirkung der Operation war noch durchschlagender, da dieser dreifache Angriff die Japaner jetzt veranlaßte, alle ihre Flugzeuge von den Bismarck-Inseln zurückzuziehen und Rabaul ungeschützt zurückzulassen. Damit wurde bewiesen, daß der Vorstoß im mittleren Pazifik MacArthurs Vormarsch im Südwestpazifik unterstützte und nicht verlangsamte. Vor allem aber bewies die Operation, daß Flugzeugträger einen großen feindlichen Stützpunkt lahmlegen konnten, ohne ihn zu besetzen und ohne Hilfe von Flugzeugen auf Landbasis.

Unter diesen Umständen erwies sich die Einnahme von Eniwetok als einfach. Die umgebenden Inseln wurden schnell genommen, und selbst die Besatzung der Hauptinsel wurde in drei Tagen von einer Landetruppe überwältigt, die knapp eine halbe Division stark war. Der Bau neuer Flugplätze auf den Marshall-Inseln zur Benutzung für die Amerikaner kam anschließend schnell voran. Die Gilbert- und die Marshall-Inseln waren in wenig mehr als zwei Monaten erobert worden, während die Japaner gehofft hatten, dieser Sperrgürtel könne sechs Monate lang gehalten werden. Auch die Schlüsselposition Truk innerhalb des »absoluten« japanischen Verteidigungsringes war schwer angeschlagen worden.

Burma 1943 bis 1944

Der Feldzug in Burma verlief in dieser Jahreszeit sehr viel anders als erwartet und bildete einen deprimierenden Gegensatz zu dem jetzt so schnellen alliierten Vormarsch im Pazifik, insbesondere im mittleren

Pazifik. Denn das Hauptkennzeichen dieses Kriegsschauplatzes war eine neue japanische Offensive – die einzige in dem ganzen Krieg, bei der die Japaner die indische Grenze überschritten und in das südliche Assam einbrachen –, während die Briten ihrerseits eine Offensive geplant hatten, welche die Invasoren aus Nordburma vertreiben und die Straße nach China freikämpfen sollte. Die großen Verbesserungen der Verkehrsverbindungen von Indien nach Burma und die wachsende britische Truppenstärke hatten dafür scheinbar gute Aussichten geboten.

Der japanische Angriff hatte zum Ziel, der britischen Offensive zuvorzukommen, und trotz der zahlenmäßigen Unterlegenheit der Japaner errang er beinahe einen taktischen Erfolg – und selbst der schließliche Mißerfolg hatte die strategische Wirkung, den britischen Vormarsch bis ins Jahr 1945 hinein zu verzögern. Sobald aber im Frühjahr 1944 die Offensive an der hartnäckigen Verteidigung von Imphal und Kohima – beide Orte etwa 50 Kilometer westlich der Grenze Assam–Burma – gescheitert war, erwies sich bald, daß die Japaner bei dieser letzten offensiven Anstrengung ihre schwachen Kräfte so verausgabt hatten, daß sie der unmittelbar folgenden britischen Gegenoffensive keinen harten Widerstand mehr entgegensetzen konnten, erst recht nicht der großen britischen Offensive, die dann im Jahr 1945 folgte.

In Vorbereitung dieses Feldzugs waren die Alliierten übereingekommen, daß die Wiedereroberung Nordburmas das Hauptziel sein solle – als der kürzeste Weg, um die direkte Verbindung mit China wiederherzustellen und die Materiallieferungen an China auf der Burma-Straße über die Berge hinweg wiederaufzunehmen. Nach langen Erörterungen wurden andere Pläne abgelehnt, wie etwa amphibische Operationen gegen Akyab, Rangun oder Sumatra. Der britischen Offensive in Nordburma sollten ein neuer Angriff in Arakan und ein Ablenkungsmanöver der Chindits im Norden vorangehen.

Ende August 1943 wurde ein neues gemeinsames Oberkommando Südostasien unter Admiral Lord Louis Mountbatten gebildet, der vorher Chef der kombinierten Operationen (mehrerer Wehrmachtsteile) gewesen war. Ihm unterstanden die Befehlshaber der drei Wehrmachtsteile, Admiral Somerville, General Giffard und Luftmarschall Peirse, während der amerikanische General Stilwell Mountbattens

Stellvertreter als Oberster Befehlshaber sein sollte. Das Oberkommando Indien wurde von dem Oberkommando Südostasien getrennt und war für die Ausbildung der Truppen, aber nicht für die Operationen zuständig; Wavell »fiel die Treppe aufwärts« und wurde Vizekönig von Indien, sein Nachfolger als Oberbefehlshaber Indien wurde Auchinleck.

Der wichtigste Teil der in Burma stehenden 11. Heeresgruppe unter General Giffard war die neugebildete 14. Armee, deren Kommando General Slim erhielt. Sie umfaßte Christisons XV. Korps in Arakan und Scoones' IV. Korps an der mittleren Front in Nordburma; operativ unterstanden ihr auch die chinesischen Divisionen auf diesem Kriegsschauplatz. Die an dieser Front eingesetzten Marineverbände waren nur schwach; aber die Luftwaffe in diesem Raum wurde auf 67 Squadrons, davon 19 amerikanische – eine Gesamtzahl von etwa 850 Flugzeugen – verstärkt.

Gerade diese große Verstärkung der alliierten Kräfte und die dadurch angezeigte bevorstehende Offensive spornte die Japaner zu einer neuen präventiven Offensive nach Assam an, während sie andernfalls sich darauf beschränkt hätten, den Anfang 1942 eroberten Raum in Burma zu verteidigen und zu konsolidieren. Wingates erster Erkundungsvorstoß mit den Chindits hatte sie gelehrt, daß der Chindwin-Fluß keine sichere Verteidigungslinie war. Ziel der japanischen Offensive war, eine alliierte Offensive in der trockenen Jahreszeit von 1944 zu verhindern, indem sie die Imphal-Ebene besetzten und die Bergpässe zwischen Assam und Burma in ihre Hand brachten; sie planten keine weitergehende Invasion nach Indien und keinen »Marsch auf Delhi«.

Auch das japanische Oberkommando wurde in der Zeit der Vorbereitung neu geordnet. General Kawabe, dem Oberbefehlshaber auf dem burmesischen Kriegsschauplatz, unterstanden drei sogenannte Armeen (sie entsprachen aber kaum einem britischen Armeekorps), die 33. mit zwei Divisionen unter General Honda im Nordosten, die 28. mit drei Divisionen unter General Sakurai in Arakan und die 15. unter General Mutaguchi an der mittleren Front; sie bestand aus drei Divisionen und einer »indischen Nationaldivision« von nur 9000 Mann, wenig mehr als die Hälfte einer normalen japanischen Division. Mutagachis »Armee« sollte die Offensive gegen Imphal durchführen, nach vorbereitenden Angriffen der anderen Armeen in Arakan und Yunnan.

Jede Seite plante also eine begrenzte Offensive in Arakan vor einem größeren Vorstoß an der mittleren Front. Auf britischer Seite bot dies General Slim die Gelegenheit, eine neue Dschungeltaktik zu erproben, die auf dem Gedanken beruhte, vorgeschobene Stützpunkte zu bilden, zu denen sich die Truppen zurückziehen und in denen sie auf dem Luftweg versorgt werden könnten, während Reserven herangeführt wurden, um die zwischen ihnen und diesen Stützpunkten liegenden Japaner zu vernichten. Diese Technik widersprach der früheren Praxis, sich zurückzuziehen, wenn man an der Flanke umgangen worden war.

Anfang 1944 rückte Christisons XV. Korps langsam in drei Säulen nach Süden in Richtung Akyab vor. Anfang Februar aber wurde sein Vormarsch unterbrochen, als die Japaner ihren geplanten Angriff begannen, freilich nur mit einer ihrer drei Divisionen in Arakan. Unterstützt durch mangelnde britische Wachsamkeit, gelang es ihnen, Taung Bazar zu nehmen und dann nach einer südlichen Schwenkung die vorrückenden britischen Kolonnen in eine gefährliche Lage zu bringen – aus der sie nur durch eingeflogene Verstärkungen befreit werden konnten. Doch trotz örtlicher Fehler bewährte sich die neue britische Taktik, und die Japaner, denen Lebensmittel und Munition ausgingen, mußten ihre Gegenoffensive einstellen, noch bevor der Monsun im Juni begann und den Operationen ein Ende machte.

Wingates Truppen hatten in Ruhestellung gelegen, seit die erste Chindit-Operation im Mai 1943 mit einem Rückzug geendet hatte. Aber während der Kampfpause waren sie von zwei Brigaden auf sechs verstärkt worden – in der Hauptsache dank der eindringlichen Art, wie Wingates Argumente Churchills Phantasie beflügelten und selbst die anfangs skeptischen Stabschefs umstimmten, als er im August 1943 zur »Quadrant«-Konferenz in Quebec hinzugezogen worden war. Wingate selbst wurde zum Generalmajor befördert und erhielt eine eigene Luftwaffeneinheit zugeteilt, das Luftwaffenkommando Nr. 1 – das weit größer war, als der Name vermuten ließ, und elf Squadrons umfaßte. Es wurde nach seinem jungen amerikanischen Kommandeur Philip Cochran meist »Cochrans Zirkus« genannt.

Die letzten Monate 1943 und die ersten Monate 1944 vergingen mit der spezialisierten Ausbildung der neu hinzugekommenen Brigaden. Obwohl sie zur Tarnung immer noch 3. indische Division hieß, umfaßte diese Streitmacht keine indischen Truppen mehr und entsprach jetzt etwa zwei Divisionen; das wichtigste neue Element war die britische 70. Division.

Auch Wingates Vorstellungen hatten sich gewandelt und weiter entwickelt – von einer Guerilla-Taktik nach dem Grundsatz »hit-and-run« zu einem massiveren und dauerhafteren Eindringen in feindliches Territorium. Seine L. R. P.-Verbände sollten Indaw und das umgebende Gelände am Irrawaddy etwa 250 km nördlich von Mandalay nehmen – den Raum zwischen dem britischen IV. Korps und Stilwells zwei chinesischen Divisionen – und die japanischen Verbindungswege durch eine Kette von aus der Luft zu versorgenden Stützpunkte abschneiden. Sie sollten den Kampf mit dem Feind ausfechten und ihn nicht nur belästigen. Praktisch hieß dies, daß die Chindits die Vorhut und das IV. Korps das Gros bilden sollten, das die Operationen unterstützte und abrundete. Wingates Idee war, daß mehrere L. R. P.-Divisionen schließlich der Hauptarmee weit voraus operieren sollten.

Die Operation begann am Abend des 5. März und hatte einen denkbar schlechten Start, als viele der 62 Lastensegler, die zu der ersten Welle gehörten, bei der Landung in »Broadway«, einem Punkt 80 Kilometer nordöstlich Indaw, verunglückten, während ein anderer ausgesuchter Landeplatz durch gefällte Baumstämme blockiert war und ein dritter aus verschiedenen anderen Gründen bald ausfiel. Immerhin machte die Anlage eines Landestreifens in »Broadway« schnelle Fortschritte, und das Gros von Mike Calverts 77. (L. R. P.-) Brigade wurde in den nächsten Nächten plangemäß gelandet; ihr folgte Lentaignes 111. (L. R. P.-) Brigade. Bis zum 13. März waren etwa 9000 Mann tief im Rücken des Feindes abgesetzt worden. Außerdem hatte Bernard Fergussons 16. (L. R. P.-) Brigade Anfang Februar einen langen Überlandmarsch von Assam aus angetreten, und trotz der erschreckenden Geländeschwierigkeiten näherte sie sich Mitte März Indaw.

Obwohl die Japaner überrascht worden waren, gelang es ihnen bald, eine improvisierte Truppe unter General Hayaschi in Stärke von etwa einer Division dieser Invasion aus der Luft entgegenzustellen. Ein Teil kam schon bis zum 18. März in Indaw an, das Gros bis Ende März. Außerdem zerstörte die japanische Luftwaffe in einem Gegenschlag am 17. die meisten der wenigen »Spitfires«, die jetzt von »Broadway« aus operierten; danach war die britische Luftunterstützung auf den Einsatz von Jägern von den weit entfernten Flugplätzen bei Imphal aus angewiesen. Dann wurde am 24. März Wingate selbst getötet, als sein Flugzeug im Dschungel abstürzte. Doch schon vor diesem tragischen Unglücksfall war sein allzu ausgeklügelter, aber nicht gut durchdachter Plan durcheinandergeraten. Am 26. wurde ein noch von Wingate angeordneter direkter Angriff auf Indaw durch die über Land marschierende 16. Brigade von den Japanern in ihrer vorher bezogenen Position abgewehrt, und die Japaner konnten auch der Drohung der anderen L. R. P.-Brigaden wirksam begegnen. Wingates Konzeption des Übergangs von der Guerilla-Aktion zu einer massiveren Durchdringung auf größere Entfernungen war kein Erfolgsrezept geworden; freilich war es so, daß er nicht die gewünschte Unterstützung durch das Gros der britischen Truppen erhalten hatte.

Nach Wingates Tod wurde Lentaigne zu seinem Nachfolger als Befehlshaber der Spezialtruppen ernannt, und Anfang April kam er mit Slim und Mountbatten überein, daß die Chindits nach Norden verlegt werden sollten, um zusammen mit den Chinesen den Vormarsch Stilwells zu unterstützen, da sie den japanischen Vorstoß auf Imphal nicht hindern konnten. Obwohl Stilwell diese Verlegung nicht gern sah, da er glaubte, dies würde auch japanische Truppen auf seinen Frontabschnitt lenken, förderten sie seinen Vormarsch bis zu einem gewissen Grade durch die Einnahme von Mogaung, obwohl selbst dann Stilwells chinesische Truppen nicht imstande waren, die feindliche Schlüsselposition bei Myitkyina zu erreichen. Die Verlegung der Chindits nach Norden erfolgte unmittelbar bevor eine neue japanische Division auf dem Schauplatz eintraf.

Die »präventive« japanische Offensive nach Assam, mit dem Ziel der Einnahme von Imphal und Kohima, begann mit drei Divisionen Mitte März. Entgegen allen Erwartungen wurde ihr Vormarsch nicht berührt durch die Verlegung der Chindits in das Irrawaddy-Tal in ihrer östlichen Flanke und in ihrem Rücken – die Gefahr für die Japaner war zu weit entfernt, um ihre nördliche Vormarschlinie und ihre Verbindungswege zu bedrohen.

Ende Januar hatte Scoones den langsamen südlichen Vormarsch seines eigenen IV. Korps aus der Richtung Imphal abgebrochen und Verteidigungsstellungen bezogen, angesichts von Berichten, daß die Japaner ihre Kräfte umgruppierten und sich auf den Oberlauf des Chindwin zur Vorbereitung einer eigenen Offensive nach Imphal konzentrierten. Scoones' drei Divisionen waren noch ziemlich zerstreut, während die südlichste (die 17.) bei Tiddim umgangen und von ihrer Rückzugsstraße nach Imphal abgeschnitten wurde. Die Situation sah so gefährlich aus, daß eine soeben aus Arakan eingetroffene vierte britische Division schnell auf dem Luftweg nach Imphal transportiert wurde, zusammen mit anderen Verstärkungen. Auch der japanische Flankenvorstoß vom Chindwin aus machte Fortschritte und machte einen Rückzug der 20. Division nötig. Dann wurde am 19. März die britische Position bei Ukhrul, etwa 45 Kilometer nordöstlich (und hinter) Imphal, angegriffen; es stellte sich heraus, daß dieser tiefe japanische Flankenstoß auf Kohima zielte, 95 Kilometer nördlich Imphal auf der Straße, die über die Berge nach Indien zurückführte. Die Straße Imphal–Kohima wurde tatsächlich am 29. März zeitweilig abgeschnitten. Zwei weitere neue Divisionen wurden dann eingesetzt, um die Lücke zu schließen. Alles in allem hatte der japanische Offensivgeist wieder einmal zahlenmäßig überlegene Gegner aus dem Gleichgewicht gebracht und in eine prekäre Lage versetzt.

Während die Briten sich auf die Ebene von Imphal zurückziehen konnten und dort über vier Divisionen zur Verteidigung bereitstanden, wurde Kohima nur von 1500 Mann unter Oberst Hugh Richards verteidigt. Glücklicherweise lehnte der japanische Oberbefehlshaber, General Kawabe, das Ersuchen des örtlichen Armeebefehlshabers General Mutaguchi ab, durch einen überraschenden Vorstoß Dimapur, 45 Kilometer jenseits Kohima am Ausgang der Berge, zu nehmen. Ein solcher Vorstoß hätte jede britische Gegenoffensive zum Entsatz von Imphal vereitelt.

In der dadurch gewährten Atempause wurde Generalleutnant Montagu Stopford und der größere Teil seines XXXIII. Korps aus Indien nach Burma verlegt, und am 2. April erhielt er den Oberbefehl im Raum Dimapur–Kohima.

Der japanische Angriff auf Kohima mit der 31. Division begann in der Nacht zum 4. April. Die beherrschenden Höhen wurden schnell genommen, so daß am 6. die kleine Garnison der Stadt von der Brigade abgeschnitten war, die sie verstärken sollte, während diese Brigade ihrerseits von Dimapur durch eine Straßensperre bei Zubza abgeschnitten wurde, welche die Japaner in ihrem Rücken aufgebaut hatten.

General Slim befahl jedoch eine allgemeine Gegenoffensive für den 10. April. Bis zum 14. hatte eine von Stopford entsandte neue Brigade die Straßensperre bei Zubza genommen, und am 18. brachen die beiden Brigaden bis Kohima durch, wo die kleine und erschöpfte britische Truppe am Ende ihrer Kraft war. In der nächsten Phase wurden dann die Japaner aus den die Stadt umgebenden Höhen vertrieben.

Auch bei Imphal gab es schwere Kämpfe, als dort zwei britische Divisionen einen Gegenangriff führten – nach Norden, um die Straße nach Kohima freizukämpfen, und nach Nordosten, um Ukhrul wieder zu nehmen und die Kohima angreifende japanische Division im Rükken zu fassen. Die beiden anderen britischen Divisionen bei Imphal stießen nach Süden vor.

Zu ihrem Glück beherrschten die Briten jetzt fast völlig den Luftraum – die Japaner hatten in ganz Burma nicht einmal 200 Flugzeuge – und konnten so ihre große Truppe bei Imphal in den kritischen Wochen durch die Luft versorgen. (Sie hatten etwa 120000 Mann bei Imphal, selbst nachdem 35000 Verwundete, Kranke und Nichtkombattanten ausgeflogen worden waren.)

Im Mai kämpften Stopfords jetzt noch verstärkte Truppen die Straße nach Imphal frei, nachdem sie die Japaner aus ihren zäh verteidigten Stellungen bei Kohima vertrieben hatten, und südlich von Imphal konnten Scoones' Truppen die Japaner beinahe einschließen. Freilich hätten sich die Japaner ohne Schwierigkeiten und weitere Verluste zurückziehen können, wenn Mutaguchi nicht seine Angriffe hartnäckig fortgesetzt hätte, lange nachdem jede Aussicht auf Erfolg entschwunden war, trotz der Proteste seiner unmittelbar Untergebenen. In seiner Raserei setzte er alle drei seiner Divisionskommandeure ab – und wurde darauf selbst des Kommandos enthoben.

Im Laufe des Juli setzte die britische 14. Armee unter Slim ihre Gegenoffensive fort und erreichte schließlich den Chindwin. Ihr Vormarsch wurde mehr durch den Beginn des Monsuns verzögert als durch den Widerstand der Japaner, die jetzt nur noch einen erschöpften und hungrigen Rest ihrer einstigen Truppenstärke darstellten.

Die Verluste der Japaner im Verlaufe dieser über Gebühr lange fortgesetzten Offensive betrugen über 50000 Mann – von den 84000 Mann, die sie in den Kampf geworfen hatten. Die Briten, die mit ihren Menschen vorsichtiger umgingen, verloren knapp 17000 Mann – von einer anfangs etwas, am Ende weit größeren Truppenzahl als die Japaner hatten. Insgesamt hatten sie sechs Divisionen und eine Anzahl kleinerer Verbände dabei eingesetzt und konnten aus ihrer Luftüberlegenheit großen Nutzen ziehen, während die Japaner nur drei Divisionen eingesetzt hatten, dazu eine sogenannte indische Nationaldivision mit geringer Stärke und fragwürdiger Kampfkraft. Andererseits hatten sich die Japaner den Vorteil ihrer taktischen Wendigkeit verscherzt durch blindes Befolgen einer unrealistischen militärischen Tradition – und für diese Torheit sollten sie in der nächsten Phase des Krieges noch teuer bezahlen.

Teil VII
Die Ebbe

Kapitel 30:
Der alliierte Vormarsch in Italien

Die Situation der Alliierten in Italien Anfang 1944 war enttäuschend, verglichen mit den großen Hoffnungen, welche die Landungen im September 1943 begleitet hatten. Beide Invasionsarmeen, die 5. amerikanische und die 8. britische, hatten schwere Verluste erlitten und waren spürbar erschöpft durch die Aufeinanderfolge ihrer Frontalangriffe den italienischen Stiefel aufwärts, zur Linken und zur Rechten von dessen dünnem Rückgrat, dem Gebirgszug der Apenninen. Ihr langsamer, fast kriechender Vormarsch auf der Halbinsel glich sehr dem Rammstoß-Vormarsch der alliierten Armeen an der Westfront im Ersten Weltkrieg. Die großen Schwierigkeiten, in welche die Deutschen durch die Kapitulation und den Frontwechsel ihres italienischen Verbündeten im September 1943 geraten waren – zugleich auch durch die dreifache britisch-amerikanische Landung bei Reggio, Tarent und Salerno –, waren durch ihre schnelle Reaktion behoben worden. Kesselrings zeitweise desorganisierte Streitkräfte waren mit der vielfältigen Notlage so gut fertig geworden, daß Hitler bald den ursprünglichen Plan der Aufgabe der italienischen Halbinsel und des Rückzuges nach Oberitalien fallenlassen und sich für eine weitere Verteidigung der Halbinsel entscheiden konnte.

Seit dem Spätherbst 1943 konnten die Alliierten nur noch hoffen, ein negatives Ziel zu erreichen – nämlich so viele deutsche Divisionen wie möglich in Italien zu binden und ihrer Streitmacht zu entziehen, die gegen die bevorstehende britisch-amerikanische Invasion Frankreichs im Sommer 1944 aufgebaut war.

Die Teheraner Konferenz der drei großen Alliierten im November 1943 und die unmittelbar vorhergehende britisch-amerikanische Konferenz von Kairo bestätigten dies durch die Entscheidung, daß »Operation Overlord«, der Angriff über den Kanal auf die Normandie, zusammen mit »Anvil«, der ergänzenden Landung in Südfrankreich, den Vorrang haben sollte, während die Ziele in Italien auf die Einnahme von Rom und den anschließenden Vormarsch im Stiefel bis zur Linie Pisa–Rimini beschränkt wurden. Eine Anschlußoperation nach Nordosten zum Balkan sollte nicht unternommen werden; sie scheint auch damals kein herausragendes Ziel der britischen Politik gewesen zu sein.

Trotz dieser grundsätzlichen Einigung auf den Vorrang von »Overlord« und »Anvil« bestand immer noch viel Uneinigkeit zwischen den amerikanischen und britischen Führern über die Bedeutung des Feldzuges in Italien. Die britische Ansicht, vertreten von Churchill und Sir Alan Brooke, war: Je mehr Kräfte die Alliierten nach Italien abzweigten, desto mehr deutsche Truppen konnten sie von der Normandie dorthin abziehen. Diese Ansicht erwies sich als falsch, aber sie ging zurück auf Churchills Hoffnungen auf einen großen und in erster Linie britischen Erfolg auf diesem Kriegsschauplatz. Für die amerikanische Ansicht, soweit sie davon abwich, war die Besorgnis maßgebend, daß eine Verstärkung der alliierten Truppen in Italien die Alliierten in Frankreich schwächen könnte, das sie mit Recht für den entscheidenden Kriegsschauplatz ansahen. Die Amerikaner erkannten besser als Churchill und die britischen militärischen Führer die Geländeschwierigkeiten, die jedem schnellen Erfolg in Italien und seiner Ausnutzung im Wege standen. Sie hatten außerdem ein tiefes Mißtrauen gegen eine britische Neigung, sich auf Italien zu konzentrieren, um die härtere Aufgabe der Invasion Frankreichs zu umgehen.

Kesselring hatte jetzt 15 Divisionen der 10. Armee (abgesehen von weiteren acht der 14. Armee im Norden) zur Verfügung, um seine Front, die sogenannte Gustav-Linie, gegen eine neue alliierte Offensive zu halten. Obwohl die meisten deutschen Divisionen geschwächt[1] und einige sehr dezimiert waren, schienen sie doch imstande zu sein, sich gegen jeden direkten Frontalangriff der 18 alliierten Divisionen zu behaupten, die bis Ende 1943 in Italien gelandet worden waren.

1 Die Stärke der deutschen Divisionen war sehr verschieden, und einige, die schwere Kämpfe hinter sich hatten, waren stark zusammengeschmolzen; doch auch bei voller Sollstärke waren sie im Durchschnitt nur etwa zwei Drittel so groß wie alliierte Divisionen.

So war der naturgegebene Ausweg eine amphibische Landung hinter der Gustav-Linie, und diese schien um so leichter, als die Alliierten sowohl in der Luft als auch zur See überlegen waren. Wenn eine solche Landung mit einem neuen Angriff auf die Gustav-Linie verbunden wurde, sollte sie imstande sein, die Deutschen aus dieser Linie herauszumanövrieren und ihre Stellung südlich von Rom zu brechen. Ein solcher Plan, unter dem Namen »Operation Shingle«, war bereits in Vorbereitung, und Churchill, ungeduldig über den langsamen Fortschritt in Italien, gab ihm neuen Auftrieb. Auf den Konferenzen von Kairo und Teheran erhielt er den notwendigen Schiffsraum, indem er dem amerikanischen Wunsch nach einer südfranzösischen Landung im Sommer 1944 stattgab und dann verlangte, die Landefahrzeuge sollten bis dahin im Mittelmeer bleiben – so daß sie für eine amphibische Landung in Anzio, südlich von Rom, die für Januar ins Auge gefaßt wurde, zur Verfügung standen.

Dieser von Alexander und seinem Stab aufgestellte Plan war in seinen Grundzügen gut ausgedacht. Die Offensive auf der Festlandsfront gegen die Gustav-Linie sollte von Mark Clarks 5. Armee etwa am 20. Januar begonnen werden. Das II. US-Korps sollte über den Rapido-Fluß und dann das Liri-Tal aufwärts vorrücken, sobald das französische Korps zu seiner Rechten und das britische X. Korps zu seiner Linken das Gros von General Sengers XIV. Panzerkorps durch vorbereitende Angriffe auf sich gelenkt hatten. Sobald der Vormarsch im Gang war, sollte das über das Meer transportierte VI. amerikanische Korps in Anzio landen. Man hoffte und erwartete, daß die deutschen Reservedivisionen zu dem Zeitpunkt nach Süden eilen und dann umkehren würden, um sich den Alliierten in Anzio entgegenzuwerfen – und in dieser Verwirrung würde die 5. Armee die Gustav-Linie durchbrechen und sich mit dem VI. Korps bei Anzio vereinigen. Selbst wenn die deutsche 10. Armee nicht zwischen den beiden Kräften zerdrückt würde, hoffte das alliierte Oberkommando, daß sie sich bis zum Raum Rom zurückziehen müßte, um sich neu zu ordnen.

Doch der Plan funktionierte nicht. Die deutschen Truppen waren nicht so verwirrt oder erschöpft, wie das alliierte Kommando hoffte, und sie kämpften mit ihrer üblichen Zähigkeit. Andererseits waren die alliierten Vorbereitungen überstürzt worden, und die Offensive der 5. Armee war in ihren Teilen schlecht aufeinander abgestimmt.

Es fing gut an mit einem erfolgreichen Angriff über den Garigliano

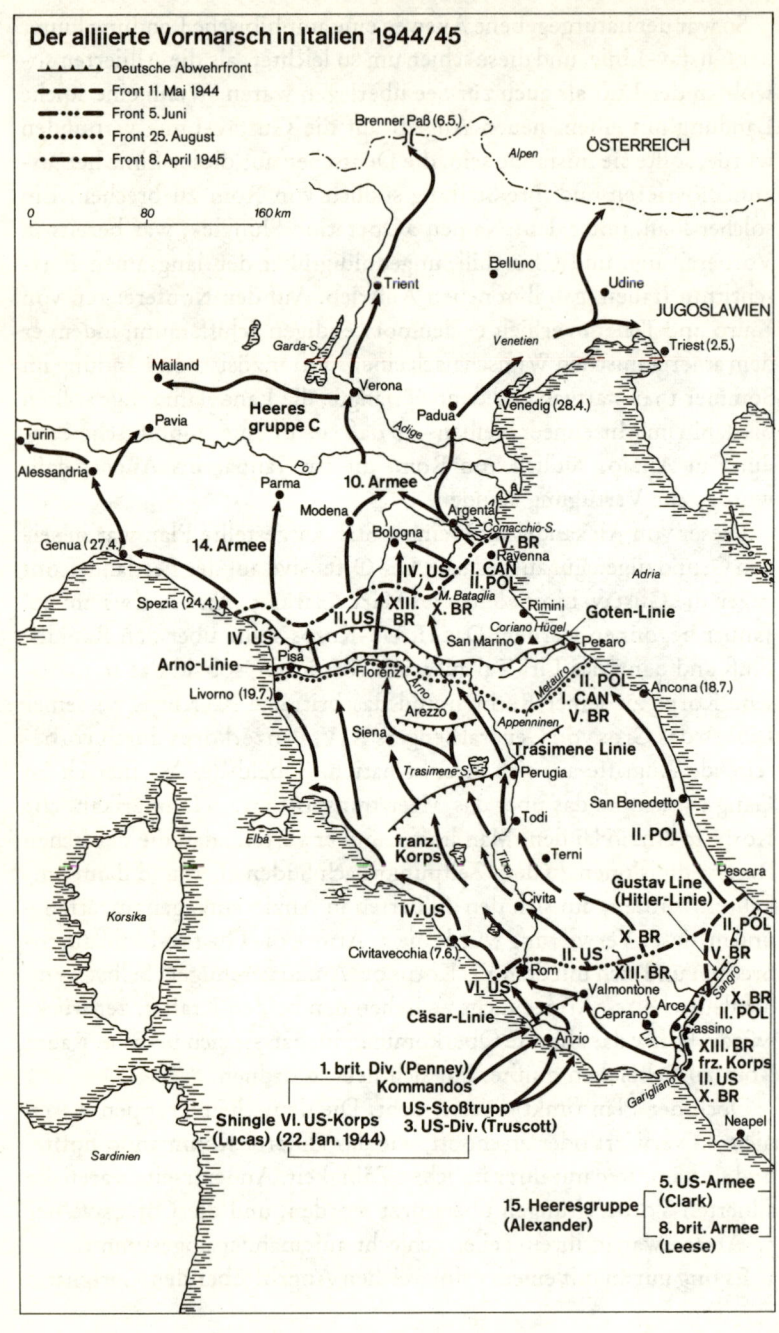

Der alliierte Vormarsch in Italien 1944/45

- ╨╨╨ Deutsche Abwehrfront
- ━ ━ ━ Front 11. Mai 1944
- ━·━·━ Front 5. Juni
- ••••••• Front 25. August
- ━·━·━ Front 8. April 1945

0   80   160 km

Brenner Paß (6.5.)

ÖSTERREICH

Alpen

Trient

Belluno

Udine

JUGOSLAWIEN

Garda-S.

Venetien

Triest (2.5.)

Mailand

Verona

Venedig (28.4.)

Pavia

Heeres gruppe C

Padua

Adige

Turin

Po

Alessandria

Parma

10. Armee

Modena

Argenta

Genua (27.4.)

14. Armee

Bologna

Comacchio-S.

V. BR

Ravenna

I. CAN

II. POL

Adria

Spezia (24.4.)

IV. US

II. US

XIII. BR

M. Bataglia

X. BR

Rimini

Arno-Linie

Pisa

Arno

Florenz

San Marino

Coriano Hügel

Pesaro

Goten-Linie

Livorno (19.7.)

II. POL

I. CAN

V. BR

Ancona (18.7.)

Siena

Arezzo

Appenninen

Metauro

Trasimene-S.

Trasimene Linie

Elba

Perugia

Korsika

Todi

San Benedetto

franz. Korps

Tiber

Terni

II. POL

Civita

Gustav Line (Hitler-Linie)

Pescara

IV. US

II. POL

Civitavecchia (7.6.)

II. US

X. BR

IV. BR

Rom

XIII. BR

Sangro

VI. US

Valmontone

X. BR

II. POL

Cäsar-Linie

Ceprano

Arce

Cassino

Anzio

XIII. BR

frz. Korps

II. US

X. BR

Garigliano

Neapel

1. brit. Div. (Penney)

Kommandos

US-Stoßtrupp

3. US-Div. (Truscott)

Shingle VI. US-Korps (Lucas) (22. Jan. 1944)

Sardinien

5. US-Armee (Clark)

15. Heeresgruppe (Alexander)

8. brit. Armee (Leese)

hinweg in der Nacht vom 17. auf den 18. Januar, den McCreerys X.
Korps auf dem Westabschnitt durchführte. Dies veranlaßte Kesselring,
einen großen Teil seiner Reserven (die 29. und die 90. Panzergrenadierdivision und Teile der Division Hermann Göring) auf diesen
Frontabschnitt zu werfen. Aber der Angriff des II. US-Korps im linken Zentrum über den Rapido hinweg am 20. scheiterte unter großen
Verlusten – die beiden wichtigsten Regimenter wurden dabei großenteils vernichtet. Das Liri-Tal wurde hartnäckig gehalten, und jeder
Angriff in diesem Tal mußte in voller Sicht von Monte Cassino erfolgen, einer unerhört starken Stellung, die man unterschätzt hatte. Der
Rapido selbst hatte eine sehr starke Strömung, und selbst eine Überquerung ohne Widerstand wäre schwierig gewesen; die 36. US-Division aber wurde dazu abgestellt nach nur fünf Tagen Vorbereitung und
Ruhe, seit sie den herausragenden Monte Trocchio genommen hatte,
der den Zugang zum Rapido versperrte. Der Angriff der britischen 46.
Division auf der linken Flanke der Amerikaner war ebenfalls ein Mißerfolg. Die Offensive der 5. Armee kam zwar voran, aber sah nicht sehr
vielversprechend aus, als am 22. Januar die Landung in Anzio erfolgte.

Der Raum Anzio bot den einzigen geeigneten Strand für eine Landung hinter den deutschen Linien, es sei denn, die alliierten Planer riskierten eine Stelle nördlich von Rom – und das wäre noch erheblich
weiter von der Hauptfront entfernt gewesen. Immerhin wurde Kesselring davon überrascht, und da er eine Landung nördlich von Rom
für viel gefährlicher hielt, hatte er im Raum Anzio nur eine einzige
Einheit, ein Bataillon der 29. Panzergrenadierdivision, das dort in
Ruhestellung lag. Zu seinem Glück war der Befehlshaber der Landetruppen, Generalmajor John P. Lucas, der gegen Ende der Schlacht
von Salerno das Kommando des VI. Korps übernommen hatte, mehr
als vorsichtig und dabei weitgehend pessimistisch; er hatte noch vor
Beginn der Operation seine pessimistischen Ansichten nicht nur seinem Tagebuch anvertraut, sondern auch seinen Untergebenen und seinen Alliierten, darunter auch Alexander selbst.

Sein VI. Korps hatte beim Beginn der Landung zwei Infanteriedivisionen, die 1. britische und 3. amerikanische, daneben Kommando-
und Stoßtruppeneinheiten, ein Fallschirmjägerregiment und zwei Panzerbataillone; ihnen sollten die amerikanische I. Panzerdivision und
45. Infanteriedivision folgen. Eine solche Stärke sicherte nicht nur eine

überwältigende Überlegenheit an den Landeplätzen, sondern bot auch die Aussicht auf kraftvolle Ausnutzung der ersten Erfolge – und Churchill hoffte, man würde bald die Albaner Berge südlich von Rom erreichen, die strategisch wichtigen Nationalstraßen Nr. 6 und Nr. 7 besetzen und so die deutsche 10. Armee in der Gustav-Linie abschneiden.

Die Landungen – der Briten am Nordrand und der Amerikaner am Südrand von Anzio – erfolgten ohne Schwierigkeiten und fast ohne Widerstand. Aber die Reaktion der Deutschen war schnell und entschlossen. Ihre Truppen in der Gustav-Linie erhielten den Befehl, sich in der Defensive zu behaupten, während die Division Hermann Göring nach Norden abgezogen und andere verfügbare Einheiten aus dem Raum Rom nach Süden entsandt wurden. Das OKW teilte Kesselring mit, er könne über sämtliche Divisionen in Norditalien verfügen, und außerdem solle er zwei Divisionen, drei alleinstehende Regimenter und zwei schwere Panzerbataillone erhalten. Denn Hitler war bemüht, dieser Landeoperation der Alliierten einen so harten Schlag aufs Haupt zu geben, daß die Alliierten von weiteren Landungen in Italien und von ihren geplanten Landungen an der französischen Küste abgeschreckt würden.

Kesselrings Umgruppierung der Streitkräfte war eine beachtliche Leistung. Teile von acht deutschen Divisionen wurden in den ersten acht Tagen in den Raum Anzio entsandt. Gleichzeitig wurde auch das Kommando neu geregelt: Mackensens 14. Armee übernahm den Abschnitt Anzio und umfaßte auch das I. Fallschirmjägerkorps und das LXXVI. Panzerkorps, die jetzt die Abschnitte nördlich bzw. südlich des alliierten Brückenkopfes hielten. Vietinghoffs 10. Armee sollte zusammen mit dem XIV. Panzerkorps und dem LI. Gebirgsjägerkorps die Gustav-Linie halten. Insgesamt wurden acht deutsche Divisionen um den Brückenkopf von Anzio herum zusammengezogen; sieben standen im Rahmen von Sengers XIV. Panzerkorps der 5. Armee Mark Clarks gegenüber, und nur drei des LI. Gebirgsjägerkorps hielten die britische 8. Armee an der adriatischen Front in Schach, während sechs Divisionen in Norditalien unter General von Zangen verblieben. (Die britische 8. Armee wurde jetzt von Sir Oliver Leese befehligt, nachdem Montgomery nach England zurückberufen worden war, um sich der Pläne und Vorbereitungen für die kommende Invasion in der Normandie anzunehmen.)

Churchills Hoffnung auf einen schnellen Vorstoß von Anzio zu den Albaner Bergen wurde durchkreuzt durch die von Mark Clark unterstützte hartnäckige Entschlossenheit von General Lucas, erst den Brückenkopf zu sichern, bevor man landeinwärts vorstieß. Doch angesichts der schnellen Reaktion und der überlegenen Taktik der Deutschen, verglichen mit der Schwerfälligkeit der meisten alliierten Kommandeure und Truppen, war Lucas' übertriebene Vorsicht vielleicht am Ende ein Segen: Ein Vorstoß landeinwärts hätte unter diesen Umständen ein leichtes Ziel für Flankenangriffe abgegeben und zu einer Katastrophe geführt.

Während der in Aussicht genommene Brückenkopf schon am zweiten Tag gesichert und das Nachschubproblem dadurch erleichtert war, begann der erste wirkliche Versuch eines Vorstoßes landeinwärts erst am 30. Januar, über eine Woche nach der Landung. Er wurde durch die deutschen Truppen in dem Abschnitt bald zum Stehen gebracht. Außerdem konnte jetzt der ganze Brückenkopf von deutscher Artillerie beschossen werden, und die aus dem Raum Neapel operierenden alliierten Flugzeuge konnten Luftwaffenangriffe auf die dichtgedrängten Schiffe bei Anzio nicht verhindern. Daher begannen Mark Clarks Truppen an der Gustav-Linie, statt durch die Zange von Anzio entlastet zu werden, ihrerseits einen neuen direkten Angriff, um den in Anzio eingeschlossenen Truppen zu helfen.

Diesmal suchte das amerikanische II. Korps die Gustav-Linie durch einen nördlichen Angriff auf Cassino zu durchbrechen. Am 24. Januar führte die amerikanische 34. Division den Angriff, mit Hilfe der Franzosen an ihrer Flanke. Doch erst nach einer Woche schwerer Kämpfe gelang es ihr, einen festen Brückenkopf zu bilden, und bis dahin hatte Senger mehr Reserven in den Abschnitt werfen und so seine starke Verteidigungsstellung stärker machen können denn je. Am 11. Februar zogen sich die Amerikaner wieder zurück, schwer erschöpft und stark dezimiert.

Nach diesem vergeblichen Versuch wurde das neu aufgestellte neuseeländische Korps (Generalleutnant Bernard Freyberg) herangeführt. Es bestand aus der 2. neuseeländischen und 4. indischen Division, beides altgediente Divisionen, die sich im Nordafrika-Feldzug sehr ausgezeichnet hatten – die 4. indische, die aus britischen und indischen Einheiten bestand, war von den Deutschen als die beste Division dieses Kriegsschauplatzes angesehen worden. Freybergs Plan eines Angriffs auf Cassino von zwei Seiten bedeutete kein wirkliches Abgehen von der bisherigen Praxis verlustreicher Frontalangriffe auf günstig gelegene und hartnäckig verteidigte deutsche Positionen. Francis Tuker, der Kommandeur der indischen Division, empfahl ein indirektes Vorgehen und eine weitere Umfassungsbewegung durch die Berge; die Franzosen waren auch dafür; aber Tukers Einfluß wurde ausgeschaltet, weil er krank wurde. Seine Division erhielt den Auftrag, Monte Cassino selbst anzugreifen, und nach der Ablehnung seines Vorschlages einer Umfassung forderte er, daß das historische Kloster, das die Höhe des Berges zierte, durch einen konzentrierten Bombenangriff aus der Luft ausgeschaltet werden sollte. Obwohl es keinen Beweis gab, daß deutsche Truppen das Kloster militärisch benutzten – und später bewiesen wurde, daß sie es nicht einmal betreten hatten –, beherrschte das große Gebäude so sehr die ganze Landschaft, daß es auf die Truppen, welche die Höhe angreifen mußten, beängstigend wirkte. Tukers Vorschlag wurde von Freyberg und von Alexander gebilligt, und am 15. Februar zerstörte ein gewaltiger Bombenangriff die Baulichkeiten dieses berühmten Klosters. Die Deutschen fühlten sich daraufhin berechtigt, die Ruinen zu besetzen, und dies half ihnen, eine noch hartnäckigere Verteidigung zu führen.

In dieser Nacht und in der folgenden machten wiederholte Angriffe der 4. indischen Division keine nennenswerten Fortschritte. So griff in der nächsten Nacht, vom 17. zum 18. Februar, das neuseeländische Korps auf den ursprünglichen Plan zurück. Die 4. indische Division konnte die vielumkämpfte Höhe 593 nehmen, aber wurde durch Gegenangriffe deutscher Fallschirmjäger wieder vertrieben, und die 2. neuseeländische Division wurde am nächsten Tag durch einen Gegenangriff deutscher Panzer von ihrem Brückenkopf auf der anderen Seite des Rapido verdrängt.

In Erwartung der großen Verstärkungen, die das OKW versprochen hatte, um ihm bei der Beseitigung des alliierten Brückenkopfes zu helfen, führte Mackensen Gegenangriffe, um die Alliierten an der Ausweitung des Brückenkopfes zu hindern. Der erste, in der Nacht zum 3. Februar, richtete sich gegen den Bogen, den die britische 1. Division bei ihrem gescheiterten Vorstoß nach Campoleone am 30. Januar geschaffen hatte. Zum Glück war gerade die erste Brigade der britischen 56. Division gelandet, und der Angriff wurde daher abgeschlagen. Ein neuer schwerer Gegenangriff erfolgte am 7. Februar; obwohl er im wesentlichen abgewehrt wurde, waren die britischen Verluste so schwer, daß die 1. Division durch die soeben eingetroffene 45. US-Division ersetzt werden mußte.

Mitte Februar hatte Mackensen zehn Divisionen gegen die fünf alliierten Divisionen im Brückenkopf zur Hand, und zur Unterstützung eine wesentlich verstärkte Luftwaffe. Er war jetzt zum Gegenschlag bereit. Die »Goliaths«, die neuen ferngelenkten, mit Sprengstoff gefüllten Miniaturpanzer, sollten eingesetzt werden, um Verwirrung bei den Verteidigern zu schaffen. Der deutsche Aufmarsch war von den alliierten Angriffen bei Cassino nicht berührt und auch durch die alliierte Luftwaffe nicht ernsthaft gehindert worden.

Der deutsche Angriff auf dem Brückenkopf begann am 16. Februar mit Erkundungsvorstößen an allen Teilen des Halbkreises und ständigen Angriffen der Luftwaffe. Bis zum Abend hatte sich in dem von der 45. US-Division gehaltenen Abschnitt eine Lücke gebildet. Dies war die Gelegenheit, auf welche die Deutschen gewartet hatten: 14 Bataillone, angeführt von Hitlers Liebling, dem Infanterie-Lehrregiment, und unterstützt von Panzern, stießen am 17. vor, um die Lücke zu erweitern und auf der Straße Albano–Anzio vorzurücken. Der Sieg war in Sicht.

Aber die große Menge verschiedenartiger Verbände, die auf dieser einen Straße zusammengedrängt waren, störte sich gegenseitig und bot gleichzeitig ein gutes Angriffsziel für die alliierte Artillerie und Luftwaffe und die Geschwader der Marineluftwaffe. Dazu waren die »Goliath«-Panzer ein Mißerfolg. Dennoch, trotz der schweren Verluste, drängte das Schwergewicht des Angriffes die alliierten Truppen zurück, und am 18. machte ein neuer Angriff, verstärkt durch die 26. Panzerdivision, weitere Geländegewinne in Richtung auf die Küste. Doch die 1. und die 56. britische sowie die 45. amerikanische Division kämpften verbissen und erfolgreich, um die letzte Verteidigungslinie des Brückenkopfes zu halten. Der deutsche Vorstoß wurde am Caroceto-Sumpf zum Stehen gebracht, und die angreifenden Truppen litten unter den ständigen Anstrengungen. Am 20. machten die Panzergrenadierdivisionen einen letzten Versuch, aber auch dieser wurde bald zum Stehen gebracht. Die erfolgreiche Verteidigung war mit zurückzuführen auf die Ankunft von General Lucian K. Truscott, der erst Stellvertreter und dann Nachfolger von Lucas wurde. Auf dem briti-

schen Abschnitt war Generalmajor W. R. C. Penney, Kommandeur
der 1. Division, verwundet und von Generalmajor Gerald Templer
abgelöst worden, der die Verteidigung sowohl seiner 1. als auch der
56. Division geschickt koordinierte.

Erbittert über den Rückschlag, befahl Hitler eine neue Offensive;
sie begann am 28. Februar mit Ablenkungsangriffen und einem
Hauptvorstoß von vier Divisionen entlang der Straße von Cisterna.
Doch dieser Vorstoß wurde unschwer von der 3. US-Division zum
Stehen gebracht, und als nach den ersten drei Tagen die niedrige Wolkendecke verschwand, zersprengte die alliierte Luftwaffe die Angreifer. Am 4. März wurde Mackensen durch seine schweren Verluste gezwungen, die Offensive einzustellen. Fünf deutsche Divisionen
blieben zurück, um den Ring zu halten, die anderen wurden in Ruhestellung zurückgezogen.

Die Alliierten begannen jetzt einen neuen Angriff auf Cassino, um für
ihre Frühjahrsoffensive den Weg freizukämpfen. Diesmal war es ein
noch direkterer Frontalangriff: Die neuseeländische Division sollte
durch die Stadt vorstoßen und die 4. indische Division dann den
Angriff auf den Klosterhügel übernehmen. Ein schwerer Geschütz-
und Bombenhagel – 190 000 Geschosse und 1 000 Tonnen Bomben aus
der Luft – sollte die deutschen Truppen in der Stadt lähmen.

Das Bombardement erfolgte am 15. März, als das Wetter klar genug
war. Doch die Verteidiger dieses Abschnittes, ein Regiment (drei
Bataillone) der 1. Fallschirmjägerdivision, einer Elitetruppe, ertrugen
nicht nur das doppelte Bombardement, sondern hielten es auch gut genug aus, um die danach angreifende Infanterie zum Stehen zu bringen.
Ihnen kamen die Trümmermassen zugute, die durch das Bombardement entstanden waren und jetzt den Weg der alliierten Panzer blok-
kierten. Wenn auch der Klosterhügel genommen wurde, so wurde der
weitere Vormarsch der indischen Division hügelaufwärts behindert
durch wolkenbruchartigen Regen, der den Verteidigern zu Hilfe kam.
Eine Kompanie Gurkhas kam bis zum Henkershügel unterhalb des
Klosters, wurde aber dort abgeschnitten. Unterdessen gingen die harten Kämpfe in der Stadt weiter. Am 19. scheiterten neue Vorstöße von
beiden Seiten, und am Tag darauf entschied Alexander, wenn sie nicht
innerhalb 36 Stunden zum Erfolg geführt habe, solle die Operation
aufgegeben werden; denn die Verluste wurden zu hoch. Am 23. wurde

die Offensive endgültig mit Zustimmung General Freybergs abgebrochen. So endete die dritte Schlacht von Cassino enttäuschend. Danach wurde das neuseeländische Korps aufgelöst; seine Einheiten gingen in Ruhestellung und wurden von der britischen 78. Division und der I. Gardebrigade der 6. Panzerdivision übernommen.

Alexander hatte am 22. Februar vorgeschlagen, die »Operation Diadem« solle in einem Vorstoß das Liri-Tal aufwärts in Verbindung mit einem Ausbruch aus dem Brückenkopf Anzio bestehen. Das Schema wäre ziemlich ähnlich dem der Januar-Offensive gewesen, nur besser geplant und koordiniert; die Operation sollte etwa drei Wochen vor »Overlord« beginnen, der Invasion in die Normandie über den Kanal hinweg, damit sie deutsche Divisionen aus Frankreich nach Italien abziehen könnte.

Der von Alexanders Stabschef John Harding ausgearbeitete Plan legte das Schwergewicht auf den Angriff, indem er nur ein einziges Korps auf der adriatischen Seite Italiens ließ und den Rest der 8. Armee nach Westen verlegte, wo er den Abschnitt Cassino–Liri-Tal übernehmen sollte. Die 5. Armee, einschließlich der Franzosen, sollte nicht nur den Abschnitt Garigliano an der linken Flanke, sondern auch den Brückenkopf Anzio übernehmen. Damit verbunden war der Vorschlag, »Operation Anvil«, die Landung in Südfrankreich, aufzugeben.

Während die britischen Militärs dem Plan zustimmten, waren naturgemäß die amerikanischen Stabschefs dagegen, da sie glaubten, eine Landung in Südfrankreich wäre eine bessere Ablenkung zur Unterstützung der Normandie-Invasion. Eisenhower schlug dann einen Kompromiß vor: Die italienische Offensive solle Vorrang erhalten, aber die Planung für »Anvil« fortgesetzt werden. Wenn es sich bis 20. März herausgestellt habe, daß eine größere amphibische Operation nicht durchgeführt werden könne, sollte der größte Teil der Schiffe aus den italienischen Gewässern zurückgezogen werden, um für »Overlord« bereitzustehen. Der Kompromiß wurde von den Vereinigten Stabschefs am 25. Februar angenommen.

Als der Tag der Entscheidung sich näherte, hörte General Maidland Wilson, der den neuen Posten des Obersten Befehlshabers im Mittelmeer erhalten hatte, von Alexander, daß die Frühjahrsoffensive in Italien nicht vor Mai beginnen könne; es wurde dabei gesagt, es sollten keine Truppen für die Operation »Anvil« abgezogen werden, ehe die Streitkräfte an der Gustav-Linie durchgebrochen wären und sich mit den Truppen bei Anzio vereinigt hätten. Wenn man zehn Wochen für die Umgruppierung und Vorbereitung ansetzte, bedeutete dies, daß »Anvil« nicht vor Ende Juli stattfinden könnte – fast zwei Monate nach der Landung in der Normandie und nicht als ein dieser vorausgehendes Ablenkungsmanöver. So waren Wilson und Alexander der Meinung, angesichts dieser Umstände könnten sie »Anvil« fallenlassen und sich auf einen Versuch konzentrieren, den italienischen Feldzug endgültig zum Abschluß zu bringen. Diese Ansicht entsprach den Überlegungen Churchills und der britischen Stabschefs. Auch Eisenhower neigte dazu, wenn auch aus dem etwas anderen Grund, daß der größte Teil der Schiffe im Mittelmeer dann für »Overlord« zur Verfügung stehen würde. Doch die amerikanischen Stabschefs akzeptierten zwar widerwillig eine Verschiebung von »Anvil« bis Juli, aber waren gegen die völlige Aufgabe, und sie bezweifelten den Wert einer Fortführung der italienischen Offensive über die bereits gesteckten Ziele hinaus. Sie bezweifelten auch, daß sie deutsche Divisionen aus der Normandie abziehen würde – dies erwies sich bald als richtig. Ein längerer Streit folgte, der sich im Austausch ellenlanger Telegramme zwischen Churchill und Roosevelt niederschlug.

Unterdessen gingen in Italien die Vorbereitungen für die Frühjahrsoffensive weiter, da dies zum britischen Kommandobereich gehörte. Die Verschiebung und Neuaufstellung der 8. Armee bewirkte, zusammen mit anderen Faktoren wie dem Mangel an Schiffsraum, eine Vertagung der Offensive bis zum 11. Mai. Aufgabe der 8. Armee war es, bei Cassino durchzubrechen, während die 5. Armee sie dabei an der linken Flanke unterstützen sollte, indem sie über den Garigliano vorstieß und aus dem Brückenkopf Anzio auf der Nationalstraße 6 in Richtung Valmontone ausbrach. Bei Anzio standen jetzt sechs alliierte Divisionen fünf deutschen gegenüber, während vier weitere deutsche Divisionen im Raum Rom in Reserve standen. An der Gustav-Linie waren 16 alliierte Divisionen (davon vier unmittelbar angriffsbereit) gegen sechs deutsche Divisionen (davon eine in Reserve) aufmarschiert. Bei weitem der größere Teil der alliierten Kräfte an dieser Front war auf dem Abschnitt von Cassino bis zur Mündung des Garigliano konzentriert: insgesamt zwölf Divisionen (zwei amerikanische, vier französische, vier britische und zwei polnische) für den Durchbruch und vier weitere dicht dahinter, um diesen durch einen Vorstoß im Liri-Tal auszuweiten, in der Hoffnung, die Hitler-Linie etwa zehn Kilometer weiter hinten zu durchstoßen, bevor die Deutschen sich dort sammeln und die Verteidigung dort aufbauen könnten.

Die neun Divisionen der 8. Armee wurden von über 1 000 Geschützen unterstützt; noch mehr kam ihnen eine Periode trockenen Wetters zugute, das ihren Panzern und sonstigen Fahrzeugen ermöglichte, gut vorwärts zu kommen – im Gegensatz zu dem Schlamm bei der Winteroffensive. So hatten die drei Panzerdivisionen (die 6. britische, 5. kanadische und 6. südafrikanische) bessere Chancen wirkungsvollen Einsatzes als je. Bei dem Angriff sollte das polnische Korps mit zwei Divisionen Cassino nehmen, während das britische XIII. Korps mit vier Divisionen zu seiner Linken nach St. Angelo vorrückte.

Die alliierte Offensive an der Hauptfront sollte insgesamt von über 2 000 Geschützen unterstützt werden, während die alliierte Luftwaffe durch ausgedehnte schwere Angriffe auf die Bahn- und Straßenverbindungen des Feindes mitwirken sollte, bevor sie sich in der Endphase den Angriffszielen auf dem Schlachtfeld zuwandte. (Diese »Operation Strangle« störte jedoch die deutschen Nachschublinien nicht im gehofften Ausmaß.) Umfangreiche Sabotageakte sollten außerdem stattfinden, hatten aber enttäuschende Ergebnisse. Zur Täuschung probten alliierte Truppen offen amphibische Landungen in der Hoffnung, Kesselring solle glauben, daß eine solche bevorstehe – etwa in der Nähe von Civitavecchia nördlich von Rom. Doch dieser war ohnehin so sehr davon überzeugt, daß die Alliierten ihre Überlegenheit zur See in dieser Weise ausnutzen würden, daß solche Täuschungsmanöver keinen großen Effekt gehabt zu haben scheinen.

Die Offensive begann um 11 Uhr abends in der Nacht zum 11. Mai mit einem massiven Artilleriefeuer, dem bald der Vormarsch der Infanterie folgte. Aber gegen hartnäckigen Widerstand auf den meisten Abschnitten machte der Angriff in den ersten drei Tagen wenig Fortschritte. Das polnische Korps unter General Anders erlitt bei Cassino schwere Verluste, trotz großer Tapferkeit und großem Geschick in der Benutzung weniger frontaler Angriffswege. Das britische XIII. Korps machte auch nur langsame Fortschritte und hätte schwere Verluste erlitten, wenn nicht die Polen die Aufmerksamkeit des Feindes auf sich gelenkt hätten. Ebenso erzielte das II. US-Korps an der Küste wenig Geländegewinne. Nur das französische Korps unter Juin, das zwischen diesen beiden lag, hatte mit vier Divisionen eine einzige feindliche gegen sich und machte in den Bergen jenseits des Garigliano, wo die Deutschen keinen ernsthaften Angriff erwartet hatten, recht schnelle Fortschritte. Am 14. brachen die Franzosen in das Ausente-Tal ein, und die deutsche 71. Division begann schnell vor ihnen zurückzuweichen. Dies half dem amerikanischen II. Korps, das jetzt entlang der Küstenstraße schneller die deutsche 94. Division zurückdrängte. Zudem waren diese beiden deutschen Divisionen jetzt auf Rückzugsstraßen, die durch die fast wegelosen Auruncui-Berge voneinander getrennt waren. Juin erfaßte die Chance und schickte seine berggewohnten marokkanischen Goums – etwa eine Division unter Guillaume – in die Lücke über die Berge hinweg, um die rückwärtige Hitler-Linie im Liri-Tal zu durchstoßen, bevor sie richtig besetzt werden konnte.

Die deutsche rechte Flanke, ihr westlicher Flügel, war jetzt im Zusammenbruch, und die Hoffnungen auf eine Neuformation waren auch dadurch schlechter, daß ihr fähiger Kommandeur von Senger gerade auf einem Lehrgang war, als die alliierte Offensive begann. Auch zögerte Kesselring diesmal, Reserven nach Süden zu entsenden, ehe er sehen konnte, wie sich die Lage im Norden entwickelte, und erst am 13. wurde eine deutsche Division nach Süden zum Liri-Tal verlegt. Obwohl drei weitere bald folgten, wurden sie sogleich in den Wirbelsturm der Schlacht hineingezogen und kamen zu spät, um die Front zu stabilisieren. Die Deutschen im Abschnitt Cassino hielten noch einige Tage aus, obwohl das kanadische Korps am 15. zur Verstärkung des Durchbruchs hinzugezogen wurde; aber in der Nacht zum 17. zogen sich diese unverwüstlichen deutschen Fallschirmjäger endlich zurück, und die Polen betraten die langerstrebten Ruinen des Klosters am nächsten Morgen – bei ihren tapferen Kämpfen hatten sie 4000 Mann verloren.

Da der größte Teil der spärlichen deutschen Reserven endlich nach Süden abgezogen worden war, war die Zeit gekommen für einen sorgfältig geplanten Ausbruch aus dem Brückenkopf von Anzio, der jetzt durch eine weitere US-Division, die 36., verstärkt worden war. Alexander, der den Ausbruch für den 23. Mai befahl, hoffte auf einen kräftigen und schnellen Vormarsch nach Valmontone, um die Nationalstraße 6, die wichtigste Straße im Landesinnern, und damit das Gros der deutschen 10. Armee an der Gustav-Linie abzuschneiden. Wenn dies erreicht war, sollte Rom wie ein reifer Apfel fallen. Doch die Chancen des Planes wurden beeinträchtigt durch Mark Clarks abweichende Absichten und seinen Wunsch, daß die Truppen der 5. Armee als erste in Rom einziehen sollten. Die amerikanische 1. Panzer- und 3. Infanterie-Division erreichten am 25. nach einem Vormarsch von 20 Kilometern Cori, jenseits der Küstenstraße 7, aber noch weit von der Straße Nr. 6 entfernt; dort vereinigten sie sich mit dem II. Korps, das entlang der Straße Nr. 7 nach Norden vorrückte. Kesselrings einzige noch vorhandene bewegliche Division, die Division Hermann Göring, wurde dorthin befohlen, um den Vorstoß abzufangen, und wurde von alliierten Luftangriffen arg bedrängt. Doch dann schwenkte Mark Clark auf einen direkten Vormarsch nach Rom mit vier Divisionen ein, während nur eine einzige den Vormarsch nach Valmontone fortsetzen durfte – und diese wurde 5 Kilometer vor der Straße Nr. 6 von dem Gros der drei deutschen Divisionen aufgehalten.

Auch Alexanders Appell an Churchill erreichte nicht, daß die Richtung von Mark Clarks Vorstoß geändert wurde, und dieser wurde verlangsamt durch den deutschen Widerstand an der »Caesar-Linie« knapp südlich von Rom. Zudem hatten die Panzerdivisionen der 8. Armee festgestellt, daß nach dem Durchbruch ihr Vormarsch im Liri-Tal nicht so leicht war wie gehofft; es glückte ihnen nicht, die zurückweichende deutsche 10. Armee gegen das Rückgrat des Apenninen-Höhenzuges zu drängen. Vielmehr konnten sich die Deutschen auf schmalen Bergstraßen in Sicherheit zurückziehen, wobei ihr Ausweichen durch das Ausbleiben jeder Intervention seitens der alliierten Truppen bei Anzio erleichtert wurde. Einige Tage lang schienen die Deutschen sogar eine Chance zu haben, ihre Front an der »Caesar-Linie« wieder zu stabilisieren, weil unter Führung von Sengers im Abschnitt Arce–Ceprano der Straße Nr. 6 zäher Widerstand geleistet wurde und weil der Nachschub für die Panzerdivisionen auf der überfüllten Straße nur langsam und schwerfällig vorwärts kam.

Die düstere Aussicht auf einen neuen toten Punkt verschwand aber nach dem Erfolg der 36. US-Division, die am 30. Mai Velletri an der Straße Nr. 7 in den Albaner Bergen nahm und die »Caesar-Linie« durchstieß. Um diesen Erfolg auszunutzen, befahl Mark Clark eine große Offensive der ganzen 5. Armee, bei der sein II. Korps Valmontone nahm und auf der Straße Nr. 6 nach Rom vorrückte, während das

Gros seines VI. Korps den Vormarsch auf der Straße Nr. 7 deckte. Unter dem Druck von elf Divisionen wurden die relativ schwachen deutschen Kräfte, die den Zugang nach Rom deckten, zum Abzug gezwungen, und die Amerikaner zogen am 4. Juni in die Stadt ein. Alle Brücken waren dort noch intakt, da Kesselring Rom zu einer »offenen Stadt« erklärt hatte, um nicht ihre Zerstörung in einem längeren Kampf zu riskieren.

Zwei Tage später, am 6. Juni, begann die alliierte Invasion in der Normandie, und der italienische Feldzug trat in den Hintergrund. Ihre Frühjahrsoffensive in Italien, »Operation Diadem«, hatte die Amerikaner bis zu ihrer Krönung durch die Einnahme Roms 18000 Mann, die Briten 14000 und die Franzosen 10000 an Verlusten gekostet. Die Deutschen hatten etwa 10000 Tote und Verwundete verloren, aber insgesamt 20000 waren in alliierte Gefangenschaft geraten. Wenn man die beiderseitige Stärke vergleicht – 30 alliierte Divisionen auf diesem Kriegsschauplatz gegen 22 deutsche und eine Truppenstärke von etwa 2:1 –, dann hatte sich die alliierte Offensive in Italien nicht als eine gute strategische Investition erwiesen. Sie erleichterte auch nicht die Invasion in der Normandie, indem sie deutsche Truppen von dort abzog. Ja, es »gelang ihr nicht einmal, den Feind an der Verstärkung in Nordwesteuropa zu hindern«: Die deutsche Truppenstärke in Frankreich nördlich der Loire, in Belgien und den Niederlanden erhöhte sich von 35 Divisionen Anfang 1944 auf 41 im Juni, als die alliierte Invasion erfolgte.

Man kann nur dies für den strategischen Effekt des Italien-Feldzuges als Hilfe für die Landung in der Normandie anführen, daß ohne diesen Feldzug die deutsche Truppenstärke an der Kanalfront noch mehr hätte erhöht werden können. Die Zahl der alliierten Invasionstruppen am Kanal war begrenzt durch die Zahl der zur Verfügung stehenden Landefahrzeuge, so daß die alliierten Truppen in Italien im entscheidenden Anfangsstadium die Invasion ohnehin nicht hätten verstärken können. Andererseits hätte der Einsatz der in Italien gebundenen deutschen Kräfte für die Landung in der Normandie tödlich sein können. Dies ist ein zutreffendes Argument, das seltsamerweise viele britische Verteidiger des Italien-Feldzuges nicht angeführt haben, weil sie zuviel beweisen wollten. Freilich ist auch dieses Argument in Frage gestellt durch den Zweifel, ob wirklich angesichts der massiven alliierten Bombardierung der Eisenbahnlinien eine große deutsche Truppenbewegung in die Normandie möglich gewesen wäre.

In der politischen Sphäre war das wichtigste Ereignis in diesem Raum die Abdankung König Victor Emmanuels zugunsten seines Sohnes und die Ablösung Marschall Badoglios als Ministerpräsident durch den antifaschistischen Politiker Bonomi.

Für die alliierten Armeen in Italien war das Nachspiel zu der langersehnten Einnahme von Rom sehr enttäuschend, teils wegen Entscheidungen auf höherer Ebene und teils wegen militärischer Gegenzüge der Deutschen.

Obwohl Maidland Wilson die amerikanische Ansicht akzeptiert hatte, daß »Anvil«, obwohl aufgeschoben, die wirkungsvollste Operation war, die das Mittelmeer-Oberkommando machen konnte, um deutsche Divisionen von Nordfrankreich abzuziehen und so der Invasion in der Normandie zu helfen, hatte Alexander eine andere Ansicht. Am 6. Juni, zwei Tage nach dem Einzug in Rom, entwickelte er seinen Plan für die Fortführung von »Diadem«. Er meinte, wenn seine Streitkräfte intakt blieben, würden sie die deutsche »Goten-Linie« nördlich von Florenz bis zum 15. August angreifen können – dem gleichen Datum, das Wilson für »Anvil« festgesetzt hatte – und dann durch diese Linie durchbrechen, wenn Hitler sie nicht mit mindestens acht Divisionen verstärken würde. Danach, so glaubte er, würde er bald ganz Nordostitalien überrennen können und gute Aussichten haben, durch die sogenannte »Laibacher Pforte« nach Österreich vorzudringen. Dies war eine erstaunlich optimistische Einschätzung der Möglichkeit, die verschiedenen gebirgigen Hindernisse auf dem Weg zwischen Venetien und Wien schnell zu überwinden – um so erstaunlicher angesichts der wiederholten Rückschläge, welche die Italiener dort im Ersten Weltkrieg schon im ersten Stadium erlitten hatten.

Dennoch gefiel dieser Plan Churchill und den britischen Stabschefs, insbesondere Alan Brooke, als Alternative zu den schweren Verlusten und möglicherweise der Katastrophe, die sie in der Normandie befürchteten. Bei der Befürwortung dieses Planes hatte Alexander ein besseres Argument, wenn er auf die moralische Wirkung hinwies, die es haben müßte, wenn seine Truppen von der großen Bedeutung des Italien-Feldzuges überzeugt wären.

Die amerikanischen Stabschefs, an ihrer Spitze General Marshall, widersetzten sich dieser fragwürdigen Ausweitung der Offensive in Italien; aber es gelang Alexander, Wilson zu seiner Ansicht zu bekehren. Dann intervenierte jedoch Eisenhower zugunsten von »Anvil«. Wieder einmal wurden Churchill und Roosevelt in den Streit hineingezogen. Am 2. Juli mußten die Briten nachgeben, und Wilson erhielt den Befehl, »Anvil« – das jetzt bescheidener »Dragoon« (Drache) umgetauft wurde – am 15. August zu starten. Diese Entscheidung bedeutete den Abzug des VI. US-Korps mit seinen drei Divisionen und dann des französischen Korps mit vier Divisionen aus Italien – das letztere war natürlich froh, an der Befreiung des französischen Heimatlandes mitzuwirken. Die 5. Armee wurde dadurch auf fünf Divisionen reduziert, und die ganze Heeresgruppe verlor etwa 70 Prozent ihrer Luftunterstützung.

Unterdessen bemühten sich Kesselring und seine Leute mit Erfolg, die Alliierten an der Ausnutzung ihres Teilsieges zu hindern. Die deutschen Verluste im Verlauf von »Diadem« waren schwer: Vier Infanteriedivisionen mußten in Ruhestellung zurückgezogen werden, und weitere sieben waren arg dezimiert worden. Aber vier neue Divisionen waren unterwegs, dazu ein schweres Panzerregiment. Den größten Teil dieser Verstärkungen erhielt die 14. Armee, welche die leichteren Vormarschstraßen abdeckte. Kesselrings Plan war, den alliierten Vormarsch im Laufe des Sommers durch eine Reihe von hinhaltenden Manövern zu verlangsamen und sich im Winter auf die starke Goten-Linie zurückzuziehen. Etwa 130 Kilometer nördlich von Rom gab es eine natürliche Verteidigungslinie am Trasimenischen See, einst dem Schauplatz von Hannibals geschicktestem Hinterhalt; sie bot eine passende Stellung für den ersten Widerstand. Geschickte Sprengungen durch die deutschen Pioniere sollten helfen, den alliierten Vormarsch zu verlangsamen.

Dieser Vormarsch begann am 5. Juni, am Tag nachdem die Amerikaner in Rom eingezogen waren. Aber zu der Zeit, da er am gefährlichsten hätte sein können, wurde er nicht sehr energisch durchgeführt. Dann übernahmen die Franzosen die Führung im Abschnitt der 5. Armee; das britische XIII. Korps rückte gleichzeitig auf den Nationalstraßen Nr. 3 und 4 landeinwärts vor, stieß aber auf zunehmend härteren Widerstand und wurde an der trasimenischen Linie zum Stehen gebracht, ebenso wie der Vormarsch auf anderen Abschnitten. So hatte Kesselring knapp 14 Tage nach dem Rückzug aus Rom seine zeitweilig sehr gefährliche Situation wieder stabilisiert.

Außerdem hatte das OKW ihm mitgeteilt, daß er vier weitere Divisionen erhielt, die ursprünglich für die russische Front bestimmt waren, und außerdem frisch eingezogene Rekruten zur Auffüllung seiner angeschlagenen Divisionen – das Ganze zusätzlich zu den vier neuen Divisionen und dem einen schweren Panzerregiment, die bereits auf dem Weg zu ihm waren. Es war eine Ironie, daß dieser große Zuwachs für Kesselrings Stärke zu gleicher Zeit erfolgte, als Alexander vor die deprimierende Tatsache gestellt wurde, sieben seiner Divisionen, den größeren Teil seiner Luftwaffe und einen großen Teil der logistischen Organisation der alliierten Heeresgruppe in Italien abgeben zu müssen.

Kesselring hatte sich als ein sehr fähiger Befehlshaber erwiesen, und er wurde jetzt auch vom Glück belohnt. Er hatte beschlossen, an einer sehr günstigen natürlichen Verteidigungslinie Widerstand zu leisten, gerade als die den ersten Erfolg ausnutzende alliierte Operation an Schwung verlor.

So waren die zwei Sommermonate nach dem 20. Juni für Alexanders Armeen eine Zeit der Rückschläge und Enttäuschungen. Geländegewinne wurden nur gelegentlich gemacht und waren niemals entscheidend, die Gefechte waren eine Reihe von isolierten Aktionen zwischen einzelnen alliierten und deutschen Verbänden, wobei die Deutschen die Taktik verfolgten, eine Position so lange zu halten, bis das ihnen gegenüberstehende alliierte Korps sich zu einem massiven Angriff anschickte, und dann unbemerkt zur nächsten Widerstandslinie zurückzugehen.

Nach Abschluß von Kesselrings Umgruppierung seiner Kräfte stand das XIV. Panzerkorps an der Westküste dem II. US-Korps gegenüber, das I. Fallschirmjägerkorps dem französischen Korps (das noch nicht für »Anvil« abgezogen war), das LXXVI. Panzerkorps dem XIII. und X. britischen Korps, während das LI. Gebirgsjägerkorps an der Adriaküste dem polnischen II. Korps gegenüberstand.

Anfang Juli stießen die Alliierten im Mittelabschnitt, von schlechtem Wetter behindert, endlich durch die trasimenische Linie, wurden aber ein paar Tage später wieder an der Arezzo-Linie zum Stehen gebracht. Am 15. Juli räumten die Deutschen diese Linie und zogen sich allmählich auf die Arno-Linie, von Pisa über Florenz ostwärts, zurück. Hier wurden die alliierten Armeen zu einem längeren Halt gezwungen, während ihr Ziel, die Goten-Linie, nur wenig dahinter verlief.

Eine Entschädigung für ihren Mißerfolg war die Einnahme von Ancona durch die Polen am 18. Juli und von Livorno durch die Amerikaner am 19., wodurch ihre Nachschublinien verkürzt wurden.

Angesichts des Wunsches der Briten, insbesondere Churchills und Alexanders, den Italien-Feldzug trotz mehrfacher Enttäuschungen und verminderter Kräfte fortzusetzen, wurden Pläne für eine große Herbstoffensive gegen die Goten-Linie ausgearbeitet. Man hoffte, eine solche Offensive hätte immer noch Wert dadurch, daß sie deutsche Kräfte von den wichtigeren Kriegsschauplätzen abzog, oder umgekehrt, daß ein deutscher Zusammenbruch an der Westfront auch zu einem Rückzug aus Italien führen und so Alexanders Streitkräfte in die Lage versetzen würde, in Norditalien durchzubrechen und bis Triest oder gar bis Wien vorzustoßen.

Der erste Plan für einen Angriff auf die Goten-Linie, von Alexanders Stabschef Harding und seinen Offizieren ausgearbeitet, beruhte auf dem Gedanken eines überraschenden Durchbruchs durch das Zentrum der deutschen Front in den Apenninen. Aber am 4. August überredete Oliver Leese, der Befehlshaber der 8. Armee, Alexander zu einem anderen Plan. Dieser beruhte darauf, die 8. Armee heimlich an die Adriaküste zurückzuverlegen; dort sollte sie in Richtung Rimini durchbrechen. Nachdem Kesselrings Aufmerksamkeit so auf die Adriaküste gelenkt war, sollte die 5. Armee am linken Abschnitt des Zentrums in Richtung Bologna vorstoßen. Dann, wenn Kesselring sich gegen diesen neuen Angriff gewandt habe, sollte die 8. Armee wieder vorstoßen und in die Lombardische Tiefebene einbrechen, wo ihre Panzer bessere Einsatzmöglichkeiten haben würden als jemals seit der Landung in Italien.

Trotz seiner schwierigen logistischen Probleme war dieser neue Plan um so besser, als die Aussichten des ersten vermindert worden waren durch den Abzug der Franzosen mit ihren gut ausgebildeten Gebirgstruppen. Leese glaubte auch, die 5. und 8. Armee würden mehr Erfolg haben, wenn sie nicht das gleiche Angriffsziel hätten. Alexander stimmte bald diesen Argumenten zu und akzeptierte den neuen Plan, der den Namen »Operation Olive« erhielt.

Doch der Plan hatte Nachteile, die sich nach Beginn der Operation herausstellten. Wenn auch die 8. Armee nicht länger eine Reihe von Gebirgsketten vor sich hatte, so hatte sie jetzt eine Reihe von Flüssen zu überqueren, die ihren Vormarsch verlangsamen mußten. Im Gegensatz dazu hatte Kesselring jetzt eine gute Querverbindung zur Verschiebung seiner Streitkräfte: die Nationalstraße Nr. 9 von Rimini nach Westen bis Bologna. Auch scheinen die Planer allzu optimistisch die Fortdauer des trockenen Wetters einkalkuliert zu haben. Jedenfalls war das Gelände nördlich von Rimini zwar flach, aber weit entfernt, für einen schnellen Vormarsch von Panzern geeignet zu sein.

Alexanders Offensive hatte am 25. August, zehn Tage später als zuerst geplant, einen guten Start. Die Deutschen wurden wieder überrascht, da die Verlegung des britischen V. Korps mit fünf Divisionen und des kanadischen I. Korps mit zwei Divisionen in Bereitschaftsstellungen hinter dem polnischen II. Korps nicht entdeckt worden war (das britische X. Korps deckte weiter den gebirgigen Abschnitt im Zentrum, während das XIII. Korps weiter westlich verlegt wurde, um den bevorstehenden Angriff der 5. Armee zu unterstützen).

Nur zwei Divisionen geringerer Kampfkraft, freilich unterstützt durch die 1. Fallschirmjägerdivision, hielten den Adria-Abschnitt – die deutsche Truppenbewegung ging damals mehr von Osten nach Westen. Der Vormarsch des polnischen Korps an der Adria regte die Deutschen wenig auf, und erst am 29. August, nach vier Tagen des Vormarsches aller drei alliierten Korps auf breiter Front, bei dem sie rund 16 Kilometer weiter, von Metauro bis zum Foglia-Fluß, gelangt waren, begannen die Deutschen zu reagieren. Bis zum nächsten Tag waren Teile von zwei weiteren Divisionen auf dem Kampfplatz erschienen; aber sie kamen zu spät, um die Alliierten zu hindern, am 2. September die Linie des Conca-Flusses, etwa elf Kilometer weiter, zu erreichen.

Doch dann begann der Schwung der 8. Armee zu erlahmen. Der entscheidende Kampf fand am 4. September an der Coriano-Bergkette hinter der Ausa – zwei Flußbetten weiter – statt. Hier kam der britische Vormarsch zum Stehen. Unterdessen erhielten die Deutschen einige Verstärkungen, und am 6. September kam schwerer Regen ihnen zu Hilfe.

Kesselring hatte einen Rückzug seiner anderen Divisionen auf die Goten-Linie befohlen; dies hatte seine Front verkürzt und einige seiner Truppen für den Adria-Abschnitt frei gemacht. Dieser teilweise Rückzug ermöglichte die Überquerung des Arno, so daß die 5. Armee jetzt losschlagen konnte. Vom 10. September an griffen das II. US- und das XIII. britische Korps die schwach besetzten, aber hartnäckig verteidigten deutschen Stellungen an, und eine Woche später brachen sie durch den Il-Gioga-Paß nördlich von Florenz. Wieder scheint Kesselring überrascht worden zu sein; daß dies eine größere Offensive war, erkannte er erst am 20., zehn Tage nach Beginn, als zwei neue Divisionen auf diesem Abschnitt ankamen. Dann aber stieß die amerikanische 88. Infanteriedivision vor, um Bologna von Osten anzugreifen. Doch selbst dann, obwohl sie die Goten-Linie und ihre rückwärtige Schlüsselstellung am Monte Bataglia verloren hatten, waren die Deutschen noch in der Lage, den alliierten Angriff aufzuhalten. Ende September kehrte Mark Clark zu dem Plan eines direkteren Angriffs auf Bologna zurück.

Unterdessen stieß die 8. Armee an der Adriaküste immer noch auf Schwierigkeiten. Vom 17. September an standen Teile von zehn deutschen Divisionen an diesem Abschnitt und verlangsamten den alliierten Vormarsch. Wenn auch die Kanadier am 21. Rimini und damit die Poebene erreichten, konnten sich die Deutschen auf eine neue Verteidigungslinie zurückziehen: den Uso-Fluß, den historischen Rubicon. Vor dem Po waren noch 13 Flüsse in dieser flachen und von Wasserstraßen durchzogenen Gegend zu überqueren, und bisher waren bei der Operation fast 500 Panzer vernichtet oder fahrunfähig gemacht worden, während viele Infanterieeinheiten zu bloßen Gerippen eingeschrumpft waren. Daher konnten die Deutschen jetzt einen großen Teil ihrer Kräfte der 5. Armee entgegenwerfen.

Am 2. Oktober begann Mark Clarks neue Offensive auf Bologna, diesmal entlang der Nationalstraße Nr. 65. Alle vier Divisionen seines II. Korps wurden eingesetzt, aber die deutschen Verteidiger kämpften so hartnäckig, daß die Amerikaner in den nächsten drei Wochen im Durchschnitt nicht mehr als eine Meile am Tag vorwärts kamen. Am 27. Oktober wurde die Offensive abgeblasen. Ende Oktober war der Vormarsch der 8. Armee ebenfalls erlahmt, nachdem nur fünf weitere Flüsse überquert waren – und der Po war noch 80 Kilometer entfernt!

In der jetzt folgenden stillen Zeit erfolgten einige Kommandowechsel. Kesselring wurde durch einen Autounfall schwer verletzt und durch Vietinghoff ersetzt. McCreery löste Leese, der nach Burma versetzt wurde, im Oberbefehl der 8. Armee ab. Ende November wurde Maidland Wilson nach Washington versetzt; sein Nachfolger wurde Alexander, während Mark Clark die ganze Heeresgruppe in Italien übernahm.

Die alliierte Situation Ende 1944 war sehr enttäuschend im Vergleich zu den großen Hoffnungen im Frühjahr und Sommer. Wenn auch Alexander immer noch Optimismus in bezug auf einen Vormarsch nach Österreich an den Tag legte, so ließ das langsame Heraufkriechen im italienischen Stiefel solche weit entfernten Perspektiven immer unrealistischer erscheinen. Maidland Wilson selbst gab dies in seinem Bericht an die britischen Stabschefs vom 22. November zu. Der fehlende Glaube an den Sieg und die Unzufriedenheit bei den alliierten Truppen äußerte sich in einer wachsenden Zahl von Desertionen.

Die letzte alliierte Offensive des Jahres suchte Bologna und Ravenna als Winterquartiere zu erobern. Die Kanadier in der 8. Armee nahmen am 4. Dezember Ravenna ein, und ihr Erfolg veranlaßte die Deutschen, drei neue Divisionen der 8. Armee entgegenzustellen. Dies schien der 5. Armee bessere Aussichten zu eröffnen. Doch ihr kam ein feindlicher Gegenangriff im Senio-Tal am 26. Dezember zuvor – der von Mussolini in dem Gedanken, Hitlers Ardennen-Offensive nachzuahmen, angeregt und großenteils von faschistischen italienischen Verbänden ausgeführt wurde. Dieser Angriff wurde zwar bald zum Stehen gebracht; doch die 8. Armee war jetzt erschöpft und litt an Munitionsmangel, während die Deutschen, wie man wußte, bei Bologna noch starke Reserven hatten. So entschied Alexander, daß die alliierten Armeen zur Defensive übergehen und sich auf eine mächtige Frühjahrsoffensive vorbereiten sollten.

Ein weiterer Dämpfer für die auf den Italien-Feldzug gesetzten Hoffnungen war der Beschluß der Vereinigten Stabschefs, fünf weitere Divisionen aus Italien an die Westfront zu verlegen, um die Alliierten für ihre Frühjahrsoffensive nach Deutschland hinein zu verstärken. Infolge dieses Beschlusses wurde das kanadische Korps mit zwei Divisionen dorthin verlegt, doch die anderen drei Divisionen durften schließlich in Italien bleiben.

Kapitel 31:
Die Befreiung Frankreichs

Vor ihrem Beginn sah die Invasion in der Normandie wie ein höchst riskantes Abenteuer aus. Die alliierten Truppen mußten an einer Küste landen, die der Feind schon vier Jahre besetzt hielt und die er genügend Zeit hatte zu befestigen, mit Hindernissen zu bestücken und mit Minen zu besäen. Zu ihrer Verteidigung hatten die Deutschen 58 Divisionen im Westen, davon zehn Panzerdivisionen, die einen raschen Gegenschlag führen konnten.

Die Alliierten hatten jetzt gewaltige Streitkräfte in England zusammengezogen; aber ihre Einsatzfähigkeit war begrenzt durch die Tatsache, daß sie erst das Meer überqueren mußten, also praktisch durch die Zahl der verfügbaren Landefahrzeuge. In der ersten Operation zur See konnten sie nur sechs Divisionen an Land setzen, dazu drei auf dem Luftweg, und eine Woche würde vergehen, bevor sie die Zahl ihrer Truppen an der Küste verdoppeln könnten.

So bestand Grund, skeptisch zu sein über die Aussichten, die Verteidigungslinie zu überwinden, die Hitler den »Atlantikwall« nannte – ein furchterregender Name –, und das Risiko nicht allzu gering einzuschätzen, wieder ins Meer zurückgeworfen zu werden.

Und doch wurden schließlich die ersten Landeköpfe schon bald zu einem großen, 130 Kilometer breiten Brückenkopf erweitert. Es gelang dem Feind nicht, einen einzigen gefährlichen Gegenangriff zu führen, ehe die alliierten Streitkräfte aus dem Brückenkopf ausbrachen. Dieser Ausbruch wiederum erfolgte genau in der Form und an dem Ort, wie Feldmarschall Montgomery es von Anfang an geplant hatte. Dann brach die ganze deutsche Position in Frankreich schnell zusammen.

Wenn man zurückblickt, erscheint also der ganze Verlauf der Invasion wundervoll glatt und sicher. Doch der Anschein täuscht. Es war eine Operation, die zwar schließlich nach Plan verlief, aber nicht nach Zeitplan. Anfangs war die Spanne zwischen Erfolg und Mißerfolg nur klein, und der schließliche Triumph hat in Vergessenheit geraten lassen, daß die Alliierten anfangs in großer Gefahr schwebten und nur mit Mühe davonkamen.

Die landläufige Vorstellung, die Invasion sei leicht und glatt verlaufen, wurde noch gefördert durch Montgomerys späteren Ausspruch, daß »die Schlacht genauso geschlagen wurde, wie es vor der Invasion geplant war«, ferner dadurch, daß die alliierten Armeen in 90 Tagen die Seine erreichten – die Linie, die bei der Planung im April auf der Landkarte als die Linie »D + 90« bezeichnet worden war.

Es war »Montys« Art, zu reden, als ob jede von ihm geleitete Operation stets genauso verlaufen wäre, wie er beabsichtigte, mit der Sicherheit und Präzision einer Maschine – oder der göttlichen Vorsehung. Diese seine Eigenart hat seine Fähigkeit verdunkelt, sich schnell den Umständen anzupassen, und ihn so, in einer Ironie des Schicksals, der Anerkennung beraubt, die er für seine Kombination von Beweglichkeit und entschlossener Führung verdient hätte.

Nach dem ursprünglichen Plan sollte Caen am ersten Tag der Landung, dem 6. Juni, genommen werden. Der Start war gut, und die Küstenverteidigung war schon um 9 Uhr vormittags überrannt. Aber Montgomerys Schilderung verheimlichte, daß der Vormarsch zu Lande auf Caen erst am Nachmittag begann. Dies lag zum Teil an einer unentwirrbaren Verkehrsstauung an der Küste, aber auch an der übermäßigen Vorsicht der Befehlshaber an Ort und Stelle – zu einem Zeitpunkt, da fast niemand da war, sie zu hindern. Als die Alliierten schließlich nach Caen, der Schlüsselstellung des Invasionsraumes, vorrückten, kam eine deutsche Panzerdivision – die einzige in dem ganzen Invasionsraum – an dem Schauplatz an und verursachte den ersten Stillstand. Eine zweite Panzerdivision kam am nächsten Tag, und über ein Monat verging, bevor Caen endlich nach vielen schweren Kämpfen genommen wurde.

Montgomerys ursprünglicher Plan sah ferner vor, daß auf dem britischen rechten Flügel ein Panzerverband sofort landeinwärts bis Villers-Bocage, 32 Kilometer von der Küste, vorstoßen und dadurch die Straßen von Caen nach Westen und Südwesten abschneiden sollte. Aber dies erwähnt er in seiner Schilderung nicht. Tatsache ist, daß die-

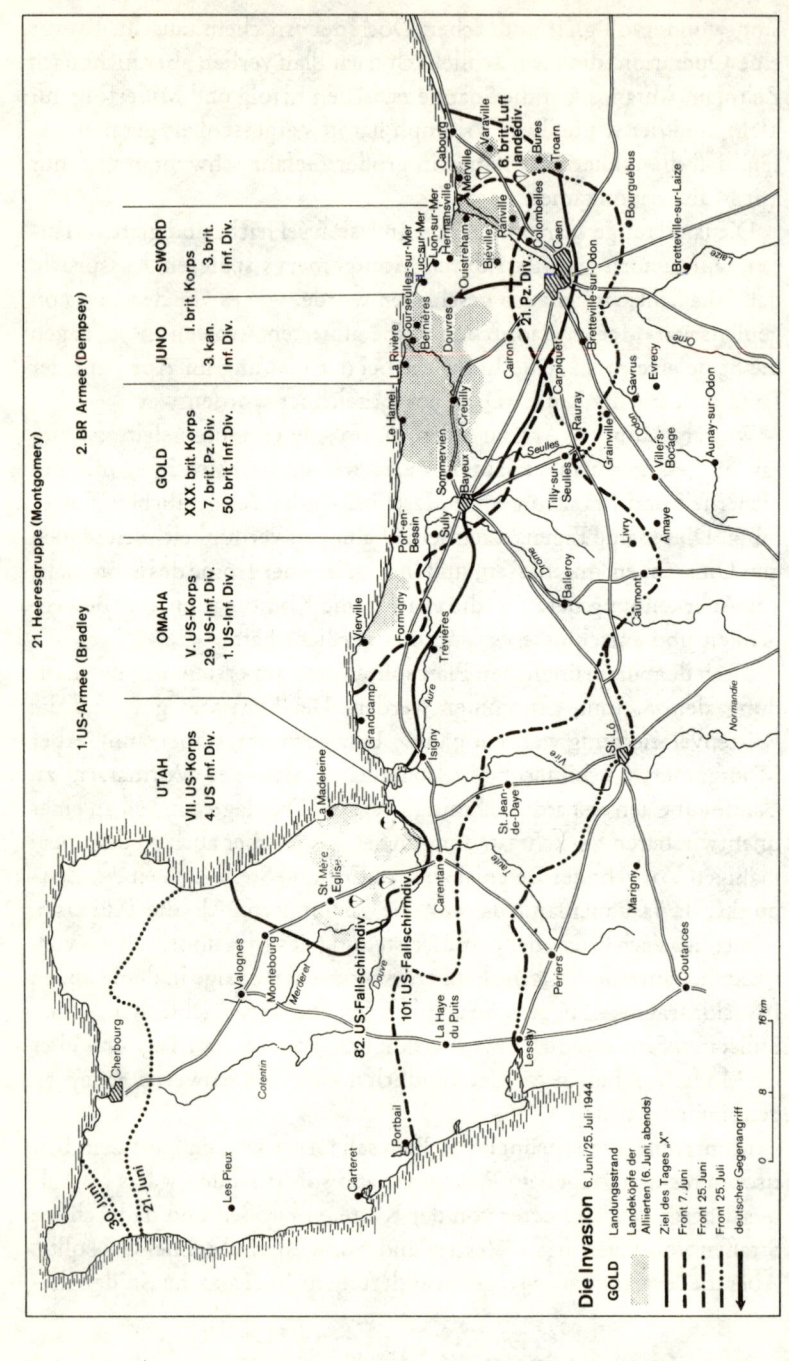

Die Invasion 6. Juni/25. Juli 1944

GOLD
- Landungsstrand
- Landeköpfe der Alliierten (6. Juni, abends)
- Ziel des Tages „X"
- Front 7. Juni
- Front 25. Juni
- Front 25. Juli
- deutscher Gegenangriff

21. Heeresgruppe (Montgomery)

1. US-Armee (Bradley)   2. BR Armee (Dempsey)

UTAH
VII. US-Korps
4. US-Inf. Div.

OMAHA
V. US-Korps
29. US-Inf. Div.
1. US-Inf. Div.

GOLD
XXX. brit. Korps
7. brit. Pz. Div.
50. brit. Inf. Div.

JUNO
3. kan.
Inf. Div.

SWORD
I. brit. Korps
3. brit.
Inf. Div.

82. US-Fallschirmdiv.

101. US-Fallschirmdiv.

6. brit. Luft landediv.

ser Vorstoß sehr langsam in Gang kam, obwohl nach der Überwältigung der Küstenverteidigung der Widerstand westlich von Caen verschwindend gering war: Gefangene erzählten später, daß bis zum dritten Tag ein 16 Kilometer breiter Frontabschnitt von einem einzigen beweglichen deutschen Verband, einem Aufklärungsbataillon, gehalten wurde. Dann begann aber eine dritte Panzerdivision im Einsatzraum einzutreffen und wurde hier eingesetzt. Die Briten erreichten zwar Villers-Bocage am 13., aber wurden wieder herausgedrängt. Schließlich verstärkte eine vierte Panzerdivision das Hindernis, und zwei Monate vergingen, bevor Villers-Bocage endgültig genommen wurde.

Der ursprüngliche Plan sah auch vor, daß die ganze Halbinsel Cotentin mit dem Hafen Cherbourg in zwei Wochen genommen werden und dann, am Tag »D + 20«, dort an der Westflanke der große Ausbruch erfolgen sollte. Aber auch der Vormarsch von den amerikanischen Landestellen an dieser Flanke aus war viel langsamer als erwartet, obwohl der größere Teil der deutschen Streitkräfte und der später hinzukommenden Verstärkungen damit beschäftigt war, den britischen Vormarsch an der östlichen Flanke bei Caen zum Stehen zu bringen – wie Montgomery richtig vermutet hatte.

Obwohl der Durchbruch schließlich entsprechend dem Plan Montgomerys an der westlichen Flanke erfolgte, so geschah er doch erst Ende Juli, am Tage »D + 56«.

Es war von vornherein klar, daß, wenn die Alliierten erst einen hinreichend breiten und tiefen Brückenkopf zum Aufbau ihrer Kräfte an der Südseite des Kanals gewonnen hätten, ihr Potential insgesamt so viel größer war als das des Feindes, daß früher oder später ein Durchbruch erfolgen mußte. Kein Damm würde dann stark genug sein, um für die Dauer die Invasionsflut abzuwehren, wenn die Alliierten einmal Raum genug erobert hätten, um ihre massierten Kräfte zu entwikkeln.

So wie die Dinge abliefen, war die Verlängerung der »Schlacht um den Brückenkopf« schließlich ein Vorteil für die Alliierten. Es war das sprichwörtliche »Glück im Unglück«. Denn so wurde das Gros der deutschen Streitkräfte im Westen dorthin gelenkt; aber sie kamen nur kleckerweise an, wegen Meinungsverschiedenheiten im deutschen Oberkommando und wegen ständiger Behinderung durch die den Luftraum beherrschende alliierte Luftwaffe. Die Panzerdivisionen, die zuerst ankamen und benutzt wurden, Löcher zu stopfen, wurden auch zuerst überrannt – der Feind verlor dadurch seinen beweglichen Arm, den er brauchte, als es zum Kampf im offenen Gelände kam. Gerade die Zähigkeit des Widerstandes, die den Durchbruch der Alliierten so lange verzögerte, verschaffte ihnen freie Bahn durch ganz Frankreich, nachdem sie einmal durchgebrochen waren.

Die Alliierten hätten keine Chance gehabt, sich jemals an der Küste festzusetzen, hätten sie nicht die absolute Luftüberlegenheit besessen. Sie verdankten viel der Unterstützung ihrer Schiffsgeschütze; aber der entscheidende Faktor war die lähmende Wirkung der von Air Chief Marshal Tedder, Eisenhowers Stellvertreter als Oberstem Befehlshaber, geleiteten alliierten Luftwaffe.

Durch die Zerstörung der meisten Brücken über die Seine im Osten und über die Loire im Süden verwandelten sie die Normandie in eine strategisch isolierte Zone. Die deutschen Reserven mußten lange Umwege machen und wurden auf ihrem Marsch ständig behindert, so daß sie endlose Verzögerungen in Kauf nehmen mußten und nur tröpfchenweise eintrafen.

Doch fast ebensoviel verdankten die Alliierten den Meinungsverschiedenheiten auf deutscher Seite – zwischen Hitler und seinen Generalen und zwischen den Generalen selbst.

Von Anfang an war es das größte Handicap der Deutschen, daß sie fast 5000 Kilometer Küste abdecken mußten – von Holland über sämtliche Küsten Frankreichs bis zur französisch-italienischen Grenze. Von ihren 58 Divisionen war die Hälfte kaum beweglich und fest an einzelne Abschnitte der langen Küste gebunden. Doch die andere Hälfte waren Felddivisionen, und von diesen waren die zehn Panzerdivisionen höchst beweglich. Dies verschaffte dem Feind die Möglichkeit, eine überwältigende Überlegenheit an einem Abschnitt zu konzentrieren, um die Invasoren ins Meer zurückzuwerfen, ehe sie sich festsetzten und für eine Vertreibung zu stark wurden.

Am Tag »X« gelang es der einzigen Panzerdivision, die in der Normandie und in der Nähe der alliierten Landeplätze stand, Montgomerys Plan der Einnahme von Caen am gleichen Tag zu vereiteln. Ein Teil der Division durchstieß sogar die britische Front und fuhr bis zur Küste durch; aber der Keil war zu schmal, um eine größere Wirkung zu haben. Wenn aber auch nur die drei Panzerdivisionen, die bis zum vierten Tag am Schauplatz angelangt waren, am »Tag X« zur Verfügung gestanden hätten und hätten eingreifen dürfen, dann hätten die alliierten Landeköpfe beseitigt werden können, bevor sie sich vereinigt und konsolidiert hatten. Doch ein solcher starker und schneller Gegenschlag wurde vereitelt durch die Uneinigkeit im deutschen Oberkommando sowohl über den wahrscheinlichen Ort der Invasion als auch über die beste Methode, ihr zu begegnen.

Vor dem großen Ereignis war Hitlers Intuition bei der Abschätzung der vermutlichen Landestelle richtiger als die Berechnung seiner Generale. Nach der Landung jedoch nahmen seine ständige Einmischung und seine rigorosen Befehle den Generalen die Möglichkeit, die Situation wiederherzustellen, und führten schließlich zur Katastrophe.

Generalfeldmarschall von Rundstedt, der Oberbefehlshaber im Westen, glaubte, die Invasion werde an der schmalsten Stelle des Ärmelkanals, zwischen Calais und Dieppe, stattfinden. Seine Ansicht beruhte auf der Überzeugung, daß dies vom Standpunkt der Alliierten die richtigste Strategie wäre, und sie wurde durch den Mangel an Informationen bestärkt. Denn keine wichtigen Meldungen sickerten durch aus der schweigsamen Insel, wo sich die Invasionsarmeen versammelten.

Rundstedts Stabschef General Blumentritt berichtete später im Verhör, wie arg der deutsche Nachrichtendienst getäuscht worden war:

»Sehr wenig zuverlässige Nachrichten kamen aus England. Die Abwehr gab uns Berichte, wo, in großen Zügen, die britischen und amerikanischen Streitkräfte sich in Südengland versammelten – es gab eine kleine Zahl deutscher Agenten in England, die ihre Beobachtungen durch Funk wiedergaben[1]. Aber sie stellten darüber hinaus sehr wenig fest ... Nichts von dem, was wir erfuhren, gab uns einen klaren Schlüssel, wo die Invasion tatsächlich stattfinden würde.«

Hitler jedoch hatte eine Art Vorahnung in bezug auf die Normandie. Seit März sandte er seinen Generalen wiederholt Warnungen über die Möglichkeit einer Landung zwischen Caen und Cherbourg. Wie kam er zu dieser Schlußfolgerung, die sich als richtig herausstellte? General Warlimont, der zu seinem Stab gehörte, sagte, er sei darauf gekommen durch die allgemeine Aufstellung der Truppen in England – mit den

---

1 Dies wird durch keinerlei andere Nachrichten bestätigt.

Amerikanern im Südwesten – zusammen mit seiner Annahme, daß die Alliierten so früh wie möglich einen großen Hafen zu nehmen versuchen würden und Cherbourg für ihre Zwecke der geeignetste war. Seine Schlußfolgerung wurde bestärkt durch Agentenberichte über eine große Invasionsübung in der Grafschaft Devon, wo die Truppen auf einem Streifen flacher und offener Küste an Land gingen, die der Küste der Normandie ähnlich war.

Rommel, der die Truppen an der Kanalküste befehligte, kam zu derselben Ansicht wie Hitler. In den letzten Monaten bemühte er sich fieberhaft, die Anlage von Unterwasserhindernissen, bombensicheren Bunkern und von Minenfeldern zu beschleunigen, und bis zum Juni waren diese in der Tat viel dichter als im Frühjahr. Aber zum Glück für die Alliierten hatte er weder Zeit noch Material genug, um die Verteidigung der Normandie auf den gewünschten Stand zu bringen oder auch nur auf den Stand der Verteidigung östlich der Seine.

Rommel stand auch im Gegensatz zu Rundstedt in bezug auf die beste Methode, der Invasion zu begegnen. Rundstedt baute auf einen Plan, die Alliierten nach der Landung durch eine mächtige Gegenoffensive zu vernichten. Rommel meinte, dies wäre dann zu spät angesichts der alliierten Luftherrschaft, die es dem Gegner ermögliche, die Konzentration deutscher Reserven für eine solche Gegenoffensive zu hindern. Er meinte, die beste Chance wäre, die Invasoren an der Küste selbst zu schlagen, noch ehe sie richtig gelandet seien. Rommels Stab berichtete: »Er (Rommel) war stark beeinflußt durch die Erinnerung daran, wie er in Afrika für viele Tage an der Küste festgenagelt worden war durch eine Luftwaffe, die nicht annähernd so stark war wie die, mit der er jetzt rechnen mußte.«

Der tatsächlich vereinbarte Plan war dann ein Kompromiß zwischen diesen verschiedenen Vorstellungen und »fiel daher zwischen beide Stühle«. Schlimmer noch: Hitler bestand darauf, die Kämpfe von dem entfernten Berchtesgaden aus zu lenken, und behielt sich den Einsatz von Reserven vor.

Rommel hatte nur eine einzige Panzerdivision in der Normandie zur Verfügung, und er hatte diese dicht hinter Caen aufgestellt. So glaubte er die Briten dort am Tag »X« aufhalten zu können. Aber er bat vergebens um eine zweite, die er bei St. Lo aufstellen wollte, dicht an der Küste, wo dann die Amerikaner landeten.

Am Tage »X« selbst vergingen auf deutscher Seite wertvolle Stunden mit internen Meinungsverschiedenheiten. Der nächstliegende verfügbare Teil der allgemeinen Reserven war das I. SS-Panzerkorps, das nordwestlich von Paris lag. Aber Rundstedt durfte es nicht bewegen ohne Erlaubnis des Führerhauptquartiers. Blumentritt berichtete: »Um vier Uhr morgens rief ich im Auftrag Feldmarschall von Rundstedts das Hauptquartier an und bat um die Freigabe des Korps, um Rommel zu stärken. Aber Jodl lehnte im Namen Hitlers ab. Er bezweifelte, daß die Landung in der Normandie mehr sei als ein Täuschungsmanöver, und war sicher, daß eine zweite Landung östlich der Seine erfolgen würde. Der Kampf der Argumente dauerte den ganzen Tag bis vier Uhr nachmittags, als das Korps uns endlich zur Verfügung gestellt wurde.« Zwei andere entscheidende Faktoren am Tag der Landung waren, daß Hitler selbst erst am späten Vormittag davon erfuhr und daß Rommel ausgeschaltet war. Ohne diese beiden Faktoren hätte die deutsche Gegenaktion schneller und stärker sein können.

Hitler hatte ebenso wie Churchill die Gewohnheit, bis lange nach Mitternacht aufzubleiben – was sehr ermüdend war für seinen Stab, der nicht so lange ausschlafen konnte, aber dafür oft noch schläfrig war, wenn er am Vormittag seine Dienstgeschäfte erledigte. Jodl, der nicht gern Hitlers Vormittagsschlaf stören wollte, nahm es auf sich, Rundstedts Hilferuf nach Freigabe der Reserven abzulehnen.

Die Reserven wären vielleicht doch eher freigegeben worden, wenn nicht Rommel gerade von der Normandie abwesend gewesen wäre. Denn im Gegensatz zu Rundstedt rief er oft Hitler direkt an und hatte immer noch mehr Einfluß auf ihn als jeder andere General. Aber Rommel hatte am Tag vorher sein Hauptquartier zu einer Reise nach Deutschland verlassen. Da starker Wind und Seegang die Invasion im Augenblick unwahrscheinlich zu machen schien, wollte er einen Besuch bei Hitler, mit dem Ersuchen um mehr Panzerdivisionen für die Normandie, mit einem Besuch zum Geburtstag seiner Frau in seinem Heim bei Ulm verbinden. Am frühen Morgen des nächsten Tages, bevor er seine Reise fortsetzte, erfuhr er durch einen Telefonanruf vom Beginn der Invasion. Doch er kam erst am Abend in sein Hauptquartier zurück, und da hatte der Gegner an der Küste schon festen Fuß gefaßt.

Auch der Armeebefehlshaber in diesem Teil der Normandie war abwesend – er leitete eine Übung in der Bretagne. Der Befehlshaber des

Panzerkorps, das in Reserve lag, war gerade in Belgien. Ein anderer wichtiger Kommandeur, so heißt es, war abwesend, weil er die Nacht mit einem Mädchen verbrachte. Eisenhowers Entscheidung, trotz der rauhen See die Landung durchzuführen, erwies sich also als ein großer Vorteil für die Alliierten.

Ein seltsamer Zug der folgenden Wochen war, daß Hitler zwar den Ort der Landung richtig vermutet hatte, aber nach ihrem Beginn von dem Gedanken besessen war, dies sei nur ein Vorspiel zu einer zweiten und größeren Landung östlich der Seine. Daher gab er nur zögernd Reserven aus jenem Abschnitt für die Normandie frei. Dieser Glaube an eine zweite Landung ging zurück auf die grobe Überschätzung der Zahl der auf der anderen Seite des Kanals noch verfügbaren Divisionen durch die deutsche Abwehr. Diese Überschätzung war wiederum zum Teil der Erfolg eines britischen Täuschungsmanövers; aber sie war andererseits ein Beweis dafür, wie sehr Großbritannien für Spionage unzugänglich war.

Als die ersten Gegenzüge scheiterten und offenkundig den weiteren Aufbau der alliierten Streitkräfte im Brückenkopf nicht hinderten, erkannten Rundstedt und Rommel bald, daß es hoffnungslos war, an einer so weit westlichen Linie festzuhalten. Blumentritt berichtete:

»In seiner Verzweiflung bat Feldmarschall von Rundstedt Hitler, zu einem persönlichen Gespräch nach Frankreich zu kommen. Er und Rommel trafen Hitler in Soissons am 17. Juni und versuchten, ihm die Situation begreiflich zu machen . . . Aber Hitler bestand darauf, es dürfe keinen Rückzug geben: ›Sie müssen stehen, wo Sie sind.‹ Er war nicht einmal damit einverstanden, uns mehr Freiheit als bisher in der Bewegung unserer Truppen nach unserem Dafürhalten zu geben . . . Da er seine Befehle nicht ändern wollte, mußten die Truppen weiterhin an ihrer bröckelnden Linie festhalten. Es gab keinen Plan mehr. Wir versuchten lediglich, ohne wirkliche Hoffnung, Hitlers Befehl nachzukommen, daß die Linie Caen–Avranches unter allen Umständen gehalten werden müsse.«

Hitler fegte die Warnungen der Feldmarschälle beiseite, indem er ihnen versicherte, die neue V-Waffe, die fliegende Bombe, werde bald eine entscheidende Wirkung auf den Kriegsverlauf haben. Die Feldmarschälle schlugen dann vor, wenn diese Waffe so wirkungsvoll sei, dann solle man sie gegen die Invasionsküste richten – oder, wenn dies technisch zu schwierig sei, gegen die Invasionshäfen in Südengland.

Hitler aber bestand darauf, die Beschießung müsse auf London konzentriert werden, »um die Engländer zum Frieden zu bekehren«.
Doch die fliegenden Bomben hatten nicht die von Hitler erhoffte Wirkung, während der alliierte Druck in der Normandie immer stärker wurde. Als er eines Tages am Telefon von Hitlers Hauptquartier gefragt wurde »Was sollen wir denn tun?«, antwortete Rundstedt: »Schluß machen mit dem Krieg! Was sonst können wir tun?« Hitlers Antwort war, Rundstedt abzulösen und durch Kluge zu ersetzen, der bisher an der Ostfront war.

»Feldmarschall von Kluge war ein robuster und aggressiver Soldatentyp«, bemerkte Blumentritt: »Anfangs war er sehr optimistisch und zuversichtlich, wie alle neuernannten Befehlshaber . . . Aber innerhalb weniger Tage wurde er nüchtern und ruhig. Hitler gefiel der veränderte Ton seiner Berichte gar nicht.«

Am 17. Juli wurde Rommel schwer verletzt, als sich sein Wagen nach einem Angriff durch alliierte Tiefflieger überschlug. Dann kam drei Tage später, am 20. Juli, der Versuch, Hitler in seinem Hauptquartier in Ostpreußen zu töten. Die Bombe der Verschwörer verfehlte ihr Hauptziel, aber ihre »Schockwelle« hatte furchtbare Auswirkungen auf die Schlacht im Westen zu diesem kritischen Zeitpunkt. Blumentritt erinnert sich:

»Als die Gestapo die Verschwörung untersuchte . . . fand sie Dokumente, in denen Feldmarschall von Kluges Name erwähnt wurde; dadurch kam er in schweren Verdacht. Ein anderer Zufall ließ die Dinge noch schlimmer erscheinen: Kurz nach General Pattons Durchbruch aus der Normandie, während der entscheidenden Schlacht von Avranches, war von Kluge über zwölf Stunden lang ohne Verbindung mit seinem Hauptquartier. Der Grund war, daß er zur Front gefahren und dort in ein schweres Artilleriefeuer hineingeraten war . . . In der Zwischenzeit erlitten wir ein schweres ›Bombardement‹ im Rücken: Die lange Abwesenheit des Feldmarschalls erregte sofort, angesichts der gefundenen Dokumente, Hitlers Argwohn . . . Hitler vermutete, der Feldmarschall sei deshalb an die Front gefahren, um mit den Alliierten Kontakt aufzunehmen und eine Kapitulation auszuhandeln. Seine schließliche Rückkehr beruhigte Hitler nicht. Von diesem Tag an waren Hitlers Befehle brüsk und oft beleidigend im Ton. Der Feldmarschall wurde sehr unruhig. Er fürchtete, jederzeit verhaftet zu werden – und erkannte

gleichzeitig mehr und mehr, daß er seine Loyalität nicht durch einen
Erfolg auf dem Schlachtfeld beweisen könne.

All dies beeinträchtigte erheblich jede noch verbliebene Chance,
die Alliierten am Durchbruch zu hindern. In den kritischen Tagen
widmete Feldmarschall von Kluge nur einen Teil seiner Aufmerksamkeit dem Geschehen an der Front. Er blickte ständig besorgt
nach hinten, zum Führerhauptquartier.

Er war nicht der einzige General, der wegen Beteiligung an der
Verschwörung gegen Hitler Sorgen hatte. Angst durchdrang und
lähmte in den folgenden Wochen und Monaten die höheren Kommandostäbe.«

Am 25. Juli begann die amerikanische 1. Armee eine neue Offensive,
die »Operation Cobra«, während die frisch gelandete 3. Armee General Pattons bereitstand, ihr zu folgen. Die letzten deutschen Reserven
waren schon eingesetzt worden, um die Briten zum Stehen zu bringen.
Am 31. durchbrach die amerikanische Panzerspitze bei Avranches die
Front; durch die Lücke hindurchströmend überfluteten Pattons Panzer schnell das offene Gelände dahinter. Auf Befehl Hitlers wurden die
Überreste der Panzerverbände zusammengerafft zu einem verzweifelten Versuch, die Lücke bei Avranches zu stopfen. Der Versuch scheiterte – worauf Hitler sarkastisch bemerkte: »Er scheiterte nur, weil
Kluge keinen Erfolg wollte.« Alles, was von den deutschen Armeen
noch übriggeblieben war, versuchte jetzt der Falle zu entkommen, in
die man durch Hitlers Verbot jedes rechtzeitigen Rückzuges geraten
war. Ein großer Teil der deutschen Truppen wurde in der »Tasche von
Falaise« gefangen, die Entkommenen mußten beim Übergang über die
Seine den größten Teil ihrer schweren Waffen und ihrer Ausrüstung
zurücklassen.

Kluge wurde dann seines Kommandos enthoben. Auf der Fahrt
nach Deutschland fand man ihn tot in seinem Wagen: Er hatte eine
Giftkapsel geschluckt; wie sein Stabschef erklärte, fürchtete er, er
würde in der Heimat sofort von der Gestapo verhaftet werden.

Doch nicht nur auf deutscher Seite gab es stürmische Meinungsverschiedenheiten innerhalb des Oberkommandos. Zum Glück hatten sie
auf der alliierten Seite keine so schweren Auswirkungen auf den
Kampf oder auf einzelne Personen, wenn sie auch Mißstimmungen
hinterließen, die sich später unangenehm bemerkbar machten.

Der größte Streit hinter den Kulissen entstand anläßlich eines Beinahe-Durchbruchs der Briten zwei Wochen bevor die Amerikaner die Front bei Avranches aufrissen. Dieser britische Vorstoß, durch die 2. Armee unter Dempsey, geschah am entgegengesetzten Ende östlich von Caen.

Es war der massierteste Panzerangriff des ganzen Feldzuges, ausgeführt von drei auf engem Raum konzentrierten Panzerdivisionen. Sie waren heimlich in dem kleinen Brückenkopf jenseits der Orne zusammengezogen worden und brachen dort am Morgen des 18. Juli aus, nachdem ein gewaltiger Bombenteppich von 2000 schweren und mittleren Bombern zwei Stunden lang abgeworfen worden war. Die Deutschen an diesem Abschnitt waren wie vor den Kopf geschlagen, und die meisten Gefangenen waren von dem Lärm der Explosionen so benommen, daß sie erst 24 Stunden später verhört werden konnten.

Doch die deutsche Verteidigung war tiefer gestaffelt, als der britische Nachrichtendienst gedacht hatte. Rommel, der einen solchen Angriff erwartete, hatte die Verteidigung dort verstärkt – bis er am Vorabend des Angriffs selbst von britischen Tieffliegern getroffen wurde, in der Nähe eines Dorfes, das sinnigerweise Sainte Foy de Montgommery hieß. Außerdem hatte der Feind die unablässigen Panzergeräusche gehört, als die britischen Fahrzeuge in der Nacht ostwärts fuhren. Der deutsche Korpskommandeur Sepp Dietrich erklärte, er habe diese Geräusche aus über sechs Kilometer Entfernung trotz ablenkender Geräusche hören können, indem er sein Ohr auf den Boden legte – ein Trick, den er in Rußland gelernt habe.

Die brillanten Anfangsaussichten verblaßten schon bald, nachdem man durch die ersten Verteidigungsringe durchgebrochen war. Die Panzerdivision an der Spitze fuhr sich an den feindlichen Stützpunkten in den Dörfern fest, statt sie zu umgehen. Die anderen wurden aufgehalten durch die Überfüllung auf den Straßen, als sie aus dem schmalen Brückenkopf herauskommen wollten, und die Spitze war schon zum Stehen gebracht, bevor die nachfolgenden Verbände auf dem Schauplatz eintrafen. Schon am Nachmittag war die große Gelegenheit verpaßt.

Dieser Mißerfolg ist lange vom Schleier des Geheimnisses umgeben worden. Eisenhower erwähnt ihn in seinem Bericht als einen geplanten »Durchbruch« und einen »Vorstoß in Richtung auf das Seine-Becken und Paris«. Aber alle britischen Kriegsgeschichten erklären, auf dieser

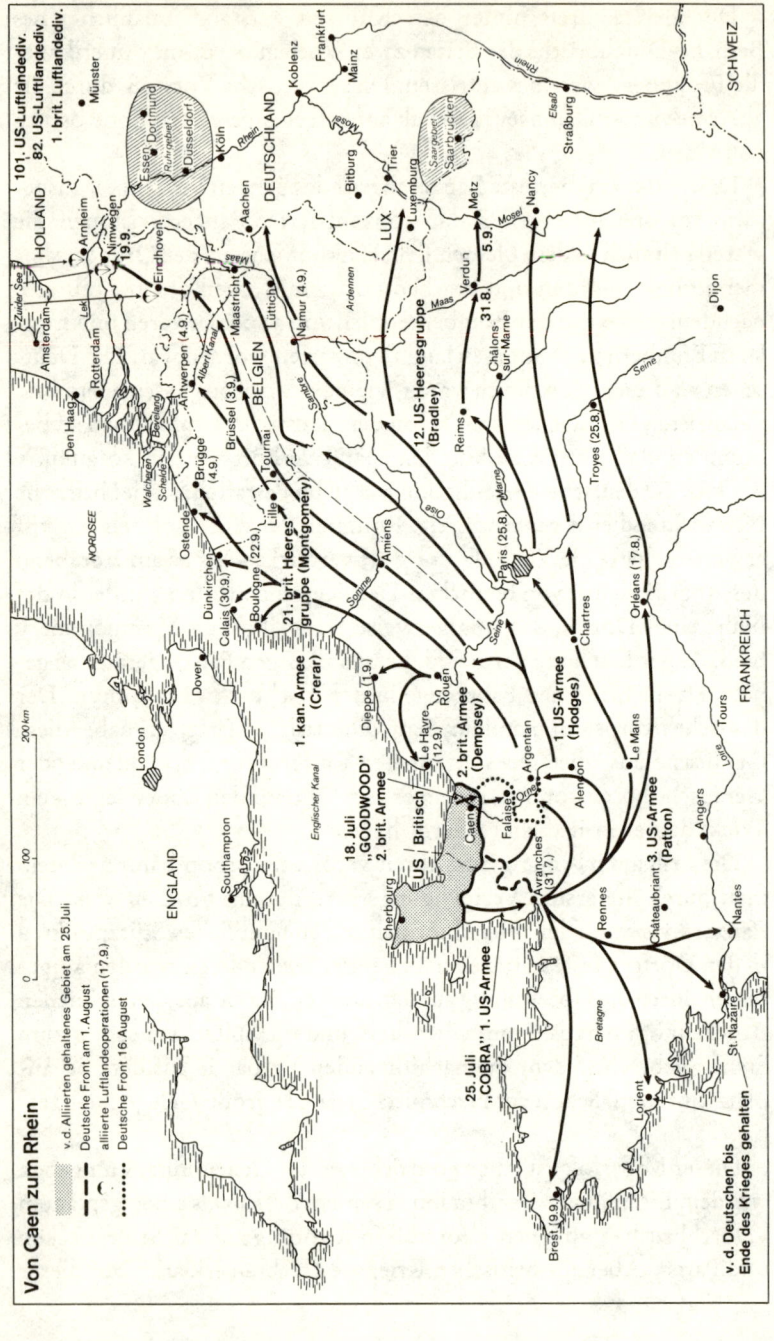

Von Caen zum Rhein

v. d. Alliierten gehaltenes Gebiet am 25. Juli

Deutsche Front am 1. August

alliierte Luftlandeoperationen (17.9.)

Deutsche Front 16. August

v. d. Deutschen bis
Ende des Krieges gehalten

101. US-Luftlandediv.
82. US-Luftlandediv.
1. brit. Luftlandediv.

HOLLAND
DEUTSCHLAND
BELGIEN
LUX.
ENGLAND
FRANKREICH
SCHWEIZ

NORDSEE
Englischer Kanal

London
Southampton
Dover
Amsterdam
Rotterdam
Den Haag
Zuider See
Lek
Arnheim
Nimwegen 19.9.
Eindhoven
Münster
Koblenz
Frankfurt
Mainz
Köln
Düsseldorf
Essen Dortmund
Ruhrgebiet
Aachen
Bitburg
Trier
Luxemburg
Saarbrücken
Metz
Nancy
Straßburg
Elsaß
Rhein
Mosel
Verdun
5.9.
Chalons-
sur-Marne 31.8.
Reims
Châlons
Ardennen
Maas
Namur (4.9.)
Lüttich
Maastricht
Brüssel (3.9.)
Tournai
Lille
Brügge (4.9.)
Ostende
Dünkirchen
Calais (30.9.)
Boulogne (22.9.)
Antwerpen (4.9.)
Albert Kanal
Schelde
Scheldt
Walcheren
Dijon
Troyes (25.8.)
Orléans (17.8.)
Paris (25.8.)
Chartres
Le Mans
Angers
Nantes
Tours
Loire
Seine
Seine
Somme
Oise
Marne
Amiens
Rouen
Le Havre (12.9.)
Dieppe (1.9.)
Argentan
Alençon
Rennes
Châteaubriant
St. Nazaire
Lorient
Brest (9.9.)
Bretagne
Avranches (31.7.)
Caen
Falaise
Orne
Cherbourg

1. kan. Armee (Crerar)
21. brit. Heeresgruppe (Montgomery)
12. US-Heeresgruppe (Bradley)
18. Juli „GOODWOOD" 2. brit. Armee
US Britisch 2. brit. Armee (Dempsey)
1. US-Armee (Hodges)
25. Juli „COBRA" 1. US-Armee
3. US-Armee (Patton)

0   100   200 km

Flanke sei niemals ein Durchbruch geplant gewesen, und man habe keineswegs so weitreichende Ziele gehabt. Sie folgen der Erzählung Montgomerys, der beteuert, diese Operation sei lediglich ein »Positionskampf« gewesen, dazu bestimmt, zur Unterstützung des bevorstehenden amerikanischen Durchbruchs eine »Drohung« zu schaffen, und zweitens, »um Gelände zu gewinnen, auf dem größere Verbände sich bereitstellen könnten, um nach Süden und Südosten vorzustoßen, sobald die Amerikaner nach Osten ausbrachen«. Eisenhower übergeht in seinen Erinnerungen nach dem Krieg diese Episode taktvoll, während Churchill sie nur ganz knapp erwähnt.

Aber jeder, der damals hinter den Kulissen stand, merkte den heftigen Sturm, der sich erhoben hatte. Die Luftwaffenbefehlshaber, besonders Tedder, waren wütend. Ihre Stimmung wird enthüllt in dem Tagebuch von Eisenhowers Marine-Verbindungsoffizier Captain Butcher: »Gegen Abend rief Tedder Ike an und sagte, Monty habe praktisch seine Panzer gestoppt. Ike war wütend.« Nach Butcher rief Tedder am Tag darauf Eisenhower wieder von London aus an und berichtete, die britischen Stabschefs seien bereit, Montgomery abzulösen, wenn dies verlangt werde; freilich wird dies von Tedder in seiner eigenen Darstellung bestritten.

Es war natürlich, daß auf Montgomerys Seite die unmittelbare Reaktion auf solche Beschwerden die war, jeden Gedanken an einen Durchbruch an seiner Flanke zu bestreiten. Diese Behauptung wurde bald zu einem Glaubenssatz erhoben und ist seitdem von allen Kriegsgeschichtsschreiben ohne Bedenken akzeptiert worden. Sie stimmte aber nicht überein mit dem Codenamen, den man diesem Angriff gegeben hatte – »Operation Goodwood« nach dem bekannten englischen Rennplatz; auch nicht mit dem Ausdruck »durchgebrochen«, den Montgomery in seiner ersten Meldung über den Angriff am 18. gebrauchte. Auch seine Bemerkung vom ersten Tag, er sei »mit dem gemachten Fortschritt sehr zufrieden«, scheint schwer zu vereinbaren mit dem Fehlen der Absicht eines ähnlichen Vorgehens am zweiten Tag. Und dies erbitterte die Luftwaffenbefehlshaber, die nicht bereit gewesen wären, ihre schweren Bombergeschwader für eine bloße Bodenoperation zur Verfügung zu stellen, die aber geglaubt hatten, das Ziel von »Goodwood« sei ein massierter Durchbruch.

Montgomerys spätere Behauptung war nur eine Halbwahrheit und tat ihm selbst unrecht. Er hatte vielleicht keinen Durchbruch an dieser

Flanke geplant und nicht damit gerechnet; aber er wäre töricht gewesen, nicht die Möglichkeit eines deutschen Zusammenbruchs unter diesem schweren Schlag einzukalkulieren und gegebenenfalls ihn weiter auszunutzen.

Dempsey, der die 2. Armee befehligte, dachte auch, ein schneller Zusammenbruch sei wahrscheinlich, und hatte sich zum Hauptquartier des Panzerkorps begeben, um dort für weitere Operationen bereitzustehen: »Was mir vorschwebte, war die Einnahme aller Übergänge über die Orne zwischen Caen und Argentan« – dies sollte einen Sperrgürtel hinter dem Rücken der Deutschen schaffen und sie noch gründlicher in einer Falle festhalten als jeder amerikanische Durchbruch auf der westlichen Flanke. Dempseys Hoffnung auf einen totalen Durchbruch erfüllte sich beinahe in den Mittagsstunden des 18. Juli. Angesichts dieser Enthüllung dessen, was ihm vorschwebte, ist es amüsant, die vielen Behauptungen zu lesen, daß keineswegs der Versuch unternommen werden sollte, Falaise zu erreichen; denn Argentan als das geplante Ziel war fast doppelt so weit entfernt.

Dempsey selbst war klug genug zu erkennen, daß die Vereitelung seiner Hoffnungen letztlich zum Vorteil ausschlagen könnte. Als ein Offizier seines Stabes ihm nahelegte, gegen Pressekritik an dem Scheitern von »Goodwood« zu protestieren, antwortete er: »Regen Sie sich nicht auf – dies wird unseren Zwecken nützlich sein und sich als ein idealer Tarnungsplan herausstellen.« In der Tat verdankte der amerikanische Durchbruch an der entgegengesetzten Flanke viel der Tatsache, daß die Aufmerksamkeit des Feindes auf die Drohung eines Durchbruchs in der Nähe von Caen abgelenkt worden war.

Der Durchbruch bei Avranches am westlichen Ende enthielt aber keine so große unmittelbare Chance, die deutschen Streitkräfte abzuschneiden. Seine Erfolgsaussichten hingen davon ab, ob man eine sehr schnelle Schwenkung nach Osten machen konnte oder ob der Feind an seinen Positionen festhielt, bis er eingeschlossen werden könnte. Als dann am 31. Juli der Durchbruch bei Avranches erfolgte, lagen nur wenige verstreute deutsche Bataillone in dem 150 Kilometer breiten Korridor zwischen diesem Ort und der Loire. So hätten die amerikanischen Panzerspitzen ohne Widerstand nach Osten weiterfahren können. Doch das alliierte Oberkommando verscherzte sich die beste Chance, diese große Gelegenheit auszunutzen, indem es an dem inzwischen überholten, vor der Invasion aufgestellten Programm festhielt, nach dem ein Vorstoß nach Westen zur Eroberung der Bretagne der nächste Schritt sein solle[1].

Die Schwenkung zur Bretagne, um dort die Häfen zu nehmen, brachte keinen Nutzen. Denn die Deutschen in Brest hielten sich bis 19. September – 44 Tage, nachdem Patton vorzeitig die Einnahme gemeldet hatte –, während Lorient und St. Nazaire bis zum Ende des Krieges in der Hand des Feindes blieben.

Es vergingen noch zwei Wochen, bis die amerikanischen Kräfte weit genug nach Osten vorstießen, um Argentan zu erreichen und den Anschluß an den britischen linken Flügel, der unterdessen schon kurz hinter Caen zum Stehen gebracht worden war, wiederzugewinnen. Dies verursachte neue gegenseitige Vorwürfe. Als Patton den Befehl erhielt, er dürfe nicht nach Norden fahren, um die Lücke zu schließen und die Rückzugsstraße der Deutschen abzuschneiden, weil sonst eine Kollision mit den Briten drohte, rief er ins Telefon: »Lassen Sie mich nach Falaise gehen, und wir werden die Briten in einem neuen Dünkirchen ins Meer zurückwerfen.«

---

[1] Der Durchbruch bei Avranches wurde von der 4. US-Panzerdivision unter John S. Wood ausgeführt. Kurz vor der Invasion hatte ich zwei Tage mit ihm verbracht, und er hatte mich beeindruckt als einer von denen, die sich der Möglichkeiten weitgesteckter Panzeroperationen und der Bedeutung der Schnelligkeit mehr bewußt waren als jeder andere. Selbst Patton hatte damals in der Unterhaltung mit mir die an der Spitze vorherrschende Ansicht wiedergegeben, die Alliierten müßten »zu den Methoden von 1918 zurückkehren« und könnten nicht jene weitreichenden und schnellen Panzervorstöße nachahmen, welche die Deutschen, insbesondere Guderian und Rommel, im Jahr 1940 ausgeführt hatten.
Als er mir später erzählte, was nach dem Durchbruch geschehen ist, sagte Wood: »Bei unseren Spitzen bestand keine Konzeption weitreichender Panzeroperationen oder der nachschubmäßigen Versorgung solcher Vorstöße. Ich selbst unterstand noch der 5. Armee, und diese konnte nicht schnell genug reagieren. Als sie endlich reagierte, bestanden ihre Befehle darin, ihre beiden Panzerdivisionen an der Flanke um 180 Grad von dem eigentlichen Feind zurückzunehmen, damit sie die Belagerung von Lorient und Brest beginnen sollten. Der 4. August war somit ein schwarzer Tag. Ich protestierte lange laut und heftig – und stieß mit meinen Panzerverbänden ohne Befehl bis Châteaubriant und mit meinen Panzerspähwagen bis in die Umgebung von Angers die Loire aufwärts vor, bereit, nach Osten bis Chartres vorzustoßen. Ich hätte in zwei Tagen dort sein können, mitten im Herzen des Feindes. Aber nein, wir wurden gezwungen, an dem ursprünglichen Plan festzuhalten – und dabei hatten wir die einzigen verfügbaren Panzer, die bereit waren, den Feind in Stücke zu schlagen. Es war eine der unglaublich dummen Entscheidungen dieses Krieges.«

Es ergibt sich daraus, daß die deutschen Truppen reichlich Zeit gehabt hätten, sich zur Seine zurückzuziehen und dort eine starke Verteidigungslinie aufzubauen, wenn nicht Hitlers hartnäckig stupide Befehle gewesen wären, es dürfe keinen Rückzug geben. Nur seine Torheit stellte die versäumten Gelegenheiten der Alliierten wieder her und ermöglichte ihnen, in diesem Herbst Frankreich zu befreien.

Der Krieg hätte leicht schon im September 1944 zu Ende sein können. Das Gros der deutschen Streitkräfte im Westen war in die Schlacht in der Normandie hineingeworfen und dort durch Hitlers »Kein-Rückzug«-Befehle festgehalten worden, bis sie zusammenbrachen – und ein großer Teil von ihnen wurde abgeschnitten und gefangengenommen. Die Trümmer der deutschen Streitkräfte waren vorerst zu weiterem Widerstand nicht imstande, und auf ihrem Rückzug – größenteils zu Fuß – wurden sie bald von den britischen und amerikanischen motorisierten Verbänden überholt. Als die Alliierten Anfang September nach einem schnellen Vormarsch aus der Normandie sich der deutschen Grenze näherten, gab es dort keinen organisierten Widerstand, der sie gehindert hätte, weiter mitten ins Herz Deutschlands zu fahren[1].

Am 3. September erreichte eine Panzerspitze der britischen 2. Armee, die Gardepanzerdivision, Brüssel nach einer 160 Kilometer langen Fahrt durch Belgien von ihrem morgendlichen Ausgangspunkt in Nordfrankreich aus. Am Tag darauf fuhr die 11. Panzerdivision, die im gleichen Tempo vorgeprescht war, bis Antwerpen und nahm dort die großen Docks unbeschädigt ein, ehe die überraschten deutschen Nachschubeinheiten dort die Möglichkeit zu irgendwelchen Sprengungen hatten. Am gleichen Tag nahmen die Panzerspitzen der amerikanischen 1. Armee Namur an der Maas.

Vier Tage vorher, am 31. August, hatten die Panzerspitzen von Pattons amerikanischer 3. Armee 150 Kilometer weiter südlich die Maas bei Verdun überschritten. Am nächsten Tag gelangten Panzervorposten ohne Widerstand entlang der Maas bis in die Nähe von Metz, 60 Kilometer weiter östlich. Dort waren sie kaum 50 Kilometer von dem

---

[1] Ich orientierte mich darüber unmittelbar nach dem Krieg, als ich die hauptsächlich beteiligten deutschen Generale befragte. General Blumentritt, damals Stabschef im Westen, beschrieb die Situation in einem einzigen Satz. »Hinter dem Rhein standen keine deutschen Kräfte, und Ende August war unsere Front bald aufgerissen.«

großen Industriegebiet der Saar nahe der deutschen Grenze entfernt – und weniger als 150 Kilometer vom Rhein! Aber das Gros der Verbände konnte diesem Vorstoß zur Mosel nicht sofort nachfolgen, da ihm das Benzin ausgegangen war, und gelangte erst am 5. September zu dem Fluß. Bis dahin hatte der Feind aber fünf schwache Divisionen, sehr bescheiden mit Flak-Geschützen ausgerüstet, zusammengerafft, um die Mosel gegen die sechs starken amerikanischen Divisionen zu halten, welche die Spitze des Pattonschen Vorstoßes bildeten.

Unterdessen waren die Briten in Antwerpen angekommen, das ebenfalls weniger als 150 Kilometer vom Rhein bei dessen Eintritt in Deutschlands größtes Industriegebiet, das Ruhrgebiet, entfernt war. Wenn das Ruhrgebiet genommen war, dann konnte Hitler nicht weiter Krieg führen. Auf dieser Flanke bestand jetzt eine ungeheuer breite Lücke von über 150 Kilometern an der britischen Front. Keine deutschen Streitkräfte waren unmittelbar zur Hand, um sie auszufüllen. Selten gab es in einem Krieg eine so gute Gelegenheit.

Als die Nachricht von dieser Notlage Hitler in seinem weit entfernten Hauptquartier in Ostpreußen erreichte, rief er am Nachmittag des 4. September General Student, den Befehlshaber der Fallschirmtruppen, an, der gerade in Berlin war. Student erhielt den Befehl, sich der offenen Flanke von Antwerpen bis Maastricht anzunehmen und entlang dem Albert-Kanal eine Linie mit den Besatzungstruppen zu halten, die aus Holland zusammengekratzt werden konnten, wobei er gleichzeitig die verstreuten Fallschirmjägereinheiten, die in verschiedenen Teilen Deutschlands in Ausbildung standen, dorthin verlegen sollte. Diese Einheiten wurden mobilisiert, alarmiert und so schnell wie möglich ausgebildet. Die neuaufgestellten Einheiten erhielten ihre Waffen erst in ihren Einsatzstellungen und wurden dann sofort zur Kampflinie geführt. Doch all diese Fallschirmjägereinheiten betrugen zusammen nur etwa 18 000 Mann – kaum so viel wie eine alliierte Division.

Dieses groteske Sammelsurium wurde »1. Fallschirmjägerarmee« genannt – ein hochtrabender Name, der alle möglichen Mängel verdeckte. Polizisten, Matrosen, Rekonvaleszenten und Verwundete ebenso wie Jungens von nur 16 Jahren mußten die dünnen Reihen auffüllen helfen. Die Waffen waren äußerst knapp. Außerdem war der Albert-Kanal an seinem Nordufer nicht zur Verteidigung vorbereitet; es gab dort keine Befestigungen und keine Gräben.

Nach dem Krieg sagte General Student:

»Der plötzliche Vorstoß der britischen Panzer nach Antwerpen überraschte das Führerhauptquartier völlig. Zu diesem Zeitpunkt hatten wir keine nennenswerten verfügbaren Reserven, weder an der Westfront noch in Deutschland. Ich übernahm das Kommando des rechten Flügels der Westfront am Albert-Kanal am 4. September. Damals hatte ich nur Rekruten, Genesungseinheiten und eine Küstenverteidigungsdivision aus Holland zur Verfügung. Sie wurde von einem Panzerverband verstärkt – von nur 25 Panzern und Geschützen auf Selbstfahrlafetten.«

Zu dem Zeitpunkt hatten die Deutschen, wie die erbeuteten Dokumente enthüllen, kaum 100 einsatzbereite Panzer an der ganzen Westfront, gegenüber über 2000 der alliierten Panzerspitzen. Die Deutschen hatten auch nur 570 flugfähige Flugzeuge, während die britische und amerikanische Luftwaffe, die an der Westfront operierte, über 14000 Maschinen umfaßte. Somit hatten die Alliierten eine effektive Überlegenheit von 20:1 in Panzern und 25:1 in Flugzeugen.

Aber gerade als der Endsieg in Reichweite zu sein schien, erlahmte der alliierte Vormarsch. In den nächsten zwei Wochen bis zum 17. September machten sie sehr geringe weitere Fortschritte.

Die britische Panzerspitze nahm nach einer Pause zum Ausruhen, Verproviantieren und Auftanken am 7. ihren Vorstoß wieder auf und schaffte bald den Übergang über den Albert-Kanal östlich von Antwerpen. Doch in den folgenden Tagen kam sie nur je 30 Kilometer weiter – bis zum Maas-Schelde-Kanal. Dieses sumpfige Heideland war von kleinen Bächen durchzogen, und die deutschen Fallschirmjäger, die mit verzweifeltem Mut kämpften, leisteten einen Widerstand, der in keinem Verhältnis zu ihrer geringen Zahl stand.

Die amerikanische 1. Armee zog mit der britischen Armee gleich, aber stieß nicht weiter vor. Der größere Teil von ihr gelangte bis zu dem befestigten Gürtel im Bergbaugebiet rund um Aachen – das in dem berühmten historischen Einfallstor nach Deutschland liegt. Dort rannten sich die Amerikaner fest und ließen sich alle weiteren Möglichkeiten entgehen: Als sie die deutsche Grenze erreichten, war der 130 Kilometer breite Abschnitt zwischen Aachen und Metz nur von acht feindlichen Bataillonen gedeckt, die in dem hügeligen bewaldeten Ardennengebiet verstreut waren. Die Deutschen hatten dieses unwegsame Gelände sehr wirksam für ihren überraschenden Panzervorstoß nach Frankreich im Jahr 1940 ausgenutzt. Indem sie den scheinbar leichteren Weg nach Deutschland wählten, stießen die Alliierten auf größere Schwierigkeiten.

Dies zeigte sich im Süden ebenso wie im Norden. Denn Pattons 3. Armee hatte schon am 5. September mit dem Übergang über die Mosel begonnen, aber war zwei Wochen später, ja, zwei Monate später noch nicht viel weitergekommen. Sie rannte sich fest bei dem Angriff auf die stark verteidigte Stadt Metz und benachbarte Punkte, wo die Deutschen schon von Anfang an etwas stärkere Kräfte konzentriert hatten.

Bis Mitte September hatten dann die Deutschen ihre Verteidigung an der ganzen Front verstärkt, vor allem am nördlichsten Abschnitt, der dem Ruhrgebiet vorgelagert war und wo die größte Lücke bestanden hatte. Das war um so bedauerlicher, da Montgomery jetzt einen anderen großen Vorstoß bis zum Rhein im Raum Arnheim am 17. September begonnen hatte. Hier plante er die neugebildete 1. alliierte Luftlandearmee abzusetzen, um den Weg für die britische 2. Armee freizukämpfen.

Dieser Vorstoß scheiterte, ehe er sein Ziel erreichte; ein großer Teil der britischen 1. Luftlandedivision, die bei Arnheim abgesetzt worden war, wurde dort abgeschnitten und zur Übergabe gezwungen – nach einem für seine Tapferkeit legendär gewordenen Versuch auszuhalten, bis sie entsetzt wurde. Der ganze nächste Monat wurde von der 1. US-Armee dazu benutzt, die Verteidigungslinie von Aachen zu überwinden, während Montgomery die kanadische 1. Armee heranführte, um die beiden verbliebenen deutschen »Taschen« – an der Küste östlich von Brügge und auf der Insel Walcheren – zu säubern. Diese beiden Taschen versperrten die Schelde-Durchfahrt bis Antwerpen und hatten so die Benutzung des Hafens zur Zeit der Arnheim-Operation verhindert. Die Säuberung dieser Taschen erwies sich als ein qualvoll langsamer Prozeß, der erst Anfang November abgeschlossen wurde.

In der Zwischenzeit machte der Aufbau der deutschen Kräfte an der Front entlang der Grenze schnellere Fortschritte als der der Alliierten, trotz der deutschen Unterlegenheit in bezug auf alle materiellen Hilfsquellen. Mitte November wurde von allen sechs alliierten Armeen an der Westfront eine große Offensive eröffnet. Sie brachte nur enttäuschend geringe Geländegewinne unter schweren Verlusten. Nur ganz im Süden, im Elsaß, erreichten die Alliierten den Rhein, und das war von geringer Bedeutung. Im Norden waren sie noch mindestens 50 Kilometer von dem Abschnitt des Stromes entfernt, der zwischen ihnen und dem Ruhrgebiet lag – diese Entfernung wurde erst im Frühjahr 1945 überwunden!

Der Preis, den die alliierten Armeen für die Anfang September versäumte Gelegenheit zahlten, war sehr hoch. Von ihren Gesamtverlusten bei der Befreiung Westeuropas von etwa drei Viertel Millionen entfielen etwa eine halbe Million auf die Zeit nach dem September-Stillstand. Doch der Preis, den die ganze Welt zahlen mußte, war noch viel höher: Millionen starben noch im Felde oder in den deutschen Konzentrationslagern infolge dieser Verlängerung des Krieges. Und auf lange Sicht war es bedeutsam, daß im September 1944 die russische Flut noch nicht bis Mitteleuropa vorgedrungen war.

Was waren die Gründe für dieses in ihren Folgen so katastrophale Versäumnis? Die Briten haben die Amerikaner und die Amerikaner haben die Briten dafür getadelt. Schon Mitte August hatte zwischen ihnen ein Streit begonnen über den weiteren Verlauf des Feldzuges, nachdem die alliierten Armeen die Seine überquert haben würden.

Auf Grund des immer breiteren Stroms von Verstärkungen waren die alliierten Streitkräfte in der Normandie am 1. August in zwei Heeresgruppen zu je zwei Armeen aufgeteilt worden. Die 21. Heeresgruppe unter Montgomery umfaßte nur britische und kanadische Truppen, während die Amerikaner die 12. Heeresgruppe unter General Omar Bradley bildeten. Aber Eisenhower, der Oberste Befehlshaber, verfügte, daß Montgomery weiterhin den operativen Befehl und die »taktische Koordinierung« beider Heeresgruppen behalten solle, bis er selbst sein Hauptquartier auf den Kontinent verlegen würde – dies tat er am 1. September. Die Zwischenlösung, unklar definiert, ergab sich aus Eisenhowers verbindlicher Einstellung und dem Wunsch, Montgomerys Empfindlichkeit zu schonen, ebenso wie aus dem Respekt vor dessen größerer Erfahrung. Aber der gutgemeinte Kompromiß führte zu Reibungen, wie es so oft der Fall ist.

Am 17. August hatte Montgomery Bradley vorgeschlagen, »nach dem Übergang über die Seine sollen die 12. und die 21. Heeresgruppe weiterhin zusammen operieren, als eine feste Masse von 40 Divisionen, so stark, daß sie niemanden zu fürchten hätten. Diese Streitmacht soll nach Norden auf Antwerpen und Aachen vorrücken, mit der rechten

Flanke in den Ardennen«. Die Formulierung dieses Vorschlages zeigt wohl, daß Montgomery noch nicht das ganze Ausmaß des feindlichen Zusammenbruches erkannt hatte, ebensowenig die Schwierigkeit des Nachschubes für eine solche »feste Masse«, es sei denn, sie bewege sich sehr langsam vorwärts.

Gleichzeitig hatte Bradley mit Patton den Gedanken eines östlichen Vorstoßes an der Saar vorbei bis zum Rhein südlich Frankfurt erörtert. Bradley dachte sich dies als den Hauptvorstoß und wollte beide amerikanische Armeen dafür einsetzen. Dies bedeutete die Beschränkung des nördlichen Vorstoßes auf eine zweitrangige Rolle und gefiel daher Montgomery nicht. Außerdem würde dies nicht direkt bis zum Ruhrgebiet führen.

Eisenhower war nun in der unangenehmen Lage, in der Mitte eines Tauziehens zwischen seinen beiden wichtigsten Unterführern zu stehen. Am 22. August erörterte er die beiden verschiedenen Vorschläge, und am nächsten Tag sprach er mit Montgomery, der die Wichtigkeit der Konzentration auf »einen großen Vorstoß« und der Massierung des Nachschubs auf diesen Vorstoß betonte. Dies hätte bedeutet, Pattons Vormarsch nach Osten zu stoppen, gerade als er mit voller Kraft voranging. Eisenhower wies auf die politischen Bedenken hin: »Die amerikanische Öffentlichkeit würde dies niemals billigen.« Immerhin hatten die Briten noch nicht den Unterlauf der Seine erreicht, während Pattons Vorstoß nach Osten sie schon weit über 150 Kilometer überholt hatte und bis auf 300 Kilometer an den Rhein herangekommen war.

Angesichts dieser widerstreitenden Argumente suchte Eisenhower eine annehmbare Kompromißlösung. Montgomerys nördlicher Vorstoß nach Belgien solle für den Augenblick Vorrang erhalten, und die amerikanische 1. Armee solle zusammen mit den Briten nach Norden vorrücken, um deren rechte Flanke zu decken, wie es Montgomery im Interesse seines Vormarsches gewünscht hatte. So lange sollte auch das Gros der verfügbaren Fahrzeuge und des Nachschubs für diesen nördlichen Vorstoß zur Verfügung gestellt werden, auf Kosten Pattons. Doch sobald Antwerpen gefallen sei, sollten die alliierten Armeen auf den vor der Invasion entworfenen Plan eines Vorstoßes bis zum Rhein »auf breiter Front nördlich und südlich der Ardennen« zurückkommen.

Keiner von Eisenhowers Unterführern schätzte diesen Kompromiß besonders; aber ihr Widerspruch war damals nicht so laut wie in den späteren Monaten und Jahren, als alle fühlten, daß man durch diese Entscheidung des schnellen Sieges verlustig gegangen war. Patton nannte dies »den schwerwiegendsten Irrtum des Krieges«.

Auf Eisenhowers Befehl wurde Pattons 3. Armee auf 2000 t Nachschub pro Tag beschränkt, während Hodges' 1. Armee 5000 t pro Tag erhielt. Bradley berichtet, Patton habe in seinem Hauptquartier »wie ein Stier gebrüllt« und gerufen: »Zur Hölle mit Hodges und Monty. Wir werden den verdammten Krieg gewinnen, wenn ihr die 3. Armee am Fahren haltet.« Er befahl seinem Spitzenkorps, ohne Rücksicht auf die Beschränkung des Nachschubs weiterzufahren, solange sie noch Benzin hätten, »und dann auszusteigen und zu Fuß weiterzugehen«. Der Vorstoß erreichte am 31. August die Maas, bevor das Benzin tatsächlich ausging. Am Tage davor hatte Pattons Armee nur 32000 Galonen Benzin erhalten statt ihres laufenden täglichen Bedarfs von 400000 Galonen, und man sagte ihm, er werde bis 3. September nichts mehr bekommen. Als er am 2. September mit Eisenhower in Chartres zusammentraf, sagte Patton wütend: »Meine Männer können ihre Ledergürtel essen, aber meine Panzer müssen Gas haben.«

Nach der Einnahme Antwerpens am 4. September erhielt Patton wieder den gleichen Anteil des Nachschubs wie die 1. Armee. Aber bei seinem östlichen Vorstoß zum Rhein stieß er jetzt auf viel härteren Widerstand und wurde bald an der Mosel zum Stehen gebracht. Dies veranlaßte ihn, sich noch heftiger darüber zu beklagen, daß er in der entscheidenden letzten Augustwoche zugunsten von Montgomerys Vorstoß an Benzin knappgehalten worden war. Er meinte, »Ike« habe die Harmonie der Strategie vorgezogen und die beste Chance eines schnellen Sieges versäumt durch seinen Wunsch, »Montys unersättlichen Appetit zu befriedigen«.

Andererseits hielt Montgomery Eisenhowers Plan eines Vorstoßes zum Rhein »auf breiter Front« für im Kern falsch, und er widersetzte sich jeder Abzweigung von Nachschub für Pattons Vorstoß nach Osten, solange das Schicksal seines eigenen nördlichen Vorstoßes noch ungewiß war. Seine Beschwerden wurden naturgemäß noch heftiger, nachdem die Operation bei Arnheim gescheitert war und seine Hoffnungen nicht erfüllt hatte. Er glaubte, daß Pattons guter Draht zu Bradley und Bradleys zu Eisenhower bei diesem Tauziehen entscheidend gewesen sei und seinen eigenen Plan ruiniert habe.

Man kann gut Montgomerys Mißbilligung jeder Operation verstehen, die nicht direkt zu seinen Plänen paßte. Oberflächlich gesehen gibt es so gute Gründe für seine Beschwerden über Eisenhowers Entscheidung, mit zwei Heeressäulen vorzustoßen, daß die meisten britischen Kriegshistoriker diese als den Hauptgrund angesehen haben, weshalb damals der Sieg verpaßt wurde. Aber bei näherer Betrachtung stellt sich heraus, daß die Auswirkung dieser Entscheidung relativ gering war.

Denn tatsächlich erhielt Patton während der ganzen ersten Hälfte September im Durchschnitt nur 2500 t Nachschub pro Tag – nur 500 t mehr als in den Tagen, als seine Armee anhalten mußte. Dieser Unterschied war nur eine geringe Menge, verglichen mit der täglichen Zuteilung für die Armeen, die bei dem nördlichen Vorstoß beteiligt waren, und kaum ausreichend, um eine zusätzliche Division zu versorgen. Daher müssen wir nach den wirklichen Ursachen des Mißerfolgs tiefer forschen.

Ein schweres Handicap entstand durch den Plan, starke Luftlandetruppen bei Tournai, nahe der belgischen Grenze, zur Unterstützung der nördlichen Offensive abzusetzen. Die Landtruppen gelangten aber schon am 3. September dorthin, bevor die Luftlandung erfolgen sollte, und diese wurde daraufhin abgeblasen. Die Abzweigung von Transportflugzeugen für diese Operation bewirkte eine sechstägige Unterbrechung der Luftversorgung der vorrückenden Armeen, die diese 5000 t Nachschub kostete. Dies wäre gleichbedeutend gewesen mit 1 1/2 Millionen Galonen Benzin – genug, um zwei Armeen ohne Pause bis zum Rhein fahren zu lassen, während sich der Feind noch in chaotischem Zustand befand.

Die Verantwortung für diesen überflüssigen und in seiner Wirkung so kostspieligen Luftlandeplan ist nicht leicht zu entscheiden. Seltsamerweise beanspruchen sowohl Eisenhower wie Montgomery in ihren Nachkriegs-Darstellungen die Vaterschaft. Eisenhower schreibt: »Es schien mir, daß sich eine gute Chance für einen nützlichen Luftlandeangriff im Raum Brüssel entwickelte, und obwohl die Ansichten verschieden waren, ob man Flugzeuge dem Nachschubtransport entziehen solle . . ., beschloß ich, es zu wagen.« Montgomery aber schreibt: »Ich hatte Pläne ausgearbeitet für eine Luftlandung im Raum Tournai«, und er spricht davon als von »meiner Idee«. Im Gegensatz dazu Bradley: »Ich appellierte an Ike, den Plan aufzugeben und uns die Flugzeuge für unseren Nachschub zu lassen . . . Wir werden schon dort sein, bevor die Sache anläuft, warnte ich.« Dies erwies sich als richtig.

Ein anderer Faktor war, daß ein großer Teil der Nachschubtonnage für die nördliche Offensive von dem Transport von Munition in Anspruch genommen war, die gar nicht notwendig war, solange sich der Feind im vollen Zusammenbruch befand – statt sich auf den Nachschub von Benzin zu konzentrieren, der notwendig war, um die Verfolgung fortzusetzen und dem Feind keine Erholungspause zu gönnen.

Eine dritte Feststellung ist die, daß der Nachschub für Montgomerys Vorstoß gerade zur kritischen Zeit wesentlich vermindert wurde, weil sich herausstellte, daß 1400 in Großbritannien gebaute Drei-Tonnen-Lastwagen und alle nach dem gleichen Modell gebauten Fahrzeuge fehlerhafte Kolben hatten. Hätte man diese Lastwagen benutzen können, dann hätte die 2. Armee täglich 800 t Nachschub mehr erhalten können – ausreichend, um zwei zusätzliche Divisionen zu versorgen.

Ein vierter Faktor von noch größerer Bedeutung ist das große Handicap, das in der Großzügigkeit der britischen und amerikanischen Nachschubberechnung bestand: Die alliierte Planung beruhte auf der Berechnung eines Bedarfs von 700 t täglich für jede Division, von denen 520 t täglich für die Fronteinheiten benötigt wurden. Die Deutschen waren weit sparsamer: ihre Nachschubrechnung betrug nur 200 t täglich für eine Division. Dabei mußten sie mit ständigen Störungen durch Luftangriffe und durch Partisanen rechnen – zwei ernsten Komplikationen, von denen die Alliierten nicht betroffen waren.

Dieses selbstgeschaffene Handicap der extravaganten Nachschubanforderungen wurde noch durch die verschwenderischen Gewohnheiten ihrer Truppen vergrößert. Ein krasses Beispiel waren die Kanister, die für das Auftanken so wichtig waren: Von 17 1/2 Millionen Kanistern, die seit der Landung nach Frankreich geschickt wurden, waren im Herbst nur noch 2 1/2 Millionen vorhanden!

Ein weiterer wichtiger Faktor bei dem Mißerfolg des nördlichen Vorstoßes war die Tatsache, daß die 1. US-Armee sich in dem befestigten Bergbaugebiet um Aachen herum festrannte – eine strategische Bindung, die praktisch zu einem großen »Internierungslager« führte, wie es Saloniki für die Alliierten im Ersten Weltkrieg gewesen war. Bei näherer Untersuchung wird es deutlich, daß der Mißerfolg des Vorsto-

ßes der 1. US-Armee – die drei Viertel der amerikanischen Nachschubtonnage erhielt, auf Kosten Pattons – auf Montgomerys Forderung
zurückzuführen ist, das Gros dieser Armee solle nördlich von den
Ardennen seine rechte Flanke decken. Der Raum zwischen seiner eigenen Vormarschlinie und den Ardennen war so schmal, daß die Armee
wenig Manövrierfähigkeit behielt und keine Chance hatte, Aachen zu
umgehen.

Diese arg festgefahrene Armee war nicht in der Lage, Montgomery
irgendwelche Hilfe zu leisten, als er Mitte September seine Arnheimer
Operation durchführte. Aber hier mußten die Briten auch für ein un-
gewöhnliches Versäumnis Strafe zahlen: Als die 11. Panzerdivision am
4. September in Antwerpen einzog, fielen die Docks unbeschädigt in
ihre Hand; aber sie tat nichts, um die Brücken über den Albert-Kanal
und in den Vororten zu sichern, und diese waren dann gesprengt worden, ehe man zwei Tage später den Übergang versuchte. Der Divisionskommandeur hatte nicht daran gedacht, die Brücken unmittelbar
nach der Einnahme der Stadt zu sichern, und kein höherer Vorgesetzter hatte ihm entsprechende Befehle gegeben. Es war ein vielfaches
Versäumnis – von insgesamt vier Befehlshabern von Montgomery abwärts, die sich sonst alle sorgfältig und energisch um wichtige Details
kümmerten.

Außerdem befindet sich knapp 30 Kilometer nördlich von Antwerpen der Eingang zur Halbinsel Beveland, einem nur wenige hundert
Meter breiten Landstreifen. In der zweiten und dritten Septemberwoche ließ man die Reste der deutschen 15. Armee, die an der Kanalküste
abgeschnitten worden waren, nach Norden entkommen. Sie wurden
dann nahe der Schelde-Mündung übergesetzt und entwichen weiter
durch den Flaschenhals von Beveland. Drei deutsche Divisionen kamen rechtzeitig an, um die verzweifelt dünne Front in Holland zu verstärken, ehe Montgomery seinen Vorstoß bei Arnheim begann, und
trugen so zu dessen Mißerfolg bei.

Was wäre nach Ansicht der anderen Seite für die Alliierten das beste
Vorgehen gewesen? Bei der Befragung bestätigte Blumentritt Montgomerys Argumente für einen konzentrierten Vorstoß im Norden bis
ins Ruhrgebiet und von dort nach Berlin und sagte:

»Wer Norddeutschland in der Hand hat, hat Deutschland in der
Hand. Ein solcher Durchbruch, zusammen mit der Luftüberlegenheit, würde die schwache deutsche Front zerrissen und den Krieg

beendet haben. Berlin und Prag wären dann schon von den Russen besetzt worden.« Blumentritt meinte, die alliierten Streitkräfte seien zu weit und zu gleichmäßig verteilt worden. Besonders kritisch äußerte er sich über den Angriff auf Metz:

»Ein direkter Angriff auf Metz war unnötig. Das Festungsgebiet von Metz hätte abgedeckt werden können. Statt dessen hätte eine Schwenkung nach Norden auf Luxemburg und Bitburg viel Erfolg versprochen und den Zusammenbruch der rechten Flanke unserer 1. Armee, danach den Zusammenbruch unserer 7. Armee zur Folge gehabt. Durch eine solche Flankenbewegung nach Norden hätte die ganze 7. Armee abgeschnitten werden können, ehe sie sich hinter den Rhein zurückzog.«

General Westphal, der am 5. September Blumentritt als Stabschef an der Westfront ablöste, war der Ansicht, die Wahl der Richtung des Hauptvorstoßes sei unter diesen Umständen weniger wichtig gewesen als eine konzentrierte Anstrengung, um den Hauptvorstoß zum Erfolg zu führen:

»Die Gesamtsituation im Westen war äußerst ernst. Eine schwere Niederlage irgendwo an der Front, die so voller Löcher war, daß sie diesen Namen nicht mehr verdiente, hätte zur Katastrophe geführt, wenn der Feind seine Möglichkeiten geschickt ausgenutzt hätte. Eine besondere Gefahrenquelle war, daß keine einzige Rheinbrücke für die Sprengung vorbereitet war, eine Unterlassung, die erst nach Wochen wiedergutgemacht werden konnte ... Bis Mitte Oktober hätte der Feind an jedem beliebigen Punkt leicht durchbrechen können, und er hätte dann den Rhein überschritten und wäre fast ungehindert tief nach Deutschland hineingestoßen.«

Westphal meinte, im September sei der verwundbarste Teil der ganzen Westfront der Abschnitt Luxemburg gewesen, der den Durchgang zum Rhein bei Koblenz öffnet. Seine Aussage bestätigte die Blumentritts über die Folgen eines Vorstoßes in diesem Abschnitt – dem breiten und dünn verteidigten Ardennengebiet zwischen Metz und Aachen.

Welche wichtigen Schlußfolgerungen ergeben sich aus dem Licht, das seitdem auf diese kritischen Tage geworfen worden ist?

Eisenhowers Plan eines Vormarschs zum Rhein auf »breiter Front«, schon vor der Invasion ausgearbeitet, wäre eine gute Methode gewesen, den Widerstand eines starken, noch ungeschlagenen Feindes zu erschöpfen und zu brechen. Er war weit weniger geeignet für die tatsächliche Situation eines schon zusammenbrechenden Feindes, in der es darauf ankam, den Zusammenbruch so schnell auszunutzen, daß der Feind keine Chance hatte, sich wieder zu fangen. Das erforderte eine pausenlose Verfolgung.

Unter diesen Umständen war Montgomerys Argument für einen einzigen konzentrierten großen Vorstoß grundsätzlich viel richtiger. Aber wenn man die Tatsachen erkundet, sieht man, daß der Mißerfolg seines Vorstoßes im Norden nicht, wie allgemein angenommen, auf die Abzweigung von Nachschub zu Pattons Armee zurückging. Ein viel größeres und wichtigeres Handicap waren eine Reihe von Fehlern in seinem eigenen Bereich: die verzögerte Inbetriebnahme des Hafens von Antwerpen, die sechstägige Unterbrechung des Nachschubs auf dem Luftwege zugunsten einer überflüssigen Operation, die übermäßige Zuteilung von Munition und anderem Nachschub, die dem Benzinnachschub Transportraum wegnahm, die 1 400 fehlerhaften britischen Lastwagen, der Einsatz der 1. US-Armee in einer Sackgasse, das Versäumnis, die Brücken über den Albert-Kanal rechtzeitig zu sichern, ehe sie gesprengt und die Übergänge vom Feind verteidigt werden konnten.

Am verhängnisvollsten aber war die Pause vom 4. bis 7. September, nachdem man Brüssel und Antwerpen erreicht hatte. Sie ist schwer zu vereinbaren mit Montgomerys erklärtem Ziel seines Vorstoßes aus dem Seine-Raum: »Den Feind am Laufen zu halten direkt bis zum Rhein und dann den Übergang über diesen Fluß zu erzwingen, ehe der Feind dort eine neue Front bilden konnte.« Tempo und unablässiger Druck sind die Schlüssel zum Erfolg bei jeder großen Verfolgungsoperation, und eine Pause von nur einem Tag kann den Erfolg zunichte machen.

Doch überall bei den alliierten Streitkräften bestand nach dem Vorstoß nach Belgien hinein die Neigung, jetzt auszuspannen. Sie wurde von der höchsten Spitze gefördert. Eisenhowers interalliierter Nachrichtendienst meldete ihm, die Deutschen könnten unter keinen Umständen genügend Kräfte aufstellen, um ihre Grenze zu verteidigen – und man versicherte auch der Presse: »Wir werden direkt durchkommen.« Eisenhower übermittelte diese Zusicherungen seinen Unterbefehlshabern. Noch am 15. September schrieb er Montgomery:

»Wir werden bald die Ruhr und die Saar und den Raum Frankfurt genommen haben, und ich möchte gern Ihre Ansicht darüber hören, was wir dann tun sollen.« Ein ähnlicher Optimismus herrschte überall. Als er sein Versäumnis entschuldigte, die Brücken über den Albert-Kanal zu nehmen, erklärte General Horrocks, Kommandeur der Panzerspitzen, ganz offen: »Ich nahm damals nicht an, es werde ernsthaften Widerstand am Albert-Kanal geben. Es schien uns, daß die Deutschen total desorganisiert seien.«

John North hat in seiner auf amtlichen Quellen beruhenden Geschichte der 21. Heeresgruppe die Situation gut geschildert: »Eine Einstellung ›der Krieg ist gewonnen‹, herrschte auf allen Ebenen.« Daher gab es während der entscheidenden zwei Wochen im September bei den Kommandeuren wenig Gefühl für die Dringlichkeit der Sache und bei den Truppen eine ganz natürliche Neigung, nicht allzu forsch vorzugehen und zu vermeiden, noch am Schluß des ohnehin bald beendeten Krieges zu fallen.

Die beste Chance eines schnellen Endsieges war vermutlich vertan, als in der letzten Augustwoche Pattons Panzern »das Gas abgedreht« wurde, als sie über 150 Kilometer näher am Rhein und an seinen Brükken waren als die Briten.

Patton hatte ein klareres Gefühl für die entscheidende Wichtigkeit des Tempos als irgendein anderer auf alliierter Seite. Er war bereit, in jeder gewünschten Richtung weiterzustoßen – ja, am 23. August schlug er selbst vor, seine Armee solle nördlich statt östlich vorstoßen. Sein späterer Kommentar hatte viel für sich: »Man darf nicht planen und dann versuchen, die Umstände dem Plan anzupassen. Man muß die Pläne den Umständen anpassen. Ich glaube, der Unterschied zwischen Erfolg und Mißerfolg hoher Kommandeure liegt in ihrer Fähigkeit oder Unfähigkeit, dies zu tun.«

Jedoch die tiefste Wurzel allen Mißgeschicks der Alliierten zu diesem Zeitpunkt gewaltiger Möglichkeiten war, daß niemand von den Planern einen so vollständigen Zusammenbruch des Feindes vorhergesehen hatte, wie er im August eintrat. Niemand war bereit, weder psychologisch noch materialmäßig, diesen Zusammenbruch durch eine schnelle Offensive mit ganz weit gesteckten Zielen auszunutzen.

Kapitel 32:
Die Befreiung Rußlands

Für den Feldzug an der Ostfront im Jahr 1944 war die Tatsache entscheidend, daß mit dem Vormarsch der Russen die Front nicht kürzer wurde, während die deutschen Truppen zahlenmäßig zusammenschrumpften – mit dem natürlichen Ergebnis, daß der russische Vormarsch ohne große Hindernisse weiterging, abgesehen von dem eigenen Nachschubproblem. Die Ereignisse lieferten eine denkbar klare Demonstration für die entscheidende Bedeutung des Verhältnisses zwischen Raum und Stärke. Dabei bemaßen sich die Pausen in dem Vormarsch nach der Entfernung, über welche die russischen Nachschublinien nach vorne verlängert werden mußten.

Der Hauptteil des Feldzuges bestand aus zwei großen russischen Anstrengungen auf verschiedenen Abschnitten, denen jeweils eine lange Pause folgte. Die erste wurde noch im Winter, die zweite im Hochsommer unternommen. In dem darauffolgenden Feldzug, der sich aus der Ausdehnung der südlichen Flanke bis nach Mitteleuropa hinein ergab, wurden die Pausen kürzer – dies erklärt sich großenteils dadurch, daß das Mißverhältnis zwischen Raum und deutscher Truppenstärke dort noch größer war, so daß die Russen in geringerem Grad neue Stellungen aufbauen mußten, bevor sie die nächste deutsche Verteidigungslinie angriffen.

Die Winteroffensive begann mit einem Eröffnungszug ähnlich dem der Herbstoffensive, und der ähnliche Erfolg war ein Beweis nicht sosehr für falsche Berechnungen der Deutschen als für ihre abnehmende Fähigkeit, mit den vorhandenen Kräften auszukommen. Anfang Dezember 1943 hatte Konjew einen neuen Flankenvorstoß begonnen, um das Hindernis von Kriwoj Rog zu überwinden, das sich bei seinem ersten Versuch der Begradigung der Dnjepr-Linie ergeben hatte. Als er diesmal aus dem Brückenkopf von Krementschug nach Westen statt nach Süden ausbrach, gelangte er fast bis Kirowograd; aber wurde dort wieder zum Stehen gebracht. Dieser Vorstoß und ein ergänzender aus dem Brückenkopf von Tscherkassy hatte jedoch einen beträchtlichen Teil der schwachen deutschen Reserven in Anspruch genommen. Manstein stand vor einem schweren Dilemma: Da Hitler den großen Rückzug verboten hatte, den die strategischen Erwägungen nahelegten, mußte er diese Bruchstellen in dem Abschnitt zwischen dem Dnjepr-Knie und Kiew kitten, obwohl dies seine Chancen verminderte, die Truppen Watutins in dem Bogen von Kiew einzuschließen, wo sie sich laufend verstärkten – gerade wie eine eingedämmte Sturzflut.

Am Weihnachtsabend begann dann Watutins neue Offensive unter dem Schleier eines dichten Morgennebels – wie fast jeder erfolgreiche Angriff im späteren Stadium des Ersten Weltkrieges. Mit dieser Hilfe überrannte er die deutschen Stellungen schon am ersten Tag, und nachdem er durchgebrochen war, entfalteten sich seine Truppen so, daß Gegenmaßnahmen nicht mehr möglich waren. Innerhalb einer Woche hatte er Schitomir und Korosten wieder genommen, und gleichzeitig war er so weit nach Süden vorgestoßen, daß er die vorher ungefährdeten Stützpunkte Berditschew und Bjelaja Tserkow umfaßte.

Am 3. Januar 1944 nahmen russische bewegliche Streitkräfte auf ihrem Vorstoß nach Westen den Knotenpunkt Nowigrad Wolynsk, 80 Kilometer über Korosten hinaus. Am nächsten Tag überschritten sie die russisch-polnische Vorkriegsgrenze. An der Südflanke wurden Bjelaja Tserkow und Korosten jetzt von den Deutschen aufgegeben, die sich bis Winnitza und bis zum Bug zurückzogen, um die wichtige Bahnlinie Odessa–Warschau abzudecken. Hier sammelte Manstein einige Reserven und versuchte einen Gegenschlag; aber dieser hatte geringe Durchschlagskraft, und Watutin war darauf gut vorbereitet. Wenn er auch vorübergehend den Vormarsch der Russen zum Bug aufhielt, so wurde ihnen nur Halt geboten um den Preis, daß man ihnen freie Hand für ihre Ausdehnung an der Flanke ließ. Von Berditschew und Schitomir aus drangen sie nach Westen vor, umgingen ein Hindernis bei Schepetowka und nahmen am 5. Februar das wichtige polnische Nachschubzentrum Rowno. Am gleichen Tag wurde durch einen Flankenvorstoß Luck genommen, etwa 80 Kilometer nordwestlich Rowno und schon 160 Kilometer jenseits der polnischen Grenze.

Doch noch unmittelbarere Folgen hatte die Ausdehnung der Flut nach Süden. Hier arbeitete Watutins linker Flügel mit Konjews rechtem Flügel zusammen, um die deutschen Truppen abzuschneiden, die durch Hitlers »Kein-Rückzug«-Befehl in dem Abschnitt zwischen den russischen Brückenköpfen bei Kiew und Tscherkassy festgehalten wurden. Diese Truppen, die an ihren vorgeschobenen Positionen nahe am Dnjepr festhielten, forderten eine Einschließung geradezu heraus, der sie nicht ausweichen durften. Als die beiden Zangen sich am 28. Januar hinter ihnen schlossen, waren Teile von sechs Divisionen in der Falle. Dank den Anstrengungen des III. und XLVII. Panzerkorps glückten schließlich die Ausbruchsversuche: Von den 60 000 Mann in dieser Tasche von Korsun wurden 30 000 ohne ihre Ausrüstung herausgezogen, 18 000 Mann fielen als Gefangene oder als Verwundete in die Hand des Feindes. Unter den Gefallenen befand sich Stemmermann, der Kommandierende General des XI. Korps.

Die Befreiung dieser eingeschlossenen Verbände geschah um den Preis der Position weiter südlich, im Dnjepr-Knie. Hier konnten die Deutschen einen Angriff nicht zum Stehen bringen, den Malinowskij gegen die Grundlinie ihres Bogens bei Nikopol führte. Am 8. Februar mußte Nikopol aufgegeben werden, und wenn auch der größte Teil der Besatzung entkommen konnte, verloren die Deutschen ihre lange Nutzung dieses wichtigen Manganerz-Vorkommens. Noch zwei Wochen behaupteten sie Kriwoj Rog, dann räumten sie es unter der Drohung einer neuen Einschließung.

Die tiefen Einbrüche, die den Russen in der Südfront zwischen den Pripjet-Sümpfen und dem Schwarzen Meer gelangen, hatten die Frontlinie verlängert, welche die Deutschen abdecken mußten, während Hitlers starrer Grundsatz jeden rechtzeitigen Rückzug zum Zweck der Frontverkürzung verhindert hatte. Ihre wachsenden Verluste, besonders bei den Kämpfen um Korsun, hinterließen Lücken, die sie nun nicht mehr schließen konnten. Der Preis für Hitlers Grundsatz war somit ein viel größerer Rückzug, als er zwei Monate früher nötig gewesen wäre.

Ihre eigene Schwäche und die Weite des Raumes erzeugten jetzt bei den deutschen Truppen ein Gefühl der Hilflosigkeit; es wurde vertieft nicht nur durch die Übermacht des vorrückenden Feindes, sondern auch durch seine scheinbare Unbekümmertheit über Nachschubprobleme. Die Russen rollten an wie eine Flut oder wie eine riesige

Nomadenhorde. Sie konnten leben, wo jede westliche Armee verhungert wäre, und immer weiter vorrücken, wenn jede andere Armee erst einmal gewartet hätte, bis die zerstörten Verkehrswege wieder instand gesetzt waren. Bewegliche deutsche Verbände, die den Vormarsch aufzuhalten suchten, indem sie die russischen Nachschubwege angriffen, fanden selten Versorgungskolonnen, die sie unter Feuer nehmen konnten. Ihr Eindruck wurde von einem ihrer kühnsten Kommandeure, Manteuffel, so formuliert:

»Der Vormarsch der russischen Armee ist etwas, das sich ein westlicher Mensch nicht vorstellen kann. Hinter den Panzerspitzen rollt eine riesige Horde heran, zum großen Teil auf Pferden. Jeder Soldat trägt einen Rucksack mit trockenen Brotresten und rohem Gemüse, das er auf dem Marsch in den Feldern und Dörfern aufgesammelt hatte. Die Pferde essen das Stroh von den Hausdächern – sie bekommen kaum etwas anderes. Die Russen sind gewohnt, bis zu drei Wochen auf ihren Vormärschen so primitiv zu leben.«

Die Hoffnungen, die russische Flut aufzuhalten, wurden weiter vermindert durch die Entlassung Mansteins, der an einem Augenleiden litt. Wenn dies auch der unmittelbare Anlaß war, so wurde die Entlassung doch beschleunigt durch Reibungen mit Hitler, dessen Strategie Manstein als unsinnig bezeichnete und mit dem er in harten Worten aneinandergeraten war, die der Führer nicht vertragen konnte. Von nun an war der Mann, den die deutschen Soldaten als ihren besten Strategen ansahen, völlig kaltgestellt. Wenn auch sein Augenlicht durch eine Operation wiederhergestellt wurde, so konnte er es doch nur benutzen, um in seinem Zufluchtsort bei Celle auf der Landkarte zu verfolgen, wie die deutschen Armeen blindlings in den Abgrund geführt wurden.

Anfang März 1944 entwickelte sich ein neues kombiniertes russisches Manöver von noch größerer Ausdehnung. Die Aufmerksamkeit wurde zuerst auf einen Vorstoß in die südöstliche Ecke von Galizien nahe der Mündung des Bug gelenkt. Er wurde durchgeführt von Marschall Schukow, der den Oberbefehl über die Armeen westlich von Kiew übernommen hatte, nachdem Watutin in einen Hinterhalt antisowjetischer Partisanen geraten und tödlich verwundet worden war.

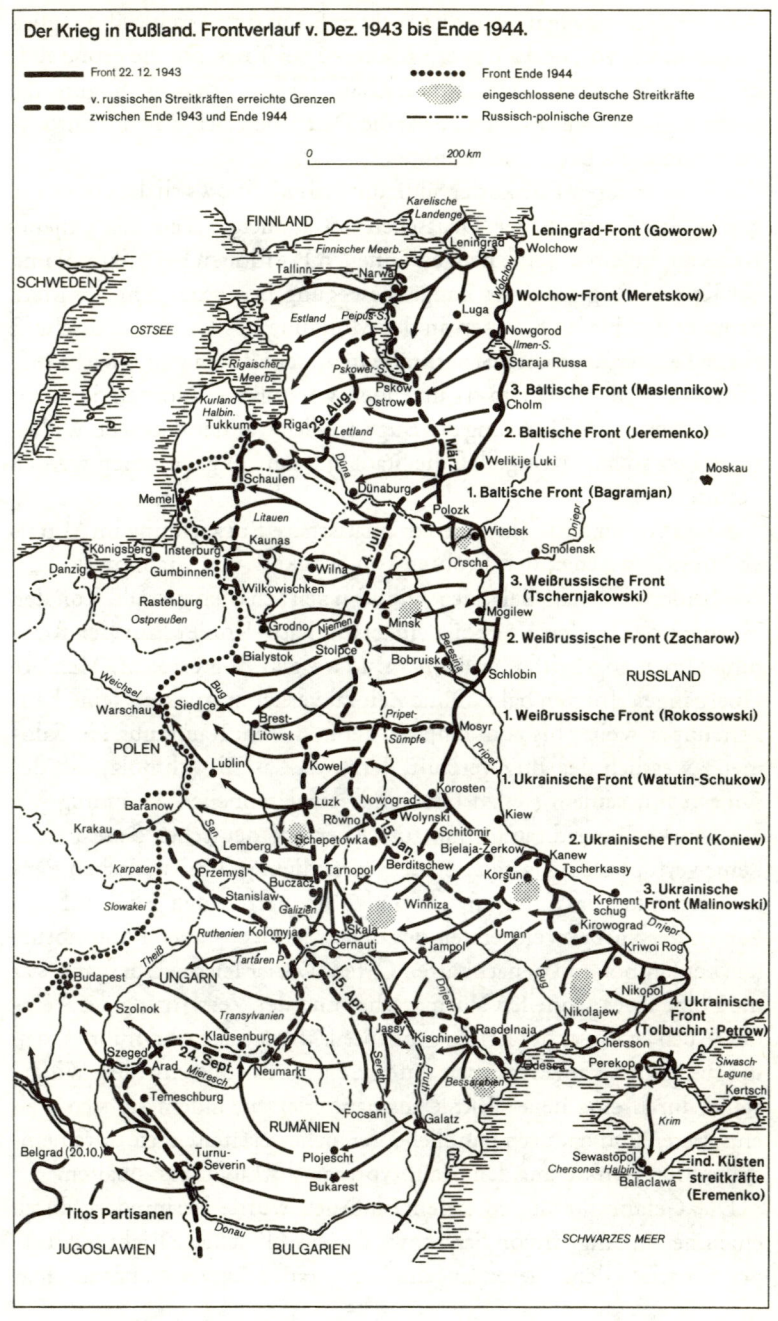

Der Krieg in Rußland. Frontverlauf v. Dez. 1943 bis Ende 1944.

Front 22. 12. 1943
v. russischen Streitkräften erreichte Grenzen
zwischen Ende 1943 und Ende 1944

•••••• Front Ende 1944
eingeschlossene deutsche Streitkräfte
Russisch-polnische Grenze

0   200 km

FINNLAND
Karelische Landenge
SCHWEDEN
OSTSEE
Finnischer Meerb.
Leningrad
Wolchow
Leningrad-Front (Goworow)
Tallinn
Narwa
Estland
Peipus S.
Luga
Nowgorod
Ilmen-S.
Wolchow-Front (Meretskow)
Rigaischer Meerb.
Pskower S.
Pskow
Ostrow
Staraja Russa
3. Baltische Front (Maslennikow)
Cholm
Kurland Halbin.
Tukkum
Riga
Lettland
Düna
2. Baltische Front (Jeremenko)
Memel
Schaulen
Dünaburg
Welikije Luki
1. Baltische Front (Bagramjan)
Litauen
Polozk
Moskau
Königsberg
Insterburg
Kaunas
Witebsk
Smolensk
Dnjepr
Danzig
Gumbinnen
Wilna
Orscha
Rastenburg
Wilkowischken
3. Weißrussische Front (Tschernjakowski)
Ostpreußen
Grodno
Njemen
Minsk
Mogilew
2. Weißrussische Front (Zacharow)
Weichsel
Bialystok
Stolpce
Bobruisk
Schlobin
RUSSLAND
Warschau
Siedlce
Bug
Brest-Litowsk
Pripet
Mosyr
1. Weißrussische Front (Rokossowski)
POLEN
Lublin
Kowel
Sümpfe
Pripet
Baranow
Luzk
Nowograd
Korosten
1. Ukrainische Front (Watutin-Schukow)
Krakau
San
Rowno
Wolynski
Kiew
Lemberg
Schepetowka
Schitomir
2. Ukrainische Front (Koniew)
Przemysl
Buczacz
Tarnopol
Berditschew
Bjelaja-Zerkow
Kanew
Tscherkassy
Stanislaw
Galizien
Korsun
3. Ukrainische Front (Malinowski)
Karpaten
Slowakei
Ruthenien
Kolomyja
Skala
Winniza
Uman
Krementschug
Kirowograd
Dnjepr
Kriwoi Rog
Budapest
Cernauti
Jampol
Bug
Nikopol
UNGARN
Tartären P.
4. Ukrainische Front (Tolbuchin : Petrow)
Szolnok
Transylvanien
Jassy
Raadelnaja
Nikolajew
Klausenburg
Kischinew
Cherrson
Szeged
Arad
Neumarkt
Odessa
Perekop
Siwasch Lagune
Temeschburg
Mieresch
Pruth
Bessarabien
Kertsch
RUMÄNIEN
Focsani
Galatz
Krim
Belgrad (20.10.)
Sewastopol
Chersones Halbin.
Balaclawa
ind. Küsten streitkräfte (Eremenko)
Turnu-Severin
Plojescht
Bukarest
Titos Partisanen
Donau
SCHWARZES MEER
JUGOSLAWIEN
BULGARIEN

29. Aug.
1. März
4. Juli
15. Jan.
15. Apr.
24. Sept.

Aus der Richtung Schepetowka rückten Schukows Streitkräfte täglich
50 Kilometer vor, und am 7. erreichten sie bei Tarnopol die große süd-
nördliche Bahnlinie Odessa–Warschau. Dieser Vorstoß umging die
Verteidigungslinie am Bug, bevor die Deutschen sich dorthin zurückziehen und sie befestigen konnten.

An der anderen Flanke der Südfront griff Malinowskij die unhaltbar
gewordene Position der Deutschen am südlichen Teil des Dnjepr-
Knies an, indem er seine neugewonnenen Positionen bei Nikopol und
bei Kriwoj Rog zu einer Zangenbewegung benutzte. Am 13. März
nahm er den Hafen Khersen an der Mündung des Dnjepr und schnitt
einen Teil der deutschen Streitkräfte in diesem Raum ein. Gleichzeitig
näherte er sich mit seinem ergänzenden Vorstoß von Norden der Stadt
Nikolajew an der Mündung des Bug – freilich war der deutsche Widerstand hier so hartnäckig, daß die Stadt erst am 28. genommen werden
konnte.

Schon vorher hatte eine noch dramatischere Entwicklung im Mittelabschnitt, zwischen den Fronten von Schukow und Malinowskij, die
von beiden erzielten Geländegewinne in den Schatten gestellt. Von den
Hörnern der beiden Vorstöße eingefaßt, hatte Konjew aus der Richtung Uman angegriffen und am 12. März den Bug erreicht. Mehrere
Übergänge erfolgten bald. Ohne Zeit zu verlieren, rückten seine Panzertruppen weiter bis zum Dnjestr, der in diesem Raum nur 110 Kilometer westlich des Bug verläuft. Jetzt, da das Eis schmolz, sah der
Dnjestr mit seinem steilen Ufer und seiner schnellen Strömung wie
eine starke Verteidigungslinie aus. Aber auf deutscher Seite gab es
keine verfügbaren Kräfte zu seiner Verteidigung. Die russischen Panzer erreichten das Ufer am 18. und überquerten den Fluß auf den
Fersen der zurückweichenden deutschen Armee – über Pontonbrük-
ken bei Jampol und benachbarten Orten. Dieser leichte Übergang war
die Folge ihres schnellen Vormarsches und der Verwirrung des Feindes. Auch jetzt war der Erfolg großenteils darauf zurückzuführen, daß
die russischen Panzertruppen unter General Rotmistrow den Widerstand durch eine neue Taktik ausmanövrierten, indem sie sich weit
entfalteten und dadurch feindliche Versuche vereitelten, sie durch einzelne Stützpunkte auf den Hauptvormarschstraßen aufzuhalten.

Die Gefahr für diesen tiefen Einbruch wurde vermindert durch
einen neuen Angriff von Schukows linkem Flügel aus Richtung Tarnopol nach Süden. Dieser Angriff kam gerade rechtzeitig, unmittelbar

nachdem die deutschen Gegenangriffe bei Tarnopol durch die schnell zusammengeraffte Verteidigung der Russen gescheitert waren, und der Angriff erfolgte so, daß der Rückzug der Deutschen gut ausgenutzt wurde; er war so geplant, daß er mit Konjews Vorstoß zusammenwirkte. Nach einem schnellen Vormarsch zu der Dnjestr-Linie rückte Schukows linker Flügel am Ostufer weiter, rollte die Flanke des Feindes auf und drängte ihn zusammen, sobald er sich mit Konjews rechtem Flügel vereinigte. Eine solche kombinierte Hebelbewegung bot Sicherheit für die Verteidigung wie Aussicht auf eine verlängerte Offensive.

Während diese Flankenvorstöße den Einbruch erweiterten und Teile der feindlichen Armee abschnitten, die zu spät ihren Rückzug begonnen hatten, setzten die Russen auch ihren allgemeinen Vorstoß nach Westen fort. Noch vor Ende März waren Konjews Panzerspitzen bis zum Pruth bei Jassy durchgebrochen, und Schukows Panzerspitzen hatten die wichtigen Städte Kolomyja und Cernauty genommen; dort hatten sie einen Übergang über den oberen Pruth erzwungen. Dieser Vorstoß brachte die Russen bis nahe an die Karpaten heran, die Verteidigungslinie Ungarns.

Als unmittelbare Reaktion auf diese Bedrohung besetzten die Deutschen jetzt Ungarn. Es war offensichtlich, daß dies erfolgte, um die Gebirgslinie der Karpaten halten zu können. Die Deutschen brauchten diese Barriere, nicht nur um einen russischen Einbruch in die mitteleuropäischen Ebenen zu verhindern, sondern auch als Schlüsselstellung für jede weitere Verteidigung des Balkans. Die Karpaten, im Süden verlängert durch die transsylvanischen Alpen, bilden eine natürliche Verteidigungslinie von großer Stärke. Ihre Länge wird, strategisch gemessen, vermindert durch die kleine Zahl der Paßübergänge, die eine sparsame Verwendung von Streitkräften ermöglicht. Zwischen dem Schwarzen Meer und dem Beginn der Bergkette bei Focsani gibt es eine Ebene von etwa 190 Kilometern, doch deren östliche Hälfte wird durch das Donau-Delta und eine Seenkette ausgefüllt, so daß die eigentliche Gefahrenzone nur in dem 90 Kilometer breiten Tor von Galatz besteht.

Anfang April sah es so aus, als müßten die Deutschen bald auf diese rückwärtige Linie zurückgehen, die bereits an der nordöstlichen Ecke gefährdet war durch den Keil, den Schukow zwischen Tarnopol und Cernauty in die Richtung auf den Jablonica-Paß (bekannter unter dem

Namen Tataren-Paß) vortrieb. Es schien, als wolle Schukow den stürmischen Marsch auf Budapest von Sabutai wiederholen, der als Anführer der Mongolen Dschingis-Khans – der Vorläufer der modernen Panzertruppen – im März 1241 von den Karpaten durch die ungarische Tiefebene bis zur Donau vorgerückt war, wobei er in drei Tagen 400 Kilometer zurücklegte.

Am 1. April erreichten Schukows Panzerspitzen den Eingang zum Tataren-Paß. Die Bergkette ist hier viel niedriger und ein geringeres Hindernis als weiter südlich, und der Paß ist nur gut 600 Meter hoch. Doch selbst solch ein sanfter Anstieg kann zu einem schwierigen Marsch werden, wenn der Übergang hartnäckig verteidigt wird – weil die Manövrierfähigkeit des Angreifers behindert ist. So war es auch hier. Die Panzerspitzen schafften den Durchbruch nicht, und hinter ihnen standen nicht genug Kräfte, um den Angriff wiederaufzunehmen, da der Nachschub mit einem so langen und schnellen Vormarsch nicht Schritt hielt.

Im Gegensatz dazu kam es den Deutschen jetzt zugute, daß sie auf ein gutes Straßennetz mit dem Zentrum Lemberg zurückgegangen waren, während ihre Streitkräfte seit dem Rückzug nach Galizien stärker konzentriert werden konnten. In der folgenden Woche, der Woche vor Ostern, begannen die Deutschen einen stärkeren Gegenangriff, als sie ihn seit langer Zeit hatten führen können. Er hatte ein doppeltes Ziel: den russischen Vormarsch zu lähmen und die 18 zusammengeschmolzenen Divisionen der 1. Panzerarmee zu entsetzen, die östlich des Dnjestr zwischen den vorspringenden Keilen von Schukow und Konjew eingeschlossen waren. Diese großen deutschen Verbände hatten zuerst versucht, an Skala und Buczacz vorbei nach Westen bis auf Lemberg auszubrechen.

Der deutsche Gegenangriff erfolgte auf beiden Ufern des Dnjestr. Am rechten Ufer brach er tief in den russischen Tatarenpaß-Keil ein und eroberte den Knotenpunkt Delatyn an der Bahnlinie von Kolomyja bis zum Paß zurück. Am linken Ufer wurde Buczacz wieder genommen und ein Korridor wieder geöffnet, durch den die bei Skala eingeschlossenen Divisionen sich zurückziehen konnten. Danach wurde die Front im südlichen Polen zwischen den Pripjet-Sümpfen und den Karpaten auf einer Linie ziemlich weit östlich von Lemberg stabilisiert. Dort blieb die Front statisch von April bis Juni 1944.

Auch Konjews Vorstoß über den Pruth, der Rumäniens Grenze bildete, war knapp hinter dem Fluß zum Stehen gebracht worden. Es gelang ihm nicht einmal, bis Jassy vorzudringen, das nur 16 Kilometer jenseits des Pruth liegt; freilich erreichte Konjew etwas weiter nördlich den Sereth-Fluß. Er hatte jedoch für den Augenblick ein noch wichtigeres Ziel: Sein linker Flügel war nach Süden entlang des Dnjestr geschwenkt, gegen den Rücken der feindlichen Truppen am Schwarzen Meer, die zum großen Teil aus rumänischen Divisionen bestanden. Diese Flankenbewegung Konjews war genau abgestimmt mit Malinowskijs direktem Vormarsch von Nikolajew nach Westen auf Odessa.

Diese kombinierte Drohung war ein sehr heikles Problem für Schörner, der Kleist als Befehlshaber der früheren Heeresgruppe A (jetzt Heeresgruppe Südukraine) abgelöst hatte, und für Model, der Mansteins Nachfolger als Oberbefehlshaber der Heeresgruppe Nordukraine (früher Heeresgruppe Don und dann Heeresgruppe Süd) geworden war. Schörners Schwierigkeiten wurden vergrößert durch die geringe Zahl und den schlechten Zustand der Verkehrsverbindungen in seinem Rücken; denn seit dem russischen Vorstoß zu den Karpaten war er von den Armeen in Polen abgeschnitten und auf den Umweg durch Ungarn und den Balkan angewiesen.

Gleichzeitig führten die alliierten schweren Bomber aus Italien eine Reihe von Angriffen auf die wichtigsten Eisenbahnknotenpunkte; sie begannen in der ersten Aprilwoche mit Angriffen auf Budapest, Bukarest und Ploesti. Diese Gefahr im Rücken entstand etwas zu spät, um eine unmittelbare Wirkung zu haben, aber sie sollte verspätete Früchte tragen.

Am 5. April erreichten Malinowskijs Truppen den Knotenpunkt Rasdelnaja und schnitten damit die einzige noch intakte Bahnlinie von Odessa nach Westen ab. Am 10. besetzten sie den großen Hafen selbst. Aber der größte Teil der feindlichen Truppen war entkommen. Sie brauchten sich nur ein kurzes Stück zurückzuziehen – auf die Linie des unteren Dnjestr, von wo die Front jetzt in einer westlichen Kurve bis Jassy verlief; denn Konjews Vorstoß nach Süden war im Raum Kischinew zum Stehen gekommen.

In der ersten Maiwoche führte Konjew einen schweren Angriff westlich von Jassy entlang beider Ufer des Sereth; er setzte dabei die neuen Stalin-Panzer ein. Mit deren Hilfe gelang den Russen ein Durchbruch. Aber Schörner hatte eine ziemlich starke Panzerreserve unter dem Befehl Manteuffels zur Hand; dieser gelang es, die Ausweitung des Durchbruchs durch eine kluge Defensivtaktik zu verhindern, die auf dem natürlichen Vorteil jedes Gegenangriffes und auf dem Grundsatz größerer Beweglichkeit zum Ausgleich für unterlegene Panzerung und Bewaffnung beruhte. Eine große Panzerschlacht, bei der etwa 500 Panzer beteiligt waren, endete mit einem Rückschlag für die Russen und in der erneuten Stabilisierung der Front.

Doch dieser Erfolg wurde den Deutschen drei Monate später zum Verhängnis. Denn er ermutigte Hitler, darauf zu bestehen, daß jeder Fußbreit gehalten werden müsse, nicht nur im Raum Jassy, sondern auch im südlichen Teil Bessarabiens zwischen Pruth und Dnjestr. Dies bedeutete, daß die Truppen in einer exponierten Stellung weit ostwärts der Karpaten und der Pforte von Galatz stehenblieben – und währenddessen brach hinter ihnen die Front zusammen, unter dem Druck der Friedenssehnsucht des rumänischen Volkes.

Im April erfolgte auch die Befreiung der Krim. Die Besatzungstruppen, zur Hälfte Deutsche und zur Hälfte Rumänen, war durch Evakuierung über das Meer allmählich an Zahl vermindert worden. Doch das Problem für die Angreifer war immer noch schwierig, da keine große Truppenstärke notwendig war, um an den beiden schmalen Zugängen zu der Halbinsel eine starke Stellung aufzubauen. Die Einnahme der Krim erforderte einen großangelegten und sorgfältig geplanten Angriff. Das war Hitlers Rechtfertigung dafür, an der Krim festzuhalten, lange nachdem die russische Flut auf dem Festland an der Halbinsel vorbeigestürmt war – diesmal hatte er mehr Anlaß als sonst, eine Truppeneinheit zu opfern, da dies die Abzweigung großer russischer Verbände in einer kritischen Periode bedeutet hatte.

Der Hauptangriff auf die Krim wurde am 8. April von Tolbuchin eröffnet, nach einem vorbereitenden Angriff, der den Zweck hatte, daß die Deutschen ihre Artilleriestellungen enthüllen sollten. Der Frontalangriff auf die Verteidigung der Enge von Perekop wurde ergänzt durch eine Überquerung der Siwasch-Lagune an der Flanke; dadurch gelangte man in den Rücken der Deutschen. Sobald dieses Manöver das nördliche Tor der Krim aufgebrochen hatte, griffen Jeremenkos Truppen von ihren Stützpunkten am Ostende bei Kertsch aus an. Am 17. April hatten die beiden aufeinander abgestimmten Vorstöße den Stadtrand von Sewastopol erreicht und 37000 Gefangene gemacht. Daß es so viele waren, ging wieder auf den deutschen Fehler zurück, entsprechend Hitlers starren Grundsätzen auf einer Linie südlich der Enge von Perekop stehenzubleiben, statt sich sofort auf Sewastopol zurückzuziehen. Dies ermöglichte Tolbuchin, seine Panzer heranzubringen, in die improvisierte Verteidigungslinie einen Einbruch zu machen, der für die wenigen verfügbaren Truppen viel zu breit war, und dann einen großen Teil der Verteidiger zu überrennen, bevor sie sich nach Sewastopol zurückziehen konnten.

Die Russen machten eine Pause, um schwere Artillerie heranzuführen, bevor sie diese Festung angriffen – wo die verteidigenden Kräfte aber längst nicht mehr ausreichten, um die Befestigungen mit einer vernünftigen Zahl zu halten. Dennoch bestand Hitler darauf, Sewastopol müsse unter allen Umständen gehalten werden. Der Angriff begann in der Nacht zum 6. Mai; schnell wurde ein entscheidender Durchbruch an den südwestlichen Zugängen zwischen Inkerman und Balaclawa erzielt. Am 9. Mai widerrief Hitler verspätet seinen Befehl und versprach Schiffe zur Evakuierung der Besatzung. Am 10. wurde Sewastopol aufgegeben; die Truppen zogen sich in die Halbinsel Chersones zurück, wo fast 30000 Mann am 13. Mai kapitulierten, nachdem nur einige wenige übers Meer entkommen konnten. Die meisten Gefangenen waren Deutsche: Vor Beginn der Offensive hatte das deutsche Oberkommando beschlossen, die Rumänen über das Meer zu evakuieren und sich nur noch auf die deutschen Truppen zu verlassen. Dies hätte vielleicht die Verteidigung verlängern können, wenn nicht die verhängnisvolle Starrheit des Verteidigungsplans gewesen wäre.

Auch an der anderen Flanke der Ostfront hatten die Russen in den ersten Monaten 1944 Gelände gewonnen, wenn auch nicht im gleichen Ausmaß wie im Süden. Zu Beginn des Jahres hatten die Deutschen Leningrad noch eng eingeschlossen. Ihre Front erstreckte sich an der Stadt vorbei bis zu einem Punkt knapp 100 Kilometer weiter östlich und schwenkte dann nach Süden entlang des Wolkow-Flusses zum Ilmensee; auf jeder Seite dieses großen Sees hielten sie die Schlüsselstädte Nowgorod bzw. Staraja Russa. Mitte Januar begannen die Russen ihre langerwartete Offensive, um Leningrad aus dem Griff des Feindes zu befreien. Von der Küste westlich der Stadt vorstoßend, trieben Goworows Truppen einen Keil in die linke Flanke des deutschen Bogens und Meretskows Truppen einen noch tieferen in die rechte Flanke bei Nowgorod. Die ersten Durchbrüche führten zu der üblichen Illusion, die Deutschen seien eingeschlossen; aber es gelang ihnen ein geordneter etappenweiser Rückzug auf die Grundlinie des Bogens. Die übertriebenen Erwartungen ließen etwas die klaren Vorteile vergessen, die man durch die Befreiung Leningrads gewonnen hatte: die Öffnung der Bahnlinie Leningrad–Moskau und die Abschneidung Finnlands von der deutschen Front.

Am Ende dieses Rückzuges standen die Deutschen auf einer Frontlinie von Narwa am Finnischen Meerbusen bis Pskow. Die Begradigung und Verkürzung der Front verbesserte vorläufig die deutsche Situation, um so mehr, da die praktische Verkürzung der Verteidigungsfront weit größer war, als die Zahl der Kilometer angab; denn drei Viertel des 190 Kilometer langen Abschnittes zwischen der Küste und der neuen Schlüsselstellung von Pskow wurde durch die beiden Seen, den Peipus-See und den Pskower See, eingenommen. Ende Februar bildete ein plötzlicher Vorstoß Goworows einen Brückenkopf über den Narwa-Fluß zwischen dem Meer und dem Peipus-See, der aber dann abgeriegelt wurde. Auch südlich der Seen wurde der russische Vorstoß zum Stehen gebracht, als er Pskow, 190 Kilometer hinter Staraja Russa, erreicht hatte. Das war eine Enttäuschung für die Rote Armee, die gehofft hatte, ihren 26. Geburtstag durch die Wiedereroberung der Stadt zu feiern, wo sie im Kampf gegen die Deutschen am 23. Februar 1918 ins Leben getreten war.

Die militärischen Ergebnisse dieser Winteroffensive im Norden waren weniger wichtig als die politischen Auswirkungen. Beunruhigt durch das Gefühl der räumlichen Isolierung, nahm die finnische Regierung Mitte Februar Verhandlungen über einen Waffenstillstand auf. Angesichts der Umstände waren die russischen Bedingungen bemerkenswert maßvoll; sie beruhten auf einer Rückkehr zu den Grenzen von 1940. Doch die Finnen hatten Angst, daß die Bedingungen in der Praxis weiter ausgelegt werden könnten, und verlangten klarere Sicherungen, als die Russen bereit waren zuzugestehen. Sie beteuerten auch, daß sie nicht in der Lage seien, die Forderung einer Entwaffnung der deutschen Truppen in Nordfinnland zu erfüllen, und hatten Bedenken, die russischen Truppen zu diesem Zweck einmarschieren zu lassen. Aber obwohl die Gespräche im März abgebrochen wurden, war dies eindeutig nicht mehr als eine vertagte Entscheidung. Darüber hinaus ermutigte die finnische Initiative zu offenen Friedensverhandlungen Deutschlands andere Satelliten, ähnliche Fühler im geheimen auszustrecken. Im Falle Rumäniens wurde ein solcher Schritt von Stalins Erklärung gefördert, daß er einer Rückgabe Transsylvaniens (Siebenbürgens) an Rumänien sympathisch gegenüberstehe.

Daher brachte die Stabilisierung der Ostfront, welche die Deutschen im Mai erreichten, nur eine oberflächliche Verbesserung ihrer Situation. Die Auszehrung ihrer Kräfte war so weit vorgeschritten, daß es ihnen wenig nützte, Zeit zu gewinnen, während die Russen Zeit brauchten, um ihre nächste große Offensive vorzubereiten, und die verschiedenen Unterhändler Zeit brauchten für die Vollendung ihrer Friedensbemühungen – denn nur ein Autokrat kann über Nacht die Seite wechseln. Unterdessen wurde das Verlangen nach Frieden ebenso wie die Störung der feindlichen Verbindungswege verstärkt durch die fortschreitende Ausdehnung der alliierten Bombenangriffe auf dem Balkan. Am 2. Juni wurde ein »Rückfahrbetrieb« eingeweiht, als amerikanische Flying Fortresses auf neuerrichteten Flugplätzen auf russischem Gebiet landeten und wieder auftankten, ehe sie auf ihrem Rückflug zu ihren Stützpunkten im Mittelmeer einen zweiten Angriff durchführten. Ein ähnlicher Betrieb zwischen Flugplätzen in England und Rußland begann am 21., wobei die amerikanischen Bomber auf beiden Flügen durch Langstreckenjäger begleitet wurden.

Am 10. Juni wurde der bisherige russische Druck auf die zögernden Finnen verstärkt in Form von Luftangriffen und durch einen Vorstoß zu Lande durch die Karelische Landenge zwischen dem Ladoga-See und dem Finnischen Meerbusen. Nach dem Durchbruch durch mehrere Stellungen nahmen Marschall Goworows Truppen am 20. Viipuri und gewannen damit das Ende der Landenge. Daraufhin boten die Finnen an, die russischen Waffenstillstandsbedingungen anzunehmen, die sie vorher abgelehnt hatten. Doch Stalin verlangte jetzt eine formelle Kapitulation, und davor scheuten die Finnen zurück. Inzwischen flog Ribbentrop nach Helsinki, wo er die Ängste der Finnen ansprach und ihnen deutsche Verstärkungen in Aussicht stellte. Seiner Mission kam zugute, daß der russische Vormarsch an Schwung verlor, je weiter er ging und je mehr er in das Seengebiet hinter der Grenze von 1940 gelangte. So hatte der russisch-finnische Krieg noch eine neue Runde, wenn auch in ruhigerer Form. Die unmittelbare Folge war, daß die USA jetzt ihre Beziehungen zu Finnland abbrachen, die sie so lange aufrechterhalten hatten, während die Deutschen ihre Verpflichtungen gegenüber Finnland noch verstärkten – zu einem Zeitpunkt, als ihre eigene Front verzweifelt nach Reserven rief.

Die Russen hatten Grund, mit diesem kleinen Gewinn zufrieden zu sein. Ihre eigene Sommeroffensive begann am 23. Juni – als die britisch-amerikanische Invasion der Normandie schon festen Fuß gefaßt hatte. Dies, zusammen mit dem alliierten Vormarsch über Rom hinaus, garantierte den Russen, daß die Deutschen noch vor ihrem eigenen Angriff an allen Fronten gleichzeitig bedrängt wurden. Aber am meisten profitierten die Russen von Hitlers unverändertem Verharren auf einer starren statt einer elastischen Verteidigung.

Wenn auch die russischen Vorbereitungen an der ganzen Front zwischen Karpaten und Ostsee erkennbar waren, so richtete sich die Hauptaufmerksamkeit doch auf den Abschnitt südlich der Pripjet-Sümpfe. Denn hier standen die Russen schon tief in Polen, und es war natürlich, dort eine Wiederaufnahme ihrer Frühjahrsoffensive zu erwarten, die sie fast bis Lemberg und zeitweise bis Kowel geführt hatte. Die dreimonatige Pause hatte Schukow ermöglicht, die Eisenbahnlinien in der Tiefe seines rückwärtigen Armeegebietes instand zu setzen.

Die Russen beschlossen jedoch, ihre Offensive von der rückwärtigsten Stellung ihrer Front zu beginnen, wie es das deutsche Oberkommando 1942 getan hatte. Sie griffen in Weißrußland nördlich der Pripjet-Sümpfe an, wo der Feind immer noch ein gutes Stück russischen Bodens besetzt.

Diese Wahl war sorgfältig berechnet. Da die nördliche Front am wenigsten weit vorangekommen war, boten dort die russischen rückwärtigen Verbindungslinien die beste Möglichkeit, den Angriff mit Elan zu beginnen. Und da dieser Abschnitt sich im Jahr 1943 so zäh gehalten hatte, würde das deutsche Oberkommando, so glaubten sie, ihn kaum verstärken auf Kosten der wichtigeren und offensichtlich gefährdeteren Position zwischen Kowel und den Karpaten. Obwohl der Hauptteil des Nordabschnittes im vorangegangenen Herbst und Winter allen Angriffen standgehalten hatte, war es den Russen gelungen, in seine Flanken bei Witebsk und Chlobin je einen Keil zu treiben. Diese Einbrüche boten einen wertvollen Hebel für eine neue Offensive. Sobald sie außerdem den Feind in die Flucht schlagen konnten, könnte man eine größere Hebelbewegung von dem südlichen Bogen bei Kowel aus in den Rücken des Feindes ansetzen. Denn hier standen die Russen am westlichen Ende des Sumpfgürtels, der die beiden deutschen Armeen trennte.

Vor der Offensive wurde der Abschnitt zwischen Ostsee und Pripjet-Sümpfen verstärkt und die dortigen Truppen neu gegliedert. In dem Abschnitt standen jetzt sieben kampfstarke Heeresgruppen oder »Fronten«. Am rechten Flügel war Goworows »Leningrader Front«, dann kam die »3. Baltische Front« unter Maslennikow und die »2. Baltische Front« unter Jeremenko; diese beiden waren zunächst inaktiv. Die vier Heeresgruppen, welche die Offensive ausführten, waren, von Norden nach Süden: die »1. Baltische« unter Bagramjan, die vorher den Keil nördlich von Witebsk gebildet hatte, die »3. Weißrussische« unter Tschernjachowskij, der mit 36 Jahren der jüngste aller höheren Befehlshaber war, die »2. Weißrussische« unter Sacharow und die »1. Weißrussische« unter Rokossowskij, die den Vorsprung bei Chlobin gebildet hatte. Diese vier Heeresgruppen umfaßten 166 Divisionen.

Der Schwerpunkt der russischen Offensive lag im Abschnitt der deutschen Heeresgruppe Mitte, die jetzt Feldmarschall Busch befehligte, der Kluge abgelöst hatte, nachdem dieser bei einem Autounfall schwer verletzt worden war. Obwohl die russische Winteroffensive die Verteidigungslinie in diesem Abschnitt nicht hatte durchbrechen können, wußten Busch und seine wichtigsten Unterführer, daß sie nur gerade eben davongekommen waren, und sie dachten skeptisch über die Chance, einem neuen Angriff im Sommer standzuhalten, wenn die Bedingungen für den Angreifer günstiger waren. In Erwartung des Angriffs wollten sie sich auf die historische Linie der Beresina zurückziehen, 150 Kilometer hinter ihrer jetzigen Front. Ein solcher rechtzeitiger Rückzug hätte die russische Offensive leer laufen lassen. Aber er widersprach dem Grundsatz Hitlers, der den Argumenten für einen Rückzug kein Gehör schenkte.

Tippelskirch, dem Nachfolger Heinricis als Befehlshaber der 4. Armee, gelang es, das Verbot zu umgehen durch einen verschleierten kurzen Rückzug von seinen vorgeschobenen Stellungen auf die Linie des oberen Dnjepr. Aber der Nutzen wurde dadurch zunichte gemacht, daß der russische Plan sich auf die Ausweitung der Keile an beiden Flanken konzentrierte.

An der nördlichen Flanke wurde Witebsk durch eine Zangenbewegung abgeschnitten, die von Bagramjans Truppen zwischen Polotsk und Witebsk sowie von Tschernjachowskijs Truppen zwischen Witebsk und Orscha ausgeführt wurde. Witebsk fiel am vierten Tag, und eine große Lücke entstand in der Front der 3. Panzerarmee. Diese öffnete den Weg für einen Vorstoß nach Süden, der die Rollbahn Moskau–Minsk abschnitt und den Rücken der deutschen 4. Armee bedrohte, die dem Frontalangriff Sacharows bisher standgehalten hatte. Die Gefahr wurde vergrößert durch Rokossowskijs Vorstoß an der anderen Flanke, nördlich der Pripjet-Sümpfe, gegen die deutsche 9. Armee. Nach einem Durchbruch bei Chlobin, das ebenfalls am vierten Tag genommen wurde, überschritt er die Beresina und umging die starke Riegelstellung bei Bobruisk. Am 2. Juli erreichten seine beweglichen Verbände Stolbtsy, 65 Kilometer westlich des noch bedeutenderen Nachschubzentrums Minsk, und schnitten damit sowohl die Bahnlinie wie die Rollbahn von Minsk nach Warschau ab.

Der weite Raum, den die Russen mit ihrer vermehrten Manövrierfähigkeit gut ausnutzten, vereitelte alle deutschen Versuche, diesen stürmischen Vormarsch zum Stehen zu bringen, bei dem seit dem Durchbruch in einer Woche 240 Kilometer zurückgelegt wurden. Der Wert der amerikanischen Materiallieferungen an Rußland zeigte sich jetzt darin, daß große Verbände motorisierter Infanterie den Panzern dicht auf den Fersen folgten. Unterdessen stießen die Truppen Tschernjachowskijs von Nordosten auf Minsk vor und bedrohten damit auch die Straße Minsk–Wilna. Zwischen diesen beiden Vormarschwegen stieß ein zu Verfügung gehaltener Panzerverband unter Rotmistrow auf der Rollbahn Moskau–Minsk und rückte am 3. Juli in Minsk ein, nachdem er in zwei Tagen fast 130 Kilometer zurückgelegt hatte.

Diese große Zangenbewegung hatte eine auffallende Ähnlichkeit mit der, welche die Deutschen drei Jahre vorher in umgekehrter Richtung ausgeführt hatten. Wie damals gelang es nur einem Teil der eingeschlossenen Truppen, der Falle zu entkommen. Allein in der ersten Woche wurden bei dem nördlichen Durchbruch 30 000 und bei dem südlichen 24 000 Gefangene gemacht. Etwa 100 000 Mann wurden in Minsk eingeschlossen; aber obwohl die Hauptstraße nach rückwärts abgeschnitten war, konnte ein Teil von Tippelskirchs 4. Armee nach Süden entkommen über Nebenstraßen, die schon seit einiger Zeit wegen der Störungen durch russische Partisanen nicht mehr als Nachschubwege benutzt worden waren. Doch die Heeresgruppe Mitte war praktisch vernichtet, und die deutschen Gesamtverluste betrugen über 200 000 Mann.

Westlich von Minsk kamen die zurückweichenden Deutschen vorübergehend zum Stehen; aber es gab dort keine starke natürliche Verteidigungslinie, und ihre geschwächten Truppen reichten nicht mehr aus, den ganzen Raum abzudecken, der immer weiter wurde, je tiefer die russischen Einbrüche wurden. Die Russen hatten immer Raum genug, um zwischen den Städten, an denen sich der Feind festklammerte, durchzustoßen und die Städte zu umgehen. Ihr Vormarsch sah auf der Karte wie ein Halbkreis mit ausgestreckten Speerspitzen aus – die sich auf Dwinsk, Wilna, Grodno, Bialystok und Brest-Litowsk zu bewegten. Am 9. drangen die Russen in Wilna ein, das am 13. ganz in ihrer Hand war, nachdem motorisierte Verbände schon auf beiden Seiten an der Stadt vorbeigefahren waren. Am gleichen Tag erreichte eine andere Panzerspitze Grodno.

Bis Mitte Juli hatte die Rote Armee nicht nur die Deutschen aus Weißrußland vertrieben, sondern auch einen großen Teil des nordöstlichen Polen überrannt. Ihre westlichsten Spitzen standen schon tief in Litauen und nicht mehr weit von der Grenze Ostpreußens. Hier waren sie schon rund 300 Kilometer weiter westlich als die Flanke der deutschen Heeresgruppe Nord unter Friessner, die noch immer in den baltischen Ländern stand. Bagramjans Panzerspitzen, die sich Dünaburg näherten, waren näher an dem deutschen Hauptstützpunkt Riga als Friessners Front weiter nördlich. Tschernjachowskij, der über Wilna hinausstoßend den Njemen erreicht hatte, war schon fast ebenso nahe an der Ostsee. So sah es aus, als würde hinter Friessners Rücken eine doppelte Schranke aufgerichtet werden, ehe er sich zurückziehen konnte. Die Schwierigkeiten der Lage wurden vermehrt durch eine Ausweitung der russischen Offensive nach Norden in den Raum um Pskow, wo die »3. Baltische Front« unter Maslennikow zusammen mit den Truppen Jeremenkos angriff.

Gleichzeitig wurde die Belastung der deutschen Streitkräfte an der gesamten Ostfront noch vermehrt durch eine noch weitreichendere Entwicklung: Am 14. Juni begannen die Russen ihre langerwartete Offensive südlich der Pripjet-Sümpfe zwischen Tarnopol und Kowel. Es war ein Vorstoß mit zwei Schwerpunkten. Der rechte überschritt den Bug und rückte auf Lublin und die Weichsel vor – im Zusammenwirken mit Rokossowskijs Vorstoß nördlich der Sümpfe, der jetzt südlich an Brest-Litowsk vorbeistieß. Der linke Stoß durchbrach die feindliche Front bei Luck und umging Lemberg von Norden.

Diese bekannte Stadt fiel am 27. Juli in die Hand der Truppen Konjews; aber zu der Zeit waren dessen Panzerspitzen bereits 110 Kilometer westlich Lembergs am anderen Ufer des Flusses San. Die ganze Ausdehnung der russischen Offensive entwickelte sich dramatischerweise, als am gleichen Tag Stanislaw am Fuß der Karpaten, Bialystok in Nordpolen, Dünaburg in Lettland und der Knotenpunkt Siauliai an der Bahnlinie von Riga nach Ostpreußen genommen wurden. Dieser letzte Schlag war der Erfolg eines Blitzvorstoßes von einem der Panzerverbände Bagramjans, der das Schicksal der deutschen Truppen an der Nordfront zu besiegeln drohte.

Doch selbst dieser Erfolg wurde in den Schatten gestellt durch den tiefen Vorstoß in der Mitte und die Gefahr, die dieser für die Deutschen bedeutete. Denn drei Tage vorher, am 24. Juli, hatte Rokossowskijs linker Flügel Lublin genommen, nur 50 Kilometer von der Weichsel und 160 Kilometer südöstlich Warschau. Dabei hatten die Russen geschickt die Tatsache ausgenutzt, daß die deutschen Armeen durch den Pripjet voneinander getrennt waren und durch die neue Offensive südlich des Flusses Verwirrung entstanden war. Am 26. erreichten einige von Rokossowskijs beweglichen Verbänden die Weichsel, während andere schon nach Norden in Richtung Warschau abdrehten. Am nächsten Tag gaben die Deutschen Brest-Litowsk auf, und am gleichen Tag erreichte eine russische Marschgruppe, welche die Stadt umgangen hatte, Siedlce, 80 Kilometer westlich Brest-Litowsk und nur gut 60 Kilometer östlich Warschau.

Bei Siedlce brachten die Deutschen vorübergehend den Vormarsch zum Stehen; auch an der Weichsel gab es Zeichen härteren Widerstandes, und von den fünf Brückenköpfen, die Rokossowskijs Truppen in der Nacht zum 29. gebildet hatten, wurden vier am nächsten Vormittag wieder bereinigt. Aber am 31. Juli wurden die Deutschen aus Richtung Siedlce durch ein Umfassungsmanöver herausgedrängt, während gleichzeitig die ersten Panzerspitzen Rokossowskijs die ersten Häuser von Praga erreichten, dem am Ostufer der Weichsel gelegenen Stadtteil von Warschau. Am nächsten Morgen begannen sich die Deutschen über die Brücken nach Warschau zurückzuziehen, und die Führer der polnischen Untergrundbewegung wurden dadurch ermutigt, das Signal zu einem Aufstand zu geben.

Der gleiche Tag erlebte auch im Baltikum entscheidende Ereignisse. An der Front Bagramjans nahm eine Panzereinheit unter General Obuchow die Bahnstation Tukkums nahe dem Golf von Riga nach einem nächtlichen Vorstoß von 80 Kilometern und schnitt dadurch die

Rückzugsstraße der deutschen Heeresgruppe Nord ab. Tschernja-chowskij besetzte gleichzeitig Kaunas (Kowno), die Hauptstadt Litau-ens, während seine weit vorgepreschten Panzerspitzen bis dicht an die Grenze Ostpreußens in die Nähe von Insterburg gelangten. Und am 2. August errichteten Konjews Truppen einen neuen großen Brücken-kopf an der Weichsel bei Baranow, 200 Kilometer südlich Warschau oberhalb des Zusammenflusses von San und Weichsel.

Es war für die Deutschen ein Zeitpunkt der Krise an allen Fronten. Im Westen brach die Front in der Normandie zusammen, und Pattons Panzer stießen nach dem Durchbruch von Avranches weit vor. In der Heimat aber hatte ein politisches Erdbeben stattgefunden, dessen Wellen sich bis an die Fronten fortpflanzten: Am 20. Juli wurde der Versuch unternommen, Hitler zu töten und das Nazi-Regime zu stür-zen, und eine Anzahl von Generalen war an der mißglückten Ver-schwörung beteiligt. Die anfängliche Ungewißheit über den Ausgang und dann die Furcht vor Strafe und Vergeltung hinterließen in vielen militärischen Hauptquartieren lähmende Verwirrung.

Nachdem die Bombe in Hitlers Hauptquartier bei Rastenburg in Ostpreußen explodiert war, gingen von Berlin Fernschreiben an die Mitverschworenen in den verschiedenen Stäben heraus, mit der Mel-dung, Hitler sei tot. Die gegensätzliche Meldung des deutschen Rund-funks erweckte Zweifel an der Richtigkeit der ersten Nachricht, aber führte natürlich zu allgemeiner Verwirrung über den wirklichen Stand der Dinge. Zudem war das Fernschreiben der Verschwörer an Friess-ners Stab von ausführlichen Anweisungen begleitet, daß sich die Streitkräfte im Norden unverzüglich zurückziehen und jedes Risiko eines »zweiten Stalingrad« vermeiden sollten. Ebenso wie im Westen hatten die Ereignisse des 20. Juli erhebliche Auswirkungen auch an der Ostfront.

Am geringsten waren die Auswirkungen bei der Heeresgruppe Mitte. Das lag weitgehend an ihrem neuen Oberbefehlshaber Model, der fast unmittelbar nach dem ersten feindlichen Durchbruch Busch abgelöst hatte. Dieser hatte unter dem doppelten Druck – die Russen vor sich und Hitler in seinem Rücken – einen Nervenzusammen-bruch erlitten. Model war bei dem Einmarsch in Rußland 1941 Divi-sionskommandeur gewesen und war jetzt mit 54 Jahren fast ein Jahrzehnt jünger als die meisten deutschen hohen Befehlshaber. Bei seinem schnellen Aufstieg hatte er die Energie und Rücksichtslosigkeit beibehalten, die er bei der Führung seiner Panzerdivision bewiesen hatte. Er war auch einer der wenigen Generale, die wagten, mit Hitler zu streiten, der seine Rauhbeinigkeit der sarkastischen Art Mansteins vorzog und daher eher bereit war, ihm freie Hand zu lassen. Von Hitlers ungewöhnlicher Duldsamkeit profitierend, handelte Model oft nach eigenem Gutdünken, wenn er sich aus heiklen Positionen zurückzog, und mißachtete oft die erhaltenen Befehle. Diese unerschrokkene Initiative war noch mehr als die geschickte Art seiner Rückzüge der Grund für seine Erfolge bei der Rettung gefährdeter Truppenteile. Gleichzeitig verstärkte natürlich diese Sonderstellung und diese Hinnahme seiner Entscheidungen durch Hitler seine Loyalität gegenüber dem Führer. Nach dem 20. Juli war Model der erste militärische Befehlshaber, der die Verschwörung verurteilte und die unerschütterliche Treue des Heeres beteuerte. Hitlers Vertrauen zu ihm wurde aber durch die folgenden militärischen Ereignisse noch besser gerechtfertigt.

Denn Anfang August erfolgte eine bemerkenswerte Festigung der deutschen Stellungen, und der Einmarsch der Russen nach Warschau verzögerte sich bis in das kommende Jahr. Gegen Abend des 1. August war der größte Teil der Stadt in den Händen der aufständischen Bevölkerung. Aber gerade als sie erwartete, die Russen würden den Strom überschreiten und ihr zu Hilfe kommen, hörte man, wie der Donner der Geschütze abflaute, und die Aufständischen mußten sich fragen, was das unheilverkündende Schweigen zu bedeuten habe. Dann wurde am 10. August das Schweigen abgelöst von einem massierten Bomben- und Geschützhagel aus der Luft und vom Boden aus, dem Vorboten des deutschen Versuchs, die Stadt wieder in die Hand zu bekommen. In der Stadt kämpfte die polnische Untergrundarmee unter General Bor-Komorowski hartnäckig weiter; aber sie wurde bald in drei kleineren Sektoren isoliert, und von der anderen Seite des Stromes kam keine Hilfe.

Es war natürlich, daß die Polen glaubten, die Russen hätten sich bewußt zurückgehalten. Es war auch verständlich, daß die Sowjetregierung nicht besonders erfreut war, wenn die Polen selbst ihre Hauptstadt aus deutscher Hand befreiten und dadurch zu einer unabhängigeren Haltung gegenüber Moskau ermuntert würden. Aber wenn es auch schwierig ist, die Fäden dieser Kontroverse zu entwirren, so ist der Stillstand der Russen fast an der ganzen Ostfront zu dieser

Zeit doch ein Anzeichen dafür, daß militärische Faktoren vielleicht noch entscheidender waren als politische Erwägungen[1].

In der deutschen Front vor Warschau war jetzt der wichtigste neue Faktor das Eingreifen von drei recht starken SS-Panzerdivisionen, die erst am 29. Juli eingetroffen waren, zwei vom Südabschnitt der Ostfront und eine aus Italien. Ihr Gegenschlag von der nördlichen Flanke aus trieb einen Keil in den russischen Bogen hinein und zwang den Feind zum Rückzug. Gleichzeitig wurde ein versuchter russischer Vorstoß von den Brückenköpfen westlich der Weichsel aus mit Hilfe einiger Verstärkungen aus Deutschland zum Stehen gebracht. Bis zum Ende der ersten Augustwoche kamen die Russen überall zum Stehen, außer unbedeutenden Fortschritten am Fuße der Karpaten und in Litauen. Die große Woge hatte ihre Kraft verloren. In den letzten Stadien des zügigen Vormarsches war dieser nur von kleineren Verbänden beweglicher Truppen durchgehalten worden, und Models geringe Reserven genügten, diese aufzuhalten, sobald er eine passende festere Stellung gefunden hatte. Nach einem Vormarsch von bis zu 700 Kilometern in fünf Wochen – ihrem bei weitem größten und schnellsten Vormarsch in diesem Kriege – litten die Russen jetzt an den natürlichen Folgen der Überlänge ihrer Nachschublinien und mußten diesem strategischen Gesetz Tribut zollen: Sie sollten noch fast sechs Monate an der Weichsel stehenbleiben, bevor sie in der Lage waren, eine neue große Offensive zu beginnen.

Die zweite Augustwoche war gekennzeichnet durch harte Kämpfe an vielen Punkten, wobei die Deutschen kräftige Gegenangriffe führten und die Russen neue Angriffsmöglichkeiten suchten; aber keine Seite erzielte nennenswerte Vorteile. Die Weichsel-Front wurde stabilisiert; an der ostpreußischen Grenze wurde der russische Vorstoß zur Pforte von Insterburg von Manteuffels Panzerdivision zum Stehen gebracht, die soeben von der rumänischen Front angekommen war und die Russen von dem Straßenknotenpunkt Vilkaviskis wieder zurückdrängte. An diesem von Seen und Sümpfen ausgefüllten Abschnitt ka-

---

1 Allerdings ist die russische Weigerung, amerikanischen Bombern aus Westeuropa nach ihrem Abwurf von Material für die Polen in Warschau die Landung auf russischen Flugplätzen zu gestatten, niemals zufriedenstellend erklärt worden. Britische und polnische Piloten flogen zwar bei solchen Einsätzen von Italien nach Warschau und wieder zurück, aber bei so großen Entfernungen konnten diese mutigen Flüge den Ausgang nicht entscheiden.

men die Kämpfe zum Stillstand. Manteuffel wurde dann nach Norden geschickt, und in der zweiten Augusthälfte rückte er von Tauroggen aus bis Tukkums am Golf von Riga vor und machte dadurch für die Heeresgruppe Nord die Rückzugsstraße wieder frei.

Die Erfolge eines so kleinen Panzerverbandes beleuchteten schlagend, wie labil die Situation war und wie sehr die Nachschubschwierigkeiten die Russen an der Konsolidierung ihrer Geländegewinne hinderten. Unter diesen Umständen wiegen oft kleine Panzerverbände weit mehr als große Infanteriemassen, und der Verlauf des Feldzuges wurde bestimmt dadurch, welche Seite derartige Verbände an die jeweils kritischen Stellen werfen konnte. Die Geschichte von David und Goliath wiederholte sich vielfach in ihrer modernen Form.

Die Erleichterung, die sich die Deutschen durch die Stabilisierung der Lage an der Hauptfront zwischen Ostsee und Karpaten verschafften, wurde aber ausgeglichen durch die Entstehung einer noch größeren Gefahr an einer Nebenfront. Politische Entwicklungen, die den Weg frei gemacht hatten, führten zu einer russischen Offensive gegen Rumänien.

Am 20. August griffen die Truppen der »2. Ukrainischen Front« (jetzt unter Malinowskij) aus dem Raum Jassy auf beiden Ufern des Sereth in der Richtung Galatz an. Dies war eine Bedrohung der Flanke und des Rückens des großen Vorsprung, der sich immer noch bis ins südliche Bessarabien erstreckte. Die »3. Ukrainische Front« (jetzt unter Tolbuchin) griff diesen Vorsprung durch einen westlichen Vormarsch vom Unterlauf des Dnjestr aus direkt an. Anfangs stießen die Russen auf harten Widerstand, und der Feind gab nur langsam Gelände preis, aber das Tempo des Vormarsches wurde bald schneller.

Am 23. August verkündete dann der rumänische Rundfunk, Rumänien habe mit den Alliierten Frieden geschlossen und befinde sich im Kriegszustand mit Deutschland, Marschall Antonescu sei gestürzt und verhaftet worden, und seine Nachfolger hätten die russischen Bedingungen angenommen, vor allem einen sofortigen Frontwechsel in diesem Krieg.

Die allgemeine Verwirrung ausnutzend, besetzten die Russen am 27. Galatz und am 30. die großen Ölfelder von Ploesti, am nächsten Tag zogen sie in Bukarest ein. Ihre Panzer hatten in zwölf Tagen 400 Kilometer zurückgelegt; in den nächsten sechs Tagen legten sie noch gut weitere 300 Kilometer zurück und erreichten bei Turnu-Severin an der Donau die jugoslawische Grenze. Ein großer Teil der deutschen Truppen war im bessarabischen Bogen gefangengenommen oder durch den russischen Vormarsch überrollt worden. Die ganze deutsche 6. Armee mit 20 Divisionen war verloren – es war, in dieser Hinsicht, eine ebenso große Katastrophe wie Stalingrad.

Rumäniens Kapitulation veranlaßte auch die bulgarische Regierung, sich um einen Friedensschluß mit Großbritannien und den USA zu bemühen. Denn obwohl Bulgarien sich nicht an der Invasion in Rußland beteiligt hatte, hatte man Grund, sich beunruhigt zu fragen, was die Russen von dieser Neutralität hielten. In der Tat befriedigte Bulgariens Bereitschaft, auf die Bedingungen der Westmächte einzugehen, die Sowjetregierung nicht, die sogleich Bulgarien den Krieg erklärte und dieser Erklärung eine schnelle Invasion von Osten und Norden folgen ließ. Diese Invasion war nur ein Spaziergang; denn die bulgarische Regierung befahl, keinen Widerstand zu leisten, und beeilte sich mit einer eigenen Kriegserklärung an Deutschland.

Der Weg war frei für die Rote Armee, die weiteste offene Flanke auszunutzen, die es jemals in einem modernen Krieg gegeben hatte. Das ganze Manöver war jetzt in der Hauptsache ein logistisches Problem, das durch die Faktoren Geschwindigkeit und Nachschub, nicht durch feindlichen Widerstand bestimmt wurde. Über 100000 Deutsche waren in der rumänischen Falle gefangengenommen worden, und jede Möglichkeit, diese Verluste auszugleichen, wurde durch die verzweifelte Situation im Westen verhindert, wo bis Ende September über eine halbe Million an den verschiedenen Fronten in Gefangenschaft geraten waren.

So erfolgte im Herbst etappenweise eine große Schwenkung der Armeen des russischen linken Flügels in den weiten Räumen Südosteuropas. Das einzige, was die Deutschen tun konnten, war, so lange wie möglich einzelne Verkehrsknotenpunkte zu halten und die Verkehrsverbindungen zu zerstören, wenn sie sich zurückziehen mußten. Ihre verfügbaren Kräfte waren spärlich, verglichen mit dem Raum, den sie abdecken mußten; doch zu ihrem Glück waren die Verkehrsverbindungen in dieser Gegend auch spärlich, während es viele natürliche Hindernisse gab. So wurde die heranrückende Gefahr zu einer Bewegung im Zeitlupentempo, und die Deutschen gewannen Zeit, ihre Truppen aus Griechenland und Jugoslawien herauszuziehen.

Die Deutschen hätten eine noch größere Verzögerung bewirken können, wenn nicht die Russen durch einen Blitzvorstoß in das nordwestliche Rumänien in der Verwirrung der ersten Wochen nach dem Frontwechsel den Ansatz zu einer großen Zangenbewegung gefunden hätten. Die Südseite der Karpaten umgehend, war eine Panzergruppe in diesen Teil des Landes vorgedrungen und hatte am 19. September Temesvar, am 22. Arad besetzt. Damit schnitten die Russen einige der Straßen von Belgrad nach Norden ab und standen dicht an der Südgrenze Ungarns, nur 160 Kilometer von Budapest. Ein so kühner Vorstoß konnte nur gewagt werden, wenn der Gegner nicht mehr die Kraft zu einem Gegenstoß zur Abschneidung des vorstoßenden Keiles hatte. Auch so, wie die Dinge lagen, konnte der Geländegewinn nicht ausgeweitet werden, ehe stärkere Kräfte in dem Keil nachgeschoben wurden. Dies ging nur ziemlich langsam, aber es war immerhin schneller als der direktere Vormarsch über die Berge nach Siebenbürgen.

Daher wurde erst am 11. Oktober der Feind aus Klausenburg (Cluj) vertrieben, der Hauptstadt Siebenbürgens, das noch 200 Kilometer östlicher liegt als Arad. Doch bis dahin hatte Malinowskij genügend Streitkräfte in dem Keil massiert, rückte über den Fluß Mures in die ungarische Tiefebene vor und drehte auf alle Rückzugsstraßen aus Siebenbürgen ein. Als Klausenburg von seinem rechten Flügel genommen wurde, waren die Spitzen seines linken Flügels schon 270 Kilometer weiter westlich und nur noch 90 Kilometer von Budapest entfernt. Das indirekte Vorgehen machte sich jetzt reichlich bezahlt.

In der Woche darauf entstand eine neue Zange, als die Truppen der neu aktivierten »4. Ukrainischen Front« unter Petrow von Norden über die Karpatenpässe vorrückten – auf dem von der ungarischen 1. Armee gehaltenen Abschnitt zwischen dem Tatarenpaß und Lupkow – und nach Ruthenien vorstießen, von wo Petrow nach Westen, auf die Slowakei eindrehte. In der gleichen Woche wurde auch die jugoslawische Hauptstadt Belgrad befreit durch Tolbuchins Vorstoß von der Südflanke des großen Keils über die Donau im Zusammenwirken mit den Partisanen Marschall Titos. Die deutsche Besatzung kämpfte zäh, wurde aber am 20. Oktober endgültig aus der Stadt herausgedrängt. Es ist erstaunlich, daß sie sich so lange gehalten hatte; aber noch erstaunlicher war, daß erhebliche deutsche Streitkräfte in Griechenland geblieben waren, getreu dem Hitlerschen Grundsatz, nicht freiwillig zurückzugehen. Erst in der ersten Novemberwoche räumten sie Griechenland und versuchten einen Rückzug fast nach Art Xenophons durch tausend Kilometer unwegsamen und feindseligen Landes.

Die Befreiung Belgrads und das russische Eindringen in die ungarische Tiefebene vollendeten die erste Phase der großen Schwenkung. Nachdem er seine Truppen auf einer 130 Kilometer breiten Front am Tisa-Fluß von Szeged bis nördlich von Szolnok aufgeschlossen hatte, begann Malinowskij am 30. Oktober einen großangelegten Direktangriff auf Budapest. Er hatte jetzt 64 Divisionen einschließlich der rumänischen unter seinem Kommando, und seine Truppen hatten nur noch 80 Kilometer bis dahin vor sich. Schrittweise die Deutschen und Ungarn zurückdrängend, erreichten die ersten Panzerspitzen am 4. November die Vorstädte von Budapest; aber schlechtes Wetter hemmte ihren Versuch, die Stadt im Handstreich zu nehmen, ehe die Verteidigung sich konsolidiert hatte. Wie andere hartnäckig verteidigte Städte erwies sich auch Budapest als eine harte Nuß. Ende November waren die Russen immer noch dort aufgehalten und hatten auch wenig Fortschritte bei ihren Versuchen gemacht, die Stadt von den Flanken zu umgehen. Auch Petrow wurde bei seinem Versuch zum Stehen gebracht, von Ruthenien in die Slowakei vorzustoßen und den slowakischen Partisanen zu Hilfe zu kommen. Die Unwegsamkeit und die korridorähnliche Form der Slowakei bot ihm wenig Entfaltungsmöglichkeiten.

In Budapest festgerannt, begannen die Russen jetzt eine Schwenkung innerhalb der großen Schwenkung. Tolbuchins insgesamt etwa 35 Divisionen rückten von Jugoslawien aus nach Norden, und von einem Brückenkopf in der Nähe des Zusammenflusses von Donau und Drau aus, etwa 200 Kilometer südlich von Budapest, begannen sie in der letzten Novemberwoche ein großes Umfassungsmanöver. Am 4. Dezember erreichten sie den Plattensee, im Rücken der ungarischen Hauptstadt. Gleichzeitig startete Malinowskij einen neuen Angriff nördlich von Budapest ebenso wie einen neuen Angriff auf die Stadt selbst. Doch der kombinierte Vorstoß scheiterte, und am Ende des Jahres war Budapest noch nicht erobert. Selbst nachdem es in den Weihnachtstagen durch eine erneute Umfassung ganz eingeschlossen worden war, hielt es sich bis Mitte Februar.

Am anderen Ende der großen Ostfront, im Baltikum, war der Herbstfeldzug ähnlich verlaufen – zuerst ein deutscher Zusammenbruch, dann ein Stocken des russischen Vormarsches. Deutschlands Niederlagen im Laufe des Sommers hatten die Finnen dazu gebracht, sich in das Unvermeidliche zu fügen, fast in den gleichen Tagen wie die Rumänen und Bulgaren. Anfang September hatten sie die russischen Waffenstillstandsbedingungen angenommen. Dazu gehörte die Bestimmung, daß sie gegen alle deutschen Truppen vorgehen mußten, die nicht bis zum 15. September Finnland verlassen hatten. Nach einem deutschen Versuch, auf der Insel Hogland im Finnischen Golf zu landen, erklärte Finnland Deutschland den Krieg.

Die Kapitulation Finnlands machte den Weg frei für eine konzentrische russische Offensive gegen die deutsche Heeresgruppe Nord, die statt Friessner jetzt Schörner befehligte. Die Truppen von zwei »Fronten« – Goworows und Maslennikows – rückten gegen Schörners Front vor, während die Truppen Jeremenkos seine Flanke umfaßten und die Bagramjans seinen Rücken bedrohten. Es schien kaum möglich, daß die Deutschen aus einem so langen Schlauch entkommen könnten, zumal da der Ausgang so schmal war. Aber innerhalb einer Woche hatten sie sich über 300 Kilometer in den Schutz ihrer Stellungen bei Riga zurückgezogen, ohne daß nennenswerte Verbände abgeschnitten wurden; den Truppen Bagramjans war es nicht gelungen, den Flaschenhals zu schließen. Wieder einmal hatten die Ereignisse gezeigt, wie schwer es ist, auf schmalen Frontabschnitten anzugreifen, wenn die Verteidigung noch dicht genug ist.

Um die Scharte auszuwetzen, verstärkte das russische Oberkommando Bagramjans Heeresgruppe, damit er aus dem mittleren Litauen südlich von Riga bis zur Ostsee durchstoßen könnte. Diese neue Offensive begann am 5. Oktober. Die Weite des Raumes und die Konzentration des Gegners im Raum Riga ausnutzend, erreichte sie nördlich und südlich von Memel am 11. Oktober die Küste. Zwei Tage später gab Schörner Riga auf und zog sich nach Kurland zurück. Dort gelang es jedoch seinen eingeschlossenen Truppen, noch länger Widerstand zu leisten; ebenso gelang dies der eingeschlossenen Garnison von Memel. Freilich hatten die Russen genug überschüssige Kräfte, die sie gegen die dort eingeschlossenen Deutschen einsetzen konnten. Ihr Hauptproblem war wieder der Nachschub und der Raum zum Manövrieren.

Nach dieser Säuberung der baltischen Flanke griffen die Russen jetzt Ostpreußen an und begannen dort Mitte Oktober eine starke Offensive. Doch wiederum behauptete sich die Verteidigung in einem Gelände, das von Seen und Sümpfen durchzogen und für frontale Angriffe ungünstig war. Der Hauptvorstoß erfolgte in Richtung Insterburg, wurde aber abgeschlagen in einer großen Panzerschlacht bei Gumbinnen – dem Schauplatz der kurzlebigen russischen Erfolge im Jahre 1914. Anderen Vorstößen in benachbarten Abschnitten gelang ebensowenig ein Durchbruch, der weit genug war, die Front aus den Angeln zu heben. Bis Ende Oktober hatte sich die Offensive erschöpft, und es kam wieder zu einer Kampfpause.

Die erstaunliche Behauptung der Deutschen im Osten, im Westen und auch in Mitteleuropa war ein schlagender Beweis für die Auswirkungen ihrer eigenen Frontverkürzung und der Ausdehnung der gegnerischen Nachschublinien – aber auch dafür, daß die alliierte Forderung nach »bedingungsloser Kapitulation« Hitler geholfen hatte, den Widerstandswillen der Deutschen zu stärken. Der Verlauf der Herbstfeldzüge zeigte auch, wie durch eine elastische, geschickte Verteidigung Zeit gewonnen werden könnte, bis Deutschlands neue Waffen einsatzbereit waren. Aber Hitler wollte dies nur als Bestätigung für seinen Grundsatz der starren Verteidigung anerkennen. In dieser Überzeugung verbot er nicht nur seinen Befehlshabern im Westen, sich rechtzeitig aus dem Ardennen-Bogen zurückzuziehen, sondern befahl auch eine Stärkung der Verteidigung Budapests, die seine Front im Osten verhängnisvoll schwächte.

Kapitel 33:
Die strategische Luftoffensive
gegen Deutschland

Die Theorie der strategischen Luftangriffe wurde in England gegen Ende des Ersten Weltkrieges und in den Jahren darauf entwickelt. Sie war zum großen Teil eine Folge der Tatsache, daß am 1. April 1918, im letzten Kriegsjahr, die Royal Air Force als unabhängige Waffengattung geschaffen wurde und die bisherigen Luftwaffeneinheiten des Heeres und der Kriegsmarine zusammenfaßte. Die Theorie wurde um so leidenschaftlicher von dieser neuen dritten Waffengattung vertreten, als sie die Berechtigung für ihre unabhängige Existenz darstellte.

Ironischerweise wurde die Theorie bald stark unterstützt von Generalmajor Hugh Trenchard, der die Fliegereinheiten des Heeres, das Royal Flying Corps, in Frankreich befehligt und in dieser Eigenschaft sich der Schaffung einer dritten unabhängigen Waffengattung widersetzt hatte. Im Januar 1918 kehrte er von der Front in Frankreich zurück, um militärischer Chef der neuen Waffengattung unter dem Namen »Chief of the Air Staff« (Chef des Luftwaffenstabes) zu werden. Fast unmittelbar darauf stieß er mit dem neuernannten Luftwaffenminister Lord Rothermere zusammen und wurde als Chef des Luftwaffenstabes durch Generalmajor Sir Frederick Sykes, einen anderen Pionier der Fliegerei, abgelöst. Trenchard erhielt dann das Kommando über die unabhängigen Bomberverbände, die im Herbst 1918 aufgestellt worden waren mit dem Ziel, Berlin und andere Ziele in Deutschland zu bombardieren – als Vergeltung für die Angriffe der deutschen »Gotha«-Bomber auf London in den Jahren 1917/18, deren Auswirkungen auf die Stimmung und die Vorstellungen der britischen militärischen Chefs unvergleichlich größer waren als der von ihnen angerichtete Schaden. Doch selbst zur Zeit des Waffenstillstandes im November 1918 umfaßten die Bomberverbände der R.A.F. nur neun

Squadrons und hatten kaum selbständige Operationen unternommen
– ja, nur drei der großen »Handley-Page«-Bomber, die zum Angriff
auf Deutschland bestimmt waren, sich damals schon bei den Verbänden befanden. Doch Trenchard war ein begeisterter Befürworter
eigenständiger Bombenangriffe geworden. Dies zeigte sich sehr klar,
als er 1919 nach Kriegsende nach London zurückkehrte, um seinen
Posten als Chef des Luftwaffenstabes wieder einzunehmen, den er
dann noch zehn Jahre, bis 1929, innehatte. In diesen zehn Jahren
wurde die Theorie des strategischen Luftangriffs weiterentwickelt von
Brigadegeneral P. R. C. Groves, der im Luftwaffenstab die rechte
Hand von Sykes und Direktor der Flugoperationen war.

In Amerika wurde der Gedanke von Brigadegeneral William Mitchell in den zwanziger Jahren begeistert aufgegriffen. Doch Mitchell
stieß bald auf Schwierigkeiten bei den zwei älteren Waffengattungen
und wurde wegen seines aggressiven Enthusiasmus seines Postens enthoben. Erst viele Jahre später, als eine neue Generation zur Macht gekommen war, wurden die USA die führende Luftmacht der Welt und
der große Exponent strategischer Luftangriffe.

Eine spätere Generation von Historikern neigt dazu, als Vater der
Theorie einen italienischen General anzusehen: Goulio Diuhet, der im
Jahr 1921 ein Buch über die Zukunft des Luftkrieges veröffentlicht
hatte. Aber seine Schriften, obwohl rückschauend interessant zu studieren, hatten damals in den Kindertagen der Luftwaffe keinerlei
praktischen Einfluß [1].

Die Theorie des britischen Luftwaffenstabes wird in der von Sir
Charles Webster und Dr. Noble Frankland geschriebenen offiziellen
Geschichte »The Strategic Air Offensive against Germany« wie folgt
zusammengefaßt:

[1] 1935 stieß ich in Paris auf eine französische Übersetzung von Douhets Buch »Die
Luftherrschaft«, und bei der Rückkehr nach England erwähnte ich es im Gespräch
mit verschiedenen Freunden im Luftwaffenstab, stellte aber fest, daß keiner von
ihnen davon gehört hatte. In der Tat war auch die Theorie des Luftwaffenstabes
schon erheblich weiterentwickelt. Erst 1942 erschien in Amerika eine englische Übersetzung der Schriften Douhets, und erst 1943 in England. Selbst in Italien hatte Dou-
het wenig Eindruck gemacht. Als ich 1927 auf offizielle Einladung die italienischen
Streitkräfte besuchte, erwähnte weder der Luftwaffenminister Marschall Balbo noch
einer der Fliegergenerale Douhets Schriften auch nur in der Unterhaltung, obwohl
sie sonst sehr freimütig in der Diskussion waren und sich lebhaft für die in England
entwickelten neuen Ideen der Luftwaffenstrategie interessierten.

»Die strategische Luftoffensive ist eine Methode des direkten Angriffes auf den feindlichen Staat mit dem Ziel, ihn der Mittel oder des Willens zur Fortsetzung des Krieges zu berauben. Sie kann in sich selbst schon ein Instrument des Sieges sein, oder sie kann ein Mittel sein, mit dem der Sieg von den anderen Streitkräften errungen werden kann. Sie unterscheidet sich von allen bisherigen Arten bewaffneten Angriffs dadurch, daß sie allein unmittelbar direkt und zerstörerisch das Herzland des Feindes treffen kann. Ihre Aktionssphäre liegt daher nicht nur über, sondern auch jenseits der von Armeen und Flotten.«

Obwohl die bis zum Ende des Ersten Weltkrieges gewonnenen praktischen Erfahrungen sehr gering waren, ermöglichte doch diese Konzeption strategischer Bombenangriffe den Chefs der R.A.F., in den Jahren zwischen den Kriegen, vor allem in dem ersten Jahrzehnt, ihre Unabhängigkeit gegen alle Versuche des Heeres und der Marine zu behaupten, die Luftwaffe als besondere Waffengattung wieder abzuschaffen und sie wie früher den beiden anderen zu unterstellen.

Diese Konzeption war, in natürlicher Reaktion auf den Standpunkt von Heer und Marine, von Trenchard und seinen treuen Helfern als eine extreme Bombertheorie entwickelt worden. Trenchard argumentierte, die Luftwaffe und ihre Aufgabe seien ihrem Wesen nach völlig verschieden und lägen in einer ganz anderen Dimension als die des Heeres und der Marine. Dies trug zwar dazu bei, die noch gefährdete Unabhängigkeit der Luftwaffe zu stützen; aber diese Bagatellisierung der taktischen Aufgabe der Luftwaffe erwies sich als ein Fehler. Ein zweites Argument, das sich aus dem ersten ergab, war, daß die beste Luftverteidigung ein Bomberfeldzug gegen das Herzstück des Feindes sei – zweifelhaft selbst in der Theorie, wurde dieses Argument völlig abwegig angesichts der Luftüberlegenheit, die Deutschland Ende der dreißiger Jahre erreicht hatte. Die doktrinäre Starrheit, mit der dieses Argument verfochten wurde, führte zu der Schlußfolgerung, die in dem von Baldwin als Premierminister allzu bereitwillig akzeptierten Satz formuliert wurde: »Der Bomber wird überall durchkommen.« Das war ein Trugschluß, dem sich sowohl die R.A.F. als auch die amerikanische U.S.A.A.F. hingaben, bis ihre schweren Verluste in den Jahren 1943/44 sie zwangen zu erkennen, daß die Luftherrschaft die erste Voraussetzung einer wirksamen strategischen Bomberoffensive ist.

Eine andere vor dem Krieg herrschende Theorie war, daß Luftangriffe bei Tage gemacht und gegen bestimmte militärische oder wirtschaftlich wichtige Ziele gerichtet werden sollten, da jede andere Form
der Bombardierung »unproduktiv« sei. Trenchard betonte zwar auch
die moralischen Auswirkungen von Bombenangriffen auf die Zivilbevölkerung, und nächtliche Angriffsflüge wurden bis zu einem gewissen
Grade geprobt; im allgemeinen bestand aber beim Luftwaffenstab die
weitgehend in der ganzen R.A.F. geteilte Neigung, die operativen
Schwierigkeiten zu unterschätzen.

Angesichts der Hartnäckigkeit und Konsequenz, mit der die Konzeption strategischer Bombenangriffe in den Zwischenkriegsjahren
verkündet wurde, werden künftige Historiker verwundert sein, wenn
sie feststellen, daß bei Kriegsausbruch im Jahr 1939 die R.A.F. keine
geeigneten Flugzeuge für strategische Bombenangriffe besaß. Das war
nicht nur auf die Knappheit der Mittel und die Sparpolitik zurückzuführen, die in den zwanziger und Anfang der dreißiger Jahre betrieben
wurde, sondern auch auf falsche Vorstellungen der R.A.F. über die
Art der zu diesem Zweck benötigten Flugzeuge. Selbst nachdem man
den veralteten Doppeldecker nach 1933 zu ersetzen begann, gab es immer noch viele leichte Bomber, die für strategische Angriffe nutzlos
waren, während auch die Mehrheit der neueren Typen – die Whitleys,
Hampdens, Wellingtons – selbst für die Vorstellungen dieser Periode
nicht gut genug waren. Von den 17 Squadrons schwerer Bomber, die
1939 zur Verfügung standen, waren nur die sechs, die mit Wellingtons
ausgerüstet waren, leidlich leistungsfähig. Außerdem war die ganze
Bomberwaffe gehandicapt durch den Mangel ausreichend geschulten
Personals – hauptsächlich wegen der allzu langen Konzentration auf
leichte Zweisitzer-Maschinen – sowie durch die Mängel der technischen Hilfsmittel für Navigation und Bombenabwurf.

Trenchard, der Ende 1929 als Chef des Luftwaffenstabes zurückge-
treten und Mitglied des Oberhauses geworden war, hatte auch im
nächsten Jahrzehnt durch seine Schüler großen Einfluß in der R.A.F.
Er und seine Schüler stellten die Bomber weiterhin in die erste Reihe,
auch nachdem es bekannt war, daß die deutsche Luftwaffe eine große
Überlegenheit errungen hatte. Der vom Luftwaffenstab Anfang 1938
aufgestellte Plan L sah 73 Bomber-Squadrons vor und 38 Jäger-Squadrons bis zum Frühjahr 1940 – also ein Verhältnis von fast 2:1 und
nach der Zahl der Flugzeuge sogar noch mehr als das. Nach der Mün-

chener Krise vom September 1938 wurde durch den revidierten »Plan M« des Luftwaffenstabes das Programm auf 85 Bomber- und 50 Jäger-Squadrons erweitert – dadurch wurde das Verhältnis von Jägern zu Bombern von 1:2 auf etwas weniger als 3:5 erhöht.

Trenchard bedauerte auch diese geringfügige Veränderung, und noch im Frühjahr 1939 führte er im Oberhaus aus, daß das 2:1-Verhältnis von Bombern zu Jägern aufrechterhalten werden solle und die beste Abschreckung für die deutsche Luftwaffe darstelle. Aber dies war offensichtlich unrealistisch; denn die deutsche Bomberwaffe war schon fast doppelt so stark wie die britische, und der Ausbau einer Bomberwaffe nimmt viel mehr Zeit in Anspruch als der von Jägerverbänden.

Glücklicherweise hatte eine realistischere Denkweise im Luftwaffenstab die Oberhand gewonnen. Schon im Jahr 1937 hatte Sir Thomas Inskip, Minister für die Rüstungskoordination, seine Zweifel ausgesprochen und erklärt, es würde leichter sein, eine deutsche Bomberwaffe über England zu vernichten als durch Bombardierung ihrer Flugplätze oder ihrer Fabriken. Dann kehrte Anfang 1939 Air Vice Marshal Richard Peck – der in den zwanziger Jahren der junge Chef der Planungsabteilung gewesen war und viele von Trenchards Bomber-Argumenten für das Kabinett formuliert hatte – aus Indien zurück, wo er drei Jahre lang ranghöchster Luftwaffen-Stabsoffizier gewesen war, und wurde Leiter der Operationsabteilung. Angesichts der tatsächlichen Lage hatte er seine Ansichten revidiert, wie viele der jüngeren Offiziere, und bald nach Kriegsausbruch überzeugte er den Chef des Luftwaffenstabes Sir Cyril Newall von der entscheidenden Bedeutung einer Verstärkung der Jäger-Waffe. Seine Argumente wurden dadurch verstärkt, daß die Aussichten wirksamer Luftabwehr jetzt durch die Entwicklung des Radars als eines Mittels frühzeitiger Erfassung des Gegners besser geworden waren, ebenso auch durch die Entwicklung neuer und schnellerer Jägertypen, der Hurricanes und Spitfires. So wurde im Oktober 1939 der Befehl erteilt, 18 weitere Jäger-Squadrons für die Verteidigung Großbritanniens aufzustellen. Dieser rasch verwirklichte Entschluß erwies sich als entscheidend wichtig für den Ausgang der »Schlacht von England« ein Jahr später, von Juli bis September 1940. Andernfalls hätte die Luftverteidigung Großbritanniens sich kaum gegen die schweren anhaltenden Angriffe der Luftwaffe behaupten können.

Diese die Oberhand gewinnende realistischere Ansicht brachte das Kabinett und – etwas widerstrebend – auch den Luftwaffenstab zu dem Beschluß, daß unter den Verhältnissen von 1939 Großbritannien besser daran täte, nicht mit strategischen Bombenangriffen zu beginnen, solange die Deutschen sich ihrer enthielten – jedenfalls so lange, bis die eigene Bomberwaffe weit stärker geworden und die eigene Jägerwaffe auf ein besseres Kräfteverhältnis gebracht worden war.

Die ganze Ironie der Situation und der Planung des Luftwaffenstabes zeigt sich in dem Kommentar der offiziellen Kriegsgeschichte: »Seit 1918 hatte die Strategie auf der Vorstellung beruht, der nächste Krieg könne nicht ohne strategische Bombenangriffe gewonnen werden; aber als der Krieg ausbrach, war das Bomberkommando nicht in der Lage, dem Feind mehr als ganz unbedeutenden Schaden zuzufügen.«

Aus diesen Gründen begnügte sich die R.A.F. während des Polenfeldzuges und des sogenannten »seltsamen Krieges« im Westen mit sehr bescheidenen Aktionen: dem Abwurf von Propagandaflugblättern und gelegentlichen Angriffen auf Kriegsmarineziele. Außerdem waren die Franzosen, die noch mehr Angst vor Bomber-Vergeltungsangriffen hatten, strikt dagegen, daß das britische Bomberkommando von französischen Stützpunkten aus operierte – die Franzosen, wie die Deutschen, glaubten nur an den taktischen Wert von Bombern zur Unterstützung des Heeres. Die Deutschen waren, im Gegensatz zu den Briten, des Glaubens, daß die »Gotha«-Angriffe im Ersten Weltkrieg in jeder Hinsicht ein Mißerfolg gewesen waren, und sie hatten in ihrer Planung die Konzeption strategischer Bombenangriffe praktisch aufgegeben.

Obwohl der britische Luftwaffenstab Pläne für einen Angriff auf die deutschen industriellen Zentren im Ruhrgebiet hatte, ließ man ihn diese Pläne nicht praktisch durchführen.

Das war vermutlich ein Glück, da solche Angriffe bei Tageslicht von langsamen und schutzlosen Bombern hätten ausgeführt werden müssen. Air Chief Marshal Sir Edgar Ludlow-Hewitt, Oberbefehlshaber des Bomberkommandos von 1937 bis 1940, glaubte selbst, daß solche Angriffe nur gewaltige Verluste und fragwürdige Ergebnisse erbringen würden. Ohne selbst entscheidende Ergebnisse zu erzielen, erlitten im Dezember 1939 die Wellingtons des Bomberkommandos bei Tagesangriffen auf Ziele der Kriegsmarine schwere Verluste durch deutsche

Jäger, die von einer primitiven Form von Radar gelenkt wurden, während die weniger flugtüchtigen Whitleys bei ihren Angriffen zum Flugblattabwurf zwischen November 1939 und Mitte März 1940 keinerlei Verluste erlitten. Der Vergleich dieser beiden Erfahrungen führte dazu, daß das Bomberkommando sich nach dem April 1940 auf Nachtangriffe beschränkte. Dies zeigte die Irrigkeit der vor dem Krieg vom Luftwaffenstab vertretenen Ansicht, Bombenangriffe bei Tage seien ohne schwere Verluste möglich.

Ein anderer Trugschluß, nämlich der, daß ein spezielles Ziel leicht gefunden und getroffen werden könne, stellte sich erst allmählich heraus – hauptsächlich weil nachträgliche Luftaufnahmen der Ergebnisse erst 1941 zur allgemeinen Übung wurden, so daß man bis dahin sich auf die oft meilenweit von den Tatsachen entfernten Berichte von den Bomberbesatzungen verlassen mußte.

Die Bomber und Stukas der Luftwaffe spielten eine bedeutende Rolle bei der deutschen Invasion in Norwegen vom April 1940 wie auch schon beim Polenfeldzug 1939. Noch aktiver waren sie bei der Invasion im Westen im Mai und Juli 1940, wo sie mit den Panzertruppen zusammenarbeiteten. Dennoch blieb die R. A. F. jeder Zusammenarbeit mit dem Heer abgeneigt, und sie bestand immer noch auf ihrer Theorie spezieller strategischer Bombenangriffe. So hatte das Bomberkommando auf den Verlauf dieser entscheidenden Feldzüge noch weniger Einfluß, als möglich gewesen wäre. Einige vereinzelte Angriffe der Luftstreitkräfte der britischen Expeditionsarmee auf die vorrückenden deutschen Truppen, insbesondere ein Angriff gegen die Maas-Brücken, kosteten hohe Verluste und hatten wenig Erfolg. Erst am 15. Mai durfte das Bomberkommando mit Genehmigung des Kriegskabinetts, an dessen Spitze jetzt Winston Churchill stand, Angriffe östlich des Rheins ausführen: In dieser Nacht wurden 99 Bomber eingesetzt, um Raffinerien und Eisenbahnknotenpunkte anzugreifen. Dies gilt allgemein als der Beginn der strategischen Luftoffensive gegen Deutschland. Aber das Bomberkommando überschätzte lange Zeit die Ergebnisse dieses und auch späterer strategischer Bombenangriffe.

Die Pläne des Luftwaffenstabes für Angriffe auf Ölraffinerien in Deutschland wurden dann vertagt wegen der akuten Drohung des Luftangriffes auf England seit dem Juli 1940; während dieser »Schlacht von England« erhielt das Bomberkommando den Befehl, Häfen,

Schiffe, Zusammenziehungen von Landefahrzeugen, Flugzeug- und Flugzeugmotorenwerke des Feindes anzugreifen – alles, um die Chancen einer deutschen Invasion zu schwächen.

Unterdessen hatte die Bombardierung Rotterdams am 14. Mai und dann noch anderer Städte durch die Deutschen begonnen, das Meinungsklima in Großbritannien zu verändern und den Widerwillen gegen den Gedanken wahlloser Bombenangriffe zu vermindern. Diese Wandlung wurde noch beschleunigt durch Bomben, die am 24. August irrtümlich auf London abgeworfen wurden. Solche Vorfälle wurden im Grunde falsch interpretiert – was natürlich war –, da die deutsche Luftwaffe immer noch an den alten und bewährten Regeln des Bombenkrieges festhielt; Ausnahmen beruhten meist auf Navigationsfehlern. Aber sie schufen ein zunehmendes Verlangen, gegen deutsche Städte zurückzuschlagen, und zwar wahllos. Das Bewußtsein, daß die Bomber in der nächsten Zukunft die einzige britische Offensivwaffe darstellten, vertiefte diesen instinktiven Wunsch. Dies zeigte sich besonders klar in der Haltung Churchills.

Der Meinungswandel im Luftwaffenstab ging jedoch in erster Linie auf operative Erwägungen zurück. Sowohl seine Erkenntnis der operativen Wirklichkeit wie sein Nachgeben gegenüber dem Druck Churchills zeigte sich in seiner Direktive vom 30. Oktober 1940, daß in klaren Nächten Raffinerien und in Nächten mit bedecktem Himmel Städte angegriffen werden sollten. Das bedeutete ganz klar die Übernahme des Gedankens wahlloser Flächenbombardierungen.

Doch diese beiden Zielsetzungen zeigten ein Übermaß des Optimismus. Es war ebenso unsinnig zu glauben, das Bomberkommando könne mit den noch unzulänglichen Mitteln des Jahres 1940 kleine Ölraffinerien in Deutschland treffen, wie zu glauben, durch die Bombardierung von Städten würde man die Moral des deutschen Volkes treffen und das Nazi-Regime diskreditieren.

Die allmähliche Ansammlung von Tatsachenberichten über die Auswirkung gezielter Bombenangriffe zwang den Luftwaffenstab, deren Wirkungslosigkeit zuzugeben. Noch im April 1941 nahm man 1 000 Meter als durchschnittlichen theoretischen Fehler bei Bombenabwürfen an – dies bedeutete, daß kleinere Raffinerien in der Regel nicht getroffen wurden. Die Kontroverse wurde jedoch vertagt wegen der Notwendigkeit, die Kräfte des Bomberkommandos während der

»Schlacht im Atlantik« im Jahr 1941 vor allem gegen deutsche Marine-
und U-Boot-Stützpunkte einzusetzen. Der Widerwillen des Bomberkommandos, in dieser großen Krise der Kriegsmarine zu helfen, bewies eine Kombination von Kurzsichtigkeit und doktrinärer Starrheit.

In langsamer Abänderung oder besser in schrittweisem Rückzug
von seinem ursprünglichen Standpunkt versuchte das Bomberkommando seit Juli 1941, »halbspezielle Ziele« wie etwa das deutsche
Eisenbahnsystem anzugreifen. Wenn das Wetter nicht klar war, wurden auch solche Ziele ersetzt durch das noch weiter gefaßte Ziel »große
Industriegebiete«; aber selbst dieser abgeänderte Plan erwies sich in
der Praxis als unwirksam. Der Butt-Bericht vom August 1941, der auf
sorgfältigen Untersuchungen fußte, gab an, daß bei den Angriffen auf
das Ruhrgebiet nur jeder zehnte Bomber weniger als acht Kilometer
an sein bestimmtes Ziel herangekommen war – von den theoretischen
1000 Metern war nicht mehr die Rede. Die Beherrschung der Navigation war offensichtlich das schwierigste Problem des Bomberkommandos. Die operativen Schwierigkeiten, verbunden mit politischem
Druck, brachten schließlich den Luftwaffenstab zu der Erkenntnis:
»Das einzige Ziel, das durch Nachtangriffe wirksam getroffen werden
konnte, war eine ganze deutsche Stadt.«

Je klarer die Ungenauigkeit der britischen Bombenangriffe wurde,
desto mehr legte der Luftwaffenstab das Schwergewicht auf die moralischen Auswirkungen auf die Zivilbevölkerung – mit anderen Worten,
auf die Terrorisierung des Gegners. Die Brechung des feindlichen
Kampfwillens wurde ebenso wichtig wie die Brechung des feindlichen
Kampfpotentials.

Churchill dachte jedoch immer skeptischer über den weiterhin vom
Luftwaffenstab an den Tag gelegten Optimismus, insbesondere über
dessen Plan vom 2. September, Deutschland mit einer Bomberflotte
von 4000 Bombern zu vernichten, und seine Voraussage, dies Ziel
könne in sechs Monaten erreicht werden. Beeindruckt durch den
Butt-Bericht und andere Untersuchungen, wies er darauf hin, daß ein
genauerer Zielabwurf bei geringeren Verlusten die Wirkungen der
Bombenangriffe vervielfachen würde. Er bezweifelte auch den Optimismus des Luftwaffenstabes in bezug auf den deutschen Kampfgeist
und die deutsche Abwehr und schrieb dem neuen Chef des Luftwaffenstabes, Sir Charles Portal:

»Es ist sehr zweifelhaft, ob Bombenangriffe für sich allein ein entscheidender Faktor in diesem Krieg sein werden. Im Gegenteil: alles, was wir seit Kriegsbeginn gehört haben, zeigt, daß sowohl ihre konkreten wie ihre moralischen Auswirkungen stark übertrieben worden sind.« Er betonte auch mit Recht, daß die deutsche Abwehr sich sehr wahrscheinlich verbessern werde.

In einer Aktennotiz für Portal machte er die prophetische Bemerkung: »Ein ganz anderes Bild würde sich ergeben, wenn die feindliche Luftwaffe so weit dezimiert wäre, daß schwere gezielte Bombenangriffe auf Fabriken bei Tage möglich wären.« Diese Angriffe wurden dann seit 1944 geführt, aber nicht früher – und dann nur von den Amerikanern!

Churchills Befürchtungen und Warnungen vor der Verstärkung der deutschen Abwehr bewahrheiteten sich bald. Im November 1941 erlitt das Bomberkommando schwere Verluste, vor allem bei einem Angriff von 400 Bombern auf verschiedene Ziele am 7., als 21 der 169 Bomber, die Berlin angriffen, nicht zurückkehrten; freilich waren die Verluste bei Angriffen auf nähere Ziele nicht so hoch.

Die Summe der Erfahrungen seit Kriegsausbruch hatte gezeigt, daß die seit langem festgelegten Konzeptionen des Luftwaffenstabes und des Bomberkommandos auf schweren Irrtümern beruhten. Die Ergebnisse der Bombenangriffe in den ersten zwei Kriegsjahren waren sehr enttäuschend.

Die Ebbe für das Bomberkommando dauerte bis März 1942. Während des Winters waren die Operationen meist gegen die beiden deutschen Schlachtschiffe »Scharnhorst« und »Gneisenau« im Hafen von Brest gerichtet – hier wurden manche Treffer erzielt. Der Kriegseintritt Amerikas im Dezember 1941 hatte zunächst die Auswirkung, daß die Aussichten auf eine Vermehrung der kleinen Zahl aus amerikanischen Fabriken gelieferter Bomber vermindert wurde. Daneben führten die Rückschläge der deutschen Heere in Rußland in diesem Winter zu zweifelnden Fragen, ob es noch nötig sei, den Krieg durch Bombenangriffe zu gewinnen.

Die Bombenangriffe gegen Deutschland begannen erst wieder Mitte Februar, nachdem das Problem Brest sich durch die abenteuerliche Kanalfahrt der beiden Schlachtschiffe von selbst gelöst hatte. Bis dahin waren viele britische Bomber mit »Gee« ausgerüstet worden – einem funktechnischen Gerät für Navigation und Zielbestimmung. Eine neue Anweisung an das Bomberkommando vom 14. Februar 1942 betonte, die Bombenangriffe sollten jetzt »auf die Moral der feindlichen Zivilbevölkerung und insbesondere der Industriearbeiter einwirken«, dies sei das Hauptziel. Damit wurde die Terrorisierung des Gegners ohne Einschränkung zur offiziellen Politik der britischen Regierung, obwohl dies in einigen Antworten auf parlamentarische Fragen noch verschleiert wurde.

Diese neue Direktive war aber auch eine Anerkennung der realen operativen Möglichkeiten. Der Grundgedanke war schon früher, am 4. Juli 1941, von Portal so formuliert worden: »Auch das vom wirtschaftlichen Standpunkt geeignetste Angriffsziel lohnt nicht, verfolgt zu werden, wenn es nicht taktisch erreichbar ist.«

Diese Direktive lag vor, als am 22. Februar Air Marshal A. T. (später Sir Arthur) Harris Oberbefehlshaber des Bomberkommandos wurde – als Nachfolger von Sir Richard Peirse, der kurz nach Japans Kriegseintritt als Oberbefehlshaber der alliierten Luftstreitkräfte in den Fernen Osten gegangen war. Eine energische Persönlichkeit, gab Harris der Organisation und den Mannschaften des Bomberkommandos kräftige Impulse; aber rückschauend zeigte sich, daß viele seiner Ansichten und Entscheidungen falsch waren.

Unterstützung und Ermutigung in einer Zeit der Anspannung und Depression erhielt das Bomberkommando auch durch ein Memorandum, das Lord Cherwell (früher Professor F. A. Lindemann), Churchills persönlicher Berater in naturwissenschaftlich-technischen Fragen, Ende März ausarbeitete. Die darin enthaltenen Zusicherungen folgten auf einen sehr wirkungsvollen Angriff auf die Renault-Werke in Billancourt bei Paris Anfang März, von dem nur einer von 235 Bombern nicht zurückkehrte; das war der erste große Versuch mit Leuchtschirmen zur Erhellung der Ziele.

Noch im gleichen Monat folgte ein »erfolgreicher« Angriff auf die Hansestadt Lübeck, bei dem das dichtbebaute Stadtzentrum mit Brandbomben zerstört wurde, und im April gab es vier solche Angriffe auf Rostock. (Den größten Schaden erlitten aber die hübschen alten Häuser im Zentrum dieser historischen Hansestädte, nicht die in der Nähe gelegenen Fabriken.) Diese Städte lagen zwar jenseits der Reichweite von Gee; aber sie waren leicht zu lokalisieren, und daher wurde die Tatsache überbewertet, daß, ausgerüstet mit Gee, 40 Prozent der Bomber ihr Ziel gefunden hatten. Immerhin waren die Verluste des Bomberkommandos bei dem Lübecker Angriff hoch, und acht Angriffe auf Essen in diesen beiden Monaten stießen auf stärkere Abwehr, hatten weniger günstiges Wetter und weit geringere Wirkung. Auf deutscher Seite wurde die Abwehr jetzt schnell verstärkt – durch ein Radarsystem, welches das Flakfeuer lenkte, durch Scheinwerfer und eine wachsende Zahl von Nachtjägern. Anfang 1942 wurden nur ein Prozent der Bomber Opfer der Nachtjäger; aber bis zum Sommer stieg der Prozentsatz auf dreieinhalb, trotz der zunehmenden Verwendung von Ablenkungs- und Täuschungsmanövern.

»Alle diese Pläne gingen von der Annahme aus, daß man bei Nacht den feindlichen Jägern entkommen könne.« Dies war der Grundirrtum in den Köpfen des Bomberkommandos und des Luftwaffenstabes. Man mißachtete die grundlegende Erfahrung, daß ein noch so gut geschützter Bomber – und die der R.A.F. waren nicht gut geschützt – verwundbar ist durch Angriffe eines Flugzeuges, das eigens dazu entworfen und gebaut wurde, Bomber abzuschießen. Ausweichtaktiken und technische Hilfsmittel, die den Bombern helfen sollten, konnten diese nicht lange vor dem immer stärker werdenden deutschen Luftverteidigungssystem schützen – es sei denn, die R.A.F. würde die Luftherrschaft erringen.

Dieses Ziel aber wurde von den sogenannten »Zirkus«-Operationen angestrebt, die Anfang 1941 begannen und 1942 fortgesetzt wurden: Einflüge bei Tage in das feindliche Küstengebiet, gemeinsam ausgeführt von Bombern und Jägern, mit dem Ziel, die Luftwaffe zum Luftkampf herauszufordern, damit die Spitfires des Jägerkommandos sie angreifen könnten. Dieser »Zirkus« hatte einigen Erfolg; aber dieser war begrenzt durch die relativ kurze Reichweite der britischen Jäger, und als diese Tagflüge weiter ausgedehnt wurden, entstanden schwere Verluste überall dort, wo man auf starken Widerstand stieß, auch nachdem der großartige Lancaster-Bomber eingesetzt wurde. Der Haupterfolg der »Zirkus«-Operationen war, daß sie trotz aller Rückschläge den Kampf um die alliierte Luftüberlegenheit an der französischen Nordküste eröffneten, die später bei der Invasion so entscheidend war.

Im Jahr 1942 war die wichtigste Neuerung die mit soviel Beifall bedachten »Tausend-Bomber-Angriffe«. Mit ihnen versuchte Harris, die

Verluste durch Massierung der Kräfte gering zu halten und dabei größere Wirkungen zu erzielen. Obwohl das Bomberkommando im Mai 1942 nur 416 Maschinen der »ersten Linie« besaß, gelang es ihm, durch Verwendung von Maschinen der »zweiten Linie« und von Ausbildungsverbänden 1046 Bomber in der Nacht zum 30. Mai gegen Köln auszusenden. Bei diesem Angriff wurden 1600 ha des Stadtgebietes verwüstet – viel mehr als bei den insgesamt 1346 Angriffen gegen Köln in den vorhergehenden neun Monaten. Die Verluste betrugen 40 Bomber (3,8 Prozent). Am 1. Juni wurde die ganze verfügbare Stärke des Bomberkommandos, 956 Maschinen, gegen das schwierigere Ziel Essen eingesetzt; aber Wolken und Dunst retteten die Stadt vor schweren Schäden, während 31 Maschinen (3,2 Prozent) nicht zurückkehrten. Die »Tausend-Bomber«-Flotte wurde dann aufgelöst. Aber Harris plante weiterhin ähnliche Angriffe, und am 26. Juni griffen 904 Bomber, darunter 102 des Küstenkommandos, den großen Hafen von Bremen und die Focke-Wulf-Flugzeugwerke an. Diesmal war der Himmel sehr bewölkt und der angerichtete Schaden relativ gering, während die Verluste auf fast fünf Prozent stiegen, vor allem bei den Ausbildungsverbänden. Dann wurden bis 1944 keine »Tausend-Bomber«-Angriffe mehr geflogen.

Diese großen Sonderangriffe hatten durch die Publizität, die sie erhielten, Harris zweifellos bei seinem Kampf geholfen, den Anspruch des Bomberkommandos auf Priorität durchzusetzen und eine Verstärkung seiner Truppe auf 50 flugfähige Geschwader zu erreichen. Weiterhin half ihm im August 1942 die Schaffung der »Pathfinder«-Begleitverbände – der er sich seltsamerweise zuerst widersetzt hatte – und schließlich die Einführung der neuen Navigationshilfen Oboe und H 2 S im Dezember 1942 bzw. im Januar 1943.

Rückschauend sieht man dennoch, daß die Auswirkungen der britischen Bomberangriffe damals stark übertrieben wurden und daß die Schäden für die deutsche Industrie geringfügig waren, angesichts der Tatsache, daß sich Deutschlands Rüstungsproduktion im Jahr 1942 um etwa 50 Prozent erhöhte. Die Benzinversorgung, Deutschlands schwächster Punkt, wurde kaum berührt, und Deutschlands Flugzeugproduktion steigerte sich erheblich. Es war ein schlechtes Zeichen, daß die Ist-Stärke der deutschen Tagjäger an der Westfront im Laufe des Jahres von 292 auf 453 und die der Nachtjäger von 162 auf 349 stieg. Im Gegensatz dazu hatten sich die britischen Bomberverluste im Laufe des Jahres 1942 auf 1404 erhöht.

Die Konferenz von Casablanca im Januar 1943 wies den strategischen Bombenangriffen eine sekundäre Rolle als Wegbereiter einer Landinvasion zu. Die damals den alliierten Luftstreitkräften erteilte Direktive forderte »die fortschreitende Zerstörung und Desorganisation des deutschen militärischen, industriellen und wirtschaftlichen Systems sowie die Unterhöhlung des Kriegswillens des deutschen Volkes bis zu einem Punkt, an dem seine Bereitschaft zu bewaffnetem Widerstand entscheidend geschwächt wird«. Dies befriedigte Harris (der den zweiten Teil dieser Direktive hervorhob) ebenso wie Generalleutnant Eaker, den Befehlshaber der 8. US-Luftflotte (der den ersten Teil hervorhob). Wenn die Direktive auch eine allgemeine Prioritätenliste der Angriffsziele festlegte, so blieb den Luftwaffenbefehlshabern doch die taktische Auswahl. Daher ergänzten sich, obwohl die Briten bei Nacht und die Amerikaner bei Tag angriffen, ihre Angriffe höchstens in einem ganz allgemeinen Sinn.

Dennoch betonte die Konferenz von Washington im Mai 1943 die Zusammenarbeit, die man von den beiden Bomberwaffen erwartete (und die in der Praxis auch oft bestand); sie wies auch auf die jetzt offenkundig werdenden Gefahren für beide durch die deutsche Jagdabwehr hin. Daher sollte das erste Ziel von »Pointblank« – der gemeinsamen Bomberoffensive – die Vernichtung der Luftwaffe und der deutschen Flugzeugindustrie sein; dies sei »die entscheidende Vorbedingung für den Angriff auf andere Teile des feindlichen Kriegspotentials«. Diese Zielsetzung war auf lange Sicht ebenso entscheidend für das britische Bomberkommando wie für die Amerikaner. Immerhin war dieses Dokument so vage formuliert, daß es Harris gestattete, das Flächenbombardement der deutschen Städte fortzusetzen und der Einsicht auszuweichen, wie sehr die Zukunft sowohl der Bomber als auch der Operation »Overlord« von der Zerstörung der Luftwaffe abhing, deren Stärke sich zwischen Januar und August 1943 verdoppelt hatte. Die großen Erfolge des Bomberkommandos bei den Angriffen auf die Ruhr und auf Hamburg trugen aber dazu bei, diese Gefahr zu verschleiern.

Obwohl jetzt die »Pathfinder«-Verbände schrittweise aufgebaut wurden und Oboe ebenso wie H 2 S einsatzfähig waren, wurden die ersten Monate 1943 eine ruhige Periode für das Bomberkommando, verglichen mit 1942. Dies gab den Besatzungen die Möglichkeit, einige Mängel in der neuen Ausrüstung zu beseitigen und sich an die Lancasters und Mosquitos zu gewöhnen, die in wachsender Zahl die älteren Bomber ersetzten. Die allgemeine operative Stärke stieg von 515 Maschinen im Januar 1943 auf 947 im März 1944; das Problem der Besatzungen wurde zum Teil durch die großen Ausbildungspläne im Commonwealth gelöst, vor allem in Kanada, und außerdem durch die Abschaffung des Kopiloten im Laufe des Jahres 1942.

Alle diese Faktoren trugen zum Erfolg der »Schlacht von der Ruhr« bei – einer Serie von 43 Großangriffen vom März bis zum Juli 1943, mit Zielen von Stuttgart bis nach Aachen, aber in erster Linie im Ruhrgebiet. Sie begann am 5. März, als 442 Maschinen Essen angriffen – einen stark verteidigten Raum, da dort die Krupp-Werke lagen. Essen wurde weit stärker getroffen als früher dank der Markierung von Zielen durch die »Pathfinder« mit Hilfe der Oboe-Geräte, nur 14 Bomber gingen verloren. Essen wurde in den folgenden Monaten noch viermal schwer getroffen, ebenso die meisten großen Städte des Ruhrgebiets. Der Schaden entstand in erster Linie durch Brandbomben, aber auch durch Sprengbomben von einer Größe bis 4000 Kilogramm. Duisburg, Dortmund, Düsseldorf, Bochum und Aachen erlitten schwere Schäden dank des neuen Oboe-Zielfindungsgeräts; und 90 Prozent des Stadtgebiets von Wuppertal wurden in einem einzigen Angriff in der Nacht zum 29. Mai verwüstet. Obwohl das Wetter manchmal die Angriffe hinderte, war es doch klar, daß die Zielgenauigkeit der Bomberangriffe erheblich besser geworden war; dies stärkte Harris' Argumente für den Einsatz seiner Bomberwaffe.

Dennoch war das Bomberkommando noch kaum zu genauen Bombenangriffen bei Nacht in der Lage – mit Ausnahmen wie etwa der Zerstörung des Möhne- und des Eder-Staudamms im Ruhrgebiet in der Nacht zum 16. Mai durch die eigens dazu ausgebildete 617. (»Dambuster«-)Squadron unter Führung von Wing Commander Guy Gibson. Der glänzende Erfolg dieses Staudammangriffs wurde freilich mit dem Verlust von acht der 19 Lancasters bezahlt.

In der Bilanz hatten, wie die offizielle Kriegsgeschichte bemerkt, die »umwälzenden Fortschritte in der Technik des Bombenabwurfs«, welche die Schlacht von der Ruhr gezeigt hatte, das Bomberkommando zu einer mächtigen Keule gemacht, aber ihm noch nicht ermöglicht, die Wirkung einer scharfen Klinge zu erreichen. Da außerdem das Oboe-Gerät der entscheidende Faktor war, waren die Ergebnisse für Operationen außerhalb seiner Reichweite nicht sehr vielversprechend. Nach dem ersten Angriff auf Essen stiegen die Verluste schnell an, und bei dem Feldzug insgesamt betrugen sie im Durchschnitt 4,7 Prozent (872 Flugzeuge). Nur der gute Kampfgeist der Mannschaften und ständige Verstärkungen ermöglichten es dem Bomberkommando, so hohe Verluste zu verkraften, die sich dem kritischen Gefahrenpunkt näherten.

Bezeichnenderweise erlitten die Mosquitos, deren große Geschwindigkeit und Flughöhe sie für die deutschen Jäger und die Flak fast unerreichbar machten, sehr wenig Verluste. Oboe konnte nur in einem so hoch fliegenden Flugzeug funktionieren (die Funkwellen stießen in einer Tangente auf die Krümmung der Erdoberfläche), und anderenfalls hätten die Lancaster-Bomber der Hauptstreitmacht keine genaue Zielfeststellung gehabt.

Die Einführung von Beaufighters als Begleiter für Nachtflüge war keine Lösung, da diese Maschinen zu langsam waren. Und ebenso wie auf britischer Seite die technischen Fortschritte für das Bomberkommando die Nacht immer mehr zum Tage machten, so taten es auch die deutschen Gegenmaßnahmen für die Luftwaffe – und wahrscheinlich würde bald die Zeit kommen, da die Bomber bei Nacht ebenso verwundbar waren wie bei Tage.

Der »Schlacht von der Ruhr« folgte die »Schlacht von Hamburg« – eine Reihe von 33 großen Angriffen auf diese Stadt und einige andere vom Juli bis November 1943 mit insgesamt 1700 Bomber-Einsätzen. Sie begann mit dem Großangriff von 791 Bombern, darunter 374 Lancasters, am 24. Juli. Dank der neuen Navigationsinstrumente, klarem Wetter und guter Zielmarkierung wurde das Zentrum von Hamburg mit einer großen Zahl von Brand- und Sprengbomben getroffen – und dank einem neuen, das feindliche Radar ablenkenden Instrument mit dem Namen Window gingen nur zwölf Bomber verloren. Am 24. und am 26. Juli setzte auch die 8. US-Luftwaffe die Angriffe fort, und Mosquitos (die selbst bis zu 2000-Kilogramm-Bomben tragen konnten) beschäftigten an diesen beiden Nächten die Abwehr um die Stadt. In der Nacht zum 27. führten 787 britische Bomber einen neuen verheerenden Angriff, nur 17 gingen dabei verloren. Am 29. trafen 777 Bomber die Stadt von neuem, wenn auch mit geringerer Zielgenauigkeit und auf 33 Maschinen angestiegenen Verlusten, da sich die Deutschen jetzt auf die Auswirkungen von Window einzustellen begannen. Wegen schlechten Wetters war der vierte Großangriff am 2. August nicht so erfolgreich. Insgesamt jedoch erlitt die Stadt schreckliche Zerstörungen, und die Verluste des Bomberkommandos, obwohl mit jedem Angriff steigend, betrugen im Durchschnitt nur 2,8 Prozent. Außerdem hatte am 25. und 30. Juli – mitten in der »Schlacht von Hamburg« – das Bomberkommando auch Remscheid und die Krupp-Werke in Essen schwer getroffen. In den folgenden Monaten erreichten seine Angriffe Mannheim, Frankfurt, Hannover und Kassel; alle diese Städte wurden schwer beschädigt. Britische Bomber führten ferner in der Nacht zum 17. August ihren berühmten Angriff auf die Raketenforschungsstation in Peenemünde an der Ostsee. An diesem Angriff waren 597 viermotorige Bomber beteiligt, von denen 40 abgeschossen und 32 andere beschädigt wurden; die Auswirkungen waren freilich nicht so groß, wie man in London gedacht hatte.

Die Angriffe auf Berlin in dieser Periode hatten noch weniger Auswirkungen – wegen schlechten Wetters, dem Ausfall von Oboe auf eine so große Entfernung und wegen der Größe des Stadtgebietes, die H 2 S ziemlich unwirksam machte. Außerdem hatten hier die deutschen Nachtjäger ausgiebig Gelegenheit zu Angriffen während des langen Fluges – hin und zurück 1 800 Kilometer; sie wurden dabei geleitet durch Radarstationen, die jetzt so weit dem britischen Window überlegen waren, daß sie den Kernverband des Angriffs, wenn auch nicht einzelne Bomber, identifizieren konnten. Von den 123 Bombern, die in drei Angriffen auf Berlin abgeschossen wurden, waren 80 Opfer der Nachtjäger. Das war ein Vorgeschmack auf die bevorstehende »Schlacht von Berlin«.

Diese Schlacht, die vom November 1943 bis März 1944 dauerte, ging auf einen Wunsch Churchills zurück – da Berlin-Angriffe auch Stalin gefielen. Sie bestand aus 16 Großangriffen auf die Reichshauptstadt, während zu den zwölf anderen großen Angriffszielen Stuttgart, Frankfurt und Leipzig gehörten. Insgesamt wurden mehr als 20000 Einsätze geflogen.

Doch die Ergebnisse dieser massiven Offensive entsprachen nicht den Voraussagen von »Bomber«-Harris. Deutschland wurde nicht auf die Knie gezwungen, nicht einmal Berlin, während die britischen Verluste so schwer wurden, daß die Kampagne abgebrochen werden mußte. Die Verlustquote stieg auf 5,2 Prozent, während die Bombenschäden nicht mit denen von Hamburg oder Essen vergleichbar waren. Der Kampfgeist des Bomberkommandos war erschüttert, was kaum überraschen kann, da insgesamt 1 047 Bomber abgeschossen und weitere 1 682 beschädigt worden waren. In der Regel war es entscheidend, ob deutsche Nachtjäger eingriffen oder nicht – als sie beispielsweise bei dem Angriff auf München am 7. Oktober in die falsche Richtung gelenkt worden waren, verlor das Bomberkommando nur 1,2 Prozent seiner Maschinen. Meistens aber waren die Nachtjäger prompt zur Stelle und sehr aktiv – allmählich zwangen sie das Bomberkommando, seine Ziele immer weiter südlich zu suchen und einen immer größeren Teil seiner Verbände für Ablenkungsangriffe abzuzweigen. Die Wende kam dann mit dem katastrophalen Angriff auf Nürnberg am 30. März 1944, als von 795 Bombern 94 abgeschossen und 71 beschädigt wurden.

Schon vorher war die Opposition gegen Harris' Strategie immer stärker geworden, und der Luftwaffenstab erkannte allmählich, daß selektive Bombenangriffe, d. h. Angriffe auf einzelne Ziele wie Raffinerien, Flugzeugwerke und dergleichen, besser der Konzeption von Casablanca angepaßt waren, die eine Landinvasion in Nordwesteuropa unter der Voraussetzung einer endgültig errungenen Luftherrschaft vorsah.

Je mehr die deutsche Luftabwehr an Stärke und die deutsche Flugzeugproduktion an Umfang zunahm, desto umstrittener wurden Harris' Ansichten. Seine Hauptsorge war jetzt, die Amerikaner dazu zu bringen, sich an den Angriffen auf Berlin zu beteiligen – dies war bei Nacht für sie unmöglich, da sie für Nachtangriffe nicht ausgebildet waren, und wäre bis etwa Ende 1943 bei Tagesangriffen reiner Selbstmord gewesen. Anfang 1944 verwarf der Luftwaffenstab seine Ansicht, man könne mit Lancasters allein Deutschland bis zum April auf die Knie zwingen; er bestand auf gezielten Angriffen auf die deutsche Industrie wie etwa die große Kugellagerfabrik in Schweinfurt.

Der Angriff auf diese Werke am 25. Februar, dem Harris widerstrebend zugestimmt hatte, war wohl das erste echte Beispiel für die gemeinsame britisch-amerikanische Bomberoffensive. Die Gefährdung dieser Offensive ebenso wie der Chancen der bevorstehenden »Operation Overlord« durch die ständig wachsende Luftwaffe führte zur endgültigen Ablehnung der Ansichten des Luftmarschalls, und das Scheitern der »Schlacht von Berlin« bestätigte diese Entwicklung. Harris selbst erkannte seine Niederlage an, als er im April die Bereitstellung von Nachtjägern zum Schutz seiner Bomber forderte – wie es die Amerikaner schon getan hatten, indem sie ihre Tagesflüge mit Langstreckenjägern begleiteten.

Die ganze Zukunft der massierten Bomberangriffe auf deutsche Städte waren damit zweifelhaft geworden, und das Bomberkommando hatte Glück, daß, wie vorher geplant, die Bomberwaffe im April auf Operationen gegen das französische Eisenbahnnetz zur Unterstützung der bevorstehenden Invasion angesetzt wurde. Dies erleichterte ihre Aufgabe und verschleierte gleichzeitig die schwere Niederlage bei der direkten Luftoffensive gegen Deutschland. Noch mehr Glück hatte das Bomberkommando, als es nach der Invasion feststellen konnte, daß die ganze Situation sich entscheidend zugunsten der Alliierten gewandelt hatte.

Nach 1942 wurde die britische strategische Luftoffensive Teil einer gemeinsamen Anstrengung; sie war nicht mehr selbständig wie bisher. Auf der Konferenz von Washington wurde von General H. H. Arnold, dem Befehlshaber der US-Heeresluftwaffe, der Plan vorgelegt, eine große Bomberflotte in Großbritannien zu stationieren; dies gefiel natürlich Churchill und den britischen Stabschefs und dämpfte ihre Kritik an der amerikanischen Strategie der Bombenangriffe bei Tage. Die Amerikaner waren sicher, wenn die Bomber schwer bewaffnet und gepanzert seien, hoch genug und in dichter Formation flögen, dann könnten sie ohne schwere Verluste Tagangriffe fliegen. Dies erwies sich als ein Irrtum, ebenso wie die Annahme der R.A.F., man könne feindlicher Gegenwirkung entgehen, wenn man nachts fliegt.

Die ersten amerikanischen Angriffe im Jahr 1942 hatten noch ein zu kleines Ausmaß, um eindeutige Erfahrungen zu bieten; aber als im Jahr 1943 stärkere Angriffe auf größere Entfernungen geflogen wurden, stiegen die Verluste bald steil an. Bei dem Angriff auf Bremen am 17. April wurden von 115 eingesetzten Bombern 16 abgeschossen und 44 beschädigt. Bei dem Angriff auf Kiel am 13. Juni wurden von 66 »B 17« Flying Fortresses 22, bei dem Angriff auf Hannover im Juli von 92 24, bei dem Angriff auf Berlin am 28. Juli von 120 22 abgeschossen. Die Amerikaner versuchten Thunderbolt-Jäger als Begleitschutz zu verwenden, die mit Zusatz-Benzintanks ausgerüstet waren; aber deren Reichweite war nicht groß genug, und die Notwendigkeit besseren Jägerschutzes wurde noch klarer im Herbst, als die Serie von Angriffen auf die Kugellagerfabrik von Schweinfurt östlich von Frankfurt erfolgte.

Bei dem katastrophalen Angriff vom 14. Oktober startete ein Verband von 291 Flying Fortresses mit starkem Begleitschutz von Thunderbolts; aber diese konnten nur bis zum Raum Aachen fliegen, und als sie abgedreht hatten, wurden die »B 17« von einer Welle deutscher Jäger nach der anderen angegriffen, auf dem ganzen Weg zu ihrem Ziel und auf dem Rückflug bis zur Kanalküste. Als der amerikanische Verband zurückgekehrt war, hatte er 60 Bomber verloren, und weitere 138 waren beschädigt. Dies war der Höhepunkt einer schrecklichen Woche, in der die 8. US-Luftflotte bei vier Versuchen, die deutsche Abwehr jenseits der bisherigen Reichweite des Jägerschutzes zu durchbrechen, zusammen 148 Bomber mit ihren Besatzungen verlor. Eine so extrem hohe Verlustquote war untragbar, und die amerikanischen Luftwaffenchefs mußten die Notwendigkeit eines Jägerschutzes für große Entfernungen erkennen – eine Notwendigkeit, die sie bisher bestritten oder für technisch undurchführbar erklärt hatten.

Zum Glück war jetzt das richtige Flugzeug vorhanden in Gestalt des von der North American Company gebauten Mustang-Jägers. Die Briten hatten schon 1940 einen Auftrag für Mustangs erteilt, als die Amerikaner ihn noch ablehnten; die Leistung dieser Jäger wurde sehr erhöht durch den Einbau von britischen Rolls-Royce-»Merlin«-Motoren. Mit einem Packard-»Merlin«-Motor, der im Herbst 1942 erprobt wurde, war jetzt der »P 51 B« Mustang in allen Höhen schneller als die damaligen deutschen Jäger und besaß auch höhere Beweglichkeit. Mit Benzintanks für weite Entfernungen ausgestattet, hatte er eine Reichweite von 2500 Kilometern und konnte so den Bombern Geleitschutz bis über 1000 Kilometer Entfernung geben – das heißt bis zur Ostgrenze Deutschlands. Ein Sofortprogramm der Produktion von Mustangs wurde nach dem Desaster von Schweinfurt in Angriff genommen, und die ersten wurden von der 8. US-Luftflotte im Dezember 1943 eingesetzt. Bis zum Ende des Krieges im Mai 1945 wurden insgesamt 14000 Mustangs gebaut.

Der Winter 1943/44 war für die 8. US-Luftflotte eine relativ ruhige Zeit, da die Angriffe zeitweise auf Ziele in kurzer Entfernung beschränkt wurden. Im Dezember betrugen die Verluste nur 3,4 Prozent gegenüber 9,1 Prozent im Oktober. Die Schaffung der 15. US-Luftflotte, die von Italien aus operierte, war aber ein weiterer Schritt im

Rahmen des amerikanischen Plans, die deutsche Kriegswirtschaft zu lähmen. General Carl Spaatz wurde zum Befehlshaber beider Luftflotten ernannt.

Die ersten Monate des Jahres 1944 waren gekennzeichnet durch einen ständig steigenden Zuwachs von Mustangs und eine Erhöhung ihrer Reichweite. Außerdem waren sie nicht mehr an die Bomber gefesselt, sondern durften die deutsche Luftwaffe angreifen, wo immer sie sie fanden – mit dem Ziel, die Luftherrschaft insgesamt zu erringen, nicht nur die Luftherrschaft in der unmittelbaren Nähe der Bomber. Nach dieser Richtlinie zwangen sie die deutschen Jäger zum Kampf und fügten ihnen immer stärkere Verluste zu. Seit März 1944 zeigte sich, daß sich die deutschen Jäger mehr und mehr nur noch widerwillig in einen Kampf mit den Mustangs einließen. Diese aggressive Taktik ermöglichte nicht nur den amerikanischen Bombern, ihre Tagesangriffe mit immer weniger Widerstand und immer weniger Verlusten zu fliegen, sondern sie bahnte auch den Weg für »Overlord«.

Es war eine Ironie, daß dies auch der Weiterführung der Nachtoffensive des britischen Bomberkommandos gegen Deutschland zugute kam. Gerade als die deutsche Luftwaffe die Luftherrschaft bei Nacht errang, verlor sie sie bei Tage an die Amerikaner. Als die britischen Bomber nach ihrem Einsatz zur Unterstützung der Invasion im Westen ihre strategische Offensive gegen Deutschland wieder aufnahmen, begannen die deutschen Nachtjäger an Benzinknappheit zu leiden, und sie litten auch an dem Verlust ihres Radar-Frühwarnsystems in Frankreich – während umgekehrt das Bomberkommando von der Aufstellung von Funkstationen auf dem Kontinent profitierte.

Diese veränderte Lage zeigte sich in den Verlustzahlen. Sie waren noch hoch bei den wenigen Bomberangriffen auf Deutschland im Mai 1944, und im Juni stiegen sie bei den Angriffen auf Ölraffinerien auf 11 Prozent. Infolgedessen wurde im August und September etwa die Hälfte der britischen Angriffe auf Deutschland bei Tage geflogen, und dabei waren die Verluste weit geringer. Doch zu diesem Zeitpunkt wurden auch die Nachtangriffe wesentlich weniger verlustreich: 3,7 bzw. 2,2 Prozent. Im September setzte das Bomberkommando mehr als dreimal soviel Maschinen für Nachtangriffe ein als im Juni 1944, aber verlor nur etwa zwei Drittel soviel.

Der Einsatz von Nachtjägern mit großer Reichweite zum Schutz der Bomber bestärkte diesen Trend, war aber kein entscheidender Faktor, da die eingesetzten Jäger zu langsam und der Aufgabe nicht gewachsen waren. Nur 31 deutsche Nachtjäger wurden in der Zeit vom Dezember 1943 bis April 1944 abgeschossen, und selbst als neue Verbände besserer Jäger verfügbar wurden, betrug die behauptete Gesamtabschußzahl zwischen Dezember 1943 und April 1945, den letzten 17 Monaten des Krieges, nur 257 – ein Durchschnitt von knapp 15 im Monat. Daraus ergibt sich, daß weder der Jagdschutz noch Radar, noch technische Hilfsmittel zur Überlistung von Radar so entscheidend waren wie die deutschen Einbußen an Benzin, Territorium und Luftherrschaft bei Tage.

Im Jahr 1943 wurden insgesamt 200000 t Bomben auf Deutschland abgeworfen – fast fünfmal soviel wie im Jahr 1942. Dennoch stieg die deutsche Produktionsleistung zu neuen Höhen an, großenteils dank der Reorganisation, die Albert Speer, der neue Reichsminister für die Rüstung, durchgeführt hatte; neue Luftschutzmaßnahmen und ganz allgemein die deutsche Fähigkeit zu schneller Umstellung verhinderten jede ernste Krise sowohl des Kampfgeistes wie der Rüstungsproduktion. Die erhöhte Produktion von Flugzeugen, Geschützen, Panzern und U-Booten hatte einen erheblichen Anteil an der 50prozentigen Gesamtsteigerung der Rüstungsproduktion im Jahr 1943.

Sicher waren für die Deutschen zum erstenmal seit Kriegsbeginn die Massenangriffe der Bomber ein schweres Problem geworden; nach dem Großangriff auf Hamburg im Juli 1943 soll Speer pessimistisch geäußert haben, sechs weitere Großangriffe dieses Ausmaßes würden Deutschland auf die Knie zwingen. Aber keine ähnlichen Verheerungen und keine ähnliche moralische Wirkung wurde durch die Flächenbombardements des zweiten Halbjahrs 1943 erreicht, während gleichzeitig Speers glänzende Erfolge bei der weiteren Streuung der Industrie seine früheren Befürchtungen widerlegten.

Die gezielten Präzisionsangriffe der Amerikaner hatten eine Zeitlang größere Auswirkungen, und bis zum August 1943 hatten sie die deutsche Jägerproduktion um etwa 25 Prozent vermindert. Aber nach der verlustreichen Niederlage der 8. US-Luftflotte im Oktober stieg diese Produktion wieder an und erreichte Anfang 1944 neue Rekorde. Wenn auch die Feststellung der angerichteten Schäden inzwischen ziemlich zuverlässig geworden war, so unterschätzten die Alliierten doch die Kraftreserven der deutschen Produktion und nahmen irrigerweise an, die offenkundige Verstärkung der deutschen Luftwaffe ginge auf die Verlegung von Flugzeugen von der Ostfront zurück.

Für das britische Bomberkommando war die wichtigste Neuentwicklung dieser Periode die Weiterentwicklung von gezielten Bombenangriffen bei Nacht; zuerst beschränkt auf den Einsatz der 617. Squadron als eines Spezialverbandes, der sich bei dem Staudammangriff bewährt hatte, wurden solche Angriffe häufiger seit der Verbesserung des Pfadfinder-Zielmarkierungssystems, den neuen Leuchtschirmen und dem Einsatz der neuen, 6000 Kilo schweren Tallboy-»Erdbeben«-Bombe. Dieser folgte am Schluß des Krieges die 11000 Kilo schwere Grand Slam.

Die wichtigste allgemeine Auswirkung des Bombenfeldzuges auf den Kriegsverlauf war jedoch, daß er einen immer größeren Teil der deutschen Jäger und der deutschen Flak von der Ostfront nach Westen abzog; dadurch half man dem russischen Vormarsch, und dank der Luftherrschaft bei Tage konnte die Invasion bei wenig Störungen seitens der Luftwaffe ihren Fortgang nehmen.

Im letzten Kriegsjahr, von April 1944 bis Mai 1945, errangen die Alliierten endgültig die Luftherrschaft, in der Hauptsache dank der amerikanischen Großangriffe von Februar bis April 1944. Freilich bedeuteten die Bedürfnisse von »Overlord« eine erhebliche Ablenkung, die für mehrere Monate die gemeinsame Bomberoffensive von deutschen Zielen auf Ziele ablenkte, wo sie für die alliierten Armeen eine direkte Hilfe bedeutete, sowohl vor wie nach der Landung in der Normandie.

Diese Ablenkung gefiel natürlich Sir Arthur Harris und anderen einseitigen Bomberenthusiasten; aber Sir Charles Portal und der Luftwaffenstab hatten eine ausgewogenere Ansicht und erkannten, daß der Bomber in der alliierten Strategie eine etwas sekundärere Rolle spielen müsse. Da die strategischen Bomberverbände zur Unterstützung der taktischen Verbände gebraucht wurden, wurde die gesamte alliierte Luftwaffe Mitte April Sir Arthur Tedder unterstellt, der gleichzeitig stellvertretender Oberster Befehlshaber unter Eisenhower geworden war. Tedder hatte vorher die Luftwaffe im Mittleren Osten befehligt und dort einen großen Eindruck hinterlassen. Er erkannte, daß die wichtigste Unterstützung der Bomberverbände für »Overlord« die Lähmung des deutschen Verkehrsnetzes sein müsse. Dieser Plan wurde dann am 25. März 1944 angenommen, trotz Churchills Besorgnissen über hohe Verluste der französischen Zivilbevölkerung und trotz der von Portal geteilten Vorliebe von General Spaatz für Raffinerien als Angriffsziele.

Die Entscheidung von Spaatz, in erster Linie Ölraffinerien anzugreifen, führte dazu, daß die 8. US-Luftflotte den Angriff auf Deutschland im Frühjahr 1944 wieder fortführte, während das britische Bomberkommando die Monate April bis Juni 1944 in der Hauptsache mit Angriffen auf Eisenbahnziele in Frankreich verbrachte – im Juni wurden nur 8 Prozent seiner Bomben auf deutsche Ziele abgeworfen. Bis Ende Juni waren über 25 000 t Bomben auf das feindliche Verkehrs- und Transportsystem abgeworfen worden, dazu kamen Angriffe auf Küstenbatterien, Raketenstellungen und ähnliche Ziele. Rückschauend sieht man heute, daß die Lähmung des Transport- und Verkehrsnetzes der Deutschen durch Tedders Bomber der bedeutendste Faktor bei dem Erfolg der Invasion in der Normandie war. Die Einwände von Harris, das Bomberkommando sei zu der erforderlichen Genauigkeit beim Abwurf nicht in der Lage, wurden bereits im März durch wirkungsvolle Angriffe auf Nachschubzentren in Frankreich widerlegt.

Diese vielkritisierte »Ablenkung« war eine Wohltat für das Bomberkommando, da sie nicht nur seine Belastung durch Verluste erleichterte, sondern auch ein Ansporn für die technische Verbesserung des Bombenabwurfs war. Außerdem war die Abwehr durch deutsche Jäger über Frankreich viel geringer als bei der »Schlacht von Berlin« und anderen Angriffen auf Ziele in Deutschland. Der Präzision des Bombenabwurfs kamen technische Neuerungen zugute, die Wing Commander Leonard Cheshire für die Zielmarkierung durch Mosquitos aus geringer Höhe entwickelt hatte. Zuerst in Frankreich im Lauf des April angewandt, wurde dank dieser neuen Technik Ziel nach Ziel zerstört, ohne daß viele Bomben ihr Ziel verfehlten und französische Zivilisten töteten, wie Churchill gefürchtet hatte. Die durchschnittliche Abweichung von dem genauen Ziel verminderte sich von 620 Metern im März auf 260 Meter im Mai 1944.

Der Erfolg dieser Angriffe auf Verkehrsziele vor der Invasion bestärkte Tedder in seiner Ansicht, daß ein solcher Feldzug mit höchstem Vorrang auf ganz Deutschland ausgedehnt werden sollte. Er glaubte, ein Zusammenbruch des deutschen Eisenbahnsystems werde nicht nur Truppenbewegungen erschweren – und daher auch den Russen zugute kommen –, sondern auch den Zusammenbruch der deutschen Wirt-

schaft bedeuten. Dies wäre dann eine Alternative zu den Flächenbombardierungen von Harris und den Raffinerie-Angriffen von Spaatz. In
der Tat hatten diese Angriffe schnellere Rückwirkungen auf das
deutsche Heer und die Luftwaffe als das wahllose Flächenbombardement.

In der ersten Zeit nach der Invasion griffen die Bomber eine Vielzahl
von Zielen an. Während die Amerikaner in den jetzt folgenden Monaten in erster Linie Raffinerien und Flugzeugwerke angriffen, fielen nur
32000 von den 181000 t Bomben, die das britische Bomberkommando
in dieser Zeit abwarf, auf Ziele in Deutschland.

Die Tendenz, von den Flächenangriffen wegzukommen, wurde sehr
deutlich. Der britische Luftwaffenstab übernahm die amerikanische
Ansicht, daß Angriffe auf Raffinerien den höchsten Vorrang erhalten
sollten. Schon im April hatte die 15. US-Luftwaffe von Italien aus die
Ölfelder von Ploesti in Rumänien angegriffen. Am 12. Mai hatte dann
die 8. US-Luftwaffe von England aus ihre Angriffe auf Raffinerien in
Deutschland begonnen. Obwohl 400 deutsche Jäger aufstiegen, um die
935 amerikanischen Bomber zu bekämpfen, wurden sie von etwa 1000
amerikanischen Jägern abgewehrt und verloren 65 Maschinen, gegenüber einem amerikanischen Verlust von 46 Bombern.

Diese Kampagne wurde nach dem D-Day noch intensiver, und im
Juni befahl der Luftwaffenstab, angesichts der Fortschritte des Bomberkommandos bei gezielten Bombenabwürfen bei Nacht, die Aufnahme britischer Angriffe auf Ölraffinerien. Der Angriff auf Gelsen-
kirchen in der Nacht zum 9. Juli war recht erfolgreich, wenn auch bei
hohen Verlusten; doch die anderen Angriffe waren wegen des Wetters
weniger wirkungsvoll bei katastrophalen Verlusten – 93 Bomber von
insgesamt 832 in drei Nächten eingesetzten wurden abgeschossen,
meist durch Nachtjäger.

Die amerikanischen Angriffe gingen mit voller Kraft weiter. Am 16.
Juni wurden über 1000 Bomber eingesetzt, von fast 800 Jägern begleitet, und am 20. waren es sogar 1361 Bomber. Am Tag darauf wurde
Berlin angegriffen, während gleichzeitig ein anderer Verband Ölraffinerien angriff und dann in Rußland landete. (Nach seinem kühlen
Empfang dort wurde dieses Experiment nicht wiederholt.) Die amerikanischen Verluste waren schwer; aber eine immer größere Zahl von
Ölraffinerien wurde betriebsunfähig, mit katastrophalen Auswirkungen auf die Benzinversorgung der Luftwaffe. Diese wurde im Septem-

ber auf 10000 t Oktan vermindert, während sie im Monat mindestens 160000 t brauchte. Bis zum Juli war jede größere Ölraffinerie in Deutschland getroffen worden, und die große Zahl neuer Flugzeuge und Panzer, die dank Speers Bemühungen gebaut wurden, waren wegen Benzinmangels praktisch nutzlos.

Während die Zahl der einsatzfähigen deutschen Flugzeuge zurückging, wurden die beiden alliierten Luftwaffen immer stärker. Die Zahl der britischen Bomber erster Linie stieg von 1023 im April auf 1513 im Dezember 1944 und auf 1609 im April 1945, die der Bomber der 8. US-Luftflotte von 1049 im April auf 1826 im Dezember 1944 und auf 2085 im April 1945.

Unterdessen war das britische Bomberkommando zum erstenmal zu Massenangriffen bei Tage übergegangen. Die Bedenken von Harris wurden zerstreut durch den geringeren Widerstand seitens der Luftwaffe, verglichen mit dem Widerstand, den man von Nachtangriffen her kannte. Der erste große Tagesangriff erfolgte gegen Le Havre Mitte Juni, ebenso wie die folgenden unter Begleitschutz von Spitfires. Seit Ende August griff das Bomberkommando auch das Ruhrgebiet bei Tage an und fand nur geringfügige Abwehr vor. Diese neuen Umstände ermutigten das Bomberkommando, die Nachtangriffe auf deutsche Ölraffinerien wiederaufzunehmen. Diese Angriffe waren jetzt wirkungsvoller und weniger verlustreich als früher. Der sehr erfolgreiche Angriff auf das entfernte Ziel Königsberg – freilich kein Ölraffinerie-Ziel im engeren Sinne – am 29. August zeigte die Verbesserung auf der ganzen Linie.

So war die Periode von Oktober 1944 bis Mai 1945 eine Zeit der Luftherrschaft der Bomber. Das britische Bomberkommando warf in den letzten drei Monaten 1944 mehr Bomben ab als im ganzen Jahr 1943. Das Ruhrgebiet allein wurde in diesen drei Monaten von über 60000 t Sprengstoff beworfen. Außerdem war dies, wie die amtliche Kriegsgeschichte schreibt, eine Zeit, in der die Bomber »praktisch die operative Luftherrschaft besaßen«. Unter diesem schweren Angriff wurde die deutsche Widerstandskraft allmählich zermalmt und die deutsche Kriegswirtschaft erdrosselt.

Angesichts dieser neuen Perfektion im gezielten Bombenabwurf und der Schwäche des Widerstandes ist es zweifelhaft, ob es, sowohl militärisch als auch moralisch gesehen, wirklich klug war, wenn das

Bomberkommando in diesem Zeitraum 53 Prozent seiner Bomben auf Stadtgebiete abwarf, dagegen nur 14 Prozent auf Ölraffinerien und 15 Prozent auf Verkehrsziele. (Die entsprechenden Zahlen für die Zeit Januar bis Mai 1945 waren 36,6, 26,2 und 15,4 Prozent – ein Verhältnis, das immer noch sehr fragwürdig erscheint.) Das Verhältnis bei den amerikanischen Bombenabwürfen war grundlegend anders. Der Plan der Amerikaner, Deutschlands bekannte schwache Punkte zu treffen, war vernünftiger als der Gedanke, jede Bombe müsse irgendein Ziel treffen und dadurch irgendwie Deutschland schwächen. Die Amerikaner vermieden so auch die zunehmende moralische Kritik, die an der Strategie von Harris geübt wurde.

Die Schlußphase litt im großen und ganzen daran, daß die gut ausgewählten Prioritäten nicht innegehalten wurden. Eine Direktive vom 25. September 1944 erklärte Ölraffinerien zum Ziel Nr. 1, während Verkehrsziele an der Spitze einer Liste anderer Ziele standen. Darin lag eine gute Chance, den Krieg abzukürzen, da sich das Bomberkommando seit Oktober ebenfalls auf Ziele in Deutschland konzentrierte. Aber zwei Drittel der Angriffe im Oktober entfielen wieder auf Flächenbombardements, und wenige Bomben wurden auf Raffinerien oder Verkehrsziele abgeworfen. Daher erhielten am 1. November 1944 die Befehlshaber eine neue Direktive, in der die Ölversorgung als erster und Verkehrsziele als zweiter Vorrang aufgeführt wurden; andere Ziele wurden nicht mehr genannt, um nicht Verwirrung zu stiften. Diese beiden Ziele, die jetzt relativ leicht zu treffen waren, hätten sicher den Zusammenbruch Deutschlands eher beschleunigt als die Flächenbombardements.

Harris' Starrköpfigkeit verhinderte jedoch, daß der Plan richtig ausgeführt wurde – er drohte sogar aus Protest dagegen zurückzutreten.

Anfang 1945 wurde die Lage wieder komplizierter durch die deutsche Gegenoffensive in den Ardennen, das Auftauchen der deutschen Düsenjäger und der deutschen Schnorchel-U-Boote. Dies führte zu einer neuen Erörterung der Prioritäten. Aber da die verschiedenen Autoritäten in verschiedene Richtungen zogen, war das Ergebnis ein Kompromiß – und, wie viele Kompromisse, unklar und unbefriedigend.

Der umstrittenste Aspekt war die bewußte Wiederbelebung der Terrorangriffe. Sie erfolgte weitgehend in dem Wunsch, den Russen einen Gefallen zu tun. Am 27. Januar 1945 erhielt Harris die Anweisung, solche Angriffe auszuführen – die damit nach der Ölversorgung den zweiten Vorrang erhielten, noch vor Verkehrs- und anderen Zielen. Daraufhin wurde die weit entfernte Stadt Dresden Mitte Februar einem verheerenden Großangriff unterzogen – mit der bewußten Absicht, ein Blutbad unter der Zivilbevölkerung und den vielen Flüchtlingen anzurichten. Angegriffen wurde das Stadtzentrum, nicht die Fabriken oder das Bahngelände.

Im April war es dann soweit, daß kaum noch lohnende Ziele übrigblieben, und sowohl die Flächenangriffe als auch die gezielten Bombenabwürfe wurden zugunsten der direkten Unterstützung der alliierten Heere aufgegeben.

Die Ergebnisse der strategischen Bomberoffensive

Selbst nachdem seit dem Sommer 1944 die furchtbare Bomben-Sintflut die deutsche Rüstungsproduktion zu lähmen begann, gelang es Speer durch weitere räumliche Streuung der Fabriken und geschickte Improvisationen, die materiellen Auswirkungen in Grenzen zu halten. Auch der deutsche Kampfgeist hielt sich in bemerkenswerter Weise, jedenfalls bis zu dem Dresdener Angriff im Februar 1945.

Angriffe auf die Ölversorgung

Weil die entfernten Ölfelder Rumäniens lange von Angriffen unberührt blieben und die Anlagen zur synthetischen Herstellung von Benzin immer weiter ausgebaut wurden, erreichten Deutschlands Benzinvorräte im Mai 1944 einen Höhepunkt und begannen erst von da an sich zu vermindern.

Mehr als zwei Drittel des im Hydrierverfahren gewonnenen Benzins wurde in sieben Werken produziert, deren Verwundbarkeit offenkundig war, und da die Ölraffinerien ebenso verwundbar waren, begannen sich die konzentrierten Bombenangriffe auf diese Anlagen seit Sommer 1944 schnell auszuwirken. Die April-Produktion von Benzin für Kraftwagen wurde bis zum Juni halbiert und bis zum September auf ein Viertel reduziert. Die Produktion von Flugbenzin sank auf ganze 10000 t im September; das bescheidene Produktionsziel war

30 000 t, aber der monatliche Mindestbedarf der Luftwaffe betrug 160 000 t! Etwa 90 Prozent des Flugbenzins, das am dringendsten benötigt wurde, wurde im Bergius-Hydrierverfahren gewonnen.

Als dann der deutsche Verbrauch infolge der Invasion im Westen und des russischen Vormarschs im Osten anstieg, wurde die Lage sehr ernst – seit Mai 1944 überstieg der Verbrauch die Produktion. Speer gelang es, durch hektische Gegenmaßnahmen die Lage etwas zu entspannen und die Benzinvorräte wieder etwas aufzustocken – bis zur Ardennen-Offensive im Dezember, aber nicht ausreichend, um diese für längere Zeit durchzuhalten, und diese Schlacht trug viel zur Erschöpfung der Vorräte bei. Dazu kamen noch die alliierten Angriffe auf Raffinerien im Dezember und Januar. Besonders wirkungsvoll waren die britischen Nachtangriffe, dank der viel größeren Bomben, welche die Lancasters jetzt mitführen konnten, und dank der neugewonnenen Zielgenauigkeit bei Nachtangriffen.

Die Angriffe auf die Benzinversorgung trafen auch erheblich die deutsche Produktion von Sprengstoffen und synthetischem Kautschuk, während die Knappheit an Flugbenzin zur fast völligen Einstellung der Ausbildungsflüge und zur drastischen Verminderung der Kampfflüge in der Luftwaffe führte. Zum Beispiel konnten Ende 1944 nur noch 50 Nachtjäger gleichzeitig aufsteigen. Dieser Mangel glich auch größtenteils den Wert der neuen Düsenjäger aus, die jetzt bei der Luftwaffe in Dienst gestellt wurden.

Angriffe auf Verkehrsziele

Angriffe auf Verkehrsziele, eine Mischung taktischer und strategischer Operationen, waren eindeutig von allergrößter Bedeutung für den Erfolg der Invasion und der Kämpfe im Westen; aber ihre Auswirkungen sind schwieriger einzuschätzen, nachdem die Alliierten bis zur deutschen Grenze vorgedrungen waren. Der November-Plan legte das Schwergewicht auf Eisenbahnen und Kanäle in Westdeutschland und insbesondere im Ruhrgebiet – dadurch sollte die Kohlenversorgung unterbrochen und so ein großer Teil der deutschen Industrie zum Stillstand gebracht werden. Die Wirkungen waren auch sehr groß und machten Speer im Herbst 1944 große Sorge; aber die alliierten Befehlshaber neigten dazu, in ihren eigenen Lagebeurteilungen die Wirkungen zu unterschätzen. Meinungsverschiedenheiten lähmten diese Operationen; doch im Februar 1945 waren insgesamt wieder 8 000–9 000 Flugzeuge für Angriffe auf das deutsche Verkehrsnetz eingesetzt. Bis zum März lag dieses in Trümmern, und die Industrie hatte keinen Brennstoff mehr. Nach dem Verlust Oberschlesiens im Februar infolge des russischen Vormarsches hatte Deutschland keine Reserve-Kohlenversorgung mehr. Die Stahlproduktion verfügte zwar noch über genügend Erze, aber reichte nicht aus, den Mindestbedarf an Munition zu decken. Dies war der Zeitpunkt, da Speer die Hoffnungslosigkeit der Lage erkannte und begann, schon für die Nachkriegszeit zu planen.

Direkte Angriffe

Die Ergebnisse der direkten Angriffe wurden immer offenkundiger. Eine Stadt nach der anderen wurde verwüstet. Die deutsche Industrieproduktion sank nach ihrem Rekordmonat, dem Juli 1944, rasch ab; die Krupp-Werke in Essen stellten Ende Oktober die Produktion ein. Oft war es die völlige Zerstörung der Strom-, Gas- und Wasserversorgung, die zum Verfall der Produktion führte. Außerhalb des Ruhrgebietes aber war die Knappheit an Rohstoffen, die sich aus dem Zusammenbruch des Verkehrssystems ergab, der Hauptgrund für den endgültigen Zusammenbruch der deutschen Industrie im Jahr 1945.

Schlußfolgerungen

Die strategische Bombenoffensive gegen Deutschland begann mit großen Hoffnungen, aber hatte anfangs geringe Auswirkungen – sie bewies ein zu großes Übergewicht des Optimismus über den nüchternen Verstand. Die allmähliche Stärkung des Gefühls für die Realitäten zeigte sich in dem plötzlichen Übergang von Tag- zu Nachtangriffen und dann in der Übernahme der Taktik der Flächenangriffe, so fragwürdig diese in vieler Hinsicht waren.

Bis 1942 waren die Bombenangriffe für Deutschland nur eine Belästigung, keine Gefahr. Sie mögen vielleicht für die Moral des britischen Volkes nützlich gewesen sein, obwohl auch dies zweifelhaft ist.

Im Jahr 1943 wurden die Schäden, welche die Bomberflotten der beiden Alliierten anrichteten, vor allem dank der immer stärkeren amerikanischen Hilfe größer – aber sie hatten noch keine große Auswirkung auf die deutsche Produktion oder auf den deutschen Kampfgeist.

Erst im Frühjahr 1944 trat eine entscheidende Wandlung ein, und sie ging in erster Linie darauf zurück, daß die Amerikaner Langstreckenjäger zum Schutz ihrer Bomber einsetzten.

Nachdem sie bei der Invasion große Dienste geleistet hatten, kehrten die alliierten Bomber zu ihren Angriffen auf die deutsche Industrie zurück und hatten viel größere Erfolge als früher. In den letzten neun Monaten des Krieges hatten sie leichtes Spiel dank verbesserter Navigation und Abwurftechnik sowie dank der zusammenbrechenden deutschen Abwehr.

Die Fortschritte der alliierten Luftoffensive – ebenso wie der Landoffensive – wurden jedoch beeinträchtigt durch Unentschlossenheit, Meinungsverschiedenheiten und fehlende Konzentration auf ein Hauptziel. Das Potential der alliierten Luftstreitkräfte war größer als ihre Erfolge. Insbesondere die britische Luftwaffe setzte die Flächenangriffe noch fort, lange nachdem keinerlei Grund oder Vorwand für solche wahllosen Aktionen mehr bestand. Es gibt genügend Beweise, daß der Krieg durch stärkere Konzentration der Luftangriffe auf die Benzinversorgung und das Verkehrsnetz um Monate hätte verkürzt werden können.

Doch trotz strategischer Irrtümer und trotz der Mißachtung elementarer Moralbegriffe hatte die Bomberoffensive ohne Frage einen entscheidenden Anteil an der Niederlage Hitler-Deutschlands.

Kapitel 34:
Die Befreiung des Südwestpazifiks und Burmas

Die Situation im Pazifik zu Beginn des Frühjahrs 1944 war folgende: Die alliierten Streitkräfte im mittleren Pazifik unter dem Befehl von Admiral Spruance und der Oberleitung von Admiral Nimitz hatten die Gilbert- und die Marshall-Inseln genommen, durch Luftangriffe den japanischen Stützpunkt Truk in den Karolinen schwer mitgenommen und somit das, was die Japaner als ihre lebenswichtige Verteidigungszone bezeichneten, schon erheblich angenagt. Unterdessen hatten die Streitkräfte General MacArthurs im Südwestpazifik nacheinander den größten Teil des Bismarck-Archipels und die Admiralitäts-Inseln genommen, damit den dortigen japanischen Sperrgürtel durchstoßen und gleichzeitig den vorgeschobenen japanischen Stützpunkt Rabaul neutralisiert. Zugleich hatten sie ihren westlichen Vormarsch auf Neuguinea erheblich ausgedehnt, und sie bereiteten ihren nächsten großen Sprung auf die Philippinen vor.

Die Wiedereroberung Neuguineas

Der weitere Verlauf des Feldzuges auf Neuguinea war gekennzeichnet durch die Entwicklung die Methode des Inselspringens, die vorher auf den Salomon-Inseln erprobt worden war. In vier Monaten rückten MacArthurs Truppen 1500 Kilometer in einer Reihe solcher Sprünge vor – aus dem Raum Madang bis zur Vogelkop-Halbinsel am westlichen Ende der Insel.

Die Japaner hatten gehofft, sich an den wenigen Küstenpunkten zu behaupten, die für den Bau von Flugplätzen geeignet waren; aber die Alliierten, die von Land aus diese Stellungen nicht umgehen konnten, benutzten ihre Überlegenheit zur See und in der Luft zu Umgehungsmanövern entlang der Küste.

Die strategische Situation der Japaner war schwach, da das Gros ihrer Luftwaffen- und Marineverbände zurückgehalten werden mußte, um Admiral Spruances nächstem Vorstoß im mittleren Pazifik zu begegnen. Auch auf der Insel selbst waren die japanischen Truppen weit verstreut und hatten Nachschubschwierigkeiten. Die sogenannte 8. Armee in Rabaul war sich selbst überlassen, während an der Nordküste Neuguineas die Reste von Adachis sogenannter 18. Armee bei Wewak der 2. Armee Anamis unterstellt wurden; dies ergab zusammen sechs schwache Divisionen gegen 15 alliierte (acht amerikanische und sieben australische) Divisionen, die durch haushohe Überlegenheit zur See und in der Luft noch unterstützt wurden.

Im April stießen die 7. und dannn die 11. australische Division von Madang aus entlang der Küste westwärts vor, während MacArthur seinen bisher größten Sprung machte, um den Stützpunkt Hollandia, an der Humboldt-Bucht 300 Kilometer westlich Wewak, zu nehmen. Den Landungen ging eine Reihe schwerer Bombenangriffe voraus, die den größten Teil der 350 Flugzeuge zerstörten, welche die Japaner zur Verteidigung zusammengekratzt hatten. Dann erfolgte am 22. April die Landung zweier amphibischer Verbände auf beiden Seiten Hollandias, während ein dritter Verband bei Aitape landete, um die dortigen Flugplätze zu nehmen. Der alliierte Nachrichtendienst hatte die japanische Truppenstärke bei Hollandia auf 14000, bei Aitape auf 3500 geschätzt; um des Erfolges sicher zu sein, setzte MacArthur fast 50000 Mann ein. In Wahrheit waren die Verteidiger weniger, als man dachte, und bestanden hauptsächlich aus Etappeneinheiten, die keinen ernsthaften Widerstand leisteten und nach den ersten Bombenangriffen landeinwärts flohen.

Infolgedessen wurden Adachis drei schwache Divisionen bei Wewak abgeschnitten. Statt einen neuen strapaziösen Rückzug durch das Landesinnere zu beginnen, zog er es vor, einen direkten Ausbruch an der Küste zu versuchen; doch als dieser im Juli erfolgte, hatte MacArthur die amerikanischen Truppen bei Aitape durch drei starke Divisionen verstärkt, und der Durchbruch scheiterte unter schweren Verlusten.

Lange vorher waren die Amerikaner schon 200 Kilometer weiter westlich auf ihr nächstes Ziel marschiert, die nahe der Küste gelegene

Insel Wakde, wo die Japaner einen Flugplatz gebaut hatten. Mitte Mai landeten amerikanische Einheiten bei Toem an der Küste Neuguineas und überquerten dann die schmale Passage zur Insel Wakde; doch dort leistete die japanische Besatzung harten, wenn auch nur kurzfristigen Widerstand, während der amerikanische Vormarsch an der Küste auf Sarmi auf nachhaltigeren Widerstand stieß. Dennoch war, im großen und ganzen, die japanische Verteidigung Neuguineas jetzt nur noch sporadisch und ungeordnet. Amerikanische U-Boote verursachten schwere Verluste bei den Truppentransporter-Geleitzügen aus China, während die Bedrohung der Marianen im mittleren Pazifik jede Hoffnung ausschloß, daß von dort weitere Verstärkungen nach Neuguinea entsandt werden könnten.

Knapp einen Monat nach der Einnahme von Hollandia und nur zehn Tage nach den Landungen bei Toem und auf Wakde machte MacArthur den nächsten Sprung. Er wollte die Insel Biak mit ihren Flugplätzen nehmen, die etwa 550 Kilometer westlich von Hollandia liegt. Diese Operation verlief nicht so glatt. Im Gegensatz zu Hollandia hatten die Amerikaner die Stärke der Besatzung, die über 11 000 Mann zählte, stark unterschätzt, und obwohl ihre erste Landung am 27. Mai auf wenig Widerstand stieß, änderte sich die Lage, als sie landeinwärts vorrückten, um die Flugplätze zu besetzen. Denn die Japaner hatten darauf verzichtet, sich an der Küste zu behaupten, wo sie dem Feuer alliierter Kriegsschiffe und den Bomben der Flugzeuge ausgesetzt waren, und das Gros ihrer Truppen auf befestigte Stellungen in den Hügeln über den Flugplätzen zurückgezogen. Obwohl MacArthur Verstärkungen heranführte, wurde die Säuberung der Insel ein langwieriger und erschöpfender Prozeß, der erst im August beendet war. Sie kostete die amerikanischen Landtruppen fast 10 000 Mann an Verlusten; doch entfiel davon ein großer Teil auf Krankheiten, und nur 400 fielen im Kampf. Es war ein Vorgeschmack auf die Schwierigkeiten, die den Amerikanern bevorstanden, als sie neun Monate später, im Februar 1945, auf Iwojima landeten.

Der zähe Widerstand der Japaner auf Biak hätte noch größere Folgen gehabt, wenn das Oberkommando in Japan bei seiner verspäteten Entscheidung, die Insel zu verstärken, geblieben wäre. In Abänderung der früheren Entscheidung, sich auf die Verteidigung der Marianen zu konzentrieren, wurde ein Geleitzug von Truppentransportern Anfang Juni nach Biak entsandt, gedeckt von einem großen Verband von

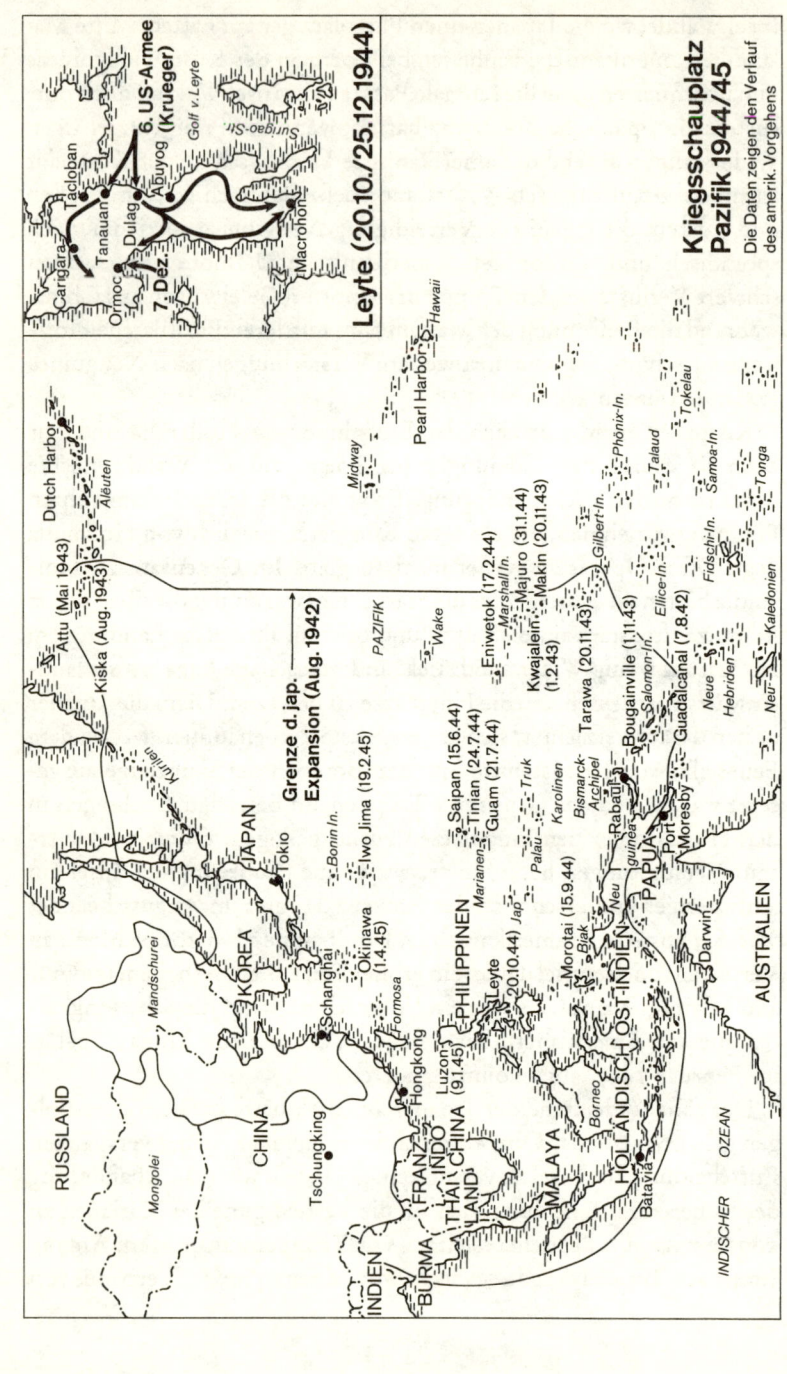

Kriegsschauplatz Pazifik 1944/45

Die Daten zeigen den Verlauf des amerik. Vorgehens

Leyte (20.10./25.12.1944)

6. US-Armee (Krueger)

7. Dez.

Golf v. Leyte

Surigao-Str.

Tacloban
Carigara
Tanauan
Ormoc
Dulag
Abuyog
Macrohon

Dutch Harbor
Aleuten
Attu (Mai 1943)
Kiska (Aug. 1943)

Midway
Pearl Harbor
Hawaii

Kurilen

Bonin-In.
Tokio
JAPAN
KOREA

PAZIFIK

Wake

Grenze d. jap.
Expansion (Aug. 1942)

Iwo Jima (19.2.45)

Saipan (15.6.44)
Tinian (24.7.44)
Marianen
Guam (21.7.44)

Eniwetok (17.2.44)
Marshall-In.
Majuro (31.1.44)
Makin (20.11.43)
Kwajalein
(1.2.43)

Gilbert-In.

Tarawa (20.11.43)

Phönix-In.

Tokelau

Talaud

Samoa-In.

Tonga

Fidschi-In.

Bougainville (1.11.43)
Salomon-In.
Ellice-In.

Guadalcanal (7.8.42)

Neue
Hebriden
Neu-
Kaledonien

Okinawa
(1.4.45)
Formosa

Schanghai

Truk
Palau
Karolinen
Jap
Morotai (15.9.44)
Biak

Bismarck-
Archipel
Rabaul

Neu-
guinea
Port
Moresby

PAPUA

Leyte
20.10.44
PHILIPPINEN

Luzon
(9.1.45)
Hongkong

Mandschurei

RUSSLAND

CHINA
Tschungking

Mongolei

INDIEN

BURMA
FRANZ.
INDO-
CHINA
THAI-
LAND

MALAYA
Borneo

HOLLÄNDISCH-OST-INDIEN

Batavia

Darwin

AUSTRALIEN

INDISCHER
OZEAN

Kriegsschiffen und Flugzeugen von den Marianen. Doch dessen Fahrt wurde um fünf Tage verschoben infolge einer falschen Meldung, daß ein Verband amerikanischer Flugzeugträger in der Nähe von Biak sei, und beim zweiten Versuch stieß der Geleitzug auf einen Verband amerikanischer Kreuzer und Zerstörer und kehrte prompt um. Das japanische Oberkommando entsandte dann zur Bedeckung einen noch stärkeren Flottenverband, darunter die großen Schlachtschiffe »Yamato« und »Musaschi«; aber am Tag nach dessen Ankunft im Raum Neuguinea begannen die Amerikaner im mittleren Pazifik ihren Angriff auf die Marianen, und der japanische Flottenverband wurde nach Norden umdirigiert, um dieser größeren Bedrohung zu begegnen. Der doppelarmige amerikanische Vorstoß durch den Pazifik hatte wieder einmal seine Funktion erfüllt, den Gegner aus dem Gleichgewicht zu bringen.

Im Gegensatz dazu verlor MacArthur keine Zeit, als der Vormarsch auf Biak stockte, und führte einen neuen Angriff auf die benachbarte Insel Noemfoor. Er landete dort am 2. Juli nach schwerer Beschießung von See her und aus der Luft, und bis zum 6. waren alle drei Flugplätze der Insel genommen.

Ohne jede Luftwaffenunterstützung, mußten sich die Japaner auf die äußerste westliche Spitze der Vogelkop-Halbinsel zurückziehen. Am 30. Juli landete MacArthur eine Division an der Küste bei Cap Sansapor, wo keine japanischen Truppen standen. Auf der Halbinsel wurde jetzt eine Verteidigungszone eingerichtet, und die Arbeit am Bau neuer Flugplätze begann.

Der Weg war jetzt frei für einen Sprung zu den Philippinen, mit Luftunterstützung von drei Reihen von Flugplätzen am westlichen Ende Neuguineas aus. Die noch auf der großen Insel stehenden Reste von fünf japanischen Divisionen konnten außer acht gelassen werden, und es blieb den Australiern überlassen, sie zur Strecke zu bringen.

Die Einnahme der Marianen – und die Schlacht in den philippinischen Gewässern

Der Angriff auf die Marianen durch Admiral Spruances Streitkräfte im mittleren Pazifik bedeutete das Eindringen der Amerikaner in den inneren japanischen Verteidigungsring. Von dort konnten amerikanische Bomber Japan selbst angreifen, ebenso wie die Philippinen, Formosa und China. Gleichzeitig bedeutete die Einnahme der Inseln eine lebensgefährliche Bedrohung der Verbindungslinien Japans zu seinem neuerworbenen Reich im Süden.

Von den Marianen waren, wie auch bei den anderen Inselgruppen, die entscheidenden Inseln diejenigen mit Flugplätzen – Saipan, Tinian und Guam. Dort standen japanische Besatzungen in Stärke von 32 000 bzw. 9 000 und 18 000 Mann. Die japanische Luftwaffe zählte dort auf dem Papier 1 400 Maschinen, war aber in Wahrheit weit schwächer, da viele nach Neuguinea entsandt und noch mehr von Admiral Mitschers schnellem Flugzeugträgerverband zerstört worden waren, der schon seit Februar die Flugplätze angegriffen hatte. Immerhin hofften die Japaner, 500 einsatzfähige Flugzeuge zu haben, wenn sie Verstärkungen aus anderen Räumen bekommen könnten. Ihre Seestreitkräfte unter Admiral Ozawa waren in drei Verbände eingeteilt – den Kernverband von vier Schlachtschiffen, drei leichten Flugzeugträgern, einigen Kreuzern und Zerstörern unter Admiral Kurita, den Flugzeugträgerverband von drei Trägern, einigen Kreuzern und Zerstörern unter Ozawa selbst und einen Reserve-Trägerverband von zwei Flugzeugträgern der Kriegsmarine, einem leichten Träger, einem Schlachtschiff, einigen Kreuzern und Zerstörern unter Admiral Joschima.

Die Japaner hatten einen Gegenschlag gegen den amerikanischen Vorstoß über den Ozean vorbereitet und hofften damit die Streitkräfte Spruances in eine Falle zu locken und seine Flugzeugträger zu versenken. Der Plan war im August 1943 vom Oberbefehlshaber der Kriegsmarine, Admiral Koga, entworfen worden; aber Ende März 1944 wurde er mit seinem Wasserflugzeug bei der Verlegung seines Hauptquartiers von Truk nach Davao in den Philippinen abgeschossen. Sein Nachfolger war Admiral Toyoda, der den Plan des Gegenangriffs nur mit Änderungen übernahm. Toyodas Hoffnung war, die amerikanischen Flugzeugträger in die Gewässer östlich der Philippinen zu locken und sie dort zwischen Ozawas mächtigem Flugzeugträgerverband und Flugzeugen, die von Plätzen auf den Mandatsinseln aus operierten, in die Zange zu nehmen.

Der amerikanische Flottenverband, welche die Marianen angreifen sollte, legte am 9. Juni von den Marshall-Inseln ab; für den 15. war die Landung auf Saipan geplant. Zwei Tage später begannen die Flugzeuge von Mitschers Verband intensive Bombenangriffe auf die Inseln, und am 13. richteten die Schlachtschiffe ein schweres Geschützfeuer auf Saipan und Tinian. Gleichzeitig befahl Admiral Toyoda die »Operation A-Go« – die geplante japanische Gegenaktion. Dieser Beschluß bedeutete, wie schon erwähnt, die Aufgabe des Versuchs, die Insel Biak zu verstärken und sich auf Neuguinea zu behaupten.

Die amerikanische Armada bestand aus drei Marineinfanterie-Divisionen, einer Heeresdivision in Reserve und einer Marinestreitmacht von zwölf Flugzeugträgern, fünf Schlachtschiffen und elf Kreuzern; dahinter stand Admiral Spruances 5. Flotte, die größte Flotte der Welt, aus sieben Schlachtschiffen, 21 Kreuzern und 69 Zerstörern bestehend, zusammen mit Admiral Mitschers insgesamt 15 Flugzeugträgern und 956 Flugzeugen. Die Aufgabe, fast 130000 Mann von Hawaii und Guadalcanal zu den Marianen zu bringen, war vorbildlich gelöst.

Am Morgen des 15. Juni landete die erste Welle der Marineinfanterie an der Küste von Saipan unter dem Schutz von schwerem Schiffsartilleriefeuer, von Kanonenbooten, die bis an die Küste fuhren, und Flugzeugen, die Raketen abschossen. In 20 Minuten wurden 8000 Mann an der Küste abgesetzt – ein Beweis für ihren hohen Ausbildungsstand. Aber obwohl bis zur Dämmerung insgesamt 20000 Mann landeten, kam man von der Küste aus nur wenig vorwärts, da die Japaner die Höhen besetzt hatten und heftige Gegenangriffe führten.

Eine noch entfernte, aber größere Gefahr für die Invasion drohte von der japanischen Flotte, deren Fahrt in die philippinischen Gewässer amerikanische U-Boote am gleichen Vormittag entdeckt hatten. Spruance sagte daraufhin die geplante Landung auf Guam ab, setzte seine Reserven, die 27. Division, in Saipan an Land, um die Einnahme dieser entscheidenden Insel zu beschleunigen, und dirigierte die Truppentransporter in sicherere Gewässer. Die 5. Flotte wurde etwa 280 Kilometer westlich von Tinian zusammengezogen, stieß aber nicht weiter vor, um die japanische Flotte nicht zu verpassen.

Diese defensive Taktik erwies sich als klug. Bis dahin schien Toyodas Plan gut zu funktionieren, bis auf den wichtigen Umstand, daß der zweite Arm seiner Zange sich nicht bewegte, da Mitschers Flugzeuge die japanische Luftwaffe auf den Marianen am Boden zerstört hatten. Vom Vormittag des 19. Juni an flogen Ozawas Trägerflugzeuge vier Angriffe hintereinander – aber alle vier wurden im voraus durch Radar entdeckt; Hunderte von Jägern flogen ihnen entgegen, während Mitschers Bomber von ihren Trägern aus die japanischen Flugplätze auf den Inseln angriffen. Das Ergebnis dieser gewaltigen Luftschlacht war ein Massaker, das den Namen »das große Truthahnschießen auf den Marianen« erhielt. Die amerikanischen Piloten waren den weniger erfahrenen Japanern eindeutig überlegen, die 218 Maschinen verloren und nur 29 amerikanische Flugzeuge abschossen. Schlimmer noch: Zwei japanische Flugzeugträger, die »Schokaku« und die »Taiho«, beide mit vielen Flugzeugen an Bord, wurden von amerikanischen U-Booten torpediert und versenkt.

Ozawa glaubte, seine Flugzeuge seien auf Guam gelandet, und hielt sich noch im Kampfgebiet auf; er wurde am folgenden Tag von amerikanischen Aufklärungsflugzeugen entdeckt, woraufhin Admiral Mitscher 216 seiner Flugzeuge von den Trägern aufsteigen ließ, obwohl er wußte, daß sie erst bei Dunkelheit zurückkehren würden. Drei Stunden nach der Entdeckung des Verbandes führten diese Flugzeuge einen so wirkungsvollen Angriff, daß sie einen Flugzeugträger versenkten, zwei weitere ebenso wie zwei leichte Träger, ein Schlachtschiff und einen Kreuzer schwer beschädigten sowie 65 japanische Flugzeuge abschossen. Sie selbst verloren bei dem Angriff nur 20 Maschinen; freilich gingen 80 weitere bei dem langen nächtlichen Rückflug verloren. Viele ihrer Besatzungen wurden jedoch gerettet, da Ozawas Schiffe schon in Richtung Okinawa – in den Ryukyu-Inseln südlich von Japan – geflohen waren.

Bis dahin hatten die Japaner in dieser Schlacht insgesamt 480 Flugzeuge verloren, über drei Viertel ihrer anfänglichen Zahl, und die meisten Besatzungen waren ums Leben gekommen. Die Zerstörung eines so großen Teils der japanischen Flugzeuge und Flugzeugträger war ein sehr schwerer Verlust, erst im Herbst konnten sie weitgehend ersetzt werden. Viel ernster aber war der Verlust so vieler Piloten, denn diese konnten nicht ersetzt werden. Dies bedeutete, daß die japanische Marine in jeder künftigen Schlacht schwer gehandicapt und gezwungen sein würde, sich auf ihre traditionellere Rüstung zu verlassen.

Die Schlacht in den philippinischen Gewässern wurde so zu einer schweren japanischen Niederlage – der amerikanische Marinehistoriker Admiral S. E. Morison hält sie für noch bedeutender als die darauffolgende Schlacht im Golf vom Leyte im Oktober. Der Weg zu den Philippinen war jetzt völlig frei, und die Landkämpfe auf den Marianen waren in ihrem Ausgang sicher.

Nach der großen See- und Luftschlacht war die Eroberung dieser

Inseln nicht länger zweifelhaft, obwohl der Widerstand der japanischen Bodentruppen weiterhin zäh war. Die drei im Süden von Saipan gelandeten Divisionen kämpften sich mit starker Unterstützung der Marine und der Luftwaffe stetig nach Norden vor; am 25. Juni wurde die beherrschende Höhe des Mount Tapotschau genommen. Am 6. Juli begingen die beiden japanischen Befehlshaber auf Saipan, Admiral Nagumo und General Saito, Selbstmord, »um die Truppen bei ihrem Endkampf moralisch zu unterstützen«. Am nächsten Tag taten die überlebenden 3 000 Mann praktisch dasselbe in Form eines selbstmörderischen Angriffs gegen die amerikanischen Linien. In den Kämpfen auf Saipan hatten die Japaner 26 000 Mann verloren, die Amerikaner 3 500 Tote und 13 000 Verwundete oder Kranke.

Am 23. Juli wurden die beiden Marineinfanterie-Divisionen von Saipan nach Tinian übergesetzt, und innerhalb einer Woche war auch diese Insel erobert, wenn auch ihre endgültige Säuberung noch länger dauerte. Drei Tage vor der Landung auf Tinian kehrte der Verband, der die Invasion auf Guam ausführen sollte und in Reserve gehalten worden war, als die Gegenaktion von Admiral Ozawas Flotte drohte, zu seiner Aufgabe zurück, verstärkt durch eine weitere Heeresdivision. Obwohl der japanische Widerstand zäh war und sich auf ein System von Höhlenstellungen stützen konnte, war die Insel bis zum 12. August feindfrei.

Die Eroberung der Marianen und die vorhergehende schwere japanische Niederlage in der Seeschlacht beleuchteten deutlich Japans geschwächte Situation; aber der japanische Stolz weigerte sich noch, die Wirklichkeit zu erkennen. Bezeichnenderweise folgte jedoch diesen dramatischen Ereignissen der Rücktritt der Regierung General Tojos am 18. Juli. Vier Tage später bildete General Koiso ein Kabinett, das sich die Aufgabe stellte, einen stärkeren Widerstand gegen den amerikanischen Vormarsch aufzubauen. Wenn auch der Feldzug in China weitergeführt werden sollte, so war doch die erste Sorge jetzt die Verteidigung der Philippinen – auf Grund der Erkenntnis, daß bei einem Verlust dieser großen Inselgruppe Japans gesamte Kriegführung durch das Ausbleiben der Ölzufuhren aus Niederländisch-Indien katastrophal betroffen werden würde.

Ohnehin war Japans Lage bereits durch Benzinknappheit kritisch geworden. Die Versenkung japanischer Tanker durch amerikanische U-Boote war so ein strategischer Faktor ersten Ranges geworden. Die

verminderte Ölzufuhr machte eine Beschränkung des Ausbildungs-
programms der Flugzeugpiloten notwendig; sie führte auch dazu, daß
die japanische Flotte in Singapur liegenblieb, um ihren Versorgungs-
quellen nahe zu sein – und als sie schließlich in die Kämpfe im Pazifik
eingriff, legte sie ab ohne genügend Ölvorräte für die Rückfahrt.

In diesem Stadium des Krieges wäre es den Amerikanern möglich gewesen, die Philippinen zu umgehen und sogleich den nächsten Sprung
nach Formosa oder nach Iwojima und Okinawa zu wagen. Admiral
King und mehrere andere Marinebefehlshaber befürworteten dies;
aber MacArthurs natürlicher Wunsch nach einer triumphalen Rückkehr zu den Philippinen und politische Erwägungen behielten die
Oberhand.

Es gab noch mehrere kleinere Ziele, deren Einnahme vor der Invasion auf den Philippinen für notwendig gehalten wurde. Der ursprüngliche Plan war, zuerst die Insel Morotai westlich von Neuguinea, dann die Palau-Inseln, die Insel Yap, die Talaud-Inseln und
schließlich Mindanao, die große südliche Insel der Philippinen, zu
nehmen. Zwar meinte Admiral Halsey, die Verteidigung der philippinischen Küsten sei sehr schwach, und schlug daher vor, die Zwischen-
ziele zu überspringen. Jedoch blieb man bei den ersten Teilen des ursprünglichen Planes, dessen Durchführung schon angelaufen war. Ein
Verband von MacArthurs Truppen landete am 15. September auf
Morotai und stieß auf wenig Widerstand, und schon vom 4. Oktober
ab operierten amerikanische Flugzeuge von dem dort angelegten
neuen Flugplatz aus. Ebenfalls am 15. September wurden die Palau-
Inseln von Admiral Halseys zentralpazifischen Streitkräften angegriffen und innerhalb weniger Tage besetzt. Dies verschaffte den Amerikanern vorgeschobene Flugplätze nur 800 Kilometer von Mindanao.

Die beiden großen Vormarschlinien durch den Pazifik, die MacArthurs und die von Nimitz, trafen jetzt zusammen und waren sich so
nahe gekommen, daß sie sich bei der Rückeroberung der Philippinen
gegenseitig unterstützen konnten.

Die Japaner hatten für die Verteidigung der Philippinen einen aus
zwei Teilen bestehenden Plan, bekannt unter dem Namen »SHO 1«.
Die Landverteidigung war der 14. Gebietsarmee unter General Yamaschita anvertraut, dem Eroberer von Malaya, der dafür neun Infanteriedivisionen, eine Panzerdivision, drei selbständige Brigaden und die

4. Luftflotte zur Verfügung hatte. Ihm unterstanden ferner die Marinestreitkräfte im Raum Manila, zu denen 25 000 auch für Landkämpfe brauchbare Marinesoldaten gehörten. Der entscheidende Teil des Planes war jedoch eine Aktion der Flotte, und das japanische Oberkommando war bereit, alles auf diese Karte zu setzen: Sobald der Ort der amerikanischen Landung bekannt war, sollten die japanischen Flugzeugträger die US-Flotte nach Norden locken, während die amerikanischen Landtruppen von Yamaschitas Truppen festgenagelt und dann von den zwei japanischen Schlachtschiffverbänden in die Zange genommen werden sollten. Toyoda kalkulierte, die Amerikaner, denen ihre Flugzeugträger über alles gingen, würden um so eher bereit sein, die japanischen Träger zu verfolgen, als sie stets die Flugzeugträger als die eigentliche Offensivwaffe und die Schlachtschiffe nur als Deckung benutzt hatten.

Dieser Plan war durch Japans zunehmende Schwäche in der Luft bestimmt, beruhte aber auch auf dem immer noch vorhandenen Vertrauen zu den Schlachtschiffen. Dieses Vertrauen war über Gebühr bei den Admiralen verstärkt worden durch die Fertigstellung zweier Riesenschlachtschiffe, der größten der Welt – der »Yamato« und der »Musaschi«. Sie hatten eine Wasserverdrängung von über 70 000 t und eine Bewaffnung von neun 45-cm-Geschützen – es waren die einzigen Kriegsschiffe der Welt, die so viele große Geschütze hatten. Im Vergleich dazu hatten die Japaner viel zu wenig getan, um ihre Flugzeugträger mit den dazugehörigen Flugzeugen weiterzuentwickeln. Wie so oft in der Geschichte, hatten sie die Lehren ihrer eigenen großen Erfolge bei Kriegsbeginn weniger gut beherzigt als ihre Gegner.

Zwei Monate vor der ursprünglichen Planung begannen die Amerikaner im Oktober mit ihrem großen Sprung zu den Philippinen. Diese Inseln erstrecken sich über eine Entfernung von 1 500 Kilometern, von Mindanao im Süden, so groß wie Irland, bis Luzon im Norden, fast so groß wie England. Der erste Angriff erfolgte gegen Leyte, eine der kleineren Inseln in der Mitte, und spaltete dadurch die Verteidigung in zwei Hälften. MacArthurs Truppen – vier Divisionen von General Kruegers 6. Armee – wurden am Morgen des 20. Oktober von Admiral Kinkaids 7. Flotte an Land gesetzt, einem Verband alter Schlachtschiffe und kleinerer Begleit- und Versorgungsschiffe. Im Hintergrund stand Admiral Halseys 3. Flotte in drei Gruppen etwas östlich der Philippinen; sie war der Kernverband, zu dem die neueren Schlachtschiffe und die schnellen großen Flugzeugträger gehörten.

Der Invasion war eine Reihe von Luftangriffen voraufgegangen, die von Mitschers Flugzeugträgern (der 3. Flotte Admiral Halseys) vom 10. Oktober an eine Woche lang gegen Formosa und in geringerem Ausmaß gegen Luzon und Okinawa geführt wurden; sie hatten verheerende Auswirkungen und waren von großer Bedeutung durch ihren Einfluß auf die kommenden Ereignisse. Die japanischen Piloten andererseits machten so übertriebene Berichte, daß ihre Regierung in amtlichen Nachrichten die Versenkung von elf Flugzeugträgern, zwei Schlachtschiffen und drei Kreuzern behauptete. In Wahrheit waren bei diesen amerikanischen Luftangriffen von Flugzeugträgern aus über 500 japanische Maschinen abgeschossen worden, dagegen nur 79 eigene – und keines der von den Japanern gemeldeten Schiffe war versenkt worden. Doch der zeitweilige Glaube an die Richtigkeit der Behauptungen verführte das Kaiserliche Hauptquartier dazu, den Rest seiner Kräfte für die »SHO 1«-Operation einzusetzen. Die Marine entdeckte zwar bald die Absurdität der amtlichen Behauptungen und zog sich wieder zurück; die Pläne der Armee wurden infolgedessen ständig geändert – drei der vier Divisionen Suzukis im südlichen Teil der Philippinen erhielten den Befehl, dort zu bleiben, statt, wie Yamaschita geplant hatte, sich für den Einsatz im Norden, in Luzon, bereitzuhalten.

Wie erwähnt, hatte das japanische Oberkommando einen gewaltigen Gegenschlag mit allen verfügbaren Seestreitkräften geplant, wann und wo der große Angriff kommen sollte. Zwei Tage vor der amerikanischen Landung auf Leyte fingen die Japaner einen offenen Funkspruch eines US-Befehlshabers auf, der ihnen die entscheidende Information für ihren Gegenangriff zu liefern schien. Toyoda erkannte zwar, daß dies ein hohes Risiko wäre; doch die japanische Marine war zur Deckung ihres Treibstoffbedarfs auf die Öllieferungen Niederländisch-Indiens angewiesen, und wenn die Amerikaner sich in den Philippinen festsetzten, wäre die Versorgungslinie abgeschnitten worden. In einem Verhör nach dem Krieg erklärte Toyoda seine Überlegungen wie folgt:

»Im schlimmsten Fall liefen wir Gefahr, die gesamte Flotte zu verlieren; doch ich glaubte, daß dieses Risiko eingegangen werden mußte ... Wenn wir auf den Philippinen geschlagen wurden, dann wäre vielleicht die Flotte noch übrig, aber die Seeverbindung nach Süden wäre völlig abgeschnitten, so daß die Flotte, selbst wenn sie in die japanischen Gewässer zurückkehren konnte, keinen Treibstoff mehr erhalten würde ... Die Flotte auf Kosten der Philippinen zu retten, wäre sinnlos gewesen.«

Den Lockvogel sollte Admiral Ozawas Flottenverband abgeben, der von Japan aus nach Süden fuhr. Er bestand aus den vier noch einsatzfähigen Flugzeugträgern und zwei zu Trägern umgebauten Schlachtschiffen, aber war zu nicht viel mehr nütze als zu einem Lockvogel, da er nur noch knapp 100 Flugzeuge mitführte, deren Piloten meist unerfahren waren.

So verließen sich die Japaner bei diesem Glücksspiel um Sieg oder Niederlage auf einen altmodischen Flottenverband von sieben Schlachtschiffen, 13 Kreuzern und drei leichten Kreuzern, der aus dem Raum Singapur heranfuhr. Sein Befehlshaber, Admiral Kurita, sandte einen Teil seiner Kräfte auf dem südwestlichen Weg durch die Straße von Surigao in den Golf von Leyte voraus, während er selbst mit dem Hauptverband durch die Straße von San Bernardino auf dem nordwestlichen Weg kam. Er hoffte, die Truppentransporte MacArthurs und ihre begleitenden Kriegsschiffe zwischen diese beiden Zangen zu nehmen. Er nahm an, die »Yamato« und die »Musaschi« wären mit ihren 45-cm-Geschützen leicht in der Lage, die älteren amerikanischen Schlachtschiffe zu zerfetzen, und dabei dank ihrer gepanzerten Decks und ihrem mehrfach unterteilten Schiffsrumpf so gut wie unsinkbar. Er glaubte auch, er brauche nicht mit schweren Luftangriffen zu rechnen, wenn Halseys Trägerverband nicht zur Stelle sein würde – die Japaner hofften, dieser wäre zu der Zeit schon von Ozawas Verband weggelockt worden.

Doch die Lockvogel-Taktik funktionierte nicht. In der Nacht zum 23. Oktober stieß Kurita auf zwei amerikanische U-Boote, »Darter« und »Dace«, die an der Küste von Borneo patrouillierten. Diese fuhren jetzt unter dem Schutz der Dunkelheit mit voller Kraft über Wasser nach Norden, den Japanern voraus. Als der Tag anbrach, tauchten sie, erwarteten die heranfahrende Flotte und feuerten auf kurze Entfernung ihre Torpedos ab, die zwei Kreuzer versenkten und einen schwer beschädigten. Admiral Kurita selbst befand sich auf einem der Kreuzer, und obwohl er gerettet an Bord der »Yamato« gebracht wurde, war dies ein deprimierendes Erlebnis – und außerdem wußte er, daß die Amerikaner jetzt sein Herannahen bemerkt hatten.

Als Ozawa von Kuritas Zusammenstoß mit den U-Booten hörte, beeilte er sich, sein eigenes Herannahen von Norden dem Feind zu enthüllen, und sandte offene Funksprüche aus, um Halseys Aufmerksamkeit auf sich zu lenken. Aber seine Funksprüche wurden von den Amerikanern nicht aufgefangen, und er wurde auch von keinem Aufklärungsflugzeug entdeckt, da alle nur auf Kuritas Herannahen von Westen achteten!

Daher begannen jetzt die Bomber und Torpedo-Bomber von Halseys Flugzeugträgern in mehreren Wellen die Flotte Kuritas anzugreifen. Die Angriffe wurden nur durch Entlastungsangriffe japanischer Flugzeuge von Flugplätzen auf den Inseln und von Ozawas Flugzeugträgern aus unterbrochen; doch diese Angriffe wurden abgeschlagen und über die Hälfte der Angreifer abgeschossen. Freilich wurde der Flugzeugträger »Princeton« schwer getroffen und mußte aufgegeben werden.

Die amerikanischen Marineflugzeuge hatten bei ihren Angriffen auf Kuritas Flotte mehr Erfolg: Der große Goliath, die »Musaschi«, kenterte und sank nach dem fünften Angriff, von 19 Torpedos und 17 Bomben getroffen. Obwohl nur ein anderer schwerer Kreuzer kampfunfähig geworden war, drehte die japanische Flotte nach der Versenkung der »Musaschi« wieder nach Westen ab. Als ihm dies gemeldet wurde, glaubte Admiral Halsey, Kurita habe sich endgültig zurückgezogen. Aber als er Aufklärungsflugzeuge aussandte, um weit und breit nach ihm zu suchen, wurde der Flottenverband Ozawas auf seinem Weg nach Süden entdeckt. Daraufhin beschloß Halsey, getreu seinem Motto »Was wir tun, tun wir schnell«, nach Norden zu drehen und ihn beim Morgengrauen anzugreifen. Er nahm alle seine verfügbaren Schiffe mit und ließ kein einziges zur Bewachung der Straße von San Bernardino zurück.

Kurze Zeit darauf kam jedoch die Meldung eines Nachtaufklärers, Kurita habe wieder kehrtgemacht und fahre mit großer Geschwindigkeit auf diese Straße zu. Halsey glaubte die Meldung nicht; jetzt, da er die Möglichkeit zu einem kühnen Streich sah, wie er ihn so sehr liebte, wurde er blind für alles andere – mit Recht hatte er zu Kriegsbeginn den Spitznamen »der Bulle« erhalten.

Aber Kuritas Rückzug war nur eine taktische Finte gewesen, um bei Tageslicht den Luftangriffen zu entgehen und dann unter dem Schutz der Dunkelheit zurückzukehren. Außer der »Musaschi« war keines seiner großen Schiffe verlorengegangen – im Gegensatz zu optimistischen Meldungen amerikanischer Piloten. Um 11 Uhr vormittags, als Halsey schon 250 Kilometer weiter nördlich stand, wurde Kuritas Verband wieder von Aufklärern entdeckt – wieder auf Kurs San-Bernardino-Straße und nur noch 60 Kilometer davon entfernt. Halsey aber verkannte den Ernst der Gefahr und betrachtete diesen neuen Vorstoß nur als den selbstmörderischen Versuch einer schwerangeschlagenen Flotte im traditionellen japanischen Geist. Er fuhr nach Norden weiter und nahm zuversichtlich an, der Flottenverband Admiral Kinkaids würde mit diesem geschwächten Angreifer leicht fertig werden. So wurde die japanische Lockspeise zwar nicht zum erwarteten Zeitpunkt, aber am Ende doch noch geschluckt.

Die Situation von Kinkaids Verband war um so gefährlicher, als er in doppelter Weise irregeführt wurde. Das Auftauchen von Kuritas südlichem Verband, der auf die Straße von Surigao losfuhr, hatte seine Aufmerksamkeit dorthin gelenkt, und er konzentrierte den größeren Teil seiner Kräfte in dieser Richtung. Er nahm ferner an, ein Teil von Halseys Schlachtflotte decke immer noch den nördlichen Zugang zur San-Bernardino-Straße ab, da es ihm nicht klar gesagt worden war, daß Halsey mit der ganzen Flotte abgefahren sei. Schlimmer noch: Kinkaid versäumte die Vorsichtsmaßnahme, Aufklärer auszusenden, um zu sehen, ob ein Feind aus jener Richtung herankam.

Der Angriff des südlichen japanischen Verbandes wurde nach einem heftigen Nachtgefecht abgeschlagen, großenteils dank der »Nachtsicht« des amerikanischen Radarsystems, das dem der japanischen Marine überlegen war. Ein anderer Nachteil für die Japaner war, daß ihre Schiffe im Gänsemarsch durch die schmale Straße von Surigao fahren mußten und so dem konzentrierten Feuer von Admiral Oldendorfs Schlachtschiffen ausgesetzt waren. Beide Schlachtschiffe des Verbandes wurden versenkt; fast der ganze Verband war kampfunfähig. Bei Tageslicht war die Meerenge wieder frei von Schiffen außer herumtreibenden Wracks und riesigen Öllachen.

Aber wenige Minuten nachdem Kinkaid seinen Glückwunsch zu dem Sieg signalisiert hatte, kam die Meldung, daß eine weit größere japanische Flotte – Kuritas Hauptverband – aus Nordwesten durch die Straße von San Bernardino gefahren war und sich östlich der Insel Samar befand, wo er den kleineren Teil von Kinkaids Flotte angriff, der dort MacArthurs Landeplätze auf Leyte schützte. Dieser Teil bestand nur aus sechs Begleit-Flugzeugträgern – umgebauten Handels-schiffen – und ein paar Zerstörern. Sie flohen nach Süden unter einem Hagel schwerer Geschosse der riesigen »Yamato« und der drei anderen Schlachtschiffe.

Als er diese Alarmnachricht erhielt, sandte Kinkaid einen Funk-spruch an Halsey: »Brauche dringend sofort schnelle Schlachtschiffe Golf von Leyte.« Eine halbe Stunde später richtete Kinkaid einen neuen Hilferuf an Halsey, diesmal im Klartext. Aber Halsey fuhr wei-ter nach Norden, entschlossen, sein Ziel zu erreichen, die Flotte Oza-was zu vernichten. Er glaubte, Kinkaids Träger-Flugzeuge sollten in der Lage sein, den Angriff Kuritas aufzuhalten, bis das Gros von Kin-kaids Flotte mit den sechs Schlachtschiffen zu Hilfe kam. Allerdings befahl er einen kleinen Verband von Flugzeugträgern und Kreuzern unter Admiral McCain aus den Karolinen herbei, um Kinkaid zu hel-fen; aber dieser war 600 Kilometer weit weg, 80 Kilometer weiter als er selbst.

Inzwischen wurde Kuritas Vorstoß nach Süden durch die tapferen Bemühungen einer Handvoll amerikanischer Zerstörer gebremst, die den Rückzug der sechs Begleit-Flugzeugträger deckten, ebenso wie durch deren noch einsatzfähige Flugzeuge. Ein Flugzeugträger und drei Zerstörer wurden versenkt; doch die übrigen entkamen, wenn auch etwas angeschlagen. Kurz nach 9 Uhr vormittags brach Kurita die Verfolgung ab und wandte sich dem Golf von Leyte zu, wo eine große Menge amerikanischer Truppentransporter und Landefahrzeuge un-geschützt versammelt waren. Er war jetzt nur noch knapp 50 Kilome-ter von der Einfahrt entfernt. Kinkaid sandte an Halsey einen neuen dringenden Hilferuf: »Lage wiederum sehr ernst. Begleitträger wieder von feindlichen Überwasserschiffen bedroht. Ihre Hilfe dringend not-wendig. Begleitträger ziehen sich in den Golf von Leyte zurück.«

Diesmal reagierte Halsey auf den Hilferuf. Bis dahin, 11.15 Uhr vormittags, hatten seine Flugzeuge den Verband Ozawas schwer zer-fetzt, und obwohl er diese Aktion mit den Geschützen seiner Schlacht-schiffe gerne vollendet hätte, unterdrückte er diesen Wunsch und raste mit seinen sechs schnellen Schlachtschiffen und einer seiner drei Flug-zeugträger-Gruppen zurück. Er war aber in seiner Verfolgung Oza-was schon so weit nach Norden gelangt, daß er den Golf von Leyte nicht vor dem nächsten Morgen erreichen konnte. Auch McCains Trä-gerverband war so weit entfernt, daß er noch für mehrere Stunden nicht mit seinen Flugzeugen eingreifen könnte. So sah die Situation bei Leyte gegen Mittag sehr ernst aus, als Kuritas Flotte sich dem Golf näherte.

Aber plötzlich drehte dieser nach Norden ab – und diesmal endgültig. Was war der Grund? Eine seltsame Verquickung aufgefangener Feindnachrichten und deren subjektive Deutung. Als erstes kam ein Funkspruch, der den Flugzeugen der amerikanischen Begleitträger befahl, auf der Insel Leyte zu landen. Kurita glaubte, dies sei die Vorbereitung für einen noch konzentrierteren Angriff auf seine Schiffe von Landflugplätzen aus, während es in Wahrheit nur eine Vorsichtsmaßnahme war, um zu verhindern, daß die Flugzeuge mit den Trägern untergingen. Einige Minuten später erhielt Kurita den abgehörten Klartext-Funkspruch Kinkaids an Halsey. Daraus schloß er fälschlich, daß Halsey schon seit über drei Stunden nach Süden fahre; denn Kurita war ohne direkten Kontakt mit Ozawa und wußte nicht, wie weit nach Norden Halsey gefahren war. Schließlich machte ihm der Mangel an Schutz durch Flugzeuge Sorgen.

Den letzten Ausschlag gab aber eine verstümmelte abgehörte Meldung, die Kurita zu der Annahme brachte, ein Teil der amerikanischen Entsatz-Streitkräfte stehe nur noch 110 Kilometer nördlich von ihm und nähere sich seiner Rückzugslinie durch die Straße von San Bernardino. So beschloß er, den Angriff im Golf von Leyte abzublasen und nach Norden zu fahren, um dieser Drohung zu begegnen, bevor sie noch stärker geworden und bevor seine Rückzugslinie abgeschnitten worden wäre. Es war einer von den vielen Fällen in der Kriegsgeschichte, die zeigen, daß Schlachten oft mehr durch Vermutungen als durch Tatsachen entschieden werden. Die subjektiven Eindrücke eines Befehlshabers zählen oft mehr als irgendein konkretes Geschehen.

Als Kurita die Straße von San Bernardino erreichte, fand er dort keinen Feind vor und durchfuhr sie nach Westen. Obwohl er diesen Flaschenhals erst gegen 10 Uhr abends erreichte – durch wiederholte Luftangriffe aufgehalten –, war dies noch drei Stunden bevor die ersten Schiffe Halseys auf ihrer rasenden Fahrt nach Süden dort eintrafen.

Das Entweichen der japanischen Schlachtschiffe, die selbst so wenig erreicht hatten, wurde aber mehr als ausgeglichen durch die Versenkung aller vier japanischen Flugzeugträger – der eine, die »Chitose«, schon um 9.30 Uhr bei Mitschers erstem Angriff, die anderen drei (»Chiyoda«, »Zuikaku« und »Zuiho«) am Nachmittag.

Wenn man die vier separaten Kampfhandlungen als eine einzige betrachtet, dann war die Schlacht im Golf von Leyte, wie man sie zusam-
menfassend nennt, die größte Seeschlacht aller Zeiten. Insgesamt waren 282 Schiffe und Hunderte von Flugzeugen daran beteiligt,
gegenüber 250 Schiffen (und fünf Marineflugzeugen) bei der Schlacht
von Jütland (Skagerrak) im Jahr 1916. Wenn die Schlacht in den philippinischen Gewässern im Juni in gewissem Sinne wegen ihrer verheerenden Auswirkungen auf die japanische Marineluftwaffe noch bedeutsamer war, so brachte die vierteilige Schlacht vom Leyte-Golf die
Ernte ein und entschied den Feldzug. Die Japaner verloren in ihr vier
Flugzeugträger, drei Schlachtschiffe, sechs schwere und drei leichte
Kreuzer und acht Zerstörer – die Amerikaner verloren nur einen leichten Flugzeugträger, zwei Begleitträger und drei Zerstörer.

Es ist ferner erwähnenswert, daß man in dieser Schlacht eine neue
Taktik des Feindes erlebte, gegen die man sich schwer wehren konnte.
Nachdem Kinkaids 7. Flotte den unerwarteten und überlegenen
Angriff von Kuritas Kernverband überlebt hatte, bis Kurita abdrehte
und sich durch die San-Bernardino-Straße zurückzog, wurden seine
Begleitträger dem ersten planmäßigen »Kamikaze«-Angriff ausgesetzt
– dem Angriff von Piloten, die sich freiwillig zu einer Spezialeinheit
gemeldet hatten und selbstmörderische Sturzflüge auf ein feindliches
Schiff ausführten, das sie mit ihren berstenden Benzintanks und ihren
explodierenden Bomben in Brand setzten. Bei diesem ersten Versuch
wurde jedoch nur ein Begleitträger versenkt, wenn auch mehrere
schwer beschädigt.

Die wichtigste Auswirkung der Schlacht hatte die Versenkung von
Ozawas vier Flugzeugträgern. Ohne den Schutz von Flugzeugträgern
waren die übriggebliebenen sechs japanischen Schlachtschiffe hilflos,
und sie leisteten in diesem Krieg keinen positiven Beitrag mehr. Ja, die
ganze japanische Kriegsmarine war nutzlos geworden. Somit hatte
zwar Halseys Fahrt nach Norden die übrige amerikanische Flotte
schwerer Gefahr ausgesetzt, aber der Ausgang hatte dies gerechtfertigt.
Außerdem zeigte er die Hohlheit des Schlachtschiff-Mythos auf und
legte die Torheit der Erwartungen an den Tag, die man noch auf diese
veralteten Ungetüme gesetzt hatte. Der einzige Nutzen der Schlachtschiffe im Zweiten Weltkrieg waren Beschießungen der Küste – eine
Aufgabe, für die man sie in früheren Generationen für ungeeignet, weil
zu verwundbar, gehalten hatte.

Die japanische Entscheidung, um die Insel Leyte zu kämpfen und diese
zur Schlüsselposition ihrer Verteidigung der Philippinen zu machen,
kam zu spät, als daß die Verstärkungen von der Insel Luzon, fast drei
Divisionen, die Insel noch rechtzeitig hätten erreichen können, bevor
die Amerikaner ihre Landeköpfe erweiterten. Als erstes nahmen sie an
der Ostküste die nahe gelegenen Flugplätze Dulag und Tacloban.
Dann erreichten sie in Vorstößen auf beiden Flanken am 2. November
Carigara Bay an der Nordküste und Abuyog in der Mitte der Ostküste. Damit hatten sie nicht nur alle fünf japanischen Flugplätze besetzt
und die einzige feindliche Division zersprengt, die sich schon auf der
Insel befand, sondern auch den Plan von Suzukis 35. Armee vereitelt,
die verstärkenden Divisionen in der Carigara-Ebene zu konzentrieren.

General Krueger plante, zunächst durch eine doppelte Flankenbewegung den Bergrücken der Insel zu umgehen und den größten japanischen Stützpunkt Ormoc an der Westküste zu nehmen. Aber wol-
kenbruchartiger Regen hinderte die Arbeit der Instandsetzung der
beiden genommenen Flugplätze, von denen aus er diese Operation
unterstützen wollte, und inzwischen landeten zwei japanische Divisionen am 9. November bei Ormoc. Weitere Verstärkungen folgten
trotz schwerer Verluste unter den Transport- und Begleitschiffen, und
bis Anfang Dezember hatten die Japaner ihre Truppenstärke auf Leyte
von 15 000 auf 60 000 Mann erhöht. Doch bis dahin hatte Krueger nicht
weniger als 180 000 Mann auf der Insel zur Verfügung. Er landete eine
seiner neuen Divisionen an der Westküste südlich von Ormoc und
spaltete so die japanische Verteidigung; drei Tage später, am 10.
Dezember, besetzte er diesen Stützpunkt und Hafen gegen nur schwachen Widerstand. Danach brach der Widerstand der ausgehungerten
Japaner rasch zusammen, und bis Weihnachten hatte jede organisierte
Gegenwehr aufgehört. Unter weit schlechteren Umständen und mit
weit verminderter Stärke kehrte dann Yamaschita zu seinem ursprünglichen Plan zurück, die Verteidigung auf die Hauptinsel Luzon
zu konzentrieren.

Während der entscheidenden Wochen hatten sich drei Gruppen
schneller Flugzeugträger von Halseys 3. Flotte in der Nähe der Philippinen aufgehalten, um den Truppen MacArthurs ständige Luftunterstützung zu geben – trotz immer häufigerer Kamikaze-Angriffe. Diese
erzielten eine beträchtliche Anzahl von schweren Treffern, und zwei

Flugzeugträger mußten zu ausgedehnten Reparaturen zurückgezogen werden. Erst in der letzten Novemberwoche wurde der ganze Verband nach Erledigung seiner Aufgabe wieder entlassen.

Zur Vorbereitung der Invasion von Luzon, seinem Hauptziel, hatte MacArthur beschlossen, die dazwischen liegende Insel Mindoro zu nehmen, um dort Flugplätze aufzubauen, von denen aus die ihm unterstellte 5. US-Luftflotte die Gewässer um Luzon abdecken könnte. Dies war ein riskantes Unternehmen, da Mindoro fast 500 Kilometer vom Leyte-Golf entfernt war, aber viel näher an den japanischen Flugplätzen auf Luzon lag, insbesondere der Kette von Flugplätzen um Manila. Aber die Japaner hatten in Mondoro nur etwa 100 Mann stehen, und die vier aufgegebenen japanischen Flugfelder wurden schon wenige Stunden nach der Landung am 15. Dezember besetzt – und so schnell von den Amerikanern zu ihrem eigenen Gebrauch umgebaut, daß noch vor Ende des Monats Heeresflugzeuge dort eingeflogen werden konnten. Daß diese Landung so leicht war, ging zu einem großen Teil darauf zurück, daß Halseys schnelle Trägerflugzeuge die Flugplätze auf Luzon bombardierten und durch einen Schirm von Jägern abdeckten, um die japanischen Bomber am Start und am Angriff auf den Raum Mindoro zu hindern.

Am 3. Januar 1945 fuhr die amerikanische Armada, die aus vielen Verbänden zusammengestellt war, aus dem Golf von Leyte aus – insgesamt 164 Schiffe, darunter sechs Schlachtschiffe und 17 Begleit-Flugzeugträger, unter dem Befehl der Admirale Kinkaid und Oldendorf. Am 9. Januar kam sie am Golf von Lingayen (170 Kilometer nördlich von Manila) an – dort hatten vor fast vier Jahren die Japaner ihre Invasion der Philippinen begonnen. Am Morgen des 10. begann die Landung von vier Divisionen der 6. Armee Kruegers, und zwei weitere folgten bald. Die Landetruppen erhielten starke Unterstützung durch den Flugzeugträger-Verband Halseys, insbesondere bei der Abwehr der Kamikaze-Angriffe, die jetzt den Schiffen immer mehr Schaden zufügten. Nach der Abdeckung der Landung am Golf von Lingayen machte dieser Verband einen tiefen Vorstoß in das Chinesische Meer und griff japanische Stützpunkte und Schiffe in Indochina, Südchina, Hongkong, bei Formosa und Okinawa an. Es war eine Demonstration der Verwundbarkeit von Japans Südreich.

Inzwischen kämpften sich Kruegers Truppen gegen zähen Widerstand vom Golf von Lingayen nach Manila vor. Um ihnen zu helfen und die Japaner am Rückzug auf die Halbinsel Bataan zu hindern, landete MacArthur ein weiteres Korps am 29. Januar in der Nähe dieser Halbinsel. Zwei Tage später wurde eine Luftlandedivision etwa 60 Kilometer südlich Manila ohne feindlichen Widerstand abgesetzt. Als diese auf Manila vorrückte, hatten Kruegers Truppen aber schon den Stadtrand erreicht, und Yamaschitas Japaner hatten sich in die Berge zurückgezogen.

Manila wurde jedoch noch von Admiral Iwafuchi verteidigt, dem Befehlshaber des Flottenstützpunktes. Er weigerte sich, Yamaschitas Befehl zu folgen, der Manila zur offenen Stadt erklärte, und führte noch einen ganzen Monat einen fanatischen Kampf Haus um Haus, der die Stadt zerstörte. Erst am 4. März war Manila völlig feindfrei. Inzwischen war auch die Halbinsel Bataan genommen und Corregidor zurückerobert worden, obwohl die japanische Besatzung dieser Inselfestung sich zehn Tage lang hielt. Mitte März war der Hafen von Manila für amerikanische Schiffe verwendungsfähig, und nur die Säuberung des bergigen Geländes von Luzon, Mindanao und der kleineren südlichen Inseln dauerte noch einige Zeit.

Der Angriff auf Iwojima

Nach der Einnahme der wichtigsten Positionen auf den Philippinen wollten die Amerikaner jetzt Japan selbst angreifen; frühere Pläne MacArthurs, zuerst Formosa oder einen Teil der chinesischen Küste als Stützpunkte für Luftangriffe auf Japan zu erobern, wurden fallengelassen. Doch die Vereinigten Stabschefs hielten es für notwendig, Iwojima in den Bonin-Inseln, auf halber Strecke zwischen Saipan und Tokio, sowie Okinawa in den Ryukyu-Inseln, auf halber Strecke zwischen dem südwestlichen Ende Japans und Formosa, zu nehmen – als strategische Zwischenstationen und Inselstützpunkte für Luftangriffe auf Japan.

Iwojima, das als die leichtere Operation galt, sollte zuerst an die Reihe kommen. Es wurde auch benötigt als Notlandeplatz für die »B 29« Superfortresses, die seit Ende November von den Marianen aus Tokio bombardierten, und als Stützpunkt für die begleitenden Jäger, da diese nicht die ganze Strecke fliegen konnten.

Eine vulkanische Insel von nur sechs Kilometern Länge, war Iwojima unbewohnt mit Ausnahme seiner japanischen Besatzung. Diese war seit dem September auf etwa 25 000 Mann verstärkt worden, und General Kuribayaschi hatte die Verteidigung zu einem Netz befestigter Höhlenstellungen ausgebaut, die gut getarnt und durch Tunnels miteinander verbunden waren. Sein Ziel war ganz einfach, so lange wie möglich auszuhalten, da Verstärkungen wegen der Überlegenheit der Amerikaner zur See und in der Luft nicht in Frage kamen. Er vertraute der defensiven Stärke seiner Position und vermied die üblichen typisch japanischen verlustreichen Gegenangriffe.

Nimitz hatte den Angriff auf Iwojima Admiral Spruance anvertraut, der Ende Januar Halsey im Kommando der 3. Flotte – sie wurde vorübergehend in 5. Flotte umbenannt – ablöste. Für die Landoperationen hatte er drei Marineinfanteriedivisionen erhalten. Das einleitende Bombardement aus der Luft und von See her war das längste des ganzen pazifischen Krieges, mit täglichen Luftangriffen vom 8. Dezember und Tag-und-Nacht-Beschießung vom 3. Januar an, gekrönt durch ein gewaltiges Geschützfeuer von See her in den letzten drei Tagen. Aber dies hatte enttäuschend wenig Auswirkungen auf die schwer befestigten japanischen Verteidigungsstellungen. Als die Marinesoldaten am Morgen des 19. Februar landeten, wurden sie mit heftigem Mörser- und Artilleriefeuer empfangen und längere Zeit an der Küste festgenagelt; allein am ersten Tag verloren sie 2 500 Mann von insgesamt 30 000 Gelandeten.

In den folgenden Tagen kämpften die Marinesoldaten langsam ihren Weg weiter, fast Meter für Meter und mit ständigem reichlichem Feuerschutz von Marine und Luftwaffe; dieser wurde noch stärker, als Mitschers schneller Trägerverband nach seinem großen Angriff auf Tokio zur Verstärkung herankam. Aber erst am 26. März war die Eroberung der Insel beendet, nach über fünf Wochen schwerer Kämpfe, in denen die Marineinfanterie 26 000 Mann, 30 Prozent ihrer Landtruppen, verloren hatte. Die Japaner hatten so hartnäckig gekämpft, daß sie 21 000 Tote hatten und nur 200 ihrer Leute gefangengenommen wurden. Die Säuberung einzelner Widerstandsnester dauerte noch weitere zwei Monate und brachte die Gesamtzahl der japanischen Toten auf über 25 000, während nur 1 000 Gefangene gemacht wurden. Noch vor Ende März waren aber drei Flugplätze für die amerikanischen Maschinen benutzbar, und bis zum Kriegsende erfolgten dort etwa 2 400 Landungen von »B-29«-Bombern.

Der Burma-Feldzug – von Imphal bis Rangun

Wenn auch das Scheitern der japanischen Offensive bei Imphal im Frühjahr 1944 ein schwerer Rückschlag war, so war er doch nicht so entscheidend, daß er die Position der Japaner in Burma erschüttert hätte. Alles hing davon ab, ob man diesen Rückschlag wirksam ausweiten und vertiefen könnte; aber zu diesem Zweck mußte das britische Nachschubsystem erst besser ausgebaut werden.

Die Aufgabe, die Mountbatten in der Direktive der Vereinigten Stabschefs vom 3. Juni gestellt wurde, lautete, mit den ihm zur Verfügung gestellten Kräften die Luftbrücke nach China zu verbreitern und eine Landverbindung herzustellen. Obwohl nicht ausdrücklich erwähnt, wurde dafür die Wiedereroberung Burmas erwartet. Dafür gab es zwei Pläne: »Capital«, ein Vorstoß zu Lande zur Wiedereroberung des nördlichen und mittleren Burma, und »Dracula«, eine amphibische Operation zur Einnahme des südlichen Burma. Die letztere versprach größere Auswirkungen auf lange Sicht, aber hing von Nachschub auf dem Seewege ab. Unter diesen Umständen zogen General Slim und die Amerikaner den ersten Plan vor. Zwar wurden Vorbereitungen für beide Pläne befohlen, aber der Schwerpunkt lag auf »Capital«.

Trotz der großen Verbesserungen in den Nachschubstraßen aus Indien und dem Ausbau Indiens als große militärische Basis wurde es bald klar, daß noch viel zu tun war, wenn eine Invasion Burmas schnelle Erfolge bringen sollte. Das Hauptproblem war die Logistik, nicht die Taktik. Trotz der Verbesserung der Landverbindungswege und der Wasserzufuhr über Land blieb Slims 14. Armee von Nachschub auf dem Luftwege abhängig, und dieser hing wiederum von der Unterstützung durch amerikanische Frachttransporter ab.

So verging die zweite Hälfte 1944 hauptsächlich mit solchen technischen Vorbereitungen und mit der Neuordnung der Befehlsverhältnisse. Der Luftnachschub wurde dem gemeinsamen alliierten Hauptquartier einer neuen »Combat Cargo Task Force« anvertraut, der Nachrichtendienst der beiden Alliierten wurde koordiniert, und die »Spezialtruppe« wurde aufgelöst. Die Reorganisation wurde gefördert durch die Rückberufung General Stilwells aus China auf Verlangen Tschiang Kai-scheks, mit dem er immer heftiger aneinandergeraten war. Sein Nachfolger als Generalstabschef Tschiang Kai-scheks und der chinesischen Armee wurde General Albert C. Wedemeyer. Im

November wurde General Sir Oliver Leese, bisher Befehlshaber der 8. Armee in Italien, zum Oberbefehlshaber der alliierten Landstreitkräfte Südostasien unter Mountbatten ernannt.

Mitte Oktober, als der Monsunregen aufhörte und der Boden wieder trocknete, begann Slim den Vormarsch auf der mittleren Front. Er nahm Kalemyo und Kalewa, bildete Mitte Dezember einen Brückenkopf über den Chindwin und stieß dann südostwärts auf Mandalay vor.

Das japanische Oberkommando konnte angesichts der größeren und näher rückenden Gefahr des amerikanischen Vorstoßes zu den Philippinen keine Verstärkungen für General Kimuras Burma-Armee abzweigen; es befahl Kimura, seine Stellungen zu behaupten, um die Alliierten daran zu hindern, die Burma-Straße wieder zu öffnen oder nach Malaya überzusetzen. Die Aussichten, diese defensiven Aufgaben zu erfüllen, waren schlecht, da die Japaner durch ihre lange Imphal-Offensive ihre Kraft sehr geschwächt hatten. An der mittleren Front standen vier nicht vollständige Divisionen der japanischen 15. Armee mit zusammen nur 21000 Mann acht oder neun starken Divisionen gegenüber, und die einzige Verstärkung konnte von der Division in Südburma kommen – deren Abzug bedeutet hätte, daß man Rangun ungeschützt ließ. Obwohl ein Teil der Streitkräfte Slims für die geplante »Operation Dracula« zurückgehalten wurde, konnte er mit einer größeren Zahl von Divisionen größerer Stärke, mit weit stärkerer Unterstützung durch Panzer und mit eindeutiger Beherrschung der Luft rechnen. Die Japaner erkannten diese harten Tatsachen und die Notwendigkeit eines Rückzuges aus Nordburma; aber sie hofften immer noch, eine Linie zu halten, die Mandalay und, 200 Kilometer weiter südlich, die Ölfelder von Yenangyaung einschloß.

Während sich die britische Offensive an der mittleren Front entfaltete, näherten sich die Operationen auf den beiden Nebenkriegsschauplätzen Arakan und Nordburma einem erfolgreichen Abschluß.

Christisons 15. Korps wollte, sobald der Monsun aufhörte, Arakan säubern, die Insel Akyad wegen ihrer Flugplätze nehmen und dann Truppen für den Hauptkriegsschauplatz abgeben. Ihm unterstanden für diese Aufgabe drei starke Divisionen, denen zwei schwache Divisionen von Sakurais sogenannter 28. Armee entgegentraten. Der britische Vormarsch begann am 11. Dezember; am 23. wurde Donbaik an der Spitze der Halbinsel und eine Woche später Rathedaung am Ostufer des Mayu genommen, während ein Drittel von Christisons Truppen das Kaladan-Tal weiter landeinwärts säuberten. Die Schwäche des Widerstandes kam daher, daß die Japaner bereits im Begriff waren, Arakan zu räumen. Daher wurden die Pläne für die Einnahme von Akyab zeitlich vorgezogen; als britische Truppen am 4. Januar in die Stadt einzogen, hatte der Feind sie schon aufgegeben.

Der Wunsch nach noch mehr Flugplätzen führte Christison dazu, auch die Insel Ramri, 110 Kilometer weiter südlich, zu nehmen, und dies geschah ohne Schwierigkeiten am 21. Januar; die Japaner waren jetzt hauptsächlich darum besorgt, die Bergübergänge zum unteren Irrawaddy-Tal zu halten und so die Briten am Durchbruch in das mittlere Burma zu hindern. Den größten Ruhm in diesem Feldzug erwarben sich die kleinen japanischen Nachhuten, die bis Ende April die Zugänge und die Pässe selbst hielten und so der dezimierten Armee Sakurais ermöglichten, sich aus Arakan zurückzuziehen.

In China selbst war der Feldzug im Laufe des Jahres 1944 schlecht für Tschiang Kai-schek ausgegangen. Dies hatte zu einem Widerruf der Entscheidung der »Dreizack«-Konferenz geführt, dem Luftnachschub über das große chinesische Hinterland hinweg den Vorrang zu geben; das Schwergewicht wurde jetzt auf den Aufbau der chinesischen Armeen, nicht mehr auf den der amerikanischen strategischen Luftwaffe in China gelegt. Selbst in der westlichsten Provinz Chinas, in Yunnan, wurde eine Offensive von zwölf chinesischen Divisionen trotz einer Überlegenheit von 7:1 von einer einzigen japanischen Division in Schach gehalten.

Auch an der burmesischen Nordfront hatten Stilwells größtenteils chinesische Streitkräfte im Frühjahr 1944 bei ihrem Versuch, über Myitkyina hinaus gegen die Nordseite der Burma-Straße vorzurükken, wenig Fortschritte gemacht, obwohl ihnen nur drei schwache Divisionen von Hondas 33. Armee gegenüberstanden. Im Herbst besserte sich die Lage jedoch, nachdem die erschöpften Chindits durch die 36. britisch-indische Division abgelöst und, paradoxerweise, nachdem die Mehrheit der chinesischen Divisionen abgezogen worden war, um der japanischen Offensive in China zu begegnen. Eine weitere Verbesserung folgte der Ablösung Stilwells durch General Wedemeyer und der Übernahme des ihm unterstehenden Oberkommandos nördlicher

Kriegsschauplatz durch General Sultan, einen anderen noch jungen amerikanischen Kommandeur.

Im Dezember machten Sultans Truppen, nicht zuletzt seine zwei übriggebliebenen chinesischen Divisionen, schnellere Fortschritte, und Hondas schwache japanische Divisionen wurden zum Rückzug nach Südwesten auf Mandalay gezwungen. Bis Mitte Januar 1945 war der ganze westliche und mittlere Abschnitt der Burma-Straße vom Feind befreit; bis zum April war dann die ganze Straße von Mandalay bis China wieder offen.

Anfang 1945, während das IV. Korps sich auf eine tiefe Flankenbewegung vorbereitete, setzte Stopfords XXXIII. Korps seinen südlichen Vormarsch auf Mandalay wieder fort. Die Japaner waren in einer gefährlichen Lage: hart bedrängt im Raum Mandalay, kämpften sie gegen stark überlegene Landtruppen fast ohne Unterstützung aus der Luft und sahen, daß ihre rückwärtigen Verbindungen immer mehr abgeschnitten wurden. Dennoch leisteten sie zähen Widerstand. Mehrere britische Angriffe auf Fort Dufferin, ihre befestigte Stellung in Mandalay, wurden abgeschlagen, und sie führten sogar einen verzweifelten Gegenangriff im Raum Meiktila, um ihre Nachschubwege wieder freizukämpfen. Zwei Divisionen wurden zu dem Zweck von Süden und ein dritte aus Mandalay herangeführt, alle unter dem Befehl von Hondas 33. Armee, die sich jetzt von der Nordfront und der Burma-Straße zurückgezogen hatte. Mitte März war diese Schlacht in einem kritischen Stadium, aber bis zum Ende des Monats war die japanische Gegenoffensive abgeschlagen worden und wurde aufgegeben. Am 20. März hatte unterdessen Stopford endlich Fort Dufferin und die Stadt Mandalay genommen; in Erkenntnis der Hoffnungslosigkeit der Situation hatte die japanische 15. Armee Mandalay aufgegeben und sich nach Süden zurückgezogen. Das mittlere Burma war jetzt in britischer Hand, und der Weg nach Rangun lag offen. Die beiden britischen Korps hatten in diesen Wochen harter Kämpfe etwa 10 000 Mann verloren; aber die japanischen Verluste waren weit höher und betrugen vermutlich etwa ein Drittel ihrer bereits dezimierten Stärke. Noch ungünstiger für die Chancen weiteren Widerstandes waren die hohen Verluste an Waffen und Ausrüstung, die sie bei ihrem Rückzug nach Osten auf einem langen mühseligen Weg in die Schan-Hügel erlitten hatten.

Wohl lag Rangun jetzt in Reichweite der Briten; aber die Stadt mußte schnell erreicht werden, weil der Monsun bevorstand und weil die amerikanischen Transportflugzeuge Anfang Juni aus Burma zurückgezogen und nach China geschickt werden sollten. Rangun war noch fast 500 Kilometer von Meiktila entfernt, und das bereits überlastete Nachschubsystem von Slims 14. Armee würde zusammenbrechen, wenn man nicht bis dahin einen Hafen in Südburma erobert haben würde, um den Abzug der amerikanischen Maschinen auszugleichen und der Armee Slims eine zweite Nachschublinie über das Meer zu öffnen. Daher beschloß Mountbatten am 3. April, die geplante »Operation Dracula« Anfang Mai zu beginnen, um sicherzugehen, falls Slims Armee nicht rechtzeitig Rangun erreichte. Die Operation sollte durch eine Division des Christisonschen Korps zusammen mit einem Regiment mittelschwerer Panzer und einem Gurkha-Fallschirmjägerbataillon ausgeführt werden.

Slims Pläne für den Vorstoß nach Rangun lauteten: Messervys IV. Korps sollte entlang der Hauptstraße und der Bahnlinie vorrücken, Stopfords XXXIII. Korps an beiden Ufern des Irrawaddy. Das erstere sollte seinen Nachschub aus der Luft, das zweite seinen Nachschub auf dem Inland-Wasserwege erhalten.

Die Japaner hofften, mit den Truppen ihrer aus Arakan eingetroffenen 28. Armee den Irrawaddy zu halten und mit den Überresten ihrer beiden anderen Armeen den Vormarsch Messervys zu stoppen. Dies erwies sich freilich als eine Illusion, da die Reste nicht mehr voll kampffähig waren. Am 3. Mai erreichte Stopfords Spitzendivision Prome, auf halbem Wege bis Rangun, während die japanische 28. Armee am Westufer des Irrawaddy festgenagelt wurde. Die Panzerspitzen Messervys rückten nach einem langsamen Start jetzt noch schneller auf der Hauptstraße vor, erreichten am 22. April Toungu (auf gleicher Höhe wie Prome), schlugen dort Überreste der japanischen 15. Armee in die Flucht und erreichten eine Woche später Kadok, nur noch 110 Kilometer von Rangun. Hier stießen sie auf härteren Widerstand, da die Japaner versuchten, die Verbindung nach Osten durch Thailand noch freizuhalten. In wenigen Tagen war der Widerstand gebrochen; doch immerhin genügte dies, um Messervys Truppen der Ehre zu berauben, Rangun befreit zu haben.

Denn am 1. Mai hatte »Dracula« begonnen – mit einer Landung von

Fallschirmjägern an der Mündung des Rangun-Flusses und amphibischen Landungen an beiden Flußufern. Als sie hörte, daß die Japaner Rangun räumten, schiffte sich die ganze Streitmacht wieder ein und fuhr flußaufwärts, um am nächsten Tag in Rangun einzuziehen. Am Morgen des 6. Mai vereinigte sie sich mit Messervys Panzerspitzen, die von Norden kamen. Die Befreiung Burmas war praktisch abgeschlossen.

Die Schwäche des Widerstandes in den späteren Stadien des Feldzuges lag in erster Linie daran, daß die Japaner den größten Teil ihrer Luftwaffe und ihrer Seestreitkräfte abgezogen hatten, um der weit größeren Gefahr des amerikanischen Vormarschs im Pazifik zu begegnen. Den über 800 alliierten Kampfflugzeugen (650 Bomber und 170–180 Jäger) konnten sie nur 50 veraltete Maschinen entgegenstellen. Außerdem war der Erfolg des britischen Vormarschs insgesamt den amerikanischen Transportflugzeugen zu verdanken, die den Nachschub der Armee beförderten.

Kapitel 35:
Hitlers Ardennen-Offensive

Am 15. Dezember 1944 schrieb Montgomery in einem Brief an Eisenhower, er würde gerne Weihnachten zu Hause verbringen, ehe er die nächste große Offensive bis zum Rhein begänne. Er legte eine Rechnung über fünf Pfund bei, für eine Wette, die Eisenhower vor einem Jahr gemacht hatte, nämlich daß der Krieg bis Weihnachten 1944 zu Ende sein würde. Diese spaßhafte Mahnung war nicht sehr taktvoll, da Montgomery erst 14 Tage vorher – in einem Brief, der »Ike das Blut ins Gesicht trieb« – Eisenhowers Strategie und sein Unvermögen, den Deutschen den Gnadenstoß zu geben, scharf kritisiert und vorgeschlagen hatte, Eisenhower sollte das exekutive Kommando der Operation abgeben.

Eisenhower legte beispielhafte Geduld an den Tag und nahm Montgomerys zweiten Brief als Scherz und nicht als Spitze. In seinem Antwortbrief vom 16. schrieb er: »Ich habe noch neun Tage vor mir, und wenn es auch fast sicher scheint, daß Sie zu Weihnachten Ihre fünf Pfund haben werden, so sollen Sie diese doch nicht vorher bekommen.«

Keiner von beiden, und auch nicht die Befehlshaber unter ihnen, rechneten mit der Möglichkeit feindlicher Gegenaktionen bei der Durchführung ihrer offensiven Pläne. Am gleichen Tag hieß es in Montgomerys Lagebeurteilung, die er an die Truppen der 21. Heeresgruppe ausgab: »Der Feind kämpft heute einen Abwehrkampf an allen Fronten; seine Lage ist so, daß er keine größeren Offensivoperationen mehr führen kann.« Bradley, der Befehlshaber der amerikanischen Truppen in der 12. Heeresgruppe, hatte die gleiche Ansicht.

Doch gerade an diesem Morgen des 16. Dezember begann der Feind eine gewaltige Offensive, welche die Pläne der alliierten Befehlshaber über den Haufen warf. Der Schlag wurde gegen die Front der amerikanischen 1. Armee in den Ardennen geführt, einem hügeligen und waldreichen Landstrich, wo die alliierten Truppen stark ausgedünnt worden waren, um das Gros in den ebenen Zugängen nach Deutschland zu konzentrieren. Da die Alliierten die Ardennen als ungeeignet für ihre Offensive ansahen, ließen sie sie auch als möglichen Ort feindlicher Angriffe außer acht. Aber gerade hier hatten die Deutschen vor vier Jahren ihren Blitzkrieg begonnen, der die alliierte Front erschütterte und zum Zusammenbruch Frankreichs führte. Es war seltsam, daß die alliierten Befehlshaber im Jahr 1944 so blind waren gegenüber der Möglichkeit, daß Hitler versuchen könnte, seine überraschenden Erfolge im gleichen Abschnitt zu wiederholen.

Die Meldungen über den Angriff erreichten die höheren Stäbe in der Etappe nur langsam, und noch langsamer erkannten sie die Größe der Gefahr. Erst am späten Nachmittag erreichte die Meldung SHAEF, Eisenhowers Hauptquartier in Versailles, wo er und Bradley gerade die nächsten Schritte für die amerikanische Offensive besprachen. Bradley gibt offen zu, er habe den deutschen Vorstoß nur als ein »Störmanöver« betrachtet, das seinen eigenen Vorstoß hindern solle. Eisenhower schreibt, er sei »sofort überzeugt gewesen, daß dies nicht nur ein örtlicher Angriff war«. Aber die entscheidende Tatsache ist, daß die beiden Divisionen, die SHAEF in Reserve hielt, erst am Abend des nächsten Tages, des 17., alarmiert und an die Front geschickt wurden.

Doch zu diesem Zeitpunkt war die dünne Ardennenfront – wo vier Divisionen von General Middletons VIII. Korps einen Abschnitt von 130 Kilometer hielten – schon weit aufgerissen worden durch den Ansturm von 20 deutschen Divisionen, davon 7 Panzerdivisionen, mit fast 1 000 Panzern und Sturmgeschützen. Als Bradley in sein taktisches Hauptquartier in Luxemburg zurückkehrte, fand er seinen ratlosen Stabschef im Kartenraum über der Landkarte brütend, und er rief aus: »Wo zum Teufel haben diese Kerle ihre ganzen Truppen herbekommen?« Aber die Lage war noch schlimmer, als man in seinem Hauptquartier wußte. Deutsche Panzerspitzen waren bereits über 30 Kilometer vorgedrungen, und eine davon hatte Stavelot erreicht. Bis dahin hatte auch der Befehlshaber der 1. US-Armee, General Hodges, den deutschen Vorstoß verkannt – er hatte zuerst darauf bestanden, mit seinen eigenen offensiven Bewegungen gegen die Rur-Staudämme weiter nördlich fortzufahren. Erst am Morgen des 18. wurde ihm der

Ernst der Gefahr bewußt, als er erfuhr, die Deutschen hätten schon Stavelot passiert und näherten sich seinem eigenen Hauptquartier in Spa – das in aller Eile weiter rückwärts verlegt wurde.

Daß die höheren Stäbe die Lage nur langsam erkannten, war zum Teil durch die Langsamkeit der Meldungen verursacht, die sie erreichten. Dies wiederum war eine Folge davon, daß deutsche Kommandotrupps, die oft in Tarnanzügen durch die zerbrochene Front vordrangen, viele Telefonverbindungen von der Front nach hinten durchschnitten und damit Verwirrung gestiftet hatten. Doch das alles entschuldigt nicht die offenkundige Blindheit der höheren Stäbe gegenüber der Möglichkeit einer deutschen Gegenoffensive in den Ardennen. Der alliierte Nachrichtendienst wußte bereits seit Oktober, daß Panzerdivisionen aus der Frontlinie zurückgezogen waren, um sich für neue Aktionen auszurüsten, und daß Teile davon zu einer neuen 6. SS-Panzerarmee formiert worden waren. Anfang Dezember wurde berichtet, daß das Hauptquartier der 5. Panzerarmee nach Koblenz verlegt worden war und seine Aufgabe im Rur-Abschnitt westlich von Köln abgegeben habe. Außerdem waren Panzerformationen im Vormarsch in Richtung auf die Ardennen entdeckt worden, und neugebildete Infanteriedivisionen waren ebenfalls dort aufgetaucht. Dann kamen am 12. und 13. Dezember Meldungen, daß zwei berühmte »Blitzkrieg«-Divisionen, die Division Groß-Deutschland und die 116. Panzerdivision, an diesem »ruhigen« Abschnitt angelangt seien; am 14. wurde gemeldet, Brückenbauausrüstungen würden zur Rur transportiert, die am südlichen Teil der amerikanischen Ardennenfront floß. Und am 4. Dezember hatte ein deutscher Gefangener in diesem Abschnitt ausgesagt, daß dort ein großer Angriff vorbereitet werde; seine Aussage wurde von vielen anderen Gefangenen in den nächsten Tagen bestätigt. Die Gefangenen sagten ebenfalls aus, daß der Angriff in der Woche vor Weihnachten erfolgen solle.

Warum erhielten diese sich häufenden Alarmsignale so geringe Beachtung? Der Nachrichtenchef der 1. Armee stand sich schlecht mit dem Chef der Operationen, ebenfalls schlecht mit dem Nachrichtenchef der Heeresgruppe, und obendrein wurde er als ein Alarmist betrachtet, der gerne »Wolf« schrie. Außerdem zog auch er keine klaren Folgerungen aus den Tatsachen, die er erfahren hatte; das unmittelbar bedrohte VIII. Korps kam sogar zu der gefährlich irreführenden Schlußfolgerung, die Ablösung der deutschen Divisionen an dieser

Front sei nur eine Taktik, um den neuen Divisionen Fronterfahrung zu vermitteln, und »ist ein Zeichen für den Wunsch des Feindes, an diesem Abschnitt der Front Ruhe zu halten«.

Außer dem Fehlen einer klaren Vorstellung von der Stärke des Angriffes beim Nachrichtendienst scheint die Fehlberechnung der alliierten Befehlshaber noch vier weitere Gründe gehabt zu haben. Sie hatten so lange die Offensive geführt, daß sie sich kaum noch vorstellen konnten, der Feind könne noch einmal die Initiative zurückgewinnen. Sie waren so eingeschworen auf das militärische Prinzip »Angriff ist die beste Verteidigung«, daß sie sich der gefährlichen Selbsttäuschung hingaben, der Feind könne nicht wirksam zurückschlagen, solange sie selbst ihren Angriff fortsetzten. Sie rechneten damit, selbst wenn der Feind einen Gegenangriff versuchen würde, könne dies nur eine direkte Antwort auf den alliierten Vorstoß nach Köln und das Ruhrgebiet sein. Und sie vertrauten um so mehr auf eine orthodoxe und vorsichtige Taktik des Feindes, als Hitler den alten Feldmarschall von Rundstedt, der jetzt im 70. Lebensjahr stand, wieder als Oberbefehlshaber West eingesetzt hatte.

Alle vier Berechnungen waren falsch, und die Irreführung durch die ersten drei wurde vervielfacht durch den Irrtum der letzten Annahme. Denn Rundstedt hatte nur dem Namen nach mit dieser Offensive zu tun, wenn auch die Alliierten sie »die Rundstedt-Offensive« nannten – sehr zu seinem Ärger sowohl damals wie später, da er nicht nur mit der Offensive nicht einverstanden war, sondern sich auch von ihr distanzierte und es seinen Unterbefehlshabern überließ, sie nach besten Kräften zu führen; sein Hauptquartier war nicht mehr als die Postverteilerstelle für Hitlers Befehle.

Die Idee, der Entschluß und der strategische Plan waren allein Hitlers geistiges Eigentum. Es war eine glänzende Konzeption und hätte zu einem glänzenden Erfolg führen können, wenn er noch genügend Kräfte und Reserven besessen hätte, um eine leidliche Erfolgschance zu garantieren. Der sensationelle Anfangserfolg war zum Teil der neuen Taktik zu verdanken, die der junge General Hasso von Manteuffel entwickelte – den Hitler kurz vorher mit 47 Jahren vom Divisionskommandeur zum Armeebefehlshaber befördert hatte. Aber zum Teil war er auch der lähmenden Auswirkung eines Hitlerschen Geistesblitzes zu verdanken – der darauf hinauslief, die alliierten Armeen mit ihren vielen Millionen Mann durch den kühnen Einsatz

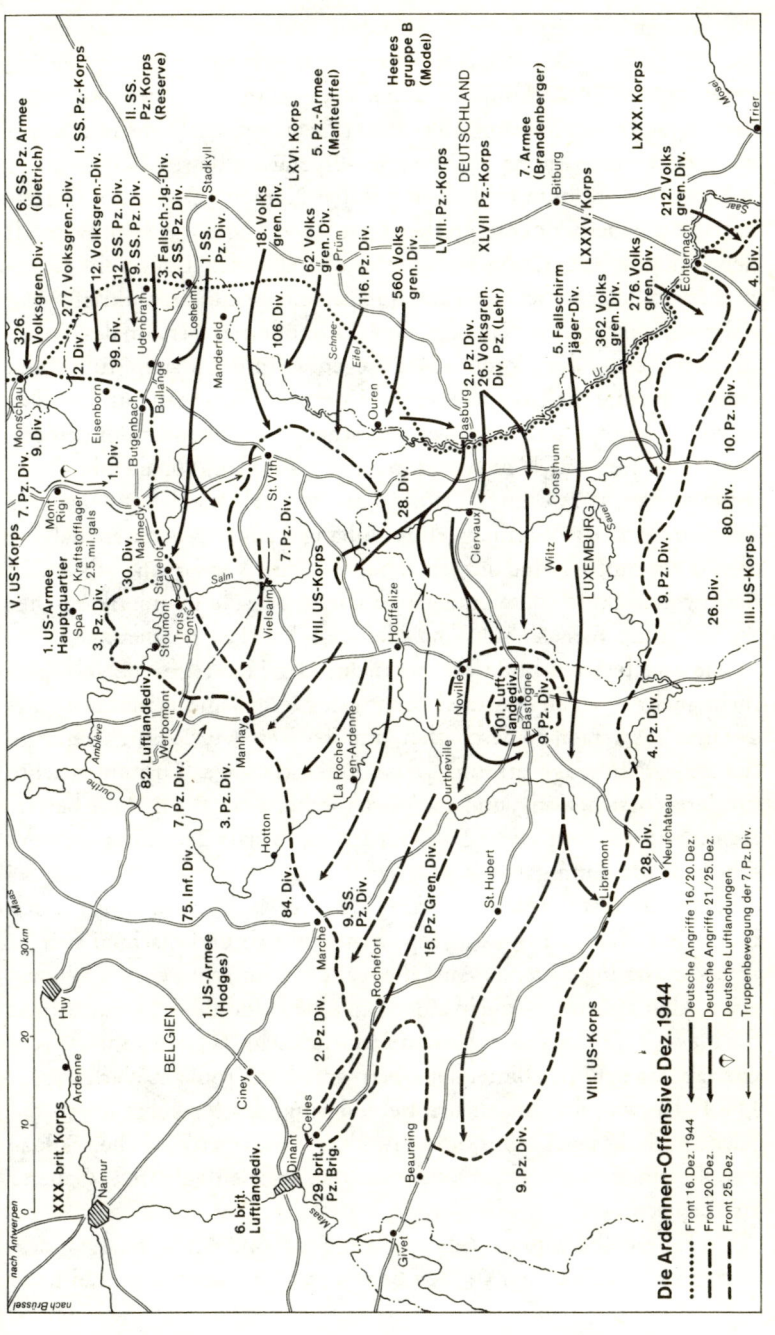

Die Ardennen-Offensive Dez. 1944

von einigen hundert Mann zu besiegen, und der zur Hälfte auch verwirklicht wurde. Mit der Durchführung beauftragte Hitler einen anderen seiner »Entdeckungen«, den erst 36 Jahre alten Otto Skorzeny, der ein Jahr zuvor Mussolini aus seiner Gefangenschaft in einem Berghotel durch eine kühne Lastensegler-Operation befreit hatte.

Dieser Geistesblitz Hitlers erhielt den Namen »Operation Greif«, nach dem Fabeltier der deutschen Sage. Der Name war sehr passend; denn Ziel der Operation war, hinter den alliierten Linien ein gigantisches und alarmierendes Täuschungsmanöver durchzuführen.

Es war ein Zwei-Stufen-Plan, eine Art moderner Version des Trojanischen Pferdes der Homerischen Legende. In der ersten Stufe sollte eine Kompanie englischsprechender Kommandotruppen mit amerikanischen Kampfjacken über ihren deutschen Uniformen und mit amerikanischen Jeeps in kleinen Gruppen vorauseilen, sobald die Front durchstoßen war – um Telefondrähte zu zerschneiden, Wegweiser umzudrehen, rote Warnflaggen aufzuhängen, um anzudeuten, daß die Straße vermint sei, und auf jede andere Weise Verwirrung stiften. In der zweiten Stufe sollte eine ganze Panzerbrigade in amerikanischer Aufmachung vorausfahren und die Maas-Brücken nehmen.

Die zweite Stufe funktionierte nicht. Der Heeresgruppe gelang es nicht, mehr als einen Bruchteil der angeforderten amerikanischen Panzer und Lastwagen zu beschaffen, und der Rest wurde durch getarnte deutsche Fahrzeuge ersetzt. Diese fadenscheinige Tarnung machte größere Vorsicht nötig, und am Nordabschnitt, wo die Brigade bereitstand, erfolgte kein klarer Durchbruch; so wurde deren Einsatz verschoben und dann ganz abgeblasen.

Doch die erste Stufe des Planes hatte erstaunliche Erfolge, noch mehr als erwartet. Etwa 40 Jeeps kamen durch und machten sich an ihre Verwirrung stiftende Aufgabe – alle bis auf acht kehrten heil zurück. Aber diejenigen, die in amerikanische Hand fielen, verursachten die meiste Unruhe, indem sie den Eindruck schufen, daß zahllose solche Sabotagetruppen hinter der amerikanischen Front am Werk waren. Die Folge war eine ungeheure Behinderung des Verkehrs durch die Suche nach diesen Trupps, und Hunderte von amerikanischen Soldaten, die einem Verhör nicht standhielten, wurden verhaftet. General Bradley schreibt:

»Eine halbe Million GIs spielten Katz und Maus miteinander, wenn sie sich auf den Straßen begegneten. Weder Dienstgrad noch

Ausweise, noch Proteste ersparten einem ein langes Verhör an jeder Straßenkreuzung, die man passierte. Dreimal wurde mir von vorsichtigen GIs befohlen, meine Identität nachzuweisen: Das erste Mal mußte ich Springfield als Hauptstadt des Staates Illinois nennen (mein Befrager wollte mir Chicago in den Mund legen); dann mußte ich den damaligen Ehemann der Filmschauspielerin Betty Grable nennen. Betty Grable hätte mich fast zu Fall gebracht – aber der Wachtposten, erfreut, mich in Verlegenheit zu bringen, ließ mich dennoch passieren.«

Noch schlimmer war es für britische Verbindungsoffiziere, die nicht die richtigen Antworten auf solche Testfragen wußten.

Dann sagte am 19. Dezember einer dieser deutschen Gefangenen im Verhör aus, einige dieser Jeep-Gruppen hätten den Auftrag, Eisenhower und andere hohe Befehlshaber umzubringen. Dies war zwar nur ein unfundiertes Gerücht, das im Ausbildungslager der Kommandotrupps vor ihrem Einsatz umlief. Aber als es jetzt nach oben weitergemeldet wurde, erzeugte es eine Sicherheitspsychose, die mit ihrem Netz von Vorsichtsmaßnahmen bis nach Paris reichte und das alliierte Hauptquartier für etwa zehn Tage lähmte. Eisenhowers Marine-Verbindungsoffizier, Captain Butcher, schrieb am 23. in sein Tagebuch:

»Heute ging ich nach Versailles und sah Ike. Er ist ein Gefangener unserer Militärpolizei und ist gründlich, aber hilflos verärgert über die Beschränkung seiner Bewegungsfreiheit. Überall stehen Wachen, viele mit Maschinengewehren, in der ganzen Umgegend des Hauses, und er muß in sein Büro und von seinem Büro unter Bedeckung einer bewaffneten Wache im Jeep vor und manchmal noch einem anderen Jeep hinter seinem Wagen fahren.«

Zum Glück litten auch die Deutschen sehr unter Schwierigkeiten, die sie sich selbst zuzuschreiben hatten, ebenso wie an dem Mangel an Kräften, mit denen Hitlers übertrieben ehrgeizige Ziele erreicht werden könnten. Denn bei der Planung im großen lief seine Phantasie ihm davon.

Die Lage wurde von Manteuffel gut geschildert[1]:

»Der Plan der Ardennen-Offensive wurde vollständig vom OKW

---

1 Kurz nach dem Krieg konnte ich eine Anzahl führender deutscher Befehlshaber befragen und mit ihnen die Operationen auf der Landkarte erörtern; wo es angebracht ist, verwende ich treffende Sätze aus ihren Erzählungen, nachdem ich sie mit anderen Aussagen verglichen habe.

ausgearbeitet und uns dann als fertiger Führerbefehl übermittelt. Das erklärte Ziel war ein entscheidender Sieg im Westen durch den Einsatz zweier Panzerarmeen, der 6. unter Dietrich und der 5. unter meinem Befehl. Die 6. sollte nach Nordwesten vorstoßen, zwischen Lüttich und Huy die Maas überqueren und dann auf Antwerpen vorrücken. Bei ihr lag der Schwerpunkt und die Masse der Kräfte. Meine Armee sollte in einer kurvenreicheren Linie vorstoßen, zwischen Namur und Dinant die Maas überschreiten und nach Brüssel vorrücken, um der anderen die Flanke zu decken . . . Ziel der ganzen Offensive war, die britische Armee von ihren Nachschublinien abzuschneiden und sie dadurch zum Verlassen des Festlandes zu zwingen.«

Hitler stellte sich vor, wenn er dieses zweite Dünkirchen erreicht habe, dann würde England praktisch aus dem Krieg ausscheiden, und er würde wieder genügend Luft bekommen, um im Osten die Russen aufzuhalten.

Der Plan wurde Ende Oktober Rundstedt und dem Heeresgruppen-Befehlshaber Feldmarschall Model vorgelegt. Rundstedt beschreibt seine Reaktion mit folgenden Worten:

»Ich war entsetzt. Hitler hatte mich nicht über die Erfolgsmöglichkeiten befragt. Es war mir klar, daß die verfügbaren Kräfte für einen so ehrgeizigen Plan viel zu schwach waren. Model hatte dieselbe Ansicht wie ich. Kein Soldat konnte glauben, daß das Ziel, Antwerpen zu erreichen, wirklich erreichbar war. Aber ich wußte inzwischen, daß es zwecklos war, bei Hitler die Durchführbarkeit von irgend etwas anzuzweifeln. Nach Beratung mit Model und Manteuffel kam ich zu der Ansicht, die einzige Hoffnung, Hitler von diesem phantastischen Plan abzubringen, sei ein Alternativvorschlag, der ihm einleuchtete und der eher durchführbar war. Ein solcher Vorschlag war eine begrenzte Offensive mit dem Ziel, den alliierten Bogen bei Aachen abzukneifen.«

Aber Hitler verwarf diesen bescheideneren Vorschlag und bestand auf dem ursprünglichen Plan. Die Vorbereitungen dazu waren so geheim wie möglich. Manteuffel berichtete:

»Alle Divisionen meiner 5. Panzerarmee waren einsatzbereit, aber im Raum zwischen Trier und Krefeld weit verstreut, damit Spione und die deutsche Zivilbevölkerung keine Ahnung haben sollten, was geplant war. Der Truppe wurde gesagt, sie sollte sich bereithalten, den bevorstehenden alliierten Angriff auf Köln abzuschlagen. Nur sehr wenige Stabsoffiziere wurden von dem wirklichen Plan informiert.«

Die 6. Panzerarmee versammelte sich noch weiter hinten im Raum zwischen Hannover und der Weser. Ihre Divisionen waren aus der Front herausgezogen worden, um sich zu erholen und neu auszurüsten. Seltsamerweise wurde Sepp Dietrich erst viel später über die ihm zugeteilte Aufgabe unterrichtet und über den Plan konsultiert. Die meisten der Divisionskommandeure erfuhren davon erst wenige Tage vorher. Bei Manteuffels 5. Panzerarmee erfolgte die Weitergabe des Befehls bis in die vorderste Linie zeitlich abgestuft in drei aufeinanderfolgenden Nächten.

Diese strategische Tarnung kam der Überraschung zugute. Aber ein hoher Preis wurde für diese extreme Geheimhaltung gezahlt, vor allem bei der 6. Panzerarmee. Die Befehlshaber wurden so spät informiert, daß sie zuwenig Zeit hatten, ihre Aufgabe zu studieren, das Gelände zu erkunden und ihre Vorbereitungen zu treffen. Infolgedessen wurde vieles übersehen, und zahlreiche Pannen passierten, als der Angriff begann. Hitler hatte den Plan in seinem Hauptquartier zusammen mit Jodl bis ins Detail ausgearbeitet und schien zu glauben, dies genüge für seine Verwirklichung. Er beachtete weder die örtlichen Verhältnisse noch die speziellen Probleme derer, die den Plan ausführen mußten. Er dachte ebenso optimistisch über die materiellen Anforderungen der beteiligten Streitkräfte.

Rundstedt bemerkte dazu: »Es gab keine ausreichenden Verstärkungen und keinen Munitionsnachschub, und wenn auch die Zahl der Panzerdivisionen hoch war, so waren ihre jeweiligen Panzerstärken gering. Es war großenteils eine auf dem Papier stehende Stärke[1].« Das schlimmste war die Betriebsstofflage. Manteuffel erklärte:

»Jodl hatte uns versichert, es werde genug Benzin dasein, um unsere Stärke voll zu entfalten und unseren Vorstoß durchzuführen. Diese Zusicherung erwies sich als völlig falsch. Zum Teil lag das daran, daß das OKW mit einer mathematischen Durchschnittsfor-

[1] Dies wird in der offiziellen Kriegsgeschichte der USA von Dr. Hugh Cole bestätigt, der die durchschnittliche Panzerstärke der deutschen Divisionen auf 90 bis 100 beziffert, nur halb soviel, wie eine amerikanische Division hatte. Dies korrigiert die damalige, nur auf der Zahl der Divisionen beruhende Erklärung, daß dies die mächtigste Konzentration von Panzern sei, die man jemals in einem Krieg erlebt habe.

mel für den Benzinbedarf einer Division bei 100 Kilometer Fahrt rechnete. Meine Erfahrungen in Rußland hatten mich aber gelehrt, daß bei wirklichen Kämpfen das Doppelte benötigt wurde. Jodl verstand dies nicht.

Nachdem ich die zusätzlichen Schwierigkeiten einer Winterschlacht in einem so schwierigen Gelände wie den Ardennen berechnet hatte, erklärte ich Hitler persönlich, das Fünffache der normalen Benzinmenge müsse zur Verfügung gestellt werden. Als aber die Offensive begann, hatten wir nur das Eineinhalbfache. Noch schlimmer: Ein großer Teil davon wurde viel zu weit hinten in großen Tankwagenkolonnen auf der rechten Rheinseite zurückgehalten. Sobald aber das neblige Wetter sich aufklärte und die alliierte Luftwaffe in Aktion trat, haperte es schwer mit dem Nachschub dieses Benzins.«

Die Truppe, die alle diese Mängel nicht kannte, hatte immer noch großes Vertrauen in Hitler und seine Siegesversprechungen. Rundstedt sagte dazu: »Der Kampfgeist der beteiligten Truppen war zu Beginn der Offensive erstaunlich hoch. Sie glaubten wirklich, der Sieg sei noch möglich – im Gegensatz zu den höheren Befehlshabern, welche die Tatsachen kannten.«

Rundstedt trat ganz in den Hintergrund, nachdem Hitler seinen »kleineren« Plan abgelehnt hatte, und überließ es Model und Manteuffel, die mehr Aussicht hatten, Hitler zu beeinflussen, um technische Abänderungen des Plans zu kämpfen – das war alles, was Hitler zu erwägen bereit war. Rundstedt nahm nur noch dem Namen nach an der Schlußbesprechung teil, die am 12. Dezember in seinem Hauptquartier in Ziegenberg bei Bad Nauheim stattfand. Hitler war anwesend und beherrschte das ganze Gespräch.

Was die technischen Änderungen und taktischen Verbesserungen betrifft, ist am aufschlußreichsten der Bericht Manteuffels, der mit späteren Informationen aus dokumentarischen und anderen Quellen übereinstimmt:

»Als ich Hitlers Offensivbefehle las, war ich erstaunt festzustellen, daß diese sogar die Methode und die Uhrzeiten des Angriffs festlegten. Die Artillerie sollte um 7.30 Uhr morgens das Feuer eröffnen, der Angriff der Infanterie sollte um 11 Uhr vormittags beginnen. Dazwischen sollte die Luftwaffe die feindlichen Hauptquartiere und Verbindungswege bombardieren. Die Panzerdivisionen sollen erst angreifen, nachdem die Masse der Infanterie den Durchbruch geschafft hatte. Die Artillerie sollte auf sämtliche Abschnitte der Front verteilt werden.

Dies schien mir in verschiedener Hinsicht töricht; daher arbeitete ich sofort einen anderen Plan aus und erklärte ihn Model. Model war einverstanden, aber bemerkte sarkastisch: ›Besser streiten Sie sich darüber mit dem Führer.‹ Ich antwortete: ›Gut, ich tue das, wenn Sie mit mir kommen.‹ So trafen wir beide am 2. Dezember mit Hitler in Berlin zusammen.

Ich begann mit den Worten: ›Niemand von uns weiß, wie das Wetter am Tage des Angriffs sein wird. Sind Sie sicher, daß die Luftwaffe trotz der alliierten Luftüberlegenheit ihre Aufgabe erfüllen kann?‹ Ich erinnerte Hitler an zwei frühere Beispiele, als es in den Vogesen für die Panzerverbände ganz unmöglich gewesen war, sich bei Tageslicht zu bewegen. Dann fuhr ich fort: ›Alles, was unsere Artillerie um 7.30 Uhr erreichen wird, ist, die Amerikaner zu wecken – und dann werden sie noch 3 1/2 Stunden Zeit haben, ihre Gegenmaßnahmen zu treffen, bevor unser Angriff beginnt.‹ Ich wies auch darauf hin, daß die deutsche Infanterie in der Masse nicht mehr so gut war wie früher und kaum imstande sein würde, einen so tiefen Durchbruch auszuführen, wie von ihr verlangt werde, zumal in einem so unwegsamen Gelände. Denn die amerikanische Verteidigung bestand aus einer Kette vorgeschobener Verteidigungsstellungen, und ihre Hauptwiderstandslinie war viel weiter hinten und würde schwerer zu durchstoßen sein.

Ich schlug Hitler eine Anzahl von Änderungen vor. Erstens sollte der Angriff schon um 5.30 Uhr morgens unter dem Schutz der Dunkelheit beginnen. Natürlich würde dies für die Artillerie die Zahl der Ziele begrenzen, aber es würde ihr gestatten, sich auf eine Anzahl wichtiger Ziele zu konzentrieren – wie feindliche Batterien, Munitionslager und Stabsquartiere –, die vorher genau ausgemacht werden müßten.

Zweitens schlug ich vor, in jeder Infanteriedivision ein ›Sturmbataillon‹ aufzustellen, das aus den kampferprobtesten Offizieren und Soldaten bestehen solle (ich wählte selbst die Offiziere aus). Diese ›Sturmbataillone‹ sollten um 5.30 Uhr in der Dunkelheit ohne jeden Feuerschutz der Artillerie vorgehen und zwischen die vorgeschobenen Verteidigungsstellungen des Gegners einsickern. Sie sollten so-

weit wie möglich Feindberührung vermeiden, bis sie weit vorgedrungen seien.

Scheinwerfer, von der Flak gestellt, sollten für diese Sturmtrup-
pen den Weg beleuchten, indem sie ihre Strahlen auf die Wolken
richteten, von wo sie zur Erde reflektiert werden könnten; ich war
sehr beeindruckt von einer Vorführung dieser Art, die ich kurz vorher gesehen hatte, und war der Meinung, dies könne der Schlüssel
zu einem schnellen Vorrücken vor Tagesanbruch sein.

Nachdem ich Hitler meine Alternativvorschläge erläutert hatte,
erklärte ich, es sei nicht möglich, die Offensive in anderer Weise auszuführen, wenn wir eine einigermaßen sichere Erfolgschance haben
sollten. Ich betonte: ›Um 4 Uhr nachmittags wird es schon dunkel.
So haben wir, wenn der Angriff um 11 beginnt, nur 5 Stunden für
den Durchbruch. Es ist sehr zweifelhaft, ob das in so kurzer Zeit geschafft werden kann. Wenn Sie aber meinen Plan annehmen, gewinnen wir noch 5 1/2 Stunden zusätzlich. Denn bei Dunkelwerden kann
ich die Panzer vorschicken. Sie werden im Lauf der Nacht vorrük-
ken, unsere Infanterie überholen und beim Morgengrauen des nächsten Tages ihren eigenen Angriff auf die feindliche Hauptstellung
auf gesäuberten Vormarschwegen führen können‹.«

Laut Manteuffel nahm Hitler diese Vorschläge ohne Widerrede an.
Das ist bezeichnend: Es scheint, daß er bereit war, auf Vorschläge zu
hören, die ihm die wenigen Generale machten, zu denen er Vertrauen
hatte – Model war auch einer davon –, aber daß er ein instinktives
Mißtrauen gegen die meisten älteren Generale hatte, während sein
Vertrauen zu seiner engeren militärischen Umgebung gemischt war
mit der Erkenntnis, daß diesen Offizieren Kampferfahrungen fehlten.

Was diese taktischen Änderungen an den Aussichten für den Erfolg
der Offensive besserten, wurde aber ausgeglichen durch eine Verminderung der Kräfte, die dafür eingesetzt werden sollten. Die Befehlshaber erhielten bald deprimierende Nachrichten, daß ein Teil der ihnen
zugesagten Kräfte nicht zur Verfügung stehen würde – infolge der
Drohung einer russischen Großoffensive im Osten.

Infolgedessen wurde der konzentrische Angriff auf Maastricht
durch die jetzt von Blumentritt befehligte 15. Armee aufgegeben – dadurch blieb den Alliierten die Möglichkeit, Reserven aus dem Norden
heranzubringen. Außerdem hatte die 7. Armee, die als Flankenschutz

für den südlichen Teil der Offensive vorrücken sollte, jetzt nur noch wenige Divisionen, davon keine einzige Panzerdivision.

Bei dieser Planung verdienen mehrere entscheidende Punkte Beachtung und müssen bei der ganzen Schilderung der Operationen dieser Ardennen-Offensive im Auge behalten werden. Der erste ist die Bedeutung wolkigen Wetters für die deutsche Planung: Die Deutschen wußten wohl, daß die Alliierten notfalls über 5000 Bomber in die Schlacht werfen konnten, während Göring nur etwa 1000 Flugzeuge verschiedener Art zur Unterstützung zu versprechen in der Lage war – Hitler, mittlerweile mißtrauisch gegen Luftwaffen-Versprechungen, kürzte diese Zahl sogar auf 800–900, als er seinen Plan Rundstedt vorlegte. In der Praxis wurde diese Zahl nur an einem einzigen Tag erreicht, als der Kampf am Boden schon entschieden war.

Ein zweiter Faktor war, daß nach der Juli-Verschwörung kein deutscher General Hitlers Plänen kategorisch widersprechen konnte oder wollte, so töricht diese auch waren; alles, was sie tun konnten, war, ihn zu technischen und taktischen Modifikationen zu überreden, und auch hier hörte er nur auf Vorschläge der Generale, denen er besonders vertraute. Andere wichtige Faktoren waren die Reduzierung der ursprünglich dafür angesetzten Kräfte und der den flankierenden Armeen zugedachten Aufgaben, die Bindung von ursprünglich für die deutsche Gegenoffensive eingeplanten Divisionen durch die amerikanischen Angriffe im November im Raum Aachen, die Verschiebung der Offensive vom November auf Dezember, als die Bedingungen weniger günstig waren, und schließlich die vielen ausnahmslos für die Deutschen ungünstigen Unterschiede zwischen den »Blitzkriegen« von 1940 und von 1944.

Viel hing von einem schnellen Vorstoß der 6. SS-Panzerarmee Dietrichs ab, die an dem entscheidenden Abschnitt der Maas am nächsten war. Die Luftlandetruppen hätten dort wertvolle Arbeit leisten können, um den Weg freizukämpfen; aber sie waren großenteils bei den Bodenkämpfen an dieser Front verschlissen worden. Ganze tausend Fallschirmjäger wurden eine knappe Woche vor der Offensive zusammengekratzt und bildeten ein Bataillon unter Oberst von der Heydte. Als er sich mit dem Luftwaffenkommando in Verbindung setzte, stellte von der Heydte fest, daß über die Hälfte der dafür abgestellten Flugzeugbesatzungen keinerlei Erfahrung mit Fallschirmjäger-Operationen hatten und daß die notwendige Ausrüstung fehlte.

Schließlich erhielten die Fallschirmjäger den Auftrag, nicht eines der mißlichen Hindernisse für den Vormarsch der Panzer zu beseitigen, sondern auf dem Mont Rigi in der Nähe der Straßenkreuzung Malmedy–Eupen–Verviers abzuspringen und die alliierten Verstärkungen aus dem Norden aufzuhalten. Aber am Vorabend der Offensive erschienen die versprochenen Transportmaschinen nicht, um die Fallschirmjäger zu den Flugplätzen zu bringen, und der Absprung wurde auf die nächste Nacht verschoben – als die Offensive schon begonnen hatte. Schließlich erreichte nur ein Drittel der Flugzeuge die richtige Absprungstelle, und da von der Heydte nur ein paar hundert Mann zur Verfügung hatte, konnte er nicht die Straßenkreuzungen erreichen und dort ein festes Hindernis aufbauen. Mehrere Tage lang belästigte er die Straßen mit kleinen Trupps, und als dann von Dietrichs Einheiten, die ihn entsetzen sollten, nichts zu sehen war, versuchte er sich nach Osten zu diesen durchzuschlagen und wurde dabei gefangengenommen.

Dietrichs Rechtsausleger wurde schon bald durch die zähe amerikanische Verteidigung von Monschau zum Stehen gebracht. Sein Vorstoß mit dem linken Flügel durchbrach die Front. Malmedy umgehend, überquerte er am 18. die Amblève jenseits von Stavelot nach einem Vormarsch von 60 Kilometern.

Dann aber kam der Vorstoß in diesem engen Schlauch zum Stehen und geriet durch einen amerikanischen Gegenangriff in Bedrängnis.

Neue Anstrengungen scheiterten, als amerikanische Reserven auf dem Schauplatz erschienen und den Gegner verstärkten, und so versandete der Angriff der 6. Panzerarmee.

An der Front Manteuffels hatte die Offensive einen guten Start. Mit seinen eigenen Worten:

»Meine Sturmbataillone drangen rasch in die amerikanische Front ein, wie Regentropfen. Um 4 Uhr nachmittags rückten die Panzer vor und fuhren in der Dunkelheit weiter mit Hilfe unseres ›künstlichen Mondscheins.‹«

Jedoch nach der Überquerung des Flüßchens Our mußten die Panzer bei Clervoux eine andere unangenehme Enge passieren. Diese Hindernisse, zusammen mit den winterlichen Bedingungen, verursachten eine Verzögerung:

»Der Widerstand schmolz dahin, wenn unsere Panzer in großer

Zahl auftraten; aber die Schwierigkeiten der Bewegung glichen in diesem Anfangsstadium die Schwäche des Widerstandes aus.«

Am 18. Dezember gelangten die Deutschen in die Nähe von Bastogne, nach einem Vormarsch von fast 50 Kilometern; aber ihr Versuch, am 19. diese wichtige Straßenkreuzung zu nehmen, wurde vereitelt[1]. Eisenhowers zwei Reservedivisionen waren endlich freigegeben und am 18. an die Front in Marsch gesetzt worden. Aber zu diesem Zeitpunkt waren sie noch bei Reims, gut 160 Kilometer entfernt – und, schlimmer noch, die für Bastogne bestimmte (die 101. Luftlandedivision) wurde irrtümlich nach Norden dirigiert. Jedoch dank einer Straßenverstopfung und der zufälligen Nachfrage eines Sergeanten der Militärpolizei drehte sie auf einen südlichen Umweg ab und gelangte so an dem entscheidenden Morgen des 19. nach Bastogne. Ihre Ankunft dank eines glücklichen Zufalls stärkte die Verteidigung.

In den nächsten zwei Tagen scheiterten wiederholte deutsche Vorstöße. So entschloß sich Manteuffel, Bastogne zu umgehen und zur Maas vorzustoßen. Doch jetzt kamen von allen Seiten alliierte Reserven in dem Raum an, in einer Stärke, die der der Deutschen weit überlegen war. Zwei Korps der Armee Pattons schwenkten nach Norden zum Entsatz von Bastogne und griffen auf den Straßen zu dieser Stadt die vorrückenden Deutschen an. Obwohl zunächst zum Stehen gebracht, verursachte dieser Gegenangriff eine erhebliche Abzweigung von Kräften, die Manteuffel für seinen eigenen Vormarsch brauchte.

Die große Chance war verpaßt. Manteuffels Flankenvorstoß zur Maas beunruhigte das alliierte Hauptquartier; aber er kam zu spät, um noch eine ernste Gefahr zu bedeuten. Nach dem deutschen Plan sollte Bastogne am zweiten Tag eingenommen werden; in Wirklichkeit wurde es erst am dritten erreicht und erst am sechsten Tag umgangen. Ein deutscher »kleiner Finger« gelangte am 24. bei Dinant bis auf 6 Kilometer an die Maas heran; aber dies war die äußerste Grenze des Vorstoßes, und dieser Finger wurde bald abgeschnitten.

---

1 Aber nicht nur durch die Verteidiger: Der Kommandeur einer Panzerspitze gab später in einer Unterhaltung mit mir zu, er habe in diesem entscheidenden Augenblick mit einer jungen »blonden und schönen« amerikanischen Krankenschwester geflirtet, die ihn in einem Dorf, das seine Truppen überrannt hatten, becircte. Schlachten werden nicht immer so entschieden, wie es die militärischen Lehrbücher erzählen!

Schlamm und Benzinknappheit waren starke Bremsen für die Offensive – wegen Benzinknappheit konnte nur die Hälfte der Artillerie in Aktion treten. Nachdem das neblige Wetter in den ersten Tagen die Deutschen begünstigt hatte, indem es die alliierte Luftwaffe am Boden festhielt, verschwand diese schützende Decke am 23., und die spärlichen Kräfte der Luftwaffe erwiesen sich als unfähig, die Bodentruppen vor schrecklichen Luftangriffen zu schützen. Dies vervielfachte die Strafe für die verlorene Zeit. Aber Hitler zahlte auch Strafe dafür, daß er die Hauptrolle seinem nördlichen Flügel zugedacht hatte, der 6. SS-Panzerarmee, in der seine geliebte Waffen-SS dominierte – ohne Rücksicht auf die Tatsache, daß das Gelände dort viel unwegsamer, die alliierten Verbände dichter und deren Reserven näher waren.

In der ersten Woche war die Offensive weit hinter den Hoffnungen zurückgeblieben, und der schnellere Fortschritt zu Beginn der zweiten Woche war illusorisch, weil er nur auf ein tieferes Eindringen zwischen den Hauptstraßen hinauslief, die jetzt fest in der Hand der Amerikaner waren.

Nach dieser allgemeinen Skizze der Operationen ist es angebracht, einige entscheidende Phasen der Schlacht auf den verschiedenen Abschnitten im einzelnen nachzuzeichnen.

Bei Dietrichs 6. SS-Panzerarmee – der die Hauptaufgabe zufiel, die aber nur einen relativ schmalen Frontabschnitt hatte – sollten nach dem Plan drei Infanteriedivisionen zu beiden Seiten von Udenbrath einen Durchbruch machen und dann, verstärkt von den zwei anderen Infanteriedivisionen, nach Nordwesten schwenken, um eine nach Norden blickende harte Schulter zu bilden; gleichzeitig sollten die vier Panzerdivisionen, je zwei auf einmal, durch die Lücke durchstoßen und auf die verkehrsmäßig wichtige große Stadt Lüttich vorrücken. Die Panzerdivisionen waren ausschließlich von der Waffen-SS gestellt: es waren die 1., 12., 2. und 9. Panzerdivision, die das I. und II. SS-Panzerkorps bildeten. Sie hatten zusammen etwa 500 Panzer, darunter 90 Tiger-Panzer. Es ist erwähnenswert, daß Dietrich selbst mit zwei seiner Panzerdivisionen durchbrechen wollte, aber sich gegen Model nicht durchsetzen konnte, der meinte, dieser Frontabschnitt sei für Panzer und für eine solche Aufgabe zu schwierig.

Der Frontabschnitt wurde von der 99. US-Infanteriedivision gehalten, der am südlichsten gelegenen Division von General Gerows V.

Korps, und war etwa 30 Kilometer breit, ebenso breit wie der von den Divisionen von Middletons VIII. Korps gehaltene Abschnitt weiter südlich. Es war ein breiter Abschnitt für eine einzelne Division – das zeigte, wie wenig man mit einem deutschen Angriff gerechnet hatte.

Die Artillerie eröffnete am 16. Dezember um 5.30 Uhr morgens das Feuer, aber die deutsche Infanterie begann erst um 7 Uhr vorzurücken. Einzelne Vorposten wurden einer nach dem anderen überwältigt; aber viele wehrten sich tapfer gegen große Überlegenheit und fügten den Deutschen hohe Verluste zu, gleichzeitig den Vormarsch ihrer Panzerdivisionen verzögernd. Obwohl die Deutschen in den nächsten zwei Tagen nach Westen vorstoßen konnten, hinderte sie die zähe amerikanische Verteidigung des Raumes Berg–Butgenbach–Elsenborn daran, die nördliche »Schulter« zu nehmen, wie sie geplant hatten. Tag für Tag mußten die Verteidiger schweren deutschen Angriffen standhalten. Es war eine großartige Leistung von Gerows V. Korps, das vorher an der amerikanischen Offensive im Abschnitt Aachen teilgenommen hatte, aber jetzt nach Süden verlegt worden war.

Dieser Rückschlag ramponierte das Ansehen der SS-Truppen und trug wesentlich zu Hitlers Beschluß vom 20. Dezember bei, die Hauptaufgabe bei der Offensive der 5. Panzerarmee Manteuffels zu übertragen.

An Manteuffels Frontabschnitt war ein rascher Durchbruch auf dem rechten Flügel erfolgt, der Dietrichs Front am nächsten war. Dieser Abschnitt in der Schnee-Eifel war fast 35 Kilometer breit und wurde von der neu eingetroffenen 106. US-Division zusammen mit der 14. Kavallerie-Gruppe gehalten. Er deckte die Zugänge zu der wichtigen Straßenkreuzung von St. Vith. Bemerkenswert war, daß die Angreifer hier keine so überwältigende Überlegenheit hatten wie weiter nördlich – sie bestanden in der Hauptsache aus den zwei Infanteriedivisionen von Luchts LXVI. Korps zusammen mit einer Panzerbrigade. Aber es gelang den Deutschen, am 17. zwei Regimenter der 106. Division in einer Zangenbewegung zu umfassen und die Kapitulation von mindestens 7000, wahrscheinlich 8000–9000 Mann zu erzwingen. Dies war ein großer Erfolg der neuen Taktik Manteuffels: An seinem Frontabschnitt waren kleine Vorausabteilungen schon mitten in den amerikanischen Stellungen, als die große Flut hereinbrach. Nach Ansicht der amtlichen amerikanischen Kriegsgeschichte war die Schlacht in der

Schnee-Eifel »der schwerste Rückschlag für die amerikanische Armee während der Operationen von 1944/45 in Europa«.

Weiter südlich an Manteuffels Frontabschnitt erfolgte der Hauptvorstoß an der rechten Flanke durch Krügers LVIII. Panzerkorps, an der linken Flanke durch Lüttwitz' XLVII. Panzerkorps. Das LVIII. Korps überquerte die Our und stieß bis Houffalize vor, mit dem Ziel, zwischen Ardenne und Namur einen Brückenkopf am linken Ufer der Maas zu bilden. Das XLVII. Korps sollte nach der Überquerung der Our die wichtige Stadt Bastogne nehmen und dann südlich von Namur Brückenköpfe an der Maas bilden. Amerikanische Vorposten von der 28. Division verlangsamten etwas die Überquerung der Our durch die Deutschen, aber konnten sie nicht verhindern, und in der zweiten Nacht, der zum 17., näherten sich die Deutschen Houffalize und Bastogne.

Am südlichsten Frontabschnitt hatte Brandenbergers 7. Armee von vier Divisionen (drei Infanterie- und eine Fallschirmjägerdivision) die Aufgabe, den Vorstoß Manteuffels offensiv zu decken, indem sie über Neufchâteau nach Mézières vorstieß. Alle ihre Divisionen überquerten die Our, und die 5. Fallschirmjägerdivision an der inneren Flanke gelangte in drei Tagen bis Wiltz, 19 Kilometer weiter westlich. Aber der rechte Flügel der 28. US-Division zog sich nur langsam zurück, während die zwei anderen Divisionen von Middletons VIII. Korps den Angriff zum Stehen brachten, nachdem er nur 5 bis 6 Kilometer weitergekommen war. Am 19. Dezember wurde es klar, daß die südliche Schulter der deutschen Angriffsfront fest in Schach gehalten wurde. Man wußte auch, daß die Amerikaner hier bald von Pattons 3. Armee verstärkt werden würden, die aus dem Saargebiet nordwärts heranrückte; an diesem Tag mußte das deutsche LXXX. Korps zur Defensive übergehen.

Manteuffel hatte dazu geraten, der ihm benachbarten 7. Armee eine Panzerdivision zur Verfügung zu stellen, damit diese mit seinem eigenen linken Flügel Schritt halten konnte. Aber dies war von Hitler selbst abgelehnt worden, und diese Ablehnung ist möglicherweise entscheidend gewesen.

Am nördlichen Frontabschnitt, dem Dietrichs, kam der Panzervorstoß erst am 17. in Schwung, als die 1. SS-Panzerdivision, eine Elitetruppe, Lüttich von Süden umgehen wollte, nachdem ihr der Weg frei gemacht worden war. Ihre Vorausabteilung – die »Kampfgruppe Peiper«, welche die Mehrzahl der 100 Panzer der Division besaß – kam fast ohne Widerstand voran; sie hatte das Ziel, bei Huy die Maas zu überschreiten. Auf ihrem Vormarsch machte sie sich einen schlechten Namen dadurch, daß sie mehrere Gruppen amerikanischer Kriegsgefangener und belgischer Zivilisten durch MG-Feuer tötete. (Peiper behauptete in seinem späteren Kriegsverbrecherprozeß, dies sei in Befolgung eines Führerbefehls geschehen, daß seinem Vormarsch eine »Terrorwelle« vorangehen solle; Peipers Einheit war aber die einzige, die während dieser Offensive so brutal vorging.) Die Kampfgruppe Peiper rastete in der Nacht kurz vor Stavelot, noch 67 Kilometer von der Maas entfernt – sie versäumte es, dort die wichtige Brücke und nur wenig weiter im Norden das riesige Treibstofflager zu nehmen, das über 2 1/2 Millionen Galonen enthielt; beides war in dem Augenblick kaum bewacht. Auch das Hauptquartier der 1. US-Armee in dem bekannten Kurort Spa war nicht mehr weit entfernt. Im Laufe der Nacht gelangten aber amerikanische Verstärkungen dorthin, und am nächsten Tag wurde Peiper durch eine Barriere brennenden Benzins am Vormarsch gehindert, während unmittelbar vor ihm bei Trois Ponts die Brücken gesprengt wurden. Peiper versuchte dann einen Umweg durch ein Seitental, wurde aber bei Stoumont, nur 10 Kilometer weiter, zum Stehen gebracht. Unterdessen erfuhr er auch, daß er sich durch seinen Vorstoß von der übrigen 6. Panzerarmee isoliert hatte und dieser weit voraus war.

Im Süden, an Manteuffels Frontabschnitt, verstärkte sich der Druck auf die Straßenkreuzungen von St. Vith und Bastogne, deren Besitz für das Schicksal der ganzen Offensive entscheidend sein konnte. Die ersten Angriffe auf St. Vith (das bei Beginn der Offensive 19 Kilometer hinter der Front lag) erfolgten am 17. Dezember, aber nur in geringer Stärke. Am nächsten Tag kam das Gros der 7. US-Panzerdivision zur Verstärkung auf dem Schauplatz an. An diesem Tag, dem 18., fielen die Dörfer dieses Raumes eines nach dem anderen dem deutschen Angriff zum Opfer, und dieser Druck verhinderte eine Entsetzung der beiden eingeschlossenen Regimenter der 106. Division. Deutsche Panzersäulen umgingen St. Vith sowohl vom Norden als auch vom Süden und mußten zurückgedrängt werden, während eine deutsche Panzerbrigade vorrückte, um den Angriff zu verstärken.

Am 18. hatte das XLVII. Panzerkorps v. Lüttwitz Bastogne mit

zwei Panzerdivisionen und der 26. Volksgrenadierdivision eingeschlossen. Aber die Verteidigung der Stadt wurde durch frisch eingetroffene Truppen (eine Kampfgruppe der 9. US-Panzerdivision und
Pionierbataillone) verstärkt. Ein zäher Kampf um jedes Dorf und Ver-
kehrsverstopfungen hinter der deutschen Front verlangsamten den
Angriff so sehr, daß die 101. Luftlandedivision aus Eisenhowers strategischer Reserve am Morgen des 19. Bastogne noch rechtzeitig im kritischen Moment erreichte. Die zähe Verteidigung von Bastogne, bei
der sich besonders die amerikanischen Pioniere auszeichneten, machte
es den Deutschen unmöglich, die Stadt in einem Schwung zu nehmen;
ihre Panzerkolonnen umgingen die Stadt auf beiden Seiten und überließen es der Volksgrenadierdivision zusammen mit einer kleineren
Panzergruppe, die Stadt zu belagern. So wurde Bastogne am 20.
Dezember abgeschnitten.

Erst am Morgen des 17. hatten Eisenhower und seine wichtigsten
Unterführer begonnen einzusehen, daß eine regelrechte deutsche
Offensive begonnen hatte – und erst am 19. waren sie dessen zweifels-
frei sicher. Bradley befahl dann die 10. Panzerdivision nach Norden
und bestätigte den aus eigener Initiative erteilten Befehl von General
Simpson von der 9. Armee, die 7. Panzerdivision der 30. Division nach
Süden nachzuziehen. Somit wurden über 60 000 Mann von frischen
Einheiten in den gefährdeten Raum dirigiert, und in den nächsten acht
Tagen wurden noch weitere 180 000 Mann dorthin in Bewegung ge-
setzt.

Die 30. Division unter General Hobbs, die in der Nähe von Aachen
in Ruhestellung lag, erhielt zuerst den Befehl, sich in den Raum Eupen
zu begeben; dann wurde sie nach Malmedy umgelenkt und schließlich
weiter nach Westen dirigiert, um Peipers Panzer zum Stehen zu bringen. Stavelot wurde mit Hilfe von Jabos teilweise zurückerobert, und
Peipers Verbindung mit der übrigen 6. Panzerarmee wurde abgeschnitten, während er bei Stoumont auf immer härteren Widerstand
stieß. Am 19. war er schon äußerst knapp an Treibstoff, während die
Ankunft der 82. US-Luftlandedivision und amerikanischer Panzerverbände das Kräftegleichgewicht zu seinen Ungunsten veränderte.
Unterdessen lag das Gros der beiden SS-Panzerkorps noch weit hinten
fest; die Straßen waren zu schlecht, als daß sie die große Zahl ihrer
Panzer und Transportfahrzeuge richtig einsetzen konnten. Peipers
Kampfgruppe, eingekesselt und ohne jeden Treibstoff, begann

schließlich am 24., sich zu Fuß zurückzuziehen, alle ihre Panzer und sonstigen Fahrzeuge zurücklassend.

Weiter südlich, an Manteuffels Front, waren Teile der 3. und 7. US-Panzerdivision eingetroffen und blockierten den deutschen Vormarsch aus dem Raum St. Vith nach Westen. Die Verteidiger der Stadt gerieten unter furchtbaren Druck durch einen von Manteuffel selbst geleiteten Angriff und wurden unter schweren Verlusten aus der Stadt herausgedrängt. Zu ihrem Glück verhinderte eine große Verkehrsstockung auf den Straßen die Ausnutzung dieses Erfolges durch das deutsche LXVI. Korps und ermöglichte es den Resten der amerikanischen 106. Division und 7. Panzerdivision, sich auf sichere Stellungen zurückzuziehen. Dadurch wurde eine großräumige Ausweitung dieses Durchbruches durch einen schnellen Vorstoß bis zur Maas verhindert.

Als am 20. die alliierte Front weit aufgerissen war, sah sich Eisenhower veranlaßt, den Oberbefehl aller Streitkräfte auf der nördlichen Seite des Durchbruches, einschließlich der 1. und 9. US-Armee, Montgomery zu übertragen; Montgomery selbst hatte sein eigenes Reservekorps, das XXX., das aus vier Divisionen bestand, zum Schutz der Maas-Übergänge herangeführt.

Sein Optimismus war sehr wertvoll; aber die Wirkung wäre noch größer gewesen, wenn er nicht, wie einer seiner eigenen Offizier schilderte, »in das Hauptquartier von Hodges hineingefahren wäre wie Jesus, als er die Wechsler aus dem Tempel jagte«. Noch größere Ressentiments erregte er, als er später auf einer Pressekonferenz so tat, als habe seine persönliche »Lenkung« der Schlacht die Amerikaner vor dem Zusammenbruch bewahrt. Montgomery äußerte dabei, er habe »die ganze verfügbare Kraft der britischen Heeresgruppe eingesetzt« und »mit voller Macht in die Schlacht geworfen«. Diese Äußerung erregte um so mehr Ärger, als Patton ja schon seit dem 22. Dezember einen Gegenangriff führte – und Bastogne am 26. entsetzte –, während Montgomery erklärte, er müsse erst die Lage »bereinigen«, und erst am 3. Januar seinen Gegenangriff vom Norden aus begann; bis dahin hatte er seine britischen Reserven aus der Schlacht herausgehalten.

Am 20. Dezember, als die alliierte Front umgruppiert wurde, erhielt General Collins das Kommando über die nördliche Seite des Durchbruches; sein VII. US-Korps war vorher bei der amerikanischen Offensive an der Rur beteiligt gewesen. Montgomery hatte erklärt, er wolle keinen anderen als Collins – der den Spitznamen »Blitz-Joe« führte – für diese entscheidend wichtige Aufgabe haben. Collins erhielt dafür die 2. und 3. Panzerdivision zusammen mit der 75. und 84. Infanteriedivision, um einen Gegenangriff nach Süden gegen Manteuffels vorrückende Panzerspitzen zu führen.

In Bastogne war unterdessen die Lage weiterhin kritisch. Wiederholte Angriffe zwangen die Verteidiger zum Rückzug, aber sie wurden nie gänzlich überwältigt. Am 22. schickte Lüttwitz eine Abordnung mit einer weißen Flagge zu der belagerten Garnison mit der Aufforderung zu einer Kapitulation unter ehrenvollen Bedingungen; aber er erhielt von General McAuliffe nur die lakonische, legendär gewordene Antwort »Quatsch«. Der Unterbefehlshaber an diesem Abschnitt, der die Antwort den Deutschen verständlich machen wollte, konnte sie nur mit den Worten formulieren: »Geht zum Teufel!«

Am nächsten Tag gestattete hochwillkommenes schönes Wetter den ersten Abwurf von Nachschub aus der Luft und zahlreiche Luftangriffe auf die deutschen Stellungen; gleichzeitig kamen Pattons Truppen vom Süden immer näher. Dennoch war die Lage immer noch kritisch, und am Weihnachtsabend wurde der Durchmesser der alliierten Stellungen auf 26 Kilometer reduziert. Aber Lüttwitz' Truppen erhielten nur noch wenig Verstärkungen und Nachschub und wurden immer mehr durch die alliierte Luftwaffe belästigt. Am ersten Weihnachtstag machten die Deutschen noch einen Großangriff; aber ihre neu eingetroffenen Panzer erlitten schwere Verluste, und die Verteidigung der Stadt war ungebrochen. Am nächsten Tag, dem 26., gelang es am Nachmittag der 4. US-Panzerdivision (die jetzt von General Gaffey befehligt wurde und zu Pattons 3. Armee gehörte), mit den Eingeschlossenen Kontakt herzustellen, nachdem sie sich von Süden her den Weg freigekämpft hatte. Die Belagerung von Bastogne war zu Ende.

Obwohl die deutsche 7. Armee bei ihrem Versuch, die vorrückende linke Flanke Manteuffels zu decken, anfangs einige Fortschritte gemacht hatte, wurde sie durch ihre eigene Schwäche bald einem Gegenangriff von Süden ausgesetzt. Am 19. erhielt Patton den Befehl, seine Offensive im Saargebiet abzubrechen und sich mit zwei seiner Korps auf die Bereinigung des Manteuffelschen Durchbruchs zu konzentrieren. Am 24. war es soweit, daß sein XII. Korps die Divisionen der deutschen 7. Armee zurückdrängen und die südliche »Schulter« der

Deutschen beseitigen konnte. Weiter westlich konzentrierte sich das
3. US-Korps auf den Entsatz von Bastogne. Die dazugehörende 4.
Panzerdivision befolgte Pattons Befehl »Fahrt wie die Teufel!« Harter
Widerstand wurde von den Fallschirmjägern der deutschen 5. Fallschirmjägerdivision geleistet, die aus jedem Dorf und jedem Wald vertrieben werden mußten. Nachdem aber die Luftaufklärung weniger
feindliche Kräfte auf der Straße Neufchâteau–Bastogne festgestellt
hatte, wurde der Schwerpunkt auf diese Vormarschstraße gelegt, und
am 26. gelangten einige der wenigen noch eingesetzten »Sherman«-
Panzer der 4. Division an den Südrand von Bastogne.

Unterdessen waren Manteuffels Panzerdivisionen, die Bastogne
umgingen, in Richtung auf die Maas südlich von Namur vorgerückt.
Um die Übergänge zu verteidigen, während frische amerikanische
Truppen herangeführt wurden, hatte sich Horrocks' XXX. britisches
Korps bei Givet und Dinant an beiden Ufern des Flusses festgesetzt,
während amerikanische Pioniere bereitstanden, notfalls die Brücken
zu sprengen.

Hitler, der jetzt nur noch bescheidenere Ziele anvisierte, konzentrierte seine Aufmerksamkeit auf die Maas. Er gab die 9. Panzer- und
die 15. Panzergrenadierdivision aus seiner OKW-Reserve frei, um
Manteuffel bei der Säuberung des Raumes Marche–Celles vor Dinant
zu helfen. So planten beide Seiten eine Offensive für den Weihnachtstag, aber waren zu sehr in gegenseitige Kämpfe verstrickt, um sie
durchzuführen.

Doch Collins' Truppen gewannen langsam Boden; am Vormittag
des 25. eroberten sie, unterstützt von der 29. britischen Panzerbrigade,
das Dorf Celles zurück – den äußersten Punkt des deutschen Vorstoßes. Anschließend wurden zahlreiche isolierte »Taschen« durch Infanterie bereinigt oder durch Luftangriffe außer Gefecht gesetzt. Schon
vom 23. Dezember an hatten die deutschen Panzerverbände unter
schweren Luftangriffen zu leiden, und am 26. wurde ihnen verboten,
bei Tage zu fahren. Auch die verspätete Ankunft der 9. Panzerdivision
am Weihnachtsabend konnte die zähe Gegenwehr der 2. US-Panzerdivision nicht mehr brechen. Am 26. waren die Deutschen an dieser
Front überall im Rückzug – und die Maas wurde als unerreichbar ab-
geschrieben.

Dietrichs 6. Panzerarmee hatte unterdessen Befehl erhalten, Manteuffels Vorstoß zu unterstützen, indem er nach Südwesten schwenken

sollte; aber obwohl er seine Panzerdivisionen in Aktion treten ließ, erreichte er wenig gegen die amerikanische Verteidigung, die jetzt erheblich verstärkt und von ständigen Jabo-Angriffen unterstützt war. Seine 2. SS-Panzerdivision erzielte anfangs einen Einbruch, der die alliierten Stäbe alarmierte; aber sie erlitt schwere Verluste in einem langen Kampf um das Dorf Manhay. Alles in allem hatte die Offensive der 6. Panzerarmee nichts erreicht außer der Erschöpfung der eigenen Kräfte.

Lange bevor die eigentliche Gegenoffensive begann, hatten die Deutschen schon ihren nördlichen Vorstoß aufgegeben, und ihr südlicher Vorstoß hatte trotz einer letzten Anstrengung sein Ziel nicht erreicht. Diese letzte Anstrengung folgte dem verspäteten Entschluß Hitlers, das Schwergewicht nach Süden auf den Raum der 5. Panzerarmee zu legen. Aber die große Chance war vorbei. Voller Bitterkeit erklärte Manteuffel: »Erst am 26. erhielt ich den Rest unserer Reserven – und dann konnten sie nicht mehr bewegt werden: Sie lagen still wegen Treibstoffmangels, über mehr als 150 Kilometer verstreut, gerade als sie am nötigsten gebraucht wurden.«

Die Ironie der Situation war die, daß die Deutschen am 19. nur wenige hundert Meter von dem riesigen Treibstofflager bei Stavelot mit seinen 2 1/2 Millionen Galonen – hundertmal größer als der größte Treibstoffvorrat, den sie tatsächlich erbeuteten – entfernt gewesen waren!

Manteuffel berichtet:

»Wir hatten kaum diesen neuen Vorstoß begonnen, als die alliierte Gegenoffensive sich entfaltete. Ich rief Jodl an und bat ihn, dem Führer zu sagen, ich wolle meine Vorausabteilungen aus der Nase unseres Bogens zurückziehen ... Aber Hitler untersagte diesen Rückzug. So wurden wir, statt uns rechtzeitig zurückzuziehen, Schritt für Schritt durch die alliierten Angriffe zurückgedrängt und erlitten unnötige Verluste ... Unsere Verluste waren in diesem späteren Stadium viel höher als vorher, dank Hitlers Parole des ›kein Rückzug‹. Das bedeutete die Katastrophe, weil wir uns solche Verluste nicht leisten konnten.«

Rundstedt bestätigte dieses Urteil:

»Ich wollte die Offensive schon zu einem frühen Zeitpunkt stoppen, als es klargeworden war, daß sie ihr Ziel nicht erreichen konnte. Aber Hitler bestand wütend darauf, daß sie weitergehen müsse. Es war unser Stalingrad Nr. 2.«

Die Alliierten waren zu Beginn der Ardennen-Schlacht der Katastrophe nahe gewesen, weil sie ihre Verteidigung an dieser Flanke vernachlässigt hatten. Aber am Ende war es Hitler, der den militärischen Grundsatz »Angriff ist die beste Verteidigung« ad absurdum führte. Der Angriff erwies sich als die schlechteste Verteidigung – er vernichtete Deutschlands Aussicht auf jeden ernsthaften Widerstand in der Zukunft.

Teil VIII
Das Ende

Kapitel 36:
Von der Weichsel
bis zur Oder

Stalin hatte den westlichen Alliierten mitgeteilt, er werde etwa Mitte Januar eine neue Offensive von der Weichsel-Linie aus beginnen, die mit dem geplanten alliierten Vorstoß auf den Rhein zusammenfallen solle – dieser Vorstoß war freilich jetzt durch die Folgen der Ardennen-Gegenoffensive verzögert worden. Die führenden Kreise des Westens setzten keine großen Erwartungen auf diese russische Offensive. Einige russische Vorbehalte in bezug auf das Wetter, das fortgesetzte Ausbleiben ausreichender Informationen über die wirkliche russische Stärke und vor allem die lange Kampfpause, seit die Russen Ende Juli die Weichsel erreicht hatten – all dies führte zu einem Wiederaufleben der Neigung, die Potenz der Russen zu unterschätzen.

Kurz vor Ende Dezember gelangten unheildrohende Nachrichten zu Guderian – der in dieser letzten Phase des Krieges zum Chef des Generalstabes ernannt worden war. Gehlen, Chef der Abteilung »Fremde Heere Ost« der Heeresabwehr, berichtete, 225 russische Infanteriedivisionen und 22 Panzerkorps seien an der Front zwischen Ostsee und Karpaten festgestellt worden, zum Großangriff bereitstehend.

Doch als Guderian ihm diesen Bericht über massive russische Vorbereitungen vorlegte, weigerte sich Hitler, ihm zu glauben, und rief aus: »Dies ist der unverschämteste Bluff seit Dschingis-Khan! Wer ist für all diese unsinnigen Berichte verantwortlich?« Hitler zog es vor, den Berichten Himmlers und des SS-Nachrichtendienstes zu glauben.

Ebenso lehnte er den Vorschlag ab, die Ardennen-Offensive einzustellen und Truppen an die Ostfront zu verlegen, mit der Begründung, es sei von höchster Wichtigkeit, im Westen die Initiative zu behalten, die er jetzt »wiedergewonnen« habe. Gleichzeitig lehnte er auch

Guderians erneuten Vorschlag ab, die im Baltikum abgeschnittene Heeresgruppe von 26 Divisionen auf dem Seeweg zu evakuieren und mit ihr das Eingangstor nach Deutschland zu verstärken.

Als letztes mußte Guderian bei seiner Rückkehr von einer Reise in sein Hauptquartier feststellen, daß Hitler seine Abwesenheit ausgenutzt und zwei Panzerdivisionen aus Polen nach Ungarn verlegt hatte, um dort einen Entsatz von Budapest zu versuchen. Damit hatte Guderian nur noch eine bewegliche Reserve von 12 Divisionen, um die 50 schwachen Infanteriedivisionen zu verstärken, welche die 1 100 Kilometer lange Hauptfront in dünner Linie halten mußten.

Die westlichen Zweifel an der militärischen Schlagkraft der Russen wurden noch verstärkt durch die Nachrichten von der deutschen Gegenoffensive in Richtung Budapest; und dazu kam, ganz allgemein, der Schock, den die westlichen Alliierten selbst durch die jüngste deutsche Gegenoffensive erlitten hatten. Einige Tage lang machte der Vorstoß auf das eingeschlossene Budapest vielversprechende Fortschritte. Er begann bei Komorn, 60 Kilometer westlich der Stadt, und legte mehr als die halbe Entfernung von dort bis Budapest zurück. Aber dann machte die hartnäckige Weiterverfolgung trotz stärkeren Widerstandes die Operation zu einem verlustreichen Fehlschlag.

Die indirekten Verluste waren noch schwerer. Die Widerstandskraft dieser neuen »Igelstellung« Budapest hatte Hitler in seiner üblichen Neigung bestärkt, ein allzu langes Stehenbleiben zu befehlen. Als dann infolgedessen seine Truppen dort eingeschlossen wurden, hatte Hitlers Angst vor einem »zweiten Stalingrad« ihn zu einem Schritt verleitet, der noch schlimmere Folgen hatte: Obwohl die zwei kostbaren Panzerdivisionen, die in Polen bereitstanden und die russische Winteroffensive erwarteten, in den letzten Tagen des alten Jahres herausgezogen wurden, um einen Stoßkeil für die Entsetzung Budapests zu bilden, wollte Hitler trotzdem keinen entsprechenden Rückzug von der Weichsel-Linie vor Beginn der russischen Offensive erlauben. Diese geschwächte Frontlinie mußte nun den ganzen Stoß des Angriffs aushalten, statt daß der Stoß durch einen rechtzeitigen Schritt zurück gemildert worden wäre. Wieder einmal wurden die Vorteile des Prinzips, unter allen Umständen zu halten, aufgehoben durch die strategischen Nachteile, und dies führte zur Katastrophe.

Das russische Oberkommando war jetzt gut darauf vorbereitet, die grundlegenden Schwächen der deutschen Situation auszunutzen. In

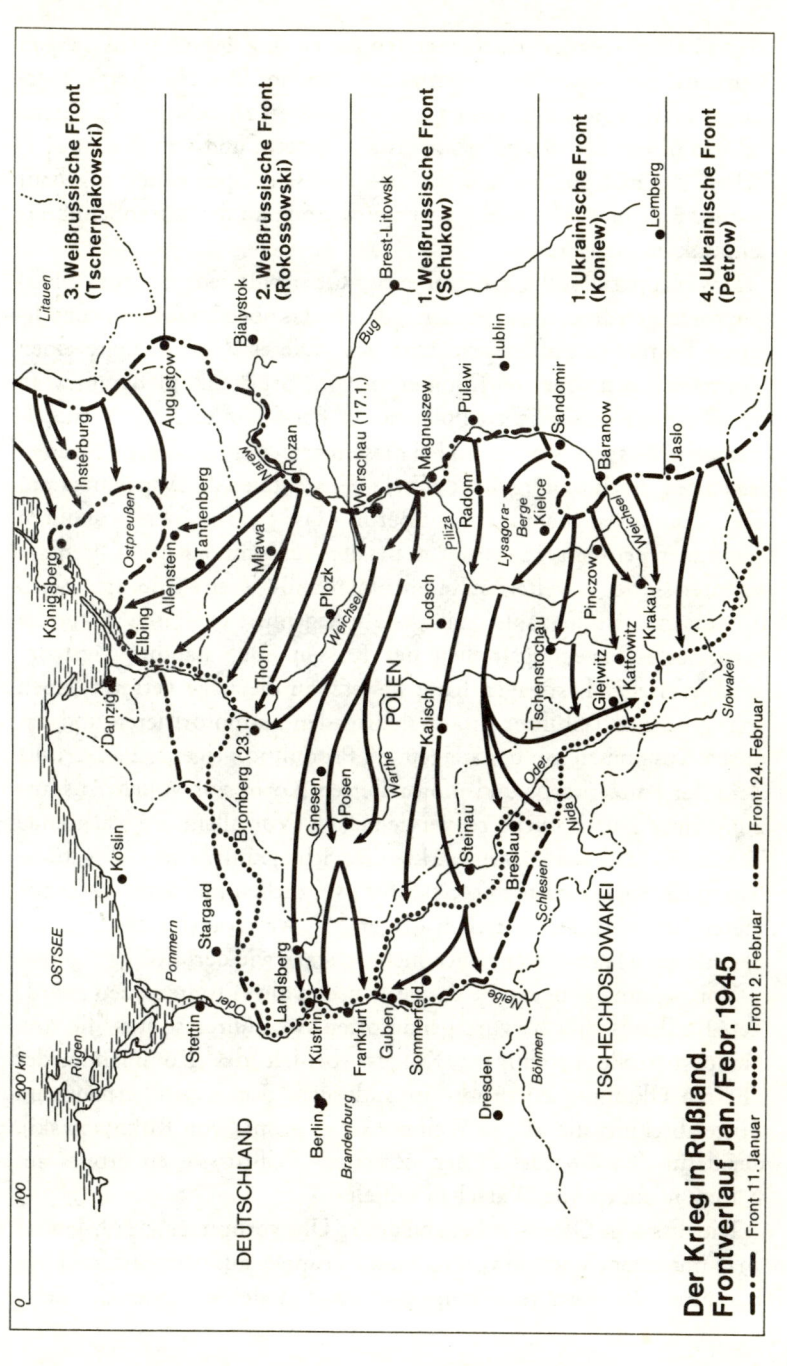

**Der Krieg in Rußland.
Frontverlauf Jan./Febr. 1945**

—— Front 11. Januar   ····· Front 2. Februar   ·•· Front 24. Februar

3. Weißrussische Front
(Tschernjakowski)

2. Weißrussische Front
(Rokossowski)

1. Weißrussische Front
(Schukow)

1. Ukrainische Front
(Koniew)

4. Ukrainische Front
(Petrow)

OSTSEE

Litauen

Brest-Litowsk

Bialystok

Lublin

Insterburg

Augustow

Ostpreußen

Tannenberg

Königsberg

Allenstein

Elbing

Mlawa

Rozan

Warschau (17.1.)

Magnuszew

Pulawi

Plozk

Radom

Kielce

Sandomir

Baranow

Jaslo

Lemberg

Danzig

Thorn

Weichsel

Lodsch

Pilica

Lysagora-
Berge

Pinczow

Krakau

POLEN

Köslin

Pommern

Stargard

Bromberg (23.1.)

Gnesen

Posen

Warthe

Kalisch

Steinau

Breslau

Schlesien

Nida

Tschenstochau

Gleiwitz

Kattowitz

Slowakei

Stettin

Oder

Landsberg

Küstrin

Frankfurt

Guben

Sommerfeld

Neiße

Böhmen

TSCHECHOSLOWAKEI

Berlin

Brandenburg

Dresden

DEUTSCHLAND

Rügen

Bug

Niemen

0   100   200 km

klarer Erkenntnis der entscheidenden Bedeutung des möglichst langen Durchhaltens des ersten Angriffsschwungs und des Handicaps überlanger Nachschubwege hielten sich die Russen zurück, bis die Eisenbahnen hinter der neuen Front instand gesetzt und von der europäischen Normalspur auf die breitere russische Spurweite umgebaut waren. Reichliche Nachschubvorräte wurden an den Eisenbahnknotenpunkten angehäuft.

Das Hauptziel sollte die Eroberung Oberschlesiens sein, des einzigen wichtigen deutschen Industriegebiets, das noch intakt und vor alliierten Bombenangriffen geschützt war. Dieses Ziel verlangte einen Vormarsch von über 160 Kilometern vom Brückenkopf Baranow an der Weichsel im südlichen Polen aus. Aber Stalin und sein Generalstabschef Wassilewskij hatten bei diesem großen Plan, den sie entworfen hatten, noch weitergehende Ziele. Sie richteten ihr Augenmerk auf die Oder und darüber hinaus auf Berlin – fast 500 Kilometer von ihren Stellungen bei Warschau entfernt. Bei der Ausdehnung ihrer Offensive konnten sie den erweiterten Raum zum Manövrieren ausnutzen. Noch bedeutsamer als die zahlenmäßige Überlegenheit von fast 5 : 1 war die verbesserte Bewegungsfreiheit der Russen. Der ständige Zustrom amerikanischer Lastwagen hatte sie jetzt in die Lage versetzt, einen weit größeren Teil ihrer Infanteriebrigaden zu motorisieren und dadurch, zusammen mit der steigenden Produktion eigener Panzer, die Zahl der Panzerkorps und motorisierten Korps zur vollen Ausnutzung eines Durchbruchs zu vervielfachen. Vor allem die wachsende Zahl von »Stalin«-Panzern stärkte ihre Schlagkraft. Diese Ungetüme hatten ein 12,2-Zentimeter-Geschütz, verglichen mit dem 8,8-Zentimeter-Geschütz der deutschen »Tiger«. Sie waren auch stärker gepanzert als der »Tiger«, wenn auch nicht so stark wie der »Königstiger«.

Vor Beginn des neuen Feldzuges wurden die »Fronten« neu geordnet. Rußlands drei hervorragende offensive Führer sollten die drei Hauptvorstöße befehligen: Konjew behielt das Kommando der »Ersten Ukrainischen Front« in Südpolen; Schukow übernahm im Mittelabschnitt die »Erste Weißrussische Front« von Rokossowskij, der dafür den Oberbefehl der »Zweiten Weißrussischen Front« am Narew nördlich von Warschau erhielt.

Die russische Offensive begann um 10 Uhr vormittags am 12. Januar 1945 mit einem Vorstoß von Konjews Truppen aus dem Brückenkopf Baranow (der etwa 50 Kilometer breit und tief war) heraus. Zehn

Armeen, darunter zwei Panzerarmeen, wurden eingesetzt; sie umfaßten zusammen etwa 70 Divisionen, unterstützt von zwei Luftflotten.

Anfangs wurde das Tempo des Vorstoßes gebremst durch den
Nebel, der über dem Gelände hing und die Luftwaffe am Boden fest-
hielt. Doch der Nebel trug andererseits dazu bei, die angreifenden
Truppen zu verschleiern, und die große Masse der gut gelenkten Artil-
lerie zerfetzte die Verteidigung, so daß am dritten Tag der Angriff bis
Pinkzow, 30 Kilometer von der Ausgangslinie, vorstoßen konnte; die
Nida wurde auf breiter Front überschritten, und dann begann die
Phase der Ausweitung. Durch die Lücke hindurchstoßend, ergossen
sich die Panzerdivisionen in einer immer größeren Welle über die polnische Ebene aus. Für den Augenblick war die Erweiterung des
Durchbruchs aber bedeutender als seine Vertiefung. Am 15. wurde
Kielce von einer Panzersäule genommen, welche, die Lysagora-Berge
umgehend, nach Nordwesten vorpreschte und damit den Rücken der
deutschen Streitkräfte an der Front Schukows bedrohte.

Am 14. hatte auch Schukow seine Offensive von seinen Brückenköpfen bei Magnuszew und Pulawi aus begonnen. Sein rechter Flügel
drehte nach Norden, in den Rücken von Warschau, während sein linker Flügel am 16. Radom nahm. Am gleichen Tag überschritten seine
Panzerspitzen den Piliza-Fluß, nur 50 Kilometer von der schlesischen
Grenze entfernt. Unterdessen hatten, ebenfalls am 14., die Streitkräfte
Rokossowskijs aus ihren Brückenköpfen am Narew heraus angegriffen und die Verteidigung durchstoßen, die dem Süden Ostpreußens
vorgelagert war. Der Einbruch in der Front war über 300 Kilometer
breit, und insgesamt rollte eine Sturmflut von fast 200 Divisionen, einschließlich der Reservedivisionen, nach Westen.

Am 17. wurde Warschau von Schukows Truppen eingenommen,
nachdem sie die Stadt an beiden Flanken umgangen hatten, und seine
Panzerspitzen stießen bis Lodz nach Westen vor. Konjews Vorausabteilungen nahmen die Stadt Tschenstochau nahe an der schlesischen
Grenze und umgingen weiter südlich Krakau.

Am 19. Januar erreichte Konjews rechter Flügel schon die schlesische Grenze, während sein linker Flügel mit einem Umfassungsmanöver Krakau einnahm. Schukows Truppen eroberten Lodz, und
Rokossowskijs Truppen erreichten bei Mlawa die südliche Grenze
Ostpreußens. An den beiden äußersten Flanken hatten die Truppen

Tschernjachowskijs und Petrows ebenfalls große Fortschritte gemacht. So war schon am Ende der ersten Woche die Offensive 160 Kilometer vorgestoßen, und ihre Frontlinie war auf fast 600 Kilometer erweitert worden.

In einem verspäteten Versuch, Schlesien zu schützen, wurden eilig sieben deutsche Divisionen aus der Slowakei herangezogen. General Heinrici, der in der Slowakei befehligte, hatte vor Ausbruch des Sturms geäußert, er könne einen Teil seiner Truppen abgeben, um Reserven für die Weichsel-Front zur Verfügung zu stellen; aber eine solche Umgruppierung widersprach Hitlers Grundsatz, daß »jeder Soldat kämpfen muß, wo er steht«, und seiner Gewohnheit, die einzelnen Teile des Feldzuges völlig getrennt voneinander zu führen. Auch nachdem die Front in der Slowakei fast ganz von Truppen entblößt war, hielt sie sich noch einige Wochen – ein Beweis, daß die ursprüngliche Truppenstärke höher war als notwendig. Doch die Ankunft von sieben neuen Divisionen am Nordrand der Karpaten zählte jetzt weniger, als das Eintreffen von zwei oder drei Divisionen vor der Offensive gezählt haben würde; denn der Durchbruch war schon zu breit geworden, um abgeriegelt werden zu können.

Der größte Teil des westlichen Polen ist so flach, daß er dem Angreifer einen natürlichen Vorteil bietet, der leicht auszunutzen ist, wenn er an Kräften oder an Beweglichkeit überlegen ist. Die Deutschen hatten im Jahr 1939 diesen Vorteil ausgenutzt. Jetzt waren sie selbst in der Defensive, und es fehlte ihnen sowohl an Kräften als auch an Beweglichkeit. Als ein Vertreter der motorisierten Kriegführung hatte Guderian erkannt, daß eine starre Verteidigung nutzlos war und daß die einzige Chance, einen Durchbruch aufzuhalten, in Gegenstößen von Panzerreserven lag. Aber er war gezwungen worden, an der Weichsel stehenzubleiben und mit anzusehen, wie unmittelbar vor dem großen Angriff ein Teil seiner spärlichen Panzerkräfte nach Budapest geschickt wurde. Indem er einen Teil seiner restlichen Panzer in den Raum Kielce warf, gewann er Zeit, um seine eingeschlossenen Truppen im Weichsel-Knie herauszuziehen; infolgedessen war die Zahl der deutschen Gefangenen in der ersten Woche der Offensive mit 25 000 erstaunlich klein für einen so gewaltigen Durchbruch. Aber die zunehmende Schwäche der deutschen Armee in bezug auf Beweglichkeit und Fähigkeit zu schnellem Rückzug spiegelte sich darin, daß in der zweiten Woche diese Zahl auf 86 000 stieg, sich also fast verdreifachte.

Umgekehrt spiegelte sich die zunehmende Beweglichkeit der Russen in ihren ständigen Vorstößen.

Die überstürzte Evakuierung der Zivilbevölkerung aus den deutschen Städten nahe der Grenze war ein Zeichen, daß das Tempo des russischen Vormarsches alle Berechnungen über den Haufen geworfen und die deutschen Truppen auch aus allen Zwischenpositionen herausgeworfen hatte, die sie noch zu halten gehofft hatten.

Am 20. Januar überschritten Konjews Truppen die schlesische Grenze und befanden sich jetzt auf deutschem Boden. Ein noch schlimmeres Zeichen war Rokossowskijs Vordringen über die Südgrenze Ostpreußens hinweg bis zu dem historischen Schlachtfeld von Tannenberg. Diesmal gab es keine Wiederholung des großen russischen Rückschlages im Jahr 1914, und am nächsten Tag erreichten seine Panzerspitzen Allenstein, damit die Hauptbahnlinie durch Ostpreußen zerschneidend, während Tschernjachowskij auf seinem Vormarsch von Osten Insterburg nahm. Rokossowskij setzte seinen rechten Ausleger fort, erreichte am 26. bei Elbing die Bucht von Danzig und schnitt so alle verbleibenden deutschen Truppen in Ostpreußen ab. Diese zogen sich nach Königsberg zurück, wo sie gänzlich eingeschlossen wurden.

Vier Tage vorher hatte Konjew auf einer 60 Kilometer breiten Front die Oder im Norden des oberschlesischen Industriegebiets erreicht. Am Ende der zweiten Woche der Offensive war sein rechter Flügel auf zahlreichen Stellen entlang einer 90 Kilometer breiten Strecke schon über die Oder südlich von Breslau gesetzt – über 300 Kilometer von der Ausgangsbasis. Gleichzeitig hatten andere Verbände die schlesische Hauptstadt von Norden umgangen. Hinter diesen Panzerspitzen waren andere Verbände nach Süden gedreht, nahmen die Stadt Gleiwitz und schnitten damit das oberschlesische Industriegebiet ab. Die ganze Gegend war von Schützengräben, Stacheldrahtverhauen und Tankfallen durchzogen und mit Betonklötzen bedeckt; aber es gab kaum Truppen, um diese potentielle Festungszone zu halten. Die wenigen Truppen, die gleich verfügbar waren oder herangeführt wurden, waren durch die Masse ziviler Flüchtlinge behindert. Die Straßen waren voll von zerstörten Fahrzeugen und herrenlosem Vieh. Die allgemeine Verwirrung ausnutzend, konnten die russischen Verbände stets durch die Hintertür eindringen, wo ihnen die Vordertür noch verschlossen war. Berichte deutscher Luftbeobachter beschrieben den russischen Vormarsch sehr lebhaft wie eine ungeheure Spinne, die zwischen den schlesischen Städten große Spinngewebe zog. Sie sprachen davon, daß sie endlose Kolonnen von Lastwagen mit Nachschub und Verstärkungen auf dem Marsch sahen, die sich bis weit nach Osten erstreckten.

Noch sensationeller in seinem Ausmaß und noch lebensgefährlicher für die Deutschen war Schukows Blitzvormarsch an der Mittelfront. Er benutzte eine andere Schlachtordnung. Die Masse seiner Panzerverbände hatte er an seinen rechten Flügel verlegt. Diese fuhren in den Korridor zwischen Weichsel und Warthe und benutzten diese unerwartete Schwenkung, um die ganze Seenkette östlich von Gnesen am schmalsten Teil dieses Korridors zu besetzen, ehe die schmalen Landstriche verteidigt werden konnten. Ihr Vorstoß führte sie in den Rücken der berühmten Weichsel-Festung Thorn und am 23. Januar nach Bromberg. Andere Panzerverbände näherten sich der noch wichtigeren Stadt Posen. Als sie dort stärkeren Widerstand vorfanden, umgingen sie die Festung und fuhren nach Westen und Nordwesten weiter; bis Ende der Woche hatten sie die Grenzen der Mark Brandenburg und Pommerns erreicht – 340 Kilometer von Warschau und nur noch knapp 160 Kilometer von Berlin. Gleichzeitig war auch Schukows linker Flügel nach der Überquerung der Warthe mit Konjews rechtem Flügel gleichgezogen und hatte Kalisch genommen.

Die dritte Woche begann mit der Besetzung von Kattowitz und anderen großen Industriestädten Oberschlesiens durch Konjews linken Flügel, während sein rechter Flügel bei Steinau einen neuen Brückenkopf an der Oder bildete, 60 Kilometer nordwestlich von Breslau. Am 30. Januar überschritten Schukows Panzerspitzen die Grenze von Brandenburg und von Pommern und zerschlugen den Widerstand, den die Deutschen an der zugefrorenen Oder leisteten. Am 31. wurde Landsberg genommen, und Schukows Panzerspitzen, an der Stadt vorbeifahrend, erreichten den Unterlauf der Oder bei Küstrin – nur noch 60 Kilometer vom östlichen Stadtrand Berlins. Nur noch 600 Kilometer etwa trennten die Russen von den am weitesten vorgeschobenen Positionen ihrer westlichen Alliierten.

Dann endlich kam das Gesetz der überlangen Verbindungslinien den Deutschen zu Hilfe; es verminderte den russischen Druck an der Oder und verstärkte die Widerstandskraft der Mischung von regulären und Volkssturm-Truppen, die das deutsche Oberkommando zusammengekratzt hatte, um die Oder-Linie zu halten. Die hartnäckige Verteidigung Posens trug auch dazu bei, die Straßen zu blockieren, auf denen die Russen Nachschub und Verstärkung für ihre vorgeschobenen Verbände heranbringen konnten. Das Tauwetter in der ersten Februarwoche wirkte ebenfalls als eine Bremse, indem es die Straßen in Schlammwüsten verwandelte und die Oder auftaute – dadurch wurde ihre Bedeutung als Hindernis verstärkt. Obwohl Schukows Truppen am Ende der ersten Februarwoche auf breiter Front an der Oder aufgeschlossen hatten und in der Nähe von Küstrin und Frankfurt an der Oder den Fluß überschritten hatten, fehlte es ihnen an Schlagkraft, diese Brückenköpfe auszunutzen, und sie wurden auf engem Gelände am Westufer festgehalten.

Konjew versuchte jetzt eine große Flankenbewegung und einen Vormarsch auf Berlin. Ihre Brückenköpfe nördlich von Breslau erweiternd, brachen seine Truppen am 9. Februar nach Westen vor und schwenkten dann nach Nordwesten in einem Vormarsch auf breiter Front entlang des linken Oder-Ufers. Am 13. erreichten sie Sommerfeld, 130 Kilometer vor Berlin. Am gleichen Tag fiel endlich Budapest, und die Russen machten dort, alles in allem, 110000 Gefangene. Zwei Tage später, über 30 Kilometer weiter, erreichten sie die Neiße kurz vor ihrem Zusammenfluß mit der Oder und zogen so mit Schukows Spitzen gleich.

Doch die deutsche Verteidigung profitierte jetzt davon, daß sie auf die innere Linie zurückgenommen worden war, die von der Neiße und dem Unterlauf der Oder gebildet wird. An dieser Linie hatte die deutsche Front nur noch einen Bruchteil ihrer früheren Breite: gut 300 Kilometer von der Ostsee bis zu den Sudeten. Diese erhebliche Verkürzung glich weitgehend den Kräfteverlust aus, und die Deutschen hatten dadurch ein besseres Verhältnis von Kräften und Raum, als sie es jemals gehabt hatten, seit das Geschick sich gegen sie gewandt hatte. Hinter der russischen Front hielt sich Breslau und wirkte dadurch als eine Bremse für Konjews Vormarsch, ebenso wie Posen –, das am 23. Februar endlich kapitulierte –, aber vorher den Vormarsch Schukows gebremst hatte.

Konjew kam an der Neiße zum Stehen, während Schukows direkterer Vormarsch immer noch am Unterlauf der Oder blockiert wurde. In der dritten Februarwoche wurde die Ostfront mit Hilfe deutscher Verstärkungen, die von der Westfront und aus dem Landesinnern herangebracht worden waren, wieder stabilisiert. An dieser Oder-Neiße-Linie blieben die Russen stehen, bis durch den deutschen Zusammenbruch am Rhein der letzte Akt des Krieges eingeläutet wurde.

Doch die von dem russischen Vormarsch ausgelöste große Krise hatte zu der schicksalsschweren Entscheidung der Deutschen geführt, zugunsten der Verteidigung an der Oder die Verteidigung am Rhein zu opfern; den Vorrang hatte die Absicht die Russen fernzuhalten. Dabei war noch wichtiger als die Zahl der Divisionen, die von der Westfront zur Ostfront verlegt wurden, die Tatsache, daß alle Verstärkungen, die überhaupt zur Wiederauffüllung der dezimierten deutschen Verbände zusammengerafft werden konnten, jetzt an die Ostfront kamen. Dadurch wurde es der britisch-amerikanischen Offensive erleichtert, den Rhein zu erreichen und zu überschreiten.

Kapitel 37:
Der deutsche Zusammenbruch in Italien

Obwohl die deutsche Position im Winter 1944/45 auf der Landkarte ähnlich aussah wie die ein Jahr zuvor und fast ebenso stark, wenn auch 300 Kilometer weiter nördlich, so gab es doch mehrere für die Alliierten günstige Faktoren. Ende 1944 hatten die Alliierten die Goten-Linie hinter sich gelassen; vor ihnen lag keine andere so gut befestigte und so natürlich starke Stellung, und sie waren daher in einer weit besseren Ausgangsposition für ihre Frühjahrsoffensive von 1945. Es gab aber noch andere wichtige Faktoren, welche die alliierten Armeen relativ stärker machten.

Im März, am Vorabend ihrer Frühjahrsoffensive, hatten die Alliierten 17 Divisionen und außerdem sechs italienische Kampfverbände. Die Deutschen hatten 23 Divisionen und vier sogenannte italienische Divisionen, die Mussolini in Norditalien ausgehoben hatte, seit er von den Deutschen befreit worden war – sie waren aber kaum größer als Kampfgruppen. Doch jeder solche Vergleich der Zahl von Divisionen gibt ein grundlegend falsches Bild des Kräfteverhältnisses. Zu der Kampfstärke der Alliierten gehörten auch sechs selbständige Panzerbrigaden und vier selbständige Infanteriebrigaden – gleichwertig mit drei oder vier zusätzlichen Divisionen.

Die tatsächlichen Truppenstärken kommen dem wahren Kräfteverhältnis näher. Die 5. und die 8. Armee hatten zusammen etwa 536 000 Mann, dazu 70 000 Italiener. Die Deutschen hatten insgesamt 491 000 Mann, dazu 108 000 Italiener; aber von den Deutschen waren 45 000 Mann bei der Polizei oder bei der Flak eingesetzt. Die Zahl der Kampftruppen und der wichtigsten Waffen ergibt einen noch besseren Vergleichsmaßstab. Als beispielsweise die 8. Armee im April ihre Offensive begann, besaß sie eine Überlegenheit von annähernd 2:1 an

Kampftruppen (57000 gegen 29000), 2:1 an Artillerie (1220 Geschütze gegen 665) und über 3:1 an gepanzerten Fahrzeugen (1320 gegen 400).

Außerdem konnten sich die Alliierten der Hilfe von etwa 60000 Partisanen bedienen, die hinter den deutschen Linien viel Verwirrung stifteten und die Deutschen zwangen, Truppen von der Front abzuzweigen.

Noch wichtiger aber war die jetzt absolute Luftherrschaft der Alliierten. Ihr strategischer Bombereinsatz hatte eine so lähmende Wirkung, daß deutsche Divisionen nur noch unter großen Schwierigkeiten aus Italien auf andere Kriegsschauplätze hätten verlegt werden können, selbst wenn Hitler dies befohlen hätte. Dazu kam noch die zunehmende Knappheit der Deutschen an Treibstoff für ihre Panzer- und motorisierten Verbände – eine Knappheit, die jetzt so akut wurde, daß sie nicht mehr wie früher schnell eingreifen konnten, um Lücken in der Front zu schließen, und auch nicht mehr in der Lage waren, verzögernde Rückzugsmanöver durchzuführen. Aber Hitler war ohnehin weniger gewillt als je, irgendeinen strategischen Rückzug zu genehmigen, selbst als ein solcher noch möglich gewesen wäre.

Die dreimonatige Kampfpause seit dem Ende der alliierten Herbstoffensive hatte große Veränderungen im Kampfgeist und in der Ausrüstung der alliierten Truppen bewirkt. Sie hatten gesehen, wie in überreichem Maß neue Waffen an die Front gelangten – amphibische Panzer, gepanzerte Lastwagen zum Mannschaftstransport (die »Kangaroos«), Landefahrzeuge mit Schleppvorrichtung (die »Fantails«), Sherman- und Churchill-Panzer mit großkalibrigeren Kanonen als bisher, Flammenwerfer-Panzer und »Panzerbrecher«. Außerdem gab es große Mengen modernen Brückenbaugeräts und riesige Munitionsreserven.

Auf deutscher Seite war Feldmarschall Kesselring im Januar von langem Erholungsurlaub zurückgekehrt; aber im März wurde er als Nachfolger Feldmarschall von Rundstedts zum Oberbefehlshaber der Westfront ernannt. Vietinghoff ersetzte ihn nun endgültig als Oberbefehlshaber der Heeresgruppe C in Italien. General Herr übernahm den Befehl der 10. Armee, die den östlichen Teil der Front hielt, mit dem I. Fallschirmjägerkorps (fünf Divisionen) und dem LXXVI. Panzerkorps (vier Divisionen). General von Senger, der Oberbefehlshaber der 14. Armee, hielt den westlichen Teil der Front – der breiter war,

da auch der Bologna-Abschnitt dazu gehörte – mit dem LI. Gebirgsjä-
gerkorps (vier Divisionen), das den Frontabschnitt bei Genua und dem
Mittelmeer hielt, während das XIV. Panzerkorps (drei Divisionen)
Bologna abdeckte. Da zwei deutsche Divisionen im Rücken der
Adria-Front und zwei hinter Genua standen, um gegen amphibische
Landungen hinter der Front vorgehen zu können, hatte die Heeres-
gruppe nur eine Reserve von drei Divisionen; doch auch diese drei
Divisionen waren dazu bestimmt, in solchen Fällen einzugreifen.

Auf der alliierten Seite stand gegenüber der deutschen 10. Armee der
rechte Flügel von Mark Clarks 15. Heeresgruppe; er bestand aus der
8. Armee unter McCreery, die das britische V. Korps mit vier Divisionen, das polnische Korps mit zwei Divisionen, das britische X. Korps
(jetzt nicht viel mehr als ein Skelett mit zwei italienischen Kampfgruppen), eine jüdische Brigade und die von General Lovat befehligten
»Pathfinder«-Verbände umfaßte, dazu das britische XIII. Korps, das
praktisch nur noch die 10. indische Division enthielt. Die 6. Panzerdivision bildete die Reserve. Am westlichen Teil der Front stand die 5.
Armee, jetzt unter dem Befehl von General Truscott; sie bestand aus
dem II. US-Korps mit vier Divisionen, dem IV. US-Korps mit drei
Divisionen und zwei weiteren Divisionen in Reserve, der 1. amerikanischen und der 6. südafrikanischen Panzerdivision.

Das Ziel und das Hauptproblem der alliierten Planer war, die deutschen Streitkräfte zu überrennen, bevor sie sich über den Po zurückziehen konnten. Dies konnte am besten von den Panzern in dem etwa
50 Kilometer breiten flachen Gelände zwischen dem Unterlauf des
Reno und dem Po erreicht werden. (Anfang Januar, als es eine kurze
Periode trockenen Wetters gab, hatte die 8. Armee bis zum Senio aufgeschlossen, der in der Nähe der Adriaküste in den Reno fließt.) Man
hoffte, die 8. Armee würde durch die Einnahme des Abschnitts
Bastia–Argenta westlich des Comacchio-Sees den Weg in die Poebene
freikämpfen können. Die 5. Armee sollte dann einige Tage später im
Raum Bologna angreifen; die beiden vereinigten Vorstöße sollten die
Rückzugslinie der Deutschen abschneiden und sie einkesseln. Der 9.
April wurde für den Beginn der alliierten Offensive festgesetzt.

Der Schlachtplan der 8. Armee war zwar kompliziert, aber geschickt
entworfen. Simulierte Vorbereitungen für eine angebliche Landung
nördlich des Po sollten die Aufmerksamkeit Vietinghoffs und seine

Reserven dorthin lenken. Im Rahmen dieses Täuschungsmanövers nahmen Kommandotruppen und die 24. Gardebrigade Anfang April den flachen Sandstreifen zwischen Comacchio-See und dem Meer, und einige Tage später besetzte eine amphibische Spezialtruppe die kleinen Inseln in diesem großen Binnengewässer.

Den Hauptangriff sollten aber das britische V. Korps und das polnische Korps über den Senio hinweg führen. Das erstere sollte noch ziemlich weit am Oberlauf des Senio durchbrechen in der Hoffnung, die Deutschen dort aus dem Gleichgewicht zu bringen; ein Teil des Korps sollte dort nach rechts gegen die Flanke des Raumes Bastia–Argenta westlich des Comacchio-Sees schwenken, während ein anderer Teil nordwestlich vorrücken sollte, um Bologna von Norden zu umgehen und abzuschneiden. Die Polen sollten entlang der Nationalstraße Nr. 9, der Via Emilia, direkt auf Bologna vorrücken. Die 56. Division am rechten Flügel des V. Korps erhielt die Aufgabe, die Linie Bastia–Argenta (das sogenannte Loch von Argenta) durch eine Kombination von direktem Angriff und Umfassungsmanövern der »Fantails« über den Comacchio-See hinweg zu stürmen. Der linke Flügel der 8. Armee mit den Skeletten des X. und XIII. Korps sollte am Monte Battaglia vorbei nach Norden vorstoßen, bis er von dem sich vereinigenden Vormarsch der Polen und der Amerikaner eingeholt wurde; die 13. Panzerdivision sollte sich dann mit der 6. Panzerdivision zur Ausweitung des Durchbruchs vereinigen.

Nachdem die vorbereitenden Operationen auf der Sandbank und am Comacchio-See Vietinghoffs Aufmerksamkeit auf den Küstenabschnitt gelenkt hatten, begann am Nachmittag des 9. April ein Großangriff von etwa 800 schweren Bombern und 1000 mittleren Bombern und Jabos, während 1500 Geschütze sich zu fünf konzentrierten Feuerstößen von je 42 Minuten Dauer mit 10 Minuten Pause vereinigten – aus diesem Grunde nannte man dies eine »Blinder-Alarm«-Beschießung. Dann rückte zur Abenddämmerung die Infanterie vor, während die taktische Luftwaffe die Deutschen bewegungsunfähig machte. Die Deutschen waren konsterniert durch diesen Masseneinsatz von Bomben und Geschossen, und die flammenwerfenden Panzer, welche die Infanterie begleiteten, waren eine furchterweckende Neuerung. Am 12. April hatte General Keightleys V. Korps den Santerno überschritten und rückte weiter vor. Obwohl der Widerstand sich versteifte, als sich die Deutschen von dem ersten Schock erholt hatten, wurde die

Brücke von Bastia am 14. genommen, ehe sie gesprengt werden konnte. (Die »Fantails« waren im Comacchio-See mit seinem seichten Wasser und weichen Boden eine Enttäuschung gewesen, aber bewährten sich weit besser in dem überschwemmten Gebiet beim »Loch von Argenta«.) Dennoch konnten die Briten erst am 18. endgültig dort durchstoßen. Die Polen stießen auf noch härteren Widerstand der deutschen 1. Fallschirmjägerdivision, konnten aber schließlich auch diese hervorragende Truppe überwinden.

Der Beginn der Offensive der 5. US-Armee verzögerte sich bis zum 14. April durch schlechtes Wetter, insbesondere schlechtes Flugwetter für die unterstützenden Flugzeuge, und sie mußte noch mehrere Bergketten überwinden, bevor sie bei Bologna die Ebene erreichte. Am 15. wurde ihr Vormarsch durch den Abwurf von 2 300 t Bomben unterstützt – eine Rekordzahl für den ganzen Italien-Feldzug. Doch die deutsche 14. Armee leistete noch zwei weitere Tage zähen Widerstand; erst am 17. gelang der 10. Gebirgsjägerdivision des IV. US-Korps ein Durchbruch, und sie stieß dann bis zur großen Ostweststraße, der Nationalstraße Nr. 9, vor. In zwei Tagen brach jetzt die ganze deutsche Front zusammen; die Amerikaner erreichten die Stadtgrenze von Bologna, während ihre Panzerspitzen noch weiter in Richtung auf den Po vorstießen.

Das Gros der Streitkräfte Vietinghoffs war an der Front eingesetzt, und er hatte wenig Reserven – und noch weniger Treibstoff –, um einen alliierten Durchbruch aufzuhalten. Es war nicht mehr möglich, die Front zu stabilisieren oder auch nur die Streitkräfte rechtzeitig zurückzunehmen. Die einzige Hoffnung auf Rettung der Truppen wäre ein großer Rückzug gewesen. Doch Hitler hatte sogar General Herrs Vorschlag einer elastischen Verteidigung durch taktischen Rückzug von einem Fluß bis zum nächsten abgelehnt – dies hätte den Vormarsch der britischen 8. Armee erheblich beeinträchtigt. Am 14. April, unmittelbar vor Beginn der amerikanischen Offensive, hatte Vietinghoff bereits die Erlaubnis erbeten, sich über den Po zurückzuziehen, bevor es zu spät war. Sein Gesuch wurde selbstverständlich abgelehnt, aber am 20. befahl er einen solchen Rückzug auf eigene Verantwortung.

Doch da war es schon viel zu spät. Die drei alliierten Panzerdivisionen hatten mit zwei großen Zangenbewegungen den größten Teil der feindlichen Kräfte abgeschnitten und eingeschlossen. Obwohl viele deutsche Soldaten sich retten konnten, indem sie den breiten Po

durchschwammen, war es doch nicht mehr möglich, eine neue Frontlinie zu bilden. Am 27. April überschritten die vorrückenden Briten
auch die Etsch und durchstießen die venetianische Verteidigungslinie
vor Padua und Venedig.

Die Amerikaner, die noch schneller vorstießen, hatten am Tag zuvor
schon Verona genommen. Einen Tag früher, am 25. April, begann ein
allgemeiner Aufstand der italienischen Partisanen, und überall wurden
die Deutschen von ihnen angegriffen. Am 28. April waren von ihnen
schon alle Alpenübergänge gesperrt – es war der Tag, an dem Mussolini und seine Geliebte Clara Petacci in der Nähe des Comer Sees von
einer Partisanengruppe gefangengenommen und erschossen wurden.
Überall ergaben sich jetzt die deutschen Truppen, und nach dem 25.
April stieß der alliierte Vormarsch kaum noch auf Widerstand. Die
Neuseeländer erreichten am 29. April Venedig und am 2. Mai Triest
– wo ihre Hauptsorge nicht mehr die Deutschen, sondern die Jugoslawen waren.

Heimliche Verhandlungen über eine Kampfeinstellung an der Italien-
Front hatten schon im Februar begonnen. Die Initiative dazu hatte
SS-Obergruppenführer Karl Wolff ergriffen, der Befehlshaber der SS
in Italien, und auf der anderen Seite wurden sie von Allen W. Dulles
geführt, dem Chef des amerikanischen Office of Strategic Services
(OSS). Die Verhandlungen begannen in der Schweiz zuerst über italienische und Schweizer Mittelsmänner, dann gab es aber auch direkte
Gespräche. Wolffs Motive scheinen in einer Kombination des Wunsches, weitere sinnlose Verluste in Italien zu vermeiden, mit dem
Gedanken eines Bündnisses mit den Westmächten zur Abwehr des
Kommunismus bestanden zu haben. Dieser Gedanke war damals bei
vielen Deutschen lebendig. Die Bedeutung Wolffs lag nicht nur in seiner hohen Stellung in der SS, sondern auch darin, daß er das Gebiet
hinter der Front kontrollierte und dadurch eventuelle Pläne Hitlers
zunichte machen konnte, sich in den Alpen ein befestigtes Gebiet für
den Endkampf zu schaffen.

Die Unterhandlungen wurden verzögert, als auf deutscher Seite
Vietinghoff zum Nachfolger Kesselrings ernannt wurde und als auf alliierter Seite die Russen den Wunsch nach Teilnahme äußerten; auf
beiden Seiten störte auch das gegenseitige Mißtrauen, das stets mit solchen heimlichen Verhandlungen verbunden ist. Obwohl im März die

Gespräche gute Fortschritte machten, wurden Wolffs Bemühungen Anfang April durch einen Befehl Himmlers auf Eis gelegt. Und als am 8. April auch Vietinghoff sich entschloß, eine Kapitulation zu erwägen, konnte diese nicht mehr rechtzeitig zustande gebracht werden, um die alliierte Offensive zu verhindern.

Bei einem Zusammentreffen am 23. April beschlossen Vietinghoff und Wolff jedoch, Befehle aus Berlin zur Fortsetzung des Widerstandes zu ignorieren und die Kapitulationsverhandlungen wiederaufzunehmen. Am 25. befahl Wolff den SS-Verbänden, der Machtübernahme durch die Partisanen keinen Widerstand mehr entgegenzusetzen – und Marschall Graziani erklärte die Bereitschaft der faschistischen Verbände zur Kapitulation. Am 29. April, 2 Uhr nachmittags, unterzeichneten deutsche Bevollmächtigte ein Dokument, das die bedingungslose Kapitulation für den 2. Mai, 12 Uhr mittags (2 Uhr nachmittags italienischer Zeit) vorsah. Trotz einer Intervention Kesselrings in letzter Minute trat diese Kapitulation vereinbarungsgemäß in Kraft – sechs Tage vor der deutschen Kapitulation an der Westfront. Wenn auch der militärische Erfolg den Alliierten schon den Sieg gesichert hatte, so ebnete dies doch den Weg zu einer rascheren Beendigung der Kampfhandlungen, die Menschenleben schonte und sinnlose Zerstörungen verhinderte.

Kapitel 38:
Das Ende Deutschlands

Hitler hatte die Westfront entblößt und den größeren Teil seiner ihm verbliebenen Kräfte und Reserven nach Osten abgezweigt, um die Oder-Linie gegen die Russen zu halten – in der Annahme, die westlichen Alliierten wären nicht mehr in der Lage, nach dem vermeindlich lähmenden Schlag seiner Ardennen-Gegenoffensive, verbunden mit den neuen fliegenden Bomben, den V-Waffen, und dem Raketenbeschuß des Stützpunktes Antwerpen, wieder die Offensive zu ergreifen. Daher wurde der größte Teil der aus deutschen Fabriken und Instandsetzungsstätten fließenden Ausrüstung nach Osten geschickt. Doch zu derselben Zeit bauten die Westmächte eine überwältigende Streitmacht für einen Angriff auf den Rhein auf. Bei dieser neuen Großaktion war die offensive Hauptrolle Montgomery zugedacht; außer seinen eigenen zwei Armeen, der 1. kanadischen und der 2. britischen, wurde ihm auch die 9. US-Armee unterstellt. Diese Entscheidung wurde von den meisten amerikanischen Generalen lebhaft mißbilligt; sie glaubten, Eisenhower habe den Forderungen Montgomerys und der Briten zum Schaden ihrer eigenen Interessen nachgegeben.

Dieser Unwille spornte sie aber zu noch kräftigeren Anstrengungen auf ihren Abschnitten an; denn sie wollten zeigen, was sie konnten. Und am Ende hatten gerade diese Anstrengungen durchschlagende Erfolge, da sie mit Kräften unternommen wurden, die zwar geringer waren als die riesigen Streitkräfte Montgomerys, aber doch weit größer als die Kräfte, welche die Deutschen ihnen noch entgegenstellen konnten.

Am 7. März durchbrachen die Panzer von Pattons 3. US-Armee die schwache deutsche Verteidigung in der Eifel und erreichten bei

Koblenz den Rhein nach einem Vorstoß von 95 Kilometern in drei Tagen. Für den Augenblick wurden sie dort aufgehalten, da die Rheinbrücken vor ihrer Ankunft gesprengt worden waren. Doch ein kurzes Stück weiter nördlich hatte eine kleine Panzerspitze der benachbarten 1. US-Armee eine unverteidigte Lücke gefunden und war so schnell vorausgerast, daß die Brücke bei Remagen erreicht und genommen wurde, bevor sie gesprengt werden konnte. Umfangreiche Kräfte wurden hierher dirigiert und schufen einen strategisch wichtigen Brückenkopf am rechten Rheinufer.

Als diese Nachricht General Bradley, den Befehlshaber der Heeresgruppe, erreichte, erfaßte er schnell die Gelegenheit, die sich hier bot, die ganze feindliche Verteidigungslinie am Rhein zu überrumpeln – triumphierend rief er am Telefon aus: »Zum Teufel, das wird den Feind weit aufreißen.« Aber Eisenhowers Operationschef, der gerade Bradleys Hauptquartier besuchte, dämpfte seinen Enthusiasmus und sagte: »Sie werden dort bei Remagen nichts unternehmen – es paßt nicht in unseren Plan.« Und am nächsten Tag erhielt Bradley den klaren Befehl, keine größeren Kräfte in diesen Brückenkopf zu werfen.

Dieser Haltebefehl wurde um so mehr bedauert, als auch die 9. US-Armee, nachdem sie vier Tage vorher in der Nähe von Düsseldorf den Rhein erreicht hatte, von Montgomery an der sofortigen Flußüberquerung gehindert worden war, die ihr Befehlshaber General Simpson gewünscht und vorgeschlagen hatte. Die Ungeduld mit einem solchen Zaudern dem Plan zuliebe wuchs von Tag zu Tag, da Montgomerys großer Hauptangriff auf den Rhein erst für den 24. März, drei Wochen später, geplant war.

Daher schwenkte jetzt Patton mit Bradleys Zustimmung nach Süden, um die deutschen Truppen westlich des Rheins aufzurollen und gleichzeitig den besten Platz für eine baldige Flußüberquerung auszusuchen. Bis zum 21. März hatte Patton das ganze Westufer des Rheins auf einer 110 Kilometer breiten Strecke zwischen Koblenz und Mannheim vom Feind gesäubert und die deutschen Truppen in diesem Raum eingeschlossen, bevor sie sich über den Fluß zurückziehen konnten. In der Nacht darauf überquerten seine Truppen den Rhein fast ohne Widerstand bei Oppenheim zwischen Mainz und Mannheim.

Als Hitler von diesem überraschenden Schlag erfuhr, forderte er sofortige Gegenmaßnahmen; aber man mußte ihm sagen, daß keine

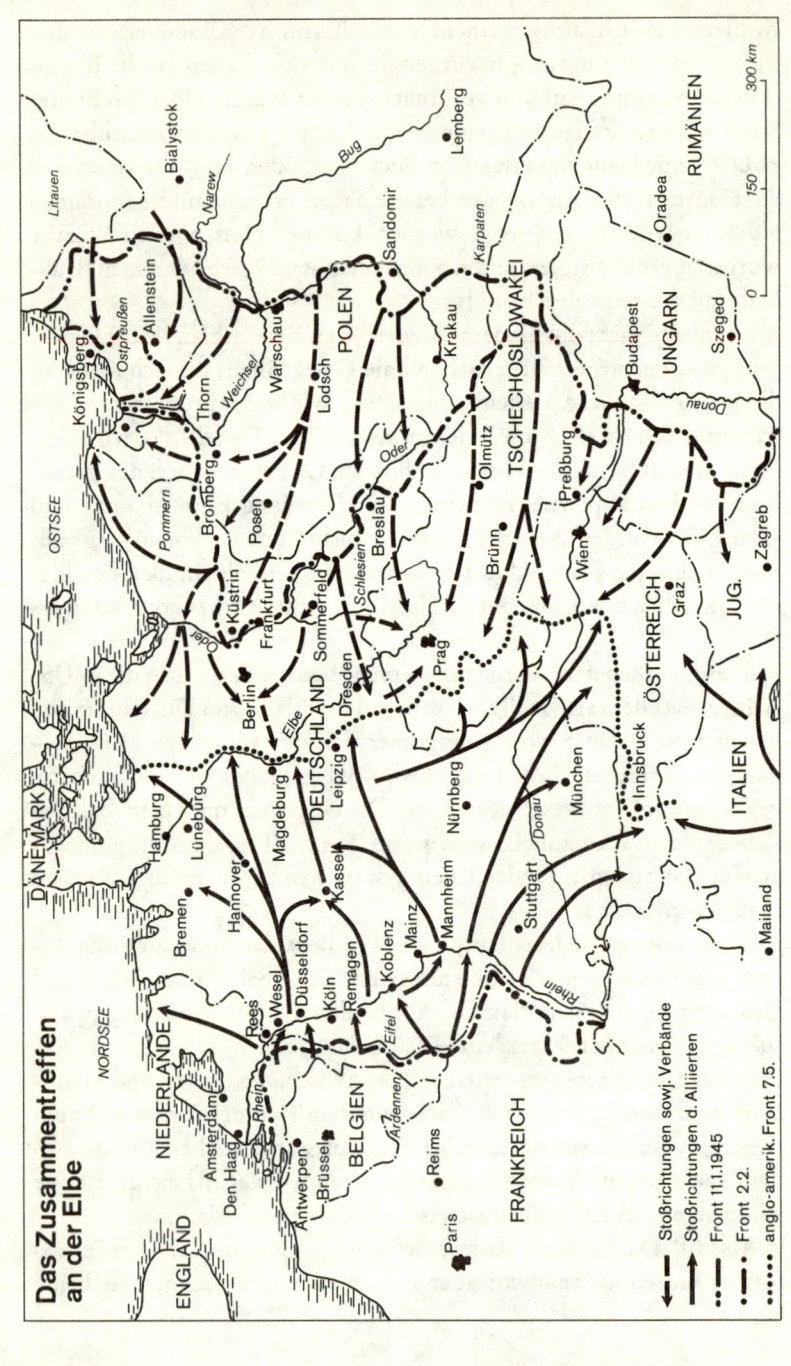

Das Zusammentreffen an der Elbe

Stoßrichtungen sowj. Verbände

Stoßrichtungen d. Alliierten

Front 11.1.1945

Front 2.2.

anglo-amerik. Front 7.5.

ENGLAND

NORDSEE

NIEDERLANDE

Amsterdam
Den Haag
Antwerpen
Brüssel
BELGIEN
Reims
Paris
FRANKREICH

Rees
Wesel
Düsseldorf
Köln
Remagen
Koblenz
Mainz
Mannheim
Ardennen
Eifel
Rhein
Stuttgart

DÄNEMARK
OSTSEE

Hamburg
Lüneburg
Bremen
Hannover
Magdeburg
Kassel
DEUTSCHLAND
Nürnberg
München
Donau
Innsbruck
ITALIEN
Mailand

Berlin
Leipzig
Dresden
Elbe
Sommerfeld
Prag

Königsberg
Ostpreußen
Allenstein
Thorn
Bromberg
Küstrin
Frankfurt
Oder
Pommern
Posen
Warschau
Weichsel
Lodsch
POLEN
Breslau
Schlesien
Olmütz
Brünn
Krakau
TSCHECHOSLOWAKEI
Preßburg
Wien
ÖSTERREICH
Graz
JUG.
Zagreb

Litauen
Bialystok
Narew
Bug
Lemberg
Sandomir
Karpaten
UNGARN
Budapest
Donau
Szeged
Oradea
RUMÄNIEN

0   150   300 km

Reserven mehr vorhanden waren und daß, um das Loch zu stopfen, ganze fünf Panzer verfügbar waren, die zufällig in einer Werkstatt 150 Kilometer weiter repariert wurden. »Der Schrank war leer«, und der amerikanische Vormarsch über den Rhein hinaus wurde zu einem bloßen Spaziergang.

Zu dieser Zeit hatte Montgomery seine umfangreichen Vorbereitungen für den Großangriff auf den Rhein im Raum von Wesel abgeschlossen. Hier hatte er 25 Divisionen konzentriert, nachdem 250000 t Munition und gewaltige Nachschubvorräte in den Depots am Westufer angehäuft worden waren. Der 50 Kilometer breite Flußabschnitt, wo er angreifen wollte, wurde aber nur von fünf schwachen und erschöpften deutschen Divisionen gehalten.

In der Nacht zum 23. März begann der Angriff nach einem gewaltigen Feuerstoß aus über 3000 Geschützen und mehreren Bomber-Angriffswellen. Die vorauseilende Infanterie, unterstützt von schwimmenden Panzern, überquerte den Fluß und errichtete Brückenköpfe am Ostufer, ohne viel Widerstand zu finden. Nach Tagesanbruch wurden zwei Luftlandedivisionen weiter vorne abgesetzt, um für den Vormarsch den Weg freizumachen, während dahinter schnell Brücken gebaut wurden, über welche die nachfolgenden Divisionen mit ihren Panzern und Transportfahrzeugen den Fluß passieren konnten. Wie gering der Widerstand war, zeigte sich darin, daß die 9. US-Armee, welche die Hälfte der angreifenden Infanterie stellte, knapp 40 Tote zu beklagen hatte. Auch die britischen Verluste waren sehr gering; zäher Widerstand erfolgte nur an einem einzigen Punkt, dem Rheinstädtchen Rees, wo ein Bataillon deutscher Fallschirmjäger sich drei Tage hielt.

Bis zum 28. März war der Brückenkopf auf fast 50 Kilometer Breite und über 30 Kilometer Tiefe erweitert worden. Aber Montgomery, immer noch voller Respekt vor der deutschen Widerstandskraft, genehmigte erst einen allgemeinen Vormarsch nach Osten, nachdem er im Brückenkopf eine Streitmacht von 20 Divisionen und 1500 Panzern aufgebaut hatte.

Als dieser Vormarsch aber begann, waren das ärgste Hindernis die ungeheuren Trümmermassen, die durch die übermäßigen Bombenangriffe der alliierten Luftwaffe geschaffen worden waren, die somit die Vormarschstraßen weit wirksamer selbst blockierte, als es der Feind noch tun konnte. Denn jetzt war es der überwiegende Wunsch der

Deutschen, sowohl der Truppen als auch der Bevölkerung, daß die Briten und Amerikaner so schnell wie möglich nach Osten vorstießen, um Berlin zu erreichen und so viel von Deutschland wie möglich zu besetzen, ehe die Russen die Oder-Linie durchbrechen konnten. Nur wenige waren geneigt, Hitler bei seiner Taktik der Obstruktion durch Selbstzerstörung zu folgen.

Am Vorabend des alliierten Übergangs über den Rhein hatte Hitler einen Befehl erteilt, den Kampf »ohne Rücksicht auf unsere eigene Bevölkerung« zu führen. Seine Gauleiter wurden angewiesen, »alle Industriebetriebe, alle Elektrizitätswerke, Wasser- und Gaswerke sowie alle Lebensmittelvorräte« zu vernichten, um vor dem Weg der Alliierten eine »Wüste« zu schaffen.

Jedoch sein eigener Rüstungsminister Albert Speer protestierte sofort gegen diesen Befehl. Auf seinen Protest erwiderte Hitler: »Wenn der Krieg verloren geht, dann wird auch das deutsche Volk zugrunde gehen. Daher ist es nicht nötig, darauf Rücksicht zu nehmen, was das Volk für sein Weiterleben braucht.« Entsetzt über diesen Zynismus, wurde Speer in seiner Loyalität zu Hitler erschüttert. Hinter Hitlers Rücken suchte er die militärischen Befehlshaber und die Industrieführer auf und überredete sie ohne große Schwierigkeit, die Durchführung von Hitlers Befehl zu sabotieren.

Doch als das Ende jetzt näher kam, wuchsen auch Hitlers Illusionen wieder, und fast bis zur letzten Stunde rechnete er auf ein Wunder, das ihn retten würde. Er liebte es, das Kapitel aus Carlyles »Geschichte Friedrichs des Großen« zu lesen oder sich vorlesen zu lassen, das erzählt, wie Friedrich in seiner schwärzesten Stunde, als seine Armeen dem Zusammenbruch nahe waren, durch den plötzlichen Tod der Kaiserin von Rußland gerettet wurde, der zum Auseinanderfall der feindlichen Allianz führte. Hitler studierte auch Horoskope, die voraussagten, ein Unglück im April würde durch einen plötzlichen Wechsel des Geschicks abgelöst und im August ein befriedigendes Kriegsende herbeigeführt werden.

Um die Mitternacht des 12. April erreichte Hitler die Nachricht, daß Präsident Roosevelt plötzlich gestorben war. Goebbels gab ihm die Nachricht telefonisch durch und sagte: »Mein Führer, ich beglückwünsche Sie. Das Schicksal hat Ihren größten Feind ausgeschaltet. Gott hat uns nicht aufgegeben.« Dies war, so schien es, das Wunder, auf das Hitler gewartet hatte – eine Wiederholung des Todes der russischen

Zarin gerade zum kritischsten Zeitpunkt des Siebenjährigen Krieges. Hitler war überzeugt, daß die (wie Churchill es nannte) »Große Allianz« zwischen den Westmächten und Sowjetrußland jetzt an dem Gegensatz der rivalisierenden Interessen zerbrechen würde.

Aber diese Hoffnung ging nicht in Erfüllung, und knapp drei Wochen später sah sich Hitler genötigt, sich das Leben zu nehmen – wie es Friedrich der Große vorhatte, bis sein »Wunder« geschah und sein Schicksal wendete.

Anfang März hatte Marschall Schukow seinen Brückenkopf am linken Oder-Ufer verbreitert; aber noch gelang es ihm nicht, dort auszubrechen. Der russische Vormarsch an den äußersten Flanken ging freilich weiter, und Mitte April zogen die Russen in Wien ein. Unterdessen war die deutsche Front im Westen zusammengebrochen, und die alliierten Armeen stießen vom Rhein aus nach Osten vor, ohne nennenswerten Widerstand zu finden. Am 11. April erreichten sie die Elbe, knapp 100 Kilometer vor Berlin.

Hier blieben sie stehen. Und am 16. April nahm Schukow im Zusammenwirken mit Konjew, der den Übergang über die Neiße erzwang, seine Offensive wieder auf. Diesmal brachen die Russen aus ihren Brückenköpfen aus, und innerhalb einer Woche waren sie schon in den östlichen Vororten von Berlin – wo Hitler beschlossen hatte, persönlich den Endkampf zu führen. Am 25. April war die Stadt von den beiden Armeen Schukows und Konjews völlig eingeschlossen, und am 27. trafen Konjews Panzerspitzen an der Elbe mit den Amerikanern zusammen. Doch in Berlin selbst leisteten die Deutschen noch zähen Widerstand, Straße für Straße; dieser Widerstand wurde erst endgültig überwunden, als der Krieg nach Hitlers Selbstmord mit Deutschlands bedingungsloser Kapitulation geendet hatte.

Offiziell endete der Krieg in Europa um Mitternacht am 8. Mai 1945. Doch in Wirklichkeit war dies nur die endgültige formelle Anerkennung eines Kriegsendes, das in der Woche vorher stückweise erfolgt war. Am 2. Mai hatten die Kampfhandlungen an der Südfront in Italien aufgehört, wo das Kapitulationsdokument schon drei Tage vorher unterzeichnet worden war. Am 4. Mai wurde in Montgomerys Hauptquartier in der Lüneburger Heide eine ähnliche Kapitulation von den Befehlshabern der deutschen Streitkräfte in ganz Nordwesteuropa unterzeichnet. Am 7. Mai wurde dann die letzte Kapitulationsurkunde, die sich auf sämtliche deutsche Streitkräfte bezog, in Eisenhowers Hauptquartier in Reims unterzeichnet – dies war ein zeremonieller Akt in Anwesenheit von russischen ebenso wie von amerikanischen, britischen und französischen Vertretern.

Diesen Kapitulationsformalitäten war der Tod Hitlers vorausgegangen. Am 30. April, einen Tag nach seiner Eheschließung mit der treuen Eva Braun, hatte er zusammen mit ihr in den Ruinen der Reichskanzlei in Berlin Selbstmord begangen, als ihm gemeldet wurde, daß die Russen schon in die Nähe gekommen waren. Die beiden Leichname wurden, seiner Anordnung gemäß, im Garten der Reichskanzlei unverzüglich verbrannt.

Von den drei offiziellen Kapitulationsurkunden war die erste die wichtigste; denn der Waffenstillstand an der Italien-Front wurde unterzeichnet, als Hitler noch lebte, in klarem Widerspruch zu seinen Befehlen. Dies war auch der Abschluß heimlicher Kapitulationsverhandlungen, die an dieser Front schon zwei Monate vorher begonnen hatten. Die deutschen Führer in Deutschland selbst waren aber Hitler zu nahe, um einen solchen Schritt wagen zu können, obwohl sie schon seit langem in vertraulichen Gesprächen seine Notwendigkeit erörtert hatten.

Viele der deutschen militärischen Führer hatten schon nach der alliierten Landung in der Normandie im Sommer 1944 die Hoffnung verloren. So gut wie alle hatten keine Hoffnung und keinen Kampfwillen mehr, nachdem Anfang 1945 ihre Gegenoffensive in den Ardennen gescheitert war und die Russen nach Ostdeutschland eingebrochen waren. Sie kämpften weiter in der Hauptsache aus Angst – Angst, ihren soldatischen Treueeid auf Hitler zu brechen, Angst vor seinem Zorn, Angst, wegen Ungehorsams gehängt zu werden, aber auch Angst vor der harten Strafe, welche die Alliierten nach ihrem Sieg im Zeichen der »bedingungslosen Kapitulation« dem Feind androhten.

In den letzten Monaten wurde der Krieg fast ausschließlich nur noch wegen Hitlers unerschütterlichem Kampfwillen weitergeführt. Er hätte viel früher enden können, wenn die Westmächte weniger starr in ihrer Forderung nach bedingungsloser Kapitulation und besser unterrichtet über deren Wirkung auf die deutsche Mentalität gewesen wären. Eine Lockerung dieser starren Haltung und maßvolle Zusicherungen über die Behandlung der besiegten Deutschen hätten sehr wahrscheinlich eine so gewaltige Flut von Kapitulationen zur Folge gehabt, angeführt von den militärischen Befehlshabern, daß die deutsche Front rasch zusammengebrochen wäre und das Nazi-Regime mit ihr. Hitler hätte dann keine Macht mehr gehabt, den Kampf fortzusetzen.

Kapitel 39:
Der Zusammenbruch Japans

Zwei Faktoren trugen gemeinsam zur Niederlage Japans bei, und beide bedeuteten in ihrer Wirkung eine langsame Erdrosselung: der Seekrieg – oder, genauer gesagt, der Unterseekrieg – und der Luftkrieg. Von beiden gewann zunächst der erstere entscheidende Bedeutung.

Das japanische Reich war im Kern ein Seereich und noch stärker von überseeischen Einfuhren abhängig als das britische Empire. Japans Fähigkeit, Krieg zu führen, hing von der Einfuhr großer Mengen von Öl, Eisenerz, Bauxit, Kokskohle, Nickel, Manganerz, Aluminium, Zinn, Kobalt, Blei, Phosphat, Graphit, Pottasche, Baumwolle und Kautschuk ab; alle diese Einfuhren mußten auf dem Seeweg erfolgen. Außerdem mußte Japan zur Ernährung seiner Bevölkerung den größten Teil seines Bedarfs an Zucker und Sojabohnen, 20 Prozent seines Weizen- und 17 Prozent seines Reisbedarfs einführen.

Dennoch trat Japan in den Krieg mit einer Handelsmarine ein, die nur knapp 6 Millionen BRT umfaßte – erheblich weniger als ein Drittel der britischen Handelsmarine von 1939, die etwa 9 500 Schiffe mit insgesamt 21 Millionen BRT zählte. Außerdem hatte Japan, trotz seiner expansionistischen Pläne und ungeachtet der Lehren, die es aus den ersten zwei Jahren des Weltkrieges hätte ziehen können, wenig zur Organisation eines ausreichenden Schutzes für seine Schiffahrt getan. Es gab kein Geleitzugsystem und keine Begleit-Flugzeugträger. Erst nachdem die japanische Schiffahrt schon schwer durch den Krieg gelitten hatte, wurden ernsthafte Anstrengungen unternommen, diese Unterlassungen nachzuholen.

Infolgedessen wurde die japanische Schiffahrt zu einem bequemen Angriffsziel für die amerikanischen U-Boote. In der ersten Phase des

Pazifik-Krieges wurde dies durch die Kinderkrankheiten der amerikanischen U-Boot-Torpedos gemildert; aber nach Behebung dieser Mängel wurde die amerikanische U-Boot-Offensive geradezu zu einem Massaker. Während die japanischen U-Boote ihre Angriffe auf Kriegsschiffe konzentrierten und später dazu dienen mußten, die vom Feind abgeschnittenen Inselbesatzungen mit Nachschub zu versorgen, griffen die amerikanischen U-Boote in erster Linie Handelsschiffe an. Im Jahr 1943 versenkten sie 296 Schiffe mit insgesamt 1 395 000 BRT; im Jahr 1944 wurde ihr Feldzug noch erfolgreicher: allein im Oktober versenkten sie 321 000 BRT. Die Auswirkung war zudem um so größer, als sich die Angriffe in erster Linie gegen japanische Tanker richteten. Ein Ergebnis war, daß das Gros der japanischen Kriegsmarine in Singapur blieb, um den Ölquellen näher zu sein, während in Japan selbst die Ausbildung der Luftwaffenpiloten durch den Benzinmangel schwer beeinträchtigt wurde.

Die amerikanischen U-Boote fügten aber auch der japanischen Kriegsmarine schwere Verluste zu; auf ihr Konto entfiel etwa ein Drittel der Kriegsschiffe, die versenkt wurden. In der Seeschlacht bei den Philippinen versenkten sie zwei japanische Flugzeugträger, die »Taiho« und »Schokaku«, und in den letzten Monaten des Jahres 1944 wurden drei weitere Flugzeugträger und fast 40 Zerstörer von ihnen versenkt oder für den Rest des Krieges kampfunfähig gemacht.

Zu der Zeit, als die amerikanischen U-Boote von der Subic-Bucht in Luzon aus operierten, war der größte Teil der japanischen Handelsmarine schon vernichtet, und gute Ziele wurden jetzt so selten, daß ein Teil der U-Boot-Flotte eingesetzt wurde, um Bomberbesatzungen aufzufischen, die beim Rückflug von Angriffen auf Japan im Meer notlanden mußten.

Alles in allem war der Beitrag der amerikanischen U-Boot-Waffe zur Kriegführung gewaltig – nicht zum wenigsten auch dadurch, daß sie die japanischen Bemühungen vereitelte, militärische Verstärkungen und Nachschub zu den abgeschnittenen Besatzungen im Pazifik zu bringen. Doch ihre größte Leistung blieb die Versenkung von 60 Prozent der 8 Millionen Tonnen japanischen Schiffsraums, die im Krieg vernichtet wurden. Dies war der entscheidende Faktor bei Japans schließlichem Zusammenbruch – entscheidend dadurch, daß seine wirtschaftliche Schwäche und seine Abhängigkeit von überseeischer Einfuhr in optimaler Weise ausgenutzt wurde.

Die letzten Vorbereitungen für den amphibischen Angriff auf Okinawa, der den Namen »Operation Eisberg« erhielt, waren schon im Gange, ehe die Einnahme von Iwojima abgeschlossen war. Der Tag für die Landung wurde auf den 1. April 1945 festgesetzt – knapp sechs Wochen nach der Landung auf Iwojima. Okinawa ist eine große Insel, die größte der Ryukyu-Gruppe, knapp 100 Kilometer lang und im Durchschnitt 13 Kilometer breit, groß genug, um eine gute militärische und maritime Basis für eine Invasion Japans abzugeben. Es liegt genau in der Mitte zwischen Formosa (Taiwan) und Japan, rund 540 Kilometer von beiden und 570 Kilometer von der Küste Chinas entfernt, so daß eine auf Okinawa stationierte Streitmacht alle diese drei Ziele bedrohte, während die Luftwaffe von der Insel aus die Zugangswege zu allen drei beherrschen konnte.

Die Insel ist bergig und bewaldet, außer in Teilen des Südens, wo die Flugplätze angelegt waren – und selbst dort konnten die Kalksteinhügel leicht ausgeschachtet werden. Sie besaß daher von Natur eine starke Verteidigungsstellung. Diese war noch erhöht durch die Verstärkung der Besatzung, der 32. Armee General Uschijimas, auf rund 77000 Mann Kampftruppen und 20000 Mann Versorgungseinheiten; außerdem gab es in den Höhlenstellungen sowohl leichte als auch schwere Artillerie in großer Zahl. Das japanische Oberkommando war entschlossen, Okinawa mit allen verfügbaren Kräften zu verteidigen, und es wählte dazu die Taktik hartnäckigen Widerstandes im Innern – ebenso wie auf Iwojima: Es sollten keine Kräfte bei einem Kampf an der Küste verausgabt werden, wo die amerikanischen Kriegsschiffe die japanischen Truppen zerfetzen konnten. Für eine Gegenoffensive hatte das Kaiserliche Hauptquartier über 2000 Flugzeuge auf Flugplätzen in Japan und Formosa in Reserve gehalten, und es plante, in größerem Stil als je zuvor dabei die Kamikaze-Taktik anzuwenden.

Das amerikanische Oberkommando erkannte, daß Okinawa eine harte Nuß sein würde, daß ein Angriff auf die Insel überlegene Kräfte verlangte und dadurch gewaltige logistische Probleme schuf. Es plante, dort die neugebildete 10. Armee unter General Buckner zu landen und bei der ersten Landung fünf Divisionen mit insgesamt 116000 Mann einzusetzen; zwei weitere sollten später folgen, und eine achte sollte in Reserve gehalten werden. Insgesamt bestand die angreifende Streit-

macht von sieben Divisionen (vier der Armee und drei der Marineinfanterie) aus etwa 170 000 Mann Kampftruppen und 115 000 Mann der
Versorgungseinheiten. Sie sollten aber nicht nur eine starke japanische
Besatzung besiegen, sondern nachher auch eine Bevölkerung von fast
einer halben Million Menschen in Schach halten.

Um die Gefahr feindlicher Gegenangriffe aus der Luft zu vermindern, führte Admiral Mitschers Gruppe schneller Flugzeugträger eine
Woche vor der Landung, vom 18. bis 21. März, eine Reihe schwerer
Angriffe auf Japan durch, bei denen etwa 160 feindliche Flugzeuge abgeschossen und viele am Boden zerstört wurden – freilich wurden dabei drei der Flugzeugträger (»Wasp«, »Yorktown« und »Franklin«)
durch Kamikaze-Angriffe schwer beschädigt. In der folgenden Woche
wurden die »B-29«-Superfortresses aus Guam zur Zerstörung der
Flugplätze in Kyuschu (der südlichen Hauptinsel Japans) angesetzt,
unter zeitweiliger Einstellung ihrer Großangriffe auf japanische
Städte. Eine andere wichtige Vorbereitung war die Besetzung der
Kerama-Retto-Inselgruppe 24 Kilometer westlich Okinawas, die als
vorgeschobener Flottenstützpunkt benutzt werden sollte. Am 27.
März besetzte eine amerikanische Division die Inseln, ohne viel
Widerstand zu finden, und schon am nächsten Tag kamen Transport-
schiffe an, um dort die Reede instand zu setzen. Die britische Pazifik-
Flotte unter Admiral Sir Bruce Fraser, die mit zwei Schlachtschiffen,
vier Flugzeugträgern, sechs Kreuzern und 15 Zerstörern Mitte März
in dem Raum eingetroffen war, deckte den Abschnitt südwestlich von
Okinawa ab.

Am 1. April, dem Ostersonntag, begann die Hauptlandung um 8.30
Uhr morgens nach dreistündiger schwerer Beschießung von See her
und Bombenangriffen aus der Luft. Am gleichen Tag übernahm
Admiral Turner den Oberbefehl über alle Streitkräfte im Raum Okinawa. Die Landung erfolgte an der südlichen Hälfte der Westküste,
von wo aus man mit einem kurzen Vorstoß den ganzen Südteil der
Insel abschneiden konnte. Sie stieß auf keinerlei Widerstand, und
schon um 11 Uhr waren die beiden Flugplätze in dem 10 Kilometer
langen Landeabschnitt besetzt, ohne daß sich der Feind zeigte – zum
großen Erstaunen der Invasoren. Bis zum Abend war der amerikanische Brückenkopf auf 15 Kilometer verbreitert und 60 000 Mann sicher
an Land gesetzt worden. Bis zum 3. April hatten sie die Insel überquert, und am nächsten Tag wurde der Brückenkopf auf 24 Kilometer

verbreitert. Erst als die Amerikaner am 4. nach Süden schwenkten, stießen sie auf harten Widerstand der 2½ japanischen Divisionen im Südteil der Insel.

In der Luft waren die Japaner jedoch von Anfang an sehr aktiv gewesen, und seit dem 6. April verstärkten sich die Kamikaze-Angriffe; am 6. und 7. wurden 700 Flugzeuge, zur Hälfte Kamikaze-Flugzeuge, nach Okinawa geflogen. Die meisten wurden abgeschossen, aber 13 amerikanische Zerstörer wurden versenkt oder beschädigt.

Am 6. April erfolgte auch die wichtigste »Selbstmord«-Aktion der japanischen Kriegsmarine in diesem Krieg: Das riesige Schlachtschiff »Yamato« erschien auf dem Schauplatz mit einigen wenigen Begleitschiffen, aber keinerlei Luftschutz und mit Brennstoff nur für die Hinfahrt. Seine Annäherung wurde schnell entdeckt, und das Schiff wurde ständig beobachtet, während die Flugzeugträger Mitschers einen Großangriff von 280 Flugzeugen vorbereiteten. Am Mittag des 7. wurde das Schlachtschiff mit Torpedos und Bomben pausenlos angegriffen, und nach zwei Stunden sank es unter großen Verlusten von Menschenleben. Wie die deutsche »Tirpitz« hatte die »Yamato« niemals die Chance gehabt, ihre großen Geschütze gegen ein feindliches Schlachtschiff zu richten, und ihr Schicksal bedeutete einen weiteren Beweis dafür, daß die Zeit der Schlachtschiffe vorbei war.

Die Landoperationen auf Okinawa dauerten länger. Am 13. April begannen die Japaner im Süden der Insel einen kleinen Gegenangriff, der leicht abgeschlagen wurde. Unterdessen war die 6. Marineinfanteriedivision nach Norden vorgestoßen, bis sie an der felsigen Halbinsel Motobu aufgehalten wurde; doch die Japaner hatten hier nur zwei Bataillone, und ihre starke Verteidigungsstellung wurde am 17. überwunden. Obwohl vereinzelte Gruppen noch bis zum 6. Mai Widerstand leisteten, war die Schlacht für die Amerikaner entschieden; eine Zählung der Gefallenen ergab 2500 tote Japaner und nur ein Zehntel soviel amerikanische Marineinfanteristen. Am 13. April hatte ein Verband der Marineinfanterie die Nordspitze Okinawas erreicht, ohne Widerstand zu finden. Zur gleichen Zeit wurden auch die benachbarten kleinen Inseln ohne Schwierigkeiten besetzt, abgesehen von Kämpfen auf Jeschima.

Am 19. April begann dann das XXIV. Korps von General Hodges mit drei Divisionen den großen Angriff auf die japanischen Positionen im Süden der Insel. Gewaltige einleitende Bomben- und Artilleriean-

griffe hatten nur wenig Wirkung auf die japanischen Höhlenbefesti-
gungen. Die Geländegewinne waren gering und die Verluste hoch,
selbst nachdem die 1. und die 6. Marineinfanteriedivision zusätzlich an
die Front geworfen wurden. Anfang Mai jedoch beschlossen die japanischen Befehlshaber in ihrer typischen Mißachtung einer reinen
Defensivtaktik, so vorteilhaft sie in diesem Falle auch gewesen wäre,
eine Gegenoffensive zu starten, in Verbindung mit einer neuen Welle
von Kamikaze-Angriffen. Trotz eines Durchbruchs an einem einzigen
Punkt wurde dieser Gegenangriff unter schweren Verlusten – etwa
5 000 Toten – abgeschlagen. Dies erleichterte etwas die amerikanische
Offensive, die am 10. Mai wiederaufgenommen wurde; doch in der
folgenden Woche wurde ihr Fortschritt durch lang anhaltende schwere
Regenfälle behindert. Erst Anfang Juni rückten die Amerikaner trotz
des Schlamms wieder energisch vor, und bis Mitte des Monats wurden
die Japaner bis in den äußersten Süden der Insel zurückgedrängt. Am
17. Juni wurde dort ihre starke Verteidigungsstellung durchbrochen,
hauptsächlich durch den Einsatz von Flammenwerfern. Uschijima und
sein ganzer Stab begingen Selbstmord, ebenso wie zahlreiche andere
Offiziere und Soldaten; doch bei der anschließenden Säuberungsak-
tion ergaben sich nicht weniger als 7 400 Japaner – ein bezeichnender
Gegensatz zu ihrem bisherigen Verhalten.

Die Gesamtverluste der Japaner wurden auf 110 000 Mann geschätzt, darunter zahlreiche Okinawaner, die zur japanischen Armee
eingezogen worden waren; die amerikanischen Verluste betrugen
49 000 Mann, darunter 12 500 Tote – die schwersten Verluste in einem
einzigen Feldzug des Pazifik-Krieges.

Während der dreimonatigen Kämpfe auf Okinawa führte die japanische Luftwaffe zehn massierte Kamikaze-Angriffe – die sie »Kiku-
sui« (fliegende Chrysanthemen) nannte. Sie bestanden aus über 1 500
einzelnen Kamikaze-Angriffen und fast ebenso vielen ähnlichen
Selbstmordangriffen anderer Flugzeuge. Insgesamt wurden dadurch
34 amerikanische Kriegsschiffe versenkt und 368 beschädigt. Diese
schmerzlichen Erfahrungen führten zu eingehenden Überlegungen
über das, was bei einer Invasion Japans geschehen würde, und trugen
dadurch zu der späteren Entscheidung bei, die Atombombe einzusetzen.

Das Tempo des doppelten amerikanischen Vorstoßes im Pazifik war erheblich beschleunigt worden durch eine Strategie der Umgehung von Hindernissen – nur diejenigen Orte auf beiden Vormarschstraßen wurden angegriffen und genommen, die als strategische Stützpunkte für den Angriff auf Japan und zur Gewinnung der strategischen Kontrolle über den ganzen Pazifik benötigt wurden. Doch als die Amerikaner schließlich Japan nahe gekommen waren und sich auf den letzten großen Sprung vorbereiteten, hielten es die Vereinigten Stabschefs für wünschenswert, sich den Rücken frei zu machen, indem sie die isolierten Besatzungen der wichtigsten bei dem Vormarsch übergangenen Inseln ausmerzten. So erlebte man in der vorletzten Phase des Krieges eine große Zahl von Säuberungsaktionen in verschiedenen Räumen. Noch eindeutiger nötig war die Säuberung des südlichen Teils von Mittelburma nach General Slims schnellem Vorstoß auf Rangun und vor der vom Oberkommando geplanten amphibischen Operation zur Wiedereroberung Singapurs und Niederländisch-Indiens.

Burma

Als Slim Anfang Mai 1945 in Rangun einzog, waren noch etwa 60000 Japaner in seinem Rücken übriggeblieben; sie standen westlich des Salween-Flusses, und es war wichtig, sie daran zu hindern, entweder ostwärts nach Thailand zu entweichen oder in den bei Slims schnellem Marsch auf Rangun überrannten Gebiet neue Unruhe zu stiften. Daher wurde ein Teil von General Messervys IV. Korps wieder zurückgeschickt, um die Übergänge über den Sittang zu besetzen, und ein anderer Teil sollte sich mit Stopfords XXXIII. Korps vereinigen, das den Irrawaddy entlang vorrückte. Im Laufe des Mai gelang es Stopford, zwei Versuche der Überreste von Sakurais 28. Armee aus Arakan zu verhindern, den Irrawaddy in östlicher Richtung zu überqueren; aber zahlreiche kleine japanische Verbände fanden ihren Weg über den Strom, und etwa 17000 Mann erreichten den Raum zwischen Irrawaddy und Sittang. Ein Ablenkungsangriff der Überreste von Hondas 33. Armee, der ihnen helfen sollte, war ein Fehlschlag. Daher versuchten in der zweiten Junihälfte Sakurais Truppen, in zahlreichen kleinen

Gruppen von nur einigen hundert Mann Messervys Sperrgürtel zu durchbrechen; doch die meisten dieser Gruppen wurden entdeckt und zersprengt. Nur weniger als 6000 Mann gelang es, das Ostufer des Sittang, der damals Hochwasser führte, zu erreichen, und diese waren zu weiteren Kämpfen nicht mehr fähig.

Neuguinea – New Britian – Bougainville

Bei seinem »froschhüpfenden« Vormarsch an der Nordküste Neuguineas im ersten Halbjahr 1944 hatte MacArthur mehrere japanische Besatzungen links liegengelassen, und als die Amerikaner von dort auf die Philippinen übersetzten, ließen sie die Reste von fünf feindlichen Divisionen auf Neuguinea zurück. Eine große Zahl von Japanern war auch auf den Inseln New Britain und Bougainville von der Außenwelt abgeschlossen. Am 12. Juli 1944 übertrug MacArthur dem australischen Oberbefehlshaber Sir Thomas Blamey die Aufgabe, vom Herbst an für die »Neutralisierung« der restlichen japanischen Truppen in diesem Raum zu sorgen. Blamey interpretierte diese Direktive etwas offensiver, als sie gemeint war – obwohl er nur noch vier Divisionen, darunter drei Milizdivisionen, zur Verfügung hatte, nachdem zwei australische Divisionen der Empire-Streitkräfte für den philippinischen Feldzug abgezogen worden waren.

Die 6. australische Division wurde nach Aitape befohlen; von dort sollte sie ostwärts vorrücken und Adachis drei schwache Divisionen im Abschnitt Wewak vernichten – diese waren nicht nur von der Außenwelt abgeschnitten, sondern auch mangelhaft bewaffnet, unterernährt und von Epidemien geplagt. Der 150 Kilometer lange Marsch durch unwegsames Gelände war eine große Belastung des Transportsystems der Australier, und der Kampfgeist der Truppen litt sowohl unter Krankheiten als auch unter der Erkenntnis, daß es für diese Operation eigentlich keine strategische Notwendigkeit gab. Die Australier machten sehr langsame Fortschritte, und Wewak wurde erst im Mai 1945, sechs Monate später, eingenommen, während manche japanische Truppen noch im Landesinnern aushielten, als der Krieg im August 1945 endete. In diesen Monaten hatten die Japaner ein Fünftel ihrer Truppen verloren; die Australier verloren knapp 1500 Mann in Kampfhandlungen, aber über 16000 durch Krankheiten.

Nach New Britain im Bismarck-Archipel wurde die 5. australische Division geschickt, und ihr Befehlshaber General Ramsay bewies mehr Vernunft. Als die Division im November 1944 ankam, besaßen die Amerikaner bereits die Kontrolle über fünf Sechstel dieser großen Insel; aber der Rest wurde noch von fast 70 000 Japanern gehalten, die zum größten Teil in ihrer alten Basis Rabaul konzentriert waren. Nach einem kurzen Vormarsch zum Hals der Insel begnügten sich die Australier, diese kurze Linie zu sichern und im übrigen die große japanische Truppe »im eigenen Saft schmoren« zu lassen. So wurde diese Truppe unter minimalen eigenen Verlusten neutralisiert, bis sie nach Kriegsende kapitulierte.

Bougainville war die westlichste und die größte Insel der Salomon-Inselgruppe. Dorthin wurde General Saviges II. Korps mit der 3. australischen Division und zwei selbständigen Brigaden geschickt. Auch hier bestand keine wirkliche Notwendigkeit für eine offensive Operation, da die Japaner, meist im Südteil der Insel konzentriert, vollauf damit beschäftigt waren, Gemüse zu ziehen und zu fischen, um ihre dürftige Verpflegung zu vervollständigen. Dennoch begann Saviges Anfang 1945 eine Offensive. Sie machte nur langsame Fortschritte, da die Japaner hart kämpften, um ihre Verpflegungsbasis zu verteidigen, und nach sechs Monaten mußte sie wegen schwerer Sturmfluten abgebrochen werden. Ebenso wie in Neuguinea zeigten auch hier die australischen Soldaten wenig Begeisterung für eine Aufgabe, die sie mit Recht für nicht notwendig hielten.

Borneo

Die Initiative für die Wiedereroberung Borneos stammte von den Amerikanern, die Japan von seiner Öl- und Kautschukzufuhr abschneiden und den Briten ihre vorgeschobene Flottenbasis in der Bucht von Brunei zurückerobern wollten. Die britischen Stabschefs waren nicht sehr für diesen Plan, da sie einen Stützpunkt in den Philippinen lieber gesehen hätten, während die britische Pazifikflotte bereits im Raum Okinawa operierte und wenig Verlangen zeigte, ihre Flottenbasis wieder nach Süden zu verlegen. So wurde die Operation vom australischen I. Korps unter General Sir Leslie Morshead unter dem Schutz und mit der Hilfe der 7. US-Flotte durchgeführt. Am 1. Mai

1945 wurde die Insel Tarakan in der Nähe der Nordostküste genommen und am 10. Juni ohne großen Widerstand die Bucht von Brunei an der Westküste besetzt. Von dort rückten die australischen Truppen entlang der Küste nach Sarawak vor. Anfang Juli wurde nach lang anhaltenden Bombenangriffen das Ölgebiet von Balikpapan an der Südostküste angegriffen und nach einigem harten Widerstand genommen; dies war die letzte große amphibische Operation dieses Krieges.

Zu der Zeit waren die britischen Vorbereitungen für die Wiedereroberung Singapurs schon weit vorgeschritten, aber sie wurden durch Japans Kapitulation im August gegenstandslos. Als Lord Mountbatten am 12. September in Singapur eintraf, brauchte er nur noch die Kapitulation aller japanischen Streitkräfte in Südostasien entgegenzunehmen, die schon am 27. August in einem vorläufigen Abkommen in Rangun unterzeichnet worden war. Sie bedeutete die Übergabe von rund 750000 Japanern.

Die Philippinen

Obwohl die Amerikaner in den fünf Monaten nach ihrer ersten Landung bei Leyte im Oktober 1944 die strategische Kontrolle über die Philippinen gewonnen hatten, standen im März 1945 noch zahlreiche japanische Truppen auf den Inseln. Allein auf der Insel Luzon waren es etwa 170000 Mann, wie sich später herausstellte – weit mehr, als die Amerikaner damals annahmen. Die stärksten Verbände standen im Norden von Luzon unter General Yamaschita selbst; aber etwa 50000 Mann unter General Yokoyama standen in den Bergen in der Nähe von Manila und kontrollierten die Wasserversorgung der Hauptstadt. Erste Versuche, sie zu vertreiben, schlugen fehl, und die Japaner führten sogar einen Gegenangriff gegen das ihnen gegenüberstehende XIV. Korps General Griswolds. Mitte März kam General Halls XI. Korps zur Verstärkung dazu, und Ende Mai nahm es die beiden wichtigen Staudämme bei Awa und bei Ipo. Doch da war Yokoyama nur noch halb so stark; seine Truppen waren durch Hunger und Krankheiten dezimiert und lösten sich in unorganisierte Gruppen auf, die nicht nur von den Amerikanern, sondern auch von philippinischen Guerillas gejagt und verfolgt wurden. Auf jeden im Kampf gefallenen Japaner kamen zehn, die durch Hunger oder Krankheit umkamen; bei Kriegs-

ende waren nur noch knapp 7000 Mann übrig, die kapitulierten.

Gleichzeitig säuberten die Streitkräfte General Kruegers die Durchfahrt zwischen den Inseln Leyte und Luzon und begannen nachher
eine Aktion zur Säuberung des südlichen Teils von Luzon. Andere
amerikanische Verbände säuberten die Inseln südlich von Leyte und
bildeten einen Brückenkopf auf Mindanao – wo über 40000 Japaner
stationiert waren, weil das Kaiserliche Hauptquartier der Ansicht gewesen war, diese Insel würde das erste Ziel der amerikanischen Invasion sein. Bis zum Sommer hatten sich alle verbliebenen japanischen
Truppen auf den Philippinen in die Berge zurückgezogen, wo sie rasch
durch Hunger und Krankheit dezimiert wurden.

Die letzte Operation dieser Art war die Offensive gegen Yamaschitas Truppen im Norden von Luzon. Sie begann am 27. April; drei
amerikanische Divisionen, bald durch eine vierte verstärkt, stießen auf
zunehmenden Widerstand, je mehr sie in die Berge vordrangen, wo
Yamaschita noch über 50000 Mann hatte – mehr als doppelt soviel, wie
die Amerikaner geglaubt hatten. Er hielt sich noch, als der Krieg Mitte
August zu Ende ging, und ergab sich mit 40000 Mann, dazu weiteren
10000 Mann in anderen Teilen des nördlichen Luzon. Die strategische
Notwendigkeit dieser verlustreichen Säuberungsoperation ist sehr
umstritten.

Die amerikanische strategische Luftoffensive

Die Luftoffensive gegen Japan wurde erst richtig wirksam, als sie von
den Marianen aus geführt werden konnte – die, hauptsächlich zu diesem Zweck, im Sommer 1944 erobert worden waren.

Ihre stärkste Waffe war die Boeing B 29 »Superfortress«, der größte
Bomber des Zweiten Weltkrieges, der eine Bombenlast von $7^2/_3$ t tragen, mit annähernd 550 km/h Geschwindigkeit und in einer Höhe von
über 10000 Metern fliegen konnte. Er hatte eine Reichweite von über
6000 Kilometern und war durch Stahlplatten am Rumpf ebenso wie
durch seine 13 Maschinengewehre gut geschützt.

Mitte Juni 1944 wurde das japanische Stahlzentrum Yawata auf
Kyuschu von etwa 50 B-29-Bombern angegriffen, die ihre Stützpunkte
in China und Indien hatten. Aber dieser und auch spätere ähnliche
Angriffe richteten wenig Schaden an: Nur etwa 800 t Bomben wurden

durch Angriffe aus dieser Richtung in der zweiten Hälfte 1944 auf Japan abgeworfen, und die B 29 des 20. Bomberkommandos bedurften zu ihrer Instandhaltung so viel Material und Nachschub, das über den chinesischen »Buckel« geflogen werden mußte, daß sie angesichts der dürftigen Ergebnisse Anfang 1945 zurückgezogen wurden.

Aber Ende Oktober 1944 war der erste Flugplatz auf Saipan in den Marianen gebrauchsfähig geworden, und bald wurden die ersten 112 Maschinen des 21. Bomberkommandos dort stationiert. Einen Monat später, am 24. November, starteten 111 B 29 von dort zu einem Angriff auf ein Flugzeugwerk bei Tokio. Es war der erste Angriff auf Tokio seit Oberst Doolittles Angriff vom April 1942. Er leitete die neue Offensive ein, und obwohl weniger als ein Viertel der Bomber ihr genaues Ziel fanden, gingen nur zwei von ihnen verloren, trotz der 125 japanischen Jäger, die zu ihrer Bekämpfung aufstiegen.

In den nächsten drei Monaten setzten die B 29 ihre gezielten Bombenangriffe bei Tage fort, gestützt auf ihre Erfahrungen in Europa. Die Ergebnisse waren noch unbefriedigend, wenn auch die Japaner gezwungen wurden, mit einer breiteren Streuung ihrer Flugzeugfabriken und anderer kriegswichtiger Werke zu beginnen. Doch bis zum März 1945 war die Zahl der B 29 auf den Marianen verdreifacht worden, und General Curtis LeMay, der sie befehligte, beschloß, sie für Flächenangriffe bei Nacht aus niedriger Höhe einzusetzen – dadurch sollte die Schwäche der japanischen Nachtabwehr ausgenutzt, eine größere Bombenlast ermöglicht, die Belastung der Motoren vermindert und die zahlreichen kleineren Industrieziele besser getroffen werden.

Noch wichtiger war, daß LeMay beschloß, die B 29 sollten Brandbomben statt Sprengbomben mitführen: Jede B 29 konnte 40 Trauben von je 38 Brandbomben laden, die jede ein Gebiet von annähernd 6–7 ha in Brand setzen konnten. Die Ergebnisse dieser neuen Taktik waren erschreckend gut. Am 9. März verwüsteten 279 B 29, jede mit 6–8 t Brandbomben, das Stadtgebiet von Tokio. Fast 40 qkm, ein Viertel des gesamten Stadtgebiets, wurden ausgebrannt und über 267 000 Gebäude zerstört. Die Zivilbevölkerung hatte 185 000 Tote und Verletzte, während die amerikanischen Angreifer nur 14 Maschinen verloren. In den neun folgenden Tagen wurden die Städte Osaka, Kobe und Nagoya in ähnlicher Weise verwüstet. Am 19. wurden diese Angriffe eingestellt, da den Amerikanern die Brandbomben ausgegangen waren – in diesen zehn Tagen hatten sie fast 10 000 t abgeworfen!

Doch die Verwüstung wurde bald wiederaufgenommen und nahm an Umfang noch zu: im Juli war die abgeworfene Bombenmenge dreimal so groß wie im März. Außerdem wurden Tausende von Minen in das Wasser nahe den Küsten abgeworfen, um die japanische Küstenschiffahrt zu stören; über 1 ¼ Millionen t Schiffsraum wurden auf diese Weise versenkt, und die Küstenschiffahrt kam fast zum Erliegen. Die japanische Luftabwehr war nur noch ganz geringfügig.

Die Auswirkungen waren verheerend. Die Stimmung der Bevölkerung brach nach dem großen Brandangriff auf Tokio zusammen, erst recht als LeMay dann begann, Flugblätter mit genauer Vorankündigung der nächsten Angriffe abzuwerfen. 8 ½ Millionen Menschen flohen daraufhin auf das Land; die ganze Rüstungsproduktion ging schlagartig zurück, und das zu einer Zeit, da Japans Kriegswirtschaft ohnehin fast am Ende war: Mehr als 600 größere Rüstungsbetriebe waren durch die Bombenangriffe zerstört oder schwer beschädigt worden.

Noch entscheidender aber war, daß der Bomberfeldzug der japanischen Bevölkerung vor Augen führte, wie wenig ihre Streitkräfte sie noch schützen konnten, und daß die Kapitulation, selbst eine bedingungslose, jetzt als unvermeidlich erschien. Die Atombomben vom August bekräftigten lediglich das, was die große Mehrheit des japanischen Volkes, ausgenommen einige fanatische Militaristen, schon einzusehen begonnen hatte.

Die Atombombe und die Kapitulation Japans

Winston Churchill erzählt im letzten Band seiner Kriegserinnerungen, wie ihm am 14. Juli 1945, als er zusammen mit Präsident Truman und mit Stalin auf der Potsdamer Konferenz war, ein Zettel mit der geheimnisvollen Botschaft übergeben wurde: »Babies satisfactorily born« (Die Babys wurden zufriedenstellend geboren). Der amerikanische Heeresminister Stimson erklärte die Bedeutung: daß die versuchsweise Zündung der Atombombe am Tag vorher ein Erfolg gewesen war. Churchill fährt fort: »Der Präsident forderte mich anschließend auf, mit ihm zu konferieren. Er hatte General Marshall und Admiral Leahy bei sich.«

Churchills Bericht über diese Besprechung ist von so grundlegender

Bedeutung, daß die wichtigste Stelle im Wortlaut zitiert zu werden verdient:

»Plötzlich schienen wir im Besitz eines barmherzigen Mittels zur Abkürzung des Blutbades im Osten und einer Chance für eine glücklichere Zukunft in Europa zu sein. Ich habe keinen Zweifel, daß auch meine amerikanischen Freunde so dachten. Jedenfalls gab es niemals eine auch nur kurze Erörterung darüber, ob die Atombombe eingesetzt werden sollte oder nicht. Eine riesige wahllose Schlächterei zu vermeiden, dem Krieg ein Ende zu machen, der Welt Frieden zu geben, die Leiden ihrer gequälten Völker zu heilen durch eine Demonstration überwältigender Macht auf Kosten einiger weniger Explosionen – das schien nach allen unseren Mühen und Gefahren geradezu ein segensreiches Wunder.

Die grundsätzliche britische Zustimmung zum Einsatz dieser Waffe war schon am 4. Juli vor dem Test gegeben worden. Die endgültige Entscheidung lag jetzt bei Präsident Truman, der die Waffe besaß; aber ich hatte niemals einen Zweifel, wie sie ausfallen würde, und ich habe seitdem auch nie bezweifelt, daß er recht hatte. Die historische Tatsache bleibt und muß auch aus der Sicht der späteren Ereignisse festgestellt werden, daß die Entscheidung, ob man die Atombombe einsetzen solle, um Japan zur Kapitulation zu zwingen, niemals eine Streitfrage war. An unserem Tisch bestand völlige und zweifelsfreie Übereinstimmung; ich hörte auch nie die leiseste Andeutung, daß wir anders handeln sollten.«

Später aber meldet Churchill selbst Zweifel an den Argumenten für die Atombombe an, wenn er schreibt:

»Es wäre ein Fehler anzunehmen, daß das Schicksal Japans von der Atombombe entschieden wurde. Japans Niederlage war schon sicher, ehe die erste Bombe fiel, und war durch die überwältigende Seemacht seiner Feinde herbeigeführt worden. Diese allein hatte es möglich gemacht, ozeanische Stützpunkte zu erobern, von denen man den letzten Angriff starten und die Armee im Heimatland zur Kapitulation zwingen konnte, ohne noch einen Schuß abzugeben. Japans Schiffahrt war bereits völlig vernichtet.«

Churchill erwähnt auch, daß drei Wochen vor dem Abwurf der Bombe Stalin ihn vertraulich von einer Mitteilung des japanischen Botschafters in Moskau unterrichtete, in der Japans Wunsch nach Frieden ausgesprochen wurde – und er fügte hinzu, bei der Weitergabe dieser Nachricht an Präsident Truman habe er vorgeschlagen, die alliierte Forderung nach bedingungsloser Kapitulation etwas zu mildern, um den Japanern den Weg zur Kapitulation zu ebnen.

Die japanischen Friedensfühler hatten in Wirklichkeit schon viel früher begonnen und waren der amerikanischen Regierung schon besser bekannt, als Churchill andeutet oder als er vielleicht selber wußte. Kurz vor Weihnachten 1944 hatte der amerikanische Nachrichtendienst in Washington den Bericht eines gut informierten diplomatischen Agenten in Japan erhalten, daß dort eine Friedenspartei entstanden sei und Boden gewinne. In dem Bericht wurde vorausgesagt, die Regierung General Koisos – die im Juli die Regierung Tojo, die Japan in den Krieg geführt hatte, abgelöst hatte – werde bald durch eine friedensbereite Regierung unter Admiral Suzuki ersetzt werden, die mit Unterstützung des Kaisers Friedensverhandlungen beginnen wolle.

Diese Voraussage erfüllte sich im April. Am 1. April waren die Amerikaner in Okinawa gelandet; der Schock dieser Nachricht, zusammen mit der unheildrohenden russischen Mitteilung über die Kündigung des Neutralitätspakts mit Japan, beschleunigte den Fall des Kabinetts Koiso am 5. April, und Suzuki wurde Premierminister.

Aber wenn auch die Führer der Friedenspartei jetzt in der Regierung die Oberhand hatten, wußten sie doch nicht recht, wie sie vorgehen sollten. Schon im Februar waren auf Initiative Kaiser Hirohitos Fühler nach Rußland ausgestreckt worden, das als »Neutraler« gebeten wurde, bei der Herstellung des Friedens zwischen Japan und den Westmächten als Vermittler zu dienen. Diese Annäherungsversuche wurden zuerst über den russischen Botschafter in Tokio und dann über den japanischen Botschafter in Moskau gemacht. Aber nichts erfolgte: Die Russen reichten dieses Angebot mit keinem Wort an die Westmächte weiter.

Es vergingen noch drei Monate, ehe es andeutungsweise bekannt wurde. Dies geschah erst Ende Mai, als Harry Hopkins, der persönliche Beauftragte des Präsidenten, zu Besprechungen mit Stalin nach Moskau flog. Bei der dritten Zusammenkunft schnitt Stalin die japanische Frage an. Auf der Konferenz von Jalta im Februar hatte er sich verpflichtet, in den Krieg gegen Japan einzutreten, unter der Bedingung, daß er die Kurilen, ganz Sachalin und eine beherrschende Stellung in der Mandschurei erhalten solle. Stalin teilte nun Hopkins mit, daß seine verstärkten Armeen im Fernen Osten bis zum 8. August zum

Angriff auf die Japaner in der Mandschurei bereit sein würden. Er fuhr fort, wenn die Alliierten an ihrer Forderung nach bedingungsloser Kapitulation festhielten, würden die Japaner bis zum bitteren Ende kämpfen, während eine Milderung sie zum Nachgeben ermuntern würde – und die Alliierten könnten dann ihren Willen Japan aufzwingen und im Kern das gleiche Ergebnis erzielen. Stalin betonte ferner, Rußland erwarte, an der bevorstehenden Besetzung Japans beteiligt zu werden. Im Laufe dieser Unterhaltung enthüllte er, »von verschiedenen Elementen in Japan« würden Friedensfühler ausgestreckt; aber er machte es nicht klar, daß es sich um offizielle Schritte über die beiderseitigen Botschafter handelte.

Der Krieg selbst war schon lange vor dem Ende der Kämpfe auf Okinawa entschieden. Es war offensichtlich, daß nach der Eroberung der Insel die Amerikaner bald in der Lage sein würden, ihre Luftangriffe auf Japan selbst zu intensivieren, da die dortigen Flugplätze nur noch 600 Kilometer von Japan entfernt waren – knapp ein Viertel des Flugweges von den Marianen.

Die Hoffnungslosigkeit der Situation war jedem strategisch denkenden Kopf klar, insbesondere einem Marineoffizier wie Suzuki, dessen Kriegsgegnerschaft ihn schon 1936 einmal in Lebensgefahr gebracht hatte, als er von den militärischen Extremisten bedroht wurde. Aber er und sein friedensbereites Kabinett standen vor einem heiklen Problem: Die Annahme der alliierten Forderung nach bedingungsloser Kapitulation würde wie ein Verrat der Truppen an der Front aussehen, die so sehr bereit waren, bis zum letzten Atemzug zu kämpfen; diese Truppen, die ja immer noch viele Tausende halbverhungerte alliierte, zivile und militärische Gefangene als Geiseln in der Hand hatten, könnten vielleicht sich weigern, einen Befehl zur Einstellung der Kämpfe zu befolgen, wenn die Bedingungen eindeutig demütigend waren – vor allem wenn die Forderung nach Beseitigung des Kaisers erhoben wurde, der in ihren Augen nicht nur der Souverän, sondern eine göttergleiche Person war.

Es war der Kaiser selbst, der es unternahm, den Knoten zu durchhauen. Am 20. Juni berief er eine Konferenz der sechs Mitglieder des inneren Kabinetts, des Obersten Kriegsrats, ein und sagte ihnen: »Sie müssen die Frage der Beendigung des Krieges so bald wie möglich in Angriff nehmen.« Alle sechs Mitglieder waren sich darin einig; aber während der Premierminister, der Außenminister und der Marineminister zur bedingungslosen Kapitulation bereit waren, befürworteten die drei anderen – der Heeresminister, der Generalstabschef und der Admiralstabschef – eine Fortsetzung des Widerstandes, bis eine Milderung dieser Bedingung erreicht wurde. Schließlich wurde beschlossen, den Fürsten Konoye zu Friedensverhandlungen nach Moskau zu schicken, und der Kaiser gab ihm die vertrauliche Anweisung mit, Frieden um jeden Preis zu schließen. Zur Vorbereitung dieser Mission setzte das Außenministerium am 13. Juli Moskau offiziell in Kenntnis, »daß der Kaiser Frieden wünscht«.

Diese Botschaft erreichte Stalin unmittelbar vor seiner Abreise zur Potsdamer Konferenz. Er sandte eine kühle Antwort: der Vorschlag sei nicht klar genug, als daß er handeln oder auch nur diese Mission empfangen könne. Diesmal jedoch erzählte er Churchill von der japanischen Initiative, und davon berichtete Churchill Präsident Truman, indem er seinen eigenen zaghaften Vorschlag hinzufügte, es sei klüger, die starre Forderung nach bedingungsloser Kapitulation zu mildern.

Zwei Wochen später sandte die japanische Regierung eine weitere Botschaft an Stalin, in der sie den Zweck der Mission noch klarer erläuterte; aber sie erhielt eine ähnlich negative Antwort. Unterdessen war die Regierung Churchill bei den britischen Wahlen geschlagen worden, so daß Attlee und Bevin Churchill und Eden in Potsdam abgelöst hatten, als am 28. Juli Stalin der Konferenz über diesen neuen Schritt berichtete. Die Amerikaner wußten jedoch bereits von Japans Wunsch, den Krieg zu beenden; denn ihr Nachrichtendienst hatte den Funkverkehr zwischen dem japanischen Außenministerium und dem Botschafter in Moskau aufgefangen und entziffert.

Doch Präsident Truman und die Mehrheit seiner Berater, vor allem Heeresminister Stimson und der Generalstabschef Marshall, waren jetzt ebenso sehr darauf erpicht, die Atombombe einzusetzen, um Japans Zusammenbruch zu beschleunigen, wie Stalin war, noch kurz vor dem Ende in den Krieg gegen Japan einzutreten, um sich eine vorteilhafte Stellung im Fernen Osten zu verschaffen.

Es gab aber einige, die mehr Zweifel in diesem Punkt hatten, als Churchill berichtet. Zu ihnen gehörte Admiral Leahy, der militärische Berater Präsident Roosevelts und dann Trumans, der vor dem Gedanken zurückschreckte, eine solche Waffe gegen die Zivilbevölkerung einzusetzen: »Mein Gefühl war, daß wir, wenn wir sie als erste einsetzten, auf den ethischen Standard der Barbaren aus finsterer Vorzeit zurückfallen würden. Ich hatte nicht gelernt, in dieser Form Krieg zu führen, und Kriege können nicht gewonnen werden, indem man Frauen und Kinder tötet.« Ein Jahr vorher hatte Leahy bei Roosevelt gegen einen Vorschlag protestiert, bakteriologische Waffen einzusetzen.

Die Atomwissenschaftler selbst waren geteilter Ansicht. Dr. Vannevar Bush war führend daran beteiligt gewesen, Roosevelts und Stimsons Unterstützung für die Atomwaffe zu gewinnen, und auch Lord Cherwell (früher Professor Lindemann), Churchills persönlicher Berater in naturwissenschaftlichen Fragen, war ein prominenter Befürworter der Bombe. Es war daher nicht überraschend, daß, als Stimson im Frühjahr 1945 eine Kommission unter Bushs Vorsitz einsetzte, welche die Frage des Einsatzes der Atombombe gegen Japan erörtern sollte, diese entschieden den Einsatz der Bombe zum frühesten Zeitpunkt befürwortete – und zwar ohne jede Vorankündigung ihrer Beschaffenheit, weil man fürchtete, die Bombe könne sich als »Niete« herausstellen, wie Stimson später erklärte.

Im Gegensatz dazu legte eine andere Gruppe von Atomwissenschaftlern unter Vorsitz von Professor James Franck in der zweiten Junihälfte Stimson einen Bericht vor, der zu anderen Schlußfolgerungen kam: »Die militärischen Vorteile und die Schonung amerikanischen Menschenlebens durch den überraschenden Einsatz von Atombomben gegen Japan könnten aufgewogen werden durch eine Welle von Entsetzen und Abscheu, die sich über die ganze übrige Welt ausbreitet ... Wenn die Vereinigten Staaten als erste dieses neue Massenvernichtungsmittel auf die Menschheit loslassen, dann verlieren sie die Unterstützung der Öffentlichkeit in der ganzen Welt, beschleunigen sie den Rüstungswettlauf und gefährden sie die Möglichkeit eines internationalen Abkommens über die künftige Kontrolle solcher Waffen ... Wir glauben, daß diese Erwägungen gegen den Einsatz von Atombomben bei einem baldigen Angriff gegen Japan sprechen.«

Jedoch die Wissenschaftler, die den Staatsmännern näherstanden, hatten auch bessere Aussichten, die Öffentlichkeit zu erreichen, und ihre Argumente gewannen die Oberhand – unterstützt durch den Enthusiasmus, den sie bereits bei den Staatsmännern für die Atombombe als schnellsten und einfachsten Weg zur Beendigung des Krieges erweckt hatten. Für die zwei Bomben, die schon hergestellt worden waren, wurden von den militärischen Beratern fünf mögliche Ziele vorgeschlagen; von diesen wurden nach einer Erörterung der Liste durch Truman und Stimson die Städte Hiroshima und Nagasaki ausgewählt, da sie militärische Einrichtungen mit »Häusern und anderen Gebäuden, die leicht zu beschädigen sind«, vereinigten.

So wurde am 6. August die erste Atombombe auf Hiroshima abgeworfen. Sie zerstörte den größten Teil der Stadt und tötete etwa 80 000 Menschen, ein Viertel der Bevölkerung. Drei Tage später wurde die zweite Bombe auf Nagasaki abgeworfen. Die Nachricht vom Abwurf der Bombe auf Hiroshima erreichte Präsident Truman, als er zu Schiff von der Potsdamer Konferenz zurückkehrte. Nach Aussage der Anwesenden rief er triumphierend aus: »Dies ist das größte Ereignis der Geschichte.«

Die Wirkung auf die japanische Regierung war jedoch weit geringer, als man auf westlicher Seite dachte. Sie stimmte die drei Mitglieder des Rates der Sechs nicht um, die gegen eine bedingungslose Kapitulation gewesen waren; sie bestanden nach wie vor darauf, daß erst eine Zusicherung über die Zukunft des Landes gegeben werden müsse, insbesondere über die Aufrechterhaltung der »souveränen Stellung« des Kaisers. Und das japanische Volk selbst erfuhr erst nach dem Krieg, was in Hiroshima und Nagasaki geschehen war.

Die Kriegserklärung Rußlands am 8. August und sein sofortiger Einmarsch in die Mandschurei am nächsten Tag scheinen die Entscheidung mindestens ebenso sehr beschleunigt zu haben – und erst recht der Einfluß des Kaisers. Bei einer Sitzung des inneren Kabinetts unter seinem Vorsitz am 9. August erläuterte er die Hoffnungslosigkeit der Situation so klar und sprach sich so entschieden für einen sofortigen Friedensschluß aus, daß die drei Opponenten bereit waren, nachzugeben und einem »Gozenkaigi«, einer Versammlung der »älteren Staatsmänner« Japans, zuzustimmen, auf der der Kaiser selbst die endgültige Entscheidung treffen solle. Unterdessen gab die Regierung bereits über den Rundfunk ihre Bereitschaft zur Kapitulation bekannt, unter der Voraussetzung, daß die Souveränität des Kaisers respektiert würde – über diesen Punkt hatte sich die Potsdamer Erklärung der Alliierten vom 26. Juli in verdächtiger Weise ausgeschwiegen. Aber nach einigen Erörterungen stimmte Präsident Truman diesem Vorbehalt zu – einer wichtigen Modifizierung der »bedingungslosen Kapitulation«.

Dennoch gab es noch starke Meinungsverschiedenheiten bei dem »Gozengaigi« am 14. August. Aber der Kaiser entschied die Frage und sagte klar: »Wenn kein anderer noch eine Meinung vorzubringen hat, dann wollen wir unsere eigene zum Ausdruck bringen, und wir verlangen, daß Sie ihr zustimmen. Wir sehen nur noch einen Weg zur Rettung Japans. Aus diesem Grunde haben wir den Entschluß gefaßt, das Unerträgliche zu ertragen und zu erdulden.« Dann wurde Japans Kapitulation im Rundfunk bekanntgegeben.

Um dieses Ergebnis zu erzielen, war die Atombombe nicht wirklich nötig gewesen. Nachdem neun Zehntel des japanischen Schiffsraums versenkt, seine Luftwaffe und Marine zusammengeschossen, seine Industrie zerstört und die Lebensmittelversorgung des Volkes aufs schwerste gefährdet war, war der Zusammenbruch sicher – wie Churchill selbst sagte.

Auch der amtliche Bericht über den strategischen Bombenkrieg der USA gibt dies zu und fährt fort: »Die Zeitspanne zwischen dem Beginn der militärischen Impotenz und der politischen Anerkennung des Unvermeidlichen wäre kürzer gewesen, wenn die politische Struktur Japans eine schnellere und entschlossenere Formung der nationalen Politik gestattet hätte. Dennoch scheint es klar, daß unsere Luftüberlegenheit, selbst ohne die Atombombenabwürfe, genügend Druck hätte ausüben können, um die bedingungslose Kapitulation herbeizuführen und eine Invasion Japans nicht mehr notwendig zu machen.« Admiral King, der Oberbefehlshaber der amerikanischen Kriegsmarine, stellte seinerseits fest, auch die Seeblockade allein hätte die Japaner »durch Hunger zur Unterwerfung gebracht, wenn wir bereit gewesen wären zu warten« – durch den Mangel an Öl, Reis und anderen lebenswichtigen Waren.

Admiral Leahys Urteil über die Nutzlosigkeit der Atombombe ist noch deutlicher: »Der Einsatz dieser barbarischen Waffe bei Hiroshima und Nagasaki war für unseren Krieg gegen Japan keine konkrete Hilfe. Die Japaner waren bereits durch unsere wirksame Seeblockade und die erfolgreichen Angriffe mit konventionellen Bomben besiegt und zur Kapitulation bereit.«

Warum wurde dann die Bombe abgeworfen? Gab es dafür zwingende Gründe über den instinktiven Wunsch hinaus, den Verlust amerikanischen und britischen Menschenlebens so bald wie möglich zu beenden? Zwei Gründe sind hier aufgetaucht. Der eine wird von Churchill selbst in seinem Bericht über seine Besprechung mit Präsident Truman am 18. Juli nach der Meldung über den erfolgreichen

Bombentest enthüllt. Zu den Gedanken, die beiden sogleich kamen, gehörte der folgende:

»Wir würden dann die Russen nicht mehr nötig haben. Das Ende des japanischen Krieges würde dann nicht mehr davon abhängen, daß sie ihre Armeen einsetzen . . . Wir hatten es nicht mehr nötig, sie um Gefälligkeiten zu bitten. Einige Tage später sagte ich Eden: ›Es ist ganz klar, daß die Vereinigten Staaten keine Teilnahme Rußlands am Krieg gegen Japan wünschen‹.«

Stalins in Potsdam vorgebrachte Forderung, an der Besetzung Japans beteiligt zu werden, war sehr lästig, und die US-Regierung war bestrebt, dies zu vermeiden. Die Atombombe könnte dazu beitragen, das Problem zu lösen.

Der zweite Grund für den voreiligen Einsatz wird von Admiral Leahy enthüllt: »Die Naturwissenschaftler und auch andere wollten diese Waffe erproben wegen der riesigen Summen, die für dieses Projekt schon ausgegeben worden waren« – es waren etwa 2 Milliarden Dollar. Einer der höheren Beamten, die bei der Entwicklung der Waffe, an dem sogenannten »Manhattan District Project«, beteiligt waren, sprach es noch klarer aus:

»Die Bombe mußte einfach ein Erfolg sein – so viel Geld war bereits dafür ausgegeben worden. Hätte sie versagt, wie hätten wir dann diese hohen Ausgaben rechtfertigen können? Man denke an den Entrüstungssturm in der Öffentlichkeit . . . Als die Zeit knapper wurde, suchten manche Leute in Washington General Groves, den Leiter des Manhattan Projects, zu überreden, mit der Sache herauszukommen, bevor es zu spät sei; und er wußte, der Schwarze Peter würde in seiner Hand bleiben, wenn wir versagten. Die Erleichterung aller Beteiligten, als die Bombe fertiggestellt und abgeworfen wurde, war enorm.«

Ein Menschenalter später ist es jedoch klar, daß der voreilige Abwurf der Atombombe der Menschheit keine Erlösung gebracht hat . . .

Am 2. September 1945 unterzeichneten die Vertreter Japans das »Instrument der Kapitulation« an Bord des amerikanischen Schlachtschiffs »Missouri« in der Bucht von Tokio. Der Zweite Weltkrieg endete damit sechs Jahre und einen Tag nach seinem Beginn durch Hitlers Angriff auf Polen und vier Monate nach Deutschlands Kapitulation. Dies war das formelle Ende, eine Zeremonie, die den Wünschen der Sieger entsprach. Denn das wirkliche Ende war schon am 14. August eingetreten, als der Kaiser Japans Kapitulation auf Grund der alliierten Bedingungen bekanntgegeben hatte und die Kämpfe aufhörten – eine Woche nach dem Abwurf der ersten Atombombe. Aber jener furchtbare Schlag, der die Stadt Hiroshima auslöschte, um die überwältigende Kraft der neuen Waffe zu demonstrieren, hatte die Kapitulation lediglich beschleunigt. Sie war bereits sicher, und es gab keine wirkliche Notwendigkeit, diese Waffe einzusetzen – unter derem düsteren Schatten die Welt seitdem lebt.

Epilog

Entscheidende Faktoren und Wendepunkte

Dieser katastrophale Weltkonflikt, der damit endete, daß Rußland der Weg in das Herz Europas geöffnet wurde, erhielt von Churchill den treffenden Beinamen »der unnötige Krieg«. Bei den Bemühungen, den Krieg zu vermeiden und Hitler im Zaum zu halten, war die grundlegende Schwäche der britischen und französischen Politik der Mangel an Verständnis für strategische Faktoren. Dadurch schlitterten beide Länder zu dem für sie ungünstigsten Zeitpunkt in den Krieg und führten vorzeitig eine vermeidbare Katastrophe mit weitreichenden Folgen herbei. Großbritannien überlebte scheinbar nur durch ein Wunder – in Wahrheit aber, weil Hitler die gleichen Fehler machte, die aggressive Diktatoren schon so oft in der Geschichte gemacht haben.

Die Weichen werden gestellt

Rückschauend ist es heute klar, daß der erste, für beide Seiten schicksalsschwere Schritt die Wiederbesetzung des Rheinlandes im Jahr 1936 war. Für Hitler hatte dieser Schritt einen doppelten strategischen Vorteil: Er verschaffte ihm militärischen Schutz für Deutschlands lebenswichtiges Industriegebiet an der Ruhr und gleichzeitig ein Sprungbrett nach Frankreich hinein.

Warum ist man diesem Schritt nicht entgegengetreten? In erster Linie, weil Frankreich und Großbritannien ängstlich bestrebt waren, jedes Risiko eines bewaffneten Konfliktes zu vermeiden, aus dem ein Krieg entstehen konnte. Das Widerstreben gegen ein aktives Vorgehen wurde dadurch verstärkt, daß Deutschlands Wiedereintritt in das Rheinland nur die Berichtigung eines Unrechts zu sein schien, wenn diese auch nicht in der richtigen Art erfolgte. Besonders die Briten als ein politisch denkendes Volk neigten dazu, die Rheinland-Besetzung mehr als einen politischen denn als einen militärischen Schritt zu betrachten, und übersahen seine strategischen Auswirkungen.

Auch bei seinem Vorgehen im Jahr 1938 zog Hitler wiederum strategischen Nutzen aus politischen Faktoren – dem Wunsch des deutschen und des österreichischen Volkes nach Vereinigung, dem starken Unwillen in Deutschland über die Behandlung der Sudetendeutschen durch die Tschechen. Auch da war wieder in beiden Fällen in den westlichen Ländern das Gefühl weit verbreitet, daß das Recht in gewissem Maße bei Deutschland war.

Doch Hitlers Einmarsch in Österreich im März 1938 legte die Südflanke der Tschechoslowakei militärisch bloß – und dieses Land war für ihn ein Hindernis bei seinen Plänen einer Expansion nach Osten. Im September gelang ihm dann durch die Drohung mit dem Krieg und dem daraus folgenden Münchener Abkommen nicht nur die Rückkehr des Sudetenlandes in das Reich, sondern auch die strategische Lähmung der Tschechoslowakei.

Im März 1939 besetzte Hitler dann die restliche Tschechei und umfaßte dadurch Polen von der Südflanke – dies war der letzte Streich einer Serie »unblutiger« Erfolge. Auf Hitlers Schritt folgte ein verhängnisvoll voreiliger Schritt der britischen Regierung: die Garantie, die plötzlich Polen und Rumänien angeboten wurde, zwei strategisch isolierten Ländern – ohne daß man sich zunächst irgendeine Zusicherung von Rußland verschafft hätte, der einzigen Macht, die Polen und Rumänien wirksam militärisch unterstützen konnte.

Nach ihrem Zeitpunkt mußten diese Garantien als Provokation wirken; und Hitler, wie wir heute wissen, hatte keine unmittelbare Absicht, Polen anzugreifen, bevor er mit dieser herausfordernden Geste konfrontiert wurde. Durch ihren geographischen Bezug auf europäische Länder, die für die britischen und französischen Streitkräfte unerreichbar waren, boten sie Hitler eine fast unwiderstehliche Versuchung. Damit unterhöhlten die Westmächte die grundlegende Basis der einzigen Strategie, die wegen ihrer jetzt geringeren Stärke für sie praktikabel war: Statt der Aggression eine starke Front gegen jeden Angriff im Westen entgegenzustellen, gaben sie Hitler eine bequeme

Gelegenheit, einen schwachen Gegner zu überwältigen und so einen ersten Triumph einzuheimsen.

Die einzige Chance, den Krieg zu vermeiden, bestand jetzt darin, daß man sich die Unterstützung Rußlands verschaffte, der einzigen Macht, die Polen direkt zu Hilfe kommen und dadurch Hitler abschrecken konnte. Doch trotz der akuten Gefahr waren die Schritte der britischen Regierung zögernd und halbherzig. Und hinter dem britischen Zaudern standen die Einwände der polnischen Regierung und der anderen kleineren Länder Osteuropas gegen eine militärische Unterstützung durch Rußland – alle diese Länder fürchteten, eine Hilfeleistung durch russische Armeen würde gleichbedeutend mit einer russischen Invasion sein.

Hitlers Antwort auf die durch Großbritanniens diplomatische Unterstützung Polens geschaffene neue Situation war aber gänzlich anders. Großbritanniens heftige Reaktion und beschleunigte Rüstungsmaßnahmen erstaunten ihn, aber die Wirkung war das Gegenteil der beabsichtigten. Seine Lösung wurde bestimmt durch sein aus der Geschichte abgeleitetes Bild Großbritanniens. Da er die Engländer als kühle und rational denkende Menschen betrachtete, bei denen der Verstand die Gefühle überwog, glaubte er, sie würden nicht daran denken, Polen zuliebe einen Krieg zu beginnen, wenn sie nicht Rußlands Unterstützung gewonnen hätten. So schluckte er seinen Haß gegen den »Bolschewismus« herunter und bemühte sich mit aller Kraft, Rußland zu versöhnen und sich seiner Neutralität in dem Konflikt zu vergewissern. Es war eine noch krassere Kehrtwendung als die Chamberlains – und ebenso schicksalsschwer in ihren Folgen. Am 23. August flog Ribbentrop nach Moskau, und der Pakt wurde unterzeichnet. Er wurde begleitet von einem Geheimabkommen, auf Grund dessen Polen zwischen Deutschland und Rußland aufgeteilt werden sollte.

Dieser Pakt machte den Krieg unausweichlich – in dem erregten Zustand der öffentlichen Meinung, der durch Hitlers Serie von Aggressionen geschaffen worden war. Die Briten, die sich verpflichtet hatten, Polen zu unterstützen, glaubten nicht beiseite stehen zu können, ohne ihre Ehre zu verlieren – und ohne Hitler den Weg zu weiteren Eroberungen freizugeben. Und Hitler wollte von seinen Zielen in Polen nicht Abstand nehmen, selbst als er erkannte, daß dies einen allgemeinen Krieg im Gefolge haben würde.

So fuhr der Zug der europäischen Zivilisation in den langen dunklen Tunnel ein, aus dem er erst nach sechs schrecklichen Jahren wieder auftauchte. Doch selbst dann erwies sich das helle Sonnenlicht des Sieges als eine Illusion.

Die erste Phase des Krieges

Am Freitag, dem 1. September 1939, fielen die deutschen Armeen in Polen ein. Am Sonntag, dem 3. September, erklärte die britische Regierung Deutschland den Krieg, in Erfüllung der Garantie, die sie vorher Polen gegeben hatte. Sechs Stunden später folgte auch die französische Regierung, wenn auch zögernd, dem britischen Beispiel.

In weniger als einem Monat war Polen überrannt. Und innerhalb von neun Monaten wurde Westeuropa von der Flut des Krieges überschwemmt.

Hätte sich Polen länger halten können? Hätten Frankreich und Großbritannien mehr tun können, um Deutschlands Druck auf Polen zu mindern? Nach einem ersten Blick auf die beiderseitigen Truppenstärken, wie sie heute bekannt sind, scheint die Antwort auf beide Fragen ein Ja.

Die deutsche Armee war 1939 weit davon entfernt, kriegsbereit zu sein. Die Polen und Franzosen hatten zusammen 150 Divisionen – freilich einschließlich 35 Reservedivisionen und einiger Divisionen, die in Frankreichs überseeischen Gebieten gebunden waren. Die Deutschen hatten aber nur 98, und 36 davon waren noch mangelhaft ausgebildet und ausgerüstet; von den 40 Divisionen, die für die Verteidigung der Westgrenze abgestellt wurden, waren nur vier voll ausgerüstete und ausgebildete aktive Divisionen. Aber Hitlers Strategie hatte Frankreich in eine Lage versetzt, in der es Polen nur durch einen schnellen eigenen Angriff zu Hilfe kommen konnte – eine Aktion, für die Frankreichs Armee nicht vorbereitet war. Frankreichs altmodischer Mobilmachungsplan produzierte nur langsam die erforderliche Stärke, und die Offensivpläne des Generalstabs waren auf einer Massierung schwerer Artillerie aufgebaut, die nicht vor dem 16. Tag abgeschlossen war. Doch da brach der Widerstand der polnischen Armee bereits zusammen.

Polen hatte eine höchst ungünstige strategische Situation: Es lag wie eine »Zunge« zwischen Deutschlands Kiefern, und die polnische Strategie machte die Lage noch schlimmer, indem sie das Gros der Armee in die Nähe der Zungenspitze verlagerte. Außerdem waren Polens Streitkräfte veraltet in ihrer Ausrüstung und ihren militärischen Vorstellungen; sie erwarteten noch große Dinge von einer starken Kavallerie – die dann den deutschen Panzern gegenüber völlig hilflos war.

Die Deutschen hatten damals nur sechs Panzer- und vier motorisierte Divisionen einsatzbereit; aber dank der Begeisterung General Guderians und Hitlers Unterstützung für dessen Ideen hatten sie mehr als jede andere Armee den neuen Gedanken motorisierter Kriegführung im Blitztempo übernommen, der etwa 20 Jahre vorher von britischer Seite entwickelt worden war. Die Deutschen hatten ferner eine viel stärkere Luftwaffe aufgebaut als jedes andere Land, während nicht nur die Polen, sondern auch die Franzosen in der Luft zu schwach waren, um auch nur ihre Armeen zu unterstützen und zu schützen.

So erlebte Polen die erste triumphierende Demonstration der neuen Blitzkrieg-Technik durch die Deutschen, während sich seine westlichen Verbündeten noch auf einen Krieg im herkömmlichen Stil vorbereiteten. Am 17. September überschritt dann die Rote Armee Polens Ostgrenze – ein Dolchstoß in den Rücken, der das Schicksal des Landes besiegelte, da es kaum noch Truppen übrig hatte, um dieser zweiten Invasion entgegenzutreten.

Der schnellen Überwältigung Polens folgte eine Kampfpause von sechs Monaten – »phoney war« (der seltsame Krieg) von Zuschauern getauft, die sich durch den äußeren Schein der Ruhe täuschen ließen. Ein besserer Name wäre gewesen »Winter der Illusionen«. Denn die führenden Kreise ebenso wie die gesamte Öffentlichkeit der westlichen Länder verbrachten die Zeit damit, phantasievolle Pläne für Angriffe auf Deutschlands Flanken zu entwickeln – und sie redeten allzu offen darüber.

In Wirklichkeit bestand keine Aussicht, daß Frankreich und Großbritannien allein jemals die militärische Stärke aufbauen könnten, die zu einem Sieg über Deutschland nötig war. Ihre einzige Hoffnung – jetzt, da Deutschland und Rußland eine gemeinsame Grenze hatten – war, daß sich zwischen diesen von gegenseitigem Mißtrauen erfüllten Verschworenen Reibungen entwickeln würden, die Hitlers Gesicht wieder nach Osten statt nach Westen lenken könnten. Dies geschah auch ein Jahr später und hätte vielleicht früher geschehen können, wenn die Westmächte nicht so ungeduldig gewesen wären – wie es Demokratien oft sind.

Ihr lautes und bedrohliches Gerede über Angriffe auf Deutschlands Flanken spornte Hitler dazu an, ihnen zuvorzukommen. Sein erster Streich war die Besetzung Dänemarks und Norwegens im April 1940. Die später erbeuteten Protokolle seiner Besprechungen zeigen, daß er noch bis Anfang 1940 die Aufrechterhaltung der Neutralität Norwegens für das beste für Deutschland hielt, aber im Februar zu dem Schluß kam: »Die Engländer wollen dort landen, und ich will vor ihnen da sein.« Eine kleine deutsche Invasionsstreitmacht griff am 9. April Norwegen an, warf die britischen Pläne zur Gewinnung der Kontrolle über diesen neutralen Raum über den Haufen und eroberte schnell die wichtigsten Häfen, während die Norweger noch ihre Aufmerksamkeit auf das Erscheinen der britischen Kriegsmarine in ihren Gewässern richteten.

Hitlers nächster Streich war der Angriff auf Frankreich und die Beneluxländer am 10. Mai. Er hatte schon im Herbst 1939 mit den Vorbereitungen begonnen, als die Alliierten nach der Niederlage Polens sein Friedensangebot ablehnten; er glaubte, ein vernichtender Schlag gegen Frankreich sei die beste Chance, Großbritannien friedensbereit zu machen. Schlechtes Wetter und die Einwände seiner Generale hatten vom November an zu mehreren Verschiebungen des Angriffs geführt.

Dann verflog sich am 10. Januar ein deutscher Stabsoffizier, der wichtige Papiere über den Plan mit sich führte, auf dem Flug nach Bonn in einem Schneesturm und landete in Belgien. Dieses Mißgeschick veranlaßte eine Verschiebung der Offensive bis zum Mai, und bis dahin wurde der Plan völlig umgestaltet. Dies erwies sich als höchst unglücklich für die Alliierten und, auf kurze Sicht, als höchst glücklich für Hitler und änderte den ganzen Lauf des Krieges.

Denn der alte Plan, der einen Hauptvorstoß durch das mittlere Belgien vorsah, hätte zu einem sofortigen Zusammenstoß mit den besten Teilen der französisch-britischen Streitkräfte geführt und so wahrscheinlich einen Fehlschlag und eine Erschütterung von Hitlers Prestige zur Folge gehabt. Doch der neue Plan, den Manstein entworfen hatte, überraschte die Alliierten vollständig und warf sie aus dem Gleichgewicht, mit katastrophalen Folgen. Denn während sie noch Truppen nach Belgien warfen, um dem deutschen Angriff dort und in

Holland entgegenzutreten, fuhr die Masse der deutschen Panzer – sieben Panzerdivisionen – durch die hügeligen und bewaldeten Ardennen, die das alliierte Oberkommando als unwegsam für Panzer betrachtet hatte. Sie überquerten die Maas ohne großen Widerstand, durchbrachen die schwache Flanke der alliierten Front und schwenkten dann nach Westen zur Kanalküste hinter dem Rücken der alliierten Armee in Belgien, deren rückwärtige Verbindungen abgeschnitten wurden. Dies entschied die Schlacht – noch bevor die Masse der deutschen Infanterie überhaupt eingegriffen hatte. Der britischen Armee gelang es nur mit knapper Not, von Dünkirchen aus über das Meer zu entkommen. Die Belgier und ein großer Teil der französischen Truppen mußten kapitulieren. Die Folgen waren nicht wiedergutzumachen. Denn als die Deutschen nach Dünkirchen wieder nach Süden schwenkten, waren die restlichen französischen Armeen nicht mehr in der Lage, ihnen Widerstand zu leisten.

Aber niemals hätte eine die ganze Welt erschütternde Katastrophe leichter vermieden werden können. Der deutsche Panzervorstoß hätte schon weit vor der Kanalküste durch einen konzentrierten Gegenangriff ähnlich starker Kräfte zum Stehen gebracht werden können. Doch die Franzosen hatten zwar mehr und bessere Panzer als der Feind, aber sie hatten sie im Stil von 1918 auf viele kleine Gruppen aufgeteilt.

Der deutsche Vorstoß hätte auch noch früher, schon an der Maas, aufgehalten werden können, wenn die Franzosen nicht mit voller Kraft nach Belgien einmarschiert wären und ihren rechten Flügel so schwach gelassen, oder wenn sie schneller Reserven in diesen Raum geworfen hätten. Aber das französische Oberkommando betrachtete nicht nur die Ardennen als unpassierbar für Panzer, sondern rechnete auch, daß ein Angriff auf die Maas ein Lehrbuchangriff im Stil von 1918 sein und etwa eine Woche zur Vorbereitung brauchen würde; dadurch, glaubte man, würde Zeit genug bleiben, Reserven heranzuführen. Jedoch die deutschen Panzer erreichten den Fluß am Morgen des 13. Mai und erzwangen sich schon am gleichen Nachmittag den Übergang. Eine Aktion im »Panzertempo« überrundete eine altmodische Aktion im »Zeitlupentempo«.

Dieser Blitzkrieg war aber nur möglich, weil die militärischen Führer der Alliierten die neue Technik noch nicht begriffen hatten und daher auch nicht wußten, wie sie ihr begegnen sollten. Der deutsche Vormarsch hätte vor der Maas zum Stehen gebracht werden können, wenn auch nur die Straßen ausreichend vermint worden wären. Und selbst wenn man keine Minen gehabt hätte, würde das einfache Behelfsmittel ausgereicht haben, die zur Maas führenden Straßen durch die Wälder durch gefällte Bäume zu blockieren. Der Zeitverlust, der dadurch entstanden wäre, hätte für die Deutschen fatal werden können[1].

Nach dem Zusammenbruch Frankreichs neigte man allgemein dazu, diesen auf den schlechten Kampfgeist der Franzosen zurückzuführen und für unvermeidlich zu halten. Dies ist ein Irrtum und ein Beispiel dafür, daß der Wagen vor das Pferd gespannt wird. Der Zusammenbruch des französischen Kampfgeistes erfolgte erst nach dem deutschen Durchbruch, der so leicht hätte vermieden werden können. Bis zum Jahr 1942 hatten dann alle Armeen gelernt, einen Blitzkrieg-Angriff aufzuhalten – viel Unheil wäre vermieden worden, wenn sie es schon vor dem Krieg gelernt hätten.

Die zweite Phase des Krieges

Großbritannien war jetzt der einzige noch übriggebliebene Gegner Nazi-Deutschlands. Aber es befand sich in einer höchst gefährlichen Lage – militärisch entblößt und bedrohlich konfrontiert mit einer über 3000 Kilometer langen feindlichen Küstenlinie. Seine Armee hatte Dünkirchen nur erreichen und der Gefangennahme nur entgehen können dank Hitlers seltsamem Befehl, seine Panzer zwei Tage lang anzuhalten, als sie nur knappe 15 Kilometer von dem noch dazu fast unverteidigten letzten verbliebenen Hafen entfernt waren. Dieser Haltebefehl war durch eine ganze Reihe von Motiven veranlaßt worden, zu denen Görings ruhmsüchtiger Wunsch gehörte, daß die Luftwaffe den letzten Erfolg an ihre Fahnen heften solle.

Aber wenn auch das Gros der britischen Armee heil zurückgekehrt war, so hatte sie doch den größten Teil ihrer Bewaffnung verloren. Während die Überlebenden von den 16 Divisionen, die zurückkehrten, militärisch neu formiert wurden, gab es nur eine einzige ord-

---

1 Ein französischer Freund von mir, der an dem Maas-Abschnitt kommandierte, bat das Oberkommando um Erlaubnis dazu, aber erhielt die Antwort, die Straßen müßten für den Vormarsch der französischen Kavallerie frei bleiben. Die Kavallerie ritt auch in die Ardennen hinein, aber kam noch schneller mit blutigen Köpfen wieder heraus, mit den deutschen Panzern auf den Fersen.

nungsgemäß bewaffnete Division zur Verteidigung des Landes, und die Kriegsmarine war in den fernen Norden ausgewichen, um außer Reichweite der deutschen Luftwaffe zu sein. Wenn die Deutschen zu irgendeinem Zeitpunkt im ersten Monat nach dem Zusammenbruch Frankreichs in England gelandet wären, dann hätte nur wenig Aussicht bestanden, sie zurückzuschlagen.

Doch Hitler und seine Wehrmachtsbefehlshaber hatten keinerlei Vorbereitungen für eine Invasion Englands getroffen – sie hatten nicht einmal Pläne für eine solche Operation ausgearbeitet, die doch eigentlich der Niederlage Frankreichs folgen mußte. Hitler ließ den entscheidenden Monat verstreichen in hoffnungsvoller Erwartung, daß Großbritannien zum Frieden bereit sein würde. Selbst als er dann in diesem Punkt desillusioniert war, blieben die deutschen Vorbereitungen halbherzig. Als es der Luftwaffe nicht gelang, die R.A.F. in der »Schlacht von England« aus dem britischen Himmel zu vertreiben, waren die Befehlshaber der Armee und Marine im Kern froh über die Entschuldigung, die sie jetzt hatten, um die Invasion abzublasen. Noch bemerkenswerter aber war Hitlers Bereitschaft, eine solche Entschuldigung zu akzeptieren.

Die Aufzeichnungen über seine vertraulichen Gespräche zeigen, daß dies zum Teil auf ein inneres Widerstreben zurückging, Großbritannien und das britische Empire zu zerstören, das er als ein stabilisierendes Element in der Welt ansah und immer noch als Partner zu gewinnen hoffte. Aber hinter diesem Widerstreben stand schon ein neuer Impuls: Hitler richtete seine Augen wieder nach Osten. Dies war der entscheidende Faktor bei der Rettung Großbritanniens.

Hätte Hitler sich voll und ganz auf die Besiegung Großbritanniens konzentriert, dann wäre dessen Untergang so gut wie sicher gewesen. Denn wenn er auch die beste Chance, England durch eine Invasion zu erobern, schon verpaßt hatte, so hätte er doch durch eine Kombination von Luft- und U-Boot-Krieg England so erdrosseln können, daß sein langsames Verhungern und schließlicher Zusammenbruch sicher waren.

Hitler jedoch glaubte, er könne es nicht wagen, alle seine Kräfte auf diesen See- und Luftkrieg zu konzentrieren, solange die russische Armee an seiner Ostgrenze stand und Deutschland zu Lande bedrohte. So glaubte er, der einzige Weg, Deutschlands Rücken frei zu machen, sei der Angriff und die Niederwerfung Rußlands. Sein Mißtrauen gegen Rußlands Absichten war um so stärker, als der Haß gegen den Kommunismus russischen Stils seit jeher sein tiefster emotionaler Impuls war.

Er machte sich vor, Großbritannien würde friedensbereit sein, sobald es nicht mehr auf eine russische Intervention in diesem Krieg hoffen könne. Ja, er glaubte sogar, Großbritannien hätte bereits Frieden geschlossen, wenn Rußland es nicht zum Weiterkämpfen ermuntert hätte. Als Hitler am 21. Juli 1940 die Besprechung abhielt, in der er zum erstenmal die eilig entworfenen Pläne für eine Invasion Englands erörterte, enthüllte er seinen Gedankengang mit den Worten: »Stalin flirtet mit England, um es im Krieg zu halten und uns dadurch zu binden, mit der Absicht, Zeit zu gewinnen und sich dann alles zu nehmen, was er will; denn er weiß, er kann dies nicht bekommen, sobald wieder Frieden ist.« Daraus ergab sich die weitere Schlußfolgerung: »Unsere Aufmerksamkeit muß darauf gerichtet werden, das russische Problem anzupacken.«

Die Planung dafür begann sogleich, wenn auch erst Anfang 1941 der endgültige Entschluß gefaßt wurde. Die Invasion Rußlands begann am 22. Juni – ein Tag vor dem Datum des napoleonischen Einmarsches im Jahre 1812. Die deutschen Panzerverbände überrannten schnell die sowjetrussischen Armeen, die sofort kampfbereit waren, und drangen in weniger als einem Monat fast 700 Kilometer tief in Rußland ein – drei Viertel des Weges nach Moskau. Doch die Deutschen gelangten niemals dorthin.

Was waren die entscheidenden Faktoren für diesen Mißerfolg? Die nächstliegenden waren der herbstliche Schlamm und dann der Schnee. Aber wichtiger war die deutsche Fehlkalkulation der Reserven, die Stalin aus der Tiefe Rußlands heranführen konnte. Sie rechneten mit 200 russischen Divisionen, und bis Mitte August hatten sie diese geschlagen. Aber dann erschienen weitere 160 auf dem Kriegsschauplatz. Als auch diese überwunden worden waren, war es Herbst geworden, und als die Deutschen mitten im Schlamm nach Moskau vorstießen, fanden sie wieder neue Armeen auf ihrem Weg.

Ein weiterer grundlegender Faktor war Rußlands Primitivität – trotz aller technischen Fortschritte seit der kommunistischen Revolution. Es handelte sich nicht nur um die außerordentliche Leidensfähigkeit seiner Soldaten und seiner Bevölkerung, sondern auch um die Primitivität seiner Straßen. Wenn Rußlands Straßennetz ähnlich gut ausgebaut gewesen wäre wie das westlicher Länder, wäre Rußland wohl ebenso schnell überrannt worden wie Frankreich. Selbst so, wie die Verhältnisse waren, hätte die Invasion gelingen können, wenn die deutschen Panzer noch im Sommer direkt auf Moskau vorgestoßen wären, ohne auf die Infanterie zu warten – wie Guderian vorgeschlagen hatte, der aber in diesem Fall bei Hitler gegen die älteren Armeebefehlshaber nicht recht bekam.

Der erste Winter in Rußland wurde eine furchtbare Belastung für die deutschen Armeen – und sie erholten sich nie völlig davon. Dennoch scheint es, daß Hitler immer noch eine gute Siegeschance im Jahr 1942 hatte, als die Rote Armee noch schlecht ausgerüstet und Stalins Autorität bei ihr durch die schweren anfänglichen Niederlagen erschüttert war. Seine neue Offensive gelangte rasch bis an den Rand des kaukasischen Ölgebiets – von dem Rußlands Kriegsmaschine abhing. Aber Hitler zersplitterte seine Streitkräfte zwischen den beiden Zielen Kaukasus und Stalingrad. Mit Mühe und Not vor dem ersten Ziel zum Stehen gebracht, verschliß er seine Armee in wiederholten hartnäckigen Bemühungen, die »Stadt Stalins« zu erobern, und er war besessen von dem Gedanken an dieses Symbol des russischen Widerstandes. Weil er dann im Winter jeden Rückzug verbot, verurteilte er seine Armee in Stalingrad zur Einschließung und Gefangennahme, als Rußlands neu ausgehobene Armeen Ende 1942 in diesem Raum erschienen.

Die Katastrophe von Stalingrad ließ den Deutschen eine weit längere Front zurück, als sie mit ihrer verminderten Kraft noch halten konnten. Ein Rückzug, wie ihn die Generale vorschlugen, wäre die einzige Rettung gewesen; aber Hitler weigerte sich hartnäckig, ihn zu genehmigen. Taub gegen alle Argumente, bestand er auf dem Grundsatz »kein Rückzug«. Jedoch diese papageienhafte Parole konnte die Flut nicht aufhalten und hatte nur zur Folge, daß jeder Rückzug durch eine schwere Niederlage erzwungen wurde und um so größere Verluste kostete, weil er zu lange hinausgeschoben worden war.

Hitlers Streitkräfte litten auch immer mehr an den Folgen ihrer strategischen Überbeanspruchung – die schon Napoleons Ruin gewesen war. Die räumliche Überdehnung war um so schlimmer, als sich der Krieg im Jahr 1940 auf das Mittelmeer ausgedehnt hatte – nachdem Mussolini sich in den Krieg gestürzt hatte, um Frankreichs Zusammenbruch und Englands Schwäche auszunutzen. Dies hatte den Briten die Gelegenheit zur Gegenoffensive in einem Raum verschafft, wo ihre Seemacht zur Geltung gebracht werden konnte. Churchill erfaßte diese Gelegenheit rasch – zum Teil sogar zu rasch. Großbritanniens motorisierte Streitkräfte in Ägpyten schlugen trotz ihrer geringen Zahl die überalterte italienische Armee in Nordafrika, ganz abgesehen von der Eroberung des italienischen Ostafrika. Sie hätten bis Tripolis weiterfahren können, mußten aber anhalten, damit ein britischer Truppenverband in Griechenland gelandet werden konnte – eine vorschnelle und schlecht vorbereitete Operation, die leicht von den Deutschen zurückgeschlagen werden konnte. Doch der italienische Zusammenbruch in Nordafrika veranlaßte Hitler, deutsche Verstärkungen unter General Rommel dorthin zu schicken. Da er jedoch seine Augen auf Rußland gerichtet hatte, schickte er nur gerade genug Truppen, um die Italiener zu stützen, und unternahm niemals einen energischen Versuch, das östliche, mittlere und westliche Tor des Mittelmeers – Suez, Malta und Gibraltar – zu nehmen.

So wurde auf lange Sicht nur eine neue Beanspruchung der deutschen Kräfte geschaffen, die letzten Endes den Erfolg Rommels, die Säuberung Nordafrikas um mehr als zwei Jahre zu verzögern, wieder ausglich. Die Deutschen standen nun in riesig langer Front auf beiden Seiten des Mittelmeers und an der Küste Westeuropas, während sie gleichzeitig eine gefährlich breite Front in den Tiefen Rußlands zu halten suchten.

Die unausweichlichen Folgen einer solchen Überdehnung der Fronten wurden verzögert, und der Krieg wurde verlängert durch Japans Kriegseintritt im Dezember 1941. Aber dies erwies sich als noch unheilvoller für Hitler, weil es das ganze Gewicht Amerikas in den Krieg hineinbrachte. Der Augenblickserfolg des japanischen Überraschungsangriffes bei Pearl Harbor, der die amerikanische Pazifikflotte lähmte, ermöglichte es den Japanern, alle alliierten Positionen im Südwestpazifik zu überrennen: Malaya, Burma, die Philippinen und Niederländisch-Indien. Aber bei dieser schnellen Expansion überschritten die Japaner bei weitem ihre Kapazität zum Festhalten dieser Gewinne. Denn Japan war nur eine kleine Insel mit begrenztem Industriepotential.

Die dritte Phase des Krieges

Nachdem Amerika seine volle Stärke entfaltet und Rußland den ersten Schlag überlebt hatte, um immer mehr seine Stärke zu entfalten, war die Niederlage der drei Achsenmächte Deutschland, Italien und Japan sicher, da ihr gemeinsames militärisches Potential so viel kleiner war als das ihrer Gegner. Die einzige Ungewißheit war, wie lange die Niederlage dauern und wie vollständig sie sein würde. Das Beste, auf das die zu Verteidigern gewordenen Aggressoren noch hoffen konnten, war, Zeit zu gewinnen, bis die »Giganten« kriegsmüde oder unter sich uneinig geworden waren, und so bessere Friedensbedingungen zu erhalten. Doch die Aussichten eines solchen in die Länge gezogenen Widerstandes hingen davon ab, daß die Fronten verkürzt wurden; aber keiner der Führer der Achsenmächte konnte es sich leisten, durch freiwilligen Rückzug sein Gesicht zu verlieren, und so klammerten sie sich an jede Position, bis sie zusammenbrach.

In dieser dritten Phase des Krieges gab es keinen echten Wendepunkt mehr, sondern nur noch eine Flut, die immer näher heranrückte. Diese Flut strömte ungehinderter in Rußland und im Pazifik, weil dort eine immer größer werdende Überlegenheit der Kräfte mit ausreichendem Raum zum Manövrieren verbunden war. Im südlichen und im westlichen Europa stieß die Flut auf mehr Hindernisse, weil dort der Raum enger war.

Die erste Rückkehr britischer und amerikanischer Streitkräfte nach Europa – im Juli 1943 – wurde dadurch erleichtert, daß Hitler und Mussolini Truppen über das Meer nach Tunesien geschickt hatten in der Hoffnung, dort einen Brückenkopf zu halten, der den kombinierten Vormarsch der alliierten Armeen aus Ägypten und aus Algerien blockieren sollte. Tunesien erwies sich als eine Falle, und die Gefangennahme der gesamten deutsch-italienischen Armee dort ließ Sizilien fast ohne Verteidigung gegen die alliierte Invasion. Aber als die Alliierten im September 1943 von Sizilien auf das italienische Festland übergingen, wurde ihr Vormarsch in dieser bergigen Halbinsel zögernd und langsam.

Am 6. Juni 1944 landeten dann die alliierten Armeen, die in England für den Zweck der Invasion aufgebaut worden waren, in der Normandie. Hier war der Erfolg sicher, wenn sie an der Küste einen ausreichend großen Brückenkopf bilden könnten, um ihre überlegene Stärke aufzubauen und die deutsche Abwehrfront zu überfluten. Denn wenn die Alliierten erst aus dem Brückenkopf ausbrachen, dann lag ganz Frankreich als Manövrierraum für ihre Armeen offen – diese waren vollmotorisiert, und das Gros der deutschen Streitkräfte war es nicht. Die deutsche Verteidigung war daher zum Zusammenbruch verurteilt, wenn man nicht die Invasoren schon in den ersten Tagen ins Meer zurückwerfen konnte. Doch die Heranführung der deutschen Panzerreserven wurde entscheidend verzögert durch das Eingreifen der alliierten Luftwaffe, die dort eine Überlegenheit von 30:1 über die deutsche Luftwaffe besaß.

Aber selbst wenn die Invasion in der Normandie an der Küste zurückgeschlagen worden wäre, hätte die gewaltige Luftüberlegenheit der Alliierten durch direkte Angriffe auf Deutschland dessen Zusammenbruch herbeigeführt. Bis 1945 war die strategische Luftoffensive weit hinter der Reklame zurückgeblieben, die für sie als eine Alternative zur Landinvasion gemacht wurde, und ihre Auswirkungen waren weit überschätzt worden. Die wahllose Bombardierung von Städten hatte die deutsche Rüstungsproduktion nicht ernsthaft beeinträchtigt und ebensowenig den Kampfgeist der Bevölkerung gebrochen, wie man erwartet hatte: Kollektiv waren die Deutschen zu fest im Griff ihrer Machthaber, und Einzelpersonen können nicht vor Bombern in der Luft kapitulieren. In den Jahren 1944/45 wurde die Luftwaffe dann besser eingesetzt, mit ständig steigender Zielgenauigkeit und lähmenden Auswirkungen auf die Zentren der deutschen Kriegswirtschaft. Auch im Fernen Osten machte der Zauberschlüssel der Luftherrschaft den Zusammenbruch Japans sicher, ohne daß die Atombombe noch notwendig gewesen wäre.

Das größte Hindernis für die Alliierten, seitdem die Gezeiten gewechselt hatten, war von ihnen selbst aufgebaut worden: die unkluge und kurzsichtige Forderung nach bedingungsloser Kapitulation. Sie war die größte Hilfe für Hitler, weil sie seine Stellung im deutschen Volk stärkte, und ebenso auch für die Kriegspartei in Japan. Wenn die alliierten Führer klug genug gewesen wären, irgendwelche Zusicherungen über ihre Friedensbedingungen abzugeben, hätte Hitler schon vor 1945 die Herrschaft über das deutsche Volk verloren. Schon drei Jahre vorher hatten Abgesandte der großen Anti-Nazi-Bewegung in Deutschland den alliierten Führern ihre Pläne zum Sturz Hitlers mitgeteilt, ebenso die Namen der vielen führenden Militärs, die bereit waren, an einer solchen Revolte teilzunehmen, wenn sie nur Zusicherungen über die alliierten Friedensbedingungen erhalten könnten. Aber damals wie später wurde ihnen keinerlei Zusicherung oder auch nur Andeutung gegeben, so daß es für die Verschwörer naturgemäß schwierig wurde, Unterstützung für einen Sprung ins Dunkle zu finden.

So wurde der »unnötige Krieg« noch unnötig verlängert. Millionen von Menschenleben wurden noch ohne Not aufgeopfert, und der Frieden, der schließlich zustande kam, enthielt die neue Drohung und Gefahr eines nächsten Krieges. Denn die unnötige Verlängerung des Zweiten Weltkrieges durch das Ziel der bedingungslosen Kapitulation des Gegners nützte am Ende nur Stalin – indem sie den Weg für die kommunistische Beherrschung Mitteleuropas ebnete.

Kartenverzeichnis

Personenregister